TAXNET

세무공무원, 세무사, 회계사, 공인중개사 등이 꼭 알아야 할

양도소득세 핵심사례와 이슈

제3판

정문현 · 박재영 공저

실무에서 가장 빈번하게 실수하는 부분들의 핵심포인트와 구체적 적용방법을 제시한

양도소득세 최고의 지침서!

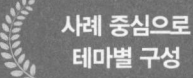
사례 중심으로 테마별 구성

테마별 기본내용을 요약하고 꼭 알아야 할 핵심포인트 제시

실무에서 어떻게 적용되는지 질문과 명쾌한 답변, 절세팁, 풍부한 관련 사례 제시

조세통람

PREFACE

본서는 그동안 저자가 양도소득세를 15년 넘게 연구하고 실무에서 겪은 것들과 상담 등을 거치면서 중요한 내용들을 테마별로 다루었습니다. 특히 실무에서 자주 접하지만 착오하기 쉽거나 잘 모르는 부분들에 집중하여 114가지를 골라 보았습니다. 최근 새로운 해석들과 불복결정들이 많이 나오게 되고 새롭게 이슈가 되는 부분들이 제법 발생하여 내용을 수정 및 추가하여 2025년 개정판을 내게 되었습니다. 이에 맞추어 **2025년 출간본부터는 종전부터 본서를 구독해 오시는 독자들을 위해 전년판 대비 개정판에서 달라진 부분을 앞부분에 표기하였습니다.** 특히 실무에 도움이 되도록 해당 부분의 기초지식을 요약하고 반드시 확인할 부분을 간략히 제시한 뒤 질문 및 답변과 해설을 통해 어떻게 적용할 것인지 설명하였으며, 뒤에는 관련 해석과 불복사례들로서 꼭 필요한 것들을 발췌하여 수록하였습니다. 국세청 양도소득세 분야 직원들과 세무사, 공인회계사뿐만 아니라 공인중개사 업무를 하면서 양도소득세에 관심이 있는 분들의 실무에 많은 도움이 되리라 생각합니다.

돌이켜보면 양도소득세의 기본교재인 〈핵심실무 양도소득세〉를 출간한 지도 벌써 10년이 되었습니다. 저자의 〈핵심실무 양도소득세〉도 이젠 많이 사랑받는 교재가 된 것 같습니다. 부족한 교재이지만 사랑해주시는 독자들에게 많은 고마움을 느낍니다. 그동안 세법도 많이 바뀌고 해석 및 불복사례도 많이 쌓이고 해석도 제법 변동되었습니다. 아직도 양도소득세에 대해 어려움을 많이 느끼는 것 같지만 이럴 때일수록 저자의 마음은 무겁습니다. 보다 이해하기 쉽게 집필할 책무가 느껴지기 때문입니다. 앞으로 기본서도 계속 수정하면서 더욱 사랑받는 동반자가 되도록 노력할 것입니다.

✓ 양도소득세 핵심사례와 이슈

이번 테마에 집중한 본서는 〈핵심실무 양도소득세〉에서 분량 관계로 다루지 못한 내용들도 많이 추가하였으며, 2021년 이후의 과세관청 해석 및 불복사례는 전수 반영하였습니다. 독자분들의 실무에 도움이 되길 바라는 마음입니다.

이 책의 신간 및 개정판 출간에 힘써 준 ㈜조세통람 서원진 대표님께 고마움을 전합니다. 그리고 대학원에서 많은 가르침을 주신 한양대학교 법학전문대학원 오윤 교수님과 국세청 동료 및 선후배들에게도 고마움을 전합니다. 마지막으로 양도소득세 분야를 비롯하여 세무 업무에 뛰어난 공저자인 박재영 세무사에게 감사함을 느끼며, 독자 여러분의 하시는 일들이 잘 이루어지길 바라며 좋은 일만 가득하시길 기원드립니다.

2025년 5월

대표저자 **정 문 현**

CONTENTS

PART 01 총론

01 **"거주자/비거주자"** 구분이 실무상 왜 중요한가? / 20
02 **"종중/교회"**가 부동산을 양도할 경우의 취급은? / 23
03 **"이중계약서"**, 이것만은 알고 가자! / 29
04 **"한정승인"**을 받고 경매되어 10원도 안 받았는데 양도소득세 내야 하나? / 32
05 **"제척기간 임박"**하여 과세예고 통지와 고지서를 함께 수령하였다면? / 35
06 **주식 양도**, 이건 꼭 검토해야 한다! / 40
07 임야를 양도하고 **"나무 가격"** 따로 받는다고 절세가 되나? / 47
08 **공동사업 현물출자**, 반드시 알아야 할 사항은? / 50
09 남의 **"빚보증"**으로 담보 제공하였는데 경매로 넘어가면 양도소득세는? / 55
10 부동산 **"명의신탁"**, 양도소득세는 어떻게 되는가? / 58
11 **"공유"**하는 부동산 양도, 유의할 사항과 관련 쟁점은? / 67
12 매매계약을 **"해제"**하면 무조건 양도소득세는 없는 것이 되는가? / 72
13 **"토지거래허가구역"** 토지, 귀속시기와 신고시기는? / 76
14 매매계약을 위임했는데 **수임받은 자가 "대금을 횡령"**하였다면? / 80
15 여기저기 나오는 **"사업인정 고시일"**, 꼭 정리하자! / 83
16 토지 양도시 먼저 **주거·상업·공업지역 편입** 여부를 체크하라! / 87
17 종종 오해하는 양도소득세 **가산세 사례**를 꼭 알아 두어야 한다! / 93
18 최근 많이 발생하는 **이혼 및 재산분할**과 관련하여 알아야 할 것은? / 98
19 **경정청구할 때**, 이것 모르면 낭패 볼 수 있다! / 105

✓ 양도소득세 핵심사례와 이슈

PART 02 비과세

20 **주택 양도,** 이것은 반드시 확인하자! 특히 오피스텔은 매우 주의하라! / 114
21 **조정대상지역**은 어떻게 바뀌었고 유의사항은? / 121
22 같은 아파트 살면 무조건 **"동일 세대"**인가? / 131
23 주택 양도 전에 **세대 분리**한 경우 동일 세대로 볼 것인가? / 135
24 **매매특약**으로 주택을 주택 외로 **용도변경/멸실**하고 양도하면 비과세가 되는가? / 138
25 주택을 **증축**한 후 **양도**할 경우 1세대 1주택 비과세의 적용은? / 142
26 **별장이나 기숙사로 사용**하고 있는 건물도 주택으로 보는가? / 146
27 **도로 신설/확장**으로 집마당 일부가 **수용**될 때 비과세 가능한가? / 150
28 주택 부수토지 범위에서 **건물의 정착면적**이란? / 154
29 **주택 부수토지의 텃밭**, 비과세 범위는? / 157
30 **상생임대주택** 혜택과 요건은? / 161
31 **해외이주** 또는 **해외근무**하는 경우 1세대 1주택 비과세 적용시 유의사항은? / 173
32 **건설임대주택 분양전환**, 기쁨이 악몽이 된 이유는? / 177
33 **2주택 특례들의 중첩 적용**과 한계는? / 180
34 **2주택 보유**하다가 **혼인** 또는 **동거봉양 합가**시 비과세 못 받는다! / 188
35 **일시적 2주택 특례**와 **분양권 대체 취득 특례 중첩** 가능한가? / 198
36 **주택을 갈아탈 때,** 꼭 알아야 할 것은? / 202
37 **상속주택,** 이건 꼭 알아야 한다! / 207
38 **동거봉양 합가** 후 **상속/증여**가 이루어진 경우의 취급은? / 213
39 **다가구주택의 옥탑방** 등에 대한 오해와 진실! / 216

CONTENTS

40	장기임대주택 보유자의 **거주주택** 양도시 꼭 알아야 할 사항은?	/ 221
41	**임대주택 말소**, 반드시 알아야 한다!	/ 227
42	여기저기 나오는 서로 다른 **"임대기간"**을 정리하자!	/ 236
43	**조합원입주권**, 그 범위와 비과세 적용시 유의할 점은?	/ 242
44	**조합원입주권** 양도와 2주택 특례들 관계 오판하면 안 된다!	/ 247
45	**조합원입주권** 매수하고 **종전주택** 양도시 비과세 적용시 유의사항은?	/ 252
46	재건축 등으로 **임시 거주용 주택**, 비과세 적용받을 때 유의사항은?	/ 256
47	**재건축·재개발 청산금**, 너의 정체는 뭐냐!	/ 263
48	**분양권**, 그 범위와 주택 양도시 유의할 사항은?	/ 269
49	**지역주택조합의 조합원 지위**, 주의할 사항은?	/ 275
50	1+1 **재건축·재개발**, 어떻게 취급되는가?	/ 278

PART 03 양도차익 및 양도소득금액 산정

51	**취득세**, 무조건 필요경비 인정되는가?	/ 287
52	**1세대 1주택 비과세 양도차손**, 다른 자산 양도차익에서 통산 가능한가?	/ 290
53	**주택 리모델링**, 자본적 지출의 인정 범위는?	/ 293
54	**상가 인테리어 비용 등**, 필요경비로 인정되는가?	/ 297
55	**실가로 취득가액** 산정하고 **기타 필요경비를 개산공제**로 한다고?	/ 300
56	**부동산 쪼개기 양도**, 개정법률 적용 어떻게 할 것인가?	/ 304
57	건물을 헐고 다시 신축했는데 **옛날 건물의 취득가액**은 어찌되는가?	/ 313
58	**환매조건부로 토지를 양도**하면 알아야 할 내용은?	/ 316

✓ 양도소득세 핵심사례와 이슈

59 임야의 **묘지 이장비용 등**, 처리방법은? / 321
60 **장부가액**, 실지 취득가액으로 인정되는가? / 324
61 **소급감정가액**, 인정되는가? / 329
62 **감가상각비**, 양도소득세에서는 이렇게 처리된다! / 333
63 **농지/산지 전용부담금**, 무조건 필요경비로 인정된다고? / 337
64 **개발부담금**, 필요경비 인정되는 요건은? / 341
65 **부동산 등의 교환**, 양도소득세 꼭 챙겨야 할 사항은? / 343
66 **임차인 퇴거비용 등**, 어디까지 필요경비인가? / 349
67 **유치권자에게 지출한 비용**, 필요경비 인정되는 요건은? / 353
68 경매 낙찰받아 **임차인에게 지급한 임대보증금**은 필요경비에 해당되는가? / 358
69 **건설자금이자**, 취득가액에 포함할 수 있는가? / 362
70 **중개수수료와 컨설팅 비용**, 필요경비로 인정하는 범위는? / 364
71 **의제취득일 전에 취득한 부동산**, 필요경비 산정 방법은? / 370
72 **변호사 소송 수임료**, 필요경비 인정 범위는? / 374
73 **양도소득세를 매수인이 대납시** 처리방법은? / 380
74 **양도시/취득시의 부가가치세**, 어떻게 처리할 것인가? / 385
75 매수인이 철거조건으로 상가 등을 매수한 경우 부가가치세와 양도소득세 해결 방법은? / 389
76 일괄 양도/취득한 자산들의 가액 안분 기준은? / 394
77 **수용된 부동산의 환산가액 적용시**, 이것은 꼭 알아야 절세한다! / 399
78 **용도변경된 자산**, 장기보유특별공제에 유의하자! / 401
79 **상속받은 부동산**, 취득가액 및 장기보유특별공제 산정은? / 406

CONTENTS

80 **증축한 건물의 양도차익 등** 산정은? / 416
81 특수관계인 사이에 고·저가 양도시 **부당행위계산과 증여와의 관계는?** / 420
82 직계존비속·배우자로부터 증여받은 부동산 등, 필요경비에 신중하라! / 428
83 **부담부 증여**, A부터 Z까지! / 436
84 **부동산 기준시가**, 착오하는 부분들을 정리해야 한다! / 446
85 **과세자료 해명안내, 현지확인**, 세무조사와 구분해야 한다! / 455
86 **양도소득세 예정신고**, 흡수소멸설 판결에 주목하라! / 458
87 2009.3.16.~2012.12.31. **취득 주택**, 장기보유특별공제 쟁점은? / 461

PART 04 비사업용 토지

88 **비사업용 토지**, 이 순서로 확인하라! / 468
89 **상속·증여받은 토지**, 무조건 비사업용 토지 예외인가? / 473
90 **수용·협의매수**, "비사업용" 토지 예외의 요건은? / 478
91 **토지 사용의 제약**, 무조건 "사업용" 토지로 보는가? / 482
92 **도시개발구역 지정**, 최근 대법원 판결에 주목하라! / 487
93 **나대지에 건물을 짓다가 양도시** 비사업용 토지 판단은? / 491
94 **농지**, 비사업용 토지 판단에서 꼭 확인할 사항은? / 496
95 **임야**, 비사업용 토지 판단에서 꼭 확인할 사항은? / 501
96 **기타 토지(잡종지 등)**, 비사업용 토지 판단 구조와 유의할 사항은? / 506
97 **주차장업 운영 토지와 하치장 토지**, 비사업용 판단은? / 513
98 비사업용 토지 제외하는 **1필지의 나지** 산정 기준은? / 518

✓ 양도소득세 핵심사례와 이슈

PART 05 중과세율

- 99 **다주택 중과**, 어떤 구조인가? / 524
- 100 **다주택 보유 목적**, 어떻게 판단하여야 할 것인가? / 531
- 101 **소수지분 상속주택**, "비과세"와 "중과" 등에서 어떻게 취급하는가? / 535
- 102 다주택 중과시 **장기임대주택**의 취급은? / 544
- 103 무서운 **단기양도 중과**, 알아야 한다! / 551
- 104 **미등기 양도 중과**, 오해하는 부분은? / 557

PART 06 조세 특례

- 105 **자경농지 감면**, 이것만은 꼭 알아야 한다! / 564
- 106 **농지 대토 감면**, 적용받을 때 꼭 주의할 사항? / 576
- 107 **재촌자경에 대한 최근 불복사례의 흐름**은? / 583
- 108 **수용·협의매수 부동산**, (2025년 이후 감면한도 포함) 몇 가지는 챙겨 보아야 한다! / 588
- 109 **대토 보상**, 2025년부터 중요 개정사항 등을 주목하라! / 594
- 110 **개발제한구역의 토지 양도**, 필수내용들 한 방에 정리하자! / 598
- 111 **장기일반민간임대주택 등 특례(조특법§97의3)**, 적용시 유의해야 할 부분은? / 603
- 112 **지방미분양주택 등**, 2025년 개정내용을 잘 챙겨보자! / 611
- 113 **농어촌주택 특례**, 착오하는 이유는? / 614
- 114 **법인전환 이월과세**, 사후관리에 반드시 유의해야 한다! / 628

[예규 불복 사례 약어]

자주 사용하거나 긴 법령, 판례 등은 다음과 같이 약식 명칭 등을 사용하였다.

본서 약칭	법령 원명
국기법, 국기령	국세기본법, 국세기본법 시행령
소득법, 소득령, 소득칙	소득세법, 소득세법 시행령, 소득세법 시행규칙
상증법(상증세법), 상증령	상속세 및 증여세법, 상속세 및 증여세법 시행령
조특법, 조특령	조세특례제한법, 조세특례제한법 시행령
부가세법, 부가세령	부가가치세법, 부가가치세법 시행령
지특법	지방세특례제한법
국조법	국제조세조정에 관한 법률
국기통칙	국세기본법 기본통칙
소득통칙	소득세법 기본통칙
조특통칙	조세특례제한법 기본통칙
양도 집행기준	양도소득세 집행기준
조특 집행기준	조세특례제한법 집행기준
가등기담보법	가등기담보 등에 관한 법률
가축분뇨법	가축분뇨의 관리 및 이용에 관한 법률
개발이익환수법	개발이익 환수에 관한 법률
개발제한구역법	개발제한구역의 지정 및 관리에 관한 특별조치법
공간정보관리법	공간정보의 구축 및 관리 등에 관한 법률
광산피해방지법	광산피해의 방지 및 복구에 관한 법률
국토계획법	국토의 계획 및 이용에 관한 법률
농어촌공사법	한국농어촌공사 및 농지관리기금법
농업식품기본법	농업·농촌 및 식품산업기본법
도시정비법	도시 및 주거환경정비법
무인도서법	무인도서의 보전 및 관리에 관한 법률
미군이전평택지원법	주한미군기지 이전에 따른 평택시 등의 지원 등에 관한 법률
민간임대주택법	민간임대주택에 관한 특별법
부동산공시법	부동산 가격공시에 관한 법률

양도소득세 핵심사례와 이슈

본서 약칭	법령 원명
부동산실명법	부동산실권리자 명의 등기에 관한 법률
산림자원법	산림자원의 조성 및 관리에 관한 법률
세계무역기구법	세계무역기구협정의 이행에 관한 특별법
소규모주택정비법	빈집 및 소규모주택 정비에 관한 특례법
지방계약법	지방자치단체를 당사자로 하는 계약에 관한 법률
집합건물법	집합건물의 소유 및 관리에 관한 법률
토지보상법	공익사업을 위한 토지 등의 취득 및 보상에 관한 법률

각주 사건번호	내 용
○○지법0000, ○○고법0000	○○지방법원, ○○고등법원 판결(판례)
서울행법0000	서울행정법원 판결(판례)
대판0000	대법원 판결(판례)
심사양도0000-0000	국세청 심사결정
감심0000-0000	감사원 심사결정
서일(서이, 서삼 등)-0000 서면4팀(서면5팀 등)-0000 재산세과-0000 부동산거래관리과-0000 부동산납세과-0000 법령해석재산-0000 법규재산-0000 법규과-0000	국세청 예규(질의회신, 기준자문, 사전답변)
재재산-0000 조세정책과-0000 재산세제과-0000 금융세제과-0000	기획재정부 예규(질의 회신)
국심0000서/중/전/광/구/부0000 조심0000서/중/인/광/구/부/전0000	조세심판원(구, 국세심판원) 결정

[2025년 개정판에서 달라진 부분 주요내용]

- **전반적 추가 부분** : 2024년 중 공개된 유권해석 및 불복사례들 반영

- **Chapter 02** : 종중 등으로서 법인으로 승인받은 단체가 고유목적사업에 "3년 이상 계속 사용"한 유형자산 등 양도시 법인세 비과세 관련한 수정 내용
  - 2025.2.28. 이후 처분시 "10년 이상 고유목적에 사용한 것"도 비과세 대상에 포함

- **Chapter 04** : 납세의무 승계를 피하면서 재산을 상속받기 위하여 피상속인이 상속인을 수익자로 하는 보험계약을 체결하고 상속인은 피상속인의 사망으로 상속인이 보험금(상증세법 제8조에 따른 보험금)을 받은 경우
  - "보험금 전액"을 상속인이 상속받은 재산으로 보아 납세의무 승계규정을 적용

- **Chapter 05** : 과세자료 장기간 방치로 제척기간 임박하여 적부심 기회를 부여하지 않아 위법하다는 결정 후 재처분 여부에 대한 기획재정부 해석 반영, 과세자료의 장기간 방치 여부에 대한 불복사례들 분석 및 유형별 내용 반영

- **Chapter 06** : 대주주 판단시 주주 1인에 "법인주주"는 제외한다는 과세관청 해석 및 2025.2.28. 소득령 개정내용 반영 및 주식 등에 대한 배우자 등 이월과세 도입 반영

- **Chapter 10** : 명의신탁과 관련한 양도소득세 제 문제를 "명의신탁 유형"에 따라 전면 개편

- **Chapter 16** : 주거지역 등 편입 농지와 관련하여 농지대토 감면에 대한 사례 추가

- **Chapter 18** : 이혼 및 재산 분할 관련 - Chapter 새로 추가

✓ 양도소득세 핵심사례와 이슈

- Chapter 19 : 경정청구시 유의할 사항들 – Chapter 새로 추가

- Chapter 20 : 최근 오피스텔 관련 보충설명 및 불복 사례 집중 분석 새로 추가

- Chapter 21 : 조정대상지역 소재 주택 취득시 "거주요건 예외" 보충설명 새로 추가

- Chapter 24 : 매매계약에 따라 주택을 주택 외로 용도변경하고 양도하는 경우 "매매계약일"을 기준으로 1세대 1주택 비과세 및 장기보유특별공제(표2) 판단하도록 소득령 개정 내용 반영

- Chapter 26 : 최근 들어 "별장"에 대해서 "주택"으로 본 결정들이 제법 나오므로 이에 대한 사례 전면 분석하여 수록

- Chapter 27 : 주택 수용 후 잔존 부수토지만 남은 상태에서 다른 주택 취득시 수용 등 특례 불가하다고 보았으나, 최근 과세관청이 특례 가능하다고 해석하여 내용 수록

- Chapter 30 : 상생임대주택 특례에 대한 사례가 많이 증가하고 과세관청 해석도 매우 많이 생성되어 전수 수록

- Chapter 33 : 소득령 개정에 따라 장기임대주택 보유자의 거주주택 양도시 생애 1회 제한 폐지, 2주택자의 혼인/동거봉양합가에 대해 과세관청 해석변경에 따라 내용 수정

- Chapter 34 : 2주택자의 혼인 또는 1세대 2주택자의 동거봉양합가일 경우 2주택 해소하더라도 비과세 부인으로 해석 변경하여 별도 항목 분석 – Chapter 새로 추가

[2025년 개정판에서 달라진 부분 주요내용]

- **Chapter 35** : "일시적 2주택 특례"와 동일한 성격의 특례인 "일시적 1주택 및 분양권 특례"의 중첩 여부에 대해 국세청 해석을 변경한 2024년 기획재정부 해석 반영

- **Chapter 39** : 옥탑방 건축면적 1/8 이하인 경우 주택 층수 산입 관련 심판결정 및 국토부 유권해석 공개되어 내용 추가

- **Chapter 40** : 2025.2.28. 소득령 개정으로 거주주택 비과세 생애 1회 제한 폐지 및 단기민간임대주택 신설 반영

- **Chapter 41** : 최근 다수 발생하는 임대주택 말소 사례들 반영 – Chapter 새로 추가

- **Chapter 50** : 최근 많이 등장하는 1+1 재건축/재개발에 대한 분석 – Chapter 새로 추가

- **Chapter 56** : 쪼개기 거래에 대한 개정법률 적용 방법 보충설명 추가

- **Chapter 73** : 매수인이 양도소득세 대납시 양도가액 산정 방법에 대한 2024년 기획재정부 예규 변경 및 계산 방법 추가

- **Chapter 75, 76** : 법정안분 및 그 예외에 대한 2025년 소득세법 및 소득세법 시행령 규정 신설 반영 및 적용 방법 등 소개

- **Chapter 79** : 상속/증여 취득 자산의 취득가액 산정 관련 판례 추이 보충설명 추가

- **Chapter 80** : 신축/증축 후 5년 이내 양도하며 환산취득가액 등 적용시 가산세 (5%) 부과 관련하여 2024년 헌법재판소 및 대법원 판례 확정 내용 반영

✓ 양도소득세 핵심사례와 이슈

- **Chapter 82** : 이월과세 대상 자산에 "주식" 추가되어 개정 반영

- **Chapter 83** : 부담부 증여에서 임대료 환산가액 및 저당권 비교평가에서 "기준시가"로 보는 범위에 대한 보충설명 추가

- **Chapter 87** : 2009.3.16.~2012.12.31. 취득 주택에 대한 장기보유특별공제 적용 여부 관련한 최근 불복청구 증가로 핵심 쟁점 소개

- **Chapter 108** : 공익사업용 토지 등 감면 관련하여 2025.3.14. 조특법 개정으로 감면율 5% 상향 조정, 조특법 제77조, 제77조의 2, 제77조의 3에 대하여 별도의 감면 종합한도 신설함에 따라 내용 보충설명

- **Chapter 109** : 대토 보상 관련 오해하는 부분 많고, 보상명세 제출 관련 법률 개정 반영 등 – Chapter 새로 추가

- **Chapter 112** : 지방미분양주택 등 특례 – Chapter 새로 추가 (2024년 개정판의 "Chapter 97. 다주택 중과 예외 소형신축주택 등 잘못 알면 독이 될 수 있다!" 제목으로 문제점을 지적한 부분에 대한 2025년 "입법 보완"되어 내용 전면 개편하고, 인구감소지역 행정안전부 고시 내용 반영)

- **Chapter 114** : 전환법인의 주식 평가시 "법인전환 이월과세액"의 부채 반영 여부와 관련 거주자의 사후관리 종료 전후 달리 취급하는 내용 반영

PART 01

총론

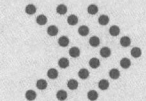

✓ **양도소득세 핵심사례와 이슈**

> 본 장에서는 양도소득세 기본사항인 납세자, 과세대상 자산, 양도의 정의, 양도시기 등에 관한 부분에서 꼭 알아야 할 사항들을 19가지 발췌하였다.

Q&A

- 01 **"거주자/비거주자"** 구분이 실무상 왜 중요한가?
- 02 **"종중/교회"** 가 부동산을 양도할 경우의 취급은?
- 03 **"이중계약서"**, 이것만은 알고 가자!
- 04 **"한정승인"** 을 받고 경매되어 10원도 안 받았는데 양도소득세 내야 하나?
- 05 **"제척기간 임박"** 하여 과세예고 통지와 고지서를 함께 수령하였다면?
- 06 **주식 양도**, 이건 꼭 검토해야 한다!
- 07 임야를 양도하고 **"나무 가격"** 따로 받는다고 절세가 되나?
- 08 **공동사업 현물출자**, 반드시 알아야 할 사항은?
- 09 남의 **"빚보증"** 으로 담보 제공하였는데 경매로 넘어가면 양도소득세는?
- 10 부동산 **"명의신탁"**, 양도소득세는 어떻게 되는가?
- 11 **"공유"** 하는 부동산 양도, 유의할 사항과 관련 쟁점은?
- 12 매매계약을 **"해제"** 하면 무조건 양도소득세는 없는 것이 되는가?
- 13 **"토지거래허가구역"** 토지, 귀속시기와 신고시기는?
- 14 매매계약을 위임했는데 **수임받은 자가 "대금을 횡령"** 하였다면?
- 15 여기저기 나오는 **"사업인정 고시일"**, 꼭 정리하자!
- 16 토지 양도시 먼저 **주거·상업·공업지역 편입** 여부를 체크하라!
- 17 종종 오해하는 양도소득세 **가산세 사례**를 꼭 알아 두어야 한다!
- 18 최근 많이 발생하는 **이혼 및 재산분할**과 관련하여 알아야 할 것은?
- 19 **경정청구할 때**, 이것 모르면 낭패 볼 수 있다!

Chapter 01 "거주자/비거주자" 구분이 실무상 왜 중요한가?

내용 Summary

기본사항 Check

- 거주자와 비거주자 구분
  ① 거주자 : 국내 주소를 두거나 183일 이상 거소(2026.1.1. 이후로는 2과세기간에 걸쳐 계속하여 183일 이상 거소를 둔 경우 포함)를 둔 개인
  ② 비거주자 : 거주자가 아닌 개인
- 특례 : 주한미군 등, 외교관, 외국항행 선박·항공기 승무원, 해외 파견 공무원 등

핵심 Point

- 비거주자에 대한 1세대 1주택 비과세 여부 → 비과세 배제(원칙), 해외이주자에 대한 특례 요건 충족시 가능(예외)
- 비거주자에 대하여 장기보유특별공제 표2 공제율(최고 80%)을 적용 여부 → 불가(해외이주 특례자도 동일)
- 비거주자에 대한 자경농지 감면 적용 → 적용 불가(원칙), 비거주자 된 날부터 2년 이내 양도시 가능(예외)
- 비거주자로부터 부동산 등을 매수하는 법인의 원천징수 의무 → 원칙 Min[양도가액의 10%, 양도차익의 20%]

질문 »

1. LA에 이민하여 살면서 서울의 주택을 팔려고 하는데 비과세가 가능한가? 만일, 해당 이민자가 1세대 1주택자로서 보유기간 중 2년 이상 거주한 주택을 양도하는 경우 장기보유특별공제는 표2(최고 80% 공제율) 적용이 가능한가?

2. 국내에서 수십 년 동안 농사를 짓던 사람이 외국 시민권자인 자녀가 외국으로 모시겠다고 하여 이민을 하려는데 자경농지 감면은 가능한가?

3. 비거주자인 외국인이 보유한 토지를 구입하려는 내국법인이다. 이 경우 양도자의 양도소득세가 매수하려는 법인과 관련 있는가?

답변 및 해설 »

1. LA에 이민하여 살면서 서울의 주택을 양도할 경우 **비거주자에 해당하면 1세대 1주택 비과세 (또는 조합원입주권 비과세)가 적용되지 않는다**. 다만, **해외이주로 세대 전원이 출국한 경우에는 출국일 현재 1주택이고 양도일 현재에도 1주택이라면 출국일로부터 2년 이내 양도시** 비록 비거주자 지위에서 양도하더라도 비과세 규정을 적용받을 수 있다. 이 경우 1주택 요건은 엄격하게 1주택이어야 하기에 일시적 2주택자라도 비거주자가 된 후 양도하면 1세대 1주택 비과세를 적용받지 못하고 2주택 모두 과세된다.

   한편, 1세대 1주택자가 해외 이주로 세대 전원이 출국하여 2년 이내 양도하는 1세대 1주택인 고가주택(실가 12억 초과)에 해당하면 장기보유특별공제는 표2(최고 80%)가 아닌 표1(최고 30%)을 적용받으므로 2년 이상 거주한 고가주택이라면 출국하기 전에 양도하는 것이 절세 측면에서만 보면 유리하다.

2. 조특법 제69조에 따른 **자경농지 감면은 기본적으로 양도일 현재 "거주자"에게 적용된다**. 따라서 비거주자는 자경농지 감면을 적용받지 못함이 원칙이다. 다만, 거주자가 비거주자가 된 경우에는 **비거주자가 된 날로부터 2년 이내**라면 자경농지 감면 규정을 적용받을 수 있다. 물론 양도 당시 농지이어야 하는 등 자경농지 감면의 기본요건은 갖춘 것을 전제로 한다.

3. 양도소득세는 원칙적으로 양도자가 신고납부하는 것이다. 다만, 예외적으로 "비거주자"로부터 자산을 양수하는 법인은 "① 그 지급액의 10%와 ② 확인된 양도차익의 20% 중 적은 금액"을 원천징수하여 다음달 10일까지 신고납부하여야 한다. 이 경우 **비거주자가 양도소득세를 미리 납부하였거나 그 소득이 비과세 또는 과세미달 되는 것임을 증명하는 경우에는 원천징수 의무가 면제된다**.

관련 사례

구 분	내 용
1세대 1주택 비과세 및 장기보유특별공제	• 1세대 1주택 비과세 규정은 거주자 및 그 배우자가 그들과 동일한 주소 또는 거소에서 생계를 같이하는 가족과 함께 구성하는 1세대에 대하여 적용하는 것으로, 주택의 소유자가 비거주자에 해당하는 경우에는 1세대 1주택 비과세를 적용받을 수 없음[1]
	• 국내에 1주택을 소유한 거주자인 1세대가 해외이주로 세대 전원이 출국함으로써 비거주자가 된 상태에서 출국일로부터 2년 이내에 당해 주택을 양도하는 경우로서 양도일 현재 다른 주택의 소유사실이 없는 경우 보유기간 및 거주기간에 제한 없이 1세대 1주택으로 보아 양도소득세를 비과세(고가주택 기준금액 초과 부분은 과세)함[2]
	• 일시적 2주택 상태에서 해외이주로 세대 전원이 출국하는 경우 2주택 "모두"를 과세함(장기임대주택 보유자의 거주주택 양도시도 동일)[3]
	• 1세대 1주택을 소유하다가 양도하였더라도 양도 당시 비거주자인 이상, 해당 주택은 소득세법 제95조 제2항 단서 규정상 1세대 1주택에 해당하지 아니하여 표2의 장기보유특별공제율을 적용하기가 어려움[4]
	• 거주자가 비거주자로 되었다가 다시 거주자로 된 경우 장기보유특별공제 적용시 비거주자로서 보유기간을 제외한다고 별도로 규정하지 않으므로 거주자로서 보유기간에 대해서만 표2 공제율을 적용함은 잘못임[5]
	※ 이 경우 과세관청은 1주택을 소유한 거주자가 비거주자가 되었다가 다시 귀국하여 거주자가 된 상태에서 주택 양도시 전체 보유기간에 대한 표1에 따른 공제율과 거주자로서 보유기간에 대한 표2에 따른 공제율 중 큰 공제율을 적용하는 것으로 해석하다가,[6] 최근에는 전체 보유기간 및 거주기간에 대한 표2 공제율을 적용하는 것으로 해석을 변경함[7]
원천징수 등	• 국내사업장이 없는 비거주자로부터 부동산·부동산에 관한 권리 및 주식 등을 양수받은 자가 동 비거주자로부터 양도소득 과세표준 예정신고납부를 하였다는 관할세무서장의 확인서를 제출받는 경우 원천징수의무가 면제됨[8]
	※ 筆者의 생각으로 원천징수의무 면제는 주로 매수법인이 부동산을 먼저 등기이전 받고 대금을 나중 지급하는 경우로서 매도인이 양도소득세를 신고납부한 경우에 적용될 것으로 보이는데, 그 외의 경우에는 양도자의 비과세와 과세미달에 대한 판단이 어려울 수 있으므로 매수하는 법인 입장에서는 적용 오판에 따라 원천징수를 미이행할 경우 가산세 등 위험이 있음
	• 원천징수로 인하여 양수자에게 지급한 세액이 있는 경우 예정(확정)신고시 기납부세액으로 공제받는 것임[9]

---

1) 부동산거래관리과 − 206, 2010.2.8.
2) 서면4팀 − 534, 2007.2.8. ; 서면4팀 − 1391, 2006.5.17. ; 서면4팀 − 1450, 2005.8.18.
3) 부동산거래관리과 − 145, 2010.1.28. ; 재산세과 − 1539, 2008.7.8. ; 조심2024서812, 2024.7.25.
4) 법령해석재산 − 324, 2015.11.12. ; 조심2021서924, 2021.8.25.
5) 조심2021중614, 2022.4.13. ; 조심2021중2959, 2022.1.7.
6) 법령해석재산 − 679, 2019.11.29.
7) 법규재산 − 3014, 2024.2.17. ; 조세정책과 − 69, 2025.1.13.
8) 서면4팀 − 1785, 2004.11.3.
9) 재산세과 − 1603, 2009.7.31.

Chapter 02

"종중/교회"가 부동산을 양도할 경우의 취급은?

내용 Summary

기본사항 Check

- **당연 의제 법인** : 다음 단체로서 등기되지 않고 수익을 구성원에게 분배하지 않을 것
  ① 주무관청의 인허가를 받아 설립되거나 법령에 따라 주무관청에 등록한 단체
  ② 공익 목적으로 출연된 기본재산이 있는 재단

- **법인 승인받은 법인** : 다음 요건을 갖추어 관할 세무서 법인승인 신청 & 승인
  ① 조직 운영규약 존재 및 대표자 선임
  ② 단체 자신의 계산과 명의로 수익과 재산을 독립적으로 소유·관리
  ③ 단체 수익을 구성원에게 분배하지 않을 것

- **단체의 세법상 취급**
  ① 당연의제법인, 법인 승인 받은 단체 : 비영리법인
  ② 그 외 단체 : 거주자 또는 비거주자

핵심 Point

- 법인 아닌 단체에 대한 1세대 1주택 비과세 여부 → 불가
- 비영리법인이 3년 이상 고유목적에 사용한 자산 → 법인세 비과세
- 법인 승인받은 단체에 대한 자경농지 감면 → 불가
- 민법상 법인격 없는 사단의 소유구조(총유, 민법§275~§277) vs. 소득세법상 법인 아닌 단체 취급(소득법§2③④)

질문 »

1. 법인으로 승인받지 않은 교회가 소유한 주택을 팔려고 하는데 비과세가 가능한가?
2. 법인으로 승인받은 종중이 선산 및 농지를 양도할 경우 과세 범위는?
3. 법인으로 승인받지 않은 종중이 농지를 양도할 경우 자경농지 감면이 가능한가?
4. 법인으로 승인받지 않은 종중이 토지를 양도하고 양도대금을 종중원들에게 분배한 경우 과세 방법은?

5. 종중이 법인으로 승인 신청을 하였으나 수익 분배 규약이 존재하여 법인으로 승인을 거부당한 뒤 토지를 양도하고 수령한 대금을 분배규정에 따라 종중원들에게 분배한 경우 최근 조세심판원 결정에 따르면 과세 방법은?

 **답변 및 해설 »**

1. 법인으로 설립되지 않거나 법인으로 승인받지 않은 교회는 소득세법상 거주자로 취급된다. 그리고 1세대 1주택 비과세는 거주자에게 적용되지만, "자연인"이 아닌 **"단체"에는 "세대"의 개념이 성립하지 않는 등의 이유로 "1세대 1주택 비과세"를 적용받지 못한다.** 만일, 법인으로 승인받은 경우라면 교회 목회자들의 사택은 고유목적 사업에 사용한 것으로 본다.

2. 법인으로 승인받은 종중은 비영리법인으로 취급된다. 그리고 비영리법인이 고유목적 사업에 3년 이상 계속하여(2025.2.28. 이후 처분시 '10년 이상 고유목적에 사용한 것'도 포함) 사용한 부동산을 양도할 경우 법인세법상 과세대상 소득에서 제외된다. 따라서 법인으로 승인받은 종중이 선영들을 모신 **"선산(임야)"을 양도할 경우 과세대상 소득에서 제외**된다. 이 경우 선산인지 여부는 사실판단 사항이다.

   그런데 법인으로 승인받은 종중이 **"농지(위토)"를 양도할 경우에는 고유목적에 "직접" 사용한 부동산으로 보지 않으므로 과세 대상 소득에 해당**한다. 이 경우 자경농지 감면은 거주자에게 적용되므로 법인으로 승인받은 단체에는 적용되지 않는다.

3. 법인으로 승인받지 않은 종중이 농지를 양도할 경우에는 **"자경농지 감면"** 규정의 적용이 가능하며, 이 경우 해당 종중의 종중원을 기준으로 재촌자경 및 자경기간의 충족 여부를 판단하고 있다. 따라서 종중원이 아닌 사람이 재촌자경한 경우에는 자경농지 감면을 적용받을 수 없다.

4. 종중이 부동산을 양도한 경우 그에 대한 양도소득세는 종중이 부담한다. 그리고 이후 양도대금을 종중원들에게 분배한 경우 종중원들은 분배받은 금액에 대해 증여세를 부담하는 것이 원칙이다.

5. 질문과 같은 경우 최근 조세심판원은 종중의 토지 양도에 대해 예외적으로 종중원들이 직접 양도소득세를 부담하는 것으로 결정을 내린 바 있다. 이는 민법 논리와 거리가 있지만, 2020.1.1. 시행된 소득세법 시행령 제2조 제3항 단서에 근거하여 내린 결정으로 의미가 있다.

보충설명

위 질문 1.~3.은 법인 아닌 단체가 요건을 갖추어 법인으로 신청하여 승인받았는지 여부가 핵심이다. 만일 법인으로 승인받은 경우 "비영리법인"으로 취급되고, 부동산 양도시까지 해당 단체의 고유목적에 계속하여 3년 이상 사용한 부동산(2025.2.28. 이후 처분시 '10년 이상 고유목적에 사용한 것'도 포함 → 이 경우 비과세 범위는 "처분 수입 × 고유목적 직접 사용일수/자산보유일수")을 처분하여 생기는 수입의 경우 법인세법상 과세대상에서 제외된다. 실무에서 선산의 양도(수용 등)로 과세대상에 제외하는 신고가 종종 있는데, 실제 선산인지 여부는 분묘가 선조들의 것인지 및 그 숫자와 선산 규모 등을 종합 판단할 사항이다. 한편, 법인으로 승인받은 단체가 농지를 해당 단체의 구성원이 8년 이상 재촌자경하고 그 수확물을 단체를 위해 사용하더라도 직접적으로 고유목적에 사용된 것으로 볼 수 없어 자경농지 감면이 인정되지 않는다.

만일, 법인으로 승인받지 않은 단체는 보유기간 등을 충족하여도 1세대 1주택 비과세가 불가하며(단체에는 세대 개념 불성립), 자경농지 감면은 거주자로 보는 종중의 종중원이 재촌자경하는 등 감면요건을 갖추면 원칙적으로 적용이 가능하다.

질문 4.와 관련하여 종중은 민법상 법인격 없는 단체로서 그 소유형태는 "총유"이다. 이러한 총유에는 그 구성원들의 지분이 존재하지 않는다. 종중의 구성원들은 공동 선조를 시조로 하기에 상당히 다수로 구성되지만, 실무에서는 그러한 종중원들 전부가 아닌 일부 구성원들이 토지를 양도하고 분배하는 경우가 종종 발생한다. 만일, 거주자로 보는 종중이 이와 같이 토지를 양도하고 그 대금을 종중원들에게 분배한 경우 1차적으로 종중은 양도소득세를 부담하고 2차적으로 대금을 분배받는 종중원들은 증여세를 부담하게 된다.

질문 5.와 관련하여 최근 조세심판원은 이러한 전통적인 논리와 다른 두 건의 결정을 내놓았다.

첫 번째 결정은, 종중원간 분쟁으로 매매대금을 공탁하고서 법원의 판결을 통해 종중원들에게 직접 귀속시킨 경우 종중원들에게 직접 양도소득세를 부과하여야 한다는 것이다.

두 번째 결정은, 종중이 법인으로 승인 신청하였으나 분배 규약이 존재한다는 이유로 법인 승인이 거부된 경우로서 부동산 매매대금을 동 규약에 따라 종중원들에게 분배한 경우 종중원들이 양도소득세를 부담한다는 것이다. 그 법적 근거는 2020년부터 시행되는 소득세법 제2조 제3항 단서로 보고 있다.

위 결정들은 종중의 소유 구조가 "총유"라는 점에서 조세심판원 결정은 일종의 "공유" 구조와 유사한 논리를 전개하였다는 점에서 상당히 파격적이 아닐 수 없다. 이에 대한 筆者의 생각은 통상 "고유한 의미의 종중"으로부터 논리를 도출하기보다는 이른바 판례에서 논리를 구축한 "종중 유사단체"로 보아[10] 소득세법 제2조 제3항을 적용하는 것이 논리적으로 타당하다고 생각되며, "종중 유사단체"로 보면 부동산실명법의 예외를 적용받을 수 없다는 점(★)은[11] 유의하여야 한다.

최근 과세관청의 해석도 법인으로 승인을 받지 않은 "마을회"에 대하여 수익을 구성원에게 분배하는지 여부에 따라 조세심판원과 같은 취지로 해석하고 있다.

---

10) 대판2021다238902, 2021.11.11. ; 대판2020다232846, 2020.10.15. ; 대판2019다216411, 2020.4.9.
11) 대판2008다45378, 2008.10.9. ; 대판2006다14165, 2007.10.25.

관련 사례

구 분	내 용
법인 승인 관련	• 개별교회가 법인으로 취급되는 경우 외에는 원칙적으로 1거주자로 보며, 이 경우 교회는 자산양도에 따른 양도소득세를 신고·납부하여야 함[12] ※ 법인으로 "승인"을 받은 단체의 고유번호는 발급받은 고유번호증의 가운데 두 자리 수가 "80"이나 "89"가 아닌 "82"(###-82-#####)라는 점에 유의해야 함('요건 + 승인' 필요)[13] • 부동산 양도 후에 법인으로 승인신청한 경우 조세포탈의 우려가 없는 때에는 최초 사업연도가 1년을 초과하지 않는 범위 내에서 법인으로 보는 단체의 최초 사업연도 손익으로 산정할 수 있음(사업연도를 넘을 수는 없음)[14] • 법인으로 보는 단체로 승인통지를 받은 이후 그 승인취소통지를 받은 사실이 없으므로 토지 양도 당시 법인으로 보는 단체로 보아야 하는 점 등에 비추어 "법인으로 보는 단체"로 승인통지를 받은 날부터 그 승인취소통지를 받기 전까지는 법인으로 보는 단체에 해당함[15]
주택 등 양도	• 법인 승인 O : 고유목적사업에 직접 사용한 고정자산에는 교회의 목사나 전도사가 교회로부터 제공된 사택을 3년 이상 사용한 경우 당해 사택도 포함됨[16] • 법인 승인 × : 단체에는 자연인을 전제로 하는 "세대"의 개념이 있을 수 없기에 1세대 1주택 비과세를 적용받을 수 없음[17]
농지 양도	• 법인 승인받은 종중 : 법인으로 승인받은 종중이 자경농지를 양도시 비록 종중원이 재촌자경하였다고 하더라도 거주자에 대해 적용되는 조특법 제69조 자경농지 감면을 적용받지 못함[18] → 즉, 고유목적에 직접 사용한 자산으로 보지 않음[19] • 거주자인 종중 : 종중은 단체로서 자기의 노동력으로 경작할 수는 없으므로 종중의 책임과 계산 아래 종중원이 농지를 경작하는 경우에는 직접 경작으로 볼 수 있으나, 단순히 대리경작, 위탁경작을 한 경우 직접 경작으로 볼 수 없음[20]
선산(임야) 양도	• 법인으로 보는 종중이 분묘가 소재한 종중의 임야를 양도한 경우 해당 부동산을 고유목적사업에 직접 사용하였는지 여부는 부동산의 용도·면적 등 사용현황, 임대차 여부 등 제반사항을 고려하여 판단하여야 할 것인바, 종중 정관에 선묘 관리 보존 및 종묘 시제봉향을 목적으로 하고, 양도 임야는 오랜 기간 동안 종중의 선산으로서 선조 분묘를 포함하고 있으며 임대 또는 다른 용도로 사용하지 아니하여 선산으로서의 기능을 상실하지 아니한 것으로 나타나 처분일 현재 3년 이상 계속하여 종중의 고유목적에 사용하였다고 봄이 타당함[21]

---

12) 대판2008두5278, 2008.6.12.
13) 조심2023서7998, 2023.10.12. ; 조심2020부1501, 2021.3.29. ; 제주지법2021구합5721, 2022.5.17. ; 광주고법2022누1496, 2022.11.9. ; 대구지법2023구합22391, 2024.6.20.
14) 심사양도2017-109, 2017.11.14. ; 조심2019전835, 2019.7.15. ; 대판2018두46940, 2018.10.11. 등
15) 조심2020전2405, 2021.2.17.
16) 법인세과-3549, 2008.11.24. ; 재재산46014-280, 2001.11.20.
17) 부동산거래관리과-105, 2010.1.20. ; 조심2010전930, 2010.6.9.
18) 조심2019중1833, 2020.1.29. ; 조심2018부2317, 2018.9.27. ; 조심2018부1927, 2018.9.7.
19) 조심2018서3509, 2018.12.11. ; 조심2017광860, 2017.5.30. ; 조심2016중231, 2016.3.28.
20) 조심2019전3159, 2019.11.7. ; 조심2018서1215, 2018.5.24. ; 조심2018부846, 2018.4.16. 등

구 분	내 용
선산(임야) 양도	• 양도한 임야는 오랜 기간 동안 종중 선산으로서 불복청구일 현재도 분묘 8기를 포함하여 소유하고 있는 임야와 연접하여 있으며, 양도 당시 선조 분묘 2기(개장)를 포함하고 있는 등 다른 용도로 사용되지 아니하여 조상 분묘의 유지·보존에 공하는 선산으로서의 기능을 상실하지 아니한 것으로 보이고, 양도 당시의 항공사진상 임야의 형태를 하고 있고 양도 이후 지목이 변경되어도 양도 당시에는 임야(선산)로 보이는 점 등에 비추어 처분일 현재 3년 이상 계속하여 종중의 고유목적에 사용하였다고 봄이 타당함[22] • 분묘 소재한 필지와 그렇지 않은 필지의 양도 : 항공사진 등에서 임야②에 선조의 분묘 3기가 존치되어 있었고, 동 묘역에서 종중의 시제를 봉행한 것으로 보이는 점, 임야② 전체면적을 임대 또는 다른 용도로 사용하지 아니하였고 양도 당시 청구종중의 선산으로서 기능을 유지한 것으로 보이는 점 등에 비추어 임야②는 처분일 현재 3년 이상 계속하여 종중의 고유목적사업에 직접 사용한 것으로 보아 당해 처분 수입은 법인세 과세소득에서 제외함이 타당하지만, 임야①은 일부 면적이 임야②에서 분할되었으나, 구거를 사이에 두고 분리되어 있고 그 안에 선조의 분묘가 존치되어 있지도 아니한 것으로 나타나므로 종중의 고유목적사업에 직접 사용하였다고 보기 어려움[23] • 임야①에 존재하는 분묘 1기는 수용 당시 "소유자 불명"으로 수용대상에서 제외된 적이 있어서 종중이 관리한 분묘로 보기 어렵고, 임야②에는 분묘가 존재하지 않으며 해당 임야가 선산에서 제외되었다고 하더라도 종중의 고유목적사업에 특별한 제약이 있다고 보기 어려워 임야가 선산의 일부였다는 사실만으로 고유목적사업에 직접 사용된 것으로 단정하기 어려움[24] • 분묘가 없는 부분만 분할 양도된 경우 : 양도한 임야는 분묘가 존재하지 않고 상당한 규모의 모번지 면적의 5% 미만에 불과한 주변 임야로, 분묘가 존재하여 관리되는 모번지 임야와는 달리 오랜 기간 방치된 것으로 보이며, 달리 종중의 목적사업에 직접 사용되었다거나 이를 위한 기능을 하였다고 볼 만한 사정이 없고, 양도 임야는 지자체에 협의취득을 원인으로 모번지에서 분할하여 양도되었으나, 해당 임야가 선산에서 제외되었다고 하더라도 종중의 고유목적사업에 특별한 제약이 있다고 보기 어려워 해당 임야가 선산의 일부였다는 사실만으로 고유목적사업에 직접 사용된 것으로 단정하기 어려움[25]

---

21) 조심2018부2226, 2018.7.31.
22) 조심2018중3580, 2018.12.11.
23) 조심2019광3203, 2021.3.30.
24) 조심2022구5662, 2022.7.18.
25) 조심2019전4413, 2020.6.26. ; 조심2021중5184, 2021.11.10.

구 분	내 용
토지 양도대금 분배시 과세 방법(원칙)	• 종중은 소득세법 규정에 의하여 1거주자로 보는 것이므로 종중소유 부동산을 양도한 것에 대한 양도소득세 납세의무는 단체인 종중에게 있는 것임[26] • 종중재산의 매각대금을 무상으로 종중원에게 분배하는 경우에는 그 분배한 대금에 대하여 종중원에게 증여세가 과세되는 것임[27]
분쟁으로 판결에 따라 종중원들에게 직접 귀속	• 종중과 종중원들 간 갈등으로 불가피하게 토지를 종중원들에게 증여할 수밖에 없었고, 토지 보상금의 실제 수익자가 각 종중원이며, 증액보상금 판결에서도 증액보상금을 종중이 아닌 각 종중원들에게 지급하라고 판결한 점에 비추어 종중을 납세의무자로 본 것은 잘못임[28]
분배규약이 있어 법인 승인 거부된 경우	• 종중이 분배를 이유로 신청한 법인으로 보는 단체 승인을 거부한 점 등에 비추어 종중규약에서 단체의 해당 구성원별로 이익의 분배 비율이 확인되는 경우로 보이므로 토지 양도소득에 대해 소득세법 제2조 제3항 단서에 따라 단체 구성원별로 소득세 등 납부의무를 부담하는 것으로 봄이 타당함[29] ※ 이를 일반화할 경우 민법상 종중의 "총유" 구조와 조화되기 어려운 부분이 있는데, 일부 종중원들의 규약 및 회의에 따라 종중 부동산을 양도하고 분배받는 것은 단체결성의 자유라는 논리에 기초한 이른바 대법원 판례에 의하여 확립된 "종중 유사단체"로 보아 현행 소득세법 제2조 제3항을 적용하는 것으로 논리를 구성함이 합리적일 것으로 생각됨 • 법인으로 보는 단체에 해당하지 않은 마을회가 그 소유 토지를 양도하는 경우 마을회를 1거주자로 보아 납세의무를 부담하지만, 구성원 간 이익의 분배비율이 정하여져 있고 해당 구성원별로 이익의 분배비율이 확인되는 경우 또는 구성원 간 이익의 분배비율이 정하여져 있지 아니하나 사실상 구성원별로 이익이 분배되는 것으로 확인되는 경우에는 구성원별로 납세의무를 부담함[30] ※ 즉, 최근 과세관청도 조세심판원과 같은 취지로 "수익분배" 여부에 따라 해석하고 있음

---

26) 서면4팀-1902, 2006.6.21. ; 서면4팀-2203, 2005.11.16. ; 재산46014-277, 2000.3.7.
27) 상속증여세과-805, 2016.7.15.
28) 조심2015중3327, 2016.8.22.
29) 조심2022전2906, 2022.9.7.
30) 법규재산-559, 2023.10.30.

Chapter 03 "이중계약서", 이것만은 알고 가자!

내용 Summary

기본사항 Check

- **사기 기타 부정한 행위** : 다음의 어느 하나에 해당하는 행위로 조세부과와 징수를 불가능하게 하거나 현저히 곤란하게 하는 **적극적 행위**(조세범 처벌법§3⑥)
  ① 이중장부의 작성 등 장부의 거짓 기장
  ② 거짓 증빙 또는 거짓 문서의 작성 및 수취
  ③ 장부와 기록의 파기
  ④ 재산의 은닉, 소득·수익·행위·거래의 조작 또는 은폐
  ⑤ 고의적으로 장부 미작성하거나 미비치 또는 계산서·세금계산서·계산서합계표·세금계산서합계표의 조작
  ⑥ 전사적 기업자원 관리설비의 조작 또는 전자세금계산서의 조작
  ⑦ 그밖에 위계에 의한 행위 또는 부정한 행위

핵심 Point

- 이중계약서에 대한 과세상 불이익
  ① 양도소득세 부과제척기간 → 10년 적용
  ② 무신고/과소신고 등에 대한 가산세 → 40% 적용
  ③ 매매계약서 거래가액을 사실과 다르게 기재한 경우 → 비과세 및 감면 배제/제한
- 이중계약서를 세무서에 제출하지 않으면 불이익이 없는지 여부 → No

 **질문 »**

1. 2013년 5월 중 주택을 취득하면서 6억원에 1차 계약서를 작성하였으나, 前 양도인은 "양도소득세"를 줄이고 매수인은 "취득세"를 줄일 수 있다고 하여 5억원으로 다운계약서를 추가 작성하였다. 그런데 2023년 9월 중 해당 주택을 12억원에 양도할 때 1세대 1주택 보유자라면 비과세를 적용받을 수 있는가?

2. 이중계약서를 지자체에 부동산 거래신고할 때는 제출하였으나, 세무서에 허위계약서를 제출하지는 않았다. 이 경우에도 이중계약서에 따른 불이익을 받게 되는가?

 **답변 및 해설 »**

1. 사안은 1세대 1주택자가 고가주택 기준금액(12억원) 이하인 주택을 보유기간 등을 충족한 상태에서 양도한 경우이지만 비과세를 적용받지 못한다. 왜냐하면 **2011.7.1. 이후 매매계약하는 분부터는 매매계약서의 거래가격을 허위로 기재**하면 허위금액과 실제 금액과의 차액을 한도로 비과세를 배제하기 때문이다. 따라서 사안에서 1억원(= 6억원 - 5억원) 한도에서 비과세가 부인된다. 다만, 1세대 1주택자로서 받는 장기보유특별공제(2년 이상 거주시 표2, 최고 80%)는 배제하는 규정이 없으므로 부담세액은 다소 줄어들 수 있다.

2. 사안은 세무서에 비록 허위계약서를 제출하지 않았지만 **이중계약서는 그 자체로 사기 기타 부정한 행위에 해당**한다. 따라서 과세관청이 결정/경정하는 경우 10년의 제척기간이 적용된다. 그리고 의무불이행에 대하여는 부정행위 가산세(40%)가 적용된다.

> **보충설명**
>
> 위 질문들은 이중계약서에 대한 세법상 불이익을 다루고 있다.
>
> 첫째, 이중계약서로서 부동산이나 부동산에 관한 권리의 매매계약서에 매매가액이 사실과 다르게 기재되면 그것이 업(up)계약서든 다운(down)계약서든 2011.7.1. 이후 매매계약하는 분부터 허위로 기재된 금액과 차액을 한도로 비과세나 감면이 배제된다.
>
> 둘째, 이중매매 계약은 그 자체로 사기 기타 부정한 행위에 해당한다고 본다. 따라서 이중매매 계약서를 세무서에 제출한 경우는 물론, 제출하지 않았다고 하더라도 사기 기타 부정한 행위에 해당하여 제척기간(10년) 및 부정행위에 따른 가산세(40%)를 적용받을 것이다. 최근 불복사례에서도 제척기간 관련하여 세무서에 제출하지 않은 경우에도 10년의 제척기간을 적용하는 같은 이유이다.
>
> 요컨대, 계약체결 중에 착오사항이 있으면 이중계약서가 아니라 기존계약을 해제하고 새롭게 체결하거나 기존계약에 대한 수정계약을 체결하면서 그 이유 내지 내용을 당당하게 새로운 계약서에 기재하는 것이 이후 양도소득세 관련하여 불이익 및 분쟁을 피할 수 있다.

관련 사례

구 분	내 용
제척기간(10년)	• 이중계약서를 타인에게 위임하여 작성하였거나,[31] 거래상대방의 요구에 의하여 부득이하게 작성하여도 10년의 제척기간이 적용됨[32] • 이중계약서(다운계약)를 작성한 뒤 고가주택에 해당되지 않는 것으로 하여 양도소득세를 신고하지 않은 경우 10년의 제척기간을 적용함[33] • 이중계약서를 과세관청에 제출하지는 않았다고 하나 이중계약서는 그 자체로서 사기 기타 부정한 행위에 해당하여 10년의 제척기간을 적용함[34] • 제3자 명의로 매매계약서를 작성하고 토지를 미등기 전매한 사실이 확인되는 점 등으로 보아 사기 기타 부정한 적극적인 행위에 해당됨[35] • 이중계약서는 아니더라도 양도계약서를 허위로 작성하여 신고하는 행위는 특별한 사정이 없는 한 사기 기타 부정한 행위에 해당함(대리인 방조 포함)[36]
비과세 제한/배제	• 지방자치단체에는 실지거래가액을 허위로 기재한 계약서에 기초하여 신고하였으나 양도소득세는 정상적 실가로 신고/수정신고한 경우 비과세나 감면이 배제됨[37] • 주택을 양도한 피상속인이 매매계약서의 거래가액을 실지거래가액과 다르게 적은 경우로 보아 1세대 1주택 비과세 적용을 배제한 것은 정당함[38] • 고가주택 양도가액을 허위로 예정신고하자 비과세 적용을 배제하여 고지하였는데 실제 거래가격으로 확정신고한 후 경정청구한 것에 대해, 경정청구가 예정신고에 대한 것이라면 청구대상이 없고, 확정신고에 대한 것이라면 확정신고와 동일한 내용으로 경정하여 달라는 것은 허용될 수 없음[39]
가산세	• 이중계약서를 작성하고 부가가치세 신고시 직접 처분청에 이중계약서를 제출하지 아니하였더라도 이중계약서를 작성하고 부가가치세를 과소신고한 행위 자체가 사기나 그 밖의 부정한 행위에 해당되어 10년의 부과제척기간 및 부당과소신고가산세(40%)를 적용한 처분은 잘못이 없음[40] • 수입금액을 누락하여 조세의 탈루를 발생시키는 이중계약서는 그 자체로 사기나 그 밖의 부정한 행위에 해당하여, 10년의 부과제척기간과 부정과소신고가산세율 40%를 적용한 것은 달리 잘못이 없음[41]

---

31) 조심2021서6983, 2022.7.21. ; 조심2015중284, 2015.2.27. ; 조심2013서1022, 2013.5.16. ; 서울고법2014누1289, 2015.4.1. ; 대구고법2012누2703, 2013.4.26. ; 부산고법2012누2375, 2012.10.26.
32) 조심2011전2360, 2011.12.14.
33) 조심2014서503, 2014.3.18.
34) 조심2009서3459, 2010.9.7. ; 조심2014서546, 2014.3.18. ; 조심2010중2794, 2010.10.1.
35) 조심2011중2320, 2011.9.8.
36) 조심2022광6418, 2023.8.3. ; 조심2020광197, 2020.7.2. ; 조심2009서3520, 2009.11.24. ; 조심2009서3526, 2009.11.24. ; 수원고법2023누12169, 2023.12.8. ; 서울행법2020구합76715, 2022.7.21.
37) 법규과-410, 2012.4.20. ; 조심2022중7024, 2023.2.15. ; 수원지법2023구단2979, 2024.7.19.
38) 조심2021부5170, 2021.11.9. ; 울산지법2022구단5776, 2023.4.4.
39) 대판2017두73297, 2021.12.30.
40) 조심2016서3646, 2017.2.13. ; 조심2011중984, 2011.5.30.
41) 조심2018중343, 2018.3.9.

Chapter 04

"한정승인"을 받고 경매되어 10원도 안 받았는데 양도소득세 내야 하나?

내용 Summary

기본사항 Check

- **한정승인** : 상속인이 상속으로 인하여 취득할 재산의 한도에서 피상속인의 채무와 유증을 변제할 것을 조건으로 상속을 승인하는 것(민법§1019, §1028~§1040)
- **상속에 관한 비용** : 상속재산에서 지급(민법§988의2)

핵심 Point

- 양도소득세 과세 여부 → 과세
- 책임 범위 → 한정승인자의 고유재산에 대한 체납처분 불인정(조세심판원 결정, 판례)
- 납세의무 승계를 피하면서 재산을 상속받기 위하여 피상속인이 상속인을 수익자로 하는 보험계약을 체결하고 상속인은 피상속인의 사망으로 상속인이 보험금(상증세법 제8조에 따른 보험금)을 받은 경우 → 보험금 전액을 상속인이 상속받은 재산으로 보아 납세의무 승계규정을 적용(국기법§24②, 2025.1.1. 이후 상속개시분부터 적용)

질문 »

사업을 영위하다가 빚을 많이 부담하고 있던 부친이 사망하자 상속재산에 대하여 법원으로부터 한정승인을 받았는데, 이후 돌아가신 부친이 보유하였던 부동산이 모두 경매로 매각되어 매각대금은 전액 채권자들에게 배분되었다. 그런데 이후 몇 달이 지나 세무서로부터 경매로 양도된 부동산들에 대해 상속인들에게 상속지분에 따라 과세하겠다는 양도소득세 과세예고 통지를 받게 되었다.

이와 같이 한정승인을 받고 전액 채무에 충당된 경우에도 상속인들이 양도소득세를 부담하게 되는가? 만일 양도소득세가 과세된다면 상속인들의 고유재산에 대하여 압류 등 체납처분을 할 수 있는가?

답변 및 해설 »

결론부터 말하면, 상속인들에게 상속개시 당시의 평가액과 경매 낙찰가액의 차익에 대하여 양도소득세가 부과된다. 이 경우 상속인들이 상속재산과 무관한 고유재산으로 책임을 부담하는지 여부에 대하여 종전에는 이를 긍정하였으나, 최근 법원 판례 및 조세심판원은 고유재산에 의한 책임을 제한하는 결정들을 내리고 있다.

이러한 결정에 따르면 상속인들에게 양도소득세가 부과되더라도 숨겨진 피상속인의 재산이 추가로 발견되지 않는 한 상속인들의 고유재산에 대한 압류처분은 위법하다고 보아 불복으로 다툴 수 있다. 한편, 2025년 이후 상속분부터 납세의무승계를 피하기 위해 피상속인이 상속인을 수익자로 하여 보험가입한 후 상속인이 한정승인받아도 보험금을 상속재산으로 보도록 개정하였다.

 보충설명

최근 들어 매년 상당한 수의 한정승인 신고가 법원에 의하여 수리되고 있다. 위 질문은 이에 대한 세금문제를 다루고 있다.

피상속인이 빚을 많이 지다가 사망한 경우 이를 상속인들에게 무한책임을 부담하게 하면 대를 이어가며 빚을 갚느라 조상을 원망하며 살 것이다. 이는 현대사회의 개인책임 원칙에도 반한다. 민법은 이러한 경우 "한정승인"이라는 장치를 마련하여, 피상속인으로부터 실제 상속받는 재산의 범위 내에서만 책임을 부담하도록 하고 있다. 물론, "상속포기" 제도가 있지만 1순위 상속권자가 모두 상속포기하면 2순위 상속권자에게 상속권이 넘어가기에 결국 1~4순위의 모든 상속권자가 전부 상속포기하여야 하는 불편이 있다. 따라서 실무에서는 "한정승인" 제도를 대안으로서 많이 이용하고 있다.

하지만 여기에는 "양도소득세" 등의 문제가 있는데, 상속개시일부터 6개월 이내 경매가격이 결정된다면 양도가액과 취득가액이 동일하기에 양도차익이 0이 된다. 안타깝게도 실무에서는 대부분 상당한 기간이 지나 경매가 이루어져서 그러한 경우는 드물고 양도가액과 상증세법상 평가액과 차이만큼에 대하여 양도소득세가 상속인들에게 과세된다.

그런데 피상속인의 상속재산에 대한 경매 결과 낙찰대금이 모두 채권자들에게 배분되고 한정승인한 상속인들에게 1원도 배분되지 않은 경우가 매우 많다. 이 경우 한정승인 받은 상속인들에게 상속과 무관한 그 고유한 재산을 처분하여 납부하라는 것은 가혹할 수 있다. 뿐만 아니라 이로 인해 민사상 한정승인 제도 자체가 무력해질 수 있다.

이와 관련하여 당초 고유재산에 대하여도 체납처분이 가능하다고 보았으나,[42] 최근 조세심판원 결정과 판례들은 고유재산에 대한 강제집행(압류 등) 대상은 아니라고 판단하고 있다. 물론 상속인이 자발적으로 납부한 경우에는 유효한 납부세액이 된다.

---

42) 심사양도2009-295, 2010.2.2. ; 조심2010서462, 2011.1.19. ; 서울고법2010누25291, 2010.12.29.

관련 사례

구 분	내 용
납세의무 범위	• 한정승인한 상속인의 상속재산에 대한 임의경매로 발생한 양도소득세 채무는 한정승인한 상속인 자신의 조세채무로서 한정승인자는 양도소득세 채무 전부에 대한 납세의무가 있고 상속으로 인하여 취득한 재산의 범위로 책임이 제한되지 않는 것임[43]
	• 한정승인을 신고수리받은 상속인들에게 누락된 상속재산이 있는 경우, 실제 상속으로 취득한 재산을 한도로 하여 피상속인의 양도소득세 납세의무가 승계됨[44]
책임 제한 관련	• 상속재산이 피상속인의 채무에 따른 경매절차에 의해 매각됨에 따라 청구인에게 부과된 양도소득세는 상속으로 인하여 받은 상속재산 한도 내에서 지급할 의무가 있다 할 것이므로 해당 양도소득세의 체납을 이유로 고유재산에 대하여 압류 등 체납처분을 한 처분은 잘못임[45]
	※ 결국 최근 불복사례들은, 한정승인을 받고 상속재산이 경매 처분되어 상속인이 취득한 자산이 없더라도 양도소득세 부과 및 고지는 유효하되, 고유재산에 대한 압류 등 체납처분만 제한을 받게 되는 책임 제한의 법리로 해결하고 있음[46]
상속인이 자진 납부한 경우	• 상속재산을 넘는 양도소득세 채무는 자연채무로서 존재하므로 상속인이 임의 변제시 비채변제(非債辨濟)가 되지 않고 부당이득반환청구권도 발생하지 않음[47]
	※ 비채변제 : 채무가 존재하지 않음에도 불구하고 변제를 하면 법률상 원인이 없으므로 원칙적으로 부당이익으로서 반환청구가 인정되지만, 변제 당시 채무 부존재를 알고 있을 경우에는 그 반환을 청구할 수 없음(민법§742)

---

43) 부동산납세과-1358, 2016.9.1. ; 조심2021광833, 2021.5.3. ; 조심2018구838, 2018.4.23.
44) 심사양도2023-56, 2023.12.13.
45) 조심2018광3600, 2018.12.12. ; 대구지법2018구합892, 2018.12.19. ; 대판2010두13630, 2012.9.13. ; (배당사건) 대판2015다250574, 2016.5.24. ; 해남지원2019가소21287, 2020.4.23.
46) 조심2021광833, 2021.5.3. ; 부산지법2016구합25063, 2017.3.31.
47) 서울고법2018누63916, 2019.5.15.

Chapter 05

"제척기간 임박"하여 과세예고 통지와 고지서를 함께 수령하였다면?

💬 내용 Summary

기본사항 Check

- **과세예고통지 대상**(국기법§81의15①)
  ① 세무서 또는 지방국세청에 대한 지방국세청장 또는 국세청장의 업무감사 결과(현지 시정조치 포함)에 따라 세무서장 또는 지방국세청장이 과세하는 경우
  ② 세무조사에서 확인된 것으로 조사대상자 외의 자에 대한 과세자료 및 현지 확인조사에 따라 세무서장 또는 지방국세청장이 과세하는 경우
  ③ 납부고지하려는 세액이 100만원 이상인 경우. 다만, 감사원 시정요구에 따라 세무서장 또는 지방국세청장이 과세처분하는 경우로서 시정요구 전에 과세처분 대상자가 감사원의 지적사항에 대한 소명안내를 받은 경우는 제외

- **과세전적부심사 제외 대상**(국기법§81의15③, 국기령§63의15③)
  ① 납부기한 전 징수의 사유가 있거나 수시부과의 사유가 있는 경우
  ② 조세범 처벌법 위반으로 고발 또는 통고처분하는 경우
  ③ 세무조사결과통지 및 과세예고통지를 하는 날부터 제척기간 만료일까지 기간이 3개월 이하인 경우
  ④ 조세조약을 체결한 상대국이 상호합의 절차의 개시를 요청한 경우
  ⑤ 이의신청 등에서 재조사 결정에 따라 조사를 하는 경우

핵심 Point

- 제척기간 임박하여 과세예고통지를 생략할 수 있는지 → No
- 과세자료의 장기간 방치하고 제척기간 임박하여 과세예고통지와 고지서를 함께 발송한 것이 위법하다고 불복 인용된 경우 불복에 따른 제척기간(1년) 적용 여부 → 가능(심판 결정, 판례), '무효' 사유는 불가하고 '취소' 사유면 가능(기획재정부)

질문 »

1. 제척기간 만료 3개월 이내이면 "과세예고통지"를 생략할 수 있는가?
2. 과세전적부심사를 받을 권리를 박탈한 것으로 보는 경우와 그렇지 않은 경우는?
3. 과세전적부심사를 받을 권리를 박탈하였다고 위법하다고 결정한 이후 절차는?

 **답변 및 해설 »**

1. 국세기본법에서는 납부고지하려는 세액이 100만원 이상인 경우 미리 납세자에게 그 내용을 서면으로 과세예고통지를 하도록 규정하고 있다. 이에 대하여 통지를 받은 날부터 30일 이내 과세전적부심사를 청구할 수 있다. 과세예고통지를 결여하고 과세하는 것은 위법한 과세처분에 해당한다.

   그런데 과세예고통지를 하는 날부터 국세부과 제척기간의 만료일까지의 기간이 3개월 이하인 경우는 과세전적부심사 청구 대상에서 제외하고 있다. 여기서 제척기간 만료일까지 3개월 이하인 경우 과세예고통지를 생략할 수 있다고 종종 오해한다!

   (1) 그러나 과세예고통지는 생략할 수 없다.
   (2) 실무에서는 이 경우 통상 과세예고통지와 아울러 고지서를 같은 시기에 발부하고 있다. 그렇지만 예고통지를 받아도 과세전적부심사 청구 대상에서 제외하기에, 만일 과세전적부심사를 청구한 경우 본안심리는 생략한 채 "각하"된다.
   (3) 따라서 예고통지를 받은 상태에서는 과세가 되어서는 안 되는 정당한 사유에 대한 소명자료 등을 제출하여 과세관청으로부터 직권 취소를 받아내는 방법도 고려해 볼 필요가 있다. 그게 안 되면 고지 처분에 대한 "이의신청 등"을 청구하여야 한다.

2. 제척기간 만료 3개월 이내로서 과세관청이 과세예고통지와 동시에 고지서를 발부한 것이 납세자가 사전적 권리구제를 받을 절차를 박탈한 것으로서 위법한지에 대해 과세자료를 장기간 방치하였는지 여부에 따라 달리 판단한다.
   (1) 만일 과세관청이 과세자료를 장기간 방치한 경우에는 사전적 권리구제절차를 박탈한 것으로 위법하다고 본다.
   (2) 그러나 과세자료를 장기간 방치한 것으로 볼 수 없는 경우에는 위법한 것으로 볼 수 없다고 판단한다. 예컨대, 최근에 조사가 종결됨에 따라 과세자료가 파생되었다면 업무담당자에게 과세자료 방치의 책임을 물을 수 없기 때문이다. 최근 들어 과세관청이 과세자료를 장기간 방치한 것에 고의적인 것인지 여부를 따져서 판단하는 결정들이 많이 나타나고 있는 점도 주목할 부분이다.

3. 과세자료를 장기간 방치하였다고 보아 고지 처분이 위법하다고 결정한 경우 더 이상 과세를 할 수 없다고 생각할 수 있다. 그러나 이 경우 다시 불복에 따른 특례 제척기간 1년을 적용할 수 있는지 여부를 살펴야 한다. 이에 대해 판례나 조세심판원 결정 및 판례에 따르면 특례 제척기간 1년을 적용할 수 있다고 본다.

한편, 최근 기획재정부는 사안을 구분하여 부과처분이 판결 등에 의해 "무효를 선언하는 의미에서 취소로 결정"된 경우는 특례 부과제척기간을 적용할 수 없으되, 단순 절차상 하자에 따른 취소로 결정된 경우로서 하자의 치유가 가능한 경우는 특례제척기간을 적용하여 1년 내 재처분이 가능하다고 해석하였다.

> **보충설명**
>
> 제척기간 임박하여 적부심 기회를 박탈했다고 보는 불복 결정들이 많이 나왔지만, 과세당국이 과세자료를 의도적으로 방치하지 않은 사정이 있는 경우에는 적부심 기회를 박탈한 것으로 볼 수 없다는 결정들도 제법 나오고 있으므로, 사안별로 의도적으로 방치한 것인지 여부를 사안별로 살펴볼 필요가 있다.
>
> 〈과세자료의 장기간 방치로 본 경우〉
>
> ① 과세자료를 통보받은 후 과세자료와 관련한 소명요구나 추가조사 없이 이를 장기간 처리하지 않다가 제척기간 만료일이 임박하여 고지한 경우[48]
>
> ② 소명자료를 받았음에도 6년 이상 처리하지 않다가 소명내용을 확인할 수 없다고 하여 제척기간 만료 임박하여 고지한 경우[49]
>
> ③ 주택 양도와 관련하여 양도소득세를 신고한 이후 청구인에 대해 추가적인 자료요청이나 조사 등 양도소득세를 부과하기 위한 조치를 한 사실이 확인되지 않은 경우[50]
>
> ④ 양도소득세 신고내역을 검토하여 비과세 내역을 사후검토대상으로 선정하였음에도, 5년 넘게 특별한 이유 없이 이를 처리하지 않다가 제척기간 만료일에 임박하여 별다른 조사·확인 없이 과세한 경우[51]
>
> ⑤ 세무조사를 하고 과세사실판단자문위원회를 통해 과세대상이 타당하다고 하였음에도 장기간 이를 처리하지 않다가 제척기간 만료 임박하여 과세자료를 통보하고 그 지연에 합리적인 이유도 없는 경우[52]
>
> ⑥ 양도소득세 신고·납부에 대해 양도와 관련한 세무조사나 소명자료 제출 요청 등을 하지 않다가 제척기간 만료일 근접하여 대리인에게 양도 관련 소명자료를 전화로 요청한 뒤 과세한 경우[53]
>
> ⑦ 10년의 장기 부과제척기간을 적용하여 자료를 통보받아 과세하면서도 1년 넘게 방치하다가 제척기간 만료가 임박한 시점에서야 과세자료 해명안내문을 발송하고 과세한 경우[54]
>
> ⑧ 동일한 과세원인 자료에서 일부 기간분은 정상 고지하고서 일부는 제척기간 임박하여 과세한 경우[55]
>
> ⑨ 송달절차상 과세예고통지서 발송을 위해 선량한 관리자의 주의의무를 다하였다고 보기도 어려운 경우[56]

---

48) 조심2024서148, 2024.5.16. ; 조심2022서6700, 2022.12.7.
49) 조심2023인9521, 2024.3.21. ; 조심2022서7273, 2023.2.7.
50) 조심2023인10306, 2024.1.24.
51) 조심2022인7220, 2023.1.16.
52) 조심2023인873, 2023.8.8. ; 서울고법2022누45953, 2023.7.12.
53) 조심2024서3160, 2024.9.4.
54) 조심2023중9600, 2024.1.15.
55) 조심2023인9563, 2023.11.16.
56) 조심2023서7358, 2023.11.1.

> **보충설명**

〈과세자료의 장기간 방치로 보지 않은 경우〉

① 종중토지가 종중원 앞으로 명의신탁이 되었다가 수용된 후 토지보상금은 명의수탁자인 종중원을 피공탁자로 하여 공탁되었고 종중이 종중원들을 상대로 토지보상금 반환청구 소송을 제기함에 따라 소송 결과에 의해 양도소득 귀속자가 달라질 수 있었고, 종중이 토지 양도에 따라 자진신고할 수 있었음에도 이행하지 않아 과세자료 지연 처리의 상당한 원인이 종중에게 없었다고 단정하기 어려운 경우[57]

② 주소지를 이전함에 따라 새로운 주소지를 관할하는 피고에게 과세자료를 이관한 것으로, 과세자료를 고의로 방치하였다거나 처분절차 진행을 고의로 지연하였다고 볼 만한 사정을 찾기 어려운 경우[58]

③ 청구인에게 여러 차례 소명요구를 하였고, 처분을 위해 쟁점주택에 직접 방문하여 건축물의 위치와 구조, 인근 유사건물 현황 등을 확인하였는바, 그 과정에서 다소 시간이 지체되기는 하였으나 처분청이 처분절차의 진행을 게을리하였다거나 고의로 장기간 방치한 것으로 보기 어려운 경우[59]

④ 납세자가 조사청에 세무조사 연기를 신청하였고, 과세관청은 이를 받아들여 세무조사를 연기하였다가 이후 세무조사를 재개하여 세무조사결과를 통지한 후 고지서를 송달한 것으로 나타나는바, 이러한 일련의 과정에서 조사청이 의무를 해태하고 고의로 과세자료를 방치하였다고 보기 어려움[60]

⑤ 조사청으로부터 과세자료를 통보받은 즉시 해명기회를 제공한 후 과세자료를 처리한 것으로 보여 제척기간 만료일에 임박하여 과세자료를 처리하게 된 것에 귀책사유가 있었다고 보기 어려운 경우[61]

⑥ 처분청이 고의 또는 중과실로 처분을 장기간 해태하였다거나 과세전적부심사 기회를 박탈하기 위하여 과세자료를 장기로 방치하였다고 볼 만한 사정이 확인되지 않은 경우[62]

⑦ 뒤늦게 제출 또는 통보받은 자료에 대해 복잡한 사실관계 및 법리 검토에 상당한 시일이 소요된 경우[63]

⑧ 특정주식 양도에 대한 적용 세율을 잘못 적용하여 양도소득세를 과소신고한 점검대상자를 통보받아 비로소 처분을 할 수 있었고, 해명자료 제출안내를 발송하기도 하였으며, 절차적 권리를 박탈하기 위하여 고의로 그 검토나 처리를 지연하였다고 볼 만한 사정은 기록상 특별히 발견되지 않은 경우[64]

⑨ 2018년 양도분의 과세자료가 생성된 것은 2024년 1월경으로 장기보유특별공제 과다신고 여부 검토를 위해 과세예고통지 전 정비사업조합에 관리처분계획 인가 관련 자료를 재차 요구하여 변경된 관리처분계획인가내역서를 회신받아 내부검토를 거쳐 단기일 내에 처리한 경우[65]

---

57) 조심2024전2979, 2024.12.9.
58) 수원고법2024누11279, 2024.12.6. ; 수원지법2023구단1570, 2024.4.24. ; 창원지법2024구단10288, 2024.10.23. ; 조심2024서3390, 2024.11.4.
59) 조심2024서3599, 2024.11.4.
60) 조심2023중9487, 2024.10.2.
61) 조심2024서3390, 2024.11.4. ; 조심2024서103, 2024.5.14.
62) 심사양도2023-0026, 2023.8.16.
63) 조심2022서7573, 2022.12.29. ; 서울고법2023누66766, 2024.8.30. ; 서울고법2023누50150, 2024.7.18. → (대법원 심리불속행 확정) 대판2024두52380, 2024.11.28.
64) 인천지법2022구합58326, 2024.2.8.
65) 조심2024서3353, 2024.9.4.

관련 사례

구 분	내 용
자료의 장기간 방치	• 과세관청이 국세행정을 장기간 해태함으로써 제척기간 만료가 임박한 경우에도 국기법 제81조의 15 제3항 제3호를 적용할 수 있게 되면 과세관청이 자의적으로 납세자의 사전적인 권리구제 절차를 박탈할 수 있게 되어 과세예고통지를 의무화한 입법취지와 부합하지 않음[66]
적부심 기회박탈로 취소된 경우 재처분 가능 여부	• 과세관청 : 부과처분이 소송의 판결 등에 의해 무효를 선언하는 의미에서 취소로 결정된 경우 특례 제척기간(1년)을 적용할 수 없지만, 단순 절차상 하자에 따른 취소로 결정된 경우로서 하자의 치유가 가능한 경우는 특례 제척기간을 적용하여 1년 이내 재처분이 가능함[67] • 조세심판원, 대법원 : 특례제척기간 규정의 "경정결정이나 그 밖에 필요한 처분"은 당해 결정의 주문을 이행하기 위한 처분에 한정하는 것이 아니라 결정이유에서 밝힌 위법사유를 보완하는 처분까지 포함하는 것으로 해석함이 타당하며, 조세심판결정은 당초 처분에 절차상 하자가 있었음을 이유로 이를 취소한다는 것으로 결정이유에서 밝힌 내용과 취지상 위법사항을 보완한 후속처분을 예정하고 있는 것으로 보이므로 조세심판결정으로 인하여 제척기간이 연장된 상태에서 그 결정의 취지에 따라 절차상 하자를 보완하여 처분을 한 점 등을 종합하여 보면, 특례제척기간 규정이 정하는 당해 심판결정에 따른 처분에 해당함[68]
자료의 장기간 방치가 아닌 경우	• 과세예고 통지의 대상으로 삼고 있지 않다거나 과세전적부심사를 거치지 않고 곧바로 과세처분을 할 수 있는 예외사유로 정하고 있는 등의 특별한 사정이 있는 경우에는 과세관청이 과세예고 통지를 생략하고 과세처분을 하였더라도 이를 위법하다고 볼 수는 없음[69] ※ 특히 2024년 하반기 이후 불복사례들은 제척기간이 얼마 남지 않은 상태에서 과세관청이 고의적으로 지체하였다고 볼 사정이 없는 사안에서, 과세전적부심사 절차를 거치도록 하는 경우 제척기간의 도과로 정당한 세금을 징수하지 못하게 될 위험이 발생하고, 납세의무자가 부과제척기간을 도과시키기 위한 목적으로 이를 남용할 가능성도 배제할 수 없으며, 납세의무자로서는 과세전적부심사 절차를 거치지 않더라도 이의신청, 심사청구, 심판청구, 행정소송 등을 통하여 과세처분에 대하여 다툴 수 있는 절차적 기회가 보장되어 있다는 점을 사유로 절차적 하자가 없다고 판단한 결정들이[70] 제법 많이 나오고 있는 상황임

---

66) 조심2023서9074, 2024.2.29. ; 조심2022서7132, 2023.4.10. ; 조심2022인7220, 2023.1.16. ; 조심2022서6700, 2022.12.7. ; 조심2021서3565, 2022.8.25.
67) 법규기본-169, 2024.09.24. ; 조세정책과-1778, 2024.9.19.
68) 조심2019서3151, 2020.5.19. ; 서울행법2020구단14017, 2021.4.23. ; 대판2022두31785, 2022.4.28.
69) 심사양도2023-0026, 2023.8.16. ; 조심2022중7216, 2023.2.13. ; 대판2015두52326, 2016.4.15. ; 대판2010두19713, 2012.10.11. ; 수원지법2022구합61596, 2022.10.13. ; 서울행법2021구단51457, 2022.1.14.
70) 조심2024서3390, 2024.11.4. ; 조심2024인2042, 2024.10.15. ; 창원지법2024구단10288, 2024.10.23. ; 의정부지법2023구단5781, 2024.8.28. ; 수원지법2023구단1570, 2024.4.24. 등

Chapter 06 주식 양도, 이건 꼭 검토해야 한다!

내용 Summary

기본사항 Check

- **상장주식 과세 대상** → 대주주(① 또는 ②) 양도분 또는 소액주주 장외거래분
  ① 직전 사업연도말 기준 지분율 1%(코스피 주식), 2%(코스닥 주식), 4%(코넥스 주식) 이상(당해 연도 지분율 충족시는 그때부터 대주주)
  ② 직전 사업연도말 기준 시가총액 50억원 이상

- **비상장주식** → (원칙) 전부 과세, (예외) KOTC 소액주주(조특법상 벤처기업 소액주주, 소득령상 중소중견기업의 소액주주)

- **세율 적용** → 중소기업인지 여부에 따라 세율 달리 적용

- **특수관계인 간 고저가 거래**
  ① 부당행위계산 : 시가와 거래가액의 차이가 시가의 5% 이상 차이(5% 이하라도 3억원 이상 차이)
     → 시가에 의한 양도가액(저가양도), 시가에 의한 취득가액(고가취득)
  ② 고저가 거래에 대한 증여이익 : 시가와 거래가액의 차이가 시가의 30% 이상 차이(30% 이하라도 3억원 이상 차이) → 일정한 산식에 따라 수혜자에게 증여이익 과세

- **특정주식 등** : 부동산 등 50% 이상 & 과점주주 50% 초과 지배 & 소급 3년간 50% 이상 양도 → 기본세율 or 비사업용 주식 세율

- **주식 등의 취득시기 적용** : 취득시기에 따라 취득원인이 다르고 취득가액이 상이하기 때문 → 주식을 특정하여 거래하면 개별적인 취득시기 적용, 특정 못하면 선입선출법

- **배우자 등 이월과세 적용** : 주식 등을 배우자 등으로부터 증여받아 1년 이내 양도시 증여자의 취득가액 적용 → 2025.1.1. 이후 수증분부터 적용

질문 »

납세자가 주식(출자지분 및 신주인수권 포함)을 양도하고 양도소득세 신고를 문의하여 왔을 경우, 세무대리인이 꼭 확인할 사항이 있는가?

답변 및 해설 »

주식을 양도한 경우에는 다음 몇 가지 사항을 기억해 두면 양도소득세 신고에 도움이 된다.

첫째, 거래가 **특수관계인과의 거래**는 아닌가? 특수관계인과의 거래라면 매매가격이 상증세법상 시가와 차이가 어느 정도 나는지 검토해야 한다.

시가와 매매가액과의 차이가 시가의 5% 이상일 경우 (5% 미만이라도 3억원 이상일 경우) 고저가 거래에 따른 부당행위계산에 따라 "시가"로 양도가액을 신고해야 한다. 이익을 본 거래 당사자에게는 "증여이익"으로 과세되는데, 이 경우에는 시가와 대가의 차이가 시가의 30% 이상인지(아니면 3억원 이상인지) 여부로 판단하기에 부당행위계산과 차이가 있다.

둘째, "상장주식"은 (1) 대주주 양도와 (2) 장외거래 양도에 대해 과세된다. 양도소득세가 과세되는 대주주란 아래 표와 같이 직전 사업연도 종료일 기준으로 ① 보유비율과 ② 시가총액 어느 하나에 해당하는 경우를 말한다. 이 경우 기타주주(2023.1.1. 이후 양도분부터 최대주주가 아니면 기타주주의 주식은 제외)가 보유하는 주식도 포함하여 판단하며, 기타주주 범위는 "최대주주"인지 여부에 따라 달라진다. 그리고 주주 1인에는 "법인 주주"는 제외한다.

주식시장	① 보유비율 기준(이상)	② 시가총액 기준(이상)
유가증권시장 상장(KOSPI)	1%	50억원
코스닥시장 상장(KOSDAQ)	2%	
코넥스시장 상장(KONEX)	4%	

셋째, "비상장주식"은 원칙적으로 모두 과세대상에 해당한다. 예외적으로 조특법 제14조에서 창업기업 등에 출자한 경우 과세대상에서 제외되는 등 특례가 있다.

한편, K-OTC 거래 주식을 상장주식으로 착오하는 경우가 종종 있는데, K-OTC는 비상장주식 거래장이므로 원칙적으로 모두 과세 대상이며, 예외적으로 중소/중견기업 등에 대해서는 직전 사업연도 종료일을 기준으로 아래 표의 요건을 모두 충족한 소액주주에 대해 과세대상에서 제외하고 있다.

유 형	① 보유비율 기준(미만)	② 시가총액 기준(미만)
중소/중견기업	4%	50억원
벤처기업		40억원

넷째, 주식은 통상 취득 원인이 다양하며 거래도 다수 이루어지는 경우가 많다. 따라서 양도하는 **해당 주식이 "언제 무슨 원인으로 취득한 것인지"**를 찾아야 한다. 그 취득시기에 따라 취득원인이 매매, 증여, 상속, 유상증자, 무상증자 등 다양하기 때문이다. 취득시기가 **불분명하면 "선입선출법"**을 적용하여 취득가액을 적용한다. 무상증자로 취득하여 의제배당 과세대상이 아닌 경우 그 취득가액이 0원이다. 해외주식 거래도 활발한데 반기별 예정신고시 손익을 통산하는 것이 아니라 **"확정신고"시에 손익을 통산함**도 유의하자.

다섯째, **"세율 적용"**에 유의해야 한다. 중소기업인지 여부 및 대주주 여부에 따라 세율이 다르고, 또한 보유기간에 따라 세율이 달라질 수 있기 때문이다. 일반주식의 세율은 다음과 같이 적용된다. 대주주 판단시 일정 범위의 특수관계인의 주식 등도 포함하여 판단하는 것도 잊지 말아야 한다.

구 분	대주주	대주주 外
중소기업	• 누진세율* (2020.1.1. 이후 양도분)	• 10%
중소기업 외	• 누진세율* • 1년 미만 보유시 30%	• 20%

* 누진세율 : 과세표준 3억원 이하 20%, 3억원 초과분 25% 세율

여섯째, 혹시 해당 법인의 주식이 **"특정주식"**이나 **"부동산 과다보유법인의 주식"**에 해당하는지 여부를 검토해야 한다. 종종 이를 놓치는 경우가 있는데, 이는 일반주식과는 다르게 세율체계(기본세율, 비사업용 토지 과다 보유법인은 기본세율 + 10%)가 다르기에 놓치는 경우 가산세 대상에 해당된다.

일곱째, 비상장주식의 거래시에는 **"증권거래세"** 신고납부도 잊지 말아야 한다. 비록 그 금액은 크지 않지만 신고를 하지 않아 가산세까지 부담하는 경우를 종종 보기 때문이다.

여덟째, 주식을 배우자 등으로부터 2025.1.1. 이후 증여받아 증여받은 날로부터 1년 이내 양도시 "증여자의 취득가액"을 적용한다. 즉, **"배우자 등 이월과세"**가 새롭게 도입되었다.

마지막으로, 법인전환 이월과세 받은 주식을 양도하는 것인지 여부도 체크하고, 취득하는 입장에서는 "간주취득세" 부분도 잊지 말길 바란다.

보충설명

2023.1.1. 이후 양도분부터 최대주주가 아닐 경우 "본인" 보유 주식으로만 대주주 요건에 해당 여부를 판단하기에 "대주주" 판단시 "주주 1인"의 범위에 법인 주주도 포함하는지 여부를 살펴볼 필요가 있음

〈2022.12.31. 이전 양도분〉

- 소득령 제157조 제4항 제1호에서 규정하는 "법인의 주식을 소유하고 있는 주주1인"에는 법인주주를 포함하는 것으로 해석함[71]

〈2023.1.1. 이후 양도분〉

- 대주주 판단에 대한 소득령 개정
  ① 최대주주인 경우 : ⓐ 4촌 이내의 혈족 ⓑ 3촌 이내의 인척 ⓒ 배우자(사실혼 관계 포함) ⓓ 친생자로서 다른 사람에게 친양자 입양된 자 및 그 배우자·직계비속 ⓔ 주주 1인이 민법에 따라 인지한 혼인 외 출생자의 생부나 생모(→ '24.1.1. 이후부터는 본인의 금전이나 그 밖의 재산으로 생계를 유지하는 자 또는 생계를 함께 하는 사람으로 한정)
  ② 최대주주가 아닌 경우 : 기타주주 삭제 → "본인의 보유 주식만"으로 판단

- 최대주주가 아니면 본인 소유 주식만으로 대주주를 판단함에 따라 "주주 1인"의 범위에 법인을 포함할지 여부가 쟁점이 됨 → ㈜KKK는 KOSPI 상장법인이며, 이 경우 법인주주(甲, 4%/40억 보유)를 "주주 1인"의 범위에 포함하는지에 대해, 과세관청은 ①의 견해이며,[72] KOSDAQ 상장법인도 동일한 논리임[73]

① 법인주주를 제외할 경우 : 甲을 제외한 개인주주를 "주주1인"으로 한 "주주 1인 등"의 지분율을 비교하는 경우 개인주주 B를 중심으로 한 "주주1인 등"이 소유주식 비율 합계가 최대인 경우에 해당(3%)함 → 이 경우 주주1인인 B와 주권상장법인 기타주주(A, D)는 소유주식을 합산하여 대주주 기준 충족 여부를 판단하며 코스피 상장법인의 대주주 지분율 기준은 1%이므로 B, A, D는 대주주 기준을 충족하여 주식 양도소득세 과세대상에 해당함

② 법인주주를 포함할 경우 : 甲을 "주주 1인"에 포함시켜 "주주 1인 등"의 지분율을 비교하는 경우 법인주주 甲이 소유주식 비율 합계가 최대인 경우에 해당(4%)함 → 이 경우 B, A, D는 본인 소유주식으로만 대주주 여부를 판단하게 되므로 A는 지분율 기준을 충족하여 대주주가 되고, B, D는 대주주 기준 미달로 양도소득세 과세대상에 해당하지 않음

개인 주주	본인 지분율/시가총액	합산대상 및 합산 후 지분율
A	2% / 20억원	(A + B) → 2.9%
B	0.9% / 9억원	(B + A + D) → 3%
C	0.8% / 8억원	C → 0.8%
D	0.1% / 1억원	(D + B) → 1.0%

- 2025.2.28. 소득령 제157조 제1항 제1호를 개정하여 『주주 또는 출자자 1인(법인은 제외하며, 이하 이 장에서 "주주 1인"이라 한다)』로 규정하여 명문화함

---

71) 서면4팀-299, 2004.3.20. ; 재산-560, 2004.3.5. ; 제도46014-12116, 2001.7.13.
72) 금융세제과-450, 2024.8.29.
73) 자본거래관리과-389, 2024.9.23.

관련 사례

구 분	내 용
대주주 판단시 기타주주 범위	• 기타주주를 대주주에 포함시킨 것을 무효로 볼 수 없음[74] • 기타주주에는 "비거주자"를 포함함[75] • 사돈관계는 인척이 아니므로 기타주주 범위에 포함되지 않음[76] • 최대주주가 아니면 형제자매, 장모는 기타주주에 해당되지 않음[77]
소유비율 판단	• 무의결권 우선주나 신주인수권, 법인의 자기주식도 포함하여 대주주 소유비율 요건을 판단함[78] • 직전 사업연도 종료일 현재 주식을 보유하고 있지 않다가(0%) 그 후 주식 등을 취득하여 보유비율을 충족하는 경우도 대주주에 포함함[79]
당해 사업연도에 코스닥시장 상장	• 코스닥 상장주식을 양도한 경우로서 양도일이 속하는 사업연도의 직전 사업연도 종료일 현재 코스닥 상장되지 않은 경우 대주주 판단을 위한 주식소유비율은 코스닥 상장주식에 적용되는 기준에 따름[80]
직전 사업연도말 코넥스 → 코스닥	• 코넥스에서 코스닥으로 이전 상장된 경우에도 예외규정을 두고 있지는 않으므로, 코스닥 상장법인의 기준을 적용함[81]
주식을 전부 매각하고 재취득	• 직전 사업연도 말에 소유비율이나 시가총액을 충족하였다면 당해 연도에 전부 매각하고 다시 취득하여 양도하는 주식도 대주주 양도에 해당됨[82]
여러 국가에서 양도차손익 발생	• 동일 연도에 여러 국가의 외국시장 상장주식 등을 양도한 경우로서 어느 하나 국가의 주식에서 양도차손이 발생한 경우 다른 국가의 주식에서 발생한 양도소득금액에서 그 양도차손을 공제함[83]
중소기업	• 중소기업의 주식 등은 해외증시에서 거래되는 국내중소기업 발행 주식을 의미하며, 외국법인이 발행한 주식 등은 이에 해당하지 않음[84]
주식의 교환	• 직계존비속 사이에 주식을 시가대로 교환한 것으로 확인되면 "증여"로 추정하지 않고 "양도"로 보아 양도소득세가 과세됨[85]
무의결권 우선주	• 양도소득세 과세대상 상장법인의 주식 등에는 "무의결권 우선주"도 포함됨[86]

---

74) 대판2016두36239, 2016.7.7.
75) 부동산거래관리과-866, 2010.7.2.
76) 법령해석재산-179, 2017.8.30.
77) 부동산납세과-1983, 2016.12.30.
78) 법령해석재산-2137, 2016.6.14. ; 조심2017서592, 2017.3.22.
79) 대판2010도1191, 2011.1.27.
80) 재산세제과-1483, 2009.9.21. ; 조심2014서2007, 2014.7.29.
81) 조심2021중2758, 2021.7.15.
82) 자본거래관리과-501, 2019.12.19.
83) 재산세과-311, 2009.9.25.
84) 재산세제과-207, 2012.3.15. ; 조심2011광2533, 2011.10.11. ; 대판2012두22430, 2013.1.24.
85) 서일46014-10298, 2003.3.13. ; 재산46014-1116, 2000.9.18.
86) 서면부동산-2562, 2016.1.5. ; 조심2017서592, 2017.3.22. ; 대판2017두63412, 2018.1.31.

구 분	내 용
자기주식	• 법인이 자기주식을 취득하는 경우 양도자인 개인주주의 소득이 양도소득인지 배당소득(의제배당)인지는 거래의 실질내용에 따라 판단하며, 그 매매가 단순한 주식매매인 경우 "양도소득"이지만, 주식소각이나 자본감소의 일환인 경우 "배당소득"에 해당함[87]
무상주	• 법인의 잉여금이나 재평가적립금 등을 자본에 전입함(무상증자)에 따라 주주가 무상으로 받은 주식 중 소득세법에 의하여 의제배당으로 과세된 주식의 취득가액은 "액면가액"으로 하며, 소득세법 제17조 제2항 제2호 단서에 의하여 배당으로 보지 않는 주식의 취득가액은 "0"으로 함[88]
경영권 대가	• 주식 양도가 회사 "경영권"의 양도를 수반해도 주식양도에 따르는 부수적 효과에 불과하며 특단의 사정이 없는 한 경영권 그 자체가 독립된 거래의 객체로 되는 일은 없으며, 이는 주식 또는 출자지분의 양도에 해당됨[89]
기타주주 미확인	• 기타주주 해당 여부를 알지 못한 사유는 세법의 부지 또는 납세자의 과실에 해당하는 것으로 가산세 감면의 정당한 사유로 보기 어려움[90] • 오래 전부터 미국에 거주하고 있는 형제들이 보유하고 있는 주식의 현황을 조사하지 못한 것에 대하여 가산세까지 부과하는 것은 가혹함[91]
특정주식 관련	• 특정주식의 과세요건 판정시 자산가액에는 부동산매매업자의 매매용 토지 및 건물, 주택신축판매업자의 주택건설용 토지 및 미판매된 완성주택의 가액과 토지 등을 취득할 수 있는 권리의 가액을 포함함[92] • 토지매수 계약금, 중도금 지급액은 부동산을 취득할 수 있는 권리의 가액이므로 이를 포함하여 특정주식 여부를 판단함[93] • 최초 양도하는 날 현재 작성된 가결산 재무제표가 없었으나 이후 작성된 가결산 재무제표가 있으면 그에 의할 수 있음[94] • 특정주식의 과세요건 판단은 당해 법인의 주주명부에 등록된 명의에 불구하고 국기법 제14조에 의하여 "실질 소유내용"을 기준으로 함[95] • "소득령 제158조 제1항 제1호 가목 및 나목에 해당하는 주주 1인 및 그와 특수관계에 있는 기타주주 간에 양도하는 당해 법인의 주식은 기타자산에 해당하지 않는 것"이며, 이 경우 당해 법인의 주식을 보유하고 있지 아니한 자(특수관계법인 포함)도 기타주주에 해당함[96]

---

87) 부동산거래관리과-48, 2013.1.31.
88) 자본거래관리과-450, 2022.9.8. ; 부동산거래관리과-535, 2011.6.30. ; 국심2004서786, 2004.7.1.
89) 재재산46014-372, 1998.12.5. ; 감심2018-152, 2019.4.18. ; 국심2002서92, 2002.4.23. ; 국심1998경2158, 1999.1.15. ; 국심1998경1642, 1999.1.15.
90) 조심2016서355, 2016.10.24. ; 조심2016서193, 2016.3.31.
91) 대판2016두45974, 2016.10.13.
92) 재산세과-541, 2009.10.26.
93) 조심2013중3488, 2013.11.25.
94) 법령해석재산-182, 2017.10.30.
95) 심사양도2000-2079, 2001.3.9. ; 심사양도2000-142, 2001.1.12.
96) 자본거래관리과-415, 2022.8.23. ; 재산세제과-657, 2010.7.8. ; 심사양도2010-33, 2010.7.23.

구 분	내 용
취득시기 및 양도시기	• 유상증자 등으로 주식의 취득시기가 각각 다른 경우로서 양도주식의 주권발행번호, 비치기장한 장부 및 거래명세서 등으로 취득시기를 확인할 수 있는 경우에는 그 확인되는 날이 취득시기가 되나, 취득시기가 분명하지 않은 경우에는 먼저 취득한 자산을 먼저 양도한 것으로 보는 것임[97]
	• 증권사의 후입선출법 방식이 1998.1.1.부터 조감법 시행령 제80조 제7항의 입법취지 및 고객의 이익 등에 비추어 공정타당하다고 보았으나, 동 규정은 2010. 12.27. 개정시 삭제되었고, K-IFRS에서 후입선출법은 재고자산의 가격결정방법으로 허용하지 않으므로 더 이상 일반적으로 공정타당하다고 보기 어려우며, 주식시장에서 종목과 수량을 특정하여 주식을 양도하더라도 실제 양도대상은 증권예탁원에 혼합보관되어 있는 주권에 대한 공유지분권에 불과하며 그 주식을 특정하는 것은 공유지분 양도라는 성질에 비추어 본질적으로 불가능하고, 주식 매매시 실물의 입출고를 수반하지 않고 증권예탁원과 증권회사 간 주식수량 정산만 이루어지므로 그 주권발행번호를 확인할 수 없으므로 주식의 취득시기가 불분명하다고 보아야 함(선입선출법 적용)[98]
	• 이익배당(주식배당)으로 인한 무상주 취득시기는 "주주총회 결의에 의하여 잉여금 처분이 실제로 결정된 날"이며, 취득시기가 동일하고 취득가액이 다른 주식 중 일부가 양도된 경우로서 양도 주식의 취득가액을 구체적으로 확인할 수 없는 경우 각 주식 비율대로 양도된 것으로 보아 취득가액 산정함[99]
주식 자전거래	• 자전거래 형식으로 보유하던 주식가액을 변경시키는 경우 매매형식을 취하였으나 자산이 유상으로 사실상 이전된 것으로 볼 수 없어 자전거래는 양도나 취득에 해당하지 않으며, 자전거래 후에 해당 주식 양도시 자전거래 前의 당초 주식 취득가액을 적용함[100]
대주주 판단	• 기타주주에는 비거주자를 포함함[101]
	• 주주 또는 출자자 1인에는 법인주주를 포함함[102]
	• 직전 사업연도 말 대주주에 해당하지 않았으나 당해 연도에 보유비율을 초과하여 주식을 취득한 이후 같은 과세연도에 이를 모두 양도하여도 주식을 취득한 이후부터 당해 사업연도 종료일까지 대주주에 해당됨[103]
	• 직전 사업연도 말에 소유비율이나 시가총액을 충족하였다면 당해 연도에 전부 매각하고 다시 취득하여 양도하는 주식도 대주주 양도에 해당됨[104]

---

97) 자본거래관리과-555, 2022.11.10. ; 자본거래관리과-366, 2022.7.14. ; 자본거래관리과-73, 2022.2.14.
98) 조심2019서1687, 2019.9.10. ; 조심2017구3058, 2017.12.18. ; 조심2014서1965, 2014.7.21. 등
99) 법규재산-2209, 2022.2.9.
100) 감심2002-167, 2002.10.9. ; 국심2002서480, 2002.9.27. ; 대판2006두7997, 2006.9.8.
101) 부동산거래관리과-866, 2010.7.2.
102) 서면4팀-299, 2004.3.20. ; 재산-560, 2004.3.5. ; 제도46014-12116, 2001.7.13.
103) 조심2019중700, 2019.6.13. ; 조심2009서2268, 2009.12.31. ; 대판2012두7400, 2013.2.15.
104) 자본거래관리과-501, 2019.12.19. ; 조심2020서2760, 2020.12.11. ; 서울고법2021누74695, 2022.6.17.

Chapter 07. 임야를 양도하고 "나무 가격" 따로 받는다고 절세가 되나?

내용 Summary

기본사항 Check

- **토지, 부동산 및 입목**
  ① 토지 : 공간정보관리법에 따라 지적공부에 등록하여야 할 지목에 해당하는 것
  ② 부동산 : 토지 및 그 정착물
  ③ 입목 : 토지에 부착된 수목의 집단으로서 그 소유자가 소유권 보존등기를 한 것
- **부동산에의 부합** : 부동산의 소유자는 그 부동산에 부합한 물건의 소유권을 취득. 다만, 타인의 권원에 의하여 부합된 것은 예외

핵심 Point

- 수목의 분리 양도에 대한 토지의 양도가액 제외 여부 → 제외 불가(원칙)
  임업 사업 영위한 경우, 과수목에 대해 평가한 경우 → 제외 가능(예외)
- 임의로 수목가액 평가하여 제외시 → 조세회피행위로 볼 수 있음

질문 »

1. 임업을 영위하면서 임야의 수목 가액을 장부에 기장하여 오던 중 임야의 수목과 토지를 구분하여 양도하는 경우 수목의 가액은 토지 양도가액에 포함되는가?

2. 과수원이 공익사업 시행에 따라 LH공사로부터 수용되면서 지장물 평가로 과수목에 대한 손실보상으로 토지대금과 별개로 받은 대금이 토지 양도가액에 포함하는가?

3. 임업을 영위하지 않는 사람이 임야를 양도하면서 임야에 있는 수목이 제법 가치가 있다고 보아 감정평가를 받고 토지와 수목을 각각 구분하여 양도할 경우 수목의 가액은 토지 양도가액에서 제외되는가?

 **답변 및 해설 »**

1. 임업을 영위하다가 임목을 그 임지와 함께 양도한 경우 그 "임지의 양도"로 발생하는 소득은 임업의 총수입금액에 산입하지 않는다. 따라서 토지의 양도가액은 양도소득세를, 임목에 대한 대가는 종합소득세(사업소득)를 과세한다. 이 경우 각 양도가액의 안분이 적정한지 여부는 시가 등을 고려하여 판단할 사항이다.

2. 통상 수용되면서 토지가액과 별개로 농작물이나 과수목 등 지장물을 보상받는다. 이 경우 건물을 제외한 대부분 물건들은 토지의 양도가액으로 합산하여 양도소득세를 신고하여야 한다. 그러나 농작물과 과수목에 대하여는 대법원이 토지와 독립된 물건으로 인정하고 있다. 이에 따라 토지의 양도가액과 별도로 구분하여 사업시행자로부터 지급받는 농작물 등의 손실에 대한 보상금으로 손실 범위를 초과하지 않는 금액은 과세소득에 해당하지 않으며, 동 보상금이 당해 토지를 원만하게 명도받기 위하여 법적 의무 없이 지급하는 합의금에 해당하는 경우 "기타소득"으로 본다.

3. 임야를 양도하면서 임야에 자생하고 있는 수목의 가치가 크다고 보아 이를 감정평가하여 별도로 가액을 구분하여 양도하더라도 이는 임야의 일부이기에 전부 토지의 양도가액에 포함된다.

> **보충설명**
>
> 위 질문들은 임목의 양도가액을 토지의 양도가액과 분리하여 별도로 과세 대상이 되거나 과세대상에서 제외할 수 있는지 여부와 관련된 것이다.
>
> 과세관청 해석이나 불복사례들을 보면 "사업성" 여부에 초점이 맞추어져 있다. 다만, 과세관청의 해석은 토지의 양도가액과 별도로 구분하여 사업시행자로부터 지급받는 과수와 농작물의 손실에 대한 보상금으로서 그 손실의 범위를 초과하지 않는 금액은 과세소득에 해당하지 않으나, 해당 보상금이 당해 토지를 원만하게 명도받기 위하여 법적 의무 없이 지급하는 합의금에 해당하는 경우에는 "기타소득"으로 해석하고 있다.
>
> 이는 민사상 과수목이나 농작물에 대하여 토지와 별개의 독립성을 인정하는 대법원 판례[105]에 기초한 것이 아닌가 싶다.

---

105) 대판79다784, 1979.8.28. ; 대판69다820, 1969.8.26. ; 대판68도906, 1969.2.18.

관련 사례

구 분	내 용
수목가액의 양도소득 여부 (과세관청)	• 수목에 대한 보상을 받는 경우, 토지의 양도가액과 별도로 구분하여 사업시행자로부터 지급받는 과수와 농작물 등 손실에 대한 보상금으로서 그 손실의 범위를 초과하지 않는 금액은 "과세소득에 해당하지 않는 것"이나, 동 보상금이 당해 토지를 원만하게 명도받기 위하여 법적 의무 없이 지급하는 합의금에 해당하는 경우에는 "기타소득"에 해당하며, 이 경우 해당 보상금이 유실수 등의 가치를 평가하여 지급한 것인지 또는 합의금 성격의 사례금인지 여부는 그 지급사유, 지급조건, 당사자 간 약정내용(매매계약 등), 평가내역 등 관련 사실관계를 종합 판단할 사항임[106]
수목가액의 양도소득 여부 (불복 사례)	• 임목의 양도가 임업 등 사업에 해당한다고 할 수 없는 경우에는 원칙적으로 그 임목은 임야의 구성 부분에 불과하여 임지와 임목의 양도로 인한 소득을 구분하지 않고 그 전부를 임야의 양도소득으로 보아 양도소득세를 부과하며, 가산세 감면을 위한 정당한 사유도 없다고 봄[107] • 임지와 임목을 일괄 양도하는 경우 사업소득에 해당하지 않는 수목 가액은 토지의 일부로서 임야(토지)의 양도가액에 포함됨[108] • 임목의 양도행위에 계속 · 반복성이 있는지 여부로만 사업성을 판단하는 것은 잘못이나, 나무를 심고 가꾸는 행위를 하였다고 임업 중 육림업을 하여 얻은 소득이 되는 것은 아니고 "임업을 영위"하다가 그 임야와 함께 수목을 양도하는 등 수목을 양도한 것이 임업의 일환으로 볼 수 있어야 함[109] • 임목의 사업소득 여부는, 입목등기부상 소유권보존등기가 되어 있는 사실이나 명인 방법을 갖추었는지 여부, 사업의 본질적 속성인 독립성, 영리목적성 및 계속 · 반복성을 갖추었는지 여부, 임목이 그 자체적으로 상당한 가치가 있고 그에 대한 별도의 가격책정이 있었는지 여부 등을 종합 판단함[110] • 임목의 양도소득이 사업소득에 해당하려면 사업자가 사업상 독립적으로 임목을 공급하는 사업을 영위하여야 하는데, 임야를 양도하기 전에 사업적으로 임목을 벌채 · 양도한 사실이 확인되지 않고, 해당 사업을 영위하기 위하여 사업자등록을 한 사실도 없는 이상 사업자에 해당한다고 볼 수 없으므로 임야에 자생하는 임목을 일시적으로 임지와 함께 양도한 사실만으로 사업소득으로 보기 어려움[111] • 매매목적물을 임지와 임목으로 구분하여 거래하였으나 사업자등록을 하거나 수익을 목적으로 육림활동을 하는 등 임지에서 임업을 영위하였다고 볼 객관적인 사정이 확인되지 아니하므로 임목의 양도가액을 토지 양도가액에서 제외할 수 없음[112]

---

106) 서면1팀-1514, 2005.12.9.
107) 조심2018서3622, 2019.3.14. ; 대판2012두1907, 2014.4.10. ; 서울고법2011누25205, 2011.12.27.
108) 조심2009전3509, 2010.8.9. ; 조심2009부4249, 2010.2.25. ; 대전지법2021구단102326, 2023.4.20.
109) 서울고법2010누40757, 2011.5.18.
110) 심사양도2009-182, 2009.10.12. ; 심사양도2009-155, 2009.9.11. ; 대판2012두15715, 2013.9.12. ; 서울고법2011누36717, 2012.6.15. ; 서울고법2010누431, 2011.2.9. ; 수원지법2009구합9759, 2010.2.10.
111) 심사양도2010-92, 2010.5.10. ; 심사양도2009-102, 2009.11.4. ; 심사양도2009-145, 2009.7.23. ; 심사양도2009-127, 2009.6.22. ; 감심2010-115, 2010.11.15. ; 서울고법2011누26314, 2012.2.7.
112) 조심2024서3530, 2024.12.30.

Chapter 08 공동사업 현물출자, 반드시 알아야 할 사항은?

내용 Summary

기본사항 Check

- **조합의 기본개념**
  ① 조합 요건 : 2인 이상이 상호출자하여 공동사업을 경영할 것을 약정하는 합동행위
  ② 조합의 소유구조 : 합유 → 합유자의 권리는 합유물 전부에 미침
  ③ 조합에의 출자 : 재산(금전, 부동산, 주식 등), 노무
- **양도의 정의** : 자산에 대한 등기 또는 등록과 관계없이 매도, 교환, 법인에 대한 현물출자 등을 통하여 그 자산을 유상으로 사실상 이전하는 것

핵심 Point

- 공동사업에 토지 등을 현물출자할 경우 자기지분에 대하여도 과세하는지 → Yes (전부양도설)
- 현물출자하는 경우 양도가액 및 취득가액 산정 방법 → 실가(원칙), 매매사례가액·감정가액 등 추계가액(예외)
- 현물출자하는 경우 양도시기의 적용 → 현물출자를 이행한 때
- 사용권 출자 → 양도 제외, 다만 공동사업 종료 후 반환할 것이 전제되어야 함

질문 »

1. 甲은 토지를 출자하고 乙은 자신의 자금을 투자하여 출자비율 각 1/2로 甲의 토지상에 상가건물을 신축 및 분양하여 수익금을 각각 출자비율에 맞게 나누어 갖기로 공동사업(조합) 약정을 하였다. 甲은 양도소득세를 부담하는가? 이 경우 동업체로서 합유등기가 현물출자의 꼭 필요한 요건인가?

2. 甲은 자신이 보유한 토지를 공동사업(주택신축판매업)을 하기 위하여 현물출자하면서 "사용권" 출자로 약정하였다면 양도소득세 과세에서 제외되는가?

 **답변 및 해설 »**

1. 토지를 현물출자하는 경우 양도소득세 과세대상이다. 이 경우 자기의 출자비율이 아니라 현물출자하는 자산 "전부"가 과세대상이다.

    공동사업 관계는 민법상 조합으로서 그 소유 구조는 "합유"에 해당한다. 그러나 조합에 부동산을 현물출자하였다고 하여 그 자산을 꼭 합유로 등기할 필요는 없지만, 합유 등기가 경료되지 않으면 "조합의 성립요건"을 갖추었는지 여부를 판단할 때 영향을 줄 수 있다.

2. 공동사업에 "토지 등 부동산"을 현물출자하는 것이 아니라 토지의 "사용권"을 현물출자하는 경우에는 양도에 해당하지 않는다. 여기서 사용권은 일종의 사용대차 또는 지상권과 유사한 성격으로 향후 해당 부동산을 반환받는 것이 전제되기 때문에 양도로 볼 수 없는 것이다. 그러나 사안에서 공동사업의 내용이 "부동산임대업"이 아니라 "주택신축판매업"을 하는 경우이기에 향후 해당 토지를 반환받지 못할 것이므로 사용권 출자로 보기는 어렵다.

> **보충설명**
>
> 위 질문들은 공동사업 현물출자에 대한 것으로 이는 기본적으로 "양도"에 해당된다. 오해하여서는 안 되는 것이 현물출자로 양도로 보는 범위는 "자기지분"뿐만 아니라 출자하는 부동산 "전체"를 양도로 본다는 점이다. 그 논거는 현물출자로 인하여 "조합원의 지위"를 그 대가로 받는다고 보아 "유상성"을 인정하기 때문이다. 물론 공동사업에 현물출자하는 부동산이 1세대 1주택 비과세 요건을 갖춘 것이라면 비과세도 적용받을 수 있다.
>
> 이 경우 현물출자하는 부동산의 양도가액은 어떻게 되는가? 현물출자하는 부동산의 가액이 감정평가 등을 통하여 정해진 경우라면 그 실가가 양도가액이 될 것이지만, 현물출자하는 부동산 가액이 불분명한 경우에는 추계가액에 의하여 양도가액을 결정하게 되므로 매매사례가액이나 감정가액, 기준시가의 순서로 양도가액을 결정하게 된다.
>
> 만일 양도가액을 기준시가로 결정하게 되면 취득가액도 "동일기준 적용" 원칙에 따라 기준시가에 의하여 결정하여야 하며 취득가액을 실가나 환산취득가액으로 산정할 수 없음에 유의하여야 한다.
>
> 부동산의 현물출자와 관련하여 최근 "사용권"의 현물출자에 대한 관심이 증가하고 있다. 이는 현물출자 단계에서 대가로 받는 것이 "현금"이 아닌 "조합원 지위"이므로 아직 현금화되지 않은 관계로 양도소득세 납세의무에 부담을 느끼는 것이 아닌가 싶다. 그러나 사용권의 출자에는 이후 공동사업 종료 후 해당 부동산을 돌려받는 것이 전제되기에 "신축판매업"으로서 분양이 종료될 경우 사실상 당초 부동산을 돌려받을 수 없는 경우에는 "사용권" 출자 개념을 인정하기 어렵다는 점에 유의해야 한다.

관련 사례

구 분	내 용
조합의 성립요건 및 현물출자 여부	• 조합계약은 2인 이상이 상호 출자하여 공동으로 사업을 경영할 것을 약정하는 계약으로서, 특정한 사업을 공동경영하는 약정에 한하여 이를 조합계약이라 할 수 있고, 공동의 목적 달성이라는 정도만으로는 조합의 성립요건을 갖추었다고 할 수 없음[113] • 공동사업에 현물출자 여부는 공동사업자금의 공동 조달 여부, 합유 등기 여부, 공동의 사업이익, 부동산 처분의 제한 여부 등을 종합고려하여 판단함[114] • 수인이 부동산을 공동으로 매수한 경우 공동사업을 경영할 목적이 있었다고 인정되지 않으면 이들 사이의 법률관계는 공유관계에 불과함[115]
현물출자하는 경우 과세 범위	• 주택을 소유한 자들이 공동으로 새로운 주택을 건축하기 위하여 임의로 조합을 구성하고, 공동사업을 위하여 조합에 해당 주택을 현물 출자하는 경우 양도소득세가 과세됨[116] • 공동사업의 소득금액 계산시 손익분배 비율을 출자지분과 달리 정할 만한 특별한 사정이 있는 경우, 예컨대 공동사업 운영에 기여한 정도가 다를 경우 당사자 간의 약정에 따라 별도로 정할 수 있음[117] • 출자지분은 손익분배비율과 다르며 만일 토지별로 가액이 상이한 각각의 토지를 공동사업에 현물출자하는 경우 각 구성원 1인의 지분은 투자금액과 상관관계에 있는 가액(평가액) 비율에 의함이 면적비율보다 합당함[118]
합유 등기 여부	• 공동사업 경영약정 계약으로 토지 등을 당해 공동사업에 현물출자하는 경우 "등기에 관계없이" 양도로 봄[119] • 동업계약서에 공동사업자가 각자의 소유지분을 공동사업에 출자한다는 약정이 없을 뿐만 아니라 소유권이 공동사업자 명의로 변경되거나 합유재산으로 등기된 사실이 없는 점에 비추어 현물출자로 보기 어려움[120] • 조합재산은 조합원의 개인재산과는 구분되는 "합유" 재산이고 합유로 등기되어야 하는데 개인들과 법인은 공동사업을 위한 공동개발약정을 하였을 뿐 토지를 합유로 등기하지 아니하였을 뿐만 아니라 법인이 공동개발약정에 따라 자금을 투입하면서 개인들을 채무자로 한 소비대차 약정을 하고 토지에 소유권이전 담보가등기를 설정하였음에 비추어 현물출자가 있었다고 보기 어려움[121]

---

113) 대판2005다5140, 2007.6.14.
114) 조심2022서2032, 2022.9.21. ; 조심2019서4260, 2020.12.10.
115) 서울고법2021누59795, 2022.5.19.
116) 재산세과-375, 2009.2.3. ; 재산세과-2472, 2008.8.27. ; 서면5팀-902, 2008.4.28.
117) 서면1팀-687, 2007.5.25. ; 서면1팀-879, 2005.7.20. ; 국심2002서3508, 2003.5.2.
118) 심사양도2002-169, 2002.9.9. ; 심사양도2002-179, 2002.9.2.
119) 법령해석재산-203, 2018.12.26. ; 부동산납세과-1414, 2015.9.8. ; 부동산거래관리과-459, 2011.6.3.
120) 국심2004광470, 2004.4.21. ; 국심2002서2160, 2002.12.31. ; 국심2002서748, 2002.7.30.
121) 조심2015서3275, 2015.12.28. ; 국심2000부2966, 2001.8.30. ; 국심2000부2967, 2001.8.30.

구 분	내 용
사용권 출자	• 부동산임대업 등 공동사업에 토지 등 소유권 자체는 출자를 유보하고 "사용권"만 출자한 경우 양도로 보지 않음[122]
	• 부동산의 "현물출자"인지, 단순한 "사용권 출자"인지 여부는 공동사업의 성격 및 토지 등을 제공한 자의 의사 등을 감안하여 판단할 사항임[123]
	• 사용권을 출자하였다가 이후 임대업의 공동사업자가 동업계약을 해지하고 각 지분대로 부동산 등에 대한 소유권을 이전할 경우 출자지분을 그대로 반환받는 것이 아니라면 유상일 경우 양도소득세 납세의무가 발생함[124]
1세대 1주택 비과세	• 보유한 주택을 공동사업에 현물출자하여 공사 완료에 따라 신축된 1주택을 받은 경우에는 구주택의 보유기간을 통산하지 않음(공동사업자가 재고자산을 분할하여 등기한 경우에도 동일하게 반환/분할시부터 기산함)[125]
	• 임의 재건축조합에 구주택을 현물출자한 경우, 구주택은 현물출자로 이미 양도되었으므로 이후 재건축된 신규주택의 취득일부터 일시적 2주택 양도기한 이내 종전주택을 양도하면 비과세 규정이 적용됨[126]
	• 종전주택을 임의 결성한 공동사업체(조합)에 현물출자하고 이후 신축주택을 받는 경우 종전 거주기간은 통산이 불가함(현물출자는 별개의 양도임)[127]
양도시기	• 조합에 대한 자산의 현물출자시 양도시기는 조합에 현물출자를 이행한 때로 봄[128]
	• 부동산을 공동사업에 현물출자하는 경우 양도시기는 "현물출자일과 등기접수일 중 빠른 날"이 됨[129]
	• 동업계약서가 작성되지 않았거나 그 작성일이 확인되지 않아 현물출자일이 불분명한 경우 당사자 간에 묵시적 합의가 성립한 날 또는 사실상 공동사업이 개시된 날 등을 확인하여 사실판단함[130]
	• 1차 신탁이 대출을 받기 위한 담보신탁에 불과하며 2차 신탁등기와 동시에 말소되어 현물출자가 있다고 할 수 없고, 2차 신탁이 토지에 건물을 신축하여 분양할 것을 목적으로 하고 있어 공동사업의 경영을 통한 이익분배를 명확히 하고 있어 최종적으로 조합원 구성이 완료되고 조합계약이 성립되어 현물출자 대상재산이 확정되고 구체적인 공동사업을 행하여 그 시기를 현물출자시기로 봄이 타당함[131]
	• 동업계약서 작성 여부 및 작성일이 객관적으로 확인되지 않아 토지의 공동사업 현물출자 시기는 신고한 사업자등록증상 개업연월일로 보아야 함[132]

---

122) 부동산거래관리과-74, 2012.2.3. ; 재산세과-623, 2009.11.3. ; 국심2002서682, 2002.7.30.
123) 부동산납세과-732, 2017.6.27. ; 부동산거래관리과-139, 2011.2.14. ; 조심2009서4094, 2010.3.31.
124) 심사양도2000-85, 2000.11.10.
125) 법령해석재산-630, 2020.12.7. ; 법령해석재산-13, 2020.6.24. ; 조심2021구2020, 2021.7.1.
126) 서면법규과-365, 2014.4.14. ; 조심2012서4351, 2013.5.30. ; 서울고법2012누29716, 2013.3.21.
127) 조심2020서2715, 2021.3.2.
128) 대판2018두44135, 2018.8.30. ; 대판2003두2137, 2003.5.16. ; 대판2000두5852, 2002.4.23.
129) 부동산거래관리과-578, 2011.7.8. ; 재산세과-4104, 2008.12.4. ; 조심2022서2032, 2022.9.21.
130) 재산세과-3658, 2008.11.6. ; 재산세과-2472, 2008.8.27. ; 서면4팀-309, 2006.2.17.
131) 조심2015부3392, 2015.11.25.
132) 국심1999서2416, 2000.9.6.

구 분	내 용
양도가액	• 토지 등을 공동사업에 현물출자하는 경우 실지거래가액에 의하되 그 가액이 불분명한 경우 "매매사례가액, 감정가액 또는 기준시가"를 순차적으로 적용하며, 매매사례가액이 특수관계인과의 거래에 따른 가액 등으로서 객관적으로 부당하다고 인정되는 경우에는 적용하지 않음[133] • 여기서 실지거래가액이란 양도하는 부동산 등의 "정당한 가치를 평가하여 거래 당사자 간에 합의(약정)된 가액 또는 실지 거래대금"을 말함[134] • 기준시가에 의하여 양도가액을 산정한 경우 동일기준 원칙에 따라 "취득가액도 동일하게 기준시가에 의하여 산정하여야" 하며 취득가액을 실가로 신고(결정)할 수 없음[135]
공동사업용 부동산 양도	• 현물출자한 토지 또는 신축한 건물을 부동산임대업에 사용하다가 양도하는 경우 양도소득세가 과세되며, 각 공동사업자는 각각의 지분으로 안분계산한 자산에 대한 양도소득세를 납부함[136]
공동사업 탈퇴 (자기지분 현물 환수)	• 현물출자에 대해 양도소득세가 과세된 후 공동사업 해산에 따라 당초 자기지분 대가를 조합의 현물자산으로 반환받는 경우 양도로 보지 않되, 변동되는 지분은 양도 또는 증여로 봄(지분 변동 여부는 가액기준으로 판단)[137] • 조합원이 조합을 탈퇴하면서 지분의 계산으로 일부 조합재산을 받는 경우 탈퇴한 조합원과 공동사업을 계속하는 다른 조합원들이 조합재산에 분산되어 있던 지분을 "상호교환 또는 매매"한 것으로 볼 수 있음[138]
공동사업 탈퇴 (고정자산의 자기지분 현금 환수)	• 토지 등 사업용 고정자산을 출자한 조합원이 탈퇴함(제3자로 변경하는 경우 포함)에 따라 자기지분(탈퇴자의 현물출자분 및 출자 후 조합이 취득한 자산 중 탈퇴자의 지분)에 상당하는 "대가"를 잔여 또는 신규가입 조합원으로부터 받는 경우 그에 상당하는 지분은 유상양도로 과세됨[139] • 조합해산에 따라 잔여재산의 분배로서 취득하는 금전 기타 재산의 가액 중 출자금을 초과하는 금액만이 과세대상임[140]
공동사업 탈퇴 (재고자산의 자기지분 현금 환수)	• 상가신축판매 공동사업자 중 1인이 공동사업장을 탈퇴하면서 자기지분을 다른 공동사업자 또는 제3자에게 양도하고 얻은 소득은 당해 공동사업장의 사업소득에 해당하며, 그 소득금액은 지분을 양도한 구성원에게 귀속됨[141]

---

133) 부동산거래관리과-19, 2013.1.17. ; 부동산거래관리과-578, 2011.7.8.
134) 서면4팀-975, 2008.4.17. ; 대판2017두68769, 2018.2.28.
135) 심사양도2009-168, 2009.9.7.
136) 재일46014-1026, 1997.4.29.
137) 부동산거래관리과-548, 2012.10.12. ; 부동산거래관리과-336, 2010.3.5. ; 재산세제과-515, 2009.3.18. ; 재산세제과-550, 2005.11.10. ; 제도46014-11902, 2001.7.4.
138) 대판2012두8977, 2015.12.23.
139) 재산세제과-515, 2009.3.18. ; 서일46014-11105, 2003.8.19. ; 재재산46014-302, 1997.8.30.
140) 대판2008두6608, 2008.7.10.
141) 서면1팀-1283, 2005.10.25.

Chapter 09 남의 "빚보증"으로 담보 제공하였는데 경매로 넘어가면 양도소득세는?

내용 Summary

기본사항 Check

- **물상보증인** : 물상보증은 타인의 채무를 보증해 주기 위하여 자기 자산을 담보로 제공하는 것이고, 물상보증인은 물상보증을 서는 사람을 말함
- **양도의 정의** : 자산에 대한 등기 또는 등록과 관계없이 매도, 교환, 법인에 대한 현물출자 등을 통하여 그 자산을 유상으로 사실상 이전하는 것

핵심 Point

- 타인채무에 담보제공한 부동산이 채무불이행으로 경매에 의하여 소유권이 제3자에게 이전되고 낙찰대금은 전부 채무변제로 배당된 경우 양도소득세 과세 여부 → Yes
- "자기가 낙찰받은 경우" 낙찰대금을 추후 해당 부동산 양도시 필요경비로 인정할 수 있는지 여부 → No (필요경비 규정은 "열거주의")

질문 »

1. 사업을 하는 지인이 금융기관에 대출받으려는데 담보 제공할 부동산이 없어 본인 소유의 토지를 담보로 제공하였으나, 뒤에 지인이 금융기관 채무를 변제하지 못하여 임의경매로 토지가 양도되고 낙찰대금은 전액 금융기관 채무에 배분되었다. 이 경우 본인은 양도소득세를 부담하는가?

2. 위 1.과 같이 타인의 채무를 위해 자기 부동산을 금융기관에 담보제공하고 이후 채무불이행으로 경매개시가 되자 본인이 낙찰받았다. 이 경우에도 양도소득세를 부담하는가? 이후 해당 부동산 양도시 취득시기 및 본인이 지급한 낙찰대금은 필요경비로 인정되는가?

 **답변 및 해설 》**

1. 남의 빚보증으로 부동산을 담보로 제공하였는데, 채무자가 채무를 변제하지 못하여 부동산이 경매로 제3자에게 낙찰된 경우 본인은 양도소득세를 신고납부하여야 한다. 이 경우 비록 낙찰대금을 한 푼도 받지 못하더라도 본인에게는 양도소득세 납세의무가 있다. 왜냐하면 본인은 담보로 제공하는 순간 "물상보증채무"를 부담하게 되는 것이고 경매낙찰로 그 보증채무를 면하는 것이기에 유상성이 있다고 보는 것이다. 물론 경매로 넘어가는 자산이 1세대 1주택 비과세 요건을 갖춘 주택이라면 비과세 적용이 가능하며, 자경농지 감면 요건을 갖춘 농지일 경우 감면규정 적용도 가능하다.

2. 본인이 낙찰받는 경우에는 양도소득세 납세의무가 없다. 이 경우 낙찰대금을 납부한 후 해당 부동산을 추후 양도시 본인이 납부한 경매 낙찰대금 납입액을 필요경비로 산입할 수 없다.

    또한, 취득가액 적용도 낙찰받은 시점이 아니라 당초 취득 시점을 기준으로 실제 취득가액이나 환산취득가액 등을 적용하여야 한다. 종종 실무에서 실수하는 부분이므로 주의해야 한다.

> **보충설명**
>
> 위 질문들은 민법상 물상보증인의 납세의무에 대한 것이다. 물상보증인이란 타인의 채무에 대해 자신의 부동산 등을 담보로 제공한 사람을 말한다.
>
> 만일 채무자가 채무변제를 하지 못하여 대신 담보제공한 부동산 등이 경매로 제3자에게 낙찰되면 경매 낙찰된 것도 "양도"에 해당하므로 양도소득세 납세의무가 발생한다. 이 경우 납세의무는 채무자가 아니라 부동산의 소유자가 부담하게 되는데, 그 이유는 물상보증 "채무"가 사라지는 효과가 있으므로 "유상"에 의한 양도를 인정하는 것이다. 쉽게 말해 담보 제공한 부동산을 경매로 팔아서 자기 보증채무를 갚았다고 보면 된다.
>
> 그러나 담보제공한 부동산을 본인이 낙찰받는 경우에는 양도소득세 납세의무가 없다. 왜냐하면 양도소득세는 기본적으로 타인에게 자산을 양도하여야 하는 것인데 본인이 본인에게 양도하는 것이 되기 때문이다.
>
> 이 경우 낙찰대금을 납부한 후 해당 부동산을 추후 양도시 본인이 납부한 경매 낙찰대금 납입액을 필요경비로 산입할 수 없다. 해당 부동산의 취득시기는 당초부터의 취득시기가 적용되고 그 취득가액도 최초 취득할 시점의 취득가액이 적용된다. 그리고 자본적 지출액으로 볼 수 있는지 여부도 부정적으로 보고 있다. 왜냐하면 필요경비 규정은 "열거적 규정"으로 보고 있고, 그 낙찰받으면서 지출한 가액은 자본적 지출액 등으로 열거하지 않기 때문이다. 결국 물상보증인은 채무자에게 구상권 행사라는 민사상 책임 등에 의하여 해결할 수밖에 없다.

관련 사례

구 분	내 용
납세의무자	• 타인의 채무보증을 위해 담보로 제공된 토지가 경매로 양도되는 경우 "소유자(물상보증인)"가 납세의무를 부담함[142] • 물상보증인은 "구상권 행사와 관계없이" 양도소득세 납세의무를 부담함[143] • 타인채무의 담보로 제공한 토지가 경매되어 보증채무를 대위변제한 뒤 구상채권이 회수불가능한 경우에도 이를 양도가액에서 제외할 수 없음[144] • 자기자산을 제3자의 채무에 대한 담보로 제공하였다가 제3자인 채무자가 채무를 변제하지 않아 담보자산이 경매개시가 되어 당초 소유자가 경락받은 경우에도 양도로 보지 않음[145]
취득시기	• 자기자산이 경매되어 자기가 경락받은 경우 이후 해당 자산을 양도시 그 취득시기는 낙찰받은 날이 아니라 "당초의 소유권 취득일"이 됨[146] • 공유자의 부동산을 제3자인 채무자의 담보로 제공하고 이후 자기가 경락받아 양도하는 경우 당초 자기 소유지분의 취득시기는 "당초 취득일"이 되나, 자기소유지분을 초과하여 경락받은 부분은 "경락대금 납부일"이 취득시기가 됨[147]
양도가액 등	• 타인채무의 담보로 제공한 토지가 경매되어 보증채무를 대위변제한 뒤 구상채권이 회수불가능한 경우에도 이를 양도가액에서 제외할 수 없음[148] • 타인의 채무를 위해 담보제공된 부동산이 경매로 양도될 경우 납세의무자는 "물상보증인(부동산 소유자)"이 되며, 이는 물상보증인에게 귀속되는 잔액의 유무 또는 구상권 행사 여부에 관계없이 양도가액은 "경락가액"이 됨[149] • 자기가 낙찰받은 후 그 자산 양도시 취득시기는 당초의 취득시기이고 낙찰대금의 지급은 물상보증인의 채무변제이므로 필요경비에 산입할 수 없음[150]
경매 집행비용	• 법원의 경매를 통하여 부동산을 양도하는 경우 민사집행법 제53조에 따라 해당 부동산의 소유자가 부담한 경매집행비용은 소유자의 양도비에 해당하며, 낙찰받은 자의 필요경비로 볼 수 없음[151]

---

142) 국심2000구3005, 2001.5.10. ; 심사양도2001-2075, 2001.8.3. ; 대판2000두1508, 2000.7.6.
143) 국심1999전479, 1999.8.17. ; 대판90누6101, 1991.4.23. ; 대판86누73, 1986.7.8.
144) 조심2013서3788, 2013.11.15. ; 대판2017두35516, 2017.6.2.
145) 재일46014-2391, 1996.10.23.
146) 재일46014-1562, 1994.6.11.
147) 부동산납세과-1081, 2017.9.25. ; 부동산거래관리과-780, 2010.6.7. ; 서면4팀-2339, 2007.7.31.
148) 조심2013서3788, 2013.11.15. ; 대판2017두35516, 2017.6.2.
149) 조심2022전5836, 2022.7.25. ; 조심2013서3788, 2013.11.15. ; 대판90누6101, 1991.4.23.
150) 재산1254-728, 1988.3.12.
151) 부동산거래관리과-1489, 2010.12.17. ; 조심2022중7202, 2023.4.10. ; 조심2021중1441, 2022.3.22. ; 조심2011서13, 2011.3.23.

Chapter 10 부동산 "명의신탁", 양도소득세는 어떻게 되는가?

내용 Summary

기본사항 Check

- **명의신탁** : 부동산에 관한 소유권이나 그 밖의 물권(이하 "부동산에 관한 물권")을 보유한 자 또는 사실상 취득하거나 취득하려고 하는 자(이하 "실권리자")가 타인과의 사이에서 대내적으로는 실권리자가 부동산에 관한 물권을 보유하거나 보유하기로 하고 그에 관한 등기(가등기 포함)는 그 타인의 명의로 하기로 하는 약정(위임·위탁매매의 형식에 의하거나 추인에 의한 경우 포함)

- **명의신탁 제외**
  ① 채무의 변제를 담보하기 위하여 채권자가 부동산에 관한 물권을 이전받거나 가등기하는 경우
  ② 부동산의 위치와 면적을 특정하여 2인 이상이 구분소유하기로 하는 약정을 하고 그 구분소유자의 공유로 등기하는 경우
  ③ 신탁법 또는 자본시장법에 따른 신탁재산인 사실을 등기한 경우

핵심 Point

- 명의신탁 및 회복이 "양도"에 해당하는지 여부 → No
- 명의신탁 행위가 "사기 기타 부정한 행위"에 해당하는지 여부 → No 또는 Yes
- 명의신탁 부동산 양도가 미등기 양도에 해당하는지 여부 → No
- 명의신탁 또는 환원 중 지출비용이 필요경비에 해당하는지 여부 → No(필요경비 규정은 "열거주의")

질문 »

1. 명의신탁된 부동산을 양도한 경우 양도소득세는 누가 부담하는가? 만일 명의수탁자가 임의로 양도한 경우 양도소득세 납세의무는 누가 부담하는가?
2. "명의신탁"은 사기 기타 부정한 행위에 해당하는가?
3. 명의신탁된 자산을 양도한 경우 미등기 양도 중과대상에 해당하는가?
4. 명의신탁 및 환원과 관련하여 발생한 취득세 등 비용은 필요경비로 인정받을 수 있는가?

 **답변 및 해설 »**

1. 명의신탁된 부동산을 양도할 경우 명의수탁자는 실질 소유자가 아니므로 납세자는 명의신탁자가 된다. 만일 명의수탁자가 명의신탁자 모르게 자산을 양도하여 대금을 임의로 소비하고 반환하지 않은 경우 대법원은 대금반환이 없으면 명의신탁자에게 과세할 수 없다는 입장이다.

2. 부동산을 명의신탁한 것 그 자체는 사기 기타 부정한 행위로 보기는 어렵다. 그러나 명의신탁을 이용하여 다른 주택에 대한 비과세를 받는 경우와 같이 명의신탁을 수단으로 비과세를 받거나 다주택 중과를 회피하는 경우에는 사기 기타 부정한 행위로 판단하고 있다.

3. 명의신탁 자산을 명의수탁자 명의로 양도한 것은 미등기 양도에 따른 중과 대상으로 보지 않는다.

4. 부동산을 제3자에게 명의신탁을 하고 그 명의신탁 부동산을 본인명의로 환원하는 과정에서 납부한 취득세 등은 이후 본인이 해당 부동산을 양도할 때 필요경비로 인정받지 못한다.[152]

보충설명

명의신탁 유형은 크게 아래와 같으며, 명의신탁 관계는 반드시 약정이 필요하지만[153] 꼭 명시적 계약에 의하여만 성립하는 것이 아니라 묵시적 합의에 의하여도 성립할 수 있다.[154] 따라서 명의신탁 여부는 취득자금 부담, 명의사용 경위와 당사자의 약정 내용, 명의자의 관여 정도와 범위, 내부적인 책임과 계산 관계, 과세대상에 대한 독립적인 관리·처분 권한의 소재 등 여러 사정을 종합하여 판단한다.[155]

① 2자 간 명의신탁 : 부동산 소유자(甲)가 제3자(乙)와 명의신탁 약정을 맺고 부동산을 乙에게 가장매매나 증여 형식으로 등기하는 경우

② 3자 간 등기명의신탁 : 매도인(丙)이 소유하는 부동산을 매수한 자(甲)가 제3자(乙)와 명의신탁 약정에 의하여 丙으로부터 乙에게 소유권이전등기를 하는 경우

③ 계약명의신탁 : 실제 매수인(甲)이 명의수탁자(乙)와 명의신탁 약정을 맺고 乙이 매매계약 당사자가 되어 매도인(丙)과 매매계약을 체결하고 乙 명의로 소유권이전등기를 하는 경우. 이는 매도인이 명의신탁 사실을 알고 있는 경우에는 신탁자와 수탁자의 명의신탁 약정뿐만 아니라 약정에 따라 행하여진 수탁자의 소유권이전등기도 무효가 되며 해당 부동산의 소유권은 매도인에게 복귀되지만, 매도인이 명의신탁 약정이 있었다는 사실을 알지 못한 경우에는 소유권이전등기는 유효하다(부동산실명법§4②).

---

152) 법령해석재산-736, 2019.1.30. ; 부동산납세과-352, 2014.5.20. ; 수원고법2021누12011, 2022.1.28.
153) 대판2007다69148, 2008.2.14.
154) 대판2000다49091, 2001.1.5.
155) 심사양도2021-72, 2021.12.8. ; 조심2022서3142, 2022.7.20. ; 대판2011도8664, 2011.12.13. ; 대판2008도7546, 2010.7.8. ; 서울행법2024구합50865, 2024.10.24.

보충설명

명의신탁과 관련한 양도소득세 과세상 주요 내용은 다음과 같다.

첫째, 명의신탁 재산을 법원의 확정판결에 의해 신탁해지로 소유권 이전등기 하는 경우에는 양도로 보지 않아 양도소득세가 과세되지 않는다.

둘째, 명의신탁에 대한 입증책임은 그 주장자에게 있다. 명의신탁 부동산을 원소유자인 명의신탁자에게 환원한 후 양도시 그 취득시기는 환원하는 날이 아니라 당초 취득시기를 적용한다.

셋째, 등기부상 명의자인 명의수탁자에게 과세한 경우 그 과세처분은 위법하다. 그렇지만 그 하자는 "당연무효"가 아니라 "취소사유"로 보므로, 고지서를 받고 90일 이내 불복하지 않으면 고지처분은 확정된다.

넷째, 명의신탁의 경우 명의신탁자에게 기준시가의 최고 30%까지 과징금이 부과되며, 쌍방에 대하여 형사처벌을 받을 수 있다.

다섯째, 명의신탁 자산을 양도하는 경우 납세의무자는 명의신탁자가 된다. 만일, 명의수탁자가 임의로 자산을 처분하고 소비한 경우 납세의무자에 대해 과세관청 입장은 명의신탁자로 해석한다. 그러나 대법원은 이 경우 양도소득이 명의신탁자에게로 환원되지 않으면 명의신탁자에게 과세할 수 없다고 판단하고 있다.[156] 비록 그 대금이 부당이득 반환청구로 일부 회수되더라도 명의신탁자에게 과세할 수 없다는 입장이다.

즉, 임의로 처분한 명의신탁 재산으로부터 얻은 양도소득을 명의신탁자에게 환원하였다고 하려면, 명의수탁자가 양도대가를 수령하는 즉시 그 전액을 자발적으로 명의신탁자에게 이전하는 등 사실상 위임사무를 처리한 것과 같이 명의신탁자가 양도소득을 실질적으로 지배, 관리, 처분할 수 있는 지위에 있어 명의신탁자를 양도의 주체로 볼 수 있는 경우라야 하고, 특별한 사정이 없는 한 명의신탁자가 명의수탁자에 대한 소송을 통해 상당한 시간이 경과한 후에 양도대가 상당액을 회수하였다고 하여 양도소득의 환원이 있다고 할 수는 없다고 판단하였다.[157] 이 경우 명의신탁자에게 "환원"한 것으로 볼 수 있는지 여부는 개별적으로 판단할 수밖에 없으며, 몇 가지 사례를 소개해보면 다음과 같다.

① 명의신탁자가 명의수탁자를 상대로 손해배상청구소송과 형사소송 등 강제적 방법으로 명의수탁자로부터 변제공탁에 따라 공탁금을 출급한 것은 양도소득이 명의신탁자에게 환원되었다고 볼 수 없음[158]
② 3인 공유 토지를 1인 명의로 등기하고 등기명의인이 토지를 양도하여 대금을 전액 사취하고 다른 공동취득자들은 근저당 해지 대가를 양수자로부터 수령한 경우 명의신탁자를 납세의무자로 볼 수 없음[159]
③ 명의신탁 부동산이 명의수탁자의 제3자에 대한 채무불이행으로 명의신탁자의 의사와 무관하게 경매됐고 경락대금이 명의신탁자의 채권자에게 귀속된 경우 명의수탁자에게 과세한 것은 잘못임[160]
④ 명의신탁자가 강제적 방법 등으로 양도대금 일부를 손해배상으로 수령한 경우 이는 불법행위 손해배상으로 수령한 것이므로 명의신탁자를 납세자로 볼 수 없음[161]
⑤ 명의신탁 부동산이 수용되어 대금 중 5천만원을 제외한 대부분(13억원)이 명의신탁자에게 이체된 경우 양도대금이 명의신탁자에게 귀속된 것으로 보아야 함[162]

---

156) 대판88누10329, 1991.3.27. ; 서울고법2013누28758, 2014.6.24.
157) 대판2012두10710, 2014.9.4.
158) 조심2023인7774, 2023.8.31.
159) 국심1999서2135, 2000.2.1. ; 국심1999중1864, 2000.2.1.
160) 심사양도2023-30, 2023.8.30.
161) 대판98두7084, 1999.11.26. ; 의정부지법2021구단6995, 2022.8.8.
162) 서울행법2022구단61994, 2023.9.8.

보충설명

명의신탁에 대한 제재 부분도 알아두면 유익하므로 소개하기로 한다.

(1) 과징금 및 형사 제재 : 다음에 해당하는 자는 해당 부동산 가액의 30/100에 해당하는 금액 범위에서 과징금을 부과하며, 과징금 외에도 명의신탁자는 5년 이하의 징역 또는 2억원 이하의 벌금, 및 수탁자는 3년 이하의 징역 또는 1억원 이하의 벌금이라는 형사제재 대상이 된다.

① 누구든지 부동산에 관한 물권을 명의신탁 약정에 따라 명의수탁자의 명의로 등기하여서는 아니 됨에도, 이를 <u>위반한 명의신탁자</u>
② 채무의 변제를 담보하기 위하여 채권자가 부동산에 관한 물권을 이전받는 경우에는 채무자·채권금액 및 채무변제를 위한 담보라는 뜻이 적힌 서면을 등기신청서와 함께 등기관에게 제출하여야 함에도, 이를 <u>위반한 채권자</u> 및 이에 따른 서면에 <u>채무자를 거짓으로 적어 제출하게 한 실채무자</u>

(2) 과징금 부과를 위한 부동산 평가액 : 과징금 부과를 위한 부동산 가액은 "과징금을 부과하는 날 현재" 소유권의 경우 소득세법 제99조에 따른 기준시가(다만, 위 (1)①의 경우 부동산실명법을 위반한 자가 과징금을 부과 받은 날 이미 명의신탁관계를 종료하였거나 실명등기를 하였을 때에는 "명의신탁 관계 종료시점 또는 실명등기시점"의 부동산 가액)에 따른다. 명의신탁 종료시점은 대외적으로 명의신탁 관계가 종료되어 부동산실명법 위반 상태가 해소된 시점(실명등기를 할 필요가 없거나 실명등기를 한 것으로 볼 수 있는 시점)을 말하며,[163] 명의신탁자가 명의수탁자를 상대로 명의신탁 해지를 원인으로 하여 소를 제기하였거나 그 소송에서 승소판결이 확정되었다는 사정만으로는 그때 부동산실명법상 명의신탁 관계가 종료되었다고 할 수 없다.[164]

(3) 과징금의 부과기준 : 다음과 같이 부과하되, 조세를 포탈하거나 법령에 의한 제한을 회피할 목적이 아닌 경우에는 100분의 50을 감경할 수 있다. 한편, 과징금 부과의 감경사유가 있음에도 이를 전혀 고려하지 않았거나 감경사유에 해당하지 않는다고 오인하여 과징금을 감경하지 않았다면 그 과징금 부과처분은 재량권을 일탈·남용하여 위법한 것으로 판단하고 있다.[165]

※ 과징금 부과기준 = 부동산 평가액 × (㉠의 부과율 + ㉡의 부과율)
  ㉠ 부동산 평가액을 기준으로 하는 과징금 부과율
    - 5억원 이하 : 5%
    - 5억원 초과 30억원 이하 : 10%
    - 30억원 초과 : 15%
  ㉡ 의무위반 경과기간을 기준으로 하는 과징금 부과율
    - 1년 이하 : 5%
    - 1년 초과 2년 이하 : 10%
    - 2년 초과 : 15%

(4) 과징금의 제척기간 : 부동산실명법 위반 과징금 부과의 제척기간은 "5년"이고, 그 기산일은 "명의신탁의 등기가 해소된 때"로 본다.[166]

---

163) 대판2011두26626, 2012.4.26.
164) 대판2007두21563, 2008.1.17.
165) 대판2010두7031, 2010.7.15.
166) 대판2004두2776, 2006.1.13. ; 대판2004두2509, 2004.7.22.

관련 사례

구 분	내 용
명의신탁 재산의 환원	• 법원의 확정판결에 의하여 신탁해지를 원인으로 소유권이전등기를 하는 경우 양도로 보지 않음[167] • 명의신탁된 자산을 실질 소유자 앞으로 회복시킨 것은 명의신탁 재산의 환원으로 유상양도에 해당하지 않음[168] • 형식은 증여이지만 실질이 명의신탁된 부동산을 실지 권리자에게 환원시킨 것이라면 증여세 과세대상이 아님[169] • 명의신탁 부동산을 명의신탁 해지를 원인으로 소유권환원 등기를 하는 경우 소유권환원 등기시기에 불구하고 "당초 취득일"이 취득시기가 됨[170]
입증책임	• 부동산 등기상 명의자가 소유자로 추정되므로 명의신탁의 입증책임은 "명의신탁을 주장하는 자"에게 있음[171] • 부동산등기부에 등기원인이 명의신탁 해지로 되어 있을 경우 등기원인과 달리 유상양도라는 점은 "과세관청"이 입증해야 함[172]
신의칙 위반 여부	• 수탁자 명의로 소유권보존등기가 경료된 상태에서 이미 제3취득자에게 소유권이전등기가 경료되어 명의신탁 해지 주장만으로는 제3취득자 명의의 이전등기를 말소하고 신탁자의 명의로 등기를 경료할 수 없어 명의수탁자 명의의 소유권보존등기가 원인무효라는 판결에 기초하여 등기말소한 다음 양도소득세 취소소송에서 명의신탁등기라고 주장하는 것이 신의칙에 위배되지 않음[173]
부동산의 취득 및 보유자	• 계약명의신탁 : 타인 명의로 부동산을 매수 및 이전등기하였다면 이러한 매수인 및 명의신탁 관계는 그들 사이의 내부적 관계에 불과하므로 특별한 사정이 없는 한 대외적으로는 명의수탁자를 매매 당사자로 보아야 함[174] • 계약명의신탁 : 명의신탁 약정 사실을 모르는 소유자와 부동산의 취득계약 체결 후 소유권이전등기를 수탁자 명의로 마친 경우 신탁자와 수탁자 사이의 명의신탁 약정 무효에 불구하고 수탁자는 완전한 소유권을 취득함[175] • 2자 간 명의신탁 : 실질 소유자인 "명의신탁자"의 주택으로 판단됨[176]

---

167) 서면5팀-232, 2006.9.26. ; 서면4팀-1813, 2006.6.16.
168) 재산세과-1127, 2009.6.5. ; 국심99서2142, 2000.12.20. ; 대판2003두6863, 2004.1.16.
169) 국심2003광3797, 2004.5.24.
170) 부동산거래관리과-830, 2011.9.29. ; 재산세과-576, 2009.10.27. ; 재산세과-3246, 2008.10.13. ; 서면4팀-3372, 2007.11.22. ; 조심2021전6668, 2022.6.7. ; 조심2011중2332, 2011.11.18.
171) 심사양도2023-30, 2023.8.30. ; 조심2024전4688, 2024.12.4. ; 조심2024중1972, 2024.7.16. ; 조심2023서3424, 2023.6.29. ; 조심2023인7637, 2023.6.28. ; 조심2022인7039, 2023.3.20. ; 조심2022전7231, 2022.12.22. ; 조심2021전6867, 2022.2.7. ; 조심2021서2733, 2021.9.14. ; 대판2017두74375, 2018.4.12. ; 대판2011두9935, 2014.5.16.
172) 대판94누3667, 1994.11.8.
173) 대판89누8057, 1990.10.23.
174) 조심2024중5675, 2024.12.26. ; 대판2021두37359, 2021.8.12. ; 서울고법2019누58805, 2021.4.2.
175) 조심2021서2789, 2021.11.9. ; 대판2011두5056, 2014.2.13.
176) 조심2023서10382, 2024.8.8.

구 분	내 용
양도소득세 납세의무자 (기본 논리)	• 명의신탁 부동산을 양도하는 경우 양도소득세 납세의무자는 국기법 제14조 제1항에 따라 "사실상 그 소득을 얻은" 명의신탁자임[177] ※ 대법원은 경제적 측면에서 보아 현실로 소득을 지배·관리하면서 이를 향수하고 있고 담세력이 있는 것으로 판단되면 족하고 그 소득을 얻게 된 원인관계가 반드시 적법·유효한 것이어야 하는 것은 아니라고 보고 있음[178] • 명의신탁된 부동산의 양도소득세 납세의무자는 양도의 주체인 명의신탁자이므로 명의수탁자 명의로 신고한 것은 적법한 신고로 볼 수 없음[179] • 임의경매시 법원 배당표에 따르면 명의수탁자에게 배당된 사실이 확인되나 그 금액이 다시 부친에게 전달된 사실은 확인되지 않고, 제시한 자료만으로는 양도소득을 사실상 지배한 자가 부친이라고 보기 어려움[180]
양도소득세 납세의무자 (계약명의신탁)	• 납세의무 판단(원칙) : 계약명의신탁에서 매도인이 선의인 경우 물권변동은 유효하고 명의신탁약정은 무효이므로, 특별한 사정이 없는 한 명의수탁자가 양도소득을 사실상 지배·관리·처분할 수 있는 지위에 있어 사실상 소득을 얻은 자에 해당하므로 납세의무자는 <u>원칙적으로 명의수탁자</u>가 되고, <u>예외적으로 양도소득이 명의신탁자에게 귀속되면 실질과세 원칙에 따라 명의신탁자</u>에게 납세의무가 있음[181] • 소득이 "명의수탁자"에게 귀속된 경우 : 판결문에서 명의수탁자(청구인)와 명의신탁자 간의 계약명의신탁 약정은 무효이지만 부동산실명법 제4조 제2항 단서에 의하여 경매로 양도된 명의신탁 주택의 소유권이 명의수탁자에게 있는 것으로 판단하였고, 청구인이 판결문 내용을 근거로 양도 주택의 소유권을 주장하며 명의신탁자를 상대로 건물 명도소송을 제기하는 등 실질 소유주로서의 재산권을 행사하였으며, 해당 명의신탁 주택의 경락대금 중 일부가 청구인에게 귀속된 점 등에 비추어 볼 때 양도소득세 납세의무는 명의수탁자에게 있음[182] • 계약명의신탁한 부동산 지분이 제3자에게 경매된 후 명의신탁자가 제3자로부터 재취득시 지급한 가액은 필요경비로 인정함이 타당함[183] • 소득이 "명의신탁자"에게 귀속된 경우 : 명의신탁 부동산의 前 소유자가 선의인 경우 명의수탁자에게 명의신탁 부동산의 소유권이 귀속되었다 하더라도, 명의신탁 부동산의 양도로 인한 소득이 실제 명의신탁자에게 귀속되었다면 실질과세 원칙상 명의신탁자가 양도소득세의 납세의무자에 해당함[184]

---

177) 서면4팀-2836, 2006.8.17. ; 대판2015두37969, 2015.6.11. ; 대판98두7084, 1999.11.26. ; 대판96누6387, 1997.10.10. ; 부산지법2015구합340, 2016.2.5. ; 의정부지법2012구합3298, 2013.6.18.
178) 대판2022두33644, 2022.5.26. ; 서울고법2021누46317, 2021.12.29. ; 대판95누7758, 1995.11.10.
179) 조심2010중1119, 2011.3.31. ; 국심2005중3792, 2006.2.6. ; 국심2004중442, 2004.9.9.
180) 조심2024서2290, 2024.6.13. ; 조심2024중2095, 2024.8.20.
181) 의정부지법2021구단6995, 2022.8.8. ; 대판2009두19564, 2010.11.25.
182) 조심2021서2789, 2021.11.9.
183) 서울행법2021구합72147, 2023.10.12.
184) 조심2021인1186, 2021.8.12. ; 광주고법2014누6134, 2015.1.15. ; 수원지법2023구단11430, 2024.7.10.

구 분	내 용
양도소득세 납세의무자 (2자 간 명의신탁)	• 2자 간 명의신탁에서 명의수탁자가 명의신탁자의 동의를 받지 않고 신탁자산에 대하여 채무담보 설정을 한 후 채무변제 불이행으로 그 자산이 경매되는 경우 실질 소유자인 명의신탁자가 자산을 양도한 것으로 봄[185] ※ 사안은 채무자(건축주)가 공사비를 담보하기 위해 신축건물을 공사자에게 명의신탁하였는데, 공사자가 그 부동산을 담보로 채무를 발생시켜 경매로 양도되어 채무에 충당되는 경우 실질적으로 명의신탁자의 채무변제에 사용된 것으로 본 바, 명의신탁 부동산이 경매이전시 대출금 이자 부담자도 중요한 판단 요소가 됨[186] • 명의신탁자가 매매계약을 사전에 동의하였거나 사후에 추인함으로써 자신의 의사에 따라 명의신탁 부동산을 매도한 것으로 봄이 타당하여, 이 경우 매매대금의 환원 여부에 상관없이 명의신탁자가 양도소득인 매매대금을 사실상 지배, 관리, 처분할 수 있는 지위에 있어 양도소득세의 납세의무자가 됨[187]
3자 간 명의신탁으로 양도시 양도시기	• 3자 간 등기명의신탁 약정에 따라 명의수탁자 명의로 마친 소유권이전등기는 소득령 제162조 제1항 제2호에서 말하는 소유권이전등기에 해당하지 않는다고 보는 것이 타당하므로, 매도인이 부동산을 양도하면서 3자 간 등기명의신탁 약정에 따라 명의수탁자 명의로 소유권이전등기를 마쳐준 다음 매수인인 명의신탁자와 대금을 청산한 경우 해당 부동산의 양도시기는 소득령 제162조 제1항 본문에 따라 대금을 청산한 날이라고 보아야 함[188]
3자 간 명의신탁에서 주택의 소유자 (다주택 중과)	• 3자 간 등기명의신탁 관계에서는 명의신탁자가 대상 주택을 지배·관리하면서 사실상 이를 처분할 수 있는 지위에 있고 처분에 따른 소득의 귀속주체가 된다는 점에서, 투기 목적의 주택 소유를 억제하려는 다주택 중과규정의 입법 취지 등을 고려할 때 명의신탁자가 대상 주택을 소유하는 것으로 봄이 옳음[189]
불복청구 관련	• 명의수탁자에 대한 양도소득세 과세처분이 위법하더라도 그 하자가 중대 명백하다고 할 수 없어 "당연 무효"가 아닌 "취소사유"로 봄[190] ※ 통상 "무효" 사유일 경우 불복제기 기간의 제한을 받지 않으나, "취소" 사유일 경우 과세처분을 받은 날로부터 90일 이내 불복을 제기하여야 함 • 명의수탁자에게 과세된 경우 불복청구는 명의수탁자가 하는 것이지 명의신탁자가 하는 것이 아님[191] • 청구인은 매수인에게 부동산을 양도하고 양도소득세를 신고·납부하였으나, 처분청은 명의신탁하였다고 보아 당초 양도소득세를 감액·환급한 바 이러한 감액경정은 불이익에 해당하지 않으므로 부적법한 심판청구에 해당함[192]

---

185) 재일46014-815, 1997.4.4.
186) 조심2024부2912, 2024.7.25.
187) 대판2015두1991, 2015.8.27. ; 부산고법2014누17, 2015.4.10.
188) 대판2015두41630, 2018.11.9.
189) 대판2016두43091, 2016.10.27.
190) 대판2003다30616, 2003.12.12. ; 대판97누13627, 1997.11.28. ; 수원지법2021구단7963, 2022.8.19. ; 서울행법2021구합56916, 2022.5.13.
191) 조심2021중3058, 2021.7.21.
192) 조심2021전5846, 2022.8.18.

구 분	내 용
경정청구 문제	• 당초 명의수탁자가 자신의 명의로 양도소득세를 신고한 경우, 실질과세에 따라 그 실질 소유자에게 납세의무가 있으므로 자기 명의로 신고한 명의수탁자가 신고내용에 착오가 있음을 이유로 경정청구할 수 있음[193]
	• 국기법 제45조의 2 제2항 제1호에서 "판결"은 형사판결을 포함하는 것이지만, 최초의 신고·결정 또는 경정에서 과세표준 및 세액의 계산 근거가 된 거래 또는 행위 등이 그에 관한 소송에 대한 판결에 의하여 다른 것으로 확정된 경우 후발적 경정청구가 가능함[194]
	• 형사판결은 국기법 제45조의 2 제2항 제2호의 결정 또는 경정이라 할 수 없으며, 부동산실명법 위반에 따른 과징금 부과처분은 국기법 제45조의 2 제2항 제5호의 대통령령으로 정하는 사유에 해당하지 않음[195]
제척기간 적용	• 명의신탁한 토지를 양도하고 수탁자 명의로 양도소득세를 신고한 경우 납세자에 해당하는 명의신탁자에게 무신고 제척기간 "7년"이 적용됨[196]
	• 사기 기타 부정한 행위(수탁자 명의로 양도하면서 양도소득세를 면제받는 행위, 명의신탁 주택을 제외하고 1세대 1주택 비과세를 적용받는 행위, 무자력자에게 수탁한 행위, 허위계약서를 제출하여 신고한 행위 등)가 수반되면 "10년"의 제척기간이 적용됨[197]
기납부 세금의 처리	• 명의신탁 부동산을 양도하는 경우 양도소득세 납세의무자는 사실상 그 소득을 얻은 명의신탁자가 되고, 과세관청이 명의신탁자에게 경정하여 과세되는 경우에 실지 소득자인 명의신탁자가 이미 납부한 세액에 대하여 명의자에게 환급하지 않고 기납부세액으로 공제하는 것임[198]
	• 실질과세 원칙에 의하여 명의수탁자의 이름으로 신고납부된 세액을 실질 소득자인 명의신탁자의 총결정세액에서 기납부세액으로 공제하고 명의수탁자에게 납부세액의 지급을 거부한 것은 잘못이 없음[199]
	• 명의수탁자에게 부과된 양도소득세가 징수되지 아니하였으므로 실제 기납부세액은 없었던 점 등에 비추어 명의신탁자에 대한 양도소득세 산정시 명의수탁자에 대한 양도소득세 고지세액을 기납부세액으로 공제하여 납부불성실 가산세를 산정할 수는 없음[200]

---

193) 조심2012부3358, 2012.12.10. ; 조심2009서2598, 2010.5.4. ; 국심2004중2180, 2004.10.11.
194) 조세법령운용과-1146, 2019.9.19.
195) 징세과-1010, 2024.3.6.
196) 조심2015서4553, 2016.11.21. ; 조심2010부2196, 2010.9.13. ; 조심2010부2198, 2010.9.13.
197) 감심2020-1390, 2022.3.23. ; 심사양도2006-44, 2006.10.30. ; 조심2024중3648, 2024.11.28. ; 조심2023인8105, 2023.12.19. ; 조심2023부7685, 2023.9.21. ; 조심2020중7709, 2021.4.7. ; 조심2020전8665, 2021.2.16. ; 국심2004서1452, 2004.10.12. ; 서울고법2008누15376, 2008.11.5. ; 서울중앙지법 2023가합61217, 2024.6.14.
198) 심사양도2023-15, 2023.7.12.
199) 조심2011중4729, 2011.12.21. ; 조심2011서1952, 2011.12.6. ; 조심2008서3962, 2009.10.21.
200) 조심2016구202, 2016.11.7.

구 분	내 용
미등기 양도 여부	• 미등기 양도 중과 취지는 자산 취득자가 취득 등기를 하지 않고 양도함으로 양도소득세 등 각종 조세를 포탈하거나 양도차익만을 노려 전매하는 등 부동산 투기를 억제하려는 데 있으므로 명의신탁 자산을 양도한 것은 원칙적으로 미등기 양도에 해당하지 않음[201]
	• 명의신탁된 부동산을 "취득"하면서 취득에 관한 등기를 하지 않고 양도하는 경우 미등기 양도로 봄[202]
국세환급금 등	• 실질 소득자에게 소득세를 과세함에 있어 당초 명의자의 소득금액을 결정 취소함에 따라 발생되는 환급세액은 명의자에게 환급하지 않고 실질 소득자의 기납부세액으로 공제하므로 국세환급금 및 환급가산금이 발생하지 않음[203]
	• 납세자가 제척기간을 도과한 과세기간분 세액에 대하여 수정신고·납부한 경우 납세자가 해당 금액을 잘못 납부하거나 초과하여 납부한 것이므로 국기법 제51조 제1항에 따라 해당 금액을 국세환급금으로 결정하여야 함[204]
체납처분	• 당초 4필지를 명의신탁하고 그 중 3필지의 부동산을 양도하였는데 명의신탁 사실을 모르고 양도소득세를 명의수탁자에게 부과하여 불복하지 않아 형식상 명의수탁자의 납부의무가 확정되었어도 3필지 부동산 양도에 따른 명의신탁자의 양도소득세 납부의무가 소멸하는 것은 아니므로, 양도소득세 체납을 이유로 남은 명의신탁 부동산 1필지의 공매로 공매대금 중 대부분을 체납에 충당하면 1필지 부동산 양도소득인 공매대금 중 체납 충당액은 명의신탁자 귀속임[205]
	• 명의신탁 재산은 법리상 대외적으로 소유권이 명의수탁자에게 있으므로 명의수탁자를 진정한 소유자로 보아 행한 국세체납에 따른 압류처분은 적법함[206]
	• 이 경우 압류처분이 유효하므로 환원 이후에도 압류해제할 수 없음[207]
가산세	• 과세관청이 명의신탁자에게 경정하여 과세되는 경우에 실지 소득자인 명의신탁자가 이미 납부한 세액에 대하여 명의자에게 환급하지 아니하고 기납부세액으로 공제하며, 이 경우 신고납부불성실가산세는 적용하되, 기납부세액에 대한 납부불성실가산세(납부지연가산세)는 적용하지 않음[208]
	• 거주자가 양도소득세 신고를 하지 않은 경우 신고불성실가산세를 부과함[209]
	• 명의수탁자 명의로 토지 양도와 관련한 양도소득세를 신고하였으나 이는 명의신탁에 통상 뒤따르는 부수행위일 뿐, 이를 조세포탈 목적에서 비롯된 적극적인 행위로 볼 수 없음[210]

201) 부동산납세과-259, 2014.4.15. ; 국심2007전3258, 2008.3.13. ; 대판89누8057, 1990.10.23.
202) 조심2016서3770, 2016.12.23.
203) 징세46101-1718, 1999.7.16. ; 징세46101-1451, 1999.6.21.
204) 조세정책과-11, 2013.1.8.
205) 대판95누4551, 1995.11.10.
206) 징세과-1340, 2012.11.30. ; 서면1팀-645, 2006.5.18. ; 징세46101-220, 2002.5.7.
207) 서삼46019-10963, 2003.6.13. ; 조심2011전14, 2011.4.18. ; 국심2006부2197, 2006.9.12.
208) 징세과-380, 2009.4.22. ; 재산46014-1870, 1999.10.23. ; 소득46011-2052, 1998.7.23.
209) 서면5팀-1862, 2007.6.21. ; 서울고법2021누30817, 2021.12.10.
210) 대판2019두58896, 2020.12.10. ; 대구지법2020구합994, 2021.9.30.

Chapter 11 "공유"하는 부동산 양도, 유의할 사항과 관련 쟁점은?

내용 Summary

기본사항 Check

- **공유 관계**: 물건을 지분에 의하여 여러 사람의 소유로 한 때에는 공유로 하며, 공유자는 공유물 전부를 지분의 비율로 사용·수익할 수 있고, 협의에 의하여 분할할 수 있으며, 협의 불성립시 법원에 분할을 청구할 수 있음 → 현물로 분할할 수 없거나 분할로 인하여 현저히 그 가액이 감손될 염려가 있는 때에는 법원은 물건의 경매를 명할 수 있음
- **공유 부동산 등의 납세의무**: 공동으로 소유한 자산에 대한 양도소득금액을 계산하는 경우에는 해당 자산을 공동으로 소유하는 각 거주자가 납세의무를 부담함

핵심 Point

- 공유물을 지분 교환 방식에 의하여 단독소유 전환시 양도소득세를 과세할 수 있는지 여부 → 각 기관별 견해 대립(국세청, 조세심판원 vs. 대법원, 감사원 심사)
- 1세대 1주택 비과세, 자경농지 및 농지대토 감면 → 각 공유자별 판단

질문 »

1. 甲과 乙이 1/2씩 공유하는 A토지를 역시 甲과 乙이 공동소유한 다른 필지 동일 면적의 B토지와 단독 소유로 지분교환 형식으로 정리하였다. 양도소득세 납세의무가 있는가?

2. 주택을 공유한 경우 비과세 요건 적용은?
   - 보유 및 거주기간 요건은?
   - 부수토지만 공유한 경우 비과세 범위는?

3. 甲과 乙이 공유하는 농지를 甲이 혼자 재촌자경하다가 양도시 자경감면과 농지대토 감면은 乙에게도 적용이 가능한가?

답변 및 해설 »

1. 공유하던 토지를 다른 공유하는 토지와 교환시 기관별 견해대립이 있다. 과세관청과 조세심판원은 원칙적으로 "양도"로 보고 있으나, 대법원과 감사원 심사결정은 공유물의 교환적 분할에 따라 각 공유자의 분할 전후 가액에 변동이 없다면 "양도"로 보지 않는다.

2. 주택을 공유한 경우 1세대 1주택 비과세 요건은 공유자 각자를 기준으로 판단한다. 따라서 보유 및 거주기간도 공유자별로 판단한다. 다만, 공동상속받은 주택일 경우 거주기간 요건은 공동상속인 중 그 주택에서 거주한 기간이 가장 긴 상속인을 기준으로 거주요건을 판단한다. 주택과 부수토지를 공유한 경우 부수토지만 소유한 별도 세대인 사람은 비과세가 불가하다.

3. 공유하던 농지 양도시 자경농지 감면과 농지대토 감면의 적용도 공유자 각자를 기준으로 거주요건 및 자경/자경기간 요건 등을 판단한다. 공유자인 甲이 모두 자경하였다면 다른 공유자인 乙은 자경농지 감면을 적용받지 못한다.

보충설명

위 사례들은 공유하는 부동산 관련하여 양도소득세 쟁점들을 다루어 본 것이다.

기본구조는 부동산을 공유하다가 양도하면 납세의무자는 그 부동산 공유지분을 소유한 각자가 되며, 각 공유자별로 납세의무와, 세율 적용, 감면 및 비과세 등을 판단한다.

만일 공유물을 그 지분대로 분할하여 각자의 단독소유로 전환하면 양도소득세 과세대상은 아니다. 그러나 지분이 증감되어 변동되도록 분할하면 그 변동되는 지분에 대해서는 대가를 받으면 양도소득세가 과세되며, 대가를 받지 않았다면 지분 증가된 사람에게 증여세가 과세된다. 여기서 지분 증가 여부는 토지의 경우 "면적"보다는 "가액"을 기준으로 판단한다.

1세대 1주택 비과세 적용과 관련하여 주택과 부수토지의 소유자가 각각 다른 경우로서 주택 부수토지만 소유한 사람이 주택 소유자와 별도 세대이면 부수토지 소유자는 비과세를 적용받지 못한다. 같은 세대라면 부수토지만 가진 사람도 비과세 가능하다. 이는 "세대별"로 비과세를 판단하기 때문이다.

그리고 주택 부수토지가 비과세 되는 기준면적(서울·경기·인천의 주거·상업·공업지역 3배, 그 외 도시지역 5배, 도시지역 외 10배) 산정시, 주택을 단독소유하고 부수토지는 다른 사람과 공동소유한 사람의 비과세 되는 부수토지 범위는 자신의 토지만을 기준으로 적용하는 것이 아니라 전체 토지, 즉 기준면적 이내도 자신의 보유비율만큼이고 기준면적 초과분도 자신의 공유지분비율만큼 적용한다.

자경농지 감면도 공유자 각자를 기준으로 판단하기에 공유자 중 1인이 재촌자경 요건을 갖추면 다른 공유자는 자경농지 감면을 적용받지 못한다. 다만, 부부가 전업농부로서 농지를 공유하면서 함께 재촌자경한 경우라면 자경농지 감면을 적용하여야 할 것으로 생각한다. 그러나 부부가 공유하더라도 농지 소유자는 직장에 다니면서 간헐적으로 농사일을 돕고 소유자가 아닌 배우자가 주로 경작한 경우라면 직장을 다닌 사람은 자경농지 감면을 적용받지 못한다. 농지대토 감면도 같은 논리가 적용된다.

관련 사례

구 분	내 용
공유물의 단순분할	• 공유물을 분할함에 있어 지분이 변경되는 경우 대금수수가 있으면 "양도소득세"를, 대금수수가 없으면 "증여세"를 과세함[211] • 공유물 분할 후 지분이 변경되면 그 변경되는 부분은 양도 등으로 보며, 지분변동 여부는 그 가액을 기준으로 판단함(유상은 양도, 무상은 증여)[212] • 형질변경 등으로 가격이 상승한 특정부분을 대가를 지급하지 않고 단순 분할받은 경우 그 가격 차이로 인한 이익(무상)은 증여세가 과세됨[213] • 공동소유 부동산에 대한 매매가액이 확정된 경우로서 보유지분과 다르게 매매대금을 수령한 경우 초과 지급받은 금액은 현금 증여로 봄[214]
2 이상 공유토지를 교환적 분할	• 과세관청 : 2인 이상이 공동으로 소유하던 연접된 2필지 이상의 토지를 지분에 따라 각각 1인 단독소유로 공유물 분할하는 것은 양도로 보지 않으나, 양도 당시 연접하지 않는 2필지 이상의 토지를 각각 1인 단독소유를 목적으로 서로의 지분을 정리하는 것은 각 필지의 자기지분 감소분과 다른 필지의 자기지분 증가분이 교환되는 것으로써 양도에 해당함[215] • 조세심판원 : ① 서로 연접하여 사실상 한 필지로 되어 있는 경우까지 공유물 분할로 인정하지 않으면 이를 합병한 후 다시 공유물 분할을 유도하는 결과를 초래하여 납세자의 부담을 가중시키므로 당초 지분보다 적게 취득한 부분만 양도(무상일 경우는 증여)로 봄이 합당함[216] ② 토지가 도로를 사이에 둔 필지이지만 당초 하나의 토지가 분할된 것이므로 "사실상 연접한 토지"로 볼 수 있고, 장기간 소유한 건물과 대지권을 일치시키기 위해 공유물 분할한 것이므로 공유지분의 시가차액을 정산하였다고 볼 만한 자료가 없는 이상 과세대상 양도로 보기 어려움[217]

---

211) 재산세과-143, 2011.3.18. ; 재산세과-954, 2010.12.15. ; 국심2006서2072, 2006.10.20.
212) 부동산거래관리과-548, 2012.10.12. ; 재산세제과-573, 2011.7.21.
213) 법규재산2012-533, 2012.1.20. ; 재삼46014-849, 1995.4.6.
214) 상속증여세과-570, 2020.7.29. ; 재산세과-639, 2009.11.6.
215) 법령해석재산-98, 2019.6.25. ; 법령해석재산-205, 2017.4.6.
216) 국심95서3399, 1996.2.14.
217) 국심2004서1510, 2004.11.22.

구 분	내 용
2 이상 공유토지를 교환적 분할	• 감사원 심사, 대법원 : 공유물 분할은 실질적으로 공유물에 대하여 관념적으로 그 지분에 상당하는 비율에 따라 제한적으로 행사되던 지분권을 분할로 취득하는 특정부분에만 존속시키는 것으로 그 소유형태가 변경될 뿐이므로 자산의 유상양도라고 할 수 없고, 이는 한 개의 공유물을 분할하여 그 중 특정부분의 단독소유권을 취득하는 경우는 물론 여러 개의 공유물을 일괄하여 분할함에 있어 각 공유물을 그 지분비율에 따라 하나하나 분할하는 대신 지분비율과 각 공유물의 가액을 함께 고려하여 공유자들이 각 필지의 공유지분을 상호교환하여 공유물을 분할하는 경우에도 이로 인한 상호 지분 이전시에 시가 차액에 대한 정산을 하였다는 특별한 사정이 없는 한 마찬가지임[218]
1세대 1주택 비과세	• 별도 세대가 1주택을 공동소유하는 경우 "각 개개인이 1주택을 소유한 것"으로 보기에, 1주택과 1공동소유 주택을 소유한 경우 1세대 2주택으로서 먼저 양도하는 주택은 원칙적으로 양도소득세가 과세됨[219] • 공동소유한 주택 외에 다른 주택이 없는 경우 그 "공동소유 지분을 양도하는 경우" 1세대 1주택 비과세 규정이 적용됨[220] • 1주택의 공유자가 동일 세대이면 "세대별" 공유지분을 1주택으로 보아 1세대 1주택 비과세 규정을 적용함[221] • 양도일 현재 같은 세대원이 주택과 부수토지를 각각 소유한 경우 당해 주택 부수토지의 1세대 1주택 보유 및 거주기간 계산은 같은 세대원으로서 함께 거주하였거나 보유한 기간만을 통산함[222] • 양도일 현재 주택 소유자와 부수토지 소유자가 별도 세대원인 경우 별도 세대원의 부수토지는 비과세를 적용받을 수 없음[223] • 공유 토지를 양도한 경우 1세대 1주택 부수토지 범위에 타인소유 지분의 토지는 포함되지 않음[224] • 1주택을 별도 세대원이 공동 소유하는 경우 1세대 1주택 여부는 세대별로 판정하나, 고가주택 여부는 그 소유지분에 관계없이 주택 및 부수토지 전체를 기준으로 판정함[225]

---

218) 감심1997-2, 1997.1.14. ; 감심1995-33, 1995.3.7. ; 대판2022두58797, 2023.2.2. ; 대판98두229, 1998.3.10. ; 대판95누5653, 1995.9.5. ; 대판91누9787, 1991.12.24.
219) 서면4팀-1547, 2005.8.31. ; 서면4팀-1016, 2005.6.21.
220) 재일46014-893, 1993.4.8.
221) 재일46014-36, 1996.1.8.
222) 부동산거래관리과-764, 2010.6.3. ; 서면4팀-331, 2006.2.17.
223) 서면4팀-47, 2007.1.4. ; 서면4팀-2385, 2005.11.30.
224) 부동산거래관리과-1322, 2010.11.4. ; 재일46014-2042, 1994.7.23.
225) 서면4팀-3630, 2007.12.21. ; 재산46014-474, 2000.4.18.

구 분	내 용
1세대 1주택 비과세	• 각 1/2 공유지분에 대해 2개의 재건축주택을 받아 각 1인 명의로 지분정리 하는 경우 공유물 분할로 과세되지 않으나 정산차액 정리분은 과세됨[226]
	• 건물의 정착면적에 배율(도시지역 5배, 도시지역 밖 10배, 서울·경기·인천의 주거·상업·공업지역 3배)을 곱한 기준면적에 공유 지분율을 곱한 면적에 한하여 비과세 규정을 적용함이 타당함[227]
양도차익 산정	• 공유물분할 청구 소송비용(변호사 비용) 및 화해비용(가등기말소비용)은 필요경비로 인정되지 않음[228]
	• 공유물 분할시 지출한 취·등록세 등은 필요경비로 공제할 수 없음[229]
	※ 실무상 유의할 점은 위 사례의 자본적 지출액보다도 공유물 분할 후 양도시 취득시기를 분할시가 아니라 "당초 취득시기"를 적용하여 취득가액 및 장기보유특별공제 등을 적용하여야 한다는 점임
농지대토 감면	• 농지대토 감면 적용시 새로 취득하는 농지가 공유인 경우에도 취득 면적 또는 가액 요건의 충족시 대토감면 규정이 적용되며,[230] 이 경우 대토감면 요건을 갖춘 "공유자의 소유지분"에 대하여만 감면을 적용함[231]
	• 공유지분 농지를 경작하다가 양도하고 "단독"으로 신규농지를 취득한 경우 감면요건 충족시 농지대토 감면을 적용받을 수 있음[232]
	• 공유하는 1필지 농지를 4년 이상 재촌자경하다가 당해 농지의 타인지분(50%)을 취득하고, 타인지분 취득일로부터 1년 이내에 본인지분(50%)을 양도한 경우 농지대토 감면규정이 적용되지 않음[233]
자경농지 감면	• 공동소유한 토지는 각 소유자별로 중복감면 배제 여부를 판단함[234]
	• 공동소유 농지 전부를 공유자 중 1인이 경작한 경우 "당해 경작한 자의 소유지분만" 자경농지 감면이 적용되고,[235] 본인 지분을 제외한 것은 대리경작으로 자경농지 감면을 적용할 수 없음[236]

---

226) 법령해석재산-2980, 2021.11.25. ; 법령해석재산-3245, 2021.11.23. ; 재산세제과-849, 2021.9.28.
227) 조심2021광2410, 2021.7.16. ; 조심2018서2003, 2018.8.30. ; 서울행법2018구단74696, 2019.9.10.
228) 법령해석재산-1077, 2020.12.10. ; 부동산납세과-89, 2014.2.18.
229) 조심2010서154, 2010.11.16.
230) 부동산거래관리과-85, 2010.1.19. ; 재산세과-1440, 2009.7.15.
231) 재일46014-2218, 1995.9.1.
232) 서면4팀-1464, 2006.5.25.
233) 재산세과-188, 2009.9.11.
234) 재산세과-2476, 2008.8.27.
235) 재산세과-318, 2009.9.25. ; 재일46014-3363, 1994.12.22.
236) 재일46014-1208, 1994.5.4.

Chapter 12. 매매계약을 "해제"하면 무조건 양도소득세는 없는 것이 되는가?

내용 Summary

기본사항 Check

- 계약의 해제
  ① 해제의 방법 : 계약 또는 법률의 규정에 의하여 당사자의 일방이나 쌍방이 해제의 권리가 있는 때에는 그 해제는 상대방에 대한 의사표시로 함
  ② 해제의 효과 : 당사자 일방이 계약을 해제한 때에는 각 당사자는 그 상대방에 대하여 원상회복의 의무가 있음
- 양도시기 : 대금 청산일과 소유권이전등기 접수일 중 빠른 날(원칙)
- 양도의 정의 : 자산에 대한 등기 또는 등록과 관계없이 매도, 교환, 법인에 대한 현물출자 등을 통하여 그 자산을 유상으로 사실상 이전하는 것

핵심 Point

- 계약을 해제시 양도소득세 과세 여부 → Yes 또는 No(개별 사안에 따라 판단)

질문 »

1. 토지를 양도하고 등기이전하여 주었는데 매수인이 중도금 및 잔금을 지급하지 않아 계약불이행으로 계약을 해제 통보하고 소유권을 반환받았다. 이 경우 양도소득세를 부담하는가?

2. 부동산 등기를 이전해 주고 대금도 지급받았는데, 양도한 부동산에 하자는 있으나 매수인은 이에 대한 문제를 삼고 있지 않고 있는 상황에서 관할 세무서로부터 중과대상에 해당한다고 하여 고액의 고지서를 받고 나서 "양도인"이 채무불이행을 이유로 계약해제 통보하였다. 이 경우 부과된 양도소득세는 취소되는가?

3. 중과세율이 적용되는 것을 모르고 주택을 양도하여 잔금까지 지급받았는데, 관할 세무서로부터 중과세율을 적용한 고액의 고지서를 받고 나서 매수인에게 계약을 합의해제 요청하여 합의해제하였다. 이 경우 부과된 양도소득세는 취소되는가?

답변 및 해설 »

1. 부동산을 양도하면서 잔금 청산 전에 등기를 이전하여 주었는데, 매수인이 대금을 모두 지급하지 않아서 계약을 해제한 경우(법정해제사유 발생)에는 양도시기는 비록 도래하였더라도 계약불이행에 따라 계약을 해제하여 "양도" 행위가 소급적으로 효력을 잃기에 양도소득세 납세의무가 없게 된다. 따라서 양도시기가 도래함으로써 이미 신고납부한 양도소득세는 경정청구기한 이내인 경우 경정청구를 통하여 환급받을 수 있다.

2. 해당 사례의 경우 양도가 인정된다. 채무불이행에 따른 계약해제 통보는 기본적으로 계약을 위반한 상대방이 통지하는 것인데 사안의 경우 계약을 위반한 자가 계약을 해제하였다는 점에서 정당한 계약해제로 보지 않기 때문이다. 최근 대법원도 같은 취지로 판결한 바 있다.

3. 계약당사자가 매매대금도 모두 지급하고 이전등기까지 경료하였는데 과세처분 이후 매매계약을 합의해제한 경우 조세심판원은 양도를 인정하여 양도소득세 납세의무가 있다고 판단하고 있다. 그러나 대법원은 이 경우에도 대금을 반환하고 이전등기도 원상회복하면 양도소득세 과세를 부인하고 있다.

보충설명

해제권은 유효하게 성립한 계약의 효력을 당사자 일방의 의사표시에 의하여 그 계약이 처음부터 있지 않던 것과 같은 상태로 복귀시키는 권리로서, 당사자가 미리 계약에서 그것을 보류하는 약정해제권과 법률의 규정에 의하여 주어지는 법정해제권으로 구분되며, 합의해제는 당사자 사이의 새로운 약정에 의하여 당초 계약의 효력을 소멸시키는 것을 말한다.

이러한 계약해제에 대해 일정 부분 조세심판원과 대법원의 판단에 차이가 있다.

그러나 계약해제에 대한 입증은 납세자가 하여야 하며, 매매계약을 채무불이행으로 해제하는 경우 채무불이행한 상대방에 의하여 해제되어야 한다는 점은 이견이 없다.

대금이 모두 지급되고 소유권 이전등기가 경료된 후 과세처분이 되자 해제하는 경우 조세심판원은 해제사유가 존재하는지 및 원상회복이 되었는지 여부를 중요시하고 있으며, 대법원도 최근에는 합의해제에 대하여 이 부분을 언급하고 있음에 주목해야 한다.

즉, "합의해제"는 당사자들의 의사에 의하여 양도소득세 납세의무의 존부를 변경시킬 수 있고 별도의 양도계약과 그 구별이 쉽지 않다는 점 등을 고려하면, 합의해제가 있다는 사정만으로 곧바로 이를 후발적 경정청구 사유에 해당한다고 볼 수 없고, 당초 계약의 효력을 소급하여 무효로 할 만한 "부득이한 사정"이 있는 경우에 이를 인정함이 타당하다고 판결하고 있다.

관련 사례

구 분	내 용
계약의 해제	• 매매계약 성립 후 합의해제한 경우 양도의 해당 여부는 계약의 이행완료 여부, 양도소득세 납세의무 성립 여부, 부과처분 유무, 계약을 소급적으로 소멸시킬 객관적 사정변경 또는 부득이한 사유의 유무, 합의해제의 동기 및 의도 등을 종합하여 판단해야 함[237]
	• 소유권이전등기 경료 후 당사자 간 합의에 의한 계약 해제로 소유권이 당초 소유자에게 환원되는 경우, 당해 거래가 대금청산을 거친 사실상 유상이전인 경우 양도소득세가 과세되지만, 계약내용 불이행 등 대금청산 절차 없이 단순히 소유권이전등기 절차만 경료됨으로서 당사자 간 합의에 의한 계약해제로 소유권이 환원된 사실이 확인되는 경우 양도로 보지 않음[238]
	• 대금청산 절차를 거친 사실상 유상양도인 것을 재차 원소유자에게 이전하는 것은 별개의 양도로 봄[239]
	• 부동산을 취득할 수 있는 권리를 양도하고 계약내용 불이행 등 대금청산 절차 없이 당사자 간 합의에 의한 계약해제로 소유권이 환원된 경우 양도로 보지 않음[240]
해제권을 과세처분 前 행사	• 매매계약을 체결하고 소유권이전 등기를 경료하여 주었으나, 당사자 간 합의로 매매계약이 해제되어 말소등기를 한 경우 부과처분 前에 과세요건 사실이 없어졌으므로 소유권이전 등기를 양도로 보아 과세한 것은 잘못임[241]
	• 양수인의 대금지급채무 이행 완료 전에 해제된 경우 양도를 부인함[242]
과세처분 이후 계약해제	• 조세심판원 : 중도금 및 잔금의 미지급 사실이 있더라도 그 전에 이미 소유권이전 등기가 경료되었고, 대금 미지급에 따라 바로 계약해제할 수 있었음에도 부과처분 이후에야 계약해제 합의서를 작성하였으며, 합의해제를 원인으로 한 소유권이전 등기 말소(환원)등기를 당초 등기일로부터 2년이 경과한 시점에 경료한 점에 비추어 양도가 없었다고 보기 어려움[243]
	• 대법원 : 양도소득세가 부과된 이후에 해제되는 경우에도 "해제사유가 있는 경우" 양도를 부인함[244]
	※ 대법원 등 판례의 태도는 계약해제 시점을 중시하는 것이 아니라, 해제의 사유가 있었는지 여부에 중점을 두고, "법정해제" 사유의 경우 채무불이행에 기초하기에 해제권자에 의한 해제는 당연히 인정하고, "약정해제"의 경우에도 당초 약정시 해제사유를 정하여 둔 경우이기에 통상 해제를 인정하여 양도를 부인하며, 그것이 양도소득세 부과처분 이전인지 이후인지 여부를 판단의 기초로 보지는 않음

---

237) 감심2020-1277, 2022.7.29. ; 조심2017서683, 2017.4.17.
238) 부동산거래관리과-95, 2011.2.1. ; 재산세과-1065, 2009.6.1. ; 재산세과-642, 2009.3.27.
239) 금융세제과-174, 2017.7.12. ; 재일46014-2227, 1994.8.13. ; 감심2020-1277, 2022.7.29.
240) 재일46014-2705, 1997.11.18.
241) 국심2000중19, 2000.8.22.
242) 대판83누243, 1985.3.12.
243) 조심2024광2233, 2024.7.2. ; 조심2024서393, 2024.5.8. ; 조심2015중3914, 2015.11.4. ; 조심2011광2396, 2012.5.31. ; 조심2010중2055, 2010.8.24.
244) 대판2014두6739, 2014.7.24. ; 대판82누286, 1984.2.14. ; 부산고법2015누21759, 2016.9.2.

구 분	내 용
대금청산 후 계약해제	• 조세심판원 : 당사자 간에 매매계약의 하자 없이 잔금이 적법하게 청산되고 소유권이전 등기를 경료한 후 계약해제를 원인으로 부동산 소유권이 당초 소유자 명의로 환원된 것이므로 양도에 해당함[245] • 대법원 : 대금지급 채무의 이행 완료 이후 해제된 경우에도 양도를 부인하며, 비록 소유권이전 등기 말소의 방법이 아닌 매도인 앞으로 다시 소유권이전 등기하는 방법으로 원상회복하여도 양도를 부인함[246]
계약위반자의 계약 해제 통지	• 계약해제는 귀책사유가 없는 상대방이 귀책사유가 있는 자에게 하는 것인데 반대로 계약위반을 한 양수인이 계약해지를 통보한 사실과 양도인이 양수인으로부터 계약해제를 통보받고도 원상회복을 하지 않고, 양도인이 교환으로 양수인으로부터 넘겨받은 주식에 근거하여 다른 회사의 주주명부에 현재까지 등재되어 있고 그 회사의 적법한 주주로서 권리행사를 하면서 보유주식 일부를 타인에게 처분한 사실이 있는 점 등으로 볼 때, 양수인이 계약해지 통지를 한 사실만으로 계약이 해제되었다고 볼 수 없음[247] • 해제의 이유가 없고 대금반환 등도 없어 양도소득세 감소를 위한 경우 해제를 인정할 수 없어 양도가 없었다고 볼 수 없음[248]
계약해제의 입증책임	• 등기부상 소유권이전 등기가 경료되어 있는 이상 그 절차 및 원인이 정당할 것이라는 추정을 받고 그것의 부당함은 이를 주장하는 자에게 입증책임이 있으나, 매매원인무효 판결이나 계약의 적법한 해제 등으로 소유권이 환원된 사실이 객관적으로 확인되지 않아 양도에 해당함[249]
해제에 정당한 사유가 없다고 본 경우	• 부동산을 양도하고 소유권이전등기를 한 뒤 양도소득세를 신고납부하였고, 전 소유자가 양도가액을 부풀려 신고하였음을 확인하여 세무조사가 이루어지기 전까지는 부동산소유권을 회복하려고 하지 않았을 뿐만 아니라, 매매계약서 및 매매대금에 대해 소명할 것을 요구하자 그 다음 날 매매계약을 합의해제한 바, 해제권 행사나 계약성립 후 발생한 부득이한 사유로 해제하였다고 보이지도 않는 점 등을 종합하면, 조세회피 목적으로 합의해제한 것으로 봄이 합리적임[250] • 해제의 이유가 없고 대금반환 등도 없어 양도소득세 감소를 위한 경우 해제를 인정할 수 없어 양도가 없었다고 볼 수 없음[251] • 당사자 간에 매매계약의 하자 없이 잔금이 적법하게 청산되고 소유권이전 등기를 경료한 후 계약해제를 원인으로 부동산 소유권이 당초 소유자 명의로 환원된 것이므로 양도에 해당함[252]

---

245) 조심2024구190, 2024.4.8. ; 조심2020부2111, 2021.3.15. ; 심사양도99-4380, 1999.10.8.
246) 대판90누1991, 1990.7.13. ; 대판86누427, 1987.2.24.
247) 심사양도2004-87, 2004.12.23. ; 심사양도2005-89, 2005.8.22.
248) 대판2018두48687, 2018.10.12. ; 대판2015두38016, 2015.5.28. ; 대판2012두12112, 2012.10.11.
249) 조심2015중5557, 2016.1.27.
250) 조심2011중1431, 2011.10.18. ; 서울고법2012누20047, 2014.2.12.
251) 대판2022두62642, 2023.3.23. ; 대판2018두48687, 2018.10.12. ; 서울고법2022누31381, 2022.9.21. ; 서울고법2010누33605, 2011.5.20.
252) 조심2020부2111, 2021.3.15. ; 심사양도99-4380, 1999.10.8.

Chapter 13

"토지거래허가구역" 토지, 귀속시기와 신고시기는?

내용 Summary

기본사항 Check

- **유동적 무효의 개념** : 토지거래허가구역에 있는 토지에 관한 소유권·지상권(소유권·지상권의 취득을 목적으로 하는 권리 포함)을 이전하거나 설정(대가를 받고 이전하거나 설정하는 경우만 해당)하는 계약(예약을 포함)을 체결하려는 당사자는 공동으로 시장·군수·구청장의 허가를 받아야 하며, 허가를 받지 않고 체결한 토지거래계약은 효력이 발생하지 않고, 이후 허가를 받으면 계약은 소급하여 유효로 되는 거래행위

핵심 Point

- 유동적 무효 상태에서 대금청산한 경우 : 과세 불가(원칙). 이후 확정적 유효가 되면 그 날을 기준으로 예정신고 → 귀속시기는 대금청산일 적용
- 미등기 전매, 증여를 가장한 매매 : 과세 시점에 원상회복(대금 반환 & 등기 환원) 미이행할 경우 → 과세 긍정

질문 »

1. 토지거래허가구역의 토지를 사전에 토지거래계약의 허가를 받고서 잔대금을 지급받고 등기이전하여 주었다. 이 경우 양도시기는 허가일인가 아니면 대금청산일과 등기 접수일 중 빠른 날인가?

2. 토지거래허가구역 내 토지를 허가 없이 매매하고 대금은 모두 지급받았다. 이후 토지거래허가를 받은 경우 또는 해당 토지가 토지거래허가구역 지정에서 해제된 경우 양도시기와 양도소득세 신고납부할 시기는?

3. 甲은 乙에게 토지거래허가구역의 토지를 허가 없이 매매하고 대금도 모두 지급받은 상태에서 乙은 다시 丙에게 전매하여 양도한 뒤 토지거래 허가는 甲과 丙의 매매로 하여 허가를 받은 경우에 양도소득세 납세의무는?

답변 및 해설 »

1. 대금청산일과 소유권이전 등기 접수일 중 빠른 날을 적용한다.

2. 토지거래 허가를 받지 않고 거래한 경우 "무효"인 거래에 해당한다. 다만 장래 허가를 받으면 유효로 되는 이른바 유동적 무효인 것이다. 따라서 비록 대금청산을 하여 "양도시기"는 도래 하였으나, "양도"의 정의를 충족하지 않아 양도소득세를 과세할 수 없고, 허가를 받으면 그 허가받은 때를 기준으로 다음 다음달 말일까지 양도소득세 예정신고를 하여야 한다. 이 경우 양도시기는 "대금청산일"을 적용하므로 장기보유특별공제, 비사업용 토지, 세율 적용, 자경농 지 감면 등은 모두 대금청산일을 기준으로 적용한다.

3. 사안은 甲의 양도, 乙의 양도라는 2개의 양도 행위가 존재한다. 문제는 甲이 丙에게 양도한 것처럼 토지거래 허가를 받았다는 점이다. 이중계약서가 존재할 수밖에 없다. 부동산거래 등 의 신고에 관한 법률 및 판례에서는 위와 같은 경우 그 거래를 무효로 보고 있다. 그러나 양도 소득세는 과세할 수 있다. 이 경우 甲이 乙에게 양도한 것에 대하여 양도소득세를 과세하고, 乙이 丙에게 양도한 것에 대하여 과세하되 乙은 미등기 양도로 70% 세율을 적용하여 중과될 것이다. 뿐만 아니라 이중계약서에 따른 장기간의 제척기간 적용(10년), 가산세 가중(40%) 등 불이익이 따를 수 있다.

> **보충설명**
>
> 실무에서 토지매매와 관련하여 종종 나오는 것이 토지거래허가 구역의 토지 매매 문제이다. 위 사례 1.과 같이 토지거래허가 구역에서 토지를 유상으로 거래할 때 거래허가를 먼저 받고 양도할 경우에는 양도시기에 대해 대금청산일과 소유권이전등기 접수일 중 빠른 날이 적용되므로 문제가 없다.
>
> 그러나 사례 2.와 같이 대금을 먼저 받고 나중에 거래허가를 받으면 양도시기와 신고하여야 하는 시기가 괴리된다. 그간 견해 대립 후 위 2.와 같이 처리하도록 법령이 보완되었고, 과세관청 해석 및 판례가 굳어져 있다. 만일 대금청산 후에 허가를 받지 않았는데 토지거래허가 구역에서 지정 해제된 경우에는 해제된 날이 속하는 달의 다음 다음달 말일까지 예정신고 · 납부하여야 한다.
>
> 위 3.과 같은 경우 종전에는 확정적 무효이므로 양도소득세를 과세할 수 없다고 보았다. 그러나 2011.7.21. 대법원 전원합의체 판결이 나옴에 따라 이러한 경우 양도소득세를 과세할 수 있다고 판결하였다. 따라서 3.에서 설명한 논리로 과세하되, 과세요건은 과세시점에 원상회복(대금 반환 & 등기 원상회복)이 이행되지 않았 을 것을 요구한다. 여기서 중간에 취득등기를 생략한 乙의 경우에는 미등기 중과(세율 70%) 대상에 해당한다. 그 외에도 가산세 등과 세법 외에 부동산거래신고에 관한 법률 위반에 따른 제재도 주어진다.

관련 사례

구 분	내 용
수용으로 양도한 경우	• 토지거래허가를 받지 않으면 그 취득등기가 불가능함을 알고도 이를 취득하였으며, 그 후 해당 토지가 수용될 때까지 5년이 경과하도록 그 허가를 받기 위하여 애쓴 흔적도 찾아볼 수 없고, 토지거래허가를 받도록 하는 제한은 그 취득에 관한 등기절차의 이행이 법률상 일반적으로 불가능한 경우에 해당한다고 볼 수 없으며, 본인의 의사와 관계없이 토지가 수용되었다는 사정만으로는 양도 당시 그 취득등기를 하지 못한 데에 부득이한 사정이 있는 경우에 해당한다고 볼 수 없으므로 미등기 양도에서 제외된다고 볼 수 없음[253]
경매로 양도된 경우	• 토지거래허가를 얻지 못한 상태에서 해당 자산이 경매로 제3자에게 낙찰된 경우 확정적 무효로서 양도로 볼 수 없음[254]
양도시기, 취득시기	• 대금청산 前에 허가를 받고 소유권이전등기를 경료한 경우 "대금 청산일과 소유권이전등기 접수일" 중 빠른 날이 양도시기가 됨[255] • 허가를 받고 양도하였으나 대금청산일이 불분명할 경우에는 "소유권이전등기 접수일"을 양도시기로 봄[256] • 토지거래허가구역 내 토지를 양도하면서 허가를 받지 못한 상태에서 대금을 청산하고, 이후 허가를 받았다면 "소급하여 계약이 유효"가 되고 양도시기는 "대금을 청산한 날"이 됨[257] • 허가를 받지 않고 대금을 청산하고 나중 허가를 받은 경우 취득시기도 대금청산일을 적용함[258]
미등기 양도 여부	• 토지거래허가를 받지 않으면 그 취득등기가 불가능함을 알고도 이를 유상으로 취득하고 재차 유상으로 양도하여 매매에 의한 실질적인 소득이 발생하였고 취득에 관한 등기절차의 이행이 법률상 일반적으로 불가능한 경우에 해당하지 않으므로 미등기 양도에서 제외될 수 없음[259] • 토지거래허가구역 내 토지로서 허가를 받지 않고 취득한 토지를 양도하는 경우로서 취득등기를 하지 않고 양도하는 경우 미등기 양도에 해당됨[260] • 허가를 받지 않고 전매한 경우, 특별한 사정이 없는 한 미등기 양도에 해당됨[261]

---

253) 대판2004두5058, 2005.6.24.
254) 서울고법2015누51790, 2016.6.23. ; 대판2016두45981, 2016.9.29.
255) 심사양도2007-143, 2007.9.20. ; 심사양도99-4289, 1999.10.8. ; 국심1998중2357, 1999.1.15.
256) 심사양도2009-291, 2009.12.22. ; 심사양도1999-2415, 1999.10.8. ; 국심1998부2749, 1999.5.7.
257) 부동산거래관리과-25, 2010.1.11. ; 재산세과-650, 2009.3.27.
258) 서면4팀-3734, 2006.11.10. ; 서면4팀-2095, 2004.12.22.
259) 국심2009중254, 2009.5.13. ; 국심2006중2500, 2006.9.26.
260) 법령해석재산-206, 2017.12.6. ; 부동산거래관리과-912, 2010.7.13. ; 감심2019-10, 2020.6.25. ; 조심2014광2380, 2014.7.23.
261) 심사양도2007-238, 2008.8.27. ; 대판2004두5058, 2005.6.24.

구 분	내 용
비사업용 토지 판단	• 토지가 토지거래허가구역 안에 있는 경우로서 대금청산 후 허가를 받은 경우 양도시기는 "대금청산일"로 함[262]
착오신고한 경우 환급가산금	• 토지거래허가구역 해제일을 기준으로 예정신고할 수 있음에도 대금청산일을 기준으로 미리 신고하여 양도소득세를 오납한 경우 기납부한 세액에 대하여 환급가산금을 지급함이 합리적임[263]
납부지연가산세	• 대금청산일(2005.3.31.)과 토지거래 허가일(2006.3.13.)에서 신고기한은 토지거래허가일이 속하는 연도를 기준으로 하므로, 납부지연가산세(구, 납부불성실가산세) 기산일은 신고기한의 다음 날이 타당함[264]
유동적 무효 상태에서 협력의무 등 민사문제	• 거래 당사자 사이에는 계약이 유효하게 완성될 수 있도록 서로 협력할 의무가 있어 당사자는 공동으로 관할관청의 허가를 신청할 의무가 있고, 허가신청 절차에 협력하지 않는 당사자에게 협력의무의 이행을 청구할 수 있음[265] • 협력의무를 소송청구 당한 당사자는 관할 관청으로부터 거래허가를 받을 수 없을 것이라는 이유로 협력의무를 거절할 수 없음[266] ※ 허가 거부 처분이 있거나 당사자 쌍방이 허가신청 협력의무의 이행거절 의사를 명백히 표시한 경우 또는 거래계약상 일방의 채무가 이행불능임이 명백하고 상대방이 거래계약의 존속을 더 이상 바라지 않는 경우에 당해 거래는 "확정적으로 무효"가 되는 것으로 보며,[267] 확정적으로 무효가 된 경우에는 귀책사유가 있는 자가 계약의 무효를 주장하는 것이 신의칙에 반하지 않는다고 판단함[268] • 관할 관청의 거래허가를 받아 매매계약이 소급하여 유효한 계약이 되기 전까지 양쪽 당사자는 서로 소유권이전이나 대금지급과 관련한 이행청구를 할 수 없음[269] • 일방 당사자는 상대방의 매매계약 내용에 따른 채무불이행을 이유로 계약을 해제할 수 없음[270]

---

262) 재산세과-488, 2009.10.16.
263) 조심2013중221, 2013.3.27. ; 조심2012중1856, 2012.7.3.
264) 심사양도2010-332, 2011.4.8.
265) 대판92다56575, 1993.3.9.
266) 대판92다34414, 1992.10.27.
267) 대판2010다31860, 31877, 2010.8.19.
268) 대판94다51789, 1995.2.28.
269) 대판92다19989, 1992.9.8.
270) 대판2009다92685, 2010.5.13.

Chapter 14

매매계약을 위임했는데 수임받은 자가 "대금을 횡령"하였다면?

내용 Summary

기본사항 Check

- **위임** : 위임은 당사자 일방이 상대방에 대하여 사무의 처리를 위탁하고 상대방이 이를 승낙함으로써 그 효력이 생기는 계약으로, 수임인은 위임의 본래 취지에 따라 선량한 관리자의 주의로써 위임사무를 처리하여야 함

- **대리 행위** : 대리인이 그 권한 내에서 본인을 위한 것임을 표시한 의사표시는 직접 본인에게 대하여 효력이 발생함 → 대리인이 본인을 위한 것임을 표시하지 아니한 때에는 그 의사표시는 자기를 위한 것으로 보나, 상대방이 대리인으로서 한 것임을 알았거나 알 수 있었을 때에는 그러하지 않음

핵심 Point

- 위임받은 자가 대금을 횡령한 경우 실질과세 원칙에 비추어 양도자 입장에서 그 가액을 양도가액을 차감할 수 있는지 여부 : 포괄적 위임 여부 및 포괄 위임의 경우 대금회수 가능성에 따라 달리 판단(판례)

질문 »

1. 甲은 보유 중인 토지의 매매의 권한을 乙에게 위임(포괄 위임 아님)하였는데, 위임 조건은 7억원 이상 매매할 것으로 위임하였다. 乙은 해당 토지를 10억원에 양도하고 甲에게는 7억원에 양도한 것처럼 하여 3억원을 횡령하였다. 이 경우 甲은 양도가액을 얼마로 하여야 하는가?

2. 甲은 자산이 보유 중인 토지를 양도하여 줄 것을 乙에게 포괄적으로 위임하면서 대금은 자신의 은행계좌로 입금토록 하였으나, 乙은 대금 전부를 자신이 횡령하여 소비하고 관련 범죄로 교도소에 복역 중이다. 이 경우 甲은 10억원에 대한 양도소득세를 부담하는가?

3. 위 2. 사례에서 乙은 재산이 전혀 없는 무자력자로서 신용불량자이며 甲이 이후 乙로부터 대금을 회수할 가능성은 없다. 이 경우 甲은 10억원에 대한 양도소득세를 부담하는가?

 **답변 및 해설 »**

1. 포괄 위임이 아닌 경우 乙이 횡령한 양도대금을 가산하지 않는다는 것이 대법원 판례의 입장이다.

2. 甲은 포괄적 대리권 수여의 법리에 따라 乙의 행위는 모두 본인에게 책임이 본인에게 귀속되는 것이 원칙이다. 따라서 甲은 양도소득세 납세의무가 있다.

3. 포괄적 대리권 법리에 따르더라도 양도대금을 회수할 가능성이 없게 된 것이 객관적으로 명백하면 甲은 양도가액에서 그 회수할 수 없는 금액을 차감한 가액을 양도가액으로 할 수 있다는 것이 대법원 판례 입장이다.

보충설명

부동산의 매각을 대리인에게 위임하였는데, 위임받은 대리인이 그 대금을 횡령한 경우 본인은 매매계약서상 기재된 양도가액을 전부 납부하여야 하는지가 문제된다. 이에 대하여 판례에 따르면 포괄적 대리권을 수여하였는지 여부가 쟁점이 되고 있다. 이하 판례 입장에서 정리해 보면 다음과 같다.

만일 포괄적 대리권을 수여한 경우에는 대리인이 횡령한 가액도 양도가액에서 제외할 수 없는 것이 원칙이다. 다만, 그 횡령한 대리인이 무자력자로서 그 자로부터 양도대금을 회수할 가능성이 없다는 것이 객관적으로 분명하면 양도가액에 가산할 수 없다. 이 경우 회수할 수 없다는 것에 대한 입증책임은 자산의 소유자에게 있다.

이와 달리 포괄적 대리권을 수여하지 않은 경우라면 양도가액에서 차감하여야 한다고 판단하고 있다. 종종 실무에서 불복제기 기간을 놓치는 경우를 보는데 과세처분을 받고 90일 이내 불복절차를 밟아야 한다. 왜냐하면 무효사유가 아니라 "취소사유"에 해당하기 때문이다. 통상 실무에서는 "회수가능성"에 대한 판단은 불복 과정에서 판가름 나는 것이 일반적이다.

한편, 대리인은 횡령한 금액만큼 수임에 위배하여 대금을 수령한 것이므로 배임수재 금액은 "기타소득"으로 과세될 수 있다(소득법§21①제24호).

관련 사례

구 분	내 용
종중규약에 위반하여 종중원의 재산 처분	• 임야의 양도가 종중규약에 따른 적법한 절차를 거치지 않아 무효인 이상 그 대표자가 양도대금을 수령하여 사용하였다거나 매수인 명의로 소유권이전등기가 경료되었는데 말소청구소송을 제기하지 않았더라도 양도소득세 과세대상 자산의 양도에 해당한다고 볼 수 없음[271]
포괄적 대리권을 수여한 경우	• 대리인에게 포괄적 위임하여 대리인이 양도가액을 본인 모르게 계약서에 작성하고 그 중 일부만 본인이 수령하였어도 본인에게 책임이 있으므로 전체 금액을 양도가액으로 하고 나머지는 차액은 사례금 등 성격으로 "필요경비에 산입함"이 타당함[272] • 포괄적 대리권 부여의 경우에도 대리인이 위임취지에 반하여 자산을 저가 양도한 것처럼 속여 양도대금 일부를 횡령하고 손해배상채권도 회수불능이 되어 장래 그 소득이 실현될 가능성이 전혀 없게 된 것이 객관적으로 명백한 경우 그 소득을 과세소득으로 볼 수 없음[273] • 대리인에 대한 손해배상채권이 회수불능되어 장래 소득이 실현될 가능성이 전혀 없음이 객관적으로 명백하다는 점의 입증책임은 납세자에게 있음[274] • 대리인이 양도대금을 횡령하였고 손해배상채권 등을 통해 회수가능성이 없는 경우 양도에 따른 양도소득이 실현된 것으로 볼 수 없음[275]
포괄적 대리권 수여 ×	• 부동산 매매와 관련한 포괄적 권한을 중개인에게 위임한 사실이 확인되지 않으므로 중개인의 횡령금액은 양도가액에 포함되지 않음[276]
신고납부 위임받은 자가 횡령한 경우	• 양도소득세 신고납부를 위임받은 자가 신고를 하지 않고 양도소득세를 횡령하였더라도 신고납부 불이행에 대한 책임을 본인이 부담하여야 하고, 횡령으로 인하여 양도소득세를 납부하지 못할 정도의 손해를 입었다고 인정하기 어려우므로 가산세 감면의 정당한 사유로 볼 수 없음[277]

---

271) 대판96누8901, 1997.1.21.
272) 조심2010서3082, 2011.6.13.
273) 대판2010두1385, 2015.9.10.
274) 수원지법2015구단31286, 2016.6.22.
275) 조심2022광6835, 2023.1.18.
276) 대판2016두42470, 2016.9.7.
277) 조심2010서2524, 2010.12.24. ; 대판2012두4319, 2012.5.24.

Chapter 15

여기저기 나오는 "사업인정 고시일", 꼭 정리하자!

내용 Summary

기본사항 Check

- **사업인정 및 사업인정 고시일** : "사업인정"이란 공익사업을 할 목적으로 토지 등을 수용 또는 사용할 사업으로 결정하는 것을 말하며, "사업인정 고시일"은 사업시행자의 성명이나 명칭, 사업의 종류, 사업지역 및 수용하거나 사용할 토지의 세목을 관보에 고시한 날을 말함

핵심 Point

- 사업인정 고시일 전 취득한 1세대 1주택의 수용 및 협의매수 : 보유기간 및 거주기간을 묻지 않고 1세대 1주택 비과세 적용 → 사인간 양도시 미적용, 부수토지만 수용되면 비과세 불가
- 사업인정 고시일로부터 5년 전에 취득한 토지의 수용 : 무조건 비사업용 토지에서 제외 → 사인간 양도시 미적용
- 사업인정 고시일로부터 2년 전에 취득한 부동산의 수용 등 : 공익사업용 토지 등에 대한 감면 적용 (현금 10%, 채권 15%, 3년 만기 채권 30%, 5년 만기 채권 40%)

질문 »

1. 甲은 1세대 1주택자로서 2022.7.5. 취득한 주택이 공익사업 시행자에게 2023.5.15. 협의매수로 10억원에 양도하였다. 사업인정 고시일은 2023.4.10.이다. 1세대 1주택 비과세가 가능한가?

2. 甲은 2019.6.10. 매매로 취득한 나대지를 공익사업 시행자에게 2023.6.15. 협의매수로 양도하였다. 재산세는 계속하여 종합합산 과세되어 있고, 취득 후 아무 용도로도 사용하지 않고 방치되고 있는 상태이며 2019년 이후 무주택이지도 않다. 사업인정 고시일은 2023.4.10.이다. 이 경우 수용 등 특례에 따라 비사업용 토지에서 제외되는 토지인가?

3. 위 2. 사례에서 甲은 조특법 제77조에 따른 공익사업용 토지 등에 대한 감면 규정을 적용받을 수 있는가?

 **답변 및 해설 »**

1. 사업인정 고시일 전에 취득한 주택이므로 보유 및 거주기간 특례규정에 따라 1세대 1주택 비과세 규정을 적용받을 수 있다.

2. 사업인정 고시일로부터 역산하여 "5년 전"에 취득하여야 "사업용 토지"로 의제된다. 따라서 위 나대지는 사업인정고시일로부터 역산할 때 5년이 되지 않아 비사업용 토지로서 기본세율에 10% 가중된 세율이 적용된다. 그리고 재산세가 종합합산 과세되고, 주택을 보유하여 무주택자가 소유한 1필지 나지 규정도 적용하기 어렵다.

3. 사업인정 고시일로부터 역산하여 "2년" 전에 취득하였고 공익사업시행자에게 양도되었으므로 공익사업용 토지 양도에 따른 세액 감면이 적용된다.

 보충설명

위 질문들은 각 규정에 따른 특례의 내용 중 "사업인정 고시일"을 기초로 각 특례를 적용하는데, 그 적용요건이 다르므로 착오하여서는 안 된다.

첫째, 1세대 1주택자로서 "사업인정 고시일 전에 취득한" 주택 및 그 부수토지의 전부 또는 일부가 토지보상법에 의한 협의매수·수용 및 그 밖의 법률에 의하여 수용되는 경우에는 보유 및 거주기간 요건을 묻지 않고 비과세 규정을 적용한다. 이 경우 그 양도일 또는 수용일부터 5년 이내에 양도하는 그 잔존주택 및 그 부수토지를 포함하여 비과세 적용할 수 있다. 그러나 부수토지만 수용되는 경우에는 비과세를 적용하지 않는 점에 유의해야 한다. 예컨대, 도로 개설 내지 확장사업으로 1세대 1주택 부수토지만 일부 수용되면 비과세가 불가하다.

둘째, 토지보상법 및 그 밖의 법률에 따라 협의매수 또는 수용되는 토지로서 "취득일(상속받은 토지는 피상속인이 해당 토지를 취득한 날을 말하고, 배우자 등 이월과세를 적용받는 경우에는 증여한 배우자 또는 직계존비속이 해당 자산을 취득한 날)이 사업인정고시일부터 5년 이전인" 토지는 비사업용 토지로 보지 않는다. 이 경우에는 지목이 무엇인지 묻지 않고 기간기준도 적용하지 않는다. 종전에는 2년으로 규정하였으나, 2021.5.4. 이후 사업인정 고시되는 분부터는 사업인정고시일부터 5년 전에 취득하여야 한다.

셋째, 토지보상법이 적용되는 공익사업에 필요한 토지 등을 그 공익사업 시행자에게 양도하거나, 토지보상법이나 그 밖의 법률에 따른 토지 등의 수용하는 경우 등으로서 해당 토지 등이 속한 사업지역에 대한 "사업인정고시일(사업인정고시일 전 양도시 양도일)부터 소급하여 2년 이전에" 취득한 토지 등을 양도하는 경우 2025.1.1. 이후 양도분부터는 감면율이 5% 상향되어 15%(채권보상 20%, 3년 만기 채권보상 35%, 5년 만기 채권보상 45%) 세액을 감면한다.

관련 사례

구 분	내 용
1세대 1주택 비과세 보유기간 등 특례 관련	• 상속은 "상속개시일"이 취득시기이므로, 사업인정고시일 후에 상속받은 주택이 수용되는 경우 동 특례가 적용되지 않음[278] • 선행하는 사업인정고시일 후에 주택 및 부수토지를 취득하여 주택의 전부 및 부수토지의 일부를 양도한 후, 후행하는 사업인정고시일 이후 수용되는 잔존 부수토지는 동 특례가 적용되지 않음[279] • 주택과 부수토지의 소유자가 다른 경우 부수토지는 동일 세대원인 경우에 한하여 동 규정이 적용됨[280] • 토지보상법이 적용되는 재개발사업조합에 "협의매수"로 양도하는 경우에도 공익사업용으로 수용되는 것으로 봄[281] • 주택을 임의 양도한 후 그 부수토지가 수용되면 당해 토지는 비과세 되지 않음[282] • 주택 부수토지를 먼저 임의양도한 후 해당 주택이 수용되는 경우 임의로 양도한 부수토지는 비과세 되지 않음[283] • 1세대 1주택의 "부수토지 일부만" 협의매수·수용되는 경우 비과세가 적용되지 않음[284] • 1세대 1고가주택에 해당할 경우 수용 등에 따른 특례 적용시 "9억원('21.12.8. 이후 양도분 12억원) 초과 부분"은 과세됨[285] • 주택 및 부수토지가 "함께 수용"된 경우로서, 당해 주택 및 부수토지에 대한 "보상액이 시차를 두고 지급"된 경우 동 특례규정을 적용함[286]
사업용 토지 의제 관련	• 사업인정고시 이후 사업시행기간이 연장됨에 따라 "사업시행기간"을 변경하여 고시한 경우 사업인정고시일은 당초 고시일로서 판단함[287] • 도시계획시설의 사업시행자 지정·고시 전에 법률에서 정한 협의절차 및 방법을 거치지 않고 매매로 양도하는 토지는 적용되지 않음[288] • 사업시행자 지정 前에 "사업시행 예정자"에게 양도한 경우에는 적용할 수 없음[289]

---

278) 서면5팀-2508, 2007.9.10. ; 서면4팀-2582, 2007.9.4.
279) 부동산거래관리과-745, 2010.5.31. ; 재산세과-4098, 2008.12.4.
280) 재산세과-496, 2009.3.10. ; 재산세과-837, 2009.3.11.
281) 서면4팀-1306, 2008.5.28. ; 서면5팀-1973, 2007.7.4. ; 조심2008중2343, 2009.6.30.
282) 재산세과-4098, 2008.12.4.
283) 조심2010서1779, 2010.11.9. ; 조심2009중1479, 2009.5.12.
284) 법령해석재산-413, 2017.9.19. ; 부동산거래관리과-489, 2012.9.13. ; 감심2023-713, 2024.10.11. ; 조심2024인4309, 2025.2.12. ; 조심2014중4846, 2015.3.13. ; 조심2011중975, 2011.5.12. ; 조심2010서1779, 2010.11.9. ; 대판2020두45674, 2020.11.26. ; 서울고법2020누32021, 2020.7.22. ; 서울고법2011누34667, 2012.4.4.
285) 서면4팀-3258, 2006.9.25. ; 서면4팀-1351, 2006.5.12.
286) 부동산거래관리과-51, 2013.2.4. ; 부동산거래관리과-489, 2012.9.13.
287) 양도 집행기준 104의 3-168의 14-34
288) 법령해석재산-97, 2017.4.25. ; 심사양도2010-354, 2010.12.27.
289) 법령해석재산-96, 2017.4.25. ; 심사양도2010-351, 2011.2.21.

구 분	내 용
사업용 토지 의제 관련	• 환지방식에 의한 도시개발시 환지감된 토지분에 대해 환지청산금이 교부된 토지는 협의매수 또는 수용된 토지가 아니므로 적용하기 어려움[290]
	• 사업계획 승인을 받은 지역주택조합이 주택법 제22조에 따라 토지에 대하여 매도청구권을 행사하여 양도된 경우 동 규정이 적용되지 않음[291]
	• 수해복구공사를 착공한 사실이 토지를 수용하겠다는 공적인 의사표시를 한 것으로 보기 어려워 공사착공일을 사업인정고시일로 의제할 수 없음[292]
공익사업용 토지 등 감면 관련	• 양수인이 조특법 제77조의 감면요건을 충족하는 공익사업 시행자의 지위에 있지 않거나 적격 사업시행자로 지정되지 않았으므로 감면대상이 아님[293]
	• 과세관청 : 환지방식 도시개발사업에서 현금청산 대상자로 분류되어 현금청산한 경우로서 조특법 제77조의 다른 요건을 충족한 경우 감면을 적용할 수 있음[294]
	• 국세청 심사결정 : 환지방식에 의한 도시개발사업은 공익사업으로 열거되지 않았으므로 환지청산금에 대하여 감면을 적용할 수 없음[295]
	• 공익사업의 시행자에게 토지를 양도하는 경우 토지보상법 제3장 "협의에 의한 취득 또는 사용" 절차를 거치지 않았더라도 감면을 적용받을 수 있음(사안은 사업인정고시는 있는 경우임)[296]
	• 공익사업시행으로 양도하는 경우 공익사업 시행자로부터 강제적으로 수용되지 않아도 사업인정으로 볼 수 있는 경우 감면이 적용됨[297]
	• 사업인정고시가 없었던 이상 조특법 제77조 제1항 제1호의 감면 대상이 아님[298]
	• 토지 등 소유자가 시행하는 도시환경정비사업에 있어 양도 당시 사업시행인가를 받지 않았다면 이후 사업시행인가를 받아도 과세특례 적용대상이 될 수 없음[299]
	• 재개발조합원이 관리처분계획에 따라 취득한 건물 등을 사업시행자가 아닌 자에게 양도한 경우 조특법 제77조 제1항 제2호 대상에 해당하지 않음[300]
	• 지역주택조합에 양도하는 경우 동 규정이 적용되지 않음[301]
	• 양도 당시 사업시행자로 변경 지정되지 않아 공익사업시행자에게 양도된 것으로 볼 수 없음[302]

---

290) 조심2010광2402, 2010.11.26.
291) 법규재산-5727, 2023.5.24.
292) 조심2008중1362, 2008.9.4.
293) 조심2021중6817, 2022.3.17. ; 조심2016서173, 2016.4.18.
294) 법규재산-960, 2024.12.24.
295) 심사양도2014-57, 2014.6.2.
296) 조세법령운용과-695, 2022.6.29.
297) 조심2015중3884, 2016.3.23.
298) 조심2015서2735, 2015.10.7. ; 대판2018두65897, 2019.3.28.
299) 조심2020중658, 2020.6.22. ; 대판2009두14088, 2011.5.26. ; 춘천지법2020구합617, 2021.6.15.
300) 법령해석재산-362, 2020.12.17.
301) 법규재산2013-176, 2013.6.13.
302) 조심2018중4064, 2019.1.3. ; 조심2018서4040, 2018.12.12.

Chapter 16
토지 양도시 먼저 주거·상업·공업지역 편입 여부를 체크하라!

내용 Summary

기본사항 Check

- 용도지역 구분
  ① 도시지역 : 주거지역(전용주거지역, 일반주거지역, 준주거지역), 상업지역(중심상업지역, 일반상업지역, 근린상업지역, 유통상업지역), 공업지역(전용공업지역, 일반공업지역, 준공업지역), 녹지지역(보전녹지지역, 생산녹지지역, 자연녹지지역)
  ② 관리지역
  ③ 농림지역
  ④ 자연환경보전지역

핵심 Point

- 용도지역별 1세대 1주택 비과세가 적용되는 부수토지의 범위가 상이함 → 녹지지역도 도시지역임에 유의
- 용도지역별 비사업용 토지 판단기준이 다름 → 주거·상업·공업지역에 편입된 경우 주의가 필요
- 자경농지 감면, 농지대토 감면 등에 있어 주거지역 등 편입에 대한 취급을 달리하고 있음 → 시의 동 지역은 주거지역 등 편입된 지 3년 경과시 감면 자체를 배제(원칙), 대규모 개발사업의 보상지연 등(예외)

질문 »

1. 甲은 경기도 AA시의 읍지역에 소재한 단독주택을 2년 이상 보유하다가 2022년 5월 중 6억원에 매매로 乙에게 양도하였다. 해당 주택은 양도 당시 주거지역에 편입되어 있었고 甲이 속한 세대는 해당 주택 외에 다른 주택은 없다. 1세대 1주택 비과세 적용을 받을 수 있는 부수토지 범위는?

2. 직장인 甲은 전업 농민인 아버지가 8년 이상 재촌자경한 경기도 BB시 읍지역 소재 농지를 2020.3.5. 증여받아, 2023.6.15. 해당 농지를 양도하였다. 양도 당시 해당 농지는 생산관리지역에 소재하였고, 甲은 계속 직장에 다니고 양도 당시까지 해당 농지를 재촌자경하지 않았다. 甲이 양도한 농지는 비사업용 토지인가?

3. 甲은 순수 전업농민으로서 2015.7.1. 매매로 취득한 전북 CC시의 DD동지역에 소재한 농지를 계속 재촌자경하다가 2023.7.1. 매매로 농지 근처에 사는 제3자에게 양도하였다. 해당 농지는 2016.7.1. 주거지역에 편입된 경우 비사업용 토지에 해당하는가?

4. 甲은 전업농민으로 경기도 AA시 BB읍지역에 소재한 농지를 2005년에 매매로 취득하여 계속 재촌자경하다가 2022년에 양도하였다. 해당 농지는 2000년 8월에 제2종 주거지역에 편입되었다. 조특법 제69조에서 규정하는 자경농지 감면의 적용이 가능한가?

5. 甲은 전업농민으로서 경남 AA시의 동지역에 소재한 농지를 2005년 취득하여 계속 재촌자경하다가 2022년에 양도하였다. 해당 농지는 2015년 8월에 준주거지역에 편입하였다. 조특법 제69조의 자경농지 감면의 적용이 가능한가?

답변 및 해설 »

1. 수도권의 주거지역 등이므로 2022.1.1. 이후 양도분부터 건물 정착면적의 3배까지 1세대 1주택 비과세가 가능하며, 비록 읍·면 지역이라도 3배까지만 비과세가 가능하다. 3배를 초과하는 부수토지는 비과세가 적용되지 않고 비사업용 토지로 중과(기본세율 + 10%)된다.

2. 직계존속이 8년 이상 재촌자경한 농지를 증여받았고, 양도 당시 주거·상업·공업지역에 소재하지 않으므로 해당 농지는 "사업용 토지"에 해당한다.

3. "비사업용 토지"에 해당한다. 농지는 총 8년 보유하였고, 그 중 재촌자경으로서 사업용으로 인정되는 기간은 취득 후 4년간이다. 계속 재촌자경하였어도 동지역의 주거지역 편입일부터 3년만 사업용 사용으로 보기 때문이다. 결국 다음의 어느 하나에 해당하지 않아 "비사업용 토지"에 해당한다.
   ① 전체 보유기간 중 50%만 사업용 사용 → 60% 이상 사업용 사용하지 않음
   ② 양도일부터 소급하여 5년 중 1년 사업용 사용 → 3년 이상 사업용 사용하지 않음
   ③ 양도일부터 소급하여 3년 중 0년 사업용 사용 → 2년 이상 사업용 사용하지 않음

4. 자경농지 감면이 적용 가능하며, 개발이익까지도 감면이 적용된다. 2001.12.31. 이전에 읍·면지역에 소재한 농지가 주거·상업·공업지역에 편입된 경우에는 2002.1.1. 이후 취득하더라도 자경농지 감면을 적용하되, **개발이익까지도 감면**이 인정되기 때문이다.

5. 자경농지 감면이 적용되지 않는다. 시의 동지역은 주거·상업·공업지역에 편입되어 3년을 경과하면 감면대상 농지로 보지 않기 때문이다.

보충설명

위 질문들은 주거지역 등 편입과 관련하여 꼭 알아야 할 사항들이다.

첫째, 1세대 1주택 부수토지로서 건물이 정착된 면적에 "지역별로 다음 배율"을 적용한 면적에 대해 비과세가 가능하다. 건물이 정착된 면적이란 건축면적, 즉 원칙적으로 건물 외력벽의 중심축을 기준으로 한 수평투영면적을 말한다. 그리고 수도권은 서울·경기·인천을 말하며, 경기도의 외진 지역이라도 수도권에 해당한다. 2022년부터 수도권의 주거지역 등에 대한 비과세되는 부수토지 범위는 건물 정착면적의 3배를 적용하므로, 위 사례에서 3배까지만 비과세 적용이 가능하고 그 초과분은 비사업용 토지로 중과된다.

① 도시지역 내의 토지
    ㉠ 수도권의 주거·상업·공업지역 내 토지 : 3배
    ㉡ 수도권의 녹지지역 내 토지 : 5배
    ㉢ 수도권 밖의 도시지역 토지 : 5배

② 도시지역 밖의 토지 : 10배

둘째, 직계존속 또는 배우자가 8년 이상 토지 소재지에 거주하면서 직접 경작한 농지, 재촌(주민등록 + 거주)한 임야, 축산업을 영위한 기준면적 이내 목장용지로서 이를 해당 직계존속 또는 해당 배우자로부터 상속·증여받은 토지는 무조건 사업용 토지로 본다. 다만, "양도 당시" 도시지역(녹지지역 및 개발제한구역은 제외) 안의 토지는 그러하지 아니하다. 따라서 직계존속이나 배우자가 8년 이상 재촌자경한 농지를 상속 또는 증여받아 이를 양도하면 양도시기에 관계없이 무조건 사업용 토지가 된다. 그러나 양도시기에 주거·상업·공업지역에 소재하면 설령 읍·면지역이라고 해도 이 규정은 적용을 못 받는다. 위 사례에서 생산관리지역은 주거지역이 아니므로 요건을 충족하였기에 비록 본인이 재촌자경하지 않아도 사업용 토지에 해당한다.

셋째, 재촌자경한 농지는 비사업용 토지 판단시 기간기준을 적용한다. 그리하여 다음 어느 하나에 해당하면 사업용으로 본다. 만일 "동"지역으로서 보유 중 주거·상업·공업지역에 편입되면 편입일 이후에도 계속 재촌자경하였을 경우 편입일로부터 3년간은 사업용으로 인정하여 아래 어느 하나에 해당하면 사업용 토지로 본다. 자경농지 감면에서는 이 경우 3년이 지나면 감면 자체가 배제되지만 비사업용 토지에서는 3년간은 사업용으로 보아 비사업용 여부를 판단한다.

① 전체 보유기간 중 60% 이상 사업용 사용
② 양도일부터 소급하여 5년 중 3년 이상 사업용 사용
③ 양도일부터 소급하여 3년 중 2년 이상 사업용 사용

넷째, 자경농지 감면과 관련하여 주거·상업·공업지역 편입 여부는 매우 중요하다. 이 경우 특히 유의할 점은 다음과 같다.

① "동"지역의 소재한 농지가 주거지역 등에 편입하여 3년이 경과하면 감면 자체가 배제된다. 주거지역 등에 편입되어 3년이 지나지 않았으면 감면은 가능하더라도 편입일 이후 지가 상승분은 개발이익으로서 그 부분은 감면이 배제된다.
② "읍·면"지역으로서 주거지역 등에 소재한 농지의 경우에는 2001.12.31. 이전에 주거지역 등에 편입하였는지 반드시 검토해야 한다. 2001.12.31. 이전에 주거지역 등에 편입된 농지는 비록 2002.1.1. 이후에 취득하더라도 8년 이상 재촌자경 요건을 갖출 경우 "개발이익까지도" 감면 대상이다. 주거지역 등 편입일 이후 양도시점까지 3년을 경과하더라도 상관없다.
③ "읍·면"지역으로서 2002.1.1. 이후 주거지역 등에 편입된 농지일 경우에는 편입일부터 3년이 경과하더라도 감면 적용은 가능하지만 개발이익 부분, 즉 편입일 이후 지가상승분은 감면이 배제된다.

관련 사례

구 분	내 용
비과세 되는 부수토지	• 도시지역에 해당하면 개발제한구역 내 또는 자연취락지구나 녹지지역도 5배의 배율을 적용함[303]
	• 비과세 되는 주택 부수토지 면적을 산정하는 경우 "수도권의 주거지역 내" 토지는 지구단위계획구역의 지정 여부와 관계없이 2022.1.1. 이후 양도하는 분부터 건물 정착면적의 3배 이내를 적용함[304]
	• "관리지역"에 소재한 주택이 토지이용계획확인서상 "택지개발예정지구로 지정된 지역"은 도시지역에 포함됨[305]
	• 대지면적과 건물이 정착한 면적(건축면적)은 건축법 시행령 제119조에서 정하는 바에 의함[306]
직계존속/배우자로부터 상속·증여받은 8년 이상 재촌자경 농지 등 (사업용 토지 의제)	• 배우자·직계존속이 아닌 경우, 예컨대 시아버지로부터 증여·상속받는 경우 무조건 사업용으로 보는 규정을 적용받을 수 없음(조부로부터 증여받는 경우에는 적용 가능)[307]
	• 직계존속 등이 보유기간 중 8년 이상 재촌자경하지 않은 농지를 상속·증여받은 경우에는 동 규정을 적용받을 수 없음[308]
	• 공동상속인들로부터 증여받은 것으로 보아 부친의 형제·자매들로부터 증여받은 지분에 대하여 비사업용 토지로 본 것은 달리 잘못이 없음[309]
	• 등기부상 매매로 기재되어 있지만 실질이 협의분할인 경우 피상속인이 8년 이상 재촌자경한 상속받은 농지로서 비사업용 토지에서 제외됨이 타당함[310]
	• "준주거지역"의 농지 등을 상속·증여받아도 동 규정이 적용되지 않음[311]
	• 시아버지가 재촌자경한 농지를 남편이 상속받은 후 사망하여 남편으로부터 상속받아 양도하는 경우 남편의 재촌자경 기간만으로 동 규정 적용 여부를 판정함[312]
	• 祖父 소유의 임야를 거주자 명의로 이전하였으나 민법 제1001조(대습상속)에 해당하지 않는 경우 해당 임야는 父의 재촌기간만으로 판단함[313]
	• 직계존속이 양도 후 재취득한 농지를 증여한 경우 재취득하기 전 보유기간 중 경작기간은 8년 이상 경작 여부 판정시 포함하지 않음[314]

---

303) 부동산거래관리과-345, 2012.7.5. ; 심사양도1999-4312, 1999.8.13. ; 조심2021소6972, 2022.2.21. ; 대구고법2022누5039, 2023.6.30.
304) 부동산납세과-1168, 2022.5.2.
305) 부동산거래관리과-8, 2011.1.7. ; 서면5팀-830, 2008.4.17.
306) 부동산납세과-718, 2019.7.9. ; 부동산거래관리과-980, 2010.7.27. ; 심사양도2023-0038, 2023.8.30. ; 조심2019인3587, 2020.6.30.
307) 법령해석재산-131, 2016.7.29. ; 조심2012서3312, 2012.12.28. ; 서울고법2013누3971, 2013.9.11.
308) 부동산거래관리과-282, 2012.5.21. ; 부동산거래관리과-48, 2012.1.25.
309) 조심2020서8671, 2021.4.9.
310) 조심2021구1605, 2021.8.19.
311) 부동산거래관리과-231, 2011.3.14.
312) 상속증여세과-344, 2013.7.9. ; 부동산거래관리과-450, 2012.8.27.
313) 법령해석재산-446, 2016.1.26. ; 재산세제과-901, 2012.11.1.
314) 법규재산-809, 2023.2.8.

구 분	내 용
자경농지 감면	• 2001.12.31. 이전 주거지역 등에 편입된 읍·면지역 소재의 농지를 취득하여 8년 이상 재촌자경한 경우 주거지역 등에 편입된 날 이후 발생한 소득에 대해서도 감면을 적용함(2001.12.31. 현재 미보유자도 적용)[315]
• 준공업지역에 편입된 지 3년이 경과한 후에 토지를 양도하여 자경농지 감면대상에 해당되지 아니하여 양도소득세를 부과한 처분은 정당함[316]
• 양도하는 토지가 2002.1.1. 이후 주거지역 등에 편입된 경우에는 읍·면지역에 불구하고 주거지역 등에 편입된 날까지 발생한 소득에 한하여 감면함[317]
• 2002.1.1. 이후 주거지역으로 편입된 토지(읍·면 지역 소재)를 취득하여 8년 이상 재촌자경하는 경우 감면을 적용받을 수 없음[318]
• 2002.1.1. 이후 주거지역 등 편입된 농지를 2002.1.1. 이후 상속받은 경우 감면소득금액 계산시 개발이익을 배제하도록 규정하고 취득일 전에 이미 주거지역 등에 편입되었기에 양도소득금액이 전액 개발이익으로 사실상 감면세액은 없음[319]
• 동 지역의 주거지역 등에 편입된 후 3년이 경과한 농지를 상속받은 경우 자경감면이 적용되지 않음[320]
• 주거지역에 편입된 날의 기준시가(예 40만원)가 취득 당시의 기준시가(예 45만원) 이하인 경우에는 감면소득금액이 없음[321]
• 공업지역으로 편입된 날은 산업단지계획이 승인·고시된 날로 판단됨[322]
• 양도일 현재 도·농 복합 시의 동(洞)지역에 있는 자경농지가 주거지역 등에 편입된 지는 3년이 지났으나 행정구역 개편으로 읍에서 동지역으로 편입된 지가 3년이 지나지 않은 경우 자경농지에 해당함[323]
• 주거지역 편입일로부터 3년 이내 환지예정지 지정되었고 환지예정지 지정일부터 3년 이내 양도하지만 주거지역 편입일로부터 3년이 경과한 경우 감면 불가함[324]
• 시지역(동)의 주거지역 등에 편입된 날부터 3년이 지난 후 농지 외로 환지예정지 지정되어 그 지정일부터 3년 이내 양도시 감면이 배제됨[325]
• 읍면지역의 농지로서 2001.12.31. 이전에 주거지역 등에 편입되었으나, 2002.1.1. 이후 농지 외로 환지예정지 지정되어 3년이 경과한 경우 조특법 개정법률 제6538호 부칙 제28조를 적용할 수 없어 감면이 배제됨[326]

---

315) 법규재산-4062, 2022.2.21. ; 재산세제과-245, 2022.2.15. ; 부동산거래관리과-66, 2012.1.31.
316) 국심2005광1665(1664), 2005.7.20.
317) 법령해석재산-191, 2017.6.28. ; 서면4팀-1709, 2004.10.25.
318) 부동산납세과-475, 2024.3.19.
319) 법령해석재산-1198, 2021.10.20. ; 조심2020인1785, 2020.10.19. ; 대판2021두58844, 2022.3.17.
320) 조심2022광7027, 2022.11.29. ; 대판2020두39358, 2020.9.3. ; 서울행법2022구단52235, 2023.4.19.
321) 서면5팀-1079, 2007.4.3. ; 조심2019중1691, 2019.6.13.
322) 수원지법2022구단6851, 2023.3.8.
323) 재산세과-2929, 2008.9.24. ; 서면5팀-924, 2006.11.22. ; 재산세과-660, 2005.3.10.
324) 법령해석재산-7, 2016.2.29.
325) 재산세과-1514, 2009.7.22. ; 제도46014-10120, 2001.3.23. ; 심사양도2013-149, 2013.11.8.
326) 부동산납세과-528, 2016.4.12. ; 조심2014구2123, 2014.6.3.

구 분	내 용
농지대토 감면	• 양도하거나 취득하는 토지가 양도일 현재 "시의 읍·면지역에 있는 농지"의 경우 주거지역 등에 편입된 경우에도 적용하며,[327] 양도하거나 취득하는 토지가 양도일 현재 시의 읍·면지역에 있는 농지의 경우 "주거지역 등에 편입된 날부터 3년이 지난 경우에도" 감면이 적용됨[328] • 읍·면지역에 소재하는 농지로서 "이미 주거지역에 편입된 농지를 취득하여" 직접 경작하다가 경작상의 필요에 의하여 대토하기 위해 양도하는 경우 당해 농지는 농지대토 감면이 적용되지 않음[329] • 농지대토 감면규정 적용시 양도/취득 농지가 "자연녹지지역"에 소재하는 농지의 경우 감면규정을 적용할 수 있음[330] • 농지가 주거·상업·공업지역으로 편입된 후 "3년 이내" 대규모 개발사업 시행에 따라 해당 지역들에 편입일부터 3년이 지나 해당 농지를 그 대규모 개발사업의 사업시행자에게 양도하는 경우 감면을 적용함[331] • 농지가 시지역의 "주거·상업·공업지역 편입일부터 3년이 지나" 대규모개발사업의 시행에 따라 해당지역에 편입된 경우 감면을 적용하지 않음[332] • 토지가 양도일 현재 광역시(동) 지역에 소재하면서 주거지역으로 편입되었고 3년 이상 경과하여 양도되었으므로 농지대토에 대한 양도소득세 감면 대상에 해당되지 않고, 토지를 재촌·자경하였다는 사정이나 시가가 주거지역 편입으로 크게 상승하지 아니한 사정 등은 주거지역에 편입된 날부터 3년이 지난 농지의 양도에 대하여 농지대토에 대한 세액감면을 적용할 수 있는 법적 근거가 되지 못함[333] ※ 2010.1.1. 이후부터는 시지역의 주거지역 등에 편입되거나 환지예정지 지정일부터 "3년 이내" 양도함으로써 농지대토 감면이 적용되어도 "개발이익 부분(편입일 이후 지가 상승분에 대한 안분 금액)"은 감면하지 않음[334]

---

327) 부동산거래관리과-186, 2011.3.4.
328) 재산세과-848, 2009.11.25.
329) 법규재산-19, 2024.1.31. ; 부동산거래관리과-976, 2010.7.27. ; 서면5팀-1686, 2007.5.28.
330) 서면4팀-632, 2008.3.18.
331) 재산세제과-164, 2011.3.8.
332) 재재산-1597, 2004.11.30.
333) 조심2022구8006, 2023.1.2. ; 대구지법2023구합21817, 2024.1.25.
334) 국세청, 개정세법 해설(2010), 345~346쪽

Chapter 17. 종종 오해하는 양도소득세 가산세 사례를 꼭 알아 두어야 한다!

내용 Summary

기본사항 Check

- **가산세**: 세법에서 규정한 의무를 위반한 자에게 국세기본법 또는 개별 세법에서 정하는 바에 따라 부과하는 제재로서, 납세자가 의무를 이행하지 아니한 데에 정당한 사유가 있는 경우에는 감면을 인정함

- **국세기본법상 양도소득세 관련 가산세 종류**
  ① 무신고가산세: 일반 20%, 부정행위 40%
  ② 과소신고·초과환급신고가산세: 일반 10%, 부정행위 40%
  ③ 납부지연가산세: 납부할 세액에 미납기간 및 22/100,000 곱하여 산정
  ④ 원천징수 등 납부지연가산세

핵심 Point

- 2 이상 동일 세율 대상 자산을 양도하고 예정신고만 이행한 경우 적용될 가산세 → 무신고가산세

- 가산세 감면의 정당한 사유가 있는지 여부 → 납세자에게 의무이행을 기대할 수 있는지 여부에 대한 대부분 사실판단 부분이므로 불복 사례들을 최대한 많이 숙지할 필요가 있음

질문 »

1. 甲은 2022년 3월에 토지 1필지를 양도하고 양도소득세를 예정신고하고 2022년 7월에 다른 필지의 토지를 양도하고 양도소득세 예정신고하면서 합산신고하지 않았다. 두 필지의 토지는 모두 기본세율(누진세율) 적용 대상이었으나 2023년 5월에 양도소득세 확정신고를 하지 않았을 때 부과될 가산세는?

2. 甲은 주택을 양도하고서 양도소득세 예정신고를 하면서 인적사항만 기재하고 과세표준 및 산출세액, 소득금액 계산 없이 "1세대 1주택 비과세"로 기재하여 제출하였다. 나중에 해당 주택은 비과세가 아니라고 판정되었다. 이 경우 부과되는 가산세는?

3. 甲은 부동산을 양도하고 양도소득세 신고 전에 사망하였는데, 상속인 乙은 상속개시된 달의 말일부터 6개월 이내 납세의무 승계에 따른 양도소득세 예정신고를 하지 않았다. 이 경우 부

과될 가산세는?

4. 甲은 과세관청의 해석(예규)에 따라 양도소득세를 신고하였으나, 이미 해당 예규는 변경되었으며 이를 인지하지 못하고 신고를 하였다. 가산세 감면의 사유가 되는가?

5. 甲은 토지가 수용되어 양도소득세 예정신고를 적정하게 하였다. 이후 해당 토지에 대한 수용보상금 결정에 대하여 불복하여 1억원의 보상금을 추가로 수령하였으나 증액된 부분에 대하여 기한 내 수정신고를 하지 않았다. 이 경우 부과되는 가산세는?

6. 甲은 토지를 양도한 후 기한 내에 예정신고납부를 하였다. 그러나 예정신고납부한 후 신고사항에 오류가 있음을 발견하고 신고납부기한의 다음달에 급히 수정신고를 하였다. 과소신고가산세 감면율은 얼마를 적용하는가?

답변 및 해설 »

1. 동일한 과세연도에 신고기한이 다른 2회 이상 동일한 누진세율 적용 대상 토지를 양도하고 각각 예정신고하는 경우 나중 예정신고하면서 합산신고하지 않았다면 다음 연도 5월 중에 양도소득세 확정신고를 반드시 하여야 한다. 이를 누락한 경우 추가로 납부하여야 할 세액에 대하여는 무신고가산세(일반 20%, 부정행위는 40%)와 납부지연가산세(납부할 세액에 확정신고 다음 날부터 일수 계산하여 22/100,000)가 부과된다. 다만, 1개월 이내 기한후신고하면 무신고가산세 50%가 감면된다(결정할 것을 미리 알고 기한후신고시 가산세 감면 배제).

2. 사안과 같은 경우에는 "과소신고가산세"가 아니라 "무신고가산세"가 부과된다. 실무에서 종종 보게 되는데 과세표준신고서가 되려면 양도물건, 양도가액과 필요경비, 장기보유특별공제 등을 적정하게 기재하고 비과세 소득금액으로 기재하여 신고하여야 나중에 비과세가 아니더라도 과소신고가산세를 적용받을 수 있다.

3. 피상속인이 부동산을 양도하고 양도소득세 예정신고기한 전에 사망한 경우에는 상속인에게 양도소득세 납세의무가 승계된다. 따라서 상속인은 피상속인의 양도소득세를 상속개시일이 속하는 달의 말일부터 6개월 이내 양도소득세 예정신고 납부를 하여야 한다. 이를 이행하지 않으면 "무신고가산세"가 부과된다.

4. 만일 과세관청의 해석이 변경되었는데 이를 간과하고 변경 전의 해석에 따라 신고한 경우 가산세 감면의 사유가 되지 않는다고 본다. 따라서 예규 변경 여부에 주목할 필요가 있다. 참고로, 종전해석이 삭제 정비되면 "국세법령정보시스템 – 질의 – 세법해석정비"에서 조회하면 확인할 수 있다.

5. 수용보상금을 증액하여 수령한 경우 그 수령일이 속하는 달의 "다음 다음달 말일까지" 당초 신고한 양도소득세를 수정하여 신고한 경우에는 정상신고로 본다. 사안의 경우에는 수정신고 기한 이내 신고하지 않은 경우이므로 "과소신고가산세" 및 "납부지연가산세"가 부과된다.

6. 사안의 경우 과소신고가산세 감면율은 90%를 적용한다.

관련 사례

구 분	내 용
자산을 2회 이상 양도하고 일부 신고를 누락	• 일부 자산만 예정신고를 한 경우 : A토지를 양도한 후 예정신고를 하였으나 다른 B토지에 대해서는 양도소득세 예정 및 확정신고를 하지 않았으므로 A토지에 대해 무신고가산세를 적용한 것에 잘못이 없음[335] • 예정신고는 각각 하였으나 확정신고는 하지 않은 경우 : 동일 과세기간 중 누진세율 적용대상 자산 2건을 양도하고 각각 양도소득세 예정신고 후 확정신고를 무신고한 경우 무신고가산세가 적용됨[336]
증액보상금	• 증액보상금은 그 수령한 달의 말일로부터 2개월 내에 당초 신고한 양도소득세를 수정신고하여야 함[337] • "증액된 보상금의 수령일이 속하는 달의 말일부터 2개월 이내에 수정신고를 하고 동시에 추가 자진납부"하는 경우 신고납부불성실가산세가 적용되지 않음[338]
예정신고 후 수정신고 하는 경우	• 소득세법 제105조에 따라 양도소득 과세표준 예정신고를 한 후 예정신고기한으로부터 1개월 이내 수정신고시 과소신고가산세 감면율은 90%를 적용함[339]
전입신고 의무의 미이행 (2022.5.9. 이전 양도분)	• 신규주택의 취득일로부터 1년 이내 그 주택으로 세대 전원이 이사하고 전입신고를 마친 경우 등 특정 행위를 이행할 것을 전제로 비과세 특례를 적용하여 예정신고한 것이므로, 해당 행위를 이행하지 않은 경우 새로운 납부의무나 추징이 발생하는 사후관리 규정과 달리 신고납부의무 위반으로 보아야 함[340]
양도소득금액은 신고하고 세액을 산출하지 않은 경우	• 확정신고시 "양도소득금액"은 신고하고 세액을 산출하지 않은 경우 신고금액에 미달한 소득금액에 대하여만 신고불성실가산세를 적용함[341] • 법정신고기한 내에 1세대 1주택 비과세로 신고하면서 신고서상 양도소득금액까지 산출하고 과세표준 및 세액을 산출하지 아니한 경우 과소신고가산세가 적용됨[342] • 인적사항을 기재하고 양도가액 및 필요경비나 과세표준 기재 없이 "비과세"라고 제출한 경우 무신고가산세 부과는 정당함[343]

---

335) 징세과-513, 2012.5.9. ; 징세과-449, 2009.12.21. ; 조심2010중821, 2010.9.29.
336) 징세과-635, 2011.6.27.
337) 부동산거래관리과-269, 2012.5.10. ; 부동산거래관리과-1176, 2010.9.17.
338) 부동산거래관리과-34, 2012.1.17. ; 법규과-1673, 2011.12.16.
339) 법령해석기본-128, 2021.7.26.
340) 조심2023서9522, 2023.12.15. ; 조심2023서3465, 2023.5.9. ; 서울행법2024구단55603, 2025.1.4.
341) 재일46014-2377, 1998.12.5.
342) 징세과-1326, 2011.12.23.

구 분	내 용
가산세 감면 "인정" 사례	• 당초 처분청의 조사에 의하여 자경농지 감면을 배제하고 과세한 후, 비사업용 토지에 대한 세율 적용 오류로 다시 과세한 처분은 잘못이 없으나, 처분청의 세율 적용 오류로 인한 2차 처분은 청구인의 귀책사유로 볼 수 없어 신고불성실가산세 및 납부불성실가산세를 적용하지 않는 것이 타당함[344] • 양도소득세를 신고하면서 일정 금액을 농특세로 납부한 이상, 당해 납부세액은 양도소득세 기납부세액으로 보아 관련 납부불성실가산세를 감액·경정하는 것이 타당함[345] • 당초 신고납부한 것에 대해 청구인의 잘못이 아니라 처분청이 착오에 기해 환급 결정하였다가 다시 경정고지하는 경우 납부불성실가산세를 부과함은 잘못임[346] • 구청장이 발행한 세액감면신청서에 사업인정고시일이 착오 기재됨으로 인하여 과소신고 납부하게 된 경우 착오 기재사항을 이유로 신고불성실가산세는 부과하지 않더라도 납부불성실가산세는 부과함이 타당함[347] • 정당한 사유가 있어 과소신고가산세를 부과하지 않는 경우 납부불성실가산세도 부과하지 않음[348]
가산세 감면 "부인" 사례	• 공적 견해 표명에 해당되지 않는 국세종합상담센터의 구두답변 및 잘못된 예규를 스스로에게 적용되는 것이라고 잘못 해석함에 따른 것으로 그 의무해태를 탓할 수 없는 정당한 사유로 볼 수 없음[349] • 세법상 가산세는 납세자의 고의·과실은 고려되지 않고, 법령의 무지·오인은 의무위반을 탓할 수 없는 정당한 사유에 해당하지 않음[350] • 경매로 인한 양도가 양도소득세 신고대상인 사실을 몰랐고, 과세관청의 신고안내도 없었더라도 가산세 면제의 정당한 사유에 해당하지 않음[351] • 처분청의 경정이 지연되었다는 이유만으로 납부불성실가산세가 과다하게 부과되었다고 보기는 어려움[352] • 양도소득세를 매수인 부담 조건으로 매매계약을 체결하였으나 신고기한까지 지급받지 못하여 해당 세액을 제외한 금액으로 신고납부한 후 세액을 지급받아 수정신고 하는 경우 신고납부불성실가산세가 적용됨[353] • 절차상 하자로 납세고지가 무효로 취소되었다가 다시 고지처분된 경우, 납부불성실가산세는 행정벌적 성격 외에 지연이자 성격도 있으므로, 결정취소하고 다시 고지하기 전까지 납부 사실이 없으므로 납부불성실가산세를 부과한 것은 정당함[354]

---

343) 징세과-1040, 2012.9.27. ; 조심2017서2608, 2017.9.13.
344) 조심2018전2285, 2018.12.12.
345) 조심2011서892, 2011.6.23. ; 조심2011부1292, 2011.6.23. ; 조심2011중1286, 2011.6.23.
346) 조심2022서5723, 2022.9.29. ; 조심2019서2684, 2020.4.13.
347) 국심1999경1738, 2000.2.12.
348) 조세정책과-89, 2011.1.21.
349) 조심2008중634, 2008.8.4. ; 서울고법2010누3758, 2010.7.8.
350) 조심2011서4911, 2012.2.7. ; 대판2005두10545, 2007.4.26.
351) 심사양도2010-95, 2010.6.14. ; 조심2011광750, 2011.10.19. ; 조심2010부3291, 2010.11.29.
352) 심사양도2012-59, 2012.6.1. ; 심사양도2010-70, 2010.5.17. ; 조심2011중3241, 2011.10.24.
353) 서면4팀-3404, 2006.10.10.
354) 심사양도2011-188, 2011.8.29.

구 분	내 용
기타 가산세 관련 주요 사례	• 주택을 신축 또는 증축한 후 5년 이내 환산취득가액 등으로 취득가액을 산정한 경우로서 1세대 1주택(고가주택)에 해당하는 경우 환산가액 전체 금액에 해당하는 금액의 5%를 부과함(고가 겸용주택의 주택 부분 가액이 12억원 이하도 동일)[355]
	※ 이에 대해 고가주택 기준금액 초과분에 대하여 가산세를 부과하여야 한다는 주장이 있었는데, 헌법재판소는 위헌이 아니라고 결정하였고 대법원 등도 동일하게 판단함[356]
	• 불법전매 금지 대상인 권리(생활대책용지 분양권)를 양도함으로써 자진신고를 할 수 없는 상황에서 무신고하여 본세에 상당하는 가산세가 부과되었다고 하더라도 이에 대한 불이익은 청구인이 부담하는 것이 타당함[357]
	• 소득법 제69조에 따른 토지 등 매매차익예정신고를 하지 않은 부동산매매업자가 토지 등 매매차익예정신고에 대한 기한후신고를 하지 않고 예정신고 대상 소득을 포함하여 종합소득세 확정신고한 경우 국기법 제48조 제2항 제3호 라목의 예정신고분에 대한 무신고가산세 50% 감면 대상에 해당하지 않음[358]
	• 신규주택의 취득일로부터 1년 이내 그 주택으로 세대 전원이 이사하고 전입신고를 마친 경우 등 특정 행위를 이행할 것을 전제로 비과세 특례를 적용하여 예정신고한 것이므로, 해당 행위를 이행하지 않은 경우 새로운 납부의무나 추징이 발생하는 사후관리 규정과 달리 신고납부의무 위반으로 보아야 함[359]
	※ 이는 법령에 특례 적용 후 법령에 정한 요건을 사후적으로 충족하지 못할 경우 법령에서 명시적으로 신고납부기한을 정하지 않았다면 "사후관리 규정"으로 볼 수 없으므로 당초 신고시점을 기준으로 가산세 등을 부과하여야 한다는 것으로 상급심 판단을 기다려 볼 필요가 있음
	• 평가기간 내 국토부 실거래가 시스템 및 국세청 홈택스에서 확인되는 매매사례가액으로 양도소득세를 신고하였는데 그 매매사례가액이 특수관계인과 거래에 해당한다는 사실을 알기 어려워 보이고, 평가기간 외의 조사청의 평가심의위 매매사례가액을 고려하여 양도소득세 등의 신고를 기대하기는 어려움[360]
	• 교도소 수감 중 부동산 경매를 알지 못해 양도소득세 신고하지 못한 것은 가산세 감면의 정당한 사유가 있다고 보아야 함[361]
	• 특수관계인에게 저가양도(매매사례가액 적용)에 따라 가산세 부과시 신고 당시 매매사례가액을 어렵지 않게 확인할 수 있었기에 가산세 부과는 정당함[362]
	• 주식을 명의신탁하여 특정주식에 대한 과세를 회피한 경우 부정행위가산세 적용함은 정당함[363]

---

355) 법규재산-2584, 2023.12.19. ; 재산세제과-397, 2023.3.8. ; 재산세제과-939, 2018.11.1. ; 조심2021중697, 2021.10.15. ; 조심2021광2176, 2021.9.7. ; 대판2024두62004, 2025.2.13. ; 대구고법2024누11588, 2024.11.22. ; 대구고법2024누11045, 2024.10.11. ; 대구지법2020구합26361, 2024.5.8.
356) 헌재2020헌가15, 2024.2.28.
357) 조심2024중4692, 2024.11.11.
358) 법규기본-98, 2024.9.26.
359) 조심2023서9522, 2023.12.15. ; 조심2023서3465, 2023.5.9. ; 서울행법2024구단55603, 2025.1.4.
360) 조심2024중2137, 2024.11.19.
361) 수원지법2024구단10519, 2024.10.15.
362) 조심2024부4068, 2024.12.24. ; 조심2024서46, 2024.4.15.
363) 조심2024부782, 2024.7.9.

Chapter 18

최근 많이 발생하는 **이혼 및 재산분할**과 관련하여 알아야 할 것은?

💬 내용 Summary

기본사항 Check

- **이혼에 따른 재산분할의 개념 및 성격** : 이혼을 한 당사자의 일방이 다른 일방에 대하여 재산분할을 청구할 수 있는 권리 → 공유물 분할 성격

- **재산분할청구권의 제척기간** : 이혼한 날로부터 2년
  ① 이혼이 성립한 때 발생
  ② 추가로 발견된 재산도 제척기간 준수해야 함

- **사실혼과 재산분할청구** : 사실혼에도 유추 적용 가능 → 사실혼을 해소한 날로부터 2년
  (일방의 사망으로 사실혼이 해소된 경우에는 재산분할청구권 부인)

- **재산분할청구권의 사전 포기 여부** : 원칙적으로 불가

- **분할 대상 재산** : 부부 일방의 특유재산은 원칙적으로 분할대상이 되지 않으나, 특유재산이라도 다른 일방이 적극적으로 그 특유재산의 유지에 협력하여 감소를 방지하였거나 증식에 협력하였다고 인정되면 분할대상으로 인정

핵심 Point

- 재산분할에 대한 과세(양도소득세, 증여세) → No

- 재산분할금 지급을 위한 부동산 등 양도 → 양도소득세 과세

- 재산분할 전 분할 대상 자산 양도 → 양도소득세 부과

- 혼인 전 취득 자산의 이전 → 기관별 견해차 존재(과세관청 vs. 조세심판원)

- 재산분할로 이전받은 이후 부동산 등 양도 → 취득시기는 "상대방의 취득일" 적용
  (1세대 1주택 비과세, 취득가액 산정, 장특공제 등도 동일)

- 위자료 명목으로 이전 → 대물변제(위자료 채무자인 이전한 자에게 양도소득세 부과)

질문 »

1. 甲은 乙과 협의이혼하면서 재산분할에 따라 乙이 소유하던 주택(A)을 이전받았다. 그리고 본인이 오래 전부터 소유하던 주택(B)을 양도하였다. 양도일 현재 자녀와 같은 세대를 구성하여 거주하고 있으며, A, B 외 다른 주택은 없다. 1세대 1주택 비과세 가능한가?

2. 甲은 乙과 협의이혼하면서 협의분할에 따라 甲이 소유하던 토지를 乙에게 이전하여 주었다. 이후 乙은 이전받은 토지를 1년 이내 양도할 경우 단기 양도로 중과되는가?

3. 甲은 乙과 이혼하고 이혼을 원인으로 재산분할함에 따라 자신이 소유한 부동산을 그대로 보유하되 대신 乙에게 현금 2억원을 지급하라는 조정결정을 이행하기 위해 부동산을 매각하고 乙에게 2억원을 지급하였다. 부동산 매각에 따른 양도소득세는 누가 부담하는가?

4. 甲은 혼인 전에 보유하던 토지를 이혼에 따른 재산분할로, 판결에 따라 이혼하는 상대방에게 이전하여 주었다. 판례에 따르면 이혼에 따른 재산분할로 볼 수 있는가?

답변 및 해설 »

1. 사안에서 이전받은 A주택은 이혼 전 상대방의 취득시기를 적용하므로 본인이 소유한 B주택 양도시 비과세를 적용받으려면 원칙적으로 B주택 취득일부터 1년이 지나 A주택을 취득하여야 하고, A주택 취득일부터 3년 이내 B주택을 양도하는 경우이어야 한다. B주택이 조정대상지역 공고 이후에 취득한 것이라면 원칙적으로 2년의 거주요건도 갖추어야 한다.

2. 사안에서 협의분할로 이전받은 토지가 단기양도 중과 대상인지 여부는 이혼 전 상대방의 취득시기를 기준으로 1년(2년) 이내인지 여부로 판단한다. 협의분할로 이전받는 시기를 기준으로 판단하는 것이 아니다.

3. 甲은 비록 협의분할 결정을 이행하기 위해 토지를 양도하고 그 양도대금에서 일부를 상대방에게 지급하였어도 그 토지 양도에 따른 양도소득세는 온전히 본인이 부담하여야 한다. 따라서 협의분할 과정에서 이러한 조세채무도 분할에 반영할 수 있도록 적극 항변할 필요가 있다.

4. 이혼에 따른 협의분할은 원칙적으로 혼인 중 형성한 재산을 각자의 몫을 자신이 찾아가는 공유물 분할의 성격을 갖는다. 따라서 원칙적으로 혼인 전에 보유한 자산은 분할 대상이 아니다. 다만 판례에 따르면, 특유재산이라도 다른 일방이 적극적으로 그 특유재산의 유지에 협력하여 감소를 방지하였거나 증식에 협력하였다고 인정되면 분할대상이 될 수 있다고 한다.

관련 사례

구 분	내 용
재산분할 관련 민사판례	• 2년 제척기간 내에 재산의 일부에 대해서만 재산분할을 청구한 경우 청구 목적물로 하지 않은 나머지 재산은 제척기간을 준수한 것으로 볼 수 없으므로, 재산분할청구 후 제척기간(2년)이 지나면 그때까지 청구 목적물로 하지 않은 재산에 대해서는 청구권이 소멸함[364] • 재산분할재판에서 분할대상 여부가 전혀 심리된 바 없는 재산이 재판확정 후 추가로 발견된 경우에는 이에 대하여 추가로 재산분할청구를 할 수 있지만 추가 재산분할청구 역시 이혼한 날부터 2년 이내의 제척기간을 준수해야 함[365] • 부부재산 청산의 의미를 갖는 재산분할 규정은 부부의 생활공동체라는 실질에 비추어 인정되는 것이므로 사실혼 관계에 유추적용할 수 있음[366] • 법률상 배우자 있는 자는 그 법률혼 관계가 사실상 이혼상태라는 등의 특별한 사정이 없는 한 사실혼 관계에 있는 상대방에게 사실혼 해소를 이유로 재산분할을 청구함은 허용되지 않음(중혼인 자의 재산분할 불인정)[367] • 협의 또는 심판에 따라 구체화되지 않은 재산분할청구권을 혼인이 해소되기 전에 미리 포기하는 것은 (재산분할의 대상이 되는 재산액, 쌍방의 기여도와 재산분할 방법 등에 관하여 협의한 결과 부부 일방이 재산분할청구권을 포기하기에 이르렀다는 등의 사정이 없는 한) 그 성질상 허용되지 않음[368] • 부부 일방의 특유재산은 원칙적으로 분할대상이 되지 않으나, 특유재산이라도 다른 일방이 적극적으로 그 특유재산의 유지에 협력하여 감소를 방지하였거나 증식에 협력하였다고 인정되면 분할대상이 될 수 있음[369] • 부부 일방이 혼인 중 단독 명의로 취득한 부동산은 그의 특유재산으로 추정되므로, 다른 일방이 실질적인 소유자로서 편의상 명의신탁한 것이라고 인정받기 위하여는 자신이 실질적으로 당해 재산의 대가를 부담하여 취득하였음을 증명하여야 하고, 단지 그 부동산을 취득함에 있어 자신의 협력이 있었다거나 혼인생활에서 내조가 있었다는 것만으로는 위 추정이 번복되지 않음[370] • 부부 일방이 혼인 중 제3자에게 채무를 부담한 경우 그 채무 중에서 공동재산의 형성에 수반하여 부담하게 된 채무는 청산의 대상이 됨[371] • 채무초과 상태인 채무자가 이혼을 하면서 재산분할로 재산을 양도하여 채권자에 대한 공동담보를 감소시키더라도, 이러한 분할이 "과도한 것이라고 인정할 특별한 사정이 없는 한" 사해행위취소의 대상으로 되는 것은 아님[372]

---

364) 대판2020스561, 2022.6.30. ; 대판94다17536, 1994.9.9.
365) 대판2018스18, 2018.6.22. ; 대판2000므582, 2003.2.28.
366) 대판2020스561, 2022.6.30. ; 대판2016두36864, 2016.8.30. ; 대판2008스105, 2009.2.9.
367) 대판96므530, 1996.9.20. ; 대판94스30, 1995.7.3.
368) 대판2015스451, 2016.1.25.
369) 대판2002스36, 2002.8.28. ; 대판2001므565, 2001.6.12. ; 대판97므1486,1493, 1998.2.13.
370) 대판98두15177, 1998.12.22. ; 대판97누7707, 1998.6.12. ; 대판92다21982, 1992.12.11.
371) 대판97므933, 1997.9.26.
372) 대판2016다249816, 2016.12.29.

구 분	내 용
재산분할과 양도소득세 등 (원칙적인 경우)	• 이혼협의가 이루어져 이혼합의서에 재산분할 청구로 인한 소유권 이전임을 확인할 수 있는 경우 또는 재산분할 협의가 이루어지지 않아 법원에 재산분할청구권을 행사하여 혼인 후에 취득한 자산이 이전되는 경우 양도소득세나 증여세가 과세되지 않음[373] • 대한민국 국적을 가진 비거주자도 재산분할청구권의 행사로 부동산을 취득한 경우 증여세 등을 과세할 수 없음(공유물 분할 성격)[374]
재산분할금 지급을 위한 양도	• 재산분할금을 지급하고 그 이후에 이를 충당하기 위해 해당 자산을 양도하는 경우 양도소득세가 과세되며, 이 경우 재산분할금과 해당 자산 양도는 별개이므로 자산의 양도가액에서 지급한 재산분할금을 제외하지 않음[375]
가액분할을 위한 양도	• 법원이 재산분할 방법으로 가액의 반환을 명한 이후에 부부 일방이 상대방 재산을 경매신청하여 제3자에게 매각되고, 일방이 배당금을 수령한 경우 상대방은 전체금액에 대하여 양도소득세 납세의무가 있음[376]
분할 대상 자산의 분할 前 양도	• 재산분할청구에 따라 재산을 분할하기 前에 당해 분할 대상 자산을 제3자에게 양도하는 경우 당해 자산 소유자에게 양도소득세가 과세됨[377]
법원에서 정한 재산분할시기에 앞선 재산분할	• 법원의 재산분할 조정을 갈음하는 결정에서 재산분할하라는 시기에 앞서 이혼 당사자가 협의하여 각각의 분할대상 부동산의 1/2 지분에 대해 재산분할로 소유권 이전등기한 경우 양도에 해당하지 않음[378]
재산분할의 범위를 넘는 경우	• 분할 후 자산가액 비율이 실질적인 공동재산의 청산범위를 넘어서거나 또는 재산분할 비율과의 차이에 따른 정산을 하였다는 등 특별한 사정이 있어 해당 자산 이전에 어떠한 "대가관계"가 있다고 볼 수 있는 경우 비록 형식적으로는 재산분할로 이루어져도 그 실질은 자산의 유상양도로 보아야 함[379]
각자 명의 자산을 상대방에게 이전	• 재산분할로 각자 명의로 되어 있던 각 부동산을 상대방에게 서로 이전하였어도 특별한 사정이 없는 한, 공유물 분할 법리에 따라 유상양도로 볼 수 없음[380]
재산분할 후 공유물분할 소송에 따라 대가 수령	• 법원결정에 따라 이혼에 따른 재산분할을 한 후에 다시 공유물분할 소송으로 법원의 조정에 의해 공유물 분할 형식으로 현금을 받고 자기지분을 상대방에게 이전한 경우 양도에 해당함[381]

---

373) 재산세과-838, 2009.11.25. ; 조심2018서937, 2018.5.30. ; 조심2010중4002, 2011.3.25. ; 대판2002두6422, 2003.11.14.
374) 서면4팀-3412, 2006.10.11.
375) 재산세제과-1040, 2010.10.28. ; 부동산거래관리과-786, 2010.6.8. ; 재산세과-83, 2009.1.8. ; 감심2011-104, 2011.6.16. ; 조심2012서311, 2012.3.28.
376) 조심2023서10385, 2024.3.27. ; 조심2022부119, 2022.5.10. ; 조심2019서1779, 2020.4.28. ; 조심2018서937, 2018.5.30. ; 대판2011두21638, 2011.12.8. ; 서울행법2018구단76081, 2019.5.15.
377) 서면5팀-932, 2007.3.22. ; 제도46014-11481, 2001.6.15. ; 대판2019두51369, 2019.12.27.
378) 법령해석재산-396, 2015.11.30.
379) 대판2009두7615, 2009.8.20.
380) 대판96누14401, 1998.2.13.
381) 법령해석재산-174, 2015.10.8.

구 분	내 용
사실혼 해소에 따른 재산분할	• 적법한 사실혼 해소에 따른 재산분할로 재산을 취득하는 경우 공유물 분할의 법리에 따라 증여세나 양도소득세가 과세되지 않음[382] • 사실혼 관계가 일방 당사자의 사망으로 종료된 경우 생존한 상대방에게 재산분할 청구권이 인정되지 않음[383]
협의이혼 후 신고 전에 양도한 경우	• 법원의 협의이혼 확인을 받은 후 신고하기 前 아파트를 양도한 것에 대해 1세대 1주택 비과세로 보기 어려움(상대방 주택과 합산하여 3주택)[384]
이전받은 자산의 취득시기	• 재산분할로 이전받은 자산은 이혼 前 배우자의 "당초 취득일"을 취득시기로 보기에, 이후 양도시 취득가액은 상대방의 당초 취득시기를 기준으로 함[385] • 증여를 통해 토지의 소유권을 前 배우자에게 귀속시켰음에도 협의이혼시 재산분할 대상에 포함되었다면 증여행위는 형식적·명목적인 것에 불과하고 토지를 취득한 시점부터 배우자와 공유한 것으로 봄이 타당함[386]
담보된 채무액 인수	• 재산분할 대상은 적극재산 및 소극재산을 모두 포함하므로, 유상취득 대가로 부담한 금액을 채무인수액 중 배우자 지분에 한정하여 취득가액 산정은 잘못 없음[387] • 사실혼을 해소하면서 공동소유하던 사실혼 상대방 지분에 대한 대가로 재산분할 약정금을 수령하고 관련 채무액(피담보채무 및 임대보증금 채무) 중 본인 지분 상당액을 상대방이 부담한 것은 자산의 유상양도에 해당함[388]
조세특례 적용	• 조특법 제99조의 2 과세특례가 적용되는 것으로 확인받은 주택을 이혼에 따른 재산분할로 취득한 경우 특례 대상에 해당함[389] • 조특법 제97조의 장기임대주택을 부부 중 다른 사람이 이혼시 재산분할로 취득하여 양도하는 경우 전 배우자의 임대기간을 합산함[390]
청구기한 내 분할 청구 및 청구기한 후 이전등기	• 재산분할 청구가 이혼한 날부터 2년 이내 이루어지고 재산분할 청구로 인한 소유권이전등기는 이혼한 날부터 2년을 경과한 후 이루어진 경우 양도에 해당하지 않음[391]
등기원인이 증여로 재산분할을 미입증	• 협의이혼에 따른 재산분할인지 여부를 확인할 수 있는 재산분할합의서나 약정서 등이 미제출되었고, 부동산등기부 등기원인이 "증여"로 기재되어 있으며, 법무사의 단순오기라 주장하나 같은 날 이전된 기타 부동산의 등기원인도 "증여"로 기재되어 있는 등 이를 단순오기로 보기 어려우므로 증여로 본 것은 잘못이 없음[392]

---

382) 재산세과-2599, 2008.9.2. ; 서면4팀-740, 2008.3.19.
383) 대판2005두15595, 2006.3.24.
384) 조심2019서4168, 2020.6.17.
385) 법규재산-381, 2022.4.21. ; 법령해석재산-63, 2015.4.28. ; 부동산거래관리과-246, 2011.3.18. ; 대판 2012두10901, 2012.9.13. ; 대판2002두6422, 2003.11.14.
386) 조심2023전9222, 2023.11.23.
387) 조심2012서142, 2012.3.8.
388) 조심2024중3083, 2024.9.2.
389) 법령해석재산-756, 2018.1.23. ; 서면법규과-739, 2013.6.26.
390) 재산세과-2418, 2008.8.22.
391) 재일46014-2136, 1998.11.4.
392) 심사양도2013-127, 2013.9.16. ; 조심2023서7701, 2023.6.30. ; 조심2020인1604, 2020.9.14.

구 분	내 용
단기 양도 여부, 다주택 중과 및 1세대 1주택 비과세	• 재산분할로 이전받은 주택의 1세대 1주택 비과세 요건 및 단기 양도 여부의 판단은 다른 일방이 취득한 날을 기준으로 적용함[393] • 혼인 후 배우자 명의로 취득한 2주택에 대해 법원에 재산분할을 청구하여 당해 2주택의 소유권을 이전받은 후 그 중 1주택을 양도하는 경우, 소송결과로 취득한 주택이라 볼 수 없어 다주택 중과의 배제 대상이 아님[394] • 이혼 후 A주택을 양도한 뒤 재산분할로 취득한 B주택의 취득시기는 상대방이 최초 취득한 시점이므로, B주택은 A주택 양도일 현재 신청인 소유 주택으로 보아 양도한 A주택은 1세대 1주택 비과세 대상에 해당하지 않음[395] • 법률상 이혼 前 양도한 경우 양도 당시 주택 수 보유현황에 따라 2주택에 해당하면 1세대 1주택 비과세를 적용받을 수 없음[396]
혼인 전 취득한 재산의 분할 (과세관청 등)	• 일방 당사자가 혼인 전에 취득한 재산을 이혼을 이유로 재산분할하여 타방 당사자에게 이전하는 것은, 부부 쌍방이 혼인 중에 이룩한 실질적인 부부 공동재산을 분할하는 것이 아니므로 "양도"에 해당함[397] • 1세대 1주택 부수토지의 보유기간을 산정함에 있어 일방 당사자가 혼인 전에 취득한 주택 부수토지를 이혼을 이유로 재산분할하여 타방 당사자에게 소유권을 이전한 경우에 부수토지는 소유권이전등기 접수일부터 계산함[398] • 혼인 전 단독으로 형성한 고유재산을 형식상 재산분할을 원인으로 소유권 이전하였으나, 실질적으로 이혼에 따른 위자료의 대물변제로 봄이 타당함[399]
혼인 전 취득한 재산의 분할 (조세심판원)	• 이혼시 혼인 前에 취득한 재산만을 재산분할 대상으로 소유권 이전한 경우 위자료 및 위자료에 갈음하는 대물변제가 아니라 혼인생활 동안 부부 공동재산의 형성 및 유지·보수에 기여한 것으로 재산분할 대상으로 봄[400] • 부동산을 혼인 전에 취득하였더라도 법원이 해당 부동산을 재산분할 대상으로 판결함에 따라 부동산을 이전한 것이므로 과세대상이 아님[401] • 전 배우자가 토지를 상속을 원인으로 취득하였더라도 자신이 재산형성에 상당히 기여하였다고 주장하며 해당 재산의 소유권을 이전해 달라는 소를 제기하여 법원은 재산분할을 원인으로 이전등기하라고 판결하였으며, 그에 따라 토지 소유권을 이전한 것이므로 전 배우자가 당초 취득한 날을 취득시기로 보아 취득가액을 산정한 것은 달리 잘못이 없음[402]

---

393) 부동산납세과-311, 2023.2.2. ; 부동산납세과-644, 2022.3.23. ; 법령해석재산-63, 2015.4.28. ; 부동산납세과-8, 2014.1.9. ; 부동산거래관리과-654, 2011.7.28. ; 조심2013중1325, 2013.7.4.
394) 서면5팀-4, 2008.1.2.
395) 법령해석재산-977, 2020.11.5. ; 법령해석재산-836, 2019.5.8. ; 부동산거래관리과-981, 2010.7.27. ; 재산세과-1043, 2009.12.18. ; 조심2016중1932, 2016.12.9.
396) 법령해석재산-159, 2016.9.9.
397) 재산세제과-171, 2008.5.9. ; 서면4팀-67, 2008.1.9.
398) 부동산거래관리과-76, 2010.1.18.
399) 심사양도2001-4048, 2001.9.28.
400) 조심2010중4002, 2011.3.25.
401) 조심2011서4972, 2012.3.8.
402) 조심2020서869, 2020.4.14.

구 분	내 용
부동산을 이체하고 금전 수령 (과세관청)	• 이혼시 부동산과 예금을 각각 분할하기로 한 경우로서 분할 대상 부동산에 해당하는 가액을 예금으로 대신 수취하는 때에는 당해 부동산이 유상으로 이전되는 것이므로 양도소득세가 과세됨[403] • 재산분할 판결에 따라 그 금액을 지급하기 위하여 부동산을 담보로 대출하여 이혼한 배우자에게 지급한 후 해당 부동산을 양도하는 경우 해당 금액은 양도가액에서 공제하지 않음[404]
부동산을 이체하고 금전 수령 (대법원 등 판결)	• 법원이 이혼으로 인한 재산분할의 액수와 방법을 정하는 절차에서 아파트를 당사자 쌍방의 협력으로 이룩한 재산으로서 재산분할 대상으로 인정하고 당사자 일방이 상대방에게 재산분할로 그 가액이 재산분할로 이전되어야 할 재산의 금전적 평가액 내인 아파트 소유권을 이전함과 아울러 나머지를 금전으로 지급하도록 정한 조정이 성립한 이상, 이는 재산분할의 구체적인 방법으로서 현물분할과 금전지급에 의한 분할 방법을 혼용하여 재산분할을 한 것으로 볼 것이지, 재산분할의 조정조항 중에 상대방에게 지급해야 할 재산분할 금액을 특정한 금액으로 확정하고 재산분할은 아파트 소유권을 이전하는 것으로 갈음한다는 표현이 포함되어 있다고 하여 아파트 소유권을 취득한 원인이 재산분할이 아니라 재산분할채무금 지급에 갈음한 대물변제라고 볼 수는 없음[405] • 재산분할에서 현물분할과 금전지급에 의한 분할이 혼용된 경우에도 재산분할로 보며, 이혼시 재산분할로 취득한 주택의 양도시 취득가액 산정에는 재산분할금액이 포함되지 아니함[406] • 이혼에 따른 재산분할을 원인으로 소유권을 이전받았으나 실지로는 수령하여야 할 재산분할청구금 상계 및 일부 현금을 지급하고 취득한 것이므로 그 취득시기는 재산분할로 인한 소유권이전 등기일임[407]
위자료	• 위자료에 갈음하여 부동산으로 대물변제하는 경우에는 양도로 보는 것이며 대물변제된 가액이 양도가액이 되는 것임[408] • 이혼시 위자료 지급에 갈음하여 부동산으로 대물변제한 경우 자산 양도로 보며,[409] 여기서 위자료는 양육비 명목 지급액을 포함하며, 이혼 위자료에 갈음하여 소유권을 이전받은 자산 양도시 "소유권이전등기 접수일"을 취득시기로 봄[410] • 전 배우자로부터 증여받은 것이나 실지로는 전 배우자로부터 이혼위자료 명목으로 대물변제 받은 것이므로 유상매매된 것으로 보아야 하고, 증여 취득에 따른 배우자 이월과세를 적용할 수 없음[411]

---

403) 서면4팀-1149, 2005.7.7. ; 서면4팀-1498, 2004.9.22.
404) 부동산거래관리과-845, 2010.6.24.
405) 대판2012두10901, 2012.9.13. ; 서울행법2022구합64686, 2023.2.24.
406) 대판2023두60001, 2024.2.29. ; 서울고법2023누38112, 2023.10.25. ; 서울행법2022구합64686, 2023.2.24.
407) 대판2009두7615, 2009.8.20. ; 대구고법2008누762, 2009.4.24.
408) 재산세과-2076, 2008.7.31.
409) 재재산-171, 2008.5.9. ; 국심1998구567, 1999.1.25. ; 대판88누10183, 1989.6.27.
410) 부동산거래관리과-579, 2010.4.19. ; 재산세과-4022, 2008.12.1. ; 서면4팀-1413, 2008.6.12.
411) 심사양도2015-61, 2015.7.14.

Chapter 19 경정청구할 때, 이것 모르면 낭패 볼 수 있다!

내용 Summary

기본사항 Check

- **일반적인 경정청구**
  ① 청구권자 : ㉠ 법정신고기한 내 과세표준신고자, ㉡ 기한후과세표준신고자
  ② 청구 기한 : 법정신고기한으로부터 5년 이내
    – 법정신고기한 내 과세표준신고자에 대한 증액 경정처분 : 해당 처분이 있음을 안 날(처분통지를 받은 때는 그 받은 날)부터 90일 이내(법정신고기한이 지난 후 5년 이내에 한정)
  ③ 청구 대상 : 최초신고 및 수정신고·기한 후 신고한 양도소득 과세표준 및 세액
    – 결정·경정 처분에 대한 경정청구 : 그 결정·경정으로 증가된 과세표준 및 세액

- **후발적 사유에 의한 경정청구**
  ① 청구권자 : ㉠ 법정신고기한 내 과세표준신고자, ㉡ 과세표준 및 세액 결정을 받은 자
  ② 청구 기한 : 그 사유가 발생한 것을 안 날로부터 3개월 이내
    – 일반적인 경정청구기간 내 후발적 사유가 발생한 경우 : 일반적 경정청구기간 내 가능
  ③ 청구 사유
    – 최초의 신고·결정·경정에서 과세표준 및 세액의 계산근거가 된 거래·행위 등이 그에 관한 국세심사청구·심판청구·감사원 심사청구에 대한 결정이나 소송에 대한 판결(판결과 같은 효력을 가지는 화해 등 포함)에 의해 다른 것으로 확정되었을 때
    – 소득·과세물건의 귀속을 제3자에게로 변경시키는 결정·경정이 있을 때
    – 조세조약에 따른 상호합의가 최초의 신고·결정·경정 내용과 다르게 이루어졌을 때
    – 결정·경정으로 그 결정·경정의 대상이 된 과세표준 및 세액과 연동된 다른 세목(같은 과세기간으로 한정)이나 연동된 다른 과세기간(같은 세목으로 한정)의 과세표준 또는 세액이 세법에 따라 신고하여야 할 과세표준 및 세액을 초과할 때
    – 국외전출자 국내주식 등을 실제로 양도하는 경우로서 실제 양도가액과 같은 항 본문에 따른 출국일 당시의 양도가액 간 차액이 발생한 경우
    – 기타 위와 유사한 사유로서 국기령 제25조의 2에 규정하는 사유가 발생한 경우

핵심 Point

- 경정청구사유 외의 사유에 대하여 경정할 수 있는지 → Yes
- 경정청구 후 재경정청구 가능 여부 → Yes
  (다만, 최초 경정청구에 대한 거부 처분 후 불복청구기간 도과시 재차 경정청구는 단순 민원 간주)

질문 »

1. 甲은 토지를 양도하고 양도소득세 예정신고를 한 뒤 취득가액이 과소 산정된 것을 늦게 발견하고 경정청구를 하였다. 이에 과세관청은 해당 경정청구 내용을 인용하면서 비사업용 토지에 해당함에도 기본세율을 적용한 것은 잘못이라고 하여 추가 고지를 하였다. 과세관청 해석에 따르면 이러한 경정이 불이익변경 금지에 위반되는가?

2. 甲은 당초 양도소득세를 신고하고 나서, 당초 과세표준 신고기한으로부터 5년이 다 되어 1세대 1주택 비과세 대상에 해당하므로 납부한 세액 중 고가주택 기준금액을 초과하는 부분에 대해 환급을 구하는 경정청구를 하였으나, 과세관청은 이를 거부하였다. 거부통지를 수령하고 나서 90일이 지나 다시 동일한 내용으로 경정청구를 하였으나, 과세관청은 다시 이를 거부하였다. 이 경우 재차 경정청구분에 대해 불복청구가 가능한가?

3. 甲은 양도소득세를 예정신고한 후 필요경비를 과소 계산한 것에 대해 경정청구를 하여 환급받은 뒤, 다시 세율 적용을 과다하게 적용한 것을 발견하였다. 다시 경정청구가 가능한가?

4. 甲은 경정청구기간이 경과하여 경정청구를 하였으나, 과세관청은 이에 대해 거부통지를 하였다. 해당 거부 처분에 대해 불복청구가 가능한가?

5. 甲은 양도소득세 예정신고 후 양도소득세를 과다하게 신고하였다고 보아 환급을 구하는 경정청구를 하였다. 그러나 검토 결과 경정감 사유는 법령을 오해한 것이어서 거부처분을 받았다. 이에 대해 초과환급신고가산세가 적용되는가?

6. 甲은 양도소득세를 기한후신고하였다. 이후 이에 대해 양도소득세를 과다하게 신고한 것으로 보아 경정청구가 가능한가?

7. 甲은 양도소득세 신고한 것에 대해 과세관청으로부터 증액 경정 처분을 받았으나, 불복청구기간(90일)을 경과하였다. 이 경우 경정청구가 가능한가?

답변 및 해설 »

1. 이 경우 최근 과세관청 해석은 불이익변경 금지에 해당하지 않는 것으로 해석한다. 불이익변경 금지의 원칙은 불복청구하는 경우에 적용되는 것으로 경정청구는 불복청구가 아니고, 과세관청은 경정 권한이 있기 때문이다. 따라서 경정청구하는 경우 감액되는 항목 외 부분도 꼭 살펴볼 필요가 있다. 잘못하면 혹 떼려다가 혹 붙이는 결과를 초래할 수 있다.

2. 사안의 경우 최초 경정청구에 대한 불복청구 기간이 경과하였고, 재차 동일한 내용으로 경정

청구한 것에 대해 거부 통지한 것은 단순한 민원 회신에 불과하기에 불복청구할 경우 각하 사유에 해당한다. 따라서 사안과 같은 경우 거부 통지를 수령하고 90일 이내 불복청구를 하여야 하는 것을 잊어서는 안 된다.

3. 당초 경정청구에 대해 인용을 받고서 다시 누락된 부분이 발견되면 재차 경정청구를 할 수 있다.[412] 물론 이 경우 당초 양도분에 대한 확정신고기한으로부터 5년 이내 청구하여야 한다.

4. 일반적 경정청구는 과세표준 신고한 후 5년 이내 청구하여야 한다. 이러한 청구기간이 경과하여 경정청구하면 "각하" 사유에 해당한다. 고충청구 제도가 있으나 이는 원칙적인 구제수단이 아니므로 꼭 구제될 수 있는 것은 아니다.

5. 현행 규정상 경정청구를 과다하게 하였다고 하여 초과환급신고가산세가 적용되는 것으로 규정하고 있지 않다. 따라서 경정청구를 잘못 청구하였다고 하여 초과환급신고가산세가 적용되는 것은 아니다.[413] 경정청구 그 자체만으로는 효력이 발생하는 것이 아니라 과세관청으로 하여금 경정청구 내용을 검토하여 타당할 경우 "경정"하여 줄 것을 청구하는 것이기 때문이다.

6. 종전에는 기한후신고에 대하여는 경정청구가 인정되지 않았다. 그러나 2019.12.31. 국세기본법 개정으로 기한후신고에 대해서도 경정청구가 가능하도록 하였다. 해당 개정규정의 적용시기는 개정된 국세기본법 시행 전에 기한후과세표준신고서를 제출하고 2020.1.1. 이후 경정청구하는 경우에도 적용한다.

7. 현재 과세관청 해석은 증액 경정처분을 받고 나서 "90일"이 경과함으로 결정·경정처분이 확정되면 그 증액 결정·경정된 세액에 대하여는 경정청구를 할 수 없다고 본다.

그러나 대법원 판례에 따르면 이 경우 납세자가 경정청구를 하여 거부되어 불복하는 경우 납세자는 감액경정청구에 대한 거부처분 취소소송에서 당초 신고에 대한 과다신고 사유뿐만 아니라 과세관청의 증액경정 사유도 함께 주장하여 다툴 수 있으되, 증액경정처분에 대한 불복기간이 경과한 경우에는 "경정으로 인하여 증가된 과세표준 및 세액"에 관하여는 취소를 구할 수 없고, 당초 신고한 과세표준 및 세액을 한도로 하여서만 취소를 구할 수 있다고 하여 일정한 경우 구제받을 수 있는 길을 열어두고 있는 것으로 생각된다.

---

412) 징세46101-473, 2002.10.2.
413) 징세과-4009, 2008.9.1.

관련 사례

구 분	내 용
법인 아닌 단체의 경정청구	• 법인 아닌 단체의 경우 경정청구는 대표자 개인이 아닌 "단체"의 명의로 하여야 하며, 대표자가 "개인" 명의로 제기한 경정청구는 부적법함(각하 사유)[414]
불고불리의 원칙 적용 여부	• 경정청구한 경우 불고불리 원칙이 적용되지 않음[415] → 청구사유 외의 사항에 대하여 경정할 수 있음
청구기간 경과한 경정청구 거부	• 경정청구(후발적 경정청구 포함)의 청구기간을 지나서 경정청구한 것에 대해 거부하는 것은 불복대상이 아님(법적 처분이 아닌 단순한 민원회신에 불과함)[416]
법정신고기한의 의미	• 법정신고기한은 소득세법 제110조의 양도소득 과세표준 확정신고기한을 말함[417] • 양도소득세 예정신고 후 확정신고기간이 도래하기 전인 경우도 경정청구가 가능함[418] • 경정청구기간(5년) 경과 전 증액경정처분이 있었으므로, 증액된 세액뿐 아니라 당초 신고납부한 세액에 대하여도 위법을 주장할 수 있음[419]
수정신고에 대한 경정청구기한	• 양도소득세 "수정신고분"에 대한 경정청구의 기산일은 수정신고일의 다음날이 아닌 당초 법정신고기한의 다음날이 됨[420]
신고서 종류의 착오 제출	• 경정청구를 청구인의 착오로 수정신고서로 제출한 경우 청구인에게 관련 서류를 보완하도록 하여 경정청구로 볼 수 있음[421]
증액 경정처분의 90일 경과시	• 고지 사유와 다른 내용 : 결정·경정사유와는 다른 당초 신고세액에 대하여 5년이 경과하지 않아 그에 대하여 경정청구를 하는 것은 가능함[422] • 고지 사유와 동일한 내용 ① 과세관청 : 해당 처분이 있음을 안 날로부터 90일이 경과함으로 결정·경정처분이 확정되면 그 증액 결정·경정된 세액에 대하여는 경정청구할 수 없음[423] ② 대법원(법인세 관련) : 납세자는 감액경정청구에 대한 거부처분 취소소송에서 당초 신고에 대한 과다신고 사유뿐만 아니라 과세관청의 증액경정 사유도 함께 주장하여 다툴 수 있으나, 증액경정처분에 대한 불복기간이 경과한 경우에는 "경정으로 인하여 증가된 과세표준 및 세액"에 관하여는 취소를 구할 수 없고, 당초 신고한 과세표준 및 세액을 한도로 하여서만 취소를 구할 수 있음[424]

---

414) 조심2022서5796, 2022.12.21.
415) 징세과-3801, 2024.9.11.
416) 조심2024중5383, 2024.11.26. ; 조심2023부8152, 2023.11.20. ; 조심2022서1507, 2022.3.28. ; 대판2023두38325, 2023.6.29. ; 수원지법2023구단10680, 2024.8.23. ; 서울행법2022구단8269, 2023.1.18.
417) 징세과-106, 2014.1.24. ; 서면1팀-759, 2008.6.3. ; 조세정책과-720, 2007.6.12.
418) 서면4팀-109, 2007.1.9. ; 서면1팀-316, 2005.3.21. ; 서면4팀-318, 2005.3.3.
419) 수원지법2021구단6854, 2022.3.25.
420) 조심2021중6708, 2021.12.28.
421) 징세46101-428, 1997.2.25.
422) 서삼46019-11364, 2003.8.25. ; 국심2006서1035, 2006.11.7. ; 국심2005서4430, 2006.9.14.
423) 징세과-222, 2010.3.3. ; 조세정책과-682, 2007.6.4. ; 조심2011서2304, 2011.10.4.
424) 대판2021두39997, 2024.6.27.

구 분	내 용
후발적 사유에 의한 경정청구	• 후발적 사유 중 판결 부분은 소송을 제기한 자에 한하여 경정 등의 청구가 가능하며, 소송을 제기한 자가 아닐 경우 후발적 사유에 의한 경정청구를 할 수 없음[425] • 소송대리인이 법원으로부터 판결문을 수령한 경우 "그 사유가 발생한 것을 안 날"은 판결문을 수령한 날이 됨[426] • 일반적인 경정청구기간이 경과하기 전 후발적 사유가 발생한 경우에는 후발적 사유 등이 발생한 것을 안 날부터 3개월 내 경정청구를 하지 않더라도 당초 일반적인 경정청구기간 내에는 경정청구를 할 수 있음[427] • 과세관청의 회신 또는 유권해석은 후발적 사유에 해당하지 않음[428] • "판결"은 과세표준 및 세액산출의 근거가 된 거래 또는 행위에 관한 소송에 대한 것으로 그로 말미암아 직접 영향을 미치는 것에 한정됨[429] ※ 최근 과세관청은 "형사판결"을 포함하는 것으로 해석하지만,[430] 조세심판원 및 대법원은 통상 형사판결에 대해서는 후발적 경정청구에 대해 부정적임[431] • "과세표준 및 세액의 계산근거가 된 거래·행위 등이 그에 관한 소송에 대한 판결에 의하여 다른 것으로 확정되었을 때"란 과세표준 및 세액의 계산근거가 된 거래·행위 등이 재판과정에서 투명하게 다루어졌고, 객관적으로 확인되거나 조세회피 목적이 없다고 인정되는 경우만을 한정함[432] • 과세표준 및 세액의 계산근거가 된 거래 또는 행위 등이 그에 관한 소송에 대한 판결에 의하여 "그대로" 확정된 경우 후발적 사유에 해당하지 않음[433] • 법원의 조정권고안을 수락한 것은 판결과 동일한 효력을 가지는 화해나 그 밖의 행위로 볼 수 있으며, 민사조정법 제30조 "조정에 갈음하는 결정"에 의하여 최초 신고에 있어 과세표준 및 세액 계산근거가 된 거래 등이 다른 것으로 확정된 경우 경정청구가 가능함[434] • 소송의 파기환송, 준비서면 제출 또는 소의 취하 등은 후발적 사유인 판결 등에 해당하지 않음[435] • 과세표준 및 세액의 계산근거가 된 공시지가가 관할구청에 의하여 경정 결정되어 수정된 경우 후발적 경정청구사유에 해당함[436]

---

425) 징세46101-549, 2002.11.21. ; 징세46101-25, 2001.1.10. ; 심사양도2011-299, 2012.2.6.
426) 서삼46019-10347, 2003.2.25.
427) 조세정책과-868, 2006.8.16.
428) 서면1팀-269, 2005.3.7.
429) 조심2012서1006, 2012.4.5. ; 국심2007서244, 2007.5.28.
430) 징세과-1010, 2024.3.6. ; 조세법령운용과-1146, 2019.9.19.
431) 심사부가2021-29, 2021.8.25. ; 조심2022서8284, 2023.3.2. ; 조심2011중1653, 2012.3.23. ; 대판2008두21171, 2009.1.30. ; 대판2007두13906, 2007.10.12.
432) 서울행법2008구합39059, 2009.4.2.
433) 서면1팀-1308, 2006.9.20.
434) 징세-4173, 2004.10.29. ; 서삼46019-10199, 2001.9.13. ; 징세46011-584, 2001.9.10.
435) 서면1팀-346, 2005.3.29.
436) 서삼46019-11267, 2003.8.7. ; 제도46019-10261, 2001.3.26. ; 징세46101-1604, 2000.11.15.

구 분	내 용
후발적 사유에 의한 경정청구	• 주거·상업·공업지역 편입일을 "도시계획결정일"로 봄에 따라 자경농지감면을 받지 못하였으나 당해 농지양도의 소송에 대한 법원판결로 주거지역 등 편입일을 "지적고시일"로 봄에 따라 자경농지 감면요건을 갖추게 되었다면 그 판결일로부터 후발적 경정청구기간 이내에 경정청구할 수 있음[437] • 공사대금 등에 대하여 당초의 금액과 다른 금액으로 밝혀진 경우 후발적 사유에 의한 경정청구가 가능함(양도대가로 받은 전환사채가 회수 불가한 것이 명백한 경우도 후발적 사유로 봄)[438] • 단순히 대금 미지급의 사유로 소를 제기하여 확정판결을 받거나 물상보증인에 대한 구상권 불능 사유는 후발적 사유에 의한 경정청구 대상이 아님[439] • 양도소득세 경정청구 거부 후 증여세 소송 기각판결인 경우 납세자가 양도소득세에 대해 후발적 경정청구를 할 수 있음[440] • 증여세 부과처분 취소를 구하는 소송에서 증여세 부과처분이 적법한 것으로 판결될 경우, 같은 과세 건으로 이미 결정고지된 양도소득세에 대하여는 후발적 사유에 의한 경정청구가 가능함[441] • 양도된 토지들과 관련한 소송은 각 양도토지별로 명확히 구분이 되므로 이를 하나로 보아 경정청구 기산일을 정할 수 없음[442]
기타 경정청구 관련 사례	• "증액경정"이 아닌 "자진신고 또는 수정신고"의 경우에는 당초 확정신고 기한의 다음날부터 5년 이내 경정청구가 가능하며, 기한 경과시 경정청구 불가함[443] • 조특법 적용 조항을 변경하여 계산한 과세표준 및 세액이 세법에 의하여 신고하여야 할 과세표준 및 세액을 초과하는 경우 경정청구기한 내 경정청구할 수 있음[444] • 청원서에 약정서 및 관련 판결문 등을 첨부하여 제출하였다는 사정만으로 이를 경정청구로 선해하기 어려움[445] • 납세자가 착오 등에 의하여 과세표준이나 세액을 과다하게 신고한 경우 원칙적으로 적법한 경정청구의 절차가 없는 한 정부가 이를 감액하여야 할 의무는 없으나,[446] 과세표준과 세액의 신고내용에 명백한 오류 등이 있는 경우 제척기간이 도과하지 않았다면 경정조사 등에 의하여 경정결정할 수 있음[447] • 부적법한 경정청구에 대하여 설령 이를 거부하였더라도 이는 불복대상이 되는 거부처분으로 볼 수 없음[448]

---

437) 징세46101-171, 2001.2.21.
438) 징세-3311, 2004.9.22. ; 수원지법2020구단8143, 2023.2.3. ; 대판2018두30471, 2018.5.15.
439) 징세46101-2499, 1997.10.4. ; 수원고법2021누11469, 2021.12.10.
440) 조세정책과-562, 2023.3.9.
441) 징세46101-1650, 2000.11.28.
442) 조심2022중5720, 2022.9.20.
443) 조심2022서7223, 2023.1.30. ; 조심2020서1024, 2021.3.15.
444) 서면1팀-725, 2005.6.22. ; 징세46101-2175, 1998.8.13. ; 재기법46019-250, 1997.7.3.
445) 서울고법2023누39351, 2023.9.1.
446) 서면1팀-267, 2007.2.22.
447) 징세과-110, 2009.9.29. ; 서면2팀-13, 2006.1.4. ; 서면1팀-1025, 2004.7.26.
448) 조심2022중6974, 2022.10.12. ; 대판2017두38812, 2017.8.23. ; 서울행법2022구합2473, 2023.4.4.

양도소득세
핵심사례와
이 슈

PART 02

비과세

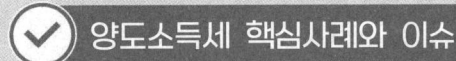
양도소득세 핵심사례와 이슈

> 본 장에서는 매우 중요한 1세대 1주택 비과세 및 2주택 특례, 조합원입주권, 분양권 특례에서 꼭 알아야 할 31가지 유형을 발췌하였다.

20	**주택 양도**, 이것은 반드시 확인하자! 특히 오피스텔은 매우 주의하라!
21	**조정대상지역**은 어떻게 바뀌었고 유의사항은?
22	같은 아파트 살면 무조건 **"동일 세대"**인가?
23	주택 양도 전에 **세대 분리**한 경우 동일 세대로 볼 것인가?
24	**매매특약**으로 주택을 주택 외로 **용도변경/멸실**하고 양도하면 비과세가 되는가?
25	주택을 **증축한 후 양도**할 경우 1세대 1주택 비과세의 적용은?
26	**별장이나 기숙사로 사용**하고 있는 건물도 주택으로 보는가?
27	**도로 신설/확장**으로 집마당 일부가 **수용**될 때 비과세 가능한가?
28	주택 부수토지 범위에서 **건물의 정착면적**이란?
29	주택 부수토지의 **텃밭**, 비과세 범위는?
30	**상생임대주택** 혜택과 요건은?
31	**해외이주** 또는 **해외근무하는 경우** 1세대 1주택 비과세 적용시 유의사항은?
32	**건설임대주택 분양전환**, 기쁨이 악몽이 된 이유는?
33	**2주택 특례들의 중첩** 적용과 한계는?
34	2주택 보유하다가 **혼인** 또는 **동거봉양 합가시** 비과세 못 받는다!
35	**일시적 2주택 특례와 분양권 대체 취득 특례 중첩** 가능한가?
36	**주택을 갈아탈 때**, 꼭 알아야 할 것은?
37	**상속주택**, 이건 꼭 알아야 한다!
38	**동거봉양 합가 후 상속/증여**가 이루어진 경우의 취급은?
39	**다가구주택의 옥탑방** 등에 대한 오해와 진실!
40	**장기임대주택 보유자의 거주주택** 양도시 꼭 알아야 할 사항은?
41	**임대주택 말소**, 반드시 알아야 한다!
42	여기저기 나오는 서로 다른 **"임대기간"**을 정리하자!
43	**조합원입주권**, 그 범위와 비과세 적용시 유의할 점은?
44	**조합원입주권 양도와 2주택 특례들 관계** 오판하면 안 된다!
45	**조합원입주권 매수하고 종전주택 양도시** 비과세 적용시 유의사항은?
46	**재건축 등으로 임시 거주용 주택**, 비과세 적용받을 때 유의사항은?
47	**재건축 · 재개발 청산금**, 너의 정체는 뭐냐!
48	**분양권**, 그 범위와 주택 양도시 유의할 사항은?
49	**지역주택조합의 조합원 지위**, 주의할 사항은?
50	**1+1 재건축 · 재개발**, 어떻게 취급되는가?

Chapter 20

주택 양도, 이것은 반드시 확인하자! 특히 오피스텔은 매우 주의하라!

 **질문 »**

납세자가 주택을 양도하고서 양도소득세 신고 관련 상담시 꼭 확인해야 할 사항은?

 **답변 및 해설 »**

주택 양도시 다음과 같이 몇 가지는 꼭 확인을 해야 한다.

첫째, "세대 범위"를 확정하라! 왜냐하면 세대원들의 주택을 전부 통합해서 판단하기 때문이다. 그리고 언제 세대 편입되거나 분리되었는지도 확인하면 오류를 줄일 수 있다. **조정대상지역 소재한 이후 취득하였으면 세대의 거주요건도 챙겨야 한다.**

둘째, 양도하는 "주택의 종류"를 파악하라! 주택의 종류에 따라 판단할 영역이 달라지기 때문이다. 만일 "단독주택"이라면 신축인지 매수한 것인지 확인하고, 부수토지 크기도 확인해야 한다. 그리고 **"겸용주택"이라면 주택과 주택 외 사용면적을 확인하고 중간에 용도변경이 있었는지도 체크해야** 한다. 한편 "다가구주택"은 비록 요건을 충족했더라도 옥탑방 사용 및 업무용 부분을 주거용으로 변경한 것은 없는지 꼭 확인해 보아야 한다.

한편, 2023.12.31. 소득세법 개정으로 주택의 개념을 구체화하여, "허가 여부나 공부상 용도구분과 관계없이 세대의 구성원이 독립된 주거생활을 할 수 있는 구조로서 세대별로 구분된 각각의 공간마다 별도의 출입문, 화장실, 취사시설이 설치되어 있는 구조를 갖추어 사실상 주거용으로 사용하는 건물을 말하며, 그 용도가 분명하지 아니하면 공부상의 용도에 따르는 것"으로 규정하고 있다(소득법§88제7호). 이러한 주택 개념의 구체화에 따라 향후 "독립하여 취사시설 등이 존재하지 않은" 다가구주택의 옥탑방 등에 대해 층수에 산입할 것인지 여부는 새로운 해석이 필요해 보인다. 뿐만 아니라 "주거전용 오피스텔"이 공실일 경우에도 주택 개념을 충족하여 최초 완성 후 비록 공실 상태라도 주택으로 볼 것인지 여부에 대해 새로운 해석이 필요해 보인다.

셋째, 보유하는 "주택 수"를 파악하라! 주택 수는 쉬운 얘기다. 그러나 납세자들은 전문가들이 아니다. 따라서 주택이 아니라고 생각하는 것들이 있다. 대표적으로 주거용에 사용하는 **"오피스텔"**이 그렇다. 시골에 누군가 살고 있는 오래된 **"낡은 주택"**도 그러하며, 공동으로 상속받은 주택을 비롯하여 여러 명이 **"공동으로 보유한 주택"**도 그렇다. 주택수를 확정하고 나서 2주택 비과세 특례는 나중에 판단하라. 같은 취지에서 혹시 **"일반 근생시설을 상시 주거용으로 사용하는 것"**이 있는지 물어보아야 한다.

넷째, "분양권" 및 "조합원입주권" 보유한 것을 확인하라! 조합원입주권은 납세자도 대부분 주택으로 보기에 문제 발생이 적지만, 그래도 확인해 보라. 분양권은 2021년 이후 당첨되거나 취득하는 분부터 주택을 가진 것으로 보아 비과세를 배제하되, 예외적으로 주택 보유자가 분양권을 취득한 경우 등 일정 요건하에 비과세 특례를 인정하고 있다. 특례 적용은 그 다음에 생각하라.

다섯째, 공부나 매매계약서는 꼼꼼하게 살펴야 한다! 부동산등기부에 취득 원인(상속, 증여, 매매, …) 등은 유념해서 보아야 하고, 매매계약서에 특약사항도 반드시 확인해야 한다. 생각지 못한 내용들이 특약에 들어 있는 경우가 종종 있기 때문이다. 그리고 보유기간 및 거주요건 확정을 위해 **반드시 취득시기도 확인해야** 한다.

마지막으로, 조특법 특례주택은 아닌지 한번 검토해 보라! 조특법에는 18개나 되는 주택에 관련한 특례가 있다. 종종 생각지도 않은 수확을 얻을 수 있다. 물론 각 조문별로 요건이나 취득시기 적용시기 등이 다르다 보니 꼼꼼히 살펴야 한다.

보충설명

최근 들어 오피스텔 관련하여 불복 사례들이 매우 많이 등장하고 있다. 오피스텔은 건축법령에서는 "근생시설"로 규정하며, 주택법에서는 "준주택"으로 규정하고 있다. 그러나 양도소득세의 1세대 1주택 비과세 판단 시에는 실질에 따라, 상시 주거용으로 사용하면 "주택"으로, 업무용으로 사용하면 "주택 외"로 취급한다. 다른 주택 비과세 판단시 오피스텔을 상시 주거용으로 사용하였다는 점은 과세관청이 입증해야 한다.[1] 1세대 1주택 비과세 판단시 오피스텔과 관련한 중요 사항을 살펴보면 다음과 같다.

첫째, 다른 주택이 없는 경우로서 오피스텔을 취득하여 상시 주거용으로 사용하는 경우 2년 보유기간을 충족하면 1세대 1주택 비과세를 적용받을 수 있다. 이 경우 해당 오피스텔을 조정대상지역 공고 이후에 상시 주거로 사용한다면 거주요건 2년도 충족하여야 한다.

둘째, 오피스텔은 일반적으로 상시 주거용으로 사용하는 시점에 주택을 취득한 것으로 본다. 따라서 1세대 1주택 보유자가 업무용으로 사용하던 오피스텔을 주거용으로 용도 변경하면 그 시점이 신규주택 취득시기로 보아 일시적 2주택 비과세 규정을 적용하여야 한다.

셋째, 오피스텔을 최초 분양받아 아직 사용하지 않은 경우, "일반 오피스텔"은 근생시설에 불과하기에 주택으로 볼 수 없다. 그러나 2024년부터는 주택의 개념이 명문화된 바, "주거 전용 오피스텔"의 경우 별도의 출입문 및 취사시설과 화장실 등을 갖추었고 당초부터 주거를 목적으로 한다는 점에서 일반 오피스텔과 달리 당초부터 주택으로 취급하여야 할 것으로 생각하며, 새로운 유권해석이 필요해 보인다.

넷째, 거주요건 예외 관련하여 다른 주택은 없으면서 조정대상지역 공고일 전 오피스텔을 취득하기 위해 매매계약을 체결하고 계약금을 지급한 경우로서 계약금 지급일 현재 다른 주택이 없고 조정대상지역 공고일 이후 상시 주거용으로 사용하면 거주요건의 예외를 인정할 수 없다고 해석한다. 그러나 2024년 이후부터 주택 개념이 명문화되었기에 "주거 전용" 오피스텔의 경우 새로운 유권해석이 필요해 보인다.

다섯째, 오피스텔을 상시 주거용으로 사용하였는지 여부는 사실판단의 영역에 속한다. 불복사례들을 보면 다음과 같은 점들을 특히 주목할 필요가 있다.

① 오피스텔 구조(주방 및 씽크대, 욕실 및 화장실, 옷장, 김치냉장고, 세탁기, 장롱, 침대 등) → 매우 중요
② 소유주의 사업자등록 및 부가가치세 신고 내역 → 절대적이지는 않으나 중요한 요소로 봄
③ 임차인의 사업자등록 및 사업 영위, 소득 내역(사업소득, 근로소득 등) → 매우 중요
④ 주민등록 이전 및 주택임대차 확정일자 내역 → 매우 중요
⑤ 임대차계약서상 용도가 주거용인지 여부 → 중요
⑥ 임차기간이 일시적인지(단기 반복적) vs. 상당 기간 임대한 것인지 → 중요
⑦ 임차인의 종합소득세 월세 세액공제 여부 → 중요
⑧ 세입자의 주민등록지 및 주민등록지에 다른 세대 구성하였는지 여부(형식적으로 주민등록만 옮겨 놓은 것인지 여부) → 중요
⑨ 전력 용도(가정용 vs. 산업용) → 부수적 판단 자료
⑩ 수도 및 가스 사용량 → 부수적 판단 자료
⑪ 다른 주택의 소유 여부 → 해당 오피스텔에 거주할 필요성 판단
⑫ 재산세 부과 형태 → 공부상 구분에 따른 부과로 의미는 적음
⑬ 오피스텔 관리사무소에 차량 등록 현황 → 부수적 판단 자료

---

1) 대판2023두31140, 2023.4.13.

관련 사례

구 분	내 용
주택 여부의 판단 원칙	• 공부상 업무시설인 오피스텔을 임차인이 사실상 업무용으로 사용한 경우에는 주택으로 보지 아니하는 것으로 오피스텔의 실제 사용용도는 사실판단할 사항임[2]
주택으로 판단한 최근 사례들	• 재산세는 공부상 용도로 부과되는 것으로 실질 용도를 확인하고 부과되는 것이 아니므로 건축물 재산세가 부과되더라도 주택이 아닌 업무용 건물이라고 볼 수 없고, 사업자등록을 하여 부가가치세 신고하였다고 하여 주거용으로 사용한 오피스텔을 업무용 부동산으로 보기는 어려움[3]
	• 내부구조(화장실, 샤워실 등 구비)나 편의시설(붙박이장, 가스레인지 또는 인덕션, 세탁기, 냉장고 등 설치) 등이 주거에 적합한 상태에 있고, 주거 기능이 유지·관리되고 있어 언제든지 주택으로 사용할 수 있었던 것으로 보이며, 임차인들이 전입한 이후 사업이력은 없고, 임차인들이 전입한 기간 동안 계속하여 전기·수도 등 사용내역이 확인되어 실제 용도가 사실상 주거용 건물이라 할 것임[4]
	• 2개의 침실, 거실, 주방, 욕실로 구성되고, 빌트인냉장고, 세탁기, 인덕션, 오븐, 공기청정기, 에어컨 등이 설치되어 있어 숙식에 필요한 시설이 갖추어진 상태이며, 임차인은 오피스텔을 주소지로 사업자등록을 하지 아니하였고 별도의 사업장을 가지고 있었으며 주거용으로 사용하였다는 취지로 진술하였고, 임대료에 대해 부가가치세를 신고도 이행하지 않은 점 등에 비추어 주거용 건물로 봄[5]
	• 취사시설, 보일러, 냉장고, 세탁기, 화장실 등이 설치되고 침구도 구비되어 주거용으로 사용하였거나 사용할 수 있는 구조이고, 입구에 회사상호 등이 표기되어 있지 않을 뿐만 아니라 업무 관련 시설이나 비품, 장비 등의 설치사실이 확인되지 않으며 임차인들도 오피스텔을 사업장으로 사업자등록을 한 이력이 없으며, 임차인이 전입신고를 하지 않은 사실은 있으나 이는 임대차계약서상 특약사항에 전입신고 불가 내용이 있어 그리한 것으로 보이고, 임차인의 주민등록 주소지는 타인이 거주하는 주택으로 동거인으로 되어 있어 형식상 주민등록을 둔 것으로 보임[6]
	• 임차인은 오피스텔에 전입신고하였고 오피스텔에 전입신고시 확정일자도 부여받은 것으로 확인되며 임차인의 사업소득 내역이나 사업자등록 이력이 확인되지 않는 점 등에 비추어 주택으로 봄[7]
	• 취득 후 구조 변경 없이 주거기능이 그대로 유지·관리되어 주거용으로 적합한 상태이고, 관리사무소에 비치된 입주자내역 및 비상연락망에 자녀가 주택 양도일 전까지 오피스텔에 입주한 것으로 기재되어 있고 그 소유차량이 오피스텔로 등록되어 있어 주민등록상 주소지와 달리 오피스텔에 사실상 입주한 것으로 보임[8]

---

[2] 부동산납세과-1982, 2016.12.30. ; 부동산거래관리과-739, 2010.5.28. ; 재산세과-575, 2009.3.17.
[3] 조심2022전1927, 2022.12.21.
[4] 조심2021서5839, 2022.10.11. ; 조심2021전5063, 2021.11.23. ; 대전고법2022누13358, 2023.11.9. ; 서울행법2022구단74907, 2023.12.20.
[5] 조심2024중5148, 2024.12.23.
[6] 조심2024인4909, 2024.12.18. ; 서울고법2024누48376, 2025.2.6. ; 서울행법2023구단68039, 2024.6.19.
[7] 조심2023인9832, 2023.12.7.
[8] 조심2022전7832, 2022.12.21.

구 분	내 용
주택으로 판단한 최근 사례들	• 쟁점오피스텔의 내부구조 역시 방 3개, 거실, 주방, 욕실 2개, 테라스, 시스템에어컨(방 3개, 거실 1개)로 구성되어 있어 주거용에 적합한 상태에 있고 주거기능이 그대로 유지·관리되고 있고, 오피스텔 임차인은 명의위장 사업자로 조사되어 사업을 위해 임차한 것으로 보기 어려우며, 실사업자의 사업장과도 거리가 멀고, 철제 선반 진열대 등의 제조업이 오피스텔을 사업목적으로 임차하였다고 보기 어려워 실제 용도가 사실상 주거에 공하는 건물이라 할 것임[9]
	• 오피스텔이 상시 주거에 공할 수 있는 시설을 갖추고 있는 것으로 보이고, 취득 후 사업자등록 및 부가가치세 신고를 하지 않았으며, 오피스텔을 임차한 후 2016년, 2017년, 2020년 귀속 종합소득세 주택월세세액공제를 받았고, 오피스텔을 주소지로 하여 전입신고를 마친 것으로 나타나 주거용으로 판단함[10]
	• 오피스텔에 임차인들이 전입한 이후 임차인들의 사업이력은 없는 것으로 확인되고, 임차인들이 전입한 기간 동안 계속하여 전기·수도 등 사용내역이 확인되는 점 등에 비추어 실제 용도가 사실상 주거용 건물이라 할 것임[11]
	• 주거용 사용에 적합하도록 바닥난방시설, 주방시설, 개별 욕실 등을 갖추고 있었고, 임차인의 직원이 오피스텔을 배타적으로 사용하면서 그곳에 침대와 책상 등을 두고 사실상 주거용으로 사용하던 사실이 확인되어 주거용으로 판단함[12]
	• 인덕션과 싱크대 등 취사시설과 세탁기, 샤워시설과 화장실 등 주거에 적합한 시설이 설치되어 있고, 소유자나 임차인이 오피스텔에 사업자등록을 한 사실이 없으며, 해당 오피스텔 소재 건물의 일부 다른 호수 소유자들이 주택임대사업자 등록을 한 점 등에서 사실상 주거에 사용할 수 있는 주택으로 판단함[13]
	• 전세계약서에 용도가 주거용으로 기재되어 있고, 임차인과 그 가족이 오피스텔에 거주한 사실이 있고 확정일자를 부여받은 것으로 확인되며, 오피스텔 관련하여 소유자가 사업자등록을 한 사실이 없고, 임차인과 배우자가 임차기간 동안 오피스텔에 사업자등록을 하거나 사업소득이 발생된 사실이 확인되지 않으며, 전기요금도 주택용 전력을 사용한 것으로 나타나 사실상 주택으로 판단함[14]
	• 임차인이 주민등록상 주소지와 달리 오피스텔 인근에 필라테스 강사 등으로 활동하면서 인적용역소득이 발생하여 오피스텔을 주거용으로 사용한 것으로 보이며, 임대차계약서상 월임대료에는 '부가가치세 없음'으로 기재되어 있고, 임차인들이 사업자등록한 내역이 확인되지 않고 주민등록 전출입이 나타나며, 오피스텔을 업무용으로 사용하였다고 볼 간판 등이 존재하지 않아 주택으로 판단함[15]

---

9) 조심2021전6969, 2022.5.3. ; 대전지법2022구단102095, 2023.8.10. ; 대전고법2023누12154, 2023.12.14. → 대판2024두30762, 2024.4.12.(심리불속행 확정)
10) 조심2021인5921, 2022.10.12.
11) 조심2021서5839, 2022.10.11. ; 서울고법2023누72754, 2025.1.16. ; 서울행법2022구단74907, 2023.12.20.
12) 조심2021서2730, 2022.9.29.
13) 조심2021서3175, 2021.9.1.
14) 조심2020서7941, 2020.12.15.
15) 조심2024서29, 2025.1.24.

구 분	내 용
주택으로 판단하지 않은 최근 사례들	• 오피스텔을 분양받은 후 부가가치세 과세사업으로 사업자등록을 하여 매년 부가가치세 신고를 해왔고, 임차인들과 임대차계약을 체결하면서 전입신고를 하지 않기로 특약을 맺은 것으로 보아 오피스텔을 업무용으로 사용 또는 임대하려는 의사를 가지고 있었던 것으로 보이며, 실제 오피스텔을 임차한 임차인들이 오피스텔에 주민등록을 이전한 사실이 없고, 오피스텔의 임차 당시 촬영한 사진(사무용 책상과 의자 등이 확인됨)을 근거로 오피스텔을 업무용 사무실로 사용하였음을 확인하며, 처분청은 오피스텔이 주거용으로 사용되었다는 점을 구체적으로 입증할 수 있는 객관적 증빙을 제시하지 못하여 주택으로 판단할 수 없음[16] • 양도 당시 오피스텔의 임차인은 인근 노래방 도우미로 일하고 있었고, 전기나 수도를 거의 사용하지 않는 등 오피스텔을 주로 숙식의 장소라기보다는 업무 대기 장소로 이용한 사실 등에 비추어 오피스텔의 각 임차인이 이를 사실상 주거용으로 사용하였다고 단정하기 어려움[17] • 오피스텔이 과거 업무용 및 주거용으로 다양하게 임대되었고, 주택 양도일 약 2개월 전 오피스텔이 주택으로 사용되었다는 이유로 양도일 현재 공실이었던 오피스텔이 해당 시점에 주택으로 사용되었다고 단정하기 어려우며, 오피스텔 양도시 작성한 매매계약서상 용도에 '주거용'이라고 기재하였더라도 사용자가 없는 공실상태의 오피스텔의 양도계약서에 당사자들이 임의로 기재한 용도에 우선하여 공부상 내용에 따라 그 용도를 판단함이 더 객관적인 것으로 보이고, 오피스텔에 대하여 부동산임대업으로 사업자등록을 하고 임대차계약시 업무용이라는 것을 명기하며 부가가치세를 거래징수하는 등을 보아 업무용 시설로 봄이 타당함[18] • 오피스텔이 업무용 시설로 사용승인되었고, 이후 구조나 시설을 주거용으로 변경한 사실이 확인되지 않으며, 공인중개사들의 임대매물대장을 보면 업무용으로 임대가 되지 않아 일시적으로 1개월 정도 단기임대를 한 것으로 보이고, 임차인들과 임대차계약서를 보면 용도는 업무시설, 전입신고는 불가하다고 기재되어 있고, 부동산임대공급가액명세서를 보면 취득 이후 3차례 1개월에서 5개월 정도 단기임대 후 현재까지 업무용으로 사용되고 있어 장기간 주거생활을 할 수 있는 주택이라기보다 고시원과 같은 단기숙소로 볼 수 있음[19] • 오피스텔 내부에 침구류가 없었고 바이올린 악기, 악보 보면대, 전자오르겐, 책상, 복사기 등이 구비되어 있었으며, 관리비 내역에 사업자에게 관련 세금계산서를 발급하였음이 확인되고, 외국인들이 오피스텔에 체류한 것으로 나타날 뿐, 이들의 체류기간 및 목적 등이 불분명하며, 임차인이 현재 대학교대학원 음악학과에 재학 중이고, 오피스텔에 대한 전입세대 열람내역에 현재 전입세대가 없는 등 오피스텔의 용도를 공부상과 달리 주거용이라고 인정하기 부족함[20]

---

16) 조심2021인4726, 2021.12.3.
17) 서울고법2022누49221, 2022.12.13. → 대법원2023두31140, 2023.4.13.(심리불속행 확정)
18) 조심2021서3007, 2022.6.28. ; 조심2021서3006, 2022.6.28.
19) 조심2023서0247, 2023.5.25.
20) 조심2023인0736.

구 분	내 용
주택으로 판단하지 않은 최근 사례들	• 오피스텔 취득 후 부동산임대업을 영위하는 부가가치세 일반과세자로 사업자등록하여 관련 부가가치세를 신고하였고, 임대차계약의 특약사항으로 주거용이 아닌 업무용으로 사용한다는 점을 명시하였으며, 임차인이 오피스텔 소재지로 사업장 및 본점 소재지를 이전한 사실이 사업자등록 정정신고서 및 법인등기전부사항증명서를 통해 확인되고, 임차인들은 오피스텔을 주소지로 하여 주민등록을 하거나 전입신고를 한 사실이 없으며, 임차인들도 업무용으로 사용하였다고 확인하고, 오피스텔 일부 호실의 싱크대가 철거되고 쪽문이 설치되어 각 호실이 연결되어 있었던 것으로 확인되므로 상시 주거용에 적합한 상태로 유지되었다고 보기 어려움[21]
	• 평면도상 침실, 거실, 주방, 욕실 등으로 구성된 사실만으로 주택으로 보기는 어려우며, 오피스텔 취득 후 약 5년 7개월 동안 오피스텔에 전입한 기간 합계가 약 45일에 불과하고, 관리비 부과내역을 보더라도 2020년 이후 전기 및 수도를 거의 사용하지 않은 것을 감안하면 주거용도로 사용하였다고 단정하기 어려우며, 오피스텔 관리사무소에서도 이사요청을 한 사실이 없고 상업용 시설로 사용되었음을 확인한 점 등에 비추어 오피스텔이 주택에 해당한다고 보기는 어려움[22]
	• 직원들이 임시적으로 숙식을 해결하였다는 사정이 곧바로 사실상 주거용으로 사용하였다는 사실을 입증한다고 보기 어렵고, 단기간 사용 직원들 수는 30~40명 정도에 이르며, 사진을 보면 지속적인 거주에 필요한 가구, 가전제품 등이 명백히 부족하며, 각종 짐이 정리되지 않은 채 쌓여 있는 등 특정인이 일정 기간 지속적으로 거주한 환경이라고는 보기 어렵고 컴퓨터 모니터 등 업무처리도 하였다는 진술을 뒷받침하여 사실상 주거용으로 사용되었다는 사실을 인정하기 부족함[23]
	• 오피스텔을 업무용으로만 임대하기 위하여 법인에게만 임차한 것이라고 주장하고 있고 실제 오피스텔 임대내역에 의하면 오피스텔을 법인에게만 임차한 것으로 확인되며, 임차법인과 임대차계약을 체결할 당시 '업무용'으로 용도를 특정하여 임차하였고, 업무용으로 임차하기 위하여 침실 사이 벽 등을 철거한 사실이 확인되며, 오피스텔 임대에 따른 부가가치세를 납부한 것으로 나타날 뿐만 아니라 재산세 또한 주택이 아닌 일반건축물로 과세가 되어 왔고, 전기 및 가스 사용량이 주거용으로 사용되었다고 보기 어려운 수준이어서 주택에 해당한다고 보기는 어려움[24]
	• 오피스텔에 업무 목적에 부수하여 숙식을 할 수 있는 구조를 일부 갖추고 있다 하여 해당 오피스텔을 모두 주택에 해당한다고 하기 어렵고, 오피스텔의 월세계약도 업무용으로 하였으며, 오피스텔 취득 후 현재까지 임차인이 주민등록 전입신고를 한 사실이 없고, 처분청이 주거용으로 사용되었다는 점을 구체적으로 입증할 객관적인 증빙을 제시하지 못하므로 사실상 주거용으로 보기는 어려움[25]

---

21) 조심2022서2504, 2022.11.21.
22) 조심2022부6448, 2022.11.16.
23) 서울고법2023누71911, 2024.8.21.
24) 조심2021전6949, 2022.9.29. ; 수원고법2022누12339, 2023.7.14.
25) 조심2022서0052, 2022.10.27. ; 조심2022서2305, 2022.9.30. ; 조심2021인4726, 2021.12.3. ; 조심2021인3225, 2021.11.22. ; 조심2021서3158, 2021.10.14. ; 조심2020서8392, 2021.7.28. ; 조심2019서3835, 2020.5.21.

Chapter 21

조정대상지역은 어떻게 바뀌었고 유의사항은?

내용 Summary

기본사항 Check

- **조정대상지역** : 주택가격, 청약경쟁률, 분양권 전매량 및 주택보급률 등을 고려하였을 때 주택 분양 등이 과열되어 있거나 과열될 우려가 있는 지역 등으로 일정한 기준을 충족하는 지역에 대해 주거정책 심의위원회의 심의를 거쳐 국토교통부장관이 지정한 지역 → "대한민국 전자관보"에서 확인 가능

핵심 Point

- 조정대상지역 소재 주택을 취득한 후 양도시 비과세 적용받으려면 보유기간 2년 이상 중 2년 이상 거주 요건 필요 → 조정대상지역 "해제되어도" 거주요건 필요(5년 이상 거주한 건설임대주택의 분양전환, 사업인정고시일 전에 취득한 주택의 수용 등, 해외이주 특례 등 예외규정 존재)

- 일시적 1세대 2주택에 대한 양도기한 등 → 2023.1.12. 이후 양도분부터 조정대상지역에 대한 양도기한 차별 철폐(지역 불문 신규주택 취득일부터 "3년" 이내)

- 1세대 2주택 이상으로서 조정대상지역 주택 양도시 다주택 중과 → 2년 이상 보유한 주택은 2026.5.9.까지 중과 유예

질문

1. 조정대상지역에 소재한 주택 양도시 유의할 사항은?
2. 조정대상지역은 어떻게 변동되었는가?

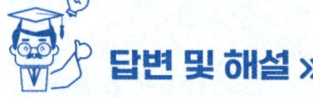 **답변 및 해설 »**

1. 조정대상지역에 소재한 주택에 대해서는 양도소득세 관련하여서는 현재 다음과 같이 크게 세 가지 제약이 있다.

   첫째, 취득 당시 조정대상지역에 있는 주택을 취득한 경우에는 1세대 1주택 비과세 규정을 적용받으려면 보유기간 2년뿐만 아니라 "거주기간 2년"도 갖추어야 함이 원칙이다. 지금 서울 4개구를 제외하고 조정대상지역이 해제되었으나 조정대상지역으로 지정되었을 때 취득한 주택은 "비록 조정대상지역에서 해제되더라도" 2년 거주기간 요건을 갖추어야 한다.

   여기에는 물론 예외가 있다. 2017.8.2. 이전에 주택을 취득하기 위해 매매계약을 체결하고 계약금을 지급하였고 계약금 지급일 현재 무주택 세대라면 이후 취득시기가 조정대상지역 지정일 이후 도래해도 거주요건을 면제한다. 그리고 조정대상지역 공고일 전에 주택을 취득하기 위해 매매계약을 체결하고 계약금을 지급하였고 계약금 지급일 현재 무주택 세대라면 이후 취득시기가 조정대상지역 지정일 이후 도래해도 거주요건을 면제한다. 상생임대주택도 거주요건이 면제된다. 그 외에도 5년 이상 거주한 건설임대주택의 분양전환, 해외이주 특례, 사업인정고시일 전 취득 주택의 수용 등, 주택에 1년 이상 거주하다가 취학 등 열거된 4가지 부득이한 사유로 다른 시·군으로 주거이전하는 경우 등 예외규정이 있다.

   둘째, 주택을 갈아타는 경우에 종전주택과 신규주택이 모두 조정대상지역에 있다면 "2022.5.9. 이전 종전주택을 양도한 경우" 신규주택 취득일부터 1년 이내 종전주택을 양도하였을 뿐만 아니라 "신규주택으로 주민등록을 옮기고 이사"까지 해야 한다. 만일 신규주택에 임차인이 있어 이사하지 못할 경우에는 이사기간은 임대차 종료일(최대 2년)까지 연장된다. 2022년 8월 중 과세관청 해석은 이사요건을 완화하여 임차인이 前 소유자에게 임대차계약 갱신권을 행사하는 경우에는 2년을 넘더라도 해당 갱신권에 의한 임대차기간 종료일까지 신규주택으로의 이사 등의 요건을 완화하였다. 물론 2022.5.10. 이후 종전주택 양도시에는 이러한 신규주택으로의 이사 및 주민등록 요건은 폐지되어 불필요하다.

   셋째, 1세대 2주택 이상 보유하면서 조정대상지역에 있는 주택을 양도하면 중과 대상이다. 다만, 2026.5.9.까지는 2년 이상 보유한 주택은 다주택 중과가 유예되어 있다.

2. 조정대상지역은 현재 서울 강남·서초·송파·용산구만 지정되어 있다. 그러나 거주요건 적용과 관련하여 취득 당시 조정대상지역이면 조정대상지역에서 해제되어도 원칙적으로 거주요건을 갖추어야 1세대 1주택 비과세가 가능하기에 변동내역은 알아 두어야 한다.

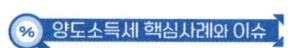

 **보충설명**

현재 조정대상지역은 강남3구와 용산구를 제외하고 해제되었으며, 일시적 2주택 특례의 종전주택 양도기한도 조정대상지역인지 불문하고 3년을 적용하고, 조정대상지역이라도 2년 이상 보유한 주택을 2026.5.9.까지 양도할 경우 다주택 중과가 유예되어 있기에 조정대상지역에 대한 중요성은 상당히 줄어들었다.

그러나 조정대상지역에 소재한 주택을 취득한 경우에는 조정대상지역에서 해제되어도 2년 거주요건을 충족하여야 1세대 1주택 비과세 적용이 가능하다. 다만, 예외적으로 조정대상지역 공고일 전에 주택을 취득하기 위해 매매계약을 체결하고 계약금을 지급한 경우로서 계약금 지급일 현재 무주택 세대인 경우에는 주택 취득시기가 조정대상지역 공고일 이후라도 거주요건의 예외를 인정한다.

현재 실무에서 이 부분이 중요하므로 핵심 내용들을 정리해 보고자 한다.

① 세대 단위 판단 : 해당 요건은 세대 단위로 판단한다. 따라서 조정대상지역 공고일 전에 주택 취득 계약 및 계약금을 지급하고서 그 권리를 "동일 세대"에게 증여 또는 일부 지분을 증여하더라도 거주요건 예외가 인정되며, "동일 세대"에게 상속이 이루어지더라도 같다. 그러나 "별도 세대"에게 상속되거나 별도 세대에게 증여하는 경우 거주요건 예외 규정 적용이 불가하다.

② 매매 계약 : 해당 예외규정은 "매매계약"에 대해 적용하는 것이다. 따라서 상속을 받거나 증여를 받는 계약에는 적용되지 않는다. 물론 동일 세대로서 증여를 받을 경우에는 세대별로 판단하기에 예외 규정을 적용받을 수 있다. 그렇다면 부담부 증여는 가능할까? 적용받기 어렵다. 왜냐하면 부담부 증여계약의 경우 "계약금을 지급"하여야 하는 요건을 미충족하기 때문이다.

③ 계약금 : 조정대상지역 공고 전에 매매계약을 체결하고 "계약금"까지 지급하였어야 하며, 계약금은 조정대상지역 공고일 전에 완납되어야 한다. 즉, 계약금을 분할하여 지급한 경우에는 계약금 완납일을 기준으로 적용한다.

④ 주택 : 거주요건 예외 규정을 적용받는 것은 "주택"뿐만 아니라 무주택 세대가 "분양권"이나 "조합원입주권"을 취득하기 위해 매매계약하고 계약금을 지급한 경우에도 적용된다.

⑤ 무주택 세대 : 해당 예외규정을 적용받으려면 계약금 지급일 현재 무주택 세대이어야 한다. 이와 관련해서 다음 내용은 숙지할 필요가 있다.
  ㉠ 분양권을 보유한 경우 무주택 세대로 봄 → 주택(A)에 대한 계약금 지급일 현재 분양권(B)을 보유하더라도 조정대상지역 공고 후 취득시기가 도래한 주택(A)은 거주요건 예외 적용 ○
  ㉡ 계약금 지급일 현재 상시 주거용으로 사용하는 오피스텔 보유시 → 거주요건 예외 적용 ×
  ㉢ 무주택 세대가 조정대상지역 공고 이전에 오피스텔 분양계약하였으나, 해당 오피스텔이 조정대상지역 공고 이후 완공되어 주거용으로 사용시 → (2022.10.19. 이후 "양도분"부터) 거주요건 예외 적용 ×
  ㉣ 새로 취득하는 주택(A)의 계약금 지급일에 종전 보유 주택(B) 양도시 A주택은 거주요건 예외 인정
  ㉤ 주택(A) 취득 위한 계약금 지급일 현재 주택(B)을 보유하였으나 조정대상지역 공고일 전에 해당 주택(B)을 처분한 경우 → (계약금 지급일 기준으로 판단) 거주요건 예외 적용 ×
  ㉥ 자기가 주택을 신축하기 위해 건설착공시 매매계약 체결로 볼 수 없음 → 거주요건 예외 적용 ×
  ㉦ 경매로 취득한 주택 → "매각허가결정일"을 매매계약 체결일로 봄
  ㉧ 계약금 지급일 현재 비과세 판단시 소유주택으로 보지 않는 조특법 특례 주택 보유시 견해 대립 → 〈과세관청〉 주택을 소유한 것임 〈판례〉 주택을 소유하지 않은 것임

관련 사례

구 분	내 용
거주기간 요건 관련 사례	• 거주기간은 원칙적으로 세대 전원이 주택 취득일 이후(취득 前 임차인으로서 거주한 기간 제외) "실제 거주한 기간"에 따르되, 그 내용이 불분명시 "주민등록표상 전입일자부터 전출일까지" 기간으로 계산함[26] • 주민등록과 실제 거주기간이 다른 경우 실제 거주기간으로 계산하며, 이 경우 거주사실은 납세자가 입증해야 함[27] • "취득 당시" 조정대상지역에 소재하면 이후 조정대상지역에서 해제되어도 거주요건을 갖추어야 함[28] • 주택 취득일에 해당 주택이 소재하는 지역이 조정대상지역에서 해제되는 공고가 있는 경우로서 해당 공고의 효력이 공고일부터 발생하는 경우 해당 주택은 비과세 판단시 거주기간의 제한을 받지 않음[29] • 거주기간 계산은 해당 주택의 취득일 이후 실제 거주한 기간에 따름[30] • 취득 당시 조정대상지역에 소재한 겸용주택을 2회 이상 용도변경하여 다시 주택으로 용도변경하는 시점에 조정대상지역에서 해제된 경우에도 1세대 1주택 비과세 요건 판정시 거주요건을 적용함[31] • 무주택 세대가 조정대상지역 공고 이전에 오피스텔 분양계약하였으나, 해당 오피스텔이 조정대상지역 공고 이후에 완공되어 주거용으로 사용할 경우 2022.10.19. 이후 양도분부터 거주요건을 적용함[32] • 조정대상지역 공고 후 국유지 불하를 통해 취득한 주택 부수토지는 1세대 1주택 비과세 판단시 보유기간 중 2년 이상 거주기간 요건을 적용받음[33] • 거주기간은 "양도일 현재의 세대 전원이" 당해 주택 거주 기간만을 계산하나, 취학·근무상 형편·질병 요양·사업상 형편으로 세대원 일부가 "주택 취득시부터" 당해 주택에 미거주시 나머지 세대원이 거주요건을 충족하면 됨[34] • 양도 당시 혼인으로 배우자가 있는 경우 혼인 전의 거주기간(다른 가족과 함께 거주한 기간 포함)과 혼인 후 배우자와 함께 거주한 기간을 통산함[35] • 조정대상지역 소재 오피스텔을 취득하여 근생시설로 사용하다가 조정대상지역 해제 후 주택으로 용도변경하여 양도시 거주요건을 적용하지 않음[36]

---

26) 서면4팀-456, 2006.3.3. ; 서면4팀-82, 2006.1.19. ; 대판91누8548, 1992.3.10.
27) 조심2023구3109, 2023.10.4. ; 조심2022서8277, 2023.3.15. ; 조심2022서2027, 2022.9.7. ; 조심2019중3550, 2019.12.3. ; 대판2024두52939, 2024.11.28. ; 대구고법2024누10615, 2024.8.30.
28) 법규재산-859, 2024.12.11.
29) 법령해석재산-4045, 2021.2.18. ; 부동산납세과-3687, 2022.12.6.
30) 부동산거래관리과-663, 2011.7.28.
31) 법령해석재산-3906, 2021.8.26.
32) 법규재산-204, 2022.10.31. ; 재산세제과-1312, 2022.10.19.
33) 법규재산-1309, 2022.12.22. ; 재산세제과-1539, 2022.12.20.
34) 부동산납세과-533, 2019.5.27. ; 재산세제과-450, 2009.3.11.
35) 재산세과-862, 2009.5.4.
36) 부동산납세과-1247, 2021.9.8.

구 분	내 용
거주요건의 예외 관련 사례	• 조합원입주권 보유 세대가 '17.8.2. 이전 매매계약을 체결(계약금 지급)하여 취득한 분양권으로 완공된 주택 양도시 거주요건을 적용하지 않음[37] ※ "조합원입주권"을 보유한 경우 "주택"을 보유한 것으로 보지 않는 것으로 해석함 • 지역주택조합의 조합원 지위(A)를 보유한 세대가 조정대상지역 지정 이전에 분양권(B) 매매계약을 체결하고 계약금을 지급한 경우 그 분양권(B)이 완공되어 해당 주택 양도시 거주요건을 적용하지 않음[38] ※ 사안은 "지역주택조합원 지위"가 아직 사업계획승인을 받기 전으로 "분양권"이 되기 전이며, 이를 보유한 경우 "주택"을 보유한 것으로 보지 않는 것으로 해석함 • '17.8.2. 이전 조정대상지역에 분양계약을 체결하여 계약금(계약금 지급일 현재 무주택 세대)을 지급하고 '17.8.3. 이후 그 지분(1/2)을 배우자에게 증여·상속시 거주요건을 적용하지 않음[39] ※ 사안은 "동일 세대(배우자)"로부터 상속 또는 증여받음 • 조정지역 공고 前 부부 공동명의 주택을 취득하여 조정지역 공고일 후 본인 지분을 배우자에게 증여한 경우 거주요건을 적용하지 않음[40] ※ 거주요건 적용 여부를 "세대별로" 판단한 것임 • 무주택 세대가 2017.8.2. 이전에 분양계약 체결 및 계약금을 지급한 후 조정대상지역 지정 전에 동일 세대원에게 분양권의 지분 전부를 증여한 경우로서 해당 분양권에 기한 주택이 완공된 후 세대 분리하여 주택의 양도일 현재 별도 세대인 경우 거주요건을 적용하지 않음[41] ※ 사안은 조정대상지역 공고 전에 계약 체결 및 계약금을 지급하였고, 조정대상지역 공고 전에 동일 세대에게 증여한 것이기에 연속성을 인정한 것으로 생각됨 • 상속인과 동일 세대인 피상속인이 '17.8.2. 이전 취득한 주택을, '17.8.3. 이후 동일 세대원(상속인)이 상속받아 양도시 거주요건 적용되지 않음[42] • '17.8.2. 현재 부부가 각자 취득한 2개의 분양권을 조정대상지역 지정 후 부부 공동명의로 전환 후 완공된 주택은 거주요건을 적용하지 않음[43] • 무주택 세대가 2017.8.2. 이전에 증여받은 분양권에 의하여 취득한 주택(취득 당시 조정대상지역 소재)은 거주요건을 적용함[44] ※ 사안은 "별도 세대"로부터 증여받았기 때문에 세대별로 판단할 수 없고, 조정대상지역 공고일 전에 매매계약 및 계약금을 지급한 것으로 볼 수 없다는 것임

---

37) 법령해석재산-3424, 2019.10.30. ; 재산세제과-735, 2019.10.30.
38) 부동산납세과-1910, 2023.8.1.
39) 법령해석재산-261, 2020.5.21. ; 부동산납세과-1099, 2018.11.28. ; 법령해석재산-2863, 2018.10.16. ; 재산세제과-858, 2018.10.10.
40) 부동산납세과-683, 2022.3.30.
41) 법규재산-2724, 2024.12.19. ; 조세정책과-2235, 2024.12.9.
42) 법령해석재산-3884, 2021.4.23. ; 법령해석재산-836, 2020.12.14.
43) 법령해석재산-3385, 2019.11.25.
44) 부동산납세과-615, 2023.3.6.

구 분	내 용
거주요건의 예외 관련 사례	• 무주택 세대가 조정대상지역 공고 전에 별도 세대원으로부터 "증여"받은 분양권이나 조합원입주권에 기해 취득한 주택은 거주요건의 예외 대상이 아님[45] • 계약금 지급은 계약금을 완납한 경우를 의미함[46] • 매매예약 약정을 체결하여 취득하는 주택은 매매예약 완결권 행사에 의해 성립된 "본계약"을 기준으로 거주요건 배제 여부를 판정함[47] • 무주택 1세대가 분양권(B)을 취득하기 위해 매매계약을 체결하여 1차 계약금을 지급하고, 주택(A)을 취득한 이후 계약금을 완납한 경우 "계약금 지급일 현재 주택을 보유하지 아니하는 경우"에 해당하지 않음[48] ※ "계약금 완납일"에 주택을 보유한 것이기 때문임 • 무주택 세대가 조정대상지역의 "공고가 있은 날"에 매매계약을 체결하고 계약금을 지급한 경우 거주요건을 적용하지 않음[49] • 거주자가 분양권(A) 계약체결 및 계약금 지급한 당일 주택(B)을 취득한 경우 계약금 지급일 현재 주택을 보유하지 않은 경우에 해당하지 않음[50] ※ 이는 "계약금 지급일" 현재로 규정하기 때문인데, "선택권"을 주어야 한다는 반론도 있음 • 임대주택의 임대차 계약 체결시 매매예약 약정을 함께 체결하고, 해당 매매 예약 완결권이 행사되어 분양받는 주택은 매매예약 완결권 행사에 의해 성립된 "본계약"을 기준으로 거주요건 배제 여부를 판정함[51] • '17.8.2. 이전 취득한 주택을 '17.8.3.(조정지역) 이후 합가하여 동일 세대원이 된 자에게 상속이 된 경우 거주요건을 적용함[52] • '17.8.2. 이전 조합원입주권을 승계취득하고 같은 날 주택을 양도한 경우, 조합원 입주권이 주택으로 완공된 후 양도시 거주요건을 적용하지 않음[53] • 분양권(B)에 대한 계약금을 지급하고 같은 날 주택(A)을 양도한 경우 계약금 지급일 현재 주택을 보유하지 않은 경우에 해당함(거주요건 적용 ×)[54] • 비과세 판단시 주택 수 제외하는 특례 주택(조특법 제99조의 2)을 보유한 경우 ① 과세관청, 조세심판원 : 무주택 세대로 보지 않음[55] ② 판례 : 무주택 세대로 봄[56] → 筆者도 같은 입장

---

[45] 부동산납세과-1404, 2023.5.25. ; 법령해석재산-4354, 2021.11.18. ; 조세법령운용과-988, 2021.11.17.
[46] 부동산납세과-511, 2022.3.11. ; 부동산납세과-841, 2019.8.26.
[47] 법령해석재산-3551, 2020.4.13.
[48] 서면부동산-4922, 2023.2.27.
[49] 부동산납세과-909, 2022.4.14.
[50] 법령해석재산-2693, 2021.1.11.
[51] 법령해석재산-3551, 2020.4.13.
[52] 법령해석재산-1047, 2021.5.4.
[53] 부동산납세과-2174, 2020.6.26.
[54] 부동산납세과-369, 2023.2.7.
[55] 법규재산-0766, 2024.11.14. ; 재산세제과-941, 2018.11.1. ; 법령해석재산-240, 2018.5.3. ; 조심2022중135, 2022.4.11.
[56] 수원지법2022구단7953, 2023.2.3. ; 수원고법2023누11234, 2024.4.17.

구 분	내 용
전입 요건 관련 사례 ('22.5.9. 이전 양도)	• "주민등록법 제16조에 따라 전입신고를 마친 경우"의 해당 여부는 전입신고 당시 30일 이상 거주할 목적이 있었는지 등을 종합하여 사실판단 사항임[57] • 동 규정에서의 "이사"란 주거의 이전을 완료하는 것을 의미하는 것임[58] • 신규주택을 취득한 후 신규주택으로 전입하기도 전에 임차인과 신규주택의 임대차계약을 체결하였고, 신규주택에서 단기 거주(약 20일)하다가 퇴거한 사정 등을 종합하여 볼 때, 신규주택을 실수요 목적으로 취득하였다거나 전입신고 당시 신규주택에서 실제 거주할 목적이 있었다고 보기 어려움[59] • 임대차 종료일은 기존 임차인의 "실제 퇴거일"이 아닌 "임대차 계약 종료일"까지이며, 신규주택 일부 면적에 임차인이 있는 경우도 "임대차 계약 종료일"까지임[60] • 조정지역 주택 보유자가 2019.12.17. 이후 조정지역의 신규주택을 취득한 경우 취득일 前에 임차인이 前 소유자를 상대로 계약갱신요구권을 행사하여 임차인 사이에 임대차계약이 연장되어 갱신된 임대차기간 만료일이 신규주택 취득일로부터 2년을 초과한 경우 이사 및 전입기한은 갱신된 임대차계약 종료일까지임(갱신된 임대차계약의 임대차기간 종료일까지 전입하는 경우에 한함)[61] • 현 소유자와 임차인 간 임대차계약은 이사 및 전입신고 기한 "최대 2년 한도"를 적용받을 수 없음[62] • 기존 임차인의 임대차 계약일이 종료되는 날까지 신규주택에 이사 및 전입신고를 하지 않은 경우 일시적 2주택 비과세를 부인함[63] • 최대 2년 한도 기간 계산시 신규주택 취득일(초일)은 불산입함[64] • 전 소유자와 임차인 간 임대차계약 종료일 판정시 주택임대차보호법 제4조 제1항 본문이 적용되면 전 소유자와 임차인 간 임대차 기간을 2년으로 봄[65] • 단독 세대주는 부득이한 사유에 따른 이사요건 예외가 인정되지 않음[66] • 실제 기한 내 이사하여도 전입신고를 하지 않거나 늦은 경우 　① 비과세 부인 사례[67] 　② 비과세 인정 사례(근무상 형편, 입주 전 공사지연 등)[68]

[57] 법령해석재산-1005, 2021.8.12. ; 법령해석재산-3122, 2021.7.13. ; 조세법령운용과-592, 2021.7.6.
[58] 조세정책과-847, 2024.4.29.
[59] 조심2024인4770, 2024.11.27.
[60] 법령해석재산-994, 2021.12.29. ; 재산세제과-1122, 2021.12.27. ; 법령해석재산-3364, 2021.12.13.
[61] 법규재산-1780, 2022.9.23. ; 재산세제과-929, 2022.8.9.
[62] 부동산납세과-1525, 2022.5.27. ; 법령해석재산-1307, 2021.9.29. ; 조심2023서546, 2023.4.11. ; 조심2022서8038, 2023.6.29. ; 조심2023전10619, 2024.2.5.
[63] 조심2024서1903, 2024.7.9. ; 조심2023중9357, 2023.11.2. ; 조심2023서8860, 2023.9.8. ; 조심2022서7310, 2022.12.20. ; 춘천지법2023구합32288, 2024.7.23.
[64] 법령해석재산-78, 2021.6.16. ; 법령해석재산-638, 2020.9.29.
[65] 법규재산-3807, 2022.3.25.
[66] 법령해석재산-4651, 2021.9.30.
[67] 감심2022-1728, 2023.11.22. ; 조심2023서3465, 2023.5.9.
[68] 조심2024인452, 2024.8.13. ; 조심2023서7545, 2023.12.13. ; 조심2023서6773, 2023.9.13. ; 조심2023중220, 2023.8.22.

■ 조정대상지역 변동 현황

지역			지정 및 해제일
서울	① 서초·강남·송파·용산구		• '17.8.3. 지정
	② 그 외 지역		• '17.8.3. 지정 → '23.1.5. 해제
부산	① 해운대구, 수영구, 동래구		• '17.8.3. 지정 → '19.11.8. 해제 → '20.11.20. 지정 → '22.9.26. 해제
	② 연제구, 남구		• '17.8.3. 지정 → '18.12.31. 해제 → '20.11.20. 지정 → '22.9.26. 해제
	③ 부산진구		• '17.8.3. 지정 → '18.12.31. 해제 → '20.12.18. 지정 → '22.9.26. 해제
	④ 동구, 서구, 북구, 영도구, 사상구, 강서구, 사하구		• '20.12.18. 지정 → '22.9.26. 해제
	기장	⑤ 일광면	• '17.8.3. 지정 → '18.12.31. 해제
		⑥ 그 외 지역	• '17.8.3. 지정 → '18.8.28. 해제
세종(행복도시건설예정지역)			• '17.8.3. 지정 → '22.11.14. 해제
인천	① 강화군, 옹진군		• 지정 ×
	② 중구 을왕동, 남북동, 덕교동, 무의동		• '20.6.19. 지정 → '20.12.18. 해제
	③ 위 ①·② 외 지역		• '20.6.19. 지정 → '22.11.14. 해제
대전			• '20.6.19. 지정 → '22.9.26. 해제
광주			• '20.12.18. 지정 → '22.9.26. 해제
대구	① 수성구		• '20.11.20. 지정 → '22.9.26. 해제
	② 동구, 서구, 남구, 북구, 중구, 달서구		• '20.12.18. 지정 → '22.7.5. 해제
	③ 달성군 화원읍, 다사읍		• '20.12.18. 지정 → '22.7.5. 해제
울산	① 중구, 남구		• '20.12.18. 지정 → '22.9.26. 해제
	② 그 외 지역		• 지정 ×
경기	과천, 광명, 하남		• '17.8.3. 지정 → '23.1.5. 해제
	성남	① 분당구, 수정구	• '17.8.3. 지정 → '23.1.5. 해제
		② 중원구	• '17.8.3. 지정 → '22.11.14. 해제
	고양	① 삼송 택지개발지구, 원흥·지축·향동 공공주택지구, 덕은·킨텍스 1단계, 고양관광문화단지 도시개발구역	• '17.8.3. 지정 → '22.11.14. 해제
		② 그 외 지역	• '17.8.3. 지정 → '19.11.8. 해제 → '20.6.19. 지정 → '22.11.14. 해제

지 역			지정 및 해제일
경기	남양주	① 다산동, 별내동	• '17.8.3. 지정 → '22.11.14. 해제
		② 화도읍, 수동면, 조안면	• '17.8.3. 지정 → '19.11.8. 해제
		③ 그 외 지역	• '17.8.3. 지정 → '19.11.8. 해제 → '20.6.19. 지정 → '22.11.14. 해제
	안양	① 동안구	• '18.8.28. 지정 → '22.11.14. 해제
		② 만안구	• '20.2.21. 지정 → '22.11.14. 해제
	수원	① 광교택지개발지구(영통/팔달구 일부)	• '18.8.28. 지정 → '22.11.14. 해제
		② 팔달구(① 외 지역)	• '18.12.31. 지정 → '22.11.14. 해제
		③ 영통구(① 외 지역), 권선구, 장안구	• '20.2.21. 지정 → '22.11.14. 해제
	용인	① 광교택지개발지구(수지/기흥구 일부)	• '18.8.28. 지정 → '22.11.14. 해제
		② 수지구/기흥구(위 ① 외 지역)	• '18.12.31. 지정 → '22.11.14. 해제
		③ 처인구 포곡읍, 모현면, 백암면, 양지면, 원삼면 가재월리·사암리·미평리·좌항리·두창리·맹리	• 지정 ×
		④ 처인구(위 ③ 외)	• '20.6.19. 지정 → '22.11.14. 해제
	화성	① 동탄 2신도시	• '17.8.3. 지정 → '22.11.14. 해제
		② 서신면(제부도)	• '20.6.19. 지정 → '22.7.5. 해제
		③ 위 ①·② 외 지역	• '20.6.19. 지정 → '22.11.14. 해제
	양주	① 백석읍, 광적면, 은현면, 남면	• '20.6.19. 지정 → '20.12.18. 해제
		② 위 ① 외 지역	• '20.6.19. 지정 → '22.9.26. 해제
	안산	① 대부 동동·남동·북동, 선감동, 풍도동(풍도)	• '20.6.19. 지정 → '22.7.5. 해제
		② 위 ① 외 지역	• '20.6.19. 지정 → '22.11.14. 해제
	안성	① 일죽면, 죽산면 죽산리·용설리·장계리·매산리·장릉리·장원리·두현리, 삼죽면 용월리·덕산리·율곡리·내장리·배태리	• 지정 ×
		② 미양면, 대덕면, 양성면, 고삼면, 보개면, 서운면, 금광면, 죽산면, 삼죽면	• '20.6.19. 지정 → '20.12.18. 해제
		③ 그 외 지역	• '20.6.19. 지정 → '22.9.26. 해제

지역			지정 및 해제일
경기	김포	① 통진읍, 대곶면, 월곶면, 하성면	• 지정 ×
		② 위 ① 외 지역	• '20.11.20. 지정 → '22.11.14. 해제
	동두천	① 광암동/걸산동/안흥동/상봉암동/하봉암동/탑동동	• 지정 ×
		② 위 ① 외 지역	• '21.8.30. 지정 → '22.9.26. 해제
	파주(동 지역)		• '20.12.18. 지정 → '22.9.26. 해제
	구리		• '18.8.28. 지정 → '22.11.14. 해제
	의왕		• '20.2.21. 지정 → '22.11.14. 해제
	부천		• '20.6.19. 지정 → '22.11.14. 해제
	시흥		• '20.6.19. 지정 → '22.11.14. 해제
	군포		• '20.6.19. 지정 → '22.11.14. 해제
	오산		• '20.6.19. 지정 → '22.11.14. 해제
	의정부		• '20.6.19. 지정 → '22.11.14. 해제
	평택		• '20.6.19. 지정 → '22.9.26. 해제
	광주(동 지역, 오포읍, 도척면)		• '20.6.19. 지정 → '22.11.14. 해제
충남	천안(동 지역)		• '20.12.18. 지정 → '22.9.26. 해제
	논산(동 지역)		• '20.12.18. 지정 → '22.9.26. 해제
	공주(동 지역)		• '20.12.18. 지정 → '22.9.26. 해제
충북	청주(동 지역, 오창읍, 오송읍)		• '20.6.19. 지정 → '22.9.26. 해제
전남	광양(동 지역, 광양읍)		• '20.12.18. 지정 → '22.7.5. 해제
	순천(동 지역, 서면)		• '20.12.18. 지정 → '22.7.5. 해제
	여수(동 지역, 소라면)		• '20.12.18. 지정 → '22.7.5. 해제
전북	전주 완산구, 덕진구		• '20.12.18. 지정 → '22.9.26. 해제
경남	창원 성산구		• '20.12.18. 지정 → '22.9.26. 해제
경북	경산(동 지역)		• '20.12.18. 지정 → '22.7.5. 해제
	포항 남구(동 지역)		• '20.12.18. 지정 → '22.9.26. 해제

※ 조정대상지역은 「대한민국 전자관보」에서 각 시기별 지정 및 해제 내역 등을 확인할 수 있으며(2017.8.3. 최초 지정분은 소득령에서 직접 규정), 위 표는 이를 기초로 지역별로 재구성하였다.

Chapter 22

같은 아파트 살면 무조건 "동일 세대"인가?

내용 Summary

기본사항 Check

- **세대** : 거주자 및 그 배우자(법률상 이혼하여도 생계를 같이하는 등 사실상 이혼으로 보기 어려운 사람 포함)가 그들과 같은 주소 또는 거소에서 생계를 같이하는 자[거주자 및 그 배우자의 직계존비속(그 배우자 포함) 및 형제자매를 말하며, 취학, 질병의 요양, 근무상 또는 사업상 형편으로 본래의 주소 또는 거소에서 일시 퇴거한 사람 포함]와 함께 구성하는 가족단위 → 다음에 해당시 배우자가 없어도 1세대로 봄
  ① 해당 거주자의 나이가 30세 이상인 경우
  ② 배우자가 사망하거나 이혼한 경우
  ③ 해당 거주자의 나이가 30세 미만이면서 근로소득, 사업소득 및 기타소득(소득세법 제21조 제1항 제5호, 제15호, 제19호 소득 → 저작권 등의 수입, 강연료 등)으로서 필요경비 및 비과세 소득 차감한 소득이 기준 중위소득을 12개월로 환산한 금액의 40/100 이상이고, 소유하고 있는 주택 또는 토지를 관리·유지하면서 독립된 생계를 유지할 수 있는 경우. 다만, 미성년자는 제외하되, 미성년자의 결혼, 가족의 사망 등으로 1세대 구성이 불가피한 경우에는 그러하지 않음

핵심 Point

- 동일한 주택 내의 구성원들을 "별도 세대"로 인정할 것인지 및 그 판단 방법 : 동일한 생활자금을 원천으로 하여 유무상통하여 생활하는지 여부로 판단 → 사실판단 사항

질문 »

1. 결혼한 자녀가 맞벌이를 하면서 48평 부모 아파트에서 함께 거주하지만, 부모님은 금융소득 및 부동산 임대소득 등 상당한 재력이 있어 각자 독립적으로 생계를 꾸려가고 생활비는 매월 50만원 분담하고 있을 때 부모와 자녀는 동일 세대인가?

2. 사업을 영위하는 자녀가 부모님과 함께 거주하고 있는데, 부모는 별다른 소득이 없고 자녀의 수입에 생계를 의존하고 있을 경우 부모와 자녀는 동일 세대인가?

3. 자녀가 별 수입 없이 학업을 위해 부모의 주소와 달리 학교 인근 다세대주택을 구입하여 기거하고 있으면서 매월 부모로부터 생활비를 이체받아 생활하는 경우 동일 세대인가?

 **답변 및 해설 »**

1. 최근 조세심판원 많은 결정들에 의하면 사안과 같은 경우에는 같은 아파트에 생활하더라도 하나의 생활 공동체로 보기 어려운 경우이므로 별도 세대로 보아야 할 것으로 생각한다.

2. 부모가 별 수입이 없이 자녀와 같은 아파트에 살면서 자녀의 수입에 의존하여 생활하는 경우에는 동일한 세대로 보아야 한다.

3. 사안은 생활을 부모에 의존하는 경우이므로 학업을 위해 주소를 달리 하였더라도 부모와 생계를 함께하는 경우로 같은 세대로 보아야 한다. 소득요건을 미충족한 30세 미만 자녀에 대해서도 별도 세대로 보기는 어렵다.[69]

 보충설명

위 질문들은 1세대 1주택 비과세 및 1세대 2주택 비과세 특례 등을 판단함에 있어 기본단위가 되는 1세대의 범위를 다룬 것으로 1세대 판단시 특히 다음 두 가지에 유의하자.

첫째, 배우자는 주민등록을 분리하더라도 같은 세대이다. 가정불화로 별거해도 법적으로 이혼하기 전까지는 같은 세대이다.[70] 배우자는 법률혼 관계를 말하므로 혼인신고를 하지 않고 있는 경우에는 비록 자녀까지 출산하고 같이 살더라도 별도 세대이다. 이에 비해 "가장이혼"하고 사실상 함께 생활하는 경우에는 배우자의 범위에 포함된다.

둘째, 본인의 직계존속이나 배우자의 직계존속과 같은 주택에 생활하는 경우에는 하나의 생활공동체로서 살고 있는지 여부를 판단하여야 한다. 즉, 같은 주택에 생활하고 있을 경우에는 동일 세대로 보는 것이 원칙이지만, 동일한 생활자금을 원천으로 하여 유무상통(有無相通, 있으면 있는 대로 없으면 없는 대로 나누어 쓰면서 생활하는 것)하여 생활하고 있는지 여부를 판단해 보아야 한다.

만일, 같은 주택에서 살더라도 각자가 달리 소득이 있고 각자의 수입은 각자 저축하고 소비도 대부분 각자 이루어지는 등 같은 생활 단위로 보기 어려운 경우에는 별도 세대로 판단한다. 최근 조세심판원은 같은 아파트에서 살고 있더라도 별도 세대로 인정하는 사례가 아주 많이 나타나고 있는 것도 이러한 판단 원리에 따른 것이다. 물론 입증하지 못하면 같은 세대로 보게 된다. 그 입증방법은 주택의 크기 및 구조, 신용카드 사용내역, 저축 및 금융기관 거래 내역, 생활비 이체, 연말정산 부양가족 공제, 차량구입 내역, 각자의 세금 및 공과금 이체납부 내역 등을 통해 증명이 필요하다.

---

69) 서울행법2024구단60308, 2024.12.18.
70) 조심2024서468, 2024.8.1. ; 조심2024서2709, 2024.6.27. ; 조심2023중10168, 2024.5.27. ; 조심2020서8523, 2021.5.13. ; 조심2020중8634, 2021.4.30. ; 조심2020서8682, 2021.3.23. ; 조심2019중2450, 2019.9.9. ; 조심2010서1908, 2010.8.9.

관련 사례

구 분	내 용
30세 이상 아들이 실질적으로 어머니와 생계를 같이한 경우	• 주택 매매를 母가 주도하고 주택 매각대금을 母가 현실적으로 관리하고 있으며, 일정한 직업이 없는 아들이 주택 매각대금을 최소한 어머니와 공유하여 동일한 생활자금으로 생활한 것으로 보이므로, 양도 당시 30세가 넘고 약혼녀와 동거사실을 인정해도 약혼녀와 생계를 같이한 것으로 보이지 않음[71]
생계를 함께한다는 의미	• 생계를 같이하는 동거가족이라 함은 현실적으로 생계를 같이하는 동거가족을 의미하며, 반드시 주민등록상 세대를 같이함을 요하지는 않으나 일상생활에서 볼 때 유·무상을 통하여 동일한 생활자금으로 생활하는 단위를 의미함[72]
공부상 기재내용과 다르다는 입증을 하지 못한 경우	• 주민등록상 동일 세대로서 별도 세대를 구성하였다는 다른 증빙이 없는 경우 양도일 현재 "공부상 내용과 같이" 동일 세대로 봄[73] • 공부와 다르다는 점은 그 주장자가 입증해야 하며, 주민등록지에 거주하지 않았다는 것을 명백한 사실관계와 증거자료에 의해 입증하지 못하면 주민등록상 주소지를 부인하기 어려움[74]
동일한 주택 내 별도세대/동일세대	• 동일한 주소에서 종합소득세 부양가족 공제를 받고 "생활비의 분담내역"도 명확하게 확인되지 않는 경우에는 동일 세대로 판단함[75] • 방 3개, 욕실 2개 등으로 본인 세대와 부모 세대가 거실과 주방만 공유할 뿐 그 외는 사실상 별도의 생활공간으로 보이며, 비록 관리비 등 실제 주거비용 부담사실을 제대로 소명하지 못하였으나, 30세 이상 성인으로서 4인 가구 중위소득을 상회하는 근로소득을 가지고, 연간 지출금액이 4인 가구 최저생계비 수준에 이르는 점 등에 비추어 부모 세대와 별도 세대로 봄이 타당함[76] • 2009년 혼인하여 별도 세대로 생활 중 2020년 이혼하고 2020년 자녀양육 문제로 부모 주택에 전입하였고, 방 3개, 욕실 2개 등으로 이루어져 본인 세대와 부모 세대가 거실과 주방만 공유할 뿐 그 외 생활공간은 사실상 별도 생활공간으로 보이며, 비록 동거주택에서 관리비 등 실제 주거비용 부담 사실을 제대로 소명하지 못했으나, 30세 이상으로 자녀 3명을 부담할 근로소득을 가진 점 등에 비추어 독립 세대로 봄이 타당함[77]

---

71) 심사양도2010-177, 2010.6.29.
72) 조심2015부5817, 2016.2.1.
73) 심사양도2011-182, 2011.10.7. ; 심사양도2009-103, 2009.6.30. ; 국심2004서399, 2004.5.14.
74) 심사양도2007-165, 2007.10.15. ; 조심2010중1247, 2010.8.12.
75) 조심2024광3347, 2024.9.4. ; 조심2023서3052, 2023.5.1. ; 조심2021서2996, 2021.8.17. ; 조심2020서8367, 2021.4.26. ; 조심2020중8354, 2021.4.16. ; 조심2020서2711, 2021.1.20. ; 감심2018-1090, 2020.4.7.
76) 조심2024중14, 2024.8.20. ; 조심2023부6868, 2023.8.23. ; 조심2022서2022, 2023.3.30. ; 조심2022중7043, 2023.3.28. ; 조심2022인6158, 2023.2.28. ; 조심2022서1471, 2023.1.16. ; 조심2021중6746, 2022.4.25. ; 조심2019서1202, 2020.1.20. ; 조심2019인3373, 2020.1.13. ; 조심2018서4980, 2019.11.5. ; 조심2018서4689, 2019.10.30. ; 조심2019서836, 2019.5.7. ; 조심2018서4933, 2019.2.18. ; 조심2018중4031, 2019.1.28. ; 조심2018서855, 2018.5.14. ; 조심2016광2169, 2016.10.26. ; 조심2012서1783, 2012.10.11. ; 조심2012서497, 2012.3.21.
77) 조심2021서6982, 2022.4.20. ; 조심2022인6158, 2023.2.28. ; 조심2022서2022, 2023.3.30.

구 분	내 용
동일한 주택 내 별도세대/동일세대	• 주택 양도 당시 38~39세로 결혼하여 2자녀가 있고 2006년 분가했다가 2018년 父의 주택에 전입하여, 각 세대가 2017~2019년 동안 각각 일정한 수입이 발생하여 본인 세대와 부모 세대가 각자 독립적 생계유지 능력이 있어 보이며, 주택은 침실 4개, 화장실 2개, 거실 1개, 주방 1개로 주방과 거실은 함께 사용하였으나, 침실과 화장실은 구분하여 사용하였던 것으로 보이며, 연말정산시 서로 부양가족에 포함하지 않고, 각자 자동차를 소유하여 각자 자동차보험 가입, 연금, 보험료, 신용카드대금 등을 지출하는 등 생활비 대부분을 각자 부담한 것으로 보이는 바 동거주택의 주거비를 분담하지 않았다는 사실만으로 동일 세대로 볼 것은 아님[78]
	• 자녀가 별도 공간이 구분되지 않은 주택에서 부모와 함께 거주한 경우 단지 주택매수계약 당시 소득이 발생하였다고 하여 이를 이유로 별도 세대를 구성하여 생활하였다고 볼 수 없음(부모 세대의 수입이 입증 안 된 경우도 동일)[79]
별도의 소득이 없는 고령자	• 양도 당시 주민등록상 주소지에 본인의 아들과 손자가 같은 세대원으로 등재되었으며 연령도 고령(92세)이고 소득원이 없으므로 자력으로 생계를 유지하였다고 볼 수 없고, 사실상 세대주인 아들 등과 생계를 같이한 것으로 판단됨(인근에 거주하며 생계를 함께한 경우도 동일)[80]
동일 건물의 다른 호수에 거주	• 1층에 거주하는 부모의 수입은 약간의 이자수입, 자식들의 용돈이 전부로 소액이고 2, 3층에 거주하는 장남과 독립된 생계를 유지하였다고 할 수 없으므로 별도 세대로 볼 수 없음[81]
	• 다가구주택에 2가구가 각각 독립적으로 생활을 영위할 수 있고, 독립된 소득이 있어 봉양을 받으며 생계를 함께 했다고 볼 수 없는 점 등으로 보아 주민등록상 합가하였을 뿐 생계를 달리하는 별도 세대로 판단됨[82]
소액의 수입	• 양도 당시 대학원 재학 중(23세) 학생으로 일시적 수입으로 독립된 생계를 유지할 수 있었다고 보기 어려움[83]
	• 22세 미혼으로 중위소득의 40% 이상에 해당하지 않고 부모와 주소지가 다르나 거주한 주택이 부모 소유 주택인 점에 비추어 부모와 동일 세대로 봄이 타당함[84]
	• 자녀가 일시적 소득을 제외하고 독자적인 소득이 없으며 아파트 보유기간 동안 자녀는 독립된 세대주의 지위에 있지 않아 비록 자녀가 주민등록이 본인과 달리 되었고 약간의 소득이 있었다는 사실만으로 별도 세대로 보기 부족함[85]
	• 양도 당시 학생 신분으로 일시적 수입으로 독립된 생계를 유지할 수 있었다고 보기 어려움[86]

---

78) 조심2021서2573, 2021.7.15. ; 심사양도2021-95, 2022.4.27.
79) 심사양도2021-16, 2021.6.1. ; 조심2024서4169, 2025.2.17. ; 조심2020중8634, 2021.4.30.
80) 조심2023부7172, 2023.9.7. ; 조심2018서4042, 2019.3.14. ; 조심2018중5079, 2019.3.6.
81) 심사양도2009-191, 2009.11.11. ; 심사양도2009-26, 2009.11.11. ; 조심2019부1614, 2019.7.8.
82) 서울고법2010누14444, 2010.10.7. ; 서울행법2009구단17165, 2010.4.19.
83) 조심2020중2127, 2020.10.6.
84) 조심2023서10119, 2024.2.5.
85) 심사양도2012-175, 2012.11.27. ; 대판2010두13241, 2010.10.14.
86) 조심2020서8708, 2021.2.1.

Chapter 23. 주택 양도 전에 **세대 분리**한 경우 동일 세대로 볼 것인가?

내용 Summary

기본사항 Check

- **세대** : 거주자 및 그 배우자(법률상 이혼하였으나 생계를 같이하는 등 사실상 이혼한 것으로 보기 어려운 사람 포함)가 그들과 같은 주소 또는 거소에서 생계를 같이하는 자[거주자 및 그 배우자의 직계존비속(그 배우자 포함) 및 형제자매를 말하며, 취학, 질병 요양, 근무상·사업상 형편으로 본래 주소나 거소에서 일시 퇴거한 사람 포함] 와 함께 구성하는 가족단위 → 다음에 해당시 배우자가 없어도 1세대로 봄
  ① 해당 거주자의 나이가 30세 이상인 경우
  ② 배우자가 사망하거나 이혼한 경우
  ③ 해당 거주자의 나이가 30세 미만이면서 근로소득, 사업소득 및 기타소득(소득세법 제21조 제1항 제5호, 제15호, 제19호 소득 → 저작권 등의 수입, 강연료 등)으로서 필요경비 및 비과세 소득 차감한 소득이 기준 중위소득을 12개월로 환산한 금액의 40/100 이상이고, 소유하고 있는 주택 또는 토지를 관리·유지하면서 독립된 생계를 유지할 수 있는 경우. 다만, 미성년자는 제외하되, 미성년자의 결혼, 가족의 사망 등으로 1세대 구성이 불가피한 경우에는 그러하지 않음

핵심 Point

- "양도 직전" 세대 분리한 경우 동일 세대로 인정할 것인지
  ① 실제 세대 분리한 경우 → 별도 세대
  ② 비과세 적용받으려고 일시 주민등록만 이전하거나 일시 퇴거한 경우 → 동일 세대

질문 »

1. 세대 판단의 기준시점은 언제인가?

2. 본인이 주택을 양도하기 전에 직장에 다니는 성년인 자녀가 자기가 보유하던 직장 인근 주택으로 이사하며 세대를 분리하였다. 이 경우 부모와 자녀는 별도 세대인가?

3. 주택 양도하기 전에 주택을 보유하고 있는 자녀를 다른 곳으로 잠시 주민등록을 옮겨 놓은 뒤 주택을 양도하였다. 이 경우 부모와 자녀는 별도 세대인가?

답변 및 해설 »

1. "양도일 현재"의 세대를 기준으로 판단한다. 1세대 1주택 비과세 요건은 원칙적으로 양도일 현재를 기준으로 판단하기 때문이다.

2. 성년 자녀가 독립하여 생계를 유지할 수 있는 직장을 가지고서 직장 인근으로 생활의 근거를 옮기며 세대 분리한 경우이므로 정당한 세대 분리로서 부모가 주택을 양도하는 경우 그 자녀가 소유한 주택은 부모 세대의 주택 수에서 제외된다.

3. 주택을 양도하기 전에 형식상 주민등록만 옮겨 놓은 경우에는 세대 분리로 보지 않고, 동일 세대로 보아 형식상 세대 분리된 자녀가 보유한 주택도 주택 수에 산입한다.

보충설명

세대의 개념은 본인 및 배우자가 생계를 함께하는 직계존비속 등을 말한다.

실무에서 종종 양도일 직전에 세대 분리하는 경우를 보게 된다. 이 경우 어떻게 판단할 것인가?

첫째, 함께 살던 자녀의 세대를 분리할 합당한 이유가 있다면 별도 세대로 본다. 물론 독립하여 생계를 유지하여야 한다는 전제는 반드시 충족하여야 한다. 실무에서 종종 나오는 것들을 보면 예컨대, 자녀가 취업하였는데 직장 인근으로 생활 거처를 옮기면서 세대 분리한 후 부모가 주택 양도시 자녀와 별도 세대가 된다. 또는 결혼을 앞 둔 자녀가 장차 결혼할 예비 배우자와 동거하기 위해 세대 분리하는 경우도 그러하다. 그 외에도 부모와 자녀간의 갈등으로 독립하여 생계가 가능한 자녀가 부모의 주택 양도 전 세대 분리하는 경우도 있다.

둘째, 그러나 단순히 양도소득세 비과세를 적용받기 위해 주민등록만 옮긴다든지 또는 임시로 이사하고 주택 양도 후 다시 본래대로 전입하는 경우에는 별도 세대로 볼 수 없다. 실무에서는 이러한 의심이 들 경우 기획분석·조사나 감사 등을 통해 검증 대상이 될 수 있고, 수동으로 사후관리 대상으로 선정하기도 한다.

관련 사례

구 분	내 용
1세대 판단 시점	• 1세대 1주택 비과세 판정은 양도일 현재 1세대를 기준으로 판정하는 것임[87] • 1세대 1주택 비과세의 1세대에 해당하는지 여부는 주택 양도일 현재를 기준으로 판정하며, 같은 장소에서 생계를 같이하는 가족의 주민등록상 현황과 사실상 현황이 다른 경우에는 사실상 현황에 의함[88] • 주민등록상 동일 세대원으로 등재되어 있지 아니한 경우에도 사실상 생계를 같이하는 가족에 해당하는 경우에는 동일 세대원으로 보는 것임[89] • 1세대 1주택 비과세의 판정은 양도일 현재를 기준으로 하는 것이나, 주택 및 그 부수토지를 수용하는 경우로서 토지에 대한 보상가액에 대한 이의신청 등으로 주택 및 그 부수토지가 시차를 두고 수용된 경우에는 최초 주택이 수용된 당시를 기준으로 하는 것임[90]
형식상 세대 분리로 본 경우	• 청구인은 쟁점주택을 양도할 당시에 미혼이면서 30세 미만이고, 양도일 전후 기준 소득이 중위소득의 40% 미만인 점, 청구인이 임차하여 거주하였다는 거주지 인근에 청구인의 부모가 주택을 소유하면서 거주하고 있음에도 아파트 현관출입구 방 1칸을 임차하여 거주하는 것이 사회통념에 맞지 않는 점 등에 비추어 청구인이 각각 3주택을 보유한 부모의 동일 세대원으로 보임[91]
주택 양도 직전 자녀 세대 전입신고 등	• 부모와 자녀 세대가 각각 소득이 충분하고 자녀 세대 전입일과 주택 양도일이 6일에 불과하여 비과세 대상으로 판단함이 사회통념상 타당함[92] • 배우자 사망 이후 홀로 거주하던 때의 본인 주택의 전력사용량과 자녀주택으로 주민등록 전입신고 이후의 전력사용량이 거의 동일한 점 등에 비추어 본인 주택 양도하고 자녀 주택으로 이사 전에는 별도 세대를 구성한 것으로 판단됨[93]
주택 양도일에 세대 분리	• 2주택을 보유하던 1세대가 1주택을 양도한 날에 다른 1주택을 보유한 세대원이 세대를 분가한 경우 먼저 세대를 분가하고 주택을 양도한 것으로 보나, 양도 당시 다른 주택을 보유한 세대원의 별도 세대 여부는 사실판단 사항임[94] • 일시적 2주택자가 신규주택 취득 후 일시적 2주택 양도기한 이내 종전주택을 양도하는 경우로서 양도일에 2주택을 보유한 부모님과 세대를 합가하여 양도일과 세대 합가일이 같은 날인 경우 먼저 주택을 양도하고 세대 합가를 한 것으로 보아 1세대 1주택 비과세 규정을 적용함[95]

---

87) 부동산납세과-707, 2020.6.10.
88) 법규재산-923, 2022.1.17.
89) 재산세과-330, 2009.9.29.
90) 부동산거래관리과-280, 2010.2.23.
91) 조심2020서1832, 2020.8.21.
92) 조심2023서3214, 2024.2.14.
93) 심사양도2021-21, 2021.6.16.
94) 부동산납세과-651, 2014.8.29.
95) 부동산거래관리과-1032, 2011.12.13.

Chapter 24. 매매특약으로 주택을 주택 외로 용도변경/멸실하고 양도하면 비과세가 되는가?

내용 Summary

기본사항 Check

- **주택의 의미** : 허가 여부나 공부상 용도구분과 관계없이 세대의 구성원이 독립된 주거생활을 할 수 있는 구조로서 세대별로 구분된 각각의 공간마다 별도의 출입문, 화장실, 취사시설이 설치되어 있는 구조를 갖추어 사실상 주거용으로 사용하는 건물 → 용도가 분명하지 않으면 공부상 용도에 따름

핵심 Point

- 매매특약으로 양도일 전 주택을 주택 외로 용도변경한 경우
  ① 2022.10.20. 이전 매매계약분 : "매매계약일" 현재를 기준으로 비과세 판단
  ② 2022.10.21. 이후 매매계약분 : "양도일" 현재를 기준으로 비과세 요건 판단
  ③ 2025.2.28. 이후 매매계약분 : "매매계약일" 현재를 기준으로 비과세 및 장특공제 판단함
- 매매특약으로 양도일 전 주택을 멸실한 경우 : 2022.12.20. 이후 매매계약분부터 **"양도일 현재"**를 기준으로 비과세 요건 판단

질문 »

1. 보유기간 등 1세대 1주택 비과세 요건을 갖춘 주택을 양도하려고 하는데, 매수인이 해당 주택을 다른 용도로 사용할 것이므로 "매매 특약" 사항에 양도일 전 주택을 주택 외로 용도변경하고 넘겨주기로 하였다. 이러한 특약에 따라 주택을 주택 외로 용도변경하여 건축물 대장 등 공부상 등재를 마치고 양도하였다. 이 경우 비과세가 가능한가?

2. 주택을 주택 외로 용도변경하여 사용하다가 다시 주택으로 용도변경하여 사용하던 중 양도시 비과세 보유기간 산정은?

3. 1세대 1주택 보유자인데 보유하던 업무용 건물을 주거용도로 용도변경한 후 기존에 보유하던 주택을 양도할 경우 일시적 2주택에 따른 비과세 특례가 가능한가?

4. 보유기간 등 1세대 1주택 비과세 요건을 갖춘 주택을 양도하려고 하는데, "매매 특약" 사항에 양도일 도래 전 주택을 멸실하고 넘겨주기로 하였다. 이러한 특약에 따라 주택을 양도일 전에 멸실하고 양도하였다. 이 경우 비과세가 가능한가?

답변 및 해설 »

1. 1세대 1주택 비과세 요건을 갖춘 주택을 양도하면서 매매특약으로 양도시기 도래 전에 주택 외로 용도변경하여 양도할 경우 2025.2.28. 이후 매매계약하는 분부터는 매매계약일을 기준으로 비과세 판단하도록 2025.2.28. 소득령을 개정하였다. 이러한 개정 전 2022.10.21. ~ 2025.2.27. 매매계약 체결분에 대해서는 비과세 적용이 불가한 것으로 해석하였다.

2. 주택을 주택 외로 용도변경하여 사용하다가 다시 주택으로 재차 용도변경하여 양도한 경우 양도 당시 주택에 해당하므로 1세대 1주택 비과세 적용이 가능하며, 보유기간은 해당 건물의 주택으로서의 보유기간만을 통산하여 2년 이상이면 된다(당초 주택 취득 당시 조정대상지역이면 거주요건도 통산).

   한편, 2025.1.1. 이후 양도분부터는 일반건물을 주택으로 용도변경하여 1세대 1주택으로서 양도하는 경우 장기보유특별공제 적용은 일반건물로서의 보유기간에 표1의 공제율을 적용한 금액과 주택으로 용도변경한 이후의 보유기간에 대하여 표2의 공제율을 합산하고, 주택 이후의 거주기간에 따른 거주기간별 공제율을 합산하여 적용하도록 규정을 신설하였음도 참고하기 바란다.

3. 업무용 시설을 주택으로 용도변경한 시점이 종전주택을 취득한 날부터 1년이 지난 경우이고, 그 주택으로 용도변경한 날부터 3년 이내 종전주택을 양도하면 일시적 1세대 2주택 보유에 따른 비과세 규정의 적용이 가능하다.

4. 1세대 1주택 비과세 요건을 갖춘 주택을 양도하면서 매매특약으로 양도시기 도래 전에 주택을 멸실하여 양도할 경우 2022.12.20. 이후 매매계약 체결하는 분부터는 비과세 적용이 불가하다. 참고로, 2025.2.28. 소득령 개정시 매매특약에 따라 주택을 멸실하는 경우 "매매특약에 따른 용도변경과 달리" 개정되지 않았음에 유의하기 바란다.

보충설명

위 질문들은 용도변경 및 주택멸실과 비과세 적용 관계에서 쟁점사항들을 정리한 것이다.

첫째, 주택을 주택 외로 용도변경하고 양도할 경우 2025.2.28. 이후 매매계약 체결분부터는 매매계약일 기준으로 비과세를 판단한다. 이와 관련하여 종전에 해석변경 내역 및 소득령 개정사항에 대해서는 앞 본문에서 설명한 바와 같다.

둘째, 주택이 아닌 것을 주택으로 용도변경한 후 양도하면 1세대 1주택 비과세 규정 적용이 가능하다. 다만, 보유기간 등의 산정은 주택으로 용도변경된 시점부터 기산하여 2년 이상이 경과하여야 한다. 여러 차례 용도변경이 있고 양도 시점에는 주택일 경우 주택으로서의 보유기간을 통산하여 보유기간을 산정한다.

셋째, 1세대 1주택(→ 종전주택) 보유자가 신규주택 취득일부터 1년이 지나 신규주택을 취득하고 신규주택을 취득일부터 3년 이내 종전주택 양도시 1세대 1주택 비과세 규정이 적용된다.

여기서 신규주택의 취득은 매매뿐만 아니라 자기가 건설하여 완공한 경우이거나 주택을 증여, 상속받는 경우, 업무용 시설을 주택으로 용도변경하는 경우도 포함한다. 따라서 종전주택 보유자가 그 취득일부터 1년이 지나 업무용 시설을 주택으로 용도변경한 경우 그 주택으로 용도변경한 시점부터 3년 이내 종전주택을 양도하면 비과세가 가능하다.

넷째, 주택을 멸실하고 양도할 경우 양도 시점에 주택이 없으므로 비과세 적용이 불가하다. 종전에는 매매특약에 따라 매수인 책임으로 양도일 전에 주택을 멸실하고 양도할 경우 매매계약일을 기준으로 비과세를 판단하는 것으로 해석하였으나, 과세관청의 해석이 변경되어 2022.12.20. 이후 매매계약 체결분부터는 양도시기에 주택이 없으면 매매특약이라 할지라도 비과세를 적용받지 못한다. 즉, 매매특약에 따라 양도시기 도래 전에 주택을 멸실하고 양도하더라도 엄격하게 양도시기를 기준으로 판단하는 것으로 전환하였다.

관련 사례

구 분	내 용
매매특약에 의한 양도일 前 "용도변경"	• 종전 해석 : 매매계약 특약으로 대금청산(양도일) 전에 매수인이 주택 외로 용도로 사용할 것을 약정한 경우 매매계약일 기준으로 판정할 수 있음[96] • 변경 해석 : 주택 매매계약을 체결하고 매매특약에 따라 대금청산 前에 주택을 상가로 용도변경한 경우 2022.10.21. 이후 매매계약 체결분부터 양도일(대금청산일) 현재 현황에 따라 양도물건을 판정함[97] • 법령개정 : 매매계약에 따라 주택을 주택 외로 용도변경하고 양도하는 경우 "매매계약일"을 기준으로 1세대 1주택 비과세 및 장특공제(표2) 판단함(2025.2.28. 이후 매매계약을 체결하는 경우부터 적용)
매매 특약으로 양도일 前 주택 "멸실"	• 종전 해석 : 매매계약 이후 양도일 전 매매특약에 따라 매수자 책임으로 주택을 멸실한 경우 "매매계약일을 기준"으로 1세대 1주택 비과세를 판단함[98] • 변경 해석 : 매매특약에 따라 대금청산 전에 주택을 멸실한 경우 양도물건의 판정 기준일은 '22.12.20. 이후 매매계약 체결분부터 양도일(대금청산일)을 적용함[99] ※ 이에 대해 비과세가 아니라 고가주택이거나 겸용주택의 경우 매매계약에 따라 건물가액도 지급받은 것을 전부 토지가액으로 보기는 무리이며, 장특공제가 왜곡될 수 있는 점 등에서 의문이 제기되는데, 조세심판원이나 법원의 판단을 기다릴 수밖에 없음

---

96) 서일46014-10231, 2002.2.26. ; 서일46014-10582, 2001.12.7.
97) 법규재산-1525, 2022.11.9. ; 재산세제과-1322, 2022.10.21.
98) 재산세과-476, 2009.10.16. ; 서면4팀-642, 2006.3.20.
99) 재산세제과-1543, 2022.12.20.

구 분	내 용
용도변경과 보유기간 등	• 주택 면적이 주택 외 면적보다 작은 건물을 비과세 요건을 갖춘 후 주택 외 부분 일부를 주택으로 용도변경하여 주택 면적이 주택 외 면적보다 큰 경우로써 용도변경한 날로부터 보유기간을 충족하지 못하고 양도한 경우, 용도변경 전의 주택 외 부분의 "건물 및 부수토지"는 과세됨[100] • 주택 → 주택 외 → 주택으로 용도변경하여 양도하는 경우 보유 및 거주기간은 건물 취득일부터 양도일까지 기간 중 주택으로 사용한 기간을 "통산"하며,[101] 거주요건 적용 여부는 당초 취득일 기준으로 조정대상지역인지 판단함[102] • 다세대주택을 다가구주택으로 용도변경하여 2년 이상 보유하다가 하나의 매매단위로 양도하는 경우 비과세 규정이 적용됨[103] ※ 이 경우 보유기간 산정과 관련하여 과세관청의 해석은 다세대주택을 다가구주택으로 "용도변경한 후 보유기간을 충족해야" 하는 것으로 보는 반면,[104] 서울고등법원 등은 1세대 1주택 보유기간을 "해당 주택을 1세대 1주택으로 보유한 기간"으로 축소하여 해석할 수 없다고 판결하여[105] 입장차가 있음 • 1세대 1주택 "보유기간 등을 갖춘 주택을" 용도변경하여 주택 외 건물로 사용하다가 다시 주택으로 용도변경하여 양도하는 경우 "용도변경일 이후 보유기간 등에 관계없이" 비과세 규정을 적용함[106] • 임차인이 임대인 동의를 받거나 또는 임의로 주택을 주택 외로 용도변경한 경우 해당 건물을 주택으로 보지 않고 과세한 것은 잘못이 없음[107] • 거주요건이 필요한 지역에서 겸용주택의 일부를 주택으로 용도변경하여 주택 부분이 크게 용도변경한 후 보유요건을 충족하였더라도 용도변경 전에 퇴거하여 주택 부분이 큰 상태에서 거주하지 않은 경우 "용도변경한 주택 부분"과 "주택 외의 부분"은 과세함[108] • 주택 면적이 주택 외 면적보다 큰 건물의 주택 부분을 주택 외 부분으로 용도변경하여 주택 외 면적이 큰 상태로 사용하다가 다시 주택 외 부분을 주택으로 용도변경하여 주택 부분이 큰 상태로 사용하던 중 양도하는 경우 주택 면적이 주택 외 면적보다 "큰 상태"로 보유한 기간을 "통산"하여 보유기간 등을 충족하면 그 건물 전부에 비과세 규정이 적용됨[109]

---

100) 부동산거래관리과-1405, 2010.11.23. ; 심사양도2011-294, 2012.2.28. ; 국심2007서2219, 2007.9.11.
101) 부동산거래관리과-396, 2010.3.16. ; 부동산거래관리과-77, 2010.1.18.
102) 법령해석재산-3906, 2021.8.26.
103) 서면4팀-413, 2008.2.20. ; 서일46014-10686, 2001.12.28.
104) 부동산거래관리과-206, 2012.4.18. ; 재산세과-322, 2009.9.25. ; 심사양도2011-209, 2011.9.29.
105) 서울고법2021누75636, 2022.8.17. ; 서울행법2020구단65886, 2021.11.24. ; 대판97누4847, 1997.8.26.
106) 재일46014-2225, 1996.10.2.
107) 조심2021인2881, 2021.9.2. ; 심사양도1999-4198, 1999.6.25.
108) 서면4팀-107, 2005.1.13.
109) 서면5팀-317, 2008.2.20. ; 서면4팀-2139, 2004.12.29.

Chapter 25. 주택을 증축한 후 양도할 경우 1세대 1주택 비과세의 적용은?

내용 Summary

기본사항 Check

- **증축의 개념** : 기존 건축물이 있는 대지에서 건축물의 건축면적, 연면적, 층수 또는 높이를 늘리는 것

핵심 Point

- 주택을 증축하는 경우 1세대 1주택 비과세 적용 방법은?
  ① 단독주택의 수평증축 : 증가된 부수토지는 보유기간 등 필요
  ② 단독주택의 수직증축 : 건물 부분에 대해 보유기간 불필요하다는 오래된 해석 존재하지만, 추후 새로운 해석 가능성에 유의해야 함
  ③ 겸용주택의 증축 : 전부 주택으로 의제되는 경우 새롭게 주택으로 보는 부분 및 늘어난 주택 부수토지도 보유기간 등 증축 후 필요함

질문 »

1. 甲은 경기도 AA시에 1층 단독주택을 장기간 보유하다가 다음과 같이 1층의 각 방의 면적을 넓히는 공사를 완료하고 2년이 안되어 2023년 5월 중 7억원에 양도하였을 경우 전체 비과세 적용이 가능한가?
   〈증축 전〉 주거지역 소재, 건물 정착면적 100㎡, 부수토지 400㎡
   〈증축 후〉 주거지역 소재, 건물 정착면적 150㎡, 부수토지 400㎡

2. 甲은 경기도 AA시에 1층 단독주택을 장기간 보유하다가 다음과 같이 2층에 주택을 증축하고 2년이 안되어 2023년 5월 중 9억원에 양도하였다면 전부 비과세 적용이 가능한가?
   〈증축 전〉 주거지역 소재, 건물 정착면적 1층 100㎡, 부수토지 400㎡
   〈증축 후〉 주거지역 소재, 건물 정착면적 1층 100㎡(주택 정착면적 불변), 2층 50㎡, 부수토지 400㎡

3. 甲은 경기도 AA시에 1층 겸용주택을 보유하다가 다음과 같이 주택 부분을 증축하고 2년이 안되어 2023년 5월 중 6억원에 양도하였을 경우 전부 비과세 적용이 가능한가?
   〈증축 전〉 주거지역 소재, 1층 상가 100㎡, 주택 50㎡, 부수토지 400㎡
   〈증축 후〉 주거지역 소재, 1층 상가 100㎡, 주택 120㎡, 부수토지 400㎡

 **답변 및 해설 »**

1. 사안은 甲이 1세대 1주택 비과세 요건을 갖춘 단독주택 1층을 수평증축한 것이다. 증축 전에는 주택 부수토지가 비과세 되는 부수토지(100㎡ × 3배 = 300㎡) 범위를 초과하였고, 증축 이후에는 부수토지 기준면적 범위(150㎡ × 3배 = 450㎡) 내이다. 그런데 증축 이후 보유기간을 충족하지 못하였으므로, 증축 이후 기준면적 이내로 증가한 주택 부수토지(100㎡) 부분은 1세대 1주택 비과세를 적용받지 못한다.

2. 해당 사례는 1세대 1주택 비과세 요건을 갖춘 1층 단독주택에 2층 부분을 증축하였고, 건물의 정착면적은 변동이 없는 경우다. 따라서 증축 이후 2년(비과세 보유기간) 이내 양도하더라도 주택 부수토지로서 비과세되는 기준면적에는 변동이 없다.

   그렇지만 증축한 2층 건물 부분에 대해 비과세를 받을 수 있는지 문제되는데, 최근 해석은 보이지 않으며 비록 오래되었으나 과세관청 해석은 비과세 요건을 갖춘 단독주택(1층)을 수직증축(2층)하였으나 증축 부분의 보유기간 및 거주기간 요건을 미충족한 사안과,[110] 단독주택 1층에서 보유기간 등의 요건을 미충족한 상태에서 2층을 증축하여 증축 이후의 기간을 통산하면 전체적으로는 보유기간 등을 충족한 사안에서,[111] 각각 증축 전후 보유기간을 "통산"하는 것으로 보았다.

3. 사안은 겸용주택이 당초 주택부분의 연면적이 더 작았는데, 주택 부분을 증축하여 주택 연면적이 상가 연면적보다 더 커진 경우이다. 그런데 증축시점 이후부터 보유기간을 미충족하였다. 이 경우 양도시 전부를 주택으로 보더라도 증축 이후 보유기간을 미충족하였으므로 증축으로 늘어나는 부수토지는 당연히 비과세를 적용받지 못한다.

   그리고 증축 이후 주택 부분 연면적이 주택 외 연면적보다 더 크기에 전체가 주택으로 의제되지만 증축 이후 보유기간을 미충족하였으므로 당초의 주택 부분을 제외한 상가 부분 등 새롭게 주택에 포함되는 건물 부분도 비과세를 적용받지 못한다.

---

110) 재일1254-2391, 1992.9.21.
111) 재일46014-2678, 1995.10.11. ; 재일46014-2077, 1995.8.11. ; 재일1254-2934, 1992.11.24.

보충설명

주택을 증축하고 양도하는 경우가 많다. 이 경우 비과세는 어떻게 판단할 것인가?

이 경우 다음과 같이 구분하여 적용하면 쉽다.
첫째, 수평증축인지 수직증축인지 구분하라.
둘째, 주택 부분만 있는 단독주택 증축인지 겸용주택의 증축인지를 구분하라.
셋째, 비과세 되는 부수토지가 증축 이후 증가하였는지 반드시 검토하라.

수평증축과 수직증축을 구분하는 이유는 주택의 정착면적이 달라지기 때문이다. 그에 따라 비과세되는 주택 부수토지의 범위가 증가할 수 있다. 예컨대, 1층 단독주택을 증축하기 전에는 비과세되는 부수토지 기준면적을 초과하였는데 여기에 2층 주택 부분을 추가하더라도 비과세되는 부수토지에 변동이 거의 없다. 왜냐하면 증축하는 2층 건축면적이 1층 건축면적보다 통상 같거나 작은 경우가 대부분이기 때문이다. 그러나 수평증축은 다르다. 수평증축은 주택 건물이 옆으로 면적이 증가하기에 필연적으로 주택 부수토지가 증가한다. 이 경우 증축 전에 이미 부수토지가 기준면적 이내라면 증축으로 영향을 받지 않는다. 그러나 증축 전에 기준면적을 초과하였다면 수평증축으로 비과세 될 부수토지가 추가로 증가하게 된다. 따라서 이 경우에는 그 늘어난 부수토지는 증축 이후에 2년의 보유기간을 갖추어야 한다. 이는 재건축이나 재개발사업에서 청산금을 납부한 경우로서 주택 부수토지가 증가한 경우 그 늘어난 부수토지는 재건축 등 완공 후 보유기간을 갖추어야 한다고 하는 해석과[112] 궤를 같이 한다.

겸용주택의 증축인지 여부도 반드시 살펴야 한다. 겸용주택의 증축 형태는 다양한데, 비과세 판단에 있어 다음과 같이 정형화할 수 있다.

첫째, 당초 주택만 있다가 새롭게 상가 부분을 증축하는 경우이다. 이 경우 증축 이후에도 주택 부분이 더 크다면 증축 부분을 포함하여 비과세를 적용받을 수 있다. 그러나 주택 부분의 연면적이 증축 이후 더 적을 경우에는 증축으로 추가된 상가 부분은 비과세를 적용받지 못한다. 부수토지의 비과세 면적을 판단할 때는 좀 다르다. 증축 이후 증가된 부수토지가 있다면 증축 이후 보유기간 등을 갖추어야 비과세를 적용받을 수 있다.

둘째, 당초 상가만 있다가 주택 부분을 증축하여 겸용주택이 되는 경우도 있다. 이 경우에는 비록 주택 부분이 더 크더라도 증축 이후 보유기간 등을 갖추어야 비과세를 적용받을 수 있다. 부수토지도 당연히 증축 이후 보유기간 등을 갖추어야 한다.

셋째, 당초 겸용주택이었는데, 여기에 주택이나 상가 부분을 증축하는 경우이다. 이 경우 주택 연면적이 증축으로 주택 외 부분보다 더 커진 것인지 우선 검토해야 한다. 당초 주택 부분 연면적이 더 작다가 증축으로 주택 부분 연면적이 더 커진 경우라면 증축 이후 보유기간 등을 갖추어야 증가한 건물 부분에 대해 비과세 적용이 가능하다. 주택 부수토지는 증축으로 증가한 것이라면 증축 이후 보유기간 등을 갖추어야 비과세 적용이 가능하다. 한편, 조정대상지역에 있는 주택을 취득하여 증축하고 주택 부분이 더 커진 경우에는 당초 2년의 거주요건을 충족하였더라도 증축 이후 거주기간 2년 요건을 추가로 갖추어야 증가된 주택 및 부수토지에 대해 비과세가 가능하다.

---

112) 법규재산-1049, 2022.3.29.

관련 사례

구 분	내 용
수평증축	• 주택을 증축하여 양도하는 경우로서 당해 증축된 주택에 대하여 1세대 1주택 부수토지를 산정함에 있어 당해 증축된 주택의 보유기간이 2년 이상 경과되지 아니한 경우에는 그 증축으로 인하여 증가된 주택 부수토지에 대하여는 1세대 1주택 비과세가 적용되지 아니함[113]
	• 보유기간을 갖춘 주택을 증축하여 증축한 부분에서 보유기간 등을 갖추지 못하고 양도하더라도 고가주택에 해당하지 않고 그 부수토지가 종전주택의 정착면적에 지역별 배율을 적용한 면적(비과세 요건을 갖춘 주택의 부수토지 범위 내) 이내면 비과세가 적용됨[114]
겸용주택의 증축	• 점포의 증축으로 기존주택이나 그 부수토지가 1세대 1주택 비과세 대상에서 과세 대상으로 변경되는 경우가 아니면, 주된 건물이라고 할 수 있는 기존주택이 비과세 요건을 충족하면 증축한 점포도 비과세 대상에 포함됨[115]
	• 겸용주택(주택 > 주택 외) 취득 후 주택 외 부분을 증축하여 주택 외 면적이 큰 상태(주택 < 주택 외)로 사용하다가 주택 외 부분을 멸실하여 주택 부분이 큰 상태(주택 > 주택 외)로 사용 중 양도시, "주택 면적이 주택 외 면적보다 큰 상태로 보유한 기간을 통산"하여 보유기간 요건을 충족해야 함[116]
	• 주택 연면적이 더 큰 겸용주택의 상가 부분을 증축하였으나 여전히 주택 부분 면적이 더 큰 경우 겸용주택의 증축 전후 보유기간을 통산하여 판단함[117]
	• 주택 연면적이 더 큰 겸용주택의 상가 부분을 증축하였으나 여전히 주택 부분 면적이 더 큰 경우 겸용주택의 증축 전후 보유기간을 통산하여 판단함[118]
	• 주택이 큰 상태에서 주택 부분을 증축한 경우 주택 부분은 증축 전·후 기간을 "통산"하여 보유기간을 판단하고, 증축 후 보유기간 미충족시 증축 후 "증가된 부수토지"는 비과세가 적용되지 않음[119]
	• 주택 부분이 작은 겸용주택의 주택 부분 증축으로 양도일 현재 주택 면적이 더 큰 경우, 증축 이후 보유기간 등을 충족해야 함[120]
	• 겸용주택에 주택을 증축하여 주택 면적이 주택 외 면적보다 큰 경우 그 전부를 주택으로 보며 증축 전·후 주택 부수토지 면적에 변동이 없는 때에는 증축 전·후 기간을 통산하여 1세대 1주택 비과세 여부를 판정함[121]

---

113) 재일46014-2389, 1998.12.7. ; 심사양도1999-2108, 1999.5.21.
114) 재일46014-165, 1996.1.23.
115) 부동산납세과-1596, 2015.10.2. ; 국심2001전174, 2001.6.2.
116) 양도 집행기준 89-154-23 ; 재산세과-1136, 2009.6.9. ; 서면4팀-2139, 2004.12.29.
117) 부동산납세과-1596, 2015.10.2.
118) 부동산납세과-1596, 2015.10.2.
119) 서일46014-10836, 2003.6.24. ; 재일46014-2293, 1998.11.25.
120) 서일46014-11048, 2003.8.5.
121) 심사양도2003-3097, 2004.3.8.

Chapter 26 별장이나 기숙사로 사용하고 있는 건물도 주택으로 보는가?

내용 Summary

기본사항 Check

- **주택의 의미** : 허가 여부나 공부상 용도구분과 관계없이 사실상 주거용으로 사용하는 건물로서, 그 용도가 분명하지 않으면 공부상 용도에 따름

핵심 Point

- 주택을 "별장"으로 사용하는 경우 주택에 해당 여부 → 최근 조세심판원이 별장을 주택으로 보지 않는 비과세 관행은 종료되었다고 결정한 점에 유의
- 주택을 "기숙사"로 사용하는 경우 주택에 해당 여부 → 오래 전 주택에 포함하도록 해석 변경됨

질문 »

1. 서울에 살고 있는 甲은 경치 좋은 동해안에 위치한 아파트를 매입하여 휴양용으로 가끔 사용하고 있다. 해당 아파트는 비과세 판단시 주택에서 제외되는가?

2. 서울에 살고 있는 甲은 자신의 고향 마을에 있는 농가주택을 매입하여 가끔 휴양차 들러 쉬었다가 오곤 하였다. 해당 농어촌의 주택은 비과세 판단시 주택으로 보는가?

3. 서울에서 개인사업을 하는 甲은 종업원의 복지를 위하여 사무실 인근(서울)의 다세대주택을 구입하여 사무실에 일하는 근로자들에게 관리비만 부담하고 이용토록 하였다. 해당 기숙사로 사용하는 주택은 甲의 다른 주택 양도시 주택에 포함되는가?

 **답변 및 해설 »**

1. 사안에서 甲은 구입한 동해안의 아파트를 상시 거주하는 용도가 아니라 휴양용으로 사용하고 있어 이를 "별장"으로 보아 주택에서 제외하여야 하는 것이 아닌가 하고 생각할 수 있지만, 상시 주거용 건물을 주거 기능을 그대로 유지한 채 일시 다른 용도로 사용한다고 하여 주택에서 제외할 수는 없다.

2. 과거에는 휴양, 피서 등의 용도로 사용하는 별장은 상시 주거용이 아니라고 보아 주택에서 제외하는 것으로 보았다. 그러나 이러한 비과세 관행은 종료되었다고 보는 것이 최근 조세심판원 결정이다. 이에 따르면 사안과 같은 경우 농가주택은 주택에 포함된다. 물론 조특법 제99조의 4에서 규정하는 농어촌주택 특례의 요건을 갖추었는지 여부는 별개의 문제이다.

3. 개인사업을 운영하면서 종업원들을 위해 주택을 매입하여 기숙사로 사용하는 경우 과거에는 장부에 사업용 자산으로 계상하는 경우 주택에서 제외한다고 해석하였다. 그러나 2003년 이후 현재까지 해석은 **해당 기숙사로 사용하는 주택은 1세대 1주택 비과세 판단시 "주택에 포함"하는 것으로 해석한다**. 따라서 사안의 기숙사는 1세대 1주택 판단시 개인사업을 운영하는 甲의 주택에 포함된다.

> **보충설명**
>
> (1) 별장이란 1세대 1주택 비과세 판단시 주택에 해당하는지 여부에 대해 명문 규정은 없다. 다만, 비사업용 토지와 관련하여 "주거용 건축물로서 상시 주거용으로 사용하지 아니하고 휴양, 피서, 위락 등의 용도로 사용하는 건축물"을 말하는 것으로 규정한다(소득세법 제104조의 3 제1항 제6호).
> 이에 대한 불복사례들은 과거에는 1세대 1주택 비과세 판단시 "상시 주거용"이 아니므로 주택으로 보지 않는 관행이 성립하였다고 보았다. 그러나 상시 주거용으로 사용할 시설 등을 갖추고 관리되고 있으면서 언제든지 주거용 사용이 가능한 것이라는 점에서 이를 주택으로 보아야 한다는 지적이 있었는데, 최근 조세심판원은 일반 주택을 별장이라고 주장하는 것에 대해 주택으로 보아야 한다는 결정들을 계속 내놓다가 최근에는 별장을 주택에서 제외하는 종전의 비과세 관행은 종료되었다고 판단하였다. 해당 사건은 **농어촌 소재한 주택이 별장이라는 주장을 받아들이지 않은 것인데**, 최근 서울고등법원 등은 "휴양 콘도미니엄"에 대해서도 상시 주거기능이 유지되고 있다면 언제든지 주택으로 사용 가능하기에 주택의 개념에 포함시키는 것으로 판단하였다.
> 과세관청 해석은 상시 주거용으로 사용하지 않는 별장인지 여부는 건물의 이용상황 등을 확인하여 사실판단할 사항으로, 상시 주거용으로 사용하지 않는 별장은 주택에 포함하지 않으나, 사실상 상시 주거용으로 사용하는 경우 주택으로 보며, 그 해당 여부는 사실판단 사항으로 보았는데,[122] 소득세법 및 소득령 개정시 (2024년) 주택 개념 명문화가 되었으므로 보다 향후 분명히 해석할 필요가 있어 보인다.

(2) 일반기숙사는 학교 또는 공장 등의 학생 또는 종업원 등을 위하여 사용하는 것으로서 해당 기숙사의 공동취사시설 이용 세대 수가 전체 세대 수의 50% 이상인 것을 말하는 것으로 정의하고 있다(건축법 시행령 별표 1 제2호 라목). 그런데 일반주택을 구입하여 종업원들에게 기숙사로 제공하는 것에 대하여 과거에는 소위 "사원용 주택"으로 사업자가 장부에 계상한 경우 1세대 1주택 비과세 판단시 주택에서 제외하는 것으로 해석하였으나, 2003년 이후부터는 주택에 포함하여 해석한다. 이는 본래의 기숙사가 아니라 일반 주택을 일시 다른 용도로 사용하는 것에 불과하기 때문이다. 한편, 비특수관계인 종업원들에게 10년 이상 무상으로 제공한 장기사원용 주택을 양도할 경우 조정대상지역에 있더라도 다주택 중과에서 제외하도록 규정하는 특례가 있다. 이 또한 일반주택을 매입하여 종업원들에게 기숙사로 제공시 주택으로 본다는 것이다.

즉, 다세대주택이나 다가구주택 등을 종업원을 위해 사용하더라도 그 구조·기능이나 시설 등이 본래 주거용으로서 실질적으로 주거용에 적합한 상태에 있고 주거기능이 그대로 유지·관리되고 있어 언제든지 본인이나 제3자가 주택으로 사용할 수 있다면 상황에 따라 주택으로 처분할 수 있을 뿐만 아니라 양수인 역시 상시 주거용으로 사용할 수 있는 건물이기에 당연히 소유 주택으로 취급된다.

관련 사례

구 분	내 용
사업장에 부수된 기숙사	• 건축법상 기숙사로서 실질이 공장 등에 부수되어 종업원이나 관리인의 숙소로 사용되는 경우 주택으로 보지 않음[123] • 사업장 내에 부수되어 기숙사로 사용하는 경우에도 명백히 일시적으로 사용하는 것이 아니라면 주택으로 보지 않음[124]
사원임대주택	• 기업체의 자격으로 분양받은 주택이 그 업체의 사업용 자산으로 장부에 계상되고 사용인의 주거에 실제로 사용되고 있음이 확인되는 경우 해당 "사원임대주택"은 거주자의 소유주택으로 보지 않음[125] • 사원임대주택을 "분양전환"으로 취득한 뒤 이를 기숙사로 사용하는 경우에는 주택에 포함됨[126]
사업장 외 장소의 아파트 등을 기숙사로 사용	• 종전 해석 : 사업주가 종업원 기거를 위하여 취득한 주택을 사업용 자산으로 계상하고 종업원에게 임대하거나, 사실상 종업원에게 임대하는 것이 명백한 경우 사업주의 1세대 1주택 비과세 판정시 주택으로 보지 않음[127] • 현재 해석 : 장기간 사업용 자산으로 장부계상하고 기숙사로 활용하여 왔더라도 주택으로 봄[128]

122) 부동산거래관리과-1335, 2010.11.9. ; 서면4팀-134, 2008.1.15. ; 서면4팀-29, 2006.1.6. ; 서일46014-10768, 2003.6.12. ; 재일46014-1549, 1997.6.25. ; 재일46014-230, 1997.2.4.
123) 서일46014-11695, 2002.12.16. ; 서일46014-10739, 2002.5.29. ; 재재산46070-346, 1995.9.4.
124) 심사양도2008-238, 2008.12.3. ; 국심2004중2164, 2004.10.28.
125) 재일46014-135, 1998.1.24. ; 재일46014-2643, 1995.10.7. ; 재재산46070-346, 1995.9.4.
126) 재산1254-3385, 1985.11.13.
127) 서일46014-10739, 2002.5.29. ; 재재산46070-346, 1995.9.4.
128) 부동산납세과-647, 2014.8.29. ; 서면4팀-409, 2004.4.2. ; 서일46014-11404, 2003.10.7. ; 재산46014-328, 2003.9.30. ; 조심2010서521, 2010.4.20.

구 분	내 용
아파트 등의 별장 여부	• 주거용 건축물로서 상시 주거용으로 사용하지 않고 휴양, 피서, 위락 등의 용도로 사용하는 건축물과 그 부속토지가 주택에 해당하는지 여부에 관하여 아무런 규정을 두고 있지 아니하므로, 설령 아파트가 실제로 별장으로 사용되었더라도 주거기능을 유지한 주택에 해당하는 아파트는 주택에서 제외된다고 할 수 없음[129] • 아파트를 별장으로 사용되었다고 하나 그 위치나 구조, 지방세 과세내역 등에 비추어 별장에 해당되지 않음[130] • 아파트를 별장 용도로 사용하였다고 하더라도 1세대 1주택 비과세 적용에 있어 주택에 해당하지 않는 것으로 보는 비과세 관행이 존재한다고 할 수 없음[131] • 별장에 상응하는 취득세나 재산세를 납부하지 않았다 하더라도 그러한 사정만으로 별장에 해당하지 않는다고 할 수 없으며, 주택으로 볼 수도 있고 별장으로 볼 수도 있는 상황이라면 상시 주거용인지 여부를 중심으로 판단해야 함[132]
건축물 대장상 단독주택 등	• 건축물대장상 단독주택으로서 주거용에 적합하고 인근 건물들도 상시 주거 용도이며, 양도소득세 수정신고 안내시점에 별장용 재산세를 납부한 것으로 비록 일시 별장으로 사용하여도 언제든지 상시 주거용으로 사용할 수 있어 주택에 해당함[133] • 별장에 해당한다는 사유만으로 1세대 1주택 비과세 판단시 주택에 해당하지 않는다고 할 수 없고 주택 관리비 등 지출내역이나 탑승권 구매내역 등에 의하더라도 상당기간 주거용으로 사용된 것으로 보아 주택으로 판단함[134]
상시 주거로 사용한 콘도	• 당초 콘도를 고급 빌라형 주택으로 분양하였고, 콘도를 분양받은 후 관광객이나 여행객에게 제공된 숙박시설로 사용되지 않았으며 계속하여 콘도에 전입신고 되어 있었고, 전기·수도 사용량 등이 실제 거주한 정도로 조사되었고, 콘도의 구조·기능이나 시설 등이 주거용에 적합한 상태에 있어 주택으로 판단함[135]
상시 주거로 사용하지 않은 경우 (비과세 관행 여부)	• 종전 불복사례 : 산자락 주택을 별장으로 신고하였고 야외 나들이 계절에 휴양 등으로 사용하여 별장으로 봄이 타당함[136] • 최근 불복사례 : ① 상시 주거용으로 사용 가능하다고 하여 주택으로 본 다수 심판례가 존재하여 비과세 관행이 유지된다고 보기 어려움[137] ② 주거용 건축물이 납세의무자의 사용 목적에 따라 단지 상시 주거용이 아닌 별장 용도로 사용된다는 점만으로 주택에서 바로 제외된다고 할 수 없고, 주거용으로서의 기능을 보유하여 언제든지 주거용으로 사용할 수 있는 상태의 건축물에 대하여는 주택에 해당한다고 봄이 타당함[138]

---

129) 조심2021인2516, 2021.9.1.
130) 조심2011서2317, 2011.9.8.
131) 대판2018두41051, 2018.7.12. ; 서울고법2017누86271, 2018.3.27.
132) 조심2014서0480, 2014.12.23.
133) 감심2020-1409, 2023.7.6. ; 감심2021-0006, 2023.7.6.
134) 조심2015서3528, 2016.5.2.
135) 조심2024중2137, 2024.11.19.
136) 조심2008중2856, 2008.12.3.
137) 조심2021중4628, 2021.12.28. ; 수원지법2022구단7960, 2023.10.25.
138) 서울고법2021누67369, 2022.7.6. ; 서울행법2021구단57141, 2022.3.30.

Chapter 27. 도로 신설/확장으로 집마당 일부가 수용될 때 비과세 가능한가?

💬 내용 Summary

기본사항 Check

- 비과세 요건: 양도 당시, ① 1세대가 ② 1주택과 부수토지를 ③ 보유기간 등을 충족하고 ④ 배제사유에 해당하지 않아야 함

핵심 Point

- 부수토지만 양도할 경우에도 수용 등 특례(소득령§154①제2호가목)를 적용하여 비과세가 가능한지 여부
  → 오래 전에 "비과세 불가"로 해석 변경되었음에 유의

질문 »

1. 甲은 2020년 5월에 조정대상지역에 소재한 단독주택을 취득하였으나 거주하지는 않았다. 그런데 해당 지역에 대한 공익사업(2022년 10월 사업인정 고시)이 시행되면서 주택과 부수토지 일부가 2023년 3월 중 5억원에 수용되었다. 잔존 부수토지는 2024년 5월 중 인접 토지소유자 乙에게 매매로 4억원에 양도하였다. 甲은 해당 주택 외에는 주택을 보유하지 않았다. 부수토지는 비과세 기준면적 이내이다. 각각에 대하여 1세대 1주택 비과세 적용이 가능한가?

2. 甲은 3년 전에 취득한 단독주택을 보유하던 중 주택 앞으로 도로가 확장되면서 해당 공익사업(2023년 2월 사업인정 고시)을 시행하는 지자체에서 주택 부수토지 일부를 2024년 3월 중 수용하였다. 1세대 1주택 비과세가 가능한가?

3. 甲은 2022년 8월에 매매로 취득한 주택과 부수토지를 2024년 5월 중 지자체의 직원용 주차장 부지 매입에 따라 해당 지자체에 매매로 양도하였다. 지자체의 해당 사업은 사업인정고시 없이 시행한 것이다. 1세대 1주택 비과세 적용이 가능한가?

 **답변 및 해설 »**

1. 사업인정고시일 전에 취득한 주택과 부수토지 전부 또는 일부가 수용된 경우 보유 및 거주기간을 묻지 않고 1세대 1주택 비과세 적용이 가능하다. 주택과 부수토지 일부가 수용된 경우 5년 이내 양도하는 잔존 부수토지도 비과세 규정이 적용된다. 따라서 사안은 1세대 1주택 비과세 규정이 적용되며, 고가주택 여부는 두 양도가액을 합산하여 판단하므로 12억원 이하로서 1차 수용분과 잔존 부분 양도가액이 모두 전액 비과세 대상이다.

2. 사업인정 고시일 전에 취득한 주택이 수용되더라도 주택 부수토지 비과세는 주택 양도와 함께 부수토지가 양도되는 경우이어야 한다. 그런데 사안은 주택 "부수토지만" 수용되는 경우이므로 甲은 비과세를 적용받지 못한다.

3. 수용 등에 따른 보유 및 거주기간 특례는 사업인정 고시일 전에 취득하여야 하고 해당 사업시행자에게 협의매수나 수용으로 양도되는 경우이어야 한다. 그런데 사안에서 지자체가 주택과 부수토지를 매입하여도 공익사업시행자로서 매입한 것이 아니라 "일반 사인"과 동일하게 사법상 거래로 매매된 것이다. 따라서 보유 및 거주기간 특례를 적용받지 못하고 사안은 2년의 보유기간도 미충족한 것이므로 비과세 규정을 적용받지 못한다. 뿐만 아니라 단기양도 중과까지 적용받아 큰 불이익을 받을 수 있다.

보충설명

공익사업 시행에 따라 수용 등으로 양도되는 주택에 대해 1세대 1주택 비과세 규정 적용시 보유 및 거주기간의 예외를 인정하는 바, 위 사례들은 오해하는 부분들을 정리하였다.

사례 1.의 경우에는 5년 이내 양도하는 "잔존 부분"은 부수토지만 양도하더라도 비과세가 가능하고 잔존 부분은 꼭 공익사업시행자가 아니라 제3자에게 매매로 양도하더라도 비과세 적용이 가능하다는 점이다.

사례 2.의 경우에는 사업인정 고시일 전에 취득한 주택이더라도 "부수토지만" 수용되는 경우에는 비과세가 적용되지 않는다는 점을 잊어서는 안 된다. 과거에는 부수토지만 수용되더라도 비과세가 가능하다고 보았으나, 2012년 중 서울고등법원이 주택 부수토지가 비과세가 되려면 주택(건물)에 부수하여야 하는 기본논리를 지적함에 따라 이후 과세관청도 동일하게 해석하고 있다. 이 경우 조특법 제77조에 따른 공익사업용 토지 양도에 따른 감면을 적용받을 수는 있겠지만, 1세대 1주택 비과세 규정의 적용은 불가하다.

사례 3.과 같이 공공기관이 "사인(私人)"과 같은 지위에서 매매로 주택 취득시 보유기간 등 특례가 적용되지 않는다. 특히 단기양도로서 중과될 수도 있음에도 유의하여야 한다.

관련 사례

구 분	내 용
재개발조합에 협의양도	• 토지보상법이 적용되는 재개발사업조합에 "협의매수"로 양도하는 경우에도 공익사업용으로 수용되는 것으로 봄[139] ※ "재개발" 사업은 일정한 경우 수용권 행사가 가능하며, "사업시행계획인가 고시"를 사업인정 고시로 간주하고 있음(도시정비법§63·§65)
일부 수용시 고가주택 판단	• 일부만 수용될 경우 양도 당시의 "실가 합계액에 양도부분 면적이 전체 주택면적에서 차지하는 비율을 나누어 계산한 금액"으로 고가주택을 판단함[140]
주택과 부수토지 소유자가 상이	• 주택과 부수토지의 소유자가 다른 경우 부수토지는 동일 세대원인 경우에 한하여 동 규정이 적용됨[141]
사업인정 고시일 이후 취득	• 사업인정고시일 전에 취득한 주택 및 그 부수토지에 한하여 적용되므로, "사업인정고시일 이후 취득"한 주택은 적용되지 않음[142] • 사업인정고시일 후에 상속(동일 세대 상속 포함)받은 주택이 수용되는 경우 동 특례가 적용되지 않음[143] • 선행하는 사업인정고시일 후에 주택 및 부수토지를 취득하여 주택의 전부 및 부수토지의 일부를 양도한 후, 후행하는 사업인정고시일 이후 수용되는 잔존 부수토지는 동 특례가 적용되지 않음[144]
1세대 1주택자	• 사업인정고시일 전에 취득한 주택으로써 1세대 1주택에 적용하므로, 양도일 현재 2주택 이상이면 적용되지 않음[145] • 일시적 2주택자의 종전주택이 수용되는 경우로서 일시적 2주택 양도기한 이내면 동 규정의 적용이 가능함[146]
잔존 부분	• 비과세 요건을 갖춘 주택과 부수토지 일부가 수용되고 수용일 이후 2주택 이상 취득 상태에서 잔존 토지 양도시 비과세가 적용되지 않음[147] • 수용 후 잔존토지에 근린생활시설을 신축하여 양도하면 해당 잔존토지는 수용 등 특례를 적용할 수 없음[148] • 피상속인이 보유하던 주택 및 부수토지가 수용된 뒤 남은 부수토지를 父와 별도 세대인 자녀가 상속받은 경우로서 자녀가 수용일로부터 5년 이내에 양도시 해당 특례를 적용받을 수 없음[149]

---

139) 서면4팀－1306, 2008.5.28. ; 서면5팀－1973, 2007.7.4. ; 조심2008중2343, 2009.6.30.
140) 재산세과－580, 2009.3.19.
141) 재산세과－496, 2009.3.10. ; 재산세과－837, 2009.3.11.
142) 부동산거래관리과－435, 2010.3.22. ; 재산세과－992, 2009.12.9.
143) 서면5팀－2508, 2007.9.10. ; 서면4팀－2582, 2007.9.4.
144) 부동산거래관리과－745, 2010.5.31. ; 재산세과－4098, 2008.12.4. ; 서면4팀－1030, 2004.7.6.
145) 재산세과－3946, 2008.11.24. ; 서면5팀－168, 2008.1.24.
146) 재산세제과－1234, 2010.12.23.
147) 부동산거래관리과－1110, 2010.8.31. ; 재산세제과－560, 2009.3.23.
148) 법령해석재산－360, 2016.2.16. ; 조심2015부1527, 2015.5.18.
149) 법규재산－3047, 2022.11.9.

구 분	내 용
잔존 부수토지 양도 전 주택 취득	• 과세관청(종전 해석) : 잔존 주택 및 부수토지를 5년 이내 양도하기 전에 다른 주택을 매입한 경우 동 특례규정이 적용되지 않음[150] • 과세관청(최근 해석) : 주택이 수용된 후 다른 주택을 취득한 경우로서 당해 잔존 부수토지를 수용일로부터 5년 이내 양도시 해당 잔존 부수토지는 종전 주택의 수용에 포함됨[151]
잔존 부분 양도기한 경과	• 잔존 부수토지를 양도기한(현재, 5년)을 경과하여 양도하는 경우 동 특례규정이 적용되지 않음[152]
주택 수용 후 부수토지만 양도	• 주택이 수용되고 수용일로부터 5년 이내 양도하는 부수토지도 비과세 규정을 적용함[153]
부수토지만 먼저 수용 (시차 수용 ×)	• 종전 해석 : 1세대 1주택의 "부수토지만" 먼저 수용되는 경우 비과세되고, 이후 양도하는 잔존주택 및 부수토지는 모두 비과세됨[154] • 최근 해석 : 1세대 1주택의 "부수토지 일부만" 협의매수·수용되는 경우 비과세가 적용되지 않음(이후 타인에게 주택 양도해도 부수토지는 적용 불가)[155] • 조세심판원, 서울고등법원 등 : 주택과 부수토지 일부가 "동시에" 수용되는 경우에 보유기간 특례가 적용됨(부수토지만 수용/협의매수될 경우 적용 불가)[156]
시차 보상	• 주택 및 부수토지가 "함께 수용"된 경우로서, 당해 주택 및 부수토지에 대한 "보상액이 시차를 두고 지급"된 경우 동 특례규정을 적용함[157]
수용 후 특별 분양받은 주택	• 종전주택의 수용 등으로 특별분양 받은 주택을 양도할 경우 주택의 보유 및 거주기간은 수용된 종전주택의 보유기간 등을 통산하지 않음[158]
일부를 임의로 양도한 후 수용	• 주택을 임의 양도한 후 그 부수토지가 수용되면 당해 부수토지는 비과세 특례가 적용되지 않음[159] • 주택 부수토지를 먼저 임의양도한 후 해당 주택이 수용되는 경우 임의양도한 부수토지는 비과세 되지 않음[160]

---

150) 재산세제과-560, 2009.3.23.
151) 법규재산-368, 2024.9.6.
152) 조심2010구3387, 2010.12.31. ; 대판2013두12782, 2013.11.14.
153) 부동산납세과-1041, 2017.9.13. ; 부동산납세과-665, 2017.6.13. ; 국심1999중1385, 1999.11.19.
154) 부동산거래관리과-231, 2012.4.23. ; 부동산거래관리과-832, 2011.9.30.
155) 법령해석재산-413, 2017.9.19. ; 부동산거래관리과-489, 2012.9.13. ; 조심2024인4309, 2025.2.12.
156) 감심2023-0713, 2024.10.11. ; 조심2014중4846, 2015.3.13. ; 조심2011중975, 2011.5.12. ; 조심2010서1779, 2010.11.9. ; 대판2020두45674, 2020.11.26. ; 서울고법2020누32021, 2020.7.22. ; 서울고법2011누34667, 2012.4.4.
157) 부동산거래관리과-51, 2013.2.4. ; 부동산거래관리과-489, 2012.9.13. ; 서면4팀-914, 2005.6.10.
158) 부동산거래관리과-890, 2011.10.20. ; 서면4팀-3174, 2007.11.2.
159) 재산세과-4098, 2008.12.4.
160) 조심2010서1779, 2010.11.9. ; 조심2009중1479, 2009.5.12.

Chapter 28 주택 부수토지 범위에서 **건물의 정착면적**이란?

내용 Summary

기본사항 Check

- **비과세 되는 주택 부수토지** : 주택에 딸린 토지로서 건물이 정착된 면적에 지역별로 배율(3배, 5배, 10배)을 곱하여 산정한 면적 이내의 토지

핵심 Point

- "건물이 정착된 면적"에서 "수평투영면적" 산정 방법 → 건축면적을 기준으로 도면을 겹쳐서 나타나는 그림자 면적

질문 »

1. 1세대 1주택 부수토지에서 비과세 대상인 기준면적 계산방법은?
2. 한옥으로서 지붕 처마가 외력벽 밖으로 도출되어 있는 경우 해당 외측 돌출면적 전부를 수평투영면적에 포함하는가?
3. 무허가 정착면적도 포함하는가?

답변 및 해설 »

1. 1세대 1주택 부수토지의 범위 판정시 "건물이 정착된 면적"을 기준으로 다음의 지역별 배율을 적용한 면적을 비과세 범위로 본다. 여기서 건물이 정착된 면적은 기본적으로 건물의 외력벽 중심축을 기준으로 한 건축면적의 수평투영면적을 의미한다.
    ① 도시지역 내의 토지
        ㉠ 수도권의 주거 · 상업 · 공업지역 내 토지 : 3배
        ㉡ 수도권의 녹지지역 내 토지 : 5배

ⓒ 수도권 밖의 도시지역 토지 : 5배

　ⓓ 도시지역 밖의 토지 : 10배

2. 수평투영면적은 건축면적을 기준으로 한다. 처마 등 돌출 부분이 있는 경우에는 처마, 차양 등 그 밖에 이와 비슷한 것으로서 그 외벽의 중심선으로부터 수평거리 1m 이상 돌출된 부분이 있는 건축물의 건축면적은 그 돌출된 끝부분으로부터 다음의 구분에 따른 수평거리를 후퇴한 선으로 둘러싸인 부분의 수평투영면적으로 한다. 따라서 한옥으로서 처마 등의 돌출된 끝부분에서 외벽의 중심선까지 거리가 후퇴 상한인 2미터에 미치지 않는다면 돌출된 부분은 수평투영면적에서 고려하지 않는다.
   ① 한옥 : 2m 이하의 범위에서 외벽의 중심선까지의 거리
   ② 그 밖의 건축물 : 1m

3. 수평투영면적 산정시 무허가 정착면적이 있다면 그 부분도 정착면적에 포함시킨다. 다만, 이 경우 그 입증을 해야 하기에 해당 면적의 측량 등을 통해 정확한 면적을 계산하여야 한다.

관련 사례

구 분	내 용
건물이 정착된 면적	• 건물이 정착된 면적은 "수평투영면적"을 기준으로 함[161] • 수평투영면적이란 공중에서 내려보았을 때 수평면상에 나타나는 전체 건물의 면적(건물의 위에서 내려다보았을 경우 전체 건물의 그림자 면적)을 의미함[162] • 건물이 정착한 면적(건축면적)은 건축법 시행령 제119조에서 정하는 바에 의함[163]
주택 부수토지의 의미	• 주택 부수토지란 건물의 정착면적뿐만 아니라 당해 주택과 경제적 일체를 이루고 있으면서 사회통념상 주거생활 공간으로 인정되는 토지를 말함[164]
건축면적 판정	• 처마 등의 돌출된 끝부분에서 외벽의 중심선까지 거리가 후퇴 상한인 2미터에 미치지 않는다면 돌출된 부분을 고려하지 않음[165] ※ 외벽의 중심선으로부터 수평거리 1m 이상 돌출된 부분이 있는 건축물의 건축면적은 그 돌출된 끝부분으로부터 한옥의 경우 2m 이하의 범위에서 외벽의 중심선까지의 거리를 후퇴한 선으로 둘러싸인 부분의 수평투영면적으로 하므로 결국 2m 이하로 돌출되면 건축면적 산정시 돌출 부분은 고려할 필요가 없게 됨

---

161) 부동산거래관리과-818, 2011.9.22. ; 서면4팀-1132, 2008.5.8. ; 재일46014-2634, 1997.11.10.
162) 양도 집행기준 89-154-15
163) 부동산납세과-718, 2019.7.9. ; 부동산거래관리과-980, 2010.7.27. ; 심사양도2023-0038, 2023.8.30. ; 조심2023광9892, 2024.12.24. ; 조심2019인3587, 2020.6.30.
164) 서면5팀-1079, 2008.5.20. ; 국심2007중427, 2007.7.16. ; 대판98두6890, 1998.6.12.
165) 서울고법2021누72613, 2022.6.23.

구 분	내 용
무허가 정착면적	• 주택 부수토지 면적은 주택 정착면적에 지역별 적용 배율을 초과하지 않은 것으로 주택 일부의 "무허가 정착면적"도 포함됨[166] ※ 참고로, 소득 통칙(89-154…8)에서는 주택 정착면적에 지역별로 배율을 곱하여 산정한 면적을 포함하여 계산하는 것으로 개정된 바, "주택 일부의 무허가 정착면적도 포함"하여 계산하도록 하는 부분은 2024.3.15. 개정시 삭제되어 유권해석이 필요해 보이나, 필자의 생각은 불복사례 등에 비추어 무허가 정착면적도 포함하는 것이 타당하다고 생각함 • 주택 부수토지 면적은 주택 정착면적에 지역별 적용 배율을 초과하지 않은 것으로 주택 일부의 무허가 정착면적도 포함됨[167] • 실제 건물 정착 면적을 고려하여 판단하되,[168] 지자체에 실제 측량 신고가 없는 등 입증이 불가하면 공부상 면적으로 판단함[169]
녹지지역에서 주거지역 변경	• 수도권 소재 주택이 녹지지역이었다가 주거지역으로 편입되어 2022년 이후 양도 시 기준면적은 "3배"의 배율을 적용함[170]
농가주택	• 농가주택의 부수토지상 농업에 필요한 기구 등을 보관하기 위한 창고 등은 농가주택에 포함되며, 축사로 사용되었더라도 사회통념상 농업에 필수적인 것으로 인정되는 범위 내의 축사는 농가주택의 일부분으로 봄[171] • 농가창고 사용을 입증하지 못할 경우 농가주택의 부수 건물로 보지 않음[172]

---

166) 소득통칙 89-154…8 ; 조심2020서1026, 2020.6.11. ; 국심2003중2491, 2003.12.20.
167) 조심2020서1026, 2020.6.11. ; 국심2003중2491, 2003.12.20.
168) 심사소득2005-165, 2005.12.12.
169) 조심2021중2946, 2022.2.22. ; 조심2020중1897, 2020.10.8.
170) 조심2023인10121, 2024.1.31.
171) 심사양도2005-253, 2006.3.27. ; 심사양도2000-2064, 2000.11.10.
172) 심사양도1999-2382, 1999.9.17. ; 조심2022중7000, 2023.2.1.

Chapter 29 주택 부수토지의 텃밭, 비과세 범위는?

💬 내용 Summary

기본사항 Check

- **1세대 1주택 부수토지** : 1세대 1주택 비과세 특례 대상인 주택 건물이 정착된 부분의 토지와 주택의 효용에 이용되는 마당, 정원 등의 토지로서 건물이 정착된 면적에 5배(도시지역 밖 10배, 수도권의 주거·상업·공업지역 3배)의 배율을 곱하여 산정한 면적 부분은 주택 부수토지로서 보유기간 등 충족시 비과세 규정을 적용함
- **농지** : 논밭이나 과수원으로서 지적공부의 지목과 관계없이 실제로 경작에 사용되는 토지를 말하며, 이 경우 농지의 경영에 직접 필요한 농막, 퇴비사, 양수장, 지소, 농도 및 수로 등에 사용되는 토지를 포함함

핵심 Point

- 1세대 1주택 부수토지 일부에 농작물을 경작하는 경우 비과세 되는 주택 부수토지에 포함할 수 있는지 여부 → 텃밭의 규모 및 경작기간 등에 따라 사실판단
- 주택 부수토지에 상시 경작 또는 자기노동력 1/2로 경작하는 경우 자경농지 감면을 적용할 수 있는지 여부 → 토지의 실제 사용하는 용도 및 농지로의 이용기간, 규모 등에 따라 사실판단

질문 »

1. 甲은 양도 당시 1세대 1주택자로, 해당 주택은 도시지역 밖에 소재하는 단독주택으로서 마당 일부에 상추, 고추 등 채소를 재배하여 자가소비하고 있으며, 전체 부수토지는 주택 부수토지 면적 범위 이내이다. 보유기간 등을 충족한 해당 주택과 부수토지를 양도할 경우 텃밭 부분도 1세대 1주택 비과세가 가능한가?

2. 甲은 3년 전에 매매로 취득한 제주도 서귀포시의 주택을 보유하고 있으며 취득 후 계속 거주하다가 2024년 3월 중 3억원에 양도하였다. 양도 당시 다른 주택은 없으며 해당 주택 부수토지는 용도지구가 취득 당시부터 계속 녹지지역으로서 총 500㎡이고 건물이 정착된 면적은 70㎡이다. 주택 부수토지 중 200㎡는 취득시부터 감귤나무가 심어져 있어 매년 수확하여 판매하고 있다. 해당 주택과 부수토지에 대해 비과세가 가능한가?

3. 甲은 주택과 부수토지를 매매로 취득하면서 해당 주택 부수토지에 연접한 토지를 취득하여 배나무를 식재하여 10년 이상 직접 경작하고 있으며 5년 전부터는 배를 수확하여 농협에 출하하고 있다. 주택 부수토지 면적은 300㎡이고 건물 정착면적은 60㎡이며 취득 당시부터 현재까지 동지역의 주거지역에 소재한다. 연접토지는 녹지지역에 소재하며 500㎡이고, 주택 부수토지 필지 중 200㎡에는 연접필지와 같이 배나무를 함께 식재하여 과수원 경영에 전념하여 경작하고 다른 직업은 없다. 해당 주택과 부수토지 및 연접필지를 매매로 6억원에 일괄 양도하였다. 1세대 1주택 비과세 및 자경농지 감면 적용이 되는가?

답변 및 해설 »

1. 단독주택의 마당에 일부 소규모로 농작물을 재배하여 자가소비하는 경우는 주택 부수토지로 판단하고 있다. 따라서 사안의 경우 비과세가 가능하다고 보아야 한다. 이 경우 주택 부수토지가 기준면적 이내인지 여부를 판단하여야 한다.

2. 해당 토지는 그 규모가 상당하다는 점에서 주택 부수토지라기보다는 "농지"에 해당한다. 따라서 주택 부수토지로서 비과세 적용받는 면적은 농지로 이용되는 면적 200㎡를 제외한 300㎡만 해당된다. 비과세되는 기준면적은 녹지지역도 도시지역에 속하므로 정착면적의 5배를 적용하면 70㎡ × 5배 = 350㎡이나 실제 주택 부수토지로 사용한 300㎡까지만 주택 부수토지에 해당된다. 따라서 주택과 부수토지의 보유기간이 3년이므로 비과세 규정이 적용된다.

   그러나 "농지"로 사용하는 부분(200㎡)은 비과세를 적용받지 못하고, 자경농지 감면 여부도 재촌자경은 하였으나 8년의 경작기간에 미달하여 자경농지 감면은 적용받지 못한다. 다만 실제 지목이 농지로 판단되는 부분이고 녹지지역이라는 점에서 사업용으로 판단되므로 비사업용 토지로 중과되지 않는다고 생각된다.[173]

3. 농지로 이용되는 규모가 상당하고 계속 재촌자경을 하였다는 점에서 농지로 판단되고, 따라서 1세대 1주택 비과세가 적용되는 부분은 주택 건물과 부수토지(300㎡) 중 농지로 사용되는 부분(200㎡)을 제외한 100㎡만 해당된다.

   주택 부수토지 중 농지로 이용되는 부분(200㎡)은 재촌자경을 하였으나 취득 당시부터 동지역의 "주거지역"으로 3년 경과하여 자경농지 감면에서 말하는 "농지"의 개념에서는 제외된다. 따라서 자경농지 감면을 적용받지 못한다. 그러나 연접한 농지는 8년 이상 재촌자경 요건을 갖추었고 주거지역 등이 아니므로 자경농지 감면을 적용받을 수 있다. 각 부분에 대한 양도가액 등의 구분이 없고 감정가액도 없으면 일괄 양도가액 및 취득가액은 기준시가로 안분한다.

---

173) 같은 뜻, 서면5팀-3302, 2007.12.26. ; 서면4팀-940, 2006.4.12.

보충설명

실무에서 주택 부수토지에 농작물을 재배하다가 주택과 함께 양도하는 경우가 종종 나온다. 이 경우 비과세되는 주택 부수토지의 범위에 포함할 수 있는지 여부가 문제된다.

현행 규정상 구체적으로 어느 정도 면적까지는 주택 부수토지로 본다고 하는 명문규정이 존재하거나 기준점이 존재하는 것은 없다. 이에 대해 과세관청 해석 및 불복사례들을 종합해보면 다음과 같이 개별 사안에 따라 판단하고 있다.

첫째, 주택 부수토지에 소규모 면적에 채소류 등을 재배하여 자가소비하는 경우 이를 주택 부수토지에서 제외시키고 있지는 않다. 사회통념상 농가주택 부수토지에 채소류를 경작하거나 감나무나 자두나무 등을 몇 그루 식재하는 경우도 매우 흔한데 이를 농지로 보기는 무리이기 때문이다.

둘째, 주택 부수토지의 필지 규모가 상당한 정도로서 경작면적 및 경작기간이 상당한 경우에는 주택 부수토지에서 제외하여 판단하고 있다. 결국 이는 사실판단할 부분으로 개별사안에 따라 판단할 수밖에 없다. 이 경우 농지로 보게 되면 자경농지 감면 규정의 적용 여부를 추가로 판단하여야 한다.

관련 사례

구 분	내 용
1세대 1주택 부수토지 (인정 사례)	• 토지에 일부 밭고랑이 있고 채소가 심어진 흔적이 있으나 그 규모와 현황으로 볼 때 주택과 완전히 독립되어 농지로 사용되었다고 보기 어려우며, 일시 텃밭으로 사용하였더라도 이는 마당이나 정원에 지장이 없는 범위 내에서 잠정적으로 이용한 것으로 주택 부수토지로 인정됨[174]
1세대 1주택 부수토지 (부인 사례)	• 건물이 정착된 면적에 지역별로 정하는 배율을 곱하여 산정한 면적 이내의 토지인 경우에도 주거용으로 사용되지 않고 농작물의 경작용으로 사용되는 경우에는 주택 부수토지로 볼 수 없음[175] • 사업시행자가 해당 토지와 주택을 필지별 토지이용 현황별로 각각 구분하여 해당 토지에 대해 농지로 보상평가하였으며, 현장확인 결과 일부는 텃밭(223㎡)으로 사용되고 일부는 경운기 보관장소 및 인근 농지 진출입에 사용되는 농로로 보이는 점을 종합해볼 때 주택 부수토지로 보기 어려움[176] • 전원주택 단지 내 주택을 단독으로 소유한 자가 주택의 경계선 밖에 있는 단지 내 도로와 텃밭을 단지 내 모든 주택 소유자와 공유지분으로 소유하고 있는 경우, 해당 도로와 텃밭은 주택의 부수토지로 볼 수 없음[177]
자경농지 감면 (인정 사례)	• 텃밭이 주택과 어느 정도 거리가 떨어져 있더라도 자경요건이나 거주요건 등 다른 요건을 갖추었을 경우 자경감면을 인정함[178]

---

[174] 심사양도2019-104, 2019.11.28. ; 조심2008전90, 2008.4.24.
[175] 부동산거래관리과-1177, 2010.9.17. ; 조심2016부3618, 2017.1.2. ; 국심1998중1619, 1999.3.3. ; 강릉지원2024구합30152, 2024.7.10.
[176] 심사양도2013-99, 2013.7.23. ; 조심2023인7347, 2024.1.10.
[177] 부동산납세과-1418, 2015.9.8.
[178] 심사양도1999-4073, 1999.4.23. ; 심사양도1999-4074, 1999.4.23.

구 분	내 용
자경농지 감면 (인정 사례)	• 항공사진상 토지가 전으로 이용되었으며, 양도일 직전 촬영하였다고 제시하는 토지의 현황사진에 채소 등 농작물이 심어져 있고, 토지가 소재한 지역은 개발제한구역으로 건축행위 등 개발행위가 허용되지 않았던 점 등을 종합하여 볼 때, 토지를 공부상 용도인 대지로 이용하였다고 보기보다는 주택과 연접하면서 텃밭으로 이용하였다고 보는 것이 경험칙에 부합하여 자경농지 감면을 인정함[179]
	• 공부상 지목이 비록 대지로 표시되어 있으나 농가주택 부수토지 및 농기구 보관장소의 부수토지, 텃밭으로 사용한 사실이 당해 부동산의 현지사진, 농지위원 및 이웃주민들의 확인서에서 입증되므로 잔여토지는 사실상 농지임이 확인되며 당해 농지소재지에서 8년 이상 계속 거주하면서 직접 영농에 종사하고 있는 사실이 인정되므로 농지(텃밭) 부분은 자경농지로 감면함이 타당함[180]
	• 텃밭으로 사용하였음을 인정하면서도 지목이 대지라고 하여 농지로 보지 않았으나, 자연녹지지역인 대지는 건물이 정착된 면적을 제외한 나대지가 911㎡로서 아무런 용도 없이 사용하지 않았다고 볼 수 없고, 농지위원 등의 경작사실 확인서, 토지현황 측량 등을 보아도 취득 당시부터 텃밭으로 사용하였다는 주장은 신빙성이 있어 농지로 인정됨[181]
자경농지 감면 (부인 사례)	• 토지 전체의 주된 용도가 대지임이 분명하고 그 중 일부분에 농작물을 경작한 것은 주된 용도에 지장이 없는 범위에서 "잠정적"인 토지 이용에 불과할 뿐 위 경작부분만을 특정하여 양도소득세가 감면되는 자경농지에 해당한다고 볼 수 없음[182]
	• 지목이 답(畓)에서 대지로 변경되었고 토지 양도 당시 실지로 경작에 사용된 사실을 인정할 자료가 없으며 그 지형이 대지화되었다고 보여지므로 이는 조만간 대지로 사용될 토지이므로 설령 토지의 일부에 농작물을 재배한 사실이 있었다고 하여도 이는 "일시적"이고 "잠정적"인 토지이용에 불과할 뿐 이를 경작중인 토지 또는 농지라고 볼 수는 없음[183]
	• 양도일 현재 항공사진에 의하면 나대지 상태로, 토지 소재지에 사업자 등록된 내역에 의하면 폐자원 수집 등 사업에 사용된 것으로 보이며, 양도일 현재 해당 토지를 임대하고 있는 사실을 인정하는 점 등으로 보아 양도일 현재 농지에 해당하지 않음[184]
	• 농지원부에 토지가 농지로 기재되어 있지 않고, 재산세 과세내역에 농지가 아닌 주택 부속토지로서 재산세가 부과된 점을 보아 농지로 보이지 않고 주택의 부수토지로 보임[185]

---

179) 조심2008중984, 2008.10.1. ; 국심2005중596, 2005.6.24.
180) 심사양도2005-5, 2005.4.22. ; 심사양도2002-223, 2002.12.17. ; 심사양도2000-2075, 2000.11.24.
181) 심사양도1999-4090, 1999.4.23.
182) 조특 집행기준 69-66-27 ; 대판2021두36646, 2021.7.8. ; 대판95누9709, 1995.11.14.
183) 대판77누294, 1978.7.11.
184) 조심2016구3614, 2016.12.15.
185) 조심2008전90, 2008.4.24.

Chapter 30 상생임대주택 혜택과 요건은?

내용 Summary

기본사항 Check

- **상생임대주택** : 임대인과 임차인이 서로 윈-윈하도록 세제상 지원하는 것으로 임대인이 직전 1년 6개월 이상 임대한 주택을 보증금 등을 5% 이상 임대하지 않는 조건의 상생임대차계약을 2021.12.20. 이후 체결하여 2년 이상 임대한 경우 양도소득세 특례를 부여함
- **양도소득세 혜택**
  ① 조정대상지역 소재 주택을 취득한 경우의 2년 이상 거주요건 면제
  ② 장기임대주택 소유자의 거주주택이 상생임대주택이면 2년 이상 거주요건 면제
  ③ 장기보유특별공제 적용시 표2 적용받기 위한 2년 이상 거주요건 면제

핵심 Point

- 일반 다주택자 : 적용 가능 → 상생임대주택 양도시 다주택이 해소되어야 함(일시적 2주택 등 특례 주택 상태에서 양도해도 적용 가능)
- 임대사업자 등록 여부 : 불문 → 등록사업자 및 미등록사업자 모두 적용 가능
- 직전임대차 계약 체결시기 : 주택 취득한 후 체결할 것(도시정비법에 따른 재건축사업 등은 원조합원일 경우 연속성 인정) → 주택 취득 전에 미리 체결한 임대차계약은 인정 ×
- 임대인의 동일성 여부 : 임대인은 동일해야 함 → 증여받으면 증여받은 후에 임차인과 체결한 계약이 직전임대차 계약임
- 임차인 동일성 여부 : 임차인은 달라도 가능 → 종전 임차인과 신규 임차인의 시간적 연속성 불필요, 중간에 공실도 가능
- 임대기간의 계산 방법 : 직전임대차 및 상생임대차 모두 → "실제" 임대한 기간에 의한 판단 ○, 계약서상의 기간 ×
- 임차인이 임대차계약 갱신청구권 행사 : 갱신된 계약도 상생임대차계약 인정 ○

질문 »

1. 상생임대차주택이 요건을 갖춘 경우 주어지는 혜택은?
2. 상생임대차주택 특례를 적용받기 위한 요건은?

 **답변 및 해설 »**

1. 상생임대주택 특례 요건을 충족한 경우 다음과 같은 혜택이 주어진다.

    (1) 조정대상지역 소재한 주택을 취득한 경우 2년 이상 거주요건을 충족하여야 1세대 1주택 비과세가 가능하다. 그러나 상생임대차주택 요건을 충족하면 취득 당시 조정대상지역에 소재하여도 2년 거주요건이 면제된다.

    (2) 장기임대주택 보유자가 "거주주택"을 양도하는 경우 거주주택은 그 소재하는 지역을 불문하고 2년 이상 거주요건을 충족하여야 한다. 그렇지만 그 거주주택(장기임대주택이 아님)을 상생임대주택으로 등록하게 되면 2년의 거주기간 요건이 면제된다.

    (3) 1세대 1주택으로서 고가주택(양도가액 12억원 초과)에 해당할 경우 12억원 초과분 양도차익에 대하여는 과세하며, 이 경우 2년 이상 거주한 주택이면 장기보유특별공제는 표2(최고 80%)를 적용한다. 만일, 상생임대주택 요건을 갖춘 주택은 2년 거주요건이 면제되어 표2의 공제율 적용이 가능하다. 다만, 공제율 적용시 보유기간 공제율(최고 40%)과 거주기간별 공제율(최고 40%)이 있는데, 거주기간별 공제율 부분이 규정이 없는 점은 한계점으로 지적된다.

2. 상생임대차주택 특례를 적용받기 위해서는 "직전임대차계약"과 "상생임대차계약"이라는 두 가지 요건을 충족하여야 한다.

    (1) 직전임대차계약 : 취득 이후 임대차계약으로서 1년 6개월 이상 임대할 것. 이 경우 주택 취득으로 임대인 지위가 승계된 당해 계약기간은 직전임대차계약에서 제외한다.

    (2) 상생임대차계약 : 직전임대차계약 대비 임대보증금 또는 임대료의 증가율이 5%를 초과하지 않는 임대차계약을 2021.12.20.~2024.12.31.까지 체결하여, 상생임대차계약에 따라 임대한 기간이 2년 이상이어야 한다.
        ① 임대기간은 월력으로 하되 1개월 미만은 1개월로 간주
        ② 월임대료와 임대보증금을 서로 전환시 민간임대주택법 제44조 제4항에 따라 증가율 산정 → "렌트홈"에서 자동계산 가능

    (3) 임대기간 합산 : 위 (1)(2) 적용시 임차인의 사정으로 임대를 계속할 수 없어 새로운 임대차계약 체결시 종전 임대차계약 대비 새로운 임대차계약에 따른 임대보증금 또는 임대료가 증가하지 않으면 새로운 임대차계약의 임대기간을 합산한다.

 **보충설명**

상생임대주택에 대하여 주요 쟁점 및 궁금한 사항들을 정리해 보면 다음과 같다.

(1) 재건축 등에 따라 임시 거주용인 대체주택에서 거주기간(1년) 요건은 면제되지 않는다. 소득세법 시행령 제156조의 2 제5항에서 별도로 거주요건(1년)을 규정하고 있으며, 상생임대주택이라도 특례를 따로 규정하지 않기 때문이다.

(2) 상생임대주택은 1세대 2주택 이상일 경우에도 적용되지만, 양도시에는 다주택 상황이 해소되어야 특례를 적용받을 수 있다. 다만, 일시적 2주택 특례에서 종전주택이 상생임대주택일 경우에는 특례가 인정된다. 기준시가 요건은 2022.8.2. 소득세법 시행령 개정으로 폐지되어 불필요하다.

(3) 직전임대차계약은 주택을 "취득한 후" 체결한 임대차계약이어야 하며, 1년 6개월 이상 임대하였어야 한다. 따라서 분양권 상태에서 임대차계약을 체결하거나 승계조합원이 조합원입주권 상태에서 체결한 임대차계약, 주택 취득 전에 체결한 임대차계약은 직전임대차계약이 아니다. 분양권이나 승계조합원입주권, 지역주택조합원으로서 취득한 주택은 완성일(사용승인서 교부일 등) 이후에 임대차계약을 체결하여야 직전임대차계약으로 인정된다. 다만, 재건축사업이나 재개발사업에서 당초 주택을 보유한 원조합원의 조합원입주권은 연속성을 인정하고 있다.

임대 중인 주택을 매수하여 임대차계약의 지위를 승계하여도 직전임대차계약으로 볼 수 없고, 이후 임대기간이 종료되고 새롭게 체결한 임대차계약이 직전임대차계약이 될 수 있다. 그렇다고 기존 임대차계약을 해지하고 임대차계약을 새로 체결하여도 직전임대차계약으로 인정되지 않는다. 결국 기존 임대차계약의 임대차기간이 정상적으로 종료된 후 새로 체결하여야 한다. 임대하던 주택을 별도 세대로부터 상속 또는 증여받아 계속 임대하더라도 기존 임대차기간은 직전임대차계약으로 인정받지 못하며, 증여받은 후 임대차 종료로 새롭게 체결한 임대차계약은 직전임대차계약이 될 수 있다. 다만, 동일 세대로부터 증여받은 경우에는 해석상 직전임대차계약을 인정하는바, 비과세 판단은 세대별로 판단하는데 기인하는 것으로 생각된다.

(4) 상생임대차계약은 2021.12.20. 이후 체결한 임대차계약으로서 보증금 및 임차료를 5% 이상 증액하지 않는 조건이어야 하며, 2년 이상 임대하였어야 한다. 여기서 임대기간은 실제 임대한 기간으로 판단한다. 법인이 임차하여 종업원이 상시 주거용으로 사용하는 경우도 인정된다. 임차인이 부득이한 사유로 퇴거한 경우에는 새롭게 체결한 임대차계약이 동일한 보증금 등 이하라면 전후의 임대기간을 합산할 수 있다. 임대차계약이 존재하는 상황에서 다시 갱신한 임대차계약도 상생임대차계약에 해당될 수 있다. 그렇지 않으면 특례를 받기 위해서 임차인을 내보내야 하는 상황이 발생할 수 있기 때문이다.

상생임대차계약은 2024.12.31.까지 체결하여야 하는바, 만일 상생임대차계약을 2024.12.31. 이전 체결하고 임대하던 중 임차인의 부득이한 사유로 2025.1.1. 이후 임차인이 퇴거하여 상생임대차계약을 다시 체결하는 상황이 발생할 수 있다. 이 경우에는 새롭게 체결하는 임대차계약이 상생임대차계약에 해당하면 퇴거한 임차인과 신규 전입한 임차인의 임대기간을 합산하여 2년 이상 임대하였는지 여부를 판단한다.

(5) 장기보유특별공제와 관련하여 표2(최고 80% 공제율) 적용을 위한 전제 요건으로서 "2년 거주" 요건은 면제된다. 그렇지만 표2의 장기보유특별공제는 보유기간별 공제율(10년 이상 보유시 최고 40%)과 거주기간별 공제율(10년 이상 거주시 최고 40%)을 합산하는 바, 거주기간별 공제율 적용시 상생임대차 계약에 따라 임대하는 기간에 대해 거주기간에 따른 공제율을 적용토록 하는 규정은 없다.

기획재정부 문답자료(요약)

- 다주택자도 상생임차계약을 체결할 수 있으나, 임대개시일 기준 다주택자는 상생임대주택 양도시 1주택자로 전환하여야 거주요건 면제 혜택을 받을 수 있음[186]
- 직전 임대차계약 대비 임대료 5% 이하 인상을 준수해야 하는데, 이때 "직전 임대차계약"은 거주자가 주택 취득 후 임차인과 새롭게 체결한 계약을 의미함
- "직전 임대차계약"과 "상생임대차계약"의 임대인은 동일해야 하지만(증여로 임대인 지위 승계시 그 임대차계약은 직전임대차계약으로 볼 수 없고, 그 임대차계약 종료 후 새롭게 체결한 임대차계약은 해당됨[187]), 임차인은 달라도 가능함(임차인이 변경되어도 임대료 5% 이하 인상을 준수하면 가능)
- "직전 임대차계약"과 "상생임대차계약" 사이에 시간적 공백(임대인이 직접 거주, 공실 등)이 있어도 적용받을 수 있으므로, 두 계약에 따른 임대가 공백 없이 계속하여 유지될 필요는 없음
- 계약갱신청구권 행사에 따른 계약도 "상생임대차계약"으로 인정[188] → 동 특례를 받기 위한 2년 거주요건을 채우기 위해 계약갱신을 거부하고 임대인이 입주하는 경우 등을 방지하기 위함
- 다가구주택을 "상생임대주택"으로 인정받으려면 추후 양도계획에 따라, ① 다가구주택 전체를 양도할 계획인 경우 모든 호와 상생임대차계약을 체결해야 하며, ② 다가구주택을 호별로 양도할 계획인 경우 각 호별로 상생임대차계약 체결 여부에 따라 상생임대주택으로 인정받을 수 있음
- 등록 임대주택사업자의 임대주택도 "상생임대주택"이 될 수 있음
- "직전 임대차계약"에 따른 의무임대기간 1년 6개월과 "상생임대차계약"에 따른 의무임대기간 2년의 판정은 해당 계약에 따라 실제 임대한 기간을 기준으로 판정하며, 계약기간과 실제 임대기간이 다르면 실제 임대기간 기준으로 판정함
- "상생임대차계약"을 체결하면서 전세에서 월세로, 또는 월세에서 전세로 전환하는 경우 임대료 5% 이하 인상 여부는 민간임대주택법 제44조 제4항에 따른 산정률(전세 ↔ 월세 전환율)에 따라 계산함 → 국토교통부 "렌트홈"에서 자동계산 가능

의무임대기간 인정 여부 판단 사례

구 분	사 례	의무임대기간
직전 임대차 계약	• 2년 계약 → 서로 합의 등을 통해 실제 1년 7개월만 임대한 경우	인정
	• 2년 계약 → 서로 합의 등을 통해 2개월 더 임대한 경우	
	• 1년 계약 → 묵시적 갱신 등으로 신규계약 없이 실제 2년 임대한 경우	
	• 2년 계약 → 서로 합의 등을 통해 1년만 실제 임대한 경우	불인정
	• 1년 계약 → 실제 8개월만 임대한 경우	
	• 1년 계약 → 실제 1년 2개월을 임대한 경우	

---

186) 부동산납세과-1772, 2024.10.23.
187) 법규재산-3407, 2023.1.26.
188) 부동산납세과-198, 2023.1.25.

구 분	사 례	의무임대기간
상생 임대차 계약	• 3년 계약 → 서로 합의 등을 통해 실제 2년 6개월만 임대한 경우	인정
	• 2년 계약 → 서로 합의 등을 통해 실제 2개월 더 임대한 경우	
	• 1년 계약 → 묵시적 갱신 등으로 신규계약 없이 실제 2년 임대한 경우	
	• 2년 계약 → 실제 1년만 임대한 경우	불인정
	• 1년 6개월 계약 → 실제 1년만 임대한 경우	
	• 1년 계약 → 실제 1년 6개월을 임대한 경우	

관련 사례

구 분	내 용
임대기간 미충족 양도 및 임대기간 보장 약정	• 상생임대차계약에 따른 임대기간 2년은 필수이므로 2년 임대기간을 충족하기 전에 양도한 경우 매수인에게 임차인의 잔여 임대기간을 보장하는 약정을 맺어도 상생임대주택 특례가 불가함[189]
임대차계약서 미제출	• 묵시적 계약 갱신으로 상생임대차계약의 임대차계약서를 양도소득세 신고기한까지 제출하지 못하여도 다른 요건을 충족한 것이 확인되는 경우 특례를 적용받을 수 있음[190]
법인에게 임대	• 1주택 소유자가 소득령 제155조의 3 제1항 각 호의 요건을 모두 갖춘 해당 주택을 법인에게 임대하고 그 법인이 당해 임대주택을 상시 주거 용도의 사택으로 사용하는 경우 상생임대주택 특례규정을 적용할 수 있음[191] • 거주자가 소득령 제155조의 3 제1항 요건을 모두 갖춘 주택을 LH공사에 임대하고 LH공사가 해당 주택을 상시 주거용으로 사용하는 임차인에게 재임대하는 경우 상생임대주택 특례규정을 적용할 수 있음[192]
주택 취득일에 임대차계약 체결	• 1세대가 1주택을 취득한 날에 해당 주택에 대한 임대차계약을 체결하고 임대기간 요건을 충족하는 경우, 그 임대차계약이 전 소유자와 임차인 간 임대차계약을 체결한 후 신소유자와 같은 내용의 임대차계약을 체결하여 임대차계약 기간이 시작되는 경우가 아니라면 상생임대주택 특례의 직전 임대차계약에 해당함[193]
별도 세대와 공동 소유 중 상대방 지분 취득한 경우	• 동일 세대원이 아닌 자와 주택을 공동명의(갑, 을)로 취득하여 임대차계약을 체결하고 해당 임대기간이 개시된 후 공유자의 지분을 추가 매수하여 단독 명의가 된 경우, 당초 본인 지분에 대한 직전 임대차계약에는 해당하나 매입한 상대방 지분에 대한 직전 임대차계약에는 해당하지 않음[194]

---

189) 법규재산-610, 2024.9.23.
190) 법규재산-1507, 2024.6.4.
191) 법규재산-3253, 2022.9.29.
192) 부동산납세과-3371, 2022.11.2.
193) 법규재산-4863, 2023.3.8.
194) 법규재산-4507, 2023.3.10.

구 분	내 용
상생임대주택을 별도 세대와 공유	• 1주택을 별도 세대와 공동소유한 경우로서 해당 주택이 소득령 제155조의 3 제1항 각 호의 요건을 모두 충족한 경우 공동 소유자 각자 소득령 제155조의 3을 적용할 수 있음[195]
이혼에 따른 재산분할	• 소득령 제155조의 3 제1항을 적용할 때, "상생임대차계약"을 체결하였으나, 이혼에 따른 재산분할로 해당 임대주택이 공동명의에서 단독명의로 변경된 경우 재산분할 전·후 임대기간을 합산할 수 있음[196]
중도에 자가 거주	• 주택을 취득한 후 임대하다가 일정기간 본인 세대가 거주한 후 재임대한 경우로서 소득령 제155조의 3 제1항 각 호 요건 충족시 상생임대주택 특례가 가능함[197]
주택 매매계약 후 취득 전 체결한 임대차계약	• "주택" 매매계약 체결한 후 임대차계약을 체결한 경우로서 주택 취득일 이후 임대기간이 개시되더라도 임대인이 주택 취득 전에 임차인과 작성한 임대차계약은 "직전 임대차계약"에 해당하지 않음[198] • 이 경우 임대차계약의 임대인 명의를 신소유자로 변경하여도 "직전 임대차계약"에 해당하지 않음[199] ※ 즉, 주택을 "취득한 후"의 임대차계약이 아니기 때문임
분양계약 상태에서 체결한 임대차계약	• "주택"을 취득하기 전에 임차인과 체결한 임대차계약은 소득령 제155조의 3 제1항의 "직전 임대차계약"에 해당하지 않음[200] • 주택을 취득하기 전 분양권 상태에서 체결한 임대차계약은 직전임대차계약에 해당하지 않으며, 주택 취득 전 4년의 임대차계약을 체결한 경우로서 임차인과 합의를 통하여 종전 임대차계약을 임대기간 2년의 2개 임대차계약으로 변경한 경우 두 번째 임대차계약도 직전임대차계약으로 볼 수 없음[201] • 주택 "취득 전" 임대기간 4년의 임대차계약을 체결한 후 임차인과 합의를 통하여 종전 임대차계약을 임대기간 2년의 2개의 임대차계약으로 변경한 경우 두 번째 계약도 "직전 임대차계약"으로 볼 수 없음[202]
분양권으로 완공된 주택	• 주택법에 따른 사업주체가 공급하는 주택의 입주자로 선정되어 취득한 주택에 대하여, 해당 주택을 취득한 후 임차인과 임대차계약을 체결한 경우에는 "직전 임대차계약"에 해당함[203]
지역주택조합의 조합원 취득 주택	• 지역주택조합의 1조합주택을 소유한 1세대가 해당 조합주택의 사용승인서 교부일 후에 해당 조합주택에 대하여 임차인과 임대차계약을 체결하고 1년 6개월 이상 임대기간 요건을 충족하는 경우 직전 임대차계약에 해당함[204]

195) 부동산납세과-527, 2023.2.23.
196) 부동산납세과-311, 2023.2.2.
197) 법규재산-893, 2022.10.21.
198) 법규재산-967, 2025.3.17. ; 법규재산-2799, 2022.11.22. ; 재산세제과-1440, 2022.11.17.
199) 법규재산-2846, 2022.11.23. ; 재산세제과-1446, 2022.11.18.
200) 부동산납세과-1753, 2023.7.11. ; 법규재산-3529, 2022.12.7.
201) 법규재산-2648, 2025.3.27.
202) 법규재산-2846, 2022.11.23. ; 재산세제과-1446, 2022.11.18.
203) 부동산납세과-1185, 2024.7.18.
204) 부동산납세과-770, 2023.3.28. ; 법규재산-4639, 2022.12.28.

구 분	내 용
재건축/재개발 원조합원의 준공 前 임대차계약 체결	• 재건축조합의 원조합원이 청산금을 납부하여 기존주택 부수토지보다 신축주택의 부수토지가 증가한 경우로서, 준공 전 신축주택에 대하여 임대차계약을 체결한 경우에도 "주택을 취득한 후" 임대차계약을 체결한 것으로 보아 상생임대주택 특례를 적용함[205] • 재건축조합의 원조합원이 신축주택 준공 전에 임대차계약을 체결하는 경우, 원조합원의 기존주택 취득시기를 기준으로 직전 임대차계약의 요건인 "주택을 취득한 후 해당 주택에 대한 임대차계약 체결"요건을 판단함[206] • 토지만 소유한 재개발사업의 조합원이 재개발 완료에 따라 사용승인서 교부 후 체결한 임대차계약은 직전 임대차계약 해당함[207]
상생임대차주택의 입주권 전환	• 상생임대주택 요건을 충족한 주택이 "조합원입주권"으로 전환된 경우 거주기간의 제한을 받지 않고 조합원입주권 양도에 대한 특례 적용이 가능함[208]
상생임대차주택의 재건축	• 해당 임대주택이 재건축사업으로 멸실되어 상생임대차계약에 따라 실제 임대기간이 2년 미만이면 상생임대주택 특례를 적용받을 수 없으나,[209] 관리처분계획 인가 후 미철거 주택으로서 임대기간 충족시 특례 가능함[210]
소규모재건축사업 재건축된 경우	• 상생임대주택 요건을 모두 갖춘 주택(취득 당시 조정대상지역 소재)이 소규모주택정비법상 소규모주택정비사업에 따라 멸실되고 신축된 경우로서 해당 주택이 소규모주택정비법 제40조 제5항의 환지에 해당하는 경우 그 신축된 주택 양도시 거주기간의 제한을 받지 않음[211]
취득 후 임대보증금으로 취득 잔금 납부	• 관리처분계획인가 이후에 조합원 지위를 승계하여 취득하는 주택의 취득시기는 사용승인서 교부일(그 전에 사실상 사용하거나 임시사용승인을 받은 경우 그 사실상 사용일 또는 임시사용승인을 받은 날 중 빠른 날)이며, 재개발 주택을 취득한 후 해당 주택에 대하여 임차인과 임대차계약을 체결한 경우로서 해당 임대차계약이 소득령 제155조의 3 제1항 제4호에 따른 임대기간 요건을 충족하는 경우에는 직전 임대차계약에 해당함[212]
前소유자를 임차인으로 임대차계약	• 주택을 취득한 후 前 소유자와 임대차계약을 체결하여 실제 1년 6개월 이상 임대한 경우, 해당 임대차계약은 직전 임대차계약으로 볼 수 있음[213]
임차인의 사망으로 임차권 상속	• 임차인 사망으로 주택 임차권이 상속인 등에게 승계되어 계속 임대하는 경우에도 상생임대차 요건을 갖추면 특례 적용이 가능함[214]

---

205) 재산세제과-375, 2023.3.7.
206) 법규재산-4596, 2023.3.13.
207) 부동산납세과-2252, 2023.9.14.
208) 법규재산-795, 2024.11.20.
209) 부동산납세과-1507, 2024.9.10.
210) 법규재산-802, 2024.12.19.
211) 법규재산-2745, 2025.3.6.
212) 부동산납세과-830, 2024.5.28.
213) 부동산납세과-2401, 2023.10.13. ; 법규재산-4083, 2022.11.2.
214) 부동산납세과-1479, 2023.6.5.

구 분	내 용
동일 세대 간 상생임대주택 증여	• 부부 공동명의 1주택을 소유한 세대가 소득령 제155조의 3 제1항 제1호에 따른 "직전 임대차계약"을 체결하고 해당 임대기간이 개시된 후 일방이 타방에게 자기 지분을 증여한 이후 직전 임대차계약의 임대기간 요건을 충족하고, 단독으로 새로운 임대차계약을 체결하여 상생임대차계약 임대기간 요건을 모두 충족하는 경우 상생임대주택 특례를 적용받을 수 있음[215] • 1주택을 소유한 거주자가 소득령 제155조의 3 제1항 제1호에 따른 직전 임대차계약을 체결하고 해당 임대기간이 개시된 후 혼인한 경우로서 배우자에게 1주택의 지분(1/2)을 증여한 이후 직전 임대차계약 임대기간 요건을 충족하고, 부부공동으로 새로운 임대차계약을 체결하여 상생임대차계약 요건을 모두 충족하는 경우 상생임대차주택 특례를 적용받을 수 있음[216]
별도 세대로부터 상생임대주택 상속	• 1세대가 별도 세대인 직계존속으로부터 주택을 상속받은 경우, 상속인이 해당 주택의 상속개시 전 직계존속과 기존임차인이 체결한 임대차계약의 임대인의 지위를 승계해도 해당 임대차계약은 "직전 임대차계약"에 해당하지 않음[217]
월세를 보증금으로 전환하는 계약갱신	• 직전임대차계약 기간(월세, 2년) 만료 후 동일 임차인과 2년의 갱신계약(월세)을 체결하고 갱신계약 기간 중 임차인 요청으로 월세에서 전세로 전환하는 경우로서 전환된 임대보증금이 전환 전 임대료에 대한 환산한 임대보증금 대비 동일하거나 낮은 경우 해당 갱신계약을 상생임대차계약으로 봄[218]
실제 임대기간	• 임대인과 임차인 간 합의 등을 통해 추가로 임대하여 계약기간과 실제 임대기간이 상이하면 실제 임대기간을 기준으로 직전 임대차계약의 임대기간 요건을 판정함[219]
직전 임대차계약에 부수한 전대차계약 존재	• 상생임대주택 특례규정을 적용함에 있어, 직전 임대차계약의 임차인이 전대차계약을 체결한 경우에 소득령 제155조의 3 제1항 각 호의 요건을 모두 갖춘 해당 주택은 상생임대주택 특례를 적용받을 수 있음[220]
임대차계약의 변경	• 직전임대차계약 요건(주택 취득 후 임대계약요건)을 "충족한" 임대기간이 "2년"인 임대차계약을 1년 6개월로 단축하는 것으로 계약변경 후 동일 임차인과 다시 2년의 임대차기간으로 임대차계약을 새로 체결하는 경우, 각각 분리된 임대차계약을 직전 및 상생임대차계약으로 봄[221] ※ 사안은 주택 취득 후 2년 이상 임대차계약을 체결하여 임대하다가 임대차계약을 1년 6개월로 단축하는 것으로 임대차계약을 변경계약한 경우임
1년 단위 임대계약의 갱신	• 1년 단위의 갱신계약을 연달아 체결하고 묵시적 갱신 등으로 실제 임대한 기간이 2년 이상인 경우 특례 적용이 가능함[222]

---

215) 부동산납세과-1310, 2023.5.15.
216) 법규재산-3799, 2022.12.6.
217) 부동산납세과-769, 2024.5.21. ; 법규재산-4212, 2023.11.17.
218) 법규재산-3396, 2024.1.11.
219) 부동산납세과-1662, 2023.6.27.
220) 법규재산-3431, 2023.5.31.
221) 법규재산-757, 2023.8.31. ; 법규재산-4388, 2023.8.16. ; 재산세제과-952, 2023.8.10.
222) 법규재산-2729, 2024.4.25.

구 분	내 용
임대차계약의 해지 및 재차 계약체결	• 직전임대차계약 요건(주택 취득 후 임대차계약 요건)을 "충족하지 못한" 종전임대차계약을 해지하고 새로 체결한 임대차계약은 직전임대차계약에 해당하지 않음[223] ※ 사안은 주택 청약 당첨 후 취득시기 전에 임대차계약을 체결하여 이후 주택이 완성되자 임차인이 입주하였는데 약정한 임대차기간 종료 전에 임차인 요청으로 임대차계약을 해지하고 보증금을 감액한 새로운 임대차계약을 체결한 경우임 • 직전임대차계약 요건(주택 취득 후 임대차계약 요건)을 "충족하지 못한" 종전임대차계약을 해지하고 새로 체결한 임대차계약은 직전임대차계약에 해당하지 않음[224] ※ 사안은 주택 취득자가 종전 소유자와 임차인 간 임대차계약을 승계하였는데 취득한 후 종전 임대차계약을 해지하고 새로운 소유자를 임대인으로 하는 임대차계약을 새로 체결한 경우임
임대차계약을 갱신하여 체결한 경우	• 1세대가 주택을 취득한 후 임차인과 체결한 임대차계약 만료 전에 갱신계약을 체결한 경우로서 2021.12.20.부터 2026.12.31.까지의 기간 중에 해당 갱신계약을 체결하고 소득령 제155조의 3 제1항 제1호의 임대기간, 임대보증금 또는 임대료 증가율 요건을 갖춘 경우 "상생임대차계약"에 해당함[225]
임차인 있는 주택 취득 후 임대차계약 갱신 및 재갱신	• 주택을 취득하면서 임대인의 지위를 전 소유자로부터 승계받은 경우로서 해당 주택을 취득한 후 임차인이 주택임대차보호법에 따라 계약갱신요구권을 행사하여 승계받은 계약을 갱신(갱신계약)하고 이후 그 갱신계약을 다시 갱신(재갱신계약)한 경우 갱신계약과 재갱신계약이 각각 임대기간, 임대보증금 또는 임대료 증가율 및 계약체결일 등 요건을 갖추면 해당 규정에 따른 "직전 임대차계약" 및 "상생임대차계약"으로 볼 수 있음[226] • 이 경우 별도의 임대차계약 체결 없이 승계받은 임대차계약을 갱신 및 재갱신한 경우에도 상생임대차주택 요건을 갖추면 특례 적용이 가능함[227]
임차인 조기 퇴거로 상생임대차계약을 특례기간 후 체결	• "직전임대차계약"의 임차인 사정으로 임차인이 조기 퇴거하여 "직전임대차계약"의 임대기간 요건을 갖추지 못한 상태에서, 새로 체결한 소득칙 제74조의 3에서 정하는 요건을 충족한 임대차계약의 임대기간을 직전임대차계약의 임대기간에 합산하여 계산하는 경우로서, 2027.1.1. 이후 상생임대차계약을 체결한 경우, 상생임대차주택 특례를 적용할 수 없음[228]
2년 → 1년 → 2년의 임대차계약을 순차로 체결	• 2년의 임대차계약(1차) 기간 만료 후에 동일 임차인과 1년 연장 계약(2차)을 체결하고 임대기간 만료 후 다른 임차인과 새로운 2년의 임대차 계약(3차)을 체결한 경우, 1·2차 임대차계약을 "직전 임대차계약"으로, 3차 임대차계약을 "상생임대차계약"으로 보아 상생임대주택 특례를 적용함[229]

---

[223] 부동산납세과-2160, 2023.9.4. ; 법규재산-96, 2023.8.16. ; 재산세제과-952, 2023.8.10.
[224] 법규재산-343, 2023.8.16. ; 법규재산-343, 2023.8.16. ; 재산세제과-952, 2023.8.10.
[225] 부동산납세과-383, 2023.2.8. ; 법규재산-4071, 2022.12.15. ; 법규재산-2905, 2022.12.15.
[226] 법규재산-2849, 2022.10.12.
[227] 법규재산-1914, 2024.12.18.
[228] 법규재산-2221, 2023.10.20.
[229] 법규재산-3010, 2023.12.27.

구 분	내 용
1, 2, 3차 임대차계약을 순차 체결한 경우	• 2년의 임대차계약(1차 임대차계약, 임차인 甲, 보증금 4억) 기간 만료 후에 2차 임대차계약(임차인 乙, 보증금 3억)을 체결하였으나, 임차인 사정으로 조기 퇴거하여 상생임대차계약의 의무임대기간을 충족하지 못한 채 3차 임대차계약(임차인 丙, 보증금 4억)을 체결한 경우 2차 임대차계약을 공백으로 보고 1, 3차 임대차계약만으로 직전 임대차계약, 상생임대차계약으로 판정하여 상생임대주택 특례를 적용할 수 없음[230]
4년의 단일 임대차 계약	• 주택 취득 후 체결한 4년의 임대기간으로 하는 하나의 임대차계약을 직전임대차계약과 상생임대차계약 2개의 계약으로 상생임대차 특례를 적용할 수 없음[231]
1개월 미만의 기간 (직전임대차계약)	• 상생임대주택에 대한 1세대 1주택 특례를 적용함에 있어, 직전 임대차계약의 임대기간이 1년 5개월 19일인 경우 1개월 미만인 기간을 1개월로 보아 1년 6개월 임대한 것으로 봄[232]
직전 임대차계약 만료 前 체결한 임대차계약	• 주택을 취득한 후 임차인과 체결한 임대차계약 만료 전에 갱신계약을 체결한 경우로서 2021.12.20.부터 2026.12.31.까지의 기간 중에 해당 갱신계약을 체결하지 아니한 경우에는 "상생임대차계약"에 해당하지 않음[233]
임차인 사정으로 임대차 기간 미준수 등	• "직전 임대차계약" 또는 "상생임대차계약"을 체결하였으나, 임차인이 중도 퇴거하여 "종전 임대기간" 요건을 충족하지 못한 경우, 종전 임대기간과 새롭게 체결한 임대차계약(종전 임대차계약의 임대보증금 또는 임대료보다 낮거나 같은 경우에 한정)에 따른 임대기간을 합산할 수 있음[234]
	• 직전 임대차계약 대비 임대보증금 또는 임대료의 증가율이 5%를 초과하지 않는 임대차계약(A)을 특례기간 중에 계약기간 2년으로 체결하였으나, 임차인이 개인적 사정으로 조기 전출하여 소득칙 제74조의 3에서 정하는 요건을 충족하는 임대차계약(B)을 2027.1.1. 이후 체결한 경우로서 임차인의 사정으로 임대가 중단되기 전·후의 두 임대차계약(A, B)에 따른 실제 임대기간을 합산하여 2년 이상인 경우 상생임대주택 특례를 적용할 수 있음[235]
	• 1주택을 소유한 1세대가 해당 주택을 취득한 후 직전 임대차계약 및 상생임대차계약을 체결한 경우로서, 임차인의 조기퇴거로 상생임대차계약에 따라 실제 임대한 기간이 2년 미만인 경우에는 상생임대주택에 대한 1세대 1주택의 특례를 적용받을 수 없음(사안은 새롭게 임대하지 않고 양도한 경우임)[236]
	• 기존 임대차계약 기간이 만료 전 임차인 요청으로 잔여기간에 대한 임대차계약서를 재작성하여 재작성 전·후 임대기간 외 임대차계약 조건이 모두 동일한 경우, 기존 임대차계약을 직전 임대차계약으로 봄[237]

---

230) 법규재산-3576, 2025.3.28.
231) 법규재산-2876, 2024.11.13.
232) 법규재산-2784, 2022.8.17.
233) 법규재산-481, 2024.8.12.
234) 법규재산-2797, 2022.11.14. ; 재산세제과-1412, 2022.11.10.
235) 법규재산-115, 2023.5.9.
236) 법규재산-1236, 2022.10.31.
237) 부동산납세과-680, 2024.5.3.

구 분	내 용
임차인 요청으로 체결한 1년과 6개월 기간의 임대차계약	• 임차인 요청으로 체결한 임대기간 1년의 1차 임대차계약과 별도로 임대기간 6개월의 2차 임대차계약을 서로 다른 임차인과 순차로 체결하는 경우, 두 임대기간을 합산하여 직전임대차계약에 해당하는 것으로 볼 수 없음[238]
동거봉양 합가 특례와 중첩 적용	• 동거봉양 합가에 따른 비과세 특례 적용 시에도 상생임대주택 특례 적용이 가능함[239]
일시적 2주택의 종전주택	• 일시적 2주택자가 소득령 제155조의 3 제1항 각 호의 요건을 모두 갖춘 종전주택(상생임대주택) 양도시 해당 주택은 거주기간 제한을 받지 않음[240]
혼인 특례 대상 & 다가구주택인 경우	• 혼인 특례 적용시 상생임대주택 요건을 모두 갖춘 주택을 양도하는 경우 해당 주택은 거주기간의 제한을 받지 않으며, 다가구주택 전체를 양도하는 경우 모든 호가 상생임대주택 요건을 충족하여야 특례를 적용받을 수 있음[241]
조특법 특례주택을 보유한 경우	• 1세대가 조특법 제99조의 2에 따른 특례대상 주택(A)과 소득령 제155조의 3 제1항에 따른 상생임대주택(B)을 보유하다가 B주택을 양도하는 경우 1주택을 소유한 것으로 보아 상생임대주택 특례를 적용받을 수 있음[242]
장기임대주택 보유자인 경우	• 소득령 제155조의 3 제1항 각 호의 요건을 모두 갖추어 상생임대주택을 양도하는 경우에는 소득령 제155조 제20항 제1호를 적용할 때 해당 규정에 따른 거주기간의 제한을 받지 않음[243] • 장기임대주택(B)과 거주하지 않은 1주택(A)을 보유한 1세대가 A주택을 양도하기 전에 조합원입주권(C)을 소유하게 된 경우 소득령 제156조의 2 제4항의 요건을 모두 충족하고 상생임대차주택 요건을 모두 갖추어 A주택을 양도하는 경우에는 1세대 1주택 비과세 규정 적용이 가능함[244]
대체주택 특례와 상생임대주택	• 관리처분계획 등에 따라 취득하는 주택이 완성된 후 3년 이내에 그 주택으로 세대전원이 이사하여 1년 이상 계속하여 거주하지 않고 그 주택을 상생임대하면 대체주택 양도시 소득령 제156조의 2 제5항을 적용할 수 없음[245] • 주택에 대한 재개발/재건축/소규모재건축사업 등 시행기간 동안 거주하기 위하여 대체주택을 취득하여 1년 이상 거주하지 아니하고 양도하는 경우 해당 주택은 소득령 제156조의 2 제5항 요건을 갖춘 대체주택에 해당하지 않음[246] ※ 즉, 대체주택 특례는 소득령 제156조의 2 제5항 제1호에서 별개로 1년 이상 거주할 것을 요건으로 규정하기 때문임

---

238) 법규재산 - 1062, 2024.11.18.
239) 부동산납세과 - 1114, 2024.7.8. ; 부동산납세과 - 1479, 2023.6.5.
240) 부동산납세과 - 1426, 2023.5.26. ; 부동산납세과 - 1311, 2023.5.15.
241) 부동산납세과 - 1425, 2023.5.26.
242) 법규재산 - 2843, 2022.11.2.
243) 부동산납세과 - 473, 2023.2.16.
244) 법규재산 - 4173, 2023.4.26.
245) 부동산납세과 - 1136, 2023.4.28.
246) 부동산납세과 - 199, 2023.1.25.

구 분	내 용
상시 주거용 미사용	• 임대주택의 전차인이 가정어린이집으로 사용시 상생임대주택 특례 불가함[247]
묵시적 갱신에 따른 각 임대차계약의 합산	• 직전 임대차계약 종료 후 임대차계약을 묵시적 갱신하였으나, 임차인 사정으로 임대를 계속할 수 없어 새로운 임대차계약을 체결하는 경우로서 상생임대차계약의 다른 요건을 충족하는 경우 해당 묵시적 계약은 상생임대차계약에 해당하고, 묵시적 계약과 비교하여 새로운 임대차계약에 따른 임대보증금 또는 임대료가 증가하지 않는 경우에는 묵시적 계약에 따른 임대기간과 새로운 임대차계약의 임대기간을 합산하여 상생임대차계약에 따른 임대기간을 계산함[248]
직전 임대차계약 임대보증금 반환	• 임대보증금 일부를 반환한 계약이 직전임대차계약에 해당하는 경우 상생임대차계약의 직전임대보증금 기준금액은 임대보증금을 반환한 이후 금액임[249]
상생임대차계약기간 종료 후 증액 제한	• 소득령 제155조의 3 요건을 모두 충족한 상생임대주택은 상생임대차계약 임대기간 종료 후, 새로운 임대차계약 체결시 임대료 증액 요건을 충족하지 않은 경우에도 소득령 제155조의 3에 따른 특례를 적용받을 수 있음[250]
별도 세대인 공유자 중 1인이 임차인인 경우	• 별도 세대인 공유자 2인 중 1인이 양자 간 임대차계약에 따라 해당 주택에 전입하여 거주하는 경우 임대인인 다른 공동소유자는 자신의 지분에 대하여 상생임대주택 특례를 적용받을 수 있음[251]
비거주자 상태에서 체결한 임대차계약	• 비거주자 상태에서 취득한 주택을 거주자인 상태에서 양도하는 경우로서 비거주자 신분에서 직전임대차계약을 체결하고 거주자 신분으로 상생임대차계약을 체결한 경우에는 상생임대차주택 특례를 적용받을 수 없음[252] • 비거주자 상태에서 직전임대차계약 및 상생임대차계약을 체결한 후 거주자로 전환하여 주택을 양도하는 경우, 상생임대주택 특례가 가능하지 않음[253]
1차 → 2차 → 3차 순차적 임대차계약	• 2년의 임대차계약(임차인 甲)기간 만료 후 2차 임대차계약(임차인 乙)을 체결하였으나 임차인 사정으로 조기 퇴거하여 상생임대주택 특례의 의무임대기간을 충족하지 못한 채 3차 임대차계약을 체결한 경우 2차 임대차계약을 공백으로 보고, 1차 및 3차 임대차계약만을 각각 직전 및 상생임대차계약으로 판정하여 상생임대주택 특례를 적용할 수 없음[254]

---

247) 법규재산-2199, 2024.9.20.
248) 법규재산-0648, 2025.3.4.
249) 법규재산-3015, 2024.4.25.
250) 법규재산-1315, 2024.9.25.
251) 법규재산-2930, 2025.3.18. ; 재산세제과-198, 2025.3.13.
252) 법규과-354, 2025.2.25.
253) 법규재산-1281, 2025.3.31.
254) 법규재산-3576, 2025.3.28.

Chapter 31

해외이주 또는 해외근무하는 경우 1세대 1주택 비과세 적용시 유의사항은?

내용 Summary

기본사항 Check

- **해외이주 특례** : 해외이주로 세대 전원이 출국하는 경우 출국일 현재 1주택을 보유하고 있고 출국일로부터 2년 이내에 양도하는 경우에 한하여 보유 및 거주기간을 묻지 않고 비과세 적용
- **국외 근무 등 특례** : 1년 이상 계속하여 국외거주를 필요로 하는 취학 또는 근무상 형편으로 세대 전원이 출국하는 경우 출국일 현재 1주택을 보유하고 있는 경우로서 출국일부터 2년 이내에 양도하는 경우에 한하여 보유 및 거주기간을 묻지 않고 비과세 적용

핵심 Point

- 해외이주 특례 적용시 일시적 2주택 특례 보유자에게 적용되는지 : No → 반드시 출국 전에 먼저 종전주택 양도(비과세)하여야 함
- 출국 전 양도시 적용 가능 여부 : "연고/무연고 해외이주"의 경우 해외이주확인서 발급받으면 가능 → 실제 출국 여부는 사후관리
- "해외근무"에 따라 출국하더라도 "거주자" 신분을 유지하는 경우도 있음에 유의
- 해외이주하여 비거주자 상태에서 주택 양도하는 고가주택 → 장기보유특별공제 적용시 표2 공제율(최고 80%)을 적용받지 못함

질문 »

1. 甲세대는 일시적 1세대 2주택 상태인데 해외이주로 세대 전원이 출국한 후 비거주자 상태에서 종전주택(A)을 양도하고 뒤이어 출국한 날로부터 2년 이내 신규주택(B)도 양도하였다. 1세대 1주택 비과세 규정의 적용이 가능한가?

2. 甲세대는 일시적 1세대 2주택 상태인데 해외이주로 출국이 예정되어 출국 전에 보유기간 등을 충족한 종전주택(A)을 양도하고 출국한 후 비거주자 상태에서 출국한 날로부터 2년 이내 보유기간을 미충족한 신규주택(B)도 9억원에 양도하였다. A, B주택은 1세대 1주택 비과세 규정의 적용이 가능한가?

3. 甲세대는 1세대 1주택 상태인데 해외이주가 확정되어 출국 전에 국내 재산을 정리하고자 보유기간 2년이 안된 주택을 양도하였다. 해외이주 확인서는 발급받은 상태이다. 1세대 1주택 비과세 규정의 적용이 가능한가?

4. 甲세대는 일시적 1세대 2주택 상태인데 국내 외교 관련 부처에 공무원으로 근무 중 프랑스 대사관에 2년간 파견근무를 명령받고 출국하였다. 배우자 및 가족도 출국하였으며, 국내에는 임대 상가가 있으며 파견근무를 마치면 국내 외교 부처에서 계속 근무가 예정되어 있다. 이 경우 출국일은 2023.2.10.이고 신규주택 취득일부터 3년 이내인 2023년 3월에 보유기간 등을 충족한 종전주택을 양도하였다. 1세대 1주택 비과세 규정의 적용이 가능한가?

5. 甲세대는 1세대 1주택 상태인데 해외이주로 출국한 후 비거주자 상태에서 출국한 날로부터 2년 이내 주택(A, 2년 이상 거주)을 15억원에 양도하였다. 양도하는 A주택은 1세대 1주택에 대한 장기보유특별공제 표2 공제율이 적용 가능한가?

답변 및 해설 »

1. 해외이주에 따라 세대 전원이 출국하는 경우의 비과세 특례는 "출국일 현재 1주택 & 양도일 현재 1주택"이어야 한다. 그리고 출국일로부터 2년 이내 주택을 양도하여야 한다. 이 경우 보유기간 및 거주기간도 묻지 않고 비과세 규정이 적용된다. 그러나 사안은 출국일 현재 일시적 2주택자로서 출국하여 비거주자 상태에서 2개의 주택을 양도한 경우이다. 따라서 양도하는 2주택 모두 과세 대상이다.

2. 사안에서 출국 전에 거주자 상태에서 보유기간 등 요건을 갖춘 종전주택(A)을 양도하여 적법하게 비과세 규정을 적용받았고 출국한 시점에 1주택 상태로 요건을 충족하고서 출국한 날부터 2년 이내 양도하면서 신규주택(B)을 양도하여 해외이주에 따른 특례를 적용받아 2주택 모두 비과세를 적용받을 수 있으며, 이는 "합법적인 절세" 방법이 된다.

3. 해외이주에 따른 보유 및 거주기간 특례 적용시 법령에는 "출국한 날로부터 2년 이내" 주택을 양도할 경우 특례를 적용토록 규정한다. 그러나 이를 엄격하게 해석할 경우 해외이주자가 출국한 후 주택 양도를 위해 다시 국내에 재입국하여야 하는 문제가 있다. 따라서 이러한 문제점을 해결하고자 과세관청 해석 및 조세심판원은 "연고이주"와 "무연고이주"에 한하여 출국 전에 해외이주확인서(유효기간 1년)를 발급받아 제출하는 경우 국내 주택을 추가로 취득하지 않을 것을 조건으로 하여 출국 전 양도하여도 동 특례 적용을 인정한다. 다만, 실제 해외이주 여부 등은 과세관청 입장에서는 사후관리하게 된다.

4. 1년 이상 국외거주를 필요로 하는 취학이나 근무상 형편으로 출국하는 경우에도 출국일로부터 2년 이내 양도시 보유기간 특례가 인정된다. 이는 출국 당시 일시적 1세대 2주택자에게 적용되지 않는다. 그러나 근무상 형편으로 출국하는 경우에는 사안과 같이 출국 후에도 여전히 거주자인 경우가 있으므로 출국에 따른 보유기간 특례가 아닌 일반적인 1세대 1주택 또는 일시적 2주택 특례를 적용받을 수 있다. 사안은 출국 후에도 여전히 거주자이고 일시적 1세대 2주택자로서 종전주택을 신규주택 취득일부터 3년 이내 양도한 것이므로 비과세 요건을 충족하였다.

5. 해외이주에 따라 출국한 날로부터 2년 이내 양도시 비거주자라도 1세대 1주택 비과세를 적용받을 수 있다. 그런데 이 경우 해당 주택을 2년 이상 거주한 경우로서 고가주택에 해당하면 장기보유특별공제 표2의 공제율이 적용될 수 있는지에 대하여 부정적이다. 따라서 사안의 경우 표1 공제율이 적용된다.

관련 사례

구 분	내 용
일시적 2주택 등 보유자의 경우	• 일시적 2주택 상태에서 해외이주로 세대 전원이 출국하는 경우 2주택 "모두"를 과세함[255] • 양도일 현재 일시적 2주택을 보유하고 있고 "세대 전원이 출국하지 않는 상태에서는" 보유기간 등과 일시적 2주택 특례 요건을 충족한 경우 비과세 규정을 적용받을 수 있음[256] • 거주주택과 소득세법상 장기임대주택을 보유한 경우 해외이주에 따른 특례를 적용하지 않음[257] • 일반주택과 상속주택 보유자가 해외이민으로 세대 전원이 출국하여 비거주자 상태에서 국내의 일반주택을 양도하는 경우 비과세 되지 않음[258]
독립 세대 구성자의 미출국	• "세대 전원이 출국하는 경우"란 거주자 및 그 배우자가 그들과 동일한 주소 또는 거소에서 생계를 같이하는 가족과 함께 구성하는 세대 전원이 출국하는 것을 말하며, 세대원 중 별도로 1세대를 구성할 수 있는 자가 함께 출국하지 않은 경우에도 세대 전원이 출국한 것으로 봄[259]
현지이주의 경우 "출국일" 의미	• 현지이주의 경우 영주권 또는 그에 준하는 장기체류 자격을 취득한 경우 그 "영주권 등의 취득일"을 출국일로 봄[260]

---

255) 부동산거래관리과-145, 2010.1.28. ; 재산세과-1539, 2008.7.8. ; 조심2024서812, 2024.7.25.
256) 서면4팀-911, 2005.6.10.
257) 법령해석재산-4922, 2017.8.22.
258) 서일46014-11527, 2002.11.14. ; 재일46014-1540, 1997.6.24.
259) 재산세과-3111, 2008.10.2. ; 서면4팀-1751, 2006.6.15.
260) 법령해석재산-466, 2016.11.25. ; 부동산거래관리과-4, 2013.1.4. ; 부동산거래관리과-330, 2012.6.15.

구 분	내 용
출국 전에 양도하는 경우	• 연고이주와 무연고이주의 경우에는 해외이주신고를 하고 해외이주신고 확인서를 교부받은 경우 해외이주신고 확인서의 "발행일로부터 1년 이내" 세대 전원이 출국하면서 출국 전에 다른 주택을 취득하지 않을 것을 조건으로 당해 주택을 양도하는 경우 적용을 인정함[261] • 연고이주와 무연고이주의 경우 법령을 엄격히 적용하면 출국일 후 국내에 다시 입국하여 양도하여야 하는 불편을 고려하여 예외적으로 출국 전에 양도하여도 해외이주확인서 발급받으면 특례를 인정함[262] • 현지이주의 경우에는 출국(영주권 취득 시점) 전 양도시 동 특례 적용을 부인함[263] • 연고이주와 무연고이주라도 해외이주 신고를 하지 않은 경우 출국 전 양도시 예외적인 특례 적용을 부인함[264]
연고이주와 무연고이주 구분	• 해외이주 구분은 외교부장관이 교부하는 해외이주신고확인서 및 현지이주확인서 또는 거주여권 사본에 의함[265]
세대원들의 출국일이 상이	• 세대원간 출국일이 서로 다른 경우 출국일은 해외이주 신고 후 최초로 "세대 전원이 출국하는 날"을 말함[266] • 부모가 해외이주 신고 후 먼저 출국하고 자녀는 취학상 사유로 나중에 출국한 경우 그 자녀가 출국한 날을 세대 전원이 출국하는 날로 봄[267]
출국 후 특례받고 주택 취득	• 세대 전원이 출국한 후 주택을 양도하여 비과세 특례를 적용받은 후 신규주택을 취득할 경우, 해외이주에 따른 1세대 1주택 특례 여부는 양도일 현재를 기준으로 판정하므로 기존의 비과세는 유효함[268]
1년 이상 해외근무자의 출국	• 이 경우 양도자는 "비거주자"인 경우가 많으나,[269] 국외에서 근무하는 공무원 또는 거주자나 내국법인의 국외사업장 또는 해외현지법인(내국법인이 100% 출자) 등에 파견된 임·직원은 거주자로 보기에(소득령§3), "거주자"가 양도하는 경우도 있음[270]
장기보유특별 공제 표2 공제율 여부	• 해외이주로 세대 전원이 출국하여 비거주자가 된 경우 2010년 이후 법률 개정취지가 "모든 비거주자"에게 표2가 적용되지 않음을 명확히 한 것으로, 표2 공제율 적용을 부정함[271]

---

261) 서면4팀-924, 2005.6.13. ; 서일46014-11079, 2003.8.12.
262) 조심2012서3377, 2012.11.15. ; 조심2012서1085, 2012.11.5. ; 조심2010서1357, 2010.12.13.
263) 부동산거래관리과-803, 2010.6.9.
264) 조심2012서885, 2012.5.15.
265) 부동산거래관리과-606, 2010.4.28.
266) 재산세과-972, 2009.12.9. ; 재산세과-1425, 2009.7.13.
267) 재산세과-3396, 2008.10.21.
268) 서면4팀-1386, 2007.4.30. ; 서면4팀-3253, 2006.9.25. ; 국심2005서3016, 2006.6.2.
269) 조심2021인2525, 2021.8.24.
270) 부동산납세과-945, 2022.4.18. ; 국심2005서3016, 2006.6.2. ; 국심2000서1239, 2000.9.7.
271) 법령해석재산-324, 2015.11.12. ; 조심2021서924, 2021.8.25.

Chapter 32

건설임대주택 분양전환, 기쁨이 악몽이 된 이유는?

내용 Summary

기본사항 Check

- **건설임대주택 등 특례** : 민간건설임대주택, 공공건설임대주택, 공공매입 임대주택을 취득하여 양도하는 경우로서 해당 임대주택의 임차일부터 양도일까지 기간 중 세대 전원이 거주(취학, 근무상의 형편, 질병의 요양, 그 밖에 부득이한 사유로 세대 구성원 중 일부가 거주하지 못하는 경우 포함)한 기간이 5년 이상인 경우 보유기간 등을 묻지 않고 비과세 규정을 적용함
- **공공매입임대주택** : 재건축사업에 따른 공공매입임대주택은 2022.2.15. 이후 양도분부터 적용 가능 → 그 전 양도시에는 적용 불가

핵심 Point

- 건설임대주택 등의 임대차계약자와 분양전환자의 동일성 여부 : 동일 세대이면 적용 가능 → 이혼한 경우 이혼 전 거주기간도 인정
- 다른 1주택 보유상태에서 건설임대주택을 분양전환받아 바로 양도할 경우 → 비과세 불가, 1년 미만 단기양도(70% 세율) 중과

질문 »

甲세대는 서울에 다세대주택(A)을 보유하고 있던 중에 경기도 파주시 LH건설임대주택(B)에서 8년 이상 거주하다가 2022년 3월 중 2억원에 분양전환 받았다. 1개월 뒤 B주택을 양도한 경우 1세대 1주택 비과세가 가능한가? 서울의 다세대주택(A)은 조특법상 특례 주택은 아니다.

답변 및 해설

"임차일부터 양도일까지 5년 이상" 세대 전원이 거주(일부 세대원이 부득이한 사유로 미거주하여도 나머지 세대원이 거주하면 가능)한 건설임대주택을 분양전환받아 양도하는 경우에는 보유기간 등도 묻지 않고 비과세 규정의 적용이 가능하다. 분양전환하고 바로 양도하더라도 비과세가 가능하다. 조정대상지역 소재도 불문한다. 그렇지만 전제 조건은 1세대 1주택이어야 한다. 사안과 같이 (조특법상 주택 수 제외하는 주택이 아닌) 다른 주택이 있는 상태에서 분양전환하여 나중 분양전환으로 취득한 주택을 먼저 양도하는 경우에는 비과세 적용이 되지 않는다.

가끔 실무에서 보게 되는데, 더 기가 막힌 것은 2021.6.1. 이후 양도분부터 주택을 1년 미만 보유하다가 양도시 세율이 70%(지방세까지 77%)가 적용된다는 사실이다. 게다가 본인은 비과세로 알고서 양도소득세 신고까지 하지 않아 무신고가산세 등을 부담할 것도 생각해 보시라. 건설임대주택이라도 단기양도 중과에 예외가 없다. 분양전환에 따른 차익이 거의 전부 조세로 환수되어 버린다. 따라서 분양전환한 건설임대주택을 양도하고 비과세 적용을 받으려면 "반드시" 기존 보유 주택을 먼저 정리하여야만 한다. 아니면 임대주택 분양전환의 기쁨은 악몽으로 끝난다!

만일 건설임대주택을 먼저 분양전환받고(종전주택) 새로운 주택(신규주택)을 취득하여 이사하는 경우에는 건설임대주택을 양도하더라도 비과세 규정이 적용된다. 종전주택이 건설임대주택 보유기간 특례 대상이면 신규주택은 분양전환 후 1년이 지나 취득할 필요는 없다. 그러나 양도기한은 신규주택 취득일부터 3년 이내(일시적 2주택 양도기한) 양도하여야 한다.

관련 사례

구 분	내 용
5년 미만 거주한 경우	• 건설임대주택의 임차일부터 양도일까지의 거주기간이 5년 미만인 경우 보유기간 등 특례 규정을 적용받을 수 없음[272] • 임대주택 취득 전에 근무상 형편 등 부득이한 사유로 "세대 전원"이 다른 시·군으로 거주이전한 경우 다른 주택에서 거주한 기간은 거주기간 계산시 포함되지 않음[273]
재건축임대주택 ('22.2.15. 前 양도)	• 재건축임대주택은 그 실질이 공공매입임대주택에 해당함[274] ※ 2022.2.15. 소득령 개정으로 입법 보완하였으나, 개정 前 양도분은 특례 적용이 불가함

---

[272] 상속증여세과-84, 2013.5.3. ; 부동산거래관리과-828, 2010.6.17. ; 재일46014-1256, 1997.5.22.
[273] 부동산거래관리과-247, 2011.3.18. ; 재산세과-1098, 2009.12.23. ; 국심2007서3675, 2008.2.20.
[274] 조심2022중8263, 2023.2.14. ; 조심2022중8259, 2023.2.14. ; 조심2022중8264, 2023.2.13. ; 조심2022인116, 2022.7.21. ; 조심2022중2682~2688, 2022.7.21. ; 서울고법2024누32425, 2024.6.25.

구 분	내 용
임대차계약자와 분양자가 다른 경우	• 건설임대주택 등의 임차계약자와 분양받은 자가 달라도 "동일 세대"이면 동 특례가 적용됨[275] • 건설임대주택을 동일 세대원에게 증여한 경우 임차일부터 양도일까지 거주기간이 5년 이상이면 동 특례가 적용됨[276] • 남편 명의로 임차하여 세대 전원이 함께 거주하다가 부부가 이혼하고 부인 혼자 거주하던 중 부인 명의로 분양받아 양도하는 경우 당초 임차일부터 양도일까지 거주기간이 5년 이상이면 적용 가능함[277] • 임대차 계약자의 사망으로 동일 세대원이 임대차 계약을 승계받아 거주한 경우 동일 세대로서 피상속인과 함께 거주한 기간을 "통산"함[278]
거주기간의 계산	• 거주기간은 임차일부터 취득일까지의 거주기간과 취득일부터 양도일까지의 거주기간을 합산함[279] • 임차일부터 양도일까지 전출한 기간이 있어도 나머지 기간을 통산하여 판정함[280] • 근무상 형편 등 부득이한 사유로 "세대 전원"이 다른 시·군으로 거주이전한 경우 다른 주택의 거주기간은 거주기간 계산시 포함되지 않음[281] • "세대원 일부"가 취학 등 부득이한 사유로 미거주시 나머지 세대가 거주하면 거주기간을 인정하지만, 그 사실을 납세자가 입증하지 못하면 인정하지 않음[282]
분양전환한 주택이 종전주택일 경우	• "이미 분양전환한 건설임대주택을 보유하던 중" 다른 주택을 취득(자기가 건설하여 취득한 경우 포함)하여 일시적으로 2주택이 된 경우 다른 주택 취득일부터 일시적 2주택 양도기한 이내 해당 건설임대주택(5년 거주요건 충족)을 양도하면 일시적 2주택 특례가 적용됨[283] • 종전주택이 건설임대주택에 해당하는 경우 일시적 2주택 특례 적용시 "종전주택을 취득한 날로부터 1년 이상이 지난 후 신규주택 취득의 요건"을 적용하지 않음[284]
기존주택 보유자가 분양전환 주택양도	• 이미 1주택을 취득한 후 건설임대주택을 분양전환으로 취득(5년 이상 거주)하여 그 분양전환한 주택을 먼저 양도하는 경우 일시적 2주택 특례가 적용되지 않음[285]
임차권의 승계	• 별도 세대로부터 임차권을 승계받은 경우 前임차인이 임차하여 거주한 기간은 5년 거주기간에 산입하지 않음[286]

---

275) 재산세과-1441, 2009.7.15.
276) 양도 집행기준 89-154-32 ; 재일46014-220, 1999.2.1.
277) 서면4팀-997, 2008.4.21. ; 서면4팀-3639, 2007.12.24. ; 서면5팀-1760, 2007.6.8.
278) 부동산납세과-2, 2015.1.6. ; 부동산거래관리과-13, 2010.1.8. ; 재일46014-1558, 1997.6.26.
279) 재일46014-1347, 1995.6.3.
280) 법규재산-154, 2024.3.29.
281) 부동산거래관리과-247, 2011.3.18. ; 재산세과-1098, 2009.12.23. ; 국심2007서3675, 2008.2.20.
282) 조심2022서7913, 2023.10.12. ; 서울고법2024누53682, 2024.12.18. ; 서울행법2023구단80381, 2024.7.24.
283) 서면5팀-1557, 2007.5.14. ; 서면4팀-138, 2006.1.26.
284) 부동산납세과-925, 2017.8.14. ; 부동산납세과-467, 2014.7.4.
285) 부동산거래관리과-87, 2010.1.19. ; 재산세과-540, 2009.10.26.
286) 부동산거래관리과-1066, 2010.8.17. ; 서면4팀-419, 2008.2.20. ; 재일46014-2227, 1997.9.22.

Chapter 33. 2주택 특례들의 중첩 적용과 한계는?

내용 Summary

기본사항 Check

- **2주택 특례의 내용** : 1세대 1주택 비과세를 적용함에 있어 주택을 대체 취득한다든지 혼인, 상속 등의 경우에 있어 부득이하게 2주택이 된 경우에도 비과세가 적용되도록 규정하며, 현재 10가지 유형의 특례를 두고 있음

핵심 Point

- 2주택 특례가 중첩의 범위 : 2가지 유형의 특례까지만 중첩 허용 → 2주택 특례의 특성에 따라 중첩 적용이 제한되는 경우도 존재함
- 중첩 적용시 비과세 요건 : 중첩적으로 모두 충족하여야 함
- 동일한 유형의 2주택 특례의 중첩 : 먼저 발생한 2주택 상태를 해소하지 않고 해당 특례를 연속하여 인정하지 않음 → 다만, "일반주택 + 상속주택" 상태에서 추가로 "상속주택" 취득시 나중 상속주택은 일시적 2주택의 "신규주택" 취득으로 볼 수 있음

질문 »

1. 소득세법 시행령 규정에서의 2주택 특례 간 중첩 적용의 범위 및 요건과 관련하여 다음에 대해 답해 보라.
   (1) 동일한 내용의 2주택 특례가 중첩될 수 있는가?
   (2) 서로 다른 2주택 특례 간에 최고 몇 개까지 특례가 중첩될 수 있는가?
   (3) 특례가 중첩될 경우 비과세 요건의 적용은?
   (4) 중첩된 특례가 해소되지 않은 상태에서 연속적으로 특례의 중첩이 허용되는가?

2. 다음의 경우에 일시적 2주택 특례의 중첩 적용이 어떻게 되는가?
   (1) 일시적 2주택과 상속주택
   (2) 일시적 2주택과 귀농주택
   (3) 일시적 2주택과 거주주택

3. 일반 2주택 이상 보유 세대는 일시적 2주택 특례를 적용받지 못하는가?

 **답변 및 해설 »**

1. 1세대 1주택 비과세 규정은 1주택뿐만 아니라 일시적 1세대 2주택 등의 경우에도 적용된다. 현재 소득세법 시행령 제155조에서 2주택 특례로서 10가지 유형을 규정하고 있다. 그런데 해석상 2주택 특례의 중첩 적용도 인정되고 있으나, 다음에 유의하여야 한다.

   (1) 주택 특례가 중첩되더라도 동일한 내용의 2주택 특례가 중첩될 수는 없다. 물론 일시적 2주택을 "해소"하고 1주택 상태에서 신규주택을 취득하여 또다시 일시적 2주택 특례를 받을 수 있음은 물론이다. 예를 들면 다음과 같다.
      ① 일시적 2주택(A종전주택 + B신규주택) 상태에서 또 신규주택(C)을 취득하여 "일시적 2주택"이 2개 중첩될 수는 없다.
      ② 직계비속 세대가 직계존속 세대와 동거봉양 합가하였는데 또 다른 직계비속이 합가하여 "동거봉양합가 특례"를 2개 중첩 적용할 수는 없다.

   (2) 서로 다른 유형의 2주택 특례 간 중첩 적용이 허용된다고 하더라도 최고 2종류의 2주택 특례만이 중첩됨이 원칙이다. 3종류의 2주택 특례까지 중첩 적용은 인정하지 않는다. 예컨대, 일시적 2주택과 문화재주택 특례가 중첩된 상황에서 별도 세대로부터 주택을 상속받으면 상속주택 특례까지 중첩되어 3종류가 중첩되므로 이 상태에서 최초로 양도하는 주택은 비과세를 적용받지 못한다.

   (3) 만일 2주택 특례가 중첩될 경우 비과세 요건도 중첩됨을 잊어서는 안 된다. 예컨대, 1주택(A) 보유자와 1주택(B) 보유자가 혼인으로 1세대 2주택이 된 상태에서 신규주택(C)을 취득하여 대체 취득에 따른 일시적 2주택이 중첩될 경우 비과세 요건은 혼인 2주택 특례와 일시적 2주택 비과세 요건을 모두 충족하여야 한다. 따라서 C주택은 A, B 주택 중 나중에 취득한 주택으로부터 1년이 지나 취득하여야 하고, 양도하는 A주택 또는 B주택은 혼인한 날로부터 5년 이내 "및(and)" C주택 취득일로부터 3년 이내 양도하여야 한다.

   (4) 2종류의 2주택 특례가 중첩된 경우 1주택을 양도하고 비과세를 적용받은 후 다시 신규주택을 취득하여 일시적 2주택 특례를 중첩시킬 수 있는지 여부에 대하여 부정적으로 해석하고 있다. 예컨대, 1주택(A)을 보유한 甲과 1주택(B)을 보유한 乙이 혼인하여 1세대 2주택 상태에서 甲이 신규주택(C)을 취득한 뒤 A주택을 양도하여 비과세를 적용받은 뒤 甲이나 乙이 다시 신규주택(D)을 취득하여 B주택을 양도할 경우 비과세를 적용받지 못한다.

2. 2주택 특례 간 중첩이 제한되는 경우의 논리를 이해할 필요가 있다.
    (1) 일시적 2주택과 상속주택의 중첩되는 경우 비과세 적용이 제한되는 경우가 있을 수 있다. 예컨대, 일반주택(A) 보유한 세대가 별도 세대로부터 1주택(B)을 상속받은 뒤 A주택(일반주택, 종전주택) 취득일로부터 1년이 지나 신규주택(C)을 취득하여 상속주택 특례와 일시적 2주택 특례가 중첩되었다고 하자.

    이 경우 C주택 취득일로부터 3년 이내 A주택을 양도하여 비과세를 적용받았다면 그 다음에는 C주택에 대해서는 상속주택 특례 적용이 불가하다. 왜냐하면 상속주택 특례에서 일반주택은 2013.2.15. 이후 취득분부터 상속개시 당시 보유하여야 하는데, 이 경우 C주택은 상속개시 이후에 취득한 것이므로 상속주택 특례가 불가하다.

    또한 일시적 2주택 특례에서 양도하는 주택은 종전주택이어야 하는데 신규주택을 먼저 양도하였기에 일시적 2주택도 불가하다. 다만, 이 경우 상속받은 주택(B)을 종전주택으로 보아 B주택 취득일부터 1년이 지나 C주택을 취득한 것이라면 B주택을 먼저 양도하여 일시적 2주택 특례를 적용받을 수 있다.

    (2) 일시적 2주택(종전주택 A, 신규주택 B) 보유한 세대가 귀농요건을 갖춘 귀농주택(C)을 취득하여 귀농한 뒤 A주택을 양도하여 비과세를 적용받았다고 하자. 이 경우 B주택은 귀농주택 특례가 불가하다. 왜냐하면 귀농주택 특례는 귀농 후 양도하는 최초의 1일반주택에 대해서만 가능하기 때문이다. 따라서 절세 측면에서만 본다면 귀농 전에 종전주택을 양도하여 비과세를 적용받은 뒤 귀농에 따른 귀농주택을 취득할 필요가 있다.

    (3) 장기임대주택(A, B)을 보유한 세대가 거주주택(C)을 취득하여 거주하던 중에 C주택 취득일부터 1년이 지나 신규주택(D)을 취득한 경우 D주택 취득일부터 3년 이내 2년 이상 거주한 C주택을 양도한 경우 비과세를 적용받을 수 있다. 그러나 2019.2.12. 이후 거주주택을 취득한 경우 2019.2.12.부터 2025.2.27. 양도분까지 거주주택 비과세는 생애 1회에 한정하여 적용하므로 D주택은 2년 이상 거주하더라도 비과세를 적용받지 못한다.

3. 일반 2주택 이상 보유 세대라도 그 상황을 해소한 경우 비과세 적용이 가능하다. 일반 다주택자에 대해 적용되는 보유기간 재산정 규정은 2022.5.10. 이후 양도분부터 적용되지 않는다.

    또한, 비과세 요건을 못 갖춘 2주택(A, B) 보유 세대가 별도 세대로부터 상속주택 특례 대상인 주택을 상속받는 경우 먼저 보유하던 2주택 중 양도차익이 작은 주택을 먼저 양도하여 과세로 신고납부한 후 그 다음에 남은 1주택(일반주택)과 상속주택 중 일반주택을 양도하여 비과세 규정을 적용받을 수 있다. 일시적 2주택의 중첩 적용과 관련하여서는 최근 판결을 소개하면서 보충설명을 통해 보다 자세히 설명하도록 하겠다.

보충설명

일시적 2주택의 중첩과 관련하여 최근 판례와 관련하여 논쟁이 있어 보충설명하기로 한다.

일반 다주택자가 2021.1.1. ~ 2022.5.9. 주택을 양도하는 경우 일반 다주택 상황을 해소한 후 양도하는 주택의 1세대 1주택 비과세를 적용받기 위한 보유기간 등 산정은 그 다주택 상황이 해소된 이후부터 보유기간 등을 재산정하도록 하였다.

한편, 해당 규정 적용시 1세대 3주택 보유자가 1주택을 양도한 뒤 남은 2주택이 일시적 2주택이 된 경우에도 보유기간은 재산정하게 된다. 이와 관련하여 보유기간을 양도 당시 일시적 2주택 요건을 갖추었기에 보유기간 등을 재산정하여서는 안 된다는 납세자측 주장에 대해 법원은 "<u>1세대가 1주택을 양도하기 전에 다른 주택을 대체취득하거나 상속·부양·혼인 등의 사유로 일시적으로 2주택을 보유하는 경우와 같이 예외적으로 엄격한 요건 하에서만 양도소득에 대한 비과세가 가능하도록 규정한 소득세법에 정면으로 반하는 것이어서 이를 그대로 받아들일 수 없다.</u>"고 판결하였다.[287] 다른 사건에서도 "보유기간 재산정" 부분만을 다루면서 판단하고 있다.[288]

이에 대해 소득령 제155조에서 규정하고 있는 2주택 특례규정을 "엄격하게 해석"하여 그동안 장기간 허용하고 있던 소득령 제155조 2주택 간 특례의 중첩 논리가 깨진 것이 아닌가 하는 우려들이 있고, 실무에 종사하는 세무대리인들이나 전문 강사들이 이에 대해 제법 많이 다루고 있는 것으로 보인다.

위 판례는 "보유기간 재산정"과 관련한 판결이고, 위와 같이 판단하지 않을 경우 일반 2주택 보유자의 기존 주택이 일시적 1세대 2주택에 해당하지 아니하여 그 양도소득에 대하여 과세되는 상황에서 1주택을 추가로 취득함으로써 기존주택의 양도소득을 비과세 되도록 악용하는 것이 가능하기에[289] 실수요 중심의 입법취지를 고려한 판결로 생각된다.

한편, 법원 판결은 당해 사건에 기속력을 갖는 것이지만, 기존 판결들과 배치된 판단을 하는 경우에는 단순히 "심리불속행"으로 판단할 것이 아니라 대법원 전원합의체에 회부하여 판례를 변경하였어야 할 것이다. 그러나 해당 사건은 심리불속행 판단이라는 점에서 대법원이 기존 입장을 변경한 것으로 생각되지는 않는다. 조세심판원도 해당 재산정과 관련하여 결정을 한 것이며,[290] 다른 영역으로 확대한 것은 보이지 않는다. 만일, 조세심판원도 기존 견해를 바꾸려면 조세심판원 심판관합동회의에서 이를 다루었어야 했다.

요컨대, 필자의 생각은 최근 판결이 "2주택 중첩"의 논리를 다룬 것이 아니라 "보유기간 재산정" 규정과 관련된 것이라는 점과, 그동안 장기간 인정되어 온 특례 대상 2주택들의 중첩 논리를 변경하려면 대법원 전원합의체에서 판단하였어야 된다는 점을 고려하면 2주택 간 중첩 논리를 변경한 것으로 생각되지는 않는다. 다만, 실무상 세무종사자들의 우려를 감안하면, 이에 대한 과세관청의 유권해석도 신속히 내려질 필요가 있어 보인다. 혼인 특례나 동거봉양 합가 특례에 대해서는 다음 34.에서 따로 살펴보기로 한다.

---

287) 대판2024두56047, 2025.1.9.(심리불속행) ; 서울고법2024누34025, 2024.9.26.(전심)
288) 대판2024두65645, 2025.3.13.(심리불속행) ; 대구고법2024누11892, 2024.12.6.(전심)
289) 서울고법2024누48352, 2024.12.6. ; 서울행법2024구단60537, 2025.1.8.
290) 조심2023중7708, 2023.11.27. ; 조심2023인3194, 2023.8.29. ; 조심2023서3434, 2023.6.1. ; 조심2023부132, 2023.5.30. ; 조심2022부7224, 2023.5.9.

관련 사례

구 분	내 용
같은 날 2주택을 양도하고 신규주택 취득	• 같은 날 A·B주택을 양도하면서 신규주택을 취득하는 경우 소득령 제155조 제1항 적용시 A·B주택을 먼저 양도한 후 신규주택을 취득한 것으로 보며, 이 경우 A·B주택의 양도 순서는 거주자의 선택 순서에 따름[291]
다주택자가 1주택을 남기고 일시에 양도	• 1세대 다주택자가 1주택을 남기고 같은 날 양도하는 경우 당해 거주자가 선택하는 순서에 따라 주택을 양도한 것으로 보며, 마지막 양도한 것으로 선택한 주택이 잔존 1주택과의 일시적 2주택 비과세 요건을 충족한 경우 비과세가 적용됨[292] ※ 2021.1.1. 이후 양도분부터 시행하던 다주택자에 대한 보유기간 재산정 규정은 2022.5.10. 이후 양도분부터는 폐지되었음
상속주택 특례와 일시적 2주택 특례	• 일반주택 보유자가 상속주택 취득으로 1세대 2주택 상태에서 상속주택이 아닌 일반주택(종전주택) 취득일로부터 1년 이상이 지난 후 신규주택 취득으로 1세대 3주택을 소유하는 경우 신규주택 취득일부터 일시적 2주택 양도기한 이내 상속주택이 아닌 일반주택 양도시 비과세 규정을 적용함[293] • 이 경우 종전주택 양도일에 신규주택 취득시 종전주택 양도 후 신규주택을 취득한 것으로 봄[294]
일시적 2주택자의 상속주택 취득	• 일시적 1세대 2주택자가 상속주택을 취득함으로 1세대 3주택인 경우 신규주택을 취득한 날로부터 일시적 2주택 양도기한 이내 종전주택 양도시 1세대 1주택 비과세 규정을 적용함[295]
1주택 보유자가 동일인으로부터 2주택 상속	• 일반주택 양도일 현재 상속주택을 2개 소유하고 있는 경우에는 상속주택 특례규정이 적용되지 않음[296] • 1세대 1주택(A) 보유자가 별도 세대인 피상속인이 소유한 2주택(B, C)을 상속받아 3주택이 된 경우 일시적 2주택 특례를 적용할 수 없음[297]
일반주택 + 상속주택 + 상속주택	• 일반주택(A)과 선순위 상속주택(B)을 별도 세대로부터 상속받고 다시 배우자가 별도 세대로부터 주택(C)을 상속받아 상속주택(B, C) 중 1채를 별도 세대에 증여한 후 일반주택 양도시 상속주택 특례가 적용됨[298] • 일반주택(A)과 상속주택(B) 보유자가 별도 세대로부터 주택(C)을 또 상속받아 일시적 3주택이 된 경우로서 C주택 취득일부터 일시적 2주택 양도기한 이내 종전주택 양도시 비과세 규정을 적용함[299] ※ 즉, 나중 상속받은 주택은 일시적 2주택의 신규주택 취득으로 본다는 것임

---

291) 법규재산-7205, 2022.6.17.
292) 재산세과-1887, 2008.7.24. ; 서면5팀-1241, 2008.6.11.
293) 소득통칙 89-155…2 ; 법령해석재산-374, 2019.10.21.
294) 법규재산-801, 2024.11.8.
295) 법규재산2013-96, 2013.3.20. ; 재산세과-232, 2009.9.17. ; 재산46014-976, 2000.8.8.
296) 부동산거래관리과-227, 2011.3.14. ; 재산과-600, 2009.10.30.
297) 서면법규과-1330, 2014.12.17.
298) 법규재산-5908, 2022.9.15. ; 재산세제과-1126, 2022.9.14.
299) 부동산거래관리과-373, 2012.7.16. ; 서면4팀-1223, 2008.5.20. ; 서면4팀-3478, 2007.12.5.

구 분	내 용
상속주택 특례와 혼인 2주택 특례	• 1주택자와 1주택자의 혼인으로 1세대 2주택을 보유하다가 상속개시 당시 별도 세대로부터 소득령 제155조 제2항에 따른 1주택을 상속받아 1세대 3주택을 보유한 경우 혼인한 날로부터 5년(2024.11.12. 이후 양도분은 10년) 이내 먼저 양도하는 주택(상속주택 외)은 비과세 규정을 적용함[300] ※ 혼인 당시 1주택 요건을 충족하였기에 2024년 중 삭제된 양도소득세 집행기준에 의하더라도 비과세 규정의 중첩 적용이 허용될 것으로 생각됨
상속주택 특례와 다가구주택 특례	• 국내에 1주택(A)을 보유하고 있는 1세대가 소득령 제155조 제2항의 상속주택(B)을 상속받은 경우 B주택이 다가구주택으로서 소득령 제155조 제15항에 해당하는 경우(하나의 단위로 상속받은 경우)에도 비과세 특례가 적용됨[301]
상속주택 특례와 거주주택 특례	• 소득령 제167조의 3 제1항 제2호 각 목에 따른 장기임대주택과 그 밖의 1주택을 소유한 세대가 거주주택 양도시 적용되는 특례는 소득령 제155조 제2항에 따른 상속주택을 보유한 경우에도 적용됨[302]
동거봉양합가 후 상속특례와 일시적 2주택 특례	• 1주택(A)을 보유한 1세대가 1주택(B)을 보유한 직계존속과 동거봉양합가 후 직계존속 사망으로 B주택을 상속받은 경우로서 A주택 취득일부터 1년 이상이 지난 후 C주택을 취득하고, C주택 취득일부터 3년 이내 A주택을 양도시 1세대 1주택 비과세 규정이 적용됨[303] ※ 동거봉양합가 후 상속 특례는 직계존속(배우자의 직계존속)이 1주택만을 보유하여야 하므로 2주택을 보유하고 그 중 1주택만 합가 후 상속받아도 특례 적용이 불가함[304]
농어촌주택 특례와 일시적 2주택 특례	• 귀농주택과 일반주택(A)을 국내에 각각 1개씩 소유하고 있는 1세대의 세대 전원이 농어촌주택으로 이사하여 1개의 일반주택(A)을 양도하기 전에 신규주택(B)을 취득함으로써 농어촌주택을 포함하여 일시적으로 3주택이 된 경우, 신규주택(B)을 취득한 날로부터 일시적 2주택 양도기한 이내에 양도하는 일반주택(A)은 소득령 155조 제1항이 적용됨[305] ※ 귀농주택 특례는 귀농주택 취득 전에 취득한 주택으로서 최초 양도하는 1개 일반주택에 대해 인정되기에, A주택 양도 후에 B주택을 양도하는 경우 귀농주택 특례를 적용받을 수 없음 • 1세대 1주택(일반주택) 보유자가 1주택(농어촌주택)을 상속받아 1세대 2주택이 된 상태에서 새로이 1주택을 취득한 경우로서 그 신규주택 취득일부터 일시적 2주택 양도기한 이내 일반주택 양도시 1세대 1주택 비과세 규정을 적용함[306] • 이농주택(A)과 일반주택(B)을 국내에 각각 1개씩 소유하고 있는 1세대가 신규주택(C) 취득으로 3주택이 된 경우, C주택 취득일로부터 일시적 2주택 양도기한 이내 일반주택(B) 양도시 일시적 2주택 특례가 적용됨[307]

---

300) 부동산거래관리과-701, 2010.5.18.
301) 부동산거래관리과-633, 2011.7.20. ; 재산세과-328, 2009.1.30.
302) 부동산거래관리과-10, 2012.1.3. ; 부동산거래관리과-1055, 2011.12.16.
303) 법규재산-178, 2023.6.19.
304) 법령해석재산-112, 2017.9.22. ; 부동산거래관리과-325, 2012.6.14.
305) 서면4팀-977, 2006.4.14.
306) 부동산거래관리과-388, 2011.5.11.
307) 서면4팀-3617, 2006.11.1.

구 분	내 용
다가구주택 특례와 일시적 2주택 특례	• 1세대 1주택 보유자가 다가구주택을 "별도 세대원"과 하나의 매매단위로 1/2씩 공동으로 신규 취득한 경우 일시적 2주택 특례가 적용됨[308]
거주주택 특례와 일시적 2주택	• 장기임대주택을 소유한 경우에도 거주주택(소득령 제155조 제20항 각 호의 요건을 모두 충족하는 해당 1주택)에 대해 일시적 2주택 특례가 적용됨[309] ※ 다만, 2019.2.12. 이후 취득분(2019.2.12. 이전 취득계약은 제외)으로서 2019.2.12.~2025.2. 27. 양도분에 대해서는 거주주택 양도에 대한 "생애 1회" 비과세 제한이 있음 • 거주주택과 임대주택을 보유한 1세대가 거주주택을 양도한 날에 동시에 신규주택을 취득하는 경우 거주주택을 양도한 후 신규주택을 취득한 것으로 봄[310] • 장기임대주택과 거주주택을 소유하고 있는 1세대가 소득령 제155조 제20항 요건을 충족한 상태에서 해당 거주주택을 양도하기 전 다른 주택을 취득한 경우로서 일시적 2주택 요건을 충족하는 경우에는 비과세 특례를 적용받을 수 있으며, 이 경우 다가구주택을 1인으로부터 취득(자기가 건설하여 취득한 경우 포함)하는 경우에는 이를 단독주택으로 보는 것임[311]
거주주택 특례와 조특법 농어촌주택	• 장기임대주택과 거주주택 소유 세대가 조특법 제99조의 4 농어촌주택을 취득한 후 거주주택 양도시 1세대 1주택으로 보아 비과세 규정을 적용함[312] • 1세대 2주택자가 조특법 제99조의 4 농어촌주택을 취득한 후 종전 보유주택 중 1주택을 장기임대주택으로 등록함에 따라 농어촌주택과 거주주택, 장기임대주택 보유 상태에서 거주주택 취득일부터 1년이 지나 일반주택을 취득하고 일반주택 취득일부터 일시적 2주택 양도기한 내 거주주택 양도시 비과세 규정이 적용됨[313] • 거주주택(A), 조특법 제99조의 4 농어촌주택(B), 장기임대주택(C, D)을 순차로 취득한 경우로서 C주택이 등록이 말소된 이후 5년 이내 A주택을 양도하는 경우 임대기간 요건을 갖춘 것으로 보며, 3년 이상 보유한 B주택은 소유주택이 아닌 것으로 보아 1세대 1주택 비과세 규정을 적용함[314]
조특법 농어촌주택 특례와 일시적 2주택 특례	• 1세대가 일반주택(A), 조특법 제99조의 4 농어촌주택(B), 신규주택(C)을 순차적으로 취득하여 B주택을 3년 이상 보유하고 B주택 취득 전에 보유하던 A주택을 양도하는 경우, B주택을 소유주택이 아닌 것으로 보아 비과세 규정을 적용함[315] • 종전주택을 소유한 1세대가 순차로 조특법 제99조의 4 농어촌주택(3년 이상 보유)과 신규주택을 취득한 후 소득령 제155조 제1항 요건을 갖추어 양도하는 종전주택은 비과세 규정이 적용될 수 있음[316]

---

308) 법규재산-36, 2024.3.7.
309) 법규재산-1821, 2022.1.28. ; 법령해석재산-320, 2021.1.20. ; 부동산납세과-720, 2018.7.11. ; 부동산납세과-33, 2015.1.21. ; 부동산거래관리과-316, 2012.6.11.
310) 부동산납세과-1481, 2022.5.25. ; 법령해석재산-818, 2020.9.29.
311) 법령해석재산-97, 2015.8.19.
312) 부동산납세과-682, 2022.3.30. ; 부동산납세과-199, 2020.2.17. ; 법령해석재산-3686, 2016.12.14.
313) 법령해석재산-198, 2017.7.10. ; 서면부동산-193, 2015.3.13.
314) 법령해석재산-283, 2021.5.31.
315) 법령해석재산-1347, 2021.9.30. ; 법령해석재산-4142, 2021.8.18. ; 법령해석재산-62, 2020.11.24.
316) 부동산납세과-2669, 2022.9.14. ; 법령해석재산-72, 2021.2.23. ; 부동산납세과-2367, 2015.2.2.

구 분	내 용
조특법 특례주택과 상속주택 특례	• 조특법 제98조의 5 특례주택 소유상태에서 상속받은 주택과 일반주택을 1개씩 소유하고 일반주택 양도시 비과세 규정을 적용함[317] • 조특법 제98조의 3 특례주택 소유상태에서 상속받은 주택과 일반주택을 1개씩 소유하고 일반주택과 상속주택을 순차 양도시 비과세 규정을 적용함[318] • 조특법 제97조의 2 감면주택(B)과 상속주택(C)을 보유한 세대가 일반주택(A) 양도시 1세대 1주택 비과세 규정을 적용하며, A주택 양도 후 C주택 양도시 비과세 규정을 적용함[319]
조특법§99의2 감면주택 특례와 일시적 2주택 특례	• 조특법상 감면대상 주택(조특법§99의2) 보유자가 일반주택(=종전주택)과 신규주택을 보유한 경우 신규주택 취득 후 일시적 2주택 양도기한 이내 일반주택 양도시 비과세 특례가 가능함[320]
문화재주택 특례와 일시적 2주택 특례	• 문화재주택(A)과 일반주택(B)을 1개씩 소유한 1세대가 신규주택(C) 취득으로 일시적 3주택이 된 경우 종전주택(B) 취득일로부터 1년 이상이 지난 후 신규주택(C)을 취득하고 그 신규주택(C) 취득일로부터 일시적 2주택 양도기한 이내 종전주택 양도시 비과세 규정을 적용함[321]
문화재주택 특례와 농어촌주택 특례	• "지정문화재"와 "귀농주택"을 제외한 나머지 주택만으로 1세대 1주택 비과세 요건을 판단함[322]
부득이한 사유로 취득한 수도권 밖 주택과 일시적 2주택 특례	• 1세대 1주택(A) 소유자가 그 주택 양도 전에 소득령 제155조 제8항이 적용되는 1주택(B)을 취득하여 1세대 2주택이 된 상태에서 다른 1주택(C)을 추가 취득한 경우, C주택 취득일로부터 일시적 2주택 양도기한 이내 양도하는 A주택은 비과세 규정을 적용받을 수 있음[323] ※ 다만 A주택 양도 이후 C주택을 먼저 양도시 부득이한 사유 발생으로 취득한 B주택 이후 취득한 주택이란 점에서 소득령 제155조 제8항의 특례를 적용받을 수 없고, B주택을 먼저 양도시 일시적 2주택 특례 요건을 검토해야 함
재건축/재개발 대체주택 특례와 상속주택 특례	• 상속주택과 일반주택을 각각 1개씩 소유하고 있는 1세대가 일반주택의 재건축기간 동안 거주하기 위하여 대체주택을 취득한 경우로서 소득령 제156조의 2 제5항 각 호의 요건(이사기간, 거주기간 등)을 모두 갖춘 대체주택 양도시 비과세 규정을 적용함[324]
재건축/재개발 대체주택 특례와 거주주택 특례	• 장기임대주택과 조합원입주권을 소유한 1세대가 소득령 제156조의 2 제5항의 대체주택 양도시 소득령 제155조 제20항 및 제156조의 2 제5항 요건을 모두 충족하는 경우에 한하여 비과세를 적용받을 수 있음[325]

---

317) 부동산납세과-1051, 2017.9.15.
318) 부동산납세과-1029, 2022.4.21. ; 서면법규과-1299, 2013.11.29.
319) 부동산납세과-2415, 2023.10.16.
320) 법령해석재산-586, 2017.10.11. ; 법령해석재산-231, 2015.7.28.
321) 상속증여세과-212, 2013.6.13.
322) 재일46014-1457, 1996.6.17.
323) 부동산거래관리과-348, 2011.4.26. ; 법규과-461, 2011.4.20.
324) 재산세과-2969, 2008.9.29.
325) 부동산납세과-601, 2019.6.11. ; 서면부동산-22331, 2015.3.6. ; 상속증여세과-4, 2013.3.27.

Chapter 34. 2주택 보유하다가 혼인 또는 동거봉양 합가시 비과세 못 받는다!

내용 Summary

기본사항 Check

- **혼인 특례** : 1주택 보유자가 1주택 보유자와 혼인함으로 1세대 2주택을 보유하는 경우 또는 1주택을 보유하고 있는 60세 이상의 직계존속을 동거봉양하는 무주택자가 1주택 보유자와 혼인함으로 1세대 2주택을 보유하는 경우 각각 혼인한 날부터 10년 이내 먼저 양도하는 주택은 1세대 1주택으로 보아 비과세 규정을 적용함

- **동거봉양 합가 특례** : 1주택을 보유하고 1세대를 구성하는 자가 1주택을 보유하고 있는 60세 이상의 직계존속(60세 이상인 배우자의 직계존속 포함)을 동거봉양하기 위하여 세대를 합침으로써 1세대 2주택을 보유하는 경우 합가일부터 10년 이내 먼저 양도하는 주택은 1세대 1주택으로 보아 비과세 규정을 적용함

핵심 Point

- 일반 2주택 보유자가 1주택 보유자와 혼인하여 1세대 3주택이 된 후 종전 2주택 중 1주택을 처분하여 각각 1주택씩 보유한 경우 : **혼인 특례 불가**(최근 과세관청 해석 변경)

- 일반 2주택 보유 세대가 1주택을 보유한 직계존속 세대와 동거봉양합가하여 1세대 3주택이 된 후 종전 2주택 중 1주택을 처분하여 각각 1주택씩 보유한 경우 : **동거봉양 합가 특례 불가**(최근 과세관청 해석 변경)

- 일시적 2주택 상태에서 혼인 또는 동거봉양합가한 뒤 종전 보유하던 주택을 양도하는 경우 비과세 가능 여부 : (종전) 비과세 규정 중첩 적용 가능 → 2024년 양도소득세 집행기준에서 해당 내용 삭제함으로 **새로운 유권해석이 필요**

- 1주택 보유자와 1주택 보유자가 혼인한 뒤 별도 세대로부터 선순위 상속주택을 상속받은 경우에 혼인 전 보유하던 주택 양도한 경우 : **비과세 규정 적용 가능**

- 1주택(A) 보유자와 1주택(B) 보유자가 혼인하여 1세대 2주택이 된 후 2주택 중 늦게 취득한 주택의 취득일부터 1년이 지나 신규주택(C)을 취득하고 그 취득일부터 3년 이내 양도하는 혼인 전 보유하던 주택 양도한 경우 : **비과세 규정 적용 가능**

- 1주택(A)을 보유한 부모와 1주택(B)을 보유하는 자녀 甲이 동일 세대 상태에서 1주택(C)을 보유한 乙과 혼인한 뒤 세대 분리하여 甲과 乙이 1세대 2주택(B, C) 상태에서 혼인한 날부터 10년 이내 양도하는 각자가 양도하는 주택 : **비과세 규정 적용 가능**

질문 »

1. 2014년 취득한 1주택(A)을 보유한 부모와 2015년 취득한 1주택(B)을 보유하는 자녀 甲이 동일 세대 상태에서 2016년 취득한 1주택(C)을 보유한 乙과 2023년 혼인한 뒤 세대 분리하여 甲과 乙이 1세대 2주택(B, C) 상태에서 2025년 4월 중 양도하는 B주택은 비과세 규정의 적용이 가능한가?

2. 2014년과 2015년에 각각 취득한 2주택(A, B)을 보유한 甲과 2015년에 취득한 1주택(C)을 보유한 乙이 2022년 혼인한 뒤 甲은 2주택 중 1주택(A)을 처분하고 2025년 3월 중 B주택을 양도하는 경우 비과세 규정 적용이 가능한가?

3. 2014년과 2015년에 각각 취득한 2주택(A, B)을 보유한 甲세대와 2015년에 취득한 1주택(C)을 보유한 乙세대가 2022년 동거봉양 합가한 뒤 甲세대가 보유한 2주택 중 1주택(A)을 처분하고 2025년 3월 중 B주택을 양도하는 경우 비과세 규정 적용이 가능한가?

4. 2015년 1주택(A)을 취득하고 2023년 1주택(B)을 추가로 취득한 甲이 2021년 1주택(C)을 취득한 乙과 2024년 5월 혼인한 뒤 甲이 보유한 A주택을 양도하는 경우 비과세 규정 적용이 가능한가?

5. 2015년에 취득한 1주택(A)을 보유한 甲과 2020년에 취득한 1주택(B)을 보유한 乙이 2022년 혼인한 뒤 甲은 2023년 추가로 1주택(C)을 취득한 뒤 A주택을 2025년 3월 중 양도하는 경우 비과세 규정 적용이 가능한가?

답변 및 해설 »

1. 혼인 특례 규정은 "1주택을 보유하는 자"가 "1주택을 보유하는 자"와 혼인하는 경우에 적용되는 것이다. 즉, "세대"가 아니라 혼인하는 "각 개인"을 기준으로 1주택 보유 여부를 판단한다. 따라서 혼인 전에 부모와 같은 세대를 구성하고 있으면서 본인이 1주택을 보유하고 부모 세대도 주택을 보유하였는데 1주택 보유자와 혼인을 한 후 세대 분리하여 1세대 2주택이 된 경우 혼인 특례가 가능하다. 양도기한은 혼인한 날부터 10년(2024.11.11. 이전 양도분은 혼인한 날부터 5년) 이내이어야 한다.

혼인 특례를 종종 일부 사람들이 "혼인 합가"라는 표현을 쓰는데, 엄밀하게 말하면 잘못된 표현이다. 2000.12.31. 이전에는 "1주택을 보유하고 1세대를 구성하는 자"로 규정하였으나,

2001.1.1. 이후부터는 "1주택을 보유하는 자"로 개정하였다. **개정 이유는 부모와 세대를 같이 하는 미혼남녀로서 1주택을 각각 보유한 자가 혼인시 세대를 분리한 후 혼인하여야 비과세 받을 수 있는 불합리함을 해소하기 위함**이었다.[326] 따라서 2001년 전에는 "혼인 합가" 용어가 타당하며 사례와 같은 경우 부모 세대도 1주택을 보유하였으므로 비과세 특례를 받지 못한다. 그러나 2001.1.1. 이후에는 "혼인 합가" 표현은 타당한 개념이 아니다. 개정된 지 20년도 넘은 과거 세법상 용어를 왜 아직도 사용하는지 모르겠다.

사례에서 甲이 양도하는 B주택은 1세대 1주택 비과세 규정의 적용이 가능하다. 1주택 보유자인 甲과 1주택 보유자인 乙이 혼인하였고, 혼인한 날로부터 10년 이내 양도하였기 때문이다. 혼인한 후 세대 분리하였으므로 부모 세대가 보유한 A주택은 甲과 乙이 혼인 특례를 적용받는데 아무런 영향이 없다. 다시 말하지만 혼인 특례는 합가 개념이 아니다.

2. 사례에서 양도하는 B주택은 종전의 과세관청 해석은 혼인 특례를 적용하여 비과세 규정이 적용이 가능하다고 보았다. 그런데 **2024.6.25. 기획재정부는 사안과 같은 경우 혼인 특례를 적용할 수 없으므로 비과세가 불가하다고 해석**하였다. 따라서 이러한 변경된 해석에 따르면 사안에서 양도하는 B주택은 비과세가 불가하다. 이러한 변경된 해석에 대한 평가 및 쟁점은 보충설명에서 다루기로 한다.

3. 사례에 대해 국세청은 종전에는 양도 당시를 기준으로 직계존속 세대가 보유한 주택과 직계비속 세대가 소유한 주택으로서 비과세가 가능하다고 해석하였으나, 해당 해석은 2024.9.10. 삭제 정비하였다. 즉, 동거봉양 합가 당시에 1주택이 아닌 2주택을 보유하였으므로 양도하는 B주택은 비과세가 불가하게 된다. 이에 대한 쟁점 역시 보충설명에서 다루겠다.

4. 일시적 2주택 보유자와 1주택 보유자가 혼인한 경우 혼인 특례가 가능한 것인지 여부인데, 과세관청 해석은 혼인특례와 일시적 2주택 특례의 중첩 적용이 가능하다고 보았다.[327] 그런데 **2024년 양도소득세 집행기준을 개정하면서 해당 내용을 삭제하여 새로운 해석 여부에 주목을 할 수밖에 없게 되었다.**[328] 사례의 경우 양도하는 A주택은 비과세 가능하다는 내용이 소득세법 기본통칙에는 남아 있다.[329]

5. 사안은 혼인 당시 각각 1주택 보유자가 혼인하였다는 점에서 혼인 특례 요건을 충족하였고, 혼인한 후 취득한 신규주택이 일시적 2주택 특례 요건도 충족하였다는 점에서 양도하는 A주택은 비과세 규정의 적용이 가능하다.

---

326) 국세청, 개정세법 해설(2001), 130쪽
327) 재산세과-610, 2009.10.30. ; 재산세과-3153, 2008.10.7.
328) 양도집행 89-155-26
329) 소득통칙 89-155…2①

보충설명

2024년 중 혼인 특례와 동거봉양 합가 특례 적용에 있어 과세관청 해석에 큰 변화가 있었고 이에 대해서는 특별 분석할 필요가 있다.

(1) 먼저 일반 2주택 보유자가 1주택 보유자와 혼인한 후 2주택 보유자가 1주택을 처분하고 각자가 남은 1주택을 양도할 경우 종전의 과세관청 해석은 양도 당시를 기준으로 혼인 특례를 적용하였으나, 기획재정부가 2024.6.25. 새로운 행정해석을 통해 이 경우 비과세가 적용되지 않는 것으로 해석을 변경하였다. 이는 소득령 제155조 제5항의 법 문구상 "1주택을 보유하는 자가 1주택을 보유하는 자와 혼인함으로써"라고 규정하고 있고, 조세법의 엄격해석 원칙에 따라 "혼인 당시" 1주택이어야 한다는 것에 기인하는 것으로 보인다. 이에 대해서는 다음과 같은 반론이 있다.

첫째, 2000.12.29. 소득령 개정 전에는 "1주택을 보유하고 1세대를 구성하는 자가 1주택을 보유하고 1세대를 구성하는 자와 혼인함으로써"라고 규정하였는데, 동 개정으로 "1주택을 보유하는 자가 1주택을 보유하는 자와 혼인함으로써"로 바꾼 것이다. 개정 이유는 "부모와 세대를 같이하는 미혼남녀로서 1주택을 각각 보유한 자가 혼인하는 경우 세대 분리 후 혼인하여야 비과세 받을 수 있는 불합리를 해소하기 위함"이었지[330] 혼인 당시 1주택자로 엄격하게 제한하려는 것이 아니었으므로, 다른 2주택 특례들과 같이 양도 당시를 기준으로 요건을 충족하였는지 판단할 필요가 있다.

둘째, 혼인으로 1세대 3주택이 된 경우 "다주택 중과"하는 것과 관련하여 헌법재판소는, "혼인으로 새로이 1세대를 이루는 자를 위하여 상당한 기간 내에 보유 주택수를 줄일 수 있도록 하고 그러한 경과규정이 정하는 기간 내에 양도하는 주택에 대해서는 혼인 전의 보유 주택수에 따라 양도소득세를 정하는 등의 완화규정을 두는 것과 같은 손쉬운 방법이 있음에도 이러한 완화규정을 두지 아니한 것은 최소침해성 원칙에 위배된다고 할 것이고, 이 사건 법률조항으로 인하여 침해되는 것은 헌법이 강도 높게 보호하고자 하는 헌법 제36조 제1항에 근거하는 혼인에 따른 차별금지 또는 혼인의 자유라는 헌법적 가치라 할 것이므로 이 사건 법률조항이 달성하고자 하는 공익과 침해되는 사익 사이에 적절한 균형관계를 인정할 수 없어 법익균형성 원칙에도 반한다."고 하여 헌법불합치 결정을 하였다.[331] 해당 결정 내용 중 주요 부분은 다음과 같다.

① 청구인의 배우자는 1세대 1주택 보유자였는데, 1세대 2주택 보유자인 청구인과 혼인하는 우연한 사정에 의하여 1세대 1주택에 대한 양도소득세 비과세 혜택을 박탈당할 수 있을 뿐만 아니라 1세대 3주택 보유자가 되어 그가 보유해 왔던 주택을 먼저 양도하는 때에는 60%라는 고율의 양도소득세율이 적용되어 주택의 양도소득이 상당한 경우라면 사실상 그 주택을 자유로이 양도할 수 없는 불이익을 받게 된다. 따라서 청구인의 배우자는 이 사건 법률조항에 의한 중과세를 피하기 위해서는 혼인의 자유가 제한받게 되고, 혼인으로 인하여 위와 같은 차별취급을 받게 된다고 할 것이다.

② 헌법 제36조 제1항은 혼인과 가족생활에 불이익을 주지 않을 것을 명하고 있고, 이는 적극적으로 적절한 조치를 통하여 혼인과 가족을 지원하고 제3자에 의한 침해로부터 혼인과 가족을 보호해야 할 국가의 과제와 소극적으로 불이익을 야기하는 제한 조치를 통하여 혼인과 가족생활을 차별하는 것을 금지해야 할 국가의 의무를 포함하는 것이다.

---

330) 국세청, 개정세법 해설(2001), 130쪽
331) 헌재2009헌바146, 2011.11.24.

> **보충설명**

이러한 헌법원리로부터 도출되는 차별금지의 명령은 헌법 제11조 제1항의 평등원칙과 결합하여 혼인과 가족을 부당한 차별로부터 보호하고자 하는 목적을 지니고 있고, 따라서 특정한 조세 법률조항이 혼인이나 가족생활을 근거로 부부 등 가족이 있는 자를 혼인하지 아니한 자 등에 비하여 차별 취급하는 것이라면 비례의 원칙에 의한 심사에 의하여 정당화되지 않는 한 헌법 제36조 제1항에 위반된다. 이는 단지 차별의 합리적인 이유의 유무만을 확인하는 정도를 넘어, 차별의 이유와 차별의 내용 사이에 적정한 비례적 균형관계가 이루어져 있는지에 대해서도 심사하여야 한다는 것을 의미하고, 위와 같은 헌법원리는 조세 관련 법령에서 과세단위를 정하는 것이 입법자의 입법형성의 재량에 속하는 정책적 문제라고 하더라도 그 한계로서 적용되는 것이다.

③ 혼인 전에는 1세대 2주택 이하에 해당하였는데 혼인으로 세대가 합쳐지면서 1세대 3주택 이상에 해당하게 되는 자에 대해서는 양도소득세 중과세를 통한 주택에 대한 투기적 수요 억제라는 이 사건 법률조항의 입법취지가 그대로 적용된다고 보기 어렵다. 특히 청구인의 배우자와 같이 혼인 전에는 1세대 1주택에 해당하였으나 배우자가 1세대 2주택 이상에 해당한다는 이유로 혼인으로 1세대 3주택 이상에 해당하게 되는 자는 주택에 대한 투기적 수요와는 아무런 상관이 없다. 따라서 위와 같은 경우에는 혼인일로부터 상당한 기간 내에 1세대 3주택인 상태를 해소할 수 있는 기회를 부여하지 아니하고 일반적인 1세대 3주택 보유자와 마찬가지로 과중한 양도소득세를 부담시킬 아무런 합리적인 이유가 없다. 이 경우 아무런 경과규정 없이 이 사건 법률조항에 따라 양도소득세 중과세를 하는 것은, 마치 혼인으로 인하여 1세대 3주택 이상에 해당하게 되는 자는 양도소득의 발생이 예상되는 경우라면 주택을 처분하여 1세대 2주택 이하로 만든 후에야 혼인을 하라는 것과 크게 다르지 아니하다.

④ 혼인으로 새로이 1세대를 이루는 자를 위하여 상당한 기간 내에 보유 주택수를 줄일 수 있도록 하고 그러한 경과규정이 정하는 기간 내에 양도하는 주택에 대해서는 혼인 전의 보유 주택수에 따라 양도소득세를 정하는 등의 완화규정을 두는 것과 같은 손쉬운 방법이 있다. 1세대 2주택자의 경우에는 혼인으로 일시적 1세대 2주택이 되는 자에 대한 경과규정(소득령 제155조 제5항)을 두어 그 침해를 최소화하는 장치를 시행령 차원에서라도 두고 있는데, 1세대 2주택자에 관한 이러한 완화규정이 있다고 하여 이 사건 법률조항의 위헌성이 사라지는 것으로 볼 수는 없다. 이와는 별도로 혼인으로 1세대 3주택 이상 보유자가 되는 경우와 관련하여 혼인으로 새로이 1세대를 이루는 자를 위하여 상당한 기간 내에 보유 주택수를 줄일 수 있도록 하고 그러한 경과규정 내에 양도하는 주택에 대해서는 혼인 전의 보유 주택수에 따라 양도소득세를 정하는 등의 완화규정을 두어, 시행령에 대한 위임의 범위를 명확히 하고 침해를 최소화하는 것이 마땅하다 할 것이다. 따라서 이 사건 법률조항이 '1세대'를 양도소득세 중과세의 단위로 함에 있어 혼인으로 새로이 1세대를 이루는 자를 위하여 상당한 기간 내에 보유 주택수를 줄일 수 있는 경과규정 등의 완화규정을 두지 아니한 것은 최소침해성 원칙에 위배된다고 할 것이다.

⑤ 이 사건 법률조항이 추구하는 공익은 주택의 투기적 수요를 막아 주거생활의 안정을 기하려는 공익은 헌법상 근거를 둔 것이 아닌 입법정책적 법익에 불과하다. 그러나 이 사건 법률조항으로 인하여 침해되는 것은 헌법이 강도 높게 보호하고자 하는 헌법 제36조 제1항에 근거하는 혼인의 자유 또는 혼인에 따른 차별금지라는 헌법적 가치이다. 그러므로 법익의 일반적·추상적 비교차원에서 보거나, 이 사건 법률조항으로 인한 부작용의 면에서 보거나 이 사건 법률조항은 달성하고자 하는 공익과 침해되는 사익 사이에 적절한 균형관계를 인정할 수 없다.

보충설명

요컨대, 최근 변경된 기획재정부 해석에 따르면 만일 혼인하지 않았으면 2주택 보유자가 1주택을 처분한 뒤 남은 주택을 양도할 경우 1세대 1주택 비과세 규정의 적용이 가능함에도 혼인함으로 비과세를 적용받지 못하게 되고, 이는 2주택 보유자가 혼인하려면 혼인하기 전에 주택을 처분한 뒤 혼인하라는 것이 되어 혼인에 제한을 가하는 것이 되며, 1주택 보유자도 2주택 보유자와 혼인하면 비과세가 배제되는 불이익을 받게 되므로 혼인에 제한을 받게 되어 결국 헌법에서 보장하는 혼인의 자유 및 혼인에 있어 차별금지라는 헌법적 가치를 입법에 의하여 제한하는 것이고, "혼인에 따라 다주택자로 중과되는 불이익"과 "혼인함에 따라 1세대 1주택 비과세를 적용받지 못하게 되는 불이익"이 사실상 "차별"이라는 점에서 유사하므로 점에서 헌법적 가치에 위배될 수 있다.

셋째, 정책적 측면에서 보면, 최근 심각한 저출산 문제에 대한 대책이 국가적으로 중요한 과제가 되어 있으며 혼인에 대한 세제 지원 및 자녀출산에 대한 세제지원이 강화되고 있다는 점에서 그동안 양도당시를 기준으로 혼인 특례를 판단하여 장기간 비과세 적용을 해오던 과세관청 해석을 바꿀만한 공익적 필요성이 있었는지 여부에 대해 재고의 여지가 있다.

(2) 혼인 특례나 동거봉양합가 특례를 2주택 특례 발생 시점으로 해석하면, 일시적 2주택 특례도 신규주택 취득 시점에 "1주택을 소유한 1세대"로 규정하고 있기에 2주택을 보유하다가 신규주택을 취득한 경우 비록 종전 1주택을 처분한 뒤에도 요건을 못 갖춘 것으로 해석되어 2주택 특례 적용에 큰 변동을 가져올 수 있다. 한편, 2021.1.1. ~ 2022.5.9. 기간 중 시행된 "보유기간 재산정" 규정도 일반 2주택 상황을 해소한 시점부터 종전주택의 보유기간을 기산하여 비과세를 적용할 길을 조금이라도 열어두었지만, "비과세를 적용받기 위한 주택 보유기간의 계산방식을 합리적으로 조정하기 위해" 2022.5.10. 이후 양도분부터 폐지되었다.[332] 그러나 혼인 특례 관련 변경된 해석은 일반 2주택 상황을 해소한 뒤에도 아예 비과세를 차단하는 것이므로 "양도 당시"로 2주택 비과세 특례의 요건을 판단함이 타당하다.

(3) 소득령 제155조에서 규정하는 2주택 특례 적용시 원칙적으로 서로 다른 유형의 2주택 특례에 대해 2개의 특례까지는 중첩 적용을 긍정해오고 있다. 즉, "1주택"의 의미를 문언대로 해석한 것이 아니라 동 규정의 1주택에는 일시적 2주택을 비롯한 2주택 특례 항목을 포함하여 최대 2개의 서로 다른 특례에 대해 중첩 적용을 허용하여 온 것이고, 이러한 해석은 상당히 누적되어 비과세 관행으로 자리잡았다고 보아도 무리가 아니다.

그런데 2024년 개정된 양도소득세 집행기준에서는 일시적 2주택 상태에서 1주택 보유자와 혼인하거나 동거봉양 합가하는 경우 혼인 특례와 동거봉양합가 특례가 적용된다는[333] 종전의 내용을 삭제하였다. 그렇지만 일시적 2주택 특례와 혼인 특례, 일시적 2주택과 동거봉양 합가 특례의 중첩 적용을 인정한 소득세법 기본통칙을[334] 비롯한 종전의 해석들도[335] 아직 존재하고 있다. 따라서 이와 관련한 향후 과세관청의 구체적 해석이 필요한 상황이 되었다. 筆者의 생각은 이 경우 일시적 2주택과 혼인 특례 또는 일시적 2주택과 동거봉양 합가 특례의 중첩 적용을 긍정하여야 할 것으로 생각한다.

---

332) 법제처, 2022.5.31. 개정 소득세법 시행령 제정・개정이유 참고
333) 양도집행 89-155-26
334) 소득 통칙 89-155…2①
335) 부동산납세과-268, 2016.2.25. ; 부동산거래관리과-21, 2012.1.13. ; 부동산거래관리과-302, 2011.4.7. ; 재산세과-610, 2009.10.30. ; 재산세과-1093, 2009.6.2. ; 재산세과-3153, 2008.10.7. ; 재산세과-3052, 2008.9.30.

관련 사례

구 분	내 용
일시적 2주택자의 동거봉양 합가	• 일시적 1세대 2주택자(종전주택 A, 신규주택 B)와 1세대 1주택자(C)가 동거봉양 합가로 1세대 3주택인 경우 신규주택 취득일로부터 일시적 2주택 양도기한(소득칙 제72조 제1항에서 정하는 사유 포함) 이내 종전주택(A) 양도시 비과세 특례가 적용됨[336] • (이 경우) 1주택자의 주택을 먼저 양도한 경우 양도소득세가 과세된다고 보다가,[337] 조세심판원이 합가 특례를 인정하자,[338] 일시적 2주택 양도기한 내 종전주택을 양도하는 경우 비과세를 인정함[339] ※ 그런데 최근 양도 집행기준(2024년 개정)에서는 일시적 2주택 상태에서 합가/혼인한 경우 비과세 특례가 가능하다고 본 종전의 집행기준 내용을 삭제한 바, 이에 대해서는 앞의 보충설명을 참고하기 바람
동거봉양 합가 후 1주택 추가 취득	동거봉양 합가로 1세대 2주택 상태(본인 A, 직계존속 B)에서 종전주택 취득일로부터 1년 이상 지난 후 신규주택(C) 취득으로 1세대 3주택인 경우 • 종전 해석 : 먼저 양도하는 종전주택은 과세됨[340] • 현재 해석 : 세대를 합친 날로부터 10년(2009.2.4. 前 2년, 2018.2.13. 前 5년) 이내 "및" C주택 취득일로부터 일시적 2주택 양도기한 이내 A주택 또는 B주택 양도시 비과세 규정을 적용함[341]
일시적 2주택자 + 일반 2주택자 합가	• 종전 해석 : 일시적 2주택 상태에서 일반 2주택을 보유한 직계존속과 동거봉양 합가하여 1세대 4주택이 된 경우, 직계존속 소유 주택 중 1주택을 양도(과세)한 후 본인 세대가 B주택을 취득한 날로부터 일시적 2주택 양도기한 이내 A주택 양도시 비과세 규정을 적용함[342] ※ 동 해석은 2024.9.10. 삭제 정비하였음 → 비과세 불가[343]
장기임대주택 보유자의 동거봉양 합가	• 소득령 제155조의 제20항 등의 요건을 충족한 장기임대주택을 소유하고 있는 경우에도 동거봉양 합가 특례가 적용되나, (합가 당시 무주택 세대가) 세대 합가 후에 취득한 주택을 보유한 경우에는 그러하지 않음[344] ※ 이 경우 "합가 당시" 엄격히 1주택을 보유하여야 하는지 여부와 관련하여 과세관청의 새로운 해석이 나올지 여부는 주목하기 바라며, 관련 쟁점은 앞의 보충설명을 참고하기 바람

---

336) 부동산납세과-268, 2016.2.25. ; 부동산거래관리과-21, 2012.1.13. ; 부동산거래관리과-302, 2011.4.7. ; 재산세과-1093, 2009.6.2. ; 재산세과-3052, 2008.9.30.
337) 서일46014-10673, 2001.12.27. ; 서일46014-10474, 2001.11.20. ; 제도46014-12328, 2001.7.23.
338) 국심2002전2580, 2003.1.11.
339) 부동산거래관리과-48, 2010.1.14.
340) 서면5팀-2914, 2007.11.8. ; 재산46014-164, 2000.2.11. ; 재일46014-2488, 1998.12.19.
341) 재산세제과-182, 2008.5.16.
342) 부동산거래관리과-108, 2010.1.20.
343) 재산세제과-1199, 2024.6.25.
344) 부동산거래관리과-44, 2012.1.17.

구 분	내 용
일반주택과 조특법상 주택 수 제외 특례주택 보유	• 조특법 제99조의 4 제1항의 특례 요건을 모두 갖춘 농어촌주택 등과 일반주택을 보유하는 직계존속 세대와 1주택을 보유하는 직계비속 세대가 합가시, 직계비속 세대가 합가 前 보유하던 주택을 합가일로부터 5년(2018.2.13. 이후 10년) 이내 양도시 동거봉양 합가 특례가 적용됨[345]
일반주택과 상속주택 보유 세대의 합가	• 1세대 1주택자가 일반주택과 상속주택(소득령§155②)을 보유한 직계존속과 동거봉양 합가로 1세대 3주택인 경우 합가일로부터 5년(2018.2.13. 이후 10년) 이내 먼저 양도하는 본인 주택은 동거봉양 합가 특례가 적용됨[346] • 일반주택(A)과 공동상속주택(B) 소수지분을 보유한 1세대가 B주택 1/2 지분을 소유한 母와 동거봉양 합가한 경우로서 B주택의 본인 상속지분을 먼저 양도한 후 B주택 母 지분 1/2을 세대 합가일로부터 10년 이내에 양도하는 경우 B주택은 1세대 1주택으로 보아 소득령 제154조 제1항을 적용함[347]
혼인 前 본인도 1주택을 보유하고 다른 세대원도 1주택 보유	• 1주택 보유자(甲)가 직계존속(乙)도 1주택을 보유한 경우 "혼인 후 기존 세대로부터 분리하여 혼인하는 배우자와 별도 세대를 구성할 경우" 특례를 적용할 수 있으나, 혼인 후에도 혼인 前 세대원을 같은 세대로 구성할 경우 혼인 후 1세대 3주택이 되어 특례 적용이 불가함[348] ※ 즉, 2001년 이후부터 1주택자로서 세대별로 판단하는 것은 아니지만 사안과 같은 경우 혼인한 후에는 세대 분리하여야 혼인 특례를 적용받을 수 있는 것임
혼인 2주택자가 신규 주택 취득	• 혼인에 따른 1세대 2주택(A, B) 보유자가 신규주택(C)을 취득(자기가 건설하여 취득한 경우 포함)하여 일시적으로 1세대 3주택이 된 경우 일시적 2주택과 혼인 2주택 특례의 중첩 적용을 긍정함[349] • 혼인으로 1세대 2주택자가 신규주택을 취득한 경우 혼인한 날부터 5년('24.11.12. 이후 10년) 이내, 그리고 신규주택(C) 취득일부터 일시적 2주택 양도기한 이내 종전주택(A) 양도시 소득령 제155조 제1항 및 제5항에 의해 비과세 규정을 적용하며,[350] 상대방 주택(B)을 양도하여도 동일함[351] ※ 여기서 "그리고/및"의 의미는 두 양도기한을 모두 충족해야 하며, 종전주택 취득일로부터 1년 경과 후 신규주택 취득 요건은 둘 중 나중 취득한 주택을 기준으로 함[352] • 혼인으로 1세대 2주택이 된 후 다시 1주택을 취득하여 1세대 3주택 상태에서 "혼인 후 취득한 주택"을 먼저 양도하는 경우 과세됨[353]

---

345) 재산세제과-795, 2012.9.28.
346) 부동산거래관리과-609, 2011.7.14.
347) 부동산납세과-2618, 2023.11.22.
348) 부동산거래관리과-45, 2013.1.31.
349) 부동산납세과-865, 2023.4.6. ; 법령해석재산-117, 2020.3.11. ; 법령해석재산-38, 2017.2.16.
350) 부동산납세과-1557, 2016.10.17. ; 부동산거래관리과-118, 2011.2.10. ; 재산세제과-182, 2008.5.16.
351) 부동산납세과-945, 2016.6.28. ; 부동산거래관리과-165, 2011.2.18.
352) 부동산납세과-1014, 2022.4.21.
353) 서면5팀-132, 2007.1.10.

구 분	내 용
일시적 2주택자의 혼인	• (기본 사실관계) 일시적 2주택(종전주택 A, 신규주택 B) 보유자가 1주택(C) 보유자와 혼인하여 1세대 3주택을 소유하는 경우 아래와 같이 해석함 ※ 이 경우 "혼인 당시" 엄격히 1주택을 보유하여야 하는지 여부와 관련하여 과세관청의 새로운 해석이 나올지 여부는 주목하기 바라며, 관련 쟁점은 앞의 보충설명을 참고하기 바람 • B주택 취득일부터 일시적 2주택 양도기한 이내 A주택 양도시 일시적 2주택 특례가 적용되고, A주택 양도 후 "혼인한 날로부터" 5년('24.11.12. 이후 10년) 이내 먼저 양도하는 주택(B 또는 C)은 혼인으로 인한 2주택 특례 규정이 적용됨[354] • (위 사례의 경우) 혼인한 날부터 5년('24.11.12. 이후 10년) 이내, 그리고 B주택 취득일부터 일시적 2주택 양도기한 이내 C주택 양도시 비과세 규정을 적용함[355] • (위 사례의 경우) B주택 취득일로부터 일시적 2주택 양도기한 이내 C주택 양도시 소득령 제155조 제1항 및 제5항에 따라 1세대 1주택으로 보아 비과세 규정을 적용함[356] • (위 사례의 경우) 혼인한 날부터 5년('24.11.12. 이후 10년) 이내 C주택을 양도한 후, B주택 취득일부터 일시적 2주택 양도기한 이내 A주택 양도시 일시적 2주택 특례가 적용되나,[357] C주택을 양도한 후, B주택을 먼저 양도하면 비과세 규정을 적용할 수 없음[358]
일시적 2주택 + 일시적 2주택	• 일시적 2주택자와 일시적 2주택 보유자가 혼인하여 4주택 보유상태에서 1주택 양도시 비과세 대상에 해당하지 않음[359] ※ 이는 특례가 3개 중첩되기 때문이며, 각자가 2주택 상태를 해소한 경우의 비과세 적용 여부에 대하여는 최근 과세관청 해석이 변경된 바, 관련 쟁점은 앞의 보충설명을 참고하기 바람
일반 2주택자의 혼인	• 일시적 2주택이 아닌 일반 2주택 이상 보유자와 1주택자가 혼인하면 혼인에 따른 2주택 특례를 적용할 수 없음[360] • 일반 2주택 이상 보유자와 1주택자가 혼인한 후 상대방 1주택 보유자의 주택을 먼저 양도하여도 혼인 2주택 특례를 적용받을 수 없음[361] • 1주택 보유자가 혼인할 상대방과 1주택을 추가로 공동 취득한 후 혼인시 혼인 2주택 특례를 부인함(법률혼 前 사실혼 상태에서 공동 취득도 동일)[362]

---

354) 소득통칙 89-155…2① ; 재산세과-610, 2009.10.30. ; 재산세과-3153, 2008.10.7.
355) 부동산거래관리과-686, 2010.5.14. ; 재산세과-285, 2009.1.23.
356) 부동산거래관리과-475, 2011.6.10. ; 부동산거래관리과-499, 2010.4.1. ; 재일46014-1206, 1998.7.2.
357) 부동산거래관리과-686, 2010.5.14. ; 재산세과-285, 2009.1.23.
358) 재산세과-390, 2009.10.7. ; 서면5팀-132, 2007.1.10.
359) 부동산거래관리과-1034, 2011.12.13. ; 국심2005중4391, 2006.9.18. ; 대판2007두26544, 2010.1.14.
360) 부동산거래관리과-45, 2013.1.31. ; 부동산거래관리과-588, 2010.4.21.
361) 조심2020인8614, 2021.3.3. ; 조심2010서69, 2010.2.25. ; 조심2009중1846, 2009.10.1. ; 서울고법2021-누70457, 2023.4.6. ; 서울고법2014누7215, 2015.7.22. ; 서울고법2009누26441, 2010.3.31.
362) 법령해석재산-951, 2021.8.31. ; 조심2013서2193, 2014.1.20.

구 분	내 용
일반 2주택자가 혼인 후 2주택 중 1주택을 먼저 처분	• 종전 해석 : 일반 2주택자가 "1주택 양도(과세) 후" 혼인한 날로부터 5년 이내 양도하는 주택은 혼인 2주택 특례를 적용할 수 있음[363] • 최근 해석 : 혼인합가 특례의 요건인 "1주택자가 1주택자와 혼인함으로써 2주택을 보유하게 되는 경우"는 주택의 양도일 현재 기준이 아닌 혼인합가 당시 주택수로 충족 여부를 판정하는 것임(혼인 후 다주택 해소하여도 비과세 불가하며, 최종 1주택에 대해서만 비과세 가능)[364]
3주택자가 혼인 후 장기임대주택 등록	• 1주택을 보유하는 자가 3주택을 보유하는 자와 혼인함으로써 1세대가 4주택을 보유하게 되는 경우에는 소득령 제155조 제5항을 적용받을 수 없음[365]
혼인한 후 동거봉양 합가	• 혼인에 따른 1세대 2주택(A, B) 보유자가 1주택(C)을 보유한 직계존속과 동거봉양 합가로 1세대 3주택 보유시 "혼인한 날로부터" 5년('24.11.12. 이후 10년) 이내 양도하는 A주택은 비과세 규정이 적용됨[366]
혼인한 후 상속주택 취득	• 혼인 1세대 2주택자가 상속 개시 당시 별도 세대로부터 상속주택을 취득하여 1세대 3주택을 보유하는 경우 혼인한 날로부터 5년('24.11.12. 이후 10년) 이내 먼저 양도하는 주택은 비과세 규정을 적용함[367]
상속주택 보유자의 혼인	• 동일 세대원인 자녀들과 함께 1주택을 공동상속받은 자(최대지분)가 1주택 보유자와 혼인함으로 1세대 2주택이 된 경우 혼인한 날로부터 5년('24.11.12. 이후 10년) 이내 먼저 양도하는 주택은 혼인에 따른 특례가 적용됨[368]
혼인 2주택자와 장기임대주택	• 혼인 1세대 2주택자가 다른 주택(C)을 취득하여 소득령 제167조의 3 제1항에 따른 장기임대주택으로 등록한 경우 또는 1주택 보유자와 1주택 및 장기임대주택 보유자가 혼인할 경우 혼인 특례가 적용됨[369] • 1주택 보유자가 장기임대주택 7개를 보유한 자가 혼인하여 본인 주택 양도시 혼인 특례는 불가하고 장기임대주택 보유자의 거주주택 특례는 가능함[370] • 장기임대주택 및 거주주택을 보유한 자와 장기임대주택과 거주주택을 각각 1채를 보유한 자가 혼인한 후, 혼인 특례 양도기한 이내 먼저 양도하는 거주주택에 대하여 소득령 제155조 제5항의 혼인특례를 적용할 수 없음[371] • 장기임대주택과 1주택 보유자가 1주택 보유자와 혼인한 후 장기임대주택을 취득하는 경우로서 혼인 특례 양도기한 이내 거주주택 요건을 충족하지 않은 일반주택 양도시 1세대 1주택 비과세 규정이 적용되지 않음[372]

---

363) 부동산납세과-1636, 2015.10.8. ; 법규재산2014-34, 2014.2.28. ; 서면5팀-755, 2006.11.9.
364) 법규재산-887, 2024.6.25. ; 조세정책과-1199, 2024.6.25.
365) 법규재산-277, 2024.10.16.
366) 서면법규과-1302, 2013.11.29. ; 서면4팀-598, 2008.3.10.
367) 부동산거래관리과-701, 2010.5.18.
368) 법규재산2011-372, 2011.10.18.
369) 상속증여세과-20, 2013.3.28. ; 부동산거래관리과-244, 2012.5.1.
370) 부동산납세과-1235, 2024.7.25.
371) 법규재산-4283, 2024.6.27.
372) 법령해석재산-281, 2018.6.11.

Chapter 35 일시적 2주택 특례와 분양권 대체 취득 특례 중첩 가능한가?

내용 Summary

기본사항 Check
- **2주택 특례의 중첩** : 1세대 2주택 특례 중첩될 경우 동일한 2주택 특례는 해당 사유가 해소되지 않을 경우 중첩 적용이 인정되지 않음
- **쟁점** : 일시적 2주택 특례와 일시적 1주택 및 1분양권 특례가 동일한 특례에 해당하는지 여부

핵심 Point
- 일시적 2주택 특례 상태에서 1분양권을 취득하여 일시적 2주택과 분양권 특례가 중첩된 경우 종전에 보유한 주택이 비과세 가능한지 여부 → 불가
- 일시적 2주택 특례 상태에서 1조합원입주권을 취득하여 일시적 2주택과 조합원입주권 특례가 중첩된 경우 종전에 보유한 주택이 비과세 가능한지 여부 → 불가

질문 »

1. 甲세대는 A주택을 취득하고 1년이 지나 B주택을 취득하여 일시적 2주택 상태에서 다시 1개월 뒤 C주택을 매수하고서 B주택을 취득한 날부터 3년 이내 A주택을 양도할 경우 1세대 1주택 비과세 적용이 가능한가?

2. 甲세대는 A주택을 취득하고 1년이 지나 B주택을 취득하여 일시적 2주택 상태에서 다시 1개월 뒤 C분양권을 매수하고서 B주택을 취득한 날부터 3년 이내 A주택을 양도할 경우 1세대 1주택 비과세 적용이 가능한가?

답변 및 해설 »

1. 2주택 특례 간에 중첩 적용을 긍정하더라도 동일한 특례는 그것이 해소되기 전에는 중첩 적용을 인정하지 않는다. 따라서 사안에서 일시적 2주택(종전주택 A, 신규주택 B) 보유 상태에서 추가로 C주택을 취득하고서 A주택을 양도하면 비과세가 적용되지 않는다.

왜냐하면, 일시적 2주택 특례는 해당 종전주택 양도 후 1주택이 남을 것을 전제로 하는데, 일시적 2주택을 중첩적으로 인정하면 1주택 양도 후에도 여전히 일시적 2주택 상태이기 때문이다. 일시적 2주택자가 종전주택을 "동일 세대원"에게 부담부 증여할 경우 양도로 보는 "부담 부분"에 대하여 비과세가 적용되지 않는다고 해석하는 것도 이와 같은 논리에 기초한다.

2. 사안과 같은 경우 2023.11.15. 중첩 적용을 긍정하는 국세청 해석(사전답변)이 나왔으나[373] 곧 적용을 유보하였고, 기획재정부는 이에 대해 중첩 적용을 부인하는 것으로 해석하였다.[374] 이를 인정할 경우 다음과 같은 문제점이 발생하기 때문이다.

첫째, 일시적 2주택 특례간의 중첩은 지금까지 해석상 2개의 특례 간에 중첩을 허용하되, 중첩될 경우 각 특례에서 요구하는 요건을 모두 갖추어야 하는 것으로 하면서, 동일한 특례에 대하여는 해당 사유가 소멸하지 않는 한 중첩 적용을 부인하였다. 그런데 일시적 2주택 특례와 일시적 1주택과 1분양권의 특례는 사실상 규정구조가 동일하다는 점에서 동일한 특례의 범주에 포함할 수 있다는 점이다.

즉, 종전 1주택 보유자가 새롭게 주택을 취득하든가 아니면 조합원입주권이나 분양권을 취득하고 일시적 2주택 양도기한 내에 종전주택을 양도하여야 한다는 점에서 분양권 특례와 일시적 2주택 특례는 사실상 동일한 취지의 일시적 2주택 특례라는 점에서 동일한 특례의 연속적 중첩을 부인한 논리와 배치될 수 있다.

둘째, 중첩을 허용할 경우 종전주택 보유자가 새롭게 주택과 조합원입주권을 취득할 경우, 즉 소득령 제156조의 2 규정에도 중첩 적용도 가능할 수 있게 된다.

셋째, 신규주택과 분양권 간 또는 신규주택과 조합원입주권 사이에는 2012.6.29. 개정된 "1년이 지나 취득할 것"의 의미가 사라지게 된다.

넷째, 만일 분양권이 주택으로 완공될 경우 사실상 3주택이 되고, 이 경우에도 연속성을 인정하여 특례를 인정할 경우 2021년 시행된 분양권에 대한 규제규정이 오히려 우대규정으로 변질될 우려가 있다.

다섯째, 소득령 제156조의 3 또는 제156조의 2 특례 안에는 혼인이나 동거봉양합가의 경우 사실상 이미 2개의 특례가 중첩될 수 있기에 최근 사전답변에 따르면 특례가 3개도 중첩될 수도 있는 바, 특례가 3개까지 중첩된 경우는 비과세를 부인하여 왔기 때문이다.

---

373) 법규재산-739, 2023.11.15.
374) 재산세제과-906, 2024.7.31.

관련 사례

구 분	내 용
종전주택을 동일 세대원에게 양도	• 일시적 2주택자가 다른 주택 취득일부터 일시적 2주택 양도기한 이내 종전주택을 동일 세대원에게 양도(부담부 증여 포함)함으로 양도 후에도 계속 2주택이 되는 경우 비과세를 적용할 수 없음[375] • 일시적 2주택 특례는 종전주택 양도 후 원칙적으로 1세대가 1주택을 소유할 것을 요건으로 함이 비과세 취지에 부합됨[376]
일시적 2주택을 해소하고 신규주택 취득	• 일시적 2주택(A, B) 허용기간 이내 종전주택(A) 양도 후 추가로 신규주택(C)을 취득하더라도 종전주택(A)에 대해 일시적 2주택 특례가 적용됨[377] ※ 일시적 2주택 상황을 해소한 후 다시 주택을 취득하여 연속적 특례 적용은 가능하지만, 2주택 특례들이 2개 중첩된 후 1주택 양도하고 다시 신규주택을 취득하여 연속적으로 2주택 특례가 중첩이 된다면 특례의 중첩 적용을 부인함 • 2 이상 주택을 같은 날 양도시 양도자의 선택 순서에 따라 주택을 양도한 것으로 보기에,[378] 일시적 2주택자가 종전주택을 양도하면서 같은 날 신규주택 취득시 종전주택 양도 후 신규주택을 취득한 것으로 보아 특례를 적용함[379] • 같은 날 주택 취득 및 양도시 1주택을 먼저 양도한 후 1주택을 취득한 것으로 보므로, 일시적 2주택자가 종전주택을 교환하는 경우 종전주택을 먼저 양도한 후 신규주택을 취득한 것으로 보아 일시적 2주택 특례를 적용함[380]
일시적 2주택 해소 전 신규주택 취득	• 종전주택(A)과 신규주택(B) 보유자가 A주택의 양도 前 며칠 전에 C주택을 취득하여 일시적으로 3주택이 된 경우 A주택은 비과세 적용이 불가함[381] ※ 같은 유형의 특례가 2개 중첩될 수 없기 때문임 • 1주택자가 신규주택 2개 취득하고 종전주택 양도시 비과세 불가함[382]
조합원입주권 보유자가 2개의 주택 취득	• 종전주택(A)이 조합원입주권(A')으로 변경된 후 주택을 2개(B, C) 취득하여 B를 먼저 양도(과세)한 뒤 C취득일부터 3년 이내 양도하는 조합원입주권(A')은 비과세 규정이 적용됨[383] • 일시적 2주택과 관리처분계획 인가 前 멸실된 주택을 보유하다가 일시적 2주택에 해당하는 종전주택 양도시 비과세 규정이 적용되지 않음[384]

---

375) 부동산거래관리과-512, 2012.9.25. ; 서면5팀-1191, 2007.4.11. ; 서면4팀-2249, 2006.7.13.
376) 조심2012구3428, 2012.10.12. ; 조심2011서5144, 2012.2.29. ; 국심2005서3290, 2005.12.21.
377) 부동산납세과-460, 2023.2.15.
378) 부동산거래관리과-1357, 2010.11.12. ; 국심2001서125, 2001.6.12.
379) 법령해석재산-421, 2016.11.15. ; 부동산거래관리과-575, 2012.10.26. ; 서면5팀-354, 2008.2.22.
380) 재산세과-2192, 2008.8.12. ; 서면4팀-3404, 2007.11.26.
381) 조심2019중3038, 2020.5.25. ; 조심2019인4489, 2020.5.15. ; 조심2019광2499, 2019.8.28. ; 조심2010서3067, 2010.12.17. ; 대판2012두14170, 2013.10.24.
382) 조심2023인10224, 2024.1.10.
383) 법령해석재산-17, 2018.2.28. ; 부동산납세과-1076, 2017.9.25.
384) 부동산납세과-721, 2019.7.9.

구 분	내 용
일시적 2주택 특례와 분양권 특례	• 종전 해석 : 소득령 제154조 제1항 제1호에 해당하는 종전주택(A)과 신규주택(B)을 소유한 1세대가 2021.1.1. 이후 종전주택(A)을 취득한 날부터 1년 이상이 지난 후에 분양권(C)을 취득하고 신규주택(B) 및 분양권(C)을 취득한 날부터 각각 3년 이내에 종전주택(A)을 양도하는 경우에는 소득령 제155조 제1항 및 소득령 제156조의 3 제2항에 따라 이를 1세대 1주택으로 보아 소득령 제154조 제1항을 적용함[385] → • 최근 해석 : 일시적 1세대 2주택 특례(소득령§155①)와 일시적 1세대 1주택과 1분양권 특례(소득령§156의3②·③)를 중첩 적용하여 1세대 1주택 비과세를 적용할 수 없음[386] • 수도권 내 A주택(종전주택)을 소유한 1세대가 이전기관 종사자로 B주택(신규주택)을 취득하여 일시적 1세대 2주택을 보유하다가 C분양권을 취득한 후 A주택(종전주택)을 양도하는 경우 공공기관 이전 특례와 일시적 1주택과 1분양권 특례를 중첩 적용할 수 없음[387]
일시적 2주택 특례와 조합원입주권 특례	• 일시적 1세대 2주택 특례(소득령§155①)와 일시적 1세대 1주택과 1조합원입주권 특례(소득령§156의2③)를 중첩 적용하여 1세대 1주택 비과세를 적용할 수 없음[388] • 1세대 1주택자(A)가 A주택에 대한 재건축사업의 사업시행 인가 이후 1주택(C)과 1조합원입주권(B)을 취득한 경우로서 C주택 양도시 동 규정이 적용되지 않음[389] • 1세대 1주택(A)에 대한 재개발 기간 동안 거주목적 대체주택(B)을 취득한 후, 대체주택 양도 전에 분양권(C)을 추가 취득하고 대체주택을 양도하는 경우 1세대 1주택 비과세를 적용할 수 없음[390]
종전주택이 없는 상태에서 분양권과 조합원입주권 취득	• 2021.1.1. 이후 1세대가 분양권(A)을 취득하고 조합원입주권(B)을 추가로 취득하여 일시적으로 1분양권과 1조합원입주권을 소유하게 된 경우로서 이후 분양권으로서 완공된 주택(A')을 양도하는 경우, 소득령(2022.2.15. 개정 前) 제156조의 2 제3항 및 제4항의 국내에 1주택을 소유한 1세대가 조합원입주권을 취득한 경우에 해당하지 않으므로 해당 규정에 따른 1세대 1주택 비과세 특례를 적용받을 수 없음[391]

---

385) 법규재산-739, 2023.11.15.
386) 법규재산-559, 2024.8.5. ; 법규재산-659, 2024.8.5. ; 재산세제과-906, 2024.7.31.
387) 부동산납세과-1698, 2024.10.8.
388) 법규재산-29, 2024.8.5. ; 재산세제과-906, 2024.7.31.
389) 부동산납세과-383, 2019.4.11.
390) 법규재산-3166, 2025.3.24. ; 법규재산-0614, 2024.11.21.
391) 법규재산-8011, 2022.5.26.

Chapter 36 주택을 갈아탈 때, 꼭 알아야 할 것은?

내용 Summary

기본사항 Check

- **일시적 2주택 특례** : 종전주택 취득일로부터 1년이 지나 신규주택을 취득하고 신규주택의 취득일부터 3년 이내 양도하는 종전주택이 보유기간 등 충족시 비과세 규정 적용

핵심 Point

- 신규주택 취득시기(1년 경과) 예외 → 사업인정고시일 전 취득한 주택의 수용 등, 건설임대주택 등의 분양전환, 취학 등 부득이한 사유로 다른 시군 주거이전 등
- 신규주택 취득 원인 → 매매, 자기건설, 증여, 상속, 용도변경 포함
- 종전주택은 양도 후 1주택 상황이어야 함이 원칙 → 동일 세대 간 부담부 증여시 2주택 상황이 해소가 안 되었으므로 비과세 불가
- 다른 2주택 특례와 일시적 2주택 특례가 중첩될 경우 → 종전주택 양도 후 남은 2주택이 다른 2주택 특례 요건 충족시 비과세 적용 가능

질문 »

1. 주택을 보유하다가 신규주택을 취득할 때 취득시기 제한은?

2. 신규주택을 취득할 때 취득원인은 매매에 한정되는가?

3. 현행 규정상 신규주택 취득 후 종전주택의 양도기한은?

4. 일시적 2주택(A, B)을 보유하다가 종전주택(A)을 양도하고 신규주택(C)을 취득하려고 했는데 대금청산일이 얽히면서 C주택 취득일 이후로 종전주택(A)의 양도시기가 늦어진 경우 비과세가 가능한가?

5. 종전주택을 동일 세대원에게 양도 또는 부담부 증여하는 경우에도 비과세 적용 가능한가?

 **답변 및 해설 »**

1. 주택을 갈아타고 비과세를 적용받기 위해서는 1세대 1주택(종전주택, A) 보유 세대가 A주택 취득일부터 1년이 지나 신규주택(B)을 취득하여야 한다.

   다만, 종전주택이 ① 5년 이상 거주하여 분양전환한 건설임대주택이거나 ② 사업인정고시일 전에 취득한 후 수용 내지 협의매수로 양도하는 경우, ③ 1년 이상 거주한 주택을 취학(유치원·초·중학교 제외)이나 근무상 형편, 1년 이상 치료를 위한 질병 치료, 학교폭력 피해(학폭위 인정 필요)로 전학하는 경우에는 종전주택 취득일부터 1년이 지나 신규주택을 취득할 필요가 없다. 공공기관 등의 지방이전에 따라 취득하는 경우도 이러한 예외가 적용된다.

2. 신규주택 취득은 통상 "매매"가 일반적이나, "자기가 건설"하는 경우도 포함된다. 일반 건물을 상시 주거용 건물(주택)로 용도변경한 것도 용도변경일에 신규주택을 취득한 것으로 본다.

   "별도 세대"로부터 주택을 "증여"받거나 상속받아도 된다. 여기서 상속에 대해 질문이 많은데, 예컨대 별도 세대인 아버지가 사망하여 주택을 3개 남겼고 자녀 3명이 각 1채씩 상속받았다고 하자. 그러면 상속인 중 한 명만이 상속주택 특례가 가능하다. 나머지 상속인들은 상속주택 특례를 적용받지 못하고 종전주택 취득일부터 1년이 지나 상속받았다면 일시적 2주택 특례를 적용받을 수 있다.

3. 종전주택은 신규주택 취득일로부터 3년 이내 양도하여야 한다. 종전에는 양도기한이 매우 복잡하였다. 그러나 2023.1.12. 이후 양도분부터 조정대상지역인지 불문하고 신규주택 취득일부터 3년(공공기관 등 지방이전은 5년) 이내 양도하면 된다. 종종 질문받는 것이 "종전규정에 따르면 양도기한이 경과하였는데 2023.1.12. 이후 양도하는 경우 양도기한은 3년 이후이면 되는가?" 하는 것인데 개정규정이 적용된다.

   이러한 양도기한에도 예외가 있다. 즉, 종전주택이 ① 경매나 공매로 양도되는 경우(왜냐하면 내 맘대로 낙찰시기를 정하는 게 아니니까) ② 자산관리공사에 매각을 의뢰한 경우 ③ 재건축·재개발사업 등으로 주택소유자가 사업시행자를 상대로 청산금 지급소송을 진행중인 경우(소송종결 후 대금 못 받은 경우도 포함) ④ 재건축·재개발사업 등의 사업시행자가 주택소유자를 대상으로 수용재결이나 매도청구소송을 진행중인 경우(소송종결 후 대금 못 받은 경우도 포함)에는 양도기한을 경과해도 비과세 적용이 가능하다.

   다만, 경매가 취하되거나 자산관리공사에 매각의뢰를 철회하면 적용되지 않으며, 양도기한이 경과된 후에 경매 신청되는 경우에는 적용되지 않음에 유의하시라! 한편, 종전주택이 "수용"

으로 양도되어도 양도기한의 예외가 아님을 꼭 기억하길 바란다. 특히 수용에 따른 보유기간 특례와 종종 착오한다.

4. 종전주택(A) 보유하다가 신규주택(B)을 취득하고 A주택을 양도하고 C주택을 취득하려고 하였는데, **공교롭게도 세입자 문제나 대금청산 문제가 얽히면서 C주택을 먼저 취득하고 A주택을 양도하는 경우에는 비과세가 적용되지 않는다.** 그 기한이 단 몇 개월 심지어는 며칠 차이라도 비과세가 적용되지 않는다고 본 불복 결정사례가 제법 많다. 더러 야속하다고 말하지만 법해석이 그러한 걸 어찌하랴 ….

여기서 오해하는 것이 다주택 중과 사례들이다. 이 경우에는 다주택 보유 의도가 없었으므로 다주택 중과하는 것은 부당하다는 것이 다수 판례의 입장이다. 일시적 2주택 비과세와 착오가 없기를 바란다.

5. 일시적 1세대 2주택자가 종전주택을 동일 세대원에게 양도하거나 부담부 증여하는 경우에는 비과세가 불가하다. 왜냐하면 일시적 2주택 특례는 종전주택 양도 후 1주택 상황이어야 하기 때문이다. 동일 세대원에게 양도하는 경우는 경매에서 종종 나타나고 있다.

여기서 잠깐! 종종 착오하는 것이 동일 세대 간 경매로 양도할 경우 1세대 1주택 비과세를 인정한 조세심판원 결정인데, 해당 결정은 순수하게 1세대 1주택이었고 일시적 1세대 2주택자가 동일 세대에게 경매로 양도한 사안이 아니었다.

관련 사례

구 분	내 용
신규주택 취득 원인	• 신규주택은 별도 세대로부터 주택을 상속·증여로 취득하는 경우에도 일시적 2주택 특례의 신규주택 취득으로 보아 특례 적용이 가능함[392] • 1세대 1주택자가 소유하던 상가를 주택으로 용도변경하여 사용하는 경우 "상시 주거용으로 용도변경한 때"에 다른 주택을 취득한 것으로 봄[393] • 1세대 1주택자가 업무용으로 사용하던 오피스텔을 상시 주거용으로 사용하는 경우 상시 주거용 사용일을 기준으로 신규주택 취득일을 적용함[394]
1세대 3주택자	• 1세대 3주택자가 1주택을 먼저 양도하고 양도일 현재 남은 2주택이 일시적 2주택 요건을 갖추면 비과세가 가능함[395]
다가구주택 취득	• 다가구주택을 1인에게서 취득(또는 자기건설)한 경우 1주택 취득으로 봄[396]

---

392) 부동산납세과-474, 2014.7.4. ; 부동산거래관리과-373, 2012.7.16. ; 부동산거래관리과-95, 2012.2.13.
393) 양도 집행기준 89-155-7 ; 상속증여세과-512, 2013.8.26. ; 부동산거래관리과-55, 2013.2.5.
394) 부동산거래관리과-329, 2012.6.15. ; 부동산거래관리과-72, 2010.1.18. ; 서면5팀-406, 2008.2.29.
395) 부동산납세과-763, 2020.6.25. ; 법령해석재산-601, 2017.6.7. ; 부동산납세과-1998, 2016.12.30.
396) 부동산납세과-2632, 2023.11.15.

구 분	내 용
동일 세대원에게 양도 또는 부담부 증여	• 일시적 2주택자가 다른 주택 취득일부터 일시적 2주택 양도기한 이내 종전주택을 동일 세대원에게 양도(부담부 증여 포함)함으로써 양도 후에도 계속 2주택이 되는 경우 비과세를 적용할 수 없음[397] • 일시적 2주택 특례는 종전주택 양도 후 원칙적으로 1세대가 1주택을 소유할 것을 요건으로 함이 비과세 취지에 부합됨[398]
일시적 2주택자가 같은 날 주택의 양도와 취득	• 2 이상 주택을 같은 날 양도시 양도자의 선택 순서에 따라 주택을 양도한 것으로 보기에,[399] 일시적 2주택 상태에서 종전주택을 양도하면서 같은 날 신규주택을 취득한 경우 종전주택 양도 후 신규주택을 취득한 것으로 보아 일시적 2주택 특례를 적용함[400]
신규주택 취득시기 요건 위배	• 종전주택 취득일로부터 1년이 되기 前 신규주택 취득시 예외사유들에 해당하지 않는 한 일시적 2주택 특례를 적용할 수 없음[401]
경매 취하 등	• 당초 양도기한 이내 종전주택에 대한 경매 신청된 후 당해 "경매신청이 취하"되어 양도기한 경과시 예외 적용이 안 됨[402] • 신규주택 취득일부터 일시적 2주택 양도기한이 지나서 경매신청된 경우 양도기한 예외에 해당되지 않음[403]
종전주택 양도일 전에 또 다른 신규주택 취득	• 비과세 관련 : 종전주택(A)과 신규주택(B) 보유자가 A주택의 양도 前 며칠 전에 C주택을 취득하여 일시적으로 3주택이 된 경우 A주택은 비과세 적용이 불가함[404] • 다주택 중과 관련 : 주택을 양도하고 이주목적의 주택을 취득하는 과정에서 매수인의 자금사정 등으로 부득이하게 3주택을 보유한 경우 1세대 3주택 중과 대상으로 볼 수 없음[405] ※ 일시적으로 중첩된 기간이 있더라도 3주택 중과를 인정하는 조세심판원 결정도[406] 제법 많음에 유의
가장 양도 후 당해 주택 재취득	• 주택을 양도하고 재취득한 거래를 조세회피 목적의 가장 거래로 보아 다른 주택 양도에 대하여 1세대 1주택 비과세를 부인한 것은 잘못이 없음[407]

---

397) 부동산거래관리과-512, 2012.9.25. ; 서면5팀-1191, 2007.4.11. ; 서면4팀-2249, 2006.7.13.
398) 조심2012구3428, 2012.10.12. ; 조심2011서5144, 2012.2.29. ; 국심2005서3290, 2005.12.21.
399) 부동산거래관리과-1357, 2010.11.12. ; 국심2001서125, 2001.6.12.
400) 법령해석재산-421, 2016.11.15. ; 부동산거래관리과-575, 2012.10.26. ; 서면5팀-354, 2008.2.22.
401) 법규재산2014-158, 2014.5.2. ; 조심2019서4431, 2020.2.5.
402) 서면5팀-137, 2006.9.15.
403) 조심2009중3178, 2009.12.22.
404) 조심2019중3038, 2020.5.25. ; 조심2019인4489, 2020.5.15. ; 조심2019광2499, 2019.8.28. ; 조심2010서3067, 2010.12.17. ; 대판2012두14170, 2013.10.24.
405) 조심2022중7727, 2023.2.8. ; 조심2019인4489, 2020.5.15. ; 조심2012서3921, 2013.1.22. ; 조심2011서2690, 2012.8.6. ; 조심2011서2277, 2012.1.20. ; 조심2011서1161, 2011.11.10. ; 조심2010서2870, 2011.5.24. ; 조심2010중3870, 2011.4.25. ; 조심2010서3445, 2010.12.29. ; 대판2010두27806, 2014.2.27. ; 대판2009두13788, 2009.12.24. ; 의정부지법2021구합15279, 2022.12.13.
406) 조심2022서7876, 2023.6.29. ; 조심2023중51, 2023.6.28. ; 조심2023중7066, 2023.6.28. ; 조심2022서2057, 2022.8.2. ; 조심2021서609, 2021.2.17. ; 조심2019서2998, 2019.11.13. ; 조심2010서2175, 2010.12.17.
407) 조심2024인2932, 2024.9.4.

구 분	내 용
종전주택의 재건축/재개발	• 종전주택을 멸실하고 재건축한 경우 종전주택의 연장으로 보아 일시적 2주택 특례규정의 적용 여부를 판단함(종전주택이 조합원입주권으로 전환된 상태에서 신규주택을 취득하고 재건축사업 등에 따라 완공된 경우도 동일함)[408]
신규주택의 재건축 등	• 일시적 1세대 2주택 소유자가 신규주택을 멸실하고 주택을 신축한 경우 일시적 2주택 특례의 종전주택 양도기한은 당초 취득일을 적용함[409]
	• 신규주택이 노후화되어 리모델링하였다고 종전주택의 양도기한(3년)을 연장할 수 없음[410]
조합원입주권 + 주택(B) → B 양도	• 조합원입주권(A) 보유자가 신규주택(B)을 취득한 후 조합원입주권(A)이 주택으로 완성(A')되고 신규주택(B)을 양도시 비과세를 적용받지 못함[411]
일시적 2주택 상태가 짧은 경우	• 1세대 2주택자에 해당하고 비록 2주택인 기간이 짧더라도(12일, 30일) 예외를 인정할 만한 특별한 이유가 없음[412]
신규주택을 수회 지분으로 취득한 경우	• 1세대 1주택(종전주택) 보유자가 종전주택을 취득한 날로부터 1년이 경과한 후 "별도 세대"인 부모로부터 1주택을 1/3 지분씩 3회 증여로 취득하고 종전주택을 양도하는 경우로서 최초 증여받은 날로부터 3년이 경과한 후 종전주택을 양도하는 경우 소득령 제155조 제1항을 적용할 수 없음[413]
일시적 2주택의 수용	• 신규주택을 취득한 날로부터 일시적 2주택 양도기한 이내 종전주택(사업인정 고시일 前 취득)이 협의매수·수용 또는 그 밖의 법률에 의하여 수용되는 경우 보유 및 거주기간의 제한을 받지 않고 비과세 규정을 받을 수 있음[414]
	• 신규주택을 취득한 날로부터 3년이 경과하여 종전주택을 공공용지의 협의취득에 따라 LH공사에 양도하였고 사업인정의 고시만으로 종전주택의 소유권이 이전되었다고 볼 수도 없으므로 비과세 규정을 적용할 수 없음[415]
	• 종전주택 및 그 부수토지의 일부가 협의매수되거나 수용되는 경우로서 당해 잔존하는 주택 및 그 부수토지를 양도일 또는 수용일로부터 5년(2017.2.3. 前 3년) 이내 양도시 당해 잔존하는 주택 및 그 부수토지의 양도는 종전주택 및 그 부수토지의 양도 또는 수용에 포함됨[416]
	• 2개 이상 주택을 같은 날 양도하는 경우 거주자가 선택하는 순서에 따라 주택을 양도한 것으로 보아 비과세 특례를 적용함[417]

---

408) 부동산납세과-1217, 2023.5.3. ; 부동산납세과-1250, 2021.9.8. ; 재산세과-1588, 2009.7.31. ; 조심 2016서2731, 2017.7.21. ; 조심2010전666, 2010.5.31. ; 대판2008두16261, 2008.12.11.
409) 부동산납세과-783, 2022.4.6. ; 법령해석재산-1167, 2021.4.5. ; 조심2023서7504, 2023.9.21.
410) 조심2023인10528, 2024.2.7. ; 조심2021서2641, 2021.10.7.
411) 부동산납세과-1032, 2023.4.19. ; 재산세제과-39, 2020.1.15. ; 재산세제과-37, 2020.1.14.
412) 조심2024서5364, 2025.2.19. ; 조심2024중5503, 2024.12.17.
413) 법령해석재산-839, 2019.5.10.
414) 서면4팀-3649, 2006.11.6.
415) 조심2021서6771, 2021.12.28. ; 서울행법2022구합61922, 2023.4.21.
416) 부동산거래관리과-502, 2010.4.1. ; 재산세과-849, 2009.4.30. ; 재산세과-2245, 2008.8.14.
417) 부동산거래관리과-1357, 2010.11.12.

Chapter 37 상속주택, 이건 꼭 알아야 한다!

내용 Summary

기본사항 Check

- **상속주택 특례** : 일반주택 보유자가 원칙적으로 별도 세대로부터 주택을 상속받은 경우 보유기간 등을 충족한 일반주택 양도시 상속주택을 제외하고 비과세 규정을 적용(소득령§155②③)

핵심 Point

- 일반주택 → ① 2013.2.15. 이후 일반주택 취득분은 상속개시 당시 보유하여야 함 ② 2018.2.13. 이후 증여받는 분은 피상속인에게서 상속개시일로부터 2년 이내 증여받은 주택은 일반주택에서 제외
- 별도 세대로부터 상속 요건 → 동거봉양 합가 요건 충족 후 직계비속의 상속은 예외
- 특례 주택 : 일반주택(선) + 상속주택(후) 중 "일반주택"을 양도하여야 함 → 상속주택 먼저 양도시 "과세"(5년 이내 양도하면 조정대상지역 소재해도 중과 ×)
- 2주택 이상 상속 : 보유기간(동일하면 거주기간)이 가장 긴 "선순위 상속주택"에 대하여 상속주택 특례 인정
- 1주택을 공동상속시 : 최대 지분자의 소유 간주 → 소수지분자도 다른 주택 양도시 비과세 가능

질문 »

1. 甲은 2011년 중 부친(乙)의 사망으로 상속주택(A)을 단독 상속받은 뒤 2012년 중 주택(B)을 매매로 취득하였다. 甲세대는 해당 주택 외 다른 주택은 없다. 이 경우 2023년 중 B주택을 양도할 경우 상속주택 특례를 적용받아 비과세가 가능한가?

2. 피상속인(甲)이 3주택(A, B, C)을 남기고 사망하였고, 상속인은 전부 별도 세대인 자녀 세 명(乙, 丙, 丁)인데 상속재산 분할협의가 불성립하여 모든 상속재산을 법정상속분에 따라 공동상속하였다. 상속인들은 오래 전에 보유하던 주택이 각각 한 채씩 있었다. 이 경우 상속인들이 종전부터 보유하던 주택을 양도할 경우 상속주택 특례는 가능한가?

3. 甲은 1주택(A)을 보유하던 중 별도 세대인 모친의 사망으로 모친이 보유한 단독주택(B)을 형제들(큰형 乙, 작은형 丙)과 공동으로 균분 상속받아 공동상속등기한 뒤 자신의 지분을 2023년 중 乙에게 시가대로 매매하였다. 甲은 비과세 적용이 가능한가?

4. 甲은 2020년 중 별도 세대로부터 1주택(A)을 상속받아서 거주하다가 2022년 중 주택 1개(B)를 매매로 취득하였다. 상속받은 A주택을 2023년 중 양도할 경우 비과세 적용이 가능한가?

5. 甲은 무주택 세대인데 2021년 중 별도 세대인 모친의 사망으로 1주택(A)을 상속받은 뒤, 2023년 중 배우자가 부친 사망으로 1주택(B)을 추가로 상속받았다. 이 경우 A주택을 먼저 양도할 경우와 B주택을 먼저 양도할 경우에 양도소득세는 각각 어떻게 달라지는가?

6. 甲은 1주택(A)을 2011년 중 매매로 취득하여 보유하던 중 2015년 중 부친(乙)의 사망으로 乙소유 주택(B)을 단독 상속받은 뒤 2023년 중 甲의 배우자가 그 모친 사망으로 추가로 주택(C)을 단독 상속받았다. A주택을 양도할 경우 비과세 적용이 가능한가?

7. 피상속인(甲)이 2주택(A, B)을 남기고 사망하였고, 상속인은 별도 세대인 자녀 2명(乙, 丙)인데 상속재산 분할협의가 불성립하여 모든 상속재산을 법정상속분에 따라 공동상속하였다. 상속인들은 오래 전에 보유하던 주택이 각각 한 채씩 있었다. 이 경우 상속인들이 종전부터 보유하던 주택을 양도할 경우 비과세 적용이 가능한가?

답변 및 해설 »

1. 일반주택과 상속주택을 보유하다가 일반주택을 양도하는 경우 상속주택 특례를 적용받아 1세대 1주택 비과세 적용이 가능하다. 이 경우 일반주택은 상속개시 당시 보유할 것을 요건으로 하므로, 일반주택 보유 상태에서 별도 세대로부터 선순위에 해당하는 주택을 상속받아야 한다.

그런데 2013.2.15. 소득세법 시행령 개정 전에는 상속주택을 먼저 취득하고 일반주택을 나중에 취득하고 일반주택을 양도하여도 상속주택 특례 적용이 가능하였다. 그러나 2013.2.15. 이후 일반주택 취득분부터는 일반주택은 상속개시 당시에 보유하여야 한다.[418] 또한 피상속인으로부터 상속개시 2년 이내 증여받은 주택은 2018.2.13. 이후 증여받는 주택부터는 일반주택으로 보지 않으므로 상속주택 특례를 적용받을 수 없다.

사안은 상속주택 취득 후에 일반주택을 취득하였지만 2013.15. 전에 일반주택을 취득한 경우이므로 종전규정에 따라 일반주택을 양도하더라도 상속주택 특례 적용이 가능하다. 그리고 상속주택 특례 적용시 일반주택의 양도기한은 제한이 없다.

2. 상속주택이 여러 채이면 피상속인의 보유기간이 가장 긴 주택(같으면 거주기간 긴 주택)을 상속받는 상속인에게 상속주택 특례가 인정되고 나머지 상속인은 상속주택 특례가 불가하다. 만일

---

418) 심사양도2024-0006, 2024.3.20.

여러 채의 상속주택을 공동 상속받으면 보유기간이 제일 긴 주택을 먼저 선정하고 그 주택의 상속지분이 가장 큰 상속인(지분이 동일하면 당해 주택 거주자, 연장자 순서)에게 상속주택 특례가 적용되는 것으로 규정하고 있다.

그러나 사안과 같은 경우에는 아무도 상속주택 특례를 적용받을 수 없게 된다. 왜냐하면 피상속인이 최장 보유한 주택이 A주택이면 연장자인 乙이 해당 주택을 상속받은 것으로 보더라도 B주택과 C주택을 공동 소유한 것이 되기에 본인이 종전부터 보유한 일반주택을 양도하더라도 비과세를 적용받지 못한다. 결국 상속인들 각자가 주택을 1개씩 단독상속받아야 양도소득세 절세 측면에서만 본다면 유리할 수 있다.

3. 일반주택 보유자가 소수지분 상속주택을 취득한 경우로서, 일반주택을 먼저 양도하면 비과세 규정을 적용받으나, 소수지분 상속주택을 먼저 양도하면 비과세를 적용받지 못한다. 사안은 비과세가 적용되지 않는다.

종종 착오하는 것이 다주택 중과에서 소수지분 상속주택인데, 다주택 중과와 관련하여서는 설령 다주택자가 상속받은 지 5년이 지난 조정대상지역의 소수지분 상속주택을 양도하여도 다주택 중과의 불이익이 없고 일반세율로 과세된다.

4. 상속주택을 보유하고 있더라도 상속주택이라는 틀에만 갇히지 말자! 상속주택을 양도하였다고 무조건 과세라는 생각은 버리자! 사안은 A주택을 먼저 상속받고 나중에 매매로 B주택을 취득한 것인데 어차피 일반주택은 상속개시 이후 취득했으니 상속주택 특례는 불가하다.

그러면 어디로 눈을 돌려야 하는가? 여기서는 일시적 2주택이 눈에 들어온다. 즉, 먼저 상속받은 A주택을 종전주택으로 보고 그때로부터 1년이 지나 신규주택을 취득했으니 2023.1.12. 이후 양도하는 것이라면 B주택 취득일부터 3년 이내 A주택을 양도하면 일시적 2주택에 따른 비과세가 가능해진다.

5. 사안은 무주택 세대가 먼저 1주택(A)을 상속받고 나중에 1주택(B)을 추가로 상속받은 경우이다. A주택을 일반주택으로 보고 B주택을 상속주택으로 보아 A주택을 먼저 양도하면 상속주택 비과세 특례가 가능해진다.

그러나 B주택을 먼저 양도하면 비과세가 불가해진다. A주택을 상속주택으로 보면 B주택은 상속개시 당시 보유한 것이 아니기에 상속주택 특례는 불가하다. 나중 취득한 주택을 먼저 양도한 것이므로 일시적 2주택 특례도 불가하다. 유일한 것은 A주택이 수도권 밖에 읍(도시지역은 제외)·면지역에 소재하고 피상속인이 5년 이상 거주하였다면 A주택을 상속받은 농어촌주택으로 보고 B주택을 일반주택으로 보아 소득세법 시행령 제155조 제7항에 규정하는 농어촌주택 특례 여부를 따져야 한다. 상속받은 농어촌주택은 일반주택과의 취득 선후 제한이 없기 때문이다.

6. 1주택(A)을 보유하다가 1주택(B)을 상속받은 뒤 또다시 주택(C)을 상속받은 경우에는 나중 상속받은 C주택을 일시적 2주택 특례의 신규주택으로 보아 상속주택 특례와 일시적 2주택 특례를 중첩 적용하면 비과세가 가능해진다. 이 경우 C주택은 A주택 취득일부터 1년이 지나 상속받고 상속받은 날부터 3년 이내 A주택을 양도하면 비과세가 가능하다.

7. 피상속인이 2 이상 주택을 보유하다가 상속이 이루어진 경우로서 공동상속을 하는 경우 상속인들이 보유한 일반주택에 대한 상속주택 특례 규정 적용은 가능한지 여부가 문제된다. 사안과 같이 피상속인(甲)이 보유한 A, B주택을 각각 1주택을 보유한 상속인들(乙, 丙)이 공동상속할 경우 상속주택 특례가 가능한지 여부이다.

이에 대해 과세관청 해석은 상속주택은 1개에 한정되고 소수지분 상속주택도 1개에 국한하여 상속인들이 보유한 일반주택은 상속주택 특례가 불가하다고 본다. 마찬가지로 일반주택 보유자가 2개의 주택을 상속받고 일반주택 양도시 비과세를 부인한다.

그러나 서울고등법원은[419] 피상속인이 상속개시 당시 2 이상 주택을 소유한 경우 선순위 공동상속주택 1채만 소유자 판정기준이 적용되고 나머지 공동상속주택은 소득세법 시행령 제154조의 2(공동소유 주택은 각자가 1주택 소유 간주)가 적용되어 공유하는 각 상속인들의 소유로 판단하는 것으로 보았다.

최근 국세청 심사결정에서도[420] 공동상속주택이 있는 경우 우선 소득세법 시행령 제155조 제3항에 따라 그 공동상속주택을 해당 거주자의 주택으로 볼 수 있는지를 판단한 후, 나머지 공동상속받은 주택은 주택 수에 포함하여 소득세법 시행령 제155조 제1항, 제2항, 제4항 내지 제6항의 각 특례에 해당되는지를 판단하는 것으로 결정하였다.

이러한 서울고등법원이나 국세청 심사결정에서 제시한 논리가 합리적으로 보이며, 달리 반박할 논리가 보이지 않는다. 지금까지 일시적 2주택 특례와 상속주택 특례의 중첩 적용을 인정하였으며, 특례 대상인 상속주택 외의 상속받은 주택을 일시적 2주택 특례에 말하는 신규주택으로 보지 않을 이유는 없다고 생각한다. 따라서 상속인이 보유하던 일반주택과 특례 대상 상속주택, 그리고 신규주택(특례 대상이 아닌 상속받은 주택)에 대해 상속주택 특례와 일시적 2주택 특례를 중첩 적용하여 비과세 규정을 적용함이 합리적일 것이다.

---

419) 서울고법2019누67533, 2020.7.10.
420) 심사양도2021-17, 2021.6.23.

관련 사례

구 분	내 용
2013.2.15. 前 상속주택 취득	• 2013.2.15. 前에 상속주택(A)을 먼저 취득하고 일반주택(B)을 나중 취득한 경우로서 2013.2.15. 이후 B취득일로부터 1년이 지나 신규주택(C)을 추가 취득한 뒤 일시적 2주택 양도기한 이내 B주택 양도시 비과세 규정이 적용됨[421]
1주택 보유자가 동일인으로부터 2주택 상속	• 1세대 1주택(A) 보유자가 별도 세대인 피상속인이 소유한 2주택(B, C)을 상속받아 3주택이 된 경우 일시적 2주택 특례를 적용할 수 없음[422]
종전주택 + 후순위 상속주택	• 1세대 1주택자가 별도 세대원으로부터 후순위 상속주택을 상속받아 일시적 2주택이 된 경우 상속개시일로부터 일시적 2주택 양도기한 이내 종전주택 양도시 비과세 규정을 적용함[423]
일시적 2주택 + 상속주택	• 일시적 2주택자가 상속주택을 취득하여 1세대 3주택을 소유한 경우 신규주택 취득일부터 일시적 2주택 양도기한 이내 종전주택 양도시 비과세를 적용함[424]
소수지분자의 다른 지분 추가 취득	• 일반주택과 소수지분 상속주택 보유 세대가 다른 상속인들의 지분을 상속 외의 원인으로 취득하여 단독소유로 된 경우 소득령 제155조 제2항의 상속주택 특례 규정을 적용함[425]
일반주택 + 소수지분 (소수지분 양도)	• 소수지분 "後" 취득 : 일반주택 보유자가 소수지분 상속주택을 취득한 후 그 소수지분을 먼저 양도시 비과세 되지 않음[426] • 소수지분 "先" 취득 : 소수지분을 먼저 취득하고 나중에 1주택을 취득한 경우로서 소수지분 상속주택 양도시 일시적 2주택 특례가 가능함[427]
무주택 세대가 2개 상속주택을 순차 취득	• 무주택자가 "별도 세대원"으로부터 순차적으로 상속주택 2개를 취득하고 "나중 상속받은 주택"을 먼저 양도하는 경우 비과세 적용이 불가함[428] • 이 경우 먼저 상속받은 주택을 양도하는 경우에는 상속주택 특례 적용이 가능함(먼저 상속받은 주택을 일반주택으로 보기 때문)[429]
단독 & 소수지분 상속	• 별도 세대인 동일 피상속인으로부터 1주택(A)은 단독 상속, 1주택(B)은 소수지분 상속받은 경우 A주택 양도시 비과세가 적용되지 않음[430] • 단독 상속 및 소수지분 상속 후 소수지분을 먼저 양도(과세)한 후 단독상속 주택은 비과세 규정이 적용됨[431]

---

421) 법령해석재산-749, 2020.2.17. ; 법령해석재산-597, 2017.6.13.
422) 서면법규과-1330, 2014.12.17.
423) 부동산거래관리과-373, 2012.7.16. ; 부동산거래관리과-293, 2011.4.5.
424) 법규재산2013-96, 2013.3.20. ; 재산세과-232, 2009.9.17.
425) 법규재산-2768, 2023.9.7. ; 재산세제과-1031, 2023.9.4. ; 서면5팀-2958, 2007.11.12.
426) 서면4팀-3276, 2007.11.13. ; 서면4팀-2459, 2006.7.25. ; 조심2012서3732, 2012.10.18.
427) 법규재산-1175, 2023.2.20. ; 부동산납세과-935, 2014.12.12.
428) 법규과-2166, 2015.2.5.
429) 법령해석재산-2944, 2018.5.11.
430) 법령해석재산-18, 2016.12.27. ; 조심2022중8091, 2023.3.20.
431) 조심2017서3261, 2017.10.23.

구 분	내 용
일반주택 + 상속주택 + 상속주택	• 1세대 1주택(A) 보유자가 상속개시 당시 별도 세대로부터 1주택(B)을 상속받아 2주택 상태에서 A주택 취득일부터 1년이 지나 별도 세대인 다른 피상속인으로부터 1주택(C)을 상속받은 경우 그(C) 취득일부터 일시적 2주택 양도기한 이내 A주택 양도시 일시적 2주택 특례가 적용됨[432]
	• 일반주택(A)과 선순위 상속주택(B)을 별도 세대로부터 상속받고 다시 배우자가 별도 세대로부터 주택(C)을 상속받아 상속주택(B, C) 중 1채를 별도 세대에 증여한 후 일반주택 양도시 상속주택 특례가 적용됨[433]
1주택 + 2주택 상속	• 과세관청 : 일반주택 양도일 현재 상속주택 2개 보유시 상속주택 특례가 적용되지 않음[434] → ① 1세대 1주택(A) 보유자가 별도 세대인 피상속인이 소유한 2주택(B, C)을 상속받아 3주택이 된 경우 일시적 2주택 특례를 적용할 수 없음[435] ② 종전주택(A) 취득일부터 1년 이상 지난 후 신규주택(B)을 취득하고 B 취득 후 3년 이내 상속주택(C)과 공동상속주택의 소수지분(D)을 취득하고 A 양도시, 소득령 제155조 제1항, 제2항, 및 제3항을 중첩 적용할 수 없음[436]
	• 국세청 심사결정 등 : 공동상속주택이 있는 경우 우선 소득령 제155조 제3항에 따라 그 공동상속주택을 해당 거주자의 주택으로 볼 수 있는지를 판단한 후, 나머지 공동상속받은 주택은 주택 수에 포함하여 소득령 제155조 제1항, 제2항, 제4항 내지 제6항의 각 특례에 해당되는지를 판단하는 것임[437]
유증 사인증여	• 상속인 : 상속주택에는 "상속인"이 유증 또는 사인증여 받은 주택도 포함함[438]
	• 상속인 외 : "법정상속인이 아닌 사람"이 유증이나 사인증여 받은 주택의 경우 상속주택 특례 대상으로 볼 수 없음[439]
상속주택의 재건축	• 일반주택과 별도 세대로부터 상속받은 상속주택을 1개씩 소유하다가 상속주택을 멸실하고 주택을 신축한 경우 상속주택으로 봄[440]
상속주택이 동일 세대에게 재상속	• 1주택과 1상속주택을 보유한 1세대가 상속주택 소유자의 사망으로 동일 세대원(배우자)에게 재차 상속된 경우 상속주택으로 봄[441]
일반주택을 동일 세대에 부담부증여	• 일반주택과 상속주택을 1개씩 소유한 1세대가 일반주택을 동일 세대원에게 부담부 증여시 유상양도로 보는 부분은 상속주택 특례가 적용되지 않음[442]

---

432) 서면4팀-1223, 2008.5.20. ; 서면4팀-3478, 2007.12.5.
433) 법규재산-5908, 2022.9.15. ; 재산세제과-1126, 2022.9.14.
434) 부동산거래관리과-227, 2011.3.14. ; 재산과-600, 2009.10.30.
435) 서면법규과-1330, 2014.12.17.
436) 법규재산-209, 2023.4.27.
437) 심사양도2021-17, 2021.6.23. ; 서울고법2019누67533, 2020.7.10.
438) 서면4팀-1926, 2004.11.29. ; 서일46014-10233, 2002.2.26. ; 조심2010서891, 2011.1.25.
439) 부동산거래관리과-307, 2011.4.11. ; 조심2013중2654, 2013.8.12. ; 조심2013중2649, 2013.8.12.
440) 부동산납세과-422, 2014.6.13. ; 재산세-1811, 2008.7.21.
441) 부동산납세과-624, 2014.8.25. ; 재산세과-2961, 2008.9.29.
442) 부동산거래관리과-1505, 2010.12.24.

Chapter 38. 동거봉양 합가 후 상속/증여가 이루어진 경우의 취급은?

내용 Summary

기본사항 Check

- **동거봉양 합가 특례**: 1주택을 보유한 세대가 1주택을 보유한 본인 또는 배우자의 60세 이상 직계존속과 동거봉양 합가한 경우에 합가일로부터 10년 이내 본인 세대 또는 직계존속 세대의 주택 양도시 비과세 규정 적용(소득령§155④)

핵심 Point

- 동거봉양 합가 후 직계존속 세대가 직계비속 세대에게 주택을 증여한 경우가 많이 존재: 본인 세대 소유 주택 양도시 비과세 가능 → 증여받은 주택 먼저 양도하면 과세
- 주택을 보유한 직계존속의 사망으로 주택 상속
  ① 직계존속이 상속: 동거봉양 합가 특례 가능 → 직계존속이든 직계비속이든 합가일로부터 10년 이내 양도해야 함
  ② 직계비속이 상속: 직계비속의 종전 주택만 상속주택 특례 가능 → 직계비속이 소유한 주택은 양도기한 제한 없이 비과세 가능
- 직계존속 세대 간에 상속된 후 직계비속으로 상속된 경우 비과세 적용: 1차 및 2차 상속의 연속성 인정함 → 최근 과세관청 해석 변경사항임

질문 »

1. 1주택(A)을 보유한 甲세대는 1주택(B)을 보유한 60세 이상인 직계존속 세대와 동거봉양 합가한 후 직계존속 세대의 B주택을 증여받았다. 이 경우 어느 주택을 언제까지 양도하여야 비과세 규정이 적용되는가?

2. 1주택(A)을 보유한 甲세대는 1주택(B)을 보유한 60세 이상인 부모 세대와 동거봉양 합가하였는데, 주택을 보유한 父가 사망하였다.
   (1) B주택을 母가 상속받은 경우 비과세 적용은?
   (2) B주택을 甲이 상속받은 경우 비과세 적용은?

3. 1주택(A)을 보유한 甲세대는 1주택(B)을 보유한 60세 이상인 부모 세대와 동거봉양 합가하였는데, 주택을 보유한 父가 사망하여 B주택을 母가 상속받았는데 이후 母도 사망하여 甲이 상속받은 경우 비과세 적용은?

답변 및 해설 »

1. 甲세대가 보유한 A주택은 합가한 날부터 10년 이내 양도하면 비과세 규정이 적용된다. 이후 남은 증여받은 주택을 양도하면 1세대 1주택으로서 비과세가 적용된다. 그러나 증여받은 B주택을 먼저 양도한 경우에는 과세되고, 나중에 본인 주택 양도시 1세대 1주택 비과세 규정을 적용받을 수 있다.

2. 사례 (1)의 경우에 직계존속 중 생존하는 일방이 주택을 상속받은 경우에는 동거봉양 합가의 직계존속 세대 내의 연속성을 인정한다. 따라서 동거봉양 합가일부터 10년 이내 A주택 또는 B주택을 양도한 경우 동거봉양합가 특례를 적용한다.

   그러나 (2)와 같이 동거봉양 합가 후 직계존속 사망으로 직계비속 세대가 상속한 경우는 "상속주택 특례"가 적용된다. 따라서 합가일로부터 10년의 양도기한 제한이 사라진다. 즉, 직계비속 세대가 합가 전 보유한 A주택을 양도할 경우 상속주택 특례가 적용되는데, 반대로 상속주택을 먼저 양도한 경우에는 비과세를 적용받지 못한다.

3. 동거봉양 합가 후 父의 사망으로 母에게 상속되었다가 母도 사망하여 직계비속인 甲이 상속받은 경우 종전에는 동거봉양 합가 후 상속받은 주택에 대한 특례가 적용되지 않는다고 보았다. 그러나 최근 과세관청 해석이 변경되어 이 경우 동거봉양 합가 후 상속에 따른 상속주택 특례가 적용되는 것으로 본다.

보충설명

동거봉양 합가 후 주택을 증여하거나 상속이 이루어지는 경우가 많다.
이 경우 위 질문 사례와 같이 처리하면 된다.
그런데 자녀에게 주택을 증여할 경우에는 한 번쯤 고민을 하고 증여하는 것이 절세 측면에서 유리할 수 있다. 즉, 부모 소유 주택을 먼저 양도할 계획이라면 부모가 주택을 양도하고 비과세 규정을 적용받고 자녀에게 현금을 증여하는 것이 절세가 될 수 있다.
만일 합가 후 자녀에게 주택을 증여하고 자녀가 해당 증여받는 주택을 양도하면 자녀는 취득세 부담과 양도소득세 부담이 추가로 있기 때문이다.

관련 사례

구 분	내 용
합가 후 직계존속 주택을 직계비속에게 증여	• 동거봉양 합가 특례 적용시 합가일로부터 10년(2018.2.13. 前 5년) 이내 당해 직계존속 소유 주택을 합가한 직계비속 등이 증여받은 경우 "증여받은 주택"은 동거봉양 합가 특례가 적용되지 않고, "당초 직계비속 세대의 주택"은 동거봉양 합가 특례가 적용됨[443] • 합가 후에 주택을 동일 세대원에게 부담부 증여하는 경우 "부담부 증여의 양도 해당분"은 동거봉양 합가 특례가 적용되지 않음[444]
양도기한 이내 직계존속 세대의 주택 상속	• 동거봉양 합가 특례 적용시 합가일로부터 동거봉양 합가에 대한 양도기한 이내로서 그 중 1주택을 양도하기 전에 직계존속이 사망한 경우,[445] – 직계존속 세대가 상속받은 경우 : 당해 주택은 동거봉양 합가 특례가 적용됨(합가일로부터 10년 이내 양도하여야 함) – 직계비속 세대가 상속받은 경우 : 상속받은 주택 양도시 동거봉양 합가 특례가 적용되지 않고, 당초 본인 세대의 주택 양도시 상속주택 특례가 적용됨(직계비속 세대 주택 양도시 비과세 적용을 위한 양도기한의 제한 없음)
동거봉양 합가후 상속(양도기한 내) & 재상속 (양도기한 경과)	• 종전해석 : 합가 당시 1주택을 보유한 子가 1주택을 보유한 직계존속(父 – 주택보유, 母 – 무주택)과 동거봉양 합가 후, 동일 세대인 父 소유 주택이 母에게 상속되고 그 상속주택이 子에게 다시 상속된 경우 소득령 제155조 제2항에 따른 비과세를 적용받을 수 없음[446] → 2023.6.8. 삭제 정비됨 • 최근해석 : 1주택 보유 직계존속(父母) 세대와 1주택 소유 직계비속(子) 세대가 합가 후 사망한 父의 1주택을 母가 상속받은 후, 다른 직계존속도 사망하여 직계비속이 재상속받은 경우, 소득령 제155조 제2항 단서규정이 적용(동거봉양 합가 후 상속에 따른 상속주택 특례)됨[447] ※ 보충설명 : 최근해석의 사실관계를 보면 직계존속의 남은 일방이 사망하여 2차 상속이 된 시점은 동거봉양합가 특례 적용을 위한 양도기한은 경과하였으나 직계존속 세대 내의 상속에 대해 연속성을 인정한 것으로 생각됨
합가 후 직계존속 주택이 재건축되어 상속	• 동거봉양 합가에 따라 1세대 2주택이 되고 직계존속의 보유 주택이 소실·무너짐·노후 등으로 멸실되어 재건축된 후 그 직계존속의 사망으로 재건축한 주택을 상속받은 경우 동거봉양 합가 후 상속주택 특례가 적용됨[448]
합가 후 취득한 주택	• 상속개시 당시 동일 세대로서 동거봉양 "합가 후" 상속인이 1주택을 취득한 경우 동거봉양 합가 후 상속 특례가 적용되지 않음[449]

---

443) 부동산거래관리과-351, 2011.4.26.
444) 부동산거래관리과-38, 2012.1.17. ; 재산세과-150, 2009.1.14. ; 국심2007서549, 2007.4.20.
445) 부동산거래관리과-1010, 2011.12.2. ; 부동산거래관리과-732, 2011.8.22.
446) 부동산거래관리과-436, 2012.8.16.
447) 법규재산-4747, 2023.5.9.
448) 부동산거래관리과-1272, 2010.10.21.
449) 법령해석재산-1566, 2021.10.29. ; 부동산거래관리과-1, 2013.1.4.

Chapter 39 다가구주택의 옥탑방 등에 대한 오해와 진실!

내용 Summary

기본사항 Check

- **다가구주택의 요건**(모두 충족 필요) : ① 주택으로 사용하는 층수가 3개층 이하 ② 19세대 이하 ③ 바닥면적의 합계가 660㎡ 이하
- **다가구주택의 취급** : 다가구주택은 양도소득세 비과세 적용시 1가구를 1주택으로 보되, 하나의 매매단위로 양도하는 경우 전부를 1주택으로 봄

핵심 Point

- 다가구주택 요건 판단시 주택을 주택 외로 변경한 경우 → 적법한 용도변경 여부에 불문하고 그 부분도 주택 층수 및 호수에 포함
- 옥탑방 : 주택 사용 층수 및 호수 등에 포함 → 옥탑방의 바닥면적이 건축면적의 1/8 이하인 경우에도 주택 층수로 봄(국토부, 조세심판원, 판례)
- 다가구주택의 부담부 증여 : 다가구주택 특례 인정
- 다가구주택을 공동소유하다가 전부 제3자에게 양도 : 다가구주택 특례 가능

질문 »

1. 甲은 5층 건물의 다가구주택을 15년 이상 보유하다가 2024년 3월 중 10억원에 양도하였는데, 2층과 1층은 공부상 상가, 3층부터 5층은 주택으로 되어 있다. 그러나 2층은 사실상 용도 변경하여 주택으로 임대하고 있었고 주택으로 사용하는 호수는 2층을 포함하여 8세대이다. 甲은 다른 주택은 보유하지 않은 바, 다가구주택 특례를 적용하여 1세대 1주택 비과세 규정의 적용이 가능한가?

2. 甲은 4층 건물의 다가구주택을 15년 이상 보유하다가 2024년 2월 중 6억원에 양도하였는데, 1층은 주차장, 2층부터 4층은 주택으로 되어 있다. 그러나 옥상에 주거용 건물을 불법 증축하여 임대하고 있었고 주택으로 사용하는 호수는 옥상을 포함하여 7세대이다. 다가구주택 특례를 적용하여 1세대 1주택 비과세 규정의 적용이 가능한가?

3. 위 2.의 경우에 옥상의 주거용 건물이 건축면적의 1/8 이하이다. 이 경우 속칭 옥탑방 부분을 주택 층수에 포함하여 다가구주택 여부를 판단할 수 있는가?

4. 甲은 보유기간 등 1세대 1주택 비과세 요건을 갖춘 다가구주택을 별도 세대인 자녀에게 부담부 증여하였으며, 평가가액은 7억원이다. 이 경우 부담(양도) 부분은 다가구주택에 대한 비과세 특례를 적용받을 수 있는가?

5. 다가구주택을 공동소유하다가 전부 제3자에게 양도한 경우 다가구주택 특례를 적용받을 수 있는가?

답변 및 해설 »

1. 다가구주택의 공부상 상가 부분을 주택으로 사실상 용도변경하여 주거용으로 사용하는 경우에는 주택 층수 및 세대수에 포함된다. 따라서 사안은 다가구주택 특례 요건인 주택으로 사용하는 층수가 3개층 이하이어야 하는 요건을 충족하지 못하였다. 결국 甲은 해당 주택에서 1개의 호실을 제외한 나머지는 모두 과세 대상에 해당한다.

2. 주택으로 사용하는 층수 산정에 있어 소위 '옥탑방'이라고 하는 옥상의 주택 사용 건물도 주택 층수에 포함한다. 따라서 사안의 경우에는 주택으로 사용하는 층수가 4개층이 되어 다가구주택 특례를 적용받지 못한다.

3. 종전에 옥탑방이 건축면적의 1/8 이하이면 주택 층수에서 제외하여야 한다고 주장하고 그렇게 강의하는 이도 일부 있었다. 그러나 '옥탑'과 '옥탑방'은 이름이 유사할 뿐이지 전혀 다른 개념으로서 본래의 '옥탑'에 대해 적용되는 층수에서 제외하는 건축면적 1/8 이하 부분은 '옥탑방'에 대해 적용할 수 없다. 따라서 사안은 주택으로 사용하는 층수가 4개층이 되어 다가구주택 특례를 적용받지 못한다.

4. 다가구주택을 별도 세대에게 부담부 증여하는 경우 다가구주택 특례가 적용되는지 여부에 대하여 종전의 해석은 불가하다고 보았으나, 최근 과세관청 해석은 다가구주택을 별도 세대에게 부담부 증여하는 경우 다가구주택 특례가 적용 가능하다고 본다. 기존 해석은 삭제 정비하였다. 따라서 사안에서 甲은 부담(양도) 부분에 대하여는 다가구주택 특례가 적용되어 비과세가 가능하다.

5. 다가구주택을 공동소유하다가 하나의 매매단위로 전부 양도하는 경우 2007.2.28. 소득세법 시행령 개정으로 "1인에게서 1인에게 양도할 것"이라는 요건이 삭제되었으므로 다가구주택 특례를 적용받을 수 있다.

보충설명

다가구주택은 양도소득세에서 원칙은 1가구, 즉 하나의 호실이 1주택이다. 다만, 하나의 매매 단위로 양도하면 전부를 1주택으로 보아 비과세 규정을 적용하며 고가주택 여부도 전부를 기준으로 판단한다.

다가구주택의 요건을 충족하지 못하면 다가구주택은 양도소득세에서 각 호수를 1주택으로 보아 다세대주택과 동일하게 취급하는 바, 위 질문들은 주요 쟁점들을 다룬 것이다.

1. 주택 여부는 실제 주택 사용 여부로 판단한다. 그것이 불분명하면 공부상으로 판단한다. 따라서 불법으로 상가 부분을 주택으로 용도변경하면 주택 층수에 포함된다. 최근 들어 소위 '옥탑방'으로 인하여 다가구주택 요건을 미충족하여 과세되는 사례가 많다. 그 추징되는 금액도 수억원 이상인 경우가 허다하다. 주택으로 사용하는 층수가 4개층이면 양도 전 옥탑방을 철거하고 그 근거를 남겨 양도하는 것이 매우 유리한 경우가 많다.

2. 그런데 '옥탑방'과 관련하여 건축법 시행령의 '옥탑'에서 근거하여 건축면적 1/8 이하이면 주택 층수에서 제외한다는 주장이 있었으며, 조세심판원 결정에서도 건축면적 1/8 초과 여부를 많이 언급하고 있다.

    이에 대해 부산지방법원은 건축법상 옥탑의 층수 산정 규정은 적법한 건축법령 준수를 예정한 것으로 "옥탑"은 그 용도가 물탱크 등의 용도이고, "옥탑방"은 상시 주거용으로 사용하기에 건축법령을 위반한 "옥탑방"과 "옥탑"은 용어만 유사할 뿐이지 동일한 성격이 아니라고 판단하였다. 이는 항소심인 부산고등법원에서도 판결이 유지되었으며(항소심에서 옥탑방을 "별도의 주택"으로 보아야 한다는 주장도 기각됨), 대법원은 심리불속행으로 원심을 확정지었다. 요컨대, 해당 판결에서는 건축면적 1/8 이하도 주택 층수에 포함되어 한다는 것이다.

    그 외에도 ① 건축법령을 위배한 위법한 무허가주택도 세법상 주택으로 본다는 점, ② 건축면적에 따라 옥탑의 주택 여부가 좌우되면 건축면적이 작을수록 불이익이 발생하며, 주택의 개념은 세법의 "독자적 고유개념"으로 주택규모에 따라 주택 여부가 좌우되지 않는 점, ③ 주거용 옥탑은 바닥면적 산정에서 제외되는 항목으로 열거되지 않아 "바닥면적"에 산입될 수 있다는 점, ④ 건축법령상 19세대를 단지 내의 동별 전체 세대로서 판단하나, 세법은 다가구주택 특례를 "1동"의 다가구주택으로 한정하여 세법 독자적으로 해석한다는 점, ⑤ 건축법 시행령 별표1은 다가구주택의 요건을 정하면서 층수를 건축법 시행령 제119조와 달리 규정하고 필로티 구조의 바닥면적 산정도 별도로 규정하기에 별표 1을 제119조의 "특별규정"으로 보아야 한다는 점도 논거가 제시되고 있다.

    이에 따라 국토부도 옥탑은 실질에 따라 주거 사용시 "층수" 및 "바닥면적"에 산입될 수 있다고 해석하였고,[450] 최근 조세심판원도 건축면적 1/8 이하에 대해 층수 등에 산입된다고 판단하였다.[451]

3. 공동 소유하다가 일괄 양도한 경우에는 동일 세대가 양도하는 경우 1인에게서 1인으로 양도할 것은 요건에서 삭제되었고, 1세대 1주택 비과세 판단은 양도 당시 세대별로 판단하기 때문에 다가구주택 특례가 적용된다. 만일, 공동 소유하다가 "자기 지분만" 양도하는 경우는 공동소유자가 별도 세대이든 동일 세대이든 적용이 어렵다. 그러나 하나의 매매단위로 다가구주택을 전부 양도하는 경우에는 다가구주택 특례 적용이 가능하다.

---

450) 국토부 건축정책과-1808, 2020.3.5. ; 국토부 건축정책과-12899, 2017.8.31.
451) 조심2024중5213, 2025.3.18. ; 조심2024서5964, 2025.3.13. ; 조심2023중10642, 2024.11.13.

관련 사례

구 분	내 용
주택으로 사용하는 층수의 의미	• 건물의 한 층의 구조 및 기능이 한 세대가 독립하여 거주할 수 있는 요건을 갖추지 못하였더라도 일상적인 주거 용도로 사용하는 층이라면 "주택으로 쓰는 층수"에 포함되어야 함[452]
다가구주택의 일괄 부담부 증여	• 종전 해석 : 부담부 증여하는 다가구주택은 공동주택에 해당함[453] → 2022.6.2. 삭제 정비됨
	• 최근 해석 : 다가구주택을 부담부 증여하여 수증자가 부담하는 채무액에 해당하는 부분을 양도로 보는 경우에도 그 전체를 하나의 주택으로 봄[454]
옥탑방	• 옥탑방이 증축되어 침실 등으로 사용되는 다가구주택이 건축령 별표1 제1호 다목의 요건을 갖춘 다가구주택에 해당하는지 여부는 건축법령 해석 및 구체적 사실관계에 따라 판단할 사안임[455]
	• 옥탑의 수평투영면적 합계가 건축면적의 8분의 1을 초과하며 주택으로 사용되고 있는 점 등에 비추어 옥탑은 주택으로 사용되는 1개층에 해당함[456]
	• 양도 당시 옥탑방을 멸실한 경우 그 사실이 확인되어야 하며, 공실인 경우에도 주거기능을 상실하지 않으면 주택 층수로 봄[457]
	• "옥탑"은 주택이나 빌딩 따위의 건물 맨 꼭대기에 설치된 공간을 의미하여 건물 옥상에 사람이 거주할 수 있도록 만든 방을 의미하는 "옥탑방"과 구별되고, 옥탑과 함께 열거되어 있는 승강기탑, 계단탑, 망루, 장식탑은 건축물의 전체의 편익을 위한 보조기능만을 담당하거나 장식을 위한 시설인 점 등을 고려하면, 그 면적이 건축면적의 1/8 이하라도 층수에서 제외되는 옥탑에 해당한다고 볼 수 없음[458]
	• 공부상 쟁점건물의 옥탑(다락 포함) 면적이 건축면적의 8분의 1 미만이라 하더라도 그 면적이 사실상 주거용으로 사용되는 경우 건축법상 층수에 산입됨[459]
공부상 다가구주택을 4개층 이상 주택으로 사용	• 건축물대장에는 1~5층이 근린생활시설, 6층이 단독주택으로 되어 있으나, 임대차계약서 등에 의하면 1~5층을 주거용(원룸, 층별 5세대)으로 사용하여 다가구주택 특례 대상으로 보기 어려움[460]
	• 공부상 다가구주택으로 되어 있으나 주택으로 4개층 이상 사용한 경우, 각 세대별로 등기가 되어 있지 않더라도 주택으로 사용하는 층수가 4개층인 점에 비추어 다세대주택으로 보아 과세한 것은 잘못이 없음[461]

---

452) 조심2021서1142, 2021.4.28. ; 서울행법2019구단69158, 2020.3.18. ; 서울행법2019구단6782, 2020.2.5.
453) 부동산납세과-1022, 2021.7.20. ; 부동산거래관리과-683, 2010.5.13. ; 서면5팀-361, 2007.1.30.
454) 조세법령운용과-340, 2022.4.1.
455) 재산세제과-432, 2020.6.8.
456) 심사양도2019-96, 2019.11.13. ; 조심2021서830, 2021.3.29. ; 조심2019서3483, 2020.6.25. 등
457) 심사양도2021-82, 2022.1.26. ; 조심2023서755, 2023.4.12. ; 조심2020서8070, 2021.3.8.
458) 부산지법2020구합21358, 2020.8.14. ; 부산고법2020누22343, 2020.12.23. ; 대판2021두30754, 2021.4.16.
459) 조심2024중5213, 2025.3.18. ; 조심2024서5964, 2025.3.13. ; 조심2023중10642, 2024.11.13.
460) 조심2021광1027, 2021.4.26. ; 조심2019서592, 2019.10.11. ; 조심2018서380, 2018.5.24.
461) 심사양도2018-132, 2019.3.27. ; 조심2022부8184, 2023.2.16. ; 조심2022인6975, 2022.12.8. ; 서울행법2019구단61369, 2019.11.6. ; 수원지법2018구단7864, 2019.8.23.

구 분	내 용
공부상 다세대주택인 경우	• 각 세대별로 구분등기 되어 있고 건축물대장상 다세대주택(4세대)으로 등재된 것으로 나타나므로 이를 다가구주택으로 인정하기는 어려움[462] • 공부상 다세대주택으로 되어 있으나 다가구주택의 특징도 갖춘 주택에 대해 다가구주택 특례 규정을 적용한다면 이를 부당하게 확장하여 적용하는 결과가 됨[463]
자기지분만 양도하는 경우	• 다가구주택을 공동으로 소유하다가 자기 지분만을 양도하는 경우 당해 다가구주택은 공동주택(각 호가 1주택)으로 봄[464]
공동소유 다가구주택	• 별도 세대원과 공동소유한 다가구주택을 하나의 매매단위로 양도하는 경우 1세대 1주택 비과세 적용시 전체를 하나의 주택으로 봄[465]
단독주택 멸실 및 다가구주택 재건축	• 단독주택을 멸실하고 다가구주택으로 재건축한 후 하나의 매매단위로 양도하는 경우 보유기간은 재건축 전·후의 보유기간을 통산함[466]
오피스텔	• 주거용 사용하는 오피스텔은 업무용 시설로 다가구주택에 해당되지 않음[467]
단지로 구성된 다가구주택	• 하나의 건축물대장 및 건물등기부에 등록 및 등기되어 있는 3개 동의 다가구주택을 하나의 매매단위로 양도시 소득령 제155조 제15항이 적용되지 않으므로 1세대 1주택 비과세 특례를 적용할 수 없음[468]
2개층을 1세대가 사용하는 경우	• 관할 지방자치단체장에게 확인한 결과 2개 층(3·4층)을 복층으로 사용하였다고 하여 이를 1개 층으로 볼 만한 법적 근거가 없는 것으로 청구인이 거주한 3·4층은 비과세를 적용하고 나머지를 과세한 것은 잘못이 없음[469] • 건물의 한 층의 구조 및 기능이 한 세대가 독립하여 거주할 수 있는 요건을 갖추지 못하더라도 일상적인 주거 용도로 사용하면 "주택 층수"에 포함됨[470] ※ 다가구주택 요건을 충족하면서 하나의 매매단위로 양도할 경우에는 전부를 1주택으로 보아 비과세 규정을 적용하되, 요건을 미충족할 경우 각 1호를 1주택으로 보아 비과세 규정을 적용한다는 것인데, 2024.2.29. 개정된 소득세법 시행령에서 주택의 개념을 "세대의 구성원이 독립된 주거생활을 할 수 있는 구조로서 세대별로 구분된 각각의 공간마다 별도의 출입문, 화장실, 취사시설이 설치되어 있는 구조를 갖출 것"을 요건으로 하기에(소득령§152의4), 예컨대, 옥탑방에 별도 취사시설 등이 없을 경우 독자적 주택 호수로 인정하여 층수에 산입할 것인지 여부는 새롭게 쟁점이 될 것으로 생각함 → 만일 층수에 산입하여 "각 호"를 1주택으로 볼 경우 "옥탑방"은 주택의 개념을 미충족하여 "주택 호수에서 제외"하여야 하는 모순이 발생하기 때문임(★)

---

462) 조심2021서881, 2021.7.23. ; 조심2009서4082, 2010.4.28.
463) 심사양도2019-87, 2019.8.28. ; 조심2022서2444, 2022.12.19. ; 조심2021서881, 2021.7.23. ; 대판2014두36419, 2014.7.24. ; 서울고법2020누39282, 2020.11.6. ; 대전고법2013누3472, 2014.4.17.
464) 법령해석재산-89, 2017.3.30. ; 부동산거래관리과-683, 2010.5.13. ; 재산세과-3562, 2008.10.31.
465) 법규재산-367, 2022.1.26.
466) 재일46014-1860, 1998.9.25. ; 재일46014-8, 1997.1.6.
467) 조심2024중741, 2024.4.15. ; 심사양도2010-57, 2010.4.27.
468) 법령해석재산-408, 2017.7.13. ; 서울행법2022구단53214, 2023.5.3. ; 서울행법2018구단71284, 2019.11.6.
469) 조심2021서4739, 2021.10.20. ; 조심2021서830, 2021.3.29. ; 조심2019서134, 2019.11.1.
470) 조심2021서4725, 2022.8.24. ; 조심2021서1142, 2021.4.28. ; 조심2020서569, 2021.2.2. ; 서울행법2021구단56032, 2022.6.10. ; 서울행법2019구단69158, 2020.3.18. ; 서울행법2019구단6782, 2020.2.5.

Chapter 40

장기임대주택 보유자의 거주주택 양도시 꼭 알아야 할 사항은?

내용 Summary

기본사항 Check

- **장기임대주택 특례** : 장기임대주택 보유자가 2년 이상 거주한 거주주택을 양도한 경우 1세대 1주택 비과세 규정을 적용함

- **거주주택 특례 적용 요건**
  ① 장기임대주택 : ㉠ 주택임대사업자 등록과 사업자등록을 모두 갖추고, ㉡ 의무임대기간을 충족하고(임대기간 요건 못 갖추고 거주주택 양도시 사후관리), ㉢ 임대료와 보증금을 5% 이상 증액하면 안 되며, 1년 이내 재차 증액하지 않아야 함
  ② 거주주택 : 2년 이상 세대 전원 거주(취학 등 부득이한 사유로 세대원 일부 미거주는 예외 인정) 필요

핵심 Point

- 거주주택의 거주요건 → 조정대상지역을 불문하고 2년 거주 필요함

- 특례 적용의 횟수 제한 → 2019.2.12. 이후 취득분부터 2025.2.27. 이전 양도분은 생애 1회에 한정하였으나(2019.2.12. 전에 거주주택을 취득하게 위해 매매계약하고 계약금을 지급한 경우에는 예외적으로 특례 가능). **2025.2.28. 이후 양도하는 분부터 거주주택 특례의 생애 1회 제한 폐지**

- 장기임대주택 → 사업자등록 요건 및 주택임대사업자등록을 모두 갖추어야 함(호수 및 기준시가 등 요건도 필요 → 본문 참고)

- 의무임대기간 → 5년, 8년, 10년

- 단기민간임대주택 신설 : (2025.6.4. 이후 지자체 임대사업자 등록 신청분부터 적용)

- 민간임대주택 말소시 특례 → Chapter 41. 참고

질문»

1. 甲 세대는 주택을 5개 보유하고 있으며, 그 중 4개(B, C, D, E)는 장기임대주택으로 지자체에 주택임대사업자 등록 및 세무서에 사업자등록을 하였고, 1개(A)는 본인이 거주하고 있다. 그런데 甲세대는 A주택에서 거주하다가 2023년 7월 중 10억원에 양도하였는데 보유기간은 4년 이지만 거주기간은 1년 6개월이다. A주택은 취득 당시 조정대상지역은 아니었다. 1세대 1주

택 비과세를 적용받을 수 있는가?

2. 甲은 1개의 주택(A)에서는 본인 세대가 거주하고, 주택 2개(B, C)를 지자체에 임대사업자로 등록하였으나 세무서에는 임대소득이 비과세 대상에 해당하여 사업자등록을 하지 않았다. 기존에 거주주택 비과세는 적용받은 바 없는데, 2023년 5월 중 2년 이상 거주한 A주택을 양도할 경우 거주주택 비과세가 가능한가?

3. 甲세대는 지자체 임대사업자 등록과 세무서에 사업자등록을 마친 임대주택 3개(A, B, C)를 보유 및 임대하고 있으며, 2018년 2월에 2년 거주요건을 갖춘 D주택을 양도하고 비과세를 적용받은 바 있다. 2020년 중 E주택을 추가로 취득하여 2년 이상 거주한 뒤 2023년 6월에 E주택을 양도하였다. 거주주택 비과세 규정의 적용이 가능한가?

4. 甲은 다세대주택인 임대주택 3개(A, B, C)를 매매로 취득하여 2013년 1월부터 임대를 하고 있으며, 2015년 2월에 지자체에 주택임대사업자 등록을 하고 2018년 3월에 세무서에 사업자등록을 마쳤다. 이 경우 2년 이상 거주한 거주주택(D)을 2023년 4월에 양도하려고 하는데 소득세법 시행령상 거주주택 비과세 적용시 의무임대기간은 언제까지인가?

5. 甲은 보유하던 아파트 3채(A, B, C)를 2020년 7월 13일 지자체 주택임대사업자 등록을 신청하여 당일에 장기일반민간임대주택으로 등록을 완료하였고 세무서에는 다음날 사업자등록을 완료하였다. 이후 2020년 9월 중 취득한 아파트(D)에서 세대원들이 계속 거주하다가 2023년 3월 중 D주택을 12억원에 양도하였다. 甲세대는 기존에 거주주택 비과세를 받은 적은 없는데, D주택에 대하여 거주주택 특례 적용이 가능한가?

답변 및 해설 »

1. 거주주택 비과세를 적용받지 못한다. 왜냐하면 장기임대주택 보유자의 거주주택은 조정대상지역을 불문하고 2년 이상 거주하여야 하기 때문이다. 거주주택 비과세 특례는 규정이 최초로 시행된 2011.10.14. 이후 "2년 이상 거주" 요건이 필수적이고 한 번도 변동되지 않았다. 다만, 거주주택이 상생임대주택 요건을 갖출 경우에는 2년 거주 요건이 면제된다.

2. 거주주택 비과세를 적용받지 못한다. 왜냐하면 거주주택 비과세를 적용받으려면 지자체에 임대사업자 등록과 세무서에 사업자등록이 필수적이다. 사업소득(주택임대소득)이 비과세된다고 예외는 아니다. 다만, 거주주택 양도시까지만 주임임대사업자 등록과 사업자등록을 하면 된다.

3. 거주주택 비과세를 적용받지 못한다. 왜냐하면, 거주주택 비과세의 경우 2019.2.12. 이후 취득분은 2025.2.27. 이전 양도분까지 "생애 1회에 한하여" 적용받기 때문이다. 2019.2.12. 이전에 거주주택 비과세를 적용받은 적이 있다면 양도하는 거주주택이 2019.2.12. 이전에

취득했거나 취득하기 위해 매매계약하고 계약금을 지급한 경우가 아니라면 거주주택 비과세는 불가하였다. 이에 대해서는 과도하다는 지적이 있었으며, 2025.2.28. 소득령 개정시 생애 1회 제한을 받는 부분은 삭제하였다.

4. 사안의 경우 2020.7.10. 이전에 임대주택을 취득하여 등록한 경우이므로 5년의 의무임대기간이 적용된다. 거주주택 비과세 적용시 의무임대기간은 ㉠ 지자체에 주택임대사업자 등록일과 ㉡ 세무서에 사업자 등록일 ㉢ 실제 임대개시일 중 늦은 날부터 기산하므로 2023년 3월 중 5년 의무임대기간을 충족한다. 지자체에 주택임대사업자 등록신청일에 따라 적용될 의무임대기간은 다음과 같다.
   ① 2020.7.10. 이전 임대업사업자등록 신청(임대주택 추가로 등록변경 신고 포함) : 5년
   ② 2020.7.11. 이후 임대사업자등록 신청(임대주택 추가로 등록변경 신고 포함) : 8년
   ③ 2020.8.18. 이후 임대사업자 등록 신청 : 10년

5. 거주주택 비과세를 적용받지 못한다. 왜냐하면, 장기일반민간임대주택으로서 아파트인 민간매입임대주택은 2020.7.11. 이후 등록 신청한 경우 거주주택 비과세 특례가 배제된다. 2020.7.11. 이후 단기민간임대주택으로 등록 신청한 경우에도 거주주택 비과세를 적용받지 못한다. 단기민간임대주택을 2020.7.11. 이후 장기일반민간임대주택 또는 공공지원민간임대주택으로 변경 신고한 주택도 거주주택 비과세 특례를 적용받지 못한다.

보충설명

장기임대주택 보유자의 거주주택 양도에 대한 비과세 규정 적용시 주의하여야 할 사항이 많다. 그 중에 핵심적인 사항들을 위 질문에 담아 보았다. 거주주택 비과세 적용시 꼭 확인하여야 할 사항으로 아래 내용 정도는 알아야 한다!

① **거주주택은 조정대상지역 불문하고 "2년 거주"하여야** 한다(상생임대주택 요건 충족시 예외 가능).

② 거주주택 **비과세는 2019.2.12. 이후 취득한 경우로서 2025.2.27. 이전에 양도한 경우에는 "생애 1회에 한하여 적용"**된다. 거주주택 비과세를 기존에 적용받은 적이 있으면, 2025.2.27. 이전에 양도하는 거주주택은 2019.2.12. 이전에 취득하였거나 취득하기 위해 매매계약 & 계약금 지급하여 취득한 경우가 아니라면 거주주택 비과세는 불가하였다. 그러나 2025.2.28. 이후 양도하는 경우에는 생애 1회 제한이 없으므로 2025.2.27. 이전에 거주주택 비과세를 받았는지 여부에 관계없이 2년 거주 요건을 갖추고 장기임대주택의 다른 요건(등록, 기준시가, 보증금 등 증액 제한 등)을 갖추면 거주주택 특례가 가능하다.

③ **장기임대주택은 지자체 주택임대사업자 등록과 세무서 사업자등록을 "모두" 갖추어야 한다.** 이는 거주주택 양도일까지만 갖추면 된다. 장기임대주택의 의무임대기간이 경과하지 않아도 거주주택 비과세 적용은 가능하다. 다만, 사후관리 기간이 길어질 뿐이다.

④ **기준시가 요건을 준수해야 한다.** 기본적으로 "매입"임대주택은 임대개시일 현재 기준시가 6억원(수도권 밖 3억원) 이하이어야 한다(2025.6.4. 이후 등록하는 단기민간임대주택은 아래 ⑨ 적용). 이 경우 해석상 사업자등록 등 이후 최초 임대개시일 현재 기준시가 기준이기에 결국 사업자등록일, 임대사업자등록일, 임대개시일 중 늦은 날을 기준으로 기준시가를 적용한다. "건설"임대주택은 그 외에 임대호수도 2호 이상이어야 하고 면적기준(건물 연면적 149㎡, 대지면적 298㎡ 이하)과 기준시가(수도권 구분 없이 6억원)도 다르다.

⑤ **의무임대기간을 준수하여야 한다.** 앞에서 보았듯이 지자체에 언제 등록·신청하였는지 여부에 따라 5년, 8년, 10년의 의무임대기간이 적용된다(2025.6.4. 이후 등록하는 단기민간임대주택은 아래 ⑨ 적용). 의무임대기간 계산은 주택임대사업자 등록일과 사업자등록일, 실제 임대개시일 중 늦은 날부터 기산한다.

⑥ **거주주택 비과세 특례 배제 사유 해당 여부도 검토하여야 한다.** 2020.7.10. 부동산 대책 때 단기민간임대주택을 장기일반/공공지원임대주택으로 등록하지 말 것과 아파트로서 민간매입임대주택에 해당하는 장기일반민간임주택 및 단기민간임대주택을 더 이상 등록하지 말도록 하면서 그 위반에 대한 제재로 거주주택 비과세 배제와 다주택 중과 적용이다. 2년 이상 보유시 다주택 중과는 현재 유예 중이다. 아무튼 2020.7.11. 이후 그 위반에 대해 거주주택 비과세가 배제된다.

⑦ **거주주택을 양도하고 나서 장기임대주택을 거주주택으로 전환하는 경우**이다. 여러 채 장기임대주택 중 거주주택으로 전환하여 2년 이상 거주하면 양도소득금액 중 직전에 거주주택 양도일 이후분만 비과세가 가능하다. 전부 비과세 되는 것이 아니다! 최종 임대하던 장기임대주택을 양도하는 경우에는 2년 거주 요건이 불필요하고 직전에 거주주택으로 전환한 주택 양도일 이후 양도소득금액에 대하여 비과세 적용이 가능하다. 안분은 기준시가를 적용하여 과세분과 비과세분을 쪼개야 한다.

그리고 2019.2.12. 이후 매매계약하여 취득하는 장기임대주택을 거주주택으로 전환하면 "전면 과세"이다. 이제 서서히 이러한 사례가 나올 시기가 되었다.

⑧ **임대료 등의 증액 상한 5% 초과 금지**(2019.2.12. 이후 임대차계약 또는 갱신분) **및 1년 이내 임대료 재차 증액 금지**(2020.2.11. 이후 임대차계약 또는 갱신분) **준수 여부**도 체크하시라. 위반시 거주주택 비과세는 불가하다. 장기임대주택 특례는 항상 법령 개정 여부에 신경을 써야 한다. 항상 민간임대주택법이나 소득세법 시행령, 조특법 개정 여부를 살펴야 한다.

⑨ 다음의 **단기민간임대주택**이 신설되어, **2025.6.4. 이후 지자체 임대사업자 등록분부터 적용**한다.
  ㉠ **민간매입임대주택** 중 단기민간임대주택 : ⓐ 아파트(주택법상 도시형 생활주택이 아닌 것)는 제외 ⓑ 의무임대기간 6년 ⓒ 주택 및 부수토지의 기준시가 합계액이 임대개시일 당시 4억원(수도권 밖은 2억원) 이하 ⓓ 보증금 및 임차료 5% 이상 증액 금지 & 1년 이내 재차 증액 금지 ⓔ 1세대가 1주택 이상 보유 상태에서 세대원이 취득하는 조정대상지역의 단기민간임대주택이 아닐 것(조정대상지역 공고 전 계약 및 계약금 지급은 예외)
  ㉡ **민간건설임대주택** 중 단기민간임대주택 : ⓐ 2호 이상 ⓑ 주택 연면적 149㎡ & 대지면적 298㎡ 이하 ⓒ 의무임대기간 6년 ⓓ 주택 및 부수토지의 기준시가 합계액이 2호 이상 임대 개시일(2호 이상 임대개시 후 임대개시하는 주택은 그 임대개시일) 당시 6억원 이하 ⓔ 보증금 및 임차료 5% 이상 증액 금지 & 1년 이내 재차 증액 금지

⑩ **임대주택 말소**에 대하여는 최근 많은 사례가 발생하여 별도 **Chapter 41.**에서 살펴보기로 하자.

관련 사례

구 분	내 용
"주택"으로 "임대"하지 않는 경우	• 소유 주택을 타인에게 무상 사용하게 하거나 자신이 사용하는 경우 해당 주택은 장기임대주택에 해당하지 않음[471] • 사업자등록과 임대사업자등록을 한 장기임대주택을 의무임대기간 동안 가정어린이집 사용자에게 임대한 경우 거주주택 특례가 적용되지 않음[472]
사업자등록과 주택임대사업자 등록	• 사업자등록은 하였으나 시·군·구청에 임대사업자 등록을 하지 않거나 일부 미등록하면 특례 적용이 불가함[473] • 임대소득이 비과세 대상이라도 주택 양도시까지 사업자등록을 하지 않으면 거주주택 특례가 적용되지 않음(양도일 後 등록, 개업일 소급도 동일)[474] • 주택 3채를 상속받아 주택 양도일 현재 1세대 5주택이면서 상속주택을 사업자등록 등을 하지 않아 상속주택이 장기임대주택에 해당하지 않는 경우 양도주택은 비과세를 적용할 수 없음[475] • 과세사업과 면세사업 겸업 사업자로서 사업자등록을 한 경우 면세사업에 관하여 소득세법 제168조 제1항에 따른 등록을 한 것으로 봄[476] • 기존에 주택임대업자 등록을 하였다가 이후 임대주택을 추가로 매입하여도 "임대업등록 정정사유 발생일부터 30일 내"가 아니라 "양도 당시" 추가 매입한 임대주택이 주택임대업 등록되어 있는지를 기준으로 판단함[477] • 주택임대업 등록 이후 취득한 임대주택을 추가하는 주택임대업 정정을 하지 않은 경우 장기임대주택 특례가 적용되지 않음[478]
장기임대주택의 임대기간 계산	• 임대기간은 ⓐ 사업자등록 ⓑ 임대사업자등록을 하고 임대주택으로 등록하여 ⓒ 실제 임대하는 날로부터 계산함[479] • 실제 5년 이상 임대하여도 임대사업자등록이 늦은 경우 등록 이후 임대기간이 5년 이상이 되어야 함[480] • 장기임대주택이 재건축·재개발로 철거된 경우 철거된 재건축·재개발 "공사기간"은 임대기간에 포함되지 않으며, 이후 "신축된 주택의 임대기간을 합산"하여 임대기간을 계산함[481]

---

471) 부동산거래관리과-358, 2011.4.28. ; 조심2018전3941, 2018.12.4.
472) 법령해석재산-1262, 2018.9.10.
473) 심사양도2022-26, 2022.8.17. ; 조심2021중2852, 2021.8.23. ; 대판2021두39799, 2021.9.16.
474) 법령해석재산-91, 2020.9.29. ; 심사양도2019-92, 2019.10.30. ; 조심2020서8596, 2021.3.9. 등
475) 법령해석재산-2, 2017.2.27. ; 조심2019서4291, 2020.4.21.
476) 법규재산-838, 2022.10.31.
477) 조심2013전2710, 2013.9.2.
478) 심사양도2018-129, 2019.2.27. ; 조심2017서539, 2017.4.12.
479) 부동산납세과-543, 2020.6.10. ; 법령해석재산-433, 2017.9.8.
480) 조심2019광2745, 2019.10.30. ; 조심2010서2744, 2010.12.2.
481) 부동산거래관리과-571, 2012.10.25. ; 부동산거래관리과-542, 2012.10.10.

구 분	내 용
임대료 상한	• 임대보증금 또는 임대료 상한 규정의 기준이 되는 최초의 계약은 개정 소득령 시행 이후 최초로 체결한 표준임대차계약임[482] • 자진 말소하는 단기민간임대주택을 장기일반민간임대주택으로 재등록한 경우 임대료 증액 상한의 기준은 재등록 이후 작성한 표준임대차 계약임[483] • 임대료 증액상한 요건의 기준이 되는 최초 임대료는 '19.10.23. 이전 민간임대주택법상 임대주택 등록 여부와 관계없이 '19.2.12. 이후 민간임대주택법상 임대주택으로 등록한 이후 최초 체결하는 임대차계약의 임대료임[484]
거주주택 거주기간	• 거주주택의 거주기간은 보유기간 중 거주기간을 통산함[485] • 거주요건 판단은 사실상 거주 여부로 판단하고, 거주기간은 해당 주택에서 거주한 기간(직전거주주택보유주택은 사업자등록 및 주택임대사업자 등록한 날 이후의 거주기간)을 통산함[486] • 혼인 前 거주주택 취득시 혼인 前에 거주한 기간과 혼인 後에 배우자와 함께 거주한 기간을 통산함[487] • 거주자가 동일 세대에게 주택을 증여한 후 수증자가 해당 주택을 양도하는 경우 증여자와 수증자가 동일 세대로서의 보유 및 거주기간을 통산함[488] • 동일 세대에게 부담부 증여시 양도 부분은 수증일 이후 거주기간으로 계산함[489] • 1세대가 2년 이상 거주한 "거주주택 양도일 현재" 해당 거주주택에서 거주하고 있지 않은 경우에도 해당 특례 규정이 적용됨[490]
도시형 생활주택	• 장기일반민간임대주택으로 등록한 도시형 생활주택은 소득령 제155조 제20항의 장기임대주택에 해당함[491]
임차인이 1년 단위 또는 1년 미만으로 계약한 경우	• 주택임대차보호법 제4조 제1항 단서에 따라 임차인이 임대차기간을 1년으로 정하는 임대차계약을 연속으로 한 경우 직전 임대차계약 개시일부터 1년이 지난 날을 새로운 임대차계약 개시일로 하여 직전 임대보증금 또는 임대료("임대료 등")의 5% 범위 내에서 증액하면 "임대료 등 증가율 5% 초과하지 않을 것"에 해당함[492]
거주주택 특례 받은 자와 혼인	• 거주주택 특례를 적용받은 적이 없는 자(乙)가 2019.2.12. 이후 거주주택 특례 적용받은 자(甲)와 혼인한 후 취득한 거주주택(乙 취득)은 거주주택 특례 적용이 가능함[493]

---

482) 부동산납세과-3153, 2022.10.17. ; 재산세제과-527, 2018.6.18. ; 조심2022서7263, 2023.1.4.
483) 부동산납세과-3499, 2022.11.10. ; 법규재산-6177, 2022.10.26. ; 재산세제과-1302, 2022.10.19.
484) 법규재산-36, 2022.12.2.
485) 법령해석재산-197, 2015.8.20.
486) 부동산납세과-1526, 2022.5.27. ; 부동산납세과-255, 2017.3.6. ; 서면부동산-2133, 2015.11.17.
487) 법령해석재산-660, 2019.12.30.
488) 부동산납세과-3385, 2022.11.2. ; 부동산거래관리과-561, 2012.10.18.
489) 법령해석재산-2718, 2021.5.17.
490) 부동산거래관리과-1072, 2011.12.23.
491) 법규재산-514, 2022.10.25.
492) 법규재산-432, 2023.3.13.
493) 법규재산-3115, 2024.1.24. ; 재산세제과-140, 2024.1.22.

Chapter 41

임대주택 말소, 반드시 알아야 한다!

💬 내용 Summary

기본사항 Check

- 민간임대주택법상 "말소 대상" 임대주택 : ① 단기민간(매입, 건설)임대주택 ② 장기일반민간임대주택 중 민간매입임대주택으로서 아파트

- 민간임대주택법상 임대주택 "말소 방법"
  ① 신청 말소 : 임차인 동의 받아 말소 가능
  ② 자동 말소 : 민간임대주택법상 임대의무기간 경과시 말소

- 민간임대주택법상 임대주택의 재건축/재개발 취급
  ① 해당 주택이 도시정비법에 따른 정비사업 또는 소규모주택정비법에 따른 소규모주택정비사업으로 임대의무기간 내 멸실 우려가 있다고 판단되는 경우 → 임대사업자 등록신청 거부 가능
  ② 관계 법령에 따라 재개발, 재건축 등으로 민간임대주택의 철거가 예정되어 있거나 민간임대주택이 철거된 경우 → 임대의무기간 내 계속 임대하지 아니하고 말소 가능

핵심 Point

- 소득세법상 말소임대주택 특례 요건
  ① 말소 대상 : 민간임대주택법과 동일
  ② 말소 방법 : 신청말소는 임대의무기간의 1/2 충족 필요, "자동말소"는 민간임대주택법과 동일

- 소득세법상 말소임대주택 특례 내용 : 말소된 임대주택은 말소일에 의무임대기간 충족 간주
  ① 거주주택 비과세 특례 : 최초 말소일로부터 5년 이내 거주주택 양도할 것 → 거주주택에서 2년 거주요건은 갖추어야 함
  ② 다주택 중과 예외 특례 : 신청말소된 장기임대주택은 말소일로부터 1년 이내 양도할 것, 자동말소된 장기임대주택은 양도기한 제한 없음

- 말소된 후 다른 의무 준수 여부 : 세무서 사업자등록 불필요, 보증금 등 증액 제한 준수 불필요

- 임대주택의 재건축/재개발사업 등 :
  ① 재개발/재건축사업 등 사유가 있는 경우 임대의무호수를 임대하지 않은 기간을 계산할 때 해당 주택의 관리처분계획 등 인가일 전 6개월부터 준공일 후 6개월까지의 기간은 포함하지 않음
  ② 재개발/재건축사업 등으로 임대 중이던 장기임대주택이 멸실된 후 신축주택이 말소 대상 주택에 해당하여 임대기간 요건을 못 갖추는 경우 당초 주택의 등록말소일에 임대기간 요건 충족 간주. (다만, 임대의무호수를 임대하지 않은 기간이 6개월 경과시 임대기간 요건 갖춘 것 간주 ×)

 **질문 »**

1. 甲은 단기민간임대주택으로 등록했던 아파트 2채(A, B)가 모두 2020.10.13. 임대주택법상 임대의무기간 만료로 말소되었다. 말소 후 해당 주택의 월세를 은행이자 부담의 증가로 2022년부터 8%씩 인상하고 있다. 그리고 본인 세대가 2년 이상 거주하던 거주주택(C)을 2023년 7월 중 10억원에 양도하였다. 甲세대는 기존에 거주주택 비과세를 적용받은 적은 없는데, C주택에 대해 거주주택 비과세를 적용받을 수 있는가?

2. 甲은 2019년 3월 취득한 A주택을 2019년 3월 장기일반민간임대주택으로 등록한 뒤 2022년 3월 임차인 동의를 받고 지자체에 말소신청하였다. 그리고 2020년 1월 취득한 B주택에서 2년 이상 거주하고 2025년 1월 중 양도하였다. 거주주택 비과세가 가능한가?

3. 甲은 2016년 3월 취득한 A주택을 2016년 4월 단기민간임대주택으로 등록하였으며, 해당 주택은 2020.8.18. 등록 말소되었다. 그리고 B주택을 2020년 1월 취득하여 2년 이상 거주한 뒤 2025년 9월 양도하였다. 거주주택 비과세가 가능한가?

4. 甲은 2016년 3월 취득한 A주택을 단기민간임대주택으로 등록하였고, 해당 단기민간임대주택은 2020.8.18. 등록 말소되었다. 그리고 B주택을 2020년 10월 취득하여 2년 이상 거주한 뒤 B주택을 2025년 3월 중 양도하였다. 거주주택 비과세가 가능한가?

5. 甲은 2016년 3월 취득한 A주택을 단기민간임대주택으로 등록하였고, 해당 단기민간임대주택은 2020.8.18. 등록 말소되었다. 甲은 해당 말소된 해당 임대주택을 2021년 3월 배우자 乙에게 증여한 뒤, 2018년 5월 취득하여 2년 이상 거주한 B주택을 2025년 3월 중 양도하였다. 거주주택 비과세가 가능한가?

6. 甲은 2016년 3월 취득한 A주택을 단기민간임대주택으로 등록하였고, 해당 단기민간임대주택은 2020.8.18. 등록 말소되었다. 甲은 2020년 10월 중 사망하여 해당 말소된 임대주택은 배우자 乙에게 상속되었다. 이 경우 乙은 2019년 3월 취득하여 2년 이상 거주한 B주택을 2025년 3월 중 양도하였다. 거주주택 비과세가 가능한가?

 **답변 및 해설 »**

1. 사안에서 양도하는 거주주택은 비과세 적용이 가능하다. 왜냐하면, 거주주택에서 2년 이상 거주하였고, 임대주택이 말소된 이후로는 보증금 등의 증액 제한을 받지 않기 때문이며, 2025.2.27. 이전 양도시 거주주택에 대한 생애 1회 제한에도 해당하지 않기 때문이다.

2. 사안은 거주주택 비과세 적용이 불가하다. 장기임대주택은 민간임대주택법상으로는 임차인의 동의를 받아 말소할 수 있으나, 거주주택 비과세를 받으려면 임대의무기간의 1/2 이상 임대하고 신청 말소하여야 한다. 따라서 장기일반민간임대주택으로 등록한 경우 8년 중 4년의 임대기간을 경과한 뒤 신청 말소하였어야 하는데, 4년을 경과하지 않아 신청 말소한 것이므로 거주주택 비과세가 불가하다. 실무에서 종종 실수하는 부분이므로 유의할 필요가 있다.

3. 사안은 거주주택 비과세 적용이 불가하다. 장기임대주택이 말소되면, 말소된 날로부터 5년 이내 양도하여야 거주주택 비과세 적용이 가능한데, 사안은 5년을 경과하여 양도한 것이므로 비과세 적용이 불가하다. 실무에서 종종 다주택 중과 예외와 착오하는데, 다주택 중과 예외 적용시에는 임대의무기간 경과로 말소되는 경우에는 양도기한 제한을 규정하고 있지 않지만, 거주주택 비과세 적용시에는 자동말소나 신청말소를 불문하고 최초 말소일로부터 5년 이내 양도하여야 한다. 특히, 2020.8.18. 최초 자동말소된 경우 거주주택 양도시 초일불산입을 적용할 경우 2025.8.18.까지 양도하여야 함에 특히 유의할 필요가 있다.

4. 사안은 거주주택 비과세 적용이 불가하다. 장기임대주택이 자동 또는 신청 말소된 경우 거주주택 비과세 대상이 되는 것은 해당 거주주택이 장기임대주택이 존재할 경우에 취득한 것이어야 하는데, 사안은 장기임대주택이 자동말소된 이후 취득하였다는 점에서 특례 대상이 되지 않는다.

5. 사안은 거주주택 비과세 규정의 적용이 가능하다. 거주주택 비과세는 세대별로 판단하기에 말소된 장기임대주택을 동일 세대에게 증여하고 2년 이상 거주한 거주주택을 양도한 것이기에 거주주택 비과세가 가능하다.

6. 사안은 거주주택 비과세 규정의 적용이 가능하다. 거주주택 비과세는 세대별로 판단하기에 말소된 장기임대주택을 동일 세대에게 상속이 이루어지고 2년 이상 거주하였던 거주주택을 양도한 것이기에 거주주택 비과세가 가능하다.

관련 사례

구 분	내 용
말소 후 다른 의무 준수 필요 여부	• 소득령 제155조 제23항과 같이 장기임대주택이 신청(임대의무기간 1/2이상 임대) 또는 자동말소된 이후 특례 요건을 준수하지 않더라도 5년 이내 거주주택을 양도하는 경우 소득령 제155조 제20항에 따른 특례 적용이 가능함[494] ※ 말소된 장기임대주택을 임대하지 않거나 사업자등록을 유지하지 않아도 거주주택 특례가 가능하며, 임대료 등 상한(5%) 요건도 말소 후에는 유지할 필요가 없음
임대의무기간 1/2 이상 여부 판단	• 임대의무기간 1/2 이상 임대 여부의 기산일은 임대사업자 등록일(등록 이후 임대개시한 경우 임대차계약서상 실제 임대개시일)부터 기산함[495] • 임대사업자가 포괄 양수받은 임대주택의 임대등록을 민간임대주택법 제43조에 따른 임대의무기간 내 자진말소한 경우 임대의무기간의 1/2 이상 임대한 시점을 산정하기 위한 기산일은 전 임대사업자의 임대사업자 등록일(임대사업자 등록 이후 임대가 개시되는 주택은 임대차계약서상 실제 임대개시일)부터 기산함[496]
임대의무기간의 1/2 미만 임대 및 말소	• 장기임대주택의 임대기간(임대사업자 등록일~거주주택 양도일, 약 7개월)이 민간임대주택법 제43조 및 소득령 제155조 제23항 제1호 단서 규정에 따른 임대기간을 충족하지 않음[497]
자동말소된 후 거주주택 양도기한 (2호 이상 임대주택)	• 2호 이상 장기임대주택을 보유한 1세대가 장기임대주택 중 1호가 자동말소된 후 거주주택을 양도하는 경우 자동말소된 임대주택을 처분한 후 양도하는 경우에도 최초로 자동말소된 이후 5년 이내 양도해야 비과세를 적용받을 수 있음[498]
말소 임대주택의 재등록	• 요건을 충족한 단기민간임대주택(B, 오피스텔)이 자동말소 이후 5년 이내 거주주택(A) 양도시, 자동말소 후 장기일반민간임대주택으로 재등록하더라도 자동 말소된 시점에 임대기간 요건을 갖춘 것으로 봄[499] • 장기임대주택(B, C, D)과 거주주택을 보유하다가 D주택이 등록말소된 날 재등록한 후 B,C주택이 말소되면 B,C말소일부터 5년 이내 거주주택을 양도하여야 함[500] • 자동말소된 임대주택을 재등록한 경우로서 임대등록이 말소된 후 5년이 경과하여도 소득령 제155조 제20항에 따른 거주주택 및 장기임대주택 요건을 갖추어 거주주택 양도시 소득령 제155조 제20항의 특례 적용이 가능함[501] • 민간임대주택법에 따라 자진말소하는 단기임대주택을 장기민간임대주택으로 재등록시 임대료 증액 상한기준은 재등록 이후 작성한 표준임대차 계약임[502]

---

494) 법규재산-39, 2022.4.8. ; 법규재산-279, 2022.1.27. ; 법규재산-350, 2022.1.27. ; 법규재산-225, 2022.1.27. ; 재산세제과-151, 2022.1.24.
495) 부동산납세과-3787, 2022.12.15. ; 부동산납세과-2844, 2022.9.26. ; 조심2023중8917, 2023.9.13. ; 수원지법2024구단10045, 2024.6.26. ; 서울행법2022구단13278, 2023.4.12.
496) 법규재산-5310, 2022.8.10.
497) 조심2021서3173, 2022.6.8. ; 서울고법2023누41484, 2023.10.26. ; 서울행법2022구단13278, 2023.4.12.
498) 부동산납세과-3689, 2022.12.6. ; 재산세제과-1308, 2022.10.18.
499) 법규재산-1218, 2022.10.20.
500) 부동산납세과-348, 2025.3.28.
501) 부동산납세과-874, 2023.4.6. ; 부동산납세과-653, 2023.3.10. ; 법규재산-2334, 2022.12.14.
502) 부동산납세과-3499, 2022.11.10. ; 법규재산-6177, 2022.10.26. ; 재산세제과-1302, 2022.10.19.

구 분	내 용
자동말소된 후 거주주택 양도기한 (2호 이상 임대)	• 장기임대주택 중 1호가 자동말소된 후 거주주택을 양도하는 경우에는 자동말소된 임대주택을 처분한 후 양도하는 경우에도 최초로 자동말소된 이후 5년 이내에 양도해야 비과세 특례를 적용받을 수 있음(전부 말소된 경우에도 동일하게 해석함)[503] • 3개(A, B, C)의 장기임대주택 중 1개(B)가 자동말소 되어 해당 주택을 거주주택으로 전환한 경우로서, 이후 다시 장기임대주택(A)이 자동말소된 경우 A 말소 이후 5년 이내 거주주택(B) 양도시에 한정하여 임대기간 요건을 갖춘 것으로 봄[504] → 2025.2.20. 삭제 정비됨 • 장기임대주택이 자동말소된 후 양도하고 폐지되지 않은 유형의 장기임대주택만을 보유한 경우에는 5년의 처분기한 제한이 적용되지 않음[505]
임대기간 요건의 각 법률간 적용	• 장기임대주택의 임대기간 요건 충족 전에 거주주택을 양도하는 경우로서 장기임대주택이 임대의무기간 종료일에 자동말소되어 소득세법상 임대기간 요건을 갖추지 못해도 그 등록이 말소된 날 해당 임대기간 요건을 갖춘 것으로 봄[506]
임대사업자의 포괄 승계 후 말소	• 임대주택(민간임대주택법 제17482호 부칙§5① 적용 주택에 한정)에 대해 임대사업자 지위를 포괄승계 취득하고 임대등록이 자동말소된 경우 말소 이후 5년 이내 거주주택 양도시 임대기간 요건을 갖춘 것으로 봄[507] • 임대사업자가 포괄 양수받은 임대주택의 임대등록을 민간임대주택법 제43조에 따른 임대의무기간 내 자진말소한 경우 임대의무기간의 1/2 이상 임대한 시점을 산정하기 위한 기산일은 전 임대사업자의 임대사업자 등록일(임대사업자 등록 이후 임대가 개시되는 주택은 임대차계약서상 실제 임대개시일)부터 기산함[508]
말소 후 거주주택 거주기간 판단	• 장기임대주택 말소일로부터 5년 이내 거주주택을 양도하는 경우, 거주기간 2년 이상 판단시 장기임대주택 등록말소일 전·후 거주기간을 통산함[509]
거주주택 양도 후 임대주택 자진말소	• 거주주택(A)과 장기임대주택(B, C)을 보유한 1세대가 장기임대주택(B, C)의 임대기간 요건 충족 전에 거주주택(A)을 양도하고 비과세를 받은 경우로서, 이후 임대의무기간의 1/2 이상 임대한 장기임대주택(C)을 임대의무기간 내 신청 말소한 경우, 소득령 제155조 제22항 각 호 외의 부분 후단 및 제2호 라목 1)에 따라 그 등록이 말소된 날에 장기임대주택(C)의 해당 임대기간 요건을 갖춘 것으로 봄[510]
말소 임대주택의 거주주택 전환	• 3개의 장기임대주택 중 1개가 자동말소 되어 해당 주택을 거주주택으로 전환하여 2년 이상 거주하고 양도시 양도기한 제한 없이 거주주택 특례가 가능함[511]

---

503) 부동산납세과-3689, 2022.12.6. ; 법규재산-4370, 2022.10.20. ; 재산세제과-1308, 2022.10.18. ; 법령해석재산-710, 2021.6.30.
504) 법령해석재산-5916, 2021.10.28.
505) 법규재산-1160, 2024.12.19. ; 재산세제과-1420, 2024.12.11.
506) 법령해석재산-928, 2021.8.9.
507) 법규재산-2182, 2022.9.23.
508) 법규재산-5310, 2022.8.10.
509) 부동산납세과-2016, 2023.8.11.
510) 법령해석재산-1755, 2021.12.23.
511) 법규재산-8212, 2023.1.5.

구 분	내 용
거주주택 없이 장기임대주택 말소	• 거주주택 없이 장기임대주택을 모두 자진말소한 경우 장기임대주택과 거주주택을 소유하는 경우에 해당하지 않으므로 소득령 제155조 제20항을 적용하지 않음[512]
말소된 장기임대주택을 동일 세대에게 증여	• 장기임대주택(B, C)과 거주주택(A)을 소유하고 있는 1세대가 해당 장기임대주택(B, C)이 임대의무기간이 종료한 날 등록이 자동말소된 이후 B주택을 동일 세대원에게 증여하고 자동말소일부터 5년 이내 거주주택(A)을 양도하는 경우, 임대기간 요건을 갖춘 것으로 보아 소득령 제155조 제20항을 적용함[513]
동일 세대로부터 증여받은 후 말소	• '20.7.10. 이전에 등록한 임대주택을 '20.7.11. 이후 동일 세대원에게 증여(포괄승계)하고 자동말소된 후 거주주택 양도시, 소득령 제155조 제20항에 따른 거주주택 특례 적용이 가능함(1세대 기준으로 판정)[514]
말소된 임대주택들 중 일부를 별도 세대에게 증여	• 장기임대주택(A, B, C)의 임대등록이 2020.8.18. 이후 자동말소되거나, 신청말소된 이후(임대의무기간 1/2 이상 임대), 장기임대주택 중 일부(B)를 별도 세대원에게 증여하고 남은 장기임대주택과 거주주택 보유 상태에서 최초로 등록이 말소되는 장기임대주택의 등록 말소 이후 5년 이내 거주주택을 양도시 임대기간 요건을 갖춘 것으로 보아 거주주택 특례를 적용함[515]
말소된 장기임대주택의 상속 (동일 세대)	• 장기임대주택(A, C)과 거주주택(B)을 소유하는 세대가 해당 장기임대주택(A, C)이 자동말소된 이후 동일 세대원이 장기임대주택(A)을 상속받고 자동말소일(장기임대주택을 2호 이상 임대하는 경우에는 최초로 등록이 말소되는 장기임대주택의 등록 말소 이후)로부터 5년 이내 거주주택 양도시 소득령 제155조 제23항에 따라 임대기간 요건을 갖춘 것으로 보아 소득령 제155조 제20항을 적용함[516] • 장기임대주택(A)과 거주주택(B)을 소유한 1세대가 해당 장기임대주택(A)이 자동말소된 이후 동일 세대원이 장기임대주택(A)을 상속받고 자동말소일로부터 5년 이내 거주주택(B)을 양도하는 경우 소득령 제155조 제23항에 따라 임대기간 요건을 갖춘 것으로 보며, 이 경우 거주주택(B)을 취득한 날로부터 1년 이상이 지난 후 신규주택(C)을 취득하고 C주택 취득일부터 3년 이내 거주주택(B) 양도시 1세대 1주택 비과세 규정을 적용할 수 있음[517]
장기임대주택 자동말소 후 거주주택이 배우자와 별도 세대에 1/2씩 상속	• 장기임대주택(B, 부부인 甲과 乙 1/2 공유)과 2년 이상 보유 및 거주한 거주주택(C, 甲과 乙 1/2 공동소유)을 보유한 경우로서 해당 장기임대주택(B)이 임대의무기간 종료한 날 자동말소된 후 乙사망에 따라 피상속인 乙의 B주택 지분(1/2)이 동일 세대원인 배우자(甲)에게 상속되고 피상속인 乙의 C주택 지분(1/2)은 별도 세대인 자녀 3인에게 공동상속된 상태에서 B주택 자동말소일부터 5년 이내 거주주택(C) 양도시, 임대기간 요건을 갖춘 것으로 보아 상속인 甲의 C주택 지분(1/2) 양도에 대해 소득령 제155조 제20항을 적용함[518]

---

512) 법규재산-0587, 2024.11.13.
513) 법규재산-4837, 2023.5.16. ; 법규재산-4962, 2023.5.16.
514) 법규재산-744, 2022.12.28. ; 재산세제과-1591, 2022.12.27.
515) 법규재산-85, 2024.4.18.
516) 부동산납세과-1669, 2024.10.2.
517) 법규재산-4976, 2023.5.25.
518) 법규재산-406, 2023.6.28.

구 분	내 용
등록말소 후 취득한 주택 거주	• 장기임대주택이 등록 말소된 후 새로 취득한 주택에 2년 이상 거주하고 양도하는 경우 소득령 제155조 제20항이 적용되지 않음[519]
자동말소된 장기임대주택을 공부상 다가구주택 변경	• 장기임대주택의 임대등록이 자동말소된 후에 해당 주택의 공부상 용도만 다세대주택에서 다가구주택으로 변경하여 말소된 날로부터 5년 이내에 2년 이상 거주한 주택을 양도하는 경우 거주주택 비과세 특례규정을 적용함[520]
말소임대주택과 거주주택 보유자의 동거봉양합가	• 자동말소된 장기임대주택과 거주주택을 보유한 자녀세대가 1주택을 보유한 부모세대와 동거봉양 합가한 경우로서 말소일로부터 5년 이내 그리고 합가일로부터 10년 이내 소득령 제155조 제20항 각 호의 요건을 모두 충족하는 거주주택을 양도하는 경우 1세대 1주택 비과세 규정을 적용함[521]
세대 분리 후 신청말소 임대주택 + 거주주택 양도	• 1세대 3주택(A, B, C)이 C주택을 소유한 자녀와 별도 세대로 분리하여 양도일 현재 등록말소 신청하여 말소(임대의무기간 1/2 이상 임대한 경우에 한정)된 임대주택(B)과 거주주택(A) 소유 상태에서 등록말소 후 5년 이내 A주택 양도시 임대기간 요건을 갖춘 것으로 보아 소득령 제155조 제20항을 적용함[522]
자동말소된 후 거주주택 양도시 사후관리 여부	• 장기임대주택 자동말소 후 5년 이내에 거주주택을 양도하는 경우에 한정하여 임대기간 요건을 갖춘 것으로 보아 소득령 제155조 제20항을 적용하고, 임대료 등의 증액 제한 요건은 적용(사후관리)하지 않음[523]
감면주택과 장기임대주택 보유 및 등록 말소	• 1세대가 A주택(거주주택), B감면주택(조특법§99의2), C·D·E주택(장기임대주택)을 순차로 취득한 경우로서 C주택의 등록이 최초 말소된 경우 말소된 이후 5년 이내에 A주택을 양도하는 경우 소득령 제155조 제20항을 적용함[524]
장기임대주택을 주거환경개선사업으로 멸실한 경우	• 거주주택(A)과 장기임대주택 2채(B·C)를 보유하다가 장기임대주택 1채(B)가 도시정비법에 따른 주거환경개선사업으로 멸실된 상태에서 거주주택(A)을 양도하는 경우에는 해당 거주주택(A)과 남은 장기임대주택(C)을 기준으로 소득령 제155조 제20항에 따른 특례 요건을 판정함[525] ※ 즉, 주거환경개선사업의 경우 사업시행 기간 중에 조합원입주권으로 보지 않기에 비록 환지방식이더라도 멸실된 이상 주택으로 볼 근거가 없기 때문임(다만, 2021.1.1. 이후 주거환경개선사업으로 주택 취득할 권리를 취득하면 분양권에 해당되어 달리 판단해야 함에 유의)
장기임대주택이 가로주택정비 사업으로 멸실	• 소득령(2022.2.15. 개정 전) 제155조 제20항 제2호에 따른 임대기간 요건을 충족하기 前 거주주택을 양도하는 경우로서, 소득령(2022.2.15. 개정분) 제155조 제22항 제2호 마목은 2022.2.15. 이후 양도분부터 적용되므로 소득령 제167조의 3 제1항 제2호 가목의 임대기간 요건을 충족하는 경우 소득령 제155조 제22항 제1호에 따라 계산한 양도소득세를 신고·납부하지 않아도 됨[526]

519) 부동산납세과-2474, 2023.10.23. ; 법규재산-7929, 2022.10.20. ; 재산세제과-1308, 2022.10.18.
520) 부동산납세과-185, 2025.2.13.
521) 부동산납세과-2404, 2023.11.22.
522) 법규재산-686, 2022.9.23.
523) 법규재산-577, 2024.10.15. ; 부동산납세과-1333, 2023.5.16. ; 법규재산-384, 2022.5.31.
524) 부동산납세과-1381, 2023.7.3.
525) 법규재산-7895, 2022.5.30.
526) 부동산납세과-1701, 2024.10.8.

구 분	내 용
임대의무기간 1/2 이상 임대하지 않고 재개발 말소	• 폐지된 유형의 민간임대주택이 임대의무기간 1/2 이상을 임대하지 않은 상태에서 재개발사업으로 멸실되고 등록이 말소된 후 거주자가 거주주택을 양도하는 경우 소득령 제155조 제23항은 적용되지 않음[527]
임의재건축한 장기임대주택	• 장기임대주택이 철거·멸실되어 임대사업자 등록이 말소되고, 재건축 후 다시 임대사업자 등록을 하더라도 이는 새로운 임대주택으로 볼 수 있어 임대기간 요건을 충족하였다고 볼 수 없음[528] ※ 즉, 재등록 시점부터 의무임대기간이 기산됨
장기임대주택의 재건축으로 임대사업자등록 말소 전 거주주택 양도	• 장기임대주택이 재건축사업으로 멸실되어 소득령 제155조 제22항 제2호 마목에 해당하는 경우로서 해당 장기임대주택에 대한 시·군·구청의 등록말소 이전에 거주주택을 양도하는 경우, 소득령 제155조 제20항에 따른 1세대 1주택 특례를 적용받을 수 있음[529]
말소임대주택 보유시 거주주택 판단	• 재건축 등으로 직권 말소된 임대주택과 임대기간 만료로 자동말소된 임대주택을 보유한 1세대가 직권말소된 임대주택을 모두 과세로 양도한 후 자동말소된 임대주택만을 보유한 상태에서 최초로 등록이 말소되는 장기임대주택의 등록 말소 이후 5년 이내 거주주택 양도시 특례를 적용할 수 있음[530]
2020.8.18. 전에 재건축 멸실된 임대주택	• '20.8.18. 전에 임대의무기간이 경과되고 재건축사업으로 멸실되어 '20.8.18. 이후 말소된 임대주택은 '20.8.18. 개정된 민간임대주택법 제7조에 따라 자동말소된 것으로 볼 수 없으므로 거주주택 비과세 특례를 적용할 수 없음[531]
장기임대주택 자진말소 후 재건축한 경우	• 소득령 제167조의 3 제1항 제2호 가목 및 다목부터 마목까지에 해당하는 장기임대주택(A, 임대의무기간 1/2 이상 임대)을 자진말소 신청하여 임대사업자등록이 말소된 경우로서, 해당 장기임대주택(A)이 재건축사업의 관리처분계획인가에 따라 멸실된 상태(조합원입주권 전환) 또는 신축주택(A')으로 완공된 상태에서, 장기임대주택(A) 등록말소 이후 5년 이내 거주주택(B) 양도시 소득령 제155조 제20항을 적용받을 수 있음[532]
말소된 임대주택이 조합원입주권 전환	• 장기임대주택이 자동말소 된 후 조합원입주권으로 전환된 상태에서 자동말소일부터 5년 이내 거주주택 양도시, 거주주택 특례 적용이 가능함[533]
	• 장기임대주택(B)이 임대의무기간 1/2 이상 충족 상태에서 신청 말소된 경우로서 B주택이 관리처분계획 인가에 따라 멸실된 상태(조합원입주권 전환) 또는 신축주택(B')으로 완공된 상태에서, 등록말소된 날부터 5년 이내 거주주택(A) 양도시 임대기간 요건을 갖춘 것으로 보아 소득령 제155조 제20항을 적용함[534]

---

527) 법규재산-692, 2025.1.31. ; 조세정책과-2260, 2024.12.16.
528) 조심2021서1446, 2021.9.1.
529) 부동산납세과-681, 2024.5.3. ; 부동산납세과-2713, 2022.9.14.
530) 법규재산-1863, 2024.5.8.
531) 법규재산-3118, 2024.12.18. ; 조세정책과-2231, 2024.12.9.
532) 법규재산-1283, 2023.8.8.
533) 법규재산-5317, 2022.4.8.
534) 법규재산-3819, 2023.4.11.

구 분	내 용
재건축/재개발사업으로 등록 말소	• 임대주택의 자진말소신청 요건을 갖추고 임대의무기간의 1/2 이상 임대한 단기민간임대주택을 소유한 임대사업자가 재건축사업에 의한 멸실로 자진말소 신청한 경우에도 소득령 제155조 제23항의 적용이 가능함[535] • 장기임대주택이 재건축·재개발로 철거된 경우 철거된 재건축·재개발 "공사기간"은 임대기간에 포함되지 않으며, 이후 "신축된 주택의 임대기간을 합산"하여 임대기간을 계산함[536] • 임대의무기간 1/2 이상 미경과한 장기임대주택이 재개발사업으로 멸실되어 소득령 제155조 제22항 제2호 마목에 해당하는 장기임대주택의 등록 말소시까지 거주주택을 양도하는 경우 비과세 특례를 적용받을 수 있음[537] • 임대주택이 재건축사업 등으로 인해 '20.8.18. 前에 이미 멸실되어 임대사업자 등록이 말소된 경우 소득령 제155조 제23항의 특례 대상에 해당하지 않음[538] • 임대주택이 재개발, 재건축사업 등으로 2020.8.18. 前에 멸실된 후 신축주택이 아파트로서 임대사업자 등록을 할 수 없는 경우 당초의 임대주택이었던 아파트 외의 1주택은 거주주택 특례가 적용되지 않음[539] • 1세대가 소득령 제155조 제21항을 적용받은 후 장기임대주택이 도시정비법에 따른 재건축사업이 진행되는 경우 소득령 제155조 제22항 제2호에 따른 장기임대주택 임대기간 산정 특례규정이 적용됨[540] • 장기임대주택의 재건축시 임대기간을 계산할 때 철거된 재건축 공사기간은 합산하지 않고, 재건축 후 신축된 주택의 임대기간은 합산함[541] • 임대사업자 등록 후 임대개시 당시 요건을 충족한 임대주택이 도시정비법에 따른 재개발로 주택이 신축되어 주택 면적이나 기준시가가 임대주택 요건을 초과해도 소득령 제154조 제10항 및 소득령 제155조 제20항을 적용함[542] • 장기임대주택이 도시정비법에 따른 주택재개발사업지역에 포함되어 2개의 조합원입주권으로 전환된 경우로서 임대 중이던 장기임대주택의 사업자등록 등이 말소되기 전에 거주주택을 양도하는 경우에는 1세대 1주택 특례를 적용받을 수 있음[543]

---

535) 법규재산-3659, 2023.11.22.
536) 부동산거래관리과-571, 2012.10.25. ; 부동산거래관리과-542, 2012.10.10.
537) 법규재산-6402, 2022.3.28.
538) 부동산납세과-2813, 2022.9.22. ; 법령해석재산-3660, 2021.5.13. ; 조심2022부8235, 2023.9.18. ; 광주고법2020누1730, 2021.4.28.
539) 부동산납세과-814, 2023.4.13. ; 법규재산-4847, 2022.12.13. ; 재산세제과-928, 2021.10.27.
540) 부동산납세과-820, 2019.8.12. ; 법령해석재산-4571, 2016.11.25. ; 법령해석재산-1821, 2016.1.28.
541) 부동산납세과-773, 2020.6.30. ; 부동산거래관리과-615, 2012.11.13.
542) 부동산거래관리과-1029, 2011.12.13. ; 서면4팀-2225, 2006.7.12.
543) 법규재산-3394, 2025.3.28.

Chapter 42

여기저기 나오는 서로 다른 "임대기간"을 정리하자!

내용 Summary

기본사항 Check

- 임대기간 : 임대주택 보유에 대하여 양도소득세 특례가 여러 곳에 흩어져 존재하는 바, 임대기간을 충족하였는지 여부에 대하여 혼동하는 사례가 많은 바 이들을 종합적으로 이해할 필요가 있음

핵심 Point

- 조정대상지역 소재한 주택을 취득하여 임대하는 경우에 있어 거주요건 면제하는 임대주택 요건 (2019.12.16. 이전 사업자등록 및 주택임대사업자 등록을 모두 갖춘 경우) → 민간임대주택법상 임대의무기간(단기 4년, 장기 8년)

- 상생임대주택 특례 → 직전임대차계약 임대기간 1년 6개월, 상생임대차계약(보증금 등 5% 이상 증액 ×)에 의한 임대차기간 2년 이상

- 장기임대주택 보유자의 거주주택 특례시 의무임대기간 → 5년, 8년, 10년(주택임대사업자 등록 신청 기간에 따라 달리 적용), 6년(2025.6.4. 시행하는 단기민간임대주택)

- 장기임대주택을 양도하는 경우 조정대상지역 다주택 중과 예외 적용시 의무임대기간 → 5년, 8년, 10년(주택임대사업자 등록 신청 기간에 따라 달리 적용)

- 조특법 제97조, 제97조의 2, 제97조의 3, 제97조의 5 적용시 임대기간 → 각 특례규정마다 상이(본문 참고)

질문 »

1. 甲은 2018년 7월 중 서울의 아파트(A)를 매매로 취득하였다. 그러나 거주는 경기도 성남시에서 계속 거주하였다. 甲은 다른 주택은 없으며 해당 아파트는 2018년 8월 중 지자체에 단기민간임대주택으로 등록하였고 같은 날 세무서에 사업자등록을 마쳤으며, 2022년 8월 중 자동말소되었다. 해당 주택은 임대료 증액 제한 5%는 위반한 적은 없으며, 2024년 3월에 12억원에 양도하였다. 1세대 1주택 비과세 규정이 적용되는가?

2. 상생임대주택의 임대차기간은?

3. 지자체에 주택임대사업자 등록신청일에 따라 "거주주택 비과세" 규정을 적용할 때 의무임대기간은 어떻게 달라지는가?

4. 지자체에 주택임대사업자 등록신청일에 따라 "조정대상지역의 다주택 중과 예외" 규정을 적용할 때 의무임대기간은 어떻게 달라지는가?

5. 조특법 제97조 장기임대주택 감면을 적용할 때 임대주택 유형 및 임대기간별 감면율은 어떻게 달라지는가?

6. 조특법 제97조의 2 신축임대주택에 대한 감면을 적용받기 위한 임대기간은?

7. 조특법 제97조의 3에 따라 장기일반민간임대주택으로 등록하여 장기보유특별공제율 특례(50%, 70%)를 적용받는 경우의 임대기간은?

8. 조특법 제97조의 5에 따라 2018.12.31. 이전에 주택을 취득한 후 3개월 이내 장기일반민간임대주택으로 등록한 경우로 100% 세액감면을 적용받는 경우의 임대기간은?

답변 및 해설 »

1. 1세대 1주택 비과세가 적용된다. 왜냐하면, 비록 취득 당시 조정대상지역이었지만 지자체 및 세무서에 임대사업자 등록을 모두 마쳤고, 임대료 등 상한 제한도 준수하였으며, 민간임대주택법상 단기민간임대주택의 임대의무기간 4년을 준수하였기 때문에 거주요건의 예외가 적용된다. 이 경우 임대의무기간 경과로 자동 말소되거나 신청 말소된 경우도 임대주택법상 임대의무기간을 준수한 것으로 보므로 비과세가 가능하다.

   그리고 해당 특례규정은 2020.2.11. 소득세법 시행령 개정으로 삭제되었지만, 2019.12.16. 이전에 지자체 및 세무서에 등록을 모두 마친 경우에는 종전규정을 적용할 수 있다. 임대의무기간은 단기민간임대주택은 4년, 장기일반민간임대주택은 8년이 된다.

2. 상생임대차계약은 직전임대차계약에 따른 임대기간이 1년 6개월 이상이고 임대료 등을 5% 이상 증액하지 않는 상생임대차계약에 따른 임대기간이 2년 이상이어야 한다. 이 경우 거주요건 면제 등 특례가 주어진다.

3. 장기임대주택 보유자의 **거주주택 비과세를 적용할 때**는 민간임대주택을 지자체에 언제 등록 신청(임대주택의 추가로 등록변경 신고 포함)하였는지에 따라 다음과 같이 의무임대기간이 달라진다.

① 2020. 7. 10. 이전 신청 : 5년
② 2020. 7. 11. 이후 신청 : 8년
③ 2020. 8. 18. 이후 신청 : 10년
④ 2025. 6. 4. 이후 등록하는 단기민간임대주택 : 6년

4. 1세대 2주택 이상의 조정대상지역 소재 주택 양도시 다주택 중과 적용 관련하여 **양도하는 주택이 장기임대주택이면 다주택으로 중과되지 않고** 일반세율로 과세된다(2022. 5. 10.~2024. 5. 9. 양도분은 2년 이상 보유시 다주택 중과 유예). 여기서의 장기임대주택의 의무임대기간은 다음과 같이 각 등록한 기간에 따라 달라진다.
① 2018. 3. 31. 이전 임대사업자등록 & 사업자등록 : 5년
② 2018. 4. 1.~2020. 8. 17. 이전 주택임대사업자 등록 신청(임대주택 추가로 등록변경신고 포함) : 8년
③ 2020. 8. 18. 이후 신청 : 10년

5. 조특법 제97조에 따른 장기임대주택 감면은 임대주택법에 따른 임대주택인지 아니면 임대주택법의 적용을 받지 않는 일반임대주택인지에 따라 임대기간별 감면율이 다르다.
① 일반 임대주택(주택임대사업자 등록 ×) : 임대기간 5년 → 감면율 50%, 임대기간 10년 → 감면율 100%
② 임대주택법상 매입임대주택(주택임대사업자 등록 ○) : 임대기간 5년 → 감면율 100%
③ 임대주택법상 건설임대주택(주택임대사업자 등록 ○) : 임대기간 5년 → 감면율 100%

6. 조특법 제97조의 2에 따른 신축임대주택에 대한 감면은 임대주택법상 주택임대사업자 등록을 필수요건으로 하며, 임대기간은 5년 이상으로 특례내용은 양도소득세 100% 면제이다.

7. 조특법 제97조의 3에 따른 장기일반민간임대주택 등에 대한 특례는 8년 이상 임대시 장기보유특별공제를 50% 공제율을 적용하고, 10년 이상 임대시 70% 공제율을 적용한다.

이 경우 장기일반민간임대주택 등이 **"매입"**임대주택일 경우에는 2020. 12. 31. 이전에 민간임대주택으로 등록하여야 특례가 적용되며(8년 이상 임대 50%, 10년 이상 70%), 아파트로서 2020. 8. 18. 이후 임대의무기간(8년) 만료로 등록말소 되면 8년 임대한 것으로 보아 50% 공제율을 적용한다.

8. 조특법 제97조의 5에 따른 장기일반민간임대주택 등에 대한 특례는 2018. 12. 31. 이전에 주택을 취득하고 3개월 이내에 지자체에 장기일반민간임대주택 등으로 등록을 하여야 하며 **등록 후 10년 이상 임대하여야** 100% 세액 감면을 적용한다.

그런데 2020.8.18. 민간임대주택법 개정에 따라 장기일반민간임대주택이 아파트로서 매입임대주택에 해당하면 임대의무기간 8년이 경과한 시점에 자동말소된다. 따라서 이 경우 10년의 임대기간 요건을 충족할 수 없으므로 조특법 제97조의 5에서 규정하는 100% 세액감면 규정은 적용받지 못한다. 결국 조특법 제97조의 3에 따른 장기보유특별공제 특례(50%) 적용으로 해결해야 한다.

보충설명

위 질문들은 여기저기 흩어져 있는 임대기간들을 실무에서 종종 착오를 하므로 이를 반드시 함께 정리하여 이해할 필요가 있다. 4년, 5년, 8년, 10년 등 규정마다 임대기간이 서로 다르므로 잘못 적용하면 추징 문제가 발생하며 위 구분 정도는 챙겨둘 것을 당부드린다. 물론 각 규정들의 다른 적용요건도 중요하지만 여기서는 적어도 임대기간이 다르다는 점 정도는 구분하자는 것이다. 특히 조특법 제97조의 3 특례 적용의 요건과 쟁점은 Part 6. Chapter 110.에서 다루기로 한다.

관련 사례

구 분	내 용
조정대상지역 임대주택 (거주요건 면제)	• 조정대상지역 1주택 보유자가 2019.12.16. 이전 해당 주택을 임대하기 위해 사업자등록과 임대사업자 등록을 신청한 경우로서 임대의무기간 내 임대사업자 등록 말소신청으로 말소된 경우 거주기간 제한을 받지 않음[544] • 임대주택을 포괄 양수받아 '19.12.16. 이전 사업자등록과 임대사업자로 등록을 신청한 경우로서 자동말소된 경우 거주기간 제한을 받지 않음[545] • 1세대 1주택자가 2019.12.16. 이전에 주택을 임대하기 위해 사업자등록과 주택임대업등록을 "신청"한 경우 종전규정을 따르므로 종전규정에 따른 요건을 갖출 경우 거주기간 제한을 받지 않음[546]
장기임대주택 보유자의 거주주택 비과세	• 실제 5년 이상 임대하여도 임대사업자등록이 늦은 경우 등록 이후 임대기간이 5년 이상이 되어야 함[547] • 장기임대주택이 재건축·재개발로 철거된 경우 철거된 재건축·재개발 "공사기간"은 임대기간에 포함되지 않으며, 이후 "신축된 주택의 임대기간을 합산"하여 임대기간을 계산함[548] • 임대기간 산정 특례 대상인 경우 도시정비법에 따른 재개발·재건축 후 신축된 주택의 임대기간을 합산하여 임대기간을 계산함[549]

---

[544] 법령해석재산-3974, 2021.3.8.
[545] 부동산납세과-2998, 2022.10.6.
[546] 법규재산-298, 2022.4.29.
[547] 조심2019광2745, 2019.10.30. ; 조심2010서2744, 2010.12.2.
[548] 부동산거래관리과-571, 2012.10.25. ; 부동산거래관리과-542, 2012.10.10.
[549] 법령해석재산-4571, 2016.11.25. ; 상속증여세과-4, 2013.3.27.

구 분	내 용
다주택 중과 예외인 장기임대주택 (2024.5.9.까지 중과 유예)	• 사업자등록은 하였으나 임대주택법에 의한 임대주택으로 등록하지 않은 주택은 중과 대상에서 제외되지 않음[550] • 임대개시일은 소득법상 사업자등록, 민간임대주택법상 임대사업자등록 후 실제 임대를 개시한 날을 의미함[551] • 사업자등록 등을 하였으나 의무임대기간 미충족시 중과 배제 장기임대주택에 해당되지 않음[552] • 소유하는 주택을 타인에게 무상 사용하게 하는 경우 해당 주택은 장기임대주택에 해당하지 않음[553] • 단기민간임대주택의 임대의무기간 외 나머지 요건을 충족한 상태로 자동말소된 뒤, '20.8.18. 이후 장기일반민간임대주택으로 재등록하여 임대기간을 미충족한 상태로 양도시 중과 배제 적용이 가능함[554]
조특법 제97조 장기임대주택	• 주택임대기간의 계산은 각 주택의 임대개시일부터 기산하더라도 5호 미만 주택을 임대한 기간은 주택임대기간에 산입하지 않고,[555] 임대기간 기산일은 "5호 이상의 주택 임대를 개시한 날"로 함[556] • 조특법 제97조에 따른 임대기간을 계산할 때에는 피상속인 임대기간을 상속인 임대기간에 합산하여도, 장기보유특별공제는 상속인의 보유기간으로 계산함[557] • 2회 이상 상속이 이루어진 임대주택의 임대기간 계산은 "직전 피상속인의 임대기간만"을 합산하며, 이 경우 직전 피상속인이 임대하는 날부터 임대를 개시한 것으로 봄[558]
조특법 제97조의2 신축임대주택	• 임대주택법에 의한 임대사업자등록을 하지 않은 경우 신축임대주택 감면을 적용받을 수 없음[559] • 대금청산을 하여 이미 양도가 이루어진 이후 임대사업자등록을 하더라도 감면요건을 갖추지 못함[560] • 임대주택법에 의한 임대사업자 등록을 늦게 한 경우 임대개시일은 "실지 임대하는 날부터" 기산함[561]

---

550) 서면5팀-714, 2008.4.2. ; 서면5팀-2948, 2007.11.12. ; 조심2020서1112, 2020.6.12.
551) 법령해석재산-2, 2020.11.5.
552) 부동산납세과-3582, 2022.11.22. ; 조심2019광2745, 2019.10.30. ; 조심2016서951, 2016.7.14.
553) 부동산거래관리과-358, 2011.4.28. ; 부동산거래관리과-249, 2011.3.21.
554) 법규재산-909, 2022.8.10. ; 재산세제과-861, 2022.8.1.
555) 부동산거래관리과-1093, 2010.8.24. ; 부동산거래관리과-125, 2010.1.26.
556) 제도46014-12335, 2001.7.24.
557) 법령해석재산-832, 2019.5.8.
558) 부동산거래관리과-374, 2010.3.12. ; 부동산거래관리과-320, 2010.3.2.
559) 부동산거래관리과-424, 2011.5.24. ; 조심2015서1055, 2015.6.18. ; 서울고법2011누13561, 2011.10.19.
560) 국심2006서2659, 2006.12.29. ; 서울행법2007구단2282, 2007.11.21.
561) 부동산거래관리과-424, 2011.5.24. ; 부동산거래관리과-1532, 2010.12.29.

구 분	내 용
조특법 제97조의 3 장기일반임대주택 (장특공제 50%, 70%)	• 소유주택을 (구)임대주택법에 따른 매입임대주택으로 등록하여 임대차계약에 따라 임대하다가 장기일반민간임대주택으로 변경등록하지 않은 경우는 조특법 제97조의 3 과세특례가 적용되지 않음[562] • 임대의무기간(8년) 경과 후에는 임대주택으로 등록하여 임대하고 있지 않아도 조특법 제97조의 3 특례(50%) 적용이 가능함[563] • 장기일반민간임대주택의 보유기간 중에 재건축사업이나 리모델링사업으로 장기일반민간임대주택이 국민주택 규모를 초과하게 되는 경우 조특법 제97조의 3에 따른 과세특례가 적용되지 않음[564] • 장기일반민간임대주택(아파트)이 자동말소되는 경우 해당 주택은 8년 동안 등록 및 임대한 것으로 보아 조특법 제97조의 3 제1항 본문(50% 공제율)에 따른 특례를 적용하며, 같은 항 단서(70% 공제율)는 적용하지 않음[565] • 8년 이상 임대한 장기일반민간임대주택이 민간임대주택법 제6조 제5항에 따라 등록 말소 후 재건축사업에 따라 조합원입주권 상태에서 그 조합원입주권을 양도한 경우에도 조특법 제97조의 3에 따른 특례를 적용받을 수 있음[566] • 매입임대주택을 준공공임대주택으로 변경 당시 존속 중인 임대차계약을 갱신할 때 임대보증금 등 증가율이 5%를 초과하면 특례를 적용받을 수 없음[567] • 임대보증금 증액 제한 요건을 임대기간 중 5% 기준을 지킨 임대기간만 통산하는 것으로 해석하기보다는 임대기간 동안의 임대계약 갱신 때마다 지켜야 하는 요건으로 해석하는 것이 타당함[568] • 8년 이상 임대한 장기일반민간임대주택이 민간임대주택법 제6조 제5항에 따라 등록 말소 후 재건축사업에 따라 조합원입주권 상태에서 그 조합원입주권을 양도한 경우에도 조특법 제97조의 3에 따른 특례를 적용받을 수 있음[569]
조특법 제97조의 5 장기일반임대주택 (100% 세액감면)	• 장기일반민간임대주택 중 아파트를 임대하는 민간매입임대주택이 민간임대주택법 제6조 제5항에 따라 등록 말소(임대의무기간 8년 자동 말소)되는 경우 조특법 제97조의 5 규정을 적용받을 수 없음[570]

---

562) 부동산납세과-2505, 2022.8.23. ; 조심2023서14, 2023.4.3. ; 조심2022광6166, 2022.8.9.
563) 법규재산-8062, 2022.3.16.
564) 부동산납세과-1050, 2022.4.22. ; 법규재산-6935, 2022.4.21.
565) 부동산납세과-745, 2023.3.28. ; 법령해석재산-4341, 2021.5.11.
566) 법규재산-2731, 2023.11.30.
567) 법령해석재산-921, 2021.12.28.
568) 조심2021서5515, 2021.11.23.
569) 법규재산-2731, 2023.11.30.
570) 법령해석재산-2824, 2021.12.20.

Chapter 43 조합원입주권, 그 범위와 비과세 적용시 유의할 점은?

내용 Summary

기본사항 Check

- **조합원입주권**: 도시정비법에 따른 재건축사업·재개발사업, 소규모주택정비법에 따른 소규모재건축사업, 소규모재개발사업, 가로주택정비사업, 자율주택정비사업 시행으로 조합원이 된 자가 해당 사업 시행 종료에 따라 주택을 취득할 수 있는 권리

핵심 Point

- 조합원입주권 해당 여부에 따라 비과세 판단이 달라짐 → 조합원입주권에 해당하면 권리변환일에 보유기간 등 충족하면 비과세가 가능하나, 조합원입주권이 아니면 주택을 취득할 수 있는 권리이므로 비과세 불가
- 조합원입주권으로 변경되는 시기에 따라 비과세 여부가 달라지고 양도차익 및 장기보유특별공제 산정이 달라짐 → 관리처분계획 인가일 및 그 변동일의 판단 필요
- 조합원입주권 양도시를 기준으로 1세대 1주택인지 여부를 판단하지만, 보유기간 등은 권리 변환일(그 전에 철거시 철거일) 기준으로 충족 여부 판단 → 권리변환일 이후 거주하는 경우 그 기간도 해석상 보유기간 등에 산입
- 1+1 재건축·재개발, 2개의 주택이 1조합원입주권으로 변동되는 경우 → 먼저 양도하는 부분은 비과세 불가

질문 »

1. 다음에 해당하는 경우 조합원입주권인가?
   (1) "주거환경개선사업"으로 종전 주택을 양도하고 취득한 아파트 특별분양권
   (2) 환지방식의 "주거환경정비사업"으로 취득한 아파트 입주권
   (3) 재개발사업으로 "기존 토지"를 보유한 자가 취득한 아파트 입주권
   (4) 소유하던 "상가"를 재개발조합에 제공하고 취득한 아파트 입주권

2. 다음의 경우에 부동산이 조합원입주권으로 변동되는 시기는?
   (1) 재건축·재개발 사업의 경우

(2) 소규모 재건축·재개발사업, 가로주택·자율주택정비사업의 경우
(3) 종전의 관리처분계획 인가가 무효, 취소되고 새롭게 인가된 경우
(4) 종전의 관리처분계획 인가가 분담금(청산금) 등으로 변경인가된 경우
(5) 종전의 관리처분계획 인가가 정비구역 추가편입에 따라 변경인가된 경우

3. 甲은 10년 이상 보유한 겸용주택(주택 < 주택 외)을 재건축조합에 제공하고 취득한 조합원입주권을 2023년 5월 중 제3자에게 12억원에 양도하였다. 甲은 그 외 주택이나 조합원입주권/분양권은 양도일 현재 없다고 하면 12억원 전부 비과세가 가능한가?

4. 甲은 관리처분계획 인가 1년 6개월 전에 취득하여 거주하던 서울의 단독주택이 재개발사업에 대한 관리처분인가가 나고 이주를 안내받았으나 재정적 문제로 갈 곳이 마땅치 않아 계속 세대원들과 거주하고 있었다. 이후 1년을 더 거주하다가 정비조합으로부터 무이자 이주비 지원이 나와서 이사하고 해당 조합원입주권을 2023년 5월 중 10억원에 양도하였다. 甲은 양도일 현재 다른 주택이나 조합원입주권 및 분양권은 없다. 1세대 1주택 비과세가 가능한가?

5. 甲은 2년 이상 보유한 1세대 2주택(A, B) 상태에서 2022년 4월 중 취득 후 계속 거주 중이던 A주택에 대한 관리처분계획 인가로 조합원입주권(A')을 취득하였다. 이후 2023년 1월 중 B주택을 양도하고 과세로 신고납부하였다. 2023년 5월 중 A'조합원입주권을 12억원에 양도한 경우 비과세가 가능한가?

6. 甲은 동일한 정비구역 안에 소규모 2주택(A, B)을 10년 이상 보유하다가 관리처분계획 인가에 따라 1개의 조합원입주권(C)만 받게 되었다. 甲은 다른 주택이나 입주권 및 분양권은 없다. 해당 C조합원입주권을 2023년 6월 중 10억원에 양도할 경우 전부에 대해 비과세가 가능한가?

7. 甲은 2년 이상 보유한 1주택(A)이 재건축사업 시행에 따라 2개의 조합원입주권(34평 B, 17평 C)으로 관리처분계획이 인가되었다. 다른 주택 등은 없다고 할 때 2023년 5월 중 C조합원입주권을 먼저 양도할 경우 비과세가 가능한가?

답변 및 해설 »

1. 조합원입주권은 주택은 아니지만 비과세 적용시 주택으로 본다. 따라서 조합원입주권인지 여부는 가장 기본사항이다. 재건축·재개발사업·소규모재건축사업으로 주택 등을 제공하고 취득하는 아파트입주권이 조합원입주권인 것은 대부분 알고 있다. 그러나 다음은 좀 유의할 필요가 있다.
    (1) 주거환경개선사업으로 취득한 아파트 특별분양권은 조합원입주권은 아니다. 이는 종전 주택을 양도하고 새로운 분양권을 취득한 것이기에, 완공 후 보유기간 등을 갖추어야 한다.

(2) 환지방식의 주거환경개선사업으로 취득한 아파트 입주권도 조합원입주권이 아니다. 환지 개념이 적용되기에 비록 "환지" 방식에 의하여 종전 주택과의 연속성을 보장받더라도 조합원입주권은 아니므로 "권리" 상태에서는 비과세를 적용받지 못한다.

(3) 재개발사업으로 기존 "토지"를 보유한 자가 취득한 아파트 입주권은 조합원입주권에 해당한다. 그러나 관리처분계획 인가 시점에 주택이 없었으므로 해당 조합원입주권을 양도하면 비과세를 적용받지 못한다. 완공 후 보유기간 등을 충족하여야 한다. 재개발에서는 토지만 보유해도 조합원이 될 수 있으므로 조합원입주권 양도시 종전 부동산이 무엇인지 꼭 확인할 필요가 있다.

(4) 소유하던 "상가 등"을 재개발조합에 제공하고 취득한 아파트 입주권도 조합원입주권에 해당한다. 그러나 위 (3)과 같이 관리처분계획 인가 시점에 주택이 없었으므로 해당 조합원입주권을 양도하면 비과세를 적용받지 못한다. 완공 후 보유기간 등을 충족하여야 한다.

2. 기존 부동산이 조합원입주권으로 변동되는 시기는 매우 중요하다. 왜냐하면 이 시점을 기준으로 종전주택이 보유기간 등을 갖추었는지 판단하는 기준이 되며, 조합원입주권 양도시 장기보유특별공제 적용 문제로 이 시점을 기준으로 양도차익을 구분 산정하기 때문이다. 이를 실무상 "권리 변환일"이라고 부르는데 구체적으로 다음과 같다.

(1) 재건축·재개발 사업의 경우 → **관리처분계획 인가일**
(2) 소규모 재건축·재개발사업, 가로주택·자율주택정비사업의 경우 → **사업시행계획 인가일**
(3) 종전의 관리처분계획 인가가 무효, 취소되고 새롭게 인가된 경우 → **새롭게 고시된 관리처분계획 인가일**
(4) 종전의 관리처분계획 인가가 분담금(청산금) 등으로 변경인가된 경우 → **당초 고시된 관리처분계획 인가일**
(5) 종전의 관리처분계획 인가가 정비구역 추가편입에 따라 변경인가된 경우 → **당초 지역은 그때의 관리처분계획 인가일, 새롭게 편입된 지역은 변경인가 고시일**

3. 甲은 당초 겸용주택의 "주택 및 주택 부수토지 부분만" 비과세가 가능하고 "상가 및 상가 부수토지 부분"은 비과세를 적용받지 못한다. 겸용주택 논리가 적용되기 때문이다.

4. 해당 조합원입주권은 비과세가 가능하다. 다른 주택 등은 없고, 관리처분계획 인가 시점에 비록 보유 및 거주기간 요건은 미충족하였지만 **관리처분계획 인가 후 해당 주택에서 추가로 실제 거주하여 보유 및 거주기간을 충족**하였으므로 비과세가 가능하다.

5. 비과세가 가능하다. 과거에는 관리처분계획 등 인가 시점에 1주택이어야 한다고 보았으나, 대법원이 달리 판결한 후 과세관청 해석도 **"양도일 현재"** 1조합원입주권이면 적용 가능하다

고 본다. 다만, 보유기간 등은 **"관리처분계획 등 인가일"**을 기준으로 판단하며, 인가일 전에 철거한 경우 **"철거일"**, 인가일 이후 거주한 경우 **"그 거주일까지"**로 판단한다.

6. 2개의 주택이 1개의 조합원입주권으로 바뀐 경우 해당 조합원입주권을 양도하면 2개의 주택 중 본인이 선택하는 1개의 주택분은 과세(선양도)되고, 나중에 양도하는 것으로 선택하는 것만 1세대 1주택 비과세가 가능하다.

7. 재건축사업 등에서 기존 부동산의 권리가액이 커서 1+1조합원입주권으로 관리처분계획 인가가 난 경우에는 먼저 양도하는 조합원입주권은 과세 대상이다. 나중 양도하는 조합원입주권은 관리처분계획 등 인가일에 보유 및 거주기간 요건을 갖추면 비과세가 가능하다. 따라서 조합원입주권 두 개를 모두 양도할 것이라면 양도차익이 작은 것을 먼저 양도하는 것이 양도소득세 절세 측면에서 유리하다.

보충설명

조합원입주권을 양도하고 비과세 여부에 대한 문의가 들어오면 다른 주택(무허가주택, 주거용 오피스텔, 시골의 고택 등 포함)이나 조합원입주권, 분양권을 보유한 것인지 여부부터 파악해야 한다. 다음으로 재개발 사업의 경우 원물권이 무엇인지 파악한 후에 주택이었다면 관리처분계획 인가일(사전에 철거되었으면 철거일)에 보유기간 등을 갖추었는지 파악해야 한다. 소득세법 시행령 제166조에 따른 양도차익 산정 문제는 그 다음에 적용할 문제이다. 그리고 청산금이 발생한 것인지 여부도 확인할 필요가 있다(청산금은 뒤 43. 항목에서 다룸).

관련 사례

구 분	내 용
조합원입주권에 해당하는 경우	• 정비구역 내 "토지"를 소유한 자가 주택재개발사업의 관리처분계획 인가로 인하여 취득한 주택의 입주권[571] • 소유하던 근린생활시설(상가 등)을 조합에 제공하고 주택에 대한 조합원입주권을 취득하는 경우[572]
조합원입주권에 해당하지 않는 경우	• 도시정비법에 따른 주택재개발·재건축사업으로 "기존상가"를 소유한 자가 취득하는 "상가입주권"을 분양받을 수 있는 권리[573] • 주거환경개선사업, 도시환경정비사업으로 취득한 특별분양권이나 공동주택 입주권[574]

---

571) 부동산납세과-1497, 2016.9.29. ; 서면5팀-1269, 2008.6.17.
572) 부동산거래관리과-152, 2012.3.9. ; 재산세과-1708, 2008.7.16. ; 조심2020구1136, 2021.3.29.
573) 서면4팀-587, 2008.3.7. ; 서면5팀-256, 2006.9.27.
574) 법령해석재산-457, 2017.6.14. ; 서면5팀-1268, 2008.6.17.

구 분	내 용
관리처분계획 인가의 무효/취소	• 당초 관리처분계획 인가가 무효로 되고 다시 새로운 관리처분계획의 인가를 받은 경우 그 새로운 인가일에 조합원입주권을 취득한 것으로 봄[575] • 당초 관리처분계획 인가시 현금청산 대상이었으나 관리처분계획 인가가 취소되고 관리처분계획의 변경 인가로 조합원입주권을 취득하는 경우 그 변경 인가일에 조합원입주권을 취득한 것으로 봄[576] • 제1차 관리처분계획은 최초 관리처분계획의 절차상 하자를 보완하고 "그 주요 부분을 실질적으로 변경"하는 것으로서 최초 관리처분계획이 별개의 새로운 관리처분계획으로 변경됨으로써 효력을 상실한 것임[577] • 이 경우 관리처분계획은 특별한 사정이 없는 한 장래를 향해 효력을 상실함[578]
사업시행 지역의 추가 편입	• 주택재개발사업이 "시행 지역의 추가편입"으로 당초 인가에 대한 변경인가가 있는 경우 당초 편입된 지역은 당초 인가 고시일을 기준으로 함[579]
사업내용 변경에 따른 변경 인가	• 최초 관리처분계획인가가 무효 또는 취소되지 않은 상태에서 사업내용의 변경으로 관리처분계획이 (변경)인가된 경우 최초 관리처분계획 인가일에 당해 조합원입주권을 취득한 것으로 봄[580]
겸용주택을 제공하고 취득한 조합원입주권 양도	• 겸용주택 소유자가 그 주택의 관리처분계획 인가로 취득한 조합원입주권을 양도하는 경우 동 규정을 적용받을 수 있으며, 이 경우 주택 면적이 주택 외 면적보다 적거나 같을 때에는 주택 외의 면적과 그 부수토지는 동 규정이 적용되지 않음[581]
미철거 공가 상태	• 관리처분계획 등 인가일 이후 건물이 철거되지 않고 거주하지도 않는 경우 비과세 요건은 관리처분계획 등 인가일을 기준으로 판단함[582]
관리처분계획 인가일 현재 1주택 여부	• 관리처분계획 인가일 등 현재 2주택이나 "양도일" 현재 조합원입주권 외 다른 주택이 없는 경우 비과세를 적용받을 수 있음[583]
2주택 이상이 1조합원입주권으로 전환	• 보유기간을 갖춘 2주택에 대해 1조합원입주권을 취득하여 보유하다가 1조합원입주권을 양도하는 경우 종전 2개의 주택 중 거주자가 선택한 주택(부수토지 포함) 외의 주택(부수토지 포함)의 양도차익 상당액은 과세됨[584]
1개 주택 → 2개 조합원입주권	• 1주택 보유자가 관리처분계획 인가에 따라 조합원입주권을 2개 취득하여 모두 양도한 경우 먼저 양도하는 조합원입주권은 과세되는 것으로, 같은 날 양도한 경우 거주자의 선택 순서에 따름[585]

---

575) 서면4팀-2233, 2007.7.23. ; 서면4팀-3187, 2006.9.15.
576) 부동산납세과-337, 2014.5.9.
577) 조심2019서2274, 2020.9.2.
578) 조심2022서8279, 2023.9.18. ; 대판2014다16500, 2016.6.23. ; 대판2011두6400, 2012.3.22.
579) 재산세과-1389, 2009.7.9.
580) 법령해석재산-249, 2021.3.26. ; 법령해석재산-612, 2020.8.26. ; 조심2022서64, 2022.4.4.
581) 재산세과-2651, 2008.9.4.
582) 조심2018서4630, 2018.12.27.
583) 부동산납세과-1076, 2017.9.25. ; 재산세제과-394, 2010.4.28. ; 대판2007두10501, 2008.6.12.
584) 법령해석재산-1770, 2016.1.22. ; 조심2023인9292, 2024.4.15. ; 조심2019서2706, 2019.12.12.
585) 법령해석재산-2865, 2016.2.23. ; 부동산거래관리과-20, 2013.1.17. ; 조심2022서7188, 2023.2.21.

Chapter 44

조합원입주권 양도와 2주택 특례들 관계 오판하면 안 된다!

내용 Summary

기본사항 Check

- 1주택과 1조합원입주권 보유자의 비과세 요건 : 1주택이 조합원입주권으로 변환되고 1주택을 취득한 경우 조합원입주권을 양도할 때 비과세를 적용받으려면 조합원입주권이 권리변환일 현재 보유기간 등 비과세 요건을 갖추고 주택을 취득한 날부터 3년 이내 양도하여야 함

핵심 Point

- 조합원입주권이 아닌 "주택"을 양도하는 경우에는 소득세법 시행령 제156조의 2에서 대체 취득 특례, 혼인 특례, 상속 특례, 동거봉양합가 특례, 이농주택 또는 문화재주택 보유자에 대한 특례 등을 규정하고 있지만, **주택 보유자가 "조합원입주권을 양도"하는 경우**에 비과세 적용과 관련한 특례는 주택을 "대체 취득"한 경우 외에는 명문규정이 없음 → 따라서 아래의 경우 과세관청 해석 및 불복사례를 이해하여야 함
  ① 동거봉양 합가, 상속, 혼인 등에 있어 **"이미 조합원입주권으로 변환된 후 동거봉양 합가하거나 혼인하는 등의 경우"** 로서 조합원입주권을 먼저 양도하는 경우
  ② **"동거봉양 합가, 상속, 혼인 등이 이루어진 후에 비과세 대상 주택이 조합원입주권으로 변환된 경우"** 로서 조합원입주권을 먼저 양도하는 경우

질문 »

1. 甲은 1주택(A)을 2년 이상 보유하다가 신규주택(B)을 취득하였다. 이후 A주택이 조합원입주권(A')으로 변동되고, B주택도 재건축되어 조합원입주권(B')으로 변동되었다. A'조합원입주권을 양도하면 비과세 규정을 적용받을 수 있는가?

2. 甲은 서울에 소재하는 1주택(A)을 2년 이상 보유 및 거주하다가 서울 소재 신규주택(B)을 2021년 3월 취득하였다. 다음의 경우 비과세가 가능한가?
   (1) 신규주택(B)이 2022년 7월 조합원입주권(B')으로 전환되고 2024년 1월 중 A주택을 양도할 경우
   (2) 종전주택(A)이 2022년 7월 조합원입주권(A')으로 전환되고 2024년 1월 중 A'조합원입주권을 양도할 경우

3. 1세대 1주택(A)을 보유하다가 별도 세대로부터 선순위 상속주택(B)을 취득하였다. 다음의 경우 비과세가 가능한가?
   (1) 상속주택(B)이 조합원입주권(B')으로 전환되고 나서 일반주택(A)을 양도할 경우
   (2) 일반주택(A)이 조합원입주권(A')으로 전환되고 나서 A'조합원입주권을 양도할 경우

4. 다음의 경우 혼인에 따른 비과세 규정 적용이 가능한가?
   (1) 1주택(A) 보유자와 1조합원입주권(B') 보유자가 혼인한 후 5년 이내 A주택을 양도하는 경우
   (2) 1주택(A) 보유자와 1주택(B) 보유자가 혼인한 후 1주택이 조합원입주권으로 전환되어 5년 이내 주택 또는 조합원입주권을 양도하는 경우
   (3) 1주택(A) 보유자와 1조합원입주권(B') 보유자가 혼인한 후 조합원입주권을 먼저 양도하는 경우
   (4) 1조합원입주권(A') 보유자와 1조합원입주권(B') 보유자가 혼인한 후 조합원입주권을 양도하는 경우

5. 1주택 보유자와 1조합원입주건 보유자가 동거봉양합가 후 조합원입주권을 먼저 양도하는 경우 비과세가 가능한가?

답변 및 해설 »

1. 비과세가 불가하다. 대체 취득 규정인 소득세법 제89조 제1항 제4호 나목은 조합원입주권 전환 후 주택을 취득하고 3년 이내 조합원입주권을 양도할 때 적용하는데 사안은 두 주택이 모두 조합원입주권이므로 적용이 안 되고, 일시적 2주택 특례 규정인 소득세법 시행령 제155조 제1항은 주택을 양도할 때 규정이므로 적용할 법적 근거가 없다. 따라서 종전주택 및 신규주택 모두 조합원입주권인 경우 과세관청이나 조세심판원 모두 비과세 불가로 판단하고 있다.

2. 사례 (1)은 비과세 적용이 가능하다. 이 경우 소득세법 시행령 제155조 제1항에 따른 일시적 2주택 요건을 갖춘 상태에서 신규주택이 조합원입주권으로 전환되어 연속성이 인정되고 보유 및 거주요건을 충족한 "종전주택"을 양도하는 경우이므로 일시적 2주택 비과세 규정 적용으로 해석한다. 그러나 양도기한인 3년을 지나면 소득세법 시행령 제156조의 2 제4항은 적용할 수 없다고 본다.

사례 (2)도 비과세 규정의 적용이 가능하다. 일시적 2주택 요건을 갖추었고 양도 당시 "조합원입주권"을 양도하는 경우이므로 관리처분계획 인가일 현재 보유 및 거주요건을 충족하였기에 소득세법 제89조 제1항 제4호 나목의 요건을 충족하여 비과세 적용을 인정한다.

3. 사례 (1)은 일반주택이 양도 당시 보유기간 등을 충족하였다면 비과세 규정을 적용받을 수 있다. 일반주택은 상속개시 당시 보유하였고 상속주택이 추후 조합원입주권으로 전환되었다고 하더라도 양도하는 주택은 상속주택 특례가 적용된다.

   사례 (2)는 비과세 규정을 적용받지 못한다. 왜냐하면, 소득세법 시행령 제155조 제2항에 따른 상속주택 특례는 일반 "주택"을 양도할 때 적용되는 규정이므로 상속주택 외의 "조합원입주권"을 양도하는 경우 그 적용대상이 아니며, 소득세법 시행령 제156조의 2는 주택을 양도할 때 규정이므로 조합원입주권을 양도하면 비과세를 적용할 근거규정이 없다.

4. 사례 (1)(2)는 주택 양도 당시 보유기간 등을 충족하면 비과세 규정이 적용 가능하다고 본다. 사례 (2)의 경우 조합원입주권을 먼저 양도하더라도 비과세가 가능하다고 해석한다.

   그러나 사례 (3)과 같이 일방의 주택이 조합원입주권으로 전환된 후에 1주택 보유자와 혼인하고 조합원입주권을 먼저 양도하는 경우, 과세관청 해석은 비과세가 불가하다고 본 반면, 조세심판원은 조합원입주권의 연속성 및 혼인 특례의 취지에 비추어 비과세가 가능하다고 본다. 다만, 조세심판원의 입장이 변경될 수도 있으므로 경정청구 방식을 권한다.

   사례 (4)와 같이 조합원입주권 보유자간의 혼인 후 양도하는 조합원입주권에 대해서는 비과세 적용이 불가하다고 해석한다. 비과세를 적용할 근거규정이 없기 때문이다.

5. 동거봉양 합가의 경우 합가 당시 보유하는 조합원입주권을 먼저 양도하는 경우에는 비과세가 불가하다고 해석한다.

보충설명

위 질문들은 2주택 특례들과 조합원입주권 양도의 관계에서 많이 혼동하는 부분을 다루어 보았다. 조합원입주권 보유자가 주택을 취득하고 조합원입주권을 양도하면 소득세법 제89조 제1항 제4호에서 명문규정을 두고 있으나, 다른 2주택 특례에 대해서는 조합원입주권 양도시 명문규정이 없다.

소득세법 시행령 제156조의 2 규정은 "조합원입주권"이 아니라 "주택"을 양도할 때 비과세 규정이므로 조합원입주권을 양도할 경우 적용될 수 있는 규정이 아니다.

이에 따라 2주택 특례 요건을 갖추었는데 이후 어느 한 주택이 조합원입주권으로 변환시 특례대상인 "주택"을 양도하면 비과세를 인정한다.

그러나 "조합원입주권"을 먼저 양도하는 경우에는 대체 취득에 따른 일시적 2주택의 경우만 제외하고는 부정적이다. 혼인의 경우만 예외로 조세심판원이 긍정하고 있으나 향후 입장이 변경될 수도 있다(혼인에 따른 차별금지에 비추어 견해의 변경이 쉽지는 않을 것으로 생각됨).

만일, 특례주택 모두가 조합원입주권으로 변동하면 모든 2주택 특례에서 비과세 적용에 부정적이다.

관련 사례

구 분	내 용
일시적 2주택 관련	• 신규주택(B) 보유상태에서 종전주택(A)이 조합원입주권(A')으로 전환된 후 B주택 취득일부터 3년 이내 조합원입주권(A') 양도시, 소득세법 제89조 제1항 제4호 요건 갖추면 비과세 특례를 적용받을 수 있음[586] • 일시적 2주택 상태에서 신규주택이 조합원입주권으로 전환되면 신규주택 취득일로부터 일시적 2주택 양도기한 이내 "종전주택" 양도시 비과세 규정을 적용함[587] • 일시적 2주택자의 2개 주택이 각각 조합원입주권으로 변환된 경우 먼저 양도하는 1조합원입주권은 3년 이내 양도하더라도 조합원입주권 비과세 특례가 적용되지 않음[588]
상속주택 관련	• 일반주택(A)과 상속주택(B)을 소유한 1세대가 B주택이 관리처분계획인가로 조합원입주권(B')으로 전환됨에 따라 A주택과 B'조합원입주권을 소유하다가 "A주택" 양도시 비과세 규정을 적용할 수 있음[589] • 일반주택(A)과 상속주택(B)을 소유한 1세대가 A주택이 관리처분계획인가로 조합원입주권(A')으로 전환된 경우 소득령 제155조 제2항에 따른 상속주택 특례는 일반 "주택"을 양도할 때 적용되는 규정이므로 상속주택 외의 "조합원입주권"을 양도하는 경우 그 적용대상이 아니며 조합원입주권 특례대상도 아님[590] • 1세대가 1조합원입주권을 보유하던 중 별도 세대인 직계존속으로부터 1조합원입주권을 상속받아 당초 보유하던 1조합원입주권 양도시 비과세 규정이 적용되지 않음[591]
혼인 후 주택의 조합원입주권 전환	• 혼인으로 1세대 2주택 상태에서 비과세 요건을 갖춘 1주택이 조합원입주권으로 전환되어 5년 이내 조합원입주권을 양도하는 경우 비과세 규정의 적용이 가능함[592]
조합원입주권 전환 후 혼인	• 과세관청 : 甲(1조합원입주권), 乙(1주택)이 혼인 후 "조합원입주권"을 먼저 양도시 비과세를 적용할 수 없음[593] • 조세심판원 : 甲(1조합원입주권), 乙(1주택)이 혼인 후 "조합원입주권"을 먼저 양도시 조합원입주권은 혼인 전부터 주택으로 의제되었으므로 혼인 후에도 계속 주택으로 의제함이 타당하고, 혼인에 따른 2주택 특례 취지에도 부합함[594]

---

586) 법규재산-2140, 2022.3.29.
587) 법령해석재산-620, 2019.9.19. ; 부동산납세과-918, 2019.9.6. ; 부동산납세과-1050, 2019.5.27.
588) 재산세제과-538, 2018.6.20. ; 법령해석재산-144, 2018.2.5. ; 조심2021서2100, 2021.11.3.
589) 법령해석재산-439, 2016.5.4.
590) 법규재산-842, 2022.4.29. ; 부동산납세과-1757, 2015.10.26. ; 조심2021서1117, 2022.8.10. ; 조심2021인3099, 2021.10.8. ; 조심2021인3099, 2021.10.8. ; 조심2019서465, 2019.10.11.
591) 법령해석재산-3217, 2016.8.16.
592) 재산세제과-1410, 2009.9.10. ; 조심2008중2763, 2008.12.3.
593) 서면4팀-1387, 2007.4.30.
594) 조심2010서1322, 2010.12.20. ; 조심2008중2763, 2008.12.3.

구 분	내 용
주택 보유자와 조합원 입주권 보유자의 혼인(주택 양도)	• 1주택자와 1조합원입주권 소유자가 혼인하여 1세대 1주택과 1조합원입주권을 소유하는 경우 혼인한 날로부터 5년 이내 혼인한 날 이전 소유하던 "주택"을 먼저 양도시 비과세 규정을 적용함[595]
주택 보유자 간 혼인 후 입주권 전환 (조합원입주권 양도)	• 과세관청(종전) : 혼인에 따른 1세대 2주택자의 1주택이 조합원입주권으로 전환된 후 조합원입주권 양도시 과세됨[596] • 과세관청(최근) 및 조세심판원 : 혼인으로 1세대 2주택 상태에서 비과세 요건을 갖춘 1주택이 조합원입주권으로 전환되어 5년 이내 조합원입주권을 양도하는 경우 비과세 규정의 적용이 가능함[597]
조합원입주권 보유자간의 혼인	• 1조합원입주권 보유자가 1조합원입주권 보유자와 혼인함으로써 1세대 2조합원입주권을 보유하는 경우 소득령 제155조 제5항 및 소득령 제156조의 2 제9항이 적용되지 않음[598]
동거봉양 합가 관련	• 1세대 1주택과 1세대 1조합원입주권의 합가 후 조합원입주권 양도시 동거봉양 합가 특례가 적용되지 않음[599]
농어촌주택 + 일반조합원입주권	• 과세관청 : 농어촌 상속주택 보유 상태에서 조합원입주권 양도시 비과세 대상으로 볼 수 없음[600] • 조세심판원 : 농어촌 상속주택 보유 상태에서 조합원입주권 양도시 비과세 규정이 적용됨[601]
장기임대주택 관련	• 장기임대주택이 조합원입주권 : ① 사업자등록 등을 갖춘 장기임대주택이 조합원입주권으로 전환된 후 거주주택을 양도하여도 적용을 인정함[602] ② 관리처분계획 인가 후 사업자등록 등을 한 경우 거주주택 비과세 특례 적용을 부인함(주택으로 완성된 경우는 예외)[603] • 거주주택이 조합원입주권 : 거주주택에 대한 관리처분계획 인가로 취득한 조합원입주권을 양도하는 경우 비과세 규정이 적용되지 않음[604]

---

595) 상속증여세과-99, 2013.5.8. ; 부동산거래관리과-435, 2011.5.25. ; 재산세과-332, 2009.9.30.
596) 재산세과-1220, 2009.6.19. ; 서면4팀-3833, 2006.11.21.
597) 재산세제과-1410, 2009.9.10. ; 조심2008중2763, 2008.12.3.
598) 재산세제과-530, 2010.6.8. ; 재산세과-924, 2009.12.3.
599) 부동산거래관리과-623, 2011.7.20. ; 재산세과-1204, 2009.6.17. ; 서울행법2022구단71021, 2023.9.13.
600) 서면4팀-2348, 2005.11.28. ; 서면4팀-1690, 2004.10.22. ; 서면4팀-1637, 2004.10.15.
601) 국심2005전420, 2005.6.23. ; 국심2002부3538, 2003.4.14.
602) 부동산납세과-823, 2017.7.19. ; 법령해석재산-1821, 2016.1.28.
603) 부동산납세과-1183, 2019.11.19. ; 법령해석재산-5873, 2017.5.25.
604) 법령해석재산-97, 2020.3.19. ; 조심2023서7827, 2023.9.7. ; 조심2023중3485, 2023.7.18. ; 조심2023서6968, 2023.6.1. ; 조심2022서5923, 2023.1.2. ; 조심2021중2683, 2021.7.14. ; 조심2019서3806, 2019.12.17. ; 서울행법2018구단1483, 2018.7.4.

Chapter 45. 조합원입주권 매수하고 종전주택 양도시 비과세 적용시 유의사항은?

내용 Summary

기본사항 Check

- **조합원입주권 대체 취득 특례** : 1주택 보유자가 그 주택을 취득한 날부터 1년이 지나 조합원입주권을 취득하고 3년 이내 종전 주택을 양도하는 경우에 해당 주택이 보유기간 등을 충족시 비과세 규정 적용(소득령§156의2③)
- **실거주 목적 조합원입주권 취득 특례** : 1주택 보유자가 그 주택을 취득한 날부터 1년이 지나 조합원입주권을 취득하고 3년 이내 종전 주택을 양도하지 않는 경우에 조합원입주권이 주택으로 완공된 날 이후 3년 이내 해당 주택으로 이사하여 1년 이상 계속 거주하는 경우로서 완공일 전 또는 완공일부터 3년 이내 양도하는 종전주택이 보유기간 등 충족시 비과세 규정 적용(소득령§156의2④)

핵심 Point

- 일반 다주택자가 조합원입주권을 대체 취득한 경우로서 다주택 상태를 해소하고서 종전주택을 양도하는 경우 비과세를 적용하는지 → 적용 가능(양도 당시 판단 원칙)
- 대체취득에 따른 양도기한 3년을 경과한 경우 → 실거주 목적의 조합원입주권 특례가 가능한지 여부를 검토하여야 함
- 이미 오래 전부터 2주택을 보유하던 중 1주택이 조합원입주권으로 변환된 경우 → 특례 불가
- 1주택과 상가(또는 나대지)를 보유하던 중 상가(또는 나대지)가 주택에 대한 조합원입주권으로 변환되는 경우 → 특례 가능

질문 »

1. 甲은 2018년 8월 조정대상지역의 1주택(A)을 매매로 취득하여 계속 거주하던 중 2019년 1월 주택(B)을 추가로 취득하고 2020년 5월 중 조합원입주권(C)을 매매로 취득하였다. B주택을 2023년 2월 중 양도하고 양도소득세를 신고납부하였다. 이후 A주택을 양도할 경우 어떠한 요건 하에 비과세를 적용받을 수 있는가?

2. 2021년 5월 취득한 1주택(A) 보유자인 甲세대는 기존에 보유하던 "상가"에 대해 2022년 1월 조합원입주권(B)으로 관리처분계획이 인가되었다. A주택에 대해 2023.1.12. 이후 비과세를 적용받기 위한 요건은?

3. 甲은 오래 전부터 매매로 취득하여 보유하던 2주택(A, B)을 소유하고 있다. 해당 주택 중 1주택(A)은 본인 세대가 거주하고 있으며 해당 주택들은 2주택 특례 또는 조특법 특례 대상 주택은 아니다. A, B주택 중 하나가 조합원입주권으로 전환되고 남은 주택을 양도할 경우 비과세 규정이 적용되는가?

답변 및 해설 »

1. 甲은 일반 2주택 상태에서 조합원입주권을 추가 취득하였고 나중 취득한 주택을 먼저 양도하여 양도 시점에는 A주택과 C조합원입주권을 보유한 것으로, 비과세 요건은 원칙적으로 양도시점을 기준으로 판단한다. C조합원입주권은 A주택 취득일부터 1년이 지나 취득하였으며 A주택은 취득 당시 조정대상지역으로 2년 이상 거주하였다.

    따라서 A주택은 C조합원입주권을 취득한 날로부터 3년 이내 양도하여야 한다. 만일 3년을 경과하였다면 실거주 목적의 취득으로 보아 C조합원입주권이 완성되기 전 또는 완성된 날로부터 3년 이내에 A주택을 양도하여야 하고, 완성된 날부터 3년 이내 그 완성된 주택으로 세대 전원이 이사하여 1년 이상 계속 거주하여야 한다(근무상 형편 등 부득이한 사유로 세대원 일부 미거주시 거주로 간주).

2. 사안에서 기존 상가에 기초하여 조합원입주권(B)으로 관리처분계획 인가된 시점에 조합원입주권(B)을 취득한 것으로 보기에 A주택을 취득한 날부터 1년이 지나 조합원입주권(B)을 취득한 것이 아니므로 대체 취득에 따른 비과세 규정은 적용받지 못한다.

    그러나 실거주 목적의 특례에서는 2022.2.15. 이후 조합원입주권 취득분부터 "종전주택을 취득한 날부터 1년이 지나 취득할 것"이라는 요건이 추가되었으므로 사안에서 개정 전에 조합원입주권(B)을 취득한 것이므로 개정규정이 적용되지 않는다. 따라서 이러한 실거주 목적에 따른 조합원입주권 취득 규정에 따라 양도하는 A주택은 완성 전에 양도하거나 완성일로부터 3년 이내 양도시 비과세 규정의 적용이 가능하다. 이 경우 조합원입주권(B)이 주택으로 완성된 날부터 3년 이내 그 완성된 주택으로 세대 전원이 이사하여 1년 이상 계속 거주하여야 한다(근무상 형편 등 부득이한 사유로 세대원 일부 미거주시 거주로 간주).

3. 비과세 규정을 적용받지 못한다. 1세대 1주택 보유자가 조합원입주권 취득에 따른 비과세 적용은 기본적으로 대체 취득이라는 요건을 충족하여야 하는데 사안은 당초부터 일반 2주택자의 1주택이 조합원입주권으로 전환된 것에 불과하기 때문이다.

보충설명

위 질문들은 1세대 1주택자가 1조합원입주권을 취득하고 기존에 보유하던 주택을 양도할 경우 비과세를 적용하는 소득세법 시행령 제156조의 2 제3항 및 제4항에 대한 적용 요건을 묻고 있다.

첫째, "대체 취득(소득령§156의2③)"의 요건은 종전주택을 취득한 날부터 1년이 지나 조합원입주권을 취득하고 조합원입주권을 취득한 날부터 3년 이내 종전 주택을 양도하고, 양도하는 종전주택은 보유기간 등을 충족하여야 한다. 이러한 요건은 양도 당시를 기준으로 판단하게 된다.

둘째, 조합원입주권 취득일부터 3년 이내 종전주택을 양도하지 못한 경우 바로 과세하는 것이 아니고 "실거주 목적(소득령§156의2④)"의 조합원입주권 취득이었는지를 검토해야 한다. 이 경우 조합원입주권이 주택으로 완공된 날로부터 3년(2023.1.12. 전에는 2년) 이내 그 완공된 주택으로 이사하여 1년 이상 세대 전원이 계속 거주하여야 한다. 물론 "일부 세대원"이 취학, 근무상 형편 등 부득이한 사유로 함께 이사 및 거주하지 못해도 특례적용이 가능하다.

실무상 실거주 목적은 "사후관리"로 입력하여 사후관리 종료시까지 매년 관리하게 되므로 세무대리인 등은 이사 및 계속 거주 요건을 양도자에게 주지시킬 필요가 있다. 종전주택의 양도기한은 주택 완공 전 또는 완공일로부터 3년 이내이다.

관련 사례

구 분	내 용
나대지, 상가 등을 제공하고 취득한 조합원입주권	• 기존상가를 제공하고 취득한 조합원입주권은 소득령 제156조의 2 제3항 적용시 "조합원입주권을 취득한 날(권리 변환일)부터" 양도기한(3년)을 기산함[605] • 1세대 1주택자가 보유하던 별도의 나대지에 대한 재개발사업으로 취득한 입주권은 조합원입주권으로서, "조합원입주권을 취득한 날(관리처분계획 인가일)부터" 3년 이내 종전주택 양도시 비과세 규정을 적용함[606]
2주택자의 1주택이 "조합원입주권" 전환	• 일반 2주택자의 1주택이 관리처분계획 인가로 조합원입주권을 취득한 경우 소득령 제156조의 2 제4항에 따른 비과세 특례가 적용되지 않음[607]
일시적 2주택자의 신규주택이 조합원입주권 전환	• 일시적 2주택자(종전주택 A, 신규주택 B)가 신규주택의 관리처분계획 인가로 조합원입주권을 취득한 경우 소득령 제156조의 2 "제4항"이 적용되지 않으며, B주택을 취득일로부터 일시적 2주택 양도기한 이내 A주택 양도시 소득령 제155조 제1항에 따른 비과세 특례가 적용됨[608]
조합원입주권 공동 취득(별도 세대)	• 1세대 1주택 보유자가 조합원입주권을 별도 세대원과 공동 취득한 경우 소득령 제156조의 2 제3항 요건을 충족하여 종전주택 양도시 비과세 적용이 가능함[609]

---

605) 법령해석재산-2306, 2016.7.29. ; 재산세과-1708, 2008.7.16.
606) 재산세과-4030, 2008.12.1. ; 재산세과-1871, 2008.7.23. ; 서면5팀-1269, 2008.6.17.
607) 재산세제과-858, 2022.8.1. ; 법규재산-1042, 2022.1.11. ; 조심2022서5659, 2022.10.26.
608) 부동산납세과-540, 2019.5.27. ; 부동산거래관리과-171, 2010.2.3.
609) 부동산납세과-3190, 2022.10.18.

구 분	내 용
2주택 이상 + 1조합원입주권 (다주택 해소한 경우)	• 1세대 1주택(A) 보유자가 관리처분계획 인가에 의한 조합원입주권(B)을 취득한 후 1주택(C)을 더 취득하였다가 C를 먼저 양도하여 1주택(A)과 1조합원입주권 소유 상태에서 A주택 양도시 소득령 제156조의 2가 적용됨[610] • 2주택을 소유한 1세대가 조합원입주권을 추가로 취득하여 2주택과 1조합원입주권을 소유하다가 1주택을 양도하여 1주택과 1조합원입주권을 소유한 상태에서 (재건축주택의 완공 후 양도기한 이내) 양도하는 1주택은 소득령 제156조의 2 제4항을 적용받을 수 있음[611] • 3주택을 보유한 1세대가 조합원입주권을 취득한 후 2주택을 먼저 양도하여 1주택과 1조합원입주권을 소유한 상태에서 종전 1주택을 양도하는 경우 소득령 제156조의 2 규정이 적용됨[612] • 1세대 1주택(A) 보유자가 관리처분계획 인가에 의한 조합원입주권(B)을 취득한 후 1주택(C)을 더 취득하였다가 C주택을 먼저 양도하여 1주택(A)과 1조합원입주권 소유 상태에서 A주택 양도시 소득령 제156조의 2가 적용됨[613]
이사기한 이내 전입 및 전출 후 이사기한 이내 재전입	• 관리처분계획에 따라 취득하는 주택(A)의 완성 후 2개월 이내 세대 전원이 A주택으로 전입한 후 전입일로부터 6개월 후 전출하였으나 다시 A주택 완성일로부터 3년('23.1.12. 前 2년, '08.11.28. 前 1년) 이내 세대 전원이 재전입하여 1년 이상 계속하여 거주하는 경우, 동 규정을 적용할 수 있음[614]
1주택 + 조합원입주권 2개	• 1세대 1주택자가 1조합원입주권(A) 취득 후, 다른 1조합원입주권(B)을 추가 취득하여 1주택과 2조합원입주권을 소유하다가 1조합원입주권(B) 양도로 1주택과 1조합원입주권(A) 소유 상태에서 양도하는 1주택은 소득령 제156조의 2 제4항을 적용받을 수 있음[615]
완성일	• 재개발·재건축된 주택의 완성일은 사용승인서 교부일(사용승인서 교부일 전에 사실상 사용하거나 임시사용승인을 얻으면 그 사실상의 사용일 또는 임시사용승인일)이 되며, 등기부상 소유권보존등기 접수일이 아님[616]
일시적 2주택자의 조합원입주권 신규 취득	• 소득령 제155조 제1항의 일시적 2주택 특례와 소득령 제156조의 2 제3항의 일시적 1주택 및 1조합원입주권 특례를 중첩 적용하여 1세대 1주택 비과세를 적용할 수 없음[617]

---

610) 부동산납세과-1270, 2017.11.13. ; 재산세과-1816, 2008.7.21.
611) 법령해석재산-357, 2020.6.4. ; 재산세과-1615, 2009.8.7.
612) 서면4팀-3160, 2007.11.1. ; 서면4팀-3402, 2006.10.10.
613) 부동산납세과-1270, 2017.11.13. ; 재산세과-1816, 2008.7.21.
614) 재산세과-2011, 2008.7.31. ; 서면5팀-277, 2008.2.13.
615) 서면5팀-503, 2008.3.13. ; 서면4팀-3224, 2007.11.7.
616) 법령해석재산-1510, 2021.10.29. ; 조심2022서8090, 2023.3.13. ; 대판2012두17797, 2012.11.19.
617) 법규재산-29, 2024.8.5. ; 재산세제과-906, 2024.7.31.

Chapter 46. 재건축 등으로 임시 거주용 주택, 비과세 적용받을 때 유의사항은?

내용 Summary

기본사항 Check

- **대체주택 규정 취지** : 1세대 1주택자가 재건축사업 등의 시행에 따라 임시로 거주할 주택(대체주택 = 임시 거주용 주택)을 취득한 경우 일정한 요건 하에 비과세를 인정하여 주는 것임(소득령§156의2⑤)
- **대체주택 특례 요건** : 1세대 1주택자로서 그 주택에 대한 재개발·재건축·소규모재건축사업 등의 시행기간 동안 거주하기 위하여 대체주택을 취득하는 경우로서 다음 요건을 모두 충족한 대체주택을 양도하면 1세대 1주택 비과세 규정을 적용함
  ① 사업시행인가일 이후 대체주택을 취득하여 1년 이상 거주할 것
  ② 재건축 등에 따라 주택이 완성된 후 3년 이내 그 주택으로 세대 전원이 이사(취학 등 부득이한 사유로 세대원 일부가 이사하지 않아도 가능)하여 1년 이상 계속하여 거주할 것
  ③ 대체주택은 재건축 등에 따른 주택 완성 전 또는 완성 후 3년 이내 양도할 것

핵심 Point

- 사업시행 인가일 후 관리처분계획 인가일 전의 주택을 취득하고서 대체주택을 취득한 경우 → 대체주택 특례 가능
- 승계취득한 조합원입주권 보유자가 주택을 취득하여 거주한 경우 → 대체주택 특례 불가
- 상가나 나대지를 소유한 원조합원이 거주할 주택 취득하여 거주한 경우 → 대체주택 특례 불가
- 1세대 2주택자의 1주택에 대한 재건축 등으로 대체주택을 취득하는 경우
  ① 일반 1세대 2주택 → 대체주택 특례 불가
  ② 일시적 2주택의 신규주택에 대해 재건축 등을 하는 경우 → 대체주택 특례 가능(대체주택 취득 전에 종전주택 양도해야 함)
- 사업시행인가의 변경, 무효로 새롭게 사업시행 인가 → 당초 인가일 기준

 **질문 》**

1. 무주택 세대인 甲은 사업시행 인가가 있었으나 아직 관리처분 인가가 나지 않은 재개발사업지구에 있는 주택(A)을 취득한 후 거주할 주택(B)을 추가로 취득하고 B주택에 세대 전원이 이사하였다. 대체주택 특례가 가능한가?

2. 무주택 세대인 甲은 재건축사업에 대한 관리처분계획 인가가 난 조합원입주권(A)을 매매로 취득하고 나서 추가로 거주할 주택(B)을 취득하였다. B주택에서 세대 전원이 1년 이상 거주하고 나서 B주택 양도시 대체주택 특례가 가능한가?

3. 甲은 무주택 세대로서 재개발사업지구에 소유한 토지에 기초하여 조합원입주권(A)을 받게 되었다. 이후 거주할 주택(B)을 취득한 경우 B주택은 대체주택 특례가 가능한가?

4. 甲은 사업시행인가일 현재 1세대 2주택(A, B) 보유자이다. A, B주택은 비과세 대상은 아니고 어느 주택을 양도하더라도 먼저 양도하는 주택은 과세대상이다. 거주하던 A주택에 대한 재건축사업 시행으로 사업시행인가일 이후 새로 거주할 주택(C)을 취득하여 세대 전원이 이사하였다. 이후 기존에 보유하던 B주택을 양도하고 양도소득세를 신고납부하였다. 이후 C주택은 대체주택 특례가 가능한가?

5. 甲은 1주택(A)을 취득하고 1년이 지나 신규주택(B)을 취득하였는데 B주택에 대한 재건축사업의 사업시행인가로 사업시행인가일 현재 일시적 2주택 상태이다. 이후 A주택을 양도하고 거주할 주택(C)을 취득한 뒤 세대 전원이 이사하였다. 이 경우 대체주택 특례가 가능한가?

6. 사업시행인가가 변경되거나 무효로 되어 새롭게 사업시행인가가 난 경우에 대체주택 취득일은 어느 것을 기준으로 하는가?

 **답변 및 해설 》**

1. A주택은 사업시행인가가 나더라도 아직 관리처분계획 인가가 나지 않은 상태이므로 조합원입주권이 아니다. 따라서 주택을 취득한 것이 되고, 사업시행인가일 이후에 거주할 B주택을 취득한 것이므로 대체주택 취득요건은 갖추었다.

   따라서 대체주택(B)에 세대 전원이 1년 이상 거주하고 재개발 완공 주택으로 3년('23.1.11. 이전 양도분은 2년) 이내 이사하여 1년 이상 계속하면 특례가 가능하다. 이 경우 B주택은 재개발 주택 완공일로부터 3년('23.1.11. 이전 양도분은 2년) 이내 양도하여야 한다.

2. 대체주택 특례는 기본적으로 1세대 1주택을 소유한 경우로서 그 주택이 재건축 등으로 조합원입주권으로 변환되어 임시 거주할 주택을 취득할 때 적용되는 것이다. 재건축 등에 따라 이미 조합원입주권으로 변환된 것을 취득하면 적용되지 않는다. 따라서 사안의 B주택은 대체주택 특례가 적용되지 않는다. A조합원입주권이 주택으로 완성된 이후 양도하더라도 대체주택에 대한 비과세가 불가하다.

3. 대체주택 특례를 적용받으려면 기본적으로 종전의 "주택"에 대해 재건축사업 등으로 거주할 주택이 필요한 경우이어야 한다. 그러므로 주택이 아니라 상가나 나대지를 보유하였는데 아파트입주권을 취득하는 관리처분계획 인가가 나더라도 대체주택 특례는 불가하다.

참고로, 재건축사업에서 조합원이 되려면 토지와 건물을 모두 소유하여야 하나, 재개발사업에서는 토지만 소유하거나 건물만 소유한 경우에도 조합원이 될 수 있다. 따라서 재개발사업에 따른 조합원입주권 취급시 종전 부동산이 무엇이었는지에 유의할 필요가 있다.

4. 대체주택 특례는 1세대 1주택 상태에서 재건축사업 등에 따라 임시로 거주할 주택을 취득한 경우에 적용된다. 1세대 1주택 시점에 대하여 종전의 과세관청 해석은 사업시행 인가일 현재 1세대 1주택이어야 한다고 하였다. 그러나 조세심판원이 대체주택 취득일에 1세대 1주택일 것으로 판단함에 따라, 최근 과세관청도 해석을 변경하였다.

5. 일시적 2주택(종전주택 A, 신규주택 B) 상태에서 신규주택(B)에 대한 재건축사업 등의 사업시행인가가 되었다면, 먼저 종전주택(A)을 양도하고 대체주택(C)을 취득한 경우 대체주택 특례가 가능하다. 대체주택으로 세대원 전부 이사하여 1년 이상 거주하는 등 나머지 요건을 갖추어야 함은 물론이다. 유의할 점은 대체주택 취득 전에 종전주택을 양도하여 일시적 2주택 상황을 해소하여야 한다는 것이다.

참고로, 이 경우 종전의 과세관청 해석은 불가하다는 입장이었으나[618] 최근 해석변경을 통하여 종전해석은 삭제 정비하였다.

6. 대체주택 취득의 기준은 사업시행인가일 이후에 취득하여야 한다. 만일 사업시행인가가 변경되거나 무효, 취소되어 새롭게 사업시행인가가 난 경우에는 어느 것을 기준으로 하는지 여부인데 "당초 사업시행인가일을 기준"으로 한다. 이는 당초 사업시행인가일 이후 거주할 대체주택을 취득하였는데 사업시행 인가가 변경인가되었다고 새로운 인가일을 기준으로 하여 특례를 부인한다면 사업시행인가가 변경되는 경우가 많은데 대체주택을 취득하지 못하는 불안정 상태에 놓이기 때문이다.

---

618) 부동산납세과-961, 2019.9.27. ; 서면부동산-673, 2015.7.22.

보충설명

"대체주택 특례"의 기본 논리는, 주택을 보유하고 있는데 해당 주택에 대하여 재건축사업이나 재개발사업 등이 시행됨에 따라 재건축 등의 기간 동안 임시로 거주할 주택을 취득하여 일정 기간 거주한 후 그 임시로 거주한 주택을 양도할 때 일정한 요건 하에 비과세를 적용하여 주는 제도이다.

이 경우 임시로 거주하는 주택을 "대체주택"이라고 부른다. 실무에서 종종 일시적 2주택 특례에서의 신규주택을 대체주택이라고 부르기도 하지만, 이는 정확한 용어표현이 아니다.

그렇다면, 대체주택에 대한 비과세를 적용받기 위한 요건은 어떻게 되는가?

첫째, 기존부터 보유한 "주택"에 대한 재건축사업 등이 이루어져야 한다. 이미 조합원입주권으로 변환된 것을 취득한 경우에는 적용되지 않는다. 종전 물건이 토지나 상가로서 재개발 사업 등으로 조합원입주권을 취득하여도 대체주택 특례는 적용되지 않는다. 대상이 되는 사업은 재건축·재개발사업, 소규모재건축사업, 소규모재개발사업, 가로주택정비사업, 자율주택정비사업이다. 열거된 사업이 아닌 경우, 예컨대 건축법에 따른 재건축이나 주거환경개선사업은 적용대상이 아니다.

이 경우 종전부터 보유하던 주택은 본인 세대가 거주를 하였어야 하는가? 과거에는 재건축 등이 되는 주택에서의 거주사실이 필요하다고 보았으나, 현재 해석은 기존주택에서 꼭 거주하지 않았더라도 대체주택 특례가 적용된다고 본다.

둘째, 대체주택을 취득하는 시점에 1세대 1주택이어야 한다. 법령 문구상 "1주택을 소유한 1세대"로 규정하고, 규정취지에 비추어 보아도 대체주택을 취득하는 시점에 이미 2주택을 보유한 경우라면 대체주택 특례를 인정할 필요가 없기 때문이다.

이와 관련하여 조세심판원은 1세대 1주택 시점을 "대체주택 취득일"로 보았음에 비해, 과세관청 해석은 몇 차례 변경이 있었다. 즉, 종전의 과세관청 해석은 사업시행 인가일 현재 일시적 2주택으로서 신규주택에 대한 재건축 등이 될 경우 대체주택 특례가 불가하다고 보았으나, 이후 대체주택 취득일 전에 종전주택을 양도하였다면 대체주택 특례가 가능한 것으로 해석 변경하였다. 그러다가 최근 해석은 "1주택을 소유한 1세대"의 판단 시점은 "대체주택 취득일"이며, 대체주택 취득일 현재 2 이상 주택인 경우에는 동 특례가 적용되지 않는다고 하여 2023.10.23. 이후 결정·경정분부터 적용토록 하였다.

셋째, 대체주택은 사업시행 인가일 이후 취득하여야 한다. 사업시행 인가일 이후에 취득하거나, 재건축사업 등이 완료된 후에 취득한 경우에 적용될 수 없다.

넷째, 대체주택은 취득 후 1년 이상 거주하여야 한다. 즉, 이는 대체주택이 재건축사업 등의 시행기간 중 임시 거주하는 주택이기 때문이며, 대체주택에서의 1년 이상 거주는 "계속하여" 거주하는 개념이 아니다. 퇴거 후 재전입하였다면 통산하여 1년 이상이면 된다.

다섯째, 재건축사업 등으로 주택이 완공된 후 3년 이내 해당 주택으로 세대 전원이 이사하여 1년 이상 계속 거주하여야 한다. 이 경우 거주는 "계속 거주"의 개념이다. 물론 중도에 이탈해도 3년 이내 재전입하면 그때부터 "1년 이상 계속 거주"하면 된다.

여섯째, 대체주택은 재건축사업 등으로 주택이 완공되기 전이나 완공된 후 3년 이내 양도하여야 한다. 이 경우 3년이 지나서 양도하면 대체주택 특례가 불가하다.

관련 사례

구 분	내 용
관리처분 인가 전에 취득한 주택	• 무주택 1세대가 사업시행인가일 이후 관리처분계획인가일 이전 종전주택(A) 취득 후, 다른 주택(B, C)을 취득하여 C주택을 먼저 양도한 후 1년 이상 거주한 B주택 양도시 대체주택 특례가 적용됨[619]
공동소유 주택	• 1/2 공동소유한 주택이 재건축되는 경우 동 특례가 적용되며,[620] 대체주택 취득 후 재건축 중인 나머지 지분을 매수하여도 동 규정을 적용함[621]
종전 주택에서 거주 여부	• 재개발·재건축사업 등의 전에 기존주택에서 거주하지 않아도 대체주택 특례 규정이 적용됨[622]
대체주택 취득	• 대체주택은 분양권이나 입주권 내지 조합원입주권을 매입하여 주택이 완성된 경우에도 그 주택에서의 1년 거주 등 요건을 갖춘 경우 대체주택 특례가 적용됨[623]
	• 재건축사업기간 중 오피스텔을 취득하여 이를 상시 주거용으로 사용한 경우 그 오피스텔을 주택으로 보는지 여부는 사실판단 사항임[624]
2 이상 대체주택을 취득한 경우	• 1세대 1주택의 재건축사업 시행기간 동안 B, C주택을 취득한 후 C주택을 먼저 양도하고 B주택을 양도하는 경우 B주택은 대체주택 특례가 가능함[625]
승계 취득한 조합원입주권	• 승계 취득한 조합원입주권을 보유한 1세대가 다른 주택을 취득한 경우 대체주택 특례가 적용되지 않음[626]
나대지 소유자가 재개발로 주택 취득	• 토지만 취득한 후 재개발 사업시행기간 중 거주할 대체주택을 취득하여 거주하다가 재개발한 주택이 완성되면 당해 주택으로 거주지를 이전하기 위해 대체주택을 양도하는 경우 대체주택 특례가 적용되지 않음[627]
1세대 1주택 판단 기준일	• 과세관청(종전) : 재건축사업 등의 사업시행인가일 당시 일반 2주택을 소유한 경우 대체주택에 대한 특례를 적용받을 수 없음[628]
	• 조세심판원 : 대체주택 취득 전에 이미 1주택을 양도하여 1세대 1주택임에도 다른 1세대 1주택자보다 엄격한 기준을 적용함은 조세평등주의에 반함[629]
	• 과세관청(최근) : 대체주택 특례 적용시 "1주택을 소유한 1세대"의 판단 시점은 "대체주택 취득일"이며, 대체주택 취득일 현재 2 이상 주택인 경우에는 동 특례가 적용되지 않음(2023.10.23. 이후 결정·경정분부터 적용)[630]

---

619) 법령해석재산-780, 2020.8.30.
620) 법규재산-1228, 2022.4.15.
621) 법규재산-7199, 2024.5.29.
622) 법령해석재산-615, 2020.6.10. ; 재산세과-2069, 2008.7.31. ; 재산세제과-577, 2007.5.17.
623) 부동산납세과-231, 2022.2.8. ; 재산세제과-113, 2008.1.25. ; 조심2008서2973, 2009.1.19.
624) 재산세과-3193, 2008.10.8.
625) 법규재산-112, 2022.4.8. ; 법령해석재산-1782, 2021.12.28.
626) 부동산납세과-511, 2020.4.21. ; 부동산납세과-1080, 2017.9.25.
627) 조심2011서591, 2011.5.25.
628) 부동산거래관리과-213, 2010.2.8. ; 재산세과-548, 2009.10.26. ; 재산세과-4307, 2008.12.18. ; 서면5팀-1252, 2008.6.13. ; 서면5팀-94, 2008.1.14.
629) 조심2021서5174, 2022.11.7.
630) 법규재산-221, 2024.4.29. ; 법규재산-2817, 2023.11.10. ; 재산세제과-1270, 2023.10.23.

구 분	내 용
사업시행 인가일에 일시적 2주택	• 사업시행인가일 현재 "일시적 2주택(종전주택 A, 신규주택 B)"에 해당하는 경우로서 사업시행 기간 중 거주목적의 대체주택(C) 취득 前(재건축 대상 주택 B를 취득한 날로부터 3년 이내)에 종전주택(A)을 양도한 경우에는 대체주택 특례를 적용받을 수 있음[631] ※ 이와 다른 종전 해석은[632] 2021.5.14. 삭제 정비되었음
3주택이 1조합원입주권 변환	• 동일 단지 내 3주택을 소유하고 있는 1세대가 그 3주택에 대한 재건축사업으로 1조합원입주권으로 전환된 경우로서 사업시행기간 동안 거주하기 위하여 다른 주택을 취득하고 그 다른 주택을 양도하는 때에는 동 특례 적용이 불가함[633]
사업시행인가에 대한 변경인가	• 사업시행 지역의 추가 편입으로 사업시행인가에 대한 변경인가가 있는 경우 당초 편입된 지역의 사업시행인가일은 "당초 사업시행인가고시일"이 됨[634] • 재건축 사업시행인가 이후 소형평형 의무화에 따른 설계변경이나 시공사 변경으로 당초 사업시행인가에 대한 변경인가가 있는 경우 당해 재건축사업의 시행기간은 "당초 사업시행인가일"부터 시작됨[635] • 재개발사업의 당초 사업시행계획인가 내용에 일부 변경인가가 있는 경우 사업시행인가일은 당초 사업시행인가일을 적용함[636] • 당초 사업시행인가가 취소된 후 새로이 사업시행인가 고시가 된 경우 당초 사업시행인가일을 기준으로 적용함[637]
거주기간	• 대체주택의 거주기간은 보유기간 동안의 주민등록 전입일부터 전출일까지의 거주기간을 "통산"하여 계산함[638] • 세대원 중 일부가 재건축한 주택에서 다른 주택으로 전출하였다가 재건축주택으로 "재전입(재건축한 주택이 완성된 후 3년 이내)하여 세대 전원이 계속하여" 1년 이상 거주시 동 특례규정이 적용됨[639] • 세대원 중 일부가 부득이한 사유 외로 재건축한 주택에서 다른 주택으로 전출하였다가 재건축주택으로 "재전입(재건축한 주택이 완성된 후 3년 이내)하여 세대 전원이 계속하여" 1년 이상 거주시 동 특례규정이 적용됨[640] • 신축주택의 거주요건 적용시 세대원 중 1세대 구성요건을 갖춘 자가 별도의 세대를 구성한 경우 나머지 세대원이 1년 이상 계속 거주하면 됨[641] • 재건축 등으로 준공된 이후 대체주택에 거주한 경우에는 적용하기 어려움[642]

---

631) 부동산납세과-946, 2022.4.18. ; 법령해석재산-466, 2021.5.7.
632) 부동산납세과-961, 2019.9.27. ; 서면부동산-673, 2015.7.22.
633) 법규재산-1397, 2024.9.25.
634) 재산세과-1389, 2009.7.9.
635) 부동산거래관리과-827, 2010.6.17. ; 서면5팀-1401, 2006.12.28.
636) 법령해석재산-125, 2020.5.28.
637) 재산세제과-131, 2023.1.19.
638) 재산세과-1140, 2009.6.9.
639) 재산세과-2756, 2008.9.10. ; 재산세과-2011, 2008.7.31.
640) 재산세과-2756, 2008.9.10. ; 재산세과-2011, 2008.7.31.
641) 재산세과-55, 2009.1.7. ; 재산세과-2247, 2008.8.14.
642) 조심2024서5336, 2024.12.23.

구 분	내 용
완성 후 최초 이사 여부	• 관리처분계획 등에 따라 취득한 주택이 완성된 후 세대 전원이 "최초"로 이사하지 않는 경우에도 주택이 완성된 후 3년 이내에 그 주택으로 세대 전원이 이사하여 1년 이상 계속 거주하는 경우 소득령 제156조의 2 제5항을 적용함[643]
같은 날 주택 양도 & 대체주택 취득	• 대체주택을 취득한 날과 같은 날 기존 일반주택을 양도하는 경우, 일반주택을 먼저 양도하고 대체주택을 취득한 것으로 보아 특례를 적용함[644]
농어촌주택 보유	• 상속받은 농어촌주택과 일반주택 보유 세대가 일반주택의 재개발기간 동안 거주하기 위해 대체주택을 취득한 경우 소득령 제156조의 2 제5항이 적용됨[645]
분양권 등 대체 취득 특례와 중첩 여부	• 1세대 1주택자(A)가 재건축사업의 사업시행 인가 이후 1주택(C)과 1조합원입주권(B)을 취득한 경우로서 C주택 양도시 동 규정이 적용되지 않음[646] • 1세대 1주택에 대한 재개발 기간 동안 거주목적 대체주택 취득 후, 대체주택 양도 전 분양권을 추가 취득하고 대체주택 양도시 동 특례를 적용할 수 없음[647]
대체주택 양도 후 신규주택 취득 (일시적 2주택)	• 재건축·재개발주택이 완공되고 나서 대체주택을 양도한 후 신규주택을 취득함으로 일시적 2주택이 된 경우 신규주택 취득일로부터 일시적 2주택 양도기한 이내 재개발·재건축주택 양도시 일시적 2주택 특례규정을 적용함[648]
일반주택(재건축) + 상속주택 취득 후 대체주택 취득	• 일반주택과 상속주택(소수지분 상속주택 포함)을 1개씩 소유한 1세대가 일반주택의 주택재건축사업 시행기간 동안 거주하기 위하여 대체주택을 취득한 경우 대체주택 특례규정을 적용받을 수 있음[649] • 재건축사업의 시행기간 동안 거주하기 위하여 대체주택을 취득하여 거주한 상태에서 공동상속주택의 소수지분을 상속받은 경우에도 소득령 제156조의 2 제5항 각 호의 요건을 모두 갖추어 대체주택 양도시 대체주택 특례를 적용함[650] • 소수지분 상속주택 및 장기임대주택과 거주주택을 보유하다가 거주주택의 재건축기간 동안 거주하기 위해 다른 주택 취득시 동 특례가 적용되지 않음[651]
대체주택 취득 후 상속주택 취득	• 1세대 1주택자가 그 주택에 대한 주택재건축사업 시행기간 동안 거주하기 위하여 대체주택을 취득한 상태에서 소득령 제155조 제2항에 따른 주택을 상속받은 경우로서 소득령 제156조의 2 제5항 각 호의 요건을 모두 갖추어 대체주택을 양도하는 경우 대체주택 특례규정을 적용함[652]
재건축·재개발 주택을 먼저 양도	• 재건축주택을 먼저 양도하는 경우로서 대체주택 취득일로부터 일시적 2주택 양도기한이 경과한 후 양도하면 양도소득세가 과세됨[653]

---

643) 법규재산-805, 2024.11.27.
644) 부동산납세과-611, 2024.4.17. ; 법규재산-141, 2024.3.27.
645) 법규재산-7942, 2025.1.23. ; 재산세제과-1470, 2024.12.30. ; 부동산납세과-1909, 2024.11.19.
646) 부동산납세과-383, 2019.4.11.
647) 법규재산-3166, 2025.3.24. ; 법규재산-0614, 2024.11.21.
648) 재산세과-599, 2009.10.30.
649) 법규재산-647, 2022.9.19. ; 재산세과-2969, 2008.9.29.
650) 법규재산-427, 2024.6.27.
651) 법규재산-0709, 2025.2.5.
652) 재산세과-352, 2009.10.1.
653) 서면4팀-1620, 2004.10.13.

Chapter 47

재건축·재개발 청산금, 너의 정체는 뭐냐!

💬 내용 Summary

기본사항 Check

- **재건축 등 청산금** : 재건축사업 등의 시행으로 조합원이 된 사람이 종전 부동산에 대한 평가액(권리가액)과 사업시행 후 분양받는 주택 등의 가액(분양가액)과의 차액을 현금으로 징수하거나 납부하도록 하는 금액

- **용어 구분**
  ① 분담금 : 권리가액보다 분양가액이 큰 경우로서 조합원이 추가로 조합에 납부하여야 하는 금액(분담청산금)
  ② 현금청산 대상자의 청산금 : 조합원 자격을 취득할 수 없거나 재건축사업 등에 참여하지 않는 부동산 등 소유자에게 지급하는 현금
  ③ 도시개발사업의 청산금 : 토지개발하는 도시개발사업에서 권리면적과 환지면적을 비교하여 그 차액에 대하여 납부하거나 수령하는 금액 → 환지처분 공고일의 다음날이 취득 및 양도시기

핵심 Point

- 현금청산 대상자에 대해 지급하는 청산금 성격 → 종전 부동산의 양도
  (양도시기는 대금청산일과 등기접수일 중 빠른 날)

- 권리가액과 분양가액 차이에 따라 지급받는 청산금 → 종전 부동산의 지분 양도
  (양도시기는 소유권이전 고시일의 다음날)

- 권리가액 등과 관련 없이 수익사업에서 발생한 수익금의 분배 → 배당소득

- 청산금 수령권과 함께 조합원입주권 양도하는 경우 납세의무자
  ① 국세청 : 종전 부동산 소유자 vs. 사실판단사항
  ② 조세심판원 : 양도자의 조합원입주권 가액에 가산(최근 결정)

- 청산금에 대한 비과세, 다주택 중과 등 → 적용 가능

 **질문 »**

1. 甲은 종전에 보유하고 있던 1세대 1주택에 대한 재건축사업 시행으로 조합원입주권을 취득하였다. 이후 조합원입주권을 포기하고 현금청산을 받게 되었다. 양도하는 자산은 무엇이고 1세대 1주택 비과세 규정을 적용받을 수 있는가?

2. 甲은 보유하던 주택에 대한 재건축사업에 따라 조합원입주권을 취득하고 권리가액과 분양가액의 차이에 따라 청산금 2억원을 수령하게 되었다. 그런데 정비조합이 발코니 확장 등 "수익사업"에서 발생한 수익금에 대하여 정비조합이 최종 청산하면서 비용을 공제한 금액의 분배로 2천만원을 추가로 분배받았다. 이 경우 甲의 주택에 대한 권리가액이나 분양가액의 변동은 없다. 이 경우 소득구분은 어떻게 되는가?

3. 甲이 보유하던 주택에 대한 재개발사업의 시행으로 권리가액과 분양가액의 차이에 따라 지급받는 청산금의 양도시기는 언제로 보는가?

4. 甲은 보유기간 등 비과세 요건을 충족한 1세대 1주택(A)이 재건축사업의 관리처분계획 인가에 따라 조합원입주권 1개와 수령할 청산금 추정액이 3억원으로 통지를 받았다. 甲은 해당 조합원입주권을 15억원에 乙에게 양도하고 특약으로 청산금을 수령할 권리 3억원을 乙이 승계하기로 하고 甲에게 지급하되 이후 청산금 변동에 대하여는 서로 이의제기를 하지 않기로 하였다. 양도소득세 납세의무는 어떻게 되는가?

5. 청산금에 대한 1세대 1주택 비과세 및 장기보유특별공제, 다주택 중과 적용은 어떻게 되는가?

 **답변 및 해설 »**

1. 1세대 1주택자가 당초부터 정비조합의 조합원이 되었다가 현금청산을 받고 탈퇴하는 경우는 "조합원입주권"을 양도하는 것이 된다. 이 경우 관리처분계획 등 인가일 현재 보유기간 등을 갖추면 1세대 1주택 비과세 규정이 적용된다.

2. 권리가액 및 분양가액과 무관하게 정비조합이 수익사업을 시행함에 따라 발생한 수익금을 분배하는 경우 "배당소득"으로 본다. 따라서 조합이 그 지급할 때 해당 배당소득에 대해 14%(지방소득세 1.4%)의 세율로 원천징수하여 다음달 10일까지 신고납부하여야 한다.

3. 甲이 보유하던 주택에 대한 재개발사업 시행으로 권리가액과 분양가액의 차이에 따라 지급받는 청산금의 양도시기는 "소유권이전 고시일의 다음날"이다. 따라서 과세 대상이거나 고가주

택에 해당하면 이러한 양도시기를 기준으로 다음 다음달 말일까지 양도소득세를 예정신고 납부하여야 한다.

4. 조합원입주권과 "청산금 수령권"을 함께 이전하는 경우 과세관청의 해석은 등기부(신탁원부 포함)상 권리의 득실 사항, 계약서 내용, 청산금의 실질 귀속 여부 등을 종합적으로 검토하여 판단할 사항으로 본다.

   이에 대해 조세심판원은 최근 "분담금 환급예정액을 종전 부동산 부분 양도에 따른 대가로 매수자로부터 지급받은 것이므로 이를 청산금으로 보아 별도의 양도시기(소유권이전 고시일의 다음날)"를 적용하기는 어렵고, 해당 금액 상당액도 조합원입주권 양도의 대가로 수령한 것인 이상 그 금액을 조합원입주권에 안분하는 것이 타당하다고 보았다.

5. 관리처분계획 등 인가일 현재 보유기간 등을 충족한 조합원입주권을 양도하는 경우 1세대 1주택 비과세가 적용되며, 이 경우 1세대 1주택인지 여부는 조합원입주권 양도일 현재를 기준으로 판단한다. 만일, 권리가액이 12억원을 초과하여 고가주택에 해당하면 12억원 초과 부분의 양도차익은 과세된다.

   장기보유특별공제는 주택 상태에서 2년 이상 거주하였을 경우 관리처분계획 등 인가일 현재까지의 보유기간에 대하여만 공제가 가능하고, 관리처분계획 인가일 등 이후 기간에 대한 양도차익은 "권리" 상태이므로 장기보유특별공제가 배제된다.

   그리고 당초 해당 주택이 다주택 중과(2022.5.10.~2025.5.9.까지 양도분으로 2년 이상 보유한 주택에 대하여 중과 유예) 대상일 경우에는 해당 청산금도 중과대상이다.

   한편, 청산금을 납부한 경우로서 기존주택에서 2년 이상 거주했으나 신축주택에서 2년 이상 거주하지 않은 경우, 과세관청과 조세심판원은 "청산금 납부분"은 장기보유특별공제 적용시 표2 공제율을 적용하지 않는 것으로 본 반면,[654] 서울행정법원은 신축주택 자체에서의 거주기간이 2년 이상이어야만 하는 것은 아니라고 달리 판단하였다(상급심 판단을 주목하여야 함).[655]

---

654) 부동산납세과-333, 2021.3.11. ; 법령해석재산-78, 2020.4.3. ; 심사양도2022-81, 2023.5.31. ; 조심 2024서90, 2024.3.27. ; 조심2022전1957, 2022.12.7.
655) 서울행법2023구단67975, 2024.9.4.

보충설명

앞의 사례들은 청산금 관련하여 발생하는 쟁점들을 다루어 본 것이다.

첫째, 당초부터 조합원이 되지 않고 정비조합으로부터 현금청산을 받게 되면 "부동산(주택)"을 양도하는 것이 되며, 이 경우 해당 주택이 보유기간 등을 갖추면 1세대 1주택 비과세 규정이 적용된다. 그러나 조합원이 되었다가 현금청산을 받고 탈퇴하는 경우에는 "조합원입주권"을 양도하는 것이 된다. 물론, 관리처분계획 등 인가일 현재 보유기간 등을 갖추면 1세대 1주택 비과세 규정이 적용된다.

둘째, 재건축사업 등에 따라 조합원이 종전 부동산에 대한 권리가액과 분양가액의 차이에 대하여 지급받는 청산금은 "양도소득"으로 본다. 그러나 권리가액 및 분양가액과 무관하게 정비조합이 수익사업을 시행함에 따라 발생한 수익금을 분배하는 경우 "배당소득"으로 본다.

셋째, 권리가액과 분양가액 차이에 따라 지급받는 청산금의 양도시기는 지금까지 여러 차례 해석변경을 거쳐 현재는 "소유권이전 고시일의 다음날"로 해석한다.

넷째, 조합원입주권과 "청산금 수령권"을 함께 이전하는 경우 조합원입주권은 당연히 종전 부동산 소유자가 납세의무자이다. 그러나 이전하는 "청산금 수령권"의 납세의무에 대해 종전의 과세관청 해석은 "원조합원"으로 보다가, 최근에는 등기부(신탁원부 포함)상 권리의 득실 사항, 계약서 내용, 청산금의 실질 귀속 여부 등을 종합적으로 검토하여 판단할 사항으로 해석이 바뀌었다.

이에 대해 조세심판원은 최근 "분담금 환급예정액을 종전 부동산 부분 양도에 따른 대가로 매수자로부터 지급받은 것이므로 이를 청산금으로 보아 별도의 양도시기(소유권이전 고시일의 다음날)를 적용하기는 어렵고, 해당 금액 상당액도 조합원입주권 양도의 대가로 수령한 것인 이상 그 금액을 조합원입주권에 안분하는 것이 타당하다고 보았다. 그러나 이에 따르면 추후 정비조합으로부터 수령하는 청산금 관련하여 납세의무자가 누구인지 문제된다. 납세자를 "매수인"으로 보면 취득가액 및 취득시기 구성이 곤란해진다. 만일 "기존 부동산 소유자"로 보면 그 청산금 수령 가액만큼 또 다시 양도소득세를 부과하여 이중과세가 된다. 청산금이 변동하지 않을 수 있지만 변동되는 경우가 많다는 점에서 의문이 아닐 수 없다.

따라서 筆者의 생각은 조합원입주권 양도시 청산금 수령권을 함께 확정적으로 이전할 경우 아직 소유권이전 고시일이 도래하지 않았으므로 "종전 소유자"에게 "부동산 지분"은 남아 있다고 보고 종전 부동산의 지분을 양도하는 것으로 봄이 합리적이다. 이후 매수인은 실제 수령하는 청산금의 변동분 양도차손익만 반영하여 과세하면 될 것이다. 이에 따르더라도 매수인에게는 1세대 1주택 비과세 및 중과(청산금 해당분의 단기양도 중과, 다주택 중과 등) 문제가 남아 있어 해석으로 풀기에는 한계가 있을 수밖에 없다.

다섯째, 관리처분계획 등 인가일 현재 보유기간 등을 충족한 조합원입주권을 양도하는 경우 1세대 1주택 비과세가 적용되며, 이 경우 1세대 1주택인지 여부는 조합원입주권 양도일 현재를 기준으로 판단한다. 만일, 권리가액이 12억원을 초과하여 고가주택에 해당하면 12억원 초과 부분의 양도차익은 과세된다. 이 경우 장기보유특별공제는 주택 상태에서 2년 이상 거주하였을 경우 관리처분계획 등 인가일 현재까지의 보유기간에 대하여만 표2의 공제율의 공제가 가능하고 관리처분계획 인가일 등 이후의 기간에 대한 양도차익에 대하여는 "권리" 상태이므로 장기보유특별공제가 배제된다. 만일, 청산금을 수령하는 주택이 다주택 중과 대상일 경우에는 해당 청산금도 중과 대상이다.

관련 사례

구 분	내 용
현금청산 및 변경	• 재개발조합원이 입주권을 취득한 사실이 없이 현금으로 청산받아 부동산을 양도하는 경우 "부동산" 양도에 해당됨[656] • 관리처분계획 인가 후 조합원입주권을 포기하고 청산금을 수령하는 경우 "조합원입주권" 양도에 해당함[657] • 당초 관리처분계획 인가시 현금청산 대상이었으나 관리처분계획 인가가 취소되고 관리처분계획 변경 인가시 조합원으로서 입주자로 선정된 지위를 취득하는 경우 그 변경 인가일에 당해 조합원입주권을 취득한 것으로 봄[658]
청산금의 소득 구분	• 재건축조합에게 토지 등을 양도하고 환지 청산금을 교부받는 경우에는 양도에 해당되어 양도소득세 과세대상이 됨[659] • 정비사업조합의 조합원이 "도시정비법 제89조 제1항에 따른 청산금에 해당하지 않는 것으로서" 정비사업조합의 수익사업에서 발생한 이익을 분배받는 경우 배당소득에 해당함[660] ※ 이는 "수익사업에서의 수익 발생"으로 그 발생 이익을 분배한 것으로, 양도소득으로 보는 청산금이 아닌 것을 전제로 하고 있음
조합원입주권과 청산금 수령권을 함께 이전하는 경우	• 과세관청(최근 해석) : 재건축조합원이 관리처분계획 인가 후 배우자에게 재건축 대상 부동산의 1/2 지분을 증여하는 계약을 체결한 경우, 당해 청산금이 지급되는 부분의 양도소득세 납세의무자는 등기부(신탁원부 포함)상 권리의 득실 사항, 증여계약서 내용, 청산금의 실질 귀속 여부 등을 종합적으로 검토하여 판단할 사항임[661] • 조세심판원 : 청구인이 분담금 환급예정액을 종전 부동산 부분 양도에 따른 대가로 매수자로부터 지급받은 것이므로 이를 청산금으로 보아 별도의 양도시기(소유권이전고시일의 다음날)를 적용하기는 어려우며,[662] 해당 금액 상당액도 조합원입주권 양도의 대가로 수령한 것인 이상 그 금액을 조합원입주권에 안분하는 것이 타당함[663] • 승계조합원이 이전고시 후에 정비사업조합으로부터 지급받은 청산금 상당액은 양도소득세 과세대상에 해당하며, 해당 청산금의 양도시기는 소유권 이전고시가 있은 날의 다음날이고, 해당 청산금은 예정신고기한 내 신고하여야 함[664]
다주택 중과	• 중과 대상 주택에 대한 재건축·재개발조합으로부터 수령하는 청산금은 종전 주택의 양도로 중과됨[665]

---

656) 부동산거래관리과-562, 2010.4.16. ; 서면4팀-1146, 2008.5.9.
657) 부동산거래관리과-550, 2012.10.12. ; 부산지법2007구합4248, 2008.5.28.
658) 부동산납세과-337, 2014.5.9.
659) 재일46014-2870, 1997.12.8.
660) 법규소득-2, 2022.1.12. ; 원천세과-634, 2021.8.5.
661) 법령해석재산-178, 2021.6.30.
662) 조심2022서6160, 2022.12.29.
663) 조심2023서7612, 2023.12.12. ; 조심2023서3442, 2023.5.8.
664) 법규재산-450, 2024.6.27.
665) 부동산거래관리과-95, 2013.3.7. ; 심사양도2012-271, 2013.3.15. ; 조심2012중4599, 2013.12.12. ; 서울고법2014누66498, 2015.8.28.

구 분	내 용
청산금의 상속	• 별도 세대인 피상속인이 보유하던 종전 주택이 주택재개발사업에 따른 관리처분계획의 인가로 인하여 조합원입주권으로 변환된 후 상속이 개시된 경우로서 상속인이 사업시행 완료 후 해당 조합으로부터 교부받은 청산금 상당액은 양도소득세 과세대상에 해당함[666]
장기보유특별공제	• 원조합원이 수령하는 청산금 관련 권리가격이 1세대 1고가주택에 해당시 양도차익은 소득법 제95조 제3항 및 소득령 제160조 제1항 제1호를 적용하고 장기보유특별공제 계산시 보유기간은 "취득일부터 양도일까지"로 함[667]
1세대 1주택 비과세 등	• 청산금을 수령하는 경우 양도시기를 기준으로 1세대 1주택 여부 판단하고, 보유기간 등은 관리처분계획 인가일 등을 기준으로 판단하며,[668] 청산금의 고가주택은 관리처분계획 인가에 따라 정해진 가격으로 판단함[669] • 재건축조합 조합원이 청산금을 납부한 경우로서 신축주택의 부수토지가 종전주택의 부수토지보다 증가한 경우 그 증가된 부수토지의 비과세 적용시 보유기간은 당해 "재건축주택의 사용승인서(2014.2.21. 전은 사용검사필증) 교부일(그 전에 사실상 사용하거나 임시사용승인을 받은 경우 그 사실상 사용일 또는 임시사용승인일)"부터 계산함[670] • 원조합원이 1세대 1주택 비과세 요건을 충족한 주택 및 부수토지에 대한 청산금은 비과세 규정이 적용되며, 청산금을 교부받기 전에 신규주택을 취득하여 일시적 2주택 요건을 갖추면 "교부받은 청산금"은 비과세 규정이 적용됨[671] • 청산금의 양도일 현재 1+1 재건축에 따라 취득한 2개의 주택이 있는 경우 비과세를 적용받지 못함[672] • 재개발사업으로 종전주택(A)이 관리처분계획인가에 따라 2개의 주택(B, C)으로 전환되고 종전주택(A)의 권리가액이 전환된 2개의 주택 중 어느 1개 주택(B, C 중 1주택)의 분양가격보다는 크고, 2개 주택 분양가격의 합계액보다는 적은 경우, 관리처분계획에 따라 취득하는 2주택(B, C)에 대한 분양계약 체결시 종전주택(A)에 대한 권리가액을 2주택(B, C) 중 하나의 주택(B)에만 모두 반영함에 따라 발생하는 환급금은 양도소득세 과세대상에 해당하지 않음[673] • 청산금을 납부한 경우로서 재건축주택의 부수토지가 종전주택의 부수토지보다 증가한 경우 그 "증가된 부수토지"는 재건축 주택의 완성일(사용승인서 교부일 등)로부터 보유기간(완성시 조정지역은 거주기간 요건도 적용)을 계산함[674]

---

666) 법규재산-249, 2023.6.29.
667) 부동산납세과-1850, 2016.12.2. ; 부동산납세과-1044, 2016.7.12. ; 재산세제과-439, 2014.6.9.
668) 법령해석재산-2705, 2016.9.12. ; 부동산거래관리과-380, 2012.7.20.
669) 법규재산2012-358, 2012.11.9.
670) 부동산거래관리과-102, 2012.2.14. ; 재산세과-1206, 2009.6.17.
671) 부동산거래관리과-631, 2012.11.20.
672) 법규재산-1282, 2023.2.17.
673) 법규재산-435, 2023.5.18.
674) 법규재산-1049, 2022.3.29. ; 부동산거래관리과-1538, 2010.12.30. ; 조심2011서1396, 2012.5.21.

Chapter 48

분양권, 그 범위와 주택 양도시 유의할 사항은?

내용 Summary

기본사항 Check

- **분양권** : 열거된 법률(① 건축물의 분양에 관한 법률, ② 공공주택 특별법, ③ 도시개발법, ④ 도시 및 주거환경정비법, ⑤ 빈집 및 소규모주택 정비에 관한 특례법, ⑥ 산업입지 및 개발에 관한 법률, ⑦ 주택법, ⑧ 택지개발촉진법)에 따른 주택에 대한 공급계약을 통하여 주택을 공급받는 자로 선정된 지위(해당 지위를 매매 또는 증여 등의 방법으로 취득한 것을 포함)를 말함

- **분양권에 대한 취급** : "2021.1.1. 이후" 분양받거나 매매 등으로 취득하는 분부터 적용(별도 세대로부터 증여받는 경우도 포함)
  ① 1세대 1주택 비과세 적용시 → 분양권 보유하면 주택 양도시 비과세 불가(원칙), 주택 보유자가 분양권을 대체 취득하거나 실거주 목적으로 취득하는 경우 등 일정한 요건 충족시 비과세 가능(예외)
  ② 1세대 2주택 이상 중과 적용시 → 분양권도 일정한 기준에 따라 주택 수에 포함
  ③ 2021.6.1. 이후 분양권 양도 → 1년 미만 보유시(소재지역 불문) 70% 중과, 1년 이상 보유시(소재지역 불문, 보유기간 불문) 60% 중과

- **일시적 1세대 1주택 & 분양권** : 1세대 1주택자가 주택 취득일부터 1년이 지나 분양권 취득하고 분양권 취득일부터 3년 이내 양도하는 주택이 보유기간 등 충족시 비과세 규정 적용

- **실거주 목적의 1세대 1주택 & 분양권** : 1세대 1주택자가 주택 취득일부터 1년이 지나 분양권 취득하고 3년 이내 주택을 양도하지 않은 경우 해당 분양권이 주택으로 완공된 후 3년 이내 세대 전원이 이사하여 1년 이상 거주하면 종전 주택을 완공 전 양도하거나 완공일로부터 3년 이내 양도시 비과세 규정 적용

핵심 Point

- 열거된 법률 외의 경우 분양권으로 보는지 → No(오피스텔 분양권, 이주자 택지분양권, 도시형생활주택 등)

- 2020.12.31. 이전 취득한 아파트분양 당첨권 → 분양권 ×, 다만 해당 분양권이라도 2021.1.1. 이후 매매 등으로 취득한 경우 매수인은 분양권에 해당함

- 분양권의 취득시기 → 당첨일(최초 분양), 대금청산일(매매 취득)

- 분양권 취득시 매매계약서의 거래가액을 허위로 기재하고 이후 주택으로 완공되어 1세대 1주택 상태에서 양도하는 경우 → 매매계약서의 거래가액이 조작된 금액을 한도로 비과세 배제

- 2021년 이후 분양권(A) 취득 후 다른 분양권(B) 취득하여 A분양권이 완공된 경우 → 비과세 불가

 **질문 »**

1. 甲은 취득한 다음의 권리는 분양권에 해당하는가?
   (1) 주거용 오피스텔 분양권
   (2) 생활숙박시설을 공급받는 자로 선정된 지위
   (3) 이주자 택지 분양권
   (4) 도시정비법에 따라 재건축사업에 의한 일반분양분 아파트에 당첨된 경우
   (5) 2020.12.31. 이전 당첨된 아파트 분양권을 2021.1.1. 이후 매매로 취득한 경우

2. 분양권의 취득시기는 최초 당첨되는 경우와 최초 당첨자로부터 매수하는 경우 각 취득시기가 어떻게 다른가?

3. 甲은 2016년 중 아파트 분양권을 5억원에 매매로 취득하면서 매매계약서에는 3억원으로 기재하였다. 이후 해당 분양권이 주택으로 완공되고 사용승인일 이후 보유기간 등을 충족하고 2023년 12억원에 양도하였다. 비과세를 적용하지 않을 경우의 산출세액은 3억원일 경우 비과세가 어느 정도 제한되는가?

4. 무주택 세대인 甲이 다음과 같이 분양권 및 주택을 취득하여 양도한 경우 비과세가 가능한가?
   (1) 2020.12.31. 이전 취득한 분양권(A)을 보유한 상태에서 주택(B)을 취득하고 이후 분양권에 기해 완성된 주택(A)을 양도하는 경우
   (2) 2020.12.31. 이전 취득한 분양권(A)과 2021.1.1. 이후 취득한 분양권(B)이 순차로 완공된 후 먼저 취득한 분양권으로서 완성된 주택(A)을 양도하는 경우
   (3) 2021.1.1. 이후 분양권(A)과 주택(B)을 순차로 취득한 경우로서 해당 분양권(A)에 기한 주택(A)이 완공된 후 A주택을 양도하는 경우

 **답변 및 해설 »**

1. 분양권에 해당하려면 열거된 법률에 따라 2021.1.1. 이후 취득하여야 한다. 따라서 질문의 경우 다음과 같이 판단한다.
   (1) 오피스텔 분양권 → 분양권 × : 업무형과 주택형 내부구조 중 주택형 구조를 선택하여 계약한 경우 2021.1.1. 이후 취득하여도 분양권에 해당하지 않는다.
   (2) 생활형 숙박시설의 분양권 → 분양권 × : 이는 결국 숙박시설을 분양받는 것으로 2021.1.1. 이후 취득하여도 분양권에 해당하지 않는다.

(3) 이주자 택지 분양권 → 분양권 × : 이는 주택이 아닌 "토지"를 취득하기 위한 것이므로 2021.1.1. 이후 취득하여도 분양권에 해당하지 않는다.

(4) 재건축사업 등의 아파트 일반분양분 → 분양권 ○ : 도시정비법에 따라 재건축사업에 의한 일반분양분 아파트에 당첨된 경우에는 2021.1.1. 이후 당첨되었다면 분양권에 해당한다. 이에 비해 원조합원이 종전 부동산에 기해 취득하는 아파트를 취득할 권리 및 이를 원조합원으로부터 승계취득하는 것은 "조합원입주권"에 해당한다.

(5) 2021년 이후 승계취득한 분양권 → 분양권 ○ : 2020.12.31. 이전 당첨된 아파트 분양권을 2021.1.1. 이후 매매로 취득한 경우에는 분양권을 취득한 경우에 해당한다.

2. 분양권의 취득일은 다음과 같다.
   (1) 최초 분양받는 경우 : 이 경우 "당첨일"이 취득일이며, 사전청약 당첨된 후 본청약한 경우에는 "본청약 당첨일"이 취득일이 된다.
   (2) 승계 취득 : 분양권이 2020.12.31. 이전 당첨되었든, 2021.1.1. 이후 당첨되었든 관계없이 2021.1.1. 이후 별도 세대로부터 매매 등으로 승계취득하면 취득시기의 일반원칙에 따라 "대금청산일 등"이 된다.

3. 2011.7.1. 이후 최초 매매계약하는 분부터 부동산이나 부동산에 관한 권리에 대한 매매계약서의 거래가액을 허위로 기재하는 경우 매매계약서의 거래가격이 조작된 금액을 한도로 비과세를 배제한다. 따라서 산출세액이 3억원이라면 전액 배제가 아니라 조작된 금액인 2억원을 한도로 비과세가 배제된다.

4. 사안은 실무에서 매우 착오하기 쉬운 사례들로 최근 해석들에 기초하고 있다.
   (1) 사례의 경우 2020.12.31. 이전에 취득한 분양권이라는 점에서 비과세 특례 규정에서 말하는 분양권이 아니다. 그런데 먼저 취득한 분양권이 비록 주택으로 완공되어도 해당 주택은 B주택보다 나중에 취득(완성)한 주택이라는 점에서 일시적 2주택 비과세 규정에서 신규주택에 해당되고 신규주택을 먼저 양도한 것이므로 일시적 2주택 특례가 적용되지 않는다.
   (2) 사례의 경우에도 분양권 A'는 2020.12.31. 이전에 취득한 분양권이라는 점에서 비과세 특례 규정에서 말하는 분양권이 아니다. 그러나 분양권 B'는 비과세 규정에서 말하는 분양권에 해당한다. 그렇다면 분양권(A')이 주택(A)으로 완성되는 시점에 B'가 아직 분양권으로서 존재하고 있으며, 이 상태는 분양권(B')을 먼저 취득하고 주택(A)을 나중에 취득한 경우가 된다. 그러므로 주택을 먼저 취득하고 분양권을 나중 취득하는 경우에 적용되는 소득세법 시행령 제156조의 3에서 규정하는 비과세 특례가 불가하다.

일시적 2주택 특례 규정은 어떠한가? 적용하지 못한다. 왜냐하면 2021.1.1. 이후 주택과 분양권을 보유한 경우 원칙적으로 비과세를 적용받지 못하는 것이 대원칙이다. 예외적으로 소득세법 시행령 제156조의 3 요건이 충족되어야 해당 규정에 따라 비과세가 적용될 수 있다. 실무에서 분양권 보유자가 분양권이 주택으로 완공되면 소득세법 시행령 제155조 제1항의 일시적 2주택을 적용하고자 하는 오류를 종종 범한다.

혹자는 말한다. "소득세법 제89조 제2항에서 '주택과 분양권을 보유하다가 … …'라고 규정하고 있으니 분양권이 주택으로 완공되면 소득세법 시행령 제155조 제1항을 적용할 수 있지 않은가?"라고. 그러나 법령은 체계가 있으며, 체계에 맞게 해석해야 한다. 만일 그처럼 해석한다면 뭐하러 실거주 목적의 분양권 취득 규정(소득령§156의3③)을 복잡하게 두냔 말이다. 그냥 분양권이 주택으로 완성된 후 3년 이내 다른 주택을 팔면 될 것을.

(3) 해당 사례도 기본적으로 주택과 2021.1.1. 이후 취득한 분양권이 있을 경우 비과세가 불가하다는 전제에서 출발하라. 다만, 소득세법 시행령 제156조의 3에서 규정하는 분양권 대체 취득에 따른 특례와 실거주 목적 분양권 취득에 해당되면 그에 따라 비과세하면 된다. 그러나 사안에서 취득한 것이 분양권 & 분양권이라는 점에서 적용할 비과세 규정이 없다.

관련 사례

구 분	내 용
분양권으로 볼 수 없는 경우	• 건축법 시행령 별표1 제15호 가목에 따른 생활숙박시설(도시형 생활주택)을 공급받는 자로 선정된 지위는 분양권에 해당하지 않음[675] • 건축법 시행령 별표1 제14호 나목 2)에 따른 오피스텔을 공급받는 자로 선정된 지위는 분양권에 해당하지 않음[676] • 공익사업으로 수용되어 보상금을 수령하고, 당해 수용보상금과는 별도로 사업시행자로부터 공급받은 "이주자 택지 분양권"을 제3자에게 양도하는 경우 "부동산을 취득할 수 있는 권리"의 양도에 해당함(즉, 분양권이 아님)[677] • 1주택(A)과 2020.12.31. 이전에 취득한 1분양권(B)을 보유한 자가 2021.1.1. 이후 사망하여 동일 세대원인 배우자가 주택(A)과 분양권(B)을 함께 상속받은 후 종전주택(A)을 양도하는 경우, 소득령 제155조 제1항이 적용됨[678]

---

675) 부동산납세과-1506, 2024.9.10. ; 법규재산-5635, 2022.2.25.
676) 법규재산-586, 2022.1.27.
677) 재산세과-1689, 2009.8.17. ; 조심2015전3504, 2015.10.27. ; 대판95누17007, 1996.9.6.
678) 법규재산-8009, 2023.9.4. ; 재산세제과-1033, 2023.9.4.

구 분	내 용
분양권의 취득시기	• 입주자 모집공고에 따른 청약이 당첨되어 분양계약한 경우 소득세법 제88조 제10호에 따른 분양권의 취득시기는 "당첨일"임[679] • 「주택공급에 관한 규칙」에 따른 선착순의 방법으로 취득하는 소득세법 제88조 제10호에 의한 분양권 취득시기는 당해 부동산을 분양받을 수 있는 권리가 확정된 날이며, 선착순 방법으로 동·호수 등을 지정하고 당일에 사업주체와 공급계약을 체결한 경우 당해 일자가 취득시기가 됨[680] • 예비당첨자가 동·호수를 배정하는 추첨에 참가하여 동·호수를 배정받은 당일 사업주체와 공급계약을 체결한 경우 당해 일자가 분양권 취득시기임[681] • 사전청약 당첨된 후 본청약한 경우 분양권 취득시기는 본청약 당첨일임[682]
분양권 선 취득한 후 주택 취득한 경우	• '21.1.1. 이후 분양권(A)과 주택(B)을 순차로 취득한 경우로서 해당 분양권(A)에 기한 주택(A')이 완공된 후 B주택을 양도하는 경우, 소득령 제155조 제1항이 적용되지 않으며, 이 경우 소득령 제156조의 3 제2항 및 제3항의 일시적으로 1주택과 1분양권을 소유하게 된 경우에도 해당하지 않으므로 동 규정도 적용되지 않음[683]
종전주택이 없는 상태에서 분양권과 조합원입주권 취득	• '21.1.1. 이후 1세대가 분양권(A)을 취득하고 조합원입주권(B)을 추가로 취득하여 1분양권과 1조합원입주권을 소유하게 된 경우로서 이후 분양권으로서 완공된 주택(A')을 양도하는 경우, 소득령 제156조의 3 제2항 및 제3항의 일시적으로 1주택과 1분양권을 소유하게 된 경우에 해당하지 않으므로 동 규정에 따른 1세대 1주택 비과세를 적용받을 수 없음[684]
1분양권 보유자와 1주택 보유자가 혼인 후 지분 증여	• 1주택 소유자(甲)가 '21.1.1. 이후 취득한 1분양권 소유자(乙)와 혼인함으로써 1세대 1주택과 1분양권을 소유하게 된 후 乙이 분양권 일부 지분(1/2)을 甲에게 증여한 경우로 혼인한 날로부터 5년 이내 甲이 당초 혼인 전에 소유하던 주택을 양도하는 경우, 소득령 제156조의 3 제6항 및 제156조의 2 제9항에 따라 1세대 1주택으로 보아 소득령 제154조 제1항을 적용함[685]
소득령 제156조의 3 분양권 보유자의 일시적 2주택 특례 여부	• '20.12.31. 이전 취득한 분양권과 '21.1.1. 이후 취득한 분양권이 순차 완공된 후 먼저 취득한 주택을 양도하는 경우 소득령 제155조 제1항이 적용되지 않으며, 소득령 제156조의 3 제2항 및 제3항도 적용되지 않음[686] • '21.1.1. 이후 분양권(A')과 주택(B)을 순차로 취득한 경우로서 해당 분양권(A')에 기한 주택(A)이 완공된 후 A주택 양도시, 소득령 제155조 제1항, 소득령 제156조의 3 제2항 및 제156조의 3 제3항 모두 적용되지 않음[687]

---

679) 부동산납세과-1591, 2022.6.8. ; 재산세제과-85, 2022.1.14. ; 조심2022중6124, 2022.9.20.
680) 법규재산-7612, 2022.6.15.
681) 법규재산-1427, 2024.6.27.
682) 재산세제과-292, 2023.2.27.
683) 부동산납세과-812, 2023.3.28. ; 부동산납세과-776, 2023.3.28. ; 법규재산-3071, 2023.2.23.
684) 법규재산-8011, 2022.5.26.
685) 법령해석재산-2139, 2021.8.30.
686) 부동산납세과-2812, 2023.3.28. ; 법규재산-3071, 2023.2.23.
687) 부동산납세과-675, 2023.3.13.

구 분	내 용
분양권 특례의 중첩 적용	• 1주택(A) 소유자와 1주택(B) 소유자가 혼인하여 1세대 2주택 상태에서 종전주택(A, B 중 나중 취득한 주택) 취득일부터 1년 이상 지난 후 분양권('21.1.1. 이후 취득)을 취득하는 경우 분양권을 취득일부터 3년 이내, 그리고 혼인한 날부터 5년 이내 혼인 전 보유하던 주택을 양도할 때에는 소득령 제155조 제5항 및 소득령 제156조의 3 제2항에 따라 1세대 1주택 비과세 규정을 적용함[688] • 1세대 1주택자가 1주택을 보유한 60세 이상 직계존속과 동거봉양 합가함으로써 1세대 2주택 상태에서 종전주택 취득일부터 1년 이상 지난 후 '21.1.1. 이후 분양권을 취득하는 경우 분양권 취득일부터 3년 이내, 그리고 합가일부터 10년 이내 합가 전의 종전주택 양도시 1세대 1주택 비과세 규정을 적용함[689] • 1주택(A) 보유자가 그 주택 양도 전에 신규주택(B)을 취득하여 일시적 2주택(A, B) 보유 상태에서 1분양권(C') 보유자와 혼인함으로 일시적 1세대 2주택(A, B)과 1분양권(C')을 보유한 경우, 신규주택(B)을 취득한 날부터 일시적 2주택 양도기간 이내('23.1.12. 이후 양도분부터 3년)에 종전주택(A) 양도시 1세대 1주택 비과세 규정을 적용함[690]
'22.2.15. 前에 실거주 목적으로 취득한 분양권	• '22.2.15. 전에 분양권을 취득한 경우 개정된 소득령 제156조의 3 제3항에 따른 "종전주택 취득일부터 1년이 지난 후 분양권을 취득하는 요건"을 적용하지 않음[691]
종전주택의 입주권 전환 및 완성	• 종전주택이 조합원입주권으로 변환된 후 조합원입주권이 주택으로 완성되기 전에 분양권('21.1.1. 이후 취득)을 취득한 경우로서 조합원입주권으로 완성된 주택을 양도하는 경우 소득령 제156조의 3 제2항 또는 제3항이 적용됨[692]
양도기한의 세대별 판단	• 종전주택 취득일부터 1년이 지난 뒤 분양권을 동일 세대가 공동취득하고 일방의 지분을 동일 세대에게 매매한 경우 양도기한은 공동 취득시부터 적용함[693]
주거용 오피스텔 분양권	• 2021.6.1. 이후 양도하는 분양권부터 적용하는 인상된 양도소득세 중과세율 적용에 있어 주거용 오피스텔 분양권을 양도하는 경우 중과세율 적용 대상에 해당하지 않음[694]
종전주택이 없는 상태에서 분양권과 조합원입주권 취득	• 2021.1.1. 이후 1세대가 분양권(A)을 취득하고 조합원입주권(B)을 추가로 취득하여 일시적으로 1분양권과 1조합원입주권을 소유하게 된 경우로서 이후 분양권으로서 완공된 주택(A')을 양도하는 경우, 소득령(2022. 2.15. 개정 前) 제156조의 2 제3항 및 제4항의 국내에 1주택을 소유한 1세대가 조합원입주권을 취득한 경우에 해당하지 않으므로 해당 규정에 따른 1세대 1주택 비과세 특례를 적용받을 수 없음[695]

[688] 부동산납세과-1014, 2022.4.21.
[689] 부동산납세과-1911, 2022.7.4.
[690] 부동산납세과-751, 2023.3.20.
[691] 법규재산-3939, 2022.5.31.
[692] 법규재산-7792, 2023.8.9.
[693] 법규재산-821, 2024.11.13.
[694] 법령해석재산-6216, 2021.10.4. ; 조세법령운용과-840, 2021.9.30.
[695] 법규재산-8011, 2022.5.26.

Chapter 49 지역주택조합의 조합원 지위, 주의할 사항은?

내용 Summary

기본사항 Check

- **지역주택조합** : 일정한 구분에 따른 같은 지역 묶음(예 서울·인천·경기, 대전·충남·세종, 충북, …)에 거주하는 주민이 주택을 마련하기 위하여 설립한 조합
- **지역주택조합의 조합원 및 주택 성격** : 법인으로 설립되지 않은 지역주택조합은 공동사업의 성격을 갖고 있으며, 조합원들이 자신들의 비용을 부담하여 자기의 주택을 건설하여 조합원들에게 분양한다는 특징이 있음

핵심 Point

- 지역주택조합의 조합원 지위가 분양권인지 여부 : **사업계획 승인일 이후 "공동사업자의 지위"에서 "분양권 등"으로 변동**
  ① 지역주택조합의 사업계획승인이 2020.12.31. 이전인 경우로서 원조합원 또는 2020.12.31. 이전 승계취득 조합원 → 주택을 취득할 수 있는 권리 ○, 분양권 ×
  ② 사업계획 승인일이 2020.12.31. 이전인 것을 2021.1.1. 이후 매매 등으로 승계취득 → 분양권 ○
  ③ 지역주택조합의 사업계획승인이 2021.1.1. 이후인 경우(원조합원, 승계조합원 모두) → 분양권 ○
- 지역주택조합의 주택 취득시기 : **사용승인서 교부일 등**(완성일)
- 거주요건 예외 : **계약금 지급일 현재 무주택 세대가 사업계획 승인받은 지역주택조합원의 신규주택을 취득할 수 있는 권리를 조정대상지역 공고 전 매매계약을 체결하고 계약금을 지급한 경우**

질문 》

1. 다음의 경우에 지역주택조합원의 지위가 "분양권"인지 여부를 판단하면?
   (1) 지역주택조합의 사업계획승인이 2020.12.31. 이전인 경우로서 원조합원 또는 원조합원으로부터 2020.12.31. 이전 조합원 지위를 매수한 승계조합원
   (2) 사업계획 승인일이 2020.12.31. 이전인 것을 2021.1.1. 이후 매매 등으로 조합원 지위를 승계취득한 경우
   (3) 지역주택조합의 사업계획승인이 2021.1.1. 이후인 경우(원조합원, 승계조합원)

2. 지역주택조합의 조합원이 취득하는 신축된 주택의 취득시기는?

3. 甲은 사업계획 승인이 난 지역주택조합의 조합원 乙로부터 조합원 지위를 매매계약 및 계약금을 지급하여 취득하였으며, 계약금 지급일 현재 무주택 세대였다. 이후 해당 지역이 조정대상지역으로 공고가 난 이후 지역주택조합의 주택은 사용승인서가 교부되었다. 이 경우 1세대 1주택 비과세를 적용받으려면 2년 이상 거주요건이 적용되는가?

답변 및 해설 »

1. 지역주택조합의 조합원 지위가 분양권인지 여부 및 분양권이라면 어느 시점을 기준으로 분양권으로 볼 것인지 여부는 중요한 문제이다. 현재 과세관청의 해석에 따르면 다음과 같이 정리될 수 있다.

    (1) 지역주택조합의 사업계획승인이 2020.12.31. 이전에 이루어진 경우 사업계획 승인일 이후부터 "주택을 취득할 수 있는 권리"에는 해당하나 "분양권"에는 해당하지 않는다. 이는 해당 원조합원으로부터 조합원 지위를 2020.12.31. 이전에 승계취득하여도 동일하다.

    (2) 지역주택조합의 사업계획승인이 2020.12.31. 이전인 것을 2021.1.1. 이후 원조합원으로부터 매매 등으로 조합원 지위를 승계취득한 경우에는 "분양권"에 해당한다.

    (3) 지역주택조합의 사업계획승인이 2021.1.1. 이후에 이루어지면 원조합원, 승계조합원을 불문하고 "분양권"에 해당한다(다만, 2020.12.31. 이전의 원조합원은 예외).

2. 지역주택조합의 조합원이 해당 "주택"을 취득하는 시기는 "사용승인서 교부일 등"을 적용한다. 이 점에서는 자기가 건설한 주택의 성격을 갖는다.

3. 조정대상지역 공고일 이후 취득하는 주택은 원칙적으로 2년 이상 보유기간뿐만 아니라 2년 이상 거주기간 요건도 갖추어야 한다. 이에 대한 예외 중 하나가 조정대상지역 공고 전 주택에 대한 매매계약을 체결하고 계약금을 지급한 경우로 계약금 지급일 현재 무주택 세대일 경우 거주요건을 적용하지 않는다.

    만일, 사업계획 승인을 받은 지역주택조합의 조합원으로부터 무주택 세대가 신규주택을 취득할 수 있는 권리에 대하여 조정대상지역 공고일 이전에 매매계약을 체결하고 계약금을 지급한 사실이 확인되면 1세대 1주택 비과세의 거주요건을 적용하지 않는다. 따라서 사안은 거주요건이 적용되지 않는다.

관련 사례

구 분	내 용
지역주택 조합원의 지위/성격	• 지역주택조합 조합원의 지위는 "주택법 제15조에 따른 사업계획승인일 이후에 한하여 소득령 제155조 제1항 제2호에 따른 신규주택을 취득할 수 있는 권리"임[696] • "지역주택조합의 조합원이 주택법에 따른 주택에 대한 공급계약을 통하여 주택을 공급받는 자로 선정된 지위(승계취득 포함)는 소득세법 제88조 제10호에 따른 분양권"에 해당함[697]
지역주택조합의 조합원 주택 취득시기	• 지역주택조합의 조합원 자격으로 취득하는 조합아파트의 취득시기는 "사용승인서 교부일(사용승인서 교부일 전에 사실상 사용하거나 임시사용승인을 얻은 경우 사실상 사용일 또는 임시사용승인일)"로 봄[698]
조정대상지역 공고 전 계약자의 거주기간 예외	• 사업계획 승인받은 지역주택조합원의 신규주택을 취득할 수 있는 권리를 조정대상지역 공고 이전 매매계약을 체결하고 계약금을 지급한 사실이 확인되는 경우 거주기간 예외가 적용됨[699]
일시적 2주택 적용 관련 (2021.1.1. 전에 가입한 조합원)	• 종전해석 : "종전주택을 취득한 후 1년 이상이 지난 후에 분양권을 취득"하는 규정 적용시 지역주택조합 조합원의 지위가 2021.1.1. 이후 분양권이 된 경우 그 분양권의 취득시기는 주택법 제15조에 따른 "사업계획승인일"이 됨[700] → 동 해석은 2023.12.11. 삭제 정비됨 • 최근 해석 : 2021.1.1. 전 지역주택조합에 가입하고 2021.1.1. 이후 사업계획승인을 받은 후 다른 주택(A)을 취득한 경우로서, 다른 주택(A)을 취득한 날부터 1년 이상이 지난 후 지역주택조합의 조합원으로 주택(B)을 공급받고 그 날부터 3년 이내에 다른 주택(A) 양도시 1세대 1주택으로 봄[701] ※ 동 해석과 관련하여 부연 설명하면, 사안은 2021.1.1. 이후 사업계획승인을 받았다는 점에서 분양권을 취득한 것이 되고, 분양권을 먼저 취득한 자가 주택을 나중 취득한 후 먼저 완성된 주택을 양도하더라도 일시적 1세대 1주택 및 분양권 특례를 받지 못하는 것이 논리적이지만, 사안은 분양권에 대한 규제조항인 소득세법 시행령 제156조의 3 규정이 시행되기 전인 2020.12.31. 이전에 지역주택조합의 원조합원이 되었다는 점에서 신뢰보호 차원에서 "분양권"에서 제외하도록 하여 특례를 인정한 것으로 생각됨
납부한 분담금	• 지역주택조합의 조합원이 소유한 지역주택조합에 종전주택을 이전하는 것은 양도에 해당하며, 지역주택조합 가입 신청하는 때 납부한 가입비 등은 종전주택의 양도차익 계산시 필요경비로 공제할 수 없음[702]
공익사업용 토지 등 감면 여부	• 지역주택조합에 양도하는 토지 등에 대하여 공익사업용 토지 등에 대한 감면 규정이 적용되지 않음[703]

---

696) 법규재산-3039, 2022.1.18. ; 법규재산-1186, 2022.1.13. ; 재산세제과-40, 2022.1.7.
697) 법규재산-4466, 2022.2.11.
698) 부동산납세과-1805, 2015.11.2. ; 부동산납세과-1758, 2015.10.26.
699) 법규재산-6441, 2023.3.29. ; 법규재산-3135, 2022.12.21.
700) 법규재산-3841, 2023.5.3.
701) 부동산납세과-1506, 2024.9.10. ; 재산세제과-1037, 2023.9.1.
702) 법규재산-1096, 2023.4.19. ; 법규재산-3520, 2023.4.19.
703) 법규재산2013-176, 2013.6.13.

Chapter 50

1+1 재건축·재개발, 어떻게 취급되는가?

💬 내용 Summary

기본사항 Check

- **1+1 재건축·재개발** : 종전주택이 재건축·재개발되면서 조합원입주권을 2개 받는 경우 비과세 및 양도차익 산정 문제

핵심 Point

- **1+1 재건축·재개발 조합원입주권**
  ① 조합원입주권 양도 : 먼저 양도하는 것은 과세, 나중 양도하는 것은 관리처분계획 인가일 등 권리변환일에 보유기간 등 충족시 비과세 가능
  ② 완공된 주택 양도(일반적인 경우) : 먼저 양도하는 주택은 과세, 나중 양도하는 주택은 재건축 등 전후 보유기간 등 합산하여 보유기간 등 충족시 비과세 가능
  ③ 완공된 주택 양도(장기임대주택 등록 + 거주주택) : 2년 이상 거주한 거주주택(권리가액 내의 분양받은 주택)은 비과세 가능 → 고가주택일 경우 장특공제는 표2 적용(보유기간별 공제율은 기존주택 취득일부터 양도일까지, 해당 보유기간 중 실제 거주기간)

- **공동소유 1+1 재건축·재개발 지분 정리** : 소유권이전고시일 다음날부터 3년 지나 각각 1채씩 단독소유로 지분정리 → 양도소득세 과세대상 ×, 상호지분 청산시 시가 차액 정산분은 과세대상 ○

- **1+1 재건축·재개발 조합원입주권과 2주택 특례 등**
  ① 종전주택 보유자가 1+1 조합원입주권 승계취득하고 종전주택 양도 : 비과세 불가(완공된 후에도 동일)
  ② 일반주택 보유자의 상속주택이 1+1 조합원입주권으로 변환
    ㉠ 비과세 적용 방법 : 2개 주택으로 완공된 후 후순위 상속주택을 먼저 양도하고, 양도일 현재 일반주택과 선순위 상속주택 보유 상태에서 일반주택 양도시 상속주택 특례 적용
    ㉡ 선순위 상속주택 판단 : 2개 신축주택 중 소득령 제155조 제2항 각 호의 순위에 따른 1주택을 선순위 상속주택으로 보아 상속주택 특례 적용, 이에 따라 선순위 상속주택을 판정할 수 없을 경우 납세자가 선택
  ③ 실거주 목적의 조합원입주권 취득 특례 : 종전주택 보유자가 1+1 조합원입주권 승계취득한 후 3년이 지나 종전주택 양도시 → 비과세 불가
  ④ 종전주택이 1+1 조합원입주권으로 변환된 후 임시 거주용 대체주택 취득하여 1년 이상 거주하고 양도하는 대체주택 → 비과세 불가

질문 »

1. 甲은 경기도 고양시 덕양구에 소재한 2001년에 취득한 단독주택(건물 정착면적 50㎡, 부수토지 100㎡)이 2015년 재개발사업의 관리처분계획 인가로 아파트 2개(전용면적 85㎡, 전용면적 28㎡)를 취득할 수 있는 권리를 취득하였다. 甲은 해당 주택이 완공되기 전 2025년 3월에 해당 조합원입주권 2개를 모두 같은 날 12억원에 양도하였다. 비과세가 가능한가?

2. 甲은 서울 은평구에 소재한 2001년에 취득한 단독주택(건물 정착면적 50㎡, 부수토지 100㎡)이 2015년 재개발사업의 관리처분계획 인가로 아파트 2개(A : 전용면적 85㎡, B : 전용면적 28㎡)를 취득할 수 있는 권리를 취득하였다. 甲은 해당 주택이 완공된 후 2025년 3월에 해당 A주택을 10억원에 양도하고, 5월에 B주택을 6억원에 각각 양도하였다. 각각 양도분에 대한 비과세가 가능한가?

3. 甲은 서울시 은평구에 2000년 1월에 취득한 A주택(전용면적 85㎡)과 2003년 5월(전용면적 50㎡)에 취득한 B주택을 소유하다가, 2015년 3월 재개발사업 관리처분계획 인가로 아파트(전용면적 149㎡)를 취득할 수 있는 권리를 받았다. 아직 재개발사업은 진행 중이며 2025년 5월 해당 조합원입주권을 12억원에 양도하였다. 비과세가 가능한가?

답변 및 해설 »

1. 먼저 양도한 것으로 선택한 부분은 양도소득세가 과세되며, 나중 양도한 것으로 선택한 조합원입주권은 비과세 규정이 적용된다. 따라서 전용면적이 작은 것을 먼저 양도한 것으로 보아 과세로 처리하고, 전용면적이 큰 것을 나중 양도한 것으로 하여 비과세 규정을 적용받으면 된다.

2. 2025년 3월에 양도한 A주택은 비과세를 받지 못하며, 5월에 양도한 B주택은 비과세 적용이 가능하다. 甲은 순서를 잘못 정하여 양도함으로써 세금부담이 늘어난 사례이다.

3. 양도한 조합원입주권은 1개이지만 기존에 2개의 주택이었다는 점에서, 甲이 먼저 양도하는 것으로 선택하는 1개의 종전주택에 대해서는 비과세를 받지 못한다. 종전주택의 권리가액은 관리처분 당시 통상 감정평가를 수반하기에 그 평가가액을 기준으로 가액을 구분하여 안분함이 합리적일 것으로 본다.

 **보충설명**

주택이 1+1 조합원입주권으로 변환되었다가 완성된 이후 양도시 양도차익 산정과 관련하여 최근 기획재정부의 해석을[704] 살펴보면, 신축된 2주택 모두 멸실된 기존주택과 연속된 주택으로 보아 양도차익을 산정하고 있다.

〈사실관계〉
- 2000.9월 : 다가구주택(A) 취득(서울 소재)
  - 취득가액 2억원
  - 취득 후부터 재개발사업 시행 전까지 계속 거주
- 2015.6월 : 도시정비법에 따른 재개발사업 시행
  - A주택 평가액 : 5.7억원
  - 1+1 조합원입주권 분양 신청
    ① B'조합원입주권 분양가액 5.5억원(84㎡) : 분양가액과 A주택 평가액 상계
    ② C'조합원입주권 분양가액 5억원(59㎡) : 잔여 A주택 평가액 초과분 4.8억원은 청산금 추가 납부
- 2018.11월 : 재개발주택 완공으로 B주택, C주택 취득

〈질의 및 회신 내용〉
① 구주택 평가액만으로 취득한 B주택의 취득가액은?
  → 기존 건물 등의 취득가액을 재개발사업시행으로 평가한 가액으로 안분한 금액
    ∴ 2억원 × 5.5억원 ÷ 5.7억원 = 192,982,460원

② 구주택 평가액과 추가 분담금으로 취득한 C주택의 취득가액은?
  → 기존 건물 등의 취득가액을 재개발사업시행으로 평가한 가액으로 안분한 금액과 추가 분담금의 합
    ∴ (2억원 × 0.2억원 ÷ 5.7억원) + 4.8억원 = 487,017,540원

③ B주택의 장기보유특별공제 계산을 위한 보유기간 기산일은?
  → 멸실된 구주택 취득일

④ C주택의 장기보유특별공제 계산을 위한 보유기간 기산일은?
  → 소득령 제166조 제5항 제2호에 따라 기존 주택분 양도차익에서 장기보유특별공제액을 공제하는 경우의 보유기간은 기존주택의 취득일부터 신축주택의 양도일까지의 기간으로 하고, 청산금 납부분 양도차익에서 장기보유특별공제액을 공제하는 경우의 보유기간은 관리처분계획 등 인가일부터 신축주택의 양도일까지의 기간으로 함

---

[704] 재산세제과-627, 2023.5.2.

관련 사례

구 분	내 용
조합원입주권의 양도시 비과세 등	• 일반적인 경우 : 1주택 보유자가 관리처분계획 인가에 따라 조합원입주권을 2개 취득하여 모두 양도한 경우 먼저 양도하는 조합원입주권은 과세되는 것으로, 같은 날 양도한 경우 거주자의 선택 순서에 따름[705] ※ 이 경우 일괄 양도한 조합원입주권 2개의 양도가액에 대한 구분이 불분명할 경우 소득세법 제100조 제2항 및 소득령 제166조 제6항에 따라 안분계산함[706] • 보유기간 재산정('21.1.1. ~ '22.5.9.) 기간 중 양도하는 경우 : 관리처분계획 인가일 현재 1세대 1주택 비과세 요건을 충족한 주택이 1+1 조합원입주권으로 변동된 경우로서 '21.1.1. 현재 2조합원입주권 상태에서 조합원입주권 2개 양도시 조합원입주권의 보유기간은 비과세 요건에 해당하지 않음[707]
1+1 재건축 등으로 완공된 주택	• 1세대 1주택(주택 부수토지 포함)이 재건축사업으로 조합원입주권 2개로 전환되어 사업완료 후 2주택을 취득한 경우 먼저 양도하는 주택은 과세됨[708]
1+1 재건축 완료 후 1주택은 임대주택 등록하고 1주택은 거주주택인 경우	• 1주택(A)이 2개 조합원입주권으로 전환되어 2주택(B, C) 취득 후, 종전주택의 평가액 일부와 추가 분담금으로 취득한 1주택을 장기임대주택(C)으로 등록하고, 종전주택의 평가액 범위 내에서 취득하고 2년 이상 거주한 거주주택(B, 고가주택)을 양도하는 경우, 장기보유특별공제는 표2 공제율을 적용하며, 이때 보유기간은 A주택 취득일부터 B주택 양도일까지, 거주기간은 A주택 취득일부터 B주택 양도일까지 기간 중 실제 거주기간으로 산정함[709]
소수지분의 1+1 입주권 변환	• 1세대 1주택과 소수지분 상속주택 보유자의 소수지분 상속주택이 조합원입주권 2개로 변경된 후 1주택 양도시 다주택 중과 대상이 아님[710]
1주택이 1+1 조합원입주권 전환	• 원조합원이 1+1 조합원입주권을 취득하였다가 양도시 먼저 양도하는 것으로 선택한 조합원입주권의 장특공제는 표1의 공제율을 적용받음[711]
2개의 종전주택이 1주택으로 전환	• 거주기간 요건을 충족한 2개의 주택이 1주택으로 변환되고 청산금을 수령한 경우 납세자가 선택한 나중 주택분 청산금은 장특공제 표2가 적용됨[712] • 보유기간을 갖춘 2주택에 대해 1조합원입주권을 취득하여 보유하다가 1조합원입주권을 양도하는 경우 종전 2개의 주택 중 거주자가 선택한 주택(부수토지 포함) 외의 주택(부수토지 포함)의 양도차익 상당액은 과세됨[713] • 만일, 주택 완성 후 보유기간 등을 갖추어 양도시 비과세 적용이 가능함[714]

---

705) 법령해석재산-2865, 2016.2.23. ; 부동산거래관리과-20, 2013.1.17. ; 심사양도2021-55, 2021.7.21. ; 조심2022서7188, 2023.2.21. ; 조심2022서6533, 2022.11.7.
706) 법령해석재산-528, 2017.10.20.
707) 법령해석재산-6297, 2021.12.20.
708) 법규재산-1176, 2023.7.14.
709) 법규재산-4496, 2023.5.18.
710) 법규재산-980, 2022.11.18. ; 법규재산-487, 2022.11.16. ; 재산세제과-1407, 2022.11.9.
711) 서울행법2023구단60950, 2024.10.30.
712) 법규재산-3511, 2024.5.29. ; 법규재산-3510, 2024.5.29.
713) 법령해석재산-1770, 2016.1.22. ; 조심2023인9292, 2024.4.15. ; 조심2019서2706, 2019.12.12.
714) 부동산납세과-872, 2016.6.14. ; 재산세과-376, 2009.2.3.

구 분	내 용
공유자의 1+1 입주권 지분 정리	• 공유 중이던 주택이 재개발되어 2채의 신축주택을 분양받는 경우로서, 소유권이 전 고시일의 다음 날부터 3년이 지나 각각 1채씩 단독소유하는 것으로 지분정리한 경우 양도소득세 과세대상에 해당하지 아니하나, 상호지분 청산시 시가 차액에 관한 정산분은 양도소득세 과세대상에 해당함[715]
일시적 2주택	• 1주택 보유자가 "1+1조합원입주권"을 취득하여 종전주택 양도시 비과세를 적용하지 않음(1+1조합원입주권이 주택으로 완공된 경우도 동일)[716]
	• 종전주택 양도 당시 신규주택이 2조합원입주권으로 전환된 이상 종전주택의 양도가 일시적 2주택 비과세 적용대상에 해당된다고 보기는 어려움[717]
상속주택 관련	• 상속주택이 1+1 조합원입주권으로 변환되어 2개의 주택으로 완공된 후 후순위 상속주택을 먼저 양도하고, 양도일 현재 일반주택과 선순위 상속주택 보유 상태에서 일반주택을 양도시 상속주택 특례가 적용되며, 2개의 신축주택 중 소득령 제155조 제2항 각 호의 순위에 따른 1주택을 선순위 상속주택으로 보아 상속주택 특례를 적용하되, 선순위 상속주택을 판정할 수 없을 때는 납세자가 선택하는 주택을 상속주택 특례대상으로 봄[718]
실거주 목적의 조합원입주권 특례	• 1세대 1주택자가 1+1조합원입주권을 승계취득하여 준공된 2개 신규주택을 취득하고 종전주택 양도시 소득령 제156조의 2 제4항이 적용되지 않음[719]
	• 1주택을 소유한 1세대가 조합원입주권 2개(1개의 주택이 1+1 조합원입주권으로 전환된 경우)를 별도 세대와 공동으로 승계취득하여 준공된 2개의 신규주택에 대한 1/2지분을 취득한 후 종전주택을 양도하는 경우 소득령 제156조의 2 제4항에 따른 1세대 1주택 특례를 적용받을 수 없음[720]
대체주택 특례	• 1세대 1주택이 재건축사업으로 조합원입주권 2개를 취득(관리처분계획 변경취득 포함)한 상태에서 사업시행기간 동안 거주하기 위한 대체주택을 취득한 경우 소득령 제156조의 2 제5항에 따른 비과세 특례를 적용받을 수 없음[721]
	• 1세대 1주택에 대한 재건축으로 조합원입주권을 2개 취득하여 재건축으로 완공된 신축주택(C, D)을 보유한 상태에서 대체주택(B)을 양도하는 경우 소득령 제156조의 2 제5항에 따른 비과세 특례가 적용되지 않음[722]
2주택이 1조합원 입주권으로 전환시 장특공제	• 2주택이 1조합원입주권으로 전환된 후 양도한 경우 기존 부동산 부분에 대하여 장특공제가 적용되며,[723] 거주기간 요건을 충족한 2개의 주택이 1주택으로 변환되고 청산금을 수령한 경우 납세자가 선택한 나중 주택분 청산금은 표2가 적용됨[724]

715) 부동산납세과-2412, 2023.10.16. ; 부동산납세과-2413, 2023.10.16. ; 재산세제과-849, 2021.9.28.
716) 법령해석재산-3447, 2021.5.18. ; 조심2022서6276, 2022.9.21.
717) 조심2022중6104, 2022.11.2. ; 수원지법2023구단1365, 2024.2.6.
718) 법규재산-4203, 2023.7.26.
719) 법령해석재산-3447, 2021.5.18.
720) 법규재산-6393, 2022.5.25.
721) 법규재산-1959, 2023.4.25. ; 재산세제과-572, 2023.4.19. ; 법령해석재산-3798, 2019.9.3.
722) 부동산납세과-2108, 2023.8.25. ; 조심2022서6234, 2022.12.2. ; 서울고법2023누59737, 2024.8.12.
723) 부동산거래관리과-124, 2010.1.26.
724) 법규재산-3511, 2024.5.29. ; 법규재산-3510, 2024.5.29.

> 양도소득세
> 핵심사례와
> 이   슈

양도차익 및 양도소득금액 산정

양도소득세 핵심사례와 이슈

> 본 장에서는 양도차익의 산정 및 장기보유특별공제의 적용, 양도소득금액 산정과 관련된 부분에서 꼭 알아야 할 사항들을 37가지 발췌하였다.

Q n A

51 **취득세**, 무조건 필요경비 인정되는가?

52 **1세대 1주택 비과세 양도차손**, 다른 자산 양도차익에서 통산 가능한가?

53 **주택 리모델링**, 자본적 지출의 인정 범위는?

54 **상가 인테리어 비용 등**, 필요경비로 인정되는가?

55 **실가로 취득가액** 산정하고 **기타 필요경비를 개산공제**로 한다고?

56 **부동산 쪼개기 양도**, 개정법률 적용 어떻게 할 것인가?

57 건물을 헐고 다시 신축했는데 **옛날 건물의 취득가액**은 어찌되는가?

58 **환매조건부로 토지를 양도**하면 알아야 할 내용은?

59 임야의 **묘지 이장비용 등**, 처리방법은?

60 **장부가액**, 실지 취득가액으로 인정되는가?

61 **소급감정가액**, 인정되는가?

62 **감가상각비**, 양도소득세에서는 이렇게 처리된다!

63 **농지/산지 전용부담금**, 무조건 필요경비로 인정된다고?

64 **개발부담금**, 필요경비 인정되는 요건은?

65 **부동산 등의 교환**, 양도소득세 꼭 챙겨야 할 사항은?

66 **임차인 퇴거비용 등**, 어디까지 필요경비인가?

67 **유치권자에게 지출한 비용**, 필요경비 인정되는 요건은?

68 경매 낙찰받아 **임차인에게 지급한 임대보증금**은 필요경비에 해당되는가?

PART 03 양도차익 및 양도소득금액 산정

- 69 **건설자금이자**, 취득가액에 포함할 수 있는가?
- 70 **중개수수료와 컨설팅 비용**, 필요경비로 인정하는 범위는?
- 71 **의제취득일 전에 취득한 부동산**, 필요경비 산정 방법은?
- 72 **변호사 소송 수임료**, 필요경비 인정 범위는?
- 73 **양도소득세를 매수인이 대납시** 처리방법은?
- 74 **양도시/취득시의 부가가치세**, 어떻게 처리할 것인가?
- 75 **매수인이 철거조건으로 상가 등을 매수한 경우** 부가가치세와 양도소득세 해결 방법은?
- 76 **일괄 양도/취득한 자산들의 가액 안분** 기준은?
- 77 **수용된 부동산의 환산가액 적용시**, 이것은 꼭 알아야 절세한다!
- 78 **용도변경된 자산**, 장기보유특별공제에 유의하자!
- 79 **상속받은 부동산**, 취득가액 및 장기보유특별공제 산정은?
- 80 **증축한 건물의 양도차익 등** 산정은?
- 81 특수관계인 사이에 고·저가 양도시 **부당행위계산과 증여와의 관계**는?
- 82 **직계존비속·배우자로부터 증여받은 부동산 등**, 필요경비에 신중하라!
- 83 **부담부 증여**, A부터 Z까지!
- 84 **부동산 기준시가**, 착오하는 부분들을 정리해야 한다!
- 85 **과세자료 해명안내, 현지확인**, 세무조사와 구분해야 한다!
- 86 **양도소득세 예정신고**, 흡수소멸설 판결에 주목하라!
- 87 2009.3.16.~2012.12.31. **취득 주택**, 장기보유특별공제 쟁점은?

Chapter 51. 취득세, 무조건 필요경비 인정되는가?

내용 Summary

기본사항 Check

- **취득가액을 실거래가액에 의할 경우 필요경비**: 취득에 든 실지거래가액 + 자본적 지출액 등 + 양도비 등

- **매입한 부동산 등의 취득가액**: 매입가액 + 취득세·등록면허세 기타 취득 부대비용 + 취득에 관한 쟁송이 있는 자산의 그 소유권 등을 확보하기 위하여 직접 소요된 소송비용·화해비용 등(사업소득 필요경비 불산입분) + 대금지급 조건에 따라 이자상당 가산 지급액(연체이자 제외) – 감가상각비

- **취득 부대비용의 취득가액 포함 조건**: 대금지급이 입증되고 "실가"에 의하여 취득가액을 산정하는 경우일 것 → 환산가액 등 추계가액 적용시 가산하지 않음

핵심 Point

- 당해 자산의 취득시기와 무관한 취득세 → 취득가액 가산 ×

- 취득세의 가산세 → 취득가액 가산 ×

- 취득세 감면분, 체납, 시효 소멸분 → 취득가액 가산 ×

- 중과되는 취득세 → 취득가액 가산 ○

- 상속 증여자산의 취득세 → 취득가액 가산 ○

질문

1. 다음에 해당하는 취득세 등이 필요경비에 해당하는가?
   (1) 취득세의 가산세
   (2) 체납 또는 소멸시효된 취득세
   (3) 명의신탁 환원 관련 취득세
   (4) 재산분할 과정에서 지출한 취득세
   (5) 배우자 이월과세가 적용되는 경우 수증인 납부한 취득세
   (6) 취득세 감면분

2. 다음의 경우 취득세는 취득가액에 가산하는가?
   (1) 중과 대상으로 납부한 취득세
   (2) 상속/증여받은 자산에 대한 취득세 → 기준시가로 평가하여 신고한 경우
3. 환산취득가액으로 취득가액을 산정할 때 취득세는 가산하는가?

답변 및 해설 »

1. 해당 사례들은 실무에서 취득가액에 가산되지 않는 취득세의 대표적 사례이다.
   (1) 취득세의 가산세 → 의무불이행에 대한 제재 성격의 비용으로 취득가액에 가산되지 않는다. 과거 대법원 판결에서 필요경비로 인정한 바 있으나, 현재 대법원 판결은 취득세 가산세는 취득가액에 가산하지 않는 것으로 본다.
   (2) 체납 또는 소멸시효된 취득세 → 필요경비로 인정하는 것은 취득과정에서 부대비용이 소요된 것이기에 인정하는 것이다. 따라서 명백히 체납되었거나 시효소멸되었다면 취득가액에 가산하지 않는다.
   (3) 명의신탁 환원 관련 취득세 → 이는 취득 당시에 지출된 것이 아니므로 취득가액에 가산할 수 없다.
   (4) 재산분할 과정에서 지출한 취득세 → 재산분할을 하면 취득시기는 분할 전 당초의 취득시기가 된다. 따라서 취득시기에 취득 부대비용으로 지출된 것이 아니므로 취득가액에 가산하지 않는다.
   (5) 배우자 이월과세가 적용되는 경우 수증인 납부한 취득세 → 배우자나 직계존비속 간 증여한 후 5년 이내 양도하는 경우로서 이월과세가 적용되면 증여자의 취득가액을 적용하고 기납부한 "증여세"는 필요경비로 차감한다. 그러나 증여받을 때 납부한 "취득세" 부분은 명문규정이 없으므로 취득가액에 가산하지 않는다.
   (6) 취득세 감면분 → 취득세를 취득 부대비용으로 인정하는 것은 취득시 지출한 비용이기에 취득가액에 가산하는 것이다. 그러나 지방세특례제한법 등에 따라 취득세 감면을 받으면 그 부분은 취득시 실제 지출한 비용이 아니므로 취득가액에 가산할 수 없다.

2. 이 부분도 실무에서 종종 오해하는 부분이다.
   (1) 중과 대상으로 납부한 취득세 → 이는 실제 납부한 취득세에 해당되고 "정책적" 목적에서 취득세를 가중할 뿐이지 의무불이행에 대한 제재가 아니다. 따라서 취득가액에 가산

하는 취득 부대비용에 해당된다.

(2) 상속·증여받은 자산에 대하여 납부한 취득세는 이후 해당 자산을 양도하면서 기준시가로 취득가액을 평가하더라도 이는 기준시가가 아니라 실가로 의제되기 때문에 납부한 취득세를 취득가액에 가산한다.

3. 취득세가 필요경비로 인정되려면 실가로 취득가액을 신고하거나 취득가액이 실가로 의제되어야 한다. 따라서 취득가액을 매매사례가액이나 감정가액, 환산가액, 기준시가로 결정 내지 신고하는 경우 납부한 취득세는 양도가액에서 차감할 필요경비로 인정되지 않는다.

관련 사례

구 분	내 용
취득가액에 가산하지 않는 취득세 등	• 명의신탁 환원 관련 취득세 등은 필요경비에 해당되지 않음[1] • 취득세를 납부하지 않아 명백히 체납하였거나 시효로 소멸하여 납부의무가 면제되는 경우까지 필요경비에 포함하는 것은 아님[2] • 이혼에 따른 재산분할에 의하여 지출한 취득세 등은 필요경비로 인정할 수 없음[3] • 배우자 이월과세가 적용되는 경우 수증인이 납부한 증여받은 자산에 대한 취득세 등은 필요경비로 인정하지 않음[4]
취득세의 가산세	• 취득세 가산세는 취득세를 납부기한 내 납부하지 못하여 추가 부담하는 납부지연에 따른 지체상금 성격이 있으므로 정상적 부동산 취득경비로 볼 수 없음[5]
취득세 감면분	• 지방세법 등에 따라 취득세 등이 감면되는 경우 그 감면 부분은 취득가액에 포함되지 않음[6]
취득세 중과분	• 고급주택 등에 대하여 취득세가 "중과"되어도 납부한 취득세 등은 필요경비(취득 부대비용)에 해당됨[7]
상속·증여 재산의 취득세	• 상속·증여받은 자산의 취득가액은 상속개시일/증여일 현재 평가가액을 취득 당시 실가로 보며, 동 금액에 취·등록세와 기타 부대비용을 가산함[8]
간주취득세	• 주식의 양도차익 계산시 지방세법에 따라 해당 법인의 과점주주가 신고·납부한 "간주취득세"는 양도자산의 필요경비에 포함됨[9]

---

1) 부동산납세과-352, 2014.5.20.
2) 서면4팀-3906, 2006.11.30. ; 서면4팀-851, 2006.4.6. ; 조심2008서2942, 2009.9.21.
3) 조심2010서154, 2010.11.16.
4) 부동산거래관리과-118, 2013.3.19. ; 부동산거래관리과-542, 2010.4.13.
5) 부동산거래관리과-127, 2010.1.26. ; 국심2001광2199, 2001.12.31. ; 대판2016두60065, 2017.2.23. ; 서울고법2016누51858, 2016.11.1.
6) 양도 집행기준 97-163-20
7) 서면5팀-253, 2007.1.22.
8) 재산세과-1103, 2009.12.24.
9) 부동산거래관리과-1359, 2010.11.12. ; 재산세제과-1036, 2010.10.28.

Chapter 52

1세대 1주택 비과세 양도차손, 다른 자산 양도차익에서 통산 가능한가?

내용 Summary

기본사항 Check

- **양도차손 통산** : 자산을 양도하고 양도가액이 취득가액 등 필요경비보다 작으므로 양도차익이 음수인 상태로 같은 과세기간에 양도한 다른 자산의 양도차익에서 차감할 수 있도록 한 것임

- **양도차손의 통산 방법** : 다음의 각 자산의 묶음 내에서만 공제 가능하며, 양도차손 자산과 같은 세율을 적용받는 자산에서 먼저 공제하고, 다음으로 양도차손 자산과 다른 세율을 적용받는 자산의 양도소득 금액에서 공제(2 이상이면 양도소득금액의 비율로 안분하여 공제)
  ① 부동산, 부동산에 관한 권리, 기타자산
  ② 주식 또는 출자지분
  ③ 파생상품
  ④ 신탁수익권

핵심 Point

- 양도차손을 다른 연도로 이월하여 공제할 수 있는가 → No
- 1세대 1주택 "비과세 대상"에서 발생한 양도차손을 "과세 대상" 자산에서 공제할 수 있는가 → No
- 1세대 1고가주택을 양도하고 발생한 양도차손을 "과세 대상" 자산에서 공제할 수 있는가 → 고가주택 기준금액(현재 12억원) 초과분 양도차손만 공제 가능
- 환산취득가액에 발행한 양도차손도 공제할 수 있는가 → Yes

질문 »

1. 甲은 1세대 1주택 비과세 주택을 양도하고 양도차손이 발생하였다. 당해 연도의 다른 과세대상 토지의 양도소득금액에서 양도차손을 공제받을 수 있는가? 만일 당해 양도하는 주택이 양도가액 12억원을 넘는 1세대 1고가주택으로서 보유기간 등을 충족한 경우 양도차손을 당해 연도 다른 부동산 양도소득금액에서 공제할 수 있는가?

2. 甲은 토지를 양도하고 환산취득가액에 의하여 취득가액을 계산하였다. 해당 자산은 기준시가의 하락으로 양도차손이 발생하였다. 당해 연도의 다른 자산에서 양도차손을 공제할 수 있는가?

3. 甲은 자산을 양도하고 양도차손이 발생하였는데 직전 과세연도에 양도한 자산의 양도소득금액이나 이후 과세기간의 양도소득금액에서 소급공제 또는 이월공제가 가능한가?

답변 및 해설 »

1. 1세대 1주택 "비과세 대상" 자산에서 발생한 양도차손은 다른 "과세 대상" 자산의 양도소득금액에서 차감할 수 없다. 고가주택의 경우에는 12억원을 초과 부분에서 발생한 양도차손 금액만이 다른 자산의 양도소득금액에서 공제할 수 있다. 실무에서 가끔 발생하는데 비과세 대상 양도차손은 공제 대상이 아님에 유의하여야 한다.

2. 환산취득가액에 의하여 양도차익을 산정함에 따라 발생한 기준시가 하락으로 양도차손이 발생한 경우, 과거에는 다른 자산의 양도소득금액에서 공제할 수 없다고 보았으나, 현재의 과세관청 해석은 공제 가능하다고 본다.

3. 양도소득세에서는 양도차손이 발생한 경우 이전 과세연도의 양도소득금액에서 소급공제하거나 연도를 이월하여 다음 연도의 양도소득금액에서 공제할 수 없다.

관련 사례

구 분	내 용
비과세 자산의 양도차손	• 1세대 1주택 비과세 대상 자산의 양도차손은 과세 대상 자산의 양도소득금액에서 차감하지 않음[10] • 고가주택의 양도차손은 9억원('21.12.8. 이후 12억원) 초과분만을 공제 가능함[11] • 양도차손 발생 주식이 조특법 제14조 제1항에 따라 소득법 제94조 제1항 제3호를 적용받지 않는 경우 다른 주식의 양도소득금액에서 양도차손을 공제하지 않음[12]
과세대상 외 자산의 처분손실	• 부동산과 함께 과세 대상이 아닌 기계장치 등 공장저당된 자산을 경매 등으로 일괄 취득하여 기계장치의 처분손실이 발생한 경우 해당 손실은 부동산의 양도차익에서 공제할 수 없음[13]
양도차손의 이월공제 및 소급공제 여부	• 주식양도차손에 대하여 소급공제 또는 이월공제를 허용하지 않는 것은 조세정책적 인 측면에서 합리적인 이유가 있음[14]
환산취득가액에 의한 양도차손	• 환산취득가액 적용으로 발생된 양도차손(결손금)도 다른 자산의 양도차익에서 통산 가능함[15]
부담부 증여의 양도차손	• 부담부 증여의 양도로 보는 부분의 양도차익 계산시 양도차손이 발생하는 경우, 각 자산군별로 해당 자산 외의 다른 자산에서 발생한 양도소득금액에서 그 양도차손 을 공제함[16]
양도차손 통산과 조세회피행위	• 특수관계 법인으로부터 고액으로 자산을 양수하고 단기간에 저가로 양도하여 양도 차손을 발생시켜 (해당 법인 폐업) 다른 자산의 양도차익에서 통산 신고한 경우 거래 신빙성 등에 비추어 인정하기 어려워 양도차손 통산을 부인함[17]
다른 회사 주식 간의 양도차손 통산	• 서로 다른 회사의 비상장주식을 동일한 귀속연도에 양도하는 경우로써 각 비상장 주식에서 발생한 소득금액과 양도차손은 법정 통산순서에 따라 통산할 수 있음[18]
국외 주식 간의 양도차손 통산	• 국내에 당해 자산의 양도일까지 계속 5년 이상 주소 또는 거소를 둔 거주자가 동일 연도에 여러 국가의 외국시장 상장주식(해외주식) 등을 양도한 경우로서 어느 한 국 가의 주식에서 양도차손이 발생한 경우 다른 국가의 주식에서 발생한 양도소득금 액에서 그 양도차손을 공제할 수 있음[19] ※ 국내외 주식은 차손익을 통산하지만, 국외주식은 예정신고의무가 없기에 확정신고를 통하여 통산이 가능하며, 국내외 자산을 합산 과세하는 주식 외의 자산은 국내자산과 국외자산의 양 도차손익을 통산할 수 없음에 유의할 것

---

10) 재산세제과-917, 2011.10.27. ; 재산세과-1640, 2009.8.7. ; 조심2013구2727, 2013.8.21.
11) 법령해석재산-377, 2015.12.11. ; 조심2016부323, 2016.4.20.
12) 부동산거래관리과-752, 2010.6.1.
13) 서면부동산-1086, 2017.8.28. ; 조심2009중3559, 2010.12.29.
14) 서울고법2005누30282, 2006.10.13.
15) 서면5팀-2666, 2007.10.4. ; 재산세제과-1164, 2007.9.28. ; 국심2007구2693, 2007.11.27.
16) 법령해석재산-58, 2018.5.24. ; 부동산납세과-722, 2017.6.19.
17) 조심2021중1564, 2021.7.14. ; 수원지법2021구합73714, 2022.10.13. ; 수원고법2022누14663, 2023.8.30.
18) 재산46014-19, 2002.1.25. ; 제도46014-10860, 2001.4.30.
19) 재산세과-311, 2009.9.25.

Chapter 53. 주택 리모델링, 자본적 지출의 인정 범위는?

내용 Summary

기본사항 Check

- **자본적 지출 등** : 자산의 내용연수를 연장시키거나 당해 자산의 가치를 현실적으로 증가시키기 위하여 지출한 수선비 → 토지나 건물의 과세시가표준액 결정에 영향을 줄 수 있는 정도로 고정자산의 객관적 가치를 현저하게 증가시키는 비용으로서 객관적 지출증빙 등에 의하여 그 지출이 입증되어야 함
  ① 본래의 용도를 변경하기 위한 개조
  ② 엘리베이터 또는 냉·난방장치의 설치
  ③ 빌딩 등의 피난시설 등 설치
  ④ 재해 등으로 인하여 건물·기계·설비 등이 멸실 또는 훼손되어 당해 자산의 본래 용도로의 이용가치가 없는 것의 복구

- **자본적 지출의 범위**
  ① 소유하는 감가상각자산의 내용연수를 연장시키거나 당해 자산의 가치를 현실적으로 증가시키기 위하여 지출한 수선비
  ② 양도자산의 용도변경·개량 또는 이용편의를 위하여 지출한 비용

핵심 Point

- **아파트 구조와 일치되는 내장형 옵션 설치 등의 공사를 한 경우 자본적 지출 여부**
  ① 분양 특약에 따라 설치한 경우 → 인정
  ② 보유 중에 설치 → 부인

- **아파트 전체 리모델링 공사를 한 경우 자본적 지출 여부**(불복 사례)
  ① 아파트 분양받으면서 전체 리모델링 공사 → 인정
  ② 보유 중 리모델링 공사를 한 경우 : 발코니 확장(새시 교체) 부분, 수도·냉난방시스템 교체, 배관설비 비용, 벽구조 교체 → 인정, 그 외 공사 부분 → 부인
  ③ 주택의 구조 변경(다가구 주택 → 원룸형 주택 개조) : 인정

- **수익적 지출로 본 경우**(불복 사례)
  ① 신발장 교체, 방문 교체
  ② 타일 교체 및 변기교체
  ③ 싱크대
  ④ 장판 및 벽지, 거실 이미지벽 설치
  ⑤ 홈오토 및 전등기구, 전기공사
  ⑥ 붙박이 장, 주방기구, 가구 교체 등

질문 »

1. 甲은 2021년 6월 아파트를 분양받으면서 아파트 공급자와 특약에 의하여 5천만원을 추가로 지출하여 베란다 확장 및 내부 구조 변경, 바닥 등 내부구조 전반을 변경하였다. 해당 비용은 지출내역이 금융증빙 등에 의하여 명확하게 확인된다. 이후 주택 양도시 해당 비용은 자본적 지출로 인정받을 수 있는가? (불복사례에 의함)

2. 아파트를 보유하다가 리모델링시 지출한 다음의 비용이 자본적 지출에 해당하는가? (불복사례에 의함)
   (1) 신발장 교체, 방문 교체
   (2) 타일 교체 및 변기교체
   (3) 싱크대
   (4) 장판 및 벽지, 거실 이미지벽 설치
   (5) 홈오토 및 전등기구, 전기공사
   (6) 붙박이 장, 주방기구, 가구 교체

3. 甲은 보유하던 연립주택을 원룸으로 개조하면서 배관, 가스 및 수도관 설치 등 전반적인 공사를 시행하였다. 해당 각 공사별 지출내역은 확인된다. 자본적 지출에 해당하는가?

답변 및 해설 »

1. 최초 분양받으면서 리모델링 특약에 따라 베란다 확장 및 바닥공사 등의 공사비용은 필요경비로 인정하고 있다. 그러나 취득한 이후 보유 중 지출한 경우에는 이를 필요경비로 인정하지 않고 있다.

2. 사례에 나오는 보유 중에 지출한 장치 구입비용 및 공사비용 모두 "수익적 지출"로 판단하고 있는 경우이다. 이러한 비용을 비록 리모델링 과정에서 지출하였다고 하더라도 부인한다. 다만, 최초 분양받거나 새로 취득하면서 지출한 비용이나 주택 구분을 바꾸는 경우와 같이 위 1.이나 3.에서 보는 유형은 자본적 지출로 인정한 바 있다. 실무에서 종종 착오하는 부분이다.

3. 해당 비용은 자본적 지출로 인정하였다. 주택의 구조를 아예 바꾸는 것은 자산의 객관적 가치를 현저하게 증가시키는 비용으로 판단되기 때문이다. 물론 객관적 지출증빙 등에 의하여 그 지출이 입증되어야 하며, 그렇지 않은 경우 입증된 부분에 한하여 필요경비를 인정하고 있다.

즉, 자본적 지출액 등으로서 필요경비로 인정하는 것은 그 지출에 관한 증명서류(계산서, 세금계산서, 신용카드매출전표 등, 현금영수증)를 수취·보관하거나, 실제 지출 사실이 금융거래 증명서류에 의하여 확인되는 경우이어야 하기 때문이다. 법정 증명서류는 2016.2.17. 이후 지출하는 분부터 적용하며(적격증빙으로 엄격히 제한), 2018.4.1. 이후 양도분부터 금융거래 증명 부분을 추가하였다.

관련 사례

구 분	내 용
수익적 지출로 판단한 경우	• 정상적인 수선 또는 본래 기능을 유지하기 위한 경미한 개량인 벽지(도배)·장판(바닥)의 교체, 싱크대 및 주방기구 교체, 옥상 방수공사, 전기공사, 도장공사, 타일 및 변기공사 비용 등[20] • 도배공사 및 장판 교체 비용 등[21] • 장판 및 도배공사, 페인트공사, 주방기구(싱크대 등) 교체 비용 등[22] • 화장실공사, 도배공사, 마루공사, 방문 교체, 주방가구 및 도장공사 비용 등[23] • 화장실공사, 도배공사, 마루공사, 주방가구 및 도장공사, 창문보수공사 비용 등[24] • 옥상 등의 방수공사비,[25] 붙박이장 설치 비용[26] • 싱크대 교체, 도배·장판, LED등, 타일 대금 등[27] • 마루판 교체, 싱크대·주방기구 교체, 타일 및 변기교체, 거실이미지벽 설치 등[28] • 온돌마루시공, 붙박이장 설치, 싱크대상판설치, 홈오토 설치 비용[29] • 현관·거실·침실·주방·욕실 등 공사비, 천장몰딩·바닥공사·벽체공사·도배·싱크대 및 주방가구 교체·화장실 타일 및 변기교체공사 비용, 위생기구·조명·가구 교체비용 등[30] • 리모델링 공사 중 벽구조물 공사, 창호새시 공사를 자본적 지출로 보고, 타일 공사(타일압착, 화강석붙임 등), 화장실 교체 공사 및 제반 공사(방습필름설치, 벽지바름, 석고판못붙임 등) 비용[31]

---

20) 양도 집행기준 97-163-30 ; 부동산납세과-920, 2017.8.14. ; 조심2009중4314, 2010.2.16.
21) 심사양도2014-79, 2014.5.8. ; 국심2006서62, 2006.5.9.
22) 조심2018중1167, 2018.6.14. ; 조심2008부4085, 2009.3.10. ; 인천지법2012구합526, 2012.6.8.
23) 조심2008부4085, 2009.3.10.
24) 조심2008서2260, 2008.10.30. ; 조심2012중1584, 2012.5.25. ; 서울고법2021누41039, 2022.5.24.
25) 조심2010서3178, 2010.11.29. ; 조심2008서2878, 2008.10.14.
26) 심사양도2010-127, 2010.7.5.
27) 조심2016전4383, 2017.2.13. ; 조심2010서1037, 2010.7.29.
28) 심사양도2011-76, 2011.7.4.
29) 국심2006전3016, 2006.11.7.
30) 심사양도2018-55, 2018.9.6.
31) 국심2007서2774, 2007.12.31.

구 분	내 용
수익적 지출로 판단한 경우	• 거실천장 몰딩, 전체 내부도색·방칠·온돌마루판·거실전등박스 등 내부공사 및 싱크대·붙박이장·책장·창고문 등 주방가구 교체 등 공사가 베란다 확장 및 새시공사에 필수적으로 수반되어 이루어진 것으로 보기 어렵고 본래의 기능을 유지하기 위한 수익적 지출로 봄이 타당함32)
	• 리모델링 공사 중 베란다새시, 설비배관, 수도·냉난방 공사비는 필요경비로 봄이 타당하며,33) 붙박이장, 조명교체, 도배/장판비용은 제외함34)
자본적 지출로 판단한 경우	• 최초 분양받아 거실확장한 경우 : 개별적으로 이루어진 방마루공사는 수익적 지출로 봄이 타당하나, 분양받은 아파트의 이용편의를 위한 거실확장 등과 함께 이루어진 부수공사로 자본적 지출로 봄이 타당함35)
	• 용도변경 관련하여 지출한 경우 : 연립주택을 원룸 8호로 용도변경하는 과정에서 지출한 "싱크대 공사, 도시가스 공사, 각 호실 디지털 도어락 설치비용"은 자본적 지출로 봄이 타당함36)
	• 대체 취득하여 입주 전 리모델링한 경우 : 주택 리모델링시 지출한 현관 및 거실 바닥(이태리산 수입 대리석) 교체, 주방 교체, 붙박이장 교체 등 공사비에 대해 리모델링 공사로 지출한 경우 : ① 필요경비 인정 사례37) ② 필요경비 부인 사례38)
내장형 장치의 옵션 공사	• 취득시 지출 : 분양권을 취득한 자가 해당 아파트 "공사 중 아파트 공급자와 체결한 옵션계약에 따라" 아파트 구조와 일체가 된 빌트인 내장비품 등을 시공받고 해당 공급자에게 지불한 비용 및 바이오세라믹 공사비용은 필요경비에 해당함39)
	• 취득 후 지출 : 자산 "취득 후" 내장비품을 개별적으로 지출하는 비용은 자본적 지출에 해당하지 않음40)
새시 교체 비용	• 베란다 또는 발코니 확장과 관련한 새시 설치비용을 자본적 지출로 봄41)
보일러 교체 및 난방설비 교체	• 주택의 이용편의를 위하여 지출한 "보일러 교체 공사(연탄 → 기름보일러, 기름 → 도시가스 보일러, LPG → 도시가스 교체, 보일러를 비롯한 온수배관 등 일괄 교체)" 비용은 자본적 지출로 보아 필요경비에 산입함42)
	• 단순한 보일러 기계 교체 : ① 필요경비 부인 사례43) ② 필요경비 인정 사례44)

---

32) 조심2008전4032, 2009.12.14.
33) 조심2010중1888, 2010.11.18.
34) 심사양도2010-225, 2010.9.13.
35) 심사양도2009-117, 2009.6.29. ; 국심2001서1140, 2001.10.18.
36) 심사양도2017-22, 2017.6.20.
37) 조심2012서4420, 2013.1.14.
38) 심사양도2018-55, 2018.9.6. ; 조심2016전4383, 2017.2.13. ; 조심2008전4032, 2009.12.14. ; 조심2009서1473, 2009.11.2.
39) 법규재산2013-198, 2013.5.31. ; 서면4팀-1975, 2004.12.3.
40) 부동산거래관리과-1508, 2010.12.24. ; 조심2012서1585, 2012.9.3. ; 광주고법2020누1669, 2021.3.10.
41) 부동산거래관리과-354, 2012.7.5. ; 부동산거래관리과-648, 2011.7.26. ; 부동산거래관리과-1072, 2010.8.18. ; 조심2008서2260, 2008.10.30. ; 국심2001서1140, 2001.10.18.
42) 부동산거래관리과-220, 2011.3.11. ; 서일46014-11142, 2003.8.23. ; 서울행법2011구단31157, 2012.10.17.
43) 조심2017중2254, 2017.9.8.
44) 부산지법2023구합20998, 2023.8.18.

Chapter 54. 상가 인테리어 비용 등, 필요경비로 인정되는가?

내용 Summary

기본사항 Check

- **자본적 지출의 범위**
  ① 소유하는 감가상각자산의 내용연수를 연장시키거나 당해 자산의 가치를 현실적으로 증가시키기 위하여 지출한 수선비
  ② 양도자산의 용도변경·개량 또는 이용편의를 위하여 지출한 비용

핵심 Point

- 사업용 인테리어 지출 비용 → 자본적 지출 부인
- 기존 사업용 내장설비의 철거 → 자본적 지출 부인
- 사업용 자산의 비품 구입비용 → 자본적 지출 부인
- 교회 건물을 사업용으로 사용하기 위해 구조 변경공사 → 자본적 지출 인정
- 자본적 지출의 입증 문제 → 자본적 지출이라도 공사내역 및 지출증빙을 입증하지 못하면 자본적 지출 부인

질문 »

1. 甲은 한식 음식점을 영위하고자 기존 상가를 구입하여 종전 인테리어를 철거하고 실내 인테리어 공사를 새롭게 하면서 경비를 지출하였으며, 이후 사업이 부진하여 폐업하고 해당 사업장을 횟집을 운영하려는 乙에게 양도하였다. 甲이 지출한 철거비용 및 인테리어 비용은 모두 세금계산서 및 금융증빙이 존재한다. 해당 비용은 자본적 지출로 인정되는가? (불복 사례에 따름)

2. 甲은 교회 건물을 매입하여 벽면구조체 등을 비롯한 내부구조를 전부 변경하고 일반 사무실 용도로 변경한 뒤 양도하였다. 해당 구조 변경 비용은 자본적 지출에 해당하는가? (불복 사례에 따름)

3. 甲은 상가건물을 1동 매입하여 건물 전체 중앙 공급식 냉난방 설비를 3억원을 들여 설치하였다. 그러나 해당 공사에 대한 세금계산서를 비롯한 증빙 등으로 입증할 금액은 1억원에 불과하다. 해당 공사비에 대하여 자본적 지출로 인정받을 수 있는가?

 **답변 및 해설 »**

1. 해당 비용은 사업을 영위하고자 하는 비용으로 이전에 존재하던 인테리어 철거 비용뿐만 아니라 새롭게 설치한 인테리어 비용도 필요경비로 인정받지 못한다.

2. 교회 건물을 매입하여 사무실 용도로 사용하기 위해 구조를 변경하는 것은 자산의 가치 증가와 관련되고 따라서 자본적 지출로 판단하였다. 다만, 그 과정에서 비품구입 등이 있었다면 해당 비용은 제외하여야 할 것이다.

3. 중앙 공급식 냉난방 시설은 자본적 지출에 해당된다. 그러나 그 공사사실이 입증되어도 지출에 대한 입증이 미비한 경우까지 필요경비로 인정되지는 않는다. 따라서 입증되는 1억원을 제외한 금액은 자본적 지출로 공제하기 어렵다.

 보충설명

통상 상가를 분양받아 그 장소에서 사업을 영위하려면 인테리어를 하는데 큰 비용이 소요된다.

이러한 사업으로 사용하기 위해 지출한 비용을 나중 해당 상가를 양도할 때 자본적 지출 등으로 필요경비에 포함하여야 한다고 생각하기 쉽다. 그러나 해당 비용은 자본적 지출로 인정받지 못한다.

이는 사업용 건물로 당연히 건물 내부구조를 해당 사업에 맞게 인테리어를 하여 지출될 것이 예정되고, 이후 업종 변경시 그 철거가 예상되므로 자산가치 증가와는 관련이 적고, 따라서 사업소득의 필요경비 처리와는 상관없이 양도차익 산정시에는 수익적 지출로 판단하고 있다. 즉, 업종이 바뀌면 언제든지 철거해야 하는 수익적 지출에 해당하는 것이다.

여기서 종종 착오하는 것이 지출금액이 과다하기 때문에 인정하여야 한다고 보는 시각이다. 그런데 단순히 지출금액이 과다하다고 자본적 지출로 인정하는 것이 아니라 "건물"의 내용연수를 증가시키거나 건물 고유의 가치를 증가시키는 것이어야 한다. 그런데 인테리어 비용은 아무리 고액이 들어도 그것은 건물의 가치가 아니라 "사업"의 가치와 연관될 뿐이다. 만일 매수인에게 그 인테리어가 불필요하면 철거 대상일 뿐이다. 보유 중에 지출한 인테리어로 지출한 금액을 감가상각비로서 사업을 위한 비용으로 처리하는 것은 별개의 문제이다.

그런데 인테리어 지출과 구분할 것이 중앙 냉난방설비 및 닥트 공사로 지출한 금액 등인데 이것은 건물의 사용가치를 증가시키기 위한 비용으로서 자본적 지출로 인정하는 것이 일반적이다. 그리고 노후화된 상가건물이나 모텔 등을 전부 대수선하면서 지출하는 것도 TV, 침대, 탁자 등 비품 교체를 제외하고는 자본적 지출로 인정하여야 할 것이다.

관련 사례

구 분	내 용
자본적 지출의 요건	• 자본적 지출은 자산의 "용도변경이나 개량 또는 이용 편의를 위해서 지출한 비용"으로 이로 인해 "해당 부동산을 사용할 수 있는 기간이 늘어나거나 자산가치가 현실적으로 증가"해야 하는 요건(= 자본적 지출 요건에 대한 입증 + 지출에 대한 입증)을 모두 충족해야 함(납세자의 입증 필요)[45]
사업용 비품 구입	• 에어컨, 가구, 정수기, 냉장고, 장롱, 침대 등을 구입한 비용이 부동산의 내용연수 연장이나 그 가치의 현실적인 증가 비용이라기보다는 고시텔 사업을 효율적으로 영위하기 위하여 지출한 사업비용으로 보는 것이 보다 합리적이므로 자본적 지출액에 해당한다는 주장을 받아들이기 어려움[46]
건물 용도 변경 (교회 → 음식점)	• 교회용 건물을 일반점포 및 사무실용으로 개조하기 위한 건물개조 공사비용은 자본적 지출액에 해당하므로 필요경비로 인정됨[47]
용도변경 및 대수선 비용	• 건물 취득 후 건물 전체의 용도를 변경하거나, 노후화된 건물의 대수선 공사(내부구조 변경공사, 리모델링)를 한 경우 자본적 지출로 봄[48]
지출사실의 미입증	• 건물을 매수한 이후 건물에 엘리베이터와 냉난방시스템이 설치된 사실은 인정되나, 그 설치한 구체적인 시기나 공사금액을 특정하지 못하고 있어 필요경비에 대한 입증을 못하여 자본적 지출을 부인함[49]
식당 운영을 위한 내장공사 비용	• 건물에서 식당을 운영하기 위한 내장공사 비용은 식당을 경영하기 위한 "사업비용"이므로 필요경비에 해당하지 않음[50]
내장시설의 철거	• 사업용 건물의 내장공사비용이 건물매수인에게는 그 내장시설물이 아무런 쓸모가 없어 매수인이 이를 모두 철거하였다면 그 비용은 "건물자체의 객관적 가치 증가를 위하여 지출된 비용"이라기보다 건물 지하실에서 식당을 경영하기 위해 출연한 비용이므로 자본적 지출액에 해당하지 않음[51]
당초 건물의 용도 변경	• 당초 산부인과병원에 맞게 설계 및 건축되어 해당 건물에서 산부인과 병원을 운영한 후 산후조리원으로 사용되던 공간의 바닥난방을 철거하고 산모전용 엘리베이터와 계단을 해체하는 등 산부인과 용도시설을 철거하고 일반업무시설로 변경하기 위한 공사들로서 원상회복 공사로 보기는 어려우며 용도변경을 위하여 지출한 자본적 지출액으로 판단됨[52]

---

45) 심사양도2021-90, 2022.2.23. ; 조심2023전3211, 2023.5.15. ; 조심2022중5705, 2023.4.12. ; 조심2022광6072, 2023.2.23. ; 조심2022중2781, 2022.6.28. ; 조심2021서5756, 2022.3.8. ; 조심2011서4845, 2013.5.6. ; 대전지법2021구단100771, 2022.8.25. ; 서울행법2020구단72341, 2022.2.11.
46) 심사양도2013-54, 2013.5.21. ; 조심2018중803, 2018.5.14. ; 조심2009서1473, 2009.11.2. ; 대판2021두36943, 2021.7.29. ; 광주고법2020누1669, 2021.3.10.
47) 심사양도2003-18, 2003.3.17.
48) 심사양도2010-225, 2010.9.13. ; 조심2022서2348, 2023.5.17. ; 조심2021서6795, 2022.6.28. ; 조심2021중1441, 2022.3.22.
49) 대전지법2021구단100771, 2022.8.25.
50) 심사양도2014-63, 2014.6.10. ; 조심2019광14, 2019.3.20.
51) 대판91누4294, 1992.1.21.
52) 조심2024전4627, 2025.3.17.

Chapter 55. 실가로 취득가액 산정하고 기타 필요경비를 개산공제로 한다고?

내용 Summary

기본사항 Check

- **필요경비의 구조** : 필요경비 = 취득가액 + 기타 필요경비(← 자본적 지출액 등 + 양도비 등)

- **기타 필요경비 산정방법**
  ① 취득가액을 실가로 계산시 → 기타 필요경비는 실제 지출한 비용
  ② 취득가액을 매매사례가액, 감정가액으로 산정시 → 기타 필요경비는 개산공제(미등기 양도가 아닌 한 부동산의 기타 필요경비는 취득시 기준시가의 3%)

- **환산취득가액 필요경비 특례** → ① · ② 중 큰 금액
  ① 환산취득가액 + 개산공제액(기타 필요경비)
  ② 실제 지출한 자본적 지출액 등 + 실제 지출한 양도비 등
  ※ 환산취득가액 = 양도가액 × (취득 당시 기준시가/양도 당시 기준시가)

핵심 Point

- 취득가액을 실지 취득가액으로 산정하였는데, 자본적 지출액 및 양도비 지출액은 증빙이 없는 경우 "개산공제"로 적용할 수 있는가 → No

- 취득가액을 매매사례가액이나 감정가액으로 산정하였는데, 기타 필요경비를 실제 지출비용으로 적용할 수 있는가 → No

- 상속/증여받은 부동산을 양도하면서 취득가액을 기준시가(개별공시지가 등)로 평가하여 산정하였는데, 기타 필요경비를 "개산공제액"으로 산정할 수 있는가 → No

- 취득가액을 환산취득가액을 적용하고, 기타 필요경비는 실제 지출한 자본적 지출액과 양도비를 적용할 수 있는가 → No

질문 »

1. 부동산을 양도하고 취득가액을 실지 취득가액으로 산정하였는데, 자본적 지출액 및 양도비 지출액은 증빙이 없다. 이 경우 기타 필요경비를 "개산공제(취득 당시 기준시가의 3%)"로 적용할 수 있는가?

2. 아파트를 분양받고 장기간 보유하다가 양도하였는데 당초의 취득 계약서는 분실되어 없다. 이 경우 취득가액을 취득 당시 3개월 전후한 매매사례가액으로 산정하였는데, 기타 필요경비를 실제 지출비용으로 적용할 수 있는가?

3. 상속 또는 증여받은 부동산을 양도하면서 취득가액을 기준시가(개별공시지가 등)로 평가하여 산정하였다. 기타 필요경비를 "개산공제액"으로 산정할 수 있는가? 만일 의제취득일 전에 상속 또는 증여받았다면 개산공제가 가능한가?

4. 부동산을 양도하면서 취득가액을 환산취득가액을 적용하고, 기타 필요경비는 실제 지출한 자본적 지출액과 양도비를 적용할 수 있는가?

답변 및 해설 »

1. 부동산을 양도하고 취득가액을 실지 취득가액으로 산정하면 자본적 지출액과 양도비는 "반드시 실제 지출한 금액"을 적용하여야 한다. 지출액이 증빙이 없다고 하여 기타 필요경비를 "개산공제(취득 당시 기준시가의 3%)"로 적용할 수 없다. 실무에서 종종 보게 되는데, 기타 필요경비가 증빙이 없으면 그냥 "0"으로 신고하여야 한다.

2. 부동산을 양도하면서 취득계약서가 존재하지 않아 취득 당시의 매매사례가액을 적용하는 경우 기타 필요경비는 "개산공제액"을 적용하여야 한다. 자본적 지출액이 아무리 크다고 하여 실제 지출한 금액을 적용할 수 없다.

3. 상속 또는 증여받은 부동산을 양도하는 경우에 명심하여야 할 것이 있다. 그것은 설령 상속 또는 증여받은 자산을 개별공시지가나 개별/공동주택가격 또는 건물시가 등의 기준시가를 적용하였다고 하더라도 실가로 의제된다. 그 가액은 양도차익 산정에 있어 기준시가가 아니라는 점이다. 따라서 기타 필요경비는 실제 지출한 경비를 적용하여야 한다.

다만, 의제취득일 전에 상속이나 증여받은 자산(부동산은 1984.12.31. 이전 취득분)이라면 "의제취득일(부동산은 1985.1.1.) 현재 환산취득가액"을 적용할 수 있고 이 경우 기타 필요경비는 "개산공제액"의 적용이 가능하다.

4. 환산취득가액을 적용하는 경우에는 다음과 같이 "필요경비" 산정을 선택할 수 있는 특례가 있다. 그렇다고 하여 "환산취득가액 + 실제 지출한 자본적 지출액과 양도비"를 합산하여 적용하는 것은 아니다.
   ① 환산취득가액 + 개산공제액
   ② 실제 지출한 자본적 지출액 등 + 실제 지출한 양도비 등

관련 사례

구 분	내 용
환산취득가액 특례	• 2011.1.1. 이후 신고분부터 [① 환산취득가액 + 개산공제액, ② 실제 지출한 자본적 지출액 등 + 양도비 등] 중 큰 금액을 적용할 수 있음[53] • 의제취득일 前 취득한 경우로서 실지거래가액이 확인되나 의제취득일 현재의 "환산취득가액"을 적용한 경우 실지로 지출된 자본적 지출액 등이 있어도 "개산공제액만" 기타 필요경비로 공제함[54] • 의제취득일 전에 취득한 부동산을 양도하고 실가로 양도차익 산정시 실가를 확인할 수 없어 취득가액을 의제취득일 현재의 매매사례가액, 감정가액, 환산가액으로 산정하는 경우, 필요경비는 "환산취득가액 등"과 "개산공제액"을 적용하며,[55] 개산공제액은 "의제취득일 현재의 기준시가"에 의해 산정함[56]
실지 취득가액	• 취득 당시 거래 당사자 간에 실제 거래된 가액으로서 매매계약서, 영수증 등 객관적인 증빙서류에 의하여 확인되는 가액을 말함[57] • 실가는 "시가"가 아니라 실지로 수수되는 거래대금 그 자체로,[58] 거래 당시 대가로 실지 약정되거나 지급된 금액 전부를 말함[59] • 취득시 대출을 위한 감정평가비용 등은 취득 부대비용에 해당하지 않음[60] • 취득시 할인받은 금액이 있다면 실제 지출된 금액으로 하며, 취득과 직접 관련이 없는 지출(위약금, 해약금 등)은 취득가액에 포함하지 않음[61]
필요경비 입증책임	• 필요경비의 입증책임은 형평성 차원에서 납세자가 부담함[62]
환산가액 등 추계가액 적용 요건	• 매입가액 등 취득가액의 주요 구성 부분이 확인되는 경우 중개수수료 등 일부 부대비용이 확인되지 않더라도 취득 당시 실가를 확인할 수 없는 경우로 볼 수는 없음[63]
자본적 지출액 등의 불분명	• 실제 취득가액은 확인되나, 자본적 지출액 등이 확인되지 않은 경우 환산취득가액 적용 대상에 해당하지 않음[64]
실가에 의한 취득가액 산정시 기타 필요경비	• 취득가액을 실가로 산정하는 경우 기타 필요경비는 "실제 지출된 가액"에 의하며, 실제 지출된 기타 필요경비가 개산공제액보다 적거나 확인되지 않는다고 "개산공제액"을 적용할 수 없음[65]

---

53) 조심2021서2044, 2021.11.11.
54) 재산세과-591, 2009.3.20.
55) 부동산거래관리과-727, 2010.5.25. ; 재산세과-1144, 2009.6.9.
56) 서면4팀-193, 2008.1.22. ; 서면4팀-258, 2007.1.18. ; 국심2006중479, 2006.8.21.
57) 서면4팀-1437, 2008.6.16. ; 서면4팀-3715, 2007.12.28. ; 서면4팀-3541, 2007.12.11.
58) 재산세과-843, 2009.4.29. ; 조심2022중5804, 2023.1.31.
59) 대판93누23930, 1994.5.10.
60) 감심2010-73, 2010.7.15.
61) 서면4팀-2544, 2007.8.31. ; 재일46014-1973, 1998.10.13. ; 심사양도2023-43, 2023.9.13.
62) 조심2020서1472, 2020.9.23. ; 조심2020중488, 2020.6.17. ; 대판2021두52426, 2022.1.13.
63) 법령해석과-2522, 2017.9.7. ; 재산세제과-696, 2010.7.16. ; 조심2017전3475, 2017.9.29.
64) 법령해석재산-183, 2017.9.7.
65) 서면4팀-1060, 2006.4.21. ; 조심2020중717, 2020.4.14. ; 대판2007두11658, 2007.8.24.

구 분	내 용
상속/증여받은 자산	• 상증세법상 평가가액은 실가로 보기에 해당 "상증세법상 평가가액"과 실제 지출한 "자본적 지출액 등 및 양도비 등"을 필요경비로 공제함[66] • 취득가액을 "기준시가"로 평가하여 적용하여도 해당 "평가가액"과 "실제 지출한 기타 필요경비"를 공제함[67] • 상속받은 자산의 기존 임차인 전세보증금을 상속인이 상환하더라도 필요경비에 해당하지 않음[68]
취득가액을 매매사례가액 등 적용	• 취득가액을 기준시가나 매매사례가액·감정가액으로 하는 경우 기타 필요경비는 실제 지출된 가액이 아니라 "개산공제액"을 적용함[69] • 실제 지출된 자본적 지출액이나 양도비가 아무리 고액이라도 그 지출된 금액을 기타 필요경비로 공제할 수 없음[70]
연체이자의 승계	• 전양도자가 부담할 연체이자를 양수인이 부담하기로 약정하여 실제 승계받아 납부한 당해 연체이자는 필요경비에 포함함[71] • 양수인이 약정에 따라 연체이자를 승계한 경우 양도인의 양도가액에 가산함[72]

---

66) 서면5팀－2223, 2007.8.2. ; 서면4팀－1272, 2007.4.19.
67) 부동산거래관리과－1248, 2010.10.12.
68) 법규재산－1176, 2022.12.21.
69) 재산세과－183, 2009.9.11. ; 서면4팀－2794, 2006.8.16.
70) 서면4팀－1808, 2006.6.16. ; 대판2000두5944, 2002.4.12. ; 대판2007두11658, 2007.8.24.
71) 부동산거래관리과－64, 2012.1.31. ; 재산세과－1595, 2009.7.31.
72) 국심2001중575, 2001.8.25. ; 대판2017두30917, 2017.4.13.

Chapter 56. 부동산 쪼개기 양도, 개정법률 적용 어떻게 할 것인가?

내용 Summary

기본사항 Check

- **조세회피행위**: 세법을 "정면 위반"한 것은 아니지만 그 행위가 세법의 입법 취지에 부합하지 않으며, "우회적인 방법"을 사용하여 실질적으로 "조세 부담을 감소"시키는 행위
- **과세 이유 및 근거**: 실질과세 원칙이 적용되어야 할 영역에서 조세법률주의만 강조시 실질적 정의에 위배될 수 있기 때문에 조세형평성을 저해하는 조세회피행위(=가장행위)를 세법 적용시 부인하고 재해석하여 적용하는 것(법적 근거 → 국세기본법 제14조 제2항 및 제3항)
- 조특법 제133조 제2항: 감면한도 규정을 적용할 때, 토지를 분할(해당 토지의 일부를 양도한 날부터 소급하여 1년 이내에 토지를 분할한 경우를 말한다)하여 그 일부를 양도하거나 토지의 지분을 양도한 후 그 양도한 날로부터 2년 이내에 나머지 토지나 그 지분의 전부 또는 일부를 동일인이나 그 배우자에게 양도하는 경우에는 1개 과세기간에 해당 양도가 모두 이루어진 것으로 봄

핵심 Point

- 2023.12.31. 조특법 개정 前 불복사례들
  ① 1필지의 토지를 지분으로 각각 연도를 달리 양도한 경우 → 매수인이 특별히 지분을 매수하여 사용하여야 할 이유 없으면 조세회피로 판단
  ② 1필지의 토지를 양도 직전 필지 분할하여 각각 연도를 달리하여 동일인에게 양도한 경우 → 매수인이 특별히 분할된 필지를 먼저 매수하여 사용하여야 할 이유 없으면 조세회피로 판단
  ③ 당초부터 별개 필지인 토지들을 동일한 계약일에 계약하고 계약금, 중도금, 잔금도 동일하나 등기이전만 연도를 달리한 경우 → 다수사례는 조세회피로 판단
  ④ 당초부터 별개 필지인 토지들을 계약하며 잔금 지급일 및 등기일도 연도를 달리한 경우 → 조세회피로 본 사례와 조세회피로 보지 않은 사례들이 거의 동수임
- 2023.12.31. 조특법 명문화 이후 쟁점들 (★)
  ① 감면한도 적용과 무관한 "누진세율" 회피를 위해 연도를 달리 지분 양도시 허용 여부
  ② 배우자 외의 공동매수인의 경우 분할 양도 허용 여부
  ③ 여러 필지 중 일부 필지를 분할하여 연도를 달리하여 양도시 허용 여부
  ④ 분할 매수할 수밖에 없는 예외적인 경우 인정 여부
  ⑤ 일부 필지는 2023.12.31. 이전 양도하고, 일부 필지는 2024.1.1. 이후 양도시 개정규정 적용 여부
  ⑥ 열거된 사유 외로 감면한도 회피시 허용 여부
  ⑦ 2023.12.31. 이전 수정신고한 경우 개정규정 적용 여부
  ⑧ 불복 진행 중인 사안들에 대한 적용 여부

질문 »

1. 2023.12.31. 조특법 제133조 제2항이 신설되기 전의 이른바 '쪼개기 거래'의 최종적인 결과는 어떻게 요약되는가?
2. 2023.12.31. 개정된 조특법 제133조 제2항은 "열거규정"으로 보아야 하는가? 아니면 "예시규정"으로 보아야 하는가?
3. 감면한도 회피와 무관하게 예컨대, 상가 등을 연도를 달리 지분 양도함으로 누진세율을 회피하는 경우 조세회피방지 규정을 적용할 수 있는가?
4. 개정법률 시행 전에 자경농지를 지분으로 양도하여 감면한도 1억원을 초과하여 적용받았으나, 1개의 행위로 보아 수정신고하여 1억원으로 감면한도를 적용하였다. 이 경우 개정법률에 따르면 조세회피방지 규정이 적용되는가?
5. 당초부터 별도 필지 자경농지에 대하여 연도를 달리하여 양도한 경우 해당 거래를 개정법률에 따르면 하나의 거래로 볼 수 있는가?
6. 1필지의 자경농지를 매수인에게 1/2 지분으로 양도하고, 매수인의 직계비속에게 1/2 지분을 연도를 달리하여 양도하였다. 해당 거래를 하나의 거래로 볼 수 있는가?
7. 1필지의 자경농지를 인접 토지 소유자에게 1/2 지분으로 양도하고, 1/2 지분은 연도를 달리하여 양도하였다. 1/2 지분을 먼저 양도한 이유는 매수인이 건축허가에 해당 면적이 필요하고 자금사정이 여의치 않아 일부만 먼저 구입한 것으로 입증된다. 해당 거래를 하나의 거래로 볼 수 있는가?

답변 및 해설 »

위 사례들은 2023.12.31. 조특법에 명문화한 "부동산 쪼개기" 거래에 대한 "감면한도 회피" 규정과 관련한 쟁점들이다. 개정법률에 대한 유권해석은 아직 없지만, 법 문구 등에 비추어 筆者의 견해를 피력하고자 한다.

1. 2023.12.31. 조특법 개정 전에는 부동산을 연도를 달리 양도할 때 불복사례들을 종합하면 다음과 같은 경우 조세회피방지 규정을 적용하였다.
   (1) 감면한도와 무관하게 누진세율을 회피하는 경우

(2) 지분으로 연도를 달리 양도하는 경우

(3) 양도 직전 필지를 분할하여 연도를 달리 양도하는 경우

(4) 연도를 달리 매수하는 매수인이 2인 이상으로서 특수관계인(부부, 직계존비속 등)이거나 공동사업자인 경우

(5) 양도 원인이 매매 또는 수용 등일 경우

(6) 당초부터 별도 필지를 연도를 달리 양도하는 경우 → 개별사안에 따라 달리 판단

   ※ 기각 사례 : 조심2023중10568, '24.5.29. ; 조심2024부291, '24.3.26. ; 조심2023중10582, '24.2.20. ; 조심2023인9190, '23.11.6. ; 조심2023중6758, '23.10.12. ; 조심2023인3114, '23.9.13. ; 조심2023인7057, '23.8.30. ; 조심2023부7672, '23.7.18. ; 조심2023전7089, '23.7.12. ; 조심2023광6756, '23.6.29. ; 조심2023서7081, '23.6.28. ; 조심2023중3479, '23.6.12. ; 조심2023인766, '23.5.30. ; 조심2023전6973, '23.5.25. ; 조심2022중5245, '22.12.20. ; 조심2021전6806, '22.11.30. ; 조심2021전6807, '22.11.30. ; 조심2021전6808, '22.11.30. ; 조심2022인6502, '22.9.29. ; 조심2021인6819, '22.9.6. ; 조심2022인3150, '22.8.18. ; 조심2022중1790, '22.6.23. ; 조심2021전5626, '22.5.24. ; 조심2022인63, '22.5.3. ; 조심2021부5134, '21.12.15. ; 인천지법2022구단51748, '23.1.27. ; 인천지법2021구단52218, '22.11.4.

   ※ 인용 사례 : 조심2024전2752, '24.7.23. ; 조심2024서717, '24.6.10. ; 조심2023중9642, '24.6.10. ; 조심2023중3487, '24.1.30. ; 조심2023중7814, '23.9.13. ; 조심2023광7421, '23.9.13. ; 조심2023전7127, '23.9.7. ; 조심2023중579, '23.5.23. ; 조심2023중42, '23.5.9. ; 조심2023전618, '23.5.4. ; 조심2023중812, '23.4.18. ; 조심2022인7928, '23.4.5. ; 조심2023중811, '23.3.22. ; 조심2022전8009, '23.3.22. ; 조심2022인5401, '22.12.5. ; 조심2022인1407, '22.8.24. ; 조심2022중1445, '22.8.19. ; 조심2022인1866, '22.6.29. ; 조심2022인1397, '22.6.16. ; 조심2021구1547, '21.10.19.

2. 향후 개정법률과 관련한 쟁점은 조특법 제133조 제2항의 성격을 "열거규정"으로 보아야 할 것인지 아니면 "예시규정"으로 보아야 할 것인지 여부에서 시작될 것으로 본다. 이에 대한 筆者의 생각은 해당 규정형식이 "유형을 구체화"하고 있다는 점에서 열거규정으로 생각된다. 따라서 해당 유형 외에는 조세회피방지 규정을 적용하여 1개 과세기간에 양도한 것으로 보기는 어려울 것이다.

3. 이른바 '쪼개기 거래'는 감면한도 회피에만 관련된 것이 아니다. 그럼에도 개정법률이 감면한도 규정에만 규정하게 되면서 누진세율을 회피하기 위한 '쪼개기 거래'는 허용되는 것이 아닌가 하는 의문이 있다. 생각건대, 개정법률이 다소 모호하여 향후 논쟁이 있을 수 있지만, 상가 등을 양도하면서 연도를 달리하여 지분으로 양도할 경우 누진세율 회피 외에 다른 이유가 없다면 조세회피행위 방지규정이 적용될 것으로 생각된다.

4. 이 부분은 상당히 예민한 부분이다. 우선 조특법 개정법률 부칙 제34조에서 "이 경우 이 법 시행 전에 이루어진 양도는 같은 개정규정에 따라 1개 과세기간에 이루어진 것으로 보는 양도에 포함하지 아니한다."고 분명히 밝히고 있다는 점에 주목할 필요가 있다.

   그런데 개정법률 본문에서 감면한도 회피 유형을 구체화하면서 부칙에 2023.12.31. 전에 이루어진 양도에 대해서는 감면한도 회피규정을 적용하지 않겠다고 명시하였기에 별개 양도행위로 볼 수밖에 없겠다. 입법자의 정확한 개정 의도는 나타나고 있지 않지만, 그간 과세관청의 안내에 따라 수정신고한 납세자들의 경정청구가 증가될 것이 예측된다. 2024.1.1. 이후 조세심판원 결정들에서 이를 직접 언급하는 경우는 없는데, 향후 청구인들의 주장이 있을 경우 어떻게든 조세심판원이나 법원이 이에 대하여 판단을 할 것으로 본다.

   그렇지만 2025년 중 조세심판원 결정 중 청구인이 조특법 개정법률 부칙을 주장했으나 이에 대한 판단을 하지 않고 기각 결정을 한 것이 있는데,[73] 청구인이 주장을 하였음에도 이에 대해 어떠한 형태로든 판단을 하였어야 하지 않은가 싶다.

5. 당초부터 별도 필지인 농지를 연도를 달리하여 양도한 경우 필지 분할의 경우 양도일부터 소급하여 1년 전 필지 분할을 포함한다고 명시한 점 및 개정법률 개정규정을 "열거규정"으로 보는 입장에서 당초부터 별도 필지를 연도를 달리하여 각 필지를 양도하였다고 감면한도 회피 규정을 적용하기는 어렵다고 생각한다.

6. 분할 양도의 경우 매수인이 1인이거나 "배우자"로 한정하여 규정하고 있다. 따라서 동 규정을 "열거규정"으로 이해하는 입장에서 보면, 매수인이 직계존비속 관계이면 감면한도 회피규정을 적용하기 어려울 것이다.

7. 해당 사례는 비록 동일인에게 연도를 달리하여 지분으로 양도한 경우이지만, 매수인이 일부 지분을 취득할 이유가 존재하고 그 사실이 입증된 경우이다. 그런데 개정법률은 "추정"이 아니라 "간주" 규정 형태를 취하고 있다. 따라서 감면한도 회피 목적이 없음을 입증하더라도 개정법률을 적용할 수밖에 없는 문제가 있다.

---

[73] 조심2024전1859, 2024.5.29.

보충설명

현재 개정규정의 적용과 관련한 쟁점들은 차치하고, 과세관청의 개정세법 해설(2024)을 고려하면[74] 2024.1.1. 이후 양도분부터 조특법 제133조 제2항의 개정 규정을 적용할 때 일단은 다음과 같이 정리된다.

첫째, 토지의 필지를 분할하여 연도를 달리하여 양도하거나, 1필지의 지분을 연도를 달리하는 경우에는 개정규정이 적용된다.

둘째, 개정 규정은 다음 요건에 모두 해당하는 경우, 1개 과세기간 내 양도하는 것으로 보아 개정규정이 적용된다.

① 분필한 토지(해당 토지의 일부를 양도한 날부터 소급하여 1년 내 토지를 분할한 경우) 또는 토지 지분의 일부를 양도한 경우
② 토지(또는 지분) 일부 양도일부터 2년 내 나머지 토지(또는 지분)를 동일인 또는 그 배우자에게 양도

셋째, "당초부터 별도 필지"에 대해 각각 연도를 달리 양도한 경우에는 해당 규정의 구조에 비추어 필지를 분할하여 양도한 경우에 일정한 제한을 두었다는 점에서 감면한도 회피 규정을 적용하기는 무리라고 생각한다. 개정 前 사안에서 최근 조세심판원은 당초부터 별도 필지에 대해서 조세회피로 보지 않은 결정 사례가 있다.[75]

넷째, 1필지의 토지 지분을 양도한 후 나머지 지분을 양도한 경우에는 당초 지분 양도한 날부터 2년 이내 나머지 지분을 양도시 개정 규정을 적용받게 되므로, 당초 지분 양도일(필지 분할일이 아님)로부터 2년이 지나서 나머지 지분을 양도할 경우에는 개정규정이 적용되지 않을 것으로 본다.

다섯째, 1필지의 토지를 필지 분할하여 양도하는 경우에는 분할한 필지 양도일부터 소급하여 1년 전에 필지를 분할하여 분할된 필지를 양도하는 경우에 적용되기에 필지를 분할하여 양도하는 경우에는 최초 "필지 분할하여 1년이 지나 분할된 필지를 양도한 경우"에는 개정규정이 적용되지 않을 것으로 생각한다.

여섯째, 이러한 분할 거래의 상대방, 즉 매수인은 동일인이거나 당초 매수인의 배우자에게 적용되며, 그 외의 특수관계인에게는 적용되지 않는다고 생각한다. 배우자 등 이월과세의 경우에도 1997년 배우자에 국한하였다가 2009년 직계존비속 관계를 추가하였다는 점을 고려하면 개정규정 적용시 본인 외의 매수인은 배우자 외의 사람 추가하기는 무리로 생각된다.

일곱째, 조특법 개정 규정이 감면한도에만 명문규정함에 따라 귀속시기(양도시기)와 관련하여 쪼개기 거래에 해당하더라도 과세표준 산정시 각각 연도별로 적용한 뒤 감면한도만 개정규정을 적용할 것인지 여부에 대하여는 향후 논쟁이 예상된다.

---

74) 국세청, 개정세법 해설(2024), 305쪽
75) 조심2025중30, 2025.4.3. ; 조심2024전2752, 2024.7.23.

관련 사례

구 분	내 용
필지분할 양도시 조세회피로 보지 않은 사례	• 하나의 토지를 단순히 지분으로 나누어 양도한 것이 아니라 분필하여 구분등기를 마친 후 각 필지별로 각각 양도하였을 뿐만 아니라, 각 토지별로 양수자도 상이하여 하나의 거래로 본 것은 잘못이 있음[76]
"지분"으로 연도 달리하여 양도 (조세회피행위 "인정")	• 1필지 토지를 공익사업시행자에게 1/2 지분으로 연도를 달리하여 양도 계약하면서, 양도인이 분할협의 및 지급을 먼저 요구하고 분할 지급하지 않으면 협의가 어렵다는 입장이어서 사업시행자는 민원해결 차원에서 응한 것으로 누진세율 회피 목적 외에 지분 분할 양도할 다른 목적에 대해 소명을 하지 못하므로 실질이 하나의 거래임[77] • 유통사업자에게 토지를 매매하면서 연도를 달리하여 1/2 지분씩 양도한 경우 최초 매매계약 체결 다음 날 전체 매매대금에 해당하는 중개수수료를 지급하였고, 중도금 지급 동시에 지분 1/2에 대한 소유권이전 등기하고, 나머지 지분은 소유권 이전 "가등기"한 점 등에 비추어 실질은 하나의 거래임[78] • 1필지를 주택조합에 매매계약하면서 토지사용 승낙하였고, 주택조합이 지분으로 2개월 사이 2회로 매입할 특별한 이유가 없으므로 하나의 거래로 보아 감면한도를 적용한 것은 잘못이 없음[79] • 1개월 사이 1/2 지분씩 양수인(부부)에게 각각 매매 계약 체결한 바, "건축업종" 영위 양수인이 건물신축 목적으로 1/2 지분을 매수하기로 계약하고 이후 건폐율 때문에 건축가능면적 크기를 인지하여 나머지 지분도 매수 요청했다는 것은 신빙성이 낮으며, 1차 계약 잔금을 지급받지 못한 상태에서 이를 금전소비대차로 대체한 점에 비추어 감면한도 회피로 판단됨[80] • 1차 매매계약의 잔금일과 2차 매매계약의 계약일이 일치하고, 당사자, 거래금액이 동일하며, 형질변경 등 변동사실 없이 각 부분이 전혀 구분되지 않고, 과수원으로서 구분 사용이 사실상 불가능한 등 해당 거래는 감면 한도를 회피하기 위한 목적에서 하나의 거래를 형식상 2개로 나눈 것에 불과함[81] • 두 거래 간 계약일 차이가 25일에 불과하고, 1차 거래의 매매계약 특약사항에 "위 부동산의 본 매매계약 이후 나머지 지분은 현 매수인에게 추가로 매도하기로 한 경우" 조세회피로 판단함[82]

---

76) 조심2019부3094, 2020.3.11.
77) 조심2020광8030, 2021.4.12.
78) 조심2020구1641, 2021.4.22.
79) 조심2016전2703, 2016.9.28.
80) 조심2019부4353, 2020.2.17.
81) 심사양도2019-126, 2020.3.25. ; 심사양도2020-71, 2021.3.3.
82) 조심2023구141, 2023.3.14.

구 분	내 용
"지분"으로 연도 달리하여 양도 (조세회피행위 "인정")	• 별도 필지인 토지를 각 1/2씩 지분으로 주택조합에 양도하면서 계약이 동일자 체결되고 가등기를 같은 날 실시한 점 등에 비추어 감면한도 회피로 봄[83]
• 1필지를 2인에게 지분으로 1/2씩 연도를 달리하여 양도한 경우 1차 거래시 토지 전체를 금융기관에 담보 제공하였고, 공유자 간 어떤 형태로 토지를 분할하여 사용할지 등 사용계획 특약이 부존재하는 등 사실상 하나의 거래의사에 의한 경우 감면한도 회피로 판단함[84]
• 매도인과 매수인들이 각 지분 양도시 매매계약서에 항공사진을 첨부하고 실선을 그어 사용 부분을 특정한 사실은 인정되나 각 도면의 기재만으로 매수인들 사이의 사용 부분을 구체적으로 특정하기 어렵고, 각 부분의 토지 현황을 고려한 대금 산정으로 보이지 않으며, 해당 토지는 양도 이후에도 구분 없이 일체로서 사용되고 있고, 지분매입자인 자녀는 토지 취득 이후에도 직장에 근무하고, 지분을 사용, 관리하고 있는 사실을 인정할 자료가 없어 매수인들이 토지를 지분으로 매수할 이유를 찾기 어려움[85]
• 1필지를 3개월 안되는 간격으로 지분을 나누어 양도한 경우로서 1차분 등기 이전 전에 설정된 근저당권 등기가 전부 말소되고, 동시에 담보 대출을 매수인이 인수한 경우 감면한도 회피로 판단함[86]
• 1필지를 10개월 정도 간격으로 1/2 지분으로 양도한 경우로서, 양도계약 및 이전 등기까지 마친 후 기존 양도계약을 해제하고 이전등기를 말소하고 4일 뒤 토지 1/2지분 매매로 이전 등기한 경우 감면한도 회피로 판단함[87]
• 1필지를 연도를 달리하여 1/2 지분으로 양도하는 등 매수인이 지분으로 양수할 이유가 없음[88]
• 1필지를 2개월 이내 연도를 달리하여 1/2 지분으로 양도하고, 중개사 계약서와 법무사 계약서가 다른 이유를 설명하지 못하며, 마트를 운영하려는 공동사업자인 매수인들이 지분으로 양수할 이유가 없음[89]
• 당초 1/2지분으로 각각 취득한 1필지 중 먼저 취득한 부분만 감면 요건을 갖춘 농지를 지분으로 연도를 달리하여 양도한 경우 먼저 등기이전한 지분의 대금은 다음 연도에 지급받았고 공익사업시행자가 필지 지분으로 취득할 이유가 없음[90]
• 1필지를 5개월 간격으로 1/2 지분으로 동일인에게 양도한 경우 최종 대금청산일 이후 대출 승계하고 토지 분할 사용계획도 없고, 매수인 자금난은 무관함[91]

---

83) 조심2022인6502, 2022.9.29.
84) 조심2022부2266, 2022.5.18. ; 조심2020부1455, 2020.12.22. ; 조심2020중1533, 2020.11.11. ; 조심2019부4160, 2020.6.16. ; 부산고법2021누10982, 2022.1.19. ; 창원지법2020구단11474, 2021.7.21.
85) 대판2021두57780, 2022.3.11. ; 부산고법2021누22272, 2021.10.29. ; 부산지법2021구합20550, 2021.7.9.
86) 조심2021부595, 2021.9.6.
87) 조심2021중1828, 2021.11.8.
88) 조심2024중4904, 2024.12.12. ; 조심2023전6768, 2023.6.29. ; 인천지법2024구단911, 2024.7.23.
89) 조심2021부2332, 2022.3.8.
90) 조심2022전1869, 2022.6.14.
91) 조심2022중255, 2022.6.14.

구 분	내 용
분필하여 연도 달리하여 양도 (조세회피행위 "인정")	• 1필지를 1차 매매계약 후 양도 前 필지 분할하여 양도하였으나, 1차 매매계약의 특약사항에 토지의 전체 매매대금을 정하고 있고, 1차 매매계약 이후 토지를 분할 하였더라도 사실상 일괄 양도로 볼 수 있으며, 이는 감면한도 확대 외에 토지를 분할 양도할 사유가 부족함[92] • 양도일 수개월 전 필지 분할하여 양도하였고 법원 분쟁 조정은 양도시기와 관련이 없어 감면한도 회피로 판단함[93] • 1필지를 양도 몇 개월 전에 필지 분할하여 며느리에게 분할된 1필지를 양도하고 3개월 뒤 수용된 경우, 이전등기접수일, 보상금 지급일이 모두 동일하고 농업손실 보상 신청서에 토지 전체의 손실보상금 수령계좌가 양도인의 계좌로 기재되어 전체를 하나의 양도로 봄[94] • 1필지를 몇 개월 前 필지 분할하여 연도를 달리 양도한 경우로서, 동일한 매수인들에게 각각 양도할 뚜렷한 이유가 없어 보이고 동일한 일자에 동일한 매수인들과 동일한 가액으로 매매가액을 각각 체결한 것으로 감면한도 회피로 판단함(각각 계약을 달리한 경우 그 이유가 없으면 조세회피로 판단)[95]
별도 필지를 연도 달리 양도 (조세회피행위 "인정")	• 오래 전부터 별도 필지인 2필지를 합필 후 3필지로 분할하여 연도를 달리하여 양도한 경우, 매수인의 자금사정으로 과세기간을 달리하여 매매대금을 수수하더라도 하나의 계약으로 가능한 매매거래를 두 개의 매매계약으로 나누어 과세기간을 달리 거래한 특별한 사유를 발견하기 어려움[96] • 당초부터 별도 필지에 대해 매매계약서가 1, 2차 동시에 체결되고, 각 계약금 및 중도금도 같은 날 수수하였으며 등기 이전은 같은 날 이루어졌고, 매수법인의 취득 목적에 비추어 구분하여 매수할 이유가 없음[97] • 인접한 토지 6필지를 주유소를 운영하려는 자에게 양도한 경우로서, 양도인이 주유소 건축허가를 받아 건축주를 매수인으로 변경하여 매수인은 일괄 취득하려 하였고, 당초 양도 계약 후 다시 분리하여 양도한 정황 및 계약서상 각 지급할 금액과 계좌 입금한 금액이 불일치한 경우 감면한도 회피로 판단함[98] • 당초부터 분리된 2필지를 동일 매수인에게 연도를 달리 양도하면서 모두 같은 날 매매계약하고, 계약금, 중도금 지급일이 동일하고, 대금청산일을 연도를 달리하였으나 이전등기 접수일이 동일한 경우 매수인이 달리 구입할 이유가 없음[99]

---

92) 조심2020부362, 2020.4.27. ; 대판2022두31600, 2022.4.28. ; 수원고법2023누15359, 2024.7.17. ; 부산고법(창원)2021누10630, 2021.12.22. ; 창원지법2020구단11726, 2021.6.2.
93) 조심2022인5859, 2022.8.30.
94) 조심2021부6028, 2022.3.8.
95) 조심2023전388, 2023.3.27. ; 조심2022전7280, 2022.12.22. ; 조심2022중7196, 2022.12.21. ; 조심2022인6834, 2022.11.3. ; 조심2021인2407, 2021.12.22.
96) 조심2021전5626, 2022.5.24. ; 조심2023전6973, 2023.5.25.
97) 조심2023광6756, 2023.6.29. ; 조심2023서7081, 2023.6.28. ; 조심2022인63, 2022.5.3.
98) 조심2022인2869, 2022.6.13.
99) 조심2021인6819, 2022.9.6. ; 조심2021전6806(6807, 6808), 2022.11.30.

구 분	내 용
별도 필지를 연도 달리 양도 (조세회피행위 "인정")	• 당초부터 분리된 2필지를 지역주택조합에 연도를 달리 양도하면서 모두 같은 날 매매계약을 체결하고, 2차분은 소유권이전등기청구권 가등기를 하였으며, 지역주택조합이 농지를 순차로 취득할 특별한 사유가 없어 조세회피 목적 외에 다른 특별한 사정이 없음[100]
	• 당초부터 분리된 2필지를 동일 매수인에게 연도를 달리 양도하면서 모두 같은 날 매매계약을 체결하고, 계약금, 중도금 지급일이 동일하고, 대금청산일을 연도를 달리하였으나 이전등기 접수일이 동일한 경우로 매수인이 달리 구입할 이유가 없어 조세회피 목적 외에 다른 특별한 사정이 없음[101]
	• 별도 필지인 토지를 각 1/2씩 지분으로 양도하면서 계약이 동일자 체결되고 가등기를 같은 날 실시한 점 등에 비추어 감면한도 회피로 봄[102]
별도 필지를 연도 달리 양도 (조세회피행위 "부인")	• 양도시점 임박하여 분필 등 임의적 변경행위 등을 통해 분리하거나 지분을 나누어 양도한 것이 아니라 당초부터 분리되어 있던 개별 필지를 각각 양도하면서 잔금지급시기만 달리하였다는 사정으로 조세회피로 단정하기는 어려움[103]
	• 당초부터 분리된 별개의 필지를 매매함에 있어 잔금지급일을 달리하였다는 사정만으로 세법 등 혜택을 부당하게 받기 위한 가장된 2 이상의 행위나 거래가 있었다고 단정하기 어려움[104]
	• 1965년 취득시부터 현재까지 구분등기된 개별 필지에 대해 매매계약서를 각각 별도로 작성하고 대금을 각각 별도로 수수하였는바, 그 외 처분청이 제출한 자료만으로는 감면한도 회피 목적이 있다고 인정하기 어려움[105]
	• 양도 임박하여 분필 등 임의적 변경행위 등을 통하여 토지를 분리하였다거나 토지지분을 나누어 양도한 것이 아니라 당초부터 구분등기되어 있던 농지가 각각 수용된 것으로, 조세회피 목적으로 농지를 2과세기간에 나누어 양도하였다는 객관적인 입증을 하지 못한 경우 조세회피 행위가 있었다고 단정하기 어려움[106]
	• 당초부터 별도 토지(연접필지)를 매수자의 사업추진 면적 요건을 충족하기 위해 1필지 양도하고, 나머지 필지는 환지 대체부지로 양도한 경우로서 비록 그 필지에 소유권이전 가등기가 경료되었더라도 하나의 거래로 보기 어려움[107]

---

100) 조심2022인3150, 2022.8.18. ; 조심2023전6973, 2023.5.25. ; 조심2023중10568, 2024.5.29. ; 인천지법 2022구단51892, 2023.5.30.
101) 조심2024인2576, 2024.8.7. ; 조심2023중10582, 2024.2.20. ; 조심2021인6819, 2022.9.6. ; 조심2021전6806(6807, 6808), 2022.11.30. ; 조심2023인7057, 2023.8.30. ; 인천지법2021구단52218, 2022.11.4.
102) 조심2022인6502, 2022.9.29.
103) 조심2023중812, 2023.4.18. ; 조심2022인7928, 2023.4.5. ; 조심2023중811, 2023.3.22. ; 조심2022전8009, 2023.3.22. ; 조심2022인1407, 2022.8.24. ; 조심2022인1397, 2022.6.16.
104) 조심2023중3487, 2024.1.30. ; 조심2023전6754, 2023.11.23. ; 조심2023전7127, 2023.9.7. ; 조심2023중579, 2023.5.23. ; 조심2023중42, 2023.5.9. ; 조심2021구1547, 2021.10.19.
105) 조심2022인1866, 2022.6.29.
106) 조심2022중1445, 2022.8.19. ; 조심2023전618, 2023.5.4. ; 조심2023중7814, 2023.9.13.
107) 조심2022인5401, 2022.12.5. ; 수원지법2023구단713, 2023.12.6.

Chapter 57

건물을 헐고 다시 신축했는데 옛날 건물의 취득가액은 어찌되는가?

내용 Summary

기본사항 Check

- **종전건물 취득가액 등의 필요경비 인정 여부** : 건물을 철거하고 재건축하는 유형 및 취득가액을 실가에 의하여 산정하는지 여부에 따라 종전 건물의 취득가액 및 철거비용의 필요경비 산입 여부가 달라짐
  ① 도시정비법 등 "환지" 개념이 적용되는 법률에 따라 재건축하는 경우
     (소득세법 시행령 제166조에 따라 산정 → 여기서는 설명 제외)
  ② 건축법에 따라 재건축하는 경우로서 취득 즉시 멸실한 경우
  ③ 건축법에 따라 재건축하는 경우로서 건물을 사용·수익하다가 멸실한 경우

핵심 Point

- 건물 취득 후 즉시 멸실하고 토지만 양도 : 토지 취득가액을 실가로 산정시 "건물 취득가액"은 토지의 장애철거비용으로 필요경비 인정
- 건물 취득 후 즉시 멸실하고 건물을 신축하여 사용하다가 양도하는 경우 : 토지 취득가액을 실가로 산정시 "구건물 취득가액"은 토지의 장애철거비용으로 필요경비 인정
- 건물 취득하여 사용하다가 멸실하고 건물을 신축하여 사용하다가 양도하는 경우 : "구건물 취득가액"은 필요경비 부인
- 멸실 후 신축건물을 사용하다가 양도시 장기보유특별공제
  ① 건물 부분 : 완성일 이후 보유기간에 따른 공제율 적용
  ② 토지 부분 : 당초 취득일부터 보유기간에 따른 공제율 적용
  ③ 1세대 1주택 부수토지 : 당초의 1세대 1주택 부수토지로 사용한 기간도 보유기간에 합산

질문 »

1. 甲은 건물과 토지를 일괄 취득하여 건물을 즉시 철거 완료한 뒤 토지만을 양도하였다. 실가에 의하여 양도차익을 산정함에 있어 건물 취득가액을 필요경비에 산입할 수 있는가?

2. 甲은 건물과 토지를 일괄 취득하여 즉시 건물을 철거하고 새로운 건물을 신축하여 사용하다가 토지와 건물 양도하였다. 실가에 의하여 양도차익을 산정함에 있어 종전 건물의 취득가액을 필요경비에 산입할 수 있는가?

3. 甲은 건물과 토지를 일괄 취득하여 몇 년간 사용하다가 건물을 철거하고 새로운 건물을 신축하여 사용하다가 토지와 건물 양도하였다. 실가에 의하여 양도차익을 산정함에 있어 종전 건물의 취득가액을 필요경비에 산입할 수 있는가?

4. 위 3.의 질문에서 천재지변이나 화재로 건물이 멸실된 경우에는 종전건물의 취득가액은?

답변 및 해설 »

1. 토지만 사용하였음이 명백한 경우 건물의 취득가액은 양도하는 토지에 대한 장애철거비용으로서 필요경비로 인정된다. 따라서 토지의 취득가액 + 자본적 지출액 + 양도비 + (철거건물의 취득가액 + 철거비용 - 잔설물 처분가액)에 의하여 토지에 대한 필요경비를 산정한다.

2. 종전 건물을 취득 즉시 멸실하고 건물을 신축하여 양도하는 경우 구건물의 취득가액은 양도하는 토지에 대한 장애철거비용으로서 필요경비로 인정된다. 이 경우 건물과 토지의 양도차익은 각각 별개로 산정되며 건물의 취득가액은 건물의 신축비용이 된다.

3. 토지와 건물을 취득하여 그 건물을 사용하던 중 노후화된 건물을 철거하고 새로운 건물을 신축한 뒤 토지 및 건물을 양도하면 구건물의 취득가액은 필요경비로 인정받지 못한다. 다만, 재해·노후화 등 부득이한 사유로 건물을 재건축한 경우 그 "철거비용"은 양도자산의 용도변경·개량 또는 이용편의를 위하여 지출한 비용에 포함된다.

4. 화재나 천재지변으로 건물이 멸실된 경우에도 멸실된 건물의 취득가액은 필요경비로 인정받지 못한다.

관련 사례

구 분	내 용
건물 취득 후 즉시 멸실 (실가 양도차익 산정)	• 토지만을 이용하기 위해 토지와 건물을 함께 취득한 후 해당 건물을 철거하고 토지만을 양도하는 경우 "철거된 건물의 취득가액"과 "철거비용"의 합계액에서 철거 후 "잔존 시설물의 처분가액"을 차감한 잔액을 토지의 필요경비에 산입함[108] • 건물 취득 후 이를 즉시 멸실하고 새 건물을 건축하여 건물과 함께 양도하는 경우 당초부터 건물을 철거하여 토지만을 이용하려는 목적임이 명백한 것으로 인정되는 경우 구건물 취득가액을 필요경비로 산입할 수 있음[109] • 즉시 철거하는 경우란 당초부터 토지만을 이용하려는 목적이었음이 명백한 것으로 인정될 때를 말함[110] • 건물을 취득하여 1년 6개월 정도 보유하다가 건물을 멸실한 후 5개월 뒤에 토지만을 양도한 경우 당초부터 토지만을 이용하려는 목적이 있었다고 보기 어려움[111]
건물 취득 후 사용하다가 멸실	• 건물을 취득하여 사용하다가 철거하고 다시 건물을 신축하여 양도한 경우 구건물의 취득가액 내지 장부가액을 필요경비로 인정할 수 없음[112] • 토지와 건물을 함께 취득하여 장기간 사용한 후 건물을 철거하고 나대지 상태로 양도시 건물의 취득가액과 철거비용 등은 토지의 취득가액에 산입하지 않음[113] • 건물과 부수토지를 함께 취득하여 건물 일부를 멸실한 후 잔여 건물과 부수토지를 상당기간 동안 사용하다가 양도하는 경우로서 양도차익을 실가에 의하여 산정하는 경우 멸실된 건물의 취득가액 및 철거비용은 필요경비에 산입하지 않음[114]
건물 취득 후 사용하다가 멸실 (천재지변)	• 종전 해석 : 건물이 천재지변으로 멸실된 후 토지만을 양도하면서 실가로 양도차익 산정시 멸실된 건물 취득가액은 필요경비에 산입함[115] • 현재 해석 : 토지와 건물을 취득하여 일정기간 사용한 건물이 소실되어 건물 신축 후 신건물과 토지 양도시, 구건물 취득가액은 토지 필요경비에 포함되지 않음[116]
1세대 1주택을 철거하고 재건축시 장기보유특별공제	• 건물 부분 : 1세대 1주택이 노후 등으로 멸실되어 재건축한 주택 양도시 주택 부분의 장특공제 적용을 위한 보유기간은 "신축한 당해 주택 취득일부터" 기산함[117] • 부수토지 부분 : 장기보유특별공제 적용을 위한 보유기간은 구주택 보유기간과 신축주택의 보유기간 통산함[118]

---

108) 양도 집행기준 97-163-40 ; 심사양도2011-169, 2011.8.26. ; 대판92누7399, 1992.9.8.
109) 법규재산-1832, 2022.3.10.
110) 부동산거래관리과-96, 2013.3.7. ; 서면5팀-1594, 2007.5.17. ; 대판92누7399, 1992.9.8.
111) 심사양도2005-34, 2005.4.25.
112) 조심2024서4488, 2024.12.12. ; 조심2024부4542, 2024.11.13. ; 조심2021서6826, 2022.5.10. ; 조심2021서5600, 2022.3.31. ; 조심2021서2659, 2021.11.23. ; 조심2019인1774, 2019.8.28. ; 조심2018중865, 2019.6.24. ; 조심2012서3551, 2012.10.29. ; 대판2013두18216, 2013.12.27.
113) 부동산거래관리과-1367, 2010.11.12. ; 조심2024서2757, 2024.8.1. ; 조심2009서103, 2009.3.13.
114) 재일46014-541, 2000.5.6.
115) 재산세과-3788, 2008.11.14. ; 재일46014-1303, 1997.5.26.
116) 법규재산-564, 2024.3.11. ; 재산세과-1415, 2009.7.10. ; 조심2018중912, 2018.5.16.
117) 양도 집행기준 95-159의 4-1 ; 재산세제과-1597, 2009.10.27. ; 조심2022구6528, 2022.10.6.
118) 재산세제과-34, 2017.1.16. ; 조심2016서1156, 2016.6.20. ; 대판2014두36921, 2015.4.23.

Chapter 58. 환매조건부로 토지를 양도하면 알아야 할 내용은?

내용 Summary

기본사항 Check

- **민법상 환매** : 매도인이 매매계약과 동시에 환매할 권리를 보류한 경우 그 영수한 대금 및 매수인이 부담한 매매비용을 반환하고 그 목적물을 환매할 수 있으며, 부동산인 경우 매매등기와 동시에 환매권의 보류를 등기한 때에는 제3자에 대하여 그 효력이 있음 → 그러나 매도인이 환매기간 내에 대금과 매매비용을 매수인에게 제공하지 아니하면 환매할 권리를 잃게 됨
- **토지보상법상 환매** : 토지의 협의취득일 또는 수용개시일로부터 10년 이내에 당해 사업의 폐지·변경 그 밖의 사유로 인하여 취득한 토지의 전부 또는 일부가 필요 없게 된 경우 취득일 당시의 환매권자(토지소유자 또는 그 포괄승계인)는 당해 토지의 전부 또는 일부가 필요 없게 된 때부터 1년 또는 그 취득일로부터 10년 이내(취득일로부터 5년 이내에 취득한 토지의 전부를 당해 사업에 이용하지 아니한 때에는 6년 이내) 당해 토지에 대하여 지급받은 보상금에 상당한 금액을 사업시행자에게 지급하고 그 토지를 환매할 수 있음

핵심 Point

- 토지를 환매한 경우 당초 매매와 환매의 관계 → 각각 별개의 양도임
- 환매로 재취득한 경우 취득시기 → 환매대금 청산일과 소유권이전등기 접수일 중 빠른 날
- 비사업용 토지 판단시 보유기간 적용 → 환매로 새롭게 취득한 날을 기준으로 적용
- 단기양도 세율 → 환매로 새롭게 취득한 날을 기준으로 적용
- 조특법 제70조의 2 특례 규정(★) : 농업인이 직접 경작한 농지를 한국농어촌공사에 양도하고 임차하여 직접 경작한 경우로서 해당 농지 등을 임차기간 내에 환매한 경우 → 종전 취득시기 및 취득가액 적용, 기존 양도소득세 환급, 자경농지 감면 판단시 임대차기간 중 경작기간도 포함

질문 »

1. 甲은 보유하던 토지를 개인인 乙에게 매매로 양도하고 환매특약에 따라 3년 이내 다시 양도대금 및 소요경비를 지급하고 환매로 재취득하였다. 해당 환매는 담보 목적은 아니다. 이후 甲이 해당 토지를 양도할 경우 취득시기 및 취득가액, 비사업용 토지 판단, 세율 적용은 어떻게 되는가?

2. 농업인에 해당하는 甲은 직접 경작하던 농지를 한국농어촌공사에 관련 법령에 따라 양도하고 임차하여 직접 경작한 경우로서 해당 농지를 임차기간 내에 환매하였다. 이후 재촌자경하다가 양도한 경우 자경농지 감면 또는 농지대토감면 규정 적용시 임차기간 중 재촌자경한 기간을 자경기간으로 인정받을 수 있는가?

3. 농업인인 부친 甲이 한국농어촌공사에 직접 경작한 농지를 2022년 중 양도한 뒤 임차하여 재촌자경하던 중 사망하자 2023년 중 임차인의 지위를 승계받은 乙은 환매권을 행사하여 해당 농지를 재취득하였다. 자경농지 감면을 적용할 때 부친의 임차경작기간을 인정받을 수 있는가? 환매 후 1년 이내 양도할 경우 단기양도로 중과되는가?

답변 및 해설 »

1. 甲은 환매조건부로 최초 양도한 것에 대해 양도소득세를 신고납부하여야 한다. 이후 환매조건부로 재매수하는 시점에 乙은 당초 취득가액과의 차액에 대해 양도소득세를 신고납부하게 된다.

   이후 환매로 취득한 토지를 甲이 재양도하는 경우에는 환매대금 청산일과 소유권이전 등기 접수일 중 빠른 날을 취득시기로 하여 재차 양도분에 대해 양도소득세를 신고납부하여야 한다. 따라서 이 시점을 기준으로 비사업용 토지 여부를 판단하고, "단기 양도" 여부를 적용함에 유의하여야 한다. 취득가액은 환매 취득에 소요된 가액이 된다. 실무상 특히 단기 양도 중과 여부에 주의하여야 한다.

2. 농업인인 직접 경작하던 농지를 한국농어촌공사에 양도하고 임차하여 직접 경작하다가 임대차기간 내에 환매하는 경우에는 조특법 제70조의 2 및 조특령 제67조의 2 특례를 신청할 수 있다(2014년 이후 시행). 이에 따른 특례를 신청하면 기존에 신고납부한 양도소득세는 환급하게 된다.

이후 특례를 적용받고 해당 농지를 재촌자경하다가 양도하면 취득시기는 당연히 농어촌공사에 양도하기 전의 취득시기가 되고 취득가액도 당초의 취득가액이 적용된다. 이 경우 자경농지 감면 적용시 임차기간의 재촌자경기간도 포함하여 8년 이상인지 여부를 판단한다. 그러나 "농지대토 감면" 규정을 적용할 때는 임차하여 경작하던 기간은 재촌자경기간에 합산할 수 없다. 명문규정이 없기 때문이다.

3. 한국농어촌공사에 양도하여 임차하여 경작하던 농업인이 사망하여 상속인이 임차권을 승계받고 환매권을 행사할 때는 유의하여야 한다.

이 경우 2023.12.31. 이전 한국농어촌공사에 양도한 것은 피상속인의 경작기간을 통산할 수 없다. 세율을 적용할 때도 보유기간 기산일은 상속인이 환매로 취득한 날이 되어 일반 상속자산과 다르게 피상속인의 취득시기를 적용하는 것이 아니기에 단기 양도에 주의하여야 한다. 다만, 2024.1.1. 이후 한국농어촌공사에 양도하는 분부터는 임차권을 상속으로 승계받은 경우 상속인이 농업인에 해당하고 해당 농지 등을 직접 경작하는 경우 특례 적용이 가능하다.

관련 사례

구 분	내 용
환매조건부로 양도한 경우	• 소유한 부동산을 민법에 의한 환매조건부로 양도하고 환매권을 보유한 상태에서 소유권이전등기를 하는 경우 양도소득세가 과세됨[119] • 토지소유자가 당초 토지가 수용됨에 따라 양도소득세를 신고·납부하였으나 이후 환매권을 행사하여 소유권을 반환받는 경우, 환매권 행사는 당초 수용과 별개의 거래로 당초 신고·납부한 양도소득세 반환 청구 거부는 정당함[120]
환매 취득 후 양도시 취득시기	• 환매권 실행으로 당초의 토지를 환매받은 경우 당해 재취득한 토지의 취득시기는 "환매대금 청산일(대금청산일이 분명하지 않거나 대금청산일 전에 소유권이전등기를 한 경우 등기접수일)"이 됨(재취득한 토지 양도시 단기양도 유의)[121] • 환매권 실행으로 재취득할 토지를 양도하는 경우로서, 당해 토지의 재취득시기 前에 양도시기가 도래하면 "부동산을 취득할 수 있는 권리"의 양도이며, 양도시기가 재취득시기 이후에 도래하면 "토지"의 양도임[122] • 협의매수 또는 수용된 토지를 당해 사업의 변경 등으로 원소유자가 환매권을 행사하여 취득한 경우 취득시기는 "환매대금 청산일(대금청산일이 분명하지 않거나 대금청산 전에 소유권이전등기를 한 경우 등기접수일)"이 됨[123]

---

119) 서면4팀-1893, 2007.6.14.
120) 심사양도2014-190, 2014.11.20. ; 조심2022부202, 2022.6.30. ; 조심2010중703, 2010.9.1.
121) 부동산거래관리과-753, 2010.6.1. ; 조심2021부6048, 2021.12.30.
122) 재일46014-2505, 1996.11.12.
123) 부동산거래관리과-674, 2012.12.17. ; 재산세과-3738, 2008.11.12. ; 조심2020중1944, 2020.10.12.

구 분	내 용
환매권의 상속	• 피상속인의 수용된 토지를 상속인이 환매권을 행사하여 취득한 경우 그 취득시기는 환매대금 청산일과 등기접수일 중 **빠른 날**로서, 취득가액은 환매시 지급한 가액이 됨[124]
환매권 행사 중 재수용 등	• 환매권 실행을 위해 환매대금을 공탁하고 소송제기 상태에서 당해 부동산이 수용되고 환매권자가 그 소송에서 승소한 경우 환매권자 명의로 소유권이전등기 없이 직접 공익사업 시행자에게 소유권이 이전되었더라도 당해 환매권자가 환매대금의 공탁일에 당해 부동산을 취득하여 수용에 의하여 양도된 것으로 봄[125]
담보권 일환의 환매특약	• 채무자가 채무의 변제를 담보하기 위해 그 자산을 양도하는 계약을 체결한 경우 양도로 보지 않음[126]
환매한 부동산의 취득가액	• 환매권 행사로 재취득한 자에게 다시 양도하는 경우 당해 자산의 취득가액은 소유권 재취득 또는 환매에 소요된 가액이 됨[127]
비사업용 토지 판단	• 환매로 취득한 토지의 비사업용 토지 여부 판정시 환매대금 청산일 등 취득시기를 기준으로 판단함[128]
단기양도 중과 판단	• 보유기간 계산시 협의매수 또는 수용된 토지를 당해 사업의 변경 등으로 원소유자가 환매권을 행사하여 취득한 경우 취득시기는 환매대금 청산일(대금청산일 전 소유권이전등기시 등기접수일)이 됨[129]
환매시 소요된 비용	• 법원의 확정판결로 환매하는 경우 그 소유권 등을 확보하기 위하여 직접 소요된 소송비용·화해비용 등으로 입증된 부분은 양도차익을 실가로 계산하는 경우 필요경비로서 공제할 수 있음[130]
환매로 재취득한 농지의 자경농지 감면	• 자경농지가 수용된 후 환매로 원소유자가 다시 취득하여도 기존 자경기간을 합산하는 것이 아니라 재취득일 이후 자경감면 요건을 갖추어야 함[131] • 피상속인이 농어촌공사법에 따라 농지를 양도한 후 임차기간 내에 사망하여 상속인이 해당 농지를 환매한 후 양도시 피상속인의 경작기간을 통산할 수 없으며,[132] 세율을 적용할 때 보유기간 기산일은 상속인이 환매로 취득한 날임[133] ※ 즉, 2023.12.31. 이전 양도분의 경우 포괄승계인인 상속인에게 환매권이 인정되더라도 조특법 규정에서 상속인에게 특례를 인정하는 규정이 없기 때문이며, 2024.1.1. 이후 농어촌공사에 양도하는 분부터는 상속인이 농업인으로서 해당 농지를 직접 경작시 특례 적용이 가능함

---

124) 재산세과-1590, 2009.7.31.
125) 재일46014-1880, 1997.8.2. ; 조심2010서2666, 2010.12.29. ; 조심2009중4014, 2010.1.20.
126) 재산세과-699, 2009.2.27. ; 대판2014두37559, 2014.8.19.
127) 재산세과-1266, 2009.6.24. ; 조심2019부142, 2019.7.31.
128) 재산세과-643, 2009.11.5. ; 서면5팀-532, 2008.3.13.
129) 재산세과-263, 2009.9.21. ; 조심2021부6048, 2021.12.30. ; 수원지법2011구합1208, 2011.4.28.
130) 재일46014-3515, 1994.12.31. ; 조심2013중536, 2013.12.31.
131) 재일46014-2161, 1997.9.10. ; 조심2020중1944, 2020.10.12.
132) 법령해석재산-22112, 2015.7.13. ; 법령해석재산-22442, 2015.6.1. ; 조심2022광8066, 2023.9.26.
133) 법령해석재산-22442, 2015.6.1. ; 조심2018부4844, 2019.7.26. ; 제주지법2019구합747, 2020.11.10.

구 분	내 용
환매로 재취득한 농지의 자경농지 감면 (조특법§70의2)	• 동 규정에서 "환매한 경우"란 임차기간이 끝나기 전에 환매를 요구(신청)한 경우로서, 그에 따라 환매가 정상적으로 마쳐진 경우를 말함[134]
	• 동 규정에 따라 환매시 당초 매매가액과 환매가액의 차액은 필요경비에 해당하지 않음[135]
	• 농업인이 직접 경작한 농지를 한국농어촌공사에 양도한 후 임차하여 직접 경작한 경우로서 해당 농지를 임차기간 내에 환매하고 납부한 양도소득세가 없어 양도소득세를 환급받지 아니한 농업인이 환매한 농지를 다시 양도하는 경우로서 그 농지에 대하여 양도소득금액을 계산할 때 취득가액은 한국농어촌공사에 양도하기 전 농업인의 해당 농지 등 취득 당시 소득세법 제97조 제1항 제1호에 해당하는 금액으로 하고, 세율 적용시 취득시기는 한국농어촌공사에 양도하기 전 해당 농지의 취득일로 함[136]
	• 2014.1.1. 전에 농지를 양도하여 100% 자경농지 감면을 받은 해당 농지를 환매하고 환급받을 세액이 없는 때에도 경정청구기간 이내 조특법 제70조의 2 제3항에 따라 환급신청을 하여야 하며, 양도소득세 과세특례가 적용되는 경우에는 조특법 제69조에 따라 해당 농지를 한국농어촌공사에 양도할 당시 적용받은 감면세액은 조특법 제133조 제1항 제2호 다목(감면세액 종합한도)이 적용되는 감면세액에 포함되지 않음[137]
환매로 재취득한 농지의 "농지대토" 감면	• 농지대토에 대한 감면요건 중 경작기간을 적용할 때 한국농어촌공사에 환매조건부로 양도한 후 환매하는 경우 해당 농지의 임차기간 경작기간은 포함하지 않음[138]
	※ 즉, 경작기간 특례 규정인 조특령 제67조의 2 제3항에서 "조특령 제67조"에 대해서는 규정하고 있지 않기 때문임
반복 적용 (재차 환매 등)	• 경영회생지원 농지매입사업에 따라 환매한 후 한국농어촌공사에 다시 양도한 경우 양도소득금액 계산시 취득시기와 취득가액은 조특법 제70조의 2 제2항에 따라 계산하며, 재양도한 농지를 재환매하여 제3자에게 양도시도 동일함[139]

---

134) 법령해석재산-1555, 2021.11.29.
135) 부동산납세과-1129, 2019.10.31.
136) 법령해석재산-2089, 2015.12.11.
137) 법령해석재산-1480, 2015.12.18.
138) 서면부동산-166, 2015.6.12.
139) 법규재산-1179, 2023.8.21.

Chapter 59 임야의 **묘지 이장비용 등,** 처리방법은?

내용 Summary

기본사항 Check

- 토지에 묘지가 있는 경우 토지를 개발하거나 양도할 때 제약이 되므로 이를 이장하는 경우가 많은데, 그 이장시기가 언제인지 그리고 비용은 누가 부담하고 누구에게 지급하는지 등에 따라 소득 구분 또는 필요경비 처리 등이 달라짐
  ① 토지를 보유하던 중에 묘지를 이장하는 경우
  ② 토지를 양도하면서 묘지를 이장하는 경우
  ③ 양도 이후 사례비나 손해배상으로 지급하는 경우

핵심 Point

- 토지 보유 중 묘지 이장비 지출 → 자본적 지출 ○
- 토지를 양도하면서 매매계약조건 또는 매수인의 요구에 따라 묘지 이장비용을 양도가액에 포함하여 지급받고 묘지를 이장하는 경우 → 양도가액 포함 ○, 소요경비는 양도비 ○
- 묘지 후손들에게 지급하는 반발무마 등으로 지급하는 사례금 → 필요경비 ×
- 토지 양도 후 양수인이 알지 못하는 묘지에 대해 지급하는 손해배상 → 필요경비 ×
- 묘지 이장 관련 소송비용 → 필요경비 ×(토지의 소유권 확보와 무관)

 **질문 »**

1. 甲은 임야를 보유 중에 임야에 있는 묘지를 이장하면서 1천만원을 지출하였다. 해당 비용은 필요경비로 인정되는가?

2. 甲은 임야를 양도하면서 매매가액을 10억원으로 하면서 해당 가액에는 임야에 설치되어 있는 묘지를 철거하는 조건이다. 甲은 묘지를 이장하면서 2천만원이 소요되었으며, 이 중에는 이장하면서 비석과 납골묘 설치비용 5백만원이 포함되어 있다. 양도가액 및 필요경비는 어떻게 처리하는가?

3. 甲은 임야를 10억원에 양도하면서 묘지 이장을 해주면 2천만원을 별도로 사례금을 지급하는 것으로 양도하였다. 10억원을 지급받고 묘지 이장을 해주면서 2천만원을 추가로 지급받았다. 묘지 이장비용은 1,500만원이 소요되었다. 이 경우 처리 방법은?

4. 甲은 임야를 양도하면서 그 토지에 있는 묘지 3기를 알려주지 않았다. 매수인은 토지 매수 후에 그 사실을 알고 항의하였고, 甲은 그 손해배상으로 2천만원을 지급하였다. 甲이 지급한 2천만원이 양도가액에서 차감하거나 필요경비로 인정되는가?

답변 및 해설 »

1. 이는 토지를 보유하면서 묘지 이장비를 지출한 경우 장애철거비용으로서 자본적 지출에 해당하므로 취득가액을 "실가"로 적용하는 경우 필요경비가 인정된다.

2. 이 경우 양도가액에 묘지 이장비용이 포함되어 있고 해당 가액은 양도가액에 포함된다. 따라서 양도가액은 10억원이다. 그런데 묘지 이장비용으로 실제 2천만원이 소요되었는데, 그 중 납골묘 등 설치비용 5백만원이 포함되어 있다. 납골묘 및 비석 사용에 소요된 비용을 과세관청은 필요경비로 보지 않지만, 조세심판원은 필요경비로 인정하고 있다. 일단 과세관청 해석에 따르되 조세심판원의 결정을 근거로 하여 경정청구 방법으로 처리해야 할 부분으로 생각된다.

3. 임야를 양도하고 별도로 묘지 이장을 하면 사례금을 지급받는 구조이다. 따라서 양도가액은 10억원을 적용하고, 해당 사례금 2천만원은 기타소득으로 과세하며 필요경비 1,500만원을 차감하여 소득금액을 산정하는 구조이다. 이 경우 乙은 기타소득에 대한 원천징수를 하여야 한다.

4. 해당 금액은 양도 이후에 발생한 비용으로서 양도비에 해당하지 않는다고 보기에 필요경비로 인정받지 못한다.

관련 사례

구 분	내 용
토지 보유 중 묘지 이장비용	• 취득한 토지의 이용편의를 위하여 지출한 묘지 이장비용은 그 사실관계가 확인되는 경우 자본적 지출액으로 인정됨[140] • 그러나 입증하지 못하면 자본적 지출로 인정하기 어려움[141]
매매계약 등에 따라 양도시 지급하는 묘지 이장비	• 묘지가 있는 임야를 양도하며 묘지 이장하는 조건으로 매매계약을 한 경우 "매매가액 전체"를 양도가액으로 보지만, 임야의 양도가액과는 별도로 묘지 이장에 따른 사례금 성격의 이장비나 보상비를 지급받는 경우 그 사례금 등은 "기타소득"으로 보며, 이 경우 묘지 이장에 따른 수령액이 양도소득인지 기타소득인지 여부는 매매계약서, 계약조건 등을 확인하여 판단함[142] • 매매계약서에 묘지 이장 조건이 명시되어 있을 경우 묘지 이장비는 양도가액에 포함하고, 실제 묘지 이장비는 필요경비로 공제함[143] • 임야를 양도하고 양수인의 요구에 따라 묘지 이장을 하는 경우 당해 직접 지출한 묘지 이장비는 양도자산의 필요경비에 포함됨[144] • 양수인의 요구에 따라 묘지를 이장하는 경우로서 이장한 묘지에서의 납골묘 사용료와 비석의 취득·설치에 소요된 비용 〈과세 관청〉 장애철거비용에 해당하지 않음[145] 〈조세심판원〉 장애철거비용에 해당함[146]
손해배상액 및 사례금 등	• 토지 양도시 양수인이 알지 못하는 묘지에 대해 양도일 이후 묘지 이장을 요구하여 양수인에게 지급하는 손해배상액은 필요경비에 해당하지 않음[147] • "양도 이후" 종중원의 반발을 무마하기 위해 지출한 합의금은 필요경비로 산입하기 어려움[148] • 묘지의 자손들에게 지급하는 "보상비" 명목은 필요경비에 포함되지 않음[149]
묘지 이장 소송비용	• 양도가액에서 공제할 필요경비 중 양도비에 묘지 이장 관련 소송비용은 포함되지 않음[150]
비사업용 토지	• 재산세가 비과세되는 묘지는 현황상 묘지일 뿐만 아니라 지적공부상으로도 지목이 묘지인 토지를 말함[151]

---

140) 양도 집행기준 97-163-35 ; 서면4팀-3181, 2006.9.15. ; 조심2015부5699, 2016.5.12.
141) 청주지법2023구합448, 2024.4.18.
142) 부동산거래관리과-532, 2010.4.9. ; 서면1팀-1710, 2006.12.15. ; 조심2011부3237, 2011.12.1.
143) 심사양도2011-180, 2011.8.26.
144) 서면4팀-1724, 2004.10.26. ; 조심2015부5699, 2016.5.12. ; 조심2013중626, 2013.4.5.
145) 부동산납세과-130, 2014.3.11. ; 부동산거래관리과-702, 2010.5.18.
146) 조심2010서3605, 2010.12.21.
147) 법령해석재산-455, 2016.11.7. ; 부동산거래관리과-207, 2011.3.9.
148) 조심2018서2871, 2018.10.24.
149) 부동산거래관리과-1238, 2010.10.8. ; 재산세과-1046, 2009.12.18. ; 서면4팀-1724, 2004.10.26.
150) 서면4팀-2287, 2005.11.23.
151) 법규재산2013-251, 2013.8.22. ; 조심2018서4047, 2018.12.3. ; 대판2020두36441, 2020.6.25.

Chapter 60 장부가액, 실지 취득가액으로 인정되는가?

내용 Summary

기본사항 Check

- **자산의 장부가액** : 사업자가 양도하는 자산(토지, 건물)에 대하여 회계처리 및 세무조정을 하여 장부에 기재한 가격
- **성실 추정** : 세무공무원은 납세자가 국세기본법 제81조의 6 제3항 각 호의 어느 하나에 해당하는 경우를 제외하고는 납세자가 성실하며 납세자가 제출한 신고서 등이 진실한 것으로 추정하여야 함
- **쟁점** : 양도차익 산정시 취득가액은 실가에 의함이 원칙이며, 취득 실가가 불분명할 경우 매매사례가액, 감정가액, 환산취득가액의 순서를 적용함 → 해당 자산이 사업용 자산으로 종합소득세를 신고하면서 장부에 계상된 가액을 기초로 감가상각을 해 오고 있을 경우 해당 장부상 당초 계상한 가액을 실가로 적용할 수 있는지 여부가 쟁점임

핵심 Point

- 장부가액을 부수증빙 등에 의하여 신뢰할 수 있는 경우 : 취득가액으로 인정하는 사례 다수 → 최근에는 성실성 추정 등으로 상당한 정도로 입증하면 장부가액이 사실과 다르다는 점은 납세자가 입증하도록 하는 사례가 다수임
- 장부가액을 기준시가로 계상하는 등 신뢰할 수 없는 경우 : 취득가액으로 인정하기 어려움
- 최근 불복사례 추세에 대한 이해가 필요함
- 양도시에도 양도가액과 장부가액의 차이 발생시 → 영업권 여부도 검토 필요

질문 »

1. 甲은 오래 전에 상가빌딩과 부수토지를 취득하여 임대를 하여 왔다. 취득 당시 취득세 등은 기준시가로 신고하였다. 취득 후 부동산임대소득 관련하여 개별공시지가 및 건물기준시가를 상회하는 가액으로 건물 및 토지의 가액을 기장하여 매년 그에 따라 감가상각비를 계상하는 등 복식부기에 의해 종합소득세를 신고하여 왔다. 현재 상가를 매매하고 양도소득세를 신고하면서 취득 관련 매매계약서를 분실로 환산취득가액으로 산정하였다. 부가가치세 신고내역도 확인되지 않는다. 건물의 환산취득가액은 10억원이지만, 건물의 최초 장부가액은 5억원

이고 감가상각비 누계가 2억원이다. 최근 불복사례에 따르면 해당 환산취득가액은 인정될 수 있는가?

2. 甲은 오래 전에 취득한 상가건물 및 부수토지를 취득세 과세표준을 기준시가로 신고납부하였다. 이후 해당 상가건물 임대소득 관련하여 토지 및 건물을 모두 기준시가로 장부에 계상하였으며 감가상각비로 비용화하지는 않았다. 해당 상가를 양도할 경우 취득계약서가 존재하지 않고 전 소유자의 양도소득세도 기준시가로 신고되어 있는 상황이다. 이 경우 최근 불복사례 취지에 따를 경우 해당 장부가액을 실가로 인정할 수 있는가?

3. 최근 불복사례에서는 장부신고의 성실 추정 및 장부가액이 신뢰성이 있는 경우 장부가액을 인정한다고 할 경우 검토하여야 할 사항은 무엇인가?

답변 및 해설 »

1. 사안의 경우 비록 실가를 확인할 수 없지만, 기준시가를 상회하는 가액으로 장부에 계상하여 장기간 복식부기에 의하여 계상하여 왔고, 그에 기초하여 감가상각비를 장기간 비용으로 처리하여 왔으며, 납세자의 신고는 기본적으로 성실하다는 추정되는 점에 비추어 취득 실가로 인정될 것이다. 장부가액이 실가와 다르다는 점을 납세자가 입증하여야 한다. 단순히 장부보존기간을 경과하였다는 사실만으로는 반증이 되지 않는다. 이러한 사실을 종합하면 다른 특별한 사정이 없는 한, 해당 장부가액은 취득가액으로 인정될 가능성이 크다.

2. 사안은 기준시가로 장부를 계상한 것이 명백한 점에 비추어 취득가액으로 인정하기는 어렵다. 당시 거래의 특수성, 예컨대 당시 기준시가에 의하여 거래하였다는 것을 간접적이라도 입증한다면 모를까 정확하게 기준시가로 기장된 것을 취득 실가라고 보기는 무리이다.

3. 장부가액의 인정 여부는 장부내용의 신뢰문제로 개별사안에 따라 판단하며, 최근 불복사례들을 보면, 직접적으로 입증되지 않더라도 여러 정황에 비추어 장부가액을 실가로 인정하거나, 장부의 성실성 추정에 의하여 장부가 모순이 없고 그것이 허위라는 반증이 없는 경우 장부가액을 취득가액으로 인정하고 있다. 이 경우 참고할 사항은 다음과 같다.

   - 신축시(취득시)부터 장부를 비치하여 기록해 온 것인지
   - 종합소득세 신고를 복식장부로 신고하였는지
   - 당초 장부계상 가액이 기준시가보다 높은 것인지
   - 감가상각비 계상의 기초된 가액이 무엇인지
   - 도급계약서와 금융증빙, 관련 제세의 신고납부 내역

- 세무조사 등을 통한 감가상각비 계상의 적정성 인정 여부
- 토지와 건물을 구분하여 회계처리하고 있었는지
- 복수의 건물들에 대해 각각 감가상각하고 있었는지
- 원시장부의 존재 여부, 대차대조표상 건물가액과 감가상각비명세서상 해당 건물을 포함한 자산의 기말잔액이 일치하고 있는지
- 취득시부터 오랜 시간이 경과되었는지
- 취득 관련 자료가 임의로 작성한 것인지
- 취득 당시 대출금액과 최초 장부가액과의 차이 정도
- 부가가치세 신고 자료 및 (세금)계산서 자료
- 주변 건물 등의 가액

관련 사례

구 분	내 용
장부가액을 실가로 인정한 경우	• 부동산 담보대출시 받은 감정가액이나 공시지가 등에 비추어 보면 10여 년 동안 작성 및 비치해 온 대차대조표, 잔액합계시산표 및 임대보증금 등의 총수입금액 조정명세서상 자산가액은 부동산의 실지거래가액을 반영하여 작성된 것으로 봄이 상당함[152]
	• 실가가 매매계약서 등 취득 관련 서류에 의하여 직접적으로 입증되지 않더라도 여러 정황에 비추어 장부가액이 실가를 계상한 것으로 보이는 경우 장부가액을 실가로 보는 것이 합리적이므로,[153] 양도신고시 취득가액은 임의로 작성한 매매계약서상 거래가액인 점, 부동산을 사업용 자산으로 장부에 기장하고 감가상각비를 필요경비에 산입하여 종합소득세를 신고한 점 등을 고려할 때, 장부가액을 취득가액으로 본 것은 정당함[154]
	• 부동산을 사업용 자산으로 장부에 기장하여 그 가액을 기준으로 감가상각비를 필요경비에 산입하여 종합소득세를 신고한 점 등을 고려할 때, 장부가액을 취득가액으로 하여 과세한 처분은 정당함[155]
	• 당초 장부가액을 실지 취득가액으로 하여 신고하였고, 장부가액이 실지 취득가액이 아님을 확인할 수 있는 객관적인 증빙의 제시가 없으므로, 취득가액을 장부가액으로 본 것은 잘못이 없음[156]

---

152) 부산고법2011누4572, 2012.11.28. ; 서울행법2013구단52172, 2013.12.6. ; 서울행법2013구단50848, 2013.11.27.
153) 조심2022부6859, 2023.2.21. ; 조심2019부4, 2019.5.13. ; 조심2018중3471, 2019.4.2. ; 조심2012중3462, 2012.11.28. ; 조심2012구1854, 2012.6.20. ; 조심2011중2429, 2011.11.25.
154) 조심2023구7001, 2023.11.7. ; 조심2022중7334, 2023.3.20. ; 조심2021서5003, 2022.2.11. ; 조심2018중3404, 2018.11.5.
155) 조심2018중3471, 2019.4.2. ; 조심2018중3404, 2018.11.5. ; 조심2011중1610, 2011.9.14.
156) 심사양도2012-253, 2013.3.5. ; 조심2022인22, 2022.4.26.

구 분	내 용
장부가액을 실가로 인정한 경우	• 실가로 양도차익을 계산하는 경우 실가는 장부를 기장한 경우 취득에 관한 증빙서류 등에 의하여 확인되는 경우 장부가액(취득가액)을 실가로 인정함[157]
	• 납세자는 매매계약서, 영수증, 대금지급자료 등을 직접 소지하고 있거나 손쉽게 구하여 실가를 증명할 수 있을 것으로 기대되므로 과세관청은 반드시 증빙서류에 의하지 않아도 해당 장부기재를 실가라고 볼 수 있는 상당한 사정을 입증하면 족하며, 그러한 상당한 사정이 입증되면 장부가액을 부인하려는 측에서 장부기재가 실가에 대한 다른 증빙자료를 제시하거나 납득할 이유를 밝혀 반증해야 함[158]
	• 인수한 담보채무액 외의 잔금을 본인 및 배우자의 예금 등을 해약·인출하여 현금으로 지급하였다고 주장할 뿐, 이를 인정할 금융거래내역 등 증빙자료 및 장부가액이 실지 취득가액이 아니라는 구체적이고 객관적인 증빙자료를 제시하지 못한 점 등에 비추어 장부가액을 실지 취득가액으로 본 것은 달리 잘못이 없음[159]
	• 장부가액은 건물 취득 후 양도할 때까지 사업용 자산으로 사용하며 장부에 기장(감가상각으로 비용화하지 않음)하고 종합소득세를 신고해 왔고, 장부가액이 취득 당시 기준시가 및 도급계약서상 금액보다 높게 계상된 점에 비추어 세무대리인의 실수에 의한 임의적인 가액으로 보이지 않음[160]
	• 납세자는 매매계약서, 영수증, 대금지급자료 등을 직접 소지하고 있거나 손쉽게 구하여 실가를 증명할 수 있을 것으로 기대되므로 과세관청은 반드시 증빙서류에 의하지 않아도 해당 장부 기재를 실가라고 볼 수 있는 상당한 사정을 입증하면 족하며, 그러한 상당한 사정이 입증되면 장부가액을 부인하려는 측에서 장부 기재가 실가에 대한 다른 증빙자료를 제시하거나 장부를 실제와 달리 기재한 납득할 만한 이유를 밝혀 장부가액을 실가로 인정할 수 없는 사정을 입증해야 함[161]
	• 당초 장부가액을 실지 취득가액으로 하여 신고하였고, 장부가액이 실지 취득가액이 아님을 확인할 수 있는 객관적인 증빙의 제시가 없으므로, 취득가액을 장부가액으로 본 것은 잘못이 없음[162]
	• 장부가액은 건물 취득 후 양도할 때까지 사업용 자산으로 사용하며 장부에 기장(감가상각으로 비용화하지 않음)하고 종합소득세를 신고해 왔고, 장부가액이 취득 당시 기준시가 및 도급계약서상 금액보다 높게 계상된 점에 비추어 세무대리인의 실수에 의한 임의적인 가액으로 보이지 않음[163]

---

157) 서면5팀-766, 2007.3.7. ; 서면4팀-1061, 2006.4.21. ; 조심2023서10621, 2024.10.16. ; 조심2023부9031, 2023.12.4. ; 조심2021부1852, 2021.11.11. ; 서울행법2022구단66753, 2024.1.17.
158) 조심2022중5138, 2022.10.11. ; 조심2018구4561, 2019.10.8. ; 서울고법2013누53389, 2014.5.28.
159) 조심2018광595, 2018.6.15.
160) 조심2011중2429, 2011.11.25. ; 서울고법2013누11156, 2013.10.16.
161) 심사양도2022-4, 2022.6.2. ; 조심2023부10189, 2023.12.27. ; 조심2023광8245, 2023.9.25. ; 제주지법2024구합5159, 2025.1.13. ; 수원지법2023구단1099, 2024.1.10.
162) 심사양도2024-15, 2024.6.12. ; 조심2022인22, 2022.4.26. ; 부산지법2021구합25289, 2022.9.1.
163) 조심2011중2429, 2011.11.25. ; 서울고법2013누11156, 2013.10.16.

구 분	내 용
장부가액을 실가로 인정하지 않은 경우	• 사업자가 기장을 하기 전에 취득한 자산을 감정평가법인의 감정가액으로 기장하여 감가상각을 한 경우 해당 자산의 양도차익 계산에 있어 필요경비로 공제하는 취득가액은 "당초 그 자산을 취득하기 위하여 소요된 실지거래가액"으로 함[164] • 자산 보유기간 중 자산재평가법 등에 따라 재평가 또는 임의로 재평가하였을 경우에는 장부 등에 계상한 재평가액에 불구하고 취득 당시의 실지거래가액에 의함[165]
일괄 양도 자산의 안분	• 양도가액을 실지거래가액에 의하여 양도차익을 산정하는 경우로서 토지와 영업권을 가액 구분 없이 일괄 양도한 경우 양도가액은 부가령 제64조(감정평가액, 기준시가, 장부가액, 취득가액의 순차 적용)에 의하여 "안분계산"함[166]
영업권 관련	• 모텔 비품 대가를 구분 수령한 경우 비품만 별도로 양도하였다고 보기 어려우므로 수령 대가에서 비품의 장부가액을 차감한 금액을 "부동산과 함께 양도하는 영업권"의 가액으로 보아 과세한 것은 잘못이 없음[167] • 전체 양도자산 중 부동산 외 다른 자산이 있다고 하여 영업권의 일부만 부동산 등과 관련되어 양도된다고 볼 수 없으며, 기타자산의 양도가액을 매수인의 취득시 결산서상 장부가액을 기준으로 산정한 것은 정당함[168]
지자체에 신고한 금액 등	• 건물의 취득세 신고서 및 첨부한 도급계약서 등에 기재된 금액 · 재무상태표상 장부가액 등을 볼 때, 신축가액이 합리성을 결여하였다고 단정하기 어려워 취득세 시가표준액이나 부동산거래 신고가액을 실가로 본 것은 잘못이 없음[169] • 법인장부 등에 따라 취득가격이 입증되는 취득에 대하여는 사실상의 취득가격을 취득세 과세표준으로 하는데 주택을 분양법인으로부터 분양으로 취득하여 그 취득가액을 취득세 과세표준을 신고한 것으로 보여, 취득세 과세표준을 취득가액으로 과세한 것은 달리 잘못이 없음(가산세 부과도 정당함)[170] • 계약서상 매매대금이 등기부상 기재가액 및 취 · 등록세 신고납부시 취득가액과도 일치하며, 아파트 취득과 관련하여 수리비용, 중개수수료 및 추가 지급금액 등을 실제로 부담하였다고 주장할 뿐 이를 뒷받침하는 객관적인 자료 등을 제시하지 못하여 받아들일 수 없음[171] • 처분청이 과세근거로 제시한 매매계약서에서 건물분 매매대금은 부가가치세(건물분 공급가액) 및 종합소득세(건물 감가상각비 산정)를 신고하는 과정에서 사용되었고, 매매계약서상 매매대금은 취득세 과세표준 및 장부상 금액과 일치하는 등 신뢰성 있는 거래가액(취득가액)에 해당함[172]

---

164) 심사양도2022-28, 2023.1.11.
165) 양도 집행기준 97-163-6
166) 재산세과-878, 2009.11.27. ; 재산세과-2065, 2008.7.31.
167) 조심2018서1119, 2018.10.31.
168) 조심2015전253, 2015.8.20. ; 조심2008중4015, 2009.4.20.
169) 조심2018중1658, 2018.11.6. ; 조심2022중6450, 2022.10.27. ; 조심2022부6859, 2023.2.21. ; 서울행법 2021구단55831, 2022.10.5. ; 광주지법2021구합890, 2022.4.29.
170) 조심2021서2052, 2021.5.18. ; 서울고법2023누35991, 2023.10.20. ; 서울행법2021구단66886, 2023.2.1.
171) 조심2021중3041, 2021.8.11. ; 수원지법2021구단4018, 2022.7.8.
172) 조심2021구2817, 2021.12.14.

Chapter 61 소급감정가액, 인정되는가?

내용 Summary

기본사항 Check

- **소급감정** : 과거 어느 시점의 자산 가격을 현재에 평가하면서 감정평가서 작성일이 평가기간 후인 감정가액을 소급감정이라 하는데, 자산의 가격을 평가하는 것은 현재의 시점에서 그 자산을 평가하는 것이 가장 정확하고 실질에 부합하기에 소급감정한 가격을 인정할 것인지 여부가 종종 쟁점이 됨

- **소급감정 쟁점 분야**
  ① 취득가액을 추계가액으로 산정하는 경우
  ② 부당행위계산 적용시 시가를 평가하는 경우
  ③ 상속/증여받은 자산의 취득가액을 평가하는 경우
  ④ 일괄 양도하는 자산을 안분하는 경우

핵심 Point

- 교환 등에서 양도 또는 취득가액을 추계가액으로 하는 경우 소급감정가액 인정 여부 : 조세심판원 및 판례 → 부정

- 상속/증여받은 자산의 취득가액 결정시 소급감정가액 인정 여부 : ① 조세심판원 → 부정, ② 대법원 등 판례 → 긍정, 제척기간 도과시 부정, ③ 2020.2.11. 이후로는 세무서장이 결정/경정한 가액이 있으면 그 가액 적용(명문규정 마련)

- 부당행위계산 적용을 위한 시가 평가시 소급감정가액 인정 여부 : ① 조세심판원 → 부정, ② 대법원 → 긍정

- 소급감정가액에 의한 일괄양도 자산의 안분이 인정되는가 → No

질문 »

1. 甲은 보유하던 토지를 乙의 소유 토지와 교환하였다. 이후 양도소득세 신고를 위하여 소급하여 교환자산 가격을 감정받았다. 불복 사례에 비추어 볼 때 해당 가액이 양도가액으로 인정될 수 있는가?

2. 甲은 20년 전에 상속으로 취득한 토지를 양도하면서 상속 당시 개별공시지가가 낮아 세금부담이 많으므로 감정을 높게 받으면 양도소득세를 줄일 수 있다는 얘기를 듣고 감정평가사 2곳에서 소급감정을 받았다. 해당 가액은 취득가액으로 인정될 수 있는가? 해당 토지 관련하여 세무서장의 상속세 결정가액은 없다.

3. 甲이 특수관계자에게 토지를 시가에 비해 저가로 양도하여 부당행위 계산이 문제되고 있다. 이 상황에서 법원이 감정 요청을 받아 들여 소급하여 감정한 가액도 시가로 인정되는가?

답변 및 해설 »

1. 실가로 양도가액을 산정하여야 하지만 실무상 교환거래의 경우에는 종종 양도가액을 추계로 신고하는 경우를 본다. 임의적 교환의 경우에는 양도하는 자산의 기준시가로 양도가액을 산정하고 취득가액도 기준시가로 산정하고 개산공제를 적용한다.

   그런데 추계가액 중 감정가액을 적용할 경우 교환하는 자산의 객관적 교환가치를 산정하고 정산을 거치기 위하여 교환하기 3개월 이내에 감정하는 경우로서 2 이상 감정하는 경우 해당 감정가액은 적정하다. 그러나 소급감정하면서 세무서 제출용으로 하는 감정은 인정받기 어렵다. 참고로, 2020.2.11. 이후 양도분부터 기준시가가 10억원 이하인 부동산 등은 평가기간 내에 하나의 감정평가업자가 평가한 것으로서 신빙성이 있다고 인정되는 감정가액도 인정한다.

2. 소급감정가액을 인정할 것인지 여부가 가장 논쟁이 있는 부분이다. 조세심판원이나 국세청 심사결정은 일관하여 상속 또는 증여받은 자산에 대하여 소급감정을 부정하고 있다. 대법원은 상속/증여받은 자산에 대하여 합리적 신뢰할 수 있는 가격이라고 인정된다면 가능하다고 보았으며, 이는 주로 양도소득세 취소소송 중 법원에 감정을 통하여 요청하는 경우가 많았다. 그런데 최근 판례들은 상속세 또는 증여세 제척기간이 경과한 경우 "양도소득세 감액 목적의 소급감정"에 대하여 부정적인 입장을 보이고 있다.

한편, 2020.2.11. 소득세법 시행령 개정을 통해 상속세 또는 증여세에 대한 관할 세무서장이 결정/경정을 한 가액이 있다면 그 가액을 취득가액으로 하도록 개정하여 다툼이 상당 부분 줄었다. 다만, 이 경우 결정/경정한 가액이 과세관청 내부적 결정가액인지 아니면 상속세 납부의무자에게 통지까지 되어야만 하는 것인지 여부에 대하여는 뒤 "79. 상속받은 부동산, 취득가액 및 장기보유특별공제 산정은?"에서 최근 판례와 더불어 설명하므로 참고하기 바란다.

3. "저가양도" 또는 "고가취득" 관련하여 부당행위계산 적용시 시가를 평가함에 있어 소급감정한 가액도 인정될 것인지 여부에 대하여 조세심판원은 일관되게 소급감정을 부정하고 있다. 그러나 대법원은 소급감정한 가액도 시가를 적정히 반영하였다면 인정된다고 판결하여 여전히 기관 간에 견해차가 있다.

관련 사례

구 분	내 용
추계가액 결정 (양도/취득가액)	• 교환자산의 양도가액 결정 : 추계결정의 근거가 될 수 있는 감정가액은 '양도일 또는 취득일 전후 각 3월 이내에 당해 자산에 대하여 2 이상의 감정평가법인이 평가한 것'에 한정됨[173] • 토지를 교환거래로 양도할 당시 교환대상 토지의 시가 평가기간 내 당해 자산 매매사례가액이 아니라 소급감정가액에 금전으로 수령한 교환차액을 가산하여 그 양도가액을 산정하여야 한다는 주장은 받아들이기 어려움[174] • 감정가액이 양도소득세와 상관없이 해당 토지에 대한 사해행위 취소소송 중 법원이 감정의뢰하여 얻은 감정가액으로서 객관적이고 합리적인 가액으로 볼 수 있고, 당시 토지의 시세가 상승세에 있었으므로 토지 취득 당시보다 약 1년 후에 감정한 가액이 취득 당시의 시가보다 낮은 가액이라고 할 수는 없을 것이므로 이를 취득가액으로 보아 양도차익을 계산한 것은 잘못이 없음[175]
부당행위계산 시가 평가	• 조세심판원 : 부당행위계산 적용을 위한 시가 평가시 소급감정한 가액을 시가로 볼 수 없음[176] • 대법원 : 부당행위계산 판단시 "시가"는 원칙적으로 정상적인 거래에 의하여 형성된 객관적인 교환가격을 의미하지만, 이는 객관적이고 합리적인 방법으로 평가한 가액도 포함하며 공신력 있는 감정기관의 감정가격도 시가로 볼 수 있고 그 가액이 소급감정에 의하여도 달라지지 않음[177]

---

173) 수원지법2011구합5903, 2012.8.16. ; 대판2013두10410, 2013.9.12.
174) 조심2014중2754, 2014.7.31.
175) 조심2009부243, 2009.6.4.
176) 조심2022부2339, 2022.9.29. ; 조심2021부2686, 2022.5.12. ; 조심2022중2014, 2022.5.2. ; 조심2022서2224, 2022.5.2. ; 조심2020광1453, 2020.9.15. ; 조심2020부1098, 2020.7.15. ; 조심2016중2767, 2016.10.17. ; 조심2016부2601, 2016.9.8. ; 조심2016부386, 2016.5.12. ; 조심2015서1381, 2015.4.13. ; 조심2012구115, 2012.5.25.
177) 대판2013두2334, 2013.5.24. ; 대판2010두28328, 2012.5.24. ; 대판99두1731, 2001.6.15.

구 분	내 용
취득가액 산정 (상속/증여)	• 조세심판원 : 상속 또는 증여로 취득한 자산의 취득가액 결정시 소급감정한 가액은 상속/증여 당시의 시가로 보기는 어려움[178] • 대법원 등 판례 : 소급감정을 인정하되,[179] 최근 판결들은 상속세 제척기간이 경과한 경우로서 양도소득세 감액 목적의 소급감정을 부인함[180] ※ 2020.2.11. 이후 양도분은 상속세 및 증여세에 대한 세무서장의 결정·경정가액을 적용하여야 하므로 소급감정에 대한 다툼은 상당 부분 감소할 것으로 생각되며, 상속세 및 증여세에 대한 세무서장의 결정·경정가액과 관련한 쟁점은 Chapter 79.에서 상세하게 설명하므로 참고하기 바람
일괄 양도/취득 자산의 안분	• 감정가액이 감정평가기간에서 1년 9개월이나 지난 시점에서 처분청에 제출하기 위한 목적으로 소급하여 평가한 감정가액으로서 부동산 매매 당시의 이용가치와 주변환경 및 상태 등을 정확하게 판단하기 어려워 평가의 공정성이 확보된 합당한 가액으로 볼 수 없는 점 등 양도 당시의 객관적인 시가가 반영된 합리적인 감정평가가액으로 보기는 어려우므로, 해당 감정가액에 의하여 안분계산하여야 한다는 주장은 받아들이기 어려움[181]

---

178) 조심2012서4328, 2012.12.12.
179) 대판2014두3204, 2014.5.29. ; 대판2013두21571, 2014.2.27. ; 대판2010두14442, 2010.10.28. ; 대판2010두8751, 2010.9.30.
180) 대판2019두30997, 2019.4.25. ; 서울행법2018구합81424, 2019.5.10. ; 울산지법2018구합5424, 2018.9.13. ; 서울행법2017구합88923, 2018.6.22.
181) 심사양도2009-174, 2009.11.2. ; 조심2012전4554, 2012.12.18.

Chapter 62 감가상각비, 양도소득세에서는 이렇게 처리된다!

내용 Summary

기본사항 Check

- **감가상각비 취득가액 차감** : 양도자산 보유기간 중 그 자산에 대한 감가상각비로서 각 과세기간의 사업소득금액 계산시 필요경비에 산입하였거나 산입할 금액이 있을 때에는 이를 공제한 금액을 그 취득가액으로 함 → 취득가액을 실지거래가액뿐 아니라 매매사례가액·감정가액·환산가액 적용시도 차감함

핵심 Point

- 매년 감가상각비를 계상하였으나 이월결손금이 과다하게 남아 있어도 취득가액에서 차감하는가 → Yes
- 이월결손금이 과다한데 손익계산서 등 결산서류를 수정신고할 수 있는가 → No
- 부담부 증여한 경우 감가상각비 처리 방법 : 시가로 간주되는 평가액 적용시 → 감가상각비 차감 ○, 기준시가로 평가시 → 감가상각비 차감 ×
- 상속/증여받은 자산 : 상속/증여일 이후 계상분 차감 → 기준시가로 평가하여도 차감(취득 실가로 의제되기에)
- 감가상각 의제금액 : 감가상각비 차감 ○
- 기준시가에 의한 양도차익 산정 : 감가상각비 차감 ×

 질문 »

1. 甲은 상가건물을 매입하여 복식부기에 의하여 매년 사업소득을 신고하면서 감가상각비를 정액법에 의하여 상각하고 있다. 그러나 임대료 수입에 비해 건물가격이 과다하여 양도일 현재 이월결손금이 과다하게 남아 있으며, 만일 감가상각비를 계상하지 않았더라도 이월결손금이 있는 상태이다. 해당 상가 건물을 양도하고 양도차익 산정시 실제 취득가액에서 감가상각비 전액을 공제하여야 하는가? 감가상각비 관련하여 사업소득에 대해 손익계산서 및 대차대조표 등을 수정신고할 수 있는가?

2. 甲은 보유하고 있던 상가건물을 자녀에게 2023년 5월 중 부담부 증여하였다. 해당 자산은 보증금 및 임차료 환산가액에 의하여 평가하였다. 甲이 부담 부분에 대하여 양도소득세를 신고하면서 기존에 감가상각비 계상한 금액을 차감하여야 하는가?

3. 상속/증여받은 상가건물을 기준시가로 상속세/증여세를 신고하였다. 이후 해당 자산에 대한 사업소득을 신고하면서 계상한 감가상각비를 취득가액에서 차감하는가?

 답변 및 해설 »

1. 해당 감가상각비는 전액 취득가액에서 공제하여야 한다. 실무에서 종종 발생하는데 이월결손금이 있다고 그 금액만큼을 차감에서 제외하는 것이 아니다. 그리고 이 경우 종합소득세 신고와 관련하여 감가상각비의 수정신고 여부를 많이 질문하는데 불가하다. 감가상각비는 결산조정 항목이고 이미 결산 종결된 것을 소급하여 수정할 수 없다.[182]

따라서 상가건물의 감가상각비 계상시 임대료 수입 등과 양도시기 등을 고려하여 적정하게 감가상각하는 것도 절세방법이 될 수 있다.

2. 부담부 증여하는 경우에는 그 자산을 어떻게 평가하였는지가 중요하다. 만일, 기준시가로 평가하였다면 취득가액도 기준시가를 적용하며, 따라서 감가상각비는 취득가액의 차감대상이 아니다. 그러나 부담부 증여 자산을 시가로 평가하였다면 취득가액도 실가나 환산취득가액 등으로 산정하고 이 경우 이미 계상한 감가상각비는 차감하여 부담 부분에 상응하는 양도차익을 산정하여야 한다. 사안은 기준시가로 보기에 취득가액도 기준시가로 산정하고 감가상각비는 차감대상이 아니다.

3. 상속/증여받은 자산은 기준시가로 평가하였더라도 그건 기준시가가 아니다. 실가로 의제되는 금액이다. 따라서 상속개시일/증여일 이후 감가상각비로 계상한 금액은 취득가액에서 차감하여야 한다.

---

182) 서면1팀-1214, 2006.9.5. ; 조심2024전4627, 2025.3.17.

관련 사례

구 분	내 용
사업소득금액 계산시 결손금	• 감가상각비를 사업소득의 필요경비에 산입하여 신고함으로 사업소득금액에서 결손금이 발생해도, 이후 임대건물을 양도하여 양도소득세 계산시 이미 계상한 감가상각비는 취득가액에서 차감함[183]
감가상각비 계상 후 수정신고 여부	• 당초 건물의 감가상각비가 과다계상(복합건물의 주택부분에 대한 감가상각비 계상)되어 종합소득세를 수정신고하면서 제척기간 경과분은 수정신고를 하지 못한 경우, 취득가액에서 당초 감가상각비 계상액을 차감한 뒤 실제 수정신고한 부분은 가산하여 취득가액을 산정함[184] → 제척기간 경과분은 반영 불가[185] • 당초 종합소득세 신고시 결산서에 반영하지 않은 감가상각비를 이후 계상하거나, 이미 계상한 감가상각비를 계상하지 않는 것으로 수정신고할 수 없으며 당초 사업소득에서 비용처리한 감가상각비는 취득가액에서 차감하여야 함[186]
사업소득 등을 추계에 의하여 계산	• 사업소득 등을 계산하며 필요경비를 "추계(기준경비율 등)"에 의하여 신고하는 경우 감가상각비가 "이론상" 필요경비에 포함되어 있더라도 그 가액을 인위적으로 산정해 낼 수 없으며, 기준경비율에 의한 소득금액 계산시에도 감가상각비를 별도로 공제받을 수 있는 것도 아님[187]
의제 감가상각비	• 취득가액에 차감할 감가상각비 금액에는 소득령 제68조에 따라 감가상각한 것으로 의제된 감가상각비 상당액이 포함됨[188]
이혼시 재산분할로 취득한 경우	• 재산분할로 취득한 부동산을 양도한 경우 전 배우자의 당초 취득 당시 실지거래가액으로 적용하여 전 배우자의 당초 취득시부터 청구인의 양도시까지 필요경비로 공제한 감가상각비를 취득가액에서 차감함이 타당함[189]
부담부 증여의 부담 부분	• 기준시가로 산정한 경우 : 부담부 증여한 자산의 부담 부분 양도차익 산정시 자산을 "기준시가"로 평가하여 취득가액도 기준시가로 계산하는 경우 자산의 보유기간 중 감가상각비로서 사업소득의 필요경비로 산입하였거나 산입할 금액은 취득가액에서 공제하지 않음[190] • 간주 시가로 산정한 경우 : 부담부 증여의 양도차익 계산시 취득가액은 감가상각비를 공제한 금액으로 함[191]

---

183) 심사양도2008-41, 2008.8.27. ; 조심2011중1112, 2011.5.12. ; 조심2011중991, 2011.4.21. ; 조심2009중237, 2009.3.5. ; 대판2017두57653, 2017.12.7.
184) 부동산납세과-40, 2013.9.12.
185) 조심2022전5788, 2022.9.22. ; 대전지법2022구단103388, 2023.7.6.
186) 조심2011중1418, 2011.6.10. ; 조심2011중1112, 2011.5.12. ; 조심2010전3611, 2010.12.20.
187) 심사소득2006-34, 2006.4.24. ; 국심2007서5184, 2009.2.10.
188) 법규재산-856, 2022.1.27. ; 서울고법2021누74022, 2022.8.24.
189) 조심2020중701, 2020.6.8.
190) 법령해석재산-5, 2015.4.10. ; 부동산거래관리과-122, 2013.3.21.
191) 조심2020서726, 2020.7.8.

구 분	내 용
기준시가로 취득가액 적용	• 취득가액을 기준시가로 계산시 감가상각비로 필요경비에 산입하였거나 산입할 금액은 당해 양도자산의 취득가액에서 차감하지 않음[192]
양도 前 건물의 철거	• 양도 전에 철거된 건물의 취득가액 전액이 토지의 취득가액에서 이미 차감되어 감가상각비 상당액을 취득가액에서 다시 차감하는 것은 이중차감이 되어 불합리하므로 감가상각비를 취득가액에서 차감하지 않음이 타당함[193]
건설자금이자에 대한 감가상각비	• 차감한다는 결정 : 양도차익 산정시 자본화 비용(건설자금이자) 등 취득가액으로 불인정한 취득가액에 대한 감가상각비를 차감하는 것은 사업소득과 양도소득의 "적용 법률"이 다른 것에 기인하여 잘못이 없음[194] • 차감하지 않는다는 결정 : 감가상각비를 고려하지 아니한 건설자금이자를 취득가액에서 차감하게 되면 감가상각비만큼 취득가액이 과소하게 됨[195] ※ 건설자금이자 부분을 취득가액에서 차감하고 사업소득금액 계산시 그 부분에 대한 감가상각비를 추가로 취득가액에서 차감하게 되면 납세자에게 이중의 불이익이 주어지므로 당연히 최근 조세심판원 결정이 타당함
상속·증여받은 자산	• "상속·증여받은 이후 보유기간 중" 감가상각비로서 각 연도의 사업소득금액 계산시 필요경비에 산입하였거나 산입할 금액이 있으면 이를 공제한 금액을 취득가액으로 봄[196] • 상속·증여받은 자산의 취득가액을 "보충적 평가방법인 기준시가"를 적용하여 계산하는 경우, 상증세법상 시가평가액은 취득 실가로 의제되므로 그 평가가액에서 감가상각비를 차감한 금액을 취득가액으로 함[197]

---

[192] 부동산거래관리과-122, 2013.3.21. ; 부동산거래관리과-858, 2011.10.12.
[193] 조심2012서1283, 2012.9.11. ; 조심2012서1284, 2012.9.11.
[194] 심사양도2008-7, 2008.3.31. ; 조심2022서5976, 2023.5.2.
[195] 조심2023서6895, 2023.9.7.
[196] 서면4팀-3223, 2007.11.7.
[197] 재산세과-1125, 2009.12.28. ; 조심2012서35, 2012.11.19. ; 조심2011서963, 2011.4.21.

Chapter 63. 농지/산지 전용부담금, 무조건 필요경비로 인정된다고?

내용 Summary

기본사항 Check

- **농지보전부담금**(농지전용부담금, 농지조성비) : 농지를 농지 외로 사용하려고 농지전용 허가를 받은 사람이나 농지전용 신고를 하고 농지를 전용하려는 사람 등에게 부과하는 것임
- **대체산림자원조성비**(산지전용비, 산지전용부담금) : 산지를 산지 외의 용도로 사용하려는 경우 산지전용과 산지 일시 사용에 따른 대체산림자원 조성에 드는 비용

핵심 Point

- 농지전용 부담금을 토지 소유자가 부담한 경우 → 토지 소유자의 자본적 지출 ○
- 임차인이 전용하는 경우에도 토지 소유자가 실제 납부하였거나 토지 소유자가 임차인에게 해당 금액을 지급하는 경우 → 토지 소유자의 자본적 지출 ○
- 임차인이 전용하고 임차인이 실제 부담한 경우 → 토지 소유자의 자본적 지출 ×
- 임차인이 부담한 뒤 임차인이 해당 토지 취득한 경우 → 토지 소유자와 임차인의 자본적 지출 ×
- 양도인이 농지전용 허가받는 조건으로 양도하면서 양도인이 납부한 경우 → 토지 소유자(양도인)의 자본적 지출 ○

질문 »

1. 甲은 소유하던 농지에 대해 乙과 임대차계약을 체결하였고, 乙은 해당 토지를 골프연습장으로 사용하려고 잡종지로 변경하면서 농지보전부담금을 납부하였으며, 임대차계약 특약사항으로 "농지보전부담금"은 임대인이 토지를 제3자에게 매도시 또는 임대차계약 해지시 임차인에게 변제하도록 하였다. 甲은 해당 토지를 양도하려고 하며, 특약사항에 따라 乙에게 농지보전부담금을 변제하였다. 토지의 자본적 지출에 해당하는가?

2. 甲이 소유한 농지를 임차인이 상가신축을 위해 甲으로부터 토지 사용승낙을 받은 뒤, 지자체에 개발행위 허가를 받고 임차인이 농지전용부담금을 납부하고, 토지 소유자가 임차인에게 지급하지 않는 경우 이후 해당 농지를 양도하면 임차인이 납부한 농지전용부담금을 양도인의 필요경비로 공제할 수 있는가?

3. 농지 양도시 매수자가 건축물을 신축할 수 있는 조건을 요구하여 지자체에 지목을 농지(답)에서 대지로 형질변경 신청을 하고, 형질변경에 대해 농지전용부담금을 부과하여 납부하였다. 이후 토지를 양도하고 실가에 의하여 양도차익 산정시 양도자가 부담한 농지전용부담금이 필요경비로 공제될 수 있는가?

4. 임차인이 임차하던 농지를 사용승낙을 얻어 개발행위 건축허가를 받고 임대인이 농지전용부담금이 고지되어 납부한 경우, 임차인이 해당 토지를 취득한 이후 토지와 건물을 일괄 양도하는 경우 임대인이 납부한 농지전용부담금은 필요경비로 공제받을 수 있는가?

답변 및 해설 »

1. 건축물을 신축하기 위하여 임차한 농지를 대지로 지목 변경함에 따라 농지전용부담금을 임차인이 부담하고 이후 토지 소유자가 해당 토지 매각시 약정에 따라 임차인에게 지급하는 경우 농지전용부담금의 실질적 납부자는 토지 소유자로서, 토지 소유자의 토지에 대한 자본적 지출에 해당한다.

2. 임차인의 농지전용부담금을 임차인이 부담하고 임대인이 실제 부담하지 않은 경우이므로 토지 소유자의 자본적 지출액으로 볼 수 없다.

3. 실가에 의하여 양도차익을 산정함에 있어 양도일 전에 양도자가 실제 부담하여 납부한 농지전용부담금은 토지에 대한 자본적 지출로서 공제가 가능하다.

4. 건물을 신축하기 위하여 임차한 농지를 대지로 지목 변경함에 따라 토지의 임차인이 농지전용부담금을 부담한 후, 해당 토지를 취득하여 양도한 경우 취득 전에 임차인으로서 납부한 농지전용부담금은 당해 양도자산의 필요경비에 해당하지 않는다. 이는 토지를 취득하기 이전에 지출한 비용이기 때문이다.

관련 사례

구 분	내 용
농지 소유자가 농지 전용	• 농지보전부담금은 토지소유자의 토지에 대한 자본적 지출에 해당됨[198] • 농지전용에 소요된 경비(화약대금, 유류대금, 발전기사용료, 중기사용료 등)도 자본적 지출에 해당함[199]
임차인 농지전용 소유자 비용부담	• 임대한 토지의 농지보전부담금을 실질적으로 당초 토지소유자가 부담한 경우에는 "토지소유자"의 자본적 지출에 해당함[200] • 임대차 계약시 농지를 전용하려는 임차인이 부담한 농지보전부담금을 이후 임대인이 해당 토지를 양도하거나 임대차계약 해지시 임차인에게 변제하기로 한 경우 농지보전부담금은 "토지소유자"의 자본적 지출임[201]
임차인 농지전용 임차인 비용부담	• 비록 토지의 자본적 지출에 해당한다고 하더라도 토지소유자가 농지보전부담금을 부담(납부)하지도 않고 이후 임차인에게 반환도 하지 않았다면 토지소유자의 필요경비로 인정될 수 없음[202]
임차인 비용부담 후 토지 취득	• 건축물을 신축하기 위해 임차한 농지를 대지로 지목 변경함에 따라 임차인이 농지보전부담금을 부담한 후 당해 토지를 취득하여 임차인이 양도한 경우 해당 농지보전부담금은 양도자산의 필요경비에 해당하지 않음[203]
타인 명의의 농지보전부담금 납부	• 타인명의 이축권을 취득하여 농지보전부담금을 납부하고 건축관계자 변경신고를 하여 건물신축 후 부동산을 양도한 경우 "타인 명의의 농지보전부담금 납부"는 필요경비에 해당하지 않음[204]
양도 과정의 농지보전부담금	• 당초 계약조건에 양도인이 농지전용을 갖출 것을 조건으로 하여 양도인이 납부하는 농지보전부담금은 "양도인"의 토지에 대한 자본적 지출액임[205] • 토지를 양도하면서 허가권 변경에 따른 농지보전부담금을 양수인이 납부하기로 약정하였으나 이를 양도인이 납부한 경우 농지보전부담금을 납부한 양도인의 토지에 대한 자본적 지출임[206] • 양수자가 농지전용 허가받아 양수자의 명의로 부과된 농지보전보담금은 양수자가 부담하여야 할 비용이므로 양도자가 법적 지급의무 없이 대신 지급한 비용은 양도자산의 필요경비에 해당하지 않으며, 법적 지급의무가 있는지 여부는 임대차계약서 등 구체적 사실관계를 종합하여 사실판단할 사항임[207]

---

198) 부동산거래관리과-910, 2011.10.26. ; 재산세과-836, 2009.3.11. ; 재산세과-497, 2009.3.10.
199) 국심2000부2011, 2000.11.24.
200) 부동산납세과-82, 2014.2.13.
201) 부동산거래관리과-9, 2012.1.3. ; 부동산거래관리과-910, 2011.10.26.
202) 재산세과-3032, 2008.9.30. ; 국심2005중3386, 2006.4.27.
203) 재산세과-312, 2009.9.25. ; 재산세과-836, 2009.3.11.
204) 부동산거래관리과-301, 2011.4.7. ; 감심2005-130, 2005.11.24.
205) 서면4팀-816, 2007.3.8.
206) 조심2010서3623, 2011.6.3.
207) 법규재산-192, 2024.6.25.

구 분	내 용
건물 신축 없이 양도한 경우	• 임야를 취득하여 형질변경 허가 및 건축허가를 얻었으나, 건물 신축 없이 토지만을 양도한 경우 형질변경에 소요된 비용(대체산림자원조성비 등)은 필요경비에 산입하나, 건축과 관련된 설계비용 등은 필요경비로 공제받을 수 없음[208]
산림복구비용	• 훼손한 산림에 대한 산림복구비용, 산림복구설계비도 토지의 필요경비로 인정함[209]
보증보험증권	• 국세청 : 이행보증금의 보증보험료는 자본적 지출에 해당되지 않음[210] • 조세심판원 : 산림복구비를 보증보험증권으로 예치하면서 납부한 보험료는 자본적 지출로 봄[211]
그 외 부담금 관련 사례	• 문화재구역 내 행위시 행위자 부담으로 문화재 발굴조사를 하였을 경우 필요경비로 공제할 수 있음[212] • 주차장법에 따라 부설주차장의 설치에 갈음하여 주차장의 설치에 소요되는 비용을 지자체에 납부한 금액은 양도자산의 필요경비에 해당함[213] • 자산을 양도한 자가 부담해야 할 「기반시설부담금에 관한 법률」에 따른 기반시설부담금은 양도자산의 필요경비에 해당함[214] • 사방사업법 시행령 제19조에 따라 사방지 지정 해제를 위한 변상금으로서 사방사업 시행에 소요된 금액을 지방자치단체의 장에게 납부하는 경우 해당 비용은 필요경비에 해당함[215] • 아파트형 공장을 근린생활시설로 용도변경하기 위하여 당해 건물의 자치운영위원회에 지급한 용도변경발전기금은 자본적 지출에 해당하지 않음[216] ※ 양도하는 자산의 자본적 지출 등으로 인정할 것인지 여부는 법령에 의하여 지출한 것인지 여부 및 해당 지출 비용을 지출한 자로서 추후 반환이 예정한 것인지 여부에 따라 판단하는 것임

---

208) 부동산거래관리과-734, 2011.8.22. ; 재산세과-841, 2009.4.29.
209) 조심2008중3882, 2009.11.13. ; 국심2006중3843, 2007.3.29.
210) 부동산납세과-811, 2014.10.24. ; 부동산거래관리과-106, 2012.2.15.
211) 조심2015서536, 2015.4.28.
212) 부동산거래관리과-438, 2011.5.27. ; 재산세과-830, 2009.11.24.
213) 재산세과-3398, 2008.10.21.
214) 법령해석재산-252, 2016.11.8.
215) 법령해석재산-23, 2015.3.24.
216) 재산세과-3114, 2008.10.2.

Chapter 64. 개발부담금, 필요경비 인정되는 요건은?

내용 Summary

기본사항 Check

- **개발부담금** : 개발이익, 즉 개발사업의 시행이나 토지이용계획의 변경, 그 밖에 사회적·경제적 요인에 따라 정상지가상승분을 초과하여 개발사업을 시행하는 자나 토지 소유자에게 귀속되는 토지 가액의 증가분 중 특별자치시장·특별자치도지사·시장·군수 또는 자치구청장이 부과·징수하는 금액
- **필요경비** : 개발부담금(개발부담금의 납부의무자와 양도자가 서로 다른 경우에는 양도자에게 사실상 배분될 개발부담금 상당액)은 자본적 지출액에 해당함

핵심 Point

- 개발부담금의 자본적 지출 인정 요건 : 본인이 납부 & 실가에 의한 취득가액 계산
- 개발부담금을 다른 사람이 납부한 경우 → 공제 불가
- 부담부 증여하는 자산에 대한 개발부담금 → 기준시가로 평가된 경우 공제 불가
- 개발부담금에 대해 토지로서 물납하는 경우 → 양도소득세 과세 ○

질문 »

1. 개발부담금을 본인이 납부하지 않은 경우에도 자본적 지출로 인정되는가?
2. 환산취득가액과 개산공제에 의하여 필요경비를 산정하는 경우에도 개발부담금을 공제 가능한가?
3. 부담부 증여로 이전하는 경우 개발부담금이 자본적 지출로 인정되기 위한 조건은?

 **답변 및 해설 »**

1. 개발부담금을 토지 소유자인 본인이 납부한 경우에 인정된다. 따라서 타인이 납부한 경우에는 비록 취득가액을 실가로 산정하여도 필요경비로 인정되지 않는다.

2. 환산취득가액의 경우 "환산취득가액 + 개산공제"로 신고하는 경우에는 개발부담금은 자본적 지출로 공제받지 못한다. 다만, 환산취득가액이 아니라 "실제 지출한 자본적 지출액과 양도비"만 합산하여 공제받는 경우에는 자본적 지출에 해당하므로 필요경비로 공제받을 수 있다.

3. 부담부 증여의 경우 이전하는 자산이 "기준시가"가 아니라 "시가"로 평가되고 취득가액을 실가로 산정하는 경우에만 자본적 지출로서 부담 해당분에 대하여 공제가 가능하다.

관련 사례

구 분	내 용
개발부담금 산정 수수료	• 개발부담금을 납부하기 위하여 지출한 용역수수료(산정 수수료)도 필요경비에 해당함[217]
자본적 지출 인정 조건	• 개발부담금은 양도소득세를 실지거래가액으로 계산하는 경우에 한하여 필요경비로 공제됨[218]
개발부담금이 부과된 토지를 상속인이 납부	• 개발부담금이 부과된 토지를 상속받아 납부한 후 당해 토지를 양도하는 경우 본래의 납세의무자는 피상속인이므로 상속세 계산시 공제되는 공과금에 해당되나 당해 개발부담금은 양도소득 계산시 필요경비로 공제되지 않음[219]
부담부 증여 (기준시가 산정)	• 부담부 증여에 있어 양도가액을 기준시가에 따라 산정한 경우에는 취득가액도 기준시가로 산정하고, 취득가액을 실가에 의하는 경우에만 자본적 지출액을 필요경비로 인정하고 있음에 비추어 개발부담금을 필요경비로 인정하기 어려움[220]
필요경비 부인 사례	• 납부영수증 등에 의하여 실제로 지출한 사실이 확인되지 않는 경우[221] • 개발행위 이행보증금의 보증보험료[222] • 개발부담금 가산금[223]

---

217) 부동산거래관리과-3, 2013.1.4.
218) 서일46014-11529, 2003.10.27. ; 국심2000서3164, 2001.4.4.
219) 심사양도2019-57, 2019.7.3.
220) 조심2019중3010, 2020.3.10.
221) 부동산거래관리과-1427, 2010.11.30. ; 심사양도2003-3049, 2003.10.27. ; 수원고법2023누13797, 2024.4.17.
222) 부동산거래관리과-106, 2012.2.15.
223) 서면4팀-1563, 2006.6.2. ; 대판2007두12088, 2007.9.7.

Chapter 65. 부동산 등의 교환, 양도소득세 꼭 챙겨야 할 사항은?

내용 Summary

기본사항 Check

- **교환** : 당사자 쌍방이 금전 외의 재산권을 상호 이전할 것을 약정함으로써 효력이 생기는 계약으로, "유상성"이 인정되므로 교환하는 자산 쌍방이 양도소득세 과세대상임
- **쟁점** : 교환에서 양도시기를 언제로 볼 것인지 및 교환계약서에 기재된 가액을 적정하게 평가된 양도 또는 취득 실가로 볼 수 있는지 여부가 주요 쟁점임

핵심 Point

- 자산가치가 동등한 부동산 등을 교환하는 경우 양도시기 : 교환계약 이행일(교환성립일)
- 자산가치가 동등하지 않은 부동산 등을 정산금을 지급하며 교환하는 경우 양도시기 : "정산금 지급일". 만일, 정산금 지급일이 불분명하거나 소유권이전등기 등이 빠른 경우 "소유권이전등기 접수일"
- 감정평가 등 적정한 평가를 거쳐 교환하는 경우 "양도 실가" : 교환하는 자산에 대해 평가한 가액
  ① 등가 교환 : 평가한 가액
  ② 비등가 교환 : "취득한 자산 가액 ± 수수한 금전 가액" → 결국 교환하는 자산의 "평가한 가액"
- 특수관계인 간 자산 평가가액 차이가 있음에도 정산하지 않는 경우
  ① 대가로 저가의 자산을 받는 자 → 저가 양도에 따른 "부당행위계산" 적용(소득법§101)
  ② 대가로 고가의 자산을 받는 자 → 고가 양도에 따른 "이익의 증여" 규정 적용(상증법§35)
- 교환자산의 가액이 불분명할 경우의 양도가액 : "추계가액" 적용(매매사례가액·감정가액·기준시가)
- 양도가액을 "기준시가"로 적용시 → 취득가액도 "기준시가" 적용
- 양도 직전 교환을 이용하여 양도소득세를 회피하는 경우 : "조세회피방지" 규정 적용(국기법§14)

질문 »

1. 甲은 소유하던 A토지를 특수관계인이 아닌 乙이 보유한 B토지와 교환하면서 감정가액 등 교환하는 자산들의 평가 없이 임의로 교환하였다. 양도가액 및 취득가액을 어떻게 산정하여 신고하여야 하는가?

2. 아버지(甲)가 소유하던 A토지를 자녀(乙)가 보유한 B토지와 교환하면서 감정평가업자의 평가를 거쳐 교환하였다. 감정평가액 평균은 A토지는 10억원, B토지는 5억원이다. 乙은 甲에게 정산가액을 지급하지 않았다. 각각의 세금 처리는 어떻게 되는가?

3. 세법상 특수관계인이 아닌 甲과 乙은 甲이 보유한 A토지와 乙이 보유한 B토지를 교환하면서 감정평가업자의 평가를 거쳐 교환하였다. 감정평가액 평균은 A토지는 10억원, B토지는 5억원이다. 乙은 甲에게 정산가액을 지급하지 않았다. 정산하지 않은 데 대한 정당한 사유는 없다. 각각의 세금 처리는 어떻게 되는가?

4. 甲은 오래 전부터 보유한 토지(A)를 양도하기 직전 배우자 乙이 소유한 토지(B)와 가액 평가 없이 교환하고, "기준시가"로 양도가액 및 취득가액을 신고하였다. 이후 몇 달 뒤 甲과 乙은 제3자에게 해당 토지를 각각 양도하고 양도가액은 실가, 취득가액은 "환산취득가액"을 적용하여 신고하였다. 문제점은 없는가?

답변 및 해설 »

1. 교환의 경우 양도에 해당하고 이 경우 양도가액은 적정한 평가를 거쳐 양도한 그 가액을 실가로 인정한다. 그러나 임의로 교환할 경우에는 실가가 불분명한 것으로 보아 추계가액을 적용한다. 따라서 甲은 자신의 A토지의 교환 당시 기준시가로 양도가액을 산정하고 동일기준에 따라 취득가액은 취득 당시 A토지의 기준시가를 적용한다. 乙의 경우도 자신의 보유한 B토지의 교환 당시 기준시가를 양도가액으로, 취득 당시 기준시가를 취득가액으로 적용한다.

2. 甲은 자신의 10억원 토지를 乙에게 5억원 토지를 받고 저가양도한 것이므로 시가의 5%를 벗어난 저가양도에 해당한다. 따라서 부당행위계산을 적용하여 시가에 해당하는 10억원을 양도가액으로 하여 양도소득세를 신고하여야 한다.

이에 비해 乙은 5억원 토지를 10억원을 받고 양도한 것이므로 고가양도에 따른 증여이익을 산정하여야 한다. 이 경우 시가와 대가의 차이는 5억원이고 시가 5억원의 30%인 1.5억원을 차감한 나머지 3.5억원의 증여이익에 대하여 증여세를 신고납부해야 된다. 그리고 양도가액은 비록 10억원의 대가를 받은 것이지만 3.5억원이 증여이익으로 과세되었으므로 이를 차감하여 이중과세를 조정하고 난 뒤의 금액인 6.5억원이 양도가액이 된다.

3. 객관적 가치평가를 하고 특수관계 없는 자에게 저가양도한 甲에게는 부당행위계산이 적용되지 않기에 甲의 양도가액은 5억원을 적용한다. 그러나 乙은 정당한 사유 없이 저가취득하고 시가와 차액이 5억원으로 시가의 30%를 벗어났다. 따라서 乙은 차액인 5억원 중 3억원을 차감한 2억원이 증여이익으로 증여세를 신고납부해야 한다. 그리고 양도가액은 취득한 자산 가액 10억원 중 2억원을 차감한 8억원으로 산정한다.

4. 사안은 양도 직전에 취득가액을 높이기 위한 조세회피행위 사례로 볼 수 있다. 중간에 교환행위가 없다면 과거의 낮은 취득 실가 또는 환산취득가액을 적용할 것이지만, 교환행위를 거친 다음에 양도하면서 양도 당시 기준시가에 근접한 기준시가를 취득시 기준시가로 하여 환산취득가액을 매우 높인 뒤 양도하기에 양도소득세를 줄이므로 조세회피행위(가장행위)로 보아 해당 사전 교환행위를 부인할 수 있다.

관련 사례

구 분	내 용
과세대상 여부	• 미분양 아파트의 계약자가 "당초의 계약이 이행되지 않은 상태에서" 당사자(분양받은 자와 분양사) 사이의 합의로 당초 "계약조건"을 변경하는 것은 과세대상이 되지 않음[224] • 도시정비법에 따른 재개발·재건축 조합원이 당초 "관리처분계획 변경 없이" 관리처분계획과 다르게 분양받을 주택을 다른 조합원의 것과 바꾸는 경우 양도에 해당됨[225] • 도시개발법 등에 의하여 환지처분받은 토지를 환지계획 변경 없이 사업시행자가 임의로 다른 체비지와 바꾸어 주는 것은 양도에 해당함[226] • 지역주택조합의 조합원으로 참여한 자가 당해 주택건설사업 시행으로 취득한 입주자로 선정된 지위를 서로 교환하는 경우 양도에 해당됨[227] • 교환으로 양도하는 경우에도 거래의 명칭이나 형식에 불구하고 그 실질에 따라 과세 여부를 판단하기에, 당해 교환계약이 교환의 형식을 빌려 착오로 등기된 것을 정정등기를 하는 경우 양도에 해당하지 않음[228]

---

224) 재일46014-355, 1997.2.19.
225) 부동산거래관리과-13, 2012.1.6. ; 재산세과-803, 2009.11.23. ; 재산세과-940, 2009.5.15.
226) 재일46014-1029, 1997.4.29.
227) 법규재산2013-3, 2013.1.14. ; 재산세과-263, 2009.1.22.
228) 서면4팀-368, 2005.3.11. ; 재산46014-1288, 2000.10.25.

구 분	내 용
교환하는 쌍방 모두 과세	• 교환으로 자산이 이전되는 것은 "양도"에 해당되며, 교환차익이 있는 자산만이 아니라 교환 자산 "모두" 양도소득세가 과세됨[229]
부동산을 배우자 또는 직계존비속간 교환	• 부동산을 배우자 간 또는 직계존비속 간 교환한 경우 "증여"가 아니라 "양도소득세"가 과세됨[230] • 양도가액은 원칙적으로 교환계약서에 기재된 실지거래가액을 적용하지만, 당해 재산의 시가보다 높거나 낮은 대가를 받으면서 정산하지 않은 경우 부당행위계산이나 상증세법 제35조 고저가 양도에 따른 이익 증여규정이 적용됨[231]
교환차이가 있는 자산을 정산 없이 교환	• 상증세법에서 증여추정을 배제하는 규정 취지는 대가를 받고 양도한 사실이 명백히 인정되는 것을 전제하기에 교환 자산의 가액이 서로 다른 경우 그 "차액"만큼은 재산을 무상으로 증여한 것으로 봄[232]
교환자산의 비과세	• 소득세법 제89조 제1항 제2항에 따라 비과세 하는 "경작상의 필요에 의하여 교환하는 농지"라 함은 자기가 직접 경작하던 농지를 교환하는 것을 말하며 재촌자경 여부는 교환일 현재를 기준으로 판단함[233]
교환의 양도시기 (등가 교환 ○)	• 교환으로 이전하는 경우 양도시기는 "교환계약 이행일(교환성립일)"로 보며, 교환계약 이행일이 불분명한 경우 "교환등기 등 접수일"로 봄[234] • 교환으로 양도가 이루어진 경우 양도인이 교환대상 자산의 등기를 넘겨받기 전이라도, 계약 당사자가 언제든지 상대방 요구에 따라 소유권이전등기를 마쳐 줄 의무가 있고, 적어도 당사자 사이에서는 "교환대상 목적물에 대한 실질적인 처분권을 취득한 것으로 인정되는 때" 대금청산이 이루어진 것으로 볼 수 있음[235]
교환의 양도시기 (등가 교환 ×)	• 등가교환이 아니어서 정산금을 지급하는 경우, 동시이행 등을 준용하므로 "정산금을 지급한 날"을 양도시기로 보고, 그것이 불분명하거나 소유권이전등기 등이 빠른 경우 "등기접수일 등"을 양도시기로 봄[236]
양도가액 산정 (등가교환 ○)	• 실가 과세대상 자산에 대한 적정한 평가를 거쳐 양도하는 경우 당해 자산의 양도가액은 "교환계약서에 표시된 실지거래가액"에 의함[237] • 교환하는 자산 가액을 임의로 작성한 경우 실지거래가액으로 인정 또는 확인할 수 없는 경우로 보아,[238] "매매사례가액, 감정가액, 기준시가"를 순차로 적용함[239]

---

229) 재산세과-60, 2009.1.7. ; 서면5팀-425, 2008.3.3. ; 서면4팀-1276, 2005.7.21.
230) 서일46014-10298, 2003.3.13. ; 재산상속46014-1116, 2000.9.18. ; 대판90누6002, 1990.9.28.
231) 부동산거래관리과-572, 2011.7.7. ; 법규과-5753, 2007.12.13. ; 서일46014-10776, 2002.6.7.
232) 재일46014-2752, 1995.10.24. ; 재일46014-600, 1995.3.13.
233) 부동산거래관리과-869, 2011.10.13.
234) 재산세과-806, 2009.11.20. ; 조심2020서1825, 2020.11.27. ; 조심2011중2461, 2011.11.2.
235) 조심2010서2053, 2010.10.29. ; 대판95누7475, 1996.1.23.
236) 재재산-260, 2004.2.25. ; 조심2024서2980, 2024.9.24. ; 조심2009중2434, 2009.12.17. ; 대판2007두2739, 2007.5.10. ; 서울고법2005누29152, 2006.12.21.
237) 서면5팀-1679, 2007.5.28. ; 서면4팀-3966, 2006.12.7. ; 조심2024서2980, 2024.9.24.
238) 부동산거래관리과-948, 2011.11.8. ; 조심2016중1511, 2017.2.21. ; 조심2011부2644, 2011.11.21.
239) 부동산거래관리과-797, 2010.6.9. ; 부동산거래관리과-244, 2010.2.12. ; 재산세과-4205, 2008.12.11.

구 분	내 용
양도가액 산정 (등가교환 ×)	• 자산을 교환하면서 대금을 추가로 지급받거나 지급하는 경우(정산차액 존재) 실지 양도가액은 "인수한 자산의 가액"에 "수수한 금전의 가액"을 가감함[240] • 가치가 동등하지 않은 자산을 교환하면서 정산차액을 지급하지 않으면 부당행위 계산이나 증여세 과세가 발생함[241]
교환으로 취득한 경우 취득가액	• 부동산을 교환한 경우 취득가액은 교환계약서에 표시된 실지거래가액에 따르지만, 실지거래가액으로 인정할 수 없거나 확인할 수 없는 경우 매매사례가액, 감정가액, 환산취득가액,[242] 기준시가를 순차적으로 적용함[243]
교환자산의 "실가" 인정 여부	• 일반적으로 부동산 교환거래시 교환하는 부동산과 교환대상 부동산에 대한 "시가 감정평가 및 정산을 거치지 않고 임의로 가액을 산정"하여 단순 교환한 경우 실가를 확인할 수 없는 경우에 해당하므로 양도가액 및 취득가액을 추계 또는 기준시가로 경정하여야 함[244] • "대출목적의 감정가액이 그 목적상 과대평가될 가능성이 있는 경우" 교환계약 당시 건물가액을 객관적으로 평가하였다고 단정할 수 없으므로 감정가액을 인정할 수 없음[245] • 감정평가는 없으나 중개업자가 교환계약서를 작성하고 근저당권부 채무 및 보증금 승계의 특약을 하고 정산차액을 지급하기로 한 약정에서 실가가 불분명한 경우로 볼 수 없음[246] • 비록 감정은 없었지만 교환계약서에 기재된 교환차액을 지급받고 각 부동산의 임대차로 인하여 발생하는 상이한 가치의 차임채권도 함께 교환한 사실에 비추어 교환부동산을 평가·정산한 뒤 교환한 것으로 판단됨[247] • 부동산을 교환하면서 교환대상 부동산에 대한 상호 평가액에 따라 거래가 이루어지고 교환대상 간 평가차익에 대하여 정산이 이루어졌으므로 당사자 간 합의된 평가액을 기준으로 실가를 산정하는 것이 타당하며, 매매사례가액을 비교할 때 교환계약서상 평가액이 실가를 반영한 정상가액으로 판단되므로 교환계약서상 평가액을 실가로 하여 과세한 처분은 정당함[248] • 중개인의 계약서가 "주변시세" 내지 "매매사례가액"가 차이가 많이 나는 등 그 객관성을 담보하지 못할 경우 실가가 불분명하다고 봄[249]

---

240) 조심2010서2681, 2011.2.10. ; 국심2007중5191, 2008.4.25.
241) 조심2013중3953, 2014.2.27. ; 조심2008부697, 2009.3.5.
242) 조심2019중856, 2020.9.21.
243) 법령해석재산-1201, 2021.9.30. ; 법령해석재산-77, 2016.4.12. ; 부동산납세과-46, 2013.9.16.
244) 심사양도2010-287, 2010.12.23. ; 대판2010두27592, 2012.2.9.
245) 서울고법2011누28174, 2012.3.21.
246) 조심2013중2266, 2013.9.6. ; 조심2011중1512, 2011.7.20. ; 조심2010중2670, 2010.12.31.
247) 조심2012중968, 2012.4.26. ; 조심2011중3041, 2011.10.27.
248) 조심2020서8297, 2021.6.3. ; 조심2011중760, 2011.8.29. ; 조심2010중2670, 2010.12.31.
249) 조심2013중742, 2013.4.26. ; 대판2016두55889, 2017.1.25. ; 대판2013두16685, 2013.11.28.

구 분	내 용
양도가액을 기준시가로 결정한 경우 (동일기준의 원칙 적용)	• 기준시가에 의하여 양도가액을 산정한 경우 동일기준 원칙에 따라 "취득가액도 동일하게 기준시가에 의하여 산정하여야" 하며 취득가액을 실가로 신고(결정)할 수 없음[250] • 교환차액에 대한 정산절차 등을 통한 실지 양도가액의 확인도 불가능한 경우 기준시가로 결정할 수밖에 없는 것으로, 양도가격은 기준시가로 신고하였으나 취득가액을 실가로 신고한바, 이는 "동일기준 원칙"에 어긋나는 것임[251] • 자산의 감정 및 정산절차를 수반하지 않은 단순 교환의 경우 실지 양도가액을 확인할 수 없으며, 객관적으로 인정할 만한 매매사례가액이나 감정가액이 존재하지 않으므로 양도 및 취득가액을 기준시가로 산정한 것은 잘못이 없음[252]
교환이 가장행위에 해당하는 경우	• 교환행위가 조세를 부당하게 감소시키기 위하여 가장한 것으로 인정되는 경우 해당 거주자가 직접 제3자에게 양도한 것으로 보아 소득세법을 적용함[253] • 공유 토지의 지분을 각각 증여하고 취득가액을 증가시킨 경우 증여재산의 반환으로 볼 수 있고 조세부담을 감소시키기 위한 조세회피 행위로 판단됨[254]
특수관계인 사이 주식의 교환거래	• 특수관계인 간 주식을 교환한 것에 대해 상증세법상 시가평가 규정을 적용하여 양도가액을 취득한 상대방 주식의 시가로 본 것은 타당함[255]

---

250) 심사양도2009-168, 2009.9.7.
251) 국심2002서3629, 2003.2.25.
252) 조심2011중1125, 2012.5.8. ; 조심2012중233, 2012.4.30. ; 조심2011부2644, 2011.11.21.
253) 법령해석재산-95, 2015.6.18. ; 조심2010서1302, 2011.5.25. ; 대판2013두15583, 2013.12.26.
254) 조심2024부756, 2024.10.29.
255) 감심2019-362(371, 381, 382, 385, 386, 391, 515, 519, 520, 524, 525, 595, 700), 2020.3.12.

Chapter 66 임차인 퇴거비용 등, 어디까지 필요경비인가?

내용 Summary

기본사항 Check

- 쟁점 사항 : 임차인 등 퇴거비용은 소유자가 주택 등을 점유하고 있는 임차인 등을 내보내는 과정에서 이사비용 등을 지출하는 경우 어떠한 요건 하에 해당 비용을 필요경비로 인정할 것인지의 문제임

핵심 Point

- 주택이나 상가를 경매로 취득하여 그 건물을 점유하고 있는 전 소유자나 임차인에게 이사비용을 지출한 경우
  ① 법적 지급의무가 없는 경우 → 필요경비 부인
  ② 법적 지급의무가 있는 경우 → 필요경비 인정
- 부동산을 매수하는 과정에서 해당 부동산에 임차인이 있어 양도인을 대신하여 "매수인"이 임차인의 이사비용을 지급한 경우
  ① 매수인이 부담할 것을 약정한 경우 : 필요경비 인정 → 취득가액 가산
  ② 매수인 부담 약정이 없는 경우 : 필요경비 부인
- 부동산을 양도하면서 세입자를 내 보내는 과정에서 소요된 명도비 : 필요경비 해당 → 양도비 등
- 토지상 무허가 건물 소유자들에게 지급한 철거비용 및 퇴거비용 → 필요경비 부인

질문 »

1. 甲은 상가를 경매로 취득하였는데 해당 상가에는 대항력이 없는 임차인(乙)이 사업을 하고 있었으며, 甲은 임차인에게 전 소유자와 체결한 임대차 종료일까지 퇴거를 요청하였다. 이후 乙의 반발을 무마하기 위해 이사비 및 위로비로 2천만원을 지급하였다. 해당 지출한 비용은 필요경비로 인정되는가?

2. 甲은 임대 중이던 상가를 임대차계약 종료일 전에 乙에게 양도하면서 임차인(丙)을 퇴거시키는 조건으로 양도하였다. 甲은 丙에게 임대보증금 외에 조기퇴거에 따른 이사비용 등으로 2천만원을 지급하였다. 해당 비용은 甲의 필요경비로 인정되는가?

3. 양도인(甲)과 매수인(乙)은 임차인(丙)을 내보내는 조건으로 상가 매매계약을 하였다. 다만, 특약사항으로 임차인의 이사비용은 매수인이 부담하는 조건으로 약정하였다. 이후 乙은 이사비용으로 2천만원을 지급하였다. 해당 이사비용은 乙이 이후 상가 양도시 필요경비로 인정되는가?

4. 甲은 자신의 소유한 토지에 오래 전부터 소유자의 허락 없이 무허가 건물을 짓고 거주하고 있는 乙에게 자신이 조만간 토지를 사용할 것이므로 퇴거 및 해당 건물의 철거를 요구하였다. 이 과정에서 甲은 乙에게 명도비용으로 2천만원을 지급하였다. 해당 비용은 甲의 필요경비로 인정되는가?

답변 및 해설 »

1. 여기서 乙은 대항력을 갖추지 못했으므로 상가를 인도할 의무가 있고 자신의 임대보증금 등은 결국 전 소유자에게 변제받아야 하지만, 전 소유자가 경매로 부동산이 넘어가는 상황이라면 변제받기는 사실상 매우 힘들다. 따라서 낙찰받은 사람에게 대항력은 없더라도 이사를 거절하고 이사비용 등을 요구하는 경우가 종종 발생한다. 이 경우 지출한 이사비용은 법적 지급의무가 없으므로 이후 甲이 그 상가건물 양도시 필요경비로 인정받지 못한다.

    실무에서 특히 유의할 점은 경매로 낙찰받은 경우 선순위 근저당권 등 담보물권이 있으면 경매 낙찰과 동시에 그보다 늦은 날짜에 대항력을 갖춘 임대차의 대항력은 효력을 상실하므로 임차인에게 지급한 보증금 등은 필요경비로 인정받지 못한다는 것이다.

2. 부동산을 양도하면서 매매계약에 따른 인도의무를 이행하기 위해 세입자를 내보내는 과정에서 소요된 이사비용과 같은 양도자가 지출한 명도비용은 양도비로서 필요경비로 인정된다. 종전에는 과세관청은 필요경비를 부인하였으나, 대법원이 필요경비를 인정하면서 2018.2.13. 소득세법 시행령 개정시 필요경비를 인정하도록 명문화하였다.

3. 특약에 따라 매수자가 임차인에게 이사비용을 지출한 경우이므로 해당 비용은 양도인 甲의 필요경비가 아니라 매수인 乙의 필요경비이며 "취득 당시 계약에 따라" 지급한 것이므로 해당 상가의 "취득가액"에 가산한다.

4. 해당 비용은 필요경비로 인정되기 어렵다. 왜냐하면, 남의 토지에 무단으로 건물을 신축하여 점유한 자는 건물 철거 및 원상회복 의무가 있고, 토지 소유자에게 불법행위에 따른 손해배상책임이 있으며, 이사비용을 지급할 "법적 지급의무"도 없기 때문이다.

관련 사례

구 분	내 용
취득시 지출한 명도비용 등 (지급의무 ×)	• 자산을 취득할 때 또는 취득한 후에 "법적 의무 없이" 세입자나 前 소유자에게 지급한 명도비용은 필요경비에 해당되지 않음[256] • 경매로 취득한 주택의 "전 소유자에게 명도합의로 지급한 이사비용"은 필요경비에 해당되지 않음[257] • 건물을 경매 등으로 취득시 "대항력 없는 임차인"에게 지급한 명도비용은 필요경비에 해당되지 않음[258]
취득시 지출한 명도비용 등 (지급의무 ○)	• 주택을 경매로 취득하고 "대항력 있는" 임차인에 대하여 명도합의금을 지급한 경우 필요경비에 해당함[259]
임차인 이주비를 매수인이 대위 변제	• 前 소유자를 대위하여 임차인에게 지급하는 이주비 등은 필요경비에 산입하지 않는 것임[260] • 임차인이 인도를 거부하여 건물의 원활한 명도를 위해 양도인을 대신하여 지급한 권리금은 양도인의 임대차계약과 관련하여 지출되는 위약금 성격의 비용이고, 양수자가 지출하는 명도비용은 필요경비로 보기 어려움[261] • 매매계약에 따라 "계약 등에 따라" 이주비를 매매가액에 포함되었다고 볼 수 있을 경우 취득가액에 포함시킬 수 있음[262]
무허가건물 명도비용 등	• 무허가건물 거주자에게 법적인 지급의무 없이 지상권 명목으로 지급된 금액은 필요경비에 해당하지 않음[263] • 토지의 이용편의를 위하여 무허가건물의 임차인에게 지급한 "건물명도비용"은 필요경비에 해당되지 않음[264] • 자기의 토지 위에 무허가건물을 여러 동 건축한 후 상인들에게 건물임대료를 받고 20년 이상 임대하다가 토지매각을 위해 무허가건물의 임차인에게 철거보상금(권리금, 이사비용)을 지급하고 임차인들을 모두 내보내고 상당기간 세입자 없는 상태로 방치되었던 건물을 행정기관의 권고에 따라 자진철거하는 경우, "철거보상금"은 필요경비에 해당하지 않음[265]

---

256) 부동산거래관리과-1220, 2010.10.4. ; 심사양도2008-53, 2008.3.31. ; 조심2021서5628, 2022.3.30.
257) 법규재산-1137, 2023.1.17. ; 법령해석재산-206, 2019.6.27. ; 서면4팀-27, 2006.1.6.
258) 부동산납세과-2571, 2022.8.30. ; 서울고법2012누692, 2012.8.22.
259) 조심2011중2196, 2012.1.2.
260) 재산세과-2309, 2008.8.18. ; 조심2013서3504, 2013.10.17. ; 조심2008중2639, 2008.10.10.
261) 조심2022서1895, 2022.9.2.
262) 조심2008중3050, 2008.12.29.
263) 부동산거래관리과-488, 2010.3.30.
264) 부동산거래관리과-1086, 2010.8.23. ; 재산세과-810, 2009.11.23. ; 재산세과-753, 2009.11.19.
265) 부동산거래관리과-288, 2012.5.21.

구 분	내 용
양도시 지출한 명도비용	• 매매계약에 따른 인도의무를 이행하기 위해 양도자가 지출하는 명도비용은 필요경비에 해당함[266] • 공유자 1인이 명도비를 모두 지출하고 다른 공유자로부터 비용 분담 요구가 불가하고 이중공제 문제가 발생하지 않을시 필요경비로 인정함이 타당함[267] • 원만한 합의를 위해 법적 지급의무 없이 고액을 지급하거나 실질이 명도비가 아닌 경우(위약금 내지 위탁매매 수수료) 필요경비를 부인함[268] • 과세대상 양도행위 이전에 한 별도의 매매계약(해지됨)에 따라 임차인에게 조기퇴거 조건으로 지급한 영업손실보상금 등 명목의 비용은 필요경비로 인정되는 명도비용에 해당하지 않음[269]

---

266) 법령해석재산-885, 2021.6.30. ; 법령해석재산-573, 2021.6.16. ; 심사양도2022-7, 2022.10.19. ; 조심 2022중6616, 2023.5.15.
267) 조심2021중1745, 2021.6.22.
268) 조심2024서4656, 2024.12.2. ; 부산지법2024구합22342, 2024.12.12.
269) 법규재산-763, 2022.11.21.

Chapter 67 유치권자에게 지출한 비용, 필요경비 인정되는 요건은?

내용 Summary

기본사항 Check

- **유치권** : 타인의 물건을 점유한 자는 그 물건에 관하여 생긴 채권이 변제기에 있어 유치권을 행사한 경우 유치권자는 채권 전부의 변제를 받을 때까지 유치물 전부에 대하여 그 권리를 행사할 수 있고, 채권 변제를 받기 위해 유치물을 경매할 수 있음 → 유치권은 점유의 상실로 소멸하며, 채무자는 상당한 담보를 제공하고 유치권 소멸을 청구할 수 있음(민법§320~§328)
- **경매 매수인의 변제의무** : 강제경매나 담보권 실행을 위한 경매에서 매수인은 유치권자에게 그 유치권으로 담보하는 채권을 변제할 책임이 있음(민사집행법§91⑤, §268)
- **쟁점** : 진정한 유치권자인지 & 소유자로부터 구상권을 행사가 불가능한지 여부

핵심 Point

- 유치권자에게 지출 비용이 필요경비로 인정받기 위한 조건 : ① 실가로 취득가액을 산정하고, ② 민법상 정당한 유치권이어야 하고, ③ 변제 후 부동산 소유자로부터 구상권 행사가 불가할 것
- 대항력을 갖추지 못한 세입자가 전세보증금에 대해 유치권을 주장하여 비용을 지출한 경우 : 정당한 유치권이 아님 → 필요경비 부인
- 정당한 유치권자에게 경매로 낙찰받은 후 유치권 포기의 대가로 지급한 합의금 → 필요경비 인정
- 취득하기 전에 미리 유치권 포기의 대가로 합의금을 지급한 경우 : 필요경비 부인
- 유치권 관련 공사자료 미제출 : 필요경비 부인

질문 »

1. 甲은 신축된 상가를 경매로 취득하였는데, 해당 상가에는 상가의 건설공사를 하고 공사대금을 지급받지 못하여 유치권을 주장하며 점거 중인 乙이 있고 유치권은 정상으로 판단되었다. 공사비 견적서 등 실제 소요된 공사비를 확인하고 유치권 포기의 합의금으로 3억원을 지급하였다. 상가의 건축주는 파산 상태로 지급불능이다. 甲이 지출한 비용은 필요경비로 인정되는가?

2. 甲은 주택을 경락받은 후 주택을 명도받기 위하여 전세보증금 반환을 요구하며 보증금에 대해 유치권을 주장하는 대항력이 없는 세입자에게 합의금으로 2천만원을 지급하였다. 해당 지출 비용은 필요경비로 인정받을 수 있는가?

3. 甲은 신축된 상가를 경매로 취득하였다. 해당 상가에는 상가의 건설공사를 하고 공사대금을 지급받지 못하여 유치권을 주장하며 점거 중인 乙이 있다. 甲은 공사비 여부를 확인하지 않고 유치권 포기의 대가로 3억원을 지급하였다. 상가의 건축주는 파산 상태로 지급불능이다. 甲이 지출한 비용은 필요경비로 인정되는가?

답변 및 해설 »

1. 유치권이 성립하였고, 그 공사비도 확인한 경우이며, 건축주가 파산하여 구상권을 통해 회수 불능으로 판단되므로 해당 유치권 지급비용은 필요경비로 인정된다.

   취득시 유치권자에게 지출한 금액의 필요경비 인정 여부는 유치권과 관련한 판결, 유치권을 신고한 공사업체의 세금계산서 발행 여부, 대손세액공제 및 대손충당금 계정, 공사계약서와 실제 공사수행 여부(현장사진 등 실질증빙), 유치권 포기각서 존재 여부, 유치권 성립시기, 유치권자에 대한 채권금액의 실제 변제 여부 등을 살펴서 판단해야 한다. 사안은 요건을 충족한 것으로 생각된다.

2. 종종 나오는 속칭 '가짜 유치권'이다. 대항력 없는 세입자가 임대보증금을 반환받지 못하게 되면 낙찰자에게 유치권을 주장하며 점유를 거절하는 경우 낙찰자는 퇴거 및 건물명도 소송 등 법적 분쟁이 장기화되는 것을 우려하여 위로금 내지 이사비용 등을 지급한다. 이는 법적 지급의무가 없기에 필요경비로 인정받지 못한다.

3. 유치권자에게 지급한 비용이라고 무조건 필요경비로 인정되는 것이 아니다. 유치권 발생 원인이 된 공사에 의하여 그 가액이 나타나야 한다. 사안에서 甲은 유치권의 원인이 되는 공사 가액을 묻지 않고 지급하였다는 점에서 문제점이 있다. 따라서 실제 확인된 공사비를 초과하여 지급한 금액은 필요경비를 부인할 것이며, 결국 자료소명 과정이나 세무조사 과정을 통해 밝힐 수밖에 없는데, 납세자가 관련 자료를 제시하지 않을 경우에는 필요경비에 대한 입증책임 논리에 따라 전액 필요경비가 부인될 수 있음에 유의하여야 한다.

보충설명

실무에서 유치권 변제비용이 종종 문제되며, 금액도 고액인 경우가 대부분이다.
그런데 양도소득세에서 해당 변제비용을 어떤 요건하에 필요경비로 인정할 것인지에 대해 언급이 없다. 결론부터 말하면, 정당한 유치권자였는지 여부가 주요 쟁점이 된다. 구상권 행사 여부도 문제가 되긴 하나 실무에서 건축주 내지 시행사는 채무초과로 대부분 변제 불능 상태로 구상권 행사는 거의 불가능하다. 따라서 정당한 유치권 여부가 문제되며, 이는 민사상 지식을 기반으로 한다. 따라서 아래 소개하는 민사판례 정도는 유치권 관련하여 실무에서 참고할 필요가 있다.

관련 사례

구 분	내 용
유치권 행사 "인정" (민사 판례)	• 수급인의 공사목적물에 대한 보수(報酬)청구권[270] • 도급인의 채무불이행에 따른 수급인의 손해배상채권[271] • 임차인의 유익비 상환청구권[272] • 상사유치권(부동산 포함)[273] • 물건 점유 이전에 그 물건과 관련하여 채권이 발생한 후 그 물건에 대하여 점유를 취득한 경우[274] • 유치권에 의한 경매절차가 정지된 상태에서 목적물에 대한 강제경매가 진행되어 유치권 경매절차가 정지된 경우(유치권은 소멸하지 않음)[275] • 부동산에 "가압류등기"가 경료된 후에 채무자의 점유이전으로 유치권을 취득하는 경우(경매로 인한 압류의 효력이 발생하기 전에 유치권을 취득한 경우)[276] • 근저당권 설정 후 경매로 인한 압류의 효력발생 전에 취득한 유치권[277] • 매수인이 유치권을 침해하여 소멸시킨 경우(매수인의 권리남용)[278] • 유치권의 권원이 되는 피담보채권의 소멸시효가 연장된 경우(유치권 존속)[279] • 공사한 다세대주택 중 1세대만을 점유한 경우(공사건물 전체에 대한 유치권 인정)[280] • 유치권 존재 하의 건물 소유주의 변경[281]

---

270) 대판95다16202, 1995.9.15. ; 대판75다1305, 1976.5.11.
271) 대판76다582, 1976.9.28.
272) 대판79다1170, 1980.10.14. ; 대판4290민상760, 1959.1.15.
273) 대판2012다39769, 2013.5.24.
274) 대판64다1977, 1965.3.30.
275) 대판2011다35593, 2011.8.18.
276) 대판2009다19246, 2011.11.24. ; 대판2008다70763, 2009.1.15.
277) 대판2010마1544, 2011.5.13.
278) 대판2009다96953, 2010.4.15.
279) 대판2009다39530, 2009.9.24.
280) 대판2005다16942, 2007.9.7.
281) 대판71다2414, 1972.1.31.

구 분	내 용
유치권 행사 "부정" (민사 판례)	• 임대차보증금 및 전세금 반환 채권[282] • 권리금 반환 채권[283] • 수급인의 공사하자로 인한 손해가 공사 잔대금 이상인 경우[284] • 공사현장에 시멘트 등 건축자재 공급한 건축자재대금 채권인 경우[285] • 변제기에 이르지 않은 채권[286] • 소유자의 승낙 없이 유치권자가 임대한 경우(위법한 간접점유)[287] • 채무자를 직접점유자로 하여 채권자가 간접점유하는 경우[288] • 명의신탁자의 명의수탁자에 대한 부당이득 반환채권에 기한 유치권 행사[289] • 상사유치권에서 선행저당권자 또는 선행저당권에 기한 임의경매절차에서 부동산을 취득한 매수인에 대한 유치권 주장(채무자 및 그 이후 채무자로부터 부동산을 양수하거나 전세권·지상권 등을 설정받는 자에 대하여는 유치권 주장 가능)[290] • 경매개시 결정의 기입등기 이후에 유치권이 성립한 경우(경매개시결정 기입등기 이전에 점유하였으나 기입등기 후에 공사를 완성한 경우, 경매개시결정 기입등기가 경료된 후에 공사대금 채권자에게 그 점유를 이전한 경우, 경매개시결정 기입등기 사실을 알지 못한 경우)[291] • 부동산 매매대금을 일부 미수령 상태에서 부동산을 점유하면서 등기만 이전하여 준 경우의 원소유자의 유치권 주장(매매대금 채권)[292] • 저당권 등이 설정되어 있는데 채무자와 의도적으로 유치권의 성립요건을 충족하는 거래를 하고 목적물을 점유하여 유치권이 성립한 경우(신의칙 위반)[293] • 임대차 종료시에 임차인이 건물을 원상으로 복구하여 임대인에게 명도하기로 약정한 경우의 유익비 등 상환청구(유치권 포기의 약정)[294] • 임대인이 건물시설을 제대로 하지 않아 임차인이 건물을 임차목적대로 사용하지 못한 것을 이유로 하는 손해배상청구권[295]

---

282) 대판75다1305, 1976.5.11.
283) 대판93다62119, 1994.10.14.
284) 대판2013다30653, 2014.1.16.
285) 대판2011다96208, 2012.1.26.
286) 대판2005다41740, 2007.9.21.
287) 대판2010다94700, 2011.2.10. ; 대판2002마3516, 2002.11.27.
288) 대판2007다27236, 2008.4.11.
289) 대판2008다34828, 2009.3.26.
290) 대판2012다94285, 2013.3.28. ; 대판2010다57350, 2013.2.28.
291) 대판2011다50165, 2013.6.27. ; 대판2011다55214, 2011.10.13. ; 대판2008다70763, 2009.1.15.
292) 대판2011마2380, 2012.1.12.
293) 대판2011다84298, 2011.12.22.
294) 대판73다2010, 1975.4.22.
295) 대판75다1305, 1976.5.11.

구 분	내 용
유치권자에게 지급한 비용의 필요경비 인정 요건	• 양도차익을 실가로 산정하는 경우로서 부동산을 경매 등으로 취득하면서 유치권으로 담보하는 채권 상당액을 적법한 유치권자에게 변제한 경우 동 금액(구상권 행사가 불가능한 경우에 한정)은 필요경비에 해당함[296]
법적 지급의무가 없는 경우	• 경매로 취득한 자가 유치권 주장자에게 법적으로 지급의무가 없는 유치권에 대한 합의금을 지급한 경우(경락받기 전에 유치권 포기의 대가로 지급한 합의금 포함) 해당 금액은 필요경비에 해당하지 않음[297]
경매로 취득한 자가 세입자에게 지급한 합의금	• 통상 주택임차인은 선순위 담보권자가 없는 경우 대항력을 갖추어 배당에 참여하거나 배당에 참여하지 않고 낙찰자에게 보증금 상환을 청구할 수 있으나, 대항력 요건을 갖추지 못한 임차인이 보증금의 유치권을 주장하는 경우 이는 적법한 유치권이 아니므로[298] 지급의무가 없고 그 지급비용은 필요경비에 해당하지 않음[299]
유치권자에게 지급한 유치권 포기의 합의금	• 부동산에 세입자 명의로 건물 내부시설에 따른 유치권이 설정되어 낙찰자가 유치권 포기 합의금을 지급한 경우, 유치권으로 담보하는 채권을 변제할 책임이 있는 유치권자에게 변제한 채권 상당액은 필요경비에 해당함[300]
유치권 관련 공사비 등 자료의 미제시	• 건물의 前 소유자가 미지급한 신축공사 대금에 대한 유치권 포기의 대가를 지급하였다고 하나 건물신축에 관한 견적서나 계약서 등을 제시하지 못하고, 경매법원에 유치권 신고를 하지 않은 점 등에 비추어 실제 유치권이 있었다거나 신축공사대금을 변제할 의무가 있었다고 보기 어려움[301]
유익비상환 청구권	• 부동산을 경락받은 자가 유익비상환청구권에 기한 유치권 신고액을 그 신고자에게 변제한 사실이 있는 경우 그 변제액은 취득가액으로 인정함[302]

---

296) 서면5팀-846, 2008.4.22. ; 서면4팀-444, 2008.2.22.
297) 재산세과-577, 2009.10.27. ; 재산세과-993, 2009.5.20. ; 대판2018두42313, 2018.7.13.
298) 대판93다62119, 1994.10.14. ; 대판75다1305, 1976.5.11.
299) 재산세과-809, 2009.4.24.
300) 서면5팀-846, 2008.4.22.
301) 심사양도2010-112, 2010.7.5. ; 대판2012두17995, 2012.11.29.
302) 조심2009서2832, 2010.6.24.

Chapter 68. 경매 낙찰받아 **임차인에게 지급한 임대보증금**은 필요경비에 해당되는가?

내용 Summary

기본사항 Check

- **대항력** : 임차한 주택 등이 매매나 경매 등으로 소유자가 변동되더라도 임대차의 내용을 새로운 소유자에게 주장할 수 있는 권리 → 대항력 있는 임차인은 해당 상가나 주택을 사용·수익할 수 있는 권리와 보증금반환청구권의 권리를 갖게 됨
  ① 주택 임대차 : 임대차계약 + 주택 인도 & 실제 점유 + 주민등록(전입신고)
  ② 상가 임대차 : 임대차계약 + 건물 인도 & 실제 점유 + 사업자등록 신청

- **확정일자** : 동사무소 등에서 주택임대차 계약을 체결한 날짜를 확인하여 주기 위해 임대차계약서 여백에 날짜가 찍힌 도장을 찍어 주는 그 날짜로 다음의 효력 발생
  ① 확정일자가 있는 날에 주택임대차계약 증서가 존재하였음을 증명
      ㉠ 임대차계약의 진실성을 추정하지는 않음
      ㉡ 계약의 해제, 계약서 재작성의 경우에도 사후 말소, 정정 불가
      ㉢ 과거일자로 소급 부여 불가, 미래일자로 부여 불가
  ② 확정일자를 기준으로 우선변제권 부여 → 대항력 요건을 갖춘 상태에서 확정일자를 부여받은 경우 그 날을 기준으로 우선변제 효력 부여

핵심 Point

- 대항력 "있는" 전세 보증금 등을 매수자 부담한 경우로서 소유자에게 구상권을 행사할 수 없는 경우 → 취득가액 포함 ○

- 대항력 "없는" 전세 보증금 등을 매수자 부담한 경우로서 소유자에게 구상권을 행사할 수 없는 경우 → 취득가액 포함 ×

- 대항력을 갖추었으나 확정일자는 받지 않은 임차인에게 임대보증금을 지급한 경우 → 취득가액 포함 ○

- 대항력 "있는" 임차인이 낙찰받은 경우로서 회수하지 못한 임대차 보증금(구상권 불가) → 취득가액 포함 ○

질문 »

1. 甲은 경매에서 주택을 낙찰받았다. 해당 주택에는 임차인(乙)이 거주하고 있으며, 주택에 근저당권의 등기한 날짜가 주민등록 및 전입일자보다 앞선다. 甲은 乙에게 임차보증금 일부를 지급하고 이사하게 하였다. 해당 지출비용은 필요경비로 인정되는가?

2. 甲은 경매에서 주택을 낙찰받았다. 해당 주택에는 임차인(乙)이 거주하고 있으며, 후순위 근저당에 앞서서 대항력 및 확정일자를 갖추고 있다. 해당 주택 소유자는 파산상태로 무자력이다. 임대보증금은 2억원이고 배당 참여하여 1억원을 배당받았다. 甲은 임대차 종료일에 乙에게 임차보증금을 잔여액 1억원을 지급하고 주택을 인도받았다. 해당 지출비용은 필요경비로 인정되는가?

3. 甲은 경매에서 주택을 낙찰받았다. 해당 주택에는 임차인(乙)이 거주하고 있으며, 후순위 근저당에 앞서서 대항력을 갖추고 있다. 다만, 乙은 임대차계약서에 확정일자는 받지 않았다. 해당 주택 소유자는 파산상태로 무자력이다. 乙은 배당에 참여하였으나 확정일자를 늦게 받아서 전혀 배당받지 못한 상태이다. 甲은 임대차 종료일에 乙에게 임차보증금을 전액 지급하고 주택을 인도받았다. 해당 지출비용은 필요경비로 인정되는가?

4. 甲은 선순위 대항력을 갖고 있는 주택임차인이다. 2억원에 임차하던 시가 2억 5천만원 주택이 경매로 넘어가자 본인이 1천만원에 낙찰을 받았다. 주택 소유자는 파산 상태로 임대보증금은 회수할 수 없는 상태이다. 이후 해당 주택 양도시 회수하지 못한 보증금은 취득가액에 가산할 수 있는가?

답변 및 해설 »

1. 해당 임차인은 선순위 근저당권자가 있으므로 경매 낙찰됨으로 해당 임차권으로서 낙찰자에게 대항력을 주장할 수 없다. 따라서 甲은 법적 지급의무가 없는 자에게 지급한 경우이므로 필요경비로 인정받지 못한다.

2. 해당 임차인은 대항력을 갖추고 있으므로 낙찰자에게 대항할 수 있다. 따라서 배당에서 변제받지 못한 1억원은 매수인(낙찰자)에게 변제 책임이 있다. 그리고 주택 소유자는 파산상태이므로 구상권 행사가 불가한 것으로 보이며 변제한 금액은 필요경비로 인정받을 수 있다.

3. 乙은 대항력을 갖추고 있으며, 선순위 근저당보다 앞선다. 따라서 경매 낙찰됨으로 대항력은 상실하지 않는다. 확정일자는 우선변제를 받기 위한 요건일 뿐이다. 따라서 乙은 매수인(낙찰자)에게 대항할 수 있으며, 甲의 변제는 법적 지급의무가 있는 것이다. 주택 소유자는 파산상태이고 구상권도 불가하므로 이후 해당 주택 양도시 지급한 임대보증금을 필요경비로 인정받을 수 있다.

4. 근저당보다 우선하는 대항력을 갖춘 임차인이 낙찰받은 경우 종전에는 회수하지 못한 보증금은 취득가액에 가산할 수 없다고 보았으나, 취득가액에 포함하여야 한다는 대법원 판결 등이 있은 뒤 취득가액에 포함할 수 있는 것으로 해석한다. 사안에서 甲은 주택소유자에게 구상권 행사가 불가하므로 취득가액에 가산할 수 있다.

관련 사례

구 분	내 용
대항력 관련 판례 (민사 판례)	• 주택의 임차인이 그 주택의 소재지로 전입신고를 마치고 그 주택에 입주함으로써 일단 임차권의 대항력을 취득한 후 어떤 이유에서든지 그 가족과 함께 일시적이나마 다른 곳으로 주민등록을 이전하였다면 이는 전체적으로나 종국적으로 주민등록의 이탈이라고 볼 수 있으므로 그 대항력은 그 전출 당시 이미 대항요건의 상실로 소멸되는 것이고, 그 후 그 임차인이 얼마 있지 않아 다시 원래의 주소지로 주민등록을 재전입하였다 하더라도 이로써 소멸되었던 대항력이 당초에 소급하여 회복되는 것이 아니라 그 재전입한 때부터 그와는 동일성이 없는 새로운 대항력이 재차 발생하는 것임[303]
	• 주택 임차인이 그 가족과 함께 그 주택에 대한 점유를 계속하고 있으면서 그 가족의 주민등록을 그대로 둔 채 임차인만 주민등록을 일시 다른 곳으로 옮긴 경우라면, 전체적으로나 종국적으로 주민등록의 이탈이라고 볼 수 없는 만큼, 임대차의 제3자에 대한 대항력을 상실하지 않음[304]
	• 주택임차인의 의사에 의하지 아니하고 직권조치로 주민등록이 말소된 경우에도 원칙적으로 그 대항력은 상실되지만, 직권말소 후 동법 소정의 이의절차에 따라 그 말소된 주민등록이 회복되거나 재등록이 이루어짐으로써 주택임차인에게 주민등록을 유지할 의사가 있었다는 것이 명백히 드러난 경우에는 소급하여 그 대항력이 유지된다고 할 것이고, 다만 그 직권말소가 주민등록법 소정의 이의절차에 의하여 회복된 것이 아닌 경우에는 직권말소 후 재등록이 이루어지기 이전에 주민등록이 없는 것으로 믿고 임차주택에 관하여 새로운 이해관계를 맺은 선의의 제3자에 대하여는 임차인은 대항력의 유지를 주장할 수 없음[305]

---

303) 대판97다43468, 1998.1.23.
304) 대판95다30338, 1996.1.26.
305) 대판2002다20957, 2002.10.11.

구 분	내 용
대항력 관련 판례 (민사 판례)	• 후순위 저당권의 실행으로 목적부동산이 경락된 경우 선순위 저당권까지도 당연히 소멸하므로, 비록 후순위 저당권자에게 대항할 수 있는 임차권이라도 소멸된 선순위 저당권보다 뒤에 등기되었거나 대항력을 갖춘 임차권은 함께 소멸하는 것이고, 따라서 경락인에 대하여 임차권의 효력을 주장할 수 없음[306]
	• 상가건물을 임차하고 사업자등록을 마친 사업자가 임차 건물의 전대차 등으로 당해 사업을 개시하지 않거나 사실상 폐업한 경우에는 그 사업자등록은 상가임대차의 공시방법으로 요구하는 적법한 사업자등록이라고 볼 수 없고, 이 경우 임차인이 대항력 및 우선변제권을 유지하기 위해서는 건물을 직접 점유하면서 사업을 운영하는 전차인이 그 명의로 사업자등록을 하여야 함[307]
	• 대항요건을 갖춘 임차권보다 선순위 근저당권이 있는 경우 낙찰로 선순위 근저당권이 소멸하면 후순위 임차권도 선순위 근저당권이 확보한 담보가치의 보장을 위하여 그 대항력을 상실하는 것이지만, 낙찰로 인하여 근저당권이 소멸하고 낙찰인이 소유권을 취득하게 되는 시점인 낙찰대금지급기일 이전에 선순위 근저당권이 다른 사유로 소멸한 경우에는, 대항력이 있는 임차권의 존재로 인하여 담보가치의 손상을 받을 선순위 근저당권이 없게 되므로 임차권의 대항력이 소멸하지 않음[308]
대항력 "없는" 전세 보증금을 매수자 부담	• 건물을 경매 등으로 취득시 "대항력 없는 임차인"에게 지급한 보증금 등 명도비용은 필요경비에 해당되지 않음[309]
	• 대항력 없는 임차보증금을 지급한 경우 취득시 실질적으로 소요된 직접비용으로 보기 어려우므로 필요경비로 공제할 수 없음[310]
매수자가 부담하는 대항력 있는 보증금	• 실지 취득가액에는 주택임대차보호법상 대항력 있는 전세보증금(구상권을 행사할 수 없는 것에 한함)이나 임차보증금으로서 매수인이 부담하는 금액을 "포함"함[311]
대항력은 갖추고 확정일자는 받지 않은 임차인에게 지급	• 부동산을 경락받기 전에 임차인이 대항력을 갖추었으며, 확정일자는 우선변제권을 갖추기 위한 요건으로 대항력을 갖추기 위한 요건이 아니고, 경매개시일 현재 임차인의 전입일보다 임차보증금은 대항력을 갖추어 그에 따라 임차인에게 명도합의금을 지급한 것으로 취득가액에 포함됨[312]
임차인이 낙찰받은 경우	• 선순위의 대항력이 있는 임차인이 당해 임대주택을 경락받아 양도하는 경우 임차인이 회수하지 못한 임차보증금은 취득가액에 포함함[313]
	• 주택을 임차하여 거주하는 대항력 없는 임차인이 당해 임차주택을 경락받아 양도하는 경우 해당 임차인이 회수하지 못한 임차보증금의 전부 또는 일부 금액은 취득가액에 포함되지 않음[314]

306) 대판98다32939, 1999.4.23.
307) 대판2005다64002, 2006.1.13.
308) 대판2002다70075, 2003.4.25. ; 대판98마1031, 1998.8.24.
309) 부동산납세과-2571, 2022.8.30. ; 서울행법2024구단53249, 2024.11.27.
310) 심사양도2010-362, 2011.3.22. ; 국심1998중2282, 1999.1.15. ; 서울고법2012누692, 2012.8.22.
311) 부동산납세과-24, 2019.1.10. ; 재산세과-1773, 2008.7.18.
312) 조심2011중2196, 2012.1.2.
313) 부동산납세과-1031, 2023.4.19. ; 법규재산-1384, 2022.2.21. ; 대판95누12088, 1996.11.22.
314) 부동산납세과-181, 2013.11.29. ; 조심2013부477, 2013.4.4.

Chapter 69. 건설자금이자, 취득가액에 포함할 수 있는가?

내용 Summary

기본사항 Check

- **건설자금이자** : 건물을 건설하면서 자금을 차입한 경우 그 차입금 이자는 건설이 준공된 날까지 자본적 지출로 하여 건물의 취득원가에 가산함
- **쟁점** : 사업소득과 달리 양도소득세에서 자본화한 건설자금이자로 지출한 금액도 취득가액으로 하여 해당 건물을 양도할 때 차감할 수 있는지 여부 및 이미 감가상각한 부분을 반영하여야 하는지 여부가 쟁점이 됨

핵심 Point

- 건설자금이자를 취득가액으로 인정하는지 여부 → 불가
- 건설자금이자를 취득원가에 가산하고 해당 취득원가를 기초로 감가상각비로 계상하여 온 바, 이후 건물 양도시 해당 건물의 취득가액 산정시 차감할 감가상각비에 건설자금이자 부분을 제외하는지 → 포함 Vs 제외

 질문 »

1. 甲은 보유하던 토지에 상가건물을 신축하면서 20억원의 대출을 받아 건물을 신축하였고, 차입금 지급이자는 건물 완공 전까지 지출분에 대하여 건물 취득원가로 계상하였다. 이후 해당 건물을 양도하려는데 건설자금이자 부분은 취득가액에서 차감하여야 하는가?

2. 甲은 보유하던 토지에 상가건물을 신축하고 임대업을 영위하면서 감가상각비는 건설자금이자를 포함한 전체 취득가액을 기초로 비용화하였다. 이후 해당 건물을 양도할 경우 취득가액에서 건설자금이자는 어떻게 처리하는가? (불복결정 사례에 의할 경우)

 **답변 및 해설 »**

1. 현재 건물 취득가액에 가산된 건설자금이자에 대해 과세관청(국세청, 기재부), 감사원심사, 조세심판원, 국세심사결정 및 하급심 판례 모두 취득가액에 산입할 수 없다고 해석한다. 그 이유는 필요경비에 대하여 "열거적"으로 규정하는데 건설자금이자는 규정에 없으며, 자기자본 건설과 형평성 때문이다.

2. 건설자금이자를 취득가액에서 차감하는 경우, 감가상각비로 차감하여야 하는 금액이 문제된다. 왜냐하면 사업소득에서는 건설자금이자를 포함하여 감가상각하기 때문이다. 따라서 취득가액에서 차감하여야 하는 감가상각비 누계액 중에서 건설자금이자 부분은 제외하여야 하는 것이 아닌가 하는 것이다. 그러나 국세청 심사결정과 종전의 조세심판원 결정은 건설자금에 해당하는 부분을 제외할 수 없는 것으로 판단하고 있다.

이에 대해 당초부터 양도차익 산정시 취득가액에서 제외한 건설자금이자 금액에 대한 감가상각비 부분은 이중과세 방지 측면에서 취득가액에서 차감할 감가상각비에서 제외하여야 한다는 비판이 있으며, 최근 조세심판원은 같은 취지로 결정한 바 있다.

관련 사례

구 분	내 용
건설자금이자	• 부동산임대업을 영위하기 위해 금융기관으로부터 차입한 자금으로 건물을 신축하는 경우 차입금에 대한 "준공된 날까지"의 이자는 필요경비에 해당하지 않음[315]
건설자금이자에 대한 감가상각비	• 차감한다는 결정 : 양도차익 산정시 자본화 비용(건설자금이자) 등 취득가액으로 불인정한 취득가액에 대한 감가상각비를 차감하는 것은 사업소득과 양도소득의 "적용 법률"이 다른 것에 기인하여 잘못이 없음[316] • 차감하지 않는다는 결정 : 감가상각비를 고려하지 아니한 건설자금이자를 취득가액에서 차감하게 되면 감가상각비만큼 취득가액이 과소하게 됨[317]
완공 이후 지출분	• 준공된 날 이후 차입금 이자, 리모델링에서 발생한 차입금이자, 토지매입 관련 차입금의 지급이자는 필요경비에 산입할 수 없음[318]

---

315) 조세법령운용과-379, 2022.4.14. ; 부동산납세과-599, 2019.6.10. ; 심사양도2020-75, 2021.4.6. ; 조심2022 서5976, 2023.5.2. ; 조심2018서1120, 2018.6.19. ; 수원고법2022누14601, 2023.10.13. ; 서울행법2024구단 52192, 2025.1.15. ; 수원지법2022구단402, 2023.3.8. ; 울산지법2016구합1008, 2017.6.8.
316) 심사양도2008-7, 2008.3.31. ; 조심2022서5976, 2023.5.2.
317) 조심2023서6895, 2023.9.7.
318) 법령해석재산-21894, 2015.2.25. ; 조심2024서1836, 2025.1.23. ; 조심2016부661, 2016.6.29. ; 조심 2012서4672, 2013.6.10.

Chapter 70
중개수수료와 컨설팅 비용, 필요경비로 인정하는 범위는?

내용 Summary

기본사항 Check

- **양도비 등**: 해당 자산을 양도하기 위하여 직접 지출한 비용으로 "소개비" 내지 중개비는 실가에 의하여 취득가액을 산정할 때 기타필요경비 중 자산의 "양도비 등"으로서 공제대상에 해당하며, 부동산 등을 취득하면서 지출된 중개수수료는 취득 부대비용으로서 취득가액에 포함됨

- **부동산 컨설팅 비용**: 부동산 매도를 위해 상권조사, 지가상승요소 분석, 매도가격 타당성 분석, 매매 진행컨설팅 등을 의뢰하고 지급한 비용

- **쟁점**: 중개수수료가 과다하거나 컨설팅 명목으로 지급한 비용의 경우에도 필요경비로 공제가 가능한지 여부

핵심 Point

- 미등록 중개업자에게 거래 수수료 지급시 양도비 인정 여부 → Yes
- 형식은 중개수수료이나 실질은 다른 용도 지급인 경우 양도비 인정 여부 → No
- 과다 지급된 중개수수료 양도비 인정 여부 → Yes(원칙)
- "부동산" 컨설팅 비용의 양도비 인정 여부 → 최근에는 대부분 부정적임

질문 »

1. 甲은 군사분계선(민간인 통제선) 안에 있는 토지를 양도하면서 공인중개사 사무실에서 계약을 체결하고 중개수수료를 법정 수수료보다 높게 매매가액에 10%를 지급하였다. 해당 금액에 대하여는 현금영수증이 발행되었다. 해당 비용은 양도비로 인정되는가?

2. 甲은 지방에 거주하면서 서울에 보유하고 있는 상가빌딩을 평소 관리해주던 해당 빌딩에 소재한 중개사무실을 통해 해당 상가 1개 호실을 매매하면서 중개수수료와 별개로 그동안 관리에 대한 보답으로 컨설팅비용 명목으로 추가로 대금을 지급하였다. 해당 비용은 양도비로 인정받을 수 있는가?

3. 甲은 상가분양권을 중개법인을 통하여 양도하면서 법정 중개수수료와 더불어 상권분석 등 명목으로 고액의 컨설팅비용을 지출하였다. 이에 대해 중개법인은 현금영수증을 발부하였다. 최근 불복 사례들에 따르면 해당 비용은 양도비로 인정될 수 있는가?

답변 및 해설 »

1. 중개수수료가 법정 수수료보다 높다고 하여 무조건 필요경비가 부인되는 것은 아니다. 대부분 다른 요인으로 지급되었기에 부인되는 것이다. 해당 비용은 중개수수료로 지급되었고 적격증빙도 갖추었으므로 법정 수수료보다 높기는 하나 관련 법률에 따른 행정상 제재 등 문제와는 별개로 필요경비로 인정할 수 있다.

2. 사안에서 중개수수료를 제외한 금액은 장기간 관리용역을 대행한 것에 대한 대가 형식이므로 추가로 지출한 비용으로서 양도와 관련하여 지출한 소개비로 보기 어렵고 따라서 양도비로 인정되지 않는다.

3. 최근 들어 컨설팅비용을 양도비에 포함하여 신고하는 사례가 늘고 있다. 법정 중개비 제약이 있어 그것을 피하기 위해 중개수수료 외에 컨설팅수수료 항목으로 거래수수료를 지급받는 부분도 일부 보인다.

    이와 관련하여 최근 불복사례들은 거의 예외 없이 컨설팅비용을 양도비로 볼 수 없다고 판단한다. 양도비를 필요경비로 인정하는 것은 "소개비"로서 인정하는데 "컨설팅비용"은 명문규정이 없고, 컨설팅계약서에서 제시한 특별한 용역제공 내역이 없으며, 그 내용도 일반적 사항이라는 점 및 경우에 따라 전문자격을 갖추지 않았다는 것도 이유로 들고 있다. 따라서 사안의 컨설팅 비용은 양도비로 인정받기 어렵다.

관련 사례

구 분	내 용
분양권 중개 수수료	• 분양권을 양도하면서 지출한 부동산 중개수수료도 지출증빙에 의하여 확인되는 경우 필요경비로 공제받을 수 있음[319]
취득시 중개수수료	• 취득시 부동산 중개수수료는 취득에 소요된 부대비용으로 부동산 취득가액에 포함되며, 양도시 부동산 중개수수료는 양도비에 포함되는 것임[320]
입증을 못하거나 다른 용도의 지급	• 제시하는 증빙만으로는 부동산의 취득과 관련된 부동산 소개료인지 여부가 불분명하여 실제로 지급한 것으로 인정하기 어려움[321] • 토목공사비 및 중개수수료는 구체적이고 객관적인 지출증빙이 없는 비용이며, 지출사실이 불분명하므로 필요경비로 불인정한 처분은 정당함[322] • 금융증빙 등에 의해 중개인에게 지급한 사실이 확인되는 비용은 필요경비로 인정할 수 있으나, 나머지 금액은 실제 지출 여부가 객관적으로 확인되지 않아 필요경비로 공제할 수 없음[323] • 중개인이 수령한 금원은 중개수수료가 아니라 채권의 변제조로 받았다고 증언하였고, 양도대금에 비하여 너무나 과다한 금액인 점을 감안할 때 중개수수료로 지급하였음을 인정하기에 부족함[324] • 상가 양도가 예상된 상황에서 상가 매매거래에 기여한 역할은 주변시세에 대한 정보를 제공하는 정도로 그 역할이 미미하였음에도 지급금액을 중개수수료로 보기는 과다하고, 외국에 거주하는 동안 중개수수료 수령자가 상가를 관리한 사실이 있고, 이러한 사실이 반영되어 있다고 보이므로 양도비로 보기 어려움[325] • 중개사에게 지급한 금액 외 '알박기' 주도자에게 지급한 대가는 필요경비로 인정하기 어려움[326] • 청구인이 운영하는 법인계좌에서 인출된 자금이 양도한 토지의 취득과 관련되어 지출한 것인지 여부가 불분명하고, 취득 당시에 중개수수료로 지급하였다고 주장하는 3억원은 매매가액 대비 6%에 가까운 금액으로 통상적인 중개보수 수준보다 상당히 높아 일반 상거래 관행상 쉽사리 수긍하기도 어려워 중개수수료에 대한 객관적인 증빙이 부족하다고 보아 필요경비 인정하지 않은 것은 잘못이 없음[327] • 취득 당시 중개인과 채권채무관계가 있고 중개수수료가 과다한 점을 감안할 때 중개수수료로 보아야 한다는 주장은 받아들이기 어려움[328]

---

319) 서일46014-10444, 2002.4.3.
320) 서면5팀-963, 2007.3.26.
321) 심사양도2008-281, 2009.1.19.
322) 심사양도2013-221, 2014.3.18.
323) 대판2017두67209, 2018.2.28. ; 서울고법2017누43625, 2017.9.28.
324) 조심2010서3449, 2011.6.10.
325) 조심2010중621, 2010.3.31.
326) 부산고법2021누20337, 2021.8.27.
327) 심사양도2022-54, 2022.10.5.
328) 조심2008중1557, 2008.9.25.

구 분	내 용
미등록 또는 명의대여 중개업자 등에게 지출	• 부동산을 양도하면서 무등록 중개업자에게 중개수수료를 지급한 사실이 확인되므로 중개업자의 사업소득으로 과세함은 별론으로 하더라도, 양도소득 계산시 필요경비에 산입함이 타당함[329]
	• 중개수수료가 양도가액의 10.6%에 이르는데, 양도가액에 대한 법정 중개수수료의 최고금액은 0.9%로서 설령 토지 양도거래에 일정 부분 기여하였다고 하더라도 해당 금액 전부가 일반적인 부동산 거래에서 통상적으로 지출하였을 것으로 인정되는 중개대가라고 보기에 과다하게 지급한 것으로 보이므로 법정 중개보수 상한액(0.9%)을 토지양도에 따른 필요경비로 인정하여 경정함이 합리적임[330]
	• 중개 당시 공인중개사 자격은 없으나 타인명의를 빌려 중개사무실을 운영한 것으로 보이며, 공인중개사 사무실 운영시 양도소득세 문제가 발생할 경우 이에 대한 책임을 진다는 확인서를 작성하였고, 지급한 500만원에 대한 영수증 및 중개업자란에 중개업자 상호가 기재된 매매계약서를 제시하고 있으며, 다른 부동산을 중개한 사실이 있는 점을 감안하면, 중개수수료로 지급한 것으로 보이므로 필요경비로 인정하는 것이 타당함[331]
과다 지급한 중개수수료	• 지급한 중개수수료가 경험칙에 비추어 지나치게 과다하면서 중개수수료의 성격이 아닐 경우 양도비로 인정하지 않음[332]
	• 지급 금액이 법정수수료에 비해 많긴 하나 필요경비 공제는 특단의 사정이 없는 한 실지 지급된 금액에 따라야 하며, 중개인에게 양도를 일임하였고 중개수수료로 해당 금액을 지급했다는 주장이 일관되고 이행각서 내용 등이 그에 부합하며 영수증도 확인되고, 상대방도 수령확인서를 작성하여 중개수수료로 지급한 것으로 보이나, 실제 수령 여부 및 사용내역이 확인되지 않으므로 재조사함이 타당함[333]
	• 중개인이 있는 부동산 양도시 중개수수료 지급하는 것이 일반적이고 거래가액에 비하여 일정수준의 중개수수료를 수인한 중개인의 진술로 보아 필요경비 배제할 수 없음[334]
	• 토지 분양대행계약서가 작성되어 있고 분양회사가 분양대금 중 계약서상 기재된 가액으로 계산된 금액만을 원고에게 지급한 점 등에 비추어 토지분양계약이 체결된 사실이나 분양대행수수료를 지출한 사실을 부정하기는 어려우므로 분양대행수수료를 필요경비로 인정하지 않은 것은 위법함[335]
	• 컨설팅비를 포함하여 양도가액의 10%(양도차익의 20%)로 과다하고 매각조건 협의, 세입자 관리 및 명도 업무, 매각에 따른 세무 및 법무컨설팅에 관한 부분은 성질상 부동산을 양도하기 위해 "직접" 지출한 비용에 해당하지 않음[336]

329) 심사양도2006-217, 2007.3.30.
330) 조심2022전5854, 2023.1.11.
331) 조심2009서3016, 2009.11.16.
332) 조심2010서752, 2010.5.4.
333) 조심2013전856, 2013.6.5. ; 국심2007부3741, 2007.11.23.
334) 대판2016두58024, 2017.2.23.
335) 대판2013두19356, 2013.12.27. ; 대판2012두942, 2013.2.15.
336) 서울행법2024구합69951, 2025.1.21.

구 분	내 용
컨설팅 비용	• 매수자가 이미 정해진 거래에서 그 매매대금의 협상을 위해 지출한 컨설팅용역 비용은 양도비에 해당하지 않음[337] • 토지 매매와 관련하여 이미 컨설팅비용과 별도로 중개수수료를 지급한 것으로 보이고, 컨설팅용역 계약서의 내용이 분양홍보 및 마케팅, 모델하우스 운영 등으로 실질용역 내용이 불명확하여 해당 금액을 양도인이 부담하는 것이 토지 매매조건이라는 사실만으로는 토지를 양도하기 위하여 직접 지출한 비용이라고 보기는 어려우며, 같은 자산을 양도한 다른 양도자들이 동일한 상황에서 지출되었을 통상적인 비용이라고 보기도 어려움[338] • 부동산 양도와 관련하여 컨설팅 비용 외 중개법인에 중개수수료를 지급하였고 이를 필요경비로 공제받았으며, 양도인을 대신하여 부동산의 임대계약 체결, 임차인 관리, 시설보수 등 일반적인 관리업무를 병행한 것으로 보이고, 컨설팅 대행계약서에도 부동산 임대가 업무 범위에 포함되어 있는 점 등을 종합하면 부동산을 양도하기 위하여 직접 지출한 비용이라고 단정하기 어려움[339] • 부동산 중개를 위해 어떤 용역을 제공하였는지 구체적으로 확인되지 아니하는 이상 매매계약서상 해당 계약이 물건분석 및 컨설팅보고서를 근거로 체결되었다는 문구만으로 부동산 양도를 위하여 직접 지출 비용으로 인정하기는 어려움[340] • 컨설팅용역 보고서의 내용이 입지환경 분석, 상권 분석, 연간 투자수익률 검토, 인근 유사매물의 매매호가와 위치 및 시설수준 등을 감안한 부동산의 거래가액 산정 등으로 되어 있어 동 보고서를 제출하고 매수자를 연결하여 주었다는 사실만으로는 양도비용으로 보기 어려움[341] • 법인이 수행한 컨설팅 내용인 시장조사 보고서의 내용은 해당 분양권의 입지환경, 투자전망 등의 일반적인 사실관계를 확인하는 수준이고, 해당 비용이 같은 자산을 양도한 다른 양도자들이 동일한 상황에서 지출되었을 것으로 인정되는 통상적인 비용이라고 보기 어려움에 비추어 필요경비로 인정할 수 없음[342] • 양도인은 부동산 컨설팅용역 계약서를 작성하고 수수료를 지급하여 컨설팅수수료를 품목으로 한 세금계산서를 수취하였고, 과세자료 해명 당시 부동산 컨설팅용역을 제공받았다고 주장하였으며, 실제 중개를 총괄하였다는 관련인들이 컨설팅비용이라 확인하는데 반해, 중개수수료로 볼 구체적·객관적 증빙이 부족하여 해당 수수료를 컨설팅비용으로서 양도비에서 제외한 것은 잘못이 없음[343]

---

337) 법규재산-1832, 2022.3.10. ; 조심2023서10868, 2024.2.7. ; 조심2023중603, 2023.5.2.
338) 조심2023서112, 2023.2.15.
339) 조심2021서2269, 2021.7.15.
340) 조심2021서5798, 2021.12.27.
341) 조심2023서112, 2023.2.15. ; 조심2019부565, 2019.6.18. ; 수원지법2022구단9065, 2023.11.3. ; 수원고법2022누11725, 2022.11.4. ; 수원고법2022누11725, 2022.11.4. ; 수원지법2022구단9065, 2023.11.3. ; 인천지법2021구단5618, 2022.8.23.
342) 조심2021중6661, 2022.3.10.
343) 조심2024전2294, 2024.12.23. ; 조심2024서4556, 2024.12.12. ; 조심2024서636, 2024.9.11. ; 조심2024서613, 2024.4.23. ; 조심2019서4377, 2020.2.21. ; 조심2016서2699, 2016.11.21. ; 심사양도2012-247, 2012.12.27. ; 서울고법2021누51128, 2022.1.14. ; 서울행법2020구단59942, 2021.6.2.

구 분	내 용
컨설팅 비용	• 양도인이 컨설팅비를 이체한 사실은 확인되나, 용역결과물 등의 입증자료를 제시하지 아니하여 토지 취득과 관련하여 구체적으로 어떠한 용역을 제공받았는지 불분명하고, 컨설팅비 관련 소득신고를 한 내역이 확인되지 않으며, 달리 컨설팅비가 토지 양도와 관련된 공제대상 비용인지 여부를 확인할 만한 구체적·객관적 증빙이 제시되지 않아 컨설팅비를 부인한 것은 달리 잘못이 없음[344] • 컨설팅 비용이 양도 자산의 필요경비로 인정되기 위해서는 자산을 양도하기 위하여 지출한 것이어야 하고 그 지출 내역이 객관적으로 확인되어야 할 것인데, 용역계약서는 사후 작성된 것으로 보이고 그 대가 지급 여부가 불분명한 점 등에 비추어 인정하기 어려움[345] • 양도비 등을 열거하고 있으나 컨설팅비용은 필요경비로서 규정하지 않고, 소개비로 본다 하더라도 토지 매매대금의 23.5%에 해당하는 금액으로 높은 비율과 많은 금액을 소개비로 지급한다는 것은 통상 거래에서 있기 어려운 것으로서 특별한 사정이 없는 한 경험칙상 쉽사리 수긍되기 어려운 금액이라고 할 것이고, 처분청은 일반적인 부동산중개수수료에 해당하는 금액을 필요경비로 인정한 점 등에 비추어 필요경비에 산입하여야 한다는 주장을 받아들이기 어려움[346] • 작성한 매수대행약정서에도 제공하는 용역이나 컨설팅비용 지급에 대한 구체적이고 세부적인 사항이 기재되지 않았고, 부동산 중개나 매매컨설팅과 관련하여 경력이나 전문지식, 관련 분야의 자격증이 있는지 여부가 불명확하여 지급한 비용이 부동산 컨설팅 비용에 해당한다고 단정하기 어려움[347] • 확인서, 영수증 등이 존재하더라도 금융증빙이 없고 부가가치세 신고도 되어 있지 않은 부동산 컨설팅 비용을 필요경비로 인정할 수 없음[348]

---

[344] 조심2021인3013, 2021.11.16.
[345] 조심2020부528, 2020.6.10. ; 대판2022두62574, 2023.2.23.
[346] 조심2024서4461, 2025.2.17. ; 조심2024인4491, 2024.12.5. ; 조심2024인2293, 2024.6.19. ; 조심2024부539, 2024.6.13. ; 조심2023중9353, 2023.12.4. ; 조심2016구2899, 2016.10.24. ; 심사양도2019-128, 2020.3.25.
[347] 조심2019부2732, 2019.12.26. ; 조심2015광15, 2015.3.5.
[348] 대판2017두47199, 2017.9.9. ; 부산고법2011누3449, 2012.4.13. ; 서울행법2009구단11983, 2010.3.4.

Chapter 71. 의제취득일 전에 취득한 부동산, 필요경비 산정 방법은?

내용 Summary

기본사항 Check

- **의제취득시기의 의의** : 자산을 장기간 보유하다가 양도하는 경우 취득과 관련한 서류가 존재하지 않는 경우가 많고 과세관청 입장에서도 관련 공부확인 등에 따른 징수비용이 많이 발생할 수 있으므로, 일정시기 전에 취득한 자산을 일괄하여 특정시기를 취득시기로 의제하는 것

- **의제취득시기**
  ① 토지·건물, 부동산에 관한 권리, 기타자산 : 1984.12.31. 이전 취득분의 취득시기 → 1985.1.1.
  ② 주식 등 : 1985.12.31. 이전 취득분의 취득시기 → 1986.1.1.

핵심 Point

- 의제취득일 전에 취득한 부동산의 양도시 필요경비 → (실무상 대부분) 1985.1.1. 기준 환산취득가액 + 개산공제액(→ 1985.1.1. 현재 기준시가 × 3%)

- 의제취득일 전에 "상속/증여"받은 부동산 양도시 취득가액 : 대부분 → Max[①, ②]
  ① 1985.1.1. 기준 환산취득가액 + 개산공제액(→ 1985.1.1. 현재 기준시가 × 3%)
  ② 1985.1.1. 이후 실제 지출한 자본적 지출액 등 + 실제 지출한 양도비 등

질문 »

1. 甲은 1980년 9월에 "상속"받은 토지를 2024년 중 양도하려고 한다. 이 경우 취득가액 및 기타 필요경비를 1985.1.1. 현재의 환산취득가액과 1985.1.1. 현재 개산공제액을 적용하여 신고하려고 한다. 타당한가?

2. 甲은 1983년 1월 중 매매로 취득한 토지(1,000㎡)를 2023년 7월 중 전부 양도하려고 하는데 토지 취득계약서를 분실하고 없다. 해당 토지에 성토공사비용 20,000,000원이 소요되었고, 중개비 3,000,000원을 지출하였으며, 모두 적격 증빙을 갖추었다. 다음과 같은 경우에 환산취득가액에 의하면 필요경비는?
   - 양도가액 : 10억원
   - 해당 토지의 개별공시지가

① 2023.4.28. : 500,000원/㎡
② 1990.8.30. : 100,000원/㎡
- 토지등급가액
  ① 1990.1.1. : 5만원/㎡
  ② 1989.1.1. : 3만원/㎡
  ③ 1984.7.1. : 2만원/㎡

답변 및 해설 »

1. 상속/증여받은 자산은 당시의 기준시가로 평가하더라도 그 가액은 양도차익 산정시 실가로 의제된다. 따라서 평가한 기준시가에 상속/증여일 이후 실제 지출한 자본적 지출액 및 양도비를 합산하여 필요경비를 산정한다.

   그러나 의제취득일 전에 상속/증여받은 자산은 의제취득일의 매매사례가액이나 환산취득가액을 적용할 수 있고, 이 경우 기타 필요경비는 개산공제액을 적용한다. 따라서 사안은 적정한 방법이다. 실무에서 많이 신고하는 방식인 환산취득가액의 경우에는 다음과 같이 큰 금액을 적용할 수 있다.
   ① 의제취득일 현재의 환산취득가액 + 개산공제액(→ 1985.1.1. 현재 기준시가 × 3%)
   ② 의제취득일 이후 실제 지출한 자본적 지출액 등 + 실제 지출한 양도비 등

2. 의제취득일 현재의 환산취득가액과 개산공제액을 계산하라는 것인데, 취득가액 산정에는 2단계 절차가 필요하다.

   (1) 의제취득일 현재의 기준시가 산정 : 최초 공시된 기준시가로서 그 공시 당시 토지등급가액 대비 의제취득일 현재 토지등급가액 비율을 반영하여 산정 → 즉, 최초 개별공시가가 고시되었는데 그 시점 등급가액 대비 의제취득일의 등급가액으로 환원할 때 얼마로 공시되었을까 하는 계산방법

   ① 의제취득일의 기준시가 : 최초 개별공시가 × [의제 취득일의 토지등급가액/(공시 당시 토지등급가액 + 그 직전 토지등급가액) ÷ 2]
   = 100,000원 × [20,000원/(50,000원 + 30,000원)/2]
   = 100,000원 × 20,000원/40,000원
   = 50,000원/㎡
   ∴ 50,000원/㎡ × 1,000㎡ = 50,000,000원

(2) 환산취득가액 산정 : 양도가액 × (의제취득일의 기준시가/양도 당시 기준시가)
   = 1,000,000,000원 × 50,000,000원/500,000,000원
   = 100,000,000원

(3) 개산공제액 : 의제취득일의 기준시가 × 3%
   = 50,000,000원 × 3%
   = 1,500,000원

(4) 필요경비 산정 : Max[① 100,000,000원 + 1,500,000원, ② 23,000,000원]
   = 101,500,000원

관련 사례

구 분	내 용
의제취득일 현재 환산취득가액 적용	• 의제취득일 前 취득한 경우로서 실지거래가액이 확인되나 의제취득일 현재의 "환산취득가액"을 적용한 경우 실지로 지출된 자본적 지출액 등이 있어도 "개산공제액만" 기타 필요경비로 공제함[349]
	• 의제취득일 前 실지 취득가액을 확인할 수 없어 의제취득일 현재의 환산취득가액 등으로 산정하는 경우, 필요경비는 해당 "의제취득가액"과 "개산공제액"을 합산하며, 개산공제액은 "의제취득일 현재 기준시가"에 공제율을 곱함[350]
	• 2011.1.1. 이후 신고분부터 "의제취득일의 환산가액＋개산공제"와 "실제 지출한 자본적 지출액 등＋양도비 등" 중 큰 금액을 선택할 수 있음[351]
의제취득일 현재 매매사례가액 적용	• 의제취득일 현재의 매매사례가액·감정가액을 적용하는 경우 기타 필요경비는 "개산공제액"을 적용함[352]
의제취득일 前 상속/증여받은 자산	• 의제취득일 前 상속 또는 증여받은 자의 의제취득일 현재 취득가액은 소득령 제176조의 2 제4항 각 호의 가액 중 많은 것으로 함[353]
	※ 부동산특별조치법에 따라 이전하는 경우 실질에 따르므로 만일 상속받은 경우에는 상속개시일의 평가액을 적용하는 것이 원칙이고, 의제취득일 전 상속받으면 의제취득일의 환산가액 등을 적용할 수 있음
	• 의제취득일 前에 상속·증여받은 경우 그 상속·증여일의 상증법상 "평가액"을 실가로 보아 의제취득일까지의 물가상승률을 반영한 가액을 적용할 수 없음[354]

---

349) 재산세과-591, 2009.3.20.
350) 서면4팀-193, 2008.1.22. ; 서면4팀-258, 2007.1.18. ; 국심2006중479, 2006.8.21.
351) 재산세제과-308, 2016.5.2.
352) 재산세과-591, 2009.3.20. ; 서면5팀-151, 2008.1.22. ; 서면4팀-859, 2007.3.13.
353) 부동산거래관리과-214, 2010.2.8.
354) 심사양도2012-6, 2012.3.30.

구 분	내 용
의제취득일의 토지등급가액 적용	• 의제취득일의 입법취지는 취득시기를 의제취득일로 의제하여 당초 취득 당시 가액보다 높은 취득가액으로 재산정하여 양도가액에서 공제하는 것이므로, 실제취득일과 의제취득일 간에 지목변경이 있는 경우 의제취득일 현재의 현황(의제취득일 현재의 지목을 적용)에 따라 취득가액을 재산정함이 타당함[355] • 의제취득일 前 취득한 토지는 의제취득일에 취득한 것으로 보기에,[356] 취득 당시 토지등급가격은 의제취득일에 설정된 토지등급가격을 적용함[357]
의제취득일 전에 취득한 경우 기타 필요경비	• 실지 취득가액이 확인된 경우 : 의제취득일 전에 취득한 부동산 양도차익을 실가로 산정시 "실지취득가액이 확인되는 경우로서" 소득령 제176조의 2 제4항에 따라 취득가액을 계산하는 경우 의제취득일 이후 지출한 자본적 지출액은 당해 자산의 양도가액에서 공제함[358] • 실지 취득가액이 확인되지 않은 경우 : 의제취득일 전 취득한 부동산에 대한 양도차익을 실가로 산정시 "그 실지취득가액이 확인되지 아니하여" 환산가액을 취득가액으로 하는 경우 기타 필요경비는 개산공제액으로 함[359]
형식은 매매이나 실질은 증여인 경우	• 부동산 등기부상 의제취득일 前 매매를 원인으로 취득한 것으로 되었어도 실제 증여받은 것이면, 취득가액은 증여받은 자산에 대한 규정을 적용함[360]
상속주택의 판정	• 피상속인이 2 이상 주택을 보유한 경우 소유기간 등 판단시 의제취득일 규정을 준용하는 것은 타당하지 않음[361]

---

355) 조심2011광3249, 2011.11.17. ; 국심2004서0081, 2004.7.21.
356) 부동산거래관리과-909, 2010.7.13. ; 부동산거래관리과-216, 2010.2.8.
357) 법령해석재산-242, 2015.9.9. ; 국심2002서339, 2002.4.26.
358) 서면4팀-235, 2007.1.17. ; 서면4팀-3648, 2006.11.6. ; 서면4팀-3600, 2006.10.31.
359) 서면4팀-1643, 2005.9.12. ; 재산46014-13, 2001.1.4.
360) 국심2002중1431, 2002.7.15.
361) 조심2019서833, 2019.5.14.

Chapter 72

변호사 소송 수임료, 필요경비 인정 범위는?

내용 Summary

기본사항 Check

- **"취득가액"에 가산할 금액** : **"취득에 관한 쟁송이 있는 자산에 대하여 그 소유권 등을 확보하기 위하여"** 직접 소요된 소송비용·화해비용 등으로서 그 지출한 연도의 각 소득금액의 계산에 있어서 필요경비에 산입된 것을 제외한 금액

- **"자본적 지출액 등"에 가산할 금액** : **"자산을 취득한 후 쟁송이 있어 그 소유권을 확보하기 위하여"** 직접 소요된 소송비용·화해비용 등의 금액으로서 그 지출한 연도의 각 소득금액 계산에 있어 필요경비에 산입된 것을 제외한 금액

- **소송 등 비용의 필요경비 인정 요건**
  ① "소유권 확보"를 위해 지출한 비용일 것
  ② 원칙적으로 "실가"에 의한 취득가액을 산정할 것
  ③ 법적 지급의무 존재 → 상대방으로부터 소송비용을 청구할 수 없을 것, 구상권 행사 불가할 것
  ④ 사업소득금액 등의 필요경비에 "이미 산입한 부분은 제외"할 것

핵심 Point

- 부동산 취득시 사해행위 취소소송 및 처분금지 가처분에 따라 소요된 소송비용으로 구상권 행사가 불가한 경우 → 취득가액 가산

- 소유권 확보와 관련 없이 보유 중 우발적으로 지출된 소송비용(이혼재산분할 소송, 공유물 분할소송, 영업손실 손해배상소송, 명의신탁 환원 소송 등) → 필요경비 부인

- 양도대금 증액 관련 소송 → 개인 간 매매는 필요경비 부인, 수용에서 증액소송은 증액보상금 한도로 필요경비 인정

- 양도대금 회수 관련 소송 → 필요경비 부인

- 명도 소송, 퇴거소송 → 필요경비 부인

질문 »

1. 甲은 乙로부터 부동산을 취득하였으나 乙의 채권자 丙으로부터 사해행위 취소소송을 당하여 법원의 강제조정에 따라 합의금을 지급하고 조정하면서 변호사비용을 지출하였다. 乙은 무자력 상태로 구상권을 행사하여 회수할 가능성은 없다. 甲이 지출한 소송비용은 필요경비로 인정되는가?

2. 甲은 前 배우자 乙과 이혼소송 및 재산분할소송을 장기간 진행하여 토지 및 상가를 재산분할로 소유권이전 등기하는데 성공하였다. 그 과정에서 소송비용은 3천만원이 소요되었다. 해당 소송비용은 이후 토지 또는 상가 양도시 필요경비로 인정받을 수 있는가?

3. 甲은 乙로부터 토지를 취득하면서 丙에게 등기명의만 이전해 두었다. 丙이 甲이 모르게 해당 부동산을 양도하려는 한다는 소식을 듣고 丙을 상대로 소송을 제기하여 부동산 명의를 甲에게로 회복하였다. 甲은 그 과정에서 소송비용이 2천만원이 소요되었다. 丙은 무자력자로 소송비용을 구상권 행사하여 회수할 가능성은 없다. 소요된 소송비용은 이후 해당 토지 양도시 필요경비로 인정받을 수 있는가?

4. 甲은 경매 낙찰받은 부동산에 대항력 없는 임차인 乙이 사업을 영위하는 바, 임대차 종료 후 퇴거하고 건물을 명도해 줄 것을 통지하였다. 乙은 퇴거 및 건물 명도를 불응하여 甲이 명도소송을 제기하여 승소하고 강제퇴거를 시켰다. 이 과정에서 변호사비용이 1천만원 소요되었다. 해당 비용은 필요경비로 인정받을 수 있는가?

답변 및 해설 »

1. 甲은 부동산을 취득하는 과정에서 사해행위 취소소송을 당하여 소유권을 확보하기 위해 지출한 비용이고 乙로부터 구상권도 행사할 수 없는 상황이므로 해당 소송비용은 취득가액에 포함할 수 있다. 실무에서는 이 경우 乙로부터 구상권을 행사할 수 있는지 여부가 사실판단 사항으로 종종 쟁점이 되고 있다.

2. 이혼에 따른 재산분할청구 소송은 공유물의 분할 성격으로 소유권 확보와 관련이 없다. 따라서 이후 해당 부동산 양도시 필요경비로 인정받을 수 없다.

3. 명의신탁 관련하여 지출된 소송비용은 필요경비로 인정하지 않는다. 따라서 이후 환원된 토지 양도를 양도하더라도 구상권 행사 여부를 불문하고 필요경비로 인정받을 수 없다.

4. 자산의 명도소송과 관련하여 지출된 비용은 소유권 확보와 무관하다고 본다. 따라서 甲이 지출한 변호사비용은 필요경비로 인정받을 수 없다.

관련 사례

구 분	내 용
상속재산의 소유권 확보를 위한 소송비용	• 상속이 개시됨에 따라 부동산을 취득한 상속인이 상속재산분할청구권에 기한 법원의 가처분 결정으로 다른 상속인으로부터 상속부동산의 소유권을 확보하기 위해 지급한 금액으로서 당해 상속인이 부담할 법적 의무가 있는 금액에 한하여 양도가액에서 공제되는 필요경비에 해당함[362]
취득 후 사해행위취소 소송을 당하여 지급	• 자산 취득 후 사해행위 취소소송을 제기 당하자 원상회복을 피하고 소유권 확보를 위해 화해권고 결정금액을 지급하고 그 과정에서 변호사 비용을 지출한 경우 동 화해권고 금액 및 변호사 비용은 필요경비에 해당함[363] • 사해행위에 대하여 악의가 추정되는 청구인으로 하여금 쟁점금액을 신용보증기금에 지급하는 것을 조건으로 하여 토지에 대한 권리보존이 가능하도록 한 점, 상대방은 현재까지 구상채권 상환이 전혀 이루어지지 않고 있고, 자산에 대해서도 선순위채권 과다로 강제경매를 집행하지 못하고 있으며, 양도소득세를 체납하고 있는 등 구상권 행사가 불가능한 점 등을 고려할 때, "자산을 취득한 후 쟁송이 있는 경우 그 소유권을 확보하기 위하여 직접 소요된 소송비용 등"에 해당함[364] • 다만, 해당 자산의 취득 당시 법적인 지급의무 없이 지급한 비용으로 구상권을 행사할 수 있는 경우에는 그렇지 않음[365]
법적 지급의무가 없거나, 구상권 가능	• 소송비용 등이 해당 자산의 취득 당시 법적 지급의무 없이 지급하거나 구상권을 행사할 수 있는 경우 필요경비에 해당하지 않음[366] • 소송비용이 법원판결에 의해 소송상대방이 부담하도록 되어 있음에도 청구인이 사실상 이를 부담하였는바, 소송상대방에게 반환청구권(구상채권)을 행사할 수 있고 그 청구권을 포기하였더라도 이를 필요경비로 인정할 수는 없음[367]
보유 중 우발적 발생 소송비용	• 보유기간 동안 우발적으로 발생한 쟁송(영업방해 손해배상)에 의한 소송비용 및 화해비용은 소유권 확보를 위한 비용으로 볼 수 없음[368] • 손해배상 청구소송에 따른 변호사 비용은 취득 이후 유치권자들이 목욕탕 운영 및 임대사업을 못하게 함으로써 발생한 손해배상에 관한 소송비용임이 확인되고 있으므로 이는 부동산 취득과 관련된 비용으로 보기 어려움[369]

---

362) 법규재산-1177, 2022.12.27.
363) 조심2009중3742, 2010.6.16. ; 대판2010두7598, 2010.8.19.
364) 조심2009서3621, 2010.4.12.
365) 부동산거래관리과-1167, 2010.9.17. ; 부동산거래관리과-639, 2010.4.30.
366) 부동산거래관리과-433, 2010.3.22.
367) 국심2001서867, 2001.9.15.
368) 서면4팀-54, 2005.1.6. ; 대판85누594, 1986.2.25.
369) 조심2013광3103, 2013.11.25.

구 분	내 용
상호명의신탁 관련 소송비용	• 상호명의신탁 해지와 관련한 소송비용은 양도가액에서 공제하는 필요경비에 해당하지 않음[370] • 명의신탁된 부동산의 소유권을 확보하기 위하여 직접 소요된 소송비용·화해비용 등은 그 지출연도의 소득금액 필요경비에 산입된 것을 제외한 금액은 필요경비로 볼 수 없음[371]
공유물분할소송, 매수청구소송 비용	• 공유자의 매수청구 소송비용은 양도자산의 필요경비로 볼 수 없음[372] • 공유물분할 청구소송에 따른 소송비용(변호사비용)과 화해비용(가등기말소비용)은 양도가액에서 공제하는 필요경비에 해당하지 않음[373]
매매대금 증액 관련 소송비용	• 지역주택조합에 토지 및 건물을 양도하는 경우로서 지역주택조합의 매도청구소송 시 매도금액 증액과 관련하여 변호사에게 지급한 소송비용은 필요경비에 해당하지 않음[374] • 집합건물법 제48조에 따른 매수지정자에게 토지·건물 양도시 매도금 증액과 관련하여 변호사에게 지급하는 소송비용은 동 규정에 해당하지 않음[375]
명도소송, 퇴거소송	• 상가를 경락받은 후 상가 세입자와의 분쟁이 생겨 그 세입자를 내보내기 위하여 제기한 소송비용은 필요경비로 볼 수는 없음[376]
유치권 부존재 확인소송 비용	• 유치권 부존재 확인청구 소송비용은 양도가액에서 공제하는 필요경비에 해당하지 않음[377]
부당이득금 반환소송	• 법원의 조정조서에 재건축아파트에 설정된 가압류해제 외에 부당이득 내지 소유권 조정사항이 포함되어 있고, 청구인을 피고로 제기한 소송은 부당이득금반환소송인 점 등으로 볼 때, 소송비용이 양도자산(재건축아파트)의 소유권을 확보하기 위하여 직접 소요된 소송비용 등으로 보기 어려움[378] • 지자체가 토지를 무단사용하는 것에 대한 소송비용은 양도소득세의 필요경비로 공제할 수 없음[379] • 부당이득금 반환 소송비용으로써 형식상은 직접 경비에 해당하지 아니한 것으로 보이나, 그 실질이 부동산을 되찾거나 이를 지키기 위하여 취득에 소요된 불가피한 소송비용에 해당하므로 필요경비로 인정할 수 있음[380]

---

370) 법령해석재산-736, 2019.1.30.
371) 부동산납세과-29, 2018.1.5.
372) 부동산납세과-89, 2014.2.18.
373) 법령해석재산-1077, 2020.12.10.
374) 법령해석재산-507, 2018.8.30.
375) 법령해석재산-169, 2021.9.23.
376) 심사양도2006-70, 2006.6.14.
377) 법규재산2014-30, 2014.4.4.
378) 조심2011서1428, 2011.9.22.
379) 부동산납세과-2002, 2016.12.30.
380) 조심2011서835, 2011.7.12.

구 분	내 용
변호사에게 지급하는 성공보수	• 변호사에게 지급한 승소사례금은 당해 양도자산의 필요경비에 해당하지 않음[381]
	※ 현재 과세관청 해석은, 취득 부대비용이나 자본적 지출 등으로 인정되는 소송비용 등은 "소유권 확보"와 관련되고, 해당 "소송비용을 상대방이 보전하지 않는 금액"으로 제한하면서 "성공보수도 제외"하여 해석하는 것으로 보이는데, 그렇다면 소송비용으로 실제 필요경비 인정될 것이 과연 무엇인지에 대한 의문이 제기됨. 즉, 승소할 경우 법정 소송비용은 당연히 상대방으로부터 보전받기에 필요경비 제외되고, 승소에 대한 성공보수를 제외하게 되면 소송비용으로서 필요경비로 인정할 금액이 거의 없는 무의미한 규정이라는 의미가 되며, 법령에 제약이 없어 보임에도 해석으로서 제한하는 것은 무리라고 생각됨
	• 과세관청 : 보상금 증액을 위해 지출한 변호사 성공보수는 필요경비에 해당하지 않음[382]
	• 조세심판원 : 수용 관련 위임에 대한 변호사 비용(성공보수)도 필요경비에 해당됨[383]
근저당권 말소 사례금	• 근저당권을 말소하는 대가로 지출한비용은 부동산의 소유권을 확보하기 위하여 직접 소요된 화해비용 등이 아니라, 소유권 확보와 관계없는 사례금 성격의 비용으로 필요경비에 해당하지 않음[384]
묘지 이장 관련 소송비용	• 양도가액에서 공제할 필요경비 중 양도비는 소득령 제163조 제5항의 경비를 말하며, 묘지 이장 관련 소송비용은 이에 해당하지 않음[385]
재산분할청구 소송비용	• 이혼시 재산분할청구 소송으로 지출한 비용도 소유권 확보를 위한 비용으로 볼 수 없음[386]
영업금지 가처분 신청 등 관련 비용	• 상가건물을 약국 용도로 분양받아 약국 운영에 필요한 제반 설비와 집기 등을 갖추어 임대하려고 하다가 같은 상가 내 약국을 운영하는 임차인에게 동일 업종 금지 규약 위반을 사유로 영업금지 가처분 신청을 제기하여 승소한 경우 영업금지 가처분 신청 등과 관련하여 발생한 비용은 필요경비에 해당하지 않음[387]
취득 후 지출한 처분금지가처분 말소비용 등	• 부동산 취득 후 그 부동산에 설정된 부동산 "처분금지가처분 말소비용", "가압류 말소비용"은 필요경비에 산입함[388]
	• 법적 지급의무가 없거나 구상권 행사가 가능한 경우에 지급한 가처분말소비용이나 가압류말소비용은 필요경비에 해당하지 않음[389]
양도대금 회수 관련 소송	• 양도대금 회수를 위한 소송비용은 양도소득금액 계산시 필요경비 해당하지 않음[390]

---

381) 서면4팀-1603, 2005.9.6.
382) 부동산납세과-3412, 2022.11.3.
383) 조심2022서6045, 2022.12.13.
384) 조심2010중2609, 2010.10.13.
385) 서면4팀-2287, 2005.11.23.
386) 조심2016부3670, 2016.12.8.
387) 재산세과-1340, 2009.7.2.
388) 심사양도99-362, 1999.10.8. ; 국심1999경279, 1999.9.9.
389) 부동산거래관리과-986, 2010.7.27. ; 국심2006서1366, 2006.10.18.
390) 심사양도2008-168, 2008.10.9.

구 분	내 용
양도계약 해제 관련 소송비용	• 해당 소송비용은 부동산을 청구 외 법인에게 양도하기 위하여 매매계약을 체결하였으나, 계약조건이 성취되지 아니하여 매매계약을 해약하는 과정에서 발생한 비용으로서 필요경비에 해당하지 않음[391] • 양도자산 취득의 효력 등에 관한 다툼이 없이 그 취득행위와 별도로 성립한 계약의 이행과 관련한 다툼으로 인하여 생긴 소유권 상실의 위험을 방지하기 위하여 지출한 소송비용 등은 필요경비에 포함되지 않음[392]
무허가건물 철거소송 및 대체집행비용	• 타인의 무허가건물 때문에 토지의 소유권 행사를 할 수 없어 철거소송을 하여 "승소"한 후 대체집행 결정을 받아 토지소유자 부담으로 철거를 한 경우, 해당 소송비용 및 대체집행비용은 필요경비에 해당하지 않음[393] ※ 이는 무허가 건물 철거소송에 승소하였고 그 철거의무는 무허가 건물을 축조하여 사용한 자에게 있고 토지소유자가 지출할 법적의무가 아니기 때문임
양도계약 다툼 관련하여 지출한 비용	• 소유권이전청구권 가등기를 설정한 것은 소유권 이전을 위한 가등기설정이 아니라 채권을 담보하기 위한 가등기담보설정으로 봄이 타당하고, 부동산에 대한 임의경매사건의 해결을 위한 화해비용은 부동산 양도와는 별개의 비용으로 보이는 점 등에 비추어 부동산 취득행위와 상관없이 양도계약 성립과 관련한 다툼으로 인한 것이므로 필요경비에 산입되는 자본적 지출로 보기 어려움[394]
형사소송 비용	• 형사소송의 변호사 보수는 토지의 소유권을 확보하기 위하여 직접 소요된 소송비용이라 보기 어려워 필요경비에 산입될 수 없음[395]
취득시효 소송	• 점유로 인한 취득시효 완성으로 취득한 주택의 취득시기는 점유개시일이며, 해당 취득시효 소송에 들어간 소송비용은 양도소득세 필요경비에 해당함[396]
소송비용의 안분	• 소송으로 취득한 토지가 당초 소송대상물의 일부에 불과하고 그 취득 토지의 일부를 다시 양도한 경우 당해 취득가액에 가산하는 소송비용은 당초 소송대상물 전부를 기준으로 배분함[397]
타인이 부담한 소송비용	• 소송비용 중 어머니가 부담한 것으로 확인되므로 청구인의 양도소득세 필요경비로 인정하기 어려움[398]

---

391) 심사양도2010-352, 2011.5.20. ; 서울행법2011구단17878, 2012.10.12. ; 조심2019구1821, 2019.9.17.
392) 대판2012두16619, 2013.12.26.
393) 서면4팀-1509, 2004.9.23.
394) 조심2023부232, 2023.5.15.
395) 조심2011서2322, 2011.10.19.
396) 법규재산-398, 2022.1.21.
397) 대판85누681, 1986.8.19.
398) 조심2010중1929, 2010.12.23.

Chapter 73 양도소득세를 매수인이 대납시 처리방법은?

💬 내용 Summary

기본사항 Check

- **매수인의 양도소득세 등 대납** : 양도소득세는 자산을 양도한 자가 부담하는데, 매도인의 양도를 받아내는 과정에서 양도소득세 등을 매수인이 부담하도록 약정하거나 그러한 약정 없이 매수인이 양도인을 대신하여 납부하는 경우가 있음
- **쟁점** : 대납하는 양도소득세 등의 처리 → 양도가액 가산 or 증여재산가액 가산

핵심 Point

- 매수인이 양도인의 양도소득세 등을 약정에 의하여 대납한 경우 → "양도가액" 가산
- 매수인이 양도인의 양도소득세 등을 임의로 대납한 경우 → 양도인의 "증여재산가액"
- 매수인이 양도소득세 등을 약정에 의하여 대납시 양도시기 → 대납액 제외하고 판단
- 약정에 의한 대납액을 제외하고 양도소득세 신고시 → "과소신고 가산세" 대상
- 대납하기로 한 양도소득세 등 반환 → 양도가액 가산 ×
- 약정에 따라 양도인의 양도소득세 등을 대납한 양수인이 이후 부동산 양도한 경우 대납액 처리 → "취득가액" 가산
- 대납하기로 한 금액의 가산 횟수 : 최초 1회 가산(종전 해석) → 대납액 전부 가산(최근 해석)

질문 »

1. 甲은 토지를 乙에게 양도하면서 甲이 부담할 양도소득세를 乙이 대납하는 조건으로 매매계약을 하였다. 그러나 아직 양도소득세 등에 대하여 乙로부터 지급받아 납부하기 전이라 해당 대납할 가액은 제외하고 양도소득세를 예정신고 납부하였다. 이후 양도소득세 납부가 이루어진 뒤에 해당 대납액을 가산하여 수정신고를 하였다. 과소신고가산세가 적용되는가?

2. 甲은 보유하던 상가를 乙에게 양도하면서 甲이 부담할 양도소득세를 乙이 대납하는 조건으로 매매계약을 하였다. 그러나 매수인 乙의 재정상황이 열악해진 것을 알고서 양도소득세 대납 약정한 금액을 반환하고, 해당 금액을 제외하고 양도소득세를 예정신고 납부하였다. 이 경우 조세심판원 결정례에 따르면 양도가액에 가산하는가?

3. 甲은 양도소득세 대납약정에 따라 부동산을 매수하면서 실제 양도소득세를 대납하였다. 이후 해당 부동산을 양도할 경우 대신 납부한 양도소득세는 취득가액으로 인정되는가?

4. 양도소득세를 대납할 경우 양도시기 판정시 대금청산일을 적용하는 경우 대납할 양도소득세를 수령한 시점인가?

5. 甲은 보유하던 토지를 乙에게 양도하면서 甲이 부담할 양도소득세를 乙이 대납하는 조건으로 매매계약을 하였다. 이 경우 양도가액에 가산할 대납액의 횟수는?

답변 및 해설 »

1. 약정에 의하여 매수인이 부담하기로 한 양도소득세 등은 실제 그 이행이 이루어지기 전이라도 해당 부담하기로 한 가액을 포함하여 양도소득세를 신고납부하여야 한다. 이를 제외하고 신고하면 수정신고할 때 과소신고가산세가 부과된다. 다만, 1개월 이내 수정신고하는 경우 과소신고가산세를 90% 감면받는 등 과소신고가산세가 경감될 수 있다.

2. 양도소득세 대납액은 양도가액에 가산하는 항목이므로 그 금액을 다시 매수인에게 반환한 경우에는 해당 금액은 차감하고 양도가액을 산정하는 것으로 보는 것이 조세심판원 결정이다.

3. 매수인이 약정에 따라 부담하는 양도인의 양도소득세 등은 취득가액에 가산한다. 이는 취득계약에 따라 지급하는 사실상 자산 취득의 대가로 지급한 금액이기 때문이다.

4. 매수인이 양도자의 양도소득세 등을 대납하기로 한 경우 양도인의 양도시기를 판정함에 있어

대금청산일은 해당 대납액을 제외하고 나머지 금액으로 판단한다.

5. 양도인이 자산을 양도하면서 양도소득세를 매수인이 대납하기로 하면서 대납에 따라 양도가액에 가산되는 양도소득세 등으로 인해 증가하는 양도소득세 부분까지도 매수인이 대납할 경우 최근 조세심판원은 그 추가로 납부할 금액도 사실상 양도대가로 보아 양도가액에 가산하는 것으로 결정하였다.

그런데 이 경우 종전 기획재정부는 1회만 가산하는 것으로 해석하였으나 조세심판원 등은 2회 대납분에 대한 가산도 정당하다는 결정을 하였고, 최근 기획재정부도 "2024.11.7. 이후 양도분부터" 매수자가 해당 매매거래에서 발생하는 양도소득세를 전액 부담하기로 약정한 경우로서 매수자가 부담하는 양도소득세는 전부 양도가액에 합산하는 것으로 해석을 변경하였다.

> **보충설명**
>
> 최근 변경된 기획재정부 해석 적용방법을 사례로 설명하면 다음과 같다.
>
> (1) 사실관계
> - 아파트 분양권 전매계약 체결하며 특약사항으로 해당 거래에서 발생하는 양도소득세와 지방소득세 전액을 매수자가 부담하기로 약정한 경우 양도가액에 포함하여야 할 양도소득세(X)의 계산 방법은?
> - 양도차익 : 20,000,000원
> - 기본공제 : 2,500,000원
> - 중과 세율 : 44%
>   (해당 과세관청 질의회신 사례에서는 44%를 적용함)
>
> (2) 계산 방법(44% 적용)
> (20,000,000원 + X - 2,500,000원) × 44% = X
> X = [(20,000,000원 - 2,500,000원) × 44%] / (1 - 44%)
> X = 13,750,000원
> ⇒ (20,000,000원 + 13,750,000원 - 2,500,000원) × 44% = 13,750,000원
>
> ※ 만일 2021.6.1. 이후 양도분부터 1년 미만 보유한 분양권은 70% 세율, 1년 이상 보유한 분양권은 지역 불문하고 60% 세율을 적용하는 바, 위 방법에 따라 산정할 경우 양도차익보다도 훨씬 크게 "가산할 양도소득세 등"이 산정되므로 매매거래에 특히 유의할 필요가 있음

구 분	내 용
약정에 의한 대납액 처리	• 실지거래가액으로 양도차익 계산시 양도소득세를 매수자가 부담하기로 약정하고 이를 실지로 지급하였을 경우 "대신 부담한 양도소득세 상당액을 포함한 가액"을 양도가액으로 봄[399] • 매도인이 부담하여야 할 양도소득세를 매수인 측에서 책임지기로 약정하였다 하더라도, 양도소득세 등의 부담약정이 실제로 이행되지 아니한 이상 그와 같은 약정이 있었다는 사정만으로는 이를 양도가액에 포함할 수 없음[400] • 그러나 회수가능성이 있는 경우는 양도가액에서 제외할 수 없음[401] • 양도인이 양도소득세 등을 양수인에게 반환하였다면 실질과세원칙에 비추어 반환한 금액은 양도대금 중 일부를 반환으로 보아야 함[402]
대납액 가산 횟수	• 조세심판원 등 : 매매대금에 양도소득세를 합한 총액에 대한 양도소득세까지 매수인이 부담하기로 약정하고 양도소득세를 함께 지급한 경우 양도가액에 "매매대금 + 선지급 양도소득세 + 총액분 양도소득세"를 가산함[403] • 기획재정부(종전) : 대납할 양도소득세는 처음 1회에 한하여 합산함[404] • 기획재정부(최근) : 매수자가 해당 매매거래에서 발생하는 양도소득세를 전액 부담하기로 약정한 경우로서 매수자가 부담하는 양도소득세는 전부 양도가액에 합산함(2024.11.7. 이후 양도분부터 적용)[405]
납세의무자	• 동산에 대한 매매계약을 체결할 때 양도소득세를 매수자가 부담하기로 약정한 경우 납세의무자는 "당해 자산의 양도자"가 됨[406]
대납액을 제외하고 신고한 경우	• 양도소득세를 매수인 부담 조건으로 매매계약을 체결하였으나 확정신고기한까지 지급받지 못하여 양도가액에 양도소득세를 제외한 금액으로 확정신고·납부한 후 동 세액을 지급받아 수정신고하는 경우 가산세가 적용됨[407]
약정 없이 대납한 경우	• 매매계약을 체결한 후 "매매약정에 관계없이" 양수자가 양도자의 양도소득세를 "아무런 조건 없이" 대신 납부한 때에는 양수자가 대신 납부한 양도소득세액을 양도자에게 증여한 것으로 보아 "증여세"가 발생함[408]

---

399) 소득통칙 97-0…4 ; 부동산거래관리과-899, 2010.7.9. ; 조심2023부3441, 2023.4.20.
400) 대판94누8785, 1995.3.28.
401) 조심2024서4878, 2024.11.12.
402) 국심2006광1823, 2006.9.14.
403) 심사양도2024-3, 2024.4.3. ; 조심2019서3577, 2020.6.1. ; 조심2019서3578, 2020.6.1. ; 조심2023부7240, 2023.8.8.
404) 조세정책과-2516, 2023.12.27. ; 재일46014-3077, 1994.12.1.
405) 조세정책과-2048, 2024.11.7.
406) 소득통칙 97-0…4 ; 부동산거래관리과-1047, 2010.8.12. ; 부동산거래관리과-899, 2010.7.9.
407) 서면4팀-3404, 2006.10.10.
408) 재산세과-1918, 2008.7.25. ; 서면4팀-2093, 2007.7.9.

구 분	내 용
대납시기	• 양수자 대납 약정시 그 지급시기는 불문함[409]
청산금에 대한 양도소득세 대납	• 환지청산금에 대한 납세의무자인 조합원을 대신하여 조합이 부담한 양도소득세는 조합원의 환지청산금 양도가액에 포함됨[410]
기준시가로 양도차익 산정	• 양도차익을 "기준시가"로 산정하는 경우 매수자가 부담한 양도소득세를 양도가액에 포함시키지 않음[411]
양수인의 대납액 처리	• 당초 자산 취득시 "약정에 의하여" 양수인이 양도인을 대신하여 실제 부담하였던 양도소득세는 이후 양수인이 양도시 "취득가액에 가산"함[412]
	• 양수인이 미등기 전매를 위해 양도인의 양도소득세 등을 대납한 경우 미등기 전매 사실의 은폐 대가로 양도인 대신 스스로 양도소득세 등을 부담한 것이므로 필요경비에 해당하지 않음[413]
명의신탁 주식의 증여세 대납	• 명의신탁된 주식의 증여의제로 명의수탁자에게 부과된 증여세를 명의신탁자가 대납한 경우 증여세는 필요경비로 인정하지 않음[414]

---

[409] 서울고법2020누55055, 2021.4.28. → 대판2021두37991, 2021.8.12.(심리불속행 확정)
[410] 재일46014-710, 1996.3.16.
[411] 재일46014-1616, 1997.7.2.
[412] 소득통칙 97-0…4 ; 재일1251-1062, 1992.5.1. ; 심사양도2007-184, 2008.3.24.
[413] 대판91누1844, 1991.11.26.
[414] 국심2004서3456, 2005.4.30. ; 국심2004중3455, 2005.3.25. ; 대구고법2006누126, 2007.11.23.

Chapter 74 양도시/취득시의 부가가치세, 어떻게 처리할 것인가?

내용 Summary

기본사항 Check

- **부가가치세 부담액과 양도소득세 취급**: 해당 거래(공급) 과정에서 부담하게 된 부가가치세를 양도가액 또는 취득가액에 가감하는지 여부

    ① **건물 양도자(공급자)**: 부가가치세 과세 대상 부동산 등을 양도하면서 부가가치세를 거래징수하여 납부하거나, 포괄 양수도로서 부가가치세 문제를 제외시킴

    ② **건물 취득자(공급받는 자)**: 부가가치세 과세 대상 부동산 등을 공급받으면서 부가가치세를 부담하게 됨

핵심 Point

- 부가가치세를 양도인이 양수인으로부터 거래징수하여 납부한 경우의 해당 부가가치세 → 양도가액 불포함

- 부가가치세를 매수인이 부담하기로 하였으나 매도인이 아무 조건 없이 대신 납부한 경우의 해당 부가가치세 → 양도가액 차감하지 않음

- 포괄 양수도한 경우 → 부가가치세 문제는 없음(원칙), 부가가치세를 거래징수하고 반환하지 않아 실질적으로 양도가액을 전환시는 양도가액 포함(예외)

- 양도자가 간이과세자로서 납부한 부가가치세 → 양도가액에서 차감하지 않음(과세관청)

- 국민주택 규모를 초과하는 주택을 매입하며 부담한 부가가치세 → 공제받지 못한 부가가치세는 취득가액에 가산

- 토지조성과 관련하여 부담한 부가가치세(매입세액 불공제) → 취득가액에 가산

질문 »

1. 甲은 부가가치세 일반과세자로 상가를 양도하면서 상가건물 3억원 부가가치세 별도(3천만원), 상가 부수토지 1억원, 부가가치세는 매수인(공급받는 자) 부담조건으로 하여 거래징수하고 부가가치세를 신고납부하였다. 토지 가액과 건물 가액의 안분은 적정하다. 이 경우 상가건물 양도가액은?

2. 甲은 서울에서 국민주택 규모(전용면적 85㎡ 이하)를 초과하는 주택을 분양받으면서 부가가치세를 부담하였다. 해당 주택을 양도할 경우 취득시 부담한 부가가치세를 취득가액에 가산할 수 있는가?

3. 甲은 소유하던 영업용 건물의 진입로 토목공사를 실시하면서 공사비와 아울러 부가가치세를 부담하였다. 해당 공사비는 매입세액 불공제 대상이다. 향후 건물과 토지를 양도하면서 실가로 취득가액을 산정하는 경우 공제받지 못한 매입세액은 자본적 지출 등에 포함되는가?

4. 甲은 부가가치세 간이과세자로 상가를 양도하면서 상가건물 5억원, 상가 부수토지 2억원으로 양도계약을 하였다. 부가가치세는 거래징수하지 않았고 상가건물 공급대가에서 1.1로 나누어 임대업의 업종별 부가가치율(40%)을 곱하여 부가가치세를 신고납부하였다. 해당 납부한 부가가치세는 양도가액에서 차감할 수 있는가?

답변 및 해설 »

1. 거래징수하여 납부한 부가가치세는 제외하고 양도가액을 산정한다. 따라서 상가건물 부분 양도가액은 3억원이다.

2. 국민주택 규모를 초과하는 주택을 매입하면서 부담한 부가가치세는 자기가 사용하였는지 아니면 임대목적이었는지 불문하고 부가가치세 매입세액을 공제받지 못한다. 따라서 주택 매입 시 매입세액을 공제받지 못한 부가가치세는 취득가액에 가산한다. 안타깝게도 실무에서 종종 놓치는 부분이다.

3. 토지 관련 조성공사를 하게 되면 토목공사비로서 부담한 부가가치세는 불공제 대상이다. 이 경우 불공제된 부가가치세는 자본적 지출액에 포함할 수 있다. 실무에서 종종 놓치는 경우가 많다.

4. 과세관청의 해석은 양도가액에서 차감할 수 없다고 본다. 아마 간이과세자의 경우 부가가치세법상 부가가치세의 "거래징수 의무"가 없기 때문에 양도인(공급자)과 양수인(공급받는 자) 중 어느 사람이 부가가치세를 "법적으로 부담"하여야 할 것인지 불분명하다는 점에 기인하는 것으로 생각된다. 왜냐하면, 법적 지급의무 없이 지출된 것은 필요경비로서 공제받거나 양도가액에서 차감할 수 없기 때문이다.

그렇지만 다음과 같은 점에서 재고할 필요가 있다.

첫째, 양도인(공급자)에게 "거래징수 의무"는 없다고 하더라도 실제 부담 의무는 과세관청 해석상 일반과세자라도 계약 당사자 문제로 보고 있을 뿐만 아니라 해당 과세기간의 공급대가가 4,800만원을 초과하여 납부의무가 면제되지 않는다면 일정한 산식에 따라 산정된 부가가치세를 "법적으로 납부할 의무"가 있다는 점이다. 즉, 어떠한 형태로든 면제 금액 이상이면 본인이 법적으로 부담할 세금인 것이다.

둘째, 양도자가 납부한 부가가치세만큼은 일반과세자와의 "형평성" 및 "이중과세 문제"가 발생할 수 있다는 점이다. 즉, 면제 금액 이상의 부가가치세에 대해 거래 당사자 중 "양수인"이 부담한다면 그 금액만큼 사실상 양수인 부담으로 양도인(공급자)이 국가에 납부하는 것이 되므로 양도인은 간접세의 특성상 '도관'에 불과하고 이러한 점에서 일반과세자와 달리 취급할 필요가 없다. 만일, "양도인"이 부가가치세를 부담한다면 그 역시 본인이 부담하여 국가에 납부하는 것이므로 그 금액만큼 '이중과세'로 볼 소지가 있게 된다.

관련 사례

구 분	내 용
별도로 거래징수 납부	• 실가로 양도차익 산정시 양도가액은 당해 자산의 양도 당시에 실지거래된 가액으로 하며, 이 경우 양도가액에는 사업자(양도인)가 매수인으로부터 징수하여 국가에 납부하는 부가가치세는 포함하지 않음[415]
포괄 양수도	• 매매계약서 및 사업 포괄양수도 계약서에 부가가치세는 포괄양수도한다고 기재되어 있어 양도가액에 부가가치세가 포함되어 있지 않으면 그 세액을 양도가액에서 차감하지 않음[416]
	• 부동산임대업을 포괄적으로 양도·양수하는 경우 부가가치세 과세대상이 아니므로 포괄양수도 계약을 하고서 건물 양도시 거래징수한 부가가치세를 양수자에게 반환하면 양도가액에 산입하지 않지만, 이를 반환하지 않고 양도대가의 일부로 전환시킨 경우에는 양도가액에 산입함[417]

---

415) 서면5팀-2339, 2007.8.20. ; 재일46014-1845, 1998.9.24. ; 재일46014-1638, 1998.8.28.
416) 심사양도2003-76, 2003.5.12. ; 국심2006서3471, 2006.12.13.
417) 재재산46070-269, 1998.9.19.

구 분	내 용
간이과세자가 거래징수 납부	• 부가가치세법에 따른 간이과세자가 임대용 건물을 양도하고 납부한 부가가치세는 양도차익 계산시 "양도가액에서 차감하지 않는 것"임[418]
부가가치세를 양도인 대신 납부	• 매매계약상 매매가액과 별도로 매수인이 부담하기로 약정한 부가가치세를 매도인이 아무런 조건 없이 대신 납부한 경우 대신 납부한 세액은 양도가액에서 차감하지 않음[419]
취득시 부담한 부가가치세	• 국민주택 규모를 초과하는 주택을 매입하면서 부담한 부가가치세는 자기가 사용하였는지 아니면 임대목적이었는지 불문하고 부가가치세 매입세액을 공제받지 못하며, 이 경우 당초에 부담한 부가가치세는 취득에 소요된 부대비용으로 당해 주택의 양도시 취득가액에 가산하여 필요경비로 공제받을 수 있음[420]
공제받지 못한 부가가치세	• 사업용 자산의 취득과 관련하여 부담한 부가가치세 중 부가가치세법에 의하여 공제받지 못한 매입세액은 필요경비에 산입됨[421] • 간이과세자가 일반과세자로 전환되었으나 "재고매입세액을 공제받지 않은 경우" 당초 취득시 공제받지 못한 부가가치세는 필요경비로 공제가 가능함[422] • 담장설치비용이나, 토목공사를 완료한 토지를 양도하는 경우의 토목설계비용·측량설계공사비·토목석축공사비, 양어장 매립에 지출한 비용, 임야를 농지로 개간하면서 지출한 개간비용은 양도하는 "토지"에 대응되는 자본적 지출액(부가가치세 매입세액 불공제 대상 금액)으로서 필요경비에 해당함[423] • 지급 증빙이 확인된 토지조성비에 대한 부가가치세, 취득세, 부지조성설계비, 산림복구설계비는 자본적 지출로 보는 것이 타당함[424]

---

418) 부동산거래관리과-553, 2011.7.4. ; 법규과-868, 2011.6.30.
419) 법령해석재산-405, 2020.7.30.
420) 서면법규과-351, 2014.4.11.
421) 양도 집행기준 97-163-23 ; 서일46014-11891, 2003.12.23.
422) 서면4팀-1740, 2005.9.23.
423) 부동산납세과-37, 2014.1.21. ; 재산세과-2034, 2008.7.31. ; 조심2008서3295, 2008.11.21.
424) 국심2006중3843, 2007.3.29.

Chapter 75

매수인이 철거조건으로 상가 등을 매수한 경우 부가가치세와 양도소득세 해결 방법은?

내용 Summary

기본사항 Check

- **소득세법 규정**(소득법§100②③, 소득령§166⑥⑧)
  ① 일괄 취득 및 양도한 토지와 건물 등의 가액 구분이 불분명한 경우 부가가치세법 시행령 제64조에 따라 안분 계산함
  ② 토지와 건물 등의 구분 기장한 가액이 부가가치세법 시행령 제64조에 따라 안분한 가액과 30/100 이상 차이가 있는 경우 가액 구분이 불분명한 경우로 "간주"함. 다만, 다른 법령에서 정하는 바에 따라 가액을 구분한 경우 등 대통령령으로 정하는 사유에 해당하는 경우는 제외함

- **부가가치세법 규정**(부가세법§29⑨, 부가세령§64②)
  ① 토지와 건물 등을 일괄 공급할 경우 건물 등의 실지거래가액을 공급가액으로 하되, 다음에 해당하는 경우에는 부가가치세법 시행령 제64조 제1항에 따라 안분 계산함
    ㉠ 토지가액과 건물 등의 가액 구분이 불분명한 경우
    ㉡ 실지거래가액으로 구분한 토지와 건물 등의 가액이 부가가치세법 시행령 제64조 제1항에 따라 안분한 가액과 30/100 이상 차이가 있는 경우. 다만, 다음에 해당하는 경우에는 건물 등의 실지거래가액을 공급가액으로 함 → 2022.1.1. 이후 공급분부터 적용
      ⓐ 다른 법령에서 정하는 바에 따라 토지와 건물 등의 가액을 구분한 경우
      ⓑ 토지와 건물 등을 함께 공급받은 후 건물 등을 철거하고 토지만 사용하는 경우
  ② 감정가액, 기준시가, 장부가액, 취득가액 등 순서에 따른 안분

- **이해의 충돌** : 2022.1.1. 시행되는 개정 규정 적용과 관련하여 철거예정인 건물 양도시, ① 매도자의 입장에서는 **"건물의 취득가액"** 을 인정받을 수 없기 때문에 건물가액을 구분하려고 하고, ② 매수자 입장에서는 철거예정인 건물가액은 **"토지 관련 매입세액"** 에 해당되어 부가가치세를 매출세액에서 공제받을 수 없는 등의 이유로 건물가액을 0으로 하려고 하여 거래당사자 간 이해관계가 충돌함

핵심 Point

- 매수자가 취득 후 철거예정인 건물의 가액을 "0"으로 구분한 경우
  ① 부가가치세 : 건물가액 0 인정
  ② 양도차익 산정 : 건물가액 0 인정

- 매수자가 취득 후 철거예정인 건물의 가액이 "있는 것"으로 구분한 경우
  ① 부가가치세 : 해당 건물가액 인정
  ② 양도차익 산정 : 해당 건물가액 인정

질문 »

1. 甲은 2010년 중 20억원에 취득한 건물과 토지를 100억원에 양도하기로 매매계약을 하면서 매수인은 "건물을 철거 후 토지만 사용하기로 하며 건물가액은 없는 것(0원)"으로 특약을 맺고 법정 안분에서 30/100 이상 벗어난 금액임에도 건물의 양도가액은 없는 것인가?

   (1) 해당 양도를 2024년 5월에 한 경우

   (2) 해당 양도를 2025년 3월에 한 경우

2. 甲은 토지와 건물을 일괄 양도하면서 양수인이 토지와 건물을 양수한 후, 건물을 철거하여 토지만 사용하기로 하여 건물가액을 토지 및 건물의 기준시가 안분계산 금액 대비 낮은 가액으로 계약 체결한 경우 계약서상에 구분 표시된 법정 안분가액에서 30/100 이상 벗어난 건물 거래가액을 건물의 양도가액으로 인정받을 수 있는가?

   (1) 해당 양도를 2024년 5월에 한 경우

   (2) 해당 양도를 2025년 3월에 한 경우

답변 및 해설 »

해당 사례들은 2022년 이후 가장 많이 질문을 받은 주제였다. 2022년 한국세무사회 한국세무포럼에서 다루어지기도 하였는데, 2023년 중 기획재정부 및 국세청 유권해석이 나왔다. 그러나 2025.1.1. 이후 양도분부터는 소득세법 제100조 제3항 단서 및 소득세법 시행령 제166조 제8항이 신설되어 새로운 규정이 적용된다. 위 질문은 2024.12.31. 이전과 2025.1.1. 이후 양도분에 대해 달리 질문하여 개정 전후의 차이를 보여주고 있다.

1. 토지와 건물을 일괄 양도하는 경우 특약사항으로 매수인은 건물 취득한 후 철거하여 토지만 사용하기로 하고 건물가액은 0원으로 약정한 경우이다.

(1) 2024.12.31. 이전 양도분 : 토지와 건물을 일괄 양도하는 경우 특약사항으로 매수인은 건물을 철거하여 토지만 사용하기로 한 경우 부가가치세법 시행령 제64조 제2항 제2호를 적용하지 않는다. 즉, "토지와 건물 등을 함께 공급받은 후 건물 등을 철거하고 토지만 사용하는 경우 건물 등의 실지거래가액을 공급가액으로 하고 법정 안분하지 않는다는 규정"을 적용하지 않는다.

따라서 사안의 경우 양도소득세에서는 법정 안분과 30% 이상 차이가 나므로 기준시가 등에 의하여 토지와 건물의 가액을 법정 안분하여 양도차익을 산정하여야 한다.

(2) 2025.1.1. 이후 양도분 : 소득법 제100조 제3항 단서 및 소득령 제166조 제8항 제2호에서 토지와 건물 등을 함께 취득한 후 건물 등을 철거하고 토지만 사용하는 경우에는 비록 토지와 건물가액의 안분 결과 법정안분과 30% 이상 차이가 나더라도 법정안분의 예외로 규정한다. 동 규정을 양도인과 양수인 누구에게 적용할 것인지 여부가 쟁점이 될 수 있으나, 筆者의 생각은 양도인에게 적용할 수 있다고 생각한다. 이에 대해서는 보충설명에서 추가로 다루기로 한다.

따라서 사안의 경우 법정안분의 예외가 되어 양도가액은 그대로 인정되므로 건물가액은 "0원"이 되어 버린다. 그런데 건물가액이 "0원"인 경우 건물 취득가액을 인정받아 건물 양도차손으로 보아야 하는가? 즉, 건물을 양도한 것으로 볼 수 있는가? 筆者의 생각은 0원의 양도가액이 의미하는 것은 결국 아무 가치도 없는 것을 넘긴 것에 불과하고 이것을 양도로 인정하기는 무리라고 생각한다. 따라서 건물 취득가액은 인정받을 수 없다고 생각한다.

2. 토지와 건물을 일괄 양도하는 경우 특약사항으로 매수인은 건물 취득한 후 철거하여 토지만 사용하기로 하고 건물가액은 법정 안부가액의 30%를 벗어난 낮은 가액으로 약정한 경우이다.

(1) 2024.12.31. 이전 양도분 : 이 경우에도 부가가치세법 시행령 제64조 제2항 제2호를 적용하지 않는다. 즉, "토지와 건물 등을 함께 공급받은 후 건물 등을 철거하고 토지만 사용하는 경우 건물 등의 실지거래가액을 공급가액으로 하고 법정 안분하지 않는다는 규정"을 적용하지 않는다.

따라서 사안의 경우 건물가액이 법정 안분과 30% 이상 차이가 나면(이 경우 법정 안분의 30% 이상 차이가 발생하는 것이 일반적임) 기준시가 등에 의하여 토지와 건물의 가액을 법정 안분하여 양도차익을 산정하여야 한다.

(2) 2025.1.1. 이후 양도분 : 소득법 제100조 제3항 단서 및 소득령 제166조 제8항 제2호에서 토지와 건물 등을 함께 취득한 후 건물 등을 철거하고 토지만 사용하는 경우에는 비록 토지와 건물가액의 안분 결과 법정안분과 30% 이상 차이가 나더라도 법정안분의 예외로 규정한다.

따라서 사안의 경우 법정안분의 예외가 되어 양도가액은 그대로 인정된다. 따라서 법정안분하지 않고 건물 양도가액을 인정하며, 건물 취득가액은 인정받을 수 있다고 생각한다. 다만, 이후 실제 약정에 따라 건물을 철거하지 않은 경우에 어떻게 취급할 것인지 여부에 대해서 규정이 미비한데 이에 대한 유권해석이 필요해 보인다.

 **보충설명**

최근 일괄 양도 자산의 안분에 대한 소득세법 및 같은 법 시행령의 개정 전과 개정 후를 비교하면 다음과 같으며, 동 개정규정 적용시 발생하는 해석상 쟁점은 다음과 같다.

(1) 개정규정의 비교

구 분	규정 내용
2024.12.31. 이전	〈소득세법 제103조 제2항 및 제3항〉 토지와 건물 등을 함께 취득하거나 양도한 경우로서 그 토지와 건물 등을 구분 기장한 가액이 같은 항에 따라 안분계산한 가액과 100분의 30 이상 차이가 있는 경우에는 토지와 건물 등의 가액 구분이 불분명한 때로 봄 〈소득세법 시행령 제166조 제6항〉 소득법 제100조 제2항을 적용함에 있어서 토지와 건물 등의 가액의 구분이 불분명한 때에는 부가령 제64조 제1항에 따라 안분계산 하며, 이를 적용함에 있어 상증법 제62조 제1항에 따른 선박 등 그 밖의 유형재산에 대하여 부가령 제64조 제2호 단서에 해당하는 장부가액이 없는 경우에는 상증법 제62조 제1항에 따라 평가한 가액을 기준으로 함
2025.1.1. 이후	〈소득세법 제103조 제3항〉 토지와 토지와 건물 등을 함께 취득하거나 양도한 경우로서 그 토지와 건물 등을 구분 기장한 가액이 같은 항에 따라 안분계산한 가액과 100분의 30 이상 차이가 있는 경우에는 토지와 건물 등의 가액 구분이 불분명한 때로 본다. <u>다만, 다른 법령에서 정하는 바에 따라 가액을 구분한 경우 등 대통령령으로 정하는 사유에 해당하는 경우는 제외한다.</u> → 2024.12.31. 밑줄 부분 추가 〈소득세법 시행령 제166조 제6항 및 제8항〉 【제6항】 → 종전과 동일 【제8항】 → 2025.2.28. 규정 신설 "다른 법령에서 정하는 바에 따라 가액을 구분한 경우 등 대통령령으로 정하는 사유에 해당하는 경우"란 다음 각 호의 어느 하나에 해당하는 경우를 말한다. 1. 다른 법령에서 정하는 바에 따라 토지와 건물 등의 가액을 구분한 경우 2. 토지와 건물 등을 함께 취득한 후 건물 등을 철거하고 토지만 사용하는 경우

(2) 건물의 철거와 개정규정의 적용

① 매매특약에 따라 양도일 전 건물을 멸실하고 양도한 경우
　→ 해당 안분 규정은 건물을 함께 양도하는 것을 전제로 하는 것이기에 매매특약에 따라 양도일 전에 건물을 철거하는 경우에는 적용할 수 없으며, 이 경우 양도가액 전부를 토지가액으로 보겠다는 것이 2022.12.20. 변경된 기획재정부 해석임

② 2025년 신설된 법정안분 적용 Rule(법정 안분금액과 30% 이상 차이)의 "예외" 규정 쟁점
　→ 소득령 제166조 제8항에서 "<u>다른 법령</u>"에 부가령 제64조 등을 포함할 것인지에 대해 **筆者**의 생각은 통상 어느 세법이 다른 세법 규정을 준용할 때 그 법령규정을 직접 제시하기에 부가세 법령 규정은 "다른 법령"에 포함되지 않는다고 생각하며, 그렇지 않으면 순환론 모순이 발생함
　→ 소득령 제166조 제8항 제2호 적용 범위 관련하여 일응 "양수인"에게 적용될 것처럼 보이나, **筆者**의 생각에는 안분규정이 "양도 및 취득 모두" 적용되므로 양자 모두에게 적용할 것으로 생각함(단, 양수인은 건물 취득 즉시 멸실하면 건물가액이 전부 토지가액에 반영되어 안분실익이 없기 때문임)

→ 만일, 제2호 규정을 "양도인"에게 적용하는 규정으로 이해할 경우, 양도인이 매수인 철거조건으로 양도하고 양도 이후 매수인이 철거하는 조건으로 양도하면서 가액을 다음과 같이 ① 건물 가액을 "0원"으로 기재하는 경우와 ② 건물 가액을 극단적으로 "10원"으로 기재할 경우 어떻게 할 것인가?

첫째, 건물 가액을 "0원"으로 기재하는 경우라면 양도인은 결국 건물을 양도하지 않는 것이 되어 구건물의 취득가액을 인정받지 못할 것으로 생각한다.

둘째, 건물 가액을 법정안분의 30%를 벗어나서 극단적으로 "10원"으로 기재할 경우에는 건물가액이 존재하게 되고, 개정된 규정에 따라 법정 안분의 예외가 적용될 수 있다는 논리가 될 수 있다. 뿐만 아니라 이 경우 구건물 취득가액을 인정받을 수 있게 되어 건물은 고액의 양도차손이 발생하게 되고 (-)장기보유특별공제가 없음으로 인해 건물의 양도차손을 토지 양도차익에서 차감할 수 있게 되어 절세의 방법 내지 조세회피의 수단이 될 수 있다.

즉, 이 경우 입법자가 의도하지 못한 결과가 발생하는바, 필자의 생각은 차라리 종전규정에 대한 기존 유권해석에 따라 집행하고 소득세 법령은 개정하지 않은 것이 더 나을 수 있었다는 생각이 든다. 아무튼 이에 대해 납세자는 사전답변을, 과세관청은 기준자문을 통해 향후 과세관청의 유권해석을 기다려 처리할 수밖에 없을 것으로 본다.

관련 사례

구 분	내 용
매수인이 철거예정 (건물 가액 0)	• 토지와 건물을 일괄 양도하는 경우 특약사항으로 매수인이 취득 후 건물 철거하여 토지만 사용하기로 한 경우 토지 및 건물의 각 자산별 양도가액 산정시 부가령 제64조 제2항 제2호는 적용되지 않음[425] ※ 사안은 2024.12.31. 이전 양도에 대한 해석임
매수인이 철거예정 (건물 가액 有)	• 토지와 건물을 일괄양도하면서 각 자산별로 구분기장한 계약서상 금액이 토지와 건물의 기준시가 등으로 안분계산한 자산별 가액과 30% 이상 차이가 나는 경우, 토지와 건물 등의 가액이 불분명한 것으로 보아 자산별 기준시가 등으로 안분계산해야 함[426] ※ 사안은 2024.12.31. 이전 양도에 대한 해석임

---

425) 재산세제과-506, 2023.3.30.
426) 법규재산-737, 2023.6.20.

Chapter 76 일괄 양도/취득한 자산들의 가액 안분 기준은?

내용 Summary

기본사항 Check

- **안분 법리** : 양도 또는 취득가액을 실가에 따라 산정하는 경우로서 토지와 건물 등을 함께 취득하거나 양도한 경우 이를 각각 구분하여 기장하되, 토지와 건물 등의 가액 구분이 불분명할 때에는 법정 안분함

- **법정 안분 기준**(순서) : 감정가액 → 기준시가 → 장부가액 → 취득가액

- **가액 구분 불분명 의제** : 토지와 건물 등을 함께 취득하거나 양도한 경우로 그 토지와 건물 등을 구분 기장한 가액이 법정 안분기준에 따라 안분계산한 가액과 30/100 이상 차이가 있는 경우에는 토지와 건물 등의 가액 구분이 불분명한 것으로 간주함 → 법정 안분 기준 적용

$$\frac{계약서상\ 구분\ 가액\ -\ 법정\ 안분\ 금액}{법정\ 안분\ 금액} \times 100\% \geq 30\%$$

- **예외 규정**(2025년 신설) : 다음 사유에 해당하면 안분한 금액이 30/100 차이가 나더라도 법정안분의 예외로 함 → 안분한 금액 인정
  ① 다른 법령에서 정하는 바에 따라 토지와 건물 등의 가액을 구분한 경우
  ② 토지와 건물 등을 함께 취득한 후 건물 등을 철거하고 토지만 사용하는 경우

핵심 Point

- 안분 범위는 양도소득세 과세 대상 자산에 한정되는지 → 과세 대상과 비과세 대상, 비감면 자산과 감면 자산을 일괄 양도하는 경우에도 안분법리 적용

- 기준시가로 안분할 때 기준시가 적용 시점 → 공급계약일

- 기준시가로 안분할 때 겸용주택의 기준시가 : 상가 부분 → 일반건물 기준시가, 상가 부수토지 → 개별공시지가, 주택 부분 → 개별주택가격

- 법정 안분 기준 30% 이상 차이 발생시 조세회피 의도 여부 → 불문

- 토지 취득 후 일부 필지 분할 양도 → 취득가액은 면적비율 안분(취득 당시 기준시가가 동일하기 때문)

질문 »

1. 甲은 1세대 1겸용주택을 보유하고 있으며 보유기간 등 비과세 요건은 갖추었다. 해당 겸용주택은 주택 부분의 연면적이 주택 외 연면적보다 작은 상태이다. 2023년 중 해당 겸용주택을 10억원에 일괄 양도하면서 양도가액을 안분한 결과 비과세 되는 주택 부분에 기준시가로 안분할 때보다 30/100 이상 안분하였다. 적용할 감정가액은 없으며, 甲은 조세회피 의도가 없다. 법정 안분 대상에 해당하는가?

2. 甲은 오래 전부터 보유하던 토지에 최근 상가 건물을 지었는데, 이를 2023년 중 10억원에 일괄 양도하였다. 감정가액은 없으며, 매매계약서에 안분한 가액이 기준시가로 안분하는 경우와 비교하여 토지는 30/100 이상 차이가 나지만, 건물은 30/100 이내이다. 이 경우 법정 안분 대상에 해당하는가?

3. 甲은 수십년간 농지를 재촌자경하고 있는데, A농지는 자경농지 감면 요건을 갖춘 토지이고, 연접한 B토지는 취득 당시부터 나대지로 야적장으로 장기간 임대하고 있는 토지이다. 甲이 2023년 중 A와 B토지를 개발업자에게 5억원에 일괄 양도하면서 A토지에 양도가액을 법정 안분 기준보다 30/100 이상 차이 나게 안분하였다. 감정가액은 없다. 해당 양도가액은 법정 안분 대상인가?

4. 일괄 양도하는 자산을 기준시가에 의하여 안분하는 경우이다. 매매계약일(공급계약일)과 양도일의 기준시가가 상이하다. 어느 시점의 기준시가를 기준으로 하여 안분하는가?

답변 및 해설 »

1. 1세대 1겸용주택과 그 부수토지와 일괄 양도하는 경우 주택 부분의 연면적이 주택 외 부분 연면적보다 크다면 전부가 주택으로 의제되어 고가주택이 아닌 한 전부 비과세를 적용받을 수 있다. 2022년부터는 고가주택(전체 양도가액 12억원 초과)에 해당하면 주택 외 부분은 비과세를 적용받지 못한다.

사안의 경우에 주택 부분 연면적이 더 작은 경우이므로 주택 외 부분은 비과세를 적용받지 못한다. 따라서 주택 건물과 부수토지(비과세) 및 상가 건물과 상가 부수토지(과세)에 대해 양도가액을 안분해서 양도차익을 산정해야 한다. 그런데 甲이 안분한 가액은 법정 안분기준보다 비과세 되는 주택 부분에 30/100 이상 가액이 안분되었으므로 기준시가에 의하여 안분하여야 한다. 이 경우 **조세회피 의도는 묻지 않는다**.

2. 일괄 양도하는 자산이 일부만 법정 안분금액과 30/100 이상 차이가 나더라도 전체를 법정 안분해야 한다. 따라서 사안은 양도가액을 기준시가에 의하여 토지와 건물가액을 안분하여 계산하여야 한다.

3. 감면 대상 자산과 비감면 대상 자산을 일괄양도하는 경우에도 안분 대상이다. 따라서 사안은 법정 안분한 가액과 30/100 이상 차이가 나므로 기준시가에 의하여 양도가액을 안분하여야 한다.

4. 공급계약일의 기준시가에 의하여 안분한다. 종전에 과세관청 해석은 양도일로 보았으나, 최근 기획재정부가 조세심판원 및 대법원 판결과 같이 "공급계약일"로 해석함에 따라 기존해석은 삭제 정비하였다.

관련 사례

구 분	내 용
안분 대상인 일괄 양도	• 토지와 토지[427] • 주택과 상가(사업용 건물)[428] • 주택의 토지와 건물[429] • 상가의 건물과 토지[430] • 취득시기가 상이한 토지[431] • 소유자가 상이한 자산[432] • 과세 대상 자산과 비과세 대상 자산[433] • 토지와 영업권[434] • 층별 구분등기된 상가[435]
매매사례가액, 소급감정	• 매매사례가액으로 안분 불인정[436] • 소급 감정가액 안분 불인정[437]

---

427) 법령해석재산-116, 2016.6.17. ; 조심2020인1448, 2020.5.25. ; 대판2010두23651, 2011.2.24.
428) 부동산거래관리과-90, 2012.2.9. ; 서면5팀-6, 2008.1.2.
429) 부동산거래관리과-762, 2011.8.31. ; 재산세과-991, 2009.5.20.
430) 부동산거래관리과-418, 2010.3.18.
431) 재산세과-1420, 2009.7.13. ; 서면5팀-763, 2006.11.10. ; 조심2013전112, 2013.8.22.
432) 법규재산2012-269, 2012.7.12. ; 조심2021부839, 2021.7.1. ; 대판2009두15913, 2009.11.16.
433) 심사양도2000-4025, 2000.9.22. ; 감심2017-664, 2019.5.23. ; 대판2010두21402, 2012.1.26.
434) 재산세과-2065, 2008.7.31. ; 서면4팀-1034, 2005.6.23.
435) 법규재산-461, 2022.7.28.
436) 심사양도2008-206, 2008.12.12. ; 심사양도2008-207, 2008.12.12. ; 심사양도2005-63, 2005.6.27.
437) 조심2020서8494, 2021.2.17. ; 조심2012서2247, 2012.7.19. ; 조심2012부825, 2012.5.8.

구 분	내 용
법정 안분과 30% 이상 차이	• 동 가액구분 불분명 의제에 따른 안분규정은 조세회피 목적이 없어[438] 구분기장한 경우에도 안분법리가 적용됨[439] • 일괄 양도한 자산 중 토지는 30% 차이가 나지 않으나 건물은 30% 이상 차이가 나면 동 안분규정이 적용됨[440] • 법정 안분가액과 30% 이상 차이가 나는 경우의 규정은 단순한 추정규정이 아니라 "간주 규정" 형태를 취하면서 예외를 허용하지 않음[441]
일괄 양도인지 여부의 입증책임	• 과세요건 사실인 부동산의 일괄 양도 사실은 과세관청이 증명해야 하고, 그 증명이 이루어지지 못하면 안분가액의 불균형 여부 및 정도와 관계없이 안분계산조항을 적용할 수 없음[442]
비과세/감면 대상 자산에 과다 배분	• 합리적 이유 없이 통상 거래상황과 다르게 비과세 되는 자산이나 감면을 적용받는 자산 등에 대해 양도가액을 과다하게 배분하는 경우 구분이 불분명한 경우임[443]
기준시가 안분 적용 기준일	• 종전 해석 : 양도일[444] • 최근 해석 및 조세심판원, 대법원 : 공급계약일[445]
다가구주택의 호별 양도가액 안분	• 부동산을 동일 매수자에게 일괄양도하였고, 각 호별 매매계약서상 101호의 거래가액은 기준시가로 안분계산한 가액과 100분의 30 이상 차이가 나므로 소득세법 제100조 제3항 요건을 충족하는 것으로 보이는 점 등에 비추어 각 호별 양도가액은 각 호별 기준시가로 안분계산함이 타당함[446]
감정가액의 30% 내 안분	• 토지와 건물 등을 구분 기장한 가액이 기준시가 등으로 안분계산한 가액과 30/100 이상 차이가 나지 않는 경우에는 납세자가 구분한 실지거래가액에 따라 양도가액을 산정한다는 의미로 해석함이 개정취지에 부합하는 것으로 보이는바, 감정가액으로 안분계산한 가액의 30% 내에서 토지·건물가액을 구분한 것을 비합리적이라거나 임의 구분한 가액으로 보기 어려움[447]
비과세 양도가액을 기준시가보다 3배 높게 한 경우	• 겸용주택의 상가와 주택을 동일한 중개업자를 통하여 같은 날 일괄양도하고, 보유기간 동안 개별주택가격이 하락하였음에도 비과세 대상인 주택의 양도가액은 기준시가보다 3배 높게 배분한 것에 대해 객관적이고 합리적인 근거를 제시하지 못하므로 기준시가로 안분한 것은 정당함[448]

---

438) 법령해석재산-23, 2017.6.28. ; 조심2019서2040, 2019.9.4.
439) 법령해석재산-116, 2016.6.17. ; 조심2021중6931, 2022.5.2. ; 조심2021서2248, 2021.12.27.
440) 법령해석재산-11, 2018.2.13. ; 감심2019-201, 2021.2.19. ; 대판2024두35477, 2024.5.30. ; 서울고법 2022누73019, 2024.1.11. ; 서울고법2019누58799, 2020.6.18.
441) 조심2023부236, 2023.4.26. ; 조심2022구5943, 2023.3.8. ; 대판2020두42798, 2020.11.5.
442) 대전고법2023누12727, 2024.11.14.
443) 서울고법2013누16182, 2014.1.24. ; 서울행법2012구단22617, 2013.5.8.
444) 재산세과-991, 2009.5.20. ; 재산세과-1703, 2008.7.16. ; 심사양도2008-206, 2008.12.12.
445) 재산세제과-1077, 2022.8.31. ; 조심2022구5943, 2023.3.8. ; 대판2017두52160, 2017.9.29.
446) 조심2020서933, 2020.7.28.
447) 조심2021서6991, 2022.3.25.
448) 심사양도2011-267, 2012.4.16. ; 창원지법2011구합3379, 2012.7.5.

구 분	내 용
주택조합이 동일 기준으로 매입	• 주택조합의 부동산 거래현황표 등 감안시 계약서상 가액 구분을 임의적으로 단정할 수 없음[449]
토지 등 매입 후 분할하여 양도	• 토지를 매입한 후 분할하여 양도하는 경우 취득가액은 총면적에서 양도면적이 차지하는 비율에 따라 안분함[450]
합리적 근거 없이 건물가액을 과다 배분	• 특수관계인 양도인들이 별도로 매수자와 매매계약을 체결하였으나 건물의 매매가액이 기준시가 대비 544%로 합리적인 기준 없이 양도인들 요구에 의하여 과다 책정되는 등 정상적 거래가액으로 보기 어렵고, 매수인이 "부동산 취득 후 해당 건물에 리모델링을 한 점"에 비추어, 달리 매수인이 건물가격을 높게 평가하여 거래할 합리적 이유를 발견할 수 없고 양도인과 매수인 모두 명확한 해명을 못하기에 구분이 불분명한 것으로 판단됨[451]
중과세 대상 양도가액을 낮게 배분	• 각 토지에 1개의 매매계약서가 작성되고, 대금지급도 매매대금 합계액을 기준으로 지급되었고, 제1부동산(1세대 1주택 비과세)의 매매가액은 기준시가로 안분 계산한 양도가액에 비해 월등히 높은 반면, 제2부동산(중과 대상)의 매매가액은 기준시가로 안분한 양도가액에 비해 월등히 낮고, 같은 시기 개발업자가 동일한 목적으로 매수한 부동산의 매매사례가액과 비교해 보아도 제1부동산의 가액은 현저히 높으나 제2부동산의 가액은 현저히 낮으며, 제2부동산의 매도가액이 취득가액보다 낮은 점을 종합하면, 매매계약서상 가액을 정상가액으로 보기 어려움[452]
경매 일괄 취득	• 토지와 건물 등을 일괄 경락받아 각 자산별 취득가액 구분이 불분명한 경우 안분규정에 따라 안분하며, 이 경우 경매 취득 후 소유권 확보에 추가 소요된 비용은 안분계산시 반영하지 않는 것임[453] • 경매를 위하여 감정평가한 각 자산별 감정가액에 의하여 총 경락가액을 안분계산할 수 있음[454]
겸용주택의 기준시가 의미	• 겸용주택의 실지 양도가액 안분계산시 상가의 토지는 "개별공시지가", 건물은 "국세청 기준시가"를 적용하며, 주택의 경우 일괄고시된 "개별주택가격(또는 공동주택가격)"을 적용함[455] ※ 참고로 대법원은, 주택 부분이 큰 겸용주택으로서 1세대 1고가주택에 해당하는 경우에 일괄 양도자산의 안분기준을 전부를 주택으로 보아 개별주택가격을 적용하여야 한다고 판단한 바,[456] 이에 따르면 상가 부분의 양도차익에도 비과세 혜택이 주어지는 결과가 됨. 다만, 2022년 이후부터 고가의 겸용주택으로서 주택 부분이 더 크더라도 주택 외 부분은 전면 과세가 되므로 이러한 다툼은 없을 것으로 보이며, 안분에 있어 상가 부분 연면적이 더 적더라도 안분한 뒤의 과세 대상 양도차익은 전체의 양도차익은 넘을 수 없다는 제한이 있음[457]

449) 조심2021광2162, 2021.10.13.
450) 재산세과-261, 2009.1.22. ; 서면4팀-3215, 2007.11.7. ; 조심2018중2668, 2019.4.8.
451) 심사양도2008-61, 2008.5.30. ; 조심2020광232, 2020.7.10. ; 조심2019중1703, 2019.7.24.
452) 심사양도2011-132, 2011.8.19. ; 조심2010중3887, 2011.3.11.
453) 재산세과-4374, 2008.12.24. ; 서면5팀-817, 2007.3.12.
454) 서면5팀-691, 2006.11.6. ; 소득46011-21162, 2000.9.20. ; 심사양도2012-287, 2013.3.8.
455) 서면5팀-381, 2007.1.31. ; 서면5팀-861, 2006.11.17. ; 서면4팀-85, 2006.1.19.
456) 대판2015두37235, 2016.1.28.
457) 대판2010두21402, 2012.1.26.

Chapter 77

수용된 부동산의 환산가액 적용시, 이것은 꼭 알아야 절세한다!

내용 Summary

기본사항 Check

- 양도 당시 기준시가 산정 특례(수용 등) : 토지보상법에 따른 협의매수·수용 및 그 밖의 법률에 따라 수용되는 경우의 **"그 보상액"** 과 **"보상액 산정의 기초가 되는 기준시가**(보상금 산정 당시 해당 토지의 개별공시지가)**"** 중 적은 금액이 양도 당시의 기준시가보다 낮은 경우에는 그 차액을 양도 당시의 기준시가에서 차감하여 **"양도 당시 기준시가"** 를 계산함

    이는 공익사업용 수용토지의 보상금액은 보상액 수령시점이 아닌 협의성립 또는 수용재결 당시의 가격에 의하는 것임을 감안하여 기준시가 산정시 양도 당시 개별공시지가 대신 보상금 산정의 기초가 되는 개별공시지가를 적용할 수 있도록 한 것임

- 수용되는 경우 양도시기 : 대금청산일, 수용 개시일, 등기접수일 중 빠른 날

핵심 Point

- 두 시점(보상가액 산정시 → 양도시)을 비교하여 보상 산정 기준일 개별공시지가 상승시 양도 당시 기준시가 : 보상액 산정의 기초가 되는 **표준지 개별공시지가의 기준일을 기준으로 공시된 "당해 토지의 개별공시지가"** 적용

질문 »

甲은 산업단지 개발과 관련한 공익사업 시행으로 토지보상법에 따라 20년 전에 취득하여 보유하던 토지(1,000㎡)를 공익사업 시행자의 협의매수에 응하여 10억원을 보상금으로 수령하였다. 해당 토지의 취득가액은 취득계약서를 분실하여 실가가 확인되지 않아 환산취득가액으로 산정하려고 한다. 개별공시지가가 다음과 같을 때 환산취득가액은?
- 보상금 수령일(양도일) 당시 개별공시지가 : 900,000원/㎡
- 보상금 산정의 기초가 되는 기준시가 : 500,000원/㎡
- 취득 당시 기준시가 : 100,000원/㎡

답변 및 해설 »

공익사업 시행 공고 또는 고시를 기준으로 그 연도 1.1. 현재 공시지가 표준지가를 표준지 지가로 적용하여 보상평가서를 작성한 경우로서 양도일의 공시지가가 더 높은 경우에는 환산취득가액 적용시 양도 당시 기준시가는 양도일의 기준시가가 아니라 특례에 따른 기준시가를 적용한다. 따라서 보상산정의 기초가 되는 기준시가를 기준으로 공시된 해당 토지의 개별공시지가를 적용하여 양도 당시의 기준시가를 산정한다.

따라서 사안의 경우 환산취득가액은 다음과 같이 산정된다.

> 환산취득가액 = 양도가액 × (취득 당시 기준시가/양도 당시 기준시가)
> = 10억원 × 1억원/5억원
> = 2억원

※ 양도 당시 기준시가를 9억원으로 적용하지 않도록 유의할 것(★)

관련 사례

구 분	내 용
수용시 보상금이 변동되는 경우 양도시기	• 대금청산일은 재결보상금을 이의 없이 수령한 경우 "보상금 수령일"이고, 재결에 불복하여 이의신청 또는 행정소송으로 보상금이 변동된 경우 해당 "변동 보상금 확정일(판결 확정일)"이 되므로[458] 해당 "변동보상금 확정일과 수용개시일, 소유권이전등기 접수일 중 빠른 날"을 양도시기로 함[459]
수용시 보상금 변동이 없는 경우 양도시기	• 보상금을 공탁하고 수용하였는데 수용재결에 대한 이의신청이나 행정소송에서 보상금이 변동되지 않은 경우에는 "공탁일, 수용개시일 또는 소유권이전등기 접수일 중 빠른 날"이 양도시기가 됨[460]
보상금 산정 기초가 되는 개별공시지가	• 보상액 산정의 기초가 되는 개별공시지가는 보상액 산정의 기준이 되는 "표준지 개별공시지가의 기준일"을 기준일로 공시된 해당 토지의 개별공시지가를 말함[461]
	• 토지가 2009.2.4. 이후에 협의매수·수용되는 경우로서 2006.1.1. 기준으로 공시된 표준지 공시지가를 기초로 산정한 보상금액을 수령한 경우에는 2006.1.1. 기준으로 공시된 양도 토지의 개별공시지가를 양도 당시의 기준시가로 적용할 수 있음(필지 분할되었다면 모번지 기준)[462]

---

458) 부동산거래관리과-34, 2013.1.23.
459) 부동산거래관리과-269, 2012.5.10. ; 조심2022중7278, 2022.12.7. ; 조심2021중6693, 2022.5.17.
460) 법령해석재산-192, 2021.2.26. ; 부동산거래관리과-83, 2011.1.27.
461) 법령해석재산-57, 2018.2.28.
462) 법령해석재산-22639, 2015.5.4. ; 부동산거래관리과-656, 2011.7.28.

Chapter 78. 용도변경된 자산, 장기보유특별공제에 유의하자!

내용 Summary

기본사항 Check

- **장기보유특별공제** : 부동산을 3년 이상 보유한 경우 공제 배제 대상에 해당하지 않으면 일반 부동산은 표1(6% ~ 30%, 매년 2% up), 1세대 1고가주택에 해당하면 2년 이상 거주한 경우 표2(거주기간별 8% ~ 40% + 보유기간별 12% ~ 40%)를 적용하여 양도차익에서 공제

- **장기보유특별공제 배제**
  ① 세율 70%가 적용되는 미등기 양도
  ② 다주택 중과 대상 주택(2022.5.10. ~ 2025.5.9.까지 중과 유예 → 공제 허용)

핵심 Point

- 매매특약에 따라 양도일 전에 1세대 1주택을 상가로 용도변경하여 양도하는 경우 → 2022.10.21. 이후 매매계약하는 분부터는 표2 불가, 표1 가능

- 1세대 1주택을 상가로 용도변경하고 양도하는 경우 → 건물 취득일부터 양도일까지의 기간에 대하여 표1 적용

- 다세대주택을 다가구주택으로 용도변경하고 하나의 매매 단위로 양도하여 다가구주택에 대한 1세대 1주택 비과세 특례가 적용되는 경우 → 표2 공제율 적용을 위한 보유기간은 용도변경일부터 기산

- 1세대 1주택에 해당하는 주택 부분이 더 작은 겸용주택을 주택 외 부분을 주택으로 용도변경하여 주택 부분이 더 큰 상태로 양도하는 고가주택인 경우
  ① "주택 외" 부분 : 2022년 이후 양도분부터 표2 공제율 불가, 표1 공제율 적용
  ② "당초 주택" 부분 : 취득일부터 표2 공제율 보유기간 계산
  ③ 주택으로 "용도 변경"한 부분 : 용도변경시부터 표2 공제율 적용을 위한 보유기간 계산

- 다주택 중과 대상인 주택을 중과 기간 중에 주택 외로 용도변경하고 중과 유예기간(2022.5.10. ~ 2025.5.9.) 중 양도하는 경우 : 용도변경일부터 표1 공제율의 보유기간 계산(국세청 유권해석)

- 주택 외 건물을 1세대 1주택으로 용도변경한 경우(2025.1.1. 이후 양도분) : ① + ②
  ① 보유기간별 공제율(40% 한도) : 주택 외로서의 보유기간별 표1 공제율 + 주택으로 용도변경한 이후 보유기간별 표2 공제율
  ② 거주기간별 공제율 : 주택으로서 거주한 기간별 표2 공제율

질문 »

1. 甲은 1세대 1주택자로서 해당 주택에서 15년 이상 보유 및 거주하다가 2023년 중 20억원에 양도하기로 매매계약을 하면서 양도일 전에 해당 주택을 주택 외로 용도변경하는 것으로 특약을 하여 대금청산일 전에 상가로 용도변경한 뒤 잔금을 받고 소유권이전 등기를 경료하여 주었다. 해당 양도물건에 대한 장기보유특별공제는?

2. 甲은 1세대 1주택자로 해당 주택에서 7년간 보유 및 거주하던 중 음식점으로 용도변경하여 장기간 사용하다가 업황이 좋지 않아 폐업하고 4년 전부터 다시 주택으로 용도변경하여 그곳에 거주하고 있다. 2023년 중 해당 주택을 15억원에 양도할 경우 장기보유특별공제는?

3. 甲은 1세대 1겸용주택 보유자로서 주택 부분의 연면적이 작은 상태로 10년 이상 해당 주택에 거주하다가 1년 전에 주택 외 부분을 주택으로 용도변경하고 2023년 현재 해당 주택을 20억원에 양도하였다. 해당 겸용주택에 대한 장기보유특별공제는?

4. 甲은 1세대 2주택자로서 해당 주택은 모두 조정대상지역에 소재한 주택들로서 1세대 1주택 비과세 대상이 아니고 다주택 중과 대상이었다. 해당 주택 중 1개(A)를 2021년 중 상가로 용도변경하였으며, A주택 소재지는 2022년 조정대상지역에서 해제되었다. 2023년 중 해당 상가를 양도할 경우 국세청 해석에 따를 경우 장기보유특별공제는?

답변 및 해설 »

1. 2022.10.21. 이후 매매계약하는 분부터는 매매특약으로 양도일 전에 "주택"을 "주택 외"로 용도변경하더라도 "양도 당시 물건 현황"에 따른다. 따라서 사안은 1세대 1고가주택에 대한 표2 공제율을 적용받지 못한다. 그러나 표1 공제율은 적용 가능하며, 이 경우 공제율 적용을 위한 보유기간은 당초 취득일부터 적용하며 15년 이상 보유하였기에 30% 공제율을 적용한다.

2. 1세대 1주택을 주택 외로 용도변경하였다가 다시 주택으로 용도변경하고 양도하는 경우 1세대 1주택 비과세 및 장기보유특별공제 적용시 주택으로서의 보유 및 거주기간을 통산한다. 따라서 사안에서 종전에 보유 및 거주한 기간 7년 및 재차 주택으로 용도변경한 이후 보유 및 거주 4년을 합산하면 10년 이상 보유 및 거주하였고 1세대 1주택자이므로 장기보유특별공제는 80%의 공제율을 적용한다.

3. 겸용주택의 주택 부분이 작은 상태에서 주택 외 부분을 주택으로 용도변경하여 주택 부분이 더 큰 상태로 양도하는 경우 고가주택에 해당하는 1세대 1겸용주택일 경우 2022년 이후 양도분부터 주택 외 부분은 전면 과세 대상이다. 따라서 사안의 경우 장기보유특별공제는 다음과 같이 적용한다.

   ① 주택 외 부분 : 표1 공제율 적용 → 24%(12년 이상 보유)
   ② 당초 주택 부분 : 표2 공제율 → 80%(10년 이상 보유 및 거주)
   ③ 주택으로 용도 변경한 부분 : 표1 공제율 적용 → 24%(상가로서 12년 이상 보유하였으나, 주택으로서 용도변경 이후 3년이 되지 않았음)

4. 이 경우 국세청은 표1의 공제율 적용시 상가로 용도변경한 이후부터 보유기간을 계산한다고 해석하고 있다. 이는 대법원이 장기보유특별공제를 적용하기 위한 보유기간은 자산이 멸실되었다가 신축되거나 다른 공제율을 적용하여야 하는 자산으로 변동된 경우에는 그 보유기간을 통산할 수 없음이 원칙이라고 한 것[463] 등을 참고하지 않았나 싶다. 이에 대하여는 다음과 같은 반론이 있다.

   첫째, 장기보유특별공제의 판단은 기본적으로 "양도 당시"를 기준으로 판단하여 공제율 적용도 그에 해당하는 대로 적용하여야 한다는 주장이다. 그렇지 않을 경우 다음과 같은 쟁점이 발생할 수 있기 때문이다.

   ① 대금청산을 하고 나서 2년 뒤에 취득등기를 한 경우 취득시기는 대금청산일이 된다. 그러나 취득등기 전의 상황에서 자산을 양도하면 미등기 양도 중과 대상이고 장기보유특별공제가 배제된다. 만일 취득등기를 하고 양도하면 미등기 중과 대상이 아니다. 이 경우 명문규정으로 "취득시기"를 두고 있고 장기보유특별공제 적용시 "취득일"부터 양도일까지로 하고 있는데, 장기보유특별공제 적용시 취득시기가 아닌 취득등기일부터 보유기간을 계산하여야 할 것인가? 만일 그렇게 본다면 특히 상속재산의 경우 상속개시일이 취득시기이지만 사정상 나중 등기하고 양도하는데, 상속 취득등기도 등기하지 않고 양도하면 미등기로 중과될 수 있다는 점을 고려하면 취득등기일부터 공제율 적용을 위한 보유기간을 산정해야 한다는 결과가 되어, 상속개시일에 상속 이전등기하는 경우는 현실에서 없는데, 이 경우도 취득등기일부터 장기보유특별공제를 위한 보유기간을 적용하여야 한다는 결과가 된다.

   ② 비사업용 토지 관련하여 장기보유특별공제를 배제하던 2015.12.31. 이전(2016년은 명문으로 보유기간 산정방법을 규정)을 생각해 보자. 토지 보유 중 계속 비사업용으로 사용하다가, 어떤 이유에서 양도하기 2년 전부터 사업용으로 사용하다가 양도하였다고 하자. 이 경우 비사업용으로 사용하던 기간에 토지를 양도하였다면 비사업용 토지로 장기보유특별공제

---

463) 대판2012두28025, 2014.9.4.

가 배제될 것이다. 그러나 양도 시점에는 양도일 소급하여 3년 중 2년의 기간에 사업용으로 사용한 것이 되어 사업용 토지가 된다. 이 경우에도 양도하는 자산의 공제율이 변동되는 것이다. 그렇다고 하여 장기보유특별공제 적용을 위한 보유기간을 사업용으로 사용하는 그 시점부터로 계산할 수는 없지 않은가?

둘째, 다주택 중과는 2022.5.10.부터 2025.5.9.까지 유예되어 이 기간 중에 양도하면 2년 이상 보유한 주택은 중과하지 않고 3년 이상 보유하면 장기보유특별공제가 허용된다. 이 경우 다주택 중과기간 중에 양도하였다면 장기보유특별공제가 배제될 것이지만 유예기간에 양도하는 경우 공제가 허용된다. 그렇다면 이 경우 공제율 적용을 위한 보유기간을 2022.5.10.부터 적용할 것인가? 그렇게 본다면 다주택 중과 유예기간 중에 중과세율만 기본세율을 적용받고 장기보유특별공제는 적용받지 못한다는 결과가 된다.

셋째, 위 둘째에서 유예기간 중 당초 취득일부터 장기보유특별공제 공제율 적용을 허용한다고 하면 2022.5.9. 이전에 용도변경한 경우와 2022.5.10. 이후 용도변경한 경우 형평성 측면에서 재고할 필요가 있다는 것이다.

넷째, 대법원이 장기보유특별공제를 적용하기 위한 보유기간은 "다른 공제율을 적용하여야 하는 자산으로 변동된 경우"라고 한 부분을 이해할 때에도, 주택도 건물에 포함되며 그동안 과세관청은[464] 용도변경의 경우 "비교방식"에 의하여 납세자에게 유리한 공제율을 적용하여 왔다는 점도 고려하여야 한다는 것이다. 또한, 역으로 상가를 다주택 중과 대상 주택으로 용도변경하고 양도시 "당초 상가일 때의 기간"에 대해 공제율을 인정할 수는 없지 않은가?

관련 사례

구 분	내 용
매매특약에 따라 양도일 前 용도변경	• 주택 매매계약을 체결하고 매매특약에 따라 잔금청산 전 주택을 상가로 용도변경한 경우 장기보유특별공제(표1, 표2) 적용시 2022.10.21. 이후 매매계약 체결분부터 양도일(잔금청산일) 현재 현황에 따라 양도물건을 판정함[465]
장기보유특별공제 배제 자산의 용도변경시 공제율의 보유기간 산정	• 조정대상지역에 2주택 보유 상태에서 다주택 중과되는 1주택을 근린생활시설로 용도변경하여 사용하다가 양도하는 경우, 장기보유특별공제액 계산에 있어 보유기간은 근린생활시설로 용도변경한 날을 기산일로 하여 계산함[466] ※ 사안은 다주택 중과 대상 주택을 중과기간 중 상가로 용도변경하고 중과배제(2022.5.10.~2026.5.9.)로 바뀐 후 양도시 장기보유특별공제 산정을 위한 "보유기간 기산일"에 대한 것임

---

464) 부동산거래관리과-1191, 2010.9.28. ; 재산세과-264, 2009.9.21. 등
465) 법규재산-1525, 2022.11.9. ; 재산세제과-1322, 2022.10.21.
466) 법규재산-881, 2022.12.28. ; 법규재산-684, 2022.11.28. ; 법령해석재산-939, 2021.11.8. ; 조심2024서4900, 2025.2.26. ; 조심2023서8122, 2023.12.27.

구 분	내 용
다른 공제율 적용 자산으로 변동	• 장기보유특별공제를 적용하기 위한 보유기간은 소득세법 제94조 제1항 제1호에 규정된 자산을 계속하여 보유한 기간만을 통산하여야 하므로 그것이 멸실되었다가 신축되거나 다른 공제율을 적용하여야 하는 자산으로 변동된 경우에는 그 보유기간을 통산할 수 없음이 원칙임[467]
1세대 1주택을 상가로 용도변경 후 양도	• 1세대 1주택 상태에서 주택을 근린생활시설로 용도변경한 후 양도하는 경우 건물의 취득일부터 양도일까지 보유기간에 따른 표1 공제율을 적용함[468]
1세대 1주택 → 주택 외 → 1세대 1주택	• 주택 → 주택 외 → 주택으로 용도변경하여 사용 중 양도하는 경우 1세대 1주택의 표2 공제율 적용시 보유기간은 당해 건물의 취득일부터 양도일까지 기간 중 주택으로 사용한 기간을 "통산"함[469] ※ 이 경우 2020년 이후 양도시 2년 이상 거주하여야 표2 적용이 가능함
상가를 다주택 중과 대상으로 용도변경	• 상가를 정비조합에 제공하고 취득한 주택이 양도일 현재 다주택 중과 적용대상으로 장기보유특별공제 배제 대상이면, 상가로서 보유기간을 포함한 전체 보유기간에 대해 장기보유특별공제를 적용받지 못함[470] ※ 사안은 다주택 중과 적용 기간에 중과 대상 주택을 양도한 것임
다세대주택 → 다가구주택 용도변경	• 다세대주택을 다가구주택으로 용도변경한 후 하나의 매매단위로서 양도하는 경우 1세대 1주택에 해당되어 보유기간별 공제율을 적용할 때 다가구주택으로 용도변경한 날부터 양도일까지 보유기간을 계산하여 장기보유특별공제(표2)를 적용함[471] ※ 이 경우 2020년 이후 양도분부터 표2 공제율을 적용받으려면 2년 이상 거주하여야 하는데, 다가구주택의 "일부 호"에 거주하는 경우에도 거주요건 충족으로 보아야 하는지에 대해 장기임대주택의 "거주주택 비과세" 판단시 이를 긍정한 바 있음[472]
상가 부분 면적이 큰 겸용주택의 상가 부분 용도 변경	• 양도일 현재 1세대 1주택으로서 당초 상가면적이 주택면적보다 큰 겸용주택에서 일부 용도 변경으로 주택면적이 상가면적보다 큰 겸용주택이 된 경우의 공제율 적용은 다음과 같음[473] ① 건물 : Max[㉠ 건물 보유기간에 따른 표1, ㉡ 주택 보유기간에 따른 표2] ② 부수토지 : Max[㉠ 토지 보유기간에 따른 표1, ㉡ 주택 부수토지 보유기간에 따른 표2] ※ 2020.1.1. 이후 양도분부터 표2 공제율을 적용받으려면 주택의 거주기간 2년이 필요하고, 2022.1.1. 이후 양도분부터 고가주택인 겸용주택의 "주택 외" 부분은 주택으로 간주되지 않으므로 주택 외 부분은 표2 공제율을 적용받지 못함

---

467) 대판2012두28025, 2014.9.4.
468) 법규재산-161, 2024.5.3. ; 법령해석재산-971, 2021.8.31.
469) 재산세과-2022, 2008.7.31. ; 조심2018중1824, 2018.12.14.
470) 법규재산-5365, 2023.6.5.
471) 법규재산-1108, 2022.11.8. ; 조심2020서839, 2020.6.4. ; 조심2019서932, 2019.7.19.
472) 부동산납세과-1402, 2023.7.3.
473) 부동산거래관리과-1191, 2010.9.28. ; 재산세과-264, 2009.9.21.

Chapter 79. 상속받은 부동산, 취득가액 및 장기보유특별공제 산정은?

💬 내용 Summary

기본사항 Check

- 상속받은 자산은 상속개시일에 취득한 것으로 그 취득시기를 기준으로 평가한 가액이 취득가액이 되는데, 취득시기별로 그 취득가액 산정 방법에 차이가 존재하며, 장기보유특별공제 적용시에도 공제율 적용을 위한 보유기간은 상속개시일부터 기산함
- 상속받은 자산의 취득가액
  ① 원칙 : 상속받은 자산은 상속개시일 현재 상증세법 제60조 ~ 제66조에 의하여 평가한 가액(상증세법 제76조에 따라 세무서장 등이 결정·경정한 가액이 있는 경우 그 결정·경정한 가액)을 취득 당시의 실지거래가액으로 봄
  ② 기준시가 고시 前 상속받은 자산 : 상증세법상 평가가액과 환산기준시가 산정에 따라 산정한 금액 중 큰 금액
  ③ 의제취득일 前 상속받은 자산 : Max[㉠ 의제취득일 현재 매매사례가액·감정가액·환산가액, ㉡ 위 ②에 의한 가액] → 실무에서는 대부분 "의제취득일 현재 기준으로 환산취득가액"으로 신고

핵심 Point

- 의제취득일(1985.1.1.) 이후 기준시가 고시 전에 상속받은 부동산 등을 양도한 경우 "환산취득가액" 적용이 가능한가 → No
- 의제취득일 전에 상속받은 부동산 등을 양도할 경우 필요경비는 → 환산취득가액 + 의제취득일 현재 기준시가에 의한 개산공제액
- 의제취득일 이후 상속받은 부동산 등의 필요경비 산정 방법 → 평가가액 등 + 실제 지출한 기타 필요경비(자본적 지출액, 양도비 등)
- 세무서장의 결정/경정 가액 적용(2020.2.11. 이후 양도분) : 취득가액 산정 前 반드시 결정 등 가액 여부 확인 필요
- 상속받은 부동산 양도시 장기보유특별공제 : 상속받은 날부터 공제율의 보유기간 계산 → 피상속인의 취득일이 아님(단기 양도 중과세율 적용 부분과 착오하지 말 것)
- 동일 세대로부터 상속받은 1세대 1고가주택 : "표2" 적용 대상 여부는 "동일 세대"를 기준으로 판단, 표2 공제율 적용시는 상속개시 이후 보유 및 거주기간만으로 계산 → 실무에서 종종 착오하는 부분임

 **질문 »**

1. 甲은 2001년 8월에 같은 세대인 부친에게서 상속받은 토지(1,000㎡)를 2023년 9월 중 특수관계인이 아닌 乙에게 시가에 해당하는 10억원에 양도하려고 한다. 상속에 따라 등기 이전하면서 당시 취·등록세 및 법무사 비용은 3백만원이 증빙에 의하여 확인되고, 중개비로서 현금영수증에 의해 확인되는 금액은 7백만원이다. 상속세 결정시 재산은 모두 기준시가로 평가하여 결정되었고 당시 상속세는 1억원을 납부하였다. 개별공시지가가 다음과 같을 때 양도소득세 필요경비 및 장기보유특별공제는 어떻게 산정되는가?
   - 2001년 개별공시지가 : 100,000원/㎡
   - 2023년 개별공시지가 : 600,000원/㎡

2. 甲은 1983.1.1. 상속받은 농지(1,000㎡)를 2023년 9월 중 제3자인 乙에게 10억원에 양도하려고 한다. 지출한 비용으로는 답(畓, 논)을 전(田, 밭)으로 용도변경하면서 성토비용 2천만원이 소요되었다. 중개비로서 현금영수증 받은 금액은 2백만원을 지급하였고 취득 당시 취·등록세 및 법무사 비용은 3백만원이 증빙에 의하여 확인된다. 상속세 결정 내역은 확인되지 않는 경우 양도차익을 산정하기 위한 필요경비를 산정하면?
   - 2023년 개별공시지가 : 500,000원/㎡
   - 1990.8.30. 개별공시지가 : 20,000원/㎡
   - 1990.1.1. 토지등급가액 : 12,000원/㎡
   - 1989.1.1. 토지등급가액 : 8,000원/㎡
   - 1984.7.1. 토지등급가액 : 4,000원/㎡

3. 甲은 부친이 2001년 취득한 토지(1,000㎡)를 2015년 8월 상속받아 2023년 9월 중 양도하려고 한다. 장기보유특별공제는 어떻게 적용하는가?

4. 甲은 부친(乙)이 2011년 취득한 아파트에서 2014년 5월부터 계속하여 함께 거주하다가 2015년 8월 부친 사망으로 해당 아파트를 상속받았다. 상속세 신고 및 결정시 해당 아파트는 공동주택가격인 10억원으로 결정되었다. 甲과 乙은 해당 아파트 외 다른 주택은 없으며, 해당 주택을 2016년 10월 임대하고 다른 주택을 임차하여 거주하는 중이고, 1세대 1주택자이다. 해당 주택을 2023년 9월 중 20억원에 양도할 때 장기보유특별공제는 어떻게 적용하는가?

답변 및 해설 »

1. 상속세 결정시 해당 토지는 개별공시지가로 평가하였으므로 100,000/㎡ × 1,000㎡ = 1억원에 취득시 부담한 취득세 등 부대비용 3,000,000원이 가산된다. 상속세는 취득가액에 가산할 수 없다. 따라서 103,000,000원의 가액이 곧 실지 취득가액으로 의제된다. 기타 필요경비는 취득가액이 실가로 의제되기에 개산공제액(100,000,000원 × 3% = 3백만원)이 아니라 실제 지출한 비용인 7백만원이다. 총 필요경비는 110,000,000원이고, 양도차익은 1,000,000,000원 - 110,000,000원 = 890,000,000원이 된다.

    장기보유특별공제는 15년 이상 보유한 토지이므로 양도차익에 공제율 30%를 적용하면, 890,000,000 × 30% = 267,000,000원이어서 양도소득금액은 623,000,000원이 된다. 여기에 기본공제(2,500,000원)를 차감하면 과세표준이 된다.

2. 의제취득일(1985.1.1.) 전에 상속받은 토지이므로 의제취득일에 환산취득가액을 적용하고 기타 필요경비는 의제취득일의 기준시가에 개산공제율 3%를 곱하여 산정하면 필요경비가 산정된다. 따라서 다음과 같이 산정된다.

    ① 의제취득일의 기준시가 산정 : 20,000원 × [4,000원/(12,000원 + 8,000원) ÷ 2]
        = 20,000원 × 4,000원/10,000원
        = 8,000원 × 1,000㎡
        = 8,000,000원 → 의제취득일의 기준시가

    ② 환산취득가액 = 양도가액 × 의제취득일 기준시가/양도시 기준시가
                  = 10억원 × 8,000,000원/500,000,000원
                  = 16,000,000원

    ③ 개산공제액 = 의제취득일 기준시가 × 3%
                = 8,000,000원 × 3%
                = 240,000원

    ④ 필요경비 = Max[① 환산취득가액 + 개산공제액, ② 실제 지출 기타필요경비]
              = Max[① 16,000,000원 + 240,000원, ② 20,000,000원 + 2,000,000원]
              = 22,000,000원
              (취득세 등은 취득시 소요된 취득 부대비용이므로 무시할 것!)

3. 상속받은 부동산은 장기보유특별공제 적용시 상속개시일부터 양도일까지의 보유기간에 대한 공제율을 적용한다. 따라서 보유기간은 8년 이상으로 16%의 공제율을 적용한다. 피상속인이 보유했던 기간은 무시하면 된다. 예외적으로, 가업상속공제받은 자산을 양도시 이월과세가 적용되기에 피상속인의 보유기간을 적용한다.

4. 1세대 1고가주택으로서 장기보유특별공제 적용시 2020년 이후부터는 3년 이상 보유 및 2년 이상 거주하여야 한다. 이 경우 표2를 적용할 것인지 여부를 판단할 때에는 동일 세대로서의 보유 및 거주한 기간을 합산하여 판단한다.

그러나 표2의 공제율을 적용할 때에는 상속개시일부터 본인 세대가 보유한 보유기간 및 본인 세대가 거주한 거주기간에 따라 공제율을 적용하는 것이다. 따라서 사안에서 거주기간은 상속개시 전 거주기간까지 합산하면 2년 이상 거주하여 표2 공제율 적용 요건은 갖추었다. 이 경우 실제 적용할 공제율은 상속개시 후 거주기간이 2년이 안되어 거주기간별 공제율은 0%, 보유기간별 공제율은 8년 이상으로 32%를 적용한다. 실무에서 종종 착오하는 부분이므로 유의할 필요가 있다.

보충설명

(1) 상속으로 취득한 자산을 양도할 경우 "양도소득금액" 산정은 다음 순서로 검토하는 것이 좋다.

첫째, 의제취득일 전에 취득한 것인지 여부를 파악한다. 의제취득일 전에 취득하였으면 의제취득일 현재 환산취득가액도 가능하지만, 그 외의 경우에는 환산취득가액을 적용하면 안 된다.

둘째, 관할 세무서장의 결정 또는 경정가액이 있는지 여부를 체크한다. 결정 등 가액이 존재하면 2020.2.11. 이후 양도분부터는 그 결정 등 가액을 취득가액으로 적용하여야 한다.

이 경우 상속세나 증여세 과세미달로서 무신고자 등인 경우에 세무서장이 결정 등을 한 가액이 언제까지 납세자에게 통지되어야 하는 것인지 문제된다. 현재까지 불복사례들을 보면 양도소득세 신고기한까지 통지하여야 한다는 것이 있는 반면, 양도소득세 과세처분시 결정한 가액을 인정한 사례 등이 있으며 아직 대법원 판례는 나오지 않은 상황이다. 따라서 추후 대법원의 입장을 좀 더 지켜볼 일이다.

셋째, 의제취득일 이후 상속 또는 증여받은 경우로서 기준시가에 의하여 취득가액을 산정하는 경우라고 하더라도 해당 가액은 "기준시가"가 아니라 실가로 의제되기에 자본적 지출이나 양도비는 실제 지출한 가액을 적용하며, 개산공제액으로 적용하는 것이 아니다. 실제 지출한 금액이 없으면 0으로 한다.

넷째, 장기보유특별공제는 상속이나 증여받은 자산이라도 상속개시일 또는 증여받은 날부터 보유기간별 공제율을 기산한다. 동일 세대에게서 상속받은 고가주택을 양도하더라도 표2 적용을 위한 전제요건으로서 2년 이상 거주 여부 판단시에는 피상속인과 함께 거주한 기간을 합산하지만, 공제율 적용시에는 상속개시일부터 보유 및 거주기간별 공제율을 적용하는 것이다. 그리고 이월과세가 적용되는 경우 증여자의 취득가액을 적용하고, 장기보유특별공제도 증여자의 취득시기부터 기산한다.

(2) 2020.2.11. 이후 양도분부터 상속·증여받은 자산은 세무서장 등이 결정·경정한 가액을 취득가액으로 보도록 한 바, 관할 세무서장이 결정 등을 하였으나 통지를 결여한 경우에 대하여 최근 하급심 판결이 몇 나와서 소개하는바, 조만간 대법원의 판단이 나올 것으로 생각된다.

① 양도소득세 신고 이전까지 통지되어야 한다는 판결 : 상대방이 있는 행정처분의 경우 그 처분을 하였음을 상대방에게 고지하여야 효력이 발생하므로, 세무서장 등이 결정·경정한 가액이 취득 당시 실지거래가액으로 의제되려면 세무서장 등의 결정·경정이 아무리 늦어도 양도소득세 과세표준 신고 이전까지는 납세의무자에 통지 또는 고지되어야 한다고 보아야 할 것이며, 적어도 양도소득세 경정청구 거부처분이 이루어질 당시까지는 상속세 과세표준에 관한 결정에 관한 통지 또는 고지가 이루어져야 함(부산고등법원)[474]

② 소송진행 중에 통지한 경우도 인정한 판결 : 세무서장 등이 결정·경정한 가액이 있는 경우에 해당하기 위하여서는 세무서장 등의 결정·경정 처분이 제척기간 내에 존재하는 것으로 충분하고, 그 처분이 자산 양도 또는 신고기한 전에 이루어져야 하는 것으로 제한하여 해석할 근거는 없으며, 상속세를 신고하지 않아 2차 상속세 결정은 제척기간 내에 적법하게 이루어진 것으로 보이므로 세무서장 등이 결정·경정한 가액이 있는 경우에 해당함(부산고등법원 등)[475]

③ 통지의무를 부인하는 판결 : 세무서장의 결정이 원고에게 통지되거나 고지된 적도 없으므로, 개정 시행령 조항이 적용될 수 없다는 취지로도 주장하나, 상속세 "과세표준과 세액"을 통지하도록 규정하고 있는 점에 비추어 보면 상속세 신고도 이루어지지 않았고 상속세가 부과되지 않는 무신고 결정이 내려진 경우까지 향후 양도소득세의 취득가액 산정을 위하여 과세표준을 상속인에게 통지할 의무가 세무서장에게 있다고 보기 어려움(서울행정법원 등)[476]

④ "상속세 등 납부의무"가 있는 경우로 한정한 판결 : 개정규정은 상속세 등의 납부의무가 있는 상속인 등이 상속세 등의 신고의무를 해태하거나 동일한 과세 대상 재산에 관하여 세목에 따라 다른 액수를 주장하는 경우에 한정되는 것이어서 조세형평에 반한다고 볼 수 없음(부산지방법원)[477]

⑤ 처분 당시에 결정 등 가액이 존재하여야 한다는 판결 : 관할 세무서장의 상속재산 결정가액은 경정청구 거부처분 후에 생긴 것에 불과하므로, 거부처분 당시에는 세무서장 등이 결정·경정한 가액이 존재하지 않았다고 할 것이므로 처분 당시에 존재하지도 않은 세무서장 결정가액을 이유로 거부처분을 할 수는 없고, 상증세법 제60조 내지 제66조까지 규정한 방법으로 평가한 가액을 취득 당시 실지거래가액으로 본 후, 양도소득세 경정청구에 대한 적절한 처분을 하여야 함(대구고등법원)[478]

---

474) 부산고법2022누21733, 2022.11.18.
475) 부산고법2023누11074, 2024.6.12. ; 부산고법2022누22552, 2023.5.18. ; 부산지법2021구합23122, 2022. 8.19. ; 부산고법2023누11074, 2024.6.12. ; 울산지법2022구단7437, 2023.9.26.
476) 서울행법2022구단70707, 2024.7.3. ; 수원지법2022구단11532, 2023.7.14.
477) 부산지법2021구합24972, 2022.11.3.
478) 대구고법2022누4913, 2023.5.19.

관련 사례

구 분	내 용
상속받은 재산의 취득시기	• 상속으로 취득한 자산은 상속등기 여부와 관계없이 상속개시일이 취득시기임[479] • 대습상속이 이루어진 경우 "상속개시일"이 취득시기가 됨[480] • 실종선고로 상속이 개시되면 "실종선고일"이 취득시기임[481] • 법원의 확정판결에 의하여 피상속인의 소유 토지였음이 확인되고, 양도일 현재 상속인이 실질적인 상속으로 인한 소유자임이 확인되는 경우 당해 토지는 상속재산에 해당하여 상속개시일을 취득시기로 봄[482] • 상속인에 해당하지 않는 자가 사인증여로 취득한 자산의 취득시기는 상속이 개시된 날임[483] • 상속지분을 갖는 자가 그 상속지분에 대한 상속포기의 합의금을 지급받는 경우 양도소득세 과세대상이며, 그 취득시기는 "상속개시일"이 되고, 합의금의 "대금청산일 등"이 양도시기가 됨[484] • 상속재산이 분할되는 경우 분할의 효과는 상속개시로 소급하는 것이어서 분할에 따라 취득시기가 달라지지 않으며, 상속재산에 대하여 법적 분쟁이 있더라도 그 상속개시 효력은 달라지는 것이 아님[485]
상속세, 증여세의 결정/경정가액 ('20.2.11. 이후)	• 2020.2.11. 이후 양도분부터 결정·경정가액을 실가로 간주함[486] • 상속·증여세 과세미달이라도 그 결정·경정이 아무리 늦어도 양도소득세 과세표준 신고 이전까지는 납세의무자에 통지 또는 고지되어야 함[487] • 결정·경정이 자산 양도 또는 양도소득세 신고납부 이전에 이루어져야 하는 것으로 제한하여 해석할 근거는 없으므로 소송진행 중 통지하거나 양도소득세 처분시 상속세를 결정한 경우에도 결정가액으로 인정됨[488] • 상속세를 감정가액으로 기한 후 신고하고 양도소득세를 경정청구한 경우 경정청구 거부 당시 결정하지도 않은 기준시가를 적용한 것은 위법함[489]

---

479) 재산세과-762, 2009.11.19. ; 서면5팀-1131, 2007.4.6.
480) 재일46014-2083, 1998.10.28. ; 조심2010중1257, 2010.11.10.
481) 재일46014-1081, 1997.5.2.
482) 부동산거래관리과-1019, 2010.8.5.
483) 법령해석재산-95, 2015.4.22.
484) 심사양도2011-260, 2011.11.21.
485) 서울행법2008구단4049, 2008.10.21.
486) 심사양도2022-12, 2022.11.16. ; 심사양도2022-23, 2022.8.17. ; 조심2022서7903, 2023.5.31. ; 조심2022서6674, 2023.3.7. ; 조심2022서8088, 2023.2.7. ; 조심2022부1874, 2022.8.18. ; 조심2021서5882, 2021.12.28. ; 조심2021부1464, 2021.6.22. ; 조심2020전8249, 2021.4.7. ; 대판2022두68800, 2023.3.16. ; 서울고법2022누56694, 2023.1.12. ; 부산고법2022누10682, 2022.12.8. ; 창원지법2021구단11075, 2023.1.18. ; 수원지법2021구단14114, 2022.10.28. ; 서울행법2021구단74962, 2022.8.24.
487) 부산고법2022누21733, 2022.11.18.
488) 부산고법2022누22552, 2023.5.18. ; 울산지법2022구단7437, 2023.9.26. ; 수원지법2022구단11532, 2023.7.14. ; 부산지법2021구합24972, 2022.11.3. ; 부산지법2021구합23122, 2022.8.19.
489) 대구고법2022누4913, 2023.5.19.

구 분	내 용
유류분 반환	• 상속재산이 유류분권자에게 반환된 경우 취득시기는 당초 "상속개시일"이 되며,[490] 상속재산이 제3자에게 이전된 후 확정판결로서 소유권이 환원되는 경우에도 당초 "상속개시일"이 됨[491] • 유류분 재산에 갈음하여 현금으로 반환받는 경우 양도소득세 관련한 자산의 취득시기는 상속개시일, 양도시기는 현금지급일이 대금청산일이 됨[492]
상속받은 재산의 취득가액	• 상속·증여받은 자산의 취득가액은 상속개시일 또는 증여일 현재 상증세법 제60조 내지 제66조에 따라 평가한 가액을 취득 당시 실가로 보며, 동 금액에 취·등록세와 기타 부대비용을 가산함[493] • 상속·증여로 취득한 경우 상속개시일·증여일 현재 상증법 제60조~제66조에 의해 평가한 가액을 취득가액으로 보며, 상속·증여받은 이후 보유기간 중 감가상각비로서 각 연도의 사업소득금액 계산시 필요경비에 산입하였거나 산입할 금액이 있으면 이를 공제한 금액을 취득가액으로 봄[494] • 상속·증여받은 자산의 취득가액을 "보충적 평가방법인 기준시가"를 적용하여 계산하는 경우, 상증세법상 시가평가액은 취득 실가로 의제되므로 그 평가가액에서 감가상각비를 차감한 금액을 취득가액으로 함[495] • 의제취득일 前 상속받은 자의 의제취득일 현재 취득가액은 소득령 제176조의 2 제4항 각 호의 가액 중 많은 것으로 함[496] • 의제취득일 前 상속받은 날의 상증세법상 "평가액"을 실가로 보아 의제취득일까지의 물가상승률을 반영한 가액을 적용할 수 없음[497] • 의제취득일 이후 상속·증여받은 재산의 양도차익을 실가로 산정시 실지 취득가액은 상증세법 제60조부터 제66조까지에 의한 평가가액을 취득 당시 실가로 보며, 환산취득가액이나 지방세 시가표준액을 적용할 수 없음[498] • 상속을 원인으로 취득한 부동산의 취득가액은 상속세 신고 여부와 관계없이 상속개시일 현재 상증세법상 평가가액을 취득 당시의 실가로 봄[499] ※ 이 경우 2020.2.11. 이후 양도분부터는 관할 세무서장의 결정·경정가액이 있으면 그 결정·경정 가액을 실가로 간주함[500]

---

490) 서면5팀-1211, 2008.6.5.
491) 서면4팀-1872, 2007.6.11.
492) 부동산거래관리과-1390, 2010.11.18. ; 재산세과-1009, 2009.5.21. ; 조심2022서7663, 2023.4.26.
493) 재산세과-1103, 2009.12.24. ; 소득46011-308, 1999.1.25.
494) 서면4팀-3223, 2007.11.7.
495) 재산세과-1125, 2009.12.28. ; 조심2012서35, 2012.11.19. ; 조심2011서963, 2011.4.21.
496) 부동산거래관리과-214, 2010.2.8.
497) 심사양도2012-6, 2012.3.30.
498) 재산세과-3561, 2008.10.31. ; 조심2021서5111, 2021.12.7. 등 ; 대판2005두15380, 2007.9.20.
499) 서면4팀-1225, 2006.5.2. ; 서면4팀-1956, 2005.10.24.
500) 심사양도2022-12, 2022.11.16. ; 심사양도2022-23, 2022.8.17. ; 부산지법2021구합22105, 2021.12.10.

구 분	내 용
상속받은 재산의 취득가액	• 상속받은 부동산을 양도하는 경우 취득가액은 원칙적으로 상증세법에 따른 평가가액이 되며, 상속세 과세시 평가가 잘못되었고 상속세 부과제척기간이 만료되었어도 잘못 평가된 금액을 취득가액으로 하는 것이 아님[501] ※ 사안은 2020.2.11. 소득령 제163조 제9항의 개정 前 사례로, 2020.2.11. 이후 양도분부터는 관할 세무서장의 결정·경정가액이 있으면 그 결정·경정 가액을 실가로 간주함 • 상속세를 감정가액으로 기한 후 신고하고 양도소득세에 대해 경정청구한 경우 경정청구 거부처분 당시 결정하지도 않은 상속세 기준시가를 적용하여 거부처분 한 것은 위법함[502] • 개별주택가격 최초 고시 前 상속/증여받은 주택을 개별주택가격 고시 이후 양도한 경우 실지 취득가액은 상증세법 제60조부터 제66조까지의 평가가액과 소득령 제164조 제7항의 환산주택가격 중 큰 금액으로 함[503] • 상속세 납부세액은 상속받은 토지를 취득하는 데 직접 소요된 것으로 보기 어려움[504] • 공동상속인이 다른 상속인 지분 매입시 당초 상속지분은 상증세법상 평가가액을, 지분 매입분은 재취득시 소요된 실지거래가액을 합산하여 산정함[505] • 피상속인의 수용된 토지를 상속인이 환매권을 행사하여 취득한 경우 그 취득시기는 환매대금 청산일과 등기접수일 중 빠른 날로서, 취득가액은 환매시 지급한 가액이 됨[506]
상속받은 재산의 기타 필요경비	• 상증세법상 평가가액은 실가로 보기에 해당 "상증세법상 평가가액"과 실제 지출한 "자본적 지출액 등 및 양도비 등"을 필요경비로 공제함[507] • 취득가액을 "기준시가"로 평가하여 적용하여도 해당 "평가가액"과 "실제 지출한 기타 필요경비"를 공제함[508] • 개발부담금이 부과된 토지를 상속받아 상속인이 개발부담금을 납부한 경우 필요경비를 부인함[509] • 건물과 부수토지를 상속받아 사용하다가 양도하면서 매수인 요구에 따라 건물을 멸실한 후 부수토지만을 양도하는 경우 "멸실된 건물의 취득가액"은 필요경비에 해당하지 않으며,[510] 직접 지출한 "건물의 철거비"는 필요경비에 포함됨[511]

---

501) 법령해석재산-274, 2016.11.25.
502) 대구고법2022누4913, 2023.5.19.
503) 서면5팀-90, 2006.9.13. ; 서면4팀-73, 2006.1.18.
504) 조심2010중1304, 2010.11.16. ; 조심2010부2072, 2010.10.25.
505) 법규재산-1161, 2023.1.18.
506) 재산세과-1590, 2009.7.31.
507) 서면5팀-2223, 2007.8.2. ; 서면4팀-1272, 2007.4.19.
508) 부동산거래관리과-1248, 2010.10.12.
509) 심사양도2019-57, 2019.7.3.
510) 조심2021중3536, 2021.9.27. ; 대판89누53, 1990.1.25.
511) 재산세과-1622, 2009.8.7.

구 분	내 용
상속받은 재산의 기타 필요경비	• 상속으로 취득한 건물을 멸실하고 부수토지만을 양도하는 경우 또는 해당 건물을 멸실하고 건물을 신축하여 그 부수토지와 함께 양도하는 경우 멸실된 건물의 취득가액은 필요경비에 해당되지 않으나, 직접 지출한 건물 철거비는 필요경비에 포함됨[512] • 상속으로 취득한 건물을 임의 멸실하여 토지를 양도하는 경우에도 필요경비로 산입할 수 없음[513] • 상속받은 자산의 기존 임차인 전세보증금을 상속인이 상환하더라도 필요경비에 해당하지 않음[514] • 부동산을 취득한 상속인이 상속재산분할청구권에 기한 가처분결정으로 다른 상속인으로부터 상속부동산의 소유권을 확보하기 위해 지급한 금액으로서 당해 상속인이 부담할 법적의무가 있는 금액에 한하여 필요경비에 해당함[515] • 상속인이 유류분권리자에게 지급한 화해비용의 실질은 다른 상속인들의 상속지분을 반환한 유류분으로 소송비용 등 필요경비에 해당하지 않고, 해당 부동산 양도와 관련하여 화해비용을 다른 상속인들로부터 취득한 것으로 보아 부동산 취득가액에 포함한 점에 비추어 필요경비 부인한 것은 잘못이 없음[516] • 상속받은 토지를 양도할 경우 피상속인이 납부한 토지초과이득세도 필요경비로 공제되지 않음[517]
장기보유특별공제	• 장기보유특별공제액을 계산함에 있어서 상속받은 주택의 보유기간은 취득일(상속이 개시된 날)부터 양도일까지로 함[518] • 동일 세대원으로부터 상속받은 1세대 1주택인 고가주택의 장기보유특별공제 적용 시, "표2 적용 대상 여부를 판정함에 있어" 피상속인과 상속인이 동일 세대원으로서 보유기간 및 거주기간을 통산함[519] • 동일 세대원으로부터 상속받은 주택의 장기보유특별공제 표2 적용시, 상속개시 전 상속인과 피상속인이 동일 세대로서 보유 및 거주한 기간은 상속개시 이후 상속인이 보유 및 거주한 기간과 통산할 수 없음[520] ※ "표2" 적용 대상 여부는 "동일 세대"를 기준으로 판단하지만, 표2 공제율을 적용할 때에는 상속개시 이후의 보유 및 거주기간을 기준으로 적용함

---

512) 부동산납세과-22, 2013.9.6. ; 서면4팀-456, 2008.2.25.
513) 심사양도2009-144, 2009.9.7. ; 수원지법2009구합13475, 2010.8.26.
514) 법규재산-1176, 2022.12.21.
515) 법규재산-1177, 2022.12.27.
516) 조심2020전8126, 2021.5.28.
517) 법령해석재산-606, 2017.10.20.
518) 부동산거래관리과-1073, 2011.12.23. ; 조심2015서876, 2015.4.15.
519) 법령해석재산-202, 2021.8.24. ; 재산세제과-720, 2021.8.10.
520) 법규재산-32, 2023.1.17. ; 재산세제과-37, 2023.1.9. ; 법령해석재산-1316, 2021.11.22. ; 조심2023서505, 2023.5.16. ; 조심2021전2521, 2021.9.15.

구 분	내 용
장기보유특별 공제	• 1세대 다주택 보유자의 소수지분 상속주택 양도시 표1 공제율을 적용함[521] • 배우자와 공동 취득한 다가구주택 1/2 지분을 배우자로부터 상속받고, 상속받은 지 3년이 지나지 않은 상태에서 해당 다가구주택 전체를 하나의 매매단위로 하여 양도하여 표2에 따른 장기보유특별공제를 적용하는 경우, 상속받은 지 3년이 지나지 않아 보유기간 3년 미만인 지분에 대하여는 표2의 거주기간에 따른 공제율이 적용되지 않음[522] • 동일 세대원이 아닌 피상속인으로부터 상속받은 조합원입주권으로 취득한 주택(부수토지 포함)을 양도하는 경우에도 장기보유특별공제와 세율 적용시 보유기간 기산일은 재건축아파트의 사용승인서 교부일 등이 됨[523] • 소수지분 상속주택을 먼저 취득하고 신규주택을 취득하여 그 상속주택을 일괄 양도하는 경우 장기보유특별공제 적용은 최대지분자의 보유 및 거주기간을 적용함[524] • 상속주택의 소수지분 양도 당시의 법령을 적용하여 표2가 아닌 표1 공제율을 적용한 것은 정당함[525] • 최대 상속지분자(母)의 사망으로 재차 상속이 이루어진 이후 양도하는 경우, ① 공동상속주택 양도일 현재 최대지분자의 거주기간만으로 산정하며(母의 거주기간은 2년 거주 여부 판단시 제외), ② 이 경우 거주기간이 2년 이상이면 공제율 적용시 공동상속주택을 소유한 것으로 보는 사람이 거주한 기간을 각 공동 소유자들 전체에 적용함[526]

---

521) 법규재산-1175, 2023.2.20.
522) 법령해석재산-1316, 2021.11.22.
523) 부동산거래관리과-284, 2011.3.29. ; 재산세과-1503, 2009.7.21. ; 서면4팀-991, 2006.4.18.
524) 법규재산-1175, 2023.2.20.
525) 조심2022인5901, 2022.11.8.
526) 재산세제과-960, 2022.8.12.

Chapter 80 증축한 건물의 양도차익 등 산정은?

내용 Summary

기본사항 Check

- **증축이란** : 기존 건축물이 있는 대지에서 건축법령에서 정하는 일정한 절차에 따라 건축물의 건축면적, 연면적, 층수 또는 높이를 늘리는 것(건축법 시행령§2)
- **증축한 건물 환산가액 적용시 가산세** : 2020.1.1. 이후 양도분부터 건물을 증축한 후 5년 이내 건물을 양도하면서 환산취득가액 또는 감정가액을 적용한 경우 증축 부분에 대해 환산취득가액 또는 감정가액의 5%를 가산세로 부과함(소득법§114의2) → 2019.12.31. 이전에 매매계약을 체결하고 계약금을 지급받은 사실이 증빙서류에 의하여 확인되는 경우는 예외

핵심 Point

- 층수를 늘리는 수직증축에 의한 건물을 양도할 경우 취득가액 등 필요경비 산정 → 종전 부분과 증축 부분을 각각 분리하여 양도차익 산정(조세심판원)
- 증축으로 인한 장기보유특별공제
  ① 주택법에 따른 리모델링사업으로 수평증축된 경우 : 증가된 면적의 보유기간을 구분하지 않음 → 지출된 비용은 실가로 취득가액 산정시 자본적 지출액 처리
  ② 수직증축의 경우 : 종전 부분과 증축된 부분을 각각 따로 보유기간별 장기보유특별공제 적용
- 겸용주택(고가주택)의 "주택 외" 부분 : 2022년 이후 양도분부터 양도차익 산정시 전면 과세로 전환되어 고가주택 양도차익 산정 규정(12억원 초과분 과세)을 적용받지 못함
  ① "주택 외" 부분 → 보유기간 불문하고 "표2 공제율" 적용 불가
  ② 수직증축한 경우 증축한 "주택" 부분 → 증축 이후 3년 이상 보유기간 등 갖추어야 "표2 공제율" 적용 가능
  ③ 주택 부수토지 : 고가주택의 부수토지 면적 증가 부분 → 증축 이후 3년 이상 보유기간 등 갖추어야 "표2 공제율" 적용 가능

질문 »

1. 甲은 보유하던 2층 상가건물에 상가 부분을 1개층(3층) 증축한 후 2년 만에 양도하였다. 양도차익 산정과 장기보유특별공제는?

2. 甲은 10년간 보유 및 거주하던 겸용주택(1층과 2층은 상가, 3층은 주택)에 주택(4층)을 증축하여 2년 뒤인 2024년 중 15억원에 양도하였다. 증축 이후 주택 부분의 연면적이 더 큰 상태이다. 과세관청 해석 및 조세심판원 결정에 따를 경우 양도차익 산정 및 장기보유특별공제 적용은?

3. 甲은 보유하던 아파트를 주택법에 따른 리모델링사업으로 각 주택의 방면적 등이 전반적으로 증가하였다. 이 경우 양도차익 산정 및 장기보유특별공제는?

답변 및 해설 »

1. 사안에서 수직증축의 경우에는 1개층이 더 증가한 만큼 별개로 양도차익 및 장기보유특별공제를 적용해야 한다. 따라서 기존 보유부분과 증축된 부분의 양도가액 안분 및 취득가액은 각각 적용하고 해당 산출된 양도차익의 각각의 보유기간별 장기보유특별공제를 적용하여야 한다.

2. 사안과 같이 1세대 1겸용주택을 주택 부분이 더 작은 상태에서 주택 부분을 수직증축하여 주택 부분이 더 큰 상태로 양도한 경우 증축 이후 주택이 더 큰 상태로 보유기간 등을 갖추면 겸용주택 전체에 대해 1세대 1주택 비과세가 적용된다.

    그러나 **"고가주택"**에 해당하면 2022년 이후 양도분부터는 주택 부분이 더 크더라도 "주택 외" 부분은 비과세를 적용받지 못하고 전면 과세가 된다. 따라서 사안의 경우 장기보유특별공제는 각 부분마다 다음과 같이 적용된다.

    ① 종전 주택 부분 : 지역 불문하고 2년 이상 거주하였으므로 표2 공제율 적용
    ② 증축한 주택 부분 : 증축 후 3년 미경과로 공제 적용 불가
    ③ 상가 및 상가부수토지 부분 : 3년 이상 보유하였으므로 표1 공제율 적용
    ④ 주택 부수토지(종전분) : 지역 불문하고 2년 이상 거주하였으므로 표2 공제율 적용
    ⑤ 주택 부수토지(증가분) : 표1 공제율 적용

3. 리모델링사업에 따른 수평증축의 경우 최근 기획재정부는 **양도차익 및 장기보유특별공제 적용시 증축 부분을 따로 분리하지 않는 것**으로 해석하였다. 이는 수평증축을 하더라도 증축 부분의 독립성을 인정하기 어렵기 때문이다. 따라서 장기보유특별공제의 공제율 적용시 당초 취득시부터 보유기간을 계산한다. 리모델링사업에 따라 지출된 비용은 "자본적 지출 등"으로 처리한다.

관련 사례

구 분	내 용
양도차익 산정	• 제출한 등록세, 취득세 납부내역에 의하면 과세표준을 27백만원으로 하여 증축분에 대한 등록세 및 취득세를 납부한 사실이 확인되고, 취득세·등록세의 과세표준을 취득·등기 당시의 가액으로 한다고 규정하므로, 증축분 취득가액은 27백만원으로 볼 수 있어 증축분에 대한 취득가액 27백만원을 필요경비에 산입하여 그 과세표준을 경정함이 타당함[527]
	• 건물은 기존건물과 증축건물을 구분하여, 기존건물은 확인되는 실지거래가액으로 양도차익을 산정하고, 증축건물은 실지취득가액이 확인되지 않으므로 환산가액으로 양도차익을 산정하여야 함[528]
	• 처분청에서 토지 및 당초 건물 취득 부분을 실지취득가액으로 안분하고, 증축 건물은 환산취득가액으로 안분하여 각 주택별 취득가액 및 양도차익을 산정한 데 잘못이 없음[529]
	• 증축 공사와 관련하여 계약서 등이 존재하고 세금계산서 등이 발급되었으며 허위계약서가 아닐 경우 해당 가액을 실지 취득가액으로 인정함이 타당함[530]
장기보유특별공제	• 리모델링사업에 따른 수평증축으로 면적 증가 : 주택법 제2조 제25호 나목에 따른 리모델링(증축)으로 주택의 면적 증가시, 증가되는 주택 면적의 취득시기는 기존주택 면적의 취득시기와 동일하며, 집합건물의 양도차익은 토지와 건물 가액을 구분하지 않고 하나의 자산으로 보아 계산하고, 장기보유특별공제 및 세율 계산시 증가된 면적의 보유기간을 구분하지 않음[531]
	• 수직증축으로 층수 증가 : 고가주택인 겸용주택의 증축으로 보유기간이 다른 경우 기존주택 부분은 기존주택 취득일부터 양도일까지 적용하고, 증축한 주택 부분은 증축일로부터 양도일까지 보유기간에 대하여 적용하며, 주택 부수토지는 증축 이후 증가가 없다면 당초 취득일부터 양도일까지 보유기간에 대해 각각 적용함[532]

---

527) 국심2007서1888, 2007.10.24.
528) 조심2008중1695, 2008.10.9.
529) 조심2022인5543, 2022.9.20.
530) 서울행법2023구단67562, 2024.6.14.
531) 법규재산-303, 2023.3.15. ; 재산세제과-429, 2023.3.10. ; 재산세제과-696, 2010.7.16.
532) 서면4팀-386, 2008.2.18.

구 분	내 용
비사업용 토지 판단	• 건축물 부속토지로 별도합산과세 대상이 되는 토지의 범위를 초과하였으나 증축 이후 별도합산과세 대상이 되는 범위 내의 토지는 증축일부터 비사업용에 해당하지 않는 것으로 보아 기간기준을 적용함[533]
기준시가 산정	• 주택 취득 후 개별주택가격이 최초로 공시되고 그 부수토지 위에 건물(축사)을 증축하여 주택과 건물을 일괄하여 양도하는 경우로서 취득가액을 환산하는 경우 건물(축사) 부수토지의 취득 당시 기준시가는 소득령 제164조 제7항에 따라 환산한 개별주택가격을 자산별 기준시가로 안분하여 산정하며, 이 경우 건물(축사)에 딸린 토지의 양도 당시 기준시가는 소득세법 제99조 제1항 제1호 가목에 따라 산정함[534]
환산취득가액 등 적용에 따른 가산세(5%)	• 1세대 1주택(고가주택)에 해당하는 경우 환산가액 전체 금액에 해당하는 금액의 5%를 부과함(고가 겸용주택의 주택 부분 가액이 12억원 이하도 동일)[535] • 건물을 신축한 후 5년 이내에 양도하면서 특별한 사정이 없는 한 보존의무가 있는 장부와 증거서류를 근거로 하여 취득가액을 실지거래가액으로 신고하여야 함에도 환산가액으로 신고하는 것으로 선택한 점에 비추어 건물을 취득할 당시 해당 규정이 시행되지 아니하였다는 사유만으로 가산세를 감면할 정당한 사유가 있다고 보이지 않음[536] ※ 고가주택에 대한 환산취득가액 등 적용에 따른 가산세를 고가주택 기준금액(현재 12억원)을 초과한 금액이 아니라 환산취득가액 전액을 기준으로 5%로 부과한 데 대해 헌법재판소는 합헌으로 판단하였으며,[537] 대법원 등 판례도 가산세 부과의 목적에 비추어 정당하다고 판단함[538]
조특법 특례 주택 판단	• 기존주택에 연면적, 층수 또는 높이를 늘리는 증축에 불과한 경우 감면대상에 해당하지 않음[539] • 건물·토지의 면적 및 가액 산정은 "당초 농어촌주택의 취득일"을 기준으로 하며, 일반주택 양도일까지 증축·부수토지 증가시 증가 부분을 포함함[540]

---

533) 서면법규과-16, 2014.1.8.
534) 법규재산2012-255, 2012.7.25.
535) 법규재산-2584, 2023.12.19. ; 재산세제과-397, 2023.3.8. ; 재산세제과-939, 2018.11.1.
536) 조심2021구693, 2021.6.29. ; 조심2021중697, 2021.10.15. ; 조심2020부662, 2020.4.29. 등 다수
537) 헌재2020헌가15, 2024.2.28.
538) 대판2024두63113, 2025.3.13. ; 대판2024두59633, 2025.2.20. ; 대판2024두59572, 2025.2.20. ; 대판2024두62004, 2025.2.13. ; 대구고법2024누11588, 2024.11.22. ; 대구고법2024누11045, 2024.10.11. ; 대구지법2020구합26361, 2024.5.8.
539) 재산세과-1105, 2009.12.24. ; 서면4팀-2213, 2005.11.16. ; 서면4팀-718, 2005.5.9. ; 심사양도2007-148, 2007.10.9. ; 조심2019중2316, 2019.10.16. ; 국심2007중3198, 2008.1.10.
540) 부동산거래관리과-1341, 2010.11.8.

Chapter 81. 특수관계인 사이에 고·저가 양도시 부당행위계산과 증여와의 관계는?

내용 Summary

기본사항 Check

- **부당행위 계산(고저가 거래)**: 소득령상 특수관계인 간 시가와 거래가액의 차액이 3억원 이상이거나 시가의 5/100 이상인 경우 취득가액 또는 양도가액은 시가에 의하여 계산함(소득법§101, 소득령§167)

- **증여이익(고저가 거래)**: 상증법상 특수관계인 간 재산을 시가보다 낮은 가액으로 양수하거나 시가보다 높은 가액으로 양도한 경우로서 그 대가와 시가의 차액이 기준금액(다음 ①·② 중 적은 금액) 이상인 경우 해당 재산의 양수일/양도일을 증여일로 하여 그 대가와 시가의 차액에서 기준금액을 뺀 금액을 이익을 얻은 자의 증여재산가액으로 함(상증법§35, 상증령§26)
  ① 상증세법 제60조부터 제66조까지에 따라 평가한 시가의 30/100에 상당하는 가액
  ② 3억원

핵심 Point

- 부당행위계산과 증여의 관계 → 각 요건을 독립적으로 판단함
- 부당행위계산에 조세회피 목적이 필요한지 여부 → No
- 특수관계가 없는 경우 → "부당행위계산" 적용 불가, 정당한 사유 없으면 이익을 얻는 자에게 "증여이익"으로 과세 가능
- 부당행위계산 판단 시점 → "매매계약시", 양도차익 계산 → "양도시기"
- 특수관계 여부 및 시가 등 과세요건에 대한 입증책임 → 과세관청
- 개인이 법인에게 저가 양도한 경우 → 부당행위계산 적용 가능(시가평가 차이로 인한 경우는 적용 ×)
- 고·저가 거래는 기획분석, 감사 등에 자주 지적되는 항목임에 유의할 것(★)

질문 »

1. 甲은 특수관계는 없으나 친분관계가 있는 乙이 사업상 어려움으로 토지를 양도하려고 한다는 소식을 듣고 시가 5억원인 乙의 토지를 10억원에 매수하였다. 이후 10년 뒤 해당 토지를 11억원에 양도하였다. 甲과 乙의 양도가액과 취득가액 및 증여이익은 각각 어떻게 산정되는가?

2. 甲은 형제관계에 있는 乙에게 시가 10억원의 토지를 5억원에 양도하였다. 계약 당시 시가와 양도시기의 시가는 동일하며, 대금지급은 금융자료에 의하여 입증된다. 甲과 乙의 양도가액과 취득가액 및 증여이익은 각각 어떻게 산정되는가?

3. 甲은 자녀 乙에게 매매계약 당시 시가(매매사례가액)가 7억원인 아파트를 6억원에 양도하기로 매매계약을 하였다. 그러나 가격변동으로 양도시기에 해당 아파트의 시가(매매사례가액)가 12억원이 되었다. 대금 지급은 금융증빙에 의하여 명확히 확인된다. 이 경우 甲과 乙의 양도가액과 취득가액 및 증여이익은 각각 어떻게 산정되는가?

4. 甲은 특수관계에 있는 乙로부터 매매계약 당시 시가(개별공시지가) 10억원인 토지를 11억원에 취득하기로 매매계약을 체결하였다. 이후 취득시기에 시가(개별공시지가)는 11억원으로 상승되었다. 고가취득에 따른 부당행위계산을 적용할 것인가?

답변 및 해설 »

1. 甲과 乙은 특수관계가 없으므로 양도소득금액 계산시 부당행위계산 대상은 아니다. 그러나 증여이익을 계산함에 있어서는 정당한 사유 없이 "고가 양도"한 경우이므로 이익을 누리는 양도자인 乙에게 증여이익을 계산하고 이중과세를 조정하여야 한다.

   ① 증여이익 과세 요건(충족) : 시가와 대가 차이(5억원) ≥ 시가(5억원) × 30%

   ② 증여이익 계산(2억원) : 시가와 대가 차이(5억원) - 3억원

   ③ 乙의 양도가액(8억원) : 양도대가(10억원) - 증여이익(2억원)

2. 특수관계인 사이에 저가양도한 경우이므로 甲의 양도소득세 부당행위계산과 乙의 증여이익을 모두 판단하여야 한다.

   ① 저가양도에 따른 부당행위계산 요건(충족) : 시가와 대가 차이(5억원) ≥ Min[㉠ 시가(10억원) × 5%, ㉡ 3억원] → **양도가액을 시가(10억원)로 산정**

   ② 저가 취득에 따른 증여이익 과세요건(충족) : 시가와 대가 차이(5억원) ≥ Min[㉠ 시가(10억원) × 30%, ㉡ 3억원]

   ③ **乙의 증여이익 계산(→ 2억원)** : 시가와 대가 차이(5억원) - Min[㉠ 시가(10억원) × 30%, ㉡ 3억원]

   ④ **乙의 취득가액 조정(→ 7억원)** : 실지 지급한 금액(5억원) + 증여이익(2억원)

3. 부당행위계산 적용 여부의 판단은 계약시를 기준으로 한다. 그러나 실제 부당행위계산을 적용하여 양도가액 및 취득가액의 산정은 양도시기 및 취득시기를 기준으로 한다. 따라서 사례의 경우 부당행위계산 적용에 따른 양도가액 및 증여이익은 다음과 같이 산정된다.

   ① 저가양도에 따른 부당행위계산 요건(충족) : 시가와 대가 차이(1억원) ≥ Min[㉠ 시가(7억원) × 5%, ㉡ 3억원]
   ② 저가양도에 따른 양도가액(12억원) : **양도시기의 시가**(12억원)
   ③ **저가 취득에 따른 증여이익**(3억원) : 시가와 대가 차이(6억원) − Min[㉠ 시가(12억원) × 30%, ㉡ 3억원]
   ④ **乙의 취득가액 조정**(→ 9억원) : 실지 지급한 금액(6억원) + 증여이익(3억원)

4. 사안은 특수관계인 사이에 계약 당시에는 시가의 5%를 벗어나서 고가 취득에 따른 부당행위계산 요건을 충족하였다. 그러나 양도차익을 산정할 때에는 시가와 일치하여 양도가액을 시가로 조정할 금액이 없다. 취득가액은 그대로 11억원이 된다.

보충설명

고저가 거래에서 발생할 수 있는 과세문제를 유형화 시켜보면 다음과 같다(법인간의 거래는 제외).

(1) 저가 양도 : 개인(양도인) → 개인(양수인)

구 분	특수관계 有		특수관계 無	
	양도인	양수인	양도인	양수인
point	부당행위계산	저가양수 증여이익	사업소득 의제기부금	저가양수 증여이익
적용요건	• (시가 − 대가) ≥ 시가의 5% 또는 3억	• (시가 − 대가) ≥ 시가의 30% 또는 3억 • 증여이익 : (시가 − 대가) − Min(시가 30%, 3억)	• 사업소득에 해당하면 의제기부금	• (시가 − 대가) ≥ 시가의 30% ← 정당한 사유 × • 증여이익 : (시가 − 대가) − 3억
양도세	• 양도가액 : 시가	• 취득가액 : 대가 + 증여재산가액	• 양도가액 : 대가	• 취득가액 : 대가 + 증여재산가액

(2) 저가 양도 : 개인(양도인) → 법인(양수인)

구 분	특수관계 有		특수관계 無	
	양도인	양수법인	양도인	양수법인
point	부당행위계산	유가증권 익금산입	사업소득 의제기부금	과세문제 없음
적용요건	• (시가 − 대가) ≥ 시가의 5% or 3억	• 유가증권 : 시가와 대가 차이 → 익금산입 • 취득가액 : 대가(유가증권 → 시가)	• 사업소득에 해당하면 의제기부금	• 취득가액 → 대가
양도세	• 양도가액 : 시가	−	• 양도가액 : 대가	−

(3) 저가 양도 : 법인(양도인) → 개인(양수인)

구 분	특수관계 有		특수관계 無	
	양도법인	양수인	양도법인	양수인
point	부당행위계산부인	소득처분(상여 등)	의제기부금	저가양수 증여이익
적용 요건	• (시가 − 대가) ≥ 시가의 5% or 3억 • 양도가액 : 시가	• 법인세법에 따라 상여 등 소득처분된 금액이 있는 경우 → 해당 금액은 소득세 과세	• 정당한 사유 없으면 기부금 의제 : 정상가액(시가의 70%) − 대가 • 양도가액 : 대가 • 소득처분 : 손금불산입 (기타사외유출)	• (시가 − 대가) ≥ 시가의 30% ← 정당한 사유 × • 증여이익 : (시가 − 대가) − 3억
양도세	−	• 취득가액 : 시가 (대가 + 소득처분금액)	−	• 취득가액 : 대가 + 증여재산가액

(4) 고가 양도 : 개인(양도인) → 개인(양수인)

구 분	특수관계 有		특수관계 無	
	양도인	양수인	양도인	양수인
point	고가양도 증여이익	부당행위계산	고가양도 증여이익	의제기부금
적용 요건	• (시가 − 대가) ≥ 시가의 30% 또는 3억 • 증여이익 : (시가 − 대가) − Min(시가 30%, 3억)	• (시가 − 대가) ≥ 시가의 5% 또는 3억	• (시가 − 대가) ≥ 시가의 30% ← 정당한 사유 × • 증여이익 : (시가 − 대가) − 3억	• 사업소득에 해당하면 의제기부금
양도세	• 양도가액 : 대가 − 증여재산가액	• 취득가액 : 시가	• 양도가액 : 대가 − 증여재산가액	• 취득가액 : 대가

(5) 고가 양도 : 개인(양도인) → 법인(양수인)

구 분	특수관계 有		특수관계 無	
	양도인	양수법인	양도인	양수법인
point	소득처분(상여 등)	부당행위계산부인	고가양도 증여이익	의제기부금
적용 요건	• 법인세법에 따라 상여 등 소득처분된 금액이 있는 경우 → 해당 금액은 소득세 과세	• (시가 − 대가) ≥ 시가의 5% 또는 3억 • 취득가액 : 시가 • 소득처분 : 손금산입(유보), 익금산입(상여 등)	• (시가 − 대가) ≥ 시가의 30% ← 정당한 사유 × • 증여이익 : (시가 − 대가) − 3억	• 정당한 사유 없으면 기부금 의제 : 대가 − 정상가액(시가의 130%) • 취득가액 : 정상가액 • 소득처분 : 손금산입유보, 익금산입(기타사외유출)
양도세	• 양도가액 : 시가	−	• 양도가액 : 대가 − 증여재산가액	−

(6) 고가 양도 : 법인(양도인) → 개인(양수인)

구 분	특수관계 有		특수관계 無	
	양도법인	양수인	양도법인	양수인
point	과세 문제 없음	부당행위계산부인	과세 문제 없음	의제기부금
적용 요건	• 양도가액 : 대가	• (시가 – 대가) ≥ 시가의 5% 또는 3억	• 양도가액 : 대가	• 사업소득에 해당하면 의제기부금
양도세	–	• 취득가액 : 시가	–	• 취득가액 : 대가

관련 사례

구 분	내 용
두 규정의 독립성 (부당행위 vs. 증여)	• 소득세법상 저가양도·고가양수시 부당행위계산에 의한 양도소득세 과세와 그 차액 상당액의 증여세 과세는 별개의 과세사항임[541] • 두 규정은 각각 납세의무의 성립요건과 시기 및 납세의무자를 서로 달리하므로 과세관청이 각 부과 처분시 각 과세요건에 따라 실질에 맞추어 독립적으로 판단하며, 이중과세 금지에 반하지 않음[542]
조세회피의 목적	• 부당행위계산 적용시 반드시 당사자에게 조세회피의 목적이 있거나 경제적 손실이 있어야 하는 것은 아님[543] • 주식의 거래에서 거래 당사자 사이에 부의 무상이전에 대한 인식이나 의욕이 존재하지 않았다는 사정으로 저가양수에 따른 증여의제 규정 적용을 면할 사유가 되지 않음[544]
특수관계인 판단 (쌍방관계)	• 특수관계의 범위를 거래당사자 중 일방인 "고가양도자 또는 저가양수자" 일방의 기준에서 판단하여야 한다고 보기 어려움[545]
판단 시점	• 부당행위계산 여부는 "거래행위(계약체결) 당시"를 기준으로 하지만, 부당행위계산 적용에 따른 양도차익 산정은 "양도시기"를 기준으로 함[546] • 저가양수 및 고가양도에 따른 이익의 증여 규정 적용시 특수관계 성립 여부는 매매계약일을 기준으로 판단함[547]

---

541) 국심97서1049, 1997.9.9. ; 대판2002두12458, 2003.5.13.
542) 대판2012두10932, 2012.9.13. ; 대판93누517, 1993.9.24. ; 헌재2004헌바76, 2006.6.29.
543) 조심2017서3999, 2018.3.16. ; 대판2010두4421, 2011.1.27. ; 대판2007두7505, 2009.9.24.
544) 대판2012두7820, 2012.12.13.
545) 대판2018두37793, 2018.6.28.
546) 심사양도2022-85, 2023.1.18. ; 조심2022중6338, 2023.3.14. ; 조심2015서1956, 2015.7.27. ; 대판99두1731, 2001.6.15. ; 대판2007두14978, 2010.5.13.
547) 재산세제과-83, 2015.2.3. ; 조심2016부1414, 2016.8.18. ; 국심2004중3536, 2004.12.23. ; 대판2007두14978, 2010.5.13. ; 대판99두1731, 2001.6.15. ; 수원지법2024구단635, 2024.8.14. ; 인천지법2018구합51878, 2019.5.24.

구 분	내 용
입증책임	• 특수관계인 아닌 사이의 고저가 거래에 있어 거래의 관행상 정당한 사유가 없다는 입증책임은 "과세관청"에게 있음[548]
	• 시가란 일반적이고 정상적인 거래에 의하여 형성된 객관적인 교환가치를 말하는 것으로서 이에 대한 입증책임은 과세관청에 있음[549]
특수관계가 없는 경우	• 부당행위계산(양도소득세) : 거주자가 특수관계 없는 자에게 시가보다 낮은 가격으로 자산을 양도한 경우 부당행위계산이 적용되지 않으며, 양도가액은 그 자산의 양도 당시 양도자와 양수자 간 실제로 거래한 가액에 따름[550]
	• 고저가 양도 증여이익(증여세) : 특수관계 없어도 정당한 사유 없이 시가와 대가의 차이가 시가의 30%를 벗어나면 증여이익으로 과세할 수 있으며, 과세관청은 합리적인 경제인이라면 거래 당시의 상황에서 그와 같은 거래조건으로는 거래하지 않았을 것이라는 객관적인 정황 등에 관한 자료를 제출함으로 거래의 관행상 정당한 사유가 없다는 점을 증명하여야 하고, 이에 대해 납세자는 정상적인 거래로 보아야 할 만한 특별한 사정이 있음을 증명할 필요가 있음[551]
특수관계 있는 법인에게 부동산을 저가 양도	• 개인이 토지를 특수관계에 있는 법인에게 저가에 양도하였다고 보아 부당행위계산 규정을 적용하여 양도소득세를 과세한 것은 잘못이 없음[552]
	• 청구인이 부동산의 매매계약 및 가등기설정 당시 법인의 대표이사로서 특수관계인에 해당하고, 부동산의 시가와 거래가액의 차액이 3억원 이상이거나 시가의 5/100 이상으로 조세 부담을 부당하게 감소시킨 것으로 인정됨[553]
	• 청구인은 청구 외 법인과의 저가 양도로 양도소득세 부담을 회피하였을 뿐만 아니라 청구 외 법인은 계속 결손법인으로 부동산 매매에 따른 양도소득에 대하여 법인세 부담도 없어 "특수관계인과 거래로 양도소득세 부담을 부당하게 감소시킨 것으로 인정되는 경우"에 해당하여 특수관계법인에게 부동산을 저가 양도한 것으로 보아 부당행위계산을 적용한 것은 잘못이 없음[554]
	• 소득세법과 법인세법에서 시가산정 방법이나 평가기간을 다르게 규정함에 따라 소득세법에 따른 시가와 법인세법에 따른 시가가 서로 다르게 계산되어 소득세법상 부당행위계산 대상에 해당하지 않더라도 법인세법상 부당행위계산부인 대상에 해당하는 문제가 있었으므로 이를 해소하기 위하여 2003.12.30. 소득령 제167조 제6항을 신설한 것이나, 이 건은 법인세법과 소득세법에서 시가산정 방법이나 평가기간을 다르게 규정함에 따라 시가가 서로 다르게 산정되는 경우에 해당하지 않으므로 부당행위계산 예외에 해당하지 않음[555]

---

548) 조심2016서2098, 2016.8.31. ; 대판2013두5081, 2013.8.23.
549) 조심2017서5174, 2018.4.23. ; 대판2005두14455, 2007.9.20. ; 대판2002두1588, 2004.9.23.
550) 부동산거래관리과-1444, 2010.12.6. ; 서면5팀-817, 2008.4.15. ; 심사양도2014-7, 2014.4.8.
551) 대판2017두61089, 2018.3.15. ; 대판2013두24495, 2015.2.12. ; 대판2011두22075, 2011.12.22.
552) 조심2021서1016, 2021.8.11. ; 조심2014구1043, 2014.8.18. ; 서울행법2013구단22348, 2015.10.29. ; 서울행법2013구단6964, 2013.8.28. ; 대구지법2014구합1408, 2014.12.24.
553) 조심2012서3106, 2012.11.19.
554) 조심2020중205, 2020.8.24.
555) 조심2012부769, 2012.4.26. ; 대전지법2009구합1374, 2010.5.26. ; 대전고법2012누1660, 2012.12.26.

구 분	내 용
상장주식의 장내 거래	• 기획재정부(증여세 관련) : 상장주식을 증권시장에서 거래한 경우로서 특수관계인 간에 특정물량, 가액을 양도 및 양수하는 것으로 사전계획하여 장내 거래로 실행한 경우 저가양수 및 고가양도에 따른 이익의 증여 규정을 적용할 수 없음[556] • 조세심판원 : 장내 거래를 통하여 특수관계인인 자녀들에게 주식을 시가보다 낮은 가격으로 양도한 것으로 보이고 부당행위계산 규정에 있어 부정행위 여부는 그 적용요건이 아닌 점 등에 비추어 부당행위 계산 적용 대상이 됨[557] • 서울고등법원 : 특수관계인 간 장내 통정매매 방식의 거래는 건전한 사회통념이나 상관행에 비추어 경제적 합리성을 결여한 비정상적 거래로 부당행위계산 대상이 되는 특수관계인 간 거래에 해당한다고 봄이 타당하나, 제척기간 특례(10년) 및 부정행위가산세(40%)에서의 "사기나 그 밖의 부정한 행위"로 보기는 어려움[558] ※ 해당 사안은 향후 대법원 판결에 주목할 필요가 있음
자산의 교환	• 교환의 경우 새로 취득하는 자산의 시가가 교환의 대가로 양도하는 자산의 시가보다 큰 경우 그 대가와 시가의 차액에서 시가의 30%에 상당하는 가액과 3억원 중 적은 금액을 차감한 가액을 양도자의 증여재산가액으로 함[559] • 직계존비속 또는 배우자 사이의 부동산 등을 교환하는 경우 당해 재산의 시가보다 높거나 낮은 대가를 받으면서 정산하지 않은 경우 부당행위계산이나 저가·고가 양도의 증여의제 규정이 적용됨[560] • 교환계약에 따른 주식 양도 후 기준시가로 신고한 경우 특수관계인에게 저가 양도한 것으로 하여 부당행위계산 대상이 된다고 보기 어려움[561] ※ 이는 교환자산에 대한 추계가액 적용시 "기준시가"와 부당행위계산의 적용시 "시가" 산정 간 차이에 시사점을 주는 판결임
여러 자산을 일괄 양도	• 여러 자산을 포괄양도한 경우 그 자산들의 전체 거래가격과 시가를 비교하여 포괄적 거래 전체로서 저가양도 해당 여부를 판단함[562]
증여이익 계산 판단	• 고저가 거래에 따른 증여이익 규정을 적용함에 있어 대가 및 시가의 산정기준일은 당해 재산의 대금청산일을 기준으로 하되, 매매계약 후 환율의 급격한 변동 등으로 산정기준일로 하는 것이 불합리하다고 인정되는 경우에는 매매계약일을 기준으로 하는 바, 여기서 "환율의 급격한 변동 등"이란 매매계약일 이후 통제할 수 없는 외부요인에 의해 청산일을 산정기준일로 하는 것이 현저히 불합리하므로 매매계약일 기준으로 시가를 산정하여야 한다는 뜻으로 해석됨[563]

---

556) 법령해석재산-148, 2021.3.10. ; 재산세제과-227, 2021.3.10.
557) 조심2021서1531, 2021.11.11. ; 조심2021서1719, 2021.11.11. ; 조심2019서2291, 2020.8.11. ; 조심2018서3277~3278, 2020.7.21. ; 조심2018서3268, 2020.7.21. ; 조심2018서3262, 2020.6.10.
558) 서울고법2022누56304, 2023.10.27. ; 서울고법2022누48853, 2023.10.27.
559) 재산세과-591, 2010.8.13.
560) 부동산거래관리과-572, 2011.7.7. ; 서일46014-10776, 2002.6.7.
561) 서울고법2019누56564, 2020.6.24.
562) 대판95누13296, 1997.2.14.
563) 조심2010서3699, 2011.6.14. ; 서울행법2016구합50488, 2016.10.6.

구 분	내 용

특수관계 판단 관련 주요 사례	• 이성동복, 동성이복 형제는 부 또는 모를 기준으로 형제관계에 해당됨[564]
	• 2012.2.2. 前에는 "당해 거주자의 종업원" 관련하여 당해 거주자를 "개인사업자"로 한정했으나,[565] 2012.2.2. 이후로는 법인의 임직원과 법인도 특수관계에 해당된다고 봄[566]
	• 친족 등이 주식을 30% 이상을 보유한 경우
	  – 과세관청 : 당해 거주자와 친족관계나 경제적 연관관계에 있는 자가 소유한 주식 등의 합계가 총발행주식수(또는 총출자지분)의 30/100 이상인 경우 당해 거주자가 대표자도 아니고 직접 출자하지 않은 법인도 그 거주자와 특수관계가 성립함[567]
	  – 조세심판원 : 본인이 단독으로 또는 본인의 친족관계 등에 있는 자와 함께 소유한 주식 등의 합계가 총발행주식수 등의 30/100 이상인 법인이어야 하고, 본인은 그 주식 등을 소유하지 아니한 채 그와 친족관계 있는 자만이 그 주식 등을 소유한 법인은 특수관계인에 해당하지 않음[568]
	  – 대법원 : 이 경우 그 법인을 "본인과 경영지배관계에 있는 특수관계인"으로 인정할 수는 있으나, 이 경우에도 "본인이 해당 법인의 경영에 대하여 지배적인 영향력을 행사하는 관계에 있어야만" 해당 법인을 부당행위계산 적용시 본인의 특수관계인으로 판단함[569]
	• 국기령 제1조의 2 제1항, 제2항 및 같은 조 제3항 제1호에 해당하지 않는 같은 법인의 서로 다른 임원 간은 특수관계인에 해당하지 않음[570]
	• 주주인 평사원과 최대주주와 친족관계에 있는 주주인 평사원 간은 소득세법상 특수관계자는 아니나, 상증세법상 특수관계인에 해당함[571]
	• 최대주주인 대표이사와는 특수관계자인 비상장법인의 주주(지분율 10%)가 종업원에게 주식을 저가양도시 개인주주와 종업원은 특수관계인에 해당하지 않음[572]
	• 법인의 주주 1인이 그 법인의 임원인 주주의 자녀(경제적 연관관계 없는 자)에게 주식을 양도하는 경우는 특수관계인에 해당되지 않음[573]
	• 법인과 그 법인의 감사는 특수관계인에 해당함[574]
	• 법인과 그 법인의 임원 및 사용인(고용관계인 자)은 특수관계인에 해당함[575]

---

564) 조심2010서1369, 2010.9.13. ; 대판96다5421, 1997.11.28.
565) 재일46014-1859, 1999.10.22.
566) 조심2015중939, 2015.6.30. ; 부산지법2015구합24155, 2016.5.12.
567) 조세법령운용과-759, 2022.7.15. ; 부동산거래관리과-321, 2011.4.14. ; 소득46013-10213, 2003.4.30.
568) 조심2019중3517, 2021.3.22.
569) 대판2022두63386, 2024.7.25.
570) 부동산납세과-1438, 2017.12.28. ; 부동산납세과-674, 2014.9.5. ; 징세과-471, 2012.4.27.
571) 법령해석재산-207, 2015.9.25.
572) 자본거래관리과-162, 2020.3.23. ; 부동산거래관리과-96, 2010.1.20. ; 서면4팀-1554, 2004.10.5.
573) 징세과-144, 2013.2.1.
574) 조심2022서7665, 2022.11.25.
575) 조심2023서8279, 2023.12.22. ; 조심2015중939, 2015.6.30. ; 부산지법2015구합24155, 2016.5.12.

Chapter 82. 직계존비속·배우자로부터 증여받은 부동산 등, 필요경비에 신중하라!

💬 내용 Summary

기본사항 Check

- **일반적인 증여의 경우** : 증여로 취득한 자산을 양도할 경우 취득시기는 "증여일(증여등기 접수일)"이 되며, 취득가액은 증여일의 상증세법에 의한 평가가액을 실가로 보아 실제 지출한 자본적 지출액 및 양도비 등을 합산하여 필요경비를 산정하고, 장기보유특별공제 및 단기양도 중과세율 적용 등 판단은 "증여일"을 기준으로 적용

- **이월과세 적용 특례**(소득법§97의2) : 배우자나 직계존비속으로부터 증여받은 부동산, 부동산을 취득할 수 있는 권리, 시설물이용권을 10년('22.12.31. 이전 수증분 5년) 이내 또는 2025.1.1. 이후 증여받은 주식 등을 1년 이내 양도함으로써 이월과세가 적용되는 경우 취득가액은 증여자의 취득가액 적용
  ① 장기보유특별공제 : "증여자의 취득일" 기준으로 보유기간별 공제율 적용
  ② 단기 양도 중과세율 적용 : 증여자의 취득일 기준 적용
  ③ 공익사업용 토지 감면(조특법§77) 적용 요건 판단 : 사업인정 고시일로부터 2년 이전 취득 여부는 증여자의 취득시기 기준으로 판단

- **영농자녀 증여세 특례**(조특법§71) : 증여세를 감면받은 농지를 양도하여 양도소득세 부과시 취득시기는 "자경농민(증여자)이 그 농지 등을 취득한 날"로 하고, 필요경비는 "자경농민의 취득 당시 필요경비"로 함 → 2007.1.1. 이후 증여분부터 적용[576]

핵심 Point

- 증여받은 부동산의 취득가액을 "기준시가"로 평가한 경우 필요경비 : 취득가액(기준시가) + 실제 지출한 자본적 지출액 등 + 양도비 등

- 증여받은 부동산의 취득가액을 "기준시가"로 평가한 경우 증여일 이후 "감가상각비" 부분 : 취득가액 차감 → 증여자산은 기준시가 평가액도 "실가" 의제

- 의제취득일 前 증여받은 부동산의 필요경비 : 의제취득일 현재 환산취득가액 + 개산공제액(→ 의제취득일 현재 기준시가 × 3%)

- 증여받을 때 지출한 비용 중 "취득가액" 가산 여부 : 취득세, 등록세, 법무사 등기비용 → 포함 ○, 증여세 → 포함 ×

- 배우자 등 이월과세 적용한 부동산 등 양도시 필요경비
  ① "증여자"의 취득가액 적용 → 증여자의 취득원인별 적용(실가, 환산가액 등)
  ② 납부한 증여세 → 필요경비 처리('세액공제'가 아님)
  ③ 납부한 취·등록세 및 등기비용 → 필요경비 ×

질문 »

1. 甲은 부친(乙)이 2005년 10월 1억원(실가)에 매매로 취득한 토지(1,000㎡)를 2022년 8월 증여받아 2023년 7월 제3자인 丙에게 10억원에 양도하였다. 2023년 중 양도한 다른 자산은 없다. 이 경우 자료가 다음과 같으며, 매매사례가액 등 다른 평가액은 없고 10년 이내 다른 증여재산은 없으며, 당해 연도에 다른 양도자산은 없다. 해당 토지는 비사업용 토지는 아니다. 이 경우 甲의 양도소득세는?
   - 2023년 개별공시지가 : 700,000원/㎡
   - 2022년 개별공시지가 : 300,000원/㎡
   - 부친 취득시 취등록세, 법무사 비용 : 10,000,000원
   - 2022년 증여받을시 취득세, 법무사 비용 : 20,000,000원
   - 2023년 양도시 중개비용 : 10,000,000원
   - 2022년 증여세 신고/결정 : 증여재산가액 300,000,000원
     증여세 산출세액 40,000,000원
     증여세 자진 납부세액 38,800,000원

2. 甲은 상가를 부친으로부터 2003년 증여(증여 당시 기준시가로 평가하여 결정받은 증여재산가액 5억원)받아 임대하다가 2023년 6월 10억원에 양도하였다. 2003년 증여받은 이후 대차대조표상 감가상각비 누계액은 2억원이다. 해당 자산의 취득가액은 얼마인가?

3. 甲은 1983년 중 모친으로부터 증여받은 토지를 2023년 중 양도하려고 한다. 이 경우 취득가액과 기타 필요경비를 어떻게 산정하여야 하는가? 의제취득일의 매매사례가액이나 감정가액은 없다.

4. 甲은 배우자가 오래 전에 취득하여 함께 거주 중인 주택을 2022년 5월 중 증여받았다. 증여재산 평가가액은 6억원이다. 2023년 4월 중 해당 주택을 15억원에 양도하였다. 이 경우 양도소득세 신고시 유의할 점은?

---

576) 국세청, 개정세법 해설(2007), 397~398쪽

 **답변 및 해설 »**

1. 이월과세 적용 여부 판단시 가장 기본적으로 알아야 할 내용 사례이다. 실무에서 "비과세"를 종종 착오하여 예시해 보았다.

    (1) 이월과세를 적용할 경우 양도소득세 결정세액

    ① 양도가액 : 1,000,000,000원(양도 실가)

    ② 취득가액 : 110,000,000원(증여자 취득 실가 + 취득 부대비용)

    ③ 기타 필요경비 등 : 양도비 등(10,000,000원) + 증여세 상당액(40,000,000원)

    ④ 양도차익(840,000,000원) : ① - ② - ③

    ⑤ 장기보유특별공제(252,000,000원) : ④ × 30%(증여자 취득일부터 15년 이상 보유)

    ⑥ 양도소득금액(588,000,000원) : ④ - ⑤

    ⑦ 양도소득 과세표준(585,500,000원) : ⑥ - 2,500,000원

    ⑧ 산출세액(209,970,000원) : ⑦ × 42%(누진세율)

    ⑨ 결정세액(209,970,000원)

    ※ 증여세상당액 = 증여세산출세액 × (해당 재산의 증여세과세가액/증여세과세가액)

    (2) 이월과세를 적용하지 않을 경우 양도소득세 결정세액

    ① 양도가액 : 1,000,000,000원(양도 실가)

    ② 취득가액 : 320,000,000원(증여받을시 평가가액 + 취득 부대비용)

    ③ 기타 필요경비(10,000,000원) : 중개수수료

    ④ 양도차익(670,000,000원) : ① - ② - ③

    ⑤ 장기보유특별공제(0원) : 보유기간 3년 미만

    ⑥ 양도소득금액(670,000,000원) : ④ - ⑤

    ⑦ 양도소득 과세표준(667,500,000원) : ⑥ - 2,500,000원

    ⑧ 산출세액(333,375,000원) : ⑦ × 50%(1년 미만 단기양도 세율)

    ⑨ 결정세액(333,375,000원)

    (3) 이월과세 적용 배제(★) : 이월과세를 적용하지 않을 경우 결정세액(333,375,000원)이 이월과세를 적용할 경우 결정세액(209,970,000원)보다 더 크기 때문이다. 특히, 비과세 판단시 이월과세를 적용하지 않는 경우에는 단기양도 중과 판단시 증여받은 날부터 계산하여 단기 보유인지 여부를 판단하여야 한다.

2. 증여받은 자산을 취득시 기준시가로 평가하여 신고 및 결정받아도 그 가액은 실가로 의제된다. 따라서 증여받은 이후 계상한 감가상각비 누계액도 취득가액에 차감하여야 한다. 따라서 증여 평가가액 5억원에서 2억원을 차감하여야 한다.

    참고로, 실무에서 당해 연도 도중에 양도하면서 그 연도의 추후 계상할 감가상각비를 누락하는 경우가 있는데, "필요경비에 산입할 금액"도 차감대상이므로(소득법§97③), 양도소득세 신고 후 해당 연도의 종합소득세 신고시 감가상각비를 계상할 것이라면 그 금액도 취득가액에서 차감하여야 한다. 만일, 이를 반영하지 않았다면 양도소득세를 수정신고하여야 한다.

3. "의제취득일(1985.1.1.) 전에 증여받은" 부동산은 1985.1.1.을 기준으로 "환산취득가액" 및 "개산공제액(의제취득일의 기준시가 × 3%)"을 합산하여 필요경비를 공제받을 수 있다. 물론 의제취득일 이후 기타 필요경비 지출액이 더 크면 실제 지출한 자본적 지출액 등과 양도비만을 공제받을 수 있다.

4. 실무에서 1세대 1고가주택을 증여받고 양도시 특히 유의하여야 한다. 사안은 세대별 판단 원칙에 따라 이월과세를 적용하지 않더라도 1세대 1고가주택에 해당한다. 따라서 원칙적으로 이월과세 대상에 해당한다. 이 경우 비교과세를 잊어서는 안 된다. 즉, 이월과세를 적용하였을 때의 결정세액이 이월과세를 적용하지 않았을 때의 결정세액보다 작으면 이월과세를 적용하지 않아야 한다(★). 사안에서 증여받고 1년 미만 단기 양도한 바, 이월과세를 적용한 결정세액보다 단기양도에 따른 중과세율을 적용한 양도소득세 결정세액이 더 크다면 이월과세를 적용하여 누진세율을 적용한 것으로 신고하면 안 된다.

관련 사례

구 분	내 용
증여받은 자산의 취득시기	• 증여로 취득한 자산의 취득시기는 그 "증여를 받은 날"로 하며, 증여받은 날은 "증여등기 접수일" 등을 말함[577] • 단기양도 중과 여부를 판단할 때 이월과세가 적용되지 않는 일반 증여는 취득시기를 "증여등기 접수일"로 하며,[578] 증여받은 자산의 양도 당시 증여자의 사망으로 혼인관계가 소멸된 경우 "증여받은 날"부터 기산함[579] • 단기양도 중과세율 적용시, 이월과세가 적용되는 자산은 "증여자가 그 자산을 취득한 날"을 취득일로 봄[580] • 증여세 신고기한 내에 반환받은 부동산이 반환시까지 증여세 결정이 없었을 경우 당초 증여는 없는 것이 되어 이후 양도시 취득시기는 "당초 증여자의 취득일"이 되며,[581] 증여세 신고기한 경과 후 3개월이 경과한 후 증여계약 해제로 증여재산을 반환받으면 당초 및 반환받는 것 모두 증여에 해당하기에 당해 반환받은 자산의 취득시기는 "증여계약 해제등기일"이 됨[582]
1세대 1고가주택	• 이월과세를 적용하지 않아도 1세대 1고가주택인 경우 이월과세를 적용하여 취득가액은 증여자의 취득가액으로 하며, 증여자(배우자)의 보유기간을 통산함[583] ※ 이월과세를 적용하지 않고도 "동일 세대로서" 보유기간 등을 충족하는 등 이월과세 적용 없이 1세대 1고가주택에 해당하면 이월과세 배제사유에 해당하지 않으므로 고가주택 양도차익 산정시 이월과세를 적용하여 증여자의 취득가액을 적용하되, 이월과세를 적용하였을 때 결정세액이 더 커야 이월과세를 적용함 • 배우자로부터 증여받아 이월과세 기간 내 양도하는 주택에 대하여 비교과세하는 경우, ① 이월과세를 적용하여 계산한 양도소득 결정세액 계산시 장기보유특별공제 적용 대상 보유기간은 증여한 배우자의 취득일부터 기산하며, ② 이월과세를 적용하지 않고 계산한 양도소득 결정세액 계산시 장기보유특별공제 적용 대상 보유기간은 증여일부터 기산함[584]
영농자녀 증여세 특례 후 사후관리 추징	• 조특법 제71조 제2항(정당한 사유 없이 5년 내에 양도하거나 영농에 종사하지 않은 경우)에 따라 증여세 감면세액을 추징하는 경우 조특법 제71조 제3항의 취득시기 특례가 적용되지 않음[585] ※ 이 경우 "수증자가 증여받은 날"을 기준으로 취득시기를 정함

---

577) 재산세과-908, 2009.12.3. ; 재산세과-170, 2009.1.14.
578) 재일46014-891, 1999.5.11.
579) 부동산거래관리과-853, 2011.10.11.
580) 서면4팀-696, 2005.5.6.
581) 부동산거래관리과-1014, 2010.8.4.
582) 부동산거래관리과-2, 2013.1.4. ; 재산세과-961, 2009.12.8.
583) 법령해석재산-374, 2016.11.15. ; 조심2022서7583, 2023.3.16.
584) 법규재산-632, 2022.6.17.
585) 서면5팀-700, 2008.4.1. ; 서면4팀-2623, 2007.9.10.

구 분	내 용
필요경비	• 증여세 신고기한 경과 후 3개월 후에 반환하는 경우, 기납부한 증여세 상당액은 양도소득세 필요경비에 해당하지 않음[586] • 명의신탁 해소시 증여를 원인으로 납부한 증여세는 필요경비에 해당되지 않음[587] • 증여받은 자산의 취득가액은 증여일 현재 상증세법 제60조~제66조의 평가가액을 취득 당시 실가로 보며, 여기에 취·등록세와 기타 부대비용을 가산함[588] • 증여받은 이후 감가상각비로서 각 연도의 사업소득금액 계산시 필요경비에 산입하였거나 산입할 금액이 있으면 이를 공제한 금액을 취득가액으로 봄[589] • 증여받은 자산의 취득가액을 "보충적 평가방법인 기준시가"로 계산하는 경우, 이는 취득 실가로 의제되므로 그 평가액에서 감가상각비를 차감한 금액을 취득가액으로 함[590] • 명의신탁으로 명의수탁자에게 증여세가 과세된 후 해당 주식 양도시 기납부 증여세는 양도소득의 필요경비에 산입할 수 없음[591] • 의제취득일 前 증여받은 자의 의제취득일 현재 취득가액은 소득령 제176조의 2 제4항 각 호의 가액 중 많은 것으로 함[592] • 의제취득일 이후 증여받은 재산의 양도차익을 실가로 산정시 실지 취득가액은 상증세법 제60조부터 제66조까지에 의한 평가가액을 취득 당시 실가로 보며, 환산취득가액이나 지방세 시가표준액을 적용할 수 없음[593] • 부동산 등기부상 의제취득일 前 매매를 원인으로 취득한 것으로 되었어도 실제 증여받은 것이면, 취득가액은 증여받은 자산에 대한 규정을 적용함[594] • 개별주택가격 최초 고시 前 증여받은 주택을 개별주택가격 고시 이후 양도한 경우 실지 취득가액은 상증세법 제60조부터 제66조까지의 평가가액과 소득령 제164조 제7항의 환산주택가격 중 큰 금액으로 함[595] • 증여받은 자산의 양도에 대한 양도차익을 실가로 산정하는 경우 증여세 상당액은 필요경비에 해당하지 않음[596]

---

586) 서면5팀-1263, 2006.12.18.
587) 재산세과-1122, 2009.12.28.
588) 재산세과-1103, 2009.12.24.
589) 서면4팀-3223, 2007.11.7.
590) 재산세과-1125, 2009.12.28. ; 조심2012서35, 2012.11.19. ; 조심2011서963, 2011.4.21.
591) 국심2004서3456, 2005.4.30. ; 국심2004중3455, 2005.3.25.
592) 부동산거래관리과-214, 2010.2.8.
593) 재산세과-3561, 2008.10.31. ; 조심2021서5111, 2021.12.7. ; 대판2005두15380, 2007.9.20.
594) 국심2002중1431, 2002.7.15.
595) 서면5팀-90, 2006.9.13. ; 서면4팀-73, 2006.1.18.
596) 서면4팀-924, 2006.4.12.

구 분	내 용
배우자 및 직계존비속에 대한 이월과세	• 이월과세는 조세부담을 부당히 감소시킬 것을 요건으로 하지 않음[597] • 양도 당시 증여자인 "직계존비속이 사망한 경우" 이월과세가 적용되며,[598] 입양취소·파양, 법원 판결로서 친생자관계 부존재 확인을 통해 직계존비속 관계가 소멸하여도 이월과세가 적용됨[599] • 이월과세가 적용되는 경우 수증인이 납부한 증여받은 자산에 대한 취·등록세와 등기비용 등은 필요경비로 인정하지 않음[600] • 부동산을 증여받을 당시 이미 이혼하여 법률상 혼인관계가 성립하지 않은 경우 이월과세를 적용한 것은 잘못임[601] • 배우자 등에게 양도시 증여 추정 규정이 적용되어 증여세가 부과된 자산을 그 취득일로부터 5년 이내 양도시 이월과세가 적용되어 취득가액은 "당초 배우자 등의 취득가액"이 됨[602] • 증여받은 날로부터 10년(2022.12.31. 이전 증여분은 5년)이 지나 양도한 경우 이월과세가 적용되지 않음[603] • 매수자가 국가 등이라도 수용이나 협의매수가 아니라 매수청구에 따라 양도하는 경우 배우자 등 이월과세가 적용됨[604] • 증여세 신고기한 경과 후 3개월 이내 배우자에게 반환한 뒤 10년('22.12.31. 이전 수증분 5년) 이내에 반환받은 배우자가 양도하는 경우 이월과세 규정이 적용되며,[605] 이 경우 취득가액은 "반환한 배우자의 취득가액"으로 함[606]
증여받은 자산의 장기보유특별공제	• 이월과세가 적용되지 않을 경우의 결정세액이 큰 경우로서 이월과세가 적용되지 않을시 장기보유특별공제는 증여받은 날부터 기산함[607] • 일반적인 증여의 경우 장기보유특별공제는 "증여받은 날(증여등기 접수일)"을 기준으로 보유기간별 공제율을 적용함[608] • 甲이 보유 중인 기존주택에 대한 관리처분계획 인가 이후 배우자(乙)에게 조합원입주권 지분 일부를 증여하고, 乙이 해당 입주권에 기해 취득한 신축주택 양도시, 소득령 제159조의 3에 따른 거주기간(2년)은 甲과 乙이 기존주택과 신축주택에서 1세대로서 거주한 기간을 통산함[609]

---

597) 대판2007두22641, 2008.1.11.
598) 재산세제과-669, 2019.10.1. ; 재산세제과-1070, 2010.11.2. ; 조심2017서43, 2017.4.5.
599) 부동산거래관리과-892, 2011.10.20.
600) 부동산거래관리과-118, 2013.3.19. ; 부동산거래관리과-542, 2010.4.13.
601) 조심2011서888, 2011.6.17.
602) 서면5팀-1023, 2007.3.30. ; 서면4팀-89, 2007.1.5. ; 조심2010서978, 2011.1.21.
603) 서면4팀-100, 2008.1.14. ; 조심2017중1432, 2017.6.13. ; 조심2012구4997, 2013.2.12.
604) 법규재산2014-242, 2014.7.2.
605) 부동산거래관리과-1084, 2011.12.29. ; 재산세과-1059, 2009.12.28.
606) 재산세과-598, 2009.3.20. ; 법규과-1718, 2011.12.26.
607) 심사양도2021-93, 2022.4.6.
608) 부동산거래관리과-510, 2012.9.25. ; 재산세과-834, 2009.4.29.
609) 법령해석재산-691, 2021.8.26.

구 분	내 용
증여받은 자산의 장기보유특별 공제	• 배우자로부터 증여받아 이월과세 비교과세하는 경우, ① 이월과세를 적용하여 계산한 양도소득 결정세액 계산시 장기보유 특별공제의 보유기간은 증여자(배우자)의 취득일부터 기산하며, ② 이월과세를 적용하지 않고 계산한 양도소득 결정세액 계산시 장기보유특별공제의 보유기간은 "증여일"부터 기산함[610] ※ 비교과세 적용시 특히 "단기 양도 중과"될 경우에 유의하여야 함[611]
이중과세 조정 규정의 적용 범위	• 조세심판원 : 각 증여예시·의제 규정별로 그 성격과 사안을 고려하여 이중과세 조정 필요성에 따라 해당 규정을 적용하여 취득가액에 가산할지 여부를 개별적으로 판단하는 것이 타당해 보이며, 해당 규정에서 일견 이중과세 문제가 원천적으로 발생할 수 없는 규정들(상증법§33·§36·§41의4) 등도 취득가액 가산 대상으로 하고 있는바, 상증세법 제37조의 부동산 무상사용 증여이익은 타인의 부동산을 무상으로 사용한 데 따른 경제적 이익을 과세하는 것이어서 그 성질상 이중과세 조정대상에 해당하지 않음[612] • 서울행정법원 : 타인의 부동산을 무상으로 사용하여 이익을 얻어 상증법 제37조 제1항에 따라 증여세를 과세받은 경우 해당 증여재산가액을 취득가액에 더하여 그 부동산 양도시 양도차익 계산에 있어 취득가액을 산정하여야 함[613] ※ 이중과세를 조정하도록 규정한 상증법 제3조의 2 제2항, 제33조부터 제39조까지, 제39조의 2, 제39조의 3, 제40조, 제41조의 2부터 제41조의 5까지, 제42조, 제42조의 2, 제42조의 3, 제45조의 3부터 제45조의 5까지의 규정에 따라 상속세나 증여세를 과세받은 경우에는 해당 상속재산가액이나 증여재산가액(상증법 제45조의 3부터 제45조의 5까지에 따라 증여세를 과세받은 경우에는 증여의제이익) 또는 그 증·감액을 취득가액에 더하거나 빼도록 하는데(소득령 §163⑩), 이러한 규정에 따라 이미 증여세 등이 부과된 경우, 조세심판원은 이중과세 여지가 있는 규정만 적용하여야 한다는 입장인 반면, 서울행정법원은 문리해석 및 해당 규정이 이중과세가 발생할 여지가 없다고 단언할 수 없다는 입장임(상급심에 주목하기 바람)
조세회피행위	• 토지를 배우자에게 증여한 후 특별한 사정 없이 6개월 내 재차 증여를 통해 원상회복시킨 것은 매우 이례적이고, 증여 당시 공시지가가 배우자공제에 미달하여 증여세 납부대상이 아님에도 비용을 들여 감정을 받아 높은 감정가액을 증여재산가액으로 신고한 것은 양도소득세 조세회피 행위로 판단됨[614] • 주식 양도 인접일에 주주인 부부간 교차증여의 이유가 없음에도 교차증여를 하여 양도가액과 취득가액을 동일하게 한 것은 가장행위에 해당함[615]

---

610) 부동산납세과-3381, 2022.11.2. ; 법규재산-632, 2022.6.17.
611) 서울고법2024누56957, 2025.1.17. ; 서울행법2023구단11118, 2024.8.14.
612) 조심2023서10597, 2024.4.1.
613) 서울행법2024구단64843, 2025.1.22.
614) 조심2016광2463, 2016.10.24.
615) 감심2021-108, 109, 2021.4.5. ; 심사소득2020-1, 2020.5.6. ; 의정부지법2021구단553, 2021.11.1.

Chapter 83

부담부 증여, A부터 Z까지!

내용 Summary

기본사항 Check

- **부담부 증여** : 수증자가 특정한 자산을 증여받으면서 일정한 채무 부담을 지는 증여의 형태 → 양도소득세(부담 부분, 증여자), 증여세(부담 외 부분, 수증자)
- **부담부 증여에 대한 취급**
  ① 예정신고납부기한 : 양도일이 속하는 달의 말일로부터 3개월 이내
  ② 제척기간 : 일반 증여와 동일(과소신고 10년, 무신고 등 15년)
- **부담부 증여의 양도차익 계산**
  ① 양도가액 : 증여일 현재 상증세법 제60조부터 제66조까지 규정에 따라 평가한 가액에 증여가액 중 채무액이 차지하는 비율을 곱하여 계산한 가액
  ② 취득가액 : 소득세법 제97조 제1항 제1호에 따른 가액(양도가액을 상증세법 제61조 제1항·제2항·제5항 및 제66조에 따라 기준시가로 산정한 경우에는 취득가액도 기준시가에 따라 산정)에 증여가액 중 채무액이 차지하는 비율을 곱하여 계산한 가액

핵심 Point

- **부담부 증여의 양도차익 산정 Rule → 평가액이 기준시가인가?**
  ① 상증법 평가가액이 "기준시가"에 해당할 경우 : 양도가액이 기준시가이므로 취득가액도 기준시가 적용
  ② 상증법 평가가액이 "기준시가"에 해당 안 될 경우 : 양도가액이 실가(시가)이므로 취득가액도 "실가 → 매매사례가액 → 감정가액 → 환산가액" 순서로 적용
  ③ 기타 필요경비 : 취득가액을 실가 적용시 실제 지출 금액 공제, 나머지는 개산공제
- **양도가액을 "기준시가"로 보는 평가 방법**
  ① 개별공시지가, 건물 기준시가, 개별/공동주택가격, 오피스텔 등 일괄공시 기준시가
  ② Max[㉠ 임대료 환산액 + 보증금, ㉡ 개별공시지가 등 위 ① 기준시가 산정액] → 2020.2.11. 이후 양도분
  ③ Max[㉠ 저당권 등 설정 금액, ㉡ 상증세법 제60조의 평가가액] → 2023.2.28. 이후 시행
- **부담부 증여받은 자산을 이후 양도하는 경우** : 부담부 증여의 채무액도 실가 의제 → 종전에는 기관별 견해가 달랐으나, 2020.2.11. 이후로는 채무 부분도 실가 의제하도록 명문규정을 두어 "채무 부분"에 대해 환산취득가액을 적용하면 안 됨(★)
- 1세대 1주택을 부담부 증여시 : (동일 세대, 별도 세대 불문) 비과세 적용 가능
- 2주택 특례 대상을 동일 세대에게 부담부 증여시 : 비과세 적용 불가 → 별도 세대는 적용 가능

 **질문 »**

1. 甲은 비과세 특례가 가능한 일시적 2주택자로서 종전주택을 배우자(乙)에게 증여하면서 은행채무는 수증자가 승계하는 조건으로 증여하였고, 은행채무 명의는 수증자 앞으로 이전되었다. 甲은 양도로 보는 "채무 부분"에 대하여 비과세 적용이 가능한가?

2. 甲은 2002년에 매매로 2억원에 취득한 다가구주택을 별도 세대인 자녀 乙에게 2023년 5월 중 증여하였다. 증여조건은 은행채무 3억원을 乙이 변제하도록 하는 것이다. 甲은 해당 주택 외에는 주택이 없으며 다가구주택 요건은 갖추었고, 2023년 5월 중 채무명의를 乙로 변경하면서 등기부에도 같은 날 그 내용을 등기하였다. 甲은 양도로 보는 "채무 부분"에 대하여 다가구주택 비과세 특례를 적용받을 수 있는가?

3. 甲은 경기도 파주시 야당동 소재 토지(1,000㎡, 지목 대지)를 2006년 7월 매매로 5억원에 취득하였다. 甲은 서울에 거주하는 자녀 乙에게 2023년 6월 중 해당 토지를 증여하면서 해당 토지에 설정되어 있는 근저당 채무 3억원을 乙이 승계하도록 하였다. 2023년 6월 중 은행 채무 명의를 乙로 변경하면서 등기부에도 같은 날 그 내용을 등기하였다. 다른 증여재산은 없고 시가 자료가 다음과 같을 때 甲의 부담부 증여에 대한 양도차익을 산정하면?
   - 2023년 개별공시지가 : 1,000,000원/㎡
   - 근저당 설정 총액 : 300,000,000원
   - 2006년 개별공시지가 : 300,000원/㎡
   - 2006년 취·등록세 및 등기비용 : 5,000,000원
   - 2023년 취득세 등 및 등기비용(乙 부담) : 10,000,000원

4. 甲은 2017년 5월 부담부 증여로 취득한 토지(1,000㎡)를 2023년 6월 개인인 丙에게 매매로 10억원에 양도하였다. 2017년 5월 부담부 증여 당시 다른 증여재산은 없으며, 해당 토지는 개별공시지가에 의하여 5억원으로 평가하여 甲의 증여세 및 부담부 증여자의 양도소득세를 모두 신고납부하였다. 甲이 양도하는 토지의 취득가액은 어떻게 산정하는가?

답변 및 해설 »

1. 사안은 甲이 비록 일시적 2주택자로서 비과세 요건을 갖추어도 동일 세대에게 종전주택을 부담부 증여하는 경우 부담 부분에 대해서는 비과세를 적용받지 못한다. 부담부 증여는 기본적으로 일시적 2주택 상태에서 종전주택을 양도하고 그 일시적 2주택이 해소될 것을 전제로 하기 때문이다.

2. 다가구주택을 별도 세대에게 전체를 부담부 증여하는 경우 종전에는 비과세를 적용받지 못한다고 보았다. 그러나 2022.4.1. 기획재정부가 별도 세대에게 다가구주택 전체를 부담부 증여할 경우 채무 부분에 대하여 다가구주택 특례가 가능하다고 해석을 변경하였다. 따라서 사례에서 甲은 채무부분에 대하여 다가구주택 특례가 적용된다.

3. 부담부 증여에 대한 양도차익 산정에 대한 기본내용을 사례로 물은 것이다. 사례에서 채무 부분에 대한 양도차익을 산정하면 다음과 같다. 핵심 내용은 양도가액을 기준시가로 보는 가액일 경우 취득가액도 기준시가로 산정하고, 기타 필요경비도 개산공제를 적용한다는 것이다.

   ① 양도가액(300,000,000원) : 양도 당시 개별공시지가(10억원) × (3억원/10억원)
      ∵ 양도 당시 개별공시지가로 평가하고, 해당 가액에 다른 증여재산이 없으므로 채무가 차지하는 비율을 곱하여 산정한다.

   ② 취득가액(90,000,000원) : 취득 당시 개별공시지가(300,000,000원) × (3억원/10억원)
      ∵ 비록 5억원에 실가 취득하였으나, 양도가액을 기준시가로 평가하였으므로 취득가액도 기준시가로 평가하고, 여기에 채무가 차지하는 비율을 곱하여 산정한다.

   ③ 기타 필요경비(2,700,000원) : 취득 당시 개별공시지가(300,000,000원) × 3% × (3억원/10억원)
      ∵ 취득가액이 기준시가이므로 기타 필요경비는 개산공제를 적용하고, 여기에 채무가 차지하는 비율을 곱하여 산정한다. 양도비 및 부담부 증여시 지출한 등기비용은 乙이 지출한 것이므로 무시한다. 이후 해당 자산을 乙이 양도할 경우 양도가액을 실가로 산정 시 증여 부분과 부담 부분을 모두 실가로 의제하므로 그때 등기비용 등 부수비용은 취득가액에 가산할 부분이다.

4. 부담부 증여받은 자산을 양도할 경우 비록 기준시가로 평가하였어도 부담 부분까지 **모두 증여에 따른 실가로 의제**된다. 따라서 취득가액은 5억원이 실가로 의제된다. 사안의 경우 부담부 증여받은 지 5년이 경과하였으므로 증여 부분에 대한 이월과세도 고려할 필요가 없다.

보충설명

부담부 증여한 자산을 임대료 등 환산가액 또는 저당권 등 설정 가액으로 평가한 가액과 기준시가 등 평가가액과 큰 가액으로 평가한 가액을 적용할 경우 "기준시가"로 평가한 것으로 보아 취득가액도 기준시가를 적용하는 것에 대해 해당 규정의 적용상 이견이 있어 소개하기로 한다.

(1) 관련 규정

양도가액을 상증세법 제61조 제1항·제2항·제5항 및 제66조에 따라 기준시가로 산정한 경우에는 취득가액도 기준시가에 따라 산정한다.

① 상증세법 제61조 제5항 : Max[㉠ 임대료 환산액 + 보증금, ㉡ 개별공시지가 등 기준시가 산정액] → 2020.2.11. 이후 양도분
② 상증세법 제66조 : Max[㉠ 저당권 등 설정 금액, ㉡ 상증세법 제60조의 평가가액] → 2023.2.28. 이후 시행

(2) 개정규정의 쟁점

첫째, 보증금과 임대료 등 환산가액과 기준시가 산정액 중 큰 금액을 적용할 때 "보증금과 임대료 등 합산액"이 더 크므로 해당 금액을 적용할 경우에도 양도가액을 기준시가로 산정한 것으로 볼 수 있는가?
둘째, 저당권 등 설정금액과 기준시가 등 산정액 중 큰 금액을 적용할 때 "저당권 설정액"이 더 크므로 해당 금액을 적용할 경우에도 양도가액을 기준시가로 산정한 것으로 볼 수 있는가?

(3) 개정세법 해설과 평가

위 규정에 대한 개정세법 해설을 보면 보증금 등 환산가액이든, 저당권 설정가액이나 임대보증금을 적용하는 것이든 양도가액을 기준시가로 산정한 것으로 보아 취득가액도 기준시가로 산정한다는 것이다.[616]

이에 대해 소득령 제159조 제1항에서 "상증세법 제61조 제1항·제2항·제5항 및 제66조에 따라 기준시가로 산정한 경우에는 취득가액도 기준시가에 따라 산정한다."고 규정하고 있는데, 동 규정에서 "상증세법 제61조 제1항·제2항·제5항 및 제66조에 따라 기준시가로 산정한 경우"의 의미를 임대보증금 등에 의한 비교평가한 결과 통상적인 기준시가(개별공시지가, 건물기준시가, 개별/공동주택가격 등)를 적용하는 경우에 적용하여야 하고 임대보증금이나 저당권 설정금액으로 산정한 경우에는 동 규정에 따라 기준시가로 산정한 경우로 보아서는 안 된다는 주장이 있다. 즉, 상증세법에서 기준시가의 정의를 별도로 하고 있지 않지만 임대료 등 환산가액 규정인 상증세령 제50조 제8항에서 「(상증법) 법 제61조 제1항부터 제4항까지의 규정으로 평가한 토지와 건물의 가액(이하 이 항에서 "기준시가"라 한다)」고 규정하므로 법령의 일관성 측면에서 본다면, 비교평가하는 경우에도 개별공시지가나 개별주택가격 등으로 산정한 경우에만 기준시가로 산정한 것으로 보아야 한다는 것이다.

그러나 이러한 주장은 비교평가하여 일반적인 기준시가가 적용되는 경우라면 굳이 별개로 법령을 개정하여 명문규정을 둘 필요가 없다는 점에서 타당하지 않다는 주장이 더 설득력 있다.

---

616) 국세청, 개정세법 해설(2020), 109쪽 ; 국세청, 개정세법 해설(2023), 119쪽

관련 사례

구 분	내 용
부담부 증여의 채무 판단	• 부담부 증여의 양도소득세 과세대상 채무액은 "부담부 증여 자산과 관련한 전체 채무액"을 말함[617] • 부동산에 담보된 채무가 제3자 명의라도 사실상 증여자의 채무인 경우에는 부담부 증여에 해당함[618] • 분담금을 납입중인 조합원입주권을 배우자에게 증여하면서 이주비 관련 대출금도 함께 이전한 경우 인수하는 채무액은 양도에 해당함[619] • 부담부 증여 약정 후 부동산 등을 이전등기하기 전에 수증자가 인수하기로 한 채무를 변제한 경우 부담부 증여로 볼 수 있음[620] • 부담부 증여 해당 여부는 당해 재산에 담보된 증여자의 채무인지 및 당해 채무를 수증자가 인수한 사실이 입증되는지 여부에 따라 판단함[621] • 증여재산가액에서 차감하는 당해 증여재산에 담보된 채무에는 적법하게 성립한 유치권으로 담보된 채무가 포함됨[622] • 입주권이 비록 담보로 제공되지 않았으나 이와 관련한 금융기관 채무의 변제를 조건으로 부담부 증여받은 경우 해당 채무액은 양도에 해당함[623] • 주채무자에 대한 연대보증채무자로써 담보한 부동산을 공익법인에 출연하면서 공익법인이 해당 채무를 인수한 경우 채무 부분은 양도에 해당함[624] • 부담부 증여에서 증여 부동산에 담보된 증여자의 채무가 주채무자에 대한 연대채무나 보증채무의 포함 여부는, 수증자가 해당 채무를 인수하였는지와 주채무자의 지급불능 상태 및 구상권 행사 여부 등을 종합하여 판단함[625]
부담부 증여로 보지 않는 경우	• 증여일 현재 채무가 증여재산에 담보되지 않은 경우에는 상증세법상 부담부 증여라고 볼 수 없음[626] • 담보 설정된 채무명의가 증여자라도 실제 채무자가 수증자 등 제3자일 경우에는 부담부 증여에서 제외함[627] • 증여 등기일 전에 증여재산에 담보된 채무를 수증자가 이미 상환한 경우에는 부담부 증여에 해당하지 않음[628]

---

617) 서면5팀-1566, 2007.5.15.
618) 국심2001부1707, 2001.12.28.
619) 서면4팀-1263, 2008.5.26.
620) 심사증여2008-6, 2008.4.28. ; 심사증여2006-56, 2006.12.13. ; 국심1999광2649, 2000.8.8.
621) 서면상속증여-105, 2015.4.22. ; 재산세과-655, 2009.11.6. ; 재산세과-2974, 2008.9.29.
622) 서면4팀-1405, 2008.6.12.
623) 심사양도2008-176, 2008.11.17.
624) 조심2011전183, 2011.4.11.
625) 재삼46014-2054, 1998.10.23. ; 심사증여1999-440, 2000.1.21. ; 국심2005서2083, 2005.8.29.
626) 법령해석재산-1629, 2017.7.20.
627) 심사증여2001-100, 2001.11.30. ; 심사양도2006-183, 2006.11.27.
628) 서면4팀-311, 2008.2.4.

구 분	내 용
부담부 증여로 보지 않는 경우	• 증여자의 채무를 수증자가 인수하는 경우에 사실상 자산을 유상으로 양도하는 것으로 간주되는 것이나 타인의 채무로 근저당권이 설정된 주택을 증여하는 경우 부담부 증여에 해당되지 않음[629] • 양도소득세 과세 당시 이미 수증자가 부담하기로 한 채무액이 근거법령의 위헌으로 소멸된 경우 증여계약의 유·무효와는 상관없이 수증자가 부담할 채무액이 없으므로 채무부담의 유효를 전제로 하여 양도소득세를 과세한 것은 잘못임[630]
담보제공된 자산을 조건 없이 증여	• 제3자의 채무담보로 제공된 재산을 조건 없이 증여받는 경우 증여가액은 증여 당시의 그 재산가액 전액으로 하며, 이 경우 수증자가 담보된 채무를 변제한 때에는 그 채무상당액을 채무자에게 증여한 것으로 보되, 담보된 채무를 수증자가 채무자 대위하여 변제하고 채무자에게 구상권을 행사하는 경우에는 그러하지 않음[631]
잔금을 부담할 조건으로 분양권 지분 양도	• 거주자(甲)가 분양권을 계약금과 중도금 납부 상태에서 분양권 지분 35%를 배우자(乙)에게 증여하고, 잔금은 乙이 납부하기로 하여 실제 납부한 경우 부담부 증여에 해당하지 않아 乙은 분양권 평가액 중 35%를 증여받은 것이고, 甲은 乙이 납부한 분양잔금의 65%를 증여받은 것으로 봄[632]
부동산을 담보로 이미 수증자가 대출받고서 증여	• 증여재산에 담보된 채무는 증여자의 채무이어야 함에도, 해당 채무는 수증자 명의로 대출되었고 대출이자도 수증자의 계좌에서 지급되고 있으며 대출 금융기관에서도 수증자에게 대출한 것으로 확인하고 있어 해당 채무는 부동산을 증여받으면서 인수한 채무로 볼 수 없음[633]
부담부 증여한 자산의 반환	• 부담부 증여에서 당초 "양도"로 보았던 부분은 계약해제로 소급적으로 효력이 소멸하기에 양도가 없던 것이 되어 "부담(양도)" 부분과 "증여" 부분을 구분하여야 함[634]
등기부상 원인이 다르게 된 경우	• 등기부에 매매를 원인으로 소유권 이전되었음이 확인된다면 부담부 증여에 대한 입증책임은 이를 주장하는 자에게 있음[635]
부담부 증여의 역증여	• 증여재산의 가액을 초과하는 증여자의 채무를 수증자가 인수한 경우, 수증자가 인수한 채무액에서 당해 증여재산의 가액을 차감한 금액은 수증자가 증여자에게 증여한 것임[636]
양도시기	• 부담부 증여는 채권자인 금융기관이 "채무자 명의를 변경한 날"에 채무인수의 효력이 발생하므로 이를 양도일로 보며, 그 전에 증여를 원인으로 소유권이전 등기한 경우 그 "이전등기 접수일"을 양도시기로 봄[637]

---

629) 서면4팀-1382, 2004.9.2.
630) 국심2006서2401, 2006.11.2.
631) 서면4팀-1448, 2004.9.16.
632) 법령해석재산-1629, 2017.7.20.
633) 조심2016전1931, 2016.9.12.
634) 부동산거래관리과-1014, 2010.8.4.
635) 국심1998중2676, 1999.3.17.
636) 상속증여세과-522, 2019.6.12. ; 상속증여세과-2215, 2015.12.1.
637) 국심2004서1056, 2004.6.8.

구 분	내 용
채무의 변제능력과 부담부 증여	• 수증자의 채무인수 여부는 채무자의 명의를 변경하였는지 여부에 관계없이 재산을 증여받은 후 당해 채무를 사실상 누가 부담하고 있는지 여부 등 실질내용에 따라 사실판단할 사항임[638] • 채무의 외형이 수증자가 채무자로 되어 있으나 수증자는 소득이 없는 자로서 증여자의 예금계좌에서 채무에 대한 이자를 부담하고 있음이 확인되어 채무의 실질 부담자는 증여자로 봄이 타당함[639] • 채무명의를 변경하지 않은 경우에도 이자부담을 수증자가 하거나 증여자의 자력에 비추어 변제능력이 없을 경우 부담부 증여로 판단함[640] • 증여일이 지나서 수증자가 채무를 인수하기로 한 경우에는 부담부 증여로 볼 수 없음[641] • 부동산등기부 및 금융기관 부채증명서에 수증자가 증여자의 은행채무를 "확정채무의 면책적 인수" 방법으로 인수함에 따라 증여자는 은행채무를 면하고, 동시에 수증자가 증여자의 은행채무를 부담하므로, "증여자가 당해 채무액에 대한 이자를 실질적으로 부담하였는지 여부에 관계없이" 부담부 증여에 해당함[642]
부담부 재단 출연	• 공익법인에 출연한 재산에 담보된 채무뿐만 아니라 공익법인 출연시 인수시킨 출연자의 채무는 부담부 증여로 출연자에게 양도소득세가 과세됨[643] • 개인병원으로 사용하던 자산을 의료재단에 출연하면서 그 자산을 담보로 한 금융기관 채무를 면책적 채무인수로 의료재단에 함께 인수한 경우 채무액을 부담부 증여로 봄[644] • 개인병원 자산을 의료법인에 출연하면서 그 자산에 담보된 금융기관 채무도 의료법인에 함께 인계하였다가 다시 출연한 현금으로 채무액을 변제한 경우 부담부 증여에 해당됨[645]
부담부 증여받은 자산과 이월과세	• 부담부 증여받은 자산을 10년('22.12.31. 이전 수증분 5년) 이내 양도시 이월과세 부분의 취득가액은 "증여자의 취득가액 중 증여지분 해당액에 수증자의 증여재산가액 중 증여세과세가액에 상당하는 부분이 차지하는 비율을 곱하여" 계산하며, 양도 부분의 취득가액은 증여자가 부담부 증여한 "채무액"이 되고, 증여세 상당액은 필요경비에 산입함[646]
불복에 따른 제척기간	• 부담부 증여가 맞다는 심판결정에 따라 이미 부과된 증여세를 감액경정하고 양도소득세를 부과한 경우 결정일로부터 1년을 적용하여 과세함은 정당함[647]

---

638) 서면5팀-608, 2008.3.20. ; 서면4팀-811, 2007.3.8.
639) 심사양도2006-183, 2006.11.27.
640) 국심2001전2566, 2002.3.13.
641) 조심2018중824, 2018.6.26. ; 조심2014부1867, 2014.7.28.
642) 국심2007서1873, 2007.10.22.
643) 재산세과-146, 2012.4.13. ; 조심2011전183, 2011.4.11. ; 국심2007구493, 2007.4.30.
644) 재산세과-4297, 2008.12.17. ; 국심2005부3540, 2005.12.14.
645) 국심2005부3540, 2005.12.14.
646) 부동산거래관리과-819, 2011.9.23.
647) 심사양도2002-284, 2004.12.23.

구 분	내 용
부담부 증여 (1세대 1주택 등)	• 1세대 1주택 비과세 대상 주택을 부담부 증여시 채무액은 비과세가 적용되고 "동일 세대원(배우자 등)"에게 부담부 증여하여도 비과세가 적용됨[648] • 주택의 "부수토지만" 동일 세대에게 부담부 증여한 경우 비과세가 적용되지 않음[649] • 고가주택 판정은 1주택(부수토지 포함)의 부담부 증여 등 이전방식에 관계없이 증여하는 "주택의 전체 가액"을 기준으로 판단함[650] • 1세대 1주택 비과세 적용시 거주자가 그 배우자로부터 부담부 증여받은 주택을 이혼 후 양도하는 경우 양도 부분의 보유기간은 "증여 등기접수일"부터 기산함[651] • 조합원입주권을 양도함에 있어 권리변환일 현재 1세대 1주택 비과세 요건을 충족하고 양도일 현재 주택이 없는 경우 비과세 대상 조합원입주권을 부담부 증여시 인계하는 채무액은 비과세됨[652]
부담부 증여 (2주택 특례)	• 1세대 1주택자가 1주택을 보유하는 직계존속을 동거봉양하기 위해 세대를 합친 후 합가 前 주택을 동일 세대원에게 부담부 증여하는 경우 부담부 증여의 양도 해당분은 1세대 1주택 비과세가 적용되지 않음[653] • 일시적 1세대 2주택자가 종전주택을 "동일 세대원"에게 부담부 증여하는 경우 1세대 1주택 비과세를 적용받을 수 없음[654] • 상속주택과 일반주택을 각각 1개 소유한 1세대가 일반주택을 동일 세대원에게 부담부 증여하는 경우 양도(부담) 부분도 비과세 특례를 적용받을 수 없음[655] • 하나의 매매단위로 부담부 증여하는 다가구주택도 비과세 특례가 가능함[656] • 일시적 1세대 2주택자가 종전주택을 "동일 세대원이 아닌 자"에게 부담부 증여하는 경우 부담 부분은 1세대 1주택 비과세를 적용함[657]
배우자 등 이월과세	• 양도일로부터 소급하여 5년('23.1.1. 이후 수증분 10년) 이내 배우자로부터 부담부 증여받은 부동산의 양도차익을 실가로 계산시 부담부 증여로 취득한 자산 중 "양도 부분"은 배우자 등 이월과세가 적용되지 않음[658] • 이 경우 "증여 부분"은 배우자 등 이월과세가 적용됨[659]

---

648) 부동산거래관리과-354, 2011.4.26. ; 서면5팀-640, 2008.3.24. ; 서면4팀-2459, 2005.12.8. ; 서면4팀-12, 2005.1.4. ; 서면4팀-1546, 2004.10.1. ; 재산46014-1544, 2000.12.27.
649) 조심2017서695, 2017.4.5.
650) 서면4팀-1692, 2007.5.16. ; 서면4팀-1526, 2004.9.24. ; 국심2007서2248, 2007.9.28.
651) 부동산거래관리과-842, 2010.6.21.
652) 서면4팀-39, 2005.1.5.
653) 부동산거래관리과-38, 2012.1.17. ; 재산세과-150, 2009.1.14.
654) 서면5팀-1191, 2007.4.11. ; 서면4팀-314, 2006.2.17. ; 조심2018부2152, 2018.6.21.
655) 부동산거래관리과-1505, 2010.12.24.
656) 조세법령운용과-340, 2022.4.1.
657) 서면4팀-1993, 2004.12.7. ; 국심2001서3220, 2002.4.26.
658) 서면4팀-3628, 2006.11.2. ; 서면5팀-571, 2006.10.30.
659) 부동산거래관리과-819, 2011.9.23.

구 분	내 용
증여받은 후 재(부담부)증여	• 거주자가 배우자로부터 부동산을 증여받은 후 5년 이내 다시 그 배우자에게 부담부 증여하는 경우로서 소득령 제159조 제1호에 따른 취득가액 산정시 "소득세법 제97조 제1항 제1호에 따른 가액"에 배우자 이월과세 규정이 적용됨[660]
부담부 증여와 우회양도	• 특수관계인에게 자산을 부담부 증여함으로써 증여가액 중 채무액 상당 부분에 대해 양도소득세를 과세한 경우 "당해 채무액 상당 부분"은 부당행위계산(우회양도)이 적용되지 않음[661]
연대납세의무 여부	• 부담부 증여에서 "부담" 부분에 대하여 증여자에게 양도소득세를 과세하는 경우 수증자가 연대납세의무를 부담하는 것이 아님[662]
공동담보된 경우의 채무의 승계	• 증여세 사례 : 공동담보된 증여재산을 증여받으면서 당해 증여재산에 공동담보된 채무를 인수한 경우 당해 채무액은 증여재산가액에서 차감하나, 공동담보된 재산의 일부만을 증여받은 경우에는 공동담보된 채무액을 평가기준일 현재의 시가로 안분하여 계산한 가액을 증여재산가액에서 차감함[663] • 양도소득세 사례 : 부담부 증여로 인정하여 달라고 주장하는 채무액은 부친 소유 토지 여러 필지에 공동으로 담보된 채무의 일부로서, 증여받은 토지에 귀속되는 채무액이 얼마인지를 구분할 수 없고 실질적으로 승계한 채무액의 범위를 특정할 수 없어 받아들이기 어려움[664] • 사업용 자산 일체 포괄 수증 : 사업의 포괄증여를 하면서 모든 자산과 채무를 수증자가 부담하는 조건인 경우 "양도소득세 과세대상에 해당하는 자산과 해당하지 아니하는 자산을 함께 부담부 증여하는 경우"로 보아 소득령 제159조 제2항에 따라 양도로 보는 채무액을 계산하여 과세한 처분은 잘못이 없음[665]
부담 부분의 양도차익 산정	• 부담부 증여에 대한 양도차익 계산시 양도가액을 상증세법 제61조 제5항(임대료 등 환산가액)에 따라 기준시가로 산정한 경우에는 취득가액도 기준시가로 산정함[666] • 상증세법 제61조 제5항(임대료 등 환산가액)과 상증세법 제66조(저당권 등이 설정된 재산평가)의 평가액이 동일한 경우, "임대료 등 환산가액"에 의하여 산정한 것으로 보아,[667] 취득가액도 기준시가로 산정함[668] ※ 2023.2.28. 저당권 설정가액 평가방법도 "기준시가"에 포함시킴 • 기준시가에 따라 양도차익을 산정하는 경우 증여자가 지출한 감가상각비는 취득가액에 차감하지 않음[669]

---

660) 재산세과-1059, 2009.12.18.
661) 부동산거래관리과-460, 2011.6.3. ; 서면5팀-1107, 2007.4.5. ; 서면4팀-973, 2006.4.14.
662) 재일46014-1693, 1997.7.11. ; 재일46014-417, 1997.2.25.
663) 제도46014-11906, 2001.7.5.
664) 조심2021광4843, 2022.2.8.
665) 조심2019중561, 2019.4.18.
666) 법규재산-1820, 2022.1.25. ; 법규재산-1378, 2022.1.25. ; 법령해석재산-735, 2021.6.23.
667) 법규재산-1932, 2022.6.21.
668) 재산세제과-1147, 2022.9.16.
669) 법령해석재산-5, 2015.4.10. ; 조심2019중3010, 2020.3.10.

구 분	내 용
근저당 채권액, 전세보증금	• 개정 전 사안 : 〈종전 결정〉 증여가액이 시가에 의하여 산정된 경우의 양도가액만을 실지거래가액에 의하여 산정되었다고 할 것이고, "근저당권 채권액"이나 "전세보증금"은 시가에 해당되지 않음[670]
	〈최근 결정〉 개정세법 해설에 양도가액이 임대보증금인 경우 그 취득가액을 실지거래가액으로 적용하다가 2023.2.28. 양도분부터 기준시가를 적용하는 것으로 기재되어 있는 점 등에 비추어 부담부증여에 따른 양도차익 산정 시 실지 취득가액을 적용하는 것이 타당함[671]
	• 개정 후 사안 : 부담부 증여에 대한 양도차익 계산시 양도가액을 상증세법 제61조 제5항에 따라 기준시가로 산정한 경우에는 취득가액도 기준시가로 산정함[672]
부담부 증여하는 고가주택의 양도차익	• 부담부 증여하는 고가주택의 양도차익은 소득령 제160조 제1항 제1호에 따라 양도차익을 계산함[673]
	• 동 산식에서 "양도가액"은 "채무액 × (전체증여가액 ÷ 채무액)"으로 하고, "소득세법 제95조 제1항의 규정에 의한 양도차익"은 "소득령 제159조에 의해 산정한 양도로 보는 양도가액 및 취득가액 등을 적용"함[674]
양도차손의 통산	• 부담부 증여의 양도로 보는 부분의 양도차익 계산시 양도차손이 발생하는 경우, 각 자산군별로 해당 자산 외의 다른 자산에서 발생한 양도소득금액에서 그 양도차손을 공제함[675]
세율 적용	• 다주택 중과 대상 주택을 부담부 증여시 양도 부분은 중과세율을 적용함[676]
부담부 증여와 조세 특례	• 부담부 증여시 당해 증여 재산이 감면요건을 갖춘 자경농지인 경우 사실상 유상이전 되는 부분은 양도소득세가 감면됨[677]
	• 양도 당시 건물을 신축 중이었으나 부담부 증여 계약일 당시에는 농지인 바, 자경농지 감면에 해당하지 않는다고 본 것은 잘못임[678]
	• 감면요건을 갖춘 조특법 제97조 장기임대주택을 부담부 증여로 이전하는 경우로서 당해 이전이 양도에 해당하는 때에는 감면적용이 가능함[679]
	• 개인의료기관 운영자가 의료기관의 전 재산을 무상으로 출연하여 의료법인을 설립하는 경우 부담 부분은 조특법 제32조 법인전환 이월과세가 적용되지 않음[680]

---

[670] 조심2023서7274, 2023.10.31. ; 조심2015서4044, 2015.10.7. ; 조심2013부4766, 2014.4.16.
[671] 조심2023인10026, 2024.2.28.
[672] 조세법령운용과-1339, 2022.12.29. ; 법규재산-1820, 2022.1.25. ; 법규재산-1378, 2022.1.25. ; 법령해석재산-735, 2021.6.23. ; 심사양도2022-75, 2023.2.15. ; 조심2024서340, 2024.6.19. ; 조심2023서7379, 2023.7.20.
[673] 서면4팀-1949, 2004.12.1.
[674] 서면4팀-1499, 2006.5.30. ; 서면4팀-32, 2006.1.9. ; 재재산-8, 2005.1.4.
[675] 법령해석재산-58, 2018.5.24. ; 부동산납세과-722, 2017.6.19.
[676] 서면5팀-1220, 2006.12.13. ; 서면5팀-618, 2006.11.1.
[677] 부동산납세과-2, 2014.1.2. ; 재산세과-2645, 2008.9.4.
[678] 조심2021중1845, 2021.7.7.
[679] 재산세과-581, 2009.10.27. ; 서일46014-10516, 2003.4.24.
[680] 재산세과-970, 2009.5.18. ; 재산세과-4361, 2008.12.23.

Chapter 84. 부동산 기준시가, 착오하는 부분들을 정리해야 한다!

💬 내용 Summary

기본사항 Check

- **기준시가의 개념** : 자산의 "시가"는 불특정 다수인 사이에 자유롭게 거래가 이루어지는 경우에 통상적으로 성립된다고 인정되는 가액을 말하며, "실지거래가액"은 당사자가 실제로 거래한 가액을 말하는데, 조세정책상 일정한 방식에 따라 산정한 금액을 기준으로 적용하도록 한 의제된 가액을 기준시가라 함

- **기준시가의 필요성**
  ① 실지 취득가액이 불분명하여 "환산취득가액"으로 취득가액 산정하는 경우
  ② 일괄 취득/양도 자산의 가액을 안분하는 경우
  ③ 부담부 증여의 양도가액을 기준시가로 평가하는 경우
  ④ 추계 결정시 → 양도 실가, 매매사례가액, 감정가액 없을 때 최후 적용
  ⑤ 자경농지, 축사용지, 농지대토 등 감면 적용시 → 감면 제외분 개발이익 산정
  ⑥ 소득세법상 장기임대주택 요건 판단
  ⑦ 상속 또는 증여받은 재산의 취득가액 평가
  ⑧ 그 외에도 조세특례, 공과금 부과 등 많은 곳에서 기준시가 활용

- **주요 자산별 기준시가 산정**
  ① 토지 : 개별공시지가(개별공시지가 최초 고시 전 토지는 최초 고시 가액에 토지등급가액을 적용하여 환산한 가액)
  ② 일반건물 : 국세청 일반건물 기준시가
  ③ 주택 : 개별주택가격/공동주택가격
  ④ 일괄 고시 오피스텔, 상업용 건물 : 국세청 일괄 고시가격
  ⑤ 부동산을 취득할 수 있는 권리 : 취득일/양도일까지 불입 금액 + 프리미엄
  ⑥ 상장주식 : 취득일/양도일 前 1개월 동안 매일 공표된 최종 시세가액 평균액
  ⑦ 비상장주식 등 : [(1주당 순손익가치 × 3) + (1주당 순자산가치 × 2)] / 5

핵심 Point

- 최초 개별공시지가 공시 前 취득한 토지의 기준시가 : 최초 고시된 개별공시가에 토지등급가액 비율로 환산한 개별공시지가 적용(의제취득일 전 취득분은 의제취득일로 환산)
- 분할된 토지 : 지목변동 등 특성 변동이 없으면 모지번 개별공시지가 적용
- 건물 기준시가 산정시 면적 : 건축물 대장의 연면적 적용
- 주택을 상가로 용도변경하여 사용하다가 양도 : 취득 당시 개별주택가격을 개별공시지가와 건물 기준시가 비율을 합산한 후 각 차지비율로 토지와 건물 기준시가 산정
- 개별주택가격 공시 전 취득한 주택 : 최초 공시된 개별주택가격을 취득시로 환산한 가격

 **질문》**

1. 1987.10.1. 취득한 토지(1,000㎡)의 취득 관련 자료가 다음과 같을 경우 취득 당시 기준시가를 구하라.
   - 1990.8.30. 최초 개별공시지가 : 100,000원/㎡
   - 1990.1.1. 토지등급가액 : 30,000원/㎡
   - 1989.1.1. 토지등급가액 : 20,000원/㎡
   - 1987.8.1. 토지등급가액 : 15,000원/㎡

2. 1987.10.1. 취득한 토지(1,000㎡)의 취득 관련 자료가 다음과 같을 경우 취득 당시 기준시가를 구하라.
   - 1990.8.30. 최초 개별공시지가 : 100,000원/㎡
   - 1990.1.1. 토지등급가액 : 30,000원/㎡
   - 1989.1.1. 토지등급가액 : 40,000원/㎡
   - 1987.8.1. 토지등급가액 : 15,000원/㎡

3. 1990.2.1. 취득한 토지(1,000㎡)의 취득 관련 자료가 다음과 같을 경우 취득 당시 기준시가를 구하라.
   - 1990.8.30. 최초 개별공시지가 : 100,000원/㎡
   - 1990.1.1. 토지등급가액 : 30,000원/㎡
   - 1989.1.1. 토지등급가액 : 20,000원/㎡

4. 1987.10.1. 취득한 토지(1,000㎡)의 취득 관련 자료가 다음과 같을 경우 취득 당시 기준시가를 구하라.
   - 1990.8.30. 최초 개별공시지가 : 100,000원/㎡
   - 1990.1.1. 토지등급가액 : 30,000원/㎡
   - 1989.1.1. 토지등급가액 : 10,000원/㎡
   - 1987.8.1. 토지등급가액 : 30,000원/㎡

5. 2002.5.20. 취득한 개별주택의 취득 관련 자료가 다음과 같을 경우 취득 당시 기준시가(→ 환산 개별주택가격)를 구하라.
   - 2005.4.30. 개별주택가격 : 100,000,000원
   - 주택가격 공시 당시 기준시가 : 건물 20,000,000원, 토지 60,000,000원
   - 취득 당시 기준시가 : 건물 30,000,000원, 토지 10,000,000원

답변 및 해설

1. 최초 공시한 개별공시지가를 토지등급가격을 통해 취득시로 환산한 개별공시지가를 산정하는 기본 산식이다. 쉽게 얘기하면, **최초 공시된 개별공시지가가 취득 당시로 가보면 얼마나 되었을까 역산하는데 토지등급가격(=시가표준액) 비율을 이용하는 것이다.**

   ① 1990.8.30. 최초 개별공시지가 × [취득 당시 시가표준액/(개별공시지가 공시 당시 시가표준액 + 그 직전 시가표준액) ÷ 2]

   ② 100,000원 × [15,000원/(30,000원 + 20,000원) ÷ 2]
      = 100,000원 × 15,000원/25,000원
      = 60,000원/㎡ → 취득 당시 환산한 개별공시지가

   ∴ 취득 당시 기준시가(60,000,000원) = 60,000원/㎡ × 토지면적(1,000㎡)

2. 사안은 환산 개별공시지가 산식에서 분모의 가액, 즉 "(개별공시지가 공시 당시 시가표준액 + 그 직전 시가표준액) ÷ 2"의 가액이 1990.8.30. 적용하는 등급가액을 초과할 수 없다는 소득칙 제80조 제6항을 적용해 보라는 것이다.

   ① 100,000원 × [15,000원/(40,000원 + 30,000원) ÷ 2]
      그런데 분모의 가액이 35,000원으로 1990.8.30. 적용할 1990.1.1. 등급가액 30,000원보다 크므로, 분모의 값은 1990.8.30. 적용할 등급가액인 30,000원으로 하며 산술평균하지 않는다.

   ② 수정산식 : 100,000원 × [15,000원/30,000원]
      = 50,000원/㎡ → 취득 당시 환산한 개별공시지가

   ∴ 취득 당시 기준시가(50,000,000원) = 50,000원/㎡ × 토지면적(1,000㎡)

3. 사안은 **"등급조정기간이 동일한 경우로서"** 1990.8.30. 직전에 결정된 시가표준액과 취득일 직전에 결정된 시가표준액이 동일한 경우로서 1990.1.1.을 기준으로 한 개별공시지가에 곱하는 그 비율이 100/100을 초과하는 경우 그 초과하는 부분은 없는 것으로 한다는 소득칙 제80조 제6항을 적용해 보라는 것이다. 이 경우에는 최초 공시된 개별공시지가를 그대로 사용하라는 것이다.

   ① 100,000원 × [30,000원/(30,000원 + 20,000원) ÷ 2]
      = 100,000원 × [30,000원/25,000원]
      그런데 소득칙 제80조 제6항에 따라 1990.1.1. 개별공시지가에 곱하는 비율이 100%를

초과할 수 없으므로, 최초 공시된 개별공시지가를 그대로 적용한다.

② 수정산식 : 100,000원 × 100%

= 100,000원/㎡ → 취득 당시 환산한 개별공시지가

∴ 취득 당시 기준시가(100,000,000원) = 100,000원/㎡ × 토지면적(1,000㎡)

4. 사안은 **"등급조정기간이 상이한 경우에는"** 최초 공시된 개별공시지가에 곱하는 비율이 **100/100을 초과할 수 있다.** 이 경우에는 산식을 사용하여 환산개별공시지가를 산정하면 된다.

① 100,000원 × [30,000원/(30,000원 + 10,000원) ÷ 2]

= 100,000원 × [30,000원/20,000원]

이 경우는 1990.8.30. 직전에 결정된 시가표준액과 취득일 직전에 결정된 시가표준액이 동일한 경우라도 등급조정기간이 상이하므로 계산된 금액을 그대로 사용한다.

② 취득 당시 환산한 개별공시지가 : 100,000원 × 1.5 = 150,000원/㎡

∴ 취득 당시 기준시가(150,000,000원) = 150,000원/㎡ × 토지면적(1,000㎡)

5. 사안은 개별주택가격이 공시되기 전에 취득한 주택의 개별주택가격을 환산하는 방법에 대한 기본 사례이다. 쉽게 얘기하면, **최초 공시된 개별주택가격이 취득 당시에는 얼마의 금액으로 일괄 공시되었을까 추산하는데, 토지와 건물의 기준시가를 합산한 비율을 이용하는 것이다.**

① 최초 개별주택가격 × [취득 당시 토지와 건물 기준시가 합계액/(개별주택가격 공시 당시 토지와 건물 기준시가 합계액)]

② 100,000,000원 × [(30,000,000원 + 10,000,000원)/(20,000,000원 + 60,000,000원)]

= 100,000,000원 × 40,000,000원/80,000,000원

= 50,000,000원 → 취득 당시 환산한 개별주택가격

관련 사례

구 분	내 용
불복청구에서 공시지가 위법 주장	• 개별공시지가에 대해 불복하려면 이의절차를 거쳐 행정소송을 제기해야 하며, 그러한 절차 없이 조세불복에서 공시지가의 위법성을 다툴 수 없음[681] • 개별공시지가 결정이 관련 법령이 정하는 절차와 방법에 따라 적법하게 이루어진 이상, 개별공시지가가 감정가액이나 실제거래가액보다 높다는 사유만으로 그 공시지가 결정이 위법하게 되는 것은 아님[682] • 당해 토지에 대한 개별공시지가가 있음에도 그것이 잘못 책정되었기 때문에 연접 토지의 공시지가를 적용하여야 한다는 주장은 받아들일 수 없음[683]
개별공시지가가 경정된 경우	• 개별공시지가를 경정결정 공고하면 당초 개별공시지가는 효력을 상실하고 경정된 새로운 공시지가가 공시기준일에 소급하여 효력을 발생함[684] • 경정고시된 경우 개별공시지가는 경정 고시된 것을 적용해야 함[685] • 경정된 개별공시지가의 소급적용은 조세법률주의에 반하지 않음[686]
개별공시지가 공시일에 양도한 경우	• 개별공시지가가 공시된 바로 그날에 양도행위가 이루어진 경우 양도 당시 공시지가는 종전 개별공시지가가 아니라 새롭게 공시된 개별공시지가를 적용함[687]
개별공시지가가 없는 토지의 의미	• 이는 개별공시지가가 없거나 개별공시지가는 존재하더라도 지목변경 등으로 개별공시지가 산정의 기초가 되는 토지특성이 달라져서 공시된 개별공시지가를 그대로 적용하는 것이 불합리하다고 볼 특별한 사정이 있는 경우의 토지를 의미하며(사실판단), 건축물의 용도변경으로 인하여 지목이 변경된 경우를 포함함[688]
토지의 용도변경	• 토지의 용도변경은 용도지역 변경을 말하는 것은 아니고 지목분류 기준인 토지의 실제 이용상황의 변경을 말하며, 토지 이용상황의 변경이 있는 이상 그 변경이 토지 자체의 형질이나 용도변경에 의한 것인지 그 지상에 건축된 건축물의 용도변경에 따른 것인지에 따라 달리 볼 것은 아님[689]
선입선출법 적용	• 합병 前 토지의 "취득일이 다른 경우로서" 양도한 자산의 취득시기가 분명하지 않은 경우에는 먼저 취득한 자산이 먼저 양도된 것으로 보므로 먼저 취득한 자산부터 기준시가를 계산함[690]
지목 변경된 토지	• 취득 당시 개별공시지가가 없는 토지는 세무서장이 평가한 가액을 그 취득가액으로 하여 과세하여야 함에도 지목변경 전인 답의 취득 직전 고시된 개별공시지가로 취득가액을 산정함은 부당함[691]

---

681) 대판93누16468, 1995.11.10. ; 대판93누10828, 1994.3.8.
682) 국심2006서2984, 2006.11.15. ; 대판2003두12080, 2005.7.15.
683) 국심2000부2147, 2001.1.3.
684) 대판93누15588, 1994.10.7. ; 대판93누16925, 1993.12.7.
685) 서면4팀-1892, 2004.11.23.
686) 대판98두2669, 1999.10.26.
687) 조심2014부3768, 2014.12.29. ; 부산고법2015누22653, 2016.1.29.
688) 부동산납세과-1791, 2015.10.30. ; 대판2007두13180, 2009.5.14.
689) 대판2007두13173, 2009.5.28.
690) 양도 집행기준 99-164-5
691) 심사양도2005-59, 2005.9.20. ; 국심2005중2773, 2006.3.24.

구 분	내 용
토지의 합병 후 분할	• 여러 필지를 "같은 날" 취득하여 1필지의 토지로 합병한 후 다시 여러 필지의 토지로 분할하여 양도하는 경우 취득 당시 기준시가는 합병 前 토지의 개별 필지별 기준시가의 합계액을 총 토지면적으로 나누어 계산함[692]
토지의 분할	• 토지 중 일부를 분할하여 양도할 경우 "취득 당시" 기준시가는 분할 前 종전 지번 토지의 개별공시지가를 적용함[693] • 당초 지번에서 분할되어 양도 당시 개별공시지가가 없고, 개별공시지가가 현저하게 상승한 토지에 대하여 2개의 감정평가기관이 평가한 감정가액을 적용하여 "양도 당시" 기준시가를 산정할 수 있음[694]
개별공시지가 공시된 후 분할된 토지	• 개별공시지가 공시 후 토지가 분할되어 토지특성이 달라진 토지를 취득한 경우 관할세무서장 등이 평가한 가액을 취득 당시 기준시가로 하지만, 토지특성의 변동 없는 단순분할된 토지를 취득한 경우 분할 전 지번의 개별공시지가를 취득 당시 기준시가로 할 수 있으며, 그 해당 여부는 사실판단 사항임[695] • 단순 분할된 필지의 개별공시지가를 감정평가하여 산정한 것은 위법함[696]
취득일 이후 지목이 변경된 토지	• 취득일 현재 고시된 개별공시지가 있는 토지 취득 후 형질변경으로 지목(지번변경 포함)이 변경된 토지 양도시 취득 당시 적용할 기준시가는 취득일 현재 고시되어 있는 개별공시지가를 적용함[697]
지번변경으로 개별공시지가가 없는 토지	• 새로운 공시지가가 고시되기 전에 지번 변경으로 당해 지번에 대한 개별공시지가가 없는 토지가 필지분할 및 지목변경에 의하여 지번이 새로이 부여된 경우 개별 공시지가가 없는 토지로 보아 관할세무서장이 평가한 가액으로 계산하지만, 단순히 지번만 변경된 경우에는 "변경 전 토지"의 개별공시지가를 적용함[698]
개별공시지가가 없는 토지 (도로·공원·하천)	• 개별공시지가 없는 토지(도로, 공원, 하천 등)의 기준시가는 당해 토지와 지목, 이용 상황 등 지가형성 요인이 유사한 인근 토지의 개별공시지가를 기준으로 관할 세무서장이 평가한 가액으로 하며, 이 경우 비교표 적용에 있어 당해 인근 토지를 표준지로 봄[699]
단수 처리	• 소수점 이하가 있는 토지의 면적에 개별공시지가를 곱하여 당해 토지의 가액을 산정하는 경우 토지면적은 소수점 이하를 절사하지 아니하나, 취득 및 양도가액은 소수점 이하를 절사하여 계산함[700]

---

692) 양도 집행기준 99-164-4 ; 재일46014-530, 1995.3.6.
693) 양도 집행기준 99-164-2 ; 서면4팀-1157, 2004.7.23.
694) 양도 집행기준 99-164-3
695) 부동산거래관리과-1298, 2010.10.28. ; 대판2008두20796, 2009.2.26.
696) 조심2009서371, 2009.12.31.
697) 서일46014-10014, 2002.1.7.
698) 재일46014-241, 1998.2.12. ; 심사양도2004-131, 2004.9.20.
699) 재일46014-1596, 1996.7.6. ; 재일46014-3002, 1995.11.18.
700) 재일46014-1425, 1998.7.29.

구 분	내 용
환지된 토지로 개별공시 지가가 없는 토지	• 취득일/양도일 전에 토지가 환지된 토지의 취득 당시 또는 양도 당시의 개별공시지가가 없는 경우 관할 세무서장이 평가한 가액으로 함[701]
표준지를 특정하여 선정하지 않거나 토지가격비준표에 의하지 않은 경우	• 표준지를 특정하여 선정하지 않거나 토지가격비준표에 의하지 아니한 채 개별공시지가가 없는 토지의 가액을 평가하고 그에 기초하여 기준시가를 정하는 것은 위법함[702] • 해당 토지의 취득 당시 개별공시지가가 고시되지 않은 경우 주변 유사 토지의 기준시가를 해당 토지의 취득 당시 기준시가로 보아 환산가액을 산정할 수 없음[703]
토지등급가액	• 토지등급 변동이 없어 별도로 토지등급을 수정결정하지 않는 경우, 즉 직전연도와 토지등급이 동일하여 토지등급가격이 기재되지 않은 경우에는 "직전에 결정된 토지등급"을 당해 연도의 토지등급으로 봄[704] • 등급이 없는 토지에 대하여 당해 토지의 취득일로부터 1년 이상 지난 유사 토지의 등급을 이용하여 과세한 처분은 부당함[705] • 의제취득일 前 취득한 토지는 의제취득일에 취득한 것으로 보기에,[706] 취득 당시 토지등급가격은 의제취득일에 설정된 토지등급가격을 적용함[707] • 의제취득일의 가액이 없는 경우 인근 유사토지등급을 적용할 수 없음[708] • 1984.7.1. 이후 "평"당 가액에서 "㎡"당 가액으로 산정단위가 변경되면서(지방세법 시행규칙 별표1 개정) 토지등급 재설정 방법은 평당 등급가액에 0.3025를 곱하여 (1㎡ = 121/400평 = 0.3025평, 1평 = 400/121㎡ = 3.3058㎡) ㎡당 등급가액을 산출한 뒤 신등급표의 해당 가액에 맞는 등급을 설정하되, 해당 가액에 맞는 등급이 없는 경우 "직근 상위등급"으로 설정함[709] • 1990.8.30. 이전에 취득한 토지의 취득 당시 기준시가를 소득령 제164조 제4항에 의하여 산정함에 있어 취득 당시 또는 1990.8.30. 현재의 시가표준액은 취득일 또는 1990.8.30. 현재의 토지등급가액(환지예정지의 지정으로 시장·군수가 잠정등급을 설정한 경우에는 잠정등급)을 적용함[710]

---

701) 부동산거래관리과-581, 2011.7.8. ; 서면4팀-1644, 2005.9.12. ; 조심2008중1244, 2008.6.23.
702) 대판2013두25702, 2014.4.10.
703) 법령해석재산-83, 2017.5.16.
704) 서면부동산-22314, 2015.3.26. ; 조심2009구2349, 2010.6.21. ; 대판2000두6138, 2000.12.22.
705) 국심2000서3100, 2001.8.8.
706) 부동산거래관리과-909, 2010.7.13. ; 부동산거래관리과-216, 2010.2.8.
707) 법령해석재산-242, 2015.9.9. ; 국심2002서339, 2002.4.26.
708) 조심2019서4352, 2020.2.12.
709) 재일46014-937, 1998.5.26. ; 국심2003서1157, 2003.6.13.
710) 부동산거래관리과-982, 2011.11.21. ; 재산세과-2445, 2008.8.25.

구 분	내 용
용도지수 적용시 용도구분	• 기준시가 산정시 적용할 용도지수는 "취득 및 양도 당시" 건물의 사실상 사용용도에 의하여 각각 판정하고, 주된 건물과 부속건물의 구조가 상이할 경우 각각의 구조지수를 적용하여 기준시가를 산정함[711] • 건물 기준시가 산정시 용도지수 적용시 용도구분은 "양도 및 취득 당시" 건축법 시행령 별표1 "용도별 건축물의 종류"에 따름[712]
건물의 부속물	• 과세대상 건물에는 건물에 부속된 시설물과 구축물을 포함하며, 주차건물 내 자동차용 엘리베이터 등 건물에 부속된 시설물과 구축물은 건물에 포함되어 과세되므로 별도로 구분하여 기준시가를 적용하지 않음[713]
기준시가 산정시 적용되는 면적 기준	• 개별주택 양도시 토지와 건물의 양도가액 구분이 불분명하여 양도가액을 안분하는 경우 또는 취득가액을 환산취득가액으로 산정하는 경우 기준시가 산정 면적은 "건축물대장의 연면적"을 적용함[714]
주택을 상가로 용도변경하여 양도	• 층별 가액 구분 없이 일괄로 주택을 취득한 후 1층만 상가로 용도변경한 경우, 실지 취득가액에서 양도소득세가 과세되는 1층의 취득가액을 산정할 때 취득 당시 기준시가는 각 층별로 개별주택가격이 공시되어 있으므로 공시된 각 층별 개별주택가격을 적용함[715] • 주택을 상가로 용도변경하여 양도하는 경우 환산취득가액 계산시, 취득 당시 기준시가는 환산주택가격을 자산별 기준시가로 안분하여 토지와 주택분 기준시가를 각각 산정하며, 양도 당시 기준시가는 일반건물과 토지에 대한 기준시가를 적용함[716]
상업용 건물 등 일괄 고시가액의 안분 적용	• 일괄 고시된 상업용 건물의 양도차익 산정시 자산별로 서로 다른 방법에 의해 양도차익을 산정하는 경우 일괄 고시된 상업용 건물의 양도차익 산정시 토지, 건물의 각 기준시가는 일괄 고시 금액을 토지 개별공시지가와 일반건물 기준시가를 적용하여 안분 계산함[717]
취득시부터 계속 사업용 건물 사용 (개별주택가격 공시)	• 공부상 주택이지만 사실상 상가로 사용하였다면 토지는 개별공시지가로 하고 건물은 국세청 기준시가로 평가해야 하는 점, 해당 건물은 공부상 주택이나 사실상 요양시설로 계속 사용되었던 점 등에 비추어 건물의 취득가액을 개별주택가격이 아닌 국세청 기준시가로 환산한 것은 달리 잘못이 없음[718]
상가 부분의 일부 멸실	• 겸용주택의 개별주택가격이 최초 공시된 이후 상가 일부를 멸실한 후 해당 겸용주택을 양도하여 취득가액을 환산취득가액으로 적용함에 있어 취득 당시 기준시가는 취득 당시 현황에 의해 산정하되, 멸실된 건물 부분의 취득가액은 양도가액에서 공제되는 필요경비에 산입되지 않음[719]

---

711) 제도46014-10597, 2001.4.16.
712) 서면5팀-861, 2006.11.17. ; 서면4팀-2570, 2005.12.21.
713) 재산46014-598, 2000.5.18.
714) 법령해석재산-448, 2016.12.27. ; 법령해석재산-223, 2015.8.18. ; 법규재산 2014-529, 2014.6.24.
715) 서면부동산-538, 2015.7.10.
716) 양도 집행기준 99-164-10 ; 부동산거래관리과-230, 2010.2.10.
717) 서면5팀-481, 2006.10.24.
718) 조심2015서3365, 2016.3.18. ; 조심2012서318, 2012.3.29.
719) 법령해석재산-250, 2018.12.26.

구 분	내 용
개별주택가격이 잘못 공시된 경우	• 당해 주택에 대하여 최초로 공시한 주택가격이 실제의 현황과 다른 공부상의 주택을 적용하여 결정·공시된 경우 당해 주택의 최초 공시가격은 시장·군수 등이 정정하여 공시한 개별주택가격을 적용함[720]
주택가격 공시 후 다른 용도 사용	• 개별/공동주택가격이 공시된 이후 해당 주택의 용도를 사무실로 사용하고 있어도 실제 용도와 관계없이 고시된 가액으로 적용함[721]
일괄고시 대상이 아닌 상업용 건물	• 오피스텔 및 상업용 건물이라도 일괄 고시대상이 아닌 경우, 토지는 개별공시지가를, 건물은 국세청장이 고시하는 건물 기준시가를 적용함[722]
공동주택 부수토지가 다수 필지인 경우	• 공동주택에 딸린 토지가 다수 필지인 경우 등기부에 처음 기재된 지번의 필지를 기준으로 개별공시지가 및 토지등급을 적용하며, 납세자가 신고하거나 과세할 것을 요구하는 경우 등기부에 기재된 필지 전부의 개별공시지가 및 토지등급을 적용하여 기준시가를 계산함[723] • 공동주택의 부수토지가 다수 필지인 경우 취득 당시 기준시가는 당해 주택에 대하여 최초 주택가격 공시 당시의 대표지번을 기준으로 산정함[724]
일괄 양도 가액의 안분시 연면적 적용	• 개별주택의 토지와 건물을 함께 취득 또는 양도하는 경우 가액 구분이 불분명하여 안분하는 경우 건물 기준시가는 건축물대장상 연면적을 기준으로 산정함[725]
당해 연도만 공시 누락	• 취득일 전후의 연도에는 공동주택가격이 공시되었어도 당해 연도에 누락된 경우 관할 세무서장이 평가한 가액으로 함[726]
일괄 고시 前 취득시 환산기준시가 안분	• 일괄 고시 前 취득하여 환산기준시가 산정 규정에 따라 자산별(토지, 건물) 취득 당시의 기준시가는 최초 일괄고시가액을 취득시로 환산한 가액을 자산별 취득 당시의 개별공시지가 및 건물기준시가에 의하여 안분계산한 가액으로 함[727]
공동주택가격 등 공시 前 취득한 주택 등의 장기임대주택 요건	• 신축된 아파트로서 공동주택가격이 공시되기 전에 임대사업자등록을 하는 경우 등록기준이 되는 기준시가 산정시 공동주택가격이 없는 경우에는 납세지 관할세무서장이 인근 유사주택의 공동주택가격을 고려하여 소득령 제164조 제11항에서 정하는 방법에 따라 평가한 가액으로 함[728] • 임대 개시하는 날 당시 소득세법 제99조 제1항 제1호 다목에 따라 고시된 오피스텔 기준시가(토지·건물 일괄 산정 가액)가 없는 경우에는 같은 호 가목(공시지가)의 가액과 나목(건물 기준시가)의 가액의 합계액을 기준으로 기준시가 6억원(수도권 밖 3억원) 이하 여부를 판단하는 것임[729] → 해석 변경 여부는 불분명함

---

720) 부동산납세과-1754, 2015.10.26. ; 부동산납세과-718, 2014.9.23. ; 상속증여세과-167, 2013.5.29. ; 부동산거래관리과-363, 2010.3.10. ; 재산세과-863, 2009.11.27.
721) 서면부동산-538, 2015.7.10. ; 부동산거래관리과-230, 2010.2.10.
722) 서면4팀-3710, 2006.11.9.
723) 양도 집행기준 99-164-11 ; 재일46014-2144, 1998.11.5.
724) 서면4팀-3894, 2006.11.28.
725) 법령해석재산-448, 2016.12.27. ; 재산세제과-802, 2015.12.4.
726) 법령해석재산-559, 2017.5.22.
727) 부동산거래관리과-713, 2010.5.18. ; 재산세과-371, 2009.10.5.
728) 부동산납세과-209, 2019.2.28. ; 법령해석재산-3499, 2018.7.30.
729) 법규재산-53, 2025.4.17.

Chapter 85

과세자료 해명안내, 현지확인, 세무조사와 구분해야 한다!

내용 Summary

기본사항 Check

- **과세자료** : 과세관청이 직무상 작성 또는 취득하여 관리하는 자료로서 국세의 부과, 징수와 납세관리에 필요한 자료

- **현지확인** : 각 세법에 규정하는 질문조사권 또는 질문검사권에 따라 세원관리, 과세자료 처리 또는 세무조사 증거자료 수집 등을 처리하기 위하여 납세자 또는 그 납세자와 거래가 있다고 인정되는 자 등을 상대로 세무조사에 의하지 않고 현장확인 계획에 따라 현장출장하여 사실관계를 확인하는 행위

- **세무조사** : 각 세법에 규정하는 질문조사권 또는 질문검사권에 근거하여 조사공무원이 납세자의 국세에 관한 정확한 과세표준과 세액을 결정 또는 경정하기 위하여 조사계획에 의해 세무조사 사전통지 또는 세무조사 통지를 실시한 후 납세자 또는 납세자와 거래가 있다고 인정되는 자 등을 상대로 질문하고, 장부·서류·물건 등을 검사·조사하거나 그 제출을 명하는 행위

핵심 Point

- 과세자료 해명안내 또는 현장확인에 대한 최근 대법원 판례 : 전통적으로 과세관청이 현장확인으로 판단한 행위들에 대하여 세무조사로 보아 절차 위반으로 위법 판단 사례 증가

- 과세자료 해명안내, 현지확인, 세무조사에 대한 판단기준 정립 필요 → 현장확인이 불복에서 세무조사로 판정나면 과세사유가 이유 있더라도 절차 위반으로 위법하므로 매우 중요

- 판례에 따르면 통상 다음과 같이 판단
  ① 과세자료 해명 안내 및 관련 소명자료 제출 요청 : 세무조사 ? → No
  ② 현장확인에 의해 단순 거래사실 확인 : 세무조사 ? → No
  ③ 현장확인에 의해 문서서 및 확인서 작성, 금융자료 요구 : 세무조사 ? → Yes
  ④ 현장확인에 의해 특정 거래 원장 요구 및 거래상대방에 대해 거래사실 확인서 작성 요구 : 세무조사 ? → Yes
  ⑤ 직무감사 중 특정거래 사실에 대해 질문 및 문답서, 확인서 작성케 하고 관련 자료 제출 요구 : 세무조사 ? → Yes

질문 »

1. A조사관은 양도소득세 과세자료를 처리하면서 B납세자에게 전 소유자C의 양도가액과 불일치에 따른 실가 상이 과세자료와 관련한 해명자료의 제출을 요청하였다. 대법원 판례에 따르면 A조사관의 자료제출 요구가 세무조사에 해당하는가?

2. A조사관은 납세자에 대한 과세자료를 처리하면서 현장확인 계획을 수립하여 출장을 나간 후 납세자를 만나 공사와 관련한 계약서 및 공사견적 내역을 제출하여 줄 것을 요구하고, 관련 금융자료를 요청하고, 질문 및 답변에 대한 문답서와 확인서를 작성케 하여 수취하였다. 대법원 판례에 따르면 A조사관의 행위는 세무조사에 해당하는가?

3. A조사관은 이미 자산이 조사한 업무와 관련하여 직무감사를 받으면서, 세무조사 당시 확인하지 못하였던 사항을 지적을 받고 현지확인 출장을 통해 납세자를 만나 관련 서류를 요구하고 질문 및 확인서를 받아 당초 과소 고지한 것에 대해 추가로 고지처분을 하였다. 대법원 판례에 따르면 A조사관의 행위는 세무조사에 해당하는가?

답변 및 해설 »

1. 세무조사는 기본적으로 과세관청이 납세자에게 질문 및 검사를 행하고 납세자는 수인의무가 주어지는 행위를 말한다. 중복조사 금지 등에서 말하는 세무조사는 과세관청이 납세자에게 요구하는 모든 행위를 의미하는 것이 아니다. 단순히 과세자료 해명 안내로서 자료제출을 요청하는 것은 세무조사로 보기 어렵다. 만일 이를 세무조사라고 하면 단순히 확인만으로 업무가 가능함에도 모두 세무조사로 전환하여야 하는 결과가 되어 행정력 낭비뿐만 아니라 납세자도 불필요하게 세무조사에 응하여야 하기 때문이다.

2. 형식상 현장확인이라도 거래상대방의 계약서 및 특정사실 관련 원장 및 금융증빙을 요구하고 그에 대한 질문 및 답변의 문답서 작성, 확인서 수령과 같은 행위는 현지확인의 범주를 넘는다. "현장확인" 정의를 포괄적으로 규정한 조사사무처리규정 제3조에 근거하여 사안과 같은 경우 세무조사가 아니라고 주장하는 사람들이 있으나, 대법원 판례가 최근 들어 현장확인을 상당히 엄격하게 제한하는 점에 비추어 사안과 같은 경우 세무조사로 봄이 타당하다.

3. 직무감사라고 하더라도 특정 사실에 대한 자료 요청과 아울러 질문 및 답변, 확인서 작성 요구 등이 결합되면 판례는 세무조사로 판단하고 있다.

관련 사례

구 분	내 용
신고시인과 세무조사 등	• 과세관청이 "신고시인"을 했더라도 세무조사 또는 그에 대한 감사 지적으로 오류를 바로잡는 것은 당연히 허용됨[730]
현장확인과 세무조사	• 과세자료나 신고내용 정확성 검증 등을 위한 모든 행위가 재조사가 금지되는 세무조사에 해당한다고 보면 단순한 사실관계 확인만으로 충분한 사안에서 언제나 정식 세무조사에 착수할 수밖에 없고 납세자도 불필요하게 응하여야 하므로 납세자 등이 대답하거나 수인할 의무가 없고 영업자유 등을 침해하거나 세무조사권 남용 염려가 없는 행위는 "세무조사"에 해당하지 않음[731] • 세무조사 후 감사과정에서 소명자료를 제출케 하고 수차례 방문하여 소명과정에서 질문답변하고 그 근거를 질문검사권으로 밝힌 경우 중복조사임[732] • 담당공무원들이 부동산을 방문하여 양수법인 대표에게 그 명의로 된 확인서의 진정 여부를 확인한 외에 대표자 및 직원에게 공사 여부 등을 질문하고 답변을 듣고 그 내용을 기재한 진술서를 받고 감가상각비명세서를 제출받았는데, 이는 질문조사권 또는 질문검사권에 근거하여 납세자의 거래처 또는 거래상대방에 대한 거래사실 등을 확인한 업무로 세무조사에 해당함[733] • 부동산 취득 조사과정에서 다른 부동산 취득에 관한 질문조사권이 행사되고 이를 통해 과세요건 사실을 확인하고 필요한 자료를 수집하는 일련의 행위가 이루어져 세무조사로 보아야 함[734] • 세무조사 후 감사과정에서 소명자료를 제출케 하고 수차례 방문하여 소명과정에서 질문답변하고 그 근거를 질문검사권으로 밝힌 경우 중복조사임[735]
중복조사	• 종전과 같은 세목 및 같은 과세기간에 대하여 중복 실시된 위법한 세무조사에 기초하여 이루어진 부과처분은 위법함[736] • 중복조사는 그 자체로 위법하고, 과세관청이 그러한 재조사로 얻은 과세자료를 과세처분의 근거로 삼지 않았거나 이를 배제하여도 동일한 과세처분이 가능하여도 마찬가지임[737]

---

730) 심사양도2021-63, 2021.10.13.; 감심2021-739, 2023.7.11.; 조심2023서870, 2023.10.10.; 조심2022중8219, 2023.3.22.; 조심2021부3060, 2021.10.27.; 대구고법2022누3743, 2023.2.10.; 대구지법2021구합25587, 2022.7.20.; 서울행법2015구단5552, 2015.9.18.
731) 조심2021서4896, 2022.4.20.; 조심2021중3694, 2021.10.27.; 조심2021중1899, 2021.7.1.; 조심2020광8327, 2021.3.8.; 부산지법2018구합23214, 2019.7.25.; 부산지법2018구합21614, 2018.9.14.; 서울고법2016누62513, 2017.6.28.; 서울고법2016누81262, 2017.4.11.; 대판2014두8360, 2017.3.16.
732) 서울행법2020구합59468, 2021.4.9.; 서울고법2021누43486, 2022.7.8.
733) 서울고법2016누49589, 2016.10.11.; 대판2016두55421, 2017.12.13.
734) 서울행법2016구합55704, 2017.2.14.
735) 대판2015두58089, 2016.3.10.; 서울고법2021누43486, 2022.7.8.; 광주고법2015누5329, 2015.11.5.; 서울행법2020구합59468, 2021.4.9.
736) 대판2004두12070, 2006.6.2.; 서울고법2022누30630, 2022.7.22.
737) 대판2016두55421, 2017.12.13.

Chapter 86 양도소득세 예정신고, 흡수소멸설 판결에 주목하라!

내용 Summary

기본사항 Check

- **자산을 1회 양도한 경우** : 예정신고납부 1회로 납세의무 종결
- **같은 세율 자산을 2회 이상 양도한 경우** : 다음 중 납세자 선택
  ① 2회분 예정신고납부시 1회 양도에 대한 신고한 부분과 합산하여 신고납부
  ② 각각 예정신고납부 후 다음 연도 5월 중 확정신고납부 정산
- **예정신고납부의 효력** : 잠정적 확정력

핵심 Point

- 1회만 양도하고 예정신고한 것에 오류가 있어 경정고지한 경우 확정신고로서 효력 부인 가능 여부
  → No
- 2회 이상 양도하고 각각 예정신고납부한 것에 대해 오류사항 발견하여 고지한 경우 확정신고로 합산 신고납부한 경우 예정신고 및 징수처분의 효력은? → 확정신고에 흡수되어 소멸 (판례)

질문 »

1. 甲은 2023년 1월 중 토지를 양도하고 사업용 토지로 보아 2023년 3월 중 양도소득세를 예정신고납부하였다. 그러나 과세관청은 비사업용 토지로 보아 2023년 8월 초 과소신고납부분에 대해 가산세를 포함하여 고지하였다. 甲은 2024년 5월 중 다시 비사업용 토지로 하여 확정신고납부를 하고 기존 신고납부분에 대해 경정청구를 하였다. 조세심판원 결정에 따르면 동 경정청구는 허용이 되는가?

2. 甲은 2023년 1월 중 상가를 양도하고 2023년 3월 중 양도소득세를 기본세율로 예정신고납부하였다. 이후 2023년 3월 중 임야를 양도하고 기본세율로 예정신고납부하였다. 그런데 상가의 취득가액에 오류가 있음이 발견되어 2023년 8월 초 과소신고납부분에 대해 가산세를 포함하여 고지하였다. 甲은 2024년 5월 중 취득가액을 정확하게 산정하여 2개 물건의 양도소득금액을 합산한 뒤 확정신고납부를 하였다. 최근 판례에 따르면 예정신고 오류에 대한 징수처분의 효력은 유지되는가?

답변 및 해설 »

1. 조세심판원 결정에 따르면, 경정청구가 예정신고에 대한 것이라면 경정청구 대상이 없고 청구기간도 도과하여 부적법하고, 확정신고에 대한 것이라면 확정신고와 동일한 내용으로 경정하여 달라는 것은 허용될 수 없다고 본다.

2. 판례에 따르면 납세자가 예정신고를 한 후 그와 다른 내용으로 확정신고를 한 경우에는 그 예정신고에 의하여 잠정적으로 확정된 과세표준과 세액은 확정신고에 의하여 확정된 과세표준과 세액에 흡수되어 소멸하고, 이에 따라 예정신고를 기초로 이루어진 징수처분도 소멸한다고 보고 있다.

당초 서울고등법원 판결이 나왔을 때, 예정신고납부가 의무화되었고, 가산세 부과 및 후속 징수처분이 존재하므로 대법원이 어떤 형태로든 본안 판단을 할 것으로 생각했는데, 심리불속행으로 국가패소로 확정되었다. 이에 따라 누진세율 과세 대상을 2 이상 양도하고 각각 예정신고한 것에 대해 예정신고의 효력이 소급하여 소멸한다고 보면 다음과 같은 현상이 발생하므로 규정을 명확하게 할 필요가 있다.

첫째, 예정신고에 세액을 과소신고하더라도 확정신고에 따라 예정신고의 효력이 소급하여 소멸하게 된다면 이에 부수하여 이미 발생한 과소신고가산세 등 가산세도 소멸하게 된다. 따라서 1개의 자산을 양도하고 예정신고를 과소하게 하더라도 추가로 1개의 자산을 더 양도한 뒤 다음 연도에 확정신고하면 정상적인 신고로 변경되어 가산세 부담이 사라지므로 2 이상 양도에 대해 정상적으로 신고납부할 이유가 없어지고 예정신고 관련한 가산세 규정도 무의미하게 된다. 극단적으로 말하면, 1회 양도하고 예정신고납부시 자칫 과소신고할 유인이 제공되는 것이다. 일부러 과소신고하여 과세관청이 이를 포착하여 과세하더라도 같은 과세기간에 동일한 세율이 적용되는 자산을 1회 더 양도하고 예정신고한 뒤 다음 연도에 확정신고납부를 하면 되기 때문이다.

둘째, 같은 과세연도에 동일한 세율이 적용되는 자산을 2회 이상 양도하고 각각 예정신고를 한 뒤 납부를 하지 않더라도 다음 연도에 확정신고납부하면 징수처분이 소멸하게 되므로 구태여 예정신고 후 납부할 필요도 없어지는 문제가 발생한다. 이에 따라 과세관청은 예정신고 무납부에 대하여 징수처분이 사실상 불가하게 되는 불확정 상태에 놓이며 예정신고 "납부"에 대한 규정도 무의미하게 된다는 점이다. 이는 가산세 문제뿐만 아니라 예정신고 징수처분의 불안정성으로 인한 징수행정의 불확실성에 의한 행정력 낭비까지 가미되게 된다.

관련 사례

구 분	내 용
동일 세율 자산을 1회 양도한 경우	• 1세대 1고가주택 예정신고에 대해 거래가액 허위기재를 발견하여 고지하자 다음 연도에 양도가액을 정상으로 확정신고한 뒤 경정청구한 경우, 경정청구가 예정신고에 대한 것이라면 경정청구 대상이 없고 청구기간도 도과하여 부적법하고, 확정신고에 대한 것이라면 확정신고와 동일한 내용으로 경정하여 달라는 것은 허용될 수 없음[738]
동일 세율에 대해 2회 이상 예정신고자의 확정신고 또는 경정청구	• 납세자가 예정신고를 한 후 그와 다른 내용으로 확정신고를 한 경우에는 그 예정신고에 의하여 잠정적으로 확정된 과세표준과 세액은 확정신고에 의하여 확정된 과세표준과 세액에 흡수되어 소멸하고, 이에 따라 예정신고를 기초로 이루어진 징수처분도 소멸함[739] • 3차 양도와 관련하여 양도소득세 신고를 하면서 앞선 1·2차 양도소득금액을 합산하지 않았고 그로 인해 세율도 잘못 적용함에 따라, 납세자가 확정신고를 하여야 하거나 과세관청이 경정을 하여야 할 것으로 보이고, 그 경우 당초 예정신고에 의하여 잠정적으로 확정된 과세표준과 세액은 확정신고 등에 흡수되어 소멸하므로, 예정신고에 대한 경정청구를 허용하여 불복 대상으로 삼을 특별한 사정이 있다고 보기 어려움[740]

---

738) 심사양도2016-26, 2016.5.9. ; 대판2017두73297, 2021.12.30.
739) 대판2023두39014, 2023.6.15. ; 서울고법2022누60020, 2023.3.7. ; 서울행법2021구합77418, 2022.8.19.
740) 조심2022중7275, 2023.1.11.

Chapter 87

2009.3.16.~2012.12.31. 취득 주택, 장기보유특별공제 쟁점은?

내용 Summary

기본사항 Check

- 소득세법 개정법률 제9270호 부칙 제14조 : 2009.3.16.~2012.12.31.(이하 "특례취득기간") 취득한 주택 등 특례
  ① 다주택 중과세율 : 적용 배제
  ② 장기보유특별공제 : (당초) 적용 배제 → (개정) 적용 배제 규정 삭제
- 해당 부칙 규정 적용
  ① "개정 연혁" 이해가 필수
  ② "해당 부칙 규정의 성격" 규명이 필수적 전제

핵심 Point

- 특례취득기간 취득한 주택이 조정대상지역 소재시 다주택 중과세율 적용 여부
  ① 과세관청 및 조세심판원 : (당초) 중과세율 적용 ○ → (변경) 중과세율 적용 ×
  ② 법원 판결 : 중과세율 적용 ×(수원지법 → 수원고법)
- 특례취득기간 취득한 주택이 조정대상지역 소재시 장기보유특별공제 적용 여부
  ① 과세관청 및 조세심판원 : 장기보유특별공제 적용 배제
  ② 법원 판결 : 장기보유특별공제 적용 배제(서울행정법원)

질문 »

甲은 2010년 1월 취득한 A주택을 비롯하여 서울에 3주택을 보유하다가 2022년 2월에 서울에 소재한 A주택을 양도하였다. 이에 대해 1세대 3주택 보유자로 "기본세율 + 30%" 중과세율을 적용하고 장기보유특별공제 적용을 배제하여 양도소득세 예정신고를 하였다.

1. 3주택 중과세율 적용이 타당한가? 만일 타당하지 않다면 구제방법은?

2. 장기보유특별공제(공제율 24%) 적용을 배제한 것은 정당한가?

답변 및 해설 »

1. 특례취득기간에 취득한 주택의 경우 현재의 과세관청 해석 및 심판결정, 판례는 기본세율을 적용하여야 한다고 보고 있다. 따라서 사안은 기본세율 적용 대상에 해당하며, 경정청구기간 5년을 경과하지 않았기에 경정청구를 통해 구제받을 수 있다.

2. 특례취득기간에 취득한 주택 양도에 대하여 장기보유특별공제 적용을 배제할 것인지 여부에 대해 현재 과세관청 해석과 조세심판원, 서울행정법원은 모두 공제를 부인하는 입장이다. 그 근거는 ① 장기보유특별공제 적용 배제를 규정하는 소득세법 제95조 제2항에서 "……제7항 각 호에 따른 자산은 제외한다."고 규정하고, 소득세법 제104조 제7항 각 호에서 "조정대상지역의 1세대 2주택 이상에 해당하는 것으로서 대통령령으로 정하는 주택을 말하는데 그 위임을 받은 소득령 제167조의 3 등에서 2009.3.16.~2012.12.31. 취득한 주택에 대한 명문 규정이 없다는 점과, ② 종전에는 "(소득세법 제104조) 제1항 제4호부터 제10호까지의 규정에 따른 세율을 적용받는 자산을 제외한다."고 규정하여 중과세율 적용을 전제로 장기보유특별공제 적용을 배제하였으나, 2018.4.1. 이후에는 중과세율 적용을 전제로 규정하고 있지 않으며 세법규정은 엄격하게 해석하여야 한다는 점을 근거로 한다.

이에 대해서는 다음과 같은 점들을 논거로 하여 장기보유특별공제 적용(표1 공제율)을 인정하여야 한다는 【반대 주장】이 있다.

① 2008.12.26. 개정법률 제9270호 부칙 제14조는 입법 당시부터 "세율" 및 "장기보유특별공제"를 별개로 규정하였다는 점에서 동 부칙규정은 소득세법 제104조(세율) 및 제95조(장기보유특별공제)에 대한 『특별규정』으로 볼 수 있고, 이러한 『특별규정』에 따라 다주택 중과 및 장기보유특별공제 적용 여부를 판단하여야 한다. 동 규정을 『특별규정』으로 보지 않을 경우 "기본세율"을 적용할 논거도 사라지게 되는 것이다. 따라서 동 『특별규정』에서 장기보유특별공제를 불허하던 것을 2012.1.1.부터 허용한 것이므로 이에 따라 공제를 허용하여야 한다는 것이다.

동 특례규정은 2008.12.26. 소득세법 개정법률 제9270호 부칙 제14조 "제1항에서 중과 예외"를 규정하면서 "제2항에 장기보유특별공제 적용을 배제"하도록 규정하였으나, 동 규정은 2012.1.1. 개정시 부칙 제14조 제2항에 규정된 장기보유특별공제 배제 규정을 삭제한 바, 이는 부동산시장 정상화 및 주택거래 활성화 지원을 위해 "다주택 중과 대상도 장기보유특별공제를 허용"토록 하는 2012.1.1. 소득세법 제95조 제2항을 개정하면서[741] 함께

---

741) 국세청, 개정세법 해설(2012), 74쪽

개정한 것이므로, 『특별규정』에 해당하는 법률 제9270호 부칙 제14조 제2항도 개정취지에 비추어 공제를 허용하여야 함이 합리적이다.

② 2018년 개정세법 해설에서 2018.4.1. 이후 양도분부터 장기보유특별공제를 배제하도록 한 입법취지가 "부동산 투기 억제를 위해 양도소득세가 중과되는 주택을 양도하는 경우 장기보유특별공제 배제"라고 밝히고 있듯이[742] 다주택 중과를 전제로 장기보유특별공제를 배제하거나 그 예외를 인정하는 것이지 장기보유특별공제 배제 규정이 다주택 중과 규정과 분리하여 독자적으로 의미를 갖는 규정이 아니라고 보아야 한다는 것이다.

③ 또한, 법적안정성 및 예측가능성을 해치지 않는 범위에서 입법취지 및 목적을 고려한 합목적적 해석도 허용되는바,[743] 해당 부칙의 특례규정은 "부동산시장 정상화 및 '주택거래 활성화 지원'을 위해 도입"된 규정이었는데, 2012.1.1. 장기보유특별공제 배제 규정도 삭제하였으며, 2018.4.1. 이후 조정대상지역의 다주택 중과 대상에 대한 장기보유특별공제 배제 규정은 "'부동산 투기 억제'를 위해 양도소득세가 '중과'되는 주택"에 대한 규제라는 점에서 해당 특례대상 주택은 입법취지에 비추어 장기보유특별공제를 배제할 규제대상이 아니라고 보아야 한다는 것이다.

현재 이러한 반대주장에 불구하고 조세심판원은 장기보유특별공제를 배제하여야 한다는 입장이며, 법원 판례는 현재 1심판결(서울행정법원)이 공개되어 있는데, 역시 공제를 부인하는 입장이다. 이 사건의 핵심 쟁점은 쟁점이 된 부칙규정의 성격을 어떻게 보아야 할 것인지가 그 출발점이 될 것으로 생각한다. 즉, 해당 부칙규정을 "특별규정"으로 볼 경우에만 장기보유특별공제 주장의 논거가 성립될 것이다. 입법취지 및 정책목적 등은 그 다음 문제로 생각된다.

---

742) 국세청, 개정세법 해설(2018), 96쪽
743) 대판2007두4438, 2008.2.15. ; 대판2007두17137, 2009.6.11. ; 대판2010두2081, 2011.6.24. 등

관련 사례

구 분	내 용
특례 대상 여부의 판단	• 특례취득기간 중 취득한 주택을 멸실하고 다시 신축하여 양도할 경우 부칙에 따라 기본세율 적용 대상임[744] • 2009.3.16 전에 취득한 주택을 2009.3.16. ~ 2012.12.31. 중 멸실하고 해당 기간 후 완공시 특례세율 적용 불가함(승계취득 입주권도 동일)[745] • 특례취득기간 중 "취득"에는 매매·교환·상속·증여를 포함하므로, 별도 세대원으로부터 증여로 취득한 경우에도 세율 등 특례가 적용됨[746] • 기존 토지에 특례취득기간 중 겸용주택을 신축하여 양도할 경우 주택 및 부수토지는 기본세율을 적용함[747] • 특례 취득기간에 계약(계약금 지급)만 하고 이후 취득시 특례 적용이 안 됨(특례 취득기간 이후 상가를 주택으로 용도변경시 용도변경 부분은 적용 안 됨)[748] • 특례기간 중 취득한 비사업용 토지를 '16.1.1. 이후 양도시 기본세율 적용함[749]
동일 세대간 특례취득기간 중 상속/증여	• 과세관청 : 동일 세대로부터 상속/증여받은 주택은 특례가 적용되지 않음[750] • 조세심판원 : 취득 원인에는 제한이 없기에 특례가 적용됨[751]
중과세율 적용 관련	• 과세관청 : (종전) 다주택 중과 대상에 해당됨(삭제 정비함)[752] → (최근) 기본세율을 적용함(2023.12.26. 이후 결정·경정분)[753] • 조세심판원 : 기본세율을 적용함[754] • 수원고등법원 : 기본세율 적용 대상임[755]
장기보유특별공제 적용 여부	• 특례취득기간 중 취득한 주택이 조정대상지역에 소재한 경우 기본세율을 적용하더라도 장기보유특별공제 적용은 배제되는 것임[756]

---

744) 부동산거래관리과-366, 2010.3.10.
745) 법규재산-1730, 2024.6.27. ; 부동산거래관리과-561, 2011.7.5.
746) 부동산거래관리과-500, 2010.4.1. ; 재산세과-328, 2009.9.29. ; 재산세과-135, 2009.9.4.
747) 부동산거래관리과-257, 2010.2.17.
748) 부동산납세과-3413, 2022.11.3. ; 조심2024서3957, 2024.12.17.
749) 부동산납세과-1309, 2023.5.15. ; 법령해석재산-299, 2018.10.22. ; 재산세제과-854, 2018.10.10.
750) 조세법령운용과-1227, 2022.11.8. ; 부동산거래관리과-374, 2011.5.3. ; 부동산거래관리과-511, 2010.4.7.
751) 조심2024서2629, 2024.9.3.
752) 법령해석재산-940, 2018.10.16. ; 재산세제과-852, 2018.10.10.
753) 재산세제과-1422, 2023.12.26. ; 법무재산-0214, 2023.12.28. 등
754) 조심2024서4504, 2025.1.8. ; 조심2024서108, 2024.3.25. ; 조심2023인10719, 2024.3.19.
755) 수원지법2021구단15087, 2022.8.24. ; 수원고법2022누13943, 2023.6.21.
756) 법규재산-19, 2024.4.23. ; 재산세제과-477, 2024.4.17. ; 심사양도2024-19, 2024.6.26. ; 조심2024서3092, 2024.10.29. ; 조심2024서2671, 2024.10.29. ; 조심2024서3910, 2024.10.18. ; 조심2024서4059, 2024.9.30. ; 조심2024서3879, 2024.9.12. ; 조심2024서3707, 2024.8.29. ; 조심2024서3600, 2024.8.27. ; 조심2024서2711, 2024.8.14. ; 조심2024인3295, 2024.8.7. ; 조심2024중2540, 2024.7.2. ; 조심2024서2710, 2024.7.2. ; 서울행법2023구단78036, 2024.7.17.

양도소득세 핵심 사례와 이슈

비사업용 토지

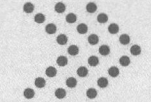

> ✓ 양도소득세 핵심사례와 이슈

> " 본 장에서는 비사업용 토지에 관한 부분에서 꼭 알아야 할 핵심내용과
> 착오하기 쉬운 항목 11가지를 발췌하였다. 비록 많이 완화되었지만
> 세율이 "기본세율에 구간별 10%가 가산"되는 만큼 적용시 주의가 필요하다.
> 참고로, 비사업용 토지로서 기본세율에 20%가 가산되는 "지정지역"은
> 2025년 4월 1일 현재 지정된 곳이 없다. "

88	**비사업용 토지**, 이 순서로 확인하라!
89	**상속 · 증여받은 토지**, 무조건 비사업용 토지 예외인가?
90	**수용 · 협의매수**, "비사업용" 토지 예외의 요건은?
91	**토지 사용의 제약**, 무조건 "사업용" 토지로 보는가?
92	**도시개발구역 지정**, 최근 대법원 판결에 주목하라!
93	**나대지에 건물을 짓다가 양도시** 비사업용 토지 판단은?
94	**농지**, 비사업용 토지 판단에서 꼭 확인할 사항은?
95	**임야**, 비사업용 토지 판단에서 꼭 확인할 사항은?
96	**기타 토지(잡종지 등)**, 비사업용 토지 판단 구조와 유의할 사항은?
97	**주차장업 운영 토지와 하치장 토지**, 비사업용 판단은?
98	비사업용 토지 제외하는 **1필지의 나지** 산정 기준은?

Chapter 88 비사업용 토지, 이 순서로 확인하라!

 **질문 »**

토지를 양도하면 반드시 비사업용 토지 여부를 판단하게 되는데, 비사업용 토지 판단할 때 실수를 하지 않기 위한 검토 순서는?

 **답변 및 해설 »**

비사업용 토지 여부를 판단할 때 다음과 같은 순서로 논리를 구성하면 처음에는 좀 어색할지 몰라도 나중에 익숙해지면 판단도 빨라지고 실수를 범하지 않는다.

1. **지목부터 판단하라.**

    비사업용 토지 판단의 출발점은 지목 판단이다. 이 경우 공부상 지목이 아니라 "실제 지목"을 우선하여 판단한다. 그것이 불분명하면 공부상으로 판단한다.

2. **"무조건 사업용"으로 보는 토지인지 살펴라.**

    지목이 구분되었다면 다음으로 "무조건 사업용"으로 보는 토지인지 확인해야 한다. 실무에서 자주 나오는 유형은 다음의 4가지이다. 이 경우 해당 규정에서 요구하는 요건만 판단하면 되고, 복잡하게 기간기준 그런 것은 불필요하다.

    ① 직계존속이나 배우자인 피상속인 또는 증여자가 8년 이상 재촌자경한 "농지", 8년 이상 재촌한 "임야", 8년 이상 "목장용지"로 사용한 경우 해당 농지 등을 상속 또는 증여받은 경우
    ② 사업인정고시일로부터 5년 전에 취득한 토지가 공익사업시행자에게 수용·협의매수로 양도되는 경우
    ③ 종중이 2005.12.31. 이전에 취득한 농지·임야·목장용지
    ④ 상속받은 지 5년이 지나지 않은 농지·임야·목장용지

3. 각 지목별로 "사업용 사용" 기간을 계산하여 판단하라.

(1) 위 1. 2. 검토가 끝났으면 각 지목별로 "사업용 사용" 기간을 계산하여 비사업용 토지인지 여부를 판단한다. 비사업용 토지에서는 지목을 ① 농지, ② 임야, ③ 목장용지, ④ 주택 부수토지, ⑤ 별장 부수토지, ⑥ 기타 토지의 총 6가지 유형으로 구분한다.

(2) 5년 이상 보유한 토지가 "사업용 토지"가 되려면 사업용으로 사용하는 기간이 다음 중 하나에 해당하여야 한다. 5년 미만이어도 동일하며, 3년 미만 보유하면 ②·③ 중 하나만 충족하면 된다. 2년 미만 보유하면 ③의 기준으로만 판단한다. 보유 중 지목이 변동되었다면 각 지목인 기간별로 계산하여 합산한 뒤 판단하면 된다.
① 양도일로부터 소급하여 5년 중 통산 3년 이상(일수 계산) "사업용 사용"한 경우
② 양도일로부터 소급하여 3년 중 통산 2년 이상(일수 계산) "사업용 사용"한 경우
③ 전체 보유기간 중 60% 이상(일수 계산) "사업용 사용"한 경우

(3) 기간기준 적용할 때에는 반드시 "사업용 사용으로 의제되는 기간"을 생각하라! 다음에 해당하는 경우는 그 기간 동안은 사업용 사용으로 간주하여 기간기준을 적용한다. 이에 대한 항목이 제법 많은데 실무에서 자주 나오는 항목들은 다음과 같다.
① 토지 취득 후 법령에 따라 사용이 금지/제한된 토지 : 사용이 금지/제한된 기간
② 토지 취득 후 지정된 문화재보호구역 안 토지 : 보호구역으로 지정된 기간
③ 위 ①·② 토지의 상속 : 상속개시일부터 위 기간
④ 토지 취득 후 법령에 따라 당해 사업과 관련된 인가·허가(건축허가 포함)·면허 등을 신청한 자가 건축허가가 제한됨에 따라 건축을 할 수 없게 된 토지 : 건축허가가 제한된 기간
⑤ 토지 취득 후 법령에 따라 당해 사업과 관련된 인가·허가·면허 등을 받았으나 건축자재의 수급조절을 위한 행정지도에 따라 착공이 제한된 토지 : 착공이 제한된 기간
⑥ 사업장(임시 작업장 제외) 진입도로로서 사도 또는 불특정다수인이 이용하는 도로 : 사도 또는 도로로 이용되는 기간
⑦ 지상에 건축물이 정착되어 있지 않은 토지를 취득하여 사업용으로 사용하기 위하여 건설에 착공(착공일이 불분명한 경우 착공신고서 제출일 기준)한 토지 : 당해 토지의 취득일부터 2년 및 착공일 이후 건설이 진행 중인 기간(천재지변, 민원의 발생 기타 정당한 사유로 건설을 중단한 경우 중단 기간 포함)
⑧ 저당권의 실행 그 밖에 채권을 변제받기 위하여 취득한 토지 및 청산절차에 따라 잔여재산의 분배로 인하여 취득한 토지 : 취득일부터 2년
⑨ 당해 토지를 취득한 후 소유권에 관한 소송이 계속 중인 토지 : 법원에 소송이 계속되거나 법원에 의하여 사용이 금지된 기간

⑩ 도시개발구역 안 토지로서 환지방식에 따라 시행되는 도시개발사업이 구획단위로 사실상 완료되어 건축이 가능한 토지 : 건축이 가능한 날부터 2년

⑪ 건축물이 멸실·철거되거나 무너진 토지 : 건축물이 멸실·철거되거나 무너진 날부터 2년

⑫ 거주자가 2년 이상 사업에 사용한 토지로서 사업의 일부 또는 전부를 휴업·폐업 또는 이전함에 따라 사업에 직접 사용하지 않게 된 토지 : 휴업·폐업 또는 이전일부터 2년

⑬ 천재지변 그 밖에 이에 준하는 사유의 발생일부터 소급하여 2년 이상 계속하여 재촌자경한 자가 소유하는 농지로서 농지의 형질이 변경되어 황지가 됨으로써 자경하지 못하는 토지 : 당해 사유의 발생일부터 2년

(4) 각 지목별 사업용 사용 기간을 계산한다. 실무에서 많이 발생하는 농지, 임야, 기타토지에 대한 주요 핵심적인 부분은 뒤에서 살펴보기로 하고 여기서는 개략적 구조만 살펴보기로 한다.

① 농지 : 다음 중 어느 하나에 해당하는 농지로서 위 (2)의 "기간기준"에 적합할 것. 이 경우 보유기간 중 시의 동 지역에 있는 농지로서 주거·상업·공업지역에 편입된 농지는 3년이 지나면 비록 재촌자경하여도 3년 이후 기간은 비사업용 기간으로 간주
  ㉠ 재촌자경한 농지
  ㉡ 재촌자경 의제되는 농지

② 임야 : 다음 중 어느 하나에 해당하는 임야로서 위 (2)의 "기간기준"에 적합할 것
  ㉠ 재촌(주민등록 요건도 필요) 임야
  ㉡ 공익상 필요하거나 산림보호육성을 위한 임야
  ㉢ 거주 또는 사업목적과 직접 관련한 임야

③ 목장용지 : 다음 중 어느 하나에 해당하는 목장용지로서 위 (2)의 "기간기준"에 적합할 것
  ㉠ 축산업을 경영하는 자가 소유하는 목장용지. 이 경우 주거·상업·공업지역에 편입된 목장용지는 3년이 지나면 비록 축산업에 사용하여도 3년 이후 기간은 비사업용 기간으로 간주
  ㉡ 거주 또는 사업 목적과 직접 관련한 목장용지

④ 주택 부수토지 : 건물이 정착된 면적(수평투영면적)에 용도지역별로 다음의 배율을 적용한 면적 이내의 토지
  ㉠ 수도권(서울·경기·인천) 소재 주택으로 주거·상업·공업지역 : 3배
  ㉡ 그 외 도시지역 : 5배
  ㉢ 도시지역 밖 : 10배

⑤ 별장 부속토지 : 전부 비사업용 사용으로 보되, 다음 요건을 충족한 읍·면지역 소재한 농어촌주택 부수토지는 사업용 사용으로 봄
  ㉠ 건물 연면적 150㎡ 이내 & 그 부속토지 면적 660㎡ 이내일 것
  ㉡ 소재지 요건 : 수도권(연천, 옹진 제외) 외 & 도시지역·토지거래허가구역 외 & 지정지역 외 & 관광단지 외에 소재할 것

⑥ 기타 토지 : 다음 중 "어느 하나"에 해당하면서 위 (2)의 "기간기준"에 적합할 것
  ㉠ 재산세 : 비과세, 면제, 분리과세, 별도합산대상인 토지
  ㉡ 거주 또는 사업과 직접 관련한 토지 : 재산세가 종합합산 과세되어도 사업용으로 간주 → 하치장, 주차장업 영위자의 주차장용 토지, 양어장, 무주택 세대의 1필지 나지 등 다양하게 규정

관련 사례

구 분	내 용
지목 변경	• 토지의 소유기간 중 지목이 변경되는 경우 지목별로 비사업용 토지 기간을 산정한 뒤 각 지목별로 비사업용 토지 해당 기간을 합산하여 판단함(중복되는 기간은 합산 후 제외)[1] • 임야를 개간하여 농지로 사용하였다면 농지로 개간하여 사용한 이후는 농지의 기준을 적용함[2]
상속/증여받은 토지	• 상속받은 토지는 피상속인의 소유기간은 합산되지 않음[3] • 증여받은 토지는 증여일(증여등기 접수일)이 취득시기가 됨[4]
비거주자	• 양도인이 비거주자인 경우에도 비사업용 토지 규정을 적용함[5]
각 사용기간별 판단	• 별도합산과세 대상일 경우 해당 연도 전체를 사업용으로 보는 것은 타당하지 않으며, 기간을 일수로 계산하여 특정기간의 이용현황에 따라 비사업용 토지 여부를 판단함이 타당하고, 기간기준을 재산세 과세연도로 해석하여야 한다는 주장은 받아들이기 어려움[6]
토지 일부를 구분하여 다른 용도로 사용	• 임야를 유증받아 20년 이상 보유하면서 그 일부를 중도에 대지로 용도변경한 경우, 용도변경하지 않고 20년 이상 보유한 임야부분에 대하여 소득령 제168조의14 제3항 제2호에 따라 비사업용 토지로 보지 않음[7] ※ 1필지 일부를 다른 용도로 사용하여 실질적으로 1필지 토지가 용도별로 여러 지목으로 구분되면 "각 구분되는 부분별로" 비사업용 여부를 판단함

1) 재산세제과-1130, 2008.12.31. ; 서면4팀-2446, 2006.7.24. ; 조심2012전2468, 2013.4.8.
2) 조심2020구694, 2020.10.22.
3) 서면4팀-272, 2007.1.19.
4) 조심2019부3392, 2020.10.15.
5) 부동산납세과-1322, 2016.8.30.
6) 심사양도2017-149, 2018.3.29. ; 조심2014전5828, 2015.11.17.

구 분	내 용
지분양도 분할양도	• 기준면적을 초과하는 1필지의 토지를 "지분"으로 양도하는 경우 보유기간 동안의 비사업용 토지 비율을 기준으로 하여 토지를 안분하여 비사업용 토지 면적을 계산함이 합리적임[8] • 건물의 부속토지 중 "일부를 분할하여" 토지만을 양도하는 경우, 별도합산과세대상인 기준면적 초과분 면적(종합합산과세)을 먼저 양도하는 것으로 봄[9] ※ 면적기준이 적용되지 않는 경우 이러한 구분은 불필요함[10]
여러 필지의 토지를 하나의 용도로 사용	• 건축물의 부속토지 여부는 소유기간 중 실질적 이용상황에 따라 객관적으로 결정해야 함[11] • 연접한 여러 필지 토지를 건축물 등의 부수토지로 함께 사용하고 있는 경우 비사업용 토지는 동일 용도로 사용하는 전체 토지를 기준으로 판단함.[12] 만일, 입증이 불가하면 각 필지별로 비사업용 토지를 판단함[13]
우회양도에 따른 부당행위계산	• 부당행위계산 적용시 납세의무자는 증여자이므로 비사업용 토지도 납세의무자(=증여자)의 양도일 현재 요건에 따라 결정함[14] • 부당행위계산 대상의 비사업용 토지 적용시, 증여자의 취득일부터 수증자의 양도일까지 "증여자"가 농지를 경작한 기간은 사업용 사용으로 봄[15]
이월과세 대상	• 과세관청 : 이월과세가 적용되는 자산의 비사업용 토지 판정시, 당해 자산의 취득시기는 증여한 배우자 또는 직계존비속이 당해 자산을 취득한 날로 봄[16] • 법원 판결 : 이월과세가 취득시기를 변경하는 것은 아니며 비사업용 토지 판단시 증여받은 날로부터 판단함[17]

---

7) 서면5팀-3302, 2007.12.26. ; 서면4팀-940, 2006.4.12.
8) 조심2012서465, 2012.3.26.
9) 서면5팀-2535, 2007.9.11.
10) 서면5팀-2186, 2007.7.31.
11) 대판96누14753, 1997.3.25. ; 대판95누1149, 1995.7.14.
12) 감심2010-71, 2010.7.15. ; 조심2013서491, 2013.4.1. ; 조심2010중1124, 2010.11.19.
13) 심사양도2009-301, 2010.7.12.
14) 서면5팀-663, 2008.3.27. ; 서면5팀-2363, 2007.8.23.
15) 서면5팀-634, 2008.3.24.
16) 부동산거래관리과-258, 2012.5.9. ; 부동산거래관리과-1112, 2010.8.31. ; 서면5팀-174, 2008.1.24.
17) 대전지법2010구합2212, 2010.9.15. ; 수원지법2011구합5576, 2011.10.19.

Chapter 89 상속·증여받은 토지, 무조건 비사업용 토지 예외인가?

내용 Summary

기본사항 Check

- 양도기한 제한 없이 "무조건 사업용 토지"로 보는 경우 : 직계존속 또는 배우자로부터 다음에 해당하는 농지, 임야, 목장용지를 상속/증여받은 경우 → 다만, 양도 당시 도시지역(녹지지역 및 G/B구역 제외) 안의 토지는 "제외"
  ① 직계존속 또는 배우자가 8년 이상 농지소재지와 같은 시·군·자치구, 연접 시·군·자치구 또는 농지로부터 직선거리 30㎞ 이내 지역에 사실상 거주하며 조특령 제66조 제13항에 따른 자경을 한 농지 → 경작 기간을 계산할 때 직계존속이 그 배우자로부터 상속·증여받아 경작한 사실이 있는 경우 직계존속의 배우자가 취득 후 토지소재지에 거주하면서 직접 경작한 기간은 직계존속이 경작한 기간으로 간주함
  ② 8년 이상 임야 소재지와 같은 시·군·자치구, 연접 시·군·자치구 또는 임야로부터 직선거리 30㎞ 이내 지역에 사실상 거주하면서 주민등록이 되어 있는 직계존속 또는 배우자가 소유한 임야
  ③ 8년 이상 축산업을 영위하는 직계존속 또는 배우자가 소유하는 목장용지로서 소득세법 시행령 별표 1의 3에 따른 가축별 기준면적과 가축두수를 적용하여 계산한 토지의 면적 이내의 목장용지
- 그 외 농지, 임야, 목장용지 : "상속개시일로부터 5년 이내 양도하는 경우에만" 사업용 토지로 봄
- 농지, 임야, 목장용지 외의 토지 : "상속개시일 이후 사업용 사용한 기간으로서 기간기준 적용"하여 비사업용 토지 여부 판단

핵심 Point

- 직계존속이 8년 이상 재촌자경한 농지를 상속받아 양도하는 경우 : 양도시기 불문하고 사업용으로 간주 → 양도 당시 주거·상업·공업지역은 읍·면이라도 적용 제외
- 직계존속의 재촌자경한 농지 등이 그 배우자에게 상속된 후 직계비속에게 재차 상속되는 경우는 두 경작기간을 합산하여 8년 이상 여부 판단
- 직계존속이 8년 이상 재촌한 임야를 상속받아 양도하는 경우 : 양도시기 불문하고 사업용으로 간주 → 일반 "임야"와는 다르게 주민등록 요건 필요
- 그 외 상속받은 농지, 임야, 목장용지 : 3년간 사업용 사용 의제
  ① 상속개시일부터 5년 이내 양도 → "사업용 토지"에 해당
  ② 상속개시일부터 5년 경과 양도 → 3년간은 사업용 사용 간주
- 농지, 임야, 목장 外 토지 : 상속개시일부터 사업용 사용 및 기간기준 적용

질문 »

1. 서울에서 장기간 직장을 다니면서 거주하고 있는 甲은 전남 광양 옥룡면에서 평생을 재촌자경하던 아버지가 2005년 중 사망하면서 독자인 본인에게 농지(20,000㎡)가 상속되었다. 甲은 2023년 중 농지 인근에서 음식점을 영위하는 乙에게 해당 농지를 매매로 2023년 5월 중 양도하였다. 해당 농지는 2023년 1월에 주거지역에 편입되었는데, 사업용 토지에 해당하는가?

2. 甲은 부친이 3년간 재촌자경해오던 농지를 2019년 중 상속받았다. 재촌자경할 생각이 없는 甲이 언제까지 양도하면 사업용 토지에 해당하는가?

3. 甲은 아무 용도로도 사용하지 않는 나대지를 부친으로부터 2021년 상속받았다. 재산세는 종합합산과세 대상으로 과세받고 있다. 이 경우 상속개시일부터 5년 이내 양도하면 사업용 사용으로 인정받을 수 있는가?

4. 甲은 부친이 2015년 초에 취득하여 다른 사람에게 대리경작시키고 있는 부친 소유 농지를 2017년 중 상속받았다. 해당 농지는 2014년 말부터 환지방식의 도시개발사업이 시행되어 경작 등 일체의 행위를 금지하고 있다. 도시개발사업은 2023년 5월에 종료되어 농지 외로 환지처분되었고 완료시점부터 건물을 신축할 수 있다. 2023년 6월 중 해당 토지를 양도할 경우 비사업용 토지에 해당하는가?

답변 및 해설 »

1. 상속개시일로부터 5년 이내 양도하여야 사업용 토지가 되는데, 이미 5년이 경과하였으므로 사업용 토지로 볼 수 없다.

   다음으로, 직계존속이 8년 이상 재촌자경한 농지를 상속받아 양도할 경우 양도시기에 불문하고 무조건 "사업용 토지"에 해당한다. 그런데 사안과 같이 "양도 당시" 주거지역·상업지역·공업지역에 편입되면 비록 읍·면지역이라도 해당 규정이 적용되지 않는다.

   마지막으로, 본인이 상시 경작하거나 자기 노동력 1/2로 재촌자경하고 기간기준을 충족하여야 하는데, 사안은 해당 요건도 미충족하였다.

   따라서 해당 농지는 비사업용 토지에 해당한다.

2. 상속받은 농지가 양도시기에 관계없이 무조건 사업용으로 보려면 피상속인인 직계존속이나 배우자가 8년 이상 재촌자경하여야 한다. 그러나 사안은 3년뿐이므로 적용되지 않는다. 다음

으로 살필 것이 상속개시일로부터 5년 이내 양도하는 농지, 임야, 목장용지는 사업용 토지가 된다. 왜냐하면 상속개시일부터 3년간 사업용으로 의제되므로 양도일로부터 소급하여 5년 중 3년간 사업용 사용이 되어 사업용 토지의 기간기준을 충족하기 때문이다. 이는 농지, 임야, 목장용지 3개의 지목에 대해서만 인정됨에 유의하여야 한다.

3. 사업용 토지로 인정되지 않는다. 상속받은 지 5년 이내 양도하는 토지가 사업용 토지로 되는 것은 농지, 임야, 목장용지에 한정한다.

따라서 상속개시일 이후 아무 용도로도 사용하지 않고 있고 재산세가 종합합산과세 되고 있다면 원칙적으로 비사업용 토지이다. 다만, 甲의 세대가 무주택자인 경우에는 1필지의 나지에 대해 660㎡의 범위에 대해서는 무주택 세대인 기간 동안 사업용으로 의제되는 특례가 있다. 이 경우 기간기준을 충족하면 사업용 토지가 될 수 있다.

4. 토지를 취득한 후 법령에 따라 본래 용도의 사용이 제한/금지된 토지는 그 제한/금지된 기간 동안 사업용 사용으로 보아 기간기준을 적용하여 비사업용 토지 여부를 판단한다. 이 경우 상속받은 토지는 피상속인이 토지를 취득한 후 법령에 따른 본래 용도의 사용이 제한/금지되었는지 판단한다.

따라서 사안은 이미 제한된 이후 피상속인이 토지를 취득하였기에 사업용으로 의제되지 않고 상속인에게도 동일하다. 다만, 도시개발사업이 완료된 경우에는 그 이후 건물을 신축할 수 있게 된 때로부터 2년간은 사업용으로 보아 기간기준을 적용하여 비사업용 토지를 판단한다. 그러나 사안에서 사업용 사용 기간은 1개월 내외에 불과하여 사업용 토지에 해당하지 않는다.

> **보충설명**
>
> "상속받은 토지"를 양도할 때 비사업용 토지 여부는 다음과 같이 판단하면 오류를 범하지 않는다.
>
> 첫째, 직계존속이나 배우자인 피상속인이 8년 이상 재촌자경한 농지나, 8년 이상 재촌한 임야, 8년 이상 축산업을 영위한 기준면적 이내 목장용지는 무조건 비사업용 토지로 보지 않는다. 다만, 이 경우 "양도당시" 주거·상업·공업지역에 소재하면 적용할 수 없다. 읍면지역이라도 주거지역 등에 소재하면 안 된다.
>
> 둘째, 위에 해당하지 않는다면, "농지, 임야, 목장용지"는 상속개시일로부터 5년 이내이면 무조건 사업용 토지에 해당한다. 다른 지목은 해당되지 않는다. 오직 3개 지목만 인정된다.
>
> 셋째, 위에 해당하지 않는다면, "상속개시일부터" 각 지목별로 사업용으로 사용한 기간을 계산하여 기간기준을 적용하여야 한다. 기간기준은 상속개시일 이후 전체 기간 중 60% 사업용 사용하였거나, 양도일 직전 5년 중 3년 이상 사업용 사용, 양도일 직전 3년 중 2년 이상 사업용 사용한 기간 중 어느 하나에 해당하면 사업용 토지이다. 이 경우 피상속인이 사업용으로 사용한 기간은 잊어야 한다.

관련 사례

구 분	내 용
8년 재촌자경 미달 농지 상속	• 직계존속 등이 보유기간 중 8년 이상 재촌자경하지 않은 농지를 상속받은 경우에는 무조건 사업용 토지로 보는 규정을 적용받을 수 없음[18]
재취득 농지	• 직계존속이 농지를 양도하고 재취득한 후 증여한 경우 재취득하기 전의 경작기간은 8년 이상 경작 여부 판정시 포함하지 않음[19]
시아버지 → 남편 → 본인에게 상속	• 시아버지가 재촌자경한 농지를 남편이 상속받아 소유하는 중 사망하여 남편으로부터 상속받아 양도하는 경우 남편의 재촌자경 기간만으로 보아 무조건 사업용으로 보는 특례 규정 적용 여부를 판정함[20]
조부의 임야를 손자에게 이전	• 祖父 소유의 임야를 손자 명의로 이전하였으나 대습상속에 해당하지 않는 경우 해당 임야는 父의 재촌기간만으로 무조건 사업용에 해당하는지 여부를 판단함[21] • 조부 사망 후 부친이 14일 후 사망한 경우로서 상속등기 되어 있으나, 사실상 조부가 위급한 자녀가 아닌 손자에게 사인증여한 것으로 판단됨[22]
주거지역 등 편입 농지 등	• 양도 당시 도시지역(녹지지역 및 개발제한구역 제외) 안의 토지는 무조건 사업용으로 보는 특례 대상에서 제외하는바, 그 해당 여부는 "양도 당시"로 판단함[23] • 읍·면지역의 도시지역(녹지지역 및 개발제한구역 제외) 소재 농지도 무조건 사업용으로 간주하는 특례규정 적용이 배제됨[24] • 도시지역 중 준주거지역의 농지 등을 상속받아도 적용되지 않음[25]
3개 지목 사이의 지목 변경	• 피상속인이 8년 자경한 농지가 목장용지로 변경된 경우에도 무조건 사업용으로 보는 특례규정이 적용됨[26] ※ 이 경우 농지, 임야, 목장용지의 3개 지목 간 지목변경은 허용함
비거주자	• 양도인이 비거주자인 경우에도 무조건 사업용으로 보는 규정을 적용함[27]
최초 상속재산 분할로 취득	• 등기부상 매매로 기재되어 있지만 실질이 협의분할인 경우 피상속인이 8년 이상 재촌자경한 상속받은 농지로서 비사업용 토지에서 제외됨이 타당함[28]
토지 본래 사용이 제한되는 경우 사업용 의제	• 토지의 본래 용도 제한 여부는 "피상속인을 기준"으로 취득 후 법령에 따라 사용이 제한된 토지 등에 해당하는지를 판단하며, 피상속인이 이미 사용이 제한된 토지를 취득하였다면 제한된 기간 동안 사업용 의제하는 규정을 적용할 수 없음[29]

---

18) 부동산거래관리과-282, 2012.5.21. ; 부동산거래관리과-48, 2012.1.25.
19) 법규재산-809, 2023.2.8.
20) 상속증여세과-344, 2013.7.9. ; 부동산거래관리과-450, 2012.8.27.
21) 법규재산-820, 2024.11.28. ; 법령해석재산-446, 2016.1.26. ; 재산세제과-901, 2012.11.1.
22) 조심2022인8283, 2023.4.24.
23) 부동산납세과-683, 2014.9.12. ; 재산세과-983, 2009.5.20. ; 조심2019광2354, 2020.6.15.
24) 부동산납세과-1040, 2016.7.12. ; 부동산거래관리과-1057, 2010.8.13.
25) 부동산거래관리과-231, 2011.3.14.
26) 부동산거래관리과-125, 2011.2.10. ; 부동산거래관리과-583, 2010.4.20.
27) 부동산납세과-1322, 2016.8.30.
28) 조심2021구1605, 2021.8.19.
29) 양도 집행기준 104의 3-168의 14-1 ; 조심2010중498, 2010.4.13.

구 분	내 용
환지방식 개발 중 토지를 상속으로 취득	• 도시개발구역 안의 토지로서 환지방식에 따라 도시개발사업이 진행 중인 토지를 상속으로 취득한 후 도시개발사업이 구획단위로 사실상 완료되어 건축이 가능한 토지는 건축이 가능한 날부터 기산하여 2년간 사업용으로 봄[30]
일반적인 경우 상속받은 토지의 기간기준	• 상속받은 토지의 비사업용 토지 판단시 피상속인의 소유기간은 합산되지 않음[31] • 국가 소유로 된 피상속인 자산을 화해권고 결정으로 상속인 명의로 이전된 경우 비사업용 토지 판단시 기간기준은 법원의 결정 확정일부터 양도일까지로 함[32]
건물이 철거된 후 2년 이내 토지의 상속	• 조세심판원 : 건물 철거 후에 상속된 경우 동 규정을 적용할 수 없음[33] • 대법원 : 건물 철거 후 2년 내 상속된 경우에도 동 규정이 적용됨[34]
상속개시일부터 5년 경과한 농지	• 상속 취득 농지를 상속개시일로부터 3년이 경과하여 양도하는 경우 상속개시일부터 3년간은 사업용으로 봄[35] • 상속개시일 이후 재촌자경하지 않고 5년 이내 양도시 5년 중 3년이 재촌자경으로 의제되어 비사업용 토지에 해당하지 않지만,[36] 상속개시일부터 양도일까지 사실상 농지로는 사용되어야 함[37] • 3년간은 사업용 사용으로 간주하므로 상속개시일로부터 5년 이내 양도시 사업용 토지로 간주되며, 상속개시 5년 후에 양도시 3년간은 재촌자경 의제하되, 피상속인의 재촌자경기간은 통산하지 않음[38]

---

30) 서면5팀-3032, 2007.11.20. ; 재산세제과-1211, 2007.10.8. ; 조심2018부532, 2018.4.10.
31) 서면4팀-1514, 2007.5.7. ; 서면4팀-272, 2007.1.19.
32) 법령해석재산-6126, 2017.4.3.
33) 조심2009중3176, 2009.11.3.
34) 대판2010두21020, 2012.11.15.
35) 부동산납세과-708, 2020.6.10. ; 부동산거래관리과-504, 2010.4.2.
36) 재산세과-3157, 2008.10.7. ; 법규과-4144, 2008.10.2.
37) 서면4팀-2736, 2006.8.8. ; 서면4팀-1961, 2006.6.23.
38) 부동산납세과-814, 2014.10.29.

Chapter 90. 수용·협의매수, "비사업용" 토지 예외의 요건은?

내용 Summary

기본사항 Check

- **무조건 사업용 토지 의제 특례** : 토지보상법 및 그 밖의 법률에 따라 협의매수 또는 수용되는 토지로서 취득일(상속받은 토지는 피상속인이 해당 토지를 취득한 날, 배우자 등 이월과세를 적용받는 경우에는 증여자가 해당 자산을 취득한 날)이 사업인정고시일부터 "5년" 이전인 토지는 비사업용 토지로 보지 않음
  → 2014.2.21. 이후 양도분은 사업인정고시일로부터 "2년", 2021.5.4. 이후 사업인정고시 되는 사업에 따라 협의매수·수용되는 토지는 "5년"을 적용함
- **특례 요건 미충족한 토지** : 사업용 토지의 일반적인 판단 원칙에 따라 기간기준 충족해야 함

핵심 Point

- 사업인정고시를 받지 않고 공공기관 등이 사인의 자격으로 토지를 매수하는 경우에도 적용할 수 있는지 → No
- 사업시행자 지정·고시 전에 법률에서 정한 협의절차 및 방법을 거치지 않고 매매로 양도하는 경우 → 적용 불가
- 법률에 따라 사업시행자에게 협의매수된 이후 사업인정고시가 난 경우 사업인정고시일로부터 5년 전 취득 여부 판단 → 사업인정고시일을 기준으로 판단
- 사업인정고시 이후 사업시행기간이 연장됨에 따라 "사업시행기간"을 변경하여 고시한 경우 → 당초 고시일을 기준으로 5년 이전 취득 여부 판단
- 토지소유자가 사업인정고시를 받은 사업시행자에게 보상에서 제외된 잔여지를 매수청구하고 사업시행자가 그 토지를 협의매수한 경우 → 적용 인정
- 환지방식의 도시개발사업의 청산금 → 적용 불가

질문 »

1. 지자체가 시청건물 옆에 휴게공간 조성을 위해 연접한 토지 소유자 甲의 나대지를 매수하였다. 甲은 해당 토지를 2001년에 매매로 취득하였으며 2023년 양도할 때까지 나대지 상태이다. 지자체는 토지매수와 관련하여 사업인정고시는 받지 않았다. 공익사업 시행에 따른 사업용 토지로 의제될 수 있는가?

2. 甲은 배우자가 2001년 매매로 취득한 나대지를 2022년 5월 증여받았고, 해당 토지는 2023년 4월에 수용(사업인정고시일 2023.1.10.)으로 양도되었다. 해당 토지에 대한 양도소득세 결정세액은 이월과세를 적용할 때 1억원이나 이월과세를 적용하지 않으면 1.2억원이다. 공익사업 시행에 따른 사업용 토지로 의제될 수 있는가?

3. 甲은 소유하던 토지를 2021.4.3. 공익사업시행자에게 협의매수로 양도하였다. 사업인정고시일은 2023.6.9.로 확인된다. 공익사업 시행에 따른 사업용 토지 여부를 판단할 때 5년 전 취득한 토지인지 여부는 언제를 기준으로 하는가?

4. 산업단지를 개발하면서 甲의 토지가 협의매수로 양도되었다. 당초 사업인정고시일은 2019년이었으나 산업단지 규모 확장으로 인근 토지를 추가 매입하면서 2023년 5월 사업인정고시를 변경고시하였다. 공익사업시행에 따른 사업용 토지 여부 판단을 위한 사업인정고시일은 언제를 기준으로 하는가?

5. 甲이 2005년 취득한 나대지인 1필지의 일부를 공익사업시행자가 2020년 중 수용하였다. 사업인정은 2019년 중 고시된 상태이다. 甲은 잔여지에 대해 공익사업시행자에게 토지보상법에 따라 매수청구를 하여 매매로 잔여지를 5천만원에 양도하였다. 잔여지도 수용 등에 따른 사업용 특례가 적용되는가?

 **답변 및 해설 »**

1. 지자체가 **사업인정고시 없이 매매로 취득한 토지**는 공익사업 시행에 따라 협의매수로 양도된 것으로 볼 수 없으므로 무조건 사업용 토지로 보는 규정을 적용할 수 없다.

2. 배우자로부터 증여받은 토지를 5년(2023년 이후 증여분은 10년) 이내 양도하여 이월과세를 적용할 때에는 적용시의 양도소득세 결정세액이 적용하지 않을 때보다 더 큰 경우에만 이월과세가 적용된다. 사안은 **이월과세를 적용하지 않을 때의 양도소득세 결정세액이 더 크므로 이월과세가 적용되지 않으며**, 증여받은 날이 취득일이기에 사업인정고시일로부터 5년이 안되었으며 따라서 공익사업 시행에 따른 사업용 토지 의제 규정이 적용되지 않는다.

3. 먼저 공익사업시행자에게 협의매수로 양도하고 나중에 사업인정고시가 나는 경우에도 **사업인정고시가 난 시점을 기준**으로 사업인정고시일로부터 5년 이전인지 여부를 판단한다.

4. 사업인정고시가 변경 고시되더라도 당초 공익사업 시행지구 안의 토지는 **당초의 사업인정고시일을 기준**으로 5년 전에 취득한 것인지 여부를 판단하여야 한다. 그렇지만 만일 공익사업

시행지구가 추가되면서 변경인가가 난 상태라면 **추가되는 지역에 대해서는 변경인가 고시일을 기준으로 적용함**이 합리적일 것이다.

5. 토지보상법에 의하여 토지 소유자가 사업시행자에게 잔여지를 매수하여 줄 것을 청구하고 사업시행자가 그 토지를 협의 매수한 경우, 조특법 제77조 및 소득령 제168조의 14 제3항이 적용되므로, 공익사업에 따른 토지 양도에 대한 감면(현금보상 10%)과 **공익사업 시행에 따른 사업용 토지 의제 규정이 적용**된다.

관련 사례

구 분	내 용
사업인정 고시일	• 토지보상법에 따라 시행하는 사업이 공익사업에 해당한다고 국토교통부장관의 인정을 받는 것을 "사업인정"이라 하며, 사업인정 고시일은 국토교통부장관이 사업시행자의 성명 또는 명칭·사업의 종류·사업지역 및 수용 또는 사용할 토지의 세목을 관보에 고시한 날을 말함[39] • 수해복구공사를 착공한 사실이 토지를 수용하겠다는 공적인 의사표시를 한 것으로 보기 어려워 공사착공일을 사업인정고시일로 의제할 수 없음[40]
초일 산입 여부	• 기간을 계산(역산)함에 있어서 초일(사업인정고시일)은 산입하지 않음[41]
사업인정고시일 前에 협의매수	• 법률에 따라 협의매수된 이후 사업인정고시가 난 경우에도 "취득일이 사업인정고시일로부터 2년(2021.5.4. 이후 양도분 5년) 이전"인지 여부는 사업인정고시일을 기준으로 판정함[42]
증여받은 경우	• 이월과세 대상이 아닌 경우 취득일은 "증여받은 날"을 기준으로 함[43] • 양도한 토지는 이월과세를 적용하여 계산한 양도소득 결정세액이 이월과세를 적용하지 아니하고 계산한 양도소득 결정세액보다 적어 이월과세를 적용하지 아니한 경우에 해당하므로 해당 토지의 취득시기는 "증여를 받은 날"로 보는 것이 타당함[44]
유증받은 경우	• "상속인이 아닌 자"가 유증으로 취득하면 동 규정이 적용되지 않음[45]
사업인정고시 변경 (사업기간 변경)	• 사업인정고시 이후 사업시행기간이 연장됨에 따라 "사업시행기간"을 변경하여 고시한 경우 사업인정고시일은 당초 고시일로서 판단함[46]

---

39) 양도 집행기준 104의 3-168의 14-30
40) 조심2008중1362, 2008.9.4.
41) 재산세제과-1023, 2009.6.9.
42) 부동산거래관리과-296, 2010.2.24. ; 재산세과-1172, 2009.6.15. ; 재산세과-463, 2009.2.9.
43) 조심2012광1869, 2012.8.27.
44) 심사양도2019-82, 2019.10.16.
45) 부동산거래관리과-994, 2011.11.25.
46) 양도 집행기준 104의 3-168의 14-34

구 분	내 용
환지방식 도시개발 (환지청산금)	• 환지방식에 의한 도시개발시 환지감된 토지분에 대해 환지청산금이 교부된 토지는 협의매수 또는 수용된 토지가 아니므로 적용하기 어려움[47]
위탁개발업체에게 양도	• 도시개발사업 조합의 업무를 위탁받아 개발을 수행하는 자는 사업시행자가 아니며 사업시행자인 조합업무를 주도적으로 수행하였다고 하여 이를 두고 사업시행자라고 볼 수 없으므로 해당 토지의 양도는 협의매수·수용되는 토지에 해당하지 않음[48]
수의계약 등에 의한 양도	• 지방계약법 시행령 제25조 제4항에 의해 당사자 간 합의에 따라 수의계약을 체결하여 양도시 동 규정이 적용되지 않음[49] • 지방자치단체가 "사인"으로서 매수한 경우에는 적용되지 않음[50]
사업시행자로 지정·고시 前 양도	• 도시계획시설의 사업시행자 지정·고시 전에 법률에서 정한 협의절차 및 방법을 거치지 않고 매매로 양도하는 토지는 적용되지 않음[51] • 사업시행자 지정 前에 "사업시행 예정자"에게 양도한 경우에는 적용할 수 없음[52]
매수청구에 의해 양도된 토지	• 사업인정고시를 받지 않은 경우 : 국가에게 매수청구하여 협의매수 형태로 양도한 토지는 사업인정고시일이 존재하지 않아 동 규정을 적용할 수 없음[53] • 사업인정고시(토지보상법§74)를 받은 경우 : 토지소유자가 사업시행자에게 보상에서 제외된 잔여지를 매수청구하고 사업시행자가 그 토지를 협의매수한 경우 동 규정의 적용을 인정함[54] • 사업계획 승인을 받은 지역주택조합이 주택법 제22조에 따라 토지에 대하여 매도청구권을 행사하여 양도된 경우 동 규정이 적용되지 않음[55]

---

47) 조심2010광2402, 2010.11.26.
48) 심사양도2019-86, 2019.10.24. ; 조심2010중1962, 2011.4.18.
49) 조심2015서2044, 2015.6.30. ; 조심2011광4822, 2011.12.27. ; 조심2011광4824, 2011.12.27.
50) 조심2024중4851, 2024.11.28.
51) 법령해석재산-97, 2017.4.25. ; 법규과-689, 2014.7.2. ; 심사양도2010-354, 2010.12.27.
52) 법령해석재산-96, 2017.4.25. ; 심사양도2010-351, 2011.2.21.
53) 조심2015서2044, 2015.6.30. ; 조심2010서1290, 2010.6.29.
54) 재산세과-400, 2009.2.4.
55) 법규재산-5727, 2023.5.24.

Chapter 91. 토지 사용의 제약, 무조건 "사업용" 토지로 보는가?

💬 내용 Summary

기본사항 Check

- **사업용 사용기간의 의제** : 토지 취득 후 법령에 따라 사용이 금지 또는 제한된 토지는 "사용이 금지 또는 제한된 기간" 동안 사업용 사용으로 간주함 → 토지사용이 금지/제한되었더라도 "당해 토지의 본래 용도(경작, 육림 등)를 제한하는 것이 아니면" 적용할 수 없으며, 그 해당 여부는 토지의 용도 및 취득 목적과 실제 이용현황, 본래 용도의 변경가능성 등을 고려하여 개별적으로 판단함
- **기간기준 적용** : 사업용 사용으로 의제되는 기간을 사업용 사용으로 보아 기간기준을 적용하는 것임 → "무조건" 사업용 토지라는 의미가 아님

핵심 Point

- 법령에 의한 제한 판단시 법령의 범위 : 법률과 대통령령, 총리령, 부령, 법령에 규정된 권한에 의한 행정처분 포함
- 사용/제한의 시기 : 토지를 "취득한 후" 제한/금지될 것 → 상속받은 토지는 "피상속인"을 기준으로 판단
- 사실상의 제한 → 불포함
- 제한/금지 여부의 판단 방법 : 사업시행 및 내용 등과 관련한 공고 또는 고시 등을 살펴 본래 목적의 사용을 제한하고 있는지 판단할 것
  ① 농지 : 경작을 금지할 것
  ② 임야 : 산림의 보호육성을 제한할 것
  ③ 목장용지 : 축사, 초지조성 등을 제한할 것
  ④ 대지 : 건물이나 시설물 등의 축조를 제한할 것

 질문 》

1. 甲은 택지개발예정지구의 농지를 부친(乙)에게서 상속받았다. 乙은 택지개발사업이 시행되는 지구 안의 농지를 취득하였으며, 해당 사업시행 고시할 당시 택지개발사업 시행 이후 농작물의 경작과 건물의 신축 등 일체의 행위를 금지하는 내용이 확인된다. 甲이 상속받은 농지는 법령에 따라 사용이 제한된 것으로 볼 수 있는가?

2. 甲은 동지역에 소재하는 농지를 2010년 취득하여 보유 및 계속 대리 경작하던 중 2020년 5월 주거지역에 편입되었다. 해당 농지를 2023년 7월에 양도할 경우 주거지역 편입을 법령에 의한 사용 제한으로 볼 수 있는가?

3. 甲은 대지를 취득한 후 도시계획시설인 도로예정지로 지정되어 관계 법령에 따라 건물 신축 등의 행위를 금지당하고 있으며, 해당 도로신설 기간이 지연으로 제한기간이 연장되고 있다. 이를 법령에 의한 사용 제한으로 볼 수 있는가?

4. 甲은 2003년 경기도 안성시 소재 임야를 증여받았으며, 증여자와 수증자는 모두 해당 임야 소재지에 전혀 재촌하지 않은 상태이다. 해당 임야는 2019년 8월 준산업단지로 지정 고시되었다가 2022년 8월 해제 고시되었다. 해당 기간을 법령에 의한 사용 제한으로 볼 수 있는가?

답변 및 해설 »

1. 법령에 의한 사용 제한이 있더라도 **토지를 취득한 후에 제한이 있어야** 한다. 만일 상속이 이루어진 경우에는 **피상속인의 취득시기를 기준으로** 토지 취득한 후 제한이 있는 것인지 여부를 **판단한다.** 따라서 상속받은 甲의 토지는 피상속인이 취득하기 전부터 이미 제한이 있었기에 법령에 따라 사용이 제한된 것으로 볼 수 없다.

2. **농지가 단순히 주거지역에 편입되었다는 사정만으로는** 법령에 의한 본래 용도의 제한이 있다고 볼 수 없다. 주거지역 편입하여도 경작을 금지하는 것이지는 않기 때문이다. 실무에서 종종 착오하는 부분이다.

3. 토지 취득한 후 법령에 따른 제한이며, 이 경우 제한기간이 연장되면 **그 연장된 기간도 법령에 의한 사용 제한으로 보아** 비사업용 토지를 판단한다.

4. 임야의 경우 비록 준산업단지로 지정되었더라도 그 지정된 기간 동안 **임야의 고유목적**(산림의 보호·육성 등) **사용을 제한하는 것이 아니라면** 법령에 의한 사용 제한으로 볼 수 없다. 사안은 이러한 임야의 본래 용도로의 사용을 제한하였다고 보기 어렵다.

관련 사례

구 분	내 용
법령의 의미	• 법령은 법률과 대통령령, 총리령, 부령을 말하며, 법령에 규정된 권한에 의한 행정처분도 포함함[56]
사용제한의 시기	• "토지 취득 전"부터 법령에 의해 사용이 금지·제한된 토지는 적용되지 않음[57] • 도시개발사업으로 인하여 법령에 따라 사용이 금지 또는 제한된 시기는 "환지예정지 지정 공고에 따른 사용·수익의 제한·금지일"임[58]
사실상의 사용제한	• 동 규정은 토지용도에 따른 통상적인 제한의 범위를 넘어 특별히 사용이 제한된 토지를 의미하므로 그 사용에 "사실상 장애"가 있었던 것에 불과하다면 이에 해당되지 않음[59] • 도로부지 수용 후 도로 인접 잔여토지라는 사실만으로는 적용하기 어려움[60]
특별한 제한	• 법령에서 토지의 형질변경, 물건을 쌓아 두거나 건축물의 신축·개축·증축 등을 할 수 없거나 시장·군수의 허가를 받도록 하여 권리행사가 일정한 제한을 받는 경우 특별히 사용이 제한된 경우에 해당하여 제한을 받은 기간은 사업에 사용한 토지로 봄[61]
임야의 본래 용도 제한 여부	• 임야 취득 후 무인도서법에 의해 준보전무인도서로 지정·고시되거나[62] 산지관리법에 의한 임업용 산지로 지정·고시된 경우,[63] 산지관리법에 의한 산지전용허가가 제한을 받는 토지의 경우에는 동 규정이 적용되지 않음[64] • 임야를 취득한 후 준산업단지로 지정·고시되었으나 임야 본래의 용도로 사용이 금지 또는 제한되지 않은 경우 동 규정이 적용되지 않음[65] • 임야의 입목 등의 벌채나 훼손의 제한, 토석채취의 제한을 하였더라도 산림의 보호·육성 자체를 금지한 것으로 볼 수 없음[66]
지구단위 계획	• 토지 취득 후 국토계획법 제63조, 제54조에 따라 지구단위계획구역(개발행위허가제한구역, 도시개발구역)으로 지정·고시되어 해당 법령에 따라 사용이 제한된 경우[67] • 지구단위계획 내용에 따라 일정규모 내 건축이 가능한 경우에는 동 규정이 적용되지 않음[68]

---

56) 양도 집행기준 104의 3-168의 14-2 ; 대판93누1893, 1994.1.11.
57) 법령해석재산-307, 2020.5.4. ; 법령해석재산-305, 2020.4.28. ; 법령해석재산-782, 2020.3.11. ; 법규재산2012-83, 2012.3.21. ; 조심2009중2074, 2009.7.17.
58) 조심2021중1874, 2021.6.2. ; 조심2019중3093, 2019.12.24.
59) 대판2011두14425, 2013.10.31.
60) 법규재산2012-162, 2012.5.4.
61) 조심2010광1045, 2010.6.16. ; 조심2008광3368, 2008.12.10.
62) 법령해석재산-1604, 2015.12.10.
63) 재산세과-4141, 2008.12.8.
64) 부동산거래관리과-179, 2011.2.24. ; 서면5팀-2203, 2007.7.31.
65) 부동산납세과-1219, 2017.11.1. ; 심사양도2019-138, 2019.7.10.
66) 조심2019부1400, 2019.7.15. ; 조심2016중1622, 2016.7.15. ; 조심2012서3312, 2012.12.28.
67) 부동산납세과-499, 2014.7.15. ; 부동산납세과-338, 2014.5.9. ; 심사양도2012-286, 2013.3.15.
68) 부동산거래관리과-438, 2010.3.22. ; 재산세과-3657, 2008.11.6.

구 분	내 용
지목의 판단	• 토지사용의 금지·제한은 토지 용도 및 취득 목적과 실제 이용현황, 본래 용도의 변경가능성 등을 고려하여 개별적 판단하며, 지목도 "실질 지목"으로서 판단함[69]
법령에 의한 사용제한기간 연장	• 토지 취득 후 법령에 따라 사용제한 기간을 연장하거나, 법령에 따라 사업계획이 변경인가되어 사업시행기간이 연장된 경우, 해당 연장기간은 정당한 사유로 인하여 사업에 사용한 토지로 봄[70] • 이미 제한된 토지 취득 후 사용제한이 연장된 경우 해당 "연장된 기간"은 동 규정이 적용됨[71] ※ 그러나 과세관청 해석은[72] 도시개발사업 진행 중인 토지를 취득한 후 사업시행기간이 연장된 경우, 당해 기간은 법률의 규정으로 인한 사용의 금지 등 부득이한 사유로 "비사업용 토지로 보지 않는 기간"에 해당하지 않는다고 달리 판단함
법령에 의한 사용금지 또는 제한 "인정" 사례	• 당해 토지가 미군이전평택지원법, 택지개발촉진법에 의거 평택 국제화계획지구 및 택지개발예정지구로 지정·고시되어 사실상 토지 사용이 제한된 경우[73] • 토지 취득 후 국토계획법 제30조에 의하여 도시계획시설인 도로예정지로 지정되어 관계 법령에 따라 본래 용도로 사용이 금지·제한된 경우[74] • 토지 취득 후 주거지역으로 지정된 농지가 개발행위허가 제한구역으로 지정되거나 도시개발구역으로 지정되어 건축물 건축 등 개발행위가 제한되는 경우(환지방식 도시개발사업)[75] • 가축분뇨법에 따라 가축사육제한구역으로 지정되어 본래 용도로 이용할 수 없는 경우 지정된 날로부터 사용이 금지·제한된 것으로 봄[76] • 공동주택방식으로 진행되는 주거환경개선사업 정비구역으로 지정되어 단독주택의 건축 등 사용이 제한되고 공동개발만 가능한 경우[77] • 도시계획구역상 일반주거지역에 위치한 대지의 취득 후 군사시설보호구역으로 지정되어 관련 법령에 따라 사용이 금지·제한된 경우[78] • 토지 취득 후 도시정비법의 도시환경정비사업 정비구역으로 지정된 경우[79] • 건축법 제12조에 따른 구청장 방침으로 건축물의 신축이 제한된 경우[80] ※ 위 모든 경우 본래 용도의 사용을 제한/금지하였는지 여부는 각 사업의 고시 또는 공고내용에 따라 판단할 사항임에 유의할 것(★)

---

69) 대판2011두14425, 2013.10.31. ; 서울고법2024누57332, 2024.12.20. ; 서울행법2023구단63287, 2024.7.24.
70) 양도 집행기준 104의 3-168의 14-4
71) 조심2016서382, 2016.4.7. ; 대판2011두28950, 2013.2.14.
72) 재산세과-2649, 2008.9.4.
73) 서면4팀-1121, 2008.5.7.
74) 서면4팀-183, 2008.1.21.
75) 법령해석재산-498, 2016.12.12. ; 법령해석재산-272, 2016.8.26. ; 대판2017두75996, 2018.4.12.
76) 부동산거래관리과-649, 2012.11.29.
77) 법령해석재산-344, 2016.12.30. ; 심사양도2013-147, 2013.10.24.
78) 양도 집행기준 104의 3-168의 14-7
79) 법령해석재산-120, 2015.6.18. ; 서면5팀-2886, 2007.11.5.
80) 재산세제과-1129, 2008.12.31.

구 분	내 용
법령에 의한 사용금지 또는 제한 "부정" 사례	• 택지개발촉진법에 따라 택지개발예정지구로 지정되는 토지로서 동법 제6조(행위제한)가 적용되는 토지는 적용될 수 있으나,[81] 관련 고시에서 토지의 본래용도 사용을 제한하지 않는다면 주택재개발사업 예정구역 등으로 지정된 사실만으로 동 규정을 적용할 수 없음[82] • 광산피해방지법에 따라 휴경보상금을 받고 휴경한 기간은 부득이한 사유가 있어 비사업용 토지로 보지 않는 기간에 해당하지 않음[83] • 국토계획법에 따른 개발제한구역 내 토지를 취득한 후 개발제한구역에서 해제되면서 도시개발법에 따른 도시개발구역으로 지정된 경우[84] • 보호수로 지정된 수목이 차지하는 면적은 토지의 일부에 불과하고, 보호수로 지정된 수목이 있더라도 인근 토지의 사용이 제한되는 것은 아님[85] • 주택 부수토지의 일부가 주택과 함께 협의매수된 후 잔여토지가 나대지인 상태로 활용이 불가능한 경우에도 법령에 따라 사용이 금지 또는 제한되지 않은 경우 동 규정이 적용되지 않음[86] • 도시개발구역으로 지정되더라도 본래의 용도인 농지로 사용하는 것이 금지되거나 제한되었다고 보기는 어려운 경우[87] • 도시지역으로 편입된 농지로서 경제자유구역으로 지정되어 법률상 사용이 제한되었더라도, 농지 본래의 용도인 경작이 금지되지 않은 경우[88] • 토지 취득 후 관광진흥법에 따라 관광지 조성계획이 승인·고시된 경우로서 해당 토지가 관광지 조성계획에 의한 건축이 가능한 경우[89] • 도시개발구역 지정 전부터 공원용지로서 사실상 건축이 제한되어 도시개발구역 지정에 따라 그 사용 등에 추가적 제한이 있었다고 보기 어려운 경우[90] • 토지 취득 후 토지구획정리사업 시행지구나 도시개발구역으로 지정·공고되었으나 경작 등 토지 본래의 용도에 사용이 제한되지 않은 경우[91] • 농지 보유기간 중 사업소득금액이 3,700만원 이상으로 대부분 비사업용 기간일 경우 법령에 따른 사용 제한(사업용 의제) 규정은 적용되지 않음[92]

---

81) 재산세제과-32, 2008.3.3.
82) 부동산거래관리과-835, 2010.6.17. ; 대판2013두7995, 2013.7.25.
83) 법령해석재산-316, 2018.7.24.
84) 서면4팀-2960, 2007.10.15. ; 서면5팀-547, 2006.10.26.
85) 조심2012서1541, 2013.3.21.
86) 부동산거래관리과-137, 2012.3.7. ; 재산세과-222, 2009.9.15.
87) 조심2023서296, 2023.5.10.
88) 재산세과-3586, 2008.10.31.
89) 부동산거래관리과-885, 2010.7.8.
90) 조심2021인1512, 2021.7.13.
91) 부동산거래관리과-835, 2010.6.17. ; 조심2019인3178, 2020.12.22. ; 조심2019서1258, 2020.6.30.
92) 법규재산-1031, 2023.12.28. ; 조세정책과-2514, 2023.12.27.

Chapter 92
도시개발구역 지정, 최근 대법원 판결에 주목하라!

내용 Summary

기본사항 Check

- **사업용 사용기간의 의제**: 토지 취득 후 법령에 따라 사용이 금지 또는 제한된 토지는 "사용이 금지 또는 제한된 기간" 동안 사업용 사용으로 간주함 → 토지사용이 금지/제한되었더라도 "당해 토지의 본래 용도(경작, 육림 등)를 제한하는 것이 아니면" 적용할 수 없으며, 그 해당 여부는 토지의 용도 및 취득 목적과 실제 이용현황, 본래 용도의 변경가능성 등을 고려하여 개별적으로 판단함
- **기간기준 적용**: 사업용 사용으로 의제되는 기간을 사업용 사용으로 보아 기간기준을 적용하는 것임 → "무조건" 사업용 토지라는 의미가 아님

핵심 Point

- 법령에 의한 제한 판단시 법령의 범위: 법률과 대통령령, 총리령, 부령, 법령에 규정된 권한에 의한 행정처분 포함
- 사용/제한의 시기: 토지를 "취득한 후" 제한/금지될 것
- 사실상의 제한 → 불포함
- 제한/금지 여부의 판단 방법: 사업시행 및 내용 등과 관련한 법령 및 공고 또는 고시 등을 살펴 토지의 본래 목적 사용을 제한하고 있는지 판단
- 도시개발구역으로 편입된 토지를 개발하며, 가설펜스 등을 설치하고, 경작금지 공고를 한 것이 법령에 따른 제한인지 여부가 쟁점이 되었으며, 최근 과세관청 해석이 변경됨

질문 »

甲이 보유하고 있던 "농지"가 도시개발구역에 편입되어 주변 토지들은 일부 공사가 진행 중이며, 해당 사업이 시행되는 지역의 둘레에는 가설펜스가 설치되어 있고 경작금지 공고문이 펜스벽에 부착되어 있다. 甲은 경작금지 공고에 따라 재촌자경은 하지 않은 상태이며, 보유 중에 농지 외 용도로 이용한 사실은 없다. 법령에 따른 사용제한으로 보아 해당 기간을 사업용으로 사용하는 토지로 판단할 수 있는가?

답변 및 해설 »

도시개발구역으로 지정됨에 따라 농지를 경작하지 않은 경우 토지를 취득한 후 "법령에 따라 사용이 금지 또는 제한된 것인지 여부에 대해 기획재정부는 "농지가 도시개발구역으로 지정되어 건축물 건축 등 개발행위가 제한되는 경우 도시개발구역으로 지정고시된 날부터 법령에 따라 사용이 제한된 토지로 보는 것"이라고 보았으나, 최근 본래의 용도인 경작 자체가 금지·제한되지 않은 경우에는 법령에 따라 사용이 제한된 토지로 보지 않는다고 해석하였다(관련 사례 참고).

그러나 조세심판원은 "농지"에 대하여 경작을 금지한 것이 아니고 간이 공작물 설치도 가능한 점 등에 동 규정을 적용할 수 없다고 계속하여 결정하여 왔다. 그런데 대법원이 종전 판결에 더하여 최근 이에 대하여 입장을 정리하는 판결을 내려 숙지할 필요가 있으며, 그 요지는 다음과 같이 두 가지로 나누어 요약될 수 있다.

첫째, 공부상 지목은 "농지"이더라도 사실상 지목이 사실상 지목이 "대(대지)"인 경우로서 건축물의 신축 등이 제한된 경우에는 도시개발구역으로 지정되어 건축이 제한될 경우 토지를 취득한 후 법령에 따라 사용이 제한된 것으로 보아 해당 기간 동안을 사업용 사용으로 의제할 수 있다.

둘째, 공부상 지목이 "농지"로서 그 사실상 지목도 "농지"인 경우에는 재촌자경하지 않은 경우 도시개발구역으로 지정되었다고 법령에 따라 사용이 제한된 것으로 볼 수 없다. 종종 도시개발사업을 시행하면서 도시개발조합 등 사업시행자가 그 개발구역 둘레에 가설펜스를 설치하고 경작 금지 공고를 붙이는 경우가 있는데, 그것이 법령에 근거를 두지 않을 경우에는 법령상 제한으로 볼 수 없다고 판단하고 있다.

조세심판원은 나아가 "기획재정부 예규 등은 행정관청 내부의 사무처리지침에 불과하여 국민을 기속하는 법규적 효력이 없어 제시한 예규 등에 근거하여 도시개발구역으로 지정 고시된 날부터 사업용 토지로 보아야 한다는 주장"은 받아들일 수 없다고 결정하고 있으므로 실무 적용시 유의할 필요가 있다.

이에 따라 농지가 도시개발구역으로 지정된 것만으로는 원칙적으로 동 규정을 적용받을 수 없고, 도시개발사업으로 인하여 농지 본래 용도 사용이 제한될 경우 법령에 따라 사용이 금지 또는 제한된 시기는 "환지예정지 지정 공고에 따른 사용·수익의 제한·금지일"로 판단하고 있다.[93]

---

93) 조심2023중659, 2023.7.31. ; 조심2023인313, 2023.4.20. ; 조심2021중1874, 2021.6.2. ; 조심2019중3093, 2019.12.24. ; 수원고법2023누14011, 2024.7.26. ; 수원지법2021구단8768, 2023.7.12.

관련 사례

구 분	내 용
과세관청	• 도시개발구역 지정 후 주거지역으로 편입되어 건축이 제한된 농지는 주거지역 편입일로부터 건축이 가능한 날까지는 법령에 따라 사용이 제한된 토지로 보나, 본래의 용도인 경작 자체가 금지·제한되지 않은 경우에는 법령에 따라 사용이 제한된 토지로 보지 않음[94] • 당초 해석 1 : 공업지역에 소재하는 농지(토지)를 취득한 후 도시개발법에 따라 도시개발구역으로 지정되어 환지방식으로 도시개발사업이 시행되는 경우에는 도시개발구역으로 지정고시된 날로부터 "법령에 따라 사용이 제한된 토지"로 보는 것임[95] → 동 해석은 2024.12.20. 삭제 정비함 • 변경 해석 2 : 토지(농지)를 취득한 후 토지구획정리사업시행지구로 지정·공고된 경우 경작 등 토지 본래의 용도에 사용이 제한되지 아니한 경우에는 법령상 사용 금지 또는 제한된 토지에 해당되지 않음[96] • 변경 해석 3 : 도시지역 내 주거지역으로 지정된 농지가 개발행위허가제한구역으로 지정되거나 도시개발구역으로 지정되어 건축물 건축 등 개발행위가 제한되는 경우 개발행위허가제한구역 및 도시개발구역으로 지정고시된 날부터 "법령에 따라 사용이 제한된 토지"로 보는 것임[97] → 동 해석은 2024.12.20. 삭제 정비함 • 최근 해석 : 사실상 현황이 분명하지 않고 공부상 등재현황이 "농지"인 토지가 도시지역(주거지역)에 편입되고 도시계획시설(학교) 부지로 지정된 경우로서, 해당 토지가 관련 법령에 따라 농지 본래의 용도인 경작이 금지 또는 제한되지 않는 경우 법령에 따라 사용이 금지 또는 제한된 토지에 해당하지 않음[98]
국세청 심사결정	• 지구단위계획구역 지정으로 본래의 용도인 농지로 사용하거나 가건물 부지 및 차고지 등으로 임대하는데 금지 또는 제한이 있었다고 보기 어렵고, 지구단위계획구역으로 지정되고 공동주택 용지에서 일반주택 용지로 변경된 이후에도 토지를 직접 건축물 부지 등으로 사용하기 위하여 관련 인·허가를 신청한 사실이 없는바, 본래의 용도에 따른 통상적인 제한의 범위를 넘어 특별히 제한된 사정이 있었다고 보기 어려움[99]

---

94) 법령해석재산-304, 2016.10.4.
95) 재산세제과-670, 2009.3.31.
96) 부동산납세과-191, 2013.12.4.
97) 법령해석재산-498, 2016.12.12. ; 법령해석재산-500, 2016.12.9. ; 서면부동산-591, 2017.10.25. ; 법령해석재산-457, 2017.10.13. ; 법령해석재산-487, 2017.9.8. ; 법령해석재산-148, 2017.9.7. ; 법령해석재산-244, 2017.5.30. ; 법령해석재산-304, 2016.10.4. ; 법령해석재산-272, 2016.8.26. ; 법령해석재산-291, 2015.12.11. ; 서면부동산-1362, 2015.10.8. ; 서면부동산-1033, 2015.7.22. ; 서면부동산-168, 2015.6.3. ; 법령해석재산-20665, 2015.3.18. ; 서면부동산-22441, 2015.3.6. ; 부동산납세과-871, 2014.11.19. ; 부동산납세과-842, 2014.11.7. ; 부동산납세과-421, 2014.6.13. ; 부동산납세과-338, 2014.5.9. ; 법규과-114, 2014.2.6.
98) 조세정책과-2039, 2024.11.5.
99) 심사양도2021-30, 2021.7.14.

구 분	내 용
조세심판원	• 도시개발구역으로 지정고시 되어 고시일부터 도시개발구역지정 지역 내에서 건축 등이 제한되더라도 양도시까지 지목이 "답"이고 농지 본래 용도로 사용이 가능하며, 농수산물 생산에 직접 이용되는 간이공작물 설치, 경작을 위한 형질변경 등 개발행위는 허가 없이 가능하고 도시개발조합 등이 경작을 금지한 것(문화재발굴조사, 가설펜스설치 등)은 법적 근거 없는 제한에 불과하며, 기획재정부 예규 등은 행정관청 내부의 사무처리지침에 불과하여 국민을 기속하는 법규적 효력이 없어 제시한 예규 등에 근거하여 도시개발구역으로 지정고시된 날부터 사업용 토지로 보아야 한다는 주장은 받아들이기 어려움[100]
대법원	• 공부상 "대"인 토지에 대하여 건축허가 등의 통제가 이루어지거나 공부상 "전·답"이지만 실제 이용현황은 "대 또는 잡종지"인 토지에 대하여 건축허가 등의 통제가 이루어지는 경우 특별한 사용 제한에 해당될 수 있음[101] • 농지는 본래 용도인 "농지"의 사용 제한 여부를 기준으로 특별히 사용이 제한된 토지인지 판단하여야 하며, 도시개발구역으로 지정되어도 농산물 생산에 직접 이용되는 비닐하우스 등 간이공작물 설치, 경작을 위한 토지의 형질변경, 일정한 범위에서 토석채취, 관상용 죽목의 임시식재 등은 허가 없이도 할 수 있고 도시개발구역의 지정·고시만으로 농지의 사용을 금지·제한한다고 볼 수 없음[102]

---

100) 조심2023서727, 2023.9.12. ; 조심2023중659, 2023.7.31. ; 조심2023중233, 2023.3.13. ; 조심2021중5052, 2022.6.22. ; 조심2021중1378, 2021.10.27. ; 조심2014중2405, 2014.10.14. 등 다수
101) 대판2014두7886, 2016.7.14.
102) 대판2023두34637, 2023.6.29. ; 서울고법2021누55700, 2023.10.13. ; 대판2024두34092, 2024.5.30.

Chapter 93

나대지에 건물을 짓다가 양도시 비사업용 토지 판단은?

내용 Summary

기본사항 Check

- **사업용 건축물 신축을 위하여 취득한 토지 특례**: 지상에 건축물이 정착되어 있지 않은 토지를 취득하여 사업용으로 사용하기 위해 건설에 착공(착공일이 불분명한 경우 착공신고서 제출일 기준)한 토지는 "당해 토지의 취득일부터 2년 및 착공일 이후 건설이 진행 중인 기간(천재지변, 민원의 발생 그 밖의 정당한 사유로 인하여 건설을 중단한 경우 중단한 기간 포함)" 동안 사업용 사용으로 간주함 → 해당 기간을 사업용 사용으로 보아 기간기준 적용하여 비사업용 토지 여부 판단

핵심 Point

- 건축물이 있는 토지를 취득하여 멸실하고 착공한 경우 → 적용 불가
- 건설공사에 착공한 토지를 취득 → 적용 불가
- 토지 소유자와 건축 착공 주체 → 동일성 불문
- 건설공사에 착공하여 건축 중 양도 → 적용 가능. 다만, 불필요한 건축물의 건설 중 양도시 조세회피 판단 사례가 있음
- 농지/산지 전용하여 착공한 경우 → 적용 인정
- 토목공사만 한 경우 → 적용 불가
- 가설건축물 건축 착공한 경우 → 적용 불가
- 적용 면적 → 건물 정착면적에 용도지역별 적용 배율을 곱한 면적 이내

질문 »

1. 甲은 노후한 건축물과 토지를 취득하여 건축물을 멸실하고 새로운 건물을 신축하여 양도하였다. 비사업용 토지 판정시 취득 후 2년 및 건설이 진행중인 기간을 사업용으로 볼 수 있는가?

2. 甲은 토지를 취득하여 건물 착공신고를 하고 일정기간 신축공사를 하던 중 해당 신축 중인 건물과 토지를 乙에게 양도하고 乙이 잔여 공사를 진행하여 공사를 완료하였다. 공사진행 내역은 등은 모두 입증된다. 이 경우 甲과 乙에게 적용될 비사업용 토지 판단 기준은?

3. 甲은 농지를 취득하여 농지전용허가를 받고 건축허가를 얻은 뒤 건축물을 착공하여 완성한 후 양도하였다. 해당 토지에 대한 비사업용 판단기준은?

4. 甲과 乙은 공동으로 토지를 취득하였고 乙은 해당 토지에 건축허가를 받아 건물을 착공하였다. 이후 甲과 乙은 해당 토지와 건물을 丙에게 일괄 양도하였다. 취득 대금은 적정하게 1/2씩 분담하였고, 양도대금과 건물과 토지대가에 상응하여 분배하였다. 이 경우 해당 토지에 대한 비사업용 토지 판단기준은?

5. 甲은 토지를 취득하여 건축허가를 받아 상가건물을 신축하던 중 완공 직전에 자금부족으로 부득이 해당 토지와 건축중인 토지를 양도하였다. 토지 및 건축현황은 다음과 같을 때 과세관청 해석에 따를 경우 비사업용 토지에서 제외되는 토지면적은?
   - 토지면적 : 1,000㎡
   - 토지 소재지 : 상업지역
   - 바닥면적 : 200㎡

답변 및 해설 »

1. 토지를 취득한 후 2년 및 건설이 진행 중인 기간에 대한 사업용으로 의제하는 규정은 **건물이 없는 토지를 취득하였어야** 적용된다. 따라서 사안과 같이 건물이 있는 토지를 취득하여 철거한 경우에는 동 규정이 적용되지 않는다.

2. 甲의 경우는 토지 **취득 후 2년 및 건설이 진행된 기간 동안 사업용**으로 의제되고, 乙은 건설이 진행 중 취득하였으므로 **해당 공사기간에 대하여는 동 규정이 적용되지 않는다**. 사안에서 건설 진행 중 양도한 부분에 대해 특별히 조세회피행위로 보이지는 않는다.

3. 농지나 산지를 취득하여 농지전용허가를 받고 건물을 착공한 경우이므로 토지 취득 후 2년 및 건설이 진행 중인 기간은 사업용으로 의제된다. 과거의 해석은 농지전용허가의 경우에는 적용되지 않으며, 착공일부터 적용한다고 보았다.

4. 해당 규정 적용시 **건물 착공주체는 묻지 않는다**. 따라서 사안의 경우 토지를 취득한 날부터 2년 및 건설이 진행중인 기간은 사업용으로 보아 기간기준을 적용하여 비사업용 토지 여부를 판단한다.

5. 동 규정에 따라 사업용으로 보는 범위는 토지 전부를 비사업용으로 보겠다는 의미는 아니다. 실제 건물에 착공한 토지의 **바닥면적에 지방세법 시행령 제101조 제2항에 규정하는 용도지**

역별 배율을 적용한 면적 이내에 대하여만 적용된다. 사안에서 해당 건물은 상업지역에 소재하므로 바닥면적(200㎡)에 3배의 배율을 적용한 면적에 대하여만 적용되어 600㎡ 부분만이 동 규정에 의한 사업용 의제를 받을 수 있다.

관련 사례

구 분	내 용
공사의 착공 기산점	• 건축허가가 나고 "착공 前" 양도하는 경우 동 규정을 적용받지 못함[103] • 건설의 착공 여부는 당해 토지의 취득·착공·사용현황 등에 따라 사실판단할 사항으로 실질적으로 공사가 진행되어야 함[104]
증여로 취득	• 지상에 건축물이 정착되어 있지 아니한 토지를 취득(증여 포함)하여 사업용으로 사용하기 위하여 건설에 착공(착공일이 불분명한 경우에는 착공신고서 제출일 기준)한 토지는 당해 토지의 취득일부터 2년 및 착공일 이후 건설이 진행 중인 기간은 "비사업용 토지"로 보는 기간에서 제외됨[105]
건축물의 부존재	• 취득 당시 건축물이 정착되어 있지 않아야 하므로, 취득 당시 건축물이 정착되어 있는 경우 동 규정을 적용할 수 없으며, 건물이 멸실·철거된 경우 멸실·철거일로부터 2년간은 사업용으로 사용한 기간으로 봄[106]
민원 등 발생에 따라 공사 중단	• 토지를 취득하여 사업용으로 사용하기 위해 건축허가를 신청하여 취소된 사실이 없고, 지반공사를 하였으나 혐오시설에 대한 민원발생 및 지자체의 원상회복 통지, 고발 등으로 건축허가 받은 대로 건설이 중단되어 토지 취득일부터 2년과 건설착공 후 민원발생에 따른 공사 중단기간을 비사업용 토지에 해당되지 않는 것으로 봄이 타당함[107]
건설공사에 착공한 토지 취득 및 양도	• 건설공사에 착공한 토지를 취득하여 취득 당시 상태로 양도하는 경우 비사업용 토지에서 제외되지 않음[108]
착공 주체	• 지상에 건축물이 정착되어 있지 아니한 토지를 취득하고 사업용으로 사용하기 위하여 건설에 착공한 경우에는 착공주체에 관계없이 동 규정이 적용됨[109]
임야나 농지의 전용	• 농지나 임야를 취득하여 농지(산지)전용 허가를 얻어 건축에 착공한 경우 동 규정 적용이 가능하나, 임의적 공사 중단 기간은 제외함(착공 여부는 사실판단 사항)[110] • 건축허가를 반납하여 산지전용 허가도 산지관리법에 의하여 무효인 점으로 볼 때 비사업용 토지로 본 처분은 잘못이 없음[111]

---

103) 서면5팀-1901, 2007.6.27. ; 심사양도2024-0061, 2025.1.24. ; 조심2008서2567, 2008.12.30.
104) 재산세과-814, 2009.3.10. ; 서면5팀-619, 2008.3.21. ; 재산세제과-1228, 2007.10.10.
105) 부동산납세과-24, 2015.1.15.
106) 재산세과-1980, 2008.7.29. ; 조심2008서3626, 2009.2.16.
107) 조심2022구5882, 2023.2.20.
108) 부동산납세과-362, 2014.5.22.
109) 부동산거래관리과-1047, 2011.12.16. ; 재산세제과-541, 2009.3.20.
110) 재산세과-3809, 2008.11.17. ; 재산세제과-1228, 2007.10.10. ; 서울행법2020구합75958, 2022.10.13.
111) 조심2008서1740, 2008.9.19.

구 분	내 용
착공일	• 착공일은 "실제로 공사에 착공한 날(불분명시 착공신고서 제출일)"을 기준으로 하며,[112] 실질적인 공사의 실행이라 볼 수 있는 행위로서 굴착공사나 터파기 공사에 착수하는 경우 비로소 "착공"하였다고 볼 수 있음[113]
착공신고 없이 토목공사 등을 한 후 양도한 경우	• 토지형질변경 허가를 받고 나무이전, 토지다지기, 일부 터파기 공사를 진행한 다음, "행정관청에 건설허가 및 착공신고를 하지 않고" 토지를 양도한 경우 동 규정 적용 대상 토지에 해당하지 않음[114] • 행정관청에 "건설허가 및 이에 따른 착공신고를 하지 않고" 토지를 양도한 경우 적용할 수 없음[115]
적용 범위 (기준면적 이내)	• 당해 기간 동안 비사업용 토지로 보지 않는 토지의 범위는 (대지로 형질변경 면적 이내 중) 건물 정착면적에 지방세령 제101조 제2항에 따른 용도지역별 적용 배율을 곱하여 산정한 면적 이내를 말하며, 부속토지의 지목 판정은 건축허가 여부와 상관없이 사실상의 현황에 의함[116]
가설건축물	• 소유 토지에 가설건축물 건설에 착공하여 공사 진행 중에 양도하는 경우에는 동 규정이 적용되지 않음[117]
시공사의 폐업	• 시공사가 폐업해도 토지상 건축공사 자체를 못 하는 것이 아니므로 정당한 사유로 보기 어려움(사용승인 받은 매수자의 부도로 공사중단도 동일)[118] • 농지를 아파트 신축부지로 매도하면서 토지대금의 청산 전에 매수자에게 토지사용승낙서를 제공하여 당해 매수자가 아파트를 신축하던 중 부도로 건설을 중단한 후, 10여 년이 지나서 당해 매수자의 "토지를 취득할 수 있는 권리"를 인수한 자로부터 토지대금의 잔금을 수령하고 소유권이전등기를 경료한 경우 동 규정이 적용되지 않음[119]
준공 前 양도	• 건설에 착공하여 공사 진행 중인 토지 양도시 동 규정 적용 대상 여부는 사실판단 사항임[120] • 자금사정을 사유로 공사를 중단하고 건축물 준공 전에 토지를 양도한 경우에는 천재지변, 민원의 발생 그 밖의 정당한 사유로 인하여 건설을 중단한 경우 그 중단한 기간을 포함할 수 없음[121]

---

112) 부동산거래관리과-1528, 2010.12.29. ; 감심2011-131, 2011.7.21.
113) 대판2013두2723, 2013.5.23. ; 창원지법2020구합51004, 2020.11.26.
114) 재산세과-1020, 2009.12.16. ; 심사양도2014-152, 2014.10.27. ; 국심2009전1655, 2009.5.26. ; 서울행법2021구합87057, 2023.2.2. ; 서울고법2023누35717, 2023.9.7.
115) 서면5팀-180, 2008.1.25. ; 조심2019전3401, 2020.6.4.
116) 재산세제과-276, 2012.4.10. ; 조심2011중1163, 2011.11.3.
117) 양도 집행기준 104의 3-168의 14-16 ; 재산세과-433, 2009.2.6.
118) 조심2008서3626, 2009.2.16.
119) 서면5팀-1071, 2007.4.2.
120) 서면5팀-619, 2008.3.21. ; 서면5팀-2238, 2007.8.3.
121) 부동산거래관리과-148, 2010.1.29. ; 재산세과-785, 2009.4.22.

구 분	내 용
준공 前 양도	• 토목공사 및 건축물 공사에 대한 도급계약을 체결한 계약서를 제시하고 있고, 토지 지상에 완성된 수준의 건축물이 존재하며, 토목공사와 관련하여 대금을 지급한 입금증을 제시하고, 임의경매에 따른 감정평가서상 건축물 현황이 나타나며, 토지 등기부등본에 공사수급자가 근저당권을 설정한 후 임의경매로 인한 매각으로 근저당권이 말소등기된 것으로 나타나고, 건축공사가 중단된 후 방치된 것은 인접 임야 소유자와의 협상이 되지 않아 건축물 옆 급경사 지벽을 완만하게 깎을 수 없어 준공허가를 받지 못한 것으로 그 기간은 부득이한 사유에 해당되는 것으로 보이므로 동 규정 적용을 배제한 것은 잘못임[122]
	• 토지 지상에 건축물이 정착되지 않은 상태에서 취득하였고, 기존에 운영하는 주유소의 사업확장을 위하여 자금을 지원받아 주유소 신축공사를 진행하던 중 토지를 양도하였으며, 토지 총보유기간 중 취득일로부터 2년 및 착공일 이후 건설진행 중 기간을 제외하면 비사업용 토지에 해당하지 않음[123]
	• 대지 등을 취득하여 불필요한 건축 기초공사만 착공하고 양도하여 비사업용 토지 회피수단으로 이용한 경우 적용을 부인함[124]
	• 농지를 취득(2004.1.1)한 후 농지전용허가 및 건축허가(2008.6.1)를 받아 건설에 착공(2008.7.1)하여 건설 진행 중에 토지를 양도(2008.9.1)한 경우에는 당해 규정이 적용되지 않음[125]

---

122) 조심2014중5107, 2015.1.16.
123) 조심2010서1163, 2010.12.10.
124) 조심2019부3815, 2019.12.24. 조심2019부3814, 2019.12.24. ; 수원고법2022누11725, 2022.11.4.
125) 부동산거래관리과-688, 2010.5.14.

Chapter 94. 농지, 비사업용 토지 판단에서 꼭 확인할 사항은?

💬 내용 Summary

기본사항 Check

- **농지에 대한 비사업용 토지 판단 방법 : 다음 순서에 따라 판단할 것**
  ① **실질 지목이 농지인지** 여부 판단 : 농지의 경영에 직접 필요한 농막·퇴비사·양수장·지소·농도·수로 등의 토지 부분 포함
  ② **무조건 사업용 토지로 보는지** 여부 판단
    ㉠ 8년 이상 재촌자경한 농지를 직계존속 또는 배우자로부터 상속/증여받은 경우(양도 당시 주거·상업·공업지역 소재 제외) → 양도기한 제한 없음
    ㉡ 종중이 2005.12.31. 이전 취득한 농지
    ㉢ 상속받은 지 5년 이내 양도하는 농지
    ㉣ 사업인정고시일로부터 5년 전에 취득한 농지가 수용/협의매수되는 경우
  ③ **재촌자경한 기간이 기간기준에 적합한지** 여부 판단
    ㉠ 사업용 사용으로 의제되는 기간 판단 : 농지 취득 후 법령에 의한 경작금지 여부(제한된 기간 동안), 2년 이상 재촌자경하던 농지가 천재지변 등으로 황지가 된 농지(발생일 이후 2년)
    ㉡ 재촌자경 여부 판단 : 상시 또는 자기노동력 1/2 이상 재촌자경 → 총급여 등 3,700만원 이상 기간은 재촌자경 기간 제외
    ㉢ 재촌자경 의제 해당 여부 판단
    ㉣ 동지역 농지로서 주거·상업·공업지역 편입 여부 판단 → 편입일 후 3년 이후의 재촌자경 기간은 비사업용 기간에 해당
    ㉤ 재촌자경 농지가 기간기준에 적합한지 여부 판단

- **유의 사항 : 자경농지 감면과 별개 판단(★)**
  ① 자경농지 감면대상이라도 "비사업용" 토지에 해당할 수 있음
  ② 자경농지 감면 대상은 아니라도 "사업용" 토지에 해당할 수 있음

핵심 Point

- 공부상 임야라도 실질적으로 개간하여 과수원 사용시 → 개간 이후는 농지로 봄
- 임의적 휴경 농지 → 휴경기간은 재촌자경한 것이 아님
- 재촌자경 : 농지 소재지(농지가 있는 시·군·자치구, 연접 시·군·자치구, 직선거리 30㎞ 이내)에 거주하면서(주민등록 불필요), 상시 경작하거나 자기 노동력 1/2 이상으로 경작하는 것 → 사실판단 사항
- 총급여 등 3,700만원 이상 : 총급여 + 사업소득금액(음수이면 0)이 3,700만원 이상 기간, 복식부기 연도 재촌자경하더라도 사업용 기간 제외 → 자경농지 감면과 일치
- 동지역의 주거·상업·공업지역 편입 농지 : 재촌자경하더라도 편입일 3년 경과분은 사업용 사용 부인

질문 »

1. 甲은 임야를 보유하던 중 해당 임야를 개간하여 복숭아 과수원으로 용도변경하고 계속 재촌하면서 과수원을 경작하고 있다. 甲은 다른 직업은 없으며, 해당 과수원의 토지대장에는 지목이 임야이다. 이 경우 비사업용 토지의 판단 방법은?

2. 甲은 경기도 가평군에 살면서 농업을 영위하고 있다. 그런데 농업소득으로는 자녀교육비 등 생활비가 부족하여 농지 인근 공장에 야간경비로 취업하여 월 150만원 정도 급여를 수령하고 있다. 보유 농지는 전·답을 합하여 1,500㎡ 정도이며 재촌자경한 것은 입증되고 있다. 재촌자경을 부인할 수 있는가?

3. 甲은 공무원으로서 2,000㎡ 규모의 전을 소유하고 있으며, 해당 농지는 직업이 없는 배우자가 계속하여 재촌자경을 하고 있다. 해당 농지에 대한 비사업용 토지 판단은?

4. 甲은 농업인은 아니지만 2005년 6월 중 주말·체험영농용 농지 취득에 따른 농지취득자격증명원을 발급받아 세대 총 990㎡(300평)의 밭을 보유하고 있다. 재촌하지는 않고 있으나 종종 들러 과수목 및 고구마 등을 경작하여 자가소비 및 주변 친구들과 나누어 먹고 있다. 해당 농지는 2020년 12월 중 사업인정고시가 난 공익사업으로 2023년 5월 중 수용되었다. 이 경우 비사업용 토지의 판단은?

5. 甲은 전업농으로 경기도 고양시 동지역에 소재한 농지를 2016년 중 취득하였다. 취득 당시에 해당 농지는 녹지지역에 소재하였으나, 2017년 8월 주거지역으로 편입되었다. 甲은 고양시에 계속 거주하면서 2023년 6월 해당 농지 양도시까지 자경하여 왔다. 해당 농지에 대한 비사업용 토지의 판단은?

6. 한국농어촌공사에 위탁경작하게 한 후 의무경작기간(8년)이 미경과하여 부득이하게 수용될 경우 해당 임대경작기간은 재촌자경으로 인정되는가?

답변 및 해설 »

1. 농지인지 여부는 토지대장이나 등기부에 기재된 지목이 아니라 실질에 따라 판단한다. 따라서 사안의 경우 임야로서 보유기간은 임야에 대한 비사업용 토지 판단기준(원칙 → 임야 소재지 주민등록 + 실제 거주)을 적용하고, 농지(과수원)로 개간을 완료한 이후로는 농지에 대한 판단기준(원칙 → 농지 소재지 재촌자경) 여부로서 비사업용 기간을 계산 및 합산하여 비사업용 토지를 판단한다.

2. 재촌자경 여부는 사실판단할 사항이다. 따라서 직업이 있다고 하여 무조건 재촌자경이 부인되는 것은 아니다. 다만, 직업이 있을 경우에는 대리경작이나 **본인이 아닌 가족이나 다른 사람이 경작할 가능성이 있으므로 입증을 강하게 요구**하는 것이다. 따라서 직업의 성격, 직책, 주거지 및 농지와의 거리, 근무형태 등을 종합하여 판단하게 된다. 사안에서 甲은 전업농이지만 자녀학비 문제로 야간에 경비직을 수행하였다는 점에서 농지를 경작하는 데 무리는 없어 보이고 급여 수준도 3,700만원을 초과하지 않으므로 비사업용으로 판단되지는 않는다. 오해하여서는 안 되는 것이 총급여 3,700만원이 안되면 무조건 재촌자경을 인정하는 것이 아니라는 것이다. 총급여 3,700만원 이상이면 재촌자경을 하더라도 비사업용으로 보겠다는 의미이다.

3. 농지 소유자인 본인은 직업을 가지고 직업에 전념하면서 **직업이 없는 가족 구성원이 경작하는 경우에는 재촌자경한 것으로 볼 수 없다**. 본인이 주말에 간헐적으로 일손을 도왔다고 하여 재촌자경으로 볼 수는 없다. 따라서 사안은 비사업용 기간에 해당한다. 그렇지만 "전업농"인 가족들이 서로 일손을 도우며 경작하는 경우까지 대리경작 내지 타인경작으로 보아 재촌자경을 부인하는 것은 무리이다.

4. 재촌자경을 하지 않더라도 재촌자경한 것으로 인정하는 주말체험용 농지에 대한 사례이다. 세대 전체로서 1,000㎡ 미만이어야 하고, 2003.1.1. 이후 주말체험용 농지취득자격증명원을 발급받아야 한다. 해당 특례는 2021.12.31. 이전 양도분까지로 종료되었지만, 2021.5.4. 이전에 사업인정고시 난 공익사업으로 수용·협의매수되는 것은 종전규정에 따라 적용이 가능하다. 따라서 사안은 이러한 예외를 적용받아 사업용 토지로 보게 된다.

5. 동지역에 소재한 농지로서 주거지역 등에 편입되면 비록 계속하여 재촌자경을 하더라도 편입일 후 3년 이후의 기간은 비사업용으로 본다. 물론 주거지역 편입시 도시개발구역으로 지정되는 경우가 종종 있으므로 이 경우에는 건물신축이 제한되는지 및 경작이 금지되는지 그 내역도 살펴야 한다. 사안에서 2017년 8월부터 3년이 되는 2020년 8월까지만 사업용으로 인정을 받는다.

6. 한국농어촌공사가 8년 이상 개인으로부터 수탁받아 임대하거나 사용대한 농지는 해당 기간 동안 재촌자경한 것으로 본다.[126] 그러나 의무 수탁기간이 경과하기 전에 해당 농지가 수용되면 해당 수탁기간은 재촌자경한 것으로 간주되지 않는다.[127] 수탁한 농지를 증여받거나 상속받은 경우 증여자나 피상속인의 위탁기간은 통산하지 않는다.[128]

---

126) 부동산거래관리과-627, 2012.11.20.
127) 법규재산-101, 2025.3.6.
128) 법규재산-96, 2022.4.11. ; 재산세과-1374, 2009.7.7.

관련 사례

구 분	내 용
농지 여부 판단	• 공부상 농지가 아닌 임야 등을 실제 농지로 이용하면 농지에 해당함[129] • 공부상 농지를 임시 가설 사무실 등 다른 용도로 사용시 농지로 볼 수 없음[130] • 농지가 다른 지목으로 사실상 변경되면 농지로서의 보유기간은 농지의 기준을 적용함[131]
휴경 농지	• 농업식품기본법 및 세계무역기구법에 따라 일시 휴경농지로 선정되어 보상금을 지급받은 경우 당해 휴경기간 동안은 사업용으로 봄[132] • 일시적 휴경 사유가 농지개량을 위한 복토 등 개인적 사정이면 그 기간은 비사업용으로 봄[133]
농막을 다른 용도로 이용	• 농막이 공장용 창고나 주택 등 다른 용도로 사용하는 경우 농지로 볼 수 없으며, 농막·퇴비사에 해당하지 않는 건축물 부수토지는 원칙적으로 농지에 포함하지 않음[134]
소득제한에 따른 자경부인	• 조특령 제66조 제14항을 준용하므로 이에 따라 소득제한(3,700만원)에 의한 자경기간 부인은 소급과세나 신의칙에 반하지 않음[135]
민사상 이유로 미경작	• 불법점유자가 고령인 관계로 명도소송 승소에 따른 불법점유자의 퇴거집행이 곤란한 경우로 농지소유자가 직접 경작을 하지 못하는 것은 부득이한 사유로 사업용 사용으로 보는 토지에 해당하지 않음[136]
공동소유 농지	• 공동소유 농지는 각 공유자별로 자경 여부를 판단하며, 일부 공유자가 전체 농지를 자경한 경우 다른 공유자는 자경한 것으로 볼 수 없음[137]
배우자 등 세대원의 경작	• 직업(교사, 사업자)을 가진 부인 소유 농지를 남편이 경작한 경우와 같이 세대원이 경작하는 경우 "직접 경작"하지 않은 것임[138] • 배우자 일방(직업이 공무원)의 단독 명의 자산을 부부 공동소유로 주장하면서 공동 경작을 주장하는 것은 특유재산을 부정하는 내용으로 부당함[139]
입증책임	• 과세관청이 비사업용 토지에 해당한다는 사실을 상당한 정도로 입증한 경우 납세자가 과세관청이 밝힌 내용이 사실과 다르므로 사업용 토지에 해당한다는 사실을 반증해야 함[140]

---

129) 서면5팀-907, 2007.3.20. ; 조심2020중1155, 2020.6.26.
130) 부동산거래관리과-303, 2010.2.26. ; 서면4팀-786, 2006.3.31. ; 조심2013전3813, 2014.1.10.
131) 조심2019서3472, 2020.6.25.
132) 양도 집행기준 104의 3-168의 8-5 ; 서면5팀-857, 2006.11.17.
133) 부동산거래관리과-1122, 2010.9.2.
134) 부동산거래관리과-413, 2010.3.18.
135) 조심2019광3537, 2020.7.7.
136) 재산세과-2209, 2008.8.12.
137) 조심2010중1782, 2010.12.13. ; 서울고법2011누39266, 2012.4.18.
138) 서면5팀-1280, 2008.6.19. ; 서면4팀-3323, 2006.9.28. ; 심사양도2009-266, 2010.1.22.
139) 대판2014두4009, 2014.6.26. ; 대구고법2013누1370, 2014.1.24.
140) 심사양도2019-59, 2021.3.31. ; 대구고법2017누6168, 2018.4.13.

구 분	내 용
농지전용	• 토지가 "전용목적에 사용되어야" 사업용으로 보기에, 농지전용허가나 농지전용협의 및 개발행위허가를 받은 사업목적에 사용한 사실이 없는 경우 해당 기간을 사업용으로 볼 수 없음[141]
	• 농지전용협의 등을 완료한 농지로서 당해 전용목적으로 사용되는 경우 전용협의일 등으로부터 사업용 사용기간으로 보므로,[142] 농지를 농지법상 농지전용 허가·신고·협의 없이 주차장용으로 임대하는 경우 비사업용 기간으로 봄[143]
동지역의 주거지역 등 편입	• 재촌·자경하던 농지가 시(동지역)의 주거·상업·공업지역에 편입되어 3년(2015.2.3. 前 2년)이 경과하여 양도하는 경우 재촌자경 등 요건을 갖추면 당해 편입된 날부터 2년(2015.2.3. 이후 3년)이 되는 날까지 기간을 사업용 기간으로 보아 비사업용 토지 여부를 판정함[144]
재촌자경 중 주거지역 편입	• 시 지역의 생산녹지지역에 있는 농지를 취득하여 재촌자경하던 중 주거지역으로 편입된 경우 생산녹지지역인 상태에서 재촌자경한 기간은 비사업용 기간에서 제외함[145]
	• 도시계획 변경으로 주거지역으로 편입되었더라도 농지 본래의 용도인 경작 자체가 금지 또는 제한된 것이 아니므로 소득령 제168조의 14 제1항 제1호에 따른 "사용이 금지 또는 제한"된 토지로 보기 어려움[146]
도·농 복합도시의 읍·면지역 소재	• 도·농 복합도시의 읍·면지역 소재 농지는 주거지역 등에 편입되어도 편입일 이후 양도일까지 재촌·자경한 경우 해당 기간은 사업용 사용으로 봄[147]
주거지역 등에 편입된 농지를 취득	• 재촌자경한 농지라도 시지역(동)의 주거지역 등에 편입된 토지를 취득한 경우 해당 농지는 "비사업용 토지"로 봄[148]
주거지역으로 편입된 농지의 도시개발구역 지정	• 주거지역 편입된 농지가 도시개발구역으로 지정되어 "건축물 건축 등 개발행위가 제한된 경우" 그 지정·고시된 날부터 건축이 가능한 날까지는 법령에 따라 사용이 제한된 토지로 보아 비사업용 기간에서 제외함[149]
도시개발구역(환지 방식) 지정 후 주거지역 편입	• 도시개발구역 지정·고시 후 취득하여 5년 이상 보유하였고, 환지예정지 지정일부터 양도일까지 2년 8개월 동안 주택 건설용 토지로서 재산세가 분리과세되었으므로 비사업용 토지의 기간기준에 해당하지 않으며, 환지예정지로 지정되면 그 소유자는 종전 토지를 사용하거나 수익할 수 없는 것이 원칙이므로 환지예정지 지정일 이후부터 양도일까지 토지를 경작하거나 타용도로 사용한 사실이 없다고 하여 비사업용으로 보기는 어려움[150]

---

141) 부동산납세과-1989, 2016.12.30. ; 심사양도2012-111, 2012.8.17. ; 조심2017서5160, 2018.5.15.
142) 재산세과-373, 2009.2.3.
143) 부동산납세과-228, 2014.4.3.
144) 부동산거래관리과-469, 2011.6.8. ; 서면5팀-937, 2008.4.30.
145) 부동산납세과-1035, 2016.7.12.
146) 조심2021광2191, 2021.8.17.
147) 양도 집행기준 104의 3-168의 8-2
148) 서면5팀-1143, 2008.5.28. ; 서면5팀-834, 2008.4.18.
149) 법령해석재산-272, 2016.8.26. ; 재산세제과-60, 2014.1.21.
150) 조심2021광2712, 2021.7.6.

Chapter 95

임야, 비사업용 토지 판단에서 꼭 확인할 사항은?

내용 Summary

기본사항 Check

- **비사업용 토지 판단 방법** : 다음 순서에 따라 판단할 것
  ① **실질 지목이 임야인지** 여부 판단 → 임야는 산림 및 원야를 이루고 있는 수림지·죽림지·암석지·자갈땅·모래땅·습지·황무지 등의 토지
  ② **무조건 사업용 토지로 보는 경우인지** 여부 판단
   ㉠ 8년 이상 재촌한 임야를 직계존속 또는 배우자로부터 상속/증여받은 경우(양도 당시 주거·상업·공업지역 소재 제외) → 양도기한 제한 없음
   ㉡ 종중이 2005.12.31. 이전 취득한 임야
   ㉢ 상속받은 지 5년 이내 양도하는 임야
   ㉣ 사업인정고시일로부터 5년 전에 취득한 임야가 수용/협의매수되는 경우
  ③ **다음 ㉠ ~ ㉢ 중 어느 하나에 해당하는 임야가 기간기준에 적합한지** 여부 판단
   ㉠ 재촌 임야 : 임야 소재지에 주민등록 + 상시 거주
   ㉡ 공익상 필요하거나 산림보호·육성을 위한 임야 → "재촌" 요건 불필요
   ㉢ 거주 또는 사업목적과 직접 관련이 있다고 인정되는 임야

- **비사업용 토지 판단시 확인할 사항**
  ① 토지이용계획 확인원을 꼭 먼저 살피고, 다음으로 주민등록(가족관계증명) 초본사항에 주민등록 이전 내역을 살펴야 함
  ② 그린벨트(개발제한구역) 안의 임야 → 지정시기가 취득 전후인지 불문하고 해당 기간은 사업용으로 판단
  ③ 군사시설보호구역 안의 임야 → 그 기간 동안 재촌 불문하고 사업용으로 판단
  ④ 각종 보호구역 안의 임야 → 그 기간 동안은 사업용(해당 법령에서 면적제한이 있는 경우 그 면적 부분)으로 판단

핵심 Point

- 공부상 농지나 대지를 방치하여 일부 잡목들이 자라는 경우 임야인지 여부 : 수목이 일부 자란다고 하여 임야가 아니며 산지로 변경되어 수목을 제거하고 복구에 상당한 비용이 소요되어야 함 → 사실판단 사항
- 재촌 요건 : 임야 소재지에 "주민등록 + 상시 거주"
- 개발제한구역의 임야 : 취득시기 불문하고 해당 기간은 사업용 간주 → 기간기준 적용하여 판단
- 군사시설보호구역의 임야 : 취득시기 불문하고 해당 기간은 사업용 간주 → 기간기준 적용하여 판단
- 일정한 특수용도 지역 : 홍수관리구역, 상수원보호구역, 철도보호지구, 접도구역의 경우 관련 법령에 따라 지정된 면적 이내에 대하여 적용

질문 »

1. 甲은 나대지를 소유하고 있으나 방치 상태로 일부 잡목들이 자라고 있다. 조세심판원 결정에 따르면 해당 토지의 실질 지목을 임야로 볼 수 있는가?

2. 甲은 임야를 소유하고 있으며 임야 소재지에 계속 거주하고 있으나, 주민등록은 임야 소재지가 아닌 곳에 두고 있다. 재촌 임야로 볼 수 있는가?

3. 甲은 1985년에 개발제한구역(그린벨트)으로 지정된 임야를 2015년 매매로 취득하여 현재까지 보유하고 있다. 주민등록 및 실제 거주지는 임야 취득 후 계속하여 임야 소재지에 두고 있지 않다. 해당 임야는 개발제한구역에서 2022년 8월 해제되었는데, 2023년 6월 임야 양도시 비사업용 토지로 보는가?

4. 甲은 2013년 산지관리법에 따른 산지 안의 임야를 매매로 취득하여 산림경영계획 인가 없이 실제로 숲 가꾸기를 하여 왔다. 甲은 임업후계자가 아니며 종묘생산업자도 아니다. 해당 임야는 2019년 주거지역에 편입되었으며, 甲은 임야 취득 후 임야소재지의 재촌요건을 갖추지 않았다. 2023년 7월 매매로 乙에게 해당 임야를 양도하였다. 해당 임야는 비사업용 토지에 해당하는가?

5. 甲은 한국전쟁 후 군사시설보호구역으로 지정된 경기도 파주시 적성면에 소재한 임야를 2019년 매매로 취득하여 2023년 7월에 양도하였다. 甲의 주민등록은 서울이다. 해당 토지는 2023년 7월 양도시 비사업용 토지에 해당하는가?

답변 및 해설 »

1. 조세심판원 결정에 따르면, 공부상 지목과 달리 실질을 임야로 보려면 **사실상 지목이 변경되어 원상회복이 어렵거나 상당한 비용이 소요되는 정도에 이르러야** 하고, 단순히 수목이 식재되어 있다는 이유만으로 임야로 보기는 어렵다고 판단한다. 따라서 사안과 같이 대지에 여기저기 잡목이 좀 자란다고 하여 임야로 보지는 않는다.

2. 사안은 재촌 임야로 볼 수 없다. 농지의 경우에는 재촌 요건에 주민등록까지 갖추도록 하는 부분이 삭제되어 농지 소재지에서 상시 거주하면 된다. 그러나 임야의 경우에는 임야가 있는 시·군·자치구 및 연접시·군·자치구, 임야로부터 직선거리 30㎞ 이내에 **주민등록과 아울러 상시 거주하여야** 한다. 이 부분을 실무에서 종종 혼동하므로 유의하여야 한다.

3. 사안은 사업용 기간 요건을 충족한 사업용 토지이다. 개발제한구역(그린벨트)으로 지정된 임야는 그 취득 전에 지정되었어도 지정된 기간은 사업용으로 본다. 따라서 토지이용계획 확인원에 개발제한구역으로 지정된 경우 그 지정된 때를 지자체에 꼭 확인하여야 한다. 이 경우 재촌 요건은 불필요하다. 실무에서 종종 개발제한구역 안의 "농지"에 대하여도 적용되는지 묻는데, 농지에는 적용되지 않는다. "임야"에만 적용된다.

4. 산지관리법에 따른 산지 안의 임야는 ㉠ 산림자원법에 따른 산림경영계획인가를 받아 시업 중인 임야이거나 ㉡ 산림자원법에 따른 특수산림사업지구 안의 임야는 사업용으로 본다. 다만, 녹지지역을 제외한 도시지역에 편입되면 그 편입일부터 3년을 경과하면 이후 기간은 비사업용으로 본다.

그런데 산림경영계획인가를 받지 않고 실제로 숲 가꾸기를 한 임야라고 하여 동 규정이 적용되지 않는다. 따라서 재촌 요건을 갖추어야 한다. 동 규정에 대해서는 기간기준을 적용함에 있어 도시지역(녹지지역)에 편입되고 3년 경과하면 그 경과분은 비사업용으로 본다. 결국 동 규정을 적용받지도 못하고 재촌 요건을 갖춘 임야에 해당하지도 않는 사안의 임야는 비사업용 토지에 해당한다.

5. 군사시설보호구역 안의 임야는 그 취득시기에 불문하고 그 지정된 기간은 사업용 기간으로 보아 기간기준을 적용한다. 따라서 사안의 임야를 취득하여 양도한 경우 사업용 토지에 해당한다. 주의할 것은 군사시설보호구역 안의 농지에 대하여 적용되는 것은 아니다. 군사시설보호구역 안의 농지라도 재촌자경한 것으로 의제되지 않는 한 재촌자경 요건을 갖추어야 한다.

관련 사례

구 분	내 용
임야의 판단	• 공부상 지목(잡종지)과 달리 실질을 임야로 보려면 사실상 지목이 변경되어 원상회복이 어렵거나 상당한 비용이 소요되는 정도에 이르러야 하고, 단순히 종전부터 수목이 식재되어 있다는 이유만으로 임야로 보기는 어려움[151] • 토지의 양도로 영농보상금 배분액을 수령하였고, 토지를 사실상 임야로 변경하기 위해 수목을 식재하였다거나 임목수입이 발생한 사실이 확인되지 않는 점 등에서 사실상 현황이 임야로서 사업용 토지로 사용하였다고 보기 어려움[152]
임야의 사용 제한	• "토지 취득 후 법령에 따라 사용이 금지·제한된 토지" 여부는 임야 본래의 용도인 산림보호·육림 등 자체를 금지·제한한 것인지 여부로 판단함[153]

---

151) 조심2011서1156, 2011.10.27. ; 조심2017구3242, 2017.9.26.
152) 조심2021광1152, 2021.5.4.
153) 부동산거래관리과-874, 2010.7.5. ; 조심2011서2632, 2011.11.21. ; 조심2010중2117, 2011.5.16.

구 분	내 용
재촌 여부	• 임야 소재지에 "주민등록"이 되어 있고 "사실상 거주"하는 자가 소유하는 임야로서 기간기준을 충족해야 함[154] • 행정구역 개편으로 주소지와 임야의 소재지가 연접한 시·군·자치구에 해당하지 않은 경우 연접한 것으로 봄[155] • 단체에 대하여는 주민등록이 불가하므로 적용 불가함[156] • 재촌요건을 충족한 기간과 사업용 사용의제 기간이 중첩하는 경우 중첩된 기간은 중복 적용하지 않음[157]
공익상 필요한 임야	• 공익상 필요 등의 임야는 재촌요건이 필요하지 않음[158] • 당해 기간 동안 사업용 사용으로 보아 기간기준 요건을 충족하면 비사업용 토지에 해당하지 않음[159]
개발제한구역 안의 임야	• 임야를 취득하기 전부터 개발제한구역으로 지정되어도 적용됨[160] • 개발제한구역이 해제된 경우에는 개발제한구역 안의 임야로서의 기간은 사업에 사용한 기간으로 보아 기간기준을 적용함[161] • 개발제한구역이 아니라 산지전용제한지역에 소재하는 임야는 "공익상 필요 또는 산림의 보호육성을 위하여 필요한 임야"에 해당하지 않음[162]
산지관리법에 따른 산지 안의 일정한 임야	• 인가받은 산림경영계획에 따라 시업하지 않은 기간은 적용되지 않으며,[163] 시업 중이어야 하므로 산림경영계획인가를 받은 사실만으로는 실제로 시업을 한 것으로 보기는 어려우므로 적용받을 수 없음[164] • 산림경영계획인가 기간이 경과하거나 인가 없이 실제로 숲 가꾸기를 한 임야에 대해서는 해당 기간은 적용되지 않음[165] • 산림경영계획인가 종료된 이후 다시 인가를 받은 사실이 없는 토지는 종료된 이후의 기간은 비사업용 사용으로 봄[166]
하천구역 안	• 하천법 제10조 제1항에 따라 결정된 하천구역 안의 임야는 상수원보호구역 안 임야가 아니므로 적용되지 않음[167]

---

154) 부동산납세과-2109, 2022.8.2. ; 심사양도2021-59, 2021.8.10. ; 조심2019부4329, 2020.5.15.
155) 서면5팀-1315, 2007.4.23.
156) 서면5팀-2950, 2007.11.12. ; 서면4팀-3106, 2007.10.30.
157) 법규재산2011-218, 2011.6.22.
158) 재산세과-2903, 2008.9.23. ; 재산세과-1578, 2008.7.9.
159) 부동산거래관리과-1219, 2010.10.4. ; 재산세과-2176, 2008.8.12. ; 재산세과-1983, 2008.7.29.
160) 법령해석재산-367, 2020.6.8. ; 서면4팀-3034, 2007.10.23.
161) 재산세과-2585, 2008.9.2.
162) 조심2008서1968, 2008.8.26.
163) 법령해석재산-78, 2016.4.21. ; 부동산거래관리과-1129, 2010.9.3.
164) 조심2014중4780, 2014.12.18. ; 조심2012중913, 2012.11.19. ; 수원지법2013구단10117, 2014.5.21.
165) 법령해석재산-78, 2016.4.21. ; 조심2011중3109, 2012.2.28. ; 서울고법2013누5274, 2013.9.12.
166) 수원지법2015구단31064, 2015.12.9.
167) 부동산거래관리과-15, 2010.1.8.

구 분	내 용
군사시설보호 구역 안의 임야	• 토지 취득 이전에 군사시설 보호구역으로 지정되어도 적용됨[168] • 대공방어협조구역·비행안전구역 안에 소재하는 임야는 해당 규정이 적용되지 않음[169] • 동 규정은 당초 임야의 지목이 변경되어 양도 당시 토지의 지목이 임야가 아닌 경우 임야에 해당하는 기간 동안은 적용됨(대지 사용기간 불가)[170] • 임야를 주택 부수토지로 변경한 경우 군사기지법 위반 행위 여부와 관계없이 주택 부수토지 또는 군사보호구역 임야로서 해당 기간 동안은 비사업용에서 제외함이 타당함[171]
수질보전대책 구역 등	• 양도하는 임야가 환경정책기본법 제22조 제1항에 따라 "수질보전특별대책지역 1권역"으로 지정·고시된 경우 당해 임야는 상수원보호구역 안 임야에 해당되지 않음[172]
거주/사업 목적	• 자연휴양림으로 지정받은 후 휴양림 조성사업에 착수하지 않은 경우에는 적용되지 않음[173] • 수목원 조성 등 사업에는 임차인이 사용하는 것도 포함함[174] • 산림계가 소유한 임야가 고유목적에 직접 사용하는 임야에 해당하지 않을 경우 산림계에 재촌임야 규정을 적용할 수 없음[175]
종중 소유 임야	• 2006.1.1. 이후 종중이 취득한 임야는 거주·사업목적의 사업용 의제 규정을 적용받을 수 없음[176] • 종중 소유 임야가 대지로 지목변경되어 환지된 경우 종중이 소유한 임야(2005.12.31. 이전 취득분)에 해당하는 기간은 비사업용에 해당하지 않음[177] • 종중 소유 임야가 명의신탁된 경우 취득일은 명의신탁자의 취득일로 함[178]

---

168) 부동산납세과-1779, 2016.11.18.
169) 부동산납세과-1359, 2016.9.1. ; 서면5팀-1249, 2008.6.13.
170) 재산세과-2243, 2008.8.14. ; 조심2023서10449, 2024.2.14. ; 조심2020중331, 2020.8.21.
171) 수원지법2020구단9627, 2023.2.15.
172) 서면4팀-1173, 2008.5.14.
173) 국심2007부3732, 2008.11.28.
174) 서면5팀-2440, 2007.8.31.
175) 서면4팀-1513, 2006.5.30.
176) 재산세과-2644, 2008.9.4.
177) 부동산거래관리과-308, 2011.4.11.
178) 서면5팀-219, 2008.1.30. ; 서면4팀-101, 2006.1.23. ; 조심2012서1851, 2012.11.1.

Chapter 96. 기타 토지(잡종지 등), 비사업용 토지 판단 구조와 유의할 사항은?

내용 Summary

기본사항 Check

- 기타토지에 대한 비사업용 토지 판단 방법 : 다음 순서에 따라 판단
  ① **실질 지목** 판단 : 농지, 임야, 목장용지, 주택 부수토지, 별장 부수토지 외의 토지일 것 → 농지 등은 해당 지목에 대한 비사업용 토지 기준을 적용하여 판단
  ② **무조건 사업용 토지로 보는 경우**인지 여부 판단
  ③ **사업용 사용 기간이 의제되는지** 여부 판단 → 해당 기간을 사업용 기간으로 보아 기간기준 적용
     ㉠ 토지 취득 후 법령에 따라 사용이 금지·제한 : 제한된 기간
     ㉡ 토지 취득 후 문화재보호구역으로 지정 : 지정된 기간
     ㉢ 위 ㉠㉡ 토지의 상속 : 제한·금지/지정된 기간
     ㉣ 토지 취득 후 법령에 따라 건축허가 등이 제한 : 제한된 기간
     ㉤ 건축자재 수급조절을 위한 행정지도로 착공 제한 : 제한된 기간
     ㉥ 사업장 진입도로인 사도 등 : 사도 등으로 사용된 기간
     ㉦ 건축허가 당시 공공공지로 제공 : 착공일부터 공공공지 제공이 끝나는 날
     ㉧ 사업용 건축물 신축을 위하여 취득 : 취득일부터 2년 및 공사기간
     ㉨ 채무변제 등으로 취득 : 취득일부터 2년
     ㉩ 토지 취득 후 소유권에 관한 소송이 계속 중 : 소송계속 기간/사용금지 기간
     ㉪ 도시개발법에 따라 환지 : 건축가능일부터 2년
     ㉫ 건축물이 멸실·철거되거나 무너진 경우 : 멸실/철거, 무너진 날부터 2년
     ㉬ 2년 이상 사업사용하고 휴·폐업, 사업장 이전 : 휴·폐업/이전일부터 2년
     ㉭ 토지 취득 후 도시계획변경 등으로 사업에 사용하지 않은 경우 : 해당 기간
  ④ **기간기준 적용하여 비사업용 토지 판단**
     ㉠ 재산세 비과세, 면제, 분리과세, 별도합산 : 해당 기간 "사업용" 사용
     ㉡ 재산세 종합합산 대상 : 해당 기간 "비사업용" 사용 추정하되, ㉢에 의한 판단을 한 번 더 할 것 → 무조건 비사업용으로 보는 것이 아님(★)
     ㉢ 거주 또는 사업 목적으로 열거된 사항 : "사업용" 사용으로 보아 기간기준 적용 → 실무에서 아래 ⓐ ~ ⓘ를 자주 다룸
        ⓐ 주차장법에 따른 부설주차장(주택 부설주차장 제외)으로 설치기준면적 이내의 토지
        ⓑ 주차장운영업을 영위하는 자가 "소유"하고, 주차장법에 따른 노외주차장으로 사용하는 토지로서 토지가액에 대한 1년간 수입금액 비율이 3/100 이상
        ⓒ 휴양시설업용 토지
        ⓓ 하치장·야적장·적치장 등으로서 매년 물품의 보관·관리에 사용된 최대면적의 120/100 이내 토지

ⓔ 골재채취장용 토지
ⓕ 폐기물처리업용 토지
ⓖ 양어장 또는 지소용 토지
ⓗ 블록ㆍ석물ㆍ토관 제조업용 토지, 화훼판매시설업용 토지, 조경작물식재업용 토지, 자동차 정비ㆍ중장비정비ㆍ중장비운전 또는 농업에 관한 과정을 교습하는 학원용 토지로서 수입 금액이 토지가격 대비 일정비율 이상인 토지
ⓘ 무주택 세대가 보유하는 1필지의 나지(660㎡ 이내)

- 주차장업용 및 하치장용 토지, 무주택 세대의 1필지 나지는 실무에서 자주 나타나므로 87. 88.에서 별도로 설명함

핵심 Point

- 농지 등이 저율로 분리과세되었다고 사업용 토지? : No → 농지 등에 대한 비사업용 토지 기준이 적용됨
- 재산세가 종합합산과세 대상이 명백함에도 별도합산과세 대상으로 잘못 부과되어 온 경우(거주 또는 사업과 직접 관련한 토지도 아닌 경우) : "비사업용" 토지 사용으로 판단 → 실무상 지자체에 그 현황에 대하여 공문을 보내서 정확한 내역을 받아서 처리함
- 재산세가 시점(6.1.) 기준으로 과세되는 바, 그 연도 전부를 재산세 부과 기준으로 적용 여부 → 중간에 과세대상 토지가 사실상 용도가 바뀐 경우 그 시점을 기준으로 각각 달리 적용
- 재산세가 종합합산과세 대상이면 무조건 비사업용 토지? : No → 거주 또는 사업에 직접 사용하는 것으로 인정된 토지(하치장, 주차장업용 토지, 무주택 소유 세대의 1필지 나지 등)인지 여부를 다음 단계로 검토해야 함

질문 »

1. 甲은 장기간 보유하던 농지를 대리경작하고 있으며, 재촌자경으로 의제되는 토지가 아니다. 재산세는 저율로 분리과세되고 있는 바, 사업용 토지로 볼 수 있는가?

2. 甲이 보유하고 있는 토지는 건물이 오래 전에 멸실되어 재산세가 명백히 종합합산과세 대상임에도 장기간 별도합산과세 대상으로 과세되어 왔다. 해당 별도합산과세된 토지를 사업용 사용 기간으로 볼 수 있는가?

3. 甲이 보유하던 토지는 도로로 사용하면서 계속 재산세가 "비과세"되어 왔으나, 2020.7.1. 도로 용도를 폐기하였다. 다음 연도 재산세는 "종합합산과세" 대상으로 부과되었다. 2020년 중 재산세 부과를 기준으로 2020년도 전체가 "사업용"으로 보는 기간에 해당하는가?

4. 甲이 소유한 토지는 계속 재산세가 종합합산과세 대상으로 부과되어 왔다. 그러나 甲은 해당 토지를 폐기물관리법에 따라 허가를 받아 폐기물처리업을 영위하며 당해 사업에 사용하고 있다. 비사업용 토지로 보아야 하는가?

답변 및 해설 »

1. 실질 지목이 농지이면 "농지에 대한 비사업용 토지" 기준을 적용한다. 아무리 **재산세가 분리과세되어 왔더라도** 재산세 부과된 것으로서 비사업용 토지 여부 판단을 하는 것이 아니다. 따라서 사안은 비사업용 사용에 해당한다.

2. 기타토지는 통상 재산세 부과내역을 기초로 하여 1차적으로 비사업용 여부를 판단한다. 소득세법에서는 "지방세법 제106조 제1항 제2호 및 제3호에 따른 재산세 별도합산과세대상 또는 분리과세대상이 되는 토지"로 규정하고 있다. 실무에서는 재산세가 잘못 부과된 경우에는 해당 재산세 과세 이유를 지자체에 의견 조회한 후 재산세 경정을 거쳐 처리하는 것이 일반적이다. 물론 지방세법상 재산세의 부과 대상의 판단 권한이 지자체에 있기 때문이다. 그러나 재산세가 명백히 잘못 부과되었고 재산세 제척기간이 도과된 경우에도 잘못 부과된 재산세 부과를 그대로 받아들이게 되면 행정이 연속적으로 오류를 범하는 문제가 있다. 따라서 사안은 실질에 따라 비사업용으로 판단하는 것이 타당하다고 생각한다.

3. 재산세는 과세기준일(6.1.)이라는 특정 시점을 기준으로 해당 연도분을 과세한다. 그렇지만 **당해 연도에 용도가 변경되는 경우에는 그 용도변경한 시점부터 다른 기준을 적용하여 일수 계산하여야 한다.** 사안에서 재산세 비과세 대상으로서 사업용으로 보는 기간은 2020.6.30.까지 사업용을 적용하여 기간기준을 적용하여 비사업용 토지 여부를 판단하게 된다.

4. 재산세가 종합합산과세 되었다고 무조건 비사업용 사용으로 판단하는 것이 아니다. 다음으로 **"거주 또는 사업과 직접 관련이 있다고 인정되는 토지"로서 소득세법 규정 요건에 해당하는지 여부를 추가로 살펴보아야** 한다. 사안에서 甲은 해당 토지를 폐기물관리법에 따라 허가를 받아 폐기물처리업을 영위하며 당해 사업에 사용하고 있으므로 이는 소득세법 시행령에서 규정하는 "사업용" 사용에 해당한다. 따라서 이에 따라 기간기준을 적용하여 판단하여야 한다.

보충설명

농지, 임야, 목장용지, 주택 부수토지, 별장 부수토지를 제외한 "기타토지"에 대한 비사업용 토지는 다음과 같이 판단하면 좀 더 쉽게 접근할 수 있다.

첫째, 무조건 비사업용 토지에서 제외되는 경우인 "사업인정고시일로부터 5년 전에 취득한 토지인지" 판단하라. 이에 해당하면 더 이상 다른 것은 검토할 필요가 없다.

둘째, 실질 지목이 위 5개 외의 지목인지 판단하라. 예컨대, 지목이 "농지"이면 농지에 대한 비사업용 토지 판단기준으로 접근해야지 "기타토지"에 대한 판단기준인 재산세 "분리과세" 운운하면 안 된다.

셋째, 재산세 과세 현황을 체크하라. 재산세가 비과세, 분리과세, 100% 면제, 별도합산으로 과세되면 해당 용도로 사용된 기간은 사업용 기간에 해당한다. 50% 감면은 해당 안 된다. 그리고 중도에 용도가 변경되면 각 시점을 기준으로 쪼개서 판단해야 한다. 예컨대, 종합합산과세 되던 토지를 어느 해의 5월 1일자로 건물 부수토지에 편입하여 그 연도에 별도합산으로 과세되었다고 그 연도가 전부 사업용으로 보는 것이 아니라 4월 30일까지는 비사업용 기간으로 보는 것이다.

넷째, 재산세가 종합합산 과세되었더라도, 거주 또는 사업 목적으로 보유한 토지인지 한 번 더 살펴보라! 이는 실무 종사자들이 종종 착오하는 부분이다. 거주 또는 사업 목적 토지들은 비록 재산세가 종합합산과세 되었더라도 사업용 사용으로 본다. 예컨대, 주차장용 토지, 하치장용 토지, 무주택 소유자의 1필지의 나지 등이 대표적인 경우들이다. 이에 대해서는 뒤 Chapter 97, 98.에서 별도로 다루기로 한다.

관련 사례

구 분	내 용
기타 토지 (잡종지 등)	• 공부상 임야나 농지이더라도 사실상 나대지일 경우 기타토지로서 비사업용 토지 규정을 적용함[179] • 분리과세 되는 농지는 농지 등에 대한 비사업용 토지 규정을 적용함[180]
재산세가 잘못 부과된 경우	• 재산세를 별도합산과세 대상으로 과세하였으나 별도합산과세 대상으로 과세된 기간 중에 가설건축물을 철거하여 실질적으로 나대지 상태인 기간이 포함되어 있는 경우, 사업용 기간은 가설건축물이 설치되어 있는 기간임[181] • 재산세 별도합산과세 대상 또는 종합합산과세 대상 해당 여부의 법령 해석은 지방자치단체 소관임[182] • 종합합산과세 대상을 그동안 별도합산과세 대상으로 잘못 과세된 것을 사후에 경정 고지한 재산세에 근거하여 비사업용으로 본 것은 잘못이 없음[183] • 재산세가 "명백히" 잘못 부과된 경우에는 독자적 판단이 가능함[184]

---

179) 조심2019중3309, 2020.5.14.
180) 조심2023중3183, 2023.5.15.
181) 법령해석재산-459, 2016.4.7. ; 대구고법2012누1281, 2012.9.28.
182) 서면5팀-2465, 2007.9.4.
183) 조심2010중3073, 2010.12.3. ; 인천지법2011구합1232, 2011.11.23.
184) 조심2019중2223, 2019.11.8. ; 조심2011중657, 2011.5.17. ; 수원고법2020누12137, 2021.5.28.

구 분	내 용
재산세 과세기준일 적용 문제	• 별도합산과세 대상일 경우 해당 연도 전체를 사업용으로 보는 것은 타당하지 않으며, 기간을 일수로 계산하여 특정기간의 이용현황에 따라 비사업용 여부를 판단함이 타당하고, 기간기준을 재산세 과세연도로서 해석할 수 없음[185]
	• 재산세 과세연도 전체가 아닌 지방세법 개정(2005.1.5.)에 따른 실제 종합합산과세 대상이나 별도합산과세대상이 되는 시점을 기준으로 판단함[186]
재산세 비과세, 면제되는 토지	• 재산세가 "비과세"되거나 "면제"되는 토지는 사업용 사용으로 보며, 이 경우 기간기준 요건은 갖추어야 함[187]
	• 재산세가 비과세되는 묘지는 현황상 묘지일 뿐만 아니라 지적공부상으로도 지목이 묘지인 토지를 말함[188]
	• 재산세가 비과세되는 도로를 보유 중 양도시 비사업용에 해당하지 않음[189]
	• 지자체 조례로 재산세가 50% 감경되는 토지나,[190] 50% 감면은 "면제"가 아니므로 사업용으로 볼 수 없음[191]
별도합산 과세대상 토지	• 별도합산과세 대상으로서 규정하고 있는 "건축물의 부속토지"는 필지수나 공부상의 기재와 관계없이, 건축물의 효용과 편익을 위해 사용되고 있는 토지로서 당해 건축물과 경제적 일체를 이루고 있으면서 건축물의 부지를 기준으로 사회통념상 건축물의 사용 공간으로 인정되는 토지를 의미함[192]
	• 건축물의 부속토지 중 일부를 분할하여 토지만을 양도하는 경우, 별도합산과세대상 기준면적을 초과하는 면적을 먼저 양도한 것으로 봄[193]
	• 별도합산과세 등의 토지는 기간기준 등이 적용되므로[194] 해당 기간 동안 비사업용으로 보지 않음[195]
	• 건축물의 시가표준액 2% 이하 여부는 해당 건축물이 과세기준일 현재 신축된 것으로 보아 계산하고, 토지의 시가표준액은 부동산공시법에 따라 공시되는 토지의 가액으로 함[196]
	• 가설건축물을 설치하도록 임대한 농지를 별도합산과세 대상으로 과세하였으나 별도합산 과세된 기간 중에 가설건축물을 철거하여 실질적으로 나대지 상태인 기간이 포함된 경우, 사업용 기간은 가설건축물이 설치되어 있는 기간임[197]

---

185) 심사양도2017-149, 2018.3.29. ; 조심2014전5828, 2015.11.17.
186) 국심2007부2520, 2007.11.16. ; 부산지법2008구합847, 2008.8.13.
187) 양도 집행기준 104의 3-168의 11-1
188) 법규재산2013-251, 2013.8.22. ; 조심2018서4047, 2018.12.3. ; 대판2020두36441, 2020.6.25.
189) 서면5팀-2124, 2007.7.24. ; 서면4팀-1116, 2006.4.25.
190) 재산세과-630, 2009.2.23. ; 재산세과-3951, 2008.11.24. ; 서면4팀-1487, 2007.5.4.
191) 양도 집행기준 104의 3-168의 11-1 ; 조심2010서2847, 2010.12.22.
192) 서울고법2018누65448, 2019.6.28. ; 의정부지법2017구합14378, 2018.8.28.
193) 서면5팀-2535, 2007.9.11.
194) 법규재산2012-32, 2012.3.22. ; 서면4팀-2215, 2007.7.19.
195) 법규재산2012-321, 2012.10.5.
196) 양도 집행기준 104의 3-168의 11-5
197) 법령해석재산-459, 2016.4.7.

구 분	내 용
별도합산 과세대상 토지	• 별도합산과세 대상에 대해서는 "해당하는 면적에 대해" 해당하는 기간 동안 비사업용에서 제외함[198] • 주택의 주차장으로 사용하는 토지라도, 주택 부지와 별개의 필지로 분할되어 나대지 상태로 있어 왔고, 주택과 별개로 양도되었으며, 주택 부지와는 담장으로 구분되어 있고 별도 출입문이 설치된 사실 등으로 보아 주택의 효용과 편익을 위해 사용되는 토지로 보기 어려워 비사업용 토지에 해당함[199] • 임차인이 건설기계관리법에 의한 신고를 하지 않고 건설기계대여업의 주기장 등으로 사용하였으므로 비사업용으로 봄이 타당함[200]
재산세 분리과세	• 공장용지 여부는 공장용 건축물을 기준으로 담장, 철책, 도로, 인접 여부, 이용 현황 등 객관적 사실에 따라 판단함[201] • 재산세 분리과세 대상인 주택건설사업 토지가 주택건설사업자가 소유하고 있는 토지에 한정된다고 볼 수 없음[202] • 공장용 건축물과 일반 건축물이 혼재하여 별도의 구분 없이 사용하는 경우, 건축물 사용면적에 따라 그 부속토지의 면적을 안분해 재산세 과세 구분을 한 처분은 정당함[203] • 모델하우스의 비사업용 토지 판정시 재산세 별도합산 또는 분리과세 대상이 되는 기간 동안은 비사업용에서 제외됨[204] • 가설건축물로서 건축법 제20조에 따라 특별자치도지사 또는 시장·군수·구청장에게 허가 또는 신고 등을 하지 않은 경우에는 건축물로 보지 않으므로 그 부속토지는 비사업용에 해당함[205]
거주 또는 사업 목적 토지 (주차장업용 토지, 하치장, 무주택자의 1필지 나지 외)	• 동 규정에 따른 토지의 비사업용 여부는 토지 소유자와 관계없이 토지이용 현황으로 판정하므로 해당 토지를 임대하는 경우(주차장 운영업용 토지 제외)에는 임차인의 토지이용 현황에 따라 판정함[206] • 종합합산과세 대상인 건축물의 부속토지가 소득령 제168조의 11에서 규정하는 거주 또는 사업과 직접 관련한 토지에도 해당하지 않은 경우에는 비사업용으로 봄[207] • 법률에 따라 허가를 받아 폐기물처리업을 영위하는 자가 당해 사업에 사용하는 토지에 한하여 거주 또는 사업 목적 토지에 대한 사업용 토지 규정을 적용함[208]

---

198) 부동산납세과-68, 2014.2.4. ; 심사양도2017-142, 2018.1.31. ; 조심2020서0881, 2020.6.3.
199) 서울고법2009누18501, 2009.11.24.
200) 조심2018서1175, 2019.1.7. ; 조심2008부1630, 2008.9.26.
201) 행심2006-435, 2006.9.25. ; 대판2000두3740, 2001.11.13.
202) 대판2010두28632, 2012.4.26.
203) 조심2008지622, 2009.2.27.
204) 서면5팀-2269, 2007.8.8. ; 서면4팀-3896, 2006.11.28.
205) 양도 집행기준 104의 3-168의 11-4
206) 양도 집행기준 104의 3-168의 11-7
207) 부동산납세과-555, 2014.8.5. ; 심사양도2009-281, 2010.3.3. ; 조심2009중497, 2009.12.31.
208) 서면5팀-182, 2006.9.20.

구 분	내 용
거주 또는 사업 목적 토지 (주차장업용 토지, 하치장, 무주택자의 1필지 나지 외)	• 관광진흥법에 따라 일반야영장업을 등록하고 그에 따른 시설을 갖추어 타인의 휴양이나 여가선용을 위하여 이용하게 하는 사업용 토지로서 기준면적 이내의 토지는 비사업용 토지의 범위에서 제외됨[209] • 골재채취 허가받은 자가 허가받은 내용대로 골재채취에 사용하는 토지는 해당 허가받은 자의 소유가 아니라도 해당 기간은 비사업용으로 보지 않음[210] • 체육시설법에 따른 체육시설업을 영위하는 것이 아니라 아직 영위하기 전에 사전 "공사 중"인 경우에는 사업 목적으로서 사업용으로 보는 규정을 적용할 수 없음[211] • 골재채취가 아니라 외부로부터 골재를 반입하여 선별·파쇄하는 용도로 토지를 사용하는 경우에는 이에 해당하지 않음[212] • 양어장 부지 조성 목적으로 농지전용신고를 하였더라도 내수면어업법에 따라 시장 등으로부터 면허 또는 허가를 받거나 시장 등에게 신고하지 않은 토지는 비사업용 토지에서 제외되는 토지에 해당하지 않음[213] • 임차인이 사용하는 경우 해당 토지의 사업용 사용기간이 기간기준을 충족하고 그 사업기간 중 연간수입금액비율이 정해진 비율 이상이어야 함[214] • 해당 토지를 임대하여 임차인이 사용하는 경우 임차인의 해당 사업 관련 연간 수입금액비율을 적용함(열거된 업종 외 매출은 제외하고, 간주임대료 합산)[215] • 철물제조업용 토지는 수입금액 비율 기준 적용 대상이 아님[216] • 합판 도매업은 수입금액 비율 기준 적용 대상이 아님[217] • 건설산업기본법에 따라 조경식재 공사업자가 의무적으로 보유하는 수목재배용 토지는 조경작물 식재업용 토지에 해당됨[218]

---

209) 법규재산-1850, 2022.3.30.
210) 재산세제과-149, 2007.2.1.
211) 심사양도2024-0061, 2025.1.24.
212) 상속증여세과-40, 2013.4.9. ; 대판2012두8427, 2012.5.25. ; 서울고법2011누35363, 2012.3.28.
213) 법령해석재산-22158, 2015.2.13.
214) 재산세과-230, 2009.1.20. ; 재산세제과-335, 2008.5.16.
215) 부동산납세과-521, 2016.4.11. ; 서면5팀-3249, 2007.12.18. ; 서면4팀-3264, 2007.11.12. ; 서면4팀-3216, 2007.11.7. ; 심사양도2023-31, 2023.6.28.
216) 서면5팀-959, 2006.11.24.
217) 재산세과-650, 2009.11.5.
218) 양도집행 104의3-168의11-17

Chapter 97 주차장업 운영 토지와 하치장 토지, 비사업용 판단은?

내용 Summary

기본사항 Check

- **주차장 운영업용 토지** : 주차장 운영업을 영위하는 자가 "소유"하고, 주차장법에 따른 노외주차장으로 사용하는 토지로서 토지의 가액에 대한 1년간 수입금액의 비율이 3/100 이상인 토지는 사업용 사용으로 봄 → 수입금액 비율은 과세기간별로 계산하되, 다음 비율 중 큰 것으로 하며, 당해 토지에서 발생한 수입금액을 토지 필지별로 구분할 수 있는 경우에는 필지별로 수입금액 비율을 계산함
  ① 당해 과세기간의 연간수입금액을 당해 과세기간의 토지가액으로 나눈 비율
  ② (당해 과세기간의 연간수입금액 + 직전 과세기간의 연간수입금액) ÷ (당해 과세기간의 토지가액 + 직전 과세기간의 토지가액)

- **하치장용 등의 토지** : 물품의 보관·관리를 위하여 별도로 설치·사용되는 하치장·야적장·적치장 등(건축법에 따른 건축허가를 받거나 신고를 하여야 하는 건축물로서 허가 또는 신고 없이 건축한 창고용 건축물의 부속토지 포함)으로서 매년 물품의 보관·관리에 사용된 최대면적 120/100 이내의 토지는 사업용 사용으로 봄

핵심 Point

- 주차장업을 하는 자에게 "임대"하는 토지도 사업용 사용인가 → No(반드시 소유자와 일치하여야 함)
- 본인이 주차장업을 하는 토지는 무조건 사업용 기간으로 보는가? → No(수입금액비율이 과세기간별 토지 가격의 3% 이상이어야 함)
- 하치장에서 판매까지 하는 경우 → 사업용으로 사용하는 하치장으로 볼 수 없음(예외적으로 고철폐자원의 경우 판매장에 하치장으로 사용시 조세심판원은 예외를 인정)
- 하치장설치 신고가 필수 요건인가? → No(입증자료 중 하나에 불과)
- 하치장 사용자가 토지 소유자와 일치하여야 하는가? → No(임대하여도 적용 가능)

질문 »

1. 甲은 주차장업으로 등록하여 사업을 영위하는 乙에게 주차장용으로 토지를 임대하고 있다. 해당 토지는 종합합산과세 대상으로 재산세가 과세되고 있다. 사업용 사용으로 볼 수 있는가?

2. 甲은 乙과 공동으로 토지를 소유하고 있으며, 乙이 단독으로 주차장업 등록하여 사업을 영위하고 있다. 수입금액 비율 산정시 본인의 토지 지분 가액만으로 3/100 초과 여부를 판단하는가?

3. 甲은 자신의 토지에서 중고자동차판매업 및 부품 판매업을 영위하고 있다. 甲의 토지상 보관된 중고차를 부품을 분리하여 판매하기도 하고 중고차를 수리하여 판매하기도 하고 있다. 해당 토지는 종합합산과세 대상으로 재산세가 과세되고 있다. 하치장용 토지로 보아 사업용으로 사용하는 토지로 볼 수 있는가?

4. 甲은 해당 토지를 제조업을 하는 자의 원자재를 보관하는 장소로 임대하고 있다. 면적요건은 충족하고 있다. 이 경우 하치장용 토지로서 사업용 사용으로 볼 수 있는가?

답변 및 해설 »

1. 주차장업 운영에 사용하는 토지는 **소유자와 주차장업을 하는 자가 일치할 것**을 요건으로 한다. 따라서 임대하는 사안의 경우에는 수입금액 비율을 따질 필요도 없이 사업용 기간으로 인정받지 못한다.

2. 공동으로 소유하는 토지에 공동소유자 중 1인이 주차장업을 영위하는 경우 수입금액 판단은 **전체 토지가액 비율로서 3% 초과 여부를 판단**한다. 본인의 토지지분에 해당하는 토지가액(통상 개별공시지가)으로 할 수 없다.

3. 하치장용 토지는 물건을 적재 및 보관하는 장소이다. 따라서 **판매까지 하는 경우**에는 하치장용 토지로 인정받지 못한다. 사안의 경우에는 판매까지 하기 때문에 하치장용 토지로서 사업용 사용기간으로 인정받지 못한다.

4. 하치장용 토지는 소유자와 하치장 사용자가 일치할 것을 요구하지는 않으며, **임대하는 경우에도 인정**된다. 따라서 면적요건을 충족하는 사안의 토지는 사업용 사용 기간으로 인정된다.

관련 사례 (주차장 운영업 등)

구 분	내 용
주차장 운영업용 토지의 임대	• 소유 토지를 주차장업 영위자에게 "임대"하는 경우 비사업용으로 보지 않는 주차장 운영업용 토지에 해당하지 않음[219] • 실질이 토지의 임대(특정 음식점, 모텔 등의 주차장 이용)이면 주차장 운영업용 토지 규정이 적용되지 않음[220] • 토지를 주차장용으로 임대하여 임차인이 주차장으로 사용하는 경우 무주택자의 소유 나지에 해당하지 않음[221]
사실상 주차장 이용	• 노외주차장 설치시 주차장법에 따라 관할 구청장에게 통보하지 않으면 주차장법에 따른 노외주차장으로 볼 수 없어 비사업용에서 제외할 수 없음[222] • 주차장법에 따른 설치신고 등을 하지 않을 경우 비사업용에서 제외할 수 없음[223]
수입금액의 수정신고	• 노외 주차장업 영위자가 소유한 토지의 수입금액 비율 계산시 법정기한 내 수정신고시 객관적으로 입증/확인되면 수정신고 수입금액으로 판단함[224]
공유 토지	• 공동소유한 노외주차장으로 사용된 전체 토지가액에 대한 수입금액 비율을 산정하여 비사업용 여부를 판정한 것은 잘못이 없음[225]
주차장업 운영 미입증	• 주차장 운영업에 대한 사업자등록을 하지 않았고, 심판청구를 제기한 다음날 주차료 수입금액에 대한 부가가치세 및 종합소득세를 기한 후 신고하였으며, 항공사진에 주차관리소가 보이지 않고 주차관리일지 등 주차장운영 관련 증빙서류를 제시하지 못하여 비사업용으로 판단됨[226]
무료 제공	• 토지를 주차장으로 조성하였다고 하더라도 이를 무료로 인근 주민들의 사용에 제공한 이상 주차장 운영업용 토지라고 보기 어려움[227]
재산세 비과세 공영주차장	• 공영주차장으로 이용되고 있는 토지로서 재산세가 비과세되는 토지에 해당하는 경우 그 기간 동안 "사업용 사용"으로 봄[228]
건물 부설주차장	• 건축물 부속토지에 대한 내용과 주차장법에 따른 부설주차장에 대한 내용이 경합되는 경우에는 건축물 부속토지의 내용을 우선하여 적용하되, 건축물 부속토지의 기준면적을 초과하는 토지 안에 설치된 주차장에 대하여는 주차장법에 따른 부설주차장 기준을 적용함[229]

---

219) 서면4팀-1048, 2007.3.30. ; 조심2018서3754, 2018.12.3. ; 서울고법2009누28096, 2010.4.1.
220) 법령해석재산-21531, 2015.2.6. ; 조심2019구1609, 2019.7.30.
221) 법령해석재산-83, 2016.8.16.
222) 부동산납세과-243, 2016.2.19. ; 조심2011중1044, 2011.10.31. ; 서울고법2010누26676, 2011.1.13.
223) 조심2024부2799, 2024.7.10.
224) 서면4팀-1471, 2008.6.20.
225) 조심2013서491, 2013.4.1. ; 서울행법2013구단52776, 2013.10.31.
226) 조심2016부3944, 2016.12.29. ; 조심2014중5147, 2015.4.7. ; 조심2013서60, 2013.3.13.
227) 대판2011두4084, 2011.5.13. ; 서울고법2010누26676, 2011.1.13.
228) 재산세과-2502, 2008.8.28.
229) 재산세과-3245, 2008.10.13.

구 분	내 용
건물 부설주차장	• 주차장법에 따른 부설주차장이 아니고 신고 등이 없이 사실상 주차장으로 이용하는 경우 건물 부설주차장에 해당하지 않음[230] • 근린생활시설 부설주차장 부속토지 중 주차장법에 따른 부속 주차장 면적을 초과한 면적은 비사업용으로 봄[231] • 주택의 경계구역에서 떨어져 있는 주차장법에 따른 주택의 부설주차장으로 주택분 재산세로 과세되지 않고 토지분 재산세로 종합합산과세 대상에 해당하는 기간은 비사업용으로 봄[232]

관련 사례(하치장 등)

구 분	내 용
판매용 시설	• 비사업용에서 제외되는 하치장 등의 토지가 반드시 나지임을 전제로 하는 것이라고 볼 수 없고 지상에 건물 존재 여부와 상관없이 물품의 보관·관리를 위하여 별도로 설치·사용되는 하지장 등의 토지인지 여부에 달려 있음[233] • 판매용 시설일 경우 적용할 수 없음(예시적 규정이 아니라 한정적 규정임)[234] • 개별소비세 법령상 하치장 개념은 개별소비세 면제를 위한 것이고, 소득령상 하치장 개념은 양도 대상 토지와 사업과의 관련성 판단을 위한 것으로 상이하기에, 개별소비세 법령상 하치장 개념을 그대로 적용할 수는 없음[235] • 종합합산과세 대상 토지를 "자동차중고부품 소매업자(임차인)"에게 임대하고, 임차인은 중고자동차 부품을 분리하여 판매하기 위한 사업장으로 사용하면서 일부는 사무실로, 일부는 폐차량을 보관장소로 사용한 경우 하치장용 등의 토지에 해당하지 않음[236] • 토지에 폐철재 등을 적재·보관하였으므로 사업목적으로 사용한 것에 대하여는 다툼이 없고, 토지를 20년에 가까운 기간 동안 보유하면서 사업목적으로 사용하는 등 투기목적은 없어 보이며, 통상 고철업체는 폐철재 등의 운송비를 감안하여 별도 하치장을 보유하기보다 판매장이나 판매장 연접 토지에 폐철재 등을 적재·보관한다는 주장이 납득되므로 비사업용 토지로 본 것은 잘못임[237]
액화석유가스 판매사업자의 용기저장소	• 액화석유가스 판매사업자가 법률에 따라 설치하는 용기저장소로서 매년 물품의 보관·관리에 사용된 최대면적의 100분의 120 이내의 토지는 당해 용도로 사용하는 기간 동안은 사업용 사용기간에 포함됨[238]

---

230) 재산세과-1736, 2008.7.17. ; 조심2017중2214, 2017.8.31. ; 조심2013서2503, 2013.9.16.
231) 심사양도2017-142, 2018.1.31.
232) 재산세과-3647, 2008.11.6.
233) 대판2010두2234, 2010.5.13. ; 부산고법2009누4708, 2009.12.18.
234) 심사양도2016-17, 2016.5.9. ; 심사양도2010-30, 2010.4.13. ; 대판2012두8427, 2012.5.25.
235) 부산고법2017누23001, 2017.11.10.
236) 법령해석재산-15, 2016.2.11. ; 창원지법2016구합52185, 2017.1.17.
237) 조심2018중1605, 2018.10.23.
238) 재산세과-3581, 2008.10.31.

구 분	내 용
재활용가능 자원의 수집보관용 토지	• 「자원의 절약과 재활용촉진에 관한 법률」에 따른 재활용사업자의 재활용가능자원의 수집·보관용 토지는 하치장용 토지에 해당함[239]
임차인이 사용	• 하치장 등으로 사용하는 토지는 임차인이 사용하는 경우에도 적용받을 수 있음(관련법에 따른 신고 없는 경우 포함)[240] • 투자목적으로 토지 취득 후 방치하였고 인근 고물수집업자가 그 필요에 따라 임대료를 지불하거나 무상으로 토지 일부에 고물을 적치하였을 뿐이므로 이를 두고 하치장에 해당한다고 볼 수 없음[241] • 토지의 임차인들이 토지를 사업장 소재지로 하여 건설업에 관한 사업자등록을 하였고 이와 별도로 하치장 신고를 한 사실은 확인되지 아니하며, 토지입구에 "특수유리, AAA 등"의 글자가 적힌 간판이 설치되어 있고, 토지 위에 사무실이 설치되어 있는데 이곳에서 사업장의 사무와 관련한 업무를 처리하였을 것으로 보이며, 임차인들에게 토지 전체를 임대하였을 뿐 토지 중 일부를 구분하여 용도별로 임대한 것은 아니어서 임차인들은 토지에 사무실과 자재보관 등을 위한 건물을 설치한 다음 공사용 자재 등을 일시 또는 임시 보관하였던 것으로 보이고, 이러한 용도의 토지를 사업장과 구분하여 별도로 설치된 하치장으로 보기는 어려우므로, 비사업용 토지로 보아 경정청구를 거부한 것은 달리 잘못이 없음[242]
자동차 해체 재활용영업소의 하치장	• 자동차해체재활용업자가 자동차관리법에 따라 폐차의뢰의 접수 및 폐차의뢰되는 자동차의 수집에 전용하는 영업소를 설치하여 사용하는 토지는 하치장용 토지에 해당함[243]
설치허가 등의 필요 여부	• 하치장 등 사용에 있어 설치허가나 신고 등에 관한 제한규정을 두지 않으므로 사실상 하치장 등으로 사용하면 직접 사용한 것으로 봄[244] ※ 이 경우 하치장 설치신고는 입증자료에 불과함[245]

---

239) 상속증여세과-506, 2013.8.23. ; 서면5팀-745, 2008.4.7.
240) 부동산납세과-1944, 2016.12.22. ; 법령해석재산-133, 2015.6.30. ; 부동산납세과-155, 2013.11.14. ; 재산세과-22, 2009.8.25. ; 조심2022전7313, 2023.3.6.
241) 대구지법2012구합2018, 2013.7.12.
242) 조심2023서8049, 2023.10.4. ; 수원지법2023구단12631, 2024.8.23.
243) 부동산거래관리과-985, 2010.7.27.
244) 조심2009서3720, 2010.5.6. ; 국심2007서5210, 2008.5.1.
245) 조심2011서1722, 2011.11.24.

Chapter 98. 비사업용 토지 제외하는 1필지의 나지 산정 기준은?

내용 Summary

기본사항 Check

- **사업용 사용 간주** : 주택을 소유하지 않는 1세대가 소유하는 **어느 용도로도 사용되고 있지 않는** 1필지의 나지로서 **법령에 따라 주택의 신축이 금지/제한되는 지역에 소재하지 않고**, 그 지목이 대지이거나 실질적으로 주택을 신축할 수 있는 토지로서 660㎡ 이내는 사업용 사용으로 보아 기간기준을 적용함
- **2필지 이상인 경우** : **당해 세대원이 선택하는 토지를 우선 적용**하며, 선택하지 않은 경우 적용 대상 토지는 다음 방법에 의함
  ① 세대원 중 2인 이상이 나지 소유 : 세대주 → 세대주의 배우자 → 연장자 순서
  ② 동일인이 2필지 이상 나지 소유 : 큰 면적 필지 → 先 취득 나지 순서

핵심 Point

- 다른 용도로 이용하는 경우 : 적용 불가
- 일시적 관리차원에서 소액 임차료 지급받으며 언제든 계약해지 가능시 : 적용 인정(사실판단 사항) → 주차장업 또는 임차인의 주차장 사용시 수입금액 불문 부인
- 1필지가 660㎡ 초과한 경우 : 초과 부분만 적용 배제 → 모두 부인하는 것이 아님
- 양도하는 1필지 먼저 적용받고 다음 필지 양도시 적용 방법 : 먼저 필지 양도일 이후 기간에 대해 적용 가능
- 주택 신축의 가능성 : 나대지가 법령에 의하여 주택 신축이 금지되지 않아야 함

질문 »

1. 甲은 보유하던 토지(500㎡)를 주차장을 운영하는 乙에게 월 임대료 50만원에 임대하고 있다. 甲은 무주택 세대이며, 乙의 주차장 운영수입은 연간 2,000만원 정도로 토지가액의 3%에 미치지 않는다. 재산세는 종합합산과세 대상으로 부과되고 있는데, 해당 토지에 대해 무주택 세대의 나지 규정을 적용할 수 있는가?

2. 甲은 1주택과 나대지(1,000㎡)를 보유하다가 2020년 5월 주택을 양도한 뒤로는 무주택 세대로서 해당 나대지를 보유하고 있다. 해당 토지는 주택 신축이 가능한데, 무주택 세대의 나지 규정 적용 방법은?

3. 甲과 乙은 아무 용도에 사용하지 않는 나대지(1,000㎡)를 각 지분 1/2로 공유하고 있다. 甲은 무주택 세대에 해당하며, 乙은 주택을 계속 보유한 세대이다. 해당 나대지는 주택 신축이 가능하며 법적 제약은 없고 재산세는 종합합산과세 되고 있다. 甲과 乙에게 무주택 소유 세대의 나지 규정 적용 방법은?

4. 무주택 세대주인 甲은 2013년 취득한 본인 소유 나대지(1,000㎡)를 2022년 5월 중 양도하고 660㎡에 대하여 무주택 세대주의 1필지 나지 규정을 적용하여 사업용으로 신고하였다. 甲의 배우자 乙도 2016년 취득하여 보유하던 나대지(600㎡)를 2023년 6월에 양도하였다. 주택 신축은 가능하며, 다른 용도로 이용되고 있지 않고 재산세는 종합합산과세 되고 있다. 乙의 토지는 사업용으로 볼 수 있는가?

답변 및 해설 »

1. 무주택 세대가 보유하는 나지에 대하여 사업용 사용으로 보려면 **다른 용도로 사용하지 않아야** 하고 **주택 신축이 제한/금지되지 않아야** 한다. 그러나 사안은 주차장으로 임대하고 있으므로 다른 용도로 사용한 것이 되어 사업용으로 볼 수 없다. 뿐만 아니라 주차장업에 사용하는 토지는 토지 소유자와 주차장업 운영자가 동일하여야 하기에 사안은 수입금액을 따질 필요도 없이 주차장업용 토지 규정도 적용받지 못한다.

2. 주택과 나지를 보유한 경우에는 무주택 세대가 아니므로 무주택 세대의 나지 규정을 적용받지 못한다. 그러나 주택을 양도하고 무주택이 된 시점부터는 적용이 가능하며, **주택 양도일 이후의 기간에 대하여 사업용으로 의제**하여 기간기준이 적용된다. 사안에서 2023년 중 해당 나지를 양도하면 양도일 이전 3년 중 2년 이상이 사업용 사용에 해당되어 660㎡ 범위에서 "사업용 토지" 양도가 된다.

3. 다른 용도에 사용하지 않는 나대지를 공동소유한 경우 **"공유자 각자를 기준"으로 판단**하며, 각자의 지분 내에서 나지 규정을 적용할 수 있다. 따라서 사안에서 乙은 무주택 나지 규정을 적용받지 못하고, 甲은 무주택 세대이므로 본인 지분 1/2에 해당하는 면적(500㎡)이 660㎡ 이내이므로 자기지분 전체를 사업용으로 보아 기간기준을 적용하면 된다.

4. 사안은 1세대가 2필지의 나지를 소유한 경우이다. 먼저 양도한 필지에 대하여 나지 규정을 적용하여 사업용으로 적용하였으므로, 다음에 양도하는 나지는 **먼저 나지를 양도한 이후의 기간에 대해 사업용 사용기간**으로 의제된다. 사안에서는 乙이 양도하는 나지는 양도일부터 소급하여 보유기간 3년 중 2년의 기간 동안 사업용 사용기간이 되지 않으므로(1년 1개월 정도만 1필지 나지 규정에 따라 사업용 의제) "비사업용 토지"에 해당된다.

관련 사례

구 분	내 용
주택 신축할 수 있는지 여부의 판단	• 지목이 대지이거나 실질적으로 주택을 신축할 수 있는 토지 여부는 사실판단 사항임[246] • 나지를 관리차원에서 연간 400만원 임대료를 받고 언제든지 임대차계약이 해제 가능한 상태인 경우 동 규정 적용이 가능함[247] • 소액의 관리차원의 임대가 아니라 주차장업으로 등록한 경우이거나 임차인이 주차장용으로 사용하는 경우에는 수입금액에 불구하고 적용을 부인함[248] • 건축허가제한구역으로 입안 중인 사실만을 근거로 주택의 신축이 금지 또는 제한되는 지역에 소재한 것으로 볼 수 없음[249]
1필지 판단 및 면적 적용	• 1필지의 판정은 토지대장에 의하여 판단함[250] • 660㎡를 초과하는 면적은 비사업용으로 봄(전체를 부인하는 것이 아님)[251]
적용 방법	• 무주택자가 보유하는 "나지"란 어느 용도로도 사용되고 있지 아니한 토지를 말하는 것으로, 토지를 주차장용으로 임대를 하는 경우에는 임차인의 수입금액에 관계없이 이에 해당하지 않음[252] • 동 규정은 "세대별"로 적용함[253] • 동 규정 적용 대상 토지도 "기간기준"이 적용됨[254]
분양권 보유자	• 무주택인 1세대가 소유하는 1필지의 나지를 양도할 때 아파트 분양권은 주택이 아니므로 양도하는 1필지의 나지를 사업용으로 보아 비사업용 토지의 기간기준을 적용함[255] ※ 2024년 양도 집행기준 개정시 "분양권" 소유한 경우 이견이 있을 수 있어 삭제한 바, 향후 유권해석이 필요함

---

246) 부동산납세과-146, 2014.3.14. ; 부동산납세과-20, 2013.9.6.
247) 조심2009중2731, 2010.3.26.
248) 법령해석재산-83, 2016.8.16. ; 조심2012서4150, 2012.11.27. ; 대판2014두3259, 2014.5.29.
249) 조심2009중2731, 2010.3.26.
250) 서면5팀-1346, 2008.6.26.
251) 재산세과-468, 2009.10.14.
252) 수원지법2015구단30801, 2015.11.25.
253) 재산세과-3022, 2008.9.30.
254) 서면4팀-570, 2008.3.6.
255) 양도 집행기준 104의 3-168의 11-23

구 분	내 용
2필지의 순차적 양도	• 2필지(A, B)를 보유한 1세대가 먼저 양도한 1필지(A)의 나지를 무주택 소유 나지로 비사업용 토지에서 제외한 후, 다른 필지(B)의 나지를 양도한 경우 A필지 양도일 이후부터 무주택 나지 규정이 적용됨[256]
건물과 부속토지 소유자 상이	• 주택 부속토지는 주택과 부속토지 소유자가 서로 다를 경우에도 주택 부속토지로 사업용이 됨[257] ※ 주택과 달리 일반건축물의 부속토지는 건물 소유자가 다를 경우 별도합산과세가 적용되지 않으므로 다른 제외 사유가 없는 한 비사업용에 해당함[258]
타인과 공동소유	• 주택을 소유하지 않은 1세대가 1필지의 나지를 타인과 공동소유한 경우 해당 1세대가 소유하는 지분의 토지면적 660㎡ 이내는 무주택 기간 동안 사업용에 해당함[259]
1주택과 1필지 나지 소유 세대	• 1주택과 1필지 나지를 소유한 1세대가 주택을 먼저 양도한 후 나지를 양도하는 경우, 주택과 나지를 같이 소유한 기간은 비사업용에 해당함[260]
일괄 취득 및 일괄 양도	• 동일인 소유 나지가 2필지 이상인 경우 "무주택 세대 소유 나지의 비사업용토지 제외신청서"에 기재된 나지 중 토지의 소유자가 선택한 필지의 660㎡ 이내의 부분은 주택을 소유하지 않은 기간 동안은 사업용 토지로 보며, 신청서를 제출하지 않은 경우에는 면적이 큰 필지를 우선하여 적용함[261]

---

256) 부동산납세과-1291, 2016.8.24.
257) 부동산거래관리과-401, 2010.3.17. ; 서면4팀-2511, 2007.8.24. ; 서면4팀-2636, 2006.8.2.
258) 조심2013부3977, 2013.11.11.
259) 양도집행(2024) 104의3-168의11-23
260) 서면4팀-570, 2008.3.6. ; 서면4팀-1098, 2007.4.4.
261) 법규재산-60, 2023.3.8.

PART 05

중과세율

양도소득세 핵심사례와 이슈

> 본 장에서는 양도소득세가 중과되는 것들 중 꼭 알아야 할 6가지 항목을 발췌하였다. "다주택 중과"는 2년 이상 보유시 2026.5.9.까지 유예되어 다소 중요성이 낮지만, 국세청 재산분야 종사 직원들이 과세자료를 처리하거나 과거 양도분에 대해 제척기간이 남은 관계로 서면분석/조사/감사 업무 등을 하는 데 필요할 수 있으므로 다루었다.

- 99 **다주택 중과**, 어떤 구조인가?
- 100 **다주택 보유 목적**, 어떻게 판단하여야 할 것인가?
- 101 **소수지분 상속주택**, "비과세"와 "중과" 등에서 어떻게 취급하는가?
- 102 다주택 중과시 **장기임대주택**의 취급은?
- 103 무서운 **단기양도 중과**, 알아야 한다!
- 104 **미등기 양도 중과**, 오해하는 부분은?

Chapter 99 다주택 중과, 어떤 구조인가?

💬 내용 Summary

기본사항 Check

- **다주택 중과 판단 순서** : 오판하지 않도록 "논리구조"를 가져야 함
  ① **양도 주택의 조정대상지역 소재** 여부 → 조정대상지역에 소재하지 않으면 아무리 주택이 많아도 다주택 중과 ×
  ② 주택 수가 2개 이상인지 여부 : **산술적 숫자가 아니라 다음 다음 페이지에 설명한 기준에 따라 주택 수를 산정하여야** 함
  ③ **다주택 중과 제외 주택 여부** 판단 → 해당시 다주택 중과 ×
    ㉠ **3주택 중과 예외**(소득령§167의3①)
      ⓐ 주택 수 산정 제외 주택 → 소수지분 상속주택
      ⓑ 장기임대주택(소득령§167의3①제2호)
      ⓒ 감면대상 장기임대주택(조특법§97, §97의2, §98)
      ⓓ 장기사원용 주택(비특수관계의 종업원이 10년 이상 무상 사용)
      ⓔ 감면신축주택 등(조특법§99, §99의3, §98의2~3, §98의5~8, §99의2, §77) → **조특법§98의2~3, §98의5~8, 조특법§99의2(2018.4.1. 이후), 조특법§77(2021.2.17. 이후)**
      ⓕ 문화재주택
      ⓖ 상속주택(상속개시 후 5년 이내)
      ⓗ 저당권 실행 등 채권변제로 취득한 주택(3년 미만)
      ⓘ 장기어린이집(어린이집 사용하지 않은 날 6개월 미경과)
      ⓙ 위 ⓐ ~ ⓘ 제외하고 1개만 보유한 경우 해당 주택
      ⓚ 일정 소형주택(2018.3.31. 이전 양도분)
      ⓛ 조정대상지역 공고일 전 양도계약 및 계약금 지급받은 주택(2020.8.18. 이후 양도분) → 조정대상지역 공고일은 주택법상 공고일
      ⓜ 유예기간 중 양도 주택 : 10년 이상 보유주택으로 2019.12.17. ~2020.6.30. 양도하는 주택
      ⓝ **2년 이상 보유주택으로 2022.5.10.~2026.5.9. 양도하는 주택 → 이에 따라 현재 다주택 중과가 유예되고 있는 것임(★)**
      ⓞ **일시적 2주택 등**(2021.2.17. 이후 양도분) : ㉮ 소득령 제155조 또는 조특법에 따라 1세대 1주택 소유로 보거나 1세대 1주택으로 보아 소득령 제154조 제1항을 적용하는 주택으로서 비과세 요건을 충족하는 주택 ㉯ 소득령 제155조, 제156조의 2, 제156조의 3 또는 조특법에 따라 1세대 1주택으로 보거나 1세대 1주택으로 보아 소득령 제154조 제1항이 적용되는 주택으로서 비과세 요건을 충족하는 주택
    ㉡ **2주택 중과 예외**(소득령§167의10①)
      ⓐ 위 ㉠ⓐ~ⓘ에 해당하는 주택

- ⓑ 취학 등 부득이한 사유로 취득한 주택
- ⓒ 취학 등 부득이한 사유로 취득한 수도권 밖 소재 주택
- ⓓ 소유권 소송이 진행 중인 주택 등
- ⓔ 위 ⓐ~ⓓ의 주택을 제외하고 1개의 주택만을 소유한 경우 해당 주택
- ⓕ 양도 당시 기준시가 1억원 이하 주택 → 도시정비법에 따른 정비구역으로 지정·고시된 지역 또는 소규모주택정비법에 따른 사업시행구역에 소재하는 주택은 제외하며, 주거환경개선사업의 경우 해당 사업시행자에게 양도하는 주택은 포함
- ⓖ 조정대상지역 공고일 전 양도계약 및 계약금 지급받은 주택(2020. 8.18. 이후 양도분) → 조정대상지역 공고일은 주택법상 공고일
- ⓗ 유예기간 중 양도 주택 : 10년 이상 보유주택으로 2019.12.17.~2020.6.30. 양도하는 주택
- ⓘ **2년 이상 보유주택으로 2022.5.10.~2026.5.9. 양도하는 주택 → 이에 따라 현재 다주택 중과가 유예되고 있는 것임(★)**
- ⓙ 일시적 2주택 등의 경우(2021.2.17. 이후 양도분) : 동거봉양 합가 특례가 적용되는 주택, 혼인에 따른 특례가 적용되는 주택, 상속받은 주택 보유자의 일반주택, 장기임대주택 보유자의 거주주택

ⓒ 2주택·조합원주권·분양권 보유자의 중과 예외(소득령§167의11①)
- ⓐ 위 ⓒⓐ~ⓓ에 해당하는 주택
- ⓑ 양도 당시 기준시가 1억원 이하 주택 → 도시정비법에 따른 정비구역으로 지정·고시된 지역 또는 소규모주택정비법에 따른 사업시행구역에 소재하는 주택은 제외하며, 주거환경개선사업의 경우 해당 사업시행자에게 양도하는 주택은 포함
- ⓒ 조정대상지역 공고일 전 양도계약 및 계약금 지급받은 주택(2020. 8.18. 이후 양도분) → 조정대상지역 공고일은 주택법상 공고일
- ⓓ 유예기간 중 양도 주택 : 10년 이상 보유주택으로 2019.12.17.~2020.6.30. 양도하는 주택
- ⓔ **2년 이상 보유주택으로 2022.5.10.~2026.5.9. 양도하는 주택 → 이에 따라 현재 다주택 중과가 유예되고 있는 것임(★)**
- ⓕ 조합원입주권 등의 대체취득 등에 따라 양도하는 주택
- ⓖ 일시적 2주택 등의 경우(2021.2.17. 이후 양도분) : 동거봉양 합가 특례가 적용되는 주택, 혼인에 따른 특례가 적용되는 주택

④ 다주택 중과 세율 적용 : Max[㉠ 다주택 중과 세율, ㉡ 단기양도 세율, ㉢ 2 이상 양도시 산출세액 비교] → 실무에서 유의할 부분임(★)

- **주택 수 산정 방법** : 다음 기준에 따라 주택, 조합원입주권, 분양권의 수 계산
  ① 소재 지역별 주택 수 산정
     ㉠ **모두 포함** : 서울, 광역시(군 제외), 경기도(읍·면 제외), 세종(읍·면 제외) → 주택가격 및 규모 불문하고 주택 수 포함
     ㉡ **양도 당시 기준시가 등 3억원 초과시만 포함** : 광역시의 군, 경기도의 읍·면, 세종시의 읍·면, 기타 ㉠ 외 모든 지역 → 조합원입주권은 종전주택 평가액, 분양권은 공급계약서상 공급가격 적용
  ② 주택 수 산정 특례
     ㉠ 다가구주택 : 하나의 단위로 선택시 전체를 1주택 간주

ⓒ 소수지분 상속주택 → 무조건 주택 수 제외
　　　ⓒ 부동산매매업자의 재고주택 : 주택 수 포함
　　　ⓔ 혼인 특례 : 혼인한 날부터 5년 이내 주택 양도시 상대방 주택 등은 주택 수 제외(다른 주택 취득하지 않을 경우만) → 조합원입주권 등을 보유한 경우도 동일(분양권은 2021.1.1. 이후 취득분)

핵심 Point

- 다주택 중과 제외 주택은 무조건 주택 수에서 제외? → No. 주택 수 산정기준에 따라 포함 가능
- 조특법 특례 주택은 무조건 주택 수에서 제외? → No. 주택 수 산정기준에 따라 포함 가능
- 장기임대주택 등과 일시적 2주택의 종전주택이 비과세 보유기간 등 특례 요건을 갖춘 고가주택일 경우 → 2021.2.17. 전 양도분은 중과 ○(최근 대법원 판결 나옴)
- 2 이상 주택을 같은 날 양도, 양도와 증여 → 순서 선택 가능
- 상속받은 지 5년이 지난 상속주택과 일반주택 보유자가 양도하는 일반주택이 고가주택일 경우 → 2021.2.17. 전 양도분은 중과 ○
- 일시적 2주택자가 종전주택 처분하고 신규주택 취득 과정에서 매수인 자금 사정 등으로 3주택 상황이 된 경우 → 다주택 보유 의도 고려하여 중과 × (구체적 사례 등은 뒤 94.에서 설명함)

질문 »

1. 甲세대는 다음과 같이 주택을 소유하고 있다. 다주택 중과 판단시 보유한 주택 수는?
   - 서울 : 소득령 제167조의 3 제1항 제2호의 요건을 모두 갖춘 장기임대주택 1개
   - 서울 : 조특법 제97조 특례 요건을 갖춘 서울 소재 주택 1개
   - 서울 : 상속받은 소수지분 1주택
   - 경기도 고양시 : 거주하는 1주택
   - 경남 김해시 : 일반 임대주택 1주택(기준시가 2억원)

2. 甲세대는 서울에 주택 3개 및 경남 김해시에 주택 1개를 보유하고 있으며, 2021년 7월 중 경남 김해시 소재 주택을 양도하였다. 다주택자로 중과되는가?

3. 甲세대는 서울에 2007년에 취득한 일반주택 1개와 2013년 상속으로 취득한 서울 소재 주택 1개가 있다. 2021년 1월에 일반주택을 15억원에 양도하였다. 다주택 중과 및 장기보유특별공제가 배제되는가?

4. 甲은 서울에 소득령 제167조의 3 제1항 제2호 요건을 충족한 장기임대주택 2개와 2년 이상 거주한 거주주택(종전주택) 1개, 신규주택 1개를 보유하고 있으며, 2020년 11월에 서울 소재

거주주택을 20억원에 양도하였다. 해당 양도하는 주택은 다주택 중과 및 장기보유특별공제가 배제되는가?

5. 甲은 1세대 2주택 보유자로 특례대상 주택은 아니며, 다주택 중과 예외 대상도 아니고, 모두 서울에 있다. 같은 날 1주택을 증여하고 1주택은 양도하였다. 2주택 중과 대상 판정시 양도 및 증여 순서를 선택할 수 있는가?

6. 甲은 일시적 2주택자로 종전주택을 양도하고 이주목적의 신규주택을 취득하는 과정에서 매수인의 자금사정 등으로 부득이하게 3주택을 보유하였다. 해당 주택은 주택 수 산정에 포함되는 지역 및 가액 요건에 모두 해당한다. 대법원 판례에 따를 경우 1세대 3주택 중과 대상으로 볼 수 있는가?

7. 甲은 특례 취득기간 중 주택을 취득하여 다주택 중과 기간 중 주택을 양도하였다. 최근 판례 및 과세관청 해석에 따르면 다주택 중과는 어떻게 되는가?

답변 및 해설 »

사례는 다주택 중과와 관련하여 주택 수 산정방법을 알고 있는지 여부 및 최근 쟁점이 된 사항들에 대해 다룬 것으로 핵심사항이므로 알아 둘 필요가 있다.

1. 다주택 중과 여부 판단시 특례 대상 주택도 주택 수 산정기준에 따른다. 따라서 사안의 경우 서울에 소재한 장기임대주택 및 조특법 특례주택은 주택 수에 포함된다. 다만, 소수지분 상속주택은 주택 수에서 제외된다. 경기도 고양시 주택의 경우 동지역에 소재하는 주택으로 당연히 주택 수에 포함되며, 경남 김해시는 기타 지역으로 기준시가 3억원이 되지 않으므로 주택 수에서 제외된다. 결론적으로 甲세대는 1세대 3주택을 보유한 것이 된다.

2. 경남 김해시는 조정대상지역으로 지정된 적이 없다. 아무리 주택이 많더라도 조정대상지역의 주택을 양도하는 경우에 다주택 중과하는 것이다. 따라서 사안은 다주택으로 중과하지 않는다.

3. 사안은 1세대 2주택 보유자로 상속주택 특례가 적용되는 경우이다. 먼저 일반주택 및 상속주택이 모두 주택 수 산정에 포함된다. 다주택 중과에서는 상속받은 날부터 5년 이내 상속주택을 양도하면 다주택으로 중과하지 않는다. 그런데 상속주택 보유자의 일반주택 양도시 비과세 규정은 일반주택의 양도기한의 제한이 없다. 그리고 다주택 중과에서 제외하는 주택을 제외하고 1주택일 경우에는 다주택 중과하지 않는다.

여기서 비과세 규정과 관계에서 일반주택은 상속받고 5년이 지나 양도하더라도 비과세가 되지만 고가주택일 경우에는 상속받고 5년이 지났으므로 중과 제외하는 주택을 제외하고 1주택이 아니라는 결과가 되어 2주택으로 중과된다. 이에 대해서는 **2021.2.17. 이후 양도분부터 다주택 중과하지 않도록** 규정을 마련하였다. 그러나 사안은 개정 전 양도분이기에 2주택 중과 대상이다.

4. 甲세대는 양도일 현재 4주택을 보유하고 있다. 그리고 거주주택은 일시적 2주택 상태이다. 따라서 **다주택 중과에서 제외되는 주택을 제외하고 1주택이 되지 않는다**. 종전주택(거주주택)이 비과세 대상이면 문제가 없으나 고가주택이 되면 과세되는 9억원 초과분은 다주택 중과 대상이다. 이에 대해서는 **2021.2.17. 이후 양도분부터 다주택 중과하지 않도록** 규정을 마련하였다. 그러나 사안은 개정 전 양도분이기에 3주택 중과 대상이다.

   이에 대하여 상당히 많은 불복이 있었으나 조세법의 엄격해석에 비추어 조세심판원은 과세 정당하다는 결정을 하였고, 최근 대법원(심리불속행)도[1] 납세자 패소로 판결하였다.

5. **같은 날 2주택을 양도하는 경우** 납세자가 주택 양도 **순서를 선택할 수** 있다. 따라서 양도차익이 작은 것을 먼저 양도한 것으로 선택하여 중과받고 양도차익이 큰 것은 나중에 양도하여 1세대 1주택 양도로 선택하면 된다. **2개의 주택을 같은 날 양도와 증여하는 경우에도** 증여 및 양도 중 어느 것을 먼저 하였는지 여부를 납세자가 **선택할 수** 있다.

6. 일시적 2주택자가 종전주택을 양도하고 이주목적의 신규주택을 취득하는 과정에서 매수인의 자금사정 등으로 부득이하게 3주택을 보유한 경우 대법원은 **"다주택 보유 의도"를 고려하여** 다주택 중과 여부를 판단하고 있다. 이에 따르면 사안과 같은 경우 다주택 보유 의도가 없는 것이기에 1세대 3주택 중과 대상에서 제외하게 된다. 판례에 따를 경우 다주택 보유 의도는 사실판단의 영역이기에 계약내용이나 잔금지급일 및 중복 보유기간을 고려하여 종합 판단하여야 한다. 이에 대해서는 뒤 Chapter 100.에서 자세히 다루기로 하겠다.

7. 특례 취득기간 중 취득한 주택에 대하여 당초 과세관청 해석은 다주택 중과가 적용된다고 보았으나 수원고등법원 판결에서 국가 패소 후 기획재정부도 중과되지 않는 것으로 최근 해석을 변경하였다. 장기보유특별공제 적용상의 쟁점은 앞 Chapter 87.에서 자세히 다루었으므로 참고하기 바란다.

---

1) 대판2023두32112, 2023.3.30.

관련 사례

구 분	내 용
주택 수 산정 (주택 수 포함 지역에 주택 소재)	• 다세대주택은 가구별로 거주할 수 있도록 구획된 부분을 각각 1주택으로 봄[2] • 원룸형 주택을 다세대주택으로 보아 중과한 것은 잘못이 없음[3] • 다주택 중과 적용시 1세대 3주택 이상 여부는 1세대별로 "주택 양도일"을 기준으로 당해 양도 주택을 포함하여 판정함[4] • 다주택 중과 제외되는 감면주택도 주택 수 산정 기준에 따름[5] • 공동상속주택의 최대 지분자는 다른 주택 양도시 보유 주택 수에 포함됨[6] • 일반주택 양도 당시 장기어린이집이나 장기임대주택은 주택 수에서 제외되지 않음[7] • 조특법 제97조 제2항이 다주택 중과시 주택 수에서 제외한다는 규정이 아니며, 소재지 및 기준시가 등 요건 충족 여부에 따라 판단하는 것임[8] • 1주택을 지분으로 매매로 취득하여 공동소유해도 각 지분 소유자는 각각 1주택을 소유한 것으로 봄[9] • 주택신축판매업자의 재고주택은 주택 수에 포함되지 않음[10] • 오피스텔이 주거에 필요한 시설을 갖추고 있고 임차인 등이 주거용으로 사용하고 있는 경우 주택 수에 포함됨[11] • 주택 수 계산에 포함되는 조합원입주권의 3억원 초과 여부는 도시정비법에 따른 종전주택 및 부수토지 평가액으로 판단함[12] • 1주택 소유자가 2주택 소유자와 혼인함으로 1세대가 3주택을 소유하게 된 경우 그 배우자가 소유한 2주택 중 1주택을 양도한 이후 혼인한 날부터 5년 이내 양도하는 본인 소유의 주택은 중과 대상에 해당하지 않음[13] • 일반주택 양도시 보유중인 다가구주택에 대해 소득령 제155조 제15항 단서(하나의 매매단위 양도)를 선택하지 않은 경우 주택 수 산정을 위한 기준시가 3억원 이하 여부는 각 구획부분을 하나의 주택으로 보아 판단함[14] ※ 이 경우는 무조건 주택 수에 포함하는 지역이 아님

---

2) 서면5팀-1495, 2007.5.9. ; 서면4팀-1936, 2005.10.20. ; 조심2008중237, 2008.6.11.
3) 조심2020서2361, 2020.10.14.
4) 재산세과-3900, 2008.11.21. ; 서면4팀-890, 2008.4.2.
5) 상속증여세과-472, 2013.8.13. ; 국심2007서5268, 2008.6.23. ; 대판2006두16182, 2007.5.10.
6) 부동산거래관리과-657, 2010.5.7. ; 조심2008부852, 2008.7.21.
7) 상속증여세과-472, 2013.8.13. ; 감심2022-1943, 2023.6.28. ; 조심2019중3549, 2020.4.28.
8) 부동산거래관리과-261, 2011.3.24. ; 서울행법2021구단53484, 2022.1.12.
9) 서면5팀-855, 2008.4.22. ; 조심2010중115, 2010.3.8.
10) 서면4팀-712, 2006.3.27. ; 재재산-261, 2004.2.26.
11) 부동산거래관리과-693, 2010.5.14. ; 조심2021전5424, 2022.8.31. ; 조심2020서652, 2020.6.30.
12) 양도 집행기준 104-167의 4-1
13) 서면4팀-1551, 2007.5.9.
14) 법령해석재산-1008, 2021.8.24.

구 분	내 용
다주택 중과 여부	• 같은 날 주택을 취득하고 양도하는 경우 또는 같은 날 주택을 증여하고 양도한 경우 주택의 취득 및 양도(증여 포함) 순서는 거주자의 선택에 따름[15] • 상속개시일부터 5년 경과한 소수지분 상속주택은 중과 배제됨[16] • 2주택을 소유한 1세대가 같은 날 1주택은 증여하고, 1주택은 (다른 자녀에게) 부담부 증여한 경우 소득세법 제89조 제1항 제3호 및 1세대 2주택 중과의 적용 여부는 당해 거주자가 선택하는 순서에 따라 판단함[17] • 비거주자가 조특법 제97조 요건을 갖춘 장기임대주택을 양도한 경우(감면 배제) 소득령 제167조의 3 제1항 제3호를 적용받을 수 없으나, 소득령 제167조의 3 제1항 제2호 각 목의 요건을 갖추면 다주택 중과는 배제됨[18] • 상속개시일 현재 1세대 2주택을 보유한 피상속인이 사망하여 동일 세대원에게 상속되어 1세대가 3주택 보유시 상속주택 양도시 중과규정이 적용됨[19] • 동일 세대원으로부터 상속받은 주택을 양도하는 경우 1세대 2주택 이상 중과세율이 적용됨[20] • 양도하는 주택이 금융기관의 근저당권 실행에 따른 임의경매를 통하여 취득한 주택인 경우 1세대 3주택 중과 배제를 적용할 수 없음[21] • 가정보육시설로 사용하지 않게 된 날부터 6월이 경과한 주택은 다주택 중과 예외 규정이 적용되지 않음[22] • 양도일 현재 1세대 5주택(A, B, C, D, E)을 소유하고 있는 경우로서 그 중 4주택(A, B, D, E)이 소득령 제167조의 3 제1항 제1호(주택 수 산정 제외)에 해당하는 경우 중과세율이 적용되지 않음[23] • 소득령 제155조 제2항에 해당하는 상속주택은 소득령 제167조의 3 제1항 제7호에 따라 상속개시일로부터 5년 이내 양도시 중과 배제됨[24] • 양도한 아파트가 소송으로 인해 불가피하게 1세대 2주택이 되었으나, 소송결과로 취득한 주택이 아니라 소송 결과로 양도한 주택이므로 중과 대상에서 제외되는 주택으로 볼 수 없음[25] • 거주자가 혼인 후 배우자 명의로 취득한 2주택에 대해 재산분할을 청구하여 소유권을 이전받은 경우 소송결과로 취득한 주택으로 볼 수 없음[26]

---

15) 양도 집행기준 104-167의 3-8
16) 법규재산-1175, 2023.2.20. ; 재산세과-600, 2009.10.30. ; 재산세제과-290, 2008.2.19. 등
17) 서면4팀-1558, 2007.5.9.
18) 상속증여세과-378, 2013.7.22. ; 상속증여세과-128, 2013.5.20.
19) 서면5팀-1170, 2008.5.30. ; 서면4팀-599, 2008.3.10. ; 조심2022부5548, 2022.6.17.
20) 재산세과-92, 2009.1.9. ; 서면5팀-1022, 2008.5.14.
21) 부동산거래관리과-1079, 2011.12.27. ; 조심2010서939, 2010.6.11.
22) 재산세과-621, 2009.11.3.
23) 재산세과-787, 2009.11.19.
24) 부동산거래관리과-362, 2011.4.29.
25) 국심2007서5016, 2008.6.11.
26) 서면5팀-4, 2008.1.2.

Chapter 100. 다주택 보유 목적, 어떻게 판단하여야 할 것인가?

내용 Summary

기본사항 Check

- **다주택 중과** : 다주택 중과 규정 적용시의 주택수 산정기준에 따라 2주택 이상 보유한 세대가 양도하는 주택이 조정대상지역 소재한 주택으로서 소득세법 시행령에서 열거하는 예외 사유에 해당하지 않는 경우 중과 → 2년 이상 보유한 주택의 경우 2022.5.10.부터 2025.5.9.까지 양도시 중과 적용 유예
- **다주택 보유 의도** : 법령에 명문규정은 없으나, 대법원 판례 등에 따르면 다주택 중과에 대한 제재로서 중과하는 취지에 비추어 다주택을 보유하려고 하였는지 여부를 고려하고 있음[27]

핵심 Point

- 비과세 요건을 갖춘 일시적 2주택 상태에서 종전주택을 양도하고 신규주택을 취득하려고 하였는데, 종전주택에 대한 매수인의 자금사정으로 양도대금 수령이 늦어져 일시적으로 1세대 3주택이 된 경우 판례에 따를 때 3주택 중과 여부 → No
- 비과세 요건을 갖춘 일시적 2주택 상태에서 종전주택을 양도하고 신규주택을 취득하려고 하였는데, 신규주택의 임차인 사정으로 대금을 먼저 지급함으로 일시적으로 1세대 3주택이 된 경우 판례에 따를 때 3주택 중과 여부 → No
- 위의 경우 2주택 중과할 수 있는지 여부 → Yes(원칙) 또는 No(예외적)

질문 »

다주택 중과 규정을 적용함에 있어 일시적 2주택 또는 장기임대주택과 거주주택 보유자가 종전주택을 양도하고 신규주택을 취득하는 과정에서 일시적으로 1세대 3주택이 되는 경우 3주택 중과할 수 있는가? 3주택 중과가 되지 않을 경우 1세대 2주택으로 중과할 수 있는가?

---

27) 헌재2009헌바67, 2010.10.28. ; 대판2009두13788, 2009.12.24.

 **답변 및 해설 »**

다주택 중과 규정을 적용함에 있어 다음의 사항에 유의할 필요가 있다.

첫째, 2021.2.17. 소득세법 시행령 개정 前에는 1세대 2주택 특례들의 중첩 적용으로 1세대 3주택 이상이 된 상태에서 비과세 요건을 충족한 고가주택을 양도하는 경우 고가주택 기준금액을 초과하는 부분에 대하여 다주택 중과를 긍정하였다.[28] 다만, 아래에서 보듯이 다주택 보유 의도가 없을 정도로 일시적 3주택이 되는 경우에는 중과의 예외를 인정하는 것이다.

둘째, 2021.2.17. 이후 양도분부터는 다음과 같이 특례를 두고 있다. 1세대 2주택 특례들의 중첩 적용으로 1세대 3주택이 되고 양도하는 주택이 고가주택으로서 보유기간 등 비과세 요건을 갖추면[29] 3주택 중과하지 않는다. 그리고 상속받고 5년이 지나 양도하는 일반주택이 고가주택이라도 1세대 2주택으로 중과하지 않는다. 그리고 장기임대주택 보유자의 거주주택이 고가주택이라도 1세대 2주택으로 중과하지 않는다.

셋째, 2021.2.17. 소득세법 시행령 개정 前에는 1세대 2주택 특례들의 중첩 적용으로 1세대 3주택 이상이 된 상태에서 양도하더라도 그 3주택 상태가 임차인 문제나 매도인 및 매수인의 자금문제 등으로 중첩된 기간이 적을 경우 1세대 3주택으로 중과하지 않는다. 이는 명문규정은 없으나, 대법원 판결 및 조세심판원이 인정해 오고 있다. 예컨대, 주택을 양도하고 신규주택을 취득하려고 하였는데, 취득하려는 신규주택의 소유자가 잔금을 일찍 요구하면서 3주택 상황이 된 경우 등이다. 이러한 경우에는 당초 3주택을 보유할 의도가 없었기 때문이다.

이 경우 남은 주택은 일시적 2주택 상황이 되는데 2주택 중과를 하는가가 문제되는데, 통상 2주택으로 중과한다. 다만, 남은 주택들의 상황을 보더라도 명백히 2주택을 보유할 의도가 없었을 경우는 2주택 중과도 배제하고 있다.

---

28) 조심2023구7447, 2023.10.17. ; 조심2022서7876, 2023.6.29. ; 조심2023중7066, 2023.6.28. ; 조심2022인7227, 2023.6.12. ; 조심2022서5261, 2022.8.2. ; 조심2021서6869, 2022.6.14. ; 조심2021서3708, 2022.5.25. ; 조심2021서4988, 2022.2.9. ; 조심2021중5594, 2021.12.22. ; 조심2021서5783, 2021.12.13. ; 조심2021중2600, 2021.9.27. ; 조심2021서609, 2021.2.17. ; 대판2023두40571, 2023.7.13. ; 대판2023두31607, 2023.3.30. ; 대판2023두32112, 2023.3.30. ; 대판2022두61526, 2023.2.23. ; 서울고법2023누31104, 2023.7.14. ; 서울고법2022누71600, 2023.6.9. ; 서울고법2022누59280, 2023.4.19. ; 서울고법2022누53893, 2023.4.28. ; 서울고법2022누34717, 2023.4.6. ; 서울고법2022누37198, 2023.2.3. ; 수원고법2021누15775, 2023.1.13. ; 서울고법2021누77847, 2022.12.9. 등
29) 법규재산-6941, 2022.1.28.

관련 사례

구 분	내 용
다주택 보유 의도 가 없다고 본 경우 (판례)	• 장기임대주택과 2년 이상 거주한 거주주택을 보유하다가 거주주택을 양도하고 신규주택을 취득하려고 하였으나, 신규주택의 내부공사로 종전 거주주택에서 거주함으로 2개월 정도 중복 보유하게 된 경우 고가주택에 해당하는 종전주택에 대해 3주택 중과함은 위법함[30] • 일시적 2주택자가 종전주택을 양도하고 분양권을 취득하려고 하였으나, 당첨일이 종전주택 양도일 이전으로 중첩된 기간이 7일에 불과한 경우 3주택 중과 대상으로 본 것은 위법함[31] • 장기임대주택과 2년 이상 거주한 거주주택을 보유하다가 대체주택을 취득하고 4개월도 안 되어 종전주택을 양도한 것에 대하여 대체주택을 취득한 후 종전주택을 양도하기까지 소요된 기간이 주택거래의 현실 등에 비추어 사회통념상 일시적이라고 인정되는 특별한 사정이 있는 경우 다주택 중과함은 위법함[32] • 장기임대주택 보유자가 장기간 거주한 거주주택을 양도하고 대체주택을 취득하는 과정에서 신규주택 매도인과 협의하여 대금을 일찍 지급하여 그 종전 거주주택의 양도일과 중복 보유한 기간이 23일에 불과하여 3주택 보유 의도가 없으므로 3주택자로 중과함은 위법함[33] • 일시적 2주택 상태에서 종전주택을 양도하고 신규주택을 취득하려고 하였으나, 신규주택의 양도인이 자금사정으로 대금지급을 앞당겨 요청하여 선의로 일찍 지급함에 따라 11일간 3주택을 보유하게 된 경우 3주택 중과는 위법함[34] → 이 경우 2주택으로 중과함은 정당하다고 판단함[35] • 장기임대주택 보유자가 거주주택을 양도하고 신규주택을 취득하려는 과정에서 신규주택(다가구주택) 매수인의 요청으로 대금을 일찍 지급하여 5일간 3주택 중첩에 대하여 3주택 중과하여 장특공제를 배제한 것은 위법함[36] • 매매대금이 2억이 넘는 고가주택이고 노후화되어 매수자를 찾기 어렵고, 양도주택과 신규주택을 동시 보유한 기간이 3개월 정도로 통상적 주택거래 현실에 비추어 기간이 길다고 보기 어려우며 특별히 투기목적을 찾기 힘들어 중과는 위법함[37] • 15년 이상 거주하던 주택을 양도하고 거주를 이전하고자 경매입찰하여 낙찰받았으나, 전 소유자가 주택을 인도시한 연장을 요청하여 대금지급을 연장하여 주면서 종전주택 양도시기도 이에 맞게 조정하던 중 일시적 3주택 상황이 된 경우 3주택으로 중과하여 장특공제를 배제한 것은 위법함[38]

---

30) 대판2023두40472, 2023.7.27. ; 서울고법2022누56328, 2023.4.6. ; 서울행법2021구합63938, 2022.7.15.
31) 수원지법2022구단12085, 2023.11.22.
32) 대판2010두27806, 2014.2.27. ; 서울행법2022구단60137, 2023.7.19.
33) 서울행법2022구합69513, 2023.3.30. ; 서울행법2023구단72731, 2024.12.18.
34) 대판2009두13788, 2009.12.24.
35) 서울고법2010누1189, 2010.4.8. ; 대판2010두7840, 2010.7.29.
36) 서울행법2021구단70861, 2022.11.25.
37) 서울행법2023구합53393, 2023.10.31.
38) 서울행법2022구단60137, 2023.7.19.

구 분	내 용
다주택 보유 의도가 없다고 본 경우 (조세심판원 결정)	• 임대사업자등록 등을 갖춘 장기임대주택 12채 보유자가 22년 거주한 거주주택을 양도하고 대체 취득하는 과정에서 40일간 3주택 상태인 경우 해당 주택을 제외하고 장기임대주택만 보유하여 3주택으로 중과함은 타당하지 않음[39] • 별거 중인 배우자와 공유한 1주택(종전주택)을 먼저 양도하고 신규주택을 취득하려고 매매계약하였으나, 매수인의 잔금지연으로 24일간 3주택인 경우 3주택 중과가 아닌 2주택 중과가 타당함[40] • 대체 취득하는 신규주택의 매도자가 급전을 요청함에 따라 선의에서 계약일로부터 잔금약정일까지의 기간을 1개월 이내로 하고 금융기관의 대출을 받아 잔금을 지급하여 주고 그 소유권을 이전등기한 관계로 부득이하게 1개월간 3주택자가 된 경우 3주택 중과가 아닌 2주택 중과가 타당함[41] • 대체 취득하는 중에 매수인 자금사정으로 등으로 1~2주일간 3주택 상황인 경우 3주택 중과가 아닌 2주택 중과함이 타당함[42] • 거주하던 주택을 양도하고 이주하려는 목적으로 대체주택을 취득하는 과정에서 매도인 사정으로 잔금을 약정일보다 미리 지급하게 됨에 따라 부득이하게 3주택을 보유하게 된 경우 3주택 중과세율을 배제하라는 명문규정은 없으나, 실질적으로 3주택 보유자로 보기 어려우므로 2주택 중과함이 타당함[43] • 장기임대주택 보유자가 거주주택을 양도하고 신규주택을 대체 취득하는 중에 신규주택의 매도인 사정으로 계약을 수정하여 28일간 3주택인 경우 3주택으로 중과하고 장특공제를 배제함은 잘못임[44] • 대체 취득하는 중에 매수인 자금사정으로 단 "1일"간 3주택 상태인 경우 3주택 중과가 아닌 기본세율로 봄이 타당함[45] • "증여받은 주택"을 포함하여 일시적 2주택자가 종전주택을 양도하고 이주하려는 과정에서 27일간 3주택 상황인 경우 다주택 보유 의도가 없어 기본세율을 적용함이 타당함[46] ※ 그러나 1세대 1주택자가 추가로 대체주택을 2개 연달아 취득하여 1세대 3주택이 된 경우 그 기간이 짧더라도 다주택 중과의 예외를 인정하지 않은 바,[47] 이는 부득이하게 일시적 3주택이 된 상황이 아니기 때문임

---

39) 조심2022중7727, 2023.2.8.
40) 조심2023서227, 2023.5.1.
41) 조심2010중3870, 2011.4.25.
42) 조심2022서6863, 2023.12.6. ; 조심2012서3921, 2013.1.22. ; 조심2010서2870, 2011.5.24. ; 조심2010중3396, 2010.12.28.
43) 조심2019인4489, 2020.5.15.
44) 조심2022중7727, 2023.2.8. ; 조심2011서2277, 2012.1.20.
45) 조심2010서3445, 2010.12.29.
46) 조심2011서1161, 2011.11.10.
47) 조심2023인10039, 2023.12.26.

Chapter 101

소수지분 상속주택, "비과세"와 "중과" 등에서 어떻게 취급하는가?

💬 내용 Summary

기본사항 Check

- **공동상속주택(1세대 1주택 비과세)** : 1세대 1주택 비과세 규정 적용시 공동상속주택 외의 다른 주택을 양도하는 때에는 해당 공동상속주택은 해당 거주자의 주택으로 보지 않지만, 상속지분이 가장 큰 상속인은 그러하지 않으며, 상속지분이 가장 큰 상속인이 2인 이상인 경우 당해 주택에 거주하는 자, 최연장자의 순서에 따라 공동상속주택을 소유한 것으로 봄(소득령§155③)

- **공동상속주택(다주택 중과)** : 상속지분이 가장 큰 상속인의 소유로 하여 주택 수를 계산하되, 상속지분이 가장 큰 자가 2인 이상인 경우에는 당해 주택에 거주하는 자, 최연장자의 순서에 따라 공동상속주택을 소유한 것으로 봄(소득령§167의3②제2호 등)

- **공동상속주택(장기보유특별공제)** : 장기보유특별공제 표2 적용요건인 보유기간 중 거주기간 2년 이상 판단시 해당 1주택이 소득령 제155조 제3항에 따른 공동상속주택인 경우 거주기간은 해당 주택에 거주한 공동상속인 중 그 거주기간이 가장 긴 사람이 거주한 기간으로 판단함(소득령§159의4)

핵심 Point

- 소수지분과 일반주택 보유자가 "일반주택" 양도시 → 소수지분 취득 선후 불문하고 비과세 규정 적용
- 소수지분과 일반주택 보유자가 "소수지분"을 먼저 양도할 경우 : 일시적 2주택 여부 검토해야 함 → 무조건 과세대상인 것은 아님
- 무주택 세대가 소수지분을 상속받고 다른 소수지분을 매입/증여받아 단독소유한 경우 : 각 부분별로 판단하여 보유 및 거주요건 적용 → 조정대상지역 이전 소수지분 취득분은 보유기간만, 조정대상지역 이후 취득 지분은 보유 및 거주요건 갖추어야 함
- 일반주택 보유자가 소수지분 취득한 뒤 잔여 지분을 취득하고 일반주택 양도시 → 상속주택 특례 적용
- 일시적 2주택, 혼인 2주택 등 2주택 특례와 소수지분 → 비과세 규정 중첩 가능
- 소수지분과 다주택 중과 → 지역 및 가액 불문하고 소유 주택 수 제외
- 소수지분을 상속개시 후 5년 경과하여 양도 → 다주택 중과 제외
- 소수지분자가 다른 지분을 추가 매입하여 최대지분이 된 경우 상속개시 후 5년 경과하여 해당 주택 양도시 → 추가 매입분은 조정지역 소재시 다주택 중과 규정 적용
- 장기보유특별공제 표2 적용 요건으로서 2년 거주 여부 : "최대지분자" 기준('21.2.17. 이후 양도분) → "당해 주택에 최장 거주한 공동상속인" 기준('24.2.29. 이후 양도분) 적용

질문 »

1. 무주택 세대인 甲은 소수지분(A)을 상속받은 후 1주택(B)을 추가로 취득하여 보유 및 거주하다가 보유기간 등을 갖추어 B주택을 양도하였다. 1세대 1주택 비과세 규정 적용이 가능한가?

2. 무주택 세대인 甲은 2015년 소수지분(A)을 상속받은 후 2024년 2월 중 1주택(B)을 추가로 취득하여 보유 및 거주하다가 2024년 5월 중 A주택을 양도하였다. 1세대 1주택 비과세 규정 적용이 가능한가?

3. 1주택(A)을 보유한 甲세대는 별도 세대로부터 2개의 소수지분을 상속받은 뒤, 종전에 보유하던 A주택을 양도하였다. 이 경우 1세대 1주택 비과세가 가능한가?

4. 甲세대는 1세대 3주택 보유자로서, 주택은 모두 서울에 있다. 2015년 5월 중 서울에 소재한 주택을 별도 세대로부터 소수지분으로 상속받고 5년이 지난 2021년 7월에 소수지분 상속주택을 양도하였다. 다주택 중과 대상인가?

5. 甲은 무주택 세대로서 별도 세대로부터 서울 소재 주택을 2013년 10월 소수지분(2/5)으로 상속받았다. 해당 주택은 무주택자이던 乙이 상속(3/5)받아 상속개시 이후 계속 거주하고 있으며 최대지분자이다. 2024년 5월 중 甲이 해당 주택 지분을 10억원에 양도할 경우 비과세 및 장기보유특별공제는?

답변 및 해설 »

1. 소수지분과 일반주택 보유자가 일반주택 양도시에는 **소수지분을 일반주택보다 나중에 상속받았는지 여부 불문하고 일반주택은 보유기간 등을 충족하면 비과세규정이 적용된다**. 따라서 사안은 비과세 규정이 적용된다.

2. 종종 소수지분을 먼저 양도하면 무조건 과세대상으로 오해하는 경우가 있다. 그러나 **소수지분을 일시적 2주택 특례의 종전주택으로 볼 경우에는 비과세 규정의 적용이 가능**하다. 사안에서 소수지분을 먼저 상속으로 취득하였고 그 취득일부터 1년이 지나 신규주택을 취득한 것이고 신규주택 취득일부터 3년 이내 양도한 것이 되어 비과세 규정의 적용이 가능하다.

3. **1주택 보유자가 소수지분을 2개 취득하면 비록 별도 세대로부터 상속받아도 일반주택 양도시 비과세 규정을 적용받지 못하는 것**으로 과세관청은 해석한다. 그러나 국세청 심사결정에서는[48] 이와 달리 일반주택 보유자가 별도 세대로부터 2개의 주택을 지분상속 받은 경우 상속받

은 1개의 주택은 상속주택 논리로, 나머지 상속받은 주택은 공동소유한 1개의 주택으로 보아 일시적 2주택 특례와 중첩을 인정하였다. 해당 심사결정에서의 차용한 논리는 서울고등법원 판결로서[49] 논리가 설득력이 있다.

4. 다주택 중과 판단시 소수지분 상속주택은 그 소재지역 및 주택가격을 불문하고 주택 수 산정에서 제외한다. 이러한 주택 수 산정에서 제외되는 소수지분 상속주택은 비록 조정대상지역에 소재하여도 다주택 중과 대상에서 제외한다. 그렇다면 상속받은 지 5년이 경과하면 중과하여야 하는가?

그 대답은 '아니오!' 이다. 소수지분은 상속받고 5년이 지나 양도하여도 다주택 중과되지 않는다. 이것이 단독 상속받은 주택과 큰 차이점이다. 과세관청의 과거해석은 상속받고 5년 경과한 소수지분 상속주택이 다주택 중과되는 것으로 보았으나, 2008년 중 중과 제외로 해석을 변경하였다.

5. 고가주택 판단시 지분으로 양도할 경우에는 전부로 환산하여 고가주택(12억원 초과 주택) 여부를 판단한다. 그리고 1세대 1고가주택에 대한 장기보유특별공제 적용시 2020년 이후 양도분부터 소재 지역을 불문하고 2년 거주하여야 표2 공제율(양도차익에서 최고 80% 공제율)의 적용이 가능하다.

이 경우 공동상속받은 주택은 "공동상속인 모두가 거주하여야 하는가?"

2021.2.17. 소득령 개정 전에는 해당 공동상속주택에서 거주하지 않은 상속인은 다른 소유 주택이 없더라도 표2 공제율을 적용받지 못하고 표1 공제율(최고 30%)만 적용되는 것으로 보았다. 그러나 2021.2.17. 소득령 개정으로 2021.2.17. 이후 양도분부터 표2 적용을 위한 전제요건으로서 "2년 거주요건" 판단시 "해당 1주택이 공동상속주택인 경우 거주기간은 공동상속주택을 소유한 것으로 보는 사람이 거주한 기간으로 판단"하도록 하였다. 그리고 다시 2024.2.29. 이후 양도분부터 "해당 주택에 거주한 공동상속인 중 그 거주기간이 가장 긴 사람이 거주한 기간"으로 판단하도록 개정하였다.

이러한 개정 이후 최대지분자가 2년 이상 거주한 경우에 소수지분자가 적용받을 공제율은 어떻게 적용하여야 하는가? 이에 대하여 기획재정부는 최근 최대지분자의 거주기간이 2년 이상인 경우 "거주기간별 공제율(8~40%)"도 최대지분자의 거주기간별 공제율을 적용하는 것으로 해석하였다. 2024.2.29. 개정 이후에도 특별히 이러한 해석을 변경할 이유는 없어 보인다.

---

48) 심사양도2021-17, 2021.6.23.
49) 서울고법2019누67533, 2020.7.10.

관련 사례 (1세대 1주택 비과세)

구 분	내 용
소수지분 + 1주택 (주택 양도)	• 소수지분과 1개의 주택을 소유한 경우 양도하는 일반주택만 가지고 비과세를 판정함[50] • 소수지분 외의 다른 주택을 양도하는 경우 당해 소수지분은 소유 주택으로 보지 않고(일반주택과 취득 선후는 불문)[51] 비과세 규정을 적용함[52]
일반주택 + 소수지분 (소수지분 양도)	• 소수지분을 나중 취득 : 일반주택 보유자가 소수지분을 취득한 후 그 소수지분을 먼저 양도시 비과세 되지 않음[53] • 소수지분을 먼저 취득 : 소수지분을 먼저 취득하고 나중에 1주택을 취득한 경우로서 소수지 양도시 일시적 2주택 특례가 가능함[54]
일반주택 + 최대지분 (일반주택 양도)	• 최대 지분자가 일반주택 양도시 소득령 제155조 제2항의 상속주택 특례에 따라 비과세를 판정함[55]
소수지분 + 1주택 (해외 이주 특례)	• 과세관청 : 1주택과 소수지분 보유 상태에서 해외이주로 세대 전원이 출국하여 비거주자가 된 후 일반주택 양도시 비과세 특례가 불가함[56] • 조세심판원 : 1주택과 소수지분 보유 상태에서 해외이민으로 세대 전원이 출국하여 비거주자가 된 후 일반주택 양도시 소수지분은 소유주택으로 보지 않으므로 비과세 적용이 가능함[57]
무주택 세대에 대한 거주요건 예외	• '17.8.2. 이전에 소수지분을 소유한 1세대가 조정대상지역에 있는 주택에 대한 매매계약을 체결하고 계약금을 지급한 경우 1세대 1주택 비과세 판정시 거주기간요건 충족해야 함[58]
소수지분 보유자가 주택 취득 및 양도	• 동일 세대로부터 상속받은 소수지분 보유자가 일반주택을 취득 및 양도한 경우 당해 소수지분이 "소득령 제155조 제2항 단서(동거봉양 합가 후 주택 상속)에 해당하는 경우에만" 해당 거주자의 주택으로 보지 않음[59]
최대지분자의 소수지분 재상속	• 상속개시 당시 별도 세대인 최대지분자가 상속개시일 이후 다른 상속인의 지분을 재상속받고 일반주택 양도시 당해 상속주택은 소유 주택으로 보지 않음[60]

---

50) 대판97누13306, 1998.7.10.
51) 법규재산-1901, 2022.6.21. ; 부동산거래관리과-953, 2011.11.11. ; 재산세과-1080, 2009.6.1.
52) 부동산납세과-1286, 2016.8.23. ; 부동산거래관리과-669, 2010.5.10. ; 조심2018중424, 2018.4.19.
53) 서면4팀-3276, 2007.11.13. ; 조심2012서3732, 2012.10.18.
54) 법규재산-1175, 2023.2.20. ; 부동산납세과-935, 2014.12.12.
55) 부동산납세과-1357, 2016.9.1.
56) 재산세과-807, 2009.4.24. ; 서면4팀-2522, 2007.8.29. ; 서면4팀-1513, 2007.5.7.
57) 조심2013서734, 2013.7.22. ; 조심2011서4852, 2012.1.10. ; 국심2007서3553, 2007.11.20.
58) 법령해석재산-6226, 2021.4.27. ; 조심2021전4671, 2021.12.22.
59) 법령해석재산-142, 2021.8.6. ; 법령해석재산-199, 2021.5.31.
60) 부동산거래관리과-1462, 2010.12.8.

구 분	내 용
소수지분자의 다른 지분 취득	• 소수지분자가 상속개시일 이후 다른 상속인의 지분을 전부 증여로 취득하여 "단독소유"한 경우 해당 증여받은 지분은 새로운 주택 취득으로 봄[61] • 소수지분자가 다른 지분 매입(단독 소유자가 됨)한 경우, 조정지역 지정 이후 취득분은 2년 이상 보유 및 거주기간 요건을 모두 충족하고, 조정지역 지정 전 취득분은 2년 이상 보유기간 요건을 충족하여야 비과세를 적용받을 수 있음[62] • 다른 일반주택 양도시 단독소유로 된 당해 상속주택을 소유한 것으로 보아 소득령 제155조 제2항(상속주택 특례)을 적용함[63] • 1세대 1주택(A) 보유자가 별도세대(父)로부터 B주택을 공동상속(소수지분)받은 후, 모(母)를 동거봉양하기 위해 합가한 후에 母로부터 B주택을 추가로 상속받아 단독소유한 경우로서 A주택 양도시 상속주택 특례가 적용됨[64]
소수지분자가 다른 지분을 "재상속"	• 동일 세대(父)로부터 상속받은 소수지분자가 세대 분리 후 별도 세대인 공동상속인 1인(母)도 사망하여 그 지분을 재상속받아 최대지분자가 되고, 해당 상속주택과 일반주택(재차 상속 前 취득)을 각각 1개 소유하다가 일반주택 양도시 소득령 제155조 제2항의 상속주택 특례가 적용됨[65] • 피상속인(乙)이 별도 세대로부터 상속받은 소수지분을 乙 사망으로 乙의 배우자가 상속받은 뒤 소수지분 외의 1주택을 양도하는 경우 해당 소수지분은 소유 주택으로 보지 않음[66] • 공동상속주택을 별도 세대로부터 재차 상속받은 경우 마지막 상속개시일을 기준으로 소수지분 여부를 판정하되, 이 경우 상속지분은 재차 상속받은 지분을 합하여 판단함[67]
2 이상 주택을 공동상속	• 무주택자가 동일인(별도 세대)으로부터 상속받은 2 이상 공동상속주택 중 1개를 양도하는 경우 소득령 제155조 제3항이 적용되지 않음[68] • 국세청 : 일반주택 1개와 별도 세대로부터 소수지분 상속주택 2개를 보유하다가 일반주택 양도시 비과세를 적용받을 수 없음[69] • 국세청 심사결정 등 : 공동상속주택이 있는 경우 우선 소득령 제155조 제3항에 따라 그 공동상속주택을 해당 거주자의 주택으로 볼 수 있는지를 판단한 후, 나머지 공동상속받은 주택은 주택 수에 포함하여 소득령 제155조 제1항, 제2항, 제4항 내지 제6항의 각 특례에 해당되는지를 판단하는 것임[70]

---

61) 부동산거래관리과-684, 2012.12.21.
62) 법규재산-1097, 2022.12.6.
63) 서면5팀-2958, 2007.11.12.
64) 부동산납세과-1367, 2023.5.19.
65) 법령해석재산-3032, 2021.8.31. ; 재산세제과-708, 2011.9.1.
66) 서면부동산-22361, 2015.3.4. ; 부동산납세과-566, 2014.8.8.
67) 부동산납세과-1167, 2022.5.2. ; 부동산거래관리과-578, 2012.10.26.
68) 부동산납세과-21, 2013.9.6. ; 재산세과-4024, 2008.12.1. ; 조심2018서3806, 2019.4.18.
69) 부동산거래관리과-155, 2011.2.18. ; 재산세과-2922, 2008.9.24.
70) 심사양도2021-17, 2021.6.23. ; 서울고법2019누67533, 2020.7.10.

구 분	내 용
2 이상 주택을 공동상속	• 일반주택(A), 소득령 제155조 제2항에 해당하는 상속주택(B, 본인의 父로부터 상속), 소득령 제155조 제3항에 해당하는 소수지분 상속주택(C, 배우자의 父로부터 상속)을 소유한 1세대가 A주택 양도시 비과세 규정을 적용함[71] • 1주택 보유자인 상속인이 피상속인의 2 이상 주택을 모두 공동상속 받으면 1개를 일반주택으로 볼 수 없음[72] • 동일인으로부터 상속받은 2개의 소수지분 중 1개를 처분하고 난 뒤 일반주택을 양도하는 경우 비과세 적용을 부인함[73] • 일반주택(A)과 동일인으로부터 상속받은 소수지분 2개(B, C)를 보유하고 선순위에 해당하는 소수지분(C)을 먼저 양도한 뒤 신규주택(D)을 취득하고 종전주택(A) 양도시 상속주택 특례를 부인함[74]
(일반 주택 + 소수지분) → 혼인 등	• 소수지분과 일반주택 보유자가 1주택 보유자와 혼인한 경우 그 혼인한 날로부터 5년 이내 먼저 양도하는 1주택(소수지분 제외)은 비과세 규정이 적용됨[75]
일시적 2주택 + 상속주택 + 소수지분	• 종전주택(A) 취득일부터 1년 이상 지난 후 신규주택(B)을 취득하고 B 취득 후 3년 이내 상속주택(C)과 소수지분(D)을 취득하고 A 양도시, 소득령 제155조 제1항, 제2항 및 제3항을 중첩 적용할 수 없음[76]
공동상속 다가구주택을 다세대주택으로 변경	• 공동상속주택인 다가구주택을 다세대주택으로 용도변경 또는 재건축하여 공동상속인이 세대별로 각각 공동등기하는 경우 소득령 제155조 제2항의 순위에 따른 1주택만 상속주택 특례가 적용됨[77]
일시적 2주택 + 소수지분	• 일시적 2주택 특례 적용시 상속주택 소수지분은 소유 주택으로 보지 않음(소수지분 상속주택을 먼저 취득한 경우도 동일)[78]
장기임대주택 거주주택 + 대체주택 + 상속주택	• 일시적 2주택(종전주택, 신규주택), 상속주택(소수지분), 장기임대주택의 4주택을 보유하고 있는 것은 소득령 제155조 제1항에서 정하는 일시적 1세대 2주택자로 보기 어렵고, 소득령 제155조 제3항은 소득령 제154조 제1항을 적용할 때만 적용되는 규정으로 보이고, 장기임대주택 외에 3주택을 소유하고 있었으므로 소득령 제155조 제20항이 적용될 여지가 없음[79]
동거봉양 합가, 소수지분, 조특법 중첩	• 일반주택(A), 동거봉양합가 주택(B), 소수지분(C)을 보유한 1세대가 조특법상 농어촌주택(D)을 추가로 취득하여 4주택 상태에서 일반주택(A) 양도시 1세대 1주택 비과세 규정을 적용함[80]

---

71) 재산세과-764, 2009.4.17. ; 서면5팀-2396, 2007.8.28.
72) 서면법규과-1330, 2014.12.17.
73) 법령해석재산-21685, 2015.3.10.
74) 조심2018중793, 2018.5.2.
75) 부동산거래관리과-1445, 2010.12.6. ; 재산세과-2766, 2008.9.10.
76) 법규재산-209, 2023.4.27.
77) 부동산거래관리과-60, 2012.1.26. ; 부동산거래관리과-613, 2010.4.28.
78) 부동산납세과-3200, 2022.10.19. ; 부동산납세과-345, 2015.5.14. ; 부동산거래관리과-317, 2012.6.11.
79) 조심2021중5977, 2022.4.28.
80) 부동산납세과-948, 2022.4.18.

구 분	내 용
소득령 특례가 3개 중첩	• 거주주택(A)과 장기임대주택, 소수지분 소유자가 신규주택을 대체 취득한 경우 비과세가 적용되지 않음[81]
소수지분 2개 + 조합원입주권	• 소수지분 상속주택 2개 및 조합원입주권을 보유하다가 "조합원입주권"을 양도하는 경우에도 동 특례가 적용되지 않음[82]
동일 세대 소수지분 자의 주택 취득/양도	• 과세관청 : 상속개시 당시 동일 세대로부터 상속받은 소수지분 보유 상태에서 일반주택을 취득 및 양도한 경우 당해 공동상속주택이 소득령 제155조 제2항 단서에 해당하는 경우만 소유주택으로 보지 않음[83] • 조세심판원 : 동일 세대원으로부터 소수지분을 상속받은 이후 일반주택을 취득하였다가 양도하는 경우 1세대 1주택 비과세 특례가 적용됨[84]
상속세 신고기한 전 재협의분할에 의한 소수지분 보유	• 일반주택(C)과 2개 공동상속주택(A, B)을 보유하였다가, 공동상속인들이 상속세 과세표준 신고기한까지 재협의분할하여 일반주택(C)과 1개의 공동상속주택(A) 보유 상태에서 일반주택(C)을 양도하는 경우로서, A주택이 소수지분상속주택에 해당하는 경우에는 소득령 제154조 제1항을 적용받을 수 있음[85]
상속주택의 재건축	• 일반주택과 별도 세대로부터 상속받은 상속주택을 1개씩 소유하다가 상속주택(미등기 상속주택 포함)을 멸실하고 주택을 신축한 경우 그 신축주택은 상속받은 주택의 연장으로 봄[86]
소수지분 보유자가 증여받은 최대지분	• 1주택(일반주택)을 보유하고 있는 1세대가 별도 세대원인 피상속인으로부터 소수지분을 상속받은 이후 해당 공동상속주택의 최대지분자의 지분을 동일 세대원이 증여받은 경우 동 최대지분을 증여받은 날(비조정지역)부터 3년 이내 일반주택을 양도하는 경우 소득령 제154조 제1항 적용이 가능함[87]
소수지분 및 일반주택 보유자가 재차 공동상속받은 주택	• 조정대상지역 내 1주택(A)을 소유한 父가 2017.8.2. 이전 사망하여 母(1/2)와 장남(1/2)이 공동상속(1차 상속)받고, 2017.8.3. 이후 母가 사망하여 A주택의 母지분(1/2)을 3명이 각 공동상속(각 1/6, 2차 상속)받은 후 A주택 양도 전 조정대상지역 내 신규주택(B) 취득으로 일시적 2주택인 경우, 1차 상속 A주택 지분(1/2)은 일시적 2주택 특례가 적용되며, 2차 상속 A주택 지분(1/6)은 2년 거주요건 미충족으로 비과세를 적용받을 수 없음[88] ※ 2021.2.17. 이후 양도분부터 공동상속주택의 "거주요건" 적용과 관련하여 소득령 제154조 제12항을 신설하였고(최대지분자 기준), 2024.2.29. 이후 양도분부터 "공동상속인들의 거주기간 중 가장 긴 기간을 기준"으로 판단하도록 개정함

---

[81] 재산세제과-30, 2022.1.6. ; 법령해석재산-584, 2017.3.27. ; 조심2019중2737, 2019.9.10.
[82] 법령해석재산-4373, 2017.3.29.
[83] 법규재산-843, 2023.9.8. ; 법령해석재산-142, 2021.8.6. ; 법령해석재산-199, 2021.5.31. ; 부동산거래관리과-1121, 2010.9.2.
[84] 조심2023중7006, 2024.4.22.
[85] 법규재산-2074, 2024.7.21.
[86] 법규재산-1042, 2025.2.6. ; 부동산납세과-422, 2014.6.13. ; 재산세과-1811, 2008.7.21.
[87] 법규재산-446, 2023.1.3.
[88] 법령해석재산-205, 2020.5.12.

관련 사례 (장기보유특별공제)

구 분	내 용
2021.2.17. 개정 前 양도한 경우	• 상속주택의 소수지분 양도 당시('20.12.23.)의 법령을 적용하여 표2가 아닌 표1 공제율을 적용한 것은 정당함[89]
최대지분자의 판단	• 공동상속주택의 상속지분이 가장 큰 상속인이 2명 이상인 경우에는 소득령 제155조 제3항 각 호의 순서에 따라 그 공동상속주택을 소유한 것으로 보는 자를 판단함[90] ※ 1세대 1주택을 공동상속한 경우 장기보유특별공제 적용시 거주기간 판단은 2021.2.17. 이후 양도분부터 "해당 주택을 소유한 것으로 보는 사람을 기준"으로 적용하도록 하였다가, 2024.2.29. 이후 양도분부터 "공동상속인들의 거주기간 중 가장 긴 기간을 기준"으로 판단하도록 개정함
최대지분자의 사망 및 재상속	• 최대 상속지분자(母)의 사망으로 재차 상속이 이루어진 이후 양도하는 경우, ① 공동상속주택 양도일 현재 최대지분자의 거주기간만으로 산정하며(母의 거주기간은 2년 거주 여부 판단시 제외), ② 이 경우 거주기간이 2년 이상이면 공제율 적용시 공동상속주택을 소유한 것으로 보는 사람이 거주한 기간을 각 공동 소유자들 전체에 적용함[91]
소수지분(양도) + 신규주택	• 소수지분을 먼저 취득하고 신규주택을 취득하여 그 상속주택을 일괄 양도하는 경우 장특공제 적용은 공동상속주택을 소유한 것으로 보는 사람이 거주한 기간을 적용하여 표2에 따른 보유기간별 공제율을 곱하여 계산한 금액과 거주기간별 공제율을 곱하여 계산한 금액을 합산하여 산정하며, 소수지분 양도일 현재 소득령 제159조의 4에 따른 1세대 1주택(제155조·제155조의 2·제156조의 2·제156조의 3 및 그 밖의 규정에 따라 1세대 1주택으로 보는 주택을 포함)에 해당하지 않는 경우에는 표1에 따른 보유기간별 공제율을 적용함[92]
동일 세대로부터 단독상속받은 경우	• 동일 세대로부터 상속받은 고가주택의 표2 적용 대상인지 여부 판정시, 피상속인과 상속인이 동일 세대원으로서 보유기간 및 거주기간을 통산함[93] ※ "표2" 적용 대상 여부는 "동일 세대"를 기준으로 판단하지만, 표2 공제율을 적용할 때에는 상속개시 이후의 보유 및 거주기간을 기준으로 적용함[94]

---

89) 조심2022인5901, 2022.11.8.
90) 법규재산-1088, 2022.8.17.
91) 법규재산-1085, 2022.8.17. ; 재산세제과-960, 2022.8.12.
92) 법규재산-1175, 2023.2.20.
93) 법령해석재산-202, 2021.8.24. ; 재산세제과-720, 2021.8.10.
94) 법규재산-32, 2023.1.17. ; 재산세제과-37, 2023.1.9. ; 조심2023서7838, 2023.8.29. ; 조심2023서7210, 2023.6.20. ; 조심2022서5557, 2022.11.3.

관련 사례 (다주택 중과)

구 분	내 용
소수지분 상속주택	• 상속개시일 이후 다른 상속인 지분을 증여 등으로 취득하여 당초 공동상속지분이 변경되어도 추가 취득 지분을 새로운 취득으로 보지 않으며, 공동상속주택의 소유자 판정은 "상속개시일"을 기준으로 함[95] • 양도하는 공동상속주택이 소득령 제167조의 10 제2항, 소득령 제167조의 3 제2항 제2호의 소수지분이면 다주택 중과 판단시 주택 수에서 제외됨[96] • 1세대 다주택자의 소수지분 양도시 표1의 공제율을 적용함[97] • 공동상속주택의 최대지분자는 다른 주택 양도시 보유 주택 수에 포함됨[98]
재차 상속된 경우 최대지분 판단	• 父 사망으로 母와 자녀 2명이 1주택을 공동상속받은 후 母가 사망하여 母의 상속지분을 자식 2명이 다시 공동상속받은 경우 父와 母로부터 상속받은 지분을 합한 상속지분이 가장 큰 상속인 소유로 주택 수를 계산함[99]
소수지분(5년 경과)	• 소수지분을 상속개시일부터 5년 경과하여 양도하더라도 중과 배제됨[100]
소수지분자 재상속 (최대지분 변경)	• 소수지분자(2/9)가 재상속으로 최대지분자(5/9)가 된 경우로서 최대지분자가 된 날로부터 5년 이내에 보유지분(5/9)을 양도한 경우에는 다주택 중과되지 않음[101]
소수지분자의 추가 매입	• 공동상속주택 지분(5/9) 전체 양도일 현재 동 지분(5/9) 외 조정지역에 2주택을 보유하고 있는 경우, 상속받은 소수지분(2/9)은 다주택 중과세율이 적용되지 않으나 (상속 5년 경과), 상속개시 후 추가매입 지분(3/9)은 다주택 중과세율이 적용됨[102]
2 이상 소수지분	• 다주택 중과 여부 판단시 일반주택 양도 당시 2개의 소수지분을 보유하더라도 일반주택 양도시 다주택 중과함은 타당하지 않음[103]
소수지분이 1+1 재건축 변환	• 1주택과 소수지분 보유자의 소수지분이 조합원입주권 2개로 변경된 후 1주택 양도시 다주택 중과 대상이 아님[104]
상속 개시 당시 동일 세대의 소수지분	• 과세관청 : 무주택자가 "동일 세대"로부터 2주택을 상속받은 경우로서 5년 이내 소수지분 양도시 다주택 중과 예외가 적용되지 않음[105] • 조세심판원 : 상속개시 당시 동일 세대로 상속개시 후 5년 경과하더라도 장기보유특별공제를 배제하고 중과한 것은 잘못임[106] • 상속인들 중 동일 세대가 소수지분 및 최대지분자인 경우에는 중과됨[107]

---

95) 부동산거래관리과-815, 2011.9.22. ; 재산세과-3733, 2008.11.12.
96) 법령해석재산-1189, 2021.9.30.
97) 법규재산-1175, 2023.2.20.
98) 부동산거래관리과-657, 2010.5.7. ; 조심2008부852, 2008.7.21.
99) 서면4팀-96, 2007.1.8.
100) 법규재산-1175, 2023.2.20. ; 재산세과-600, 2009.10.30. ; 재산세제과-290, 2008.2.19.
101) 법규재산-1681, 2022.10.6.
102) 법규재산-566, 2022.9.28.
103) 조심2019서4322, 2020.2.12.
104) 재산세제과-1407, 2022.11.9.
105) 법규재산-1706, 2022.5.31.
106) 조심2020서806, 2020.6.1.
107) 조심2021소6938, 2022.6.7.

Chapter 102 다주택 중과시 **장기임대주택**의 취급은?

내용 Summary

기본사항 Check

- **다주택 중과에서 제외되는 장기임대주택** : 세무서에 사업자등록과 지자체에 임대사업자 등록을 한 거주자가 민간임대주택으로 등록하여 임대하는 소득령 제167조의 3 제1항 제2호 가목부터 사목까지의 장기임대주택을 양도하는 경우 비록 해당 주택이 조정대상지역에 소재하고 다주택자라 하더라도 2주택 이상 중과 대상에서 제외함 → 장기임대주택 요건을 충족하지 않더라도 2022.5.10.~2026.5.9.까지 양도하는 경우 보유기간 2년 이상일 경우 다주택 중과 유예됨

- **장기임대주택 유형** : 7개 유형 중 실무에서 가장 많이 나타나는 것은 다음 4가지임

  ① **민간"매입"임대주택(2018.3.31. 이전 등록)**
  - ㉠ **2018.3.31. 이전** 세무서 사업자등록 및 지자체 주택임대사업자등록
  - ㉡ 기준시가 : ⓐ 2011.10.14. 이후 지자체 "임대사업자" 등록 → "임대개시일 당시" 6억원(수도권 외 3억원) 이하, ⓑ 2011.10.13. 이전 지자체 임대사업자 등록 → "취득 당시" 기준시가 적용(연도별 여러 차례 변동)
  - ㉢ 1호 이상
  - ㉣ 의무임대기간 **"5년"** 이상
  - ㉤ 보증금 및 임대료 : 5% 초과 증액 금지(2019.2.12. 이후) & 1년 이내 재증액 금지(2020.2.11. 이후)

  ② **민간"매입"임대주택(2018.4.1. 이후 등록)**으로서 장기일반민간임대주택/공공지원민간임대주택 :
  - ㉠·㉣ 외 다른 요건은 개정 전과 동일
  - ㉠ 2018.4.1. 이후 세무서 사업자등록 및 지자체 주택임대사업자등록
  - ㉣ **의무임대기간 8년 이상**

  ③ **민간"건설"임대주택(2018.3.31. 이전 등록)**
  - ㉠ **2018.3.31. 이전** 세무서 사업자등록 및 지자체 주택임대사업자등록
  - ㉡ 기준시가 : ⓐ 2011.10.14. 이후 지자체 "임대사업자" 등록 → "임대개시일 당시" 6억원 이하, ⓑ 2011.10.13. 이전 임대사업자 등록 → "취득 당시" 6억원 이하
  - ㉢ 주택면적 149㎡, 대지면적 298㎡ 이하
  - ㉣ **2호** 이상
  - ㉤ 의무임대기간 **"5년"** 이상
  - ㉥ 보증금 및 임대료 : 5% 초과 증액 금지(2019.2.12. 이후) & 1년 이내 재증액 금지(2020.2.11. 이후)

  ④ **민간"건설"임대주택(2018.4.1. 이후 등록)**으로서 장기일반민간임대주택/공공지원민간임대주택 :
  - ㉠·㉣ 외 다른 요건은 개정 전과 동일. 다만, 임대개시일 기준시가는 2025.2.28. 이후 민간임대주택으로 등록한 장기일반민간임대주택 등을 양도하는 경우부터 9억원(종전에는 6억원)을 적용

㉠ 2018.4.1. 이후 세무서 사업자등록 및 지자체 주택임대사업자등록
　　㉡ 의무임대기간 8년 이상

- **의무임대기간 계산**: 임대사업자 등록일, 사업자등록일, 실제 임대개시일 중 늦은 날부터 계산
  ① 기존 임차인 퇴거일부터 다음 임차인 입주일까지 기간으로서 3월 이내의 기간은 주택임대기간에 산입
  ② 상속인이 상속으로 피상속인의 임대주택을 취득하여 임대하는 경우 : 피상속인의 주택임대기간을 상속인의 주택임대기간에 합산. 이 경우 기존 임차인 퇴거일부터 다음 임차인 입주일까지 기간으로서 3월 이내 기간은 주택임대기간에 산입
  ③ 의무임대호수 미만의 주택을 임대한 기간 : 임대기간 불산입

- **임대보증금과 임대료 간 전환시 보증금 등 충족 여부** : 국토교통부 "렌트홈(임대등록시스템) — 임대료 인상률 계산"에서 확인할 것

- **말소되는 장기임대주택에 대한 특례 적용**
  ① **자동 말소** : 소득령 제167조의 3 제1항 제2호 가목 및 다목부터 마목까지에 해당하는 장기임대주택으로서 임대의무기간이 종료한 날 등록이 말소되는 주택 → **양도기한 제한 없이 다주택 중과 ×**
  ② **신청 말소** : 소득령 제167조의 3 제1항 제2호 가목 및 다목부터 마목까지에 따른 장기임대주택이 임대사업자의 임대의무기간 내 등록말소 신청으로 등록이 말소되고 임대의무기간의 1/2 이상 임대한 경우(기준시가, 규모요건 등은 충족해야 함) → **등록말소 이후 1년 이내 양도하는 주택은 다주택 중과 ×**

- **장기임대주택 특례 배제 : 중과 적용**(2년 이상 보유시 2026.5.9.까지 중과 유예)
  ① 1세대가 1주택 이상 보유한 상태에서 새로 취득한 조정대상지역에 있는 장기일반민간임대주택[조정대상지역의 공고가 있은 날 이전에 주택(주택을 취득할 수 있는 권리 포함)을 취득하거나 주택(주택을 취득할 수 있는 권리 포함)을 취득하기 위하여 매매계약을 체결하고 계약금을 지급한 사실이 증빙서류에 의하여 확인되는 경우는 제외] → 2018.10.23. 이후 양도분부터 적용하되, 2018.9.13. 이전 취득 주택 및 2018.9.13. 이전 기계약자(계약금 지급)는 예외
  ② **2020.7.11. 이후 임대사업자등록 신청**(임대주택 추가 변경신고 포함)을 한 장기일반민간임대주택 중 아파트를 임대하는 민간매입임대주택 → 2020.10.7. 이후 양도분부터 적용
  ③ **종전에 등록을 한 단기민간임대주택을 2020.7.11. 이후 장기일반민간임대주택 등**(매입, 건설)으로 변경 신고한 주택 → 2020.10.7. 이후 양도분부터 적용

> **핵심 Point**
>
> - 사업자등록이나 주택임대사업자등록 중 하나라도 결여시 → 적용 ×
> - 임대보증금 또는 임대료 위반 발생 → 적용 ×
> - 2018.4.1. 이후 등록한 단기민간임대주택의 자동말소 → 적용 ×
> - 등록말소 후 → 세무서 사업자등록 유지 불필요, 보증금 등의 증액 제한 불필요

질문 »

1. 비거주자 甲은 3주택 이상 보유자로서 장기임대주택 요건을 갖춘 주택(A)을 2021년 9월 중 양도하였다. A주택이 조정대상지역에 소재한다면 중과가 배제되는가?

2. 甲은 다주택자로서 종전부터 임대하고 있던 주택(A)을 2017년 중 지자체에 주택임대사업자등록을 하였으나 세무서에 사업자등록은 하지 않았다. 이후 다른 요건은 충족하고 양도일 1개월 전에 관할 세무서에 사업자등록을 하였다. 조정대상지역에 있는 해당 A주택을 2022년 4월 중 양도하였을 경우에 다주택 중과에서 제외되는가?

3. 甲은 다주택자로서 보유하던 주택(A)을 2018년 4월 중 단기민간임대주택으로 지자체에 등록하고 세무서에 사업자등록을 마친 후 임대를 개시하였다. 해당 A주택은 2021년 5월 중 임차인 동의를 받아 지자체에 등록말소하였다. 이후 2021년 9월 조정대상지역에 소재한 A주택을 양도할 경우 다주택 중과에서 제외되는가?

4. 甲은 등록 요건을 모두 충족한 장기임대주택을 보유하다가 2019년 12월 중 임대기간 만료로 임대차계약을 갱신하면서 보증금 증액제한 5%를 초과하였다. 그리고 다음부터 임대차 계약시에는 임대료 등의 증액 제한을 준수하였으며, 해당 임대주택을 2021년 8월에 양도하였다. 조정대상지역에 소재하는 해당 임대주택은 다주택 중과에서 제외되는가?

5. 甲은 보유하던 주택(A)을 2018년 9월에 민간매입임대주택(장기)으로 등록 등을 한 후 임대개시하던 중 임차인 동의를 얻어 2020년 12월 지자체에 신청말소하였다. 조정대상지역에 있는 A주택을 2021년 4월에 양도하였다면 다주택 중과되는가?

답변 및 해설 »

1. 다주택자인 비거주자에게도 다주택 중과 규정이 적용된다. 따라서 **비거주자가 장기임대주택 요건을 갖춘 주택을 양도하면** 다주택 중과가 적용되지 않는다.

2. 장기임대주택 특례를 받으려면 지자체 주택임대사업자등록과 세무서 사업자등록을 모두 갖추어야 한다. 어느 하나라도 결여되면 적용받지 못한다. 그리고 장기임대주택의 의무임대기간은 주택임대사업자등록일과 사업자등록일 및 실제 임대개시일 중 늦은 날부터 계산한다. 따라서 **임대주택 양도일 직전에 결여된 등록 요건을 갖추어도 다주택 중과** 대상이다. 2년 이상 거주한 "거주주택 비과세"에서는 양도일 전에만 등록 요건을 충족하면 비과세 적용이 가능하

고, 다만 사후관리하게 되는데 그때로부터 사후관리기간을 기산하기에 사후관리가 상당히 길어지지만 거주주택 비과세를 배제하지는 않는다. 이점이 다주택 중과와 차이가 있다.

3. 단기민간임대주택은 2018.3.31. 이전 등록하면 매입임대주택(의무임대기간 5년)에 포함한다. 2018.4.1. 이후부터는 매입임대주택은 장기일반임대주택 등(의무임대기간 8년)을 적용받는다. 만일 단기민간임대주택을 2018.4.1. 이후 등록할 경우 5년의 임대기간을 인정하는 것은 모순이다. 따라서 **2018.4.1. 이후 등록한 단기민간임대주택은** 2020.8.18. 이후 4년 만료로 말소되든 아니면 임대의무기간 1/2(2년) 경과하여 임차인 동의를 받고 신청말소하든 말소임대주택에 대한 **특례를 적용받지 못한다**. 사안에서 양도하는 A주택은 장기임대주택 특례를 적용받아 다주택 중과에서 제외할 수 없다.

4. 임대보증금 및 임대료 증액 제한 요건은 장기임대주택 특례의 **"배제" 요건**이다. 1회 위반하고 나중에 위반하지 않으면 된다는 해석은 온당하지 않다. 사안은 장기임대주택 특례를 적용받지 못한다.

5. 임대주택의 신청말소는 민간임대주택법상에는 임차인의 동의만 얻으면 된다. 그러나 **장기임대주택 특례를 적용받으려면 임대의무기간 1/2 이상 임대하고 신청말소하여야** 한다. 장기민간임대주택의 임대의무기간은 8년이고 그 1/2은 4년이다. 따라서 사안은 2년 조금 넘은 것이기에 1/2 이상 임대하지 않아 말소일로부터 1년 이내 양도하더라도 장기임대주택 특례를 적용받지 못하여 다주택 중과가 배제되지 않는다.

관련 사례

구 분	내 용
미등록 임대주택	• 사업자등록은 하였으나 임대주택법에 의한 임대주택으로 등록하지 않은 주택은 중과 대상에서 제외되지 않음[108]
	• 임대사업자 등록을 해도 세무서에 사업자등록을 하지 않았으면, 소득세법상 장기임대주택에 해당하지 않음(지연 등록도 동일함)[109]
	• 임대사업자 등록 당시 구청의 업무착오로 매입임대주택 목록에서 빠졌다는 주장에 신빙성이 있으므로 장기임대주택 특례를 적용함이 타당함[110]
중과 배제 외의 임대주택	• 주택 수 산정기준에 따라 1세대 3주택자로서 다주택 중과 배제되는 임대주택 외의 임대주택이 중과지역 소재시 중과됨[111]

---

108) 서면5팀-714, 2008.4.2. ; 서면5팀-2948, 2007.11.12. ; 조심2020서1112, 2020.6.12.
109) 심사양도2008-2, 2008.3.24. ; 조심2016서3437, 2016.12.7. ; 서울고법2009누36400, 2010.7.22.
110) 조심2019서2133, 2020.11.4.
111) 부동산거래관리과-1320, 2010.11.4. ; 심사양도2019-131, 2020.5.20.

구 분	내 용
준공공임대주택 (2018.3.31. 이전)	• 2019.2.12. 소득령 개정 前 매입임대주택에 준공공임대주택으로 등록된 매입임대주택을 포함하며,[112] 이 경우 이미 매입임대주택(5년)으로 등록한 장기임대주택을 준공공임대주택(8년)으로 변경 등록시 매입임대주택에 따른 의무임대기간(5년)을 적용함[113]
임대기간 면적기준	• 임대기간 계산은 조특령 제97조를 준용하고, 이 경우 사업자등록 및 주택임대업 등록을 하여 임대하는 날부터 임대를 개시한 것으로 보며, 면적기준은 소유지분에 관계없이 전체를 기준으로 판단함[114]
다가구주택의 장기임대주택 요건	• 다가구주택은 한 가구가 독립하여 거주할 수 있도록 구획된 부분을 하나의 주택으로 보아 국민주택 규모 및 기준시가 요건을 판단함[115] • 다가구주택의 기준시가는 개별주택가격에 다가구주택 면적에서 구획된 부분의 주택면적(공유지분 포함) 차지비율을 곱하여 계산함[116]
기준시가 판단시 임대개시일	• 임대개시일은 소득법상 사업자등록, 민간임대주택법상 임대사업자등록 후 실제 임대를 개시한 날을 의미함[117] • 기준시가 요건 판단시 임대개시일이란 임대개시 후 사업자등록 및 임대사업자등록 요건을 모두 충족한 날을 의미함[118] ※ 사안은 선 임대, 후 등록한 경우임
비거주자의 장기임대주택	• 비거주자가 5년 이상 임대한 기존임대주택 양도시 다주택 중과되지 않음[119] • 양도 당시 비거주자의 장기임대주택이 소득령 제167조의 3 제1항 제2호 각 목의 요건을 갖춘 경우 1세대 3주택 중과 대상이 아님[120] • 비거주자 신분에서 주택을 취득하여 임대하다가 거주자 신분에서 양도시 장기임대주택 여부는 비거주자로서 임대기간을 합산함[121]
공동소유하는 장기임대주택 판단	• 기준시가 판단 : 그 소유지분에 관계없이 1주택 전체를 기준으로 판정함[122] • 임대호수 판단 : 〈종전 해석〉 임대주택을 지분형태로 소유하는 경우 임대주택 호수에 지분비율을 곱하여 임대 호수를 계산함[123] 〈최근 해석〉 별도 세대와 공동소유하여 1호 미만인 경우 중과 제외 장기임대주택(마목)에 해당함[124]

---

112) 부동산납세과-1988, 2016.12.30. ; 부동산납세과-2105, 2015.12.22.
113) 법령해석재산-966, 2020.12.21.
114) 부동산납세과-670, 2014.9.5. ; 부동산거래관리과-371, 2012.7.16. ; 서면5팀-589, 2008.3.19.
115) 서면부동산-22301, 2015.3.11. ; 부동산거래관리과-49, 2012.1.25. ; 서면5팀-415, 2008.3.2.
116) 법령해석재산-1008, 2021.8.24. ; 재산세과-3053, 2008.9.30.
117) 법령해석재산-2, 2020.11.5.
118) 조심2020부1467, 2020.6.26.
119) 부동산거래관리과-1362, 2010.11.12. ; 서면4팀-1308, 2008.5.28.
120) 상속증여세과-378, 2013.7.22. ; 부동산거래관리과-1362, 2010.11.12
121) 서면4팀-1261, 2008.5.26. ; 서면5팀-2350, 2007.8.22.
122) 부동산납세과-543, 2020.6.10.
123) 부동산거래관리과-777, 2011.9.1.
124) 법규재산-1774, 2024.11.14. ; 재산세제과-1291, 2024.11.6.

구 분	내 용
주택의 무상사용	• 소유하는 주택을 타인에게 무상 사용하게 하는 경우 해당 주택은 장기임대주택에 해당하지 않음[125]
장기임대주택의 등록 시한	• 기존임대주택에 대한 중과 배제 규정은 2004.7.1. 이후 사업자등록을 한 경우에는 적용받을 수 없음[126] • 기존임대주택을 2004.6.30. 이전 사업자등록 등을 하여 임대하다가 폐업 후 다시 사업자등록 등을 한 경우 기존임대주택이 아님[127] • 양도일 이후 사업자등록을 한 경우 장기임대주택 요건을 충족하지 못하여 중과 대상임[128] • 주택 양도 당시에는 사업자등록을 하지 않았고, 주택을 양도한 후 사업장 소재지 관할 세무서장에게 임대사업자 등록을 한 것으로 확인되므로 다주택 중과에서 제외하여야 한다는 주장을 받아들이기 어려움[129] • 소득령 제167조의 3 제1항 제2호 가목 단서 적용시 사업자등록 등 기한인 2018.3.31.이 토요일이므로 그 다음 월요일인 2018.4.2.을 기한으로 함[130]
의무 임대기간의 충족 여부 등	• 동일 세대원이 공동으로 등록하여 임대 중인 소득령 제167조의 3 제4항을 적용받는 장기임대주택에 대해 의무임대기간 요건을 충족하지 못하는 사유가 발생하였는지 여부는 1세대를 기준으로 판단함[131] • 사업자등록 등을 하였으나 의무임대기간 미충족시 중과 배제 장기임대주택에 해당되지 않음[132] ※ 의무임대기간은 사업자등록일, 주택임대업 등록일 및 임대개시일 중 늦은 날부터 기산함
수용된 경우	• 장기임대주택이 의무임대기간 등을 충족하기 전에 공익사업을 위해 수용된 경우 해당 요건을 충족한 것으로 보아 중과하지 않음[133]
매입한 상가를 주택으로 등록 ('18.9.14. 이후)	• '18.9.13. 이전 취득한 조정대상지역의 상가 일부 층을 '18.9.14. 이후 주택으로 용도변경하여 장기일반민간임대주택으로 등록하는 경우, 용도변경한 해당 주택은 중과 대상에 해당함[134]
'18.9.13. 이전 건축허가로 신축한 임대주택	• '18.9.13. 이전에 주택신축 건축허가를 받아 착공신고를 하고, '18.9.14. 이후 사용승인 등에 의해 주택을 취득한 경우 '18.10.23. 개정 소득령(제29242호) 부칙 제4조 제2항 각 호의 어느 하나에 해당하지 않음[135]

---

125) 부동산거래관리과-358, 2011.4.28. ; 부동산거래관리과-249, 2011.3.21.
126) 서면4팀-1058, 2005.6.27.
127) 서면5팀-705, 2008.4.1.
128) 서면5팀-474, 2007.2.6.
129) 조심2019부4305, 2020.6.10.
130) 법규재산-2109, 2022.5.30.
131) 법령해석재산-296, 2021.1.27.
132) 부동산납세과-3582, 2022.11.22. ; 조심2019광2745, 2019.10.30. ; 조심2016서951, 2016.7.14.
133) 재산세제과-1030, 2009.6.9.
134) 법령해석재산-4139, 2020.12.30.
135) 법령해석재산-2883, 2020.12.28.

구 분	내 용
말소된 임대주택의 지분증여(동일 세대)	• 민간임대주택법 제6조 제5항에 따라 임대등록이 자동말소된 장기임대주택을 동일 세대원에게 증여받아 양도하는 경우 중과 배제 적용이 가능함[136]
자진 말소 후 재등록한 임대주택	• 단기민간임대주택의 임대의무기간 외 나머지 요건을 충족한 상태로 자동말소된 뒤, '20.8.18. 이후 장기일반민간임대주택으로 재등록하여 임대기간을 미충족한 상태로 양도시 중과 배제 적용이 가능함[137]
임대의무기간 종료로 자동말소	• 민간임대주택법에 따라 임대의무기간이 종료한 날 등록이 자동말소된 장기임대주택이 자동말소된 이후 소득령 제167조의 3 제1항 제2호의 요건을 준수하지 않더라도 해당 임대주택 양도시 중과세율의 배제가 가능함[138] • 장기임대주택 자동말소 후 등록말소 이후 양도일까지 ① 계속 임대하지 않은 경우(본인 거주해도 가능), ② 임대료 증액상한(5%)을 준수하지 않은 경우, ③ 세무서 사업자등록을 유지하지 않아도 중과세율은 적용되지 않음[139]
자진말소한 단기민간임대주택	• 2018.3.31.까지 소득세법 제168조에 따른 사업자등록과 민간임대주택법 제5조에 따른 임대사업자등록을 하지 않은 임대주택의 경우 소득령 제167조의 3 제1항 제2호 가목에 따른 장기임대주택에 해당하지 않음[140] • 단기민간임대주택으로서 소득령 제167조의 3 제1항 제2호 가목에 해당하려면 2018.3.31.까지 사업자등록 등을 하여야 함[141] ※ 단기민간임대주택은 '18.3.31. 이전까지 사업자등록과 주택임대업 등록을 하여야 소득령 제167조의 3 제1항 제2호 "가목(매입임대, 5년)"에 해당될 수 있기 때문임
매입임대주택을 장기일반민간 임대주택으로 등록 변경	• 사업자등록과 임대사업자 등록을 하고 임대주택으로 등록하여 임대하는 날부터 5년(등록 당시 임대의무기간) 종료 전에 준공공임대주택으로 변경 신고한 경우로서, 임대개시일부터 5년 이상 임대한 후 양도하는 경우, 해당 임대주택은 소득령 제167조의 3 제1항 제2호 가목을 적용받음[142]
의무임대기간 충족 후 공실 상태	• 장기임대주택 임대기간을 충족한 이후 양도일 현재 임대주택 외의 용도로 사용하거나 임대사업자등록 말소 상태에서 양도하는 경우에도 중과세율 적용이 배제됨[143] ※ 소득령 제155조 제20항 제2호 "거주주택 비과세" 규정은 "…임대하고 있으며…"라고 하여 규정형식이 다르므로 동 해석을 적용하지 않도록 유의
매입임대주택 기준시가 요건 (2011.10.14. 전 등록한 매입임대주택)	• 장기임대주택 가액기준을 "취득 당시"에서 "임대개시일 현재"로 개정한 개정 소득령(2011.10.14.) 부칙 제3조에 따라 개정 前 임대주택 등록 당시 시행되던 규정에 따라 "취득 당시의 기준시가"를 기준으로 가액기준 충족 여부를 판단하여야 함[144]

---

136) 법규재산-4283, 2022.12.28. ; 재산세제과-1591, 2022.12.27.
137) 법규재산-909, 2022.8.10. ; 재산세제과-861, 2022.8.1.
138) 부동산납세과-722, 2022.4.4. ; 법규재산-208, 2022.3.30.
139) 법규재산-5655, 2025.2.20. ; 부동산납세과-977, 2022.4.22.
140) 법규재산-170, 2022.2.25.
141) 법규재산-455, 2022.5.31.
142) 법령해석재산-966, 2020.12.21.
143) 법규재산-3538, 2023.4.12. ; 재산세제과-536, 2023.4.10.
144) 조심2022서5743, 2022.12.6.

Chapter 103 무서운 **단기양도 중과,** 알아야 한다!

💬 내용 Summary

기본사항 Check

- 2021.6.1. 이후 양도분
    ① 주택과 부수토지, 조합원입주권 : 1년 미만 보유 70%, 1년 이상 2년 미만 60%
    ② 주택분양권 : 1년 미만 보유 70%, 1년 이상 60%
    ③ 일반 부동산 : 1년 미만 보유 50%, 1년 이상 2년 미만 40%
    ④ 미등기 양도 : 70%

- 2021.5.31. 이전 양도분
    ① 주택과 부수토지, 조합원입주권 : 1년 미만 보유 40%
    ② 일반 부동산 : 1년 미만 보유 50%, 1년 이상 2년 미만 40%
    ③ 미등기 양도 : 70%
    ④ 조정대상지역 주택분양권(2018.1.1. ~ 2021.5.31.)
        ㉠ 보유기간 불문 50%(원칙)
        ㉡ 예외 : 단기 양도 중과 ×
            ⓐ 무주택 세대가 양도 당시 다른 분양권이 없고 30세 이상 또는 30세 미만으로 배우자가 있는 경우(배우자 이혼, 사망 포함)
            ⓑ 조정대상지역 공고일 이전 매매계약 & 계약금 지급('18.8.28. 이후 양도분)

- 단기 양도 세율 적용시 : 비교과세 → 하나의 자산이 2 이상 세율 해당시 산출세액이 큰 세율 적용

- 단기 양도 여부 판단시 보유기간 기산일
    ① 원칙 : 취득일
    ② 상속받은 자산 : 피상속인의 취득일
    ③ 배우자 또는 직계존비속에 대한 이월과세 대상 : 증여자의 취득일

핵심 Point

- 주거용 오피스텔 분양권 → 주택분양권 중과세율 대상 ×
- 별도 세대가 주택과 부수토지 소유 → 부수토지는 일반토지로서의 세율 적용
- 보유 토지상에 주택 신축하여 1년 미만 양도 → 부수토지 부분도 70% 단기양도 세율 적용
- 수용으로 단기 양도 → 중과 세율 적용
- 재건축한 주택 → 원조합원은 당초부터 보유기간 기산, 승계조합원은 완성일부터 보유기간 기산
- 재차 상속 → 직전 피상속인 취득일부터 기산

 **질문 »**

1. 甲은 조정대상지역에 있는 주거전용 오피스텔을 2020년 9월에 분양받아 분양계약하고 계약금을 납부한 뒤 2021년 7월 중 乙에게 프리미엄 5천만원을 더 받고 분양권을 전매하였다. 이 경우 분양권 단기양도에 따른 중과세율이 적용되는가?

2. 다음과 같이 2021년 10월 중 주택 등을 양도한다고 할 경우에 단기 양도 세율은 각각 어떻게 적용되는가?
   ① 甲이 주택과 부수토지를 매매로 취득한 후 1년 이내 "부수토지만" 양도한 경우
   ② 주택 "부수토지만" 경매로 낙찰받은 甲이 "부수토지"를 취득 후 1년 이내 별도 세대인 주택 소유자 乙에게 양도하는 경우
   ③ 2015년 부친이 소유한 주택을 2020년 5월 부친의 사망으로 모친이 단독상속받았는데 2021년 4월 모친도 사망하여 자녀 甲이 단독상속받아 2021년 10월에 양도하는 경우

3. 오래 전부터 1주택 보유자인 甲은 단독주택을 2021년 5월에 매매로 취득하였으나 공익사업 시행자인 한국도로공사의 사업계획 변경으로 도로로 편입되어 2022년 9월 신규 주택을 협의 매수로 양도하였다. 해당 주택에 적용될 세율은?

4. 甲은 오래 전부터 보유하던 토지에 단독주택을 신축하여 1년 이내 양도하였다. 주택 부수토지에 적용될 세율은?

5. 1주택(A) 보유자인 甲은 재개발지구의 조합원입주권(B)을 2018년 9월 중 별도 세대인 乙로부터 매매로 취득하였다. 해당 재개발사업지구 내 주택(B')은 2021년 4월 사용승인이 되었으며, 甲은 2021년 10월에 해당 신축된 주택(B')을 양도하였다. 이 경우 甲에게 적용될 세율은?

 **답변 및 해설 »**

1. 주택 분양권은 2021.6.1. 이후 양도분부터 1년 미만 보유하면 70%, 1년 이상 보유하면 보유기간 불문하고 60% 세율이 적용된다. 여기서 분양권은 ① 건축물의 분양에 관한 법률, ② 공공주택 특별법, ③ 도시개발법, ④ 도시 및 주거환경정비법, ⑤ 빈집 및 소규모주택 정비에 관한 특례법, ⑥ 산업입지 및 개발에 관한 법률, ⑦ 주택법, ⑧ 택지개발촉진법에 따라 주택에 대한 공급계약을 통하여 **"주택"을 공급받는 자로 선정된 지위**를 분양받거나 매매, 증여 등으로 취득한 것을 말한다. 따라서 오피스텔 분양권은 "주택"이 아니므로 주택 분양권에 대한 단기양도 중과 대상이 아니다. 그렇지만 부동산을 취득할 수 있는 권리를 1년 미만 보유한 것이므로 사안의 경우 50% 중과세율이 적용된다.

2. 사례 ①은 甲이 주택과 부수토지를 매매로 취득한 후 1년 이내 부수토지만 양도한 경우이므로 단기 양도 세율은 70%가 적용된다.

   사례 ②는 주택과 부수토지의 소유자가 다른 세대로서 1년 미만에 부수토지를 양도한 경우이므로 단기양도 세율은 50%를 적용한다.

   사례 ③은 본래 단기 양도 여부를 판단할 때 상속받은 경우에는 피상속인의 취득시기를 기준으로 보유기간을 기산하는데, 연속적으로 상속이 이루어진 경우에는 직전 피상속인 취득일부터 기산하는 것으로 해석한다. 따라서 사안은 2년 미만 보유로서 60% 세율이 적용된다고 보나, 입법보완이 필요해 보인다.

   질문과는 별개로, 주택을 분양받아 분양권을 취득하였는데, 이후 분양권이 주택으로 완공되고 나서 2년 내 양도할 경우 분양권으로서 보유기간을 합산하여 단기 양도 여부를 판단할 것인지 아니면 주택이 완성된 이후의 보유기간으로서 단기 양도인지 여부를 판단할 것인지에 대하여는 아직 유권해석이 나와 있지 않으므로 사전답변이나 기준자문을 이용하기 바란다.

3. 공익사업 시행에 따라 양도된다고 하여 단기양도 중과의 예외가 인정되지 않는다. 따라서 사안은 1년 이상 2년 미만 보유한 것이므로 60% 세율이 적용된다.

4. 부수토지를 장기간 보유하다가 주택을 신축하여 양도한 경우 완성일부터 1년 미만 양도시 주택과 기준면적(수도권의 주거·상업·공업지역은 3배, 그 외 도시지역 5배, 도시지역 밖은 10배) 이내의 부수토지에 대해서는 70% 세율이 적용되는 것으로 해석한다. 이러한 해석의 배경은 양도 당시 주택의 부수토지이고 양도물건 판단은 양도 당시를 기준으로 판단하며, 하나의 자산이 둘 이상의 세율 적용 대상일 경우 산출세액이 큰 세율을 적용하도록 규정(소득법§104①)하기 때문이다.

5. 주택을 건축법에 따라 멸실하고 재건축하여 양도하는 경우 단기 양도 여부 판단시 일반 재건축은 완성일부터 보유기간을 기산한다.

   그러나 도시정비법에 따른 재건축/재개발사업 등은 "원조합원"의 경우 신축주택을 양도하면 단기 양도 여부 판단시 종전주택의 취득일부터 보유기간을 기산하며, 승계조합원은 완성일로부터 보유기간을 기산하는 것으로 해석한다. 따라서 승계조합원은 조합원입주권 상태로 양도시 조합원입주권을 취득할 때의 대금청산일부터 단기 양도 여부를 판단하고, 주택으로 완성된 후 주택 상태에서 양도하면 완성일부터 단기 양도 여부를 판단한다.

관련 사례

구 분	내 용
주택 부수토지만 양도	• 2년 미만 보유한 주택 부수토지만 분리 양도시 기본세율 적용을 배제함[145] • 1세대 1주택과 부수토지를 1년 이상 2년 미만 보유한 후 주택 부수토지의 일부만 양도시 단기양도 세율이 적용되나, 비사업용 토지에 해당하면 단기양도 세율과 비사업용 토지 세율을 적용한 산출세액 중 큰 것을 적용함[146] • 주택과 그 부수토지의 소유자가 별도 세대인 경우로서 그 부수토지를 양도하는 경우 주택의 부수토지가 아닌 일반토지로서의 세율을 적용함[147]
조정지역 분양권 중과 예외 판단 ('18.1.1.~ '21.5.31.)	• "1세대가 보유하고 있는 주택이 없는 경우"는 양도 당시를 기준으로 판정함[148] • 소득세법 제104조 제1항 제4호 적용시 양도 당시 양도자가 속한 1세대가 조합원입주권을 보유한 경우는 소득세법 제104조 제1항 제4호 단서에 따른 조정대상지역 분양권 중과의 예외에 해당하지 않음[149]
오피스텔 분양권	• 분양권이 오피스텔로 건축허가를 받았고, 주택법에서는 오피스텔을 준주택으로 분류하여 주택과는 별도로 규정하며, 오피스텔의 전용면적이 국민주택 규모 이하임에도 부가가치세를 포함하여 분양대금을 지급하였고 오피스텔 완공 전에 양도하여 실제 주택으로 이용한 사실도 없으며, 주택임대사업자등록을 하였으나 사업개시가 실제 이루어지지 아니한 점 등에 비추어 조정대상지역 내 주택분양권 양도로 보아 단기 양도 중과한 것은 잘못임[150] • 2021.6.1. 이후 양도하는 분양권부터 적용하는 인상된 중과 세율 적용시 주거용 오피스텔 분양권은 중과 대상에 해당하지 않음[151]
분양권 취득일	• 분양권을 양도한 경우 그 권리에 대한 취득시기는 당해 부동산을 분양받을 수 있는 권리가 확정되는 날인 바, 해당 분양권의 양도일로부터 1년 이내 입주자 모집공고, 신청, 분양계약이 있었던 반면, 사업시행인가일에 분양권이 확정되었다는 증빙자료는 달리 확인되지 않으므로 단기양도 세율 적용은 잘못이 없음[152]
'이내'와 '미만'	• 「이내」는 "일정한 범위나 한도의 안"을 의미하고, 「미만」은 "정한 수효나 정도에 차지 못함. 또는 그런 상태"를 의미하여 1년 이내와 1년 미만은 1년의 포함 여부에 있어 구별됨[153]
토지분양권	• LH공사로부터 분양받은 토지분양권을 양도시, 중과세율이 적용되는 분양권이 아닌 "부동산을 취득할 수 있는 권리"로 보아 세율을 적용함[154]

---

145) 법령해석재산-413, 2017.9.19.
146) 법령해석재산-413, 2017.9.19.
147) 서면법규과-944, 2014.8.28.
148) 법령해석재산-245, 2019.10.1.
149) 법령해석재산-484, 2019.10.30.
150) 조심2020인360, 2020.5.6.
151) 법령해석재산-6216, 2021.10.4. ; 조세법령운용과-840, 2021.9.30.
152) 조심2012광1466, 2012.9.19. ; 조심2011서1963, 2011.7.26.
153) 대구고법2011누2706, 2012.8.17.
154) 법규재산-862, 2022.10.28.

구 분	내 용
주택과 부수토지 보유기간 상이	• 주택 부수토지로서의 보유기간이 1년 미만인 경우 주택 부수토지 양도소득 과세표준에 대해서 소득세법 제104조 제1항 제3호에 따른 100분의 70의 세율을 적용하여 계산한 금액을 그 산출세액으로 함[155]
일반 토지의 수용	• 공공용지의 수용이나 협의매수로 인하여 토지의 보유기간이 2년 미만인 경우에는 세율을 달리 적용한다는 규정이 없으므로 단기양도 중과세율을 적용한 것은 잘못이 없음[156]
부득이한 사유	• 암 발병 등 부득이한 사유로 단기 양도한 주택을 중과한 것은 정당함[157]
청산금 납부하고 부수토지 증가	• 추가로 청산금을 납부하고 새로 취득한 재건축주택의 부수토지가 종전주택의 부수토지보다 증가한 경우 그 증가된 부수토지의 보유기간은 당해 재건축주택의 사용승인서 교부일 등부터 기산함[158]
주택의 일반 재건축	• 구주택을 멸실하고 주택을 신축하여 단기 양도하는 경우 세율 적용시 신축주택의 보유기간에 구주택 보유기간은 포함하지 않음[159] • 구주택과 부수토지를 보유하다가 구주택을 멸실하고 주택 부수토지는 나대지가 된 상태에서 해당 나대지에 신축한 신축주택과 부수토지를 함께 양도하는 경우로서 해당 토지의 주택 부수토지로서 보유기간이 구주택의 주택 부수토지와 신축주택의 주택 부수토지 기간을 통산하여 2년 이상인 경우, 해당 토지의 양도소득 과세표준에 대해 기본세율을 적용함[160]
도시정비법 등에 따른 재건축/재개발	• 원조합원이 조합원입주권을 양도하는 경우 세율 적용시 보유기간 계산은 종전 토지 및 건물의 취득일부터 양도일까지 기간으로 함[161] • 승계조합원의 장기보유특별공제 및 세율 적용시 재건축주택(부수토지 포함)의 보유기간 기산일은 당해 재건축주택의 완성일임[162] • 관리처분계획 인가 후 조합원입주권을 상속받고 조합원공급분 주택의 분양계약을 승계받은 이후 해당 상속인이 중도금과 잔금을 납부하여 취득한 주택을 양도한 경우 해당 주택의 세율 적용에 따른 보유기간 계산을 위한 취득시기는 당해 주택의 사용승인서 교부일 등으로 함[163] • 승계조합원의 장기보유특별공제 및 세율 적용시 재건축주택(부수토지 포함)의 보유기간 기산일은 당해 재건축주택의 완성일임[164]

---

155) 법규재산-1232, 2022.10.31. ; 재산세제과-1354, 2022.10.27.
156) 조심2013서5010, 2014.1.24. ; 조심2012서3833, 2012.11.1. ; 조심2012부3874, 2012.10.22.
157) 조심2010구1577, 2010.9.20.
158) 부동산거래관리과-102, 2012.2.14.
159) 서면법규과-1222, 2014.11.19.
160) 법규재산-97, 2023.6.15.
161) 법령해석재산-1152, 2021.11.29. ; 서면5팀-393, 2008.2.27. ; 서면4팀-1423, 2004.9.14.
162) 법령해석재산-1236, 2021.9.28. ; 심사양도2005-33, 2005.3.14. ; 국심2006중2071, 2006.8.10.
163) 법령해석재산-649, 2020.2.11. ; 법령해석재산-95, 2017.10.24. ; 조심2010부2602, 2010.9.15.
164) 법령해석재산-1236, 2021.9.28. ; 심사양도2005-33, 2005.3.14. ; 국심2006중2071, 2006.8.10.

구 분	내 용
도시정비법 등에 따른 재건축/재개발	• 관리처분계획 인가 후 조합원입주권을 상속받고 조합원공급분 주택의 분양계약을 승계받은 이후 해당 상속인이 중도금과 잔금을 납부하여 취득한 주택을 양도한 경우 해당 주택의 세율 적용에 따른 보유기간 계산을 위한 취득시기는 당해 주택의 사용승인서 교부일 등으로 함[165] • 재건축사업 대상지역에서 2 이상의 주택 및 토지를 보유한 조합원 1인으로부터 입주자로 선정된 지위를 취득하였으나 조합원에 해당하지 않는 경우에는 취득 후 1년 이내에 양도시 50% 세율이 적용됨[166]
연속하여 상속	• 상속받은 자산 양도에 따른 세율 적용시 보유기간은 직전 피상속인이 그 자산을 취득한 날부터 상속인이 당해 자산을 양도한 날까지로 함[167]
증여받은 경우	• 이월과세가 적용되지 않는 경우 증여로 취득한 자산을 양도(수용 포함)하는 경우로서 세율 적용시 취득시기는 증여를 받은 날(증여등기 접수일)임[168]
상속인이 유증으로 취득	• 단기양도에 대한 세율 판정시 법정상속인이 유증받은 부동산의 취득일은 피상속인이 자산을 취득한 날임[169]
상속재산 확정 후 재분할	• 상속세 신고기한을 경과하여 상속재산을 협의분할하고 상속등기로 각 상속인의 상속분이 확정된 후, 그 상속재산에 대해 공동상속인이 재협의 분할한 결과 특정 상속인이 당초 상속분을 초과하여 취득하는 재산의 세율 적용시 보유기간 기산일은 증여받은 날임[170]
재산분할 후 상속된 경우	• 부모 공동명의 주택을 이혼으로 재산분할하여 1/2을 배우자에게 이전한 후 이전받은 배우자의 사망으로 자녀가 그 이전받은 1/2을 상속으로 취득한 경우 상속받은 자산의 세율 적용시 취득시기는 이전한 배우자가 최초 취득한 날로 봄[171]
환매권 행사로 재취득 후 다시 협의매도한 경우	• 보유기간 계산시 협의매수 또는 수용된 토지를 당해 사업의 변경 등으로 원소유자가 환매권을 행사하여 취득한 경우 취득시기는 환매대금 청산일(대금 청산일 불분명, 대금 청산 전 소유권이전등기시 등기접수일)이 됨[172]
소액의 잔금을 미지급한 경우	• 토지 양도 대가가 사회통념상 거의 지급되었다고 볼 만한 정도의 대금지급이 이루어졌다면 양도로 볼 수 있는 바, 토지를 1년 미만 보유하다 양도된 것으로 하여 과세한 처분은 타당함[173]

---

165) 법령해석재산-649, 2020.2.11. ; 법령해석재산-95, 2017.10.24. ; 조심2010부2602, 2010.9.15.
166) 법령해석재산-573, 2019.10.25.
167) 부동산거래관리과-650, 2012.11.29. ; 조심2013서3082, 2013.9.25. ; 조심2013중3021, 2013.9.25.
168) 부동산거래관리과-510, 2012.9.25. ; 서면4팀-696, 2005.5.6. ; 대판2018두36882, 2018.6.22.
169) 서면4팀-2691, 2007.9.13.
170) 법령해석재산-109, 2018.7.16.
171) 부동산납세과-1031, 2022.4.22.
172) 재산세과-263, 2009.9.21. ; 조심2023부732, 2023.9.14. ; 조심2023부0779, 2023.4.10. ; 조심2021부6048, 2021.12.30. ; 부산고법2022누22651, 2023.5.12. ; 수원지법2011구합1208, 2011.4.28.
173) 심사양도2018-75, 2018.10.17. ; 국심2007구372, 2007.8.21. ; 대판2009두4562, 2009.5.28.

Chapter 104 미등기 양도 중과, 오해하는 부분은?

내용 Summary

기본사항 Check

- **미등기 양도 의미** : 소득세법 제94조 제1항 제1호(토지·건물) 및 제2호(부동산에 관한 권리)에서 규정하는 자산을 취득한 자가 그 자산 취득에 관한 등기를 하지 않고 양도하는 것

- **미등기 양도 제외**
  ① 장기할부조건으로 취득한 자산으로서 그 계약조건에 의하여 양도 당시 그 자산의 취득에 관한 등기가 불가능한 자산
  ② 법률의 규정 또는 법원의 결정에 의하여 양도 당시 그 자산의 취득에 관한 등기가 불가능한 자산
  ③ 농지의 교환·분합 비과세, 8년 자경농지 및 농지대토에 대한 양도소득세의 감면
  ④ 1세대 1주택으로서 건축법에 의한 건축허가를 받지 않아 등기가 불가능한 자산
  ⑤ 도시개발사업이 종료되지 아니하여 토지 취득등기를 하지 아니하고 양도하는 토지
  ⑥ 건설사업자가 도시개발법에 따라 공사용역 대가로 취득한 체비지를 토지구획환지처분공고 전에 양도하는 토지

- **미등기 양도시 불이익**
  ① 양도소득세 비과세 및 감면규정의 적용 배제
  ② 장기보유특별공제 배제
  ③ 필요경비 개산공제 적용시 불이익(=0.3%)
  ④ 양도소득세 중과세율(70%) 적용
  ⑤ 양도소득 기본공제 배제

핵심 Point

- 취득대금을 거의 납부한 상태(소액의 잔금을 지급)에서 등기 없이 양도 → 미등기 양도 ○
- 대금 청산하여 부동산을 취득한 후 가등기 상태에서 양도 → 미등기 양도 ○
- 판결이나 공매로 부동산을 취득(환원)하고 등기 없이 양도 → 미등기 양도 ○
- 前 소유자의 비협조로 등기 없이 양도 → 미등기 양도 ○
- 명의신탁된 자산을 수탁자 이름으로 양도 → 미등기 양도 ×
- 양성화조치에 따라 등기 가능한 무허가 주택 → 미등기 양도 ○(등기된 부수토지는 미등기 양도 ×)
- 상속받은 자산을 등기 없이 양도 → 미등기 양도 ○

질문 »

1. 甲은 토지를 10억원에 매수하면서 잔금 1천만원을 남겨 두고 해당 토지를 제3자에게 양도하였다. 미등기 양도에 해당하는가?

2. 甲은 부친으로부터 상속받은 토지를 상속 취득등기 없이 피상속인 명의로 제3자에게 양도하였다. 미등기 양도에 해당하는가?

3. 甲은 乙에게로 자신의 토지가 등기이전되어 소송을 통하여 본인에게 환원하도록 확정판결을 받았다. 이후 甲은 취득등기를 하지 않고 다시 乙에게 10억원에 양도하였다. 미등기 양도에 해당하는가?

4. 甲은 주택을 매매로 취득하면서 乙에게로 소유권이전등기를 하여 두었다. 이후 명의신탁된 주택을 丙에게 양도하면서 등기를 자신의 명의로 환원하지 않고 乙에게서 丙으로 직접 이전하였다. 미등기 양도에 해당하는가?

5. 甲은 자신의 토지에 건축허가 없이 상가건물을 신축하여 몇 년간 사용하다가 최근 양성화 안내문을 받은 뒤 과징금을 납부하였고 건축기준을 충족하여 건축물대장도 신규 발부 받았다. 그러나 등기 가능한 상태임에도 보존등기를 하지 않고 해당 건물과 토지를 양도하였다. 토지는 자기 이름으로 등기가 된 상태이다. 이 경우 미등기 양도 중과 여부는?

답변 및 해설 »

1. 2000년도에 잔금을 일부 남겨 두고 양도시기를 조절하거나 전매하는 것이 절세수단으로 인식되던 시기가 있었다. 그러나 이에 대하여 사실상 양도시기가 도래되었다고 조세심판원 및 대법원의 판단이 내려졌다. 소액의 잔금을 남겨 둔 경우 사회통념상 대금청산이 되었다고 본 것이다. 어느 정도의 소액 잔금이어야 하는지 여부는 거래 상황 및 대금규모 등을 살펴 **사실 판단할 사항**이다.

   이 경우 사회통념상 대금청산이 이루어졌다면 다른 미등기 제외 사유가 없는 한 취득등기 없이 양도할 경우 미등기 양도로서 70%의 세율로 중과된다. 사안에서는 전체 규모에서 1%의 대금은 소액으로 생각되며, 다른 제외 사유도 없다면 미등기 양도로 중과된다.

2. 상속받은 재산을 상속 취득등기 없이 피상속인에게서 매수인 앞으로 등기이전하는 것은 **다른 미등기 제외 사유가 없는 한** 미등기 양도로 본다.

3. 소송에 의하여 소유권을 반환받는 등 **판결에 의하여 소유권을 취득한 경우에도** 본인 앞으로 취득등기를 하지 않고 양도하는 경우에는 미등기 양도로 본다. 따라서 사안의 경우 다른 미등기 제외 사유도 없다면 미등기 양도로 중과된다.

4. 명의신탁된 부동산을 **명의수탁자 이름으로 제3자에게 등기이전하는 것은 미등기 양도로 보지 않는다.** 이 경우 실무에서는 반드시 지자체 부동산실명법 위반으로 자료 통보하게 되어 있다. 따라서 미등기 중과는 아니더라도 과징금이나 형사제재가 뒤따르게 된다.

5. 특정건축물 양성화 조치의 대상인 경우 등기 없이 양도하면 **미등기 양도로 중과**된다. 무허가 건축물로서 양성화 조치 대상에 해당하면 등기 가능 여부에 불구하고 미등기 양도로 중과된다. 이 경우 **토지는 등기하고 양도하면 미등기 양도가 아니다.**

관련 사례

구 분	내 용
취득대금을 거의 지급 상태로 양도	• 분양대금 전부를 납부하지 않았으나 사회통념상 거의 지급되었다고 볼 만한 정도로 미불입된 분양대금을 불입하게 되면 언제든지 등기가 가능한 경우 미등기 양도에 해당함[174]
	• 분양권이 부동산으로 전환된 후 특별한 사정 없이 등기를 하지 않고 양도하는 경우 미등기 양도에 해당됨[175]
가등기·가처분 등의 상태에서 양도	• 실질적인 매매행위를 등기하지 않고 가등기, 가처분 등 상태로 양도(수용 포함)하는 경우 미등기 양도에 해당함[176]
중간생략등기	• 부동산 취득자가 등기하지 않고 양도시 당초 매도인에게서 제3매수인에게로 매매계약서를 작성하는 형식을 취하더라도 미등기 양도에 해당됨[177]
재산분할 판결 등과 다르게 분할 양도	• 이혼에 따른 법원의 재산분할 조정결정이나 재산분할청구소송에 따른 확정판결대로 재산분할을 하지 않고, 판결내용 등과 다르게 분할하여 양도할 경우 미등기 양도에 해당됨[178]
판결 등으로 취득한 자산	• 법원의 확정판결이나 공매에 의하여 토지 등을 취득하였으나 소유권의 등기를 하지 않고 타인에게 양도하는 것은 미등기 양도에 해당됨[179]
소송으로 권리 회복한 자산 양도	• 소유권이전등기 말소소송에 의하여 취득시기가 도래한 부동산을 취득에 관한 소유권이전등기를 하지 않고 타인에게 양도하는 경우 미등기 양도임[180]

---

174) 감심2011-151, 2011.8.18. ; 조심2012서3507, 2012.11.1. ; 대판2011두7557, 2013.12.12.
175) 부동산납세과-1900, 2016.12.12. ; 서면4팀-2145, 2004.12.30.
176) 서일46014-10453, 2003.4.10. ; 재일1254-1526, 1991.6.4.
177) 서면4팀-652, 2005.4.27.
178) 부동산납세과-141, 2013.11.8. ; 부동산거래관리과-1050, 2011.12.16.
179) 서일46014-10483, 2001.11.20. ; 재일46014-546, 1999.3.17. ; 조심2022부6355, 2023.3.27.
180) 재일46014-2440, 1997.10.15.

구 분	내 용
토지거래허가를 받지 않고 취득한 토지	• 토지거래허가구역 내 토지로서 허가를 받지 않고 취득한 토지를 양도하는 경우로서 취득등기를 하지 않고 양도하는 경우 미등기 양도에 해당됨(허가를 얻지 못한 상태에서 수용이나 경매되는 경우도 미등기 양도로 봄)[181]
개인사정 등	• 전 소유자의 비협조나 개인사정에 의한 경우 미등기 양도에 해당함[182]
수용재결 취소 소송으로 보존등기 못한 주택	• 재개발 사업시행자와 수용된 토지소유자들의 수용재결 취소소송으로 이전고시를 하지 못하여 취득등기를 하지 못하고 양도하는 자산은 미등기 양도에서 제외됨[183]
미등기 주택의 부수토지	• 미등기 주택의 부수토지로서 비과세 요건을 갖추었고 등기가 된 경우 "토지" 부분은 1세대 1주택 비과세를 적용받을 수 있음[184]
무허가주택 등	• 비과세 되는 1세대 1주택에는 건축허가를 받지 아니하여 등기가 불가능한 무허가 주택도 실제로 주거에 사용하고 있는 경우도 포함되나,[185] 특정건축물 정리법에 따라 등기가 가능하였음에도 불구하고 등기하지 않고 양도한 경우 미등기 양도로 보아 비과세 적용을 배제함[186] • 무허가 상가건물도 미등기 양도시 중과대상에 해당함[187]
상속받은 자산	• 상속받은 부동산을 등기하지 않고 양도한 것은 미등기 양도에 해당함[188]
사업인가기관의 촉탁등기 미이행	• 재개발조합 아파트의 준공검사가 완료되고 당해 사업인가 기관의 촉탁등기 미이행(집단민원) 등으로 취득등기가 안 된 경우 미등기 양도에서 제외함[189]
보존등기가 가능한 경우	• 준공허가가 나서 보존등기가 가능한데도 불구하고 미등기 상태에서 양도하는 것은 주택건물은 미등기 양도로 봄[190]
재건축아파트의 이전고시 전 양도	• 재건축아파트를 이전고시 전에 양도하는 경우 법률의 규정 등에 의하여 양도 당시 취득등기가 불가능한 자산이므로 미등기 양도로 보지 않음[191]
준공검사를 받지 못한 경우	• 준공검사를 받지 못해 재개발조합 앞으로 소유권보존등기를 할 수 없는 경우에도 미등기 양도로 보지 않음[192] • 이 경우 사실상 사용하거나 임시사용승인을 받아도(취득시기 도래) 준공검사를 얻지 못하면 등기가 불가하기 때문임[193]

---

181) 법령해석재산-206, 2017.12.6. ; 감심2019-10, 2020.6.25. ; 조심2014광2380, 2014.7.23.
182) 서면4팀-1900, 2004.11.24. ; 조심2009서3122, 2010.11.4.
183) 법령해석재산-550, 2018.1.2.
184) 서면4팀-64, 2005.1.7. ; 재산46014-1090, 2000.9.6.
185) 소득통칙 91-0…1 ; 서면4팀-2363, 2007.8.1. ; 서면4팀-2036, 2007.7.3.
186) 서면4팀-1995, 2007.6.27. ; 서면5팀-1801, 2007.6.14.
187) 서울행법2021구합58523, 2022.12.8. ; 서울고법2022누73033, 2023.8.18.
188) 심사양도2012-147, 2012.9.21.
189) 법령해석재산-550, 2018.1.2. ; 서면4팀-1431, 2004.9.15.
190) 재일46014-336, 1996.2.7.
191) 부동산거래관리과-10, 2010.1.5. ; 재일46014-2216, 1996.10.2.
192) 재일46014-2418, 1993.8.10.
193) 서면4팀-627, 2005.4.27. ; 서일46014-10191, 2003.2.20.

구 분	내 용
명의신탁 부동산	• 미등기 양도 중과 취지에 비추어 명의신탁으로 소유권이전등기를 하였다가 양도한 것은 중과 대상인 미등기 양도에 해당하지 않음[194] • 명의신탁 부동산을 소유권 환원 없이 양도하는 경우 미등기 양도에 해당되지 않음[195] • 부동산을 2인 공동으로 매입하여 1인이 자기지분에 대해 소유권이전등기를 다른 공동취득자 명의로 한 후 양도한 경우(명의신탁 관계) 미등기 양도에 해당하지 않음[196]
전 소유지 이름으로 납부한 양도소득세	• 미등기 양도자가 본인의 양도소득을 前 소유자 명의로 수정신고하고 납부하였음이 확인되어 미등기 양도자에게 과세시, 前 소유자의 양도소득세를 경정함으로 발생되는 환급세액은 前 소유자에게 환급하지 않고 미등기 양도자의 기납부세액으로 공제함[197]
미등기 양도 판단시기	• 미등기 기간이 장기간이고 이전등기 번거로움 때문이라는 사유는 미등기 양도의 예외가 아님[198] • 취득 당시 본인 앞으로 취득등기를 하지 않았어도 양도 전에 본인 앞으로 취득등기를 한 후 양수인에게 이전등기하면 미등기 양도로 보지 않음[199]
국외 부동산	• 국외의 토지 또는 건물 양도에 대한 양도소득세 과세시 미등기 양도에 따른 장기보유특별공제 배제가 적용되지 않음[200]
부과제척기간	• 토지를 양도하면서 중간등기를 생략한 채 전 소유자로부터 매수인에게 소유권이전등기가 경료되도록 하고 양도소득세 신고를 하지 않은 것은 조세의 부과징수를 불능 또는 현저하게 곤란하게 한 것으로 제척기간은 10년을 적용함[201]

---

194) 국심2007전3258, 2008.3.12. ; 국심2005전3614, 2005.12.12. ; 대판85누310, 1985.10.22.
195) 부동산납세과-259, 2014.4.15. ; 재산세과-766, 2009.4.17.
196) 서면4팀-663, 2005.4.29. ; 국심2007전3258, 2008.3.13.
197) 부동산거래관리과-1407, 2010.11.23.
198) 심사양도1999-237, 1999.7.23.
199) 재산1254-594, 1985.2.23. ; 재산1254-883, 1987.4.9.
200) 서면4팀-169, 2005.1.24.
201) 조심2012서4298, 2012.12.28.

PART 06

조세 특례

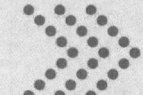

✔ 양도소득세 핵심사례와 이슈

> 본 장에서는 양도소득세가 조세특례 중 꼭 알아야 할 10가지 항목을 발췌하였다. 농지 등과 관련하여서는 자경농지 감면과 농지대토 감면, 그리고 공익사업용 토지 감면이 실무에서 대부분을 차지하고 있어 매우 중요한 부분이다. 관련 업무를 처리할 때 반드시 알아야 하는 부분인 바, 중요 부분들을 다루었다.
>
> 주택 관련하여서는 중요하지 않은 부분이 없겠으나, 최근 장기일반 민간임대주택에 대한 개정이 여러 번 있어 많이 어려워하므로 다루었고, 농어촌주택은 소득세법 시행령의 농어촌주택 특례와 착오하는 부분이 있어 다루었다. 마지막으로 법인전환 이월과세 부분도 실무에서 가끔 다루어지는 바, 특히 사후관리를 종종 착오하고 감사지적 사항들도 있으므로 이와 관련한 중요 내용을 설명하기로 한다.

Q&A

- **105** **자경농지 감면**, 이것만은 꼭 알아야 한다!
- **106** **농지 대토 감면**, 적용받을 때 꼭 주의할 사항?
- **107** **재촌자경에 대한 최근 불복사례의 흐름**은?
- **108** **수용·협의매수 부동산**, (2025년 이후 감면한도 포함) 몇 가지는 챙겨 보아야 한다!
- **109** **대토 보상**, 2025년부터 중요 개정사항 등을 주목하라!
- **110** **개발제한구역의 토지 양도**, 필수내용들 한 방에 정리하자!
- **111** **장기일반민간임대주택 등 특례(조특법§97의3)**, 적용시 유의해야 할 부분은?
- **112** **지방미분양주택 등**, 2025년 개정내용을 잘 챙겨보자!
- **113** **농어촌주택 특례**, 착오하는 이유는?
- **114** **법인전환 이월과세**, 사후관리에 반드시 유의해야 한다!

Chapter 105
자경농지 감면, 이것만은 꼭 알아야 한다!

💬 내용 Summary

기본사항 Check

- **자경농지 감면 개요** : 거주자가 농지를 양도한 경우 농지소재지에 재촌하면서 상시 또는 자기노동력 1/2 이상으로 경작한 기간이 통산하여 8년 이상인 경우 100% 세액감면함 → 1년 1억원, 5년(다른 합산대상 감면과 합산) 2억원 한도

- **자경농지 감면 요건**
  ① 거주자일 것 → 비거주자는 비거주자가 된 때로부터 2년 이내 농지 양도할 것
  ② 양도 당시 농지일 것 → 다음에 유의
     ㉠ 시의 동 지역의 주거·상업·공업지역에 편입된 농지가 편입일부터 3년 경과 : 감면 배제(원칙), 대규모개발사업 보상지연 등은 감면 인정(예외)
     ㉡ 농지가 농지 외 토지로 환지되어 3년 경과 : 감면 배제
     ㉢ 양도일 이전에 매매계약 조건에 따라 매수자가 형질변경, 건축착공 등을 한 경우 : 매매계약일 현재 농지이면 적용 가능
     ㉣ 환지처분 전에 농지가 농지 외 토지로 환지예정지 지정되고 그 지정일로부터 3년이 경과하기 전 토지로서 토지조성공사 시행으로 경작을 못하게 된 경우 : 토지조성공사 착수일 현재 농지이면 적용 가능
     ㉤ 광산피해방지법, 조례, 지자체 예산에 따라 광산피해를 방지하기 위하여 휴경한 경우 : 휴경계약일 현재의 농지이면 적용 가능
  ③ 농지소재지에서 재촌 & 자경할 것
     ㉠ 재촌 요건 : 농지가 있는 시·군·자치구, 연접한 시·군·자치구, 농지로부터 직선거리 30㎞ 이내 중 어느 하나에 실제 거주할 것
     ㉡ 자경 요건 : 농지소재지에 재촌하면서 상시 경작하거나 자기노동력 1/2 이상으로 경작할 것 → 재촌자경 여부는 사실판단
  ④ 재촌자경한 기간이 **"통산"**하여 8년 이상일 것 → 다음에 유의
     ㉠ 소득에 따른 자경기간 제외 : 총급여 및 사업소득금액(음수이면 0 간주) 합산액이 3,700만원 이상, 복식부기 대상 과세연도 → 자경기간 제외
     ㉡ 상속받은 농지
        ⓐ 상속받고 3년 이내 양도한 경우 : 피상속인의 자경기간 합산
        ⓑ 상속 후 3년 경과시 상속인이 농지소재지에서 1년 이상 계속 재촌자경한 경우 : 피상속인의 자경기간 합산
        ⓒ 부모 사이에 먼저 상속된 후 자녀에게 재차 상속된 경우 : 부모의 재촌자경을 위 ⓐ·ⓑ 기준에 따라 합산
        ⓓ 피상속인이나 상속인의 3,700만원 이상 소득제한 → 자경기간 제외

ⓒ **환지(농지 → 농지)** : 환지 전후의 자경기간 합산(청산금 납부 증평분은 환지처분 공고일의 다음날부터 재촌자경한 기간만으로 판단)

② **증여받은 농지** : 수증일부터 계산(배우자 등 이월과세 대상도 동일)

⑤ **감면소득금액** : 100% 세액감면 → 다음에 유의

㉠ **주거·상업·공업지역에 편입일 이후 양도소득금액(개발이익)** : 감면소득금액에서 제외

ⓐ **읍·면지역** : 편입일 3년 경과 여부 불문 개발이익 배제(원칙), 2001.12.31. 이전 주거·상업·공업지역 편입시 개발이익도 감면(예외) → 2002.1.1. 이후 취득하여도 개발이익까지 감면

ⓑ **동 지역** : 주거·상업·공업지역에 편입 후 3년 이내이면 "편입일 이후 양도소득금액만 감면 제외", 3년 경과하면 "감면 자체 배제"

㉡ **농지가 농지 외로 환지**

ⓐ 지정일 후 3년 이내 양도 : 지정일 전까지의 소득금액만 감면

ⓑ 지정일 후 3년 지나 양도 : 감면 자체 배제(읍·면지역 불문)

⑥ **감면한도** : 1년에 1억원(다른 모든 감면과 합산 판단), 5년에 2억원(감면규정 중 일부는 제외하고 합산하여 한도 판단. 조특법§133 참고) → 5개년 감면한도 미달해도 당해 연도 감면한도 초과하면 초과분 감면 ×

핵심 Point

- 무슨 작물을 심어야 농지인지 여부 → "농지법"에 따른 농지
- 법인 승인 없는 종중 → 종중원의 재촌자경으로 판단
- 임의적 휴경한 상태에서 양도 : 농지 × → 감면 부인(일시적, 계절적 휴경은 예외)
- 양도일 이전에 매매계약조건에 따라 매수자가 형질변경, 건축착공 등을 한 경우 : 매매계약일(매매계약서상의 계약일) 현재의 농지이면 가능 → 이는 조특령 제66조 제5항에 명문규정을 두고 있기에 2022.10.21. 기획재정부의 주택 양도 관련한 해석 변경내용을 적용하는 것이 아님(★)
- 동지역에 주거지역 등 편입된 후 3년 경과 → 감면 자체 배제(★)
- 읍·면지역으로서 2001.12.31. 이전에 주거지역 등 편입 → 2002년 이후 취득하여도 개발이익까지 감면됨(★)
- 농지가 농지 외로 환지되어 3년 경과 → 읍·면지역 불문하고 감면 자체 배제(★)
- 2002년 이후 읍·면지역에 주거지역 등 편입된 농지 상속 : 감면 불가(★) → 감면을 인정하더라도 전부 개발이익이기 때문임
- 총급여 등 3,700만원 이상인 연도 : 재촌자경하여도 자경기간 부인
- 상속농지 : 3년 이내 양도하면 피상속인 자경기간 합산하여 판단 → 상속개시일 이후 양도소득금액만 감면 대상임
- 재촌자경 여부 → 사실 판단 사항
- 8년 이상 재촌자경하고 양도 당시에는 재촌자경하지 않은 경우 → 감면 가능
- "통산"의 의미 : 자경한 기간을 각각 합산하는 개념(중간에 자경하지 않은 기간은 제외하고 합산)
- 자경농지 감면 대상이면 "무조건 사업용" 토지? → No(농지에 대한 비사업용 토지 규정과 꼭 일치하는 것은 아님)

 **질문 »**

1. 甲은 8년 이상 재촌자경하던 농지를 인근에서 공장을 운영하는 사업자에게 양도하면서 매매계약에 특약으로 대금청산일 전에 농지전용허가를 받아 건설공사에 착공하는 것을 인정하도록 약정하였다. 양도 당시 농지에 해당하는가?

2. 甲은 보유하고 있던 농지를 장기간 물류창고로 임대하다가 양도일 직전에 농지에 건축물 및 시멘트포장 등을 철거하고 고추모종 등을 식재한 뒤 바로 양도하였다. 양도 당시 농지에 해당하는가?

3. 다음에 양도하는 농지는 자경농지 감면이 적용되는가?
   ① 甲은 경기도 고양시 덕이동에 소재한 농지를 2010년 매수하여 계속 재촌자경하였는데 해당 토지는 2020년 중 주거지역에 편입되었으며 2024년 4월 중 양도하였다.
   ② 乙은 경기도 파주시 조리읍에 소재한 농지(2000년 중 주거지역 편입)를 2010년에 매매로 취득하여 재촌자경하다가 2024년 3월 중 양도하였다.
   ③ 甲은 부친으로부터 경기도 파주시 파주읍에 소재한 농지를 2021년 7월 중 상속받았다. 부친은 8년 이상 재촌자경한 전업농부이다. 해당 농지는 2003년 5월 중 주거지역에 편입되었으며, 甲은 해당 농지를 2024년 3월에 양도하였다.
   ④ 위 ③과 내용은 동일하고 해당 농지가 2001년 5월 중 주거지역에 편입되었다는 점만 다르다.

4. 甲은 경남 하동의 지리산 자락에 감나무 농장을 소유하고 있다. 그러나 서울에 거주하고 있으며 감나무 추비(거름)하는 시기 및 수확철 등 과수목에 대한 농작업이 필요한 때에는 해당 농장에 설치한 컨테이너 농막에서 거주하였다. 甲은 재촌요건을 충족하였는가?

5. 甲은 전남 광양시 옥룡면에 소재(농림지역)한 농지를 8년 이상 재촌자경하던 전업농부이지만 최근 몸이 성치 않아 乙에게 농지를 임대하고 수확물 일부를 임대대가로 받고 있다. 해당 농지를 양도할 경우 자경농지 감면을 적용받을 수 있는가?

6. 甲의 농지는 동지역에 소재하며 주거지역 편입일로부터 3년 이내에 환지예정지로 지정되었고 환지예정지 지정일로부터 3년 이내 양도하였지만 주거지역 편입일로부터 3년이 경과하였다. 해당 농지는 자경농지 감면이 가능한가?

7. 甲은 2020년 중 농지 인근 공장의 경비로 받은 총급여액 2,000만원, 상가 임대료 사업소득금액은 1,000만원, 일용근로소득 1,800만원일 경우 해당 연도는 자경기간에서 제외되는가?

 **답변 및 해설 »**

1. 양도일 이전에 매매계약조건에 따라 매수자가 형질변경, 건축착공 등을 한 경우에는 매매계약서상 계약일 현재 농지이면 농지로 본다. 따라서 자경농지 감면 적용이 가능하다. 종종 2022.10.21. 기획재정부의 주택 양도 관련한 해석 변경(양도일 당시 물건 판단)이 적용되는 것이 아니냐고 질문하는데, 사안의 경우는 조특법 시행령 제66조 제5항에 명문규정을 두고 있으며, 기획재정부의 해석으로서 법령규정을 대체할 수는 없다.

2. 사안의 경우 농지로 보기 어렵다. 양도일 직전에 농지 복원하고 불필요한 경작행위는 자경농지 감면을 받기 위한 가장행위로 보기 때문이다.[1]

3. "동"지역에 소재하는 농지가 주거/상업/공업지역에 편입되면 3년 이내 양도하여야 농지로 인정한다. 이 경우에도 **편입일까지의 양도소득금액만 감면이 가능**하다. 그런데 편입일부터 3년이 지난 사례 ①은 감면 자체가 불가하다.

   사례 ②와 같이 읍·면지역에 소재한 농지로서 2001.12.31. 이전에 주거/상업/공업지역에 편입되었으면 비록 2002년 이후 취득하더라도 편입일 이후의 양도소득금액도 감면을 인정한다. 따라서 사례 ②는 양도소득금액 전부가 감면 대상에 해당한다. 물론 실제 감면을 받을 때 연간 및 5년간 감면세액 한도를 적용받는 것은 별개이다.

   사례 ③은 읍·면지역에 소재한 농지를 취득한 경우이므로 주거지역 등 편입일로부터 3년이 지나서 양도하더라도 감면규정이 적용된다. 그렇지만 주거지역 등에 이미 편입된 농지를 상속받았고, 그 편입일이 2002년 이후이므로 상속인의 양도소득금액은 전부 개발이익이다. 따라서 감면소득금액은 "0"이 된다.

   사례 ④는 읍·면지역의 농지가 2001.12.31. 이전에 주거지역 등에 편입되었으므로 2002년 이후 취득하여도 개발이익까지도 감면이 인정된다. 따라서 사례의 경우 상속개시일 이후의 양도소득금액 전부가 감면소득금액이다.

4. 농지소재지에서 재촌 요건 판단과 관련하여 농지 소유자가 상시 재촌하는 의미로 이해한다. 세대원들이 같이 거주할 필요는 없다. 물론 소유자가 혼자 거주하면 감면 검토시 한층 엄격하게 심사할 것이지만 실제 거주한 것이 맞다면 인정한다. 그러나 사례와 같이 농사철에 일시 거주하는 것은 재촌 요건을 충족하였다고 보지 않는다.[2] 재촌 요건을 미충족하면 자경 요건은

---

1) 조심2016중2116, 2016.8.10. ; 조심2020광813, 2020.5.11. ; 조심2020광2107, 2021.6.10. 등
2) 심사양도2008-46, 2008.9.5. ; 조심2018서2045, 2018.7.23.

살펴볼 필요도 없다.[3]

5. 자경농지 감면에서 "8년 이상 재촌자경"하는 것은 **자경기간을 "통산"하는 개념**이다. 계속 경작의 개념이 아니다. 농지대토 감면에서 대토로 취득한 농지를 경작할 때 "계속"을 사용하지만, 자경농지 감면에서는 계속이 아니다. 따라서 중간에 일시 경작하지 못하는 기간은 제외하고 합산하여 8년 이상이면 된다. 8년 이상 자경하다가 양도 당시에 건강상 이유 등으로 임대경작을 하여도 무방하다. 농지 요건은 갖추어야 하기에 이미 8년 이상 경작하였다고 하여 양도시기에 경작하지 않고 방치하면 안 된다. 적어도 농지로는 사용되어야 한다.

6. 동지역에서 주거지역 편입일로부터 3년 이내에 환지예정지로 지정되었고 환지예정지 지정일로부터 3년 이내 소유권을 이전하였지만 주거지역 편입일로부터 3년이 경과한 경우에는 자경농지 감면이 불가하다. 환지예정지 지정일로부터 3년이 경과하지 않아야 하고 주거지역 등 편입일로부터 3년이 경과하지 않아야 한다. 사안은 주거지역 편입일부터 3년이 경과하였기 때문에 감면이 불가하다.

7. 소득제한에 따른 해당 연도 자경기간 불인정은 총급여액과 사업소득금액(음수이면 0)을 합산한다. 여기서 일용근로소득은 근로소득공제 전의 금액으로 판단한다. 그러나 부동산임대소득이나 농업·임업·농가부업소득은 제외한다. 따라서 사안에서 2020년의 소득은 "총급여(2,000만원) + 일용근로소득(1,800만원) + 사업소득금액(0)"으로 3,700만원 이상이기에 비록 재촌자경을 하였더라도 8년의 재촌자경 판단시 "자경연도"에서 제외한다.

관련 사례

구 분	내 용
종중에 대한 적용	• "종중 책임"하에 종중원 중 1인이 8년 이상 농지 소재지에 거주하면서 경작한 경우 자경감면을 적용받을 수 있음[4]
	• 종중원이 농지임대료를 지불하고 경작하면서 그 종중원에게 수확물이 귀속되는 경우와 같이 "대리경작"이 분명한 경우 자경감면을 부인함[5]
	• 종중의 경우 단체로서 자기의 노동력으로 경작할 수는 없으므로 종중의 책임과 계산 아래 종중원이 농지를 경작하는 경우에는 직접 경작으로 볼 수 있으나, 단순히 대리경작, 위탁경작을 한 경우 직접 경작으로 볼 수 없음[6]

---

3) 조심2019서1035, 2019.6.5. ; 조심2010서772, 2010.6.4. ; 조심2008중204, 2008.5.15.
4) 부동산납세과-227, 2014.4.3. ; 부동산거래관리과-466, 2012.9.7.
5) 조심2016광2608, 2016.10.4. ; 조심2014서161, 2014.8.28. ; 조심2013광4209, 2013.12.31.
6) 조심2019전3159, 2019.11.7. ; 조심2018서1215, 2018.5.24. ; 조심2018부846, 2018.4.16.

구 분	내 용
종중에 대한 적용	• 종중원의 경작사실을 입증하지 못하거나, 경작자가 종중원이 아닌 경우 감면을 부인함[7] • 종중의 경우 일반 농업인과 달리 직접 경작하기 곤란하고 종중의 책임하에 자경한 것과 대리경작 또는 임대차에 의해 경작하는 것이 사실상 구별하기 어려움이 있으며, 종중농지는 그 특성상 종중원 중 일부가 농지소재지에 거주하면서 직접 농산물을 경작한 경우 자경농지로 봄이 타당함[8]
농지 여부 판단	• 공부상 지목이 농지라도 양도일 현재 실제 경작에 사용되지 않는 토지는 농지로 사용하지 않는 사유가 자의이든 타의이든 일시적 휴경상태가 아닌 한 양도일 현재 농지로 볼 수 없음[9] • 공부상 지목이 "대지"나 "임야"라도 실제 농지로 사용되었다면 주거지역 편입 등 배제요건에 해당하지 않는 한 감면대상 농지에 해당함[10] • 경관작물(화초류로서 경관을 형성·유지·개선하기 위한 목적으로 재배하는 작물) 재배 토지와 관련하여 농지법 시행령 제2조 제1항 제3호에서 다년생 식물의 범위에 "3. 조경 또는 관상수목과 그 묘목(조경목적으로 식재한 것을 제외한다)"이라고 한 부분을 근거로 자경농지 감면이 적용되지 않는다고 봄[11] • 농지경영에 직접 필요한 농막, 퇴비사, 양수장, 지소, 농도, 수로 등을 포함하고, 과수원 경작을 위해 필수적으로 부수되는 방풍림, 농도, 농막(저장고, 창고 등) 등은 농지로 봄[12] • 소유농지에 농업용 고정식 온실을 설치하고 난초 등 화훼류를 직접 경작하다가 양도하는 경우에도 자경농지로 봄[13] • 양도일 현재 항공사진에 의하면 나대지 상태로, 토지 소재지에 사업자 등록된 내역에 의하면 폐자원 수집 등 사업에 사용된 것으로 보이며, 양도일 현재 해당 토지를 임대하고 있는 사실을 인정하는 점 등으로 보아 양도일 현재 농지에 해당하지 않음[14] • 텃밭이 주택과 어느 정도 거리가 떨어져 있더라도 자경요건이나 거주요건 등 다른 요건을 갖추었을 경우 자경감면을 인정함[15] • "농수로" 등의 범위는 자신의 자경 농지에 이용되는 수로를 말함[16]

---

[7] 조심2011서1059, 2011.7.21. ; 조심2009구2657, 2010.2.16. ; 조심2008서3297, 2008.11.7.
[8] 조심2016중3961, 2017.1.23. ; 조심2009서3351, 2009.12.30. ; 조심2009중61, 2009.5.19.
[9] 대판97누706, 1998.9.22.
[10] 재산세과-2923, 2008.9.24. ; 조심2008중984, 2008.10.1.
[11] 법령해석재산-2053, 2016.7.10. ; 법령해석재산-1932, 2016.7.8. ; 재산세제과-451, 2016.7.8.
[12] 부동산납세과-55, 2013.9.24.
[13] 법령해석재산-481, 2020.8.13.
[14] 조심2016구3614, 2016.12.15.
[15] 심사양도2005-5, 2005.4.22. ; 심사양도1999-4073, 1999.4.23. ; 국심2004중533, 2004.10.18.
[16] 조심2023부3056, 2023.5.25. ; 조심2022인8074, 2023.3.31. ; 조심2020구8264, 2021.4.13. ; 창원지법2023구단11215, 2024.6.19.

구 분	내 용
농지 여부 판단	• 농막이 농기구 보관 등에 이용되는 경우 자경농지의 감면대상에 포함되나, 농막 또는 퇴비사에 해당하지 않는 건축물 부수토지는 감면대상에 포함되지 않으며 그 해당 여부는 사실판단 사항임[17] • 농지법상 농막 규모(20㎡)를 훨씬 넘는 농가창고의 경우 감면을 부인함[18] • 농지 한가운데 비닐하우스에 농사와 관련된 농기자재나 비료 등 농사 관련 물품이 보관되어 있는 것으로 확인되어 농지경영에 직접 필요한 농막 등에 해당되어 비닐하우스 부수토지는 농지에 해당됨[19] • 농사일에 사용하는 비닐하우스의 부수토지도 농지로 봄이 타당함[20] • 농지에 컨테이너 박스가 설치되어 있더라도 영농창고로 보아 농지에 해당한다고 볼 수 있는 경우 감면을 배제한 것은 부당함[21] • 농작물을 재배하거나 관리하는 것을 포기한 채 장기간 방치한 경우에는 실제로 경작에 사용하였다고 할 수 없으므로 감면대상 농지에 해당하지 않음[22] • 3월에 양도된 논(畓)을 가지고 양도 당시 작물재배가 없다고 보아 농지가 아니라고 할 수 없음(농한기에 일시 다른 용도 사용은 자경 인정)[23] • 토지를 주차장 용지 등으로 사용/임대하면서 양도시점까지 원상회복되지 않고 매년 임대료를 징수한 것 등으로 보아 일시적 휴경상태가 아님[24] • 자갈야적장으로 사용되던 토지가 공사완료일 이후 양도시기까지 농지로 복구되지 않고 신도시 사업지구에 편입되어 공공용지의 협의취득에 따라 이전되어 다시 농경지로 이용될 수 있다고 보이지 않으므로 일시적 휴경에 해당하지 않음[25] • 농업·농촌기본법 및 세계무역기구법에 따라 일시 휴경농지로 선정되어 보상금을 지급받은 경우 당해 휴경기간은 자경기간에 포함됨[26] • 축산업자가 목축용 사료재배지로 사용하다가 양도시 감면 대상인 자경 농지에 해당되지 않음(사료용 작물 수확 후 일시 다른 작물 재배도 불인정)[27] • 판매목적이 아닌 단순히 관상목적 또는 상품전시 목적으로 식재된 토지는 농지세 과세대상이 아니므로 감면대상 농지에 해당하지 않음[28]

---

17) 부동산거래관리과-208, 2011.3.9. ; 부동산거래관리과-413, 2010.3.18.
18) 조심2014중1576, 2014.11.18. ; 의정부지법2015구합7451, 2015.12.22.
19) 국심1999경280, 1999.11.19.
20) 조심2022인8074, 2023.3.31.
21) 심사양도2004-16, 2005.1.31. ; 국심2003중2803, 2003.1.20.
22) 조심2021부856, 2021.9.16. ; 조심2019중3070, 2019.11.27. ; 대판2007두2050, 2007.3.30.
23) 재일46014-3075, 1995.11.27. ; 조심2018부4174, 2019.1.11. ; 국심2000중730, 2000.7.10.
24) 조심2023부9826, 2024.6.7. ; 조심2022중1491, 2022.8.31. ; 조심2020인8491, 2021.4.13. ; 조심2021전2975, 2021.9.23. ; 국심2004중883, 2004.8.16.
25) 국심2007전3734, 2008.1.31.
26) 서면5팀-1143, 2007.4.9.
27) 서면4팀-904, 2004.6.21. ; 심사양도2019-51, 2019.7.10. ; 대판2007두19720, 2008.1.1.
28) 서면5팀-248, 2008.2.4. ; 감심2023-491, 2024.11.15. ; 조심2023부38, 2023.3.31. ; 조심2012중3491, 2013.2.27.

구 분	내 용
농지 여부 판단	• 버섯재배사 정착면적을 제외한 부분은 농지법 제2조 제1호 나목의 "농축산물 생산시설로서 대통령령으로 정하는 시설의 부지"로 인정하기 어려울 뿐만 아니라, "농막·퇴비사·양수장·지소·농도·수로 등"에 포함된다고 해석할 수 없음[29] • 관상수 등을 재배하여 판매한 것이 아니라 일시 가식(假植)하여 판매한 경우에는 양도 당시 농지로 볼 수 없음[30] • 자경하던 농지가 하천구역에 편입되어 양도일 현재 공부상 농지라도 사실상 제방부지 등으로 사용되는 경우 양도일 현재 농지로 볼 수 없음[31] • 양도 당시 임차인이 조립식 무허가 건물을 설치하고 고물상업을 영위한 것으로 확인되어 양도 당시 농지로 볼 수 없음[32] • 대밭이 죽순을 재배하는 토지인 경우 농지에 해당하나, 죽세공품을 제조 판매할 목적으로 대나무를 재배하는 토지인 경우 농지에 해당하지 않음[33] • 농업용수 공급에 필요한 저수용 토지도 농지에 포함됨[34] • 양식장으로 농업용수 공급기능을 상실한 저수지는 감면대상이 아님[35]
공동 소유 농지	• 자경농지 감면은 공동소유한 농지라도 본인이 직접 경작한 경우에 적용됨[36] • 농지 전부를 공유자 중 1인이 경작한 경우 당해 경작한 자의 소유지분만 감면이 적용됨[37]
매매계약일 후 매매 특약으로 형질변경 등	• 양도일 이전에 보상계약조건에 따라 사업시행자가 형질변경, 건축착공 등을 한 경우에는 보상계약일 현재를 말하며, 이 경우 "보상계약일 현재"란 보상 계약서상의 계약일을 말함[38] • 양도일 현재(또는 매매계약일 현재, 토지조성공사 착수일 현재) 농지가 아닌 토지는 과거에 농지로 사용하였어도 감면대상이 될 수 없음[39] • 양도 당시 건물을 신축 중이었으나, 부담부 증여 계약일 당시에는 농지를 자경농지 감면에 해당하지 않는다고 본 것은 잘못임[40]
감면 신청	• 자경농지 감면은 요건이 충족되면 "당연히 감면"되는 것으로 신청이 있어야만 감면되는 것이 아니고 신청 규정은 협력의무를 부과한 것에 불과하므로 기한 내 세액감면신청서의 제출이 없더라도 감면요건에 해당하면 감면함[41]

---

29) 조심2017중445, 2017.6.28. ; 서울고법2018누58105, 2018.10.23. ; 대판2018두63488, 2019.2.28.
30) 조심2019중3832, 2020.6.18.
31) 재재산46014-68, 2000.3.13.
32) 심사양도2011-70, 2011.6.3. ; 조심2011중2130, 2011.8.10.
33) 재산세과-1075, 2009.6.1. ; 조심2011부142, 2011.8.24.
34) 재산세과-4420, 2008.12.26.
35) 조심2011중236, 2011.4.25. ; 조심2010부271, 2010.3.22. ; 서울고법2012누7242, 2012.11.16.
36) 법령해석과-2453, 2015.9.24. ; 재산세과-979, 2009.12.10.
37) 법령해석과-2453, 2015.9.24. ; 재산세과-318, 2009.9.25.
38) 부동산거래관리과-935, 2010.7.16.
39) 재산46014-786, 2000.6.28. ; 조심2018전4869, 2019.1.24. ; 조심2018중1995, 2018.6.29.
40) 조심2021중1845, 2021.7.7.
41) 조특 집행기준 69-66-29 ; 대판97누10628, 1997.10.24. ; 대판92누17273, 1993.5.25.

구 분	내 용
주거지역 등에 편입된 농지	• 주거지역에 편입된 날은 국토계획법에 의거 도시관리계획 결정내용(지역·지구·구역·도시계획시설, 위치, 면적·규모 등)을 국토교통부장관이 관보에 고시한 날(시·도지사가 하는 경우 당해 시·도의 공보에 고시한 날)을 말함[42]
• 국토교통부장관이 택지개발촉진법 제9조 제3항 등에 따라 택지개발사업실시계획을 고시한 때에는 도시관리계획의 결정내용을 고시한 것으로 봄[43]
• 농지가 도시지역에 편입되었으나 세부 용도지역(주거·상업·공업·녹지지역)이 지정되지 않은 경우 "녹지지역"으로 지정된 것으로 봄[44]
• 2002.1.1. 이후 주거지역 등 편입된 농지를 2002.1.1. 이후 상속받은 경우 조특령 제66조 제12항에 불구하고, 감면소득금액 계산시 개발이익을 배제하도록 규정하고 취득일 전에 이미 주거지역 등에 편입되었기에 양도소득금액이 전액 개발이익이 되어 사실상 감면세액은 없음[45]
• 시지역의 주거지역에 편입된 토지 중 도로예정면적도 주거지역으로 보아 편입일로부터 3년이 경과한 경우 감면이 배제됨[46]
• 2001.12.31. 이전 주거지역 등에 편입된 읍·면지역 소재의 농지를 취득하여 8년 이상 재촌자경한 경우 주거지역 등에 편입된 날 이후 발생한 소득에 대해서도 감면을 적용함(2001.12.31. 현재 미보유자도 적용)[47]
• 2001.12.31. 이전 주거지역 등에 편입된 읍·면지역 소재의 농지에 대하여 개발이익까지도 감면하는 특례는 2002.1.1. 현재 농지인 경우에만 적용되며,[48] 2002.1.1. 현재 녹지지역인 경우에는 이후 주거지역 편입시 개발이익은 감면되지 않음[49]
• 자경농지가 시지역의 주거·상업 및 공업지역으로 편입된 후 3년 이내 대규모 개발사업 시행에 따라 해당 지역들에 편입된 날부터 3년이 지나 해당 농지를 양도하는 경우 감면을 적용함(개발이익은 감면배제)[50]
• 대규모 사업지구 안 보상지연 등 판단시 사업시행면적이란 대규모 개발사업지역(사업인정고시일이 동일한 하나의 사업시행지역을 말함) 안의 사업시행면적을 말함[51]
• 대규모사업 판단시 사업시행면적이란 대규모 개발사업지역(사업인정고시일이 동일한 하나의 사업시행지역을 말함) 안의 사업시행면적을 말함[52]

---

42) 재산세과-156, 2009.1.14. ; 서면4팀-2356, 2006.7.19.
43) 부동산거래관리과-731, 2010.5.27. ; 서면4팀-1961, 2005.10.24.
44) 법규재산2012-151, 2012.5.4.
45) 법령해석재산-1198, 2021.10.20. ; 조심2020인1785, 2020.10.19. ; 대판2021두58844, 2022.3.17.
46) 심사양도2006-92, 2006.6.5.
47) 법규재산-4062, 2022.2.21. ; 재산세제과-245, 2022.2.15.
48) 조세법령운용과-937, 2021.11.2.
49) 법규재산-154, 2022.12.13.
50) 재재산-164, 2011.3.8. ; 재산세과-156, 2009.1.14. ; 재재산46014-130, 1999.4.19. ; 조심2024서0321, 2024.4.4.
51) 서일46014-10164, 2002.2.7.
52) 서일46014-10164, 2002.2.7.

구 분	내 용
주거지역 등에 편입된 농지	• 대규모개발사업 시행 前에 시지역의 주거지역 등에 편입된 경우 주거지역 등에 편입된 날부터 3년이 지나면 예외가 적용되지 않아 감면을 적용받을 수 없음[53] • 주거지역 등 편입 후 3년 이내 대규모 개발사업이 시행되었는지 여부는 관련 법률상 사업인정고시가 있는 때를 기준으로 판단함[54] • 대규모 개발사업은 택지개발사업 등과 같이 사업지구 전반에 걸친 개발행위가 전제되는 사업을 의미함[55] • 시지역의 주거지역 등 "편입일로부터 3년이 경과된 후" 대규모 개발사업지역으로 편입된 경우 감면이 적용되지 않음[56] • 주거지역에 편입된 날의 기준시가가 취득 당시의 기준시가 이하인 경우에는 감면소득금액이 없음[57] • 양도일 현재 도·농 복합 시의 동(洞)지역에 있는 자경농지가 주거지역 등에 편입된 지는 3년이 지났으나 행정구역 개편으로 읍에서 동지역으로 편입된 지가 3년이 지나지 않은 경우 자경농지에 해당함[58] • 양도일 이전에 택지개발예정지구로 지정되었으나 양도일 후에 주거지역 등에 편입된 토지는 감면배제 대상에 해당하지 않으므로 택지개발예정지구 지정일로부터 양도일까지 발생한 양도소득금액은 감면대상임[59] • 주거지역 등 편입 후 환지예정지 지정을 받은 토지의 감면대상 범위는 취득일로부터 주거지역 등에 편입되거나 환지예정지 지정을 받은 날 중 "먼저 발생된 날까지"로 함[60]
농지 외로 환지예정지 지정	• 환지예정지 지정일은 "당초 지정고시일"을 의미하며, 환지계획의 변경인가일이 아님[61] • 주거지역 편입일로부터 3년 이내에 환지예정지로 지정되었고 환지예정지 지정일로부터 3년 이내 소유권을 이전하였지만 주거지역 편입일로부터 3년이 경과한 경우 양도소득세 감면 불가함[62] • 환지예정지로 지정된 토지를 그 지정일로부터 3년이 경과하여 양도할 경우 해당 토지가 특별시·광역시 또는 시에 소재하는지 여부에 관계없이, 대규모 개발사업 시행지역 여부에 관계없이 감면이 배제됨[63]

---

53) 서면4팀-826, 2005.5.27 ; 조심2011중917, 2011.5.4. ; 대판2013두9410, 2015.5.29.
54) 법규재산2013-256, 2013.11.12.
55) 조심2021인5896, 2022.6.20.
56) 재산세과-521, 2009.2.13. ; 재재산-1597, 2004.11.30. ; 대판2007두20010, 2007.12.27.
57) 서면5팀-1079, 2007.4.3. ; 조심2019중1691, 2019.6.13.
58) 재산세과-2929, 2008.9.24. ; 서면5팀-924, 2006.11.22.
59) 국심2006서264, 2006.12.7.
60) 조심2015전2038, 2015.11.10.
61) 법규재산2012-238, 2012.6.28. ; 대판2005두3899, 2006.2.23.
62) 법령해석재산-7, 2016.2.29.
63) 서면4팀-1721, 2004.10.26.

구 분	내 용
농지 외로 환지예정지 지정	• 농지 외로 환지예정지로 지정된 경우 그 소재를 불문하고 부득이한 사유에 의하여 3년이 경과하더라도 감면이 배제됨[64] • 시지역(동)의 주거지역 등에 편입된 날부터 3년이 지난 후 농지 외로 환지예정지 지정되어 그 지정일부터 3년 이내 양도시 감면이 배제됨[65] • 환지예정지로 지정된 농지를 양도한 것이 아니라 환지처분된 토지를 양도한 것으로 나타나므로 자경농지 감면 대상으로 보기 어려움[66] • 읍면지역의 농지로서 2001.12.31. 이전에 주거지역 등에 편입되었으나, 2002.1.1. 이후 농지 외로 환지예정지 지정되어 3년이 경과한 경우 조특법 개정 법률 제6538호 부칙 제28조를 적용할 수 없어 감면이 배제됨[67]
재촌 요건 관련	• "경작개시 이전"에 행정구역 개편이 이미 이루어진 경우 행정구역 개편에 따른 특례를 적용할 수 없음[68] • 행정구역 개편이 완료됨으로써 이미 甲구가 乙구의 연접구가 아닌 별개의 자치구로 변경된 후 甲구로 이사한 경우 행정구역 개편에 따른 특례가 적용되지 않음[69] • 농지가 소재하는 시·군·자치구 또는 그와 연접하는 시·군·자치구에 거주하면서 경작한 경우에는 직선거리 30㎞는 고려하지 않음[70] • 연접한 시·군·자치구란 행정구역상 동일한 경계선을 사이에 두고 서로 붙어있는 시·군·자치구를 말하며(지도상 서로 붙어 있는 것) 해상에서 해상경계선을 사이에 두고 있는 경우도 포함됨[71] • "해당 농지로부터 직선거리 30㎞ 이내의 지역" 판정시 농지 소유자가 아파트에 거주하는 경우 해당 농지로부터 농지 소유자가 거주하는 아파트의 동 출입구까지 직선거리를 기준으로 판정하며, 절사나 반올림 없이 실제 거리를 기준으로 함[72] • 농지소재지가 아닌 곳에 주소와 생활근거 등을 두고 있으면서 "농번기에 일시적으로" 농지소재지의 농막을 이용하였어도 농지소재지 거주로 보기 어려움[73] • 취득한 때로부터 양도할 때까지 8년 이상 재촌자경한 사실이 확인되는 경우 "양도 당시에는 농지소재지에 거주하지 않은 경우"에도 감면규정을 적용함[74] • 농지를 피상속인이 8년 이상 재촌자경한 사실이 확인되면 양도일 현재 상속인이 농지소재지에 거주하지 않더라도 자경 감면을 적용받을 수 있음[75]

64) 조심2021전3684, 2021.11.15.
65) 재산세과-1514, 2009.7.22. ; 심사양도2013-149, 2013.11.8.
66) 조심2021전3684, 2021.11.15.
67) 부동산납세과-528, 2016.4.12. ; 조심2014구2123, 2014.6.3.
68) 심사양도2002-122, 2002.6.24.
69) 대판2009두1310, 2009.3.12.
70) 재산세과-1610, 2008.7.10.
71) 부동산거래관리과-101, 2010.1.20. ; 재산세제과-379, 2008.7.4. ; 국심2007중531, 2007.5.14.
72) 법규재산-5521, 2023.2.23.
73) 심사양도2008-46, 2008.9.5. ; 조심2018서2045, 2018.7.23.
74) 조특 집행기준 69-66-5 ; 재일46070-156, 1997.1.27.
75) 재일46014-233, 1997.2.4.

구 분	내 용
재촌 요건 관련	• 재촌자경은 세대를 기준으로 판단하는 것이 아니기에 농지소재지에 해당 소유자가 거주하는 것으로만 판단함[76]
자경기간 판단	• 상속개시 당시 농지에 해당하지 않는 경우 이후 상속인이 농지로 경작하여도 피상속인의 경작기간은 통산할 수 없음[77] • 상속받은 농지를 경작한 기간 중 총급여 등이 3,700만원 이상인 과세기간을 제외하고 계속 경작기간이 1년 미만이면 자경농지 감면을 적용할 수 없음[78] • 증여받은 농지의 양도로 배우자 등 이월과세가 적용되는 경우 자경기간 기산일은 "증여등기 접수일" 이후 수증자의 재촌자경한 날부터 기산함[79] • 농지대토 등으로 취득한 농지를 수용 등이 아닌 "임의로" 양도하는 경우에는 대토로 취득한 날로부터 자경기간을 갖추어야 함[80] • 당초 농지가 농지로 환지된 경우 환지 前 농지의 자경기간을 합산하며, 환지처분으로 교부받은 면적이 권리면적보다 증가된 경우 증가된 면적의 경작기간은 "환지처분 공고가 있는 날의 다음날 이후 경작기간"으로 계산함[81] • 농업에 상시 종사하는 것이 아니라 "부분 종사하는 사람"은 생계나 세대를 같이하는 가족으로 하여금 경작하게 하는 경우까지 재촌자경에 포함할 수 없음[82] • 농업식품기본법, 세계무역기구법에 따라 일시 휴경농지로 선정되어 보상금을 지급받은 경우 당해 농지의 "휴경기간은 자경기간에 포함"함[83] • 농경지 리모델링사업 시행으로 경작하지 않은 기간은 "경작기간"이 부인됨[84] • 배우자의 대리경작은 자기노동력에 의하여 경작한 것으로 보기 어려움[85] • 상여금(인정상여도 포함)을 포함하여 3,700만원 이상 지급받은 사실이 확인되어 해당 연도는 경작기간에서 제외됨[86] • 일용근로자가 근로소득공제를 받기 전 금액이 3,700만원 이상인 과세기간은 자경기간에서 제외함[87] • 연도 중 입사・퇴사한 경우 "그 기간"은 "소득세법상 과세기간"으로 보아, 과세기간 연도 중 퇴사하면 해당 과세기간 전체를 자경 부인함[88]

---

76) 대판2002두2048, 2002.5.15.
77) 법령해석재산-36, 2017.10.13.
78) 법규재산-620, 2022.7.28.
79) 재산세과-1330, 2009.7.2. ; 서면4팀-1413, 2005.8.16.
80) 부동산거래관리과-521, 2012.9.27.
81) 조특통칙 69-0…1① ; 서면5팀-144, 2006.9.15.
82) 조심2022중5931, 2022.7.20. ; 대판2018두48854, 2018.9.13. ; 대판2015두42039, 2015.8.19.
83) 조특 집행기준 69-66-11 ; 서면5팀-1143, 2007.4.9.
84) 부동산거래관리과-47, 2010.1.14.
85) 조심2020서1833, 2020.8.21.
86) 법령해석재산-5391, 2017.6.22. ; 조심2019부2483, 2019.10.11.
87) 법규재산-19, 2023.1.30.
88) 법령해석재산-2602, 2016.4.5. ; 조심2016전2010, 2016.8.10. ; 조심2015서1947, 2015.9.15.

Chapter 106 농지 대토 감면, 적용받을 때 꼭 주의할 사항?

내용 Summary

기본사항 Check

- **농지대토 감면 개요**: 거주자가 농지를 통산하여 4년 이상 재촌자경하다가 양도하고 경작상 필요에 의하여 신규농지를 취득한 후 계속 경작한 경우 종전 농지의 자경기간과 합산하여 8년 이상 자경하면 100% 세액감면 → 1년 1억원, 5년 합산 1억원 한도

- **농지대토 감면 요건**
  ① 거주자일 것 → 비거주자는 2년 이내 농지 양도하여야 함(대토를 선취득한 경우 예외적으로 발생)
  ② 양도 당시 "농지"일 것 : 농지의 개념은 자경농지 감면과 동일하나, **읍·면지역이 2001.12.31. 이전 주거지역 등에 편입하여도 개발이익은 감면 제외(★)**
  ③ 농지 소재지에서 통산하여 4년 이상 재촌 & 자경할 것
    ㉠ 재촌자경의 의미 : 자경농지와 같음
    ㉡ **양도 당시 재촌자경을 하여야 함(★)**
  ④ 대토농지의 취득 → **대토농지는 종전농지 면적의 2/3 이상 또는 가액의 1/2 이상**
    ㉠ **종전농지를 먼저 양도한 경우** : 양도일로부터 1년(수용 등 2년) 이내 대토농지를 취득하고, 취득일부터 1년 이내 경작을 개시할 것
    ㉡ **대토농지를 먼저 취득한 경우** : 취득일 후 1년 이내 종전농지를 양도할 것
  ⑤ 대토농지의 재촌자경 : 종전농지의 자경기간과 합산하여 8년 이상일 것
    ㉠ 종전농지의 자경기간은 "통산"이지만, 대토농지의 자경기간은 "계속" 개념임
    ㉡ 대토농지가 수용 등으로 양도된 경우 8년 충족 간주
    ㉢ **총급여 등 3,700만원 이상**
      ⓐ 종전농지 "양도 연도"에 3,700만원 이상 → **감면 부인**
      ⓑ 대토 "사후관리기간 중" 3,700만원 이상 → **감면세액 추징**
  ⑥ 감면소득금액 : 100% 세액감면 → 감면한도는 1년에 1억원(다른 모든 감면과 합산 판단), 5년에 1억원(다른 감면들과 합산하여 2억원 초과시 1억원 이내라도 초과분은 감면 배제)

핵심 Point

- 통산하여 4년 이상 재촌자경하였지만 양도 당시 재촌자경하지 않은 경우 : 감면 ×
- 양도하는 연도에 총급여 등 3,700만원 이상일 경우 : 감면 ×
- 종전농지를 양도하고 대토농지 취득 요건 : 면적 2/3 이상 또는 가액 1/2 이상 중 하나만 충족하면 됨
- 농지를 매매로 양도하고 대토 취득한 뒤 대토의 자경 방법 : 양도 후 1년 이내 대토농지 취득하고 그 취득일부터 1년 이내 재촌자경하여야 함
- 대토 사후관리기간 중 총급여 3,700만원 이상 등 : 사후관리 위반 추징 ○

질문 »

1. 다음의 경우에는 각각 임야를 취득하여 과수원으로 개간한 경우이다. 각각 농지대토 감면이 어떤 요건 하에 적용될 수 있는가?
   ① 먼저 임야를 취득한 후 1년 안에 종전 농지를 양도한 경우
   ② 종전 농지를 양도한 후 임야를 취득한 경우
   ③ 종전 농지를 양도하기 3년 전에 취득하여 보유 중인 임야를 개간한 경우

2. 甲은 종전의 농지를 통산하여 4년 이상 재촌자경하다가 일시 건강상 이유로 같은 마을에 사는 乙에게 대리경작을 하던 중 해당 농지를 양도하였다. 농지대토 감면이 적용되는가?

3. 甲은 종전의 농지를 4년 이상 경작하던 중 해당 농지가 수용된다는 말이 있어 은행 대출을 받아 인근의 농지를 대토로 먼저 취득하였다. 그러나 보상협의가 늦어져서 1년 내에 수용이 이루어지지 않아 종전 농지가 대토농지 취득일부터 1년 10개월 만에 보상금을 수령하고 소유권을 이전하여 주었다. 甲은 농지 대토 감면을 적용받을 수 있는가?

4. 甲은 4년 이상 농지를 재촌자경하고 있는데, 최근 자녀 교육 문제로 농지 인근 공장에 취업하여 총급여(상여 포함) 3,700만원 이상을 지급받고 있다. 해당 연도에 농지를 양도할 경우 농지대토 감면을 적용받을 수 있는가?

5. 甲은 4년 이상 농지(3,000㎡)를 재촌자경하고 있으며, 해당 농지를 매매로 양도하고 1년 이내 인근 군지역에 소재한 3,000㎡ 농지를 취득하였다. 대토농지를 재촌자경하던 중 대출금을 변제하기 위해 사후관리 기간 중 1,000㎡를 분할하여 양도하였다. 사후관리 위반인가?

6. 甲은 4년 이상 농지를 재촌자경하고 있으며, 해당 농지를 매매로 양도하고 1년 이내 신규 농지를 취득하였다. 대토감면 요건은 충족한 상태로 대토농지 소재지에서 재촌자경하다가 사후관리 기간 중 자금 문제로 농지 인근 공장에 취업하여 1년 동안 총급여(상여 포함) 3,700만원 이상을 지급받았다. 이후 다시 회사를 그만두고 농업에 전념하였다면, 농지대토 감면 사후관리 위반인가?

7. 2001.12.31. 이전 주거지역에 편입된 읍·면지역 소재 농지를 2018년에 취득하여 4년 이상 재촌자경하고 있다. 해당 농지를 양도하면 농지대토 감면이 적용되는가?

 **답변 및 해설 »**

1. 사례 ①과 같이 먼저 임야를 취득한 후 1년 안에 종전 농지를 양도한 경우 "**새로운 토지 취득일부터 1년 내에**" 농지로 개간이 완료되어 경작할 수 있는 상태가 되어야 한다.

   사례 ②와 같이 종전 농지를 양도한 후 임야를 취득한 경우에는 "**종전 농지의 양도일로부터 1년 내에**" 농지의 개간이 완료되어 경작할 수 있는 상태가 되어야 한다.

   사례 ③과 같이 종전 농지를 양도하기 3년 전에 취득하여 보유 중인 임야를 개간한 경우에는 **새롭게 취득한 경우가 아니므로** 농지로 개간하여도 농지대토 감면이 적용되지 않는다.

2. 농지대토 감면은 "**경작상 필요**"에 의해 대토하는 경우에 감면을 인정하는 것이므로 종전농지 양도 시점에 재촌자경을 하지 않으면 경작상 필요에 의해 양도하는 것으로 볼 수 없기에 감면을 부인한다. 즉, **종전농지 양도 당시 재촌자경을 하고 있어야** 한다. 따라서 사안의 경우에는 농지대토 감면을 적용받지 못한다.

3. 종전농지를 수용 등으로 양도하는 경우에는 그 양도일로부터 신규농지 취득시한이 1년에서 2년으로 연장된다. 그러나 사안과 같이 대토농지를 먼저 취득한 경우에는 종전농지 양도기한이 2년으로 연장되지 않는다. 대토농지 취득일로부터 1년 이내 종전농지를 양도하여야 한다. 따라서 사안과 같이 **협의매수 또는 수용이 대토 취득일부터 1년 뒤로 늦어지는 경우 농지대토 감면을 적용받지 못함**에 유의하여야 한다.

4. 총급여 및 사업소득금액(음수이면 0)의 합계액이 3,700만원 이상이거나 복식부기 대상 연도는 재촌자경한 것으로 보지 않는다. 그런데 농지를 양도하는 경우 농지대토 감면을 적용받으려면 양도하는 시기에 재촌자경을 하고 있어야 한다. 따라서 **농지를 양도하는 연도에 총급여 3,700만원 등 소득제한에 해당되면 농지대토 감면이 부인**된다.

5. 농지대토의 요건은 취득하는 농지가 종전농지 면적의 2/3 이상이거나 가액이 1/2 이상이어야 한다. 어느 하나만 충족하면 가능하다. 이는 최종 대상인 농지로 판단한다. 따라서 **대토 취득 당시 면적기준을 넘게 취득하고 사후관리기간 중에 일부를 양도하더라도 잔여 재촌자경하는 농지가 면적기준 또는 가액기준을 충족하면** 사후관리 위반이 되지 않는다. 사안은 잔여 면적이 2/3를 충족하므로 사후관리 위반이 아니다.

6. 농지대토 감면을 적용받으면 사후관리에 특히 유의하여야 한다. 사후관리 기간은 종전농지를 몇 년 경작하였는지에 따라 달라진다. 어찌되었든 사후관리 기간에는 "계속하여" 재촌자경하

여야 하기에 **중간에 소득제한에 따라 자경기간이 중단되면 사후관리 위반**이 된다. 농지소재지 외의 거주이전도 동일하다. 중단되면 안 된다. 물론 종전 농지 양도 후 1년 이내 신규농지를 취득하고 그때로부터 1년 이내 재촌자경을 실시하여야 하기에 그 시점 이후부터가 새로운 사후관리 start 시점이 될 수는 있다.

7. 자경농지 감면에서는 2001.12.31. 이전 주거지역에 편입된 읍·면지역 소재 농지를 2002년 이후 취득하더라도 개발이익까지도 감면이 적용된다. 그러나 농지대토 감면에는 그런 규정이 없다. 따라서 읍·면지역으로서 2001.12.31. 이전에 주거지역 등에 편입된 농지를 취득하여 4년 이상 재촌자경하여도 농지대토 감면 적용시 전부 개발이익이 되어 **감면소득금액은 0**이 된다. 실무에서 유의할 사항이다.

관련 사례

구 분	내 용
양도일 현재 농지소재지 미거주/미경작	• 농지의 "양도일 현재" 농지 소유자가 당해 농지소재지에 거주하지 않은 경우 농지대토 감면규정이 적용되지 않음[89] • 농지대토 감면은 종전 농지를 "양도할 당시" 양도자가 해당 농지소재지에 거주하면서 자경한 경우에 적용하므로(경작상 필요 요건),[90] 양도 당시 자경할 필요 없이 양도 이전에 통산 4년 이상만 자경하면 된다고 해석할 수 없음[91] ※ 헌법재판소는 "경작상 필요" 부분이 명확성 원칙 등에 반하지 않는 것으로 판단함(합헌)[92]
거주 이전 시기	• 종전 농지를 양도하고 1년 내 새로운 농지를 취득함에 있어 종전 농지의 양도 후 새로운 농지소재지가 아닌 곳에 이주한 사실이 있는 경우에도 종전 농지의 양도일로부터 1년 이내 새로운 농지를 취득하여 재촌·자경하는 경우 대토감면 규정이 적용됨[93]
토지 취득 후 농지로 개간한 경우	• 토지를 취득하여 농지로 개간하는 경우 1년이 되는 기산점은, "선취득 후양도"의 경우 "새로운 토지 취득일부터 1년 내에" 농지로 개간이 완료되어 경작할 수 있는 상태가 된 경우를 말하고,[94] "선양도 후취득"인 경우 "종전 농지의 양도일로부터 1년 내에" 농지의 개간이 완료되어 경작할 수 있는 상태가 된 경우를 말함[95] • 종전 농지의 양도일 전에 종전부터 "보유 중인" 임야를 농지로 개간하는 경우 대토감면을 적용받을 수 없음[96]

---

89) 부동산거래관리과-1232, 2010.10.7. ; 서면4팀-1826, 2007.6.1.
90) 재산세제과-120, 2011.2.16. ; 수원지법2018구합2101, 2019.11.14.
91) 대판2010두14589, 2010.11.11. ; 대판95누3695, 1995.9.29. ; 대전지법2011구합2035, 2011.11.2.
92) 헌법재판소2020헌바364, 2024.4.25.
93) 서면4팀-947, 2008.4.15.
94) 법규재산2011-438, 2011.11.2.
95) 부동산거래관리과-534, 2010.4.9.
96) 서면4팀-203, 2006.2.6.

구 분	내 용
주거지역 등 편입	• 양도하거나 취득하는 토지가 양도일 현재 도농복합형태의 시의 동(洞)지역에 있는 농지로서 주거지역 등에 편입된 지는 3년이 지났으나 동지역에 편입된 지 3년이 지나지 않은 경우 감면규정이 적용됨[97]
	• 읍·면지역에 소재하는 농지로서 "이미 주거지역에 편입된 농지를 취득하여" 직접 경작하다가 경작상의 필요에 의하여 대토하기 위해 양도하는 경우 당해 농지는 농지대토 감면이 적용되지 않음(전부 개발이익)[98]
	• 농지대토 감면규정 적용시 양도/취득 농지가 "자연녹지지역"에 소재하는 농지의 경우 감면규정을 적용할 수 있음[99]
대토농지 취득	• 대토로 새롭게 취득하는 농지는 종전 농지와의 거리 제한은 없음[100]
	• 농지대토의 감면요건(대토기간·면적·가액 등)은 필지별로 적용하는 것으로 1필지의 토지를 관념상 또는 임의구분하여 농지로 사용되는 일부 면적에 대하여만 적용할 수는 없으나, 용도가 객관적으로 구분되는 경우 농지로 사용되는 면적에 대하여는 당해 감면을 적용할 수 있음[101]
	• 새로 취득하는 농지 면적은 "종전 농지의 양도일부터 1년 내에 취득한 농지"와 "종전 농지의 양도일 전 1년 내에 취득한 농지" 면적을 합하여 판단함[102]
	• 새로 취득한 농지의 일부를 자경기간 충족 전에 "분할 양도"한 경우로서 잔존하는 농지 면적이 면적기준을 충족하는 경우 당초 감면받은 양도소득세를 추징하지 않음[103]
	• 주된 용도가 농지인 1필지의 토지를 새로 취득하여 농지와 일부 "양계장"으로 사용하는 경우 실제 경작에 사용하는 면적이 양도농지의 면적기준을 충족하면 농지대토 감면을 적용받을 수 있음[104]
	• 새로 취득한 농지 일부를 3년 이상 직접 경작하지 않고 "분할 임대"한 경우로서 잔존 농지의 면적이 면적기준을 충족하는 경우 감면받은 양도소득세를 추징하지 않음[105]
	• 농지대토 감면요건(가액요건 등)을 충족한 농지를 양도하고, 새로 농지 1필지를 취득한 후 그 농지의 일부를 용도 변경하여 주택 부수토지로 사용하는 경우로서 신규 취득 농지의 잔존 부분의 가액이 양도한 농지의 가액요건을 충족하는 경우 농지대토 감면을 적용받을 수 있음[106]

---

97) 재산세과-2929, 2008.9.24.
98) 부동산거래관리과-976, 2010.7.27. ; 서면5팀-1686, 2007.5.28.
99) 서면4팀-632, 2008.3.18.
100) 재산세과-611, 2009.3.24.
101) 재산세과-1349, 2009.7.3.
102) 서면4팀-976, 2006.4.14.
103) 부동산거래관리과-513, 2011.6.24. ; 재산세과-4149, 2008.12.8.
104) 재산세과-919, 2009.5.11.
105) 부동산거래관리과-439, 2010.3.22.
106) 부동산거래관리과-1254, 2010.10.12.

구 분	내 용
대토농지 취득	• 취득 농지 일부를 의무경작기간 동안 직접 경작하지 않고 분할 양도한 경우 "잔존 농지의 가액"이 당초 양도 농지의 가액기준 이상이면 양도소득세를 추징하지 않음[107]
	• 농지대토 감면 적용시 새로 취득하는 농지면적이 "양도하는 여러 필지 농지 합계 면적" 이상이거나 가액이 "양도하는 여러 필지 농지의 합계가액"의 2분의 1 이상인 경우를 포함함[108]
	• 종전 농지와 새로운 농지의 취득자는 동일하여야 하며, 경작하던 농지를 양도하고 배우자 명의로 다른 농지를 취득하여 경작한 경우에는 농지 대토로 보지 않음[109]
경작기간	• 경작기간은 종전 농지의 경우 농지 소유기간 중 "통산하여" 사실상 4년 이상 직접 경작한 기간을 말하며, 새로 취득한 농지는 농지소재지에 거주하면서 "계속하여" 경작한 기간을 말함[110]
	• 종전 농지를 양도하고서 새로운 농지를 취득하였으나 곧바로 거주지를 이전하지 못하다가 이후 거주지를 새로운 농지소재지로 이전하여 계속하여 농지를 경작한 경우 대토기간 내에 거주기간과 경작기간이 일치한 이후 의무경작기간 동안 계속하여 재촌자경한 경우에는 감면요건에 해당함[111]
	• 새로운 농지의 경작은 "계속"을 요건으로 하기에, 새로 취득한 농지의 농지소재지 요건을 갖추다가 의무경작기간 경과 전에 농지소재지 밖으로 거주를 이전한 경우 직접 경작하더라도 감면을 적용받지 못함[112]
	• 취득한 농지가 아닌 "종전 농지"가 수용되는 경우로서 농지의 경작기간이 4년 이상 되지 않는 경우 농지대토 감면이 적용되지 않음[113]
	• 농지대토 감면규정 적용시 농업·농촌기본법 및 세계무역기구법에 따라 일시 휴경농지로 선정되어 보상금을 지급받은 경우 당해 농지의 휴경기간은 자경기간에 포함함[114]
	• 대토농지 취득하여 3년 이상 농지소재지에서 거주하면서 경작한 경우란 당해 농지를 3년 이상 계속하여 경작한 경우를 말하므로 의무경작기간 이내에 임의로 휴경한 경우 농지대토 감면을 적용받을 수 없음[115]
	• 농지 양도일이 속하는 과세기간의 총급여액이 3,700만원 이상인 경우, 해당 거주자는 농지대토 감면을 적용받을 수 없음[116]

---

107) 서면4팀-1399, 2008.6.11. ; 서면4팀-528, 2007.2.8.
108) 서면4팀-827, 2006.4.5. ; 서면4팀-1968, 2004.12.3.
109) 서면4팀-1469, 2005.8.19. ; 재일46014-2501, 1997.10.22.
110) 재산세제과-564, 2011.7.20. ; 부동산거래관리과-391, 2011.5.11. ; 서면5팀-2890, 2007.11.5.
111) 재산세과-281, 2009.9.22. ; 수원지방2019구합638, 2020.4.23.
112) 재일46014-2048, 1997.8.29.
113) 법규재산-5248, 2022.12.22. ; 부동산거래관리과-1078, 2010.8.20. ; 서면5팀-172, 2008.1.24. ; 조심2009중3497, 2009.12.8. ; 대구지법2023구합261, 2024.2.7.
114) 서면4팀-2348, 2007.7.31. ; 서면5팀-1143, 2007.4.9.
115) 심사양도1999-4421, 1999.11.5. ; 재일4601-1317, 1999.7.6.
116) 부동산납세과-297, 2019.3.22. ; 법령해석재산-2602, 2016.4.5. ; 조심2016전2010, 2016.8.10.

구 분	내 용
경작기간	• 대토농지 취득 후 현지확인을 4개월 뒤에 하여 시기적 면에서 너무 빠른 감이 있으며 처분청은 언제라도 사후확인이 가능한 점 등을 감안하면, 대토농지 소재지에서 거주하면서 자경했다는 주장을 부인하기 어려움[117] • 총급여액의 합계액이 3천 700만원 이상인 과세기간이 있는 경우 그 기간은 해당 거주자가 경작한 기간에서 제외함(대토 감면 관련 소득 발생일수를 경작기간에서 제외하는 것이 아님)[118] • 4년 이상 경작하던 농지 판단시 피상속인의 경작기간은 양도인인 상속인의 경작기간에 포함되지 않음[119] • 대토감면 사후 관리 종료연도 과세기간의 총급여액은 3,700만원 이상이므로 해당 과세기간을 경작기간에서 제외함이 타당함[120]
입증책임	• 농지대토 감면의 입증책임은 "양도자"에게 있는 것으로 자경의 객관적인 근거의 제시 없이 자경사실만 주장하는 것은 대토농지 감면요건에 해당한다고 볼 수 없음[121] • 양도한 부동산이 농지로 경작사실이 인정되어도 양도자가 자경한 사실까지 추정되는 것은 아니므로 농지로 자경사실은 양도자가 입증해야 함[122]
감면의 판단	• 1필지의 농지를 "관념상" 구분하여 자경농지에 대한 감면과 농지대토 감면규정을 각각 적용할 수 없음[123] • 공동소유 부동산을 양도한 경우 그 지분비율에 따라 각 개인별로 양도소득금액을 계산하여 양도소득세를 납부할 의무를 지며, 중복감면의 배제 여부도 거주자별로 판단함[124]

---

117) 조심2010구948, 2011.4.14.
118) 서면부동산-22418, 2015.3.4. ; 조심2018전3639, 2018.12.7. ; 대전지법2019구단100235, 2020.1.16.
119) 심사양도2019-77, 2019.8.21. ; 전주지법2021구단562, 2023.7.12. ; 광주고법2023누1694, 2024.4.24.
120) 조심2021중2628, 2021.6.23.
121) 심사양도2011-187, 2011.10.7. ; 심사양도2004-7056, 2005.2.25. ; 국심2007중1901, 2007.8.23.
122) 국심2007중1869, 2007.8.30. ; 대판94누996, 1994.10.21. ; 수원고법2019누14267, 2020.6.17.
123) 서면4팀-2784, 2007.9.27. ; 서면4팀-45, 2006.1.11.
124) 부동산거래관리과-461, 2011.6.3. ; 재산세과-2476, 2008.8.27.

Chapter 107 재촌자경에 대한 최근 불복사례의 흐름은?

질문 »

자경농지 감면과 농지대토 감면에서 재촌자경의 판단 방법과 입증자료 및 최근 불복사례들의 추세는 어떠한가?

답변 및 해설 »

(1) 자경농지에 감면에서 "자경사실"의 입증은 대부분 사실판단에 의존하는데, 최근에는 요건이 강화되고 있는 추세도 주목해야 한다. 물론 다른 직업이 있더라도 소득제한에 해당하지 않고 자신이 농자재를 가지고 농작업을 직접 수행한다면 문제가 안 되겠지만, 특히 "논농사"의 경우 논갈기, 모내기, 벼수확 등의 작업이 대부분 기계로 이루어지는 바, 이앙기나 트랙터, 콤바인 등 농기계를 가지고 있지 않은 경우 이러한 기계를 가진 사람의 손을 빌릴 수밖에 없다. 이 경우 자기노동력 1/2 이상으로 경작한 것으로 볼 수 있는지 여부가 문제되는 것이다.

만일, 다른 소득(근로소득, 사업소득 등)이 있는 경우 2006.2.9. 이후부터 "자기책임"이 아닌 "**상시 종사하거나 자기노동력 1/2 이상**"으로 하여 보다 요건을 강화하였다. 대법원 판결 등은 최근 농지의 자경을 주장하는 자가 농업 외에 상시근무를 필요로 하는 다른 직업을 가져 전업농민이 아닌 경우 그 직업이 객관적으로 보아 일시적·부수적 활동에 그쳐야 할 것이며, **일부 경작이 인정되더라도 논갈기, 모내기, 추수 등 대부분 중요 농작업을 타인에게 맡긴 경우 1/2 자기노동력을 부인**하고 있음에 유의할 필요가 있다.[125]

(2) 이에 더하여 2014.7.1. 이후 양도분부터 **소득 3,700만원 이상일 경우 해당 연도를 자경연도에서 제외**하고 있다. 2020년부터는 사업소득이 복식부기 대상인 연도를 자경기간에서 제외하고 있다(2020년 이후 양도하더라도 2019년 이전 복식부기 대상인 연도에 적용하는 것은 아님에 유의).

---

[125] 대판2021두47622, 2021.11.25. ; 대판2018두43569, 2018.8.16. ; 서울고법2021누44045, 2021.12.15. ; 서울고법2021누36617, 2021.9.9. ; 서울고법2020누58818, 2021.7.7. ; 의정부지법2024구단103, 2024.7.3. ; 서울행법2021구단56957, 2022.9.21. ; 서울행법2021구단52337, 2022.3.30.

(3) 거주 및 농지 여부 그리고 자경사실의 입증방법을 예시하면 다음과 같다.

실제 거주 여부는 "주민등록에 불문하고 실제 농지소재지에 거주하여야" 하기에 주민등록만 옮겨진 경우 이를 거주로 볼 수 없고, 주민등록이 어떤 사정으로 다른 곳에 등재되어 있지만 실제 농지소재지에 거주한 경우 거주사실을 주장하는 자가 입증해야 한다. 거주사실에 대한 입증은 신용카드 등 사용기록, 거주지의 전기료 및 수도료 납부 기록, 우편물 수령자 현황, 관리비 납부내역, 병원 통원치료 내역, 교통수단 이용증빙, 금융기관 이용기록 등을 종합하여 판단한다.

그리고 "농지"라는 사실은 부동산등기부등본, 토지대장, 토지이용계획확인서, 토지특성조사표(공시지가조사 목적용), 항공사진, 양수자의 취득세 신고내역 등에 의해 확인하며, 경작사실 확인은 시·구·읍·면장이 교부·발급하는 농지원부(농업경영체등록) 원본과 실제 자경사실의 확인 등을 통해 이루어진다.

"자경사실"의 확인은 농협조합원일 경우 조합원증, 농지 대장 등본, 농지위원이 발급한 자경 사실확인서, 종묘의 구매사실 입증자료, 비료나 농약 구매사실의 입증자료, 농기계 구매 및 농업용 유류 구매사실, 농기계 임차자료, 추곡 등에 대한 수매자료, 곡물도정자료, 토지수용 시 보상내역 및 보상수령인, 농업일지, 재산세 과세내역 등을 종합하여 판단한다. 실무에서 자경을 판단할 때 살펴보는 자료들을 제시해보면 다음과 같으므로 참고하기 바란다.

① 공부 등 : 농지대장(구, 농지원부) 등본 기재사항, 조합원증, 쌀직불금 수령자료, 항공사진, 해외 출국 기간과 시기 기록,[126] 인우보증서와 번복 여부,[127] 농업교육 등 이수이력, 영농일지 등
② 종묘 및 수확물 등 : 농기자재 보유 현황, 종묘·비료·퇴비·농약 등의 구입자료, 수확물의 도정자료, 수확물의 매각·처분 자료, 농업용 유류 구매사실, 농기계 임차자료 등
③ 농지 관련 : 농지의 성격(田인지 畓인지), 재배작물의 종류 등
④ 다른 소득이 있는 경우 : 주소지와 농지 및 직장 간의 거리, 농지의 규모, 근무여건(근무시간 및 일수, 월차, 연차, 주야간근무, 퇴근시간, 업무강도 등), 직위, 급여수준, 직업의 성격(농업관련 업무인지 여부), 해외 체류 일수, 농지소재지에서 친족(부모형제 등)이 다른 농지를 경작하는지 여부, 농지 보유기간, 주요 농작업의 수행 여부 등

한편, 감면 요건 판단 착오와 관련하여 납세자와 세무대리인 간 민사다툼이 되기도 하는데, 대법원은 세무조사 후 감면요건에 해당하지 않는다고 가산세를 부과하자 세무대리인을 상대로 진정한 의사를 확인하여야 할 주의의무 또는 적절한 설명과 조언의무 위반의 손해배상책임을 부담하는지 여부에 대해, 원칙적으로 선관주의의무가 있으나 납세자가 재촌자경 사실을 주장하며 관련 자료를 제출한 경우 그 진실을 확인조사할 의무까지 있다고 볼 수는 없으므로 손해배상책임을 부인한 바 있다.[128]

---

126) 조심2022서7021, 2022.12.22. ; 조심2019중1195, 2019.6.27. ; 서울행법2018구단61850, 2019.2.12.
127) 조심2020서7937, 2020.11.27.
128) 대판2015다48412, 2018.9.13. ; 대판2003다63968, 2005.1.14.

관련 사례

구 분	내 용
거주 개념	• 농지소재지가 아닌 곳에 주소와 생활근거 등을 두고 있으면서 "농번기에 일시적으로" 농지소재지에 있는 농막을 이용하였어도 이를 농지소재지에 거주한 경우로 보기는 어려움[129] • '거주'의 의미는 농지소재지에 임시 거처를 두는 정도가 아니라 생활의 근거지를 두는 것을 의미하는 것으로 봄[130] • 본인만 농지소재지로 주민등록이 되어 있고 본인을 제외한 가족은 농지소재지에 거주하지 아니하며, 그 주민등록된 농가의 전기사용량이 정상적인 거주생활에 따른 전기사용량으로 볼 수 없는 점과 농가의 전기공급이 양도일 이전에 이미 해지되었음에도 주민등록은 계속 남아 있는 점, 농지규모와 생산량, 조합의 출하실적으로 보아 8년 이상 자경한 것으로는 보이지 않음[131]
근로소득자 사업소득자	• 2013.6.30. 이전 기간 중 총급여액 등이 37백만원 초과하는 기간은 자경기간에서 제외되며, 이는 소급과세에 반하지 않음[132] • 상여금(인정상여 포함)을 포함하여 3,700만원 이상 지급받은 사실이 확인되어 경작기간에서 제외됨[133] • 연도 중 입사·퇴사하여도 "그 기간"은 "소득세법상 과세기간"으로 보아, 과세기간 연도 중 퇴사하면 해당 과세기간 전체를 자경 부인함[134] • 2013.6.30. 이전 기간 중 총급여액 등이 37백만원 초과하는 기간은 자경기간에서 제외되며, 이는 소급과세에 반하지 않음[135] • 상여금(인정상여 포함)을 포함하여 3,700만원 이상 지급받은 사실이 확인되어 경작기간에서 제외됨[136] • 연도 중 입사·퇴사하여도 "그 기간"은 "소득세법상 과세기간"으로 보아, 과세기간 연도 중 퇴사하면 해당 과세기간 전체를 자경 부인함[137] • 농지 자경사실이 여러 자료에 의해 확인됨에도 단지 근로소득이 있다는 사실 및 부정확한 현지확인 내용만으로 자경 감면을 부인한 것은 부당함[138] • 요양보호사로 근무하며 근로소득이 발생한 사실이 있는 만큼 직접 상시적으로 경작하였다고 보기는 어려움[139]

---

129) 조심2018서2045, 2018.7.23.
130) 조심2019인4189, 2020.1.22.
131) 조심2019부1927, 2019.9.16. ; 조심2019중844, 2019.9.9.
132) 조심2022인2795, 2022.6.14. ; 조심2016중2439, 2016.7.22. 등 ; 대판2018두36103, 2018.5.11.
133) 조심2019부2483, 2019.10.11.
134) 조심2016전2010, 2016.8.10. ; 조심2015서1947, 2015.9.15.
135) 조심2022인2795, 2022.6.14. ; 조심2016중2439, 2016.7.22. 등 ; 대판2018두36103, 2018.5.11.
136) 조심2019부2483, 2019.10.11.
137) 조심2016전2010, 2016.8.10. ; 조심2015서1947, 2015.9.15.
138) 대판2017두72096, 2018.3.16.
139) 조심2020중349, 2020.11.11.

구 분	내 용
근로소득자 사업소득자	• 근로소득이나 사업소득 등을 감안하면 농사를 주된 생계수단으로 삼았다고 보기 어렵고, 주소지로부터 농지까지 거리가 24.3km로 차량으로 이동시 30여분가량 소요되며, 농지소유자가 농업 외의 다른 직업을 가진 상태에서 농작물 재배에 상시 종사하지 않고 간헐적으로만 경작하는 경우는 "직접 경작"이라고 보기 어려움[140] • 농지 소유자가 다른 직업이 있는 등 영농에만 전념하는 전업농민이 아닌 경우에는 그 직업이 객관적으로 보아 일시적·부수적 활동에 그쳐야 할 것인바, 농지의 보유기간 동안 주유소와 마트 등을 운영한 사업소득자로 확인되어 전적으로 농업에 종사하였다거나, 그 직업이 객관적으로 보아 일시적·부수적 활동에 그쳤다고 보기도 어려워 자경농지 감면을 인정하기 어려움[141] • 자경 여부의 판단은 농지소재지에서 자경하였는지에 좌우되며 경작자의 사업자등록 유무와는 관련이 없으므로 이를 근거로 감면을 배제한 것은 부당함[142] • 농지를 자경했다는 사실을 입증할 수 있는 인건비·농자재구입비·영농기계 사용료 등에 대한 객관적인 증빙 없이 농지원부·인근 주민의 확인서만으로 자경사실에 대한 입증책임을 다했다고 보기 어려움[143] • 농지의 보유기간 동안 다수의 사업체를 계속적으로 운영한바 있으며, 제출한 경작확인서, 간이영수증 등의 자료만으로는 8년 이상 농지를 직접 경작한 사실을 구체적으로 입증한 것으로 보기 어렵고, 주민등록등본과 신용카드 사용내역 등을 살펴볼 때 농지 인근에서 8년 이상 재촌하였다고 보기 어려움[144]
자기노동력 1/2 관련	• 논갈기, 모내기, 추수 등 대부분의 중요한 농작업을 타인에게 맡겼다고 한다면 해당 농작업은 자기의 노동력에 의한 경작에 포함되지 않음[145] • 직장이나 주민등록지에서 토지까지 직선거리 49km로, 전역 후 지금까지 토지 소재지 인근에 주민등록 주소를 둔 사실이 없고, 토지에서 직장까지 매일 출퇴근한 사실을 입증할 수 있는 증빙의 제시가 없어 토지 소재지 인근에서 실제 거주하였다고 보기 어려우며, 제시한 경작 관련 증빙을 보면 일부 노동력을 투입하여 농사를 지은 것으로는 보이나, 이러한 사실만으로 직장에서 주 35시간 근무하면서 상시 1/2 이상의 노동력을 투입하여 영농에 종사하였다고 보기는 어려움[146] • 자경감면 대상 기간 중 국내에 체류한 일수가 연평균 90여일에 불과하여 농지에 대하여 8년 이상 농작업의 1/2 이상을 자기의 노동력에 의하여 경작한 것으로 보기 어려우며, "직접 경작"의 의미는 자기의 책임·계산 하에 다른 사람을 고용하는 경우까지 포함하는 것으로는 볼 수 없고, 농작업의 1/2 이상을 자신이 직접 또는 손수 담당하여야 자경 요건을 충족한다고 할 수 있는바, 배우자의 대리경작을 자기노동력에 의하여 경작한 것으로 보기 어려움[147]

---

140) 조심2020부866, 2020.12.1.
141) 조심2021광2146, 2021.7.1.
142) 조심2020서8576, 2021.1.28.
143) 국심2007중362, 2007.4.11.
144) 조심2021서2833, 2021.7.12.
145) 서울고법2021누35645, 2021.7.15.
146) 조심2021서2796, 2021.6.30.
147) 조심2020서1833, 2020.8.21.

구 분	내 용
입증자료 미비	• 임의작성이 가능한 인근 주민의 확인서 외에 8년 이상 자경한 사실을 입증할 수 있는 농작업에 필요한 농기자재 구입 및 사용내역, 생산된 농산물의 소비 및 판매 내역 등의 구체적인 입증자료를 제시하지 못한 점 등에 비추어 자경 주장을 받아들이기는 어려움[148]
	• 보상내역에 10년 수령 수목 등 표시만으로 경작기간까지 입증되지 않음[149]
	• 양도 토지가 "농지로 경작된 사실이 인정된다고 하여 양도자 본인이 자경한 사실까지 추정되는 것은 아니므로" 자경사실은 양도자가 입증해야 함[150]
위탁경작 대리경작	• 다른 소득이 없더라도 농지를 위탁경영하거나 대리경작 또는 임대차한 농지를 "제외"함[151]
연령 건강 등에 비추어 경작이 힘든 경우	• 농지 취득시 고령으로 50km 정도 떨어진 곳에 주로 거주하였고 상당한 농지면적에 비추어 자기노동력 1/2 이상 직접 경작하였다고 보기 어려움[152]
학업/군복무 기간	• 농지소재지에 거주한 기간은 약 17년 4개월로, 이 기간 대부분 초중고 및 대학교에 재학하거나 군복무 기간으로 확인되어 재촌하면서 농지를 직접 경작하였다고 보기 어려움[153]
오래 전에 자경	• 양도 당시 자경한 것으로 보기 어려우나 농지를 50년간 보유하다가 양도하였고, 고향에서 태어나 거주하면서 26세 때 농지 취득하여 9년 뒤 서울로 이사한 바, 처분청이 인근 소재 다른 3필지 농지(20년 보유)에 대해 자경감면을 인정한 점 등을 볼 때 최소한 8년 이상 농지를 자경한 것으로 인정함이 합리적이고, 30여 년 전 이루어진 사실에 대한 증빙자료를 요구하며 증빙자료를 제시하지 못한다는 사유를 들어 청구주장을 배척하기도 어려움[154]
	• 전업농민인 피상속인의 직접 경작이 추정되며, 상속인이 농지를 1983년 지분상속 후 1989년 이전까지 소득발생 내역이 없고 1984년 농협에 가입하여 상속 후 적어도 1년 이상은 직접 경작한 것으로 볼 수 있음[155]

---

148) 조심2020부452, 2020.11.30.
149) 조심2021서1513, 2021.9.27.
150) 조심2023인304, 2023.3.20.
151) 조심2020부1555, 2020.7.28.
152) 조심2022서8191, 2023.2.15.
153) 감심2021-1070, 2023.2.27.
154) 조심2019부739, 2019.10.1.
155) 조심2020서588, 2021.1.13.

Chapter 108

수용·협의매수 부동산, (2025년 이후 감면한도 포함) 몇 가지는 챙겨 보아야 한다!

내용 Summary

기본사항 Check

- **공익사업용 토지 등 감면 개요**: 사업인정고시일로부터 2년 전에 취득한 토지 등을 공익사업 시행자에게 수용이나 협의매수로 양도한 경우 현금 보상은 15%, 일반채권보상은 20%, 만기채권보상은 35%(5년 만기는 45%) 세액감면을 적용함(감면율 개정은 보충설명) → 만기채권보상은 사후관리 사항임

핵심 Point

- 상속받은 부동산의 사업인정고시일 2년 전에 취득한 것인지 판단 → 피상속인이 토지 등을 취득한 날 기준
- 배우자 등 이월과세 대상 → 증여자가 해당 토지 등을 취득한 날 기준
- 공익사업 시행자에게 양도하고 이후 사업인정고시된 경우 → 특례 가능
- 공익사업 시행 예정자에게 양도한 경우 → 특례 불인정
- 정비사업의 경우 → 공익사업 시행자로 지정되었으면 특례 가능
- 국가나 지자체가 공익사업 시행자 지정 및 사업인정고시 없이 개인의 자격으로 매수하는 경우 → 특례 불가
- 수용 후 토지보상법에 따라 잔여토지 매수청구 → 특례 가능
- 특례 신청 × → 특례 가능

질문 »

1. 甲은 2015년에 A토지를 취득하였으며, 2022년 5월 중 산업단지 조성단지에 소재한 A토지를 공익사업 시행자인 乙법인에게 협의매수로 양도하였다. A토지 양도 시점에 사업인정고시는 이루어지지 않았지만 3개월 뒤에 해당 산업단지개발에 대한 사업인정고시가 공고되었다. 공익사업용 토지 감면의 적용이 가능한가?

2. 甲은 2017년 취득한 A토지 소재지 일대가 정비구역으로 편입되었고, 甲은 A토지를 사업시행 예정자인 乙법인에게 2023년 5월 중 토지를 매매로 양도하였다. A토지를 양도한 후 10개월

이 지날 무렵 乙법인은 공익사업시행자로 지정을 받았다. 공익사업용 토지 감면의 적용이 가능한가?

3. A지자체는 주차장 설치를 위해 인근 토지를 매수하였으며, 사업인정고시는 없다. 甲은 2012년에 취득한 토지를 해당 사업을 시행하려는 A지자체에 양도하였다. 공익사업용 토지 감면의 적용이 가능한가?

4. 甲은 A토지를 2015년에 취득하였으며, A토지는 2018년 재개발사업을 하는 정비사업지구 안에 편입되었다. 甲은 2021년 관리처분계획 인가로 B조합원입주권을 받기로 하였으나, 2022년 2월 해당 B조합원입주권을 포기하고 사업시행자 乙로부터 현금청산을 받았다. 甲은 1세대 1주택 비과세 대상은 아니라고 할 때 공익사업용 토지 감면을 적용받을 수 있는가?

답변 및 해설 »

1. 공익사업에 따른 토지 감면의 핵심은 2개이다.

   첫째, 매수인이 공익사업 시행자인가?
   둘째, 사업인정고시가 있는가?

   공익사업시행자로 지정된 자에게 양도하였다면 양도일 이후 사업인정고시가 나더라도 적용이 가능하다. 사업인정 고시가 늦게 나는 경우가 실무에 종종 보이지만 그것은 사업인정 고시일로부터 2년 전에 취득하였는지 여부 판단에 활용하면 된다.

   따라서 사안은 공익사업 시행자에게 양도하였고, 양도일 이후에 사업인정고시가 났지만 그때부터 2년 전에 취득하였으므로 공익사업용 토지에 대한 감면 적용이 가능하다. 경우에 따라서는 사업인정고시가 양도소득세 예정신고할 때까지 나지 않는 경우가 있다. 이 경우 감면신청하지 말고 나중에 사업인정고시가 나면 그때 경정청구를 통해 해결하여야 한다.

2. 공익사업에 다른 토지 감면의 핵심은 2개이다. 첫째, 매수인이 공익사업 시행자인가? 둘째, 사업인정고시가 있는가? 공익사업 시행자로 지정되기 전에 양도하는 경우에는 특례가 인정되지 않는다. 양도일 이후에 지정되어도 적용되지 않는다. 지정 예정자에게 특례를 인정하는 것은 2010~2015년 중 한시적으로 시행된 것이다. 따라서 사안과 같이 양도 시점에 공익사업 시행자로 지정이 안 된 경우에는 나중 공익사업 시행자로 지정되더라도 감면이 불가하다.

3. 국가나 지자체 등 공공기관에 부동산 양도한다고 무조건 공익사업용 토지 감면을 적용받는다는 생각은 버려야 한다. 공공기관이 개인과 동일하게 부동산을 매수하는 경우도 많기 때문이

다. 이 경우 사업인정고시가 있는지 반드시 살펴야 한다. 사안은 설령 지자체에 양도하였더라도 사업인정고시가 없으므로 감면이 불가하다.

4. 공익사업용 토지 등에 대한 감면은 토지와 건물이라는 부동산을 양도할 때 적용되는 것이다. 그런데 재개발사업의 경우 기존 부동산은 관리처분계획 인가일 이후에는 조합원입주권으로 변환된다. 따라서 관리처분계획 인가일 이후에 현금청산을 받는 것은 조합원입주권을 양도하고 현금받는 것이다. 따라서 양도하는 것은 "토지 등"이 아니라 "권리"이고, 사안은 공익사업용 토지 등에 대한 감면 적용이 불가하다.

> **보충설명**
>
> 2025.3.14. 조특법 일부개정에 따라 공익사업 등과 관련하여 개정이 있으므로 이에 대해 반드시 숙지할 필요가 있다.
>
> 첫째, 조특법 제77조의 감면율이 5% 상향되었다. 현금보상은 10% → 15%, 일반 채권보상은 15% → 20%, 3년 만기 장기채권은 30% → 35%, 5년 만기 채권은 40% → 45%로 변동되었다. 중요한 부분은 적용시기인데, 2025.3.14.일이 속하는 과세연도 양도분 즉, 2025.1.1. 이후 양도분부터 적용한다. 따라서 2025년 1월, 2월 양도하고 양도소득세 예정신고를 개정되기 전 법률에 따라 신고한 경우 경정청구를 통해 환급받을 수 있다.
>
> 둘째, 감면 종합한도가 개정되었다.
>
> ① 2024.12.31. 이전 : 조특법 제77조, 제77조의 2, 제77조의 3을 다른 감면규정들과 함께 당해 연도 1억원, 5개년 감면한도 2억원을 적용함
>
> ② 2025.1.1. 이후 : 조특법 제77조, 제77조의 2, 제77조의 3을 다른 감면 규정들과 분리하여 별도의 감면한도 규정 신설함(2025.1.1. 이후 양도분부터 적용)
>   ㉠ 당해 연도 감면 한도 : 2억원
>   ㉡ 5개년 감면 한도 : 3억원
>   ※ 5개 과세기간의 감면받은 양도소득세액의 합계액은 해당 과세기간에 감면받을 양도소득세액과 직전 4개 과세기간에 감면받은 양도소득세액을 합친 금액으로 계산
>   ※ 2024.12.31. 이전에 제77조의 3에 따라 감면받은 세액은 합산하지 않음 → 조특법 제77조의 3 특례는 2024.12.31. 이전에는 5개년 한도가 없었는데 2025.1.1. 이후 새로 추가되었기에 종전 양도분에 대해 5개년 한도 판단시 제외함
>   ※ 감면받는 양도소득세액의 합계액은 자산양도의 순서에 따라 합산함
>
> 셋째, 5개년 한도 적용시 2024.12.31. 이전 양도하여 조특법 제77조 및 제77조의 2에 따라 감면받은 세액은, ① 2025.1.1. 이후 추가로 수용 등으로 양도하여 개정된 수용 등의 5개년 감면한도 적용시 포함하여 한도 적용할 것으로 생각되며, ② 2025.1.1. 이후 자경농지 감면 등 다른 감면 규정들의 5개년 한도 적용시 조특법 제77조 및 제77조의 2에 따라 이미 감면받은 세액의 합산 여부는 유권해석이 필요해 보인다.

관련 사례

구 분	내 용
비거주자	• 조특법 제77조 제1항에 따라 공익사업 시행자에게 양도하는 토지 등은 거주자에 한정하지 않으므로 비거주자도 적용받을 수 있음[156]
사업인정고시	• 공익사업(공공사업)이란 토지보상법 제4조에 의하여 토지 등을 수용할 수 있는 사업(토지구획정리사업·재개발사업 및 농지개량사업 포함)을 말함[157]
• 택지개발촉진법에 따라 사업인정고시된 토지가 도시계획법 규정에 따라 중복하여 사업인정고시된 경우 납세자에게 유리한 감면규정을 적용함[158]
• 추가로 사업인정 고시한 경우 추가 또는 변경지정으로 새로이 편입된 토지 부분은 "추가로 사업인정을 고시한 날 또는 사업인정을 변경고시한 날"을 말함[159]
• 토지 매매계약서에 토지보상법 제17조에 따라 매매계약을 체결한 것으로 약정하였고, 등기원인에 "공공용지의 협의취득"으로 기재되어 있으며, 토지소유자 등에게 발송한 공문에 첨부된 "토지 등에 대한 매입조건 안내문"상에 사업인정고시일을 적용하는 경우 고시 전까지는 공사의 토지매입계획 확정일을, 고시 후에는 사업인정고시일을 적용하는 것으로 나타나므로, 토지보상법 제20조에 따른 사업인정을 받지 아니하고 공익사업을 수행하는 경우 토지 소유자에게 보상계획을 통지한 날을 사실상 사업인정고시일로 볼 수 있음[160]
• 장기간 도시계획시설 사업이 시행되지 않아 그 도시계획시설의 부지로 되어 있는 토지 소유자가 매수청구를 거쳐 협의매수 형태로 양도하는 경우 사업인정고시일이 존재하지 않으므로 감면 적용대상이 되지 않음[161]
• 국토교통부장관의 사업인정고시가 없었던 이상, 비록 지방자치단체가 공익사업에 제공하기 위하여 부동산을 매수하였다고 하더라도 그와 같은 사정만으로 그 양도가 조특법 제77조의 감면 대상에 해당한다고 볼 수 없음[162]
• 토지를 국토교통부나 지방자치단체에 양도하였으나 토지보상법이나 그 밖의 법률에 따른 사업인정고시 절차 없이 양도(양도 이후 사업인정고시가 된 경우 제외)한 경우 조특법 제77조의 감면대상에 해당하지 않음[163]
• 거주자가 국토계획법에 따른 지구단위계획 구역으로 지정된 토지 중 도시계획시설사업(도로, 경관녹지 등)에 포함되지 않아 실시계획인가를 받지 않은 토지를 도시계획시설사업의 시행자에게 양도하는 경우에는 동 특례가 적용되지 않음[164]

---

156) 서면4팀-1068, 2007.4.2.
157) 조특통칙 77-0…3
158) 재일46014-1145, 1998.6.24.
159) 재산세과-631, 2009.2.23. ; 재일46014-468, 1998.3.16.
160) 조심2015중3884, 2016.3.23.
161) 조심2015중3926, 2015.10.20. ; 조심2015서2735, 2015.10.7. ; 조심2015서932, 2015.4.2.
162) 대판2018두65897, 2019.3.28. ; 서울고법2018누64384, 2018.11.29.
163) 부동산납세과-747, 2020.6.18. ; 조심2022구7197, 2022.10.25. ; 조심2021인1808, 2021.6.10. ; 조심2018서677, 2018.5.10. ; 부산지법2019구합21468, 2019.9.26.
164) 부동산납세과-584, 2014.8.12. ; 법규과-4814, 2008.11.18.

구 분	내 용
사업인정고시	• 「친수구역 활용에 관한 특별법」에 따라 친수구역으로 지정·고시되고, 친수구역 조성사업의 시행자에게 협의매수 또는 수용되는 토지는 친수구역 지정·고시일을 사업인정고시일로 봄[165] • 정비구역(정비기반시설을 수반하지 않는 정비구역 제외)의 토지 등을 정비사업 시행자에게 양도하는 경우 감면규정 적용시 사업인정고시일은 "도시정비법에 따른 사업시행인가 고시일"이 적용됨[166]
공익사업 시행자	• 정비사업의 사업시행자로 지정받지 않은 자에게 사업인정고시일 전에 양도하는 경우 비록 양도 이후에 사업시행자로 지정을 받더라도 특례가 적용되지 않음[167] • 사업시행자 지정 및 실시계획인가 공람·공고일에 바로 사업시행자로서의 지위를 갖는다고 보기는 어려움[168] • 토지 등 "양도 당시" 사업시행자로 지정되지 않았으나 이후 토지 등을 양수한 자가 사업시행자로 이미 지정된 자로부터 사업시행자의 지위를 승계한 경우, 양수인이 양도 당시 사실상 사업시행자로서의 역할을 수행하였음을 인정할 만한 증빙이 없으므로 사업시행자에게 양도한 경우로 볼 수 없음[169] • 양도 당시 사업시행자로 변경 지정되지 않아 공익사업 시행자에게 양도된 것으로 볼 수 없음[170] • 재개발조합원이 관리처분계획에 따라 취득한 건물 등을 사업시행자가 아닌 자에게 양도한 경우 조특법 제77조 제1항 제2호 대상에 해당하지 않음[171] • 동 규정은 부동산을 재건축조합에 양도하는 경우에는 적용되지만, 조합원입주권을 양도하는 경우에는 적용되지 않으며, 조합원입주권인지 여부는 사실판단 사항임[172] • 토지 등을 수용할 수 있는 공익사업에 해당하는 토지구획정리사업으로 그 사업시행자로부터 교부받은 환지청산금은 조특법 제77조 제1항에 의한 감면대상에 해당되며 그 해당 여부는 사실판단할 사항임[173] • 정비구역 내 "정비계획이 고시되기 전에 단순히 정비계획을 제안하려는 사업자"는 사업시행자에 포함되지 않음[174] • 정비사업의 사업시행자로 지정받지 않은 자에게 사업인정고시일 전에 양도하는 경우 비록 양도일 이후 사업시행자로 지정을 받더라도 특례가 적용되지 않음[175]

---

165) 부동산납세과-401, 2016.3.25.
166) 부동산거래관리과-1164, 2010.9.17.
167) 부동산거래관리과-882, 2010.7.5. ; 감심2022-268, 2023.6.9. ; 조심2011서1540, 2011.10.26. ; 조심2009서3142, 2010.3.10. ; 대판2009두14088, 2011.5.26.
168) 심사양도2023-20, 2023.6.14.
169) 조심2019서1214, 2019.9.3. ; 조심2010중160, 2010.8.25.
170) 조심2018중4064, 2019.1.3. ; 조심2018서4040, 2018.12.12. ; 조심2018중3882, 2018.12.3.
171) 법령해석재산-362, 2020.12.17.
172) 부동산거래관리과-156, 2011.2.18. ; 심사양도2016-61, 2016.8.1.
173) 부동산거래관리과-1258, 2010.10.14. ; 부동산거래관리과-1192, 2010.9.28.
174) 재산세제과-282, 2010.3.29.
175) 재산세제과-500, 2010.6.4. ; 조심2020중658, 2020.6.22. ; 대판2009두14088, 2011.5.26.

구 분	내 용
지역주택조합	• 지역주택조합에 양도하는 경우 동 규정이 적용되지 않음[176]
환지방식 도시개발사업	• 국세청 : 도시개발법 제17조 및 제18조에 따라 도시개발사업의 실시계획 인가 및 고시된 도시개발사업의 사업시행자에게 토지를 제공하고 현금청산한 경우로서 조특법 제77조의 다른 요건을 충족한 경우 감면을 적용할 수 있음[177] • 국세청 심사결정 : 환지방식에 의한 도시개발사업은 토지보상법 제4조의 공익사업으로 열거되지 않았으므로 감면을 적용할 수 없음[178]
국유재산법에 근거한 경우	• 군부대장의 OO사업 보상계획은 토지보상법 제15조에 따른 것이고, 국방부장관의 "국유재산 관리처분 집행계획 승인 통보"는 국유재산법 제9조 등에 근거한 것에 불과하며, 국방·군사시설 사업에 관한 법률(이하 "국방시설사업법") 제5조 제3항은 "국방시설사업법에 따른 사업계획 승인은 토지보상법 제20조 제1항에 따른 사업인정으로 보고, 국방시설사업법에 따른 사업계획 승인의 고시 및 통보는 토지보상법 제22조 제1항 및 제2항에 따른 고시 및 통지로 본다."고 규정하고 있으나, 국방시설사업법 제4조 제1항에 따른 사업계획 승인과 같은 조 제4항에 따른 사업계획승인고시가 이루어졌다고 인정할 증거가 없어 조특법 제77조 규정을 적용할 수 없음[179]
역산하여 2년 이후 취득한 경우	• 사업인정고시일(또는 양도일)로부터 2년 이후 취득하면 비록 "투기목적이 없더라도" 감면적용을 받을 수 없음[180]
잔여 토지 매수청구권 행사	• 토지보상법 제74조에 의하여 토지소유자가 사업시행자에게 "잔여 토지"를 매수하여 줄 것을 청구하고 사업시행자가 그 토지를 "협의매수"한 경우 조특법 제77조 규정을 적용받을 수 있음[181]
만기보상채권	• 예탁방법에 따르지 않고 임의로 시중은행에 예탁시 만기보상채권에 따른 감면이 적용되지 않음[182]
감면신청서 ×	• 사업시행자나 납세자가 감면신청서의 제출이 없더라도 감면요건에 해당되는 경우 감면하는 것임[183]

---

176) 법규재산2013-176, 2013.6.13.
177) 법규재산-960, 2024.12.24.
178) 심사양도2014-57, 2014.6.2.
179) 서울행법2023구단80565, 2024.12.18.
180) 부동산거래관리과-1078, 2010.8.20. ; 심사양도2010-230, 2010.8.30.
181) 재산세과-400, 2009.2.4. ; 서면4팀-4120, 2006.12.20.
182) 조심2008서3119, 2008.12.8.
183) 법령해석재산-272, 2020.12.8. ; 대판2001두3006, 2003.5.16. ; 대판92누17273, 1993.5.25.

Chapter 109. 대토 보상, 2025년부터 중요 개정사항 등을 주목하라!

내용 Summary

기본사항 Check

- **대토보상 감면 요건** : 사업인정고시일로부터 2년 전에 취득한 토지 등을 공익사업 시행자에게 양도하면서 양도대금을 해당 공익사업 시행으로 조성한 토지로 보상받는 경우 40% 세액감면 또는 과세이연

- **감면세액 전액**(또는 과세이연금액 상당 세액) + **이자상당액 추징 사유**
  ① 전매금지 위반으로 현금보상으로 전환
  ② 대토의 소유권이전 등기 후 3년 이내 해당 보상받은 대토 양도

- **감면세액**(또는 과세이연금액 상당 세액)과 **현금보상**(또는 채권보상)의 **차액만 추징 사유**
  ① 이자상당액 가산하여 전액 추징하는 사유 외의 사유로 현금보상 전환
  ② 소유권이전등기원인이 대토보상으로 기재되지 않은 경우
  ③ 대토에 대한 소유권 이전등기 완료 후 해당 대토의 증여 또는 상속이 이루어지는 경우
   (2024.2.29. 증여받거나, 상속개시분부터 적용 → 개정 전 증여/상속분은 3년 이내 제한 無)
  ④ 대토 보상권을 부동산투자회사법에 따른 부동산투자회사에 현물출자
   (2020.2.11. 이후 현물출자분부터 적용)

핵심 Point

- **대토보상 의미** : 공익사업 시행자가 해당 공익사업 시행으로 조성한 토지로서 보상하여야 함
- **여러 필지 수용 등** : 공익사업 시행자가 일부 필지는 현금 보상, 일부필지는 대토 보상한 경우 → 현금보상 필지는 조특법 제77조 또는 대토 보상 필지는 제77조의 2 특례 적용 가능
- **등기 원인 기재 필수** : 등기 원인이 대토 보상으로 미기재된 경우 추징 → 현금 보상과 대토 보상의 감면율 차이만큼 추징
- **공익사업 시행자의 사정으로 현금 보상** : 등기 원인이 대토 보상으로 미기재된 경우 추징 → 현금 보상과 대토 보상의 감면율 차이만큼 추징
- **대토보상 명세 통지 요건** : 대토보상 명세를 국세청에 통보하지 않은 경우에도 적용
   (2025.1.1. 前에 대토보상받은 경우에도 적용) → 경정청구 가능
- **대토 보상 철회 및 현금보상 전환** : 조특법 제77조 수용 감면 등 적용 가능
- **감면 한도** : Chapter 108. 보충설명 참고

질문 »

1. 甲은 경기도 파주시 소재 토지를 2023년 중 공익사업시행자에게 양도하면서 보상은 해당 공익사업 시행자가 조성한 토지로 대신 받았다. 다른 감면 요건은 모두 충족하였으나, 공익사업 시행자가 대토보상 명세를 과세당국에 제출하지 않았다. 이에 따라 감면을 적용받지 못하였다. 甲이 2025년 중 구제받을 방법은?

2. 甲은 경기도 김포시 소재 토지를 2024년 1월 공익사업시행자에게 양도하면서 보상은 해당 공익사업 시행자가 조성한 토지로 대신 받았다. 그러나 甲은 자금사정으로 해당 토지를 2025년 1월 중 제3자에게 양도하였다. 이 경우 甲의 양도소득세 취급은?

3. 甲은 경기도 양주시 소재 토지를 2024년 1월 공익사업시행자에게 양도하면서 보상은 해당 공익사업 시행자가 조성한 토지로 대신 받기로 하였다. 이에 따라 양도소득세를 감면율 40%로 세액감면을 받고 양도소득세를 신고하였다. 그런데 해당 공익사업 시행자가 해당 토지를 전부 특정 목적을 위해 필요하므로 대토 보상을 철회하고 현금보상으로 전환하여 2025년 2월 지급을 완료하였다. 이 경우 甲의 양도소득세 취급은?

답변 및 해설 »

1. 사안은 2024.12.31. 조특법 개정 내용이다. 종전에는 대토보상명세를 제출하지 않으면 특례가 불가하였다. 그러나 조특법 개정으로 2024.12.31. 이전 양도분도 특례를 적용받을 수 있도록 하였다. 따라서 갑은 경정청구를 통해 감면을 적용받아 환급받을 수 있다.

2. 사안은 임의로 대토 보상받은 토지를 3년 이내 양도한 경우이므로 이자상당액까지 가산하여 추징받는다. 이 경우 일반 현금보상에 따른 감면을 적용받을 수 있는지 여부에 대해 당초 과세관청은 부인하였으나, 조세심판원이 현금보상에 따른 감면을 인정한 뒤 과세관청도 현금보상에 따른 감면을 인정하는 것으로 해석하였다. 그리고 종전의 해석은 2022.6.22. 삭제정비하였다.

3. 사안은 납세자에게 귀책사유가 있는 것이 아니므로 이자상당액은 추징하지 않으며, 현금보상에 따른 감면율과 대토보상에 따른 감면율의 차액에 대해서만 2개월 이내 신고납부하면 된다.

관련 사례

구 분	내 용
대토보상 요건	• 대토 보상 과세특례는 토지 등의 양도대금을 토지보상법 제63조 제1항 각 호 외의 부분 단서에 따라 "해당 공익사업 시행으로 조성한 토지로 보상받는 부분에 한하여" 적용함[184]
적용 세율	• 대토보상을 전매금지 위반이 아닌 사유로 현금보상으로 전환한 경우 양도소득금액 계산시 세율은 당초 과세기간의 양도소득 과세표준(다른 토지 등의 양도소득금액이 있는 경우 합산)에 적용되는 세율을 말함[185]
공동사업 현물출자	• 과세이연받은 거주자가 대토를 공급받는 다른 자와 함께 공동사업자 등록한 후, 대토보상받기로 결정된 권리를 공동개발사업에 현물출자하면 추징규정을 적용하되, 이자상당가산액은 추징하지 않음[186]
분할납부 여부	• 조특령 제73조에 따라 과세이연금액에 상당하는 세액(이자상당가산액 포함)을 납부하는 경우에는 소득세법 제112조의 분납규정은 적용되지 않음[187]
영업인가 전 현물출자	• 부동산투자회사는 영업인가를 받거나 등록을 하기 전에 현물출자를 받는 방식으로 신주를 발행할 수 있다고 보는 것이 타당함[188]
등기원인이 대토보상으로 미기재	• 대토보상권을 부동산투자회사에 현물출자하는 경우 등 대토보상으로 취득하는 토지에 관한 소유권이전등기의 등기원인이 대토보상으로 기재되지 아니할 경우, 감면받은 세액 등을 양도소득세로 납부하여야 함[189]
현금보상 전환되어 추징당하는 경우 다른 감면 여부	• 대토보상 과세이연을 신청한 뒤 현금보상으로 전환시 조특법 제77조에 따른 감면을 적용받을 수 있음[190] • 대토보상 신청을 철회하고, 현금보상을 받은 다음 조특법 제77조의 2 제1항에 따른 과세이연금액에 상당하는 양도소득세액을 신고·납부하는 경우 조특법 제77조 제1항의 감면을 적용받을 수 있으며 이는 중복감면에 해당되지 않음[191] • 여러 필지의 대토보상 중 일부를 현금으로 보상받은 경우 필지를 선택하여 과세특례를 적용받을 수 있음[192]
현물출자 후 사업 불시행 및 현금 수령 (납부지연가산세)	• 현물출자계약을 체결하여 해당 법인의 주식을 취득하였으므로 과세이연금액 상당 세액을 신고·납부의무가 발생하였고, 이후 법인과 체결한 현물출자 계약을 철회하였다거나 대토보상이 지연되어 현금보상으로 전환하였다는 사정이 있더라도 달리 볼 이유도 없어 납부지연가산세를 부과한 것은 잘못이 없음[193]

---

184) 부동산납세과-923, 2018.9.19. ; 부동산거래관리과-519, 2010.4.7. ; 재산세과-1783, 2008.7.18.
185) 법령해석재산-20753, 2015.4.9. ; 법령해석재산-21377, 2015.4.9. ; 재산세과-1095, 2009.12.23.
186) 재산세제과-114, 2013.2.15. ; 부동산거래관리과-459, 2011.6.3.
187) 부동산거래관리과-132, 2013.3.22. ; 부동산거래관리과-283, 2012.5.21.
188) 법제처 21-101, 2021.4.21. ; 조심2023서7166, 2023.12.12.
189) 수원지법2023구합11713, 2024.7.10.
190) 법령해석재산-50, 2016.6.29.
191) 조심2014중4488, 2015.2.13. ; 조심2014중1326, 2014.5.23. ; 조심2013서3111, 2014.1.15.
192) 조심2016중1053, 2016.8.31.
193) 조심2023서10849, 2024.8.19. ; 조심2023서10840, 2024.4.2. ; 서울행법2024구단65648, 2025.2.12.

구 분	내 용
3년 이내 양도와 이자상당액 가산	• 이자상당액 가산의 취지는 당초 납부하여야 할 세액으로서 이를 부담하지 않게 할 경우 법정기일 내 양도소득세를 납부한 납세자와 형평이 맞지 않기 때문이며, 3년 이내 양도는 이전등기 접수일로 판단함[194]
과세이연과 1세대 1주택 비과세	• 조특법 제77조의 2 제1항에 따른 토지 등을 양도하고 대토보상에 대한 양도소득세의 과세를 이연받는 경우로서 양도하는 토지 등이 소득세법 제89조 제1항 제3호 및 소득령 제156조에 따른 1세대 1주택이면서 고가주택에 해당하는 경우 소득세법 제95조 제3항 및 소득령 제160조를 적용한 후 조특법 제77조의 2 제1항을 적용함[195] ※ 즉, 고가주택에 대한 양도차익에 대한 규정을 적용한 후 대토보상 과세이연 규정을 적용하는 것으로 해석하며, 이 경우 조특령 제73조 제1항에 규정된 산식의 분자인 "대토보상 상당액"은 "주택의 부수토지에 대한 대토보상 상당액"을 말하며, 분모인 "총보상액"은 "주택의 부수토지에 대한 총보상액"을 말함[196] • 과세이연 받고서 일정 사유 발생으로 일정 금액을 다시 납부하는 것은 추징에 해당하고, 그 전제가 되는 과세이연 규정은 비과세를 규정한 것으로 봄이 타당함[197]
중복감면 배제 여부	• 하나의 보상에 대한 중복 불가 : ① 대토보상을 받은 부분에 대해 조특법 제77조의 2에 따른 양도소득세의 과세이연을 받은 경우에는 조특법 제77조에서 규정하는 공익사업용 토지 등에 대한 감면이 적용되지 않음[198] ② 대토보상에 대해 감면을 받은 후 감면 한도 초과분에 대해 과세이연이 적용되지 않음[199] ※ 조세심판원은 하나를 선택하여 확정된 후 사후적으로 감면방법의 변경은 불가하다고 봄[200] • 현금 및 대토로 보상을 받는 경우 : 양도소득금액 중 토지로 보상받는 부분은 조특법 제77조의 2에 따라 과세이연을 적용하고, 현금으로 보상받는 부분은 조특법 제77조에 따른 감면을 적용할 수 있음[201] • 토지 한 필지를 협의 양도하면서 일부는 채권이나 현금으로 보상받고 나머지 일부는 대토보상을 받는 경우에 각각에 대하여 채권(현금)보상은 양도소득세 감면을, 대토보상은 양도소득세 과세이연을 적용받을 수 있음[202] • 공익사업의 시행으로 사업인정고시일(사업인정고시일 前 양도시 양도일)부터 소급하여 2년 이전 취득하여 8년 이상 재촌·자경한 농지를 해당 공익사업의 시행자에게 양도함으로써 발생한 소득은 조특법 제69조(자경농지 감면) 및 제77조의 2(대토보상 과세특례) 규정을 적용받을 수 있음[203]

---

194) 조심2023서687, 2023.6.19. ; 서울행법2023구단72236, 2024.8.30.
195) 부동산거래관리과-1351, 2010.11.10.
196) 법규재산2014-459, 2014.11.7.
197) 서울고법2015누34122, 2015.8.28.
198) 부동산거래관리과-208, 2010.2.8. ; 재산세과-1139, 2009.6.9.
199) 재산세제과-1578, 2022.12.23. ; 조심2025서462, 2025.4.1.
200) 조심2025서462, 2025.4.1.
201) 법규재산-354, 2022.4.29. ; 법령해석재산-1028, 2021.12.14.
202) 법규재산-534, 2022.6.15. ; 법령해석재산-1028, 2021.12.14.
203) 부동산납세과-497, 2014.7.15. ; 재산세과-1565, 2009.7.29. ; 재산세과-3397, 2008.10.21.

Chapter 110 개발제한구역의 토지 양도, 필수내용들 한 방에 정리하자!

💬 내용 Summary

기본사항 Check

- **개발제한구역**(그린벨트, G/B) 내 비과세 되는 주택 부수토지 범위 : 도시지역 여부로 판단 → 도시지역 내 5배(수도권의 주거·상업·공업지역은 3배), 도시지역 밖 10배

- **G/B 내 토지의 비사업용 토지 판단**
  ① 직계존속 및 배우자가 8년 이상 재촌자경한 농지, 8년 이상 재촌한 임야, 8년 이상 축산업을 영위한 목장용지를 상속·증여받은 경우 : 양도 당시 도시지역에 속하여도 사업용 토지 간주
  ② 사업인정고시일로부터 5년 이내 취득한 토지의 사업시행자에게 수용 등 : 무조건 사업용 토지 → 사업인정고시일로부터 5년 이내 취득 여부 판단시 도시관리계획 결정일을 사업인정고시일로 간주(개발제한구역법§20)
  ③ G/B 내의 종중 소유 농지(2005.12.31. 이전 취득분) : 사업용 의제
  ④ G/B 내 농지 : 시의 동지역 소재하여도 재촌자경시 사업용으로 판단
  ⑤ G/B 내 임야 : 취득 전 G/B 지정되어도 G/B 지정된 기간은 사업용으로 판단
  ⑥ G/B 내 목장용지 : 시의 동지역 소재해도 축산업 영위한 자가 소유시 사업용으로 판단
  ⑦ G/B 내 주택 부속토지 : 도시지역 여부로 판단 → 도시지역 내 5배(수도권의 주거·상업·공업지역은 3배), 도시지역 밖 10배 초과 부분은 비사업용 토지

- **G/B 내 토지 등 양도에 대한 세액감면**(40%, 25%) → **감면한도**(1과세기간 1억, 5개 과세기간 ×)

  ① G/B 내 토지 등 양도(㉠ 40% 감면, ㉡ 25% 감면)
    ㉠ G/B 지정일 이전 취득하여, 취득일부터 매수청구일 또는 협의매수일까지 해당 토지 소재지(시·군·자치구, 연접 시·군·자치구, 직선거리 30㎞ 이내) 거주하고, 개발제한구역법에 따라 매수청구 또는 협의매수로 2025.12.31.까지 양도하는 것
    ㉡ 매수청구일 또는 협의매수일부터 20년 이전 취득하여, 취득일부터 매수청구일 또는 협의매수일까지 해당 토지 소재지에 거주하고, 개발제한구역법에 따라 매수청구 또는 협의매수로 2025.12.31.까지 양도하는 것

  ② G/B에서 해제된 토지 양도(㉠ 40% 감면, ㉡ 25% 감면) → "협의매수 또는 수용"으로 양도하여야 하고, G/B 해제일부터 1년 이내 사업인정고시된 경우로 한정
    ㉠ G/B 지정일 이전 취득하여, 취득일부터 사업인정고시일까지 해당 토지 소재지에 거주하고, 수용 또는 협의매수로 2025.12.31.까지 양도하는 것
    ㉡ 사업인정고시일부터 20년 이전 취득하여, 취득일부터 사업인정고시일까지 해당 토지 소재지에 거주하고, 수용 또는 협의매수로 2025.12.31.까지 양도하는 것

- G/B 내 "이축권" 문제
  ① G/B 내 부동산과 함께 양도하는 이축권
     → 기타자산(양도소득세)
     → 이축권을 감정평가하여 그 가액으로 구분 신고하면 기타소득(종합소득세)
  ② 이축권만 양도하는 경우 : 기타소득(종합소득세)

핵심 Point

- G/B 내 1세대 1주택 비과세 부수토지 범위 → "도시지역인지" 여부로 판단하여야 함
- G/B 내 "임야"의 비사업용 토지 → G/B 지정일 이후 취득하여도 G/B 지정된 기간은 사업용 의제
  ("임야에 한정"되는 것임에 유의)
- G/B 내 토지 등 양도시 감면 : 먼저 다음을 검토할 것
  ① G/B 지정 이전 취득하였는지 Vs 특정 사유 발생일 이전 20년 전에 취득하였는지
  ② 현재 G/B 인지 Vs G/B 해제된 것인지
     → 현재 G/B이면 국토부장관에게 매수청구 또는 국토부장관의 매수청구로 양도할 것
     → G/B 해제된 토지는 법률에 따른 "수용이나 협의매수"로 양도할 것
  ③ 취득일 이후 **계속하여** 토지 등 소재지에 거주할 것 : 매수청구일, 사업인정고시일까지
     → 상속받으면 직전 피상속인의 거주기간은 상속인 거주기간 인정
     → 취학(유치원, 초중학교 제외), 병역징집, 1년 이상 질병 치료요양 기간은 예외 인정
- 감면한도 : Chapter 108. 보충설명 참고

질문 »

1. 甲은 1세대 1주택 보유자로서 보유기간 등을 갖춘 개발제한구역 내 단독주택과 부수토지를 2024년 2월 중 5억원에 乙에게 양도하였다. 해당 주택은 녹지지역에 소재하며, 건물 정착면적은 50㎡, 부수토지는 500㎡이다. 해당 주택 양도시 1세대 1주택 비과세 적용 범위는?

2. 서울 서초구에서 30년 이상 거주하고 있는 甲은 경기도 고양시 중산동 소재 임야를 2010년 중 취득하였다. 해당 임야는 1980년에 개발제한구역으로 지정되어, 2023년 5월 중 개발제한구역 지정 해제되었다. 해당 임야를 2024년 5월 중 양도시 비사업용 토지에 해당하는가?

3. 甲은 1979년 경기도 소재 토지를 취득하였는데 해당 토지는 1986년 개발제한구역으로 지정되었고, 2023년 5월 사업인정고시된 공익사업시행으로 LH공사에 2024년 1월 협의매수로 양도하였다. 甲은 2012년부터 근무상 형편으로 부산에 거주하고 있다. 해당 토지 양도로 조특법 제77조의 3 규정(감면율 40%, 25%)의 적용이 가능한가?

 **답변 및 해설 »**

1. 甲은 1세대 1주택 비과세를 적용받을 요건을 갖추었다. 그러나 해당 주택은 녹지지역에 소재한 바, 녹지지역도 도시지역에 해당하고 비록 개발제한구역이라도 도시지역일 경우에는 비과세되는 주택 부수토지는 5배의 배율이 적용된다. 따라서 건물 정착면적의 5배를 초과하는 부수토지 250㎡는 비과세를 적용받지 못하고, 비사업용 토지로서 중과된다. 해당 일괄 양도 자산에 대하여는 감정가액이 없으면 기준시가로 안분하여 비과세 부분과 과세되는 부분을 안분하여야 한다.

2. 임야는 원칙적으로 주민등록 및 거주요건을 갖추어야 사업용으로 본다. 그러나 개발제한구역으로 지정된 임야의 경우에는 비록 개발제한구역으로 지정된 이후에 취득하여도 그 지정된 기간 동안은 사업용으로 본다. 따라서 전체보유기간 중 60% 이상 사업용으로 사용하였기에 사업용 토지에 해당한다. 양도일로부터 소급하여 5년 중 3년 이상, 소급하여 3년 중 2년 이상 사업용으로 사용한 것으로 되기도 하므로 어느 기준에 따르더라도 사업용 토지에 해당한다.

3. 조특법 제77조의 3에 따라 개발제한구역 내 토지를 2025.12.31.까지 양도할 경우 40%, 25% 감면율을 적용하는 특례를 적용받으려면 토지 등 "취득 이후 계속 거주"하여야 한다. 예외를 인정하는 것은 취학이나 병역징집, 1년 이상 치료를 요하는 질병의 치료요양으로 인하여 거주하지 못하는 경우이다. 그러나 "근무상 형편"으로 거주하지 못한 경우에는 "계속" 거주의 예외사유로 보지 않는다. 따라서 甲은 개발제한구역 내 토지 양도에 대한 감면을 적용받지 못한다. 다만, 甲은 조특법 제77조에 따른 공익사업용 토지 양도에 대한 감면 규정(현금보상 10%, 채권보상 15% 감면율)을 적용받을 뿐이다.

관련 사례

구 분	내 용
1세대 1주택 비과세 부수토지	• 도시지역에 해당하면 개발제한구역 내 또는 자연취락지구나 녹지지역도 5배의 배율을 적용함[204]
개발제한구역 보전부담금	• 토지소유자가 개발제한구역 내의 토지에 건축물을 신축함에 따라 개발제한구역법에 따른 개발제한구역 보전부담금을 부담하는 경우 해당 보전부담금은 토지소유자의 토지에 대한 자본적 지출액으로 봄[205]
비사업용 토지 관련	• 개발제한구역 내 토지를 취득한 후 개발제한구역에서 해제되면서 도시개발구역으로 지정된 경우 "법령에 따른 사용 제한" 규정 적용 부인[206] • 토지 취득 前부터 개발제한구역으로 지정되었고 용도지역이 자연녹지지역이어서 본래 지정용도 외 목적으로 사용할 수 없는 토지는 사업에 사용하지 않은 정당한 사유가 있다고 볼 수 없음[207] • 개발제한구역이 해제된 경우에는 개발제한구역 안의 임야로서의 기간은 사업에 사용한 기간으로 보아 기간기준을 적용함[208] • 임야를 취득하기 전부터 개발제한구역으로 지정되어도 G/B 지정된 기간 동안은 사업용으로 판단[209] • 도시지역에 해당할 경우 비록 개발제한구역 안에 위치하여 그 구역지정의 목적에 위배되는 건축물의 건축 · 형질변경 등 도시계획사업이 제한되더라도 도시지역 안에 위치한 토지에 해당되므로 건물이 정착된 면적에 5배의 배율을 곱하여 산정한 면적을 부속토지 면적으로 봄[210]
G/B 내 토지 양도에 대한 세액감면 관련	• 개발제한구역 내의 토지 등을 토지보상법에 따른 협의매수 · 수용을 통하여 양도하는 경우로서 개발제한구역에서 해제되기 전에 토지보상법 및 그 밖의 법률에 따른 사업인정고시가 된 경우 동 규정이 적용됨[211] • 토지 등의 취득일부터 사업인정고시일까지 거주하는 것은 "계속하여" 거주하여야 함[212] • 조특법 제77조 제1항 및 제2항의 거주기간을 계산함에 있어 근무상 형편으로 거주하지 못한 경우는 거주기간으로 보지 않음[213] • 사업인정고시란 토지보상법 및 동법의 준용규정이 있는 기타 법률에 의하여 국토교통부장관 또는 그 위임을 받은 지자체장이 사업인정을 고시하는 것을 말함[214]

---

204) 부동산거래관리과-345, 2012.7.5. ; 조심2021소6972, 2022.2.21. ; 대구고법2022누5039, 2023.6.30.
205) 부동산거래관리과-89, 2012.2.9.
206) 서면4팀-2960, 2007.10.15. ; 서면5팀-547, 2006.10.26.
207) 대판2013두8073, 2013.8.22.
208) 재산세과-2585, 2008.9.2.
209) 법령해석재산-367, 2020.6.8. ; 서면4팀-3034, 2007.10.23.
210) 심사양도1999-4312, 1999.8.13. ; 심사양도1999-4216, 1999.7.9.
211) 법규재산-597, 2024.9.19. ; 법규재산2014-598, 2014.5.2. ; 부동산거래관리과-759, 2011.8.29.
212) 법규재산-42, 2024.4.30. ; 부동산거래관리과-848, 2011.10.7. ; 조심2012서4171, 2012.12.11. ; 대판2014두35133, 2014.4.10.
213) 부동산납세과-442, 2014.6.24. ; 부동산거래관리과-853, 2010.6.25. ; 조심2010중3648, 2010.12.31.
214) 재산세과-885, 2009.3.12.

구 분	내 용
G/B 내 토지 양도에 대한 세액감면 관련	• 개발제한구역 내의 토지 등을 개발제한구역에서 해제되지 않은 경우에도 협의매수나 수용을 통해 양도시 동 특례가 적용됨[215]
	• 개발제한구역이 해제되고 사업인정 고시되어 수용 등으로 양도하는 경우에 조특법 제77조(공익사업용 토지 등에 대한 양도소득세의 감면)와 조특법 제77조의 3(개발제한구역 지정에 따른 매수대상 토지 등에 대한 양도소득세의 감면)을 동시에 적용받을 수는 없고, 중복되는 경우 선택해서 감면규정을 적용함[216]
	• 개발제한구역 내의 종중 소유 토지 등을 매수청구 또는 협의매수를 통해 양도한 경우 종중은 "해당 토지 등의 소재지에 거주하는" 거주자에 해당하지 않아 감면을 적용받을 수 없음[217]
	• 주택지구 지정 → 개발제한구역 해제 → 주택지구 해제 → 특별관리지역 지정 → 주택지구 재지정(개발제한구역 해제일부터 1년 이상이 지난 후) 과정을 거쳐 협의매수 및 수용되는 토지의 경우 동 규정이 적용되지 않음[218]
이축권 관련	• 부동산과 함께 이축권을 양도하는 경우로서 양도일 이후 예정신고기한 내에 감정평가법인 등이 감정한 가액으로 이축권을 구분하여 신고하는 경우, 이는 이축권가액을 별도로 평가하여 신고하는 경우에 해당함[219]
	• 이축권만 따로 양도하는 경우에는 "기타소득"으로 과세함[220]
	• 이축권이란 건축법령 등에 따라 개발제한구역 내에서의 건축행위의 일반적 금지를 해제하여 건축허가를 받아 건물을 건축할 수 있는 권리를 의미할 뿐, 부동산 자체의 취득을 목적으로 하는 권리를 의미한다고 볼 수 없으므로, "부동산을 취득할 수 있는 권리"에 해당하지 않음[221]
	• 이축권을 유상으로 취득한 후 이를 기초로 건물을 신축하여 양도한 경우 이축권 취득 비용은 건물의 취득가액으로 봄[222]
	※ 부동산과 함께 양도하는 이축권을 2020년 이후로는 원칙적으로 "기타자산"으로 규정하는 바, 이 경우에도 "건물" 취득가액으로 봄이 타당하다고 생각함

---

215) 부동산거래관리과-1030, 2011.12.13. ; 부동산거래관리과-285, 2010.2.24. ; 재산세과-978, 2009.12.10.
216) 재산세과-656, 2009.2.25.
217) 재산세과-1474, 2009.7.20. ; 조심2012중3600, 2013.9.6.
218) 법규재산-1780, 2024.9.5.
219) 법규재산-725, 2023.12.5.
220) 법령해석재산-264, 2021.4.5.
221) 대판98두205, 2000.9.29.
222) 양도집행 97-163-14 ; 서면4팀-920, 2006.4.12. ; 서면4팀-69, 2005.1.10.

Chapter 111. 장기일반민간임대주택 등 특례(조특법§97의3), 적용시 유의해야 할 부분은?

내용 Summary

기본사항 Check

- **특례 개요** : 거주자가 공공지원민간임대주택 또는 장기일반민간임대주택(이하 "장기일반민간임대주택 등") 을 등록하고 일정한 적용요건을 갖추어 양도시 **장기보유특별공제를 50/100(10년 이상 70/100) 적용** → 개정내용에 매우 유의하여야 함

- **특례 적용 요건**
  ① **임대료 등 증액 제한** : 임대보증금 또는 임대료 증가율이 **5/100를 초과하지 않을 것**(2020.2.11. 이후 계약/갱신분) → 임대료 등 증액청구는 임대차계약 또는 약정한 임대료 등의 증액 후 1년 이내에는 하지 못하고, 증액청구하면서 임대보증금과 월 임대료 상호 간 전환시 민간임대주택법 제44조 제4항 기준 준용(2020.2.11. 이후 전환분, '렌트홈'에서 자동계산)
  ② **국민주택 규모 이하** : 전용면적 85㎡(수도권 밖 읍면 100㎡) 이하(다가구주택은 가구당 전용면적을 기준)일 것
  ③ **기준시가 요건** : 임대개시 당시 주택과 부수토지의 기준시가가 6억원(비수도권 3억원) 이하일 것 → 2018.9.14. 이후 신규주택 취득분부터 적용하되, 2018.9.13. 이전 주택 또는 주택을 취득할 수 있는 권리를 취득하거나 2018.9.13. 이전 매매계약을 체결하고 계약금을 지급한 경우는 예외
  ④ **임대기간 요건** : 세무서에 사업자등록과 지자체에 임대사업자등록을 하고 장기일반민간임대주택 등으로 등록하여 임대하는 날부터 기산
    ㉠ 8년 이상 임대할 것
    ㉡ 2023.1.1. 이후 등록하는 민간건설임대주택 → 10년 이상 임대할 것
    ㉢ 장기일반민간임대주택 등으로 변경 : ⓐ 2019.2.12. 이전 → 5년의 범위에서 민간임대주택으로 임대한 기간의 50/100을 장기일반민간임대주택 등의 임대기간에 포함 ⓑ 2019.2.12. 이후 변경신고 → 민간임대주택법 시행령 제34조 제1항 제3호에 따른 시점부터 임대개시 간주(다만, 2019.2.12. 현재 단기민간임대주택을 8년 초과 임대시 종전규정에 따름)
    ㉣ 재건축/재개발 등 특례 : 재건축사업·재개발사업 또는 소규모주택정비사업 또는 주택법에 따른 리모델링으로 임대할 수 없는 경우 → 해당 주택의 관리처분계획 인가일(소규모주택정비사업은 사업시행계획 인가일, 리모델링은 허가일 또는 사업계획승인일) 전 6개월부터 준공일 후 6개월까지의 기간 동안 계속하여 임대한 것으로 보되, 임대기간 계산 시에는 실제 임대기간만 포함
    ㉤ 상속받은 임대주택 승계 임대 : 피상속인의 주택임대기간을 상속인의 주택임대기간에 합산
  ⑤ **배제 요건에 해당하지 않을 것** : 아래 해당 주택은 특례 배제
    ㉠ 민간"매입"임대주택 : ⓐ 2020.7.11. 이후 장기일반민간임대주택으로 등록 신청한 "아파트", ⓑ 단기민간임대주택을 2020.7.11. 이후 공공지원민간임대주택 또는 장기일반민간임대주택으로 변경신고

　　　　ⓒ 민간"건설"임대주택 : 2020.7.11. 이후 장기일반민간임대주택으로 등록 신청한 경우로서 단기 민간임대주택을 2020.7.11. 이후 공공지원민간임대주택 또는 장기일반민간임대주택으로 변경 신고

- **일몰 종료** : 민간"매입"임대주택 → **2020.12.31. 이전 취득분에 한하여** 특례 적용
- **특례 내용** : "임대기간 중 발생한 양도소득"에 대해 장기보유특별공제 공제율 특례
  ① 민간"건설"임대주택
  　　㉠ 8년 이상 임대 : 50% 공제율 → 2023.1.1. 이후 등록분은 적용 불가
  　　㉡ 10년 이상 임대 : 70% 공제율
  ② 민간"매입"임대주택 → 2020.12.31. 이전 **"취득분만"** 가능
  　　㉠ 8년 이상 임대 : 50% 공제율
  　　㉡ 10년 이상 임대 : 70% 공제율
  　　㉢ 장기일반민간임대주택 중 "아파트 등록말소" 특례 : **50% 공제율** → 장기일반민간임대주택 중 아파트(도시형생활주택 ×)를 임대하는 민간매입임대주택이 임대의무기간(8년) 만료로 2020.8.18. 이후 등록 말소되면 8년 동안 등록 및 임대로 간주하기 때문임

핵심 Point

- 단기민간임대주택이 임대의무기간 경과로 자동말소 : 특례 불가
- 매입임대주택(임대의무기간 5년)을 장기일반민간임대주택(임대의무기간 8년)으로 등록하지 않은 경우 : 특례 불가
- 아파트로서 장기일반민간임대주택이 임대의무기간 만료로 말소되는 경우 : 특례 가능 → 8년 임대 간주되어 50% 공제율 적용
- 리모델링사업/재건축사업으로 국민주택 규모 초과 : 특례 불가
- 임대기간 계산 : 사업자등록 및 임대사업자등록을 하고 임대개시한 날부터 기산
- 장기보유특별공제율 적용 : 특례 임대기간 → 공제율 50%(10년 이상 70%), 그 외 기간 → 일반 공제율 (표1 또는 표2)
- 보유기간 중 임대하던 아파트를 리모델링사업으로 말소하고 2020.8.18. 이후 완공한 경우 : 특례 불가 → 아파트는 2020.8.18. 이후 장기일반민간임대주택으로 등록이 불가하기 때문
- 매매계약 후 양도일 전 매매특약으로 "상가"로 용도변경 : 특례 불가 → 2022.10.21. 이후 매매계약분부터 적용(해석 변경)
- 임대의무기간 중 임대료 등 증액 위반 : 특례 불가

질문 »

1. 2018년 5월 중 등록한 단기민간임대주택을 4년 임대하고 2022년 5월 임대의무기간 경과로 자동말소되었다. 해당 말소된 임대주택은 조특법 제97조의 3 특례 적용이 가능한가?

2. 장기일반민간임대주택인 아파트가 임대의무기간 만료로 자동말소되었다. 해당 말소된 임대주택은 조특법 제97조의 3 특례 적용이 가능한가?

3. 甲은 보유하던 장기일반민간임대주택에 대해 임대료 증액 제한 5%를 1회 위반하여 과태료를 부담한 뒤, 이후로는 증액 제한을 위반하지 않았다. 해당 임대주택은 조특법 제97조의 3 특례 적용이 가능한가?

4. 甲은 장기일반민간임대주택으로 등록한 보유 중인 서울의 아파트가 노후화되어 해당 단지를 주택법에 따라 리모델링사업을 진행하였는데, 당초 전용면적 84㎡에서 리모델링 사업으로 전용면적 105㎡로 변경되었으며 리모델링사업 후 다시 장기일반민간임대주택으로 등록하였다. 해당 임대주택은 조특법 제97조의 3 특례 적용이 가능한가?

5. 甲은 매입 후 7년 동안 임대하던 장기일반민간임대주택에 대한 재건축사업으로 신축된 아파트를 2020년 8월 18일 이후 취득하였다. 그러나 당해 아파트는 장기일반민간임대주택으로 등록 신청하였으나 반려되었다. 해당 주택은 조특법 제97조의 3 특례 적용이 가능한가?

답변 및 해설 »

1. 조특법 제97조의 3 특례는 **장기일반민간임대주택이거나 공공지원민간임대주택이어야** 한다. 단기민간임대주택은 2020년 7월 10일 이전에 장기일반민간임대주택 등으로 변경등록하지 않으면 조특법 제97조의 3 특례가 불가하다. 단기민간임대주택이 말소되어도 특례 불가하다. 따라서 사례의 경우 특례가 불가하다.

2. 2020년 8월 18일 민간임대주택법 개정으로 민간매입임대주택인 "아파트"로서 장기일반민간임대주택에 대해서 임대의무기간(8년)이 만료하면 자동으로 등록 말소하였다. 이 경우 임대의무기간을 충족한 것으로 보기에 조특법 제97조의 3 적용시 장기보유특별공제는 **50% 공제율**이 적용된다.

3. 장기일반민간임대주택 등에 대한 임대료 등 증액제한은 특례적용을 위한 소극적 요건이다. 따라서 2020년 2월 11일 이후 임대차계약을 체결하거나 갱신하는 분부터 이를 위반하면 특

례를 적용받을 수 없다. 1회 위반한 후 다시는 위반하지 않았어도 요건 위반으로 배제된 요건이 다시 부활하는 것이 아니다.

4. 주택법에 따른 리모델링사업이든 도시정비법에 따른 재건축사업이든 사업결과 **국민주택 규모를 초과하게 되는 경우에는 조특법 제97조의 3에 따른 과세특례가 적용되지 않는다**. 사례에서 리모델링사업 결과 85㎡를 초과하였으므로 특례를 적용받지 못한다.

5. 그동안 제법 질문이 많았던 부분이다. 리모델링사업이든 재건축사업이든 임대기간 계속 충족의 예외로서 사업 전후 6개월의 공실 허용기간을 두고 있다. 그런데 2020.8.18. 이후부터는 **매입임대주택으로서 아파트는 장기일반민간임대주택으로 등록할 수 없다**. 따라서 사례에서 해당 임대주택은 8년 임대기간을 충족할 수 없어 조특법 제97조의 3 특례 적용이 불가하다.

관련 사례 (조특법§97의3)

구 분	내 용
장기민간임대 주택 등	• 다가구주택을 호별로 장기일반민간임대주택으로 등록한 경우 조특법 제97조의 3 요건을 충족한 임대가구는 양도소득세의 과세특례가 적용됨[223] • 소유주택을 (구)임대주택법에 따른 매입임대주택으로 등록하여 임대차계약에 따라 임대하다 민간임대주택법에 따른 장기일반민간임대주택으로 변경 등록하지 않은 경우 조특법 제97조의 3 과세특례가 적용되지 않음[224] • 장기일반민간임대주택의 보유기간 중에 재건축사업으로 장기일반민간임대주택이 주택법 제2조 제6호에 따른 국민주택 규모를 초과하게 되는 경우 조특법 제97조의 3에 따른 과세특례가 적용되지 않음[225] • 주택법에 따른 리모델링사업으로 국민주택 규모를 초과하게 되는 경우에는 조특법 제97조의 3에 따른 과세특례가 적용되지 않음[226] • 공동 소유하는 주택은 공동 명의로 1호 이상 주택을 임대등록하고 각각의 공동사업자가 조특법 제97조의 3 제1항 각 호의 요건을 모두 충족한 경우 소유 지분의 양도로 발생하는 양도차익은 과세특례가 적용됨[227] • '20.7.10. 이전 장기일반민간임대주택으로 등록된 아파트를 거주자가 '20.7.11. 이후 별도 세대원으로부터 증여(포괄승계)받은 경우 임대의무기간 종료로 등록이 말소된 후 해당 임대주택을 양도하더라도 '22.12.31. 개정 전 조특법 제97조의 3에 따른 특례는 적용할 수 없음[228]

---

223) 부동산납세과-491, 2020.4.17.
224) 부동산납세과-2505, 2022.8.23. ; 조심2023서293, 2023.7.31. ; 조심2023서14, 2023.4.3.
225) 법규재산-6935, 2022.4.21.
226) 부동산납세과-1050, 2022.4.22.
227) 재산세제과-766, 2020.9.3.
228) 법규재산-219, 2023.6.30.

구 분	내 용
의무임대기간 및 등록 말소	• 소득세법 제168조 제1항 본문에 따른 사업자등록과 민간임대주택법에 따른 임대사업자등록을 하고 장기일반민간임대주택 등으로 등록하여 임대하는 날부터 임대를 개시한 것으로 봄[229]
• 2019.2.12. 전 장기일반민간임대주택으로 변경신고 : 2011년 민간매입임대주택(임대의무기간 5년)으로 임대사업등록을 하고 2018년까지 임대하였으므로 해당 기간 중 임대기간으로 인정되는 기간은 5년임[230]
• 2019.2.12. 이후 장기일반민간임대주택으로 변경신고 : 주택을 사업자등록과 임대사업자등록을 하고 매입임대주택으로 등록한 경우로서 임대의무기간이 종료된 이후 장기일반민간임대주택으로 변경신고한 경우 조특법 제97조의 3에 따른 임대기간은 변경신고의 수리일부터 해당 매입임대주택의 임대의무기간을 역산한 날부터 임대를 개시한 것으로 보아 계산함[231]
• 사업자등록 등을 한 매입임대주택을 임대의무기간 종료 전 장기일반민간임대주택으로 변경 등록시 매입임대주택 임대사업자등록일(등록 이후 임대 개시되는 경우 임대차계약서상의 실제 임대개시일)부터 임대 개시한 것으로 봄[232]
• 주택의 보유기간 중 임대를 개시하여 조특법 제97조의 3에 따른 특례를 적용하는 경우 장기보유특별공제액은 양도차익 중 조특령 제97조의 5 제2항을 준용하여 계산한 "임대기간 중에 발생한 양도차익"에 조특법 제97조의 3에 따른 공제율(50%, 70%)을 곱하여 계산한 금액과 그 외 나머지 양도차익에 소득세법 제95조 제2항 및 제4항에 따른 자산의 보유기간별 공제율을 곱하여 계산한 금액을 합하여 산정함[233]
• 장기일반민간임대주택이 소규모주택정비법에 따른 가로주택정비사업으로 임대할 수 없는 경우 조특령 제97조의 3 제2항 제1호(사업 전후 6개월은 계속임대 간주, 임대기간은 실제 임대기간 적용)가 적용됨[234]
• 거주자가 주택을 취득한 후 매입임대주택으로 등록하여 임대한 후 2019.2.12. 전에 준공공임대주택으로 변경신고하여 계속 임대한 경우로서, 2020.8.18. 개정된 민간임대주택법에 따라 등록이 자동말소된 경우, 조특령 제97조의 3 제5항의 "임대기간 중 양도차익"에서 임대기간은 2019.2.12. 개정 전 조특령 제97조의 3 제4항에 따라 5년의 범위에서 매입임대주택으로 임대한 기간의 50/100에 해당하는 기간을 준공공임대주택의 임대기간에 포함하여 계산함[235]
• 민간임대주택법에 따른 장기일반민간임대주택으로서 주택법에 따른 리모델링사업으로 인해 8년 이상 계속하여 임대하지 못한 경우 조특법 제97조의 3에 따른 과세특례를 적용받을 수 없음[236]

---

229) 부동산납세과-893, 2019.9.3.
230) 조심2022전8194, 2023.4.10.
231) 부동산납세과-1405, 2023.5.25. ; 법령해석재산-286, 2020.5.8.
232) 부동산납세과-1773, 2024.10.23.
233) 법령해석재산-1392, 2021.10.28.
234) 법령해석재산-1495, 2021.7.27. ; 조세법령운용과-636, 2021.7.23.
235) 법규재산-768, 2024.12.31. ; 법규재산-1563, 2023.6.1. ; 조심2022전8194, 2023.4.10.
236) 법령해석재산-65, 2021.7.26.

구 분	내 용
의무임대기간 및 등록 말소	• 민간임대주택법상 의무임대기간(8년)을 충족하여 자동말소되는 경우 의무임대기간 중 3개월을 초과하여 공실이 발생해도 조특법 제97조의 3 특례적용이 가능함[237] • 장기일반민간임대주택(아파트)이 자동말소되는 경우 8년 동안 등록 및 임대한 것으로 보아 조특법 제97조의 3 제1항 본문(50% 공제율)에 따른 특례를 적용함[238] • 공동명의로 임대등록한 장기일반민간임대주택의 지분을 다른 공동소유자로부터 취득한 경우 임대기간은 추가 취득한 지분의 취득시기 이후부터임[239] • 단기민간임대주택 임대사업자등록을 '20.8.18. 개정된 민간임대주택법 제6조 제1항 제11호에 따라 자진말소 신청하여 말소한 후 '20.12.31.까지 장기일반민간임대주택으로 새로 등록한 경우로서 조특법('22.12.31. 개정 전) 제97조의 3 요건을 충족할 경우, 장기일반민간임대주택 등에 대한 과세특례를 적용받을 수 있음[240] • 2020.12.31. 이전 등록한 "장기일반민간임대주택"을 "공공지원민간임대주택"으로 유형 변경한 경우 임대기간은 장기일반민간임대주택으로 등록하여 임대를 개시한 날부터 기산함[241] • 8년 이상 임대한 장기일반민간임대주택이 민간임대주택법 제6조 제5항에 따라 등록 말소 후 재건축사업에 따라 조합원입주권 상태에서 그 조합원입주권을 양도한 경우에도 조특법 제97조의 3에 따른 특례를 적용받을 수 있음[242] • 장기일반민간임대주택 중 아파트를 임대하는 민간매입임대주택이 임대의무기간(8년) 종료로 임대등록이 자동말소되어 민간임대주택법상 장기일반민간임대주택의 등록 요건을 충족할 수 없는 경우, 50% 장기보유특별공제만 적용 가능함[243]
임대료 등 제한	• 임대료증액 제한 기준이 되는 최초의 계약은 장기일반민간임대주택 등(종전, 준공공임대주택 등)으로 등록한 후 작성한 표준임대차계약이 됨[244] • 매입임대주택을 준공공임대주택으로 변경 당시 존속 중인 임대차계약을 갱신할 때 임대보증금 등 증가율이 5%를 초과하면 특례를 적용받을 수 없음[245] • 매입임대주택으로 등록하여 임대차 계약에 따라 임대하다가 장기일반민간임대주택으로 변경 등록한 경우 임대료 증액 제한 기준이 되는 임대차 계약은 장기일반민간임대주택으로 등록 당시 존속 중인 표준임대차계약임[246] • 임대차계약을 승계받아 장기일반민간임대주택으로 임대등록한 경우 임대료 증액 제한의 기준이 되는 최초의 계약은 임대등록한 후 작성한 표준임대차계약임[247]

237) 법령해석재산-4341, 2021.5.11.
238) 부동산납세과-1912, 2022.7.4. ; 법령해석재산-1613, 2021.12.10. ; 법령해석재산-3286, 2021.5.11.
239) 부동산납세과-1444, 2023.7.4.
240) 법규재산-8176, 2023.7.21.
241) 법규재산-3591, 2024.4.30.
242) 법규재산-2731, 2023.11.30.
243) 법규재산-507, 2025.1.23.
244) 부동산납세과-960, 2019.9.20. ; 부동산납세과-966, 2018.10.4. ; 재산세제과-527, 2018.6.18.
245) 법령해석재산-921, 2021.12.28.
246) 법령해석재산-653, 2021.10.29. ; 부동산납세과-351, 2020.3.18. ; 법령해석재산-305, 2019.10.31.
247) 부동산납세과-3415, 2022.11.3.

구 분	내 용
임대료 등 제한	• 임대보증금 증액 제한 요건을 임대기간 중 5% 기준을 지킨 임대기간만 통산하는 것으로 해석하기보다는 임대기간 동안의 임대계약 갱신 때마다 지켜야 하는 요건으로 해석하는 것이 타당함[248] ※ '20.2.11. 개정前 보증금 등 요건을 "연 증가율 100분의 5"로 조특령에 직접 규정한 바, 주택임대차보호법상 최소임대기간 2년 준수 후 계약시 10% 이내로 증액 가능한지에 대해 "부정적"으로 해석하였으며,[249] 조세심판원은 신고불성실가산세는 제외함이 타당하다고 봄[250]
"임대기간 중 양도차익"의 산정 (자동말소)	• 민간임대주택법상 자동말소된 장기일반민간임대주택의 조특령 제97조의 3 제5항에 따른 "임대기간 중 양도차익"에서 임대기간은 조특령 제97조의 3 제2항이 아닌 조특령 제97조의 3 제4항에 따른 임대기간으로 산정함[251]
용도 변경	• 주택을 매매특약에 따라 양도일 전에 상가로 용도변경한 경우 2022.10.21. 이후 매매계약하는 분부터 양도일 현재를 기준으로 양도 물건을 판단함[252]
주택과 부수토지 소유자가 상이	• 민간임대주택의 주택 부분과 부수토지의 소유자가 다른 경우 주택 부분만(부수토지 제외) 조특법 제97조의 3 특례를 적용할 수 있음[253]
2020.7.10. 장기 변경신청	• 단기민간임대주택으로 등록하였다가 2020.7.10. 장기일반민간임대주택으로 변경 신청한 경우에 나머지 특례 요건을 갖추어 그 주택을 양도하면 조특법 제97조의 3 특례 적용이 가능함[254]
기준시가 요건 개정규정 적용	• "별도 세대원" 간 공동소유하던 기준시가 6억원 초과 장기일반민간임대주택을 '18.9.14. 이후 단독으로 지분 정리한 경우 조특법 제97조의 3 특례요건을 충족하는 "당초 지분"은 특례규정 적용이 가능하며, 동일 세대원인 배우자에게 기준시가 6억원 초과 장기일반민간임대주택을 '18.9.14. 이후 일부 증여한 경우 주택 전체에 대해 특례규정의 적용이 가능함[255]
주택임대신고서를 미제출한 경우	• 조특법 제97조의 3 규정은 주택 임대를 개시한 날로부터 3월 이내에 주택임대신고서를 임대주택의 소재지 관할 세무서장에게 제출하지 않아도 적용됨[256] • 임대주택 소재지 관할 세무서장에게 주택임대를 개시한 날부터 3개월 이내 주택임대신고서를 제출한 경우 주택임대 개시일은 최초 주택임대 개시일을 말함[257]
8년 이상 임대 후 등록 말소 및 조합원입주권 전환	• 8년 이상 임대한 장기일반민간임대주택이 민간임대주택법 제6조 제5항에 따라 등록 말소 후 재건축사업에 따라 조합원입주권 상태에서 그 조합원입주권을 양도한 경우에도 특례를 적용받을 수 있음[258]

---

248) 조심2021서5515, 2021.11.23.
249) 법무재산-46, 2022.8.31. ; 법제처17-665, 2018.1.30.
250) 조심2023서3202, 2023.9.21.
251) 법규재산-768, 2024.12.31. ; 재산세제과-720, 2023.5.25.
252) 법규재산-1411, 2022.12.28.
253) 법규재산-1310, 2023.12.28. ; 조세정책과-2527, 2023.12.27.
254) 부동산납세과-1234, 2024.7.25.
255) 부동산납세과-139, 2023.1.17. ; 재산세제과-1420, 2022.11.14.
256) 부동산납세과-882, 2018.9.4. ; 법령해석재산-386, 2015.12.4.
257) 부동산납세과-139, 2017.2.7.
258) 법규재산-2731, 2023.11.30.

구 분	내 용
2023.2.28. 개정 관련 해석	• 거주자가 2020.12.31. 이전 등록한 장기일반민간임대주택이 자동말소된 경우로서, 해당 주택을 2023.2.28. 이후 양도하는 경우에도, 2023.2.28. 개정 전 (구)조특령 제97조의 3 제2항을 적용하여 2022.12.31. 개정 전 (구)조특법 제97조의 3을 적용할 수 있음[259]
	※ 2023.2.28. 조특령 개정으로 말소된 장기일반민간임대주택 내용이 사라지고 부칙에 경과조치를 규정하지 않으면서 2023.2.28. 이후 자동말소된 경우 특례 적용 여부가 문제된 것임
장기임대주택의 포괄승계	• 포괄양수한 장기임대주택을 '20.7.10. 이전 장기일반민간임대주택으로 변경신고한 후 자동말소되어 양도시 특례 적용이 가능함[260]
	• 장기일반민간임대주택(아파트)을 '20.7.11. 이후 별도 세대로부터 증여(포괄승계)받아 임대의무기간 종료로 등록 말소된 후 해당 임대주택을 양도할 경우 '22.12.31. 개정 前 조특법 제97조의 3 특례를 적용할 수 없음[261]
	• 장기일반민간임대주택(아파트)을 '20.7.11. 이후 배우자로부터 증여(포괄승계)받아 임대의무기간 종료로 등록 말소 후 양도시 특례를 적용할 수 없음[262]
	※ 이는 특례를 "거주자별"로 적용한다는 점과 '20.7.11. 이후 아파트를 장기일반민간임대주택으로 등록시 특례 대상에서 제외한다는 점에 기인하는 것으로 보임
	• 전 배우자로부터 재산분할을 원인으로 장기임대주택을 취득한 경우 임대기간 계산시 전 배우자의 임대기간은 합산할 수 없음[263]
중복 적용 금지	• 조특법 제97조의 3 및 제98조의 3 규정을 동시에 적용받는 경우 조특법 제127조 제7항 본문에 따라 그 거주자가 선택하는 "하나의 감면규정만"을 적용함[264]
	• 거주주택(A)과 소득령 제155조 제20항에 따른 장기임대주택(B, C)을 보유하던 중 A주택을 양도하여 1세대 1주택 특례를 적용받은 다음, B주택으로 주거를 이전하여 2년 이상 거주 후 B주택을 양도하는 경우로서 B주택이 직전거주주택보유주택에 해당하고 고가주택인 경우 B주택의 소득금액은 소득령 제161조 제2항에 따라 계산하고, 이때 장특공제는 B주택의 취득일부터 양도일까지 보유기간을 기준으로 소득령 제161조 제4항에 따라 계산함. 또한, 해당 B주택이 조특법 제97조의 3에 따른 과세특례 대상에 해당하는 경우로서 10년 이상 계속하여 임대한 후 양도하는 경우 장특공제는 소득세법 제95조 제2항에 불구하고 70/100 공제율을 적용함[265]
	• 동일한 주택에 대하여 조특법 제97조의 3에 따라 장기보유특별공제를 적용받은 임대기간 외의 임대기간에 조특법 제97조의 4에 따른 장기보유특별공제(6년 이상 임대시 표1 공제율에 매년 2% 추가 공제)를 적용할 수 없음[266]

---

259) 법규재산-768, 2024.12.31.
260) 부동산납세과-3681, 2022.12.6.
261) 법규재산-219, 2023.6.30.
262) 법규재산-5829, 2024.8.21. ; 재산세제과-954, 2024.8.19.
263) 법규재산-3481, 2025.3.10.
264) 법령해석재산-404, 2019.3.28.
265) 법령해석재산-1577, 2019.1.31.
266) 법규재산-1563, 2023.6.1.

Chapter 112. 지방미분양주택 등, 2025년 개정내용을 잘 챙겨보자!

💬 내용 Summary

기본사항 Check

- **비수도권 미분양주택 특례**(조특법§98의9) : 다음 요건을 모두 충족한 준공후미분양주택을 2024.1.10.부터 2025.12.31.까지 기간 중 취득한 경우 특례주택 취득 전 취득한 주택 양도시 소유주택에서 제외하여 1세대 1주택 비과세 판단함
  ① 수도권(서울·경기·인천) 밖에 소재할 것
  ② 전용면적이 85㎡ 이하이고, 취득가액이 6억원 이하일 것
  ③ 양도자가 법 소정의 사업주체일 것 → ㉠ 주택법 제54조 제1항 각 호 외의 부분 전단에 따른 사업주체, ㉡ 「건축물의 분양에 관한 법률」 제2조 제3호에 따른 분양사업자, ㉢ 앞 ㉠에 따른 사업주체 또는 ㉡에 따른 분양사업자로부터 주택의 공사대금으로 해당 주택을 받은 시공자
  ④ 양수자가 해당 주택에 대한 매매계약(주택공급계약 및 분양계약 포함)을 최초로 체결한 자일 것
  ⑤ 사용승인일까지 분양되지 않아 선착순 공급하는 것일 것 → 주택법에 따른 사용검사(임시 사용승인 포함) 또는 건축법에 따른 사용승인 등을 받은 날까지 분양계약이 체결되지 않아 선착순의 방법으로 공급하는 것

- **인구감소지역 소재 주택 취득에 대한 특례**(조특법§71의2) : 다음주택, 조합원입주권, 분양권 중 1개를 요건을 모두 충족한 주택을 2024.1.4.부터 2026.12.31.까지 기간 중 취득한 경우 특례주택 취득 전 취득한 주택, 조합원입주권 양도시 소유주택에서 제외하여 1세대 1주택 비과세 판단함
  ① 취득 당시 인구감소지역에 소재할 것 → 다음 지역에 소재한 주택은 제외
     ㉠ 수도권(접경지역 제외)
     ㉡ 광역시(광역시의 군 제외)
     ㉢ 해당 주택 취득 전 보유한 주택(분양권, 조합원입주권으로 완성된 주택 포함)과 동일 시·군·구 소재
  ② 주택 및 부수토지 가액이 4억원을 초과하지 않을 것

핵심 Point

- 2가지 특례 모두 2025년 신설된 내용 → 차이점 많으므로 유의하여야 함
- 적용시기 : 2025.1.1. 이후 결정·경정분부터 적용하므로 2024년 중 양도하고 과세로 신고한 경우 경정청구를 통해 환급 가능

질문 »

수도권 밖 미분양주택 특례와 인구감소지역 소재 주택 특례의 차이점을 비교해 보라.

답변 및 해설 »

2025년 신설된 수도권 밖 미분양주택과 인구감소지역 소재 주택 특례는 여러 곳에서 차이가 나므로 이에 대해 이해할 필요가 있다. 이를 표로 요약해보면 다음과 같다.

구 분	수도권 밖 미분양주택 특례	인구감소지역 주택 특례
취득시기	• 2024.1.10.~2025.12.31.	• 2024.1.4.~2026.12.31.
특례 주택 소재지	• 수도권 밖 소재	• 취득 당시 인구감소지역 소재 → 인구감소지역 고시 현황은 다음 페이지 참고 • 인구감소지역이라도 다음 지역은 배제 : 수도권(접경지역 제외), 광역시(군 제외), 일반주택과 동일 시·군·구 소재
규모기준	• 취득가액 6억 이하 & 전용면적 85㎡ 이하	• 주택 및 부수토지 가액 4억원 이하
양도자 (공급자)	• 법 소정의 사업주체 등과 최초 계약 체결하여 취득(분양)하는 미분양주택 → 선착순 방식으로 공급	• 제한 없음
특례 순서	• 일반주택(선) + 수도권 밖 미분양주택(후)	• 일반주택 등(선) + 인구감소지역 소재 주택(후)
특례 내용	• 일반주택 양도시 특례 주택은 보유주택에서 제외하고 1세대 1주택 비과세 판단	• 일반주택 양도시 특례 주택은 보유주택에서 제외하고 1세대 1주택 비과세 판단 • 조합원입주권 양도시 특례 주택은 보유주택에서 제외하고 1세대 1주택 비과세 판단
기타	• 미분양되어 분양받은 주택이 완성된 경우 포함	• 분양권 양도시 비과세 적용 부분은 입법오류로 생각됨 → 분양권은 양도소득세 비과세 대상이 아니기 때문임 ※ 특례 주택 취득 전에 보유한 분양권으로 완성된 주택에 대한 특례로 개정해야 할 것임

구 분	특례 대상 인구감소지역
경기도	• 연천군, 가평군
인천광역시	• 강화군, 옹진군
대구광역시	• 군위군
강원도	• 고성군, 삼척시, 양구군, 양양군, 영월군, 정선군, 철원군, 태백시, 평창군, 홍천군, 화천군, 횡성군
충청북도	• 괴산군, 단양군, 보은군, 영동군, 옥천군, 제천시
충청남도	• 공주시, 금산군, 논산시, 보령시, 부여군, 서천군, 예산군, 청양군, 태안군
전라북도	• 고창군, 김제시, 남원시, 무주군, 부안군, 순창군, 임실군, 장수군, 정읍시, 진안군
전라남도	• 강진군, 고흥군, 곡성군, 구례군, 담양군, 보성군, 신안군, 영광군, 영암군, 완도군, 장성군, 장흥군, 진도군, 함평군, 해남군, 화순군
경상북도	• 고령군, 문경시, 봉화군, 상주시, 성주군, 안동시, 영덕군, 영양군, 영주시, 영천시, 울릉군, 울진군, 의성군, 청도군, 청송군
경상남도	• 거창군, 고성군, 남해군, 밀양시, 산청군, 의령군, 창녕군, 하동군, 함안군, 함양군, 합천군

※ 위 인구감소지역은 행정안전부가 2024.2.27. 변경고시한 지역으로(행정안전부 고시 제2024-15호) 2023.7.1.부터 적용하도록 부칙에 규정을 두고 있다. 다만, "부산광역시" 지역은 광역시로서 군지역은 조세특례에 해당되지 않기에 제외하였다.

Chapter 113 농어촌주택 특례, 착오하는 이유는?

💬 내용 Summary

기본사항 Check

- **농어촌주택**(소득령) : 다음 어느 하나에 해당하는 주택으로서 수도권(서울·인천·경기) 밖 중 읍(도시지역 제외)·면지역에 소재하는 농어촌주택과 일반주택을 각각 1개씩 소유하고 있는 1세대가 일반주택 양도시 1주택 소유로 보아 1세대 1주택 비과세 규정을 적용함(소득령§155⑦⑨~⑭)
  ① 피상속인이 취득 후 5년 이상 거주한 사실이 있는 상속주택 : **일반주택과 상속주택 취득 순서 묻지 않음**(★)
  ② 이농인이 취득일 후 5년 이상 거주한 사실이 있는 이농주택 : **이농주택(先) + 일반주택(後)** → 이농은 농·어업을 중단(전업)하고 다른 시·구·읍·면 전출하는 것
  ③ 영농(영어) 목적으로 취득한 귀농주택 : **일반주택 + 귀농주택**
    ㉠ 귀농주택 : 농지소재지에 소재 & 취득 실가 12억원(2021.12.7. 이전 9억원)을 초과 × & 대지면적 660㎡ 이내 → 농지 先취득시 1년 이내 취득할 것
    ㉡ 1,000㎡ 이상 농지 취득할 것
    ㉢ (2016.2.16. 이전 취득분) 귀농주택은 연고지에 소재할 것
    ㉣ 세대 전원 귀농일 후 "3년 이상" 귀농주택에 거주하면서 재촌자경할 것
    ㉤ (2016.2.17. 이후 귀농주택 취득분부터) 귀농주택 취득일부터 5년 이내 일반주택을 양도할 것 → 3년 재촌자경 요건 미충족 상태에서 양도시 사후관리
    ㉥ 귀농 후 최초 양도하는 일반주택 1개만 특례 가능

- **농어촌주택**(조특법) : 다음 요건을 갖춘 농어촌주택을 1채 취득하여 3년 이상 보유하고 농어촌주택 등 취득 前 보유하던 일반주택을 양도하는 경우 농어촌주택을 소유주택이 아닌 것으로 보아 세대 1주택 비과세 규정을 적용함(조특법§99의4①)
  ① 1세대가 취득하는 1채의 농어촌주택으로 다음의 요건을 모두 갖출 것
    ㉠ **지역요건** : 취득 당시 기회발전특구(인구감소지역, 접경지역이 아닌 수도권과밀억제권역 안의 기회발전특구는 제외)에 소재하거나, 다음 어느 하나에 해당하는 지역을 "제외"한 지역으로서 읍·면 또는 조특령 별표 12에 따른 시지역에 속한 동으로서 보유한 일반주택이 소재한 동과 같거나 연접하지 않은 동에 소재할 것
      ⓐ 수도권(가평군, 연천군, 옹진군, 강화군 제외 → **강화군은 2023.2.28. 가평군은 2025.3.21. 이후 양도분**)
      ⓑ 도시지역(태안군, 영암군, 해남군 제외 → 2023.1.1. 이후 양도분)
      ⓒ 토지거래허가구역
      ⓓ 조정대상지역(2020.12.31. 이전 취득분은 지정지역)
      ⓔ 관광단지
    ㉡ 면적기준 : 대지면적 660㎡ 이내(폐지) → 2021.1.1. 이후 양도분

ⓒ **가액기준** : 주택 및 부수토지의 "취득 당시" 기준시가 합계액이 한옥 4억원, 한옥 외 3억원 (2022.12.31. 이전 양도분 2억원) 이하일 것 → 증축 및 부수토지 추가 취득분은 가액 합산
② 취득시기 및 보유기간 요건 : 농어촌주택은 2003.8.1. ~ 2025.12.31. 중 취득(자기건설 포함)하고 "3년 이상" 보유할 것
③ 일반주택 요건 : 농어촌주택 취득 前 보유하고 1세대 1주택 비과세 요건을 갖출 것 → 농어촌주택 보유기간(3년) 요건 미충족하여도 적용(사후관리)

- 소득령 농어촌주택과 조특법 농어촌주택은 적용요건이 상이함

핵심 Point

〈소득령 농어촌주택〉

- 피상속인이 5년 이상 거주한 주택을 동일 세대로부터 상속받은 경우 → 동거봉양 합가 후 상속받은 경우에만 농어촌주택 특례 적용
- 피상속인이 5년 이상 거주한 농어촌 상속주택을 취득한 후 일반주택을 취득 보유하다가 양도하여 비과세를 적용받고 다시 일반주택을 취득하여 양도한 경우 → 농어촌 상속주택 특례 가능(★)
- 같은 시의 면지역에서 동지역으로 전출하는 경우 → 이농주택 특례 불가
- 전업 외의 사유로 다른 동지역으로 전출한 경우 → 이농주택 특례 불가
- 이농주택 소유자가 일반주택을 양도하고 신규주택을 취득하거나 일반주택 보유상태에서 신규주택 취득하여 일시적 2주택이 된 경우 → 이농주택 특례 가능(★)
- 배우자는 도시에 남고 본인만 귀농한 경우 → 귀농주택 특례 불가
- 귀농주택을 취득한 후 일반주택 취득 → 귀농주택 특례 불가
- 귀농주택이 개발이 낙후된 동지역에 소재하거나 읍의 도시지역 소재시 → 귀농주택 특례 불가
- 일반주택 양도시 재촌자경 기간이 3년이 안 된 경우 → 귀농주택 특례 가능(사후관리)

〈조특법 농어촌주택〉

- 일반주택과 농어촌주택 특례 판단 : 세대별 판단 → 일반주택과 농어촌주택 보유자가 사망하여 배우자가 상속받은 경우 특례 가능
- 일반주택 보유자가 농어촌주택 2개 취득한 경우 → 농어촌주택 1개를 양도한 후 일반주택을 양도하면 특례 가능
- 농어촌주택 취득 후 일반주택 취득 → 특례 불가
- 2003.7.31. 이전 취득한 농어촌 소재 주택 → 특례 불가
- 일반주택 보유자가 농어촌주택 취득한 후 거주 이전 필요 여부 → 불필요
- 농어촌주택이 도시지역 소재(예외 지역 제외) → 특례 불가
- 농어촌주택 취득기간 중 취득한 농어촌주택의 재건축 → 특례 가능
- 일반주택 양도 후 1세대 1주택인 농어촌주택 양도시 비과세 보유기간 → 당초 취득일부터 기산(최근 해석변경 사항)
- 일반주택과 농어촌주택 보유자가 일반주택 취득일부터 1년이 지나 신규주택 취득하고 3년(일시적 2주택 양도기한) 이내 종전주택 양도시 → 특례 가능

질문 »

1. 甲은 별도 세대인 부친이 5년 이상 거주한 주택(A)으로서 전남 광양시 옥룡면에 소재한 주택을 상속받았다. 이후 서울에 아파트(B)를 취득하여 보유기간을 충족하고 양도하여 비과세를 적용받고 나서, 다시 서울 소재 주택(C)을 취득하여 양도할 경우 농어촌주택 특례를 적용받을 수 있는가?

2. 甲은 충북 청원군 남일면에서 A주택에서 5년 이상 거주하면서 농업에 종사하여 오다가 자녀 교육 문제로 충북 청주시 복대동 지역 주택(B)을 취득하여 이사하였다. 이사 후에도 농업에 계속 종사하고 있는데, B주택의 보유기간을 충족한 뒤 양도하면 농어촌주택 특례를 적용받을 수 있는가?

3. 甲은 서울에 A주택을 취득하여 2년 이상 거주하여 오다가 경기도 파주시 진동면으로 주거를 이전하고 해당 지역에 농지 2,000㎡ 및 농가주택(B)을 취득하였다. 이후 부부와 함께 주거지를 이전하여 서울의 A주택을 양도하면 귀농주택 특례를 적용받을 수 있는가?

4. 甲은 2000년 5월에 매매로 취득한 서울 소재 아파트(A)와 2002년 7월 매매로 취득한 강원도 영월군 무릉도원면에 소재한 주택(B)을 보유하고 있다. B주택은 농어촌주택의 소재지 및 가액 요건 등을 모두 갖추었다. 서울 소재 A주택을 양도할 경우 조특법상 농어촌주택 특례를 적용받을 수 있는가?

5. 甲은 2010년 취득한 일반주택(A) 보유 상태에서 조특법상 농어촌주택 요건을 모두 갖춘 주택(B)을 2015년 5월에 취득하였다. A주택을 2023년 중 양도하여 비과세를 적용받은 뒤 B주택을 양도할 경우 1세대 1주택 비과세 적용이 가능한가? 갑은 위 A주택 및 B주택 외에는 다른 주택은 없었다.

6. 기회발전특구 소재한 농어촌주택을 취득한 경우 특례 요건은?

답변 및 해설 »

1. 소득령에서 규정하는 상속받은 농어촌주택은 피상속인이 5년 이상 거주한 주택으로서 수도권 밖의 읍(도시지역 제외) 또는 면지역에 소재하면 된다. **일반주택과 농어촌상속주택의 순서는 묻지 않는다.** 이는 일반 상속주택과 큰 차이점이다. 따라서 사안의 경우 일반주택은 1세대 1주택 비과세를 적용받을 수 있다.

2. 이농주택 특례는 "이농"을 하면서 일반주택을 취득한 경우에 적용된다. 여기서 이농은 농업이나 어업을 중단하고 다른 직업으로 "전업"하는 것이다. 이러한 목적이 아닌 **자녀 교육문제나 혼인의 목적으로 이주하면서 계속 영농에 종사하는 경우에는 이농주택 특례를 적용받을 수 없다**. 따라서 사례의 경우 취득한 주택 소재지 요건은 갖추었으나 이농주택 특례가 적용되지 않는다.

3. 귀농주택은 주택 소재지가 수도권 밖에 소재하여야 한다. 그러나 경기도는 수도권에 속하며, 비록 도시가 아닌 농촌지역이라고 하더라도 귀농주택 특례가 불가하다. 사안의 경우 조특법상 농어촌주택 소재지 요건의 예외에도 해당하지 않는다. 다만, B주택 취득일부터 3년 이내 A주택을 양도할 경우 일시적 2주택 특례를 적용받을 수 있을 뿐이다. 한편, 조특법의 농어촌주택도 수도권에 소재하면 안 되며, 예외적으로 연천군, 옹진군, 강화군, 가평군만 예외를 인정하는데 파주는 예외로 규정하고 있지 않기에 사안의 경우 특례 적용이 안 된다.

4. 조특법상 농어촌주택 특례는 소재지 요건 및 가액요건 등을 모두 갖추어도 일반주택을 먼저 취득하고 농어촌주택을 나중 취득하고 아울러 2003.8.1. 이후 농어촌주택을 취득하였어야 한다. 따라서 사안은 취득 순서는 갖추었지만 농어촌주택 취득기간 요건을 갖추지 못하였다. 따라서 서울 소재 A주택을 양도할 경우 조특법상 농어촌주택 특례를 적용받을 수 없다.

5. 사례는 일반주택과 조특법상 농어촌주택을 보유한 상태에서 일반주택을 먼저 양도하여 비과세를 적용받고 나서 1개 남은 농어촌주택에 대하여 비과세를 적용할 때 비과세 적용시 보유기간 문제이다. 과거 과세관청 해석은 일반주택을 양도한 뒤 농어촌주택이 1세대 1주택이 된 시점부터 보유기간을 기산한다고 보았다. 그러나 최근 이러한 종전해석을 폐기하고 남은 농어촌주택 양도시 당초 취득일부터 보유기간을 계산하는 것으로 해석한다. 따라서 사안에서 A주택을 양도하여 비과세를 적용받은 뒤 B주택을 양도할 경우 1세대 1주택 비과세 적용이 가능하다.

6. 기회발전특구 소재 주택 취득시 농어촌주택 특례 적용이 가능한 바, 이 경우 "취득 당시" 기회발전특구에 소재하면 "지역 소재" 요건이 충족된다(수도권의 기회발전특구는 인구감소지역이나 접경지역만 가능하며, 2025.4.28. 현재 수도권의 기회발전특구는 지정된 바 없음). 그러나 기회발전특구라 하더라도 "기준시가" 요건 및 "취득시기" 요건은 적용된다. 기회발전특구는 "산업통상자원부 홈페이지 – 정책·정보"에서 조회할 수 있는데, 2025.4.28. 현재까지 총 3차례에 걸쳐 지정되었고 지정내역(산업통상자원부 고시)은 다음 페이지 보충설명과 같다.

 **보충설명**

<2024.6.25. 제1차 지정(산업통상자원부 고시 제2024-112호)>

① 대구 수성구 대흥동 : 829, 829-1~5, 830, 830-1, 830-3, 831, 대흥동 831-1~4, 832, 833, 833-1, 833-3, 834, 834-1~5, 836, 838, 839, 840, 841, 841-1~2, 842, 842-1~2, 843, 843-1, 842-3, 844, 844-1~2, 845, 846, 846-1~4, 847, 847-1~5, 848, 848-1, 850, 852, 853, 854, 855, 855-1~10, 856, 856-1~10, 857, 857-1~6, 858, 858-1~4, 859, 861, 863, 864, 888, 892, 892-1~11, 893, 893-1~5, 899, 900번지

② 대구 달성군 : (구지면) 창리 1364, 응암리 1244-6, 내리 837-9번지
  - 달성군 구지면 대구국가산업단지 2단계 구역은 추후 새로 지번 부여시 고시할 예정

③ 대구 북구 검단동(금호워터폴리스) : 추후 새로 지번 부여시 고시할 예정

④ 부산 남구 문현동(문현금융단지) : 1226, 1228-1번지

⑤ 부산 동구 좌천동(북항재개발지역 2단계) : 추후 새로 지번 부여시 고시할 예정

⑥ 전남 광양시 광양읍 세풍리 : 1325~1328, 1351, 1352, 1470~1480, 1483~1506, 1508, 1510~1521, 1527, 1527-1, 1528~1553, 1560~1568, 1764~1785, 1785-1, 1786~1814, 1814-1, 1815~1848, 1848-1, 1849, 1849-1, 1850, 1850-1, 1851, 1851-1, 1852, 1852-1, 1853, 1853-1, 1854, 1854-1, 1855, 1855-1, 1856, 1856-1, 1857, 1857-1, 1858, 1858-1, 1859, 1859-1, 1918~1923, 1926~1935, 1946~1949, 1970~1973, 2041, 2042, 2076~2080, 2082~2087, 2087-1, 2088~2091, 2094~2127, 2132~2143, 2144(2,215㎡ 중 2,049㎡), 2146~2149, 2149-1, 2190, 2200-1, 2200-6, 2200-8, 2210-1, 2236-1~4, 2238-2, 2238-3번지
  - 광양시 금호동 광양 국가산업단지 동호안 구역은 추후 새로 지번 부여시 고시할 예정

⑦ 전남 순천시 해룡면 신성리 : 907-2, 898-4, 898번지

⑧ 전남 여수시 율촌면 조화리 : 933번지
  - 여수시 묘도동 묘도항만 재개발 사업지 구역은 추후 새로 지번 부여시 고시할 예정

⑨ 전남 목포시, 해남시 : 목포신항 배후단지, 화원조선산업단지 구역은 추후 새로 지번 부여시 고시할 예정

⑩ 전남 순천시 : 오천동 600(중 순천만국제습지센터 8,705㎡), 풍덕동 70(중 정원지원센터 4,360㎡, 식물원 및 시크릿가든 7,085㎡, 가든스테이 52,450㎡), 연향동 813-1~12, 818-14번지

 **보충설명**

⑪ 경북 구미시 : 공단동 299, 299-2~4, 130-9, 130-19, 131-1, 132, 133, 336-1, 258, 258-2, 342-22, 129-9, 305-4~5, 305-7, 149, 298-1, 298-3, 321-13, 259, 344-133번지, 임수동 161, 283-25번지, 시미동 164-2, 164-4~5, 진평동 644-11~12번지, 산동읍 봉산리 1146, 1147, 1138-6번지
 ※ 임수동 323번지 일원 일부 구역은 추후 새로 지번 부여시 고시할 예정
 – 구미시 구미 국가산업단지 5단지 구역은 추후 새로 지번 부여시 고시할 예정

⑫ 경북 안동시 풍산읍 : 경북바이오 2차일반산업단지 구역은 추후 새로 지번 부여시 고시할 예정

⑬ 경북 포항시 북구 : 흥해읍 죽천리 698, 698-1, 698-6번지, 용한리 894-15번지, 곡강리 1668번지
 ※ (북구 흥해읍) 영일만 일반산업단지 일부 구역은 추후 새로 지번 부여시 고시할 예정
 경북 포항시 남구 : 동해면 중산리 401-6, 401-7, 407, 410(27,950㎡ 중 11,315㎡)번지
 ※ (남구 동해면) 블루밸리 국가산업단지 일부 구역은 추후 새로 지번 부여시 고시할 예정

⑭ 경상북도 상주시 청리면 : 마공리 1236, 1239, 1241번지, 하초리 705번지

⑮ 전북 전주시 덕진구(탄소소재 국가산업단지) : 여의동 2가 747, 748, 748-1, 749~757, 757-1, 758~765, 765-1, 765-2, 766~778번지, 팔복동 1가 243-74, 팔복동 2가 170-2, 835-1, 835-10번지, 팔복동 4가 1165~1167, 1167-1, 1168~1170번지, 성덕동 65-1, 65-3, 78-1, 80, 81번지
 ※ 덕진구 탄소소재 국가산업단지 일부 구역은 추후 새로 지번 부여시 고시할 예정

⑯ 전북 익산시 왕궁면 : 광암리 1428~1431, 1433~1435, 1443~1446, 1448, 1484(10,141.1㎡ 중 3,900㎡), 1486(13,445.4㎡ 중 5,378㎡)번지, 흥암리 1345, 1346~1350, 1352번지
 – 익산시 남산면 익산 제3일반산업단지 구역은 추후 새로 지번 부여시 고시할 예정

⑰ 전북 정읍시 : 신정동 1494-2, 1494-3, 1495-1, 1502-1~4, 1504-1, 1504-2, 1505-1, 1505-2, 1508-1, 1508-2, 1509-1~3, 1527, 1531, 1541, 1551, 1554, 1560-4~6, 1560-10, 1560-11번지

⑱ 전북 김제시 : 상동동 지평선 제2일반산업단지, 백구면 백구일반산업단지 구역은 추후 새로 지번 부여시 고시할 예정

⑲ 경남 고성군 동해면 : 양촌·용정 일반산업단지 구역은 추후 새로 지번 부여시 고시할 예정

⑳ 대전 유성구 : 원촌동 원촌첨단바이오메디컬혁신지구 구역은 추후 새로 지번 부여시 고시할 예정

㉑ 제주 서귀포시 하원동(하원테크노캠퍼스) : 산 70번지

〈저자 표기 注〉 지번 중 연속되는 지번은 편의상 "~"을 통해 표기하였으며, 가지지번(-)이 있는 경우에는 연결(~)을 중단하였고, 가지지번들이 연속되는 경우에도 편의상 "~"을 통해 표기하였음(각 번지별 고시지역은 산업통상자원부 홈페이지 참고)

> **보충설명**

<2024.11.6. 제2차 지정(산업통상자원부 고시 제2024-177호)>

① 울산 북구, 남구(울산·미포국가산단) : 일부 구역은 추후 새로 지번 부여시 고시할 예정

- 북구 명촌동 1-1(6,129㎡ 중 5,071㎡), 1-2(5,416㎡ 중 4,570㎡), 1-3, 2(213,089㎡ 중 186,762㎡), 2-3(12,861㎡ 중 5,660㎡), 2-13(15,720㎡ 중 277㎡), 3-1, 3-2(5,564㎡ 중 3,496㎡), 7-5~6, 7-12, 7-16(803㎡ 중 761㎡), 9-4(1,712㎡ 중 755㎡), 11-4(133,195㎡ 중 117,605㎡), 12-6(10,473㎡ 중 347㎡), 13-1(62,893㎡ 중 49,059㎡), 19-1(6,833㎡ 중 6,650㎡), 19-2, 19-5(2,007㎡ 중 52㎡), 24(12,577㎡ 중 11,763㎡), 24-1(1,917㎡ 중 970㎡), 25-1(919㎡ 중 525㎡), 27(422㎡ 중 186㎡), 28-1(1,834㎡ 중 90㎡), 28-2(404㎡ 중 57㎡), 28-3(586㎡ 중 97㎡), 28-4(3,371㎡ 중 1,021㎡), 29-1(221㎡ 중 19㎡), 29-2(14,467㎡ 중 9,981㎡), 29-6(3,894㎡ 중 902㎡), 23, 43-1, 43-2(2,849㎡ 중 719㎡), 43-4(1,023㎡ 중 190㎡), 45(165㎡ 중 136㎡), 46-1(29,927㎡ 중 25,451㎡), 46-2(797㎡ 중 568㎡), 47-1, 51, 54-3, 54-6, 54-9, 54-14, 59-1, 59-2, 61-8(1,035㎡ 중 161㎡), 61-16(860㎡ 중 279㎡), 61-18(860㎡ 중 137㎡), 75, 76-3, 88-7, 91-1, 93-7, 94, 99, 103-3, 104-2, 104-4, 107-2, 111-1, 113-3, 118-2, 121-2, 128(3,081㎡ 중 2,801㎡), 130-1, 147-3(1,567㎡ 중 61㎡), 416-3, 417-4, 419, 421(32,508㎡ 중 28,498㎡), 422(3,335㎡ 중 3,280㎡), 433-1(467,202㎡ 중 70,940㎡), 433-4(15,786㎡ 중 6,276㎡), 433-6(48,143㎡ 중 31,047㎡), 433-17(56,623㎡ 중 56,221㎡), 433-37(2,115㎡ 중 65㎡), 433-41(4,576㎡ 중 8㎡), 433-44(16,576㎡ 중 6㎡), 433-48(2,384㎡ 중 1,368㎡), 433-63(5,720㎡ 중 25㎡), 433-70, 433-75(119㎡ 중 3㎡), 433-82, 541-2, 992-1(1,131㎡ 중 670㎡), 994-2(11,060㎡ 중 9,796㎡), 994-9(3,126㎡ 중 2,866㎡), 996-1(228㎡ 중 53㎡), 997-1(724㎡ 중 301㎡), 997-2(506㎡ 중 427㎡), 999-1(360㎡ 중 176㎡)번지

- 북구 양정동 101(30,456㎡ 중 102㎡), 101-1(11,911㎡ 중 10,455㎡), 107(11,243㎡ 중 2,181㎡), 109-2(258㎡ 중 195㎡), 109-4, 110-2, 110-4, 111(4,010㎡ 중 1,502㎡), 112(7,540㎡ 중 405㎡), 115-1~4, 115-5(5,052㎡ 중 5,036㎡), 115-7(183㎡ 중 106㎡), 115-9(150㎡ 중 18㎡), 120(764㎡ 중 573㎡), 122, 123-1~5, 123-6(679㎡ 중 678㎡), 126-17, 126-18, 126-19(20㎡ 중 16㎡), 126-2(53㎡ 중 1㎡), 126-20, 126-3, 126-5, 145-15(1,123㎡ 중 457㎡), 145-5(10,473㎡ 중 1,069㎡), 151-5(105㎡ 중 1㎡), 152-3, 172-2(166㎡ 중 107㎡), 172-5, 174(3,904㎡ 중 134㎡), 180(27,438㎡ 중 944㎡), 220-2(94㎡ 중 22㎡), 220-8(167㎡ 중 153㎡), 338(36,978㎡ 중 104㎡), 360-4(8,803㎡ 중 4,807㎡), 360-6(136㎡ 중 39㎡), 372(196,491㎡ 중 82,383㎡), 376-1, 376-6~8, 378, 378-3, 378-5, 379, 379-1, 380-2, 380-3, 381-4, 382-1~2, 383-1, 406-2, 407-4, 409-2, 410-2, 412-4, 412-5(66㎡ 중 45㎡), 498-20, 498-21, 498-22(529㎡ 중 311㎡), 498-7, 499, 499-13(1,138㎡ 중 682㎡), 499-17(5,089㎡ 중 2,144㎡), 499-5, 499-6(512㎡ 중 501㎡), 499-69(8,347㎡ 중 6,451㎡), 499-70(475㎡ 중 120㎡), 499-71(790㎡ 중 128㎡), 499-72, 499-73, 499-74, 499-75, 499-9(23㎡ 중 8㎡), 53-3(1,891㎡ 중 869㎡), 54(2,513㎡ 중 2,060㎡), 55-1(922㎡ 중 60㎡), 66-1(5,913㎡ 중 82㎡), 70-1~2, 71-1~2, 72-1, 72-3, 73-2(258㎡ 중 253㎡), 786-1(4,695㎡ 중 783㎡), 787-1, 787-2, 787-3(611㎡ 중 170㎡), 792-3, 792-4, 792-5(210㎡ 중 209㎡), 795-3(601㎡ 중 582㎡), 797(374㎡ 중 1㎡), 798, 801, 92-47(4,760㎡ 중 2,941㎡), 92-48(1,884㎡ 중 1,036㎡), 92-49(922㎡ 중 651㎡), 92-50(2,807㎡ 중 510㎡), 92-58~59, 92-62번지

보충설명

- 남구 여천동 190-23번지, 상개동 427-5(24,463㎡ 중 12,328㎡), 427-10(3,099㎡ 중 1,645㎡)번지, 황성동 723-9

② 울산 울주군 삼남읍(하이테크밸리일반산단) : 가천리 1212-2, 1212-3, 1212-4, 1213-3번지
  ※ 하이테크밸리 일반산단 일부 구역은 추후 새로 지번 부여시 고시할 예정

③ 울산 울주군 온산읍(온산국가산단) : 원산리 1165-5, 1206, 1207, 1208(3,050㎡ 중 1,758㎡), 1210(1,735㎡ 중 1,602㎡), 1211(4,680㎡ 중 2,044㎡), 1224, 250, 250-2~4, 252-123, 252-124, 252-126, 252-133, 292-10, 292-11번지, 산암리 38번지, 이진리 279번지, 학남리 666-2번지, 당월리 520, 520-1, 508, 508-2번지
  ※ 온산국가산단 일부 구역은 추후 새로 지번 부여시 고시할 예정

④ 울산 남구(울산북신항 배후단지) : 황성동 883, 882-1(302,861㎡ 중 82,644㎡)번지

⑤ 세종 집현동(스마트 도시첨단산업단지) : 1086~1156, 1160~1164번지
  ※ 집현동 스마트 도시첨단산업단지 일부 구역은 추후 새로 지번 부여시 고시할 예정
  - 세종 연서면(스마트 국가산업단지) : 스마트 국가산업단지 구역은 추후 새로 지번 부여시 고시할 예정
  - 세종 전동면(전동일반산업단지) : 전동일반산업단지 구역은 추후 새로 지번 부여시 고시할 예정

⑥ 광주광역시 광산구(빛그린국가산업단지) : 덕림동 1104~1106, 1108, 1114, 1115, 1119~1124, 1127~1131, 1145~1150, 1155~1166, 1183~1187, 1203~1210, 1212, 1215~1219, 1222, 1223번지, 삼거동 655~659, 907, 908, 910, 911, 913~915, 922~925번지
  ※ 빛그린국가산단 일부 구역은 추후 새로 지번 부여시 고시할 예정
  - 광주광역시 북구, 광산구 : 광주연구개발특구 첨단3지구 구역은 추후 새로 지번 부여시 고시할 예정

⑦ 충남 보령시 : 냉열특화산업단지 구역은 추후 새로 지번 부여시 고시할 예정

⑧ 충남 서산시 : 대산그린컴플렉스 일반산업단지 구역은 추후 새로 지번 부여시 고시할 예정

⑨ 충남 논산시 : 국방국가산업단지 구역은 추후 새로 지번 부여시 고시할 예정

⑩ 충남 부여군(은산2농공단지) : 가중리 553~555, 559, 560, 569-1, 575, 576(27,668㎡ 중 9,948㎡), 580(904㎡ 중 275㎡)번지
  - (홍산면 무정리, 정동리, 조현리) 부여일반산업단지 구역은 추후 새로 지번 부여시 고시할 예정

⑪ 충남 예산군 : (삽교읍 가리, 삽교리, 상성리, 역리, 용동리) 내포농생명 그린바이오 일반산업단지 구역은 추후 새로 지번 부여시 고시할 예정

⑫ 충북 제천시(제천제2일반산업단지) : 왕암동 1345번지
  - (왕암동, 신동, 봉양읍 장평리) 제천제4일반산업단지 구역은 추후 새로 지번 부여시 고시할 예정

보충설명

⑬ 충북 보은군 : (탄부면) 보은제3일반산업단지 구역은 추후 새로 지번 부여시 고시할 예정

⑭ 충북 진천군 : (문백면 은탄리) 진천메가폴리스 일반산업단지 구역은 추후 새로 지번 부여시 고시할 예정

⑮ 충북 음성군 : (감곡면) 상우일반산업단지 구역은 추후 새로 지번 부여시 고시할 예정

⑯ 강원 홍천군 : (북방면) 홍천 도시첨단사업단지 구역은 추후 새로 지번 부여시 고시할 예정

⑰ 강원 원주시 : (부론면) 원주 부론일반사업단지 구역은 추후 새로 지번 부여시 고시할 예정

⑱ 강원 강릉시 : (구정면) 강릉 천연물바이오 국가산업단지 구역은 추후 새로 지번 부여시 고시할 예정

⑲ 강원 동해시(동해 북평국가산단) : 구호동 220-1, 223, 223-1(6,454㎡ 중 2,677㎡), 223-2(63,824.8㎡ 중 61,147.8㎡), 223-3~26번지

⑳ 강원 삼척시 : (동막리) 삼척 수소특화 일반산업단지 구역은 추후 새로 지번 부여시 고시할 예정

㉑ 강원 영월군 : (산솔면) 영월 녹전리 핵심소재산업단지 구역은 추후 새로 지번 부여시 고시할 예정

<2024.12.27. 제3차 지정(산업통상자원부 고시 제2024-216호)>

① 경남 창원시(창원국가산업단지) : 신촌동 60-1, 60-6, 대원동 82, 내동 452-7, 452-10, 팔용동 22-2, 성주동 24, 24-3번지
   ※ 창원국가산업단지 일부 구역은 추후 새로 지번 부여시 고시할 예정

② 부산 기장군(동남권 방사선 의·과학 일반산업단지) : 장안읍 반룡리 944, 945, 945-1, 945-2, 945-3, 945-4, 946, 947, 947-1~5, 948, 949-3~6, 950(11,215㎡ 중 9,005㎡), 962(4,747㎡ 중 4,632㎡), 963, 963-1~3, 964, 965, 965-1~5, 973(270㎡ 중 246㎡), 974번지, 임랑리 400, 400-1~4, 401, 402, 402-1~7, 403, 404, 404-1~3, 407, 408, 408-1~2, 396(3,176㎡ 중 680㎡), 397-10~11, 397-4~9, 39, 399(6,543㎡ 중 6,526㎡)
   ※ 동남권 방사선 의·과학 일반산단 일부 구역은 추후 새로 지번 부여시 고시할 예정

③ 부산 강서구(부산·진해 경제자유구역 미음지구) : 구랑동 1222-1~4, 1223-1~8, 1225-1, 1225-4~12, 1266(12,111㎡ 중 9,222㎡), 1267(4,817㎡ 중 4,355㎡), 1268(5,653㎡ 중 1,103㎡), 1269(26,737㎡ 중 20,950㎡), 1294, 1293(5,867㎡ 중 719㎡), 1295(1,120㎡ 중 148㎡)번지

※ 최초 고시 당시 기회발전지구로 지정 고시되었으나 "세부 지번"이 부여되지 않았다가 이후 산자부가 "세부 지번"을 고시한 경우 그 효력을 "최초 고시일"을 기준으로 할 것인지 아니면 "세부 지번 고시일"을 기준으로 특례를 적용할 것인지 여부는 유권해석이 필요함 → 주택 "취득 당시" 기회발전 특구에 소재하여야 하기에 매우 중요한 사항임

관련 사례 (소득령 농어촌주택)

구 분	내 용
상속받은 농어촌주택	• 상속개시 당시 동일 세대원이 상속받은 경우 특례를 적용하지 않고, 상속받은 농어촌주택이 동거봉양 합가 후의 상속주택(소득령§155②단서)에 해당하면 특례를 적용함[267] • 일반주택(본인 소유)과 상속받은 농어촌주택(배우자 소유)을 보유하다가 상속받은 농어촌주택이 배우자에게 상속된 경우 특례가 적용됨[268] • 당초 배우자가 보유한 주택이 상속받은 농어촌주택이 아닌 경우 배우자로부터 상속받은 경우 특례 대상 농어촌 상속주택에 해당하지 않음[269] • 피상속인이 5년 이상 거주한 농어촌주택 소유 상태에서 일반주택을 취득 및 양도하여도 특례 적용이 가능함[270] • 상속받은 농어촌주택을 소유한 상태에서 일반주택을 수차례 취득 및 양도해도 특례 적용이 가능함[271] • 농어촌주택 요건을 갖추려면 수도권 외의 지역에 소재하여야 하는데, 해당 주택은 수도권에 소재하고 있어 특례를 적용할 수 없음[272] • 祖父에서 父로 상속되고, 다시 자녀에게 재차 상속된 경우 거주기간은 직전 피상속인이 취득 후 거주한 기간으로 산정함[273] • 직전 피상속인(母)과 그 전의 피상속인(父)이 부부로서 1세대를 구성하여 왔으므로 상속주택의 보유 및 거주기간을 통산함이 타당함[274] • 조부가 5년 이상 거주한 주택을 증여받은 경우 해당 주택은 농어촌 상속주택에 해당하지 않음[275] • 매매를 원인으로 취득한 것으로 공부상 기재된 주택이 조상 대대로 내려온 상속주택이므로 양도한 일반주택을 1세대 2주택으로 보아 과세한 것은 부당함[276] • 무주택 세대가 별도 세대인 피상속인이 보유한 농어촌주택(A, 피상속인이 5년 이상 거주하고 소재지 요건 충족)과 일반주택(B)을 동시에 상속받은 후 B주택 양도시 1세대 1주택 비과세가 적용됨[277] • 읍 지역 중 도시지역 안의 지역에 소재하는 주택은 소득령 제155조 제7항에 규정된 "농어촌주택"에 해당하지 않음[278]

---

267) 법령해석재산-289, 2017.6.15. ; 부동산납세과-276, 2017.3.9. ; 조심2015부5667, 2016.4.21.
268) 법령해석재산-1649, 2021.12.20.
269) 조심2014전1929, 2014.6.25.
270) 부동산납세과-1898, 2016.12.12.
271) 부동산납세과-963, 2017.8.28.
272) 심사양도2006-149, 2006.9.18.
273) 법규재산-87, 2024.6.20.
274) 조심2019구2105, 2019.8.20.
275) 법령해석재산-137, 2017.6.20.
276) 심사양도2003-111, 2003.7.21.
277) 법규재산-1668, 2023.5.24.

구 분	내 용
이농주택	• 이농주택은 영농(영어)에 종사하던 자가 전업으로 다른 시·구·읍·면으로 전출함으로써 거주하지 못한 주택으로, 같은 시의 면지역에서 동지역으로 전출하는 경우는 해당되지 않음[279] • 조합원입주권 양도일 현재 이농주택을 별도 소유하고 있는 경우 양도일 현재 다른 주택이 있는 경우에 해당하여 양도하는 조합원입주권은 비과세 대상에 해당되지 않음[280] • 이농주택을 개축한 경우 5년 이상 이농인의 거주 판정시 당해 개축 전·후 거주기간을 통산함[281] • 주택(A) 양도시까지 농촌에 소재한 이농주택이라고 주장하는 주택(B)에서 거주한 것으로 공부상 등록되어 있고 사실상 거주사실이 확인되므로 해당 주택(B)은 이농주택에 해당되지 않음[282] • 영농에 종사하던 자가 "전업(轉業) 외 사유"로 다른 시·구·읍·면으로 전출함으로써 거주자 및 그 배우자와 생계를 같이하는 가족 전부 또는 일부가 거주하지 못한 주택은 이농주택 특례를 적용받을 수 없음[283] • "자녀 교육"을 위해 도시지역의 주택을 취득하거나, 주거이전 후에도 영농에 종사한 경우 이농주택 특례 대상이 아님[284] • 일반주택을 먼저 취득한 후 농어촌주택을 취득한 경우 해당 주택은 이농주택에 해당되지 않음[285] • 이농주택과 일반주택(A)을 각각 1개씩 소유한 1세대가 신규주택(B)을 취득하여 일시적 3주택이 된 경우, 신규주택(B) 취득일로부터 일시적 2주택 양도기한 이내 일반주택(A) 양도시 비과세 규정을 적용함[286] • 이농주택의 보유자는 직접 영농(영어)에 종사하였어야 함[287] • 제출한 확인서 등은 양도소득세 신고 후 사인간 작성한 것이어서 신빙성이 있다고 보기 어려우며 달리 이농주택 소재지에서 5년 이상 거주하였음을 입증할 만한 객관적 증빙자료의 제시가 없어 이농주택으로 보기 어려움[288]

---

278) 부동산거래관리과-908, 2011.10.26.
279) 부동산거래관리과-926, 2010.7.14.
280) 서면4팀-1690, 2004.10.22. ; 서면4팀-1637, 2004.10.15.
281) 재산세과-2902, 2008.9.23.
282) 심사양도2004-138, 2004.10.25.
283) 서면4팀-1396, 2007.4.30.
284) 재산46014-177, 2000.2.17. ; 심사양도2019-5, 2019.4.24.
285) 서면4팀-2594, 2005.12.23.
286) 서면4팀-3617, 2006.11.1.
287) 국심2004중4338, 2005.8.8.
288) 조심2014부5135, 2015.2.9.

구 분	내 용
귀농주택	• 귀농주택 판단시 대지의 일부 또는 전부가 타인(별도 세대인 자녀 포함) 소유라도 대지면적 기준을 포함한 소득령 제155조 제10항 각 호의 요건을 모두 충족하여야 함[289] • 1,000㎡(2007.2.28. 前 귀농주택 취득시 990㎡) 이상 농지를 소유하지 않으면 귀농주택 특례를 적용받을 수 없음[290] • 농촌의 주택을 소유한 남편은 시골에서 계속 농사를 짓고 있었고 아내만 서울에서 생활하면서 1주택을 소유하다가 시골의 남편과 세대를 합친 경우 귀농주택에 해당하지 않음[291] • 귀농주택이 경기도 지역에 소재하는 경우 귀농주택 특례를 적용하지 않음[292] • 귀농주택이 소재한 시(동) 지역이 인근 면 지역과 다를 바 없는 상태라도 읍·면 지역에 소재하는 농어촌주택으로 볼 수 없음[293] • 농어촌지역 거주자가 거주지역 변동 없이 일반주택을 취득한 경우까지 단지 그 후에 농어촌주택을 취득하였다는 사실만으로 귀농주택 특례를 적용할 수 없음[294] • "귀농 후" 최초로 양도하는 1개의 일반주택이어야 하나, 청구인은 주민등록상 일반주택 양도 후 귀농주택 소재지로 전입하였고, 일반주택 양도 전에 귀농주택으로 이사하여 거주하였다는 사실을 입증하지 못하므로 귀농주택 특례 대상이 아님[295] • 귀농 후에도 기존사업을 영위한 경우 귀농주택 특례를 적용할 수 없음[296] • 주민등록상 주소지가 달라도 실제 귀농주택에 거주시 거주를 인정함[297] • 세대원 중 본인만 귀농한 경우 특례를 적용할 수 없음[298] • 귀농주택 요건의 충족 여부는 농지 및 주택 취득의 선·후에 관계없이 실제 귀농일을 기준으로 판정함[299] • 귀농주택을 일반주택보다 먼저 취득한 경우에도 귀농주택이 다른 요건을 충족하고 귀농 전 취득한 일반주택을 양도하는 경우 귀농주택 특례가 적용되는 것임[300] • 귀농주택을 취득하여 "귀농한 후" 취득한 일반주택은 귀농주택 특례가 적용되지 않음[301]

---

289) 재산세제과-612, 2016.9.19. ; 부동산납세과-2001, 2015.7.22.
290) 부동산거래관리과-658, 2010.5.7.
291) 재일46014-1431, 1996.6.14.
292) 서면4팀-1019, 2005.6.21. ; 심사양도2001-2169, 2001.11.30. ; 조심2011중781, 2011.4.21.
293) 광주지법2008구합563, 2008.7.24.
294) 심사양도99-2518, 2000.2.11. ; 조심2011광1526, 2011.6.17. ; 광주고법2008누1589, 2008.11.28.
295) 조심2017광2191, 2017.10.19.
296) 심사양도1999-4363, 1999.10.8.
297) 심사양도2002-201, 2002.9.30.
298) 심사양도2004-7130, 2005.3.21.
299) 부동산거래관리과-273, 2012.5.11. ; 재산세과-908, 2009.5.8. ; 조심2018전1519, 2018.7.27.
300) 법규재산-2790, 2024.3.29.
301) 부동산거래관리과-386, 2010.3.15. ; 재일46014-1406, 1998.7.27. ; 심사양도2019-5, 2019.4.24. ; 국심99전2659, 2000.7.15.

관련 사례 (조특법 농어촌주택)

구 분	내 용
농어촌주택 소재지	• 주택의 취득 당시 지정지역이나 도시지역에 소재시 특례를 적용받을 수 없음[302]
	• 도시지역 중 제2종 일반주거지역에 소재하는 주택은 소유 주택 수에서 제외하는 농어촌주택으로 보기 어려움[303]
	• 주택 취득 당시에 지정지역에 해당되었으므로 (이후 지정지역에서 해제되어도) 농어촌주택에 해당하지 않음[304]
부수토지 면적 ('20.12.31. 이전 양도분)	• 취득하는 농어촌주택의 대지면적이 660㎡를 초과하는 경우 농어촌주택 취득자에 대한 과세특례를 적용받을 수 없음[305]
	• 대지면적이 660㎡ 이내 여부는 주택과 한울타리 내에 있고 실제 거주용으로 사용되는 부분을 기준으로 판단함[306]
	• 농어촌주택 여부는 주택과 그 부수토지의 소유자가 다른 경우에도 주택과 그 부수토지 전체의 면적과 가액을 기준으로 판정하므로, 타인이 소유하는 대지의 면적이 660㎡를 초과하는 주택은 특례 대상으로 볼 수 없음[307]
취득 및 보유기간	• 농어촌주택 등 취득자가 그 농어촌주택 등의 소재지로 주거를 이전하지 않더라도 농어촌주택 취득자에 대한 과세특례를 적용받을 수 있음[308]
	• 농어촌주택 부수토지 취득 후 주택을 나중 취득/신축해도 특례가 가능함[309]
	• 취득에는 유상 또는 무상(상속·증여) 취득한 경우를 모두 포함하지만,[310] 농어촌주택 취득 후에 일반주택을 취득한 경우에는 과세됨[311]
	• 자기가 건설한 농어촌주택 등은 농어촌주택 등 취득기간 내에 당해 농어촌주택의 사용승인(임시사용승인 포함)을 받은 경우 특례가 적용됨[312]
	• 기존에 취득한 토지에 주택을 신축하여 취득하는 경우를 포함함[313]
	• 농어촌주택 취득기간 전에 취득한 농촌주택을 3년 이상 보유하고 있는 경우에는 동 특례를 적용받을 수 없음[314]
	• 농어촌주택 취득기간 前에 취득한 주택이 멸실되어 농어촌주택 취득기간 중에 다시 건축한 경우 특례 대상 주택에 해당하지 않음[315]

302) 부동산납세과-1397, 2017.12.18. ; 재산세과-778, 2009.11.19. ; 조심2009구3484, 2009.11.30.
303) 조심2011서4841, 2011.12.21.
304) 대전지법2010구합780, 2010.7.14.
305) 부동산거래관리과-1342, 2010.11.9. ; 서면4팀-1232, 2008.5.21. ; 서면4팀-1646, 2005.9.12.
306) 부동산납세과-1267, 2019.12.5. ; 부동산거래관리과-577, 2012.10.26.
307) 부동산납세과-2018, 2015.12.1. ; 서면4팀-1499, 2008.6.23.
308) 서면4팀-2140, 2004.12.29.
309) 부동산납세과-745, 2022.4.6. ; 법령해석재산-1347, 2021.9.30.
310) 부동산납세과-1348, 2015.8.27. ; 부동산거래관리과-642, 2010.4.30. ; 재산세과-407, 2009.2.4.
311) 부동산거래관리과-306, 2011.4.11.
312) 서면4팀-1555, 2005.8.31.
313) 서면4팀-604, 2005.4.22.
314) 서면4팀-1775, 2005.9.27. ; 조심2015중4665, 2015.12.7.
315) 부동산거래관리과-1340, 2010.11.8. ; 대구지법2011구합1315, 2011.8.24.

구 분	내 용
일반주택의 비과세 요건	• 농어촌주택 취득 이후에 다른 주택을 취득하여 양도하는 경우 해당 농어촌주택 취득자에 대한 특례 규정이 적용되지 않음(세대별 판단)[316] • 일반주택과 농어촌주택 보유자가 일반주택을 재건축한 경우 기존주택의 연장으로 보아 조특법 제99조의 4 특례를 적용함[317] • 일반주택과 농어촌주택 등 보유 세대가 일반주택과 농어촌주택 등 양도시 보유기간 기산일은 해당 주택의 취득일임[318] • 일반주택 및 농어촌주택 취득시점의 요건 등은 세대별로 판정하는 것으로 배우자가 농어촌주택 취득 전에 취득한 일반주택을 농어촌주택 취득 후에 그 배우자로부터 증여받은 경우에도 특례가 적용됨[319] • 농어촌주택과 일반주택 보유자의 사망으로 2주택을 상속받은 배우자가 일반주택 양도시 그 배우자(피상속인)가 일반주택 취득일부터 상속개시일까지 계속하여 세대를 같이 구성한 경우에 과세특례가 적용됨[320] • 먼저 취득한 일반주택(A)을 소유한 자(甲)의 사망으로 농어촌주택(B)을 소유한 그 배우자(乙)가 A주택을 상속받은 경우에도 특례가 적용됨[321] • 1세대 1주택(A) 소유자가 농어촌주택 취득 후 조합원입주권을 승계 취득한 상태에서 당해 조합원입주권을 취득한 날부터 일시적 2주택 양도기한 이내에 일반주택(A) 양도시 농어촌주택은 1세대의 소유주택이 아닌 것으로 봄[322] • 농어촌주택 2채를 취득하여 3년 이상 보유하다가 1채를 양도(과세)한 후 농어촌주택 취득 전에 보유한 일반주택 양도시 특례규정을 적용함[323] • 일반주택을 취득한 자가 2개의 농어촌주택을 취득한 후 일반주택 양도시 특례 적용 불가함(1채 처분한 경우에는 특례 인정)[324] • 1주택(A)을 소유한 1세대가 농어촌주택 등 취득기간 중 1개의 농어촌주택을 취득하고, A주택을 양도하기 전에 다른 1주택(B)을 취득한 경우로써, B주택을 취득한 날로부터 일시적 2주택 양도기한 이내에 A주택을 양도하는 경우 1세대 1주택 비과세 규정이 적용됨[325]

---

316) 부동산납세과-135, 2016.1.26. ; 심사양도2013-178, 2013.11.7.
317) 부동산납세과-197, 2018.2.13.
318) 재산세제과-1049, 2022.8.25.
319) 부동산거래관리과-166, 2012.3.22.
320) 부동산거래관리과-950, 2010.7.20.
321) 부동산납세과-441, 2014.6.24.
322) 재산세과-1803, 2008.7.21.
323) 부동산납세과-733, 2014.9.26. ; 부동산납세과-91, 2014.2.19.
324) 부동산납세과-1163, 2019.11.12. ; 법령해석재산-371, 2016.12.22.
325) 부동산납세과-2669, 2022.9.14. ; 법령해석재산-72, 2021.2.23. ; 법령해석재산-658, 2018.12.6.

Chapter 114

법인전환 이월과세, 사후관리에 반드시 유의해야 한다!

💬 내용 Summary

기본사항 Check

- **법인이 납부하는 경우**: 개인이 해당 사업에 사용되는 사업용 고정자산 등을 현물출자 등을 통하여 법인에 양도하는 경우 이를 양도하는 개인에 대해 양도소득세를 과세하지 않고, 이를 양수한 법인이 그 사업용 고정자산 등을 양도하는 경우 개인이 종전 사업용 고정자산 등을 그 법인에 양도한 날이 속하는 과세기간에 다른 양도자산이 없다고 보아 계산한 소득세법 제104조에 따른 양도소득 산출세액 상당액을 법인세로 납부하는 것

- **개인이 납부하는 경우**: 법인전환에 따라 설립된 법인의 **설립등기일부터 5년 이내** 다음 어느 하나에 해당하는 사유가 발생하는 경우 이월과세를 적용받은 거주자가 사유발생일이 속하는 달의 말일부터 2개월 이내에 이월과세액(해당 법인이 이미 납부한 세액을 제외한 금액)을 양도소득세로 납부해야 함

  ① 법인전환에 따라 설립된 법인이 이월과세를 적용받은 거주자로부터 승계받은 사업을 폐지하는 경우(㉠~㉢ 예외) → 현물출자 또는 사업 양도·양수의 방법으로 취득한 사업용 고정자산의 1/2 이상을 처분하거나 사업에 사용하지 않는 경우 사업폐지로 간주
     ㉠ 전환법인의 파산으로 자산을 처분
     ㉡ 전환법인이 적격합병, 적격분할, 법인세법 제47조 제1항에 따른 물적분할, 법인세법 제47조의2 제1항에 따른 현물출자의 방법으로 자산을 처분
     ㉢ 전환법인이 채무자회생절차에 따라 법원의 허가를 받아 승계받은 자산을 처분

  ② 이월과세를 적용받은 거주자가 법인전환으로 취득한 주식 등의 50/100 이상을 처분하는 경우(㉠~㉥ 예외) → 주식 등의 유상이전, 무상이전, 유상감자, 무상감자(출자비율에 따라 균등소각은 제외) 포함
     ㉠ 해당 거주자가 사망하거나 파산하여 주식 등을 처분
     ㉡ 해당 거주자가 적격합병이나 적격분할의 방법으로 주식 등을 처분
     ㉢ 해당 거주자가 조특법 제38조에 따른 주식의 포괄적 교환·이전 또는 조특법 제38조의 2에 따른 주식의 현물출자의 방법으로 과세특례를 적용받으면서 주식 등을 처분
     ㉣ 해당 거주자가 채무자회생절차에 따라 법원의 허가를 받아 주식 등을 처분
     ㉤ 해당 거주자가 법령상 의무를 이행하기 위하여 주식 등을 처분
     ㉥ 해당 거주자가 가업 승계를 위해 주식 등을 증여하는 경우로서 수증자가 가업 승계에 대한 증여세 과세특례를 적용받은 경우. 다만, 수증자에 대해 5년 이내 사업폐지, 주식 등 50% 이상 처분시 추징규정을 적용하되, 5년의 기간을 계산할 때 해당 내국인이 보유한 기간과 수증자가 주식 등을 증여받은 날부터 처분하는 날까지 기간을 통산

핵심 Point

- 법인전환 후 해당 법인이 자산을 양도시 → 양도기한 불문하고 "법인"이 이월된 양도소득세를 법인세로 납부하여야 함
- 법인전환 후 5년 이내 해당 법인이 사업폐지 → 해당 "거주자"가 예외사유에 해당하지 않는 한 양도소득세를 납부하여야 함
- 법인전환 후 5년 이내 주식 등 50% 이상 처분 → 해당 "거주자"가 예외사유에 해당하지 않는 한 양도소득세를 납부하여야 함

질문 »

법인전환 이월과세를 적용받은 경우 사후관리시에 유의할 사항과 주식 등을 전부 양도하면서 법인의 경영권 양도/양수하는 경우에 유의할 사항은?

답변 및 해설 »

실무에서 법인전환을 적용받은 후 매년 사후관리를 하게 된다. 사후관리는 "법인" 업무담당과 "재산" 업무담당이 양쪽에서 하게 된다. 왜냐하면 법인이 자산을 처분하면 법인에서 이월과세액을 납부하여야 하기 때문이고, 법인전환 후 5년 이내 주식 등을 50% 이상 처분하면 개인이 양도소득세를 납부하여야 하기 때문이다. 구체적으로 법인세 신고시 서식에 기재하는 곳은 「공제감면세액 및 추가납부세액합계표(을)(별지 제8호)」 "4. 이월과세"에 기재한 뒤 「법인세 과세표준 및 세액조정계산서(별지 제3호)」 "감면분추가납부세액"에 이월과세액을 기재하여 납부할 세액에 가산한다.

그런데 법인이 이월과세를 적용받은 경우로서 자산처분하고 이월과세액을 놓치는 경우가 종종 있는데, 특히 유의해야 한다. 전환 당시 납부하여야 할 양도소득세는 면제된 것이 아니라 자산 양도시 "법인"이 납부하여야 한다. **5년이 지나도 마찬가지**이다. 따라서 법인에 대한 사후관리 기간은 자산 처분시까지 계속된다.

또한 5년 이내 주식 등을 50% 이상 처분하면 개인이 이월된 양도소득세를 납부하게 된다. 그런데 5년이 지나 법인전환으로 취득한 주식 등을 50% 이상 처분할 경우에도 유의하여야 한다.

통상 이는 경영권을 양도하는 경우인데 법인전환 이월과세를 잊으면 안 된다. **인수한 법인이 부동산을 양도할 경우 예상치 못한 이월과세액을 납부할 수 있다는 사실이다.**

관련 사례

구 분	내 용
건물의 철거 및 재건축	• 이월과세 대상 자산 중 건물을 철거하고 신축한 경우 건물을 철거한 때에 건물에 대한 이월과세 세액을 법인세로 납부함[326] • 부동산임대업을 영위하는 거주자가 이월과세를 적용받은 건물을 철거(도시정비법에 의함)한 후 신축하여 그 사업을 계속하는 경우 사업용 고정자산 등을 양도하는 경우와 사업을 폐지하는 경우에 해당되지 않음[327]
수용된 경우	• 현물출자받은 사업용 고정자산이 법률에 따라 협의매수·수용되는 경우 그 협의매수·수용되는 사업연도에 개인사업자가 종전 사업용 고정자산을 법인에게 양도한 날이 속하는 과세기간에 다른 양도자산이 없다고 보아 계산한 양도소득산출세액 상당액을 법인세로 납부함[328]
이월과세받은 자산을 일부 처분	• 취득시기가 동일한 자산의 일부를 양도 또는 증여하는 경우 "각 자산의 보유비율대로" 양도 또는 증여되었다고 보며, 취득시기가 다른 자산 중 일부를 증여 또는 양도하는 경우 "먼저 취득한 자산부터 먼저" 양도 또는 증여한 것으로 봄[329]
현물출자한 자산의 50% 이상 처분	• 2명 이상으로부터 사업용 고정자산을 현물출자받아 법인을 설립한 경우, 승계받은 사업을 폐지하였는지 여부는 설립된 법인을 기준으로 판단함[330]
중소기업 간 통합	• 전환한 법인(중소기업)이 다른 중소기업과 조특령 제28조 제1항에서 정한 중소기업 간 통합을 하는 경우 당초 이월과세받은 세액은 통합 후 존속하는 법인이 당해 사업용 고정자산을 양도하는 날이 속하는 사업연도에 법인세로 납부하는 것임[331]
5년 이내 사업용 자산 전부 처분	• 신설법인의 설립등기일부터 5년 이내 당해 사업용 고정자산을 모두 처분한 경우 당해 거주자가 이월과세액 양도소득세를 납부하여야 함[332]
가업승계에 대한 적용시기	• 가업승계 부분은 2015.2.3. 이후 증여받는 경우부터 적용하므로, 개정 前에 이루어진 가업상속 증여분은 적용되지 않음[333]
주식 등의 50% 이상 처분의 기준	• 2인 이상의 거주자가 공동으로 소유하는 부동산을 법인에 현물출자하고 법인전환 이월과세를 적용받은 경우, 법인 설립일부터 5년 이내에 주식 50% 이상을 처분하였는지 여부는 거주자 각자를 기준으로 판단함[334]

---

326) 서면5팀-245, 2006.9.26.
327) 재산세제과-360, 2015.5.7.
328) 법인세과-4067, 2008.12.18.
329) 법령해석재산-77, 2017.10.31. ; 재산세제과-741, 2017.10.29.
330) 법령해석재산-4862, 2017.4.19.
331) 서면2팀-836, 2005.6.16.
332) 법령해석재산-1662, 2021.12.27.
333) 조심2015구2363, 2015.8.26.
334) 법령해석재산-1453, 2017.10.27. ; 조심2020구1675, 2020.7.14.

구 분	내 용
주식 등 50% 이상 처분에 대한 판단	• 거주자가 법인전환으로 취득한 주식 등을 5년 이내 100분의 50 이상 처분 여부 판정시 2013.1.1. 前 취득한 주식도 대상이며 2013.1.1. 조특법 개정 前에 처분한 주식비율도 합산하되, 2012.12.31. 이전에 이미 주식 등을 50% 이상 처분시에는 해당 개정된 추징규정을 적용할 수 없음[335]
유상증자 제3자 배정	• 법인이 제3자 배정방식 유상증자에 의해 자본금 증자로 보유 지분비율이 50% 이상 감소한 경우 주식 등 처분으로 보지 않음[336]
이월과세액의 부채 반영 여부	• 거주자의 사후관리기간(5년) 미경과 : 개인으로부터 사업용 고정자산을 양수한 법인은 그 재산을 재차 양도한 경우에 비로소 개인이 당초 납부하여야 할 양도소득세 산출세액 상당액을 법인세로 납부할 의무가 발생하는 것이므로 이월과세액은 주식평가(순자산가액 계산)시 부채에 해당하지 않는 것임[337] ※ 사안은 법인전환 이월과세를 적용받은 후 해당 주식을 증여할 경우 비상장주식 평가에 대한 것으로, 개인 간의 주식거래에서도 유사한 문제가 발생할 것으로 보이는데, 실무상 법인이 "이월과세액"을 대부분 장부에 기재하지 않기에 법인의 경영권을 양수도시 신중할 필요가 있음 • 거주자의 사후관리기간(5년) 경과 : 사후관리기간(5년)이 경과한 경우에는 해당 이월과세액을 법인의 부채에 가산함[338] ※ 사후관리기간이 경과한 경우 해당 채무는 거주자(양도자)와 관련이 없고 향후 부동산 등의 양도에 따라 해당 법인이 이월과세액을 납부하여야 할 채무에 해당하기 때문이며, 이와 달리 법인의 부채에 가산할 수 없다고 본 종전해석은[339] 2021.3.25. 삭제 정비됨

---

335) 법령해석재산-274, 2015.12.24. ; 조심2016서1185, 2016.6.3. ; 조심2015부2786, 2015.9.22.
336) 부동산납세과-623, 2019.6.17.
337) 대판2021두36226, 2021.6.24. ; 수원고법2020누12724, 2021.2.3. ; 수원지법2019구합69477, 2020.6.11.
338) 재산세제과-125, 2021.2.4. ; 조심2019서4567~4569, 2020.5.20.
339) 법령해석재산-136, 2015.9.2. ; 서면상속증여-115, 2015.5.11. ; 재산세과-444, 2011.9.27. ; 재산세과-397, 2011.8.26. ; 서면4팀-157, 2004.2.27.

세무공무원, 세무사, 회계사, 공인중개사 등이
꼭 알아야 할 양도소득세 핵심사례와 이슈

정문현

- 핵심실무 양도소득세(조세통람) 대표저자
- 한양대학교 법과대학 졸업
- 한양대학교 법과대학 대학원 법학석사(조세법 전공)
- 한양대학교 법과대학 대학원 법학박사과정 이수(조세법 전공)
- 2002년 국세청 입사
- 고양세무서, 파주세무서, 서인천세무서, 의정부세무서 등 근무
- 중부지방국세청 성실납세지원국 재산계 주식 등 기획분석 총괄
- 국세청 국세공무원교육원 양도소득세 교수(2017~2019년)
- 전, 파주세무서 재산법인세과 과장, 고양세무서 소득세과 과장
- 현, 동고양세무서 재산법인세과 과장

수상 등 이력
- 국세공무원교육원 상장(우수상), 중부지방국세청장 표창
- 국세청장 표창(3회), 기획재정부장관 표창, 국무총리 표창
- 2018년 국세공무원교육원 교수 강의경연대회 우수상
- 2018년 교수평가 우수, 2018년 교육수강 강의만족도 평가 우수(1위)

강의 이력(국세공무원교육원 외)
- 한양대학교 사회교육원 부동산조세론 강의
- 납세자 세법교실 양도소득세 분야 강의(수원, 부산, 대전, 대구, 제주),
  서울/부산/광주/대구지방세무사회 강의, 한국세무사고시회 강의, 제주지방경찰청 특강, 감사원 특강 등

박재영

- 부산대학교 경영학과 졸업
- 제37회 세무사 시험 합격(2000년)
- 2002년 국세청 입사
- 부산지방국세청 조사3국 근무
- 부산지방국세청 법무과 근무
- 북부산세무서, 금정세무서, 김해세무서 근무
- 전, IBK기업은행 창원 PB센터 세무팀장
- 전, 경상남도 지방세심사 심의위원
- 전, 김해세무서 국세심사 심의위원
- 현, 「희망드리는 박재영 세무회계」 대표

세무공무원, 세무사, 회계사, 공인중개사 등이 꼭 알아야 할
양도소득세 핵심사례와 이슈

저　　자	정문현 · 박재영
발 행 인	서원진
편집 · 교정	류현수, 김영림
편집디자인	이은희, 이미영, 황자애
발 행 처	㈜조세통람
펴 낸 날	2023년 8월 16일 초판 1쇄 발행 2024년 6월 3일 2판 발행 2025년 5월 16일 3판 발행
주　　소	서울특별시 중구 동호로 14길 5-6(신당동)
등　　록	1976. 11. 5. 제9-81호
대 표 전 화	02) 2231-7027
F　A　X	02) 2234-1754
구 입 문 의	02) 2231-7027
I S B N	979-11-6064-350-3 13320
정　　가	**53,000원**

저자와의
협의하에
인지생략

(주)조세통람은 좋은 책을 만들기 위해 독자 여러분의 의견을 기다립니다.
• 독자 의견 및 도서 문의 메일 : josetop@inaus.co.kr

㈜조세통람 발행도서는 정확하고 권위 있는 해설 및 정보의 제공을 목적으로 하고 있습니다. 그러나 항상 그 완전성이 보장되는 것은 아니기 때문에 적용결과에 대하여 당사가 책임지지 아니합니다. 따라서 실제 적용할 경우에는 충분히 검토하시고 저자 또는 전문가와 상의하시기 바랍니다.

양도소득세 핵심사례와 이슈